rororo

ro
ro
ro

A. M. Textor

Sag es treffender

Ein Handbuch mit über 57 000 Verweisen auf sinnverwandte Wörter und Ausdrücke für den täglichen Gebrauch

Sag es auf Deutsch

Das Fremdwörterlexikon – Über 20 000 Fremdwörter aus allen Lebensgebieten

Rowohlt Taschenbuch Verlag

Sonderausgabe
Veröffentlicht im Rowohlt Taschenbuch Verlag,
Reinbek bei Hamburg, März 2007

Umschlaggestaltung ZERO Werbeagentur, München
Druck und Bindung Clausen & Bosse, Leck
Printed in Germany
ISBN 978 3 499 62226 7

Sag es treffender Seite 9

Sag es auf Deutsch Seite 547

Vorwort

Synonyme, also bedeutungsgleiche oder bedeutungsverwandte Wörter, sind für jeden, der schreibt, unverzichtbares Stilmittel. Das treffende Wort, das das Gemeinte auf den Punkt bringt, verleiht der Sprache nicht nur Prägnanz, sondern auch Farbigkeit und Nuancenreichtum. Bei der Suche nach dem «erlösenden» Wort ist ein Lexikon sinnverwandter Ausdrücke ein fast unverzichtbares Hilfsmittel.

Sag es treffender von A. M. Textor erschien erstmals 1955 im Konradin-Verlag Robert Kohlkammer, Stuttgart, sodann 1962 im Verlag Ernst Heyer, Essen, im März 1968 dann als Taschenbuch, das mit einer Gesamtauflage von über 900000 Exemplaren längst zu einem unentbehrlichen Nachschlagewerk geworden ist.

Die erweiterte Neuausgabe von *Sag es treffender* ist das Ergebnis einer vollständigen Überarbeitung. In vielen Bereichen hat sich ein gravierender sprachlicher Bedeutungswandel vollzogen, sodass der gesamte Textbestand einer strengen systematischen Durchsicht unterzogen werden musste. Veraltete Sprichwörter wurden aufgelöst, moderne Sinnzusammenhänge hergestellt, eine Fülle von mittlerweile gängigen Fremdwörtern den entsprechenden Stichwörtern neu zugeordnet.

Mit dem vorliegenden Handbuch, das nahezu 2000 Stichwörter, über 57000 Verweise auf sinnverwandte Wörter und Ausdrücke für den täglichen Gebrauch sowie ein lückenloses, alphabetisch geordnetes Register umfasst, verfügt der Benutzer über eine praktische Handhabe und – sofern er «sein» Wort nicht im schnellen Zugriff findet – über einen beständigen Ideengeber für den eigenen sprachlichen Ausdruck.

Dr. Renate Morell

Benutzerhinweise

1. Jedes im Buch enthaltene Wort, wonach Sie suchen, finden Sie zuerst – nach dem Alphabet – im Register im hinteren Teil. Die Ziffer hinter dem Wort führt zum Stichwort im vorderen Teil bzw. zu einem der Bedeutungsfelder des Stichworts, wiederum gegliedert nach Ziffern.

2. Wortkombinationen mit den Hilfs- bzw. Funktionsverben (Zeitwörtern) haben, sein, bleiben, dürfen, können, lassen, machen, tun, werden und wollen finden Sie so:

müde sein	unter: müde sein
Mut haben	unter: Mut haben
rot werden	unter: rot werden usw.

3. Reflexive Verben sind im Register umgestellt:

sich bewegen	unter: bewegen, sich
sich Gedanken machen:	unter: Gedanken machen, sich usw.

4. Wortkombinationen mit einem Verb (Zeitwort) finden Sie unter dem Verb selbst:

das Unterste zuoberst kehren	unter: kehren, das Unterste zuoberst usw.

5. Ausdrücke mit einem Nomen (Hauptwort) finden Sie unter dem Nomen selbst:

in Ordnung	unter: Ordnung, in
nichts Halbes und nichts Ganzes	unter: Halbes und nichts Ganzes, nichts usw.

6. Andere Ausdrücke finden Sie unter dem sinntragenden Wort:

vor kurzem	unter: kurzem, vor usw.

7. Der Schrägstrich / steht zwischen austauschbaren Wörtern in Fügungen, z. B. für nötig / erforderlich / unabdingbar halten.

Abkürzungen: jmd. = jemand
jmds. = jemandes
jmdm. = jemandem
jmdn. = jemanden

A

1 **abbilden** 1. wiedergeben, darstellen, zeigen, 2. abmalen, abzeichnen, abpinseln, durchzeichnen, durchpausen, nachzeichnen, porträtieren, konterfeien, fotografieren, knipsen, Bild/Aufnahme machen, ablichten, abfilmen; abformen, nachformen, nachbilden, Plastik anfertigen, in Stein hauen, 3. übertragen, projizieren, reproduzieren, kopieren, vervielfältigen.

2 **Abenteurer** Spekulant, Glücksritter, Spieler, Zocker, Hasardeur, Glücksjäger, Wagehals, Freibeuter, Kondottiere, Filibuster, Bukanier, Pirat, Korsar, Überflieger, Kriegsgewinnler, Desperado, Dunkelmann, Schatzsucher, Kopfgeldjäger, Goldgräber, Mitgiftjäger, Hochstapler, Bohemien, Lebenskünstler, Luftikus, Aussteiger.

3 **aber** indessen, hingegen, doch, jedoch, gleichwohl, trotzdem, dennoch, dagegen, wogegen, wohingegen, immerhin, zwar, allein, allerdings, freilich, nur, vielmehr, im Gegenteil, richtiger, besser, sondern, dabei, wiederum, während, andererseits, indes, sogar, nichtsdestoweniger, wiewohl, alldieweil.

4 **Aberglaube** Irrglaube, Dämonenglaube, Geisterglaube, Gespensterglaube, Hexenglaube, Wunderglaube, Kinderglaube, Orakelwesen, Zauberglaube.

5 **Abfall** 1. Überbleibsel, Rückstand, Bodensatz, Rest; Schnitzel, Fetzen, Lappen, Lumpen, Kram, Krempel, Zeug, Bettel, Gerümpel, Kruscht; Trümmer, Schutt, Bauschutt, Scherben, Abhub, Abraum, Schlacke, Abschaum, Kehricht, Unrat, Dreck; Müll, Sperrmüll, Problemstoffe, Sondermüll, Giftmüll, Altlast, 2. Ramsch, Ausschuss, Makulatur, Altpapier, Altmaterial, Alteisen, Schrott, Trödel, Plunder, Klamotten, Gerümpel, wertloses Zeug, Strandgut; Schleuderware, Batzenware, Ladenhüter, Altkleider, Altwaren, Getragenes, Gebrauchtes, Unverkäufliches, Krimskrams, 3. Schutthaufen, Abfallhaufen, Müllhalde, Müllkippe, Mülldeponie, Abwasser, Abgas, Smog, 4. Senkung, Neigung, Neige, Schiefe, Schräge, Abdachung, schiefe Ebene, Hang, Abhang, Berghang, Bergseite, Berglehne, Steilhang, Lehne, Leite, Rain, Böschung, Halde; Gefälle, Abschüssigkeit, Steile, Jähe, 5. Abtrünnigkeit, Apostasie, Verrat, Lossagung.

abfallen 1. sich senken, neigen; abdachen, abflachen, fallen, absinken, 2. übrig bleiben, verbleiben, erhalten bleiben, zu viel/übrig sein, restieren, liegen bleiben, überzählig/überflüssig sein; fortfallen, entfallen, wegfallen, 3. herunterfallen, zu Boden fallen, herabplumpsen, sich lösen; herabfallen, hinfallen, 4. abfallen gegen, schlechter/im Nachteil sein, Vergleich nicht aushalten, darunter liegen, nicht nachkommen/gleichziehen, 5. sich lossagen; abtrünnig werden, abspringen, brechen mit, abschwören, verraten. 6

Abgabe Tribut, Abführung, Gebühr, Zoll, Steuer, Beitrag, Maut, Obolus. 7

Abhandlung 1. Essay, Artikel, Entrefilet, Kolumne, Untersuchung, Studie, Betrachtung, Beitrag, Analyse, Traktat, Feuilleton, Bericht, Reportage, Dokumentation, Feature, Elaborat, Niederschrift, Werk, Monographie, 2. Aufsatz, schriftliche Arbeit, Hausarbeit, Referat, Thesen, Semesterarbeit, Zulassungsarbeit, Diplomarbeit, Dissertation, Doktorarbeit, Habilitationsschrift. 8

abhängen von 1. abhängig sein von, angewiesen sein auf, nicht leben können ohne, in jmds. Hand/Macht sein, jmds. Brot essen, von jmdm. versorgt werden, 2. sich abhängig machen, jmdm. in die Hand geben, ausliefern, aussetzen; süchtig sein nach, am Tropf hängen, hörig sein, 3. beruhen/fußen auf, gründen/wurzeln in, sich gründen auf; basieren/sich stützen auf; getragen werden von, bedingt/bestimmt sein durch, liegen/gebunden sein an, 4. voraussetzen, sich ergeben aus; herrühren von, resultieren aus, kommen von, zusammenhängen/verbunden sein mit, in Beziehung stehen zu, sich beziehen auf; wichtig sein für, ankommen auf. 9

ablaufen 1. abfließen, abrinnen, verrinnen, verfließen, sich verlaufen; versi- 10 ckern, abperlen, **2.** verlaufen, geschehen, sich abspielen; statthaben, stattfinden, hergehen, vorgehen, abrollen, veranstaltet werden, **3.** ungültig/wertlos werden, verfallen, verjähren, außer Kraft treten, Gültigkeit verlieren, auslaufen.

11 **ableiten** **1.** umleiten, wegführen, verlegen, **2.** Ablauf schaffen, ablassen, herauslassen, Ventil öffnen, ablaufen lassen, **3.** folgern, herleiten.

12 **abnehmen** **1.** Gewicht verlieren, abmagern, abfallen, einfallen, mager/dünner werden, kränkeln, schwächeln, hinschwinden, **2.** abmachen, herunternehmen, abhängen, ablösen, wegnehmen, losmachen, pflücken, ernten, **3.** sich zuspitzen, verjüngen, verengen, verschmälern; spitz zulaufen, **4.** prüfen, kontrollieren, genehmigen.

13 **abnehmend** nachlassend, schwindend, schwindsüchtig, zurückgehend, im Abnehmen, rückläufig, sinkend, fallend, niedergehend, untergehend, regressiv, rezessiv, verlustbringend, herbstlich, alternd, vergehend, auslaufend.

14 **Abneigung** **1.** Ablehnung, Antipathie, Aversion, Abwehr, Voreingenommenheit, Ressentiment, Animosität, Feindseligkeit, **2.** Unmut, Unwille, Widerstände, Widerstreben, Abscheu, Widerwille, Ekel, Übelkeit, Überdruss, Unlust, Übersättigung, Missfallen, Schauder, Gräuel.

15 **abraten** widerraten, abbringen von, warnen, ausreden, einwenden, zu bedenken geben, vermiesen, verleiden.

16 **absichtlich** mit Bedacht/Vorbedacht, willentlich, gewollt, beabsichtigt, intendiert, intentional, geplant, mit Absicht/Willen, gezielt, vorsätzlich, geflissentlich, wohlweislich, wohl überlegt, bewusst, eigens, bezweckt, extra, ausdrücklich, mit Fleiß, zum Trotz, demonstrativ, ostentativ, nun gerade, mutwillig, wissentlich, einkalkuliert, in vollem Bewusstsein, böswillig, arglistig.

17 **absondern (sich)** **1.** beiseite tun, ausschließen, aussperren, abtrennen, absperren, abteilen, separieren, isolieren, in Quarantäne halten, **2.** sich zurückziehen, abseits stellen, abseits halten, im Hintergrund halten, verkriechen; Menschen scheuen, sich verkapseln, abkapseln, entziehen; im Schneckenhaus/Elfenbeinturm/Abseits/zurückgezogen/einsam/als Eremit leben, sich einspinnen, ausschließen, einpuppen, isolieren, separieren, einigeln, vergraben, verbunkern, verschanzen; in die innere Emigration gehen, vereinsamen, privatisieren.

Absonderung **1.** Quarantäne, Separierung, Separation, Isolation, Isolierung, Internierung, Hausarrest, Einzelhaft, Einsperrung, Ghettoisierung, Ghetto, Wagenburg, Vereinzelung, **2.** Separatismus, Sonderbündelei, Partikulation, Sezession, **3.** Ausscheidung, Sekretion. 18

abspenstig machen ausspannen, abjagen, wegengagieren, ablisten, wegverpflichten, kapern, umdrehen, wegschnappen, entfremden, wegholen, abwerben, weglocken. 19

abspringen **1.** abschwenken, weglaufen, abwandern, zur Konkurrenz gehen, sich abkehren, abwenden, lossagen, abseilen, distanzieren, verziehen, verflüchtigen; widerrufen, ausscheren, aussteigen, ausbrechen, umschwenken, konvertieren, umkippen, umfallen, im Stich lassen, fallen lassen, desertieren, übergehen, überlaufen, **2.** springen, herabspringen, hinunterspringen, sich in die Tiefe stürzen. 20

absteigen **1.** heruntersteigen, herabsteigen, hinabsteigen, hinuntersteigen, zu Tal gehen, hinuntergehen, hinabsinken, zu Tal fahren, abwärts/bergab gehen, **2.** einkehren, Quartier nehmen, übernachten, **3.** abgestuft/zurückgestuft werden, Rangplatz verlieren, zurückfallen, disqualifiziert werden. 21

abstellen **1.** niederstellen, niedersetzen, absetzen, hinstellen, zu Boden stellen, **2.** drosseln, abdrosseln, abdrehen, zudrehen, schließen, stoppen, abstoppen, anhalten, bremsen, abbremsen, verlangsamen, entschleunigen, rückbauen, Tempo verringern, zum Stehen bringen, ausschalten, abschalten, stilllegen, unterbrechen, halten, **3.** einstellen, hinterlegen, deponieren, sicherstellen, parken, unterbringen, platzieren, aufstellen, lagern, in Verwahr geben, **4.** abhelfen, Abhilfe schaffen, abschaffen, aufheben, beheben, beseitigen, abändern. 22

23 **Abstufung** 1. Nuancierung, Nuance, Abtönung, Schattierung, Dosierung, Gradation, Staffelung, Terrassierung, Übergang, 2. Abqualifizierung, Abwertung.

24 **absurd** widersinnig, abwegig, unsinnig, vernunftwidrig, sinnlos, hirnverbrannt, sinnwidrig, gegensätzlich, paradox, unlogisch, ungereimt, aberwitzig, wahnwitzig, verkehrt, folgewidrig; töricht, lächerlich, lachhaft, verrückt, abstrus, verstiegen, bizarr, kindisch, gesponnen, närrisch, unglaubhaft, unerhört.

25 **abtreiben** abortieren, eingreifen, Frucht abtreiben, Eingriff vornehmen, Schwangerschaft abbrechen, unterbrechen.

26 **Abtreibung** Schwangerschaftsabbruch, Schwangerschaftsunterbrechung, Abbruch, Eingriff, Abortus, Abort, Fehlgeburt.

27 **abwärts** nach unten, hinab, hinunter, zu Tal, bergab, erdwärts, niederwärts, talwärts, herunter, herab, zu Boden, in die Tiefe, Talfahrt; flussabwärts, stromabwärts.

28 **abweichen** 1. abgehen, abbiegen, abzweigen, sich wenden; Biegung machen, umfahren, Umweg machen; vom Kurs abkommen, aus dem Ruder laufen, Richtung/Kurs ändern, abfälschen, aus der Reihe tanzen/dem Rahmen fallen, 2. abkommen, abgleiten, abrutschen, absacken, entgleiten, entweichen, 3. abschweifen, Faden verlieren, abirren, vom Thema abkommen, vom Hundertsten ins Tausendste kommen, von Hölzchen auf Stöckchen kommen, 4. voneinander abweichen, anderer Meinung sein, nicht übereinstimmen, divergieren, nicht übereinkommen, sich nicht einigen können; keinen Kompromiss finden, uneinig sein/bleiben, Sache verschieden sehen.

29 **Abweichung** 1. Ableitung, Umleitung, Verlegung, 2. Abbiegung, Abzweigung, Schwenkung, Gabelung, Kurve, Abweg, Umweg, Nebenweg, Seitenweg, Schleichweg, Abkürzung, Abstecher, Abzweig, Abtrift, Deviation, Aberration, Richtungsänderung, Weiche, Ausweichstelle, 3. Irrweg, Abirrung, Entgleisung, Verirrung, Holzweg, 4. Abschweifung, Abschwenkung, Umorientierung, Exkurs, Unterbrechung, 5. Regelverstoß, Freistil, Irregularität, Normwidrigkeit, Regelwidrigkeit, Anomalie, Devianz, Diskrepanz, Divergenz, 6. Variable, Varianz, Variation.

abweisen 1. zurückweisen, abwehren, von sich weisen, zurückstoßen, abstoßen, abfertigen, abschütteln, 2. ablehnen, absagen, zurückgeben, retournieren, remittieren, zurückschicken, verzichten auf, keine Verwendung haben, abschlägig bescheiden, abschlagen, 3. verneinen, protestieren, negieren, nein sagen, verschmähen, verwerfen, Finger davonlassen, sich verwahren gegen; ausschlagen, nicht akzeptieren, 4. nicht empfangen, sich verleugnen lassen; abwimmeln, abwinken, abwiegeln, abblitzen lassen, kalte Schulter zeigen, abspeisen, Korb geben, vom Tisch wischen, Abfuhr erteilen, 5. hinauswerfen, an die Luft setzen, heimleuchten. 30

abweisend 1. ablehnend, zurückhaltend, unzugänglich, unpersönlich, unfreundlich, einschüchternd, ungnädig, unwirsch, unnahbar, zugeknöpft, reserviert, herb, verhalten, verschlossen, kühl, frostig, unterkühlt, kalt, eisig, steinern, brüsk, karg, barsch, schroff, spitz, kurz angebunden, stachelig, kratzbürstig, widerborstig, ungesellig, 2. kritisch, abwertend, pejorativ, abfällig, tadelnd, bissig, scharf, spitze Zunge, spitze Feder, missfällig, missbilligend, abschätzig, mäkelig, krittelig, geringschätzig, kompromittierend, wegwerfend, verächtlich, 3. abgeneigt, verneinend, abschlägig, negativ, polemisch, unwillig, widerwillig, nicht willens, widerstrebend, abhold, nicht grün, 4. atheistisch, gottlos, areligiös, antireligiös. 31

Abweisung 1. Zurückweisung, Abwehr, Abfuhr, Abfertigung, 2. Ablehnung, Versagung, Absage, Verwerfung, Weigerung, Verweigerung, Nein, Verneinung, Negierung. 32

Abwesenheit 1. Fehlen, Ausfall, Ausbleiben, Fernbleiben, Lücke, Leere, Vakanz, 2. Unaufmerksamkeit, Unüberlegtheit, Zerstreutheit, Gedankenlosigkeit, Versunkenheit, Vertieftheit, Versponnenheit, Verträumtheit, Geistesabwesenheit, Entrückung, Unkonzentriertheit, Zerfahrenheit, Kopflosigkeit, 33

Gedankenflucht, 3. Vergesslichkeit, Gedächtnisschwund, Gedächtnislücke, Absence, Gedächtnisstörung, Gedächtnisschwäche, Bewusstseinslücke, Sperre, Block, Blockade, Mattscheibe, Black-out, Hänger.

34 **abzahlen** in Raten / Teilzahlungen zahlen, tilgen, ratenweise zahlen, zurückerstatten, auf Abschlag kaufen, abtragen, ableisten, abbezahlen, finanzieren, abstottern, kleckerweise zahlen.

35 **Achtung** Beachtung, Ehrerbietung, Ehrfurcht, Respekt, Akzeptanz, Wertschätzung, Hochachtung, Hochschätzung, Anerkennung, Ergebenheit, Scheu, Verehrung, Idolisierung, Vergöttlichung.

36 **Adel** 1. Noblesse, Vornehmheit, Hoheit, 2. Nobilität, Aristokratie, Hochadel, Hocharistokratie, Adelskaste, Adelsstand, Feudalaristokratie, Feudaladel, Geburtsadel, Geblüt, Landadel, niederer Adel, Verdienstadel, Patriziat.

37 **aggressiv** 1. unfriedlich, offensiv, provokant, provozierend, provokativ, expansiv, herausfordernd, aufreizend, zänkisch, streitlustig, streitsüchtig, heftig, kämpferisch, attackierend, angriffslustig, angreiferisch, handgreiflich, tätlich, gewaltbereit, zerstörerisch, destruktiv, violent, hadersüchtig, streitlüstern, zanksüchtig, händelsüchtig, gewalttätig, 2. kriegerisch, militant, militaristisch, kriegstreiberisch, kriegslüstern.

38 **alle** 1. jeder, jede, jedermann, alle ohne Ausnahme, jedwede(r), samt und sonders, allesamt, sämtliche, jegliche, Mann für Mann, Freund und Feind, Groß und Klein, Kind und Kegel, Alt und Jung, Gesamtheit, das Ganze, Plenum, 2. vollständig, vollzählig, ausnahmslos, Krethi und Plethi, alle Mann, mit Mann und Maus, alle Mann an Bord, alle miteinander, die ganze Sippschaft/Gesellschaft, wie ein Mann, tout le monde.

39 **allerdings** ja, jawohl, gewiss, tatsächlich, in der Tat, sicherlich, jedenfalls, immerhin, freilich, natürlich, zwar, zugegeben.

40 **allgemein** 1. gängig, üblich, vorherrschend, Standard, 2. allgemein gültig, verbindlich, für alle geltend, grundsätzlich, 3. interdisziplinär, übergreifend, fachübergreifend, 4. universell, allumfassend, universal, umfassend, gemein, allseitig, generell, international, weltumspannend, global.

Allgemeinen (im) im Großen und Ganzen, durchgängig, durchweg, in Bausch und Bogen, üblicherweise, in der Regel, gewöhnlich, meistens, sozusagen, gewissermaßen, wie man so sagt, gemeinhin, generell, alles in allem, durchweg, im Ganzen, überhaupt. 41

Alltag 1. Wochentag, Werktag, Arbeitstag, 2. Gleichmaß, Regelmäßigkeit, Gewohnheit, Tretmühle, Gleichförmigkeit, Eintönigkeit, Alltäglichkeit, Öde, grauer Alltag, Monotonie, immer dasselbe, alte Leier, ewiges Einerlei, Trott. 42

also daher, darum, deswegen, demnach, folglich, demzufolge, mithin, somit, infolgedessen, dementsprechend, deswegen, aus diesem Grund, demgemäß, logischerweise, ist doch so, ergo, nach Adam Riese. 43

alt 1. bejahrt, betagt, ältlich, bei Jahren, vorgerückten Alters, angegraut, meliert, ergraut, grau, grauhaarig, weiß, schlohweiß, weißhaarig, hoch an Jahren, hochbetagt, gesegneten Alters, greis, steinalt, uralt, 2. verblüht, abgeblüht, abgelebt, abgestorben, absterbend, verknöchert, verkalkt, vergreist, greisenhaft, abständig, senil, dement, tatterig, überaltert, überlebt; knittrig, faltig, runzlig, zerknittert, pergamenten, vertrocknet, zusammengefallen, zusammengeschrumpft, gefurcht, schrumplig, verhutzelt, verrunzelt, bemoost, zittrig, 3. abgenutzt, abgegriffen, verbraucht, verschlissen, zerschlissen, lumpig, oll, abgeschabt, morsch, krumplig, fadenscheinig, schäbig, eingerostet, baufällig, klapprig, abgewetzt, 4. gebraucht, aus zweiter Hand, secondhand, abgetragen, abgelaufen, getragen, abgefahren, 5. antiquarisch, altertümlich, ehrwürdigen Alters, antik, archaisch, veraltet, fossil, 6. altgedient, ausgedient, abgedankt, abgehalftert, verabschiedet, pensioniert, emeritiert, im Ruhestand, außer Dienst. 44

Alter 1. Jahre, Lenze, Lebensalter, Lebensherbst, Lebensabend, Lebensneige, Bejahrtheit, hohe Jahre, Greisenalter, biblisches Alter, 2. alter Mann, Greis, 45

Nestor, Patriarch, Stammvater, Senior, Jubilar, alter Herr / Knabe / Knacker / Kracher, Grufti, Fossil, Urgestein, Methusalem; Altgedienter, Schlachtross, Ausgedienter, Veteran, Pensionär, Rentner, **3.** Ruhestand, Pension, Pensionierung, Altenteil, **4.** Überalterung, Überlebtheit, Vergreisung, Verkalkung, Abständigkeit, Senilität, Greisenhaftigkeit, Greisentum.

46 **Altweibersommer** Sommerende, Frühherbst, Spätsommer, Nachsommer, Fadensommer, Indian Summer, Sommerfaden, Frauenfaden, Himmelfaden, Mariengarn.

47 **Analyse** Untersuchung, Zerlegung, Zergliederung, Dekonstruktion, Dekomposition, Auflösung, Dissolution.

48 **anbei** beiliegend, anliegend, inliegend, beigefügt, beifolgend, angebogen, angeheftet, hierbei, hiermit, beigeschlossen, im Brief, beigepackt, als Anlage, ergänzend, mit gleicher Post, eingeschlossen, nebenher, nebenbei, dazu, nachträglich, sowie, Sonstiges.

49 **Anbetracht (in)** im Hinblick, in Bezug auf, bedingt durch, wegen, weil, umständehalber, aufgrund, hinsichtlich, in puncto, rücksichtlich, motiviert durch, denn, nämlich, in Betracht, alles in allem, angesichts, gegenüber, vor, mit Rücksicht auf, was … angeht/betrifft/anbelangt, im Zusammenhang mit.

50 **anbieten (sich)** **1.** antragen, vorschlagen, empfehlen, offerieren, anpreisen, feilbieten, ausbieten, ausschreiben, zu verkaufen suchen, auf den Markt bringen, vermarkten, vorführen, ausstellen, auslegen, zur Schau stellen, aushängen, vorweisen, vorzeigen, zeigen, herausstellen, unterbreiten, vorlegen, einschicken, einsenden, **2.** Angebot machen, inserieren, annoncieren, in die Zeitung setzen, anzeigen, Anzeige aufgeben/schalten, **3.** reichen, darbieten, ausschenken, einschenken, kredenzen, darreichen, servieren, auftragen, auftischen, anrichten, aufwarten, bewirten, vorsetzen, beköstigen, laben, nötigen, **4.** sich anerbieten, zur Verfügung stellen, bereit erklären, anheischig machen, verpflichten; auf sich nehmen.

51 **Anfang** **1.** Beginn, Anbeginn, Vorabend, Anbruch, Auftakt, Ausbruch, Antritt, Eintritt, Entstehung, Aufkommen, Geburt, Wiege, Quelle, Keim, Ei, Samen, Initialstadium, Embryonalstadium, **2.** Gründung, Begründung, Etablierung, Eröffnung, Niederlassung, Anbahnung, Ankurbelung; Start, Anpfiff, Anlauf; Anstich; Grundsteinlegung, Erstbezug, Debüt, Ouvertüre, Jungfernfahrt, Jungfernrede, Antrittsvorlesung, Einweihung, Feuertaufe, Einstand, Uraufführung, Erstaufführung, Premiere, Vernissage, **3.** Morgen, Morgenröte, Sonnenaufgang, Morgenlicht, Frühlicht, Erwachen, Dämmerung, Frühe, Frühstunde, Tagesanbruch, Morgengrauen.

anfangen **1.** beginnen, anheben, ein- 52
steigen, angehen, losgehen, ansetzen, einsetzen, anlaufen, sich entspinnen, **2.** anbrechen, dämmern, grauen, tagen, hell werden, Tag werden, heraufkommen, aufgehen, erwachen, sich erheben; werden, entstehen, in Gang kommen, **3.** Anfang machen, debütieren, in Angriff nehmen, anpfeifen, starten, anklicken, gründen, begründen, eröffnen, aufmachen, etablieren, niederlassen, ankurbeln, anpacken, anlaufen lassen, ins Rollen bringen, vom Stapel lassen, in Gang setzen, sich anschicken; unternehmen, ins Leben rufen, errichten, einführen, Vorkehrungen treffen, in die Wege leiten/Hand nehmen, Hebel ansetzen, loslegen, Fühlung nehmen, ins Gespräch kommen, anspinnen, Anstalten machen, im Begriff sein, sich in Bewegung setzen; drangehen, herangehen an, Anlauf nehmen, initiieren, Initiative ergreifen, konstituieren.

anfangs **1.** anfänglich, zuerst, in ers- 53
ter Linie, primär, vor allem, als Erstes, zuallererst, als Wichtigstes, vorab, zunächst, einleitend, zuvor, zuvorderst, vorweg, eingangs, zu Beginn, **2.** ursprünglich, keimhaft, embryonal, werdend, im Werden/Entstehen, in der Entwicklung, im Entwurf/Bau/Rohbau, in Umrissen, **3.** erstmalig, zum ersten Mal, beim Debüt/ersten Auftritt.

angeblich vorgeblich, vermeintlich, 54
anscheinend, nominell, gleichsam, als ob, on dit, gewissermaßen, sozusagen, unter dem Deckmantel.

angeboren ererbt, vererbt, erblich, 55
vererbbar, von Geburt her, genbedingt, kongenital, hereditär, in die Wiege ge-

legt, von Haus aus, im Blut, naturgegeben, in den Genen.

56 **Angeklagter** Beschuldigter, Verdächtiger, Beklagter, Verklagter, Untersuchungsgefangener.

57 **angenehm** 1. willkommen, wünschenswert, erwünscht, wohlgefällig, günstig, kommod, unkompliziert, pflegeleicht, bequem, gelegen, genehm, zupass, passend, zusagend, praktisch, recht, trifft sich gut, lieb, sympathisch, nett, 2. ergötzlich, erquickend, wohltuend, erfrischend, genussreich, befriedigend, erfreulich, nach dem Herzen.

58 **angesehen** geachtet, geschätzt, anerkannt, geehrt, hoch geschätzt, respektiert, renommiert, gerühmt, bejubelt, gefeiert, verehrt, umschwärmt, umjubelt, vergöttert.

59 **angestammt** 1. eingeboren, nativ, indigen, hiesig, einheimisch, entropisch, endemisch, 2. sesshaft, bodenständig, autochthon, verwurzelt, verankert, verwachsen, ortsfest, ortsgebunden, heimatverbunden, immobil, stationär, 3. genuin, überkommen, traditionell, ureigen.

60 **angreifen** 1. auf jmdn. losgehen, in die Offensive gehen, Kampf aufnehmen, in die Arena steigen, 2. anfallen, angehen, attackieren, vorgehen, vorrücken, vorstoßen, stürmen, zum Angriff übergehen, Frieden brechen, überfallen, losgehen, losschlagen, dreinschlagen, dreinhauen, berennen, zu Leibe gehen, auf den Leib rücken, vorpreschen, anfliegen, beschießen, bombardieren, packen, überrumpeln, überrollen, überkommen, herfallen über, einfallen, sich stürzen auf; überrennen, vordringen, Vorstoß machen, einmarschieren, besetzen, einhauen auf, sich hermachen über; einstürmen auf, Attacke reiten gegen, unter Beschuss nehmen, mit Granaten belegen, Feuer eröffnen, 3. anfeinden, bezichtigen.

61 **Angriff** 1. Offensive, Anmarsch, Vormarsch, Vorgehen, Einfall, Überfall, Vorstoß, Überrumpelung, Handstreich, Attacke, Sturm, Aggression, Affront, Einmarsch, Beschuss, Kanonade, 2. Hetzjagd, Hatz.

62 **Angst** 1. Furcht, Bangen, Grauen, Schauder, Schauer, Grausen, Entsetzen, Erzittern, Erbeben, Erschrecken, Schrecken, Panik, Kopflosigkeit, Horror, Schock, 2. Unruhe, Beklemmung, Beklommenheit, Bangigkeit, Nervosität, Beunruhigung, Bestürzung, Spannung, Erregung, Aufregung, Lampenfieber, Reisefieber, Zittern, Herzklopfen, Alpdruck, Nachtmahr, Alptraum, Horrortrip, Angstträume, Gespensterfurcht, Gruseln, Zähneklappern, 3. Befürchtung, Besorgnis, Sorge, Furchtsamkeit, Ängstlichkeit, Bänglichkeit, Bedenklichkeit, Vorsicht, Berührungsangst, 4. Feigheit, Kleinmut, Kleingläubigkeit, Zaghaftigkeit, Verzagtheit, Mutlosigkeit, Bammel, Heidenangst, Schiss, Muffensausen, 5. Krankheitsangst, Krankheitswahn, Hypochondrie, 6. Phobie, Objektangst, Situationsangst, Erwartungsangst, Zwangsbefürchtung, Klaustrophobie, Platzangst, Phobophobie, Angst vor der Angst.

ängstigen (sich) 1. Angst haben, 63 fürchten, bangen, ängsten, erschrecken, beben, erbeben, entsetzen, zittern, zagen, schlottern, gruseln, Nerven verlieren, Schrecken bekommen, Schock erleiden, erbleichen, erblassen, sich verfärben; zusammenfahren, zucken, zusammenzucken, erschauern, aufschrecken, zur Salzsäule erstarren, zurückfahren, zurückschaudern, zurückprallen, zurückschrecken, Atem anhalten, Blut schwitzen, graulen, grauen, grausen, schaudern, zittern wie Espenlaub, panisieren, Panik bekommen, 2. befürchten, sich sorgen, Gedanken machen; beklommen/besorgt sein, Manschetten/Furcht haben vor, Gespenster sehen, sich quälen, abhärmen, Sorgen machen; kein Auge schließen, schwarz sehen, sich Kummer machen; zittern um.

ängstlich 1. angstvoll, bekümmert, 64 furchtsam, bange, bänglich, beklommen, unruhig, unbehaglich, nervös, schreckhaft, angespannt, aufgewühlt, aufgeregt, besorgt, sorgenvoll, bangend, bebend, angsterfüllt, entsetzt, panisch, phobisch, 2. feige, mutlos, zittrig, zitternd, schreckhaft, schlotternd, knieweich, angstgepeinigt, angstbesessen, von Furien gejagt, nervenschwach, zähneklappernd, zage, zaghaft, zitterig, kleinmütig, kleingläubig, verängstigt, verschüchtert, befangen, verzagt, übervorsichtig, schwachherzig, schwachmütig, angst und bange.

65 **anhängen** 1. anhangen, dienen, treu ergeben/verbunden sein, sympathisieren, nachfolgen, sich zugehörig fühlen, verbunden halten; Fan sein, Kult betreiben mit, 2. sich anklammern; nachlaufen, verfolgen, nicht loslassen, sich abhängig machen, aufgeben; hörig werden, 3. treu bleiben, nicht im Stich lassen, nicht aufgeben, zu jmdm. halten/stehen, nicht verlassen, sich nicht abwenden, 4. zulaufen, zuströmen, sich einfinden, anschließen.

66 **Anhänger** 1. Beiwagen, Hänger, Wohnwagen, 2. Parteigänger, Gefolgsmann, Quartiermacher, Nachfolger, Nachläufer, Hintermann, Paladin, Proselyt, Mitkämpfer, Mitstreiter, Kombattant, Fellowtraveller, Kampfgenosse, Kamerad, Vertrauter, Sympathisant, Getreuer, Mitglied, Parteigenosse, Kämpe, Mitverschworener, Gesinnungsgenosse, Gefährte, Jünger, Begleiter, Schatten, Linientreuer, 3. Nachläufer, Mitläufer, Nachbeter, Trabant, Satellit, Vasall, Höriger, Geschöpf, Werkzeug, Kreatur, Marionette, 4. Anhängerschaft, Gefolgschaft, Entourage, Gefolge, Gemeinde, Anhang; Tross, Hofstaat, Kamarilla, Günstlinge, 5. Fan, Fex, Groupie, Verehrer, Bewunderer, Schlachtenbummler.

67 **ankommen** 1. eintreffen, Ziel erreichen, ans Ziel gelangen, anlangen, kommen, nahen, sich einfinden; erscheinen, eintreten, auftauchen, vorfahren, sich einstellen; einziehen, auftreten, auf der Bildfläche erscheinen, antreten, aufmarschieren, einlaufen, einfliegen, anmarschieren, anrollen, landen, eintrudeln, antanzen, angestiefelt kommen, im Anzug sein, 2. zur Welt kommen, geboren werden, Licht der Welt erblicken.

68 **Ankunft** 1. Eintreffen, Erscheinen, Einzug, Kommen, Eintritt, Antritt, Antreten, Betreten, Auftreten, Auftritt, Anfahrt, Anmarsch, Anreise, Landung, Arrival, Einlaufen, 2. Geburt, Partus, Niederkunft, freudiges Ereignis, Entbindung.

69 **anlässlich** 1. aus Anlass, aufgrund, bei Gelegenheit, gelegentlich, bei, zu, zum, wenn, als, 2. denn, weil, nämlich, halber, wegen, infolge, um … willen, ob, dank.

Anmut Grazie, Liebreiz, Lieblichkeit, Holdseligkeit, Süße, Feinheit, Zierlichkeit, Leichtigkeit, Zauber, Charme, Reiz. 70

anmutig 1. reizend, bezaubernd, zauberhaft, hold, holdselig, lieblich, liebreizend, charmant, liebenswürdig, gewinnend, einnehmend, 2. graziös, zierlich, grazil, geschmeidig, leicht, beweglich, leichtfüßig, gazellenhaft, rehhaft, niedlich, allerliebst, beschwingt, süß. 71

anordnen 1. angeben, anweisen, verordnen, verschreiben, gebieten, bestimmen, erlassen, vorschreiben, reglementieren, befinden, ansagen, zudiktieren, auferlegen, verhängen, aufbrummen, verfügen, Auflage machen; diktieren, dekretieren, kommandieren, beordern, zitieren, kommen lassen, vorladen, 2. disponieren, ansetzen, festsetzen, festlegen, anberaumen. 72

anpassen (sich) 1. synchronisieren, synchron schalten, aufeinander abstimmen, machen zu, harmonisieren, angleichen, timen, tunen, orchestrieren, adaptieren, 2. sich angleichen, annähern, assimilieren, anverwandeln, akklimatisieren, eingewöhnen, schicken, fügen, einordnen, einreihen; nicht aus der Reihe tanzen, nicht auffallen, sich einstellen auf, einfügen, einrichten, einleben; vertraut/heimisch werden, Fuß fassen, sich aneinander gewöhnen, einspielen auf, abschleifen; zusammenwachsen, sich anschmiegen. 73

Anpassung 1. Harmonisierung, Angleichung, Synchronisierung, Timing, 2. Einordnung, Assimilierung, Einfügung, Akklimatisierung, Adaptation, Adaption, Anverwandlung, Mimikry; Angepasstheit, Konformismus. 74

anregen 1. initiieren, veranlassen, vorschlagen, anraten, anempfehlen, nahe legen, Gedanken eingeben, hinlenken auf, suggerieren, anspitzen, 2. ermuntern, anspornen, anfeuern, drängen, Impuls/Antrieb geben, anstacheln, anheizen, heiß machen, aufheizen, hochkochen, elektrisieren, beschwingen, animieren, antreiben, beleben, aufrütteln, aktivieren, anstecken, begeistern, packen, umwerfen, entflammen, entzünden, befeuern, beflügeln, inspirieren, beseelen, treiben, motivieren, ermutigen, encouragieren, 3. aufregen, 75 antörnen, reizen, stimulieren, anmachen, aufputschen, erregen, beleben, dopen, aufpeitschen, aufmöbeln, erfrischen, aufmuntern, aufpulvern, in Schwung bringen, **4.** erheitern, erquicken, zerstreuen, unterhalten, vergnügen, amüsieren, fröhlich stimmen, belustigen.

76 **anregend 1.** belebend, unterhaltend, abwechslungsreich, amüsant, erheiternd, aufheiternd, ermunternd, erfrischend, reizvoll, **2.** geistreich, geistvoll, sophisticated, einfallsreich, witzig, spritzig, charmant, unterhaltsam, belustigend, zerstreuend, ablenkend, prickelnd, perlend, moussierend, sprühend, **3.** erregend, inspirierend, begeisternd, entflammend, aufregend, aufreizend, aufputschend, aufpeitschend, stimulierend, beflügelnd, animativ, animierend.

77 **Anregung 1.** Rat, Impuls, Anstoß, Denkanstoß, Gedanke, Einfall, Idee, Vorschlag, Antrieb, Betreiben, Inspiration, Verursachung, Veranlassung, **2.** Ermunterung, Ermutigung, Belebung, Erweckung, Kick, Auftrieb, Ansporn, Anreiz, Herausforderung, **3.** Zerstreuung, Ablenkung, Unterhaltung.

78 **anschaulich 1.** bildhaft, eidetisch, lebendig, lebhaft, bunt, farbig, blutvoll, sinnfällig, plastisch, figürlich, gegenständlich, prägnant, augenfällig, sprechend, expressiv, intensiv, frisch, **2.** prall, saftig, malerisch, pittoresk, sinnlich, illustrativ, ausdrucksvoll, ausdrucksstark, unverwischbar, einprägsam, lebensnah, wirklichkeitsnah, praxisnah, handfest, deutlich, konkret, greifbar, handgreiflich.

79 **anscheinend** vermutlich, wahrscheinlich, offenbar, glaubhaft, anzunehmen, sicherlich, augenscheinlich, scheinbar, mutmaßlich, wie es scheint, dem Anschein nach, dem Vernehmen nach, angeblich, gerüchtweise, voraussichtlich, aller Voraussicht nach, mit ziemlicher Gewissheit, nach menschlichem Ermessen.

80 **ansehen (sich) 1.** anschauen, betrachten, besehen, besichtigen, sich umsehen; in Augenschein nehmen, beschauen, begucken, angucken, mustern, prüfen, taxieren, untersuchen, studieren, sich beschäftigen/befassen mit, **2.** anblicken, den Blick richten auf, Blick zuwerfen, aufs Korn nehmen, anpeilen, anstarren, anstieren, begaffen, anglotzen, fixieren, nicht aus den Augen lassen, **3.** sich betrachten; vor dem Spiegel stehen, sich bespiegeln, beschauen, prüfen, mustern.

Anspielung 1. Andeutung, Stichelei, Neckerei, Fopperei, Hänselei, Hieb, Stich, Seitenhieb, Spitze, Gehässigkeit, **2.** Doppelsinnigkeit, Anzüglichkeit. 81

Anspruch 1. Recht, Anrecht, Berechtigung, Befugnis, Anwartschaft, Gewohnheitsrecht, **2.** Ehrgeiz, Ambition, Lebensansprüche, Lebenswünsche, Konsumansprüche, **3.** Anforderung, Forderung, Herausforderung; Kostenaufstellung, Rechnung. 82

anspruchslos 1. bescheiden, selbstgenügsam, bedürfnislos, schlicht, leicht zufrieden zu stellen, genügsam, sparsam, **2.** zufrieden, wunschlos glücklich, wunschlos, zufrieden gestellt, saturiert. 83

anspruchsvoll 1. verwöhnt, unbescheiden, verfeinert, luxuriös, raffiniert, getrüffelt, differenziert, wählerisch, subtil, heikel, kennerisch, niveauvoll, von gutem/gewähltem/erlesenem Geschmack, kritisch, urteilssicher, **2.** anmaßend, selbst ernannt, blasiert, dünkelhaft, versnobt, snobistisch, eingebildet, hochtrabend, hochgestochen, prätentiös, elitär, hochfahrend, hochnäsig. 84

Anstand 1. Benehmen, Betragen, Umgangsformen, Manieren, Etikette, Erziehung, gute Sitten, Kinderstube, Niveau, Takt, Schliff, Höflichkeit, Artigkeit, Bonhomie, **2.** Ethik, Moral, Moralität, Tugend, Sitte, Sittlichkeit, Sittsamkeit, Schicklichkeit, Biedersinn, Rechtschaffenheit, Lauterkeit, Redlichkeit, Integrität, Anständigkeit, Wohlanständigkeit, Fairplay, Fairness, Seriosität. 85

anständig 1. gehörig, passend, angemessen, gemäß, schicklich, ziemlich, salonfähig, stubenrein, **2.** ethisch, moralisch, sittlich, sittenfest, achtbar, honorig, gesittet, sittsam, ehrsam, sittig, honett, respektabel, wohlerzogen, reine Weste, unsträflich, untadelig, tadellos, reputierlich, einwandfrei, unbescholten, unangreifbar, seriös, **3.** fair, lauter, solide, rechtschaffen, gediegen, korrekt, ordentlich, zuverlässig, vertrauenswür- 86 dig, ehrenhaft, ehrlich, grundehrlich, hochanständig, grundanständig, sauber, fair, ritterlich, unbestechlich, integer, reell, aufrichtig.

87 **anstandslos** ohne weiteres, unbesehen, glattweg, schlankweg, ohne Bedenken/Umschweife/Zögern, ungescheut, kurzum, kurzweg, kurzerhand, ungehemmt, ohne jede Schwierigkeit, widerspruchslos, natürlich, selbstverständlich, klar, unbedenklich, mir nichts, dir nichts, gern, blanko, ungeprüft, mit einem Federstrich.

88 **anstehen** 1. ausstehen, fällig sein, restieren, fehlen, offen stehen, zu erledigen/bezahlen/erwarten sein, anliegen, an der Reihe/unerledigt sein, **2.** zustehen, zukommen, gebühren, sich gehören; angemessen sein, sich schicken, ziemen; beanspruchen/verlangen können, ein Recht haben auf, **3.** Schlange stehen, sich anstellen; warten.

89 **anstellen** 1. verpflichten, einstellen, einsetzen, engagieren, dingen, heuern, chartern, werben, nehmen, verwenden, beschäftigen, in Dienst nehmen, Arbeit geben, unterbringen, ernennen, bestellen, bestallen, bediensten, betrauen, **2.** vereidigen, schwören lassen, unter Eid nehmen, vergattern, **3.** aufdrehen, in Gang setzen, ankurbeln, anlassen, zünden, in Bewegung bringen, einschalten, auf Stand-by schalten, anknipsen, anstoßen, Antrieb geben, aufmachen, **4.** etwas anstellen/anrichten.

90 **anstoßen** 1. anprallen, gegenstoßen, aufprallen, aufstoßen, **2.** anstürmen, branden, wogen, anrollen, **3.** in die Seite stoßen, aufmerksam machen, anrempeln, **4.** anecken, auffallen, Ärgernis/Befremden erregen, ärgern, ins Fettnäpfchen treten, Fauxpas begehen, zu nahe treten, Missfallen erregen, von sich reden machen; ins Gerede kommen, **5.** lostreten, auslösen, initiieren, **6.** zuprosten, zutrinken, auf jmds. Wohl trinken, Toast ausbringen, jmdn. hochleben/Gläser erklingen lassen, Glas erheben, Hoch ausbringen, Glück wünschen.

91 **anstößig** 1. ungehörig, unfein, unpassend, unschicklich, anzüglich, zweifelhaft, zweideutig, eindeutig, unanständig, unter der Gürtellinie, pikant, frivol, schlüpfrig, anstandswidrig, nicht salonfähig, nicht stubenrein, halbseiden, **2.** lose, locker, freizügig, leichtfertig, liederlich, unzüchtig, zügellos, lasterhaft, **3.** pornographisch, lasziv, obszön, gewagt, frei, schamlos; erotisierend, libidinös, sexuell stimulierend, aufgeilend, scharf machend, **4.** geschmacklos, wüst, unflätig, zotig, sexistisch, pöbelhaft, gemein, gewöhnlich, verletzend, ordinär, vulgär, schmutzig, dreckig, schweinisch, pervers, säuisch, **5.** fragwürdig, übel beleumdet, anrüchig, **6.** Ärgernis erregend, Anstoß erregend, schockierend, shocking.

anstrengen (sich) 1. Mühe/zu 92
schaffen machen, beanspruchen, in Anspruch nehmen, Umstände machen, **2.** sich Mühe geben; keine Mühe scheuen, auf sich nehmen, sich befleißigen, angelegen sein lassen, zum Anwalt machen; alle Hebel in Bewegung setzen, in die Vollen gehen, sich engagieren, einsetzen; nichts unversucht lassen, sein Bestes geben, alles tun/aufbieten, von Pontius zu Pilatus laufen, sich ins Zeug legen, dahinter klemmen, abstrampeln, abhampeln, **3.** schwer arbeiten, sich abmühen, plagen, placken, anspannen, ins Geschirr legen, dranhalten; schuften, malochen, asten, ackern, sich erschöpfen, aufreiben, verausgaben, schinden, abrackern, quälen, abarbeiten, aus den Rippen leiern, abringen, **4.** Mühe haben, sich schwer tun; schweren Stand/nichts zu lachen haben.

antizipieren vorgreifen, vorwegneh- 93
men, präjudizieren, vorausdenken, voraussehen, vorwegwissen, prophezeien.

Antrag 1. Anfrage, Frage, Bitte, Vor- 94
lage, Gesuch; Ansuchen, Eingabe, Bewerbung, Heiratsantrag, **2.** Bittgesuch, Bittschreiben, Bittschrift, Denkschrift, Bettelbrief, Memorandum, Petition, Gnadengesuch.

Anwärter 1. Erbe, Hinterbliebener, 95
Nachfolger, Nachkomme, künftiger Besitzer, **2.** Bewerber, Interessent, Freier, Prätendent, Assessor, Aspirant, Kronprinz, Thronfolger, Kandidat, Beitrittskandidat, Teilnehmer, Mitbewerber, designierter Nachfolger, Rechtsnachfolger, Konkurrent, Revierbeißer, Platzhirsch, Ortskaiser, **3.** Antragsteller, Bittsteller, Ansucher, Petent.

Anweisung 1. Anleitung, Belehrung, 96

Rat, Unterweisung, Einführung, Unterrichtung, Einweisung, Schulung, Ausbildung, Lehre, **2.** Angabe, Vorschrift, Gebrauchsanweisung, Gebrauchsanleitung, Instruktion, Briefing; Beipackzettel, Verpackungsbeilage, Benutzungsvorschrift, Bedienungsanleitung, Rezept, Rezeptur, Verhaltensmaßregel, Direktive, **3.** Überweisung, Zahlung, Zustellung.

97 **Anzeige** **1.** Inserat, Annonce, Zeitungsanzeige, Bekanntmachung, Ausschreibung, Ankündigung, **2.** Anzeigetafel, Display, **3.** Aushang, schwarzes Brett, Pinnwand, Plakat, Poster, Aufgebot, Anschlag, Website, Homepage.

98 **anziehen** **1.** ankleiden, bekleiden, Kleider anlegen, etwas überziehen, umhängen, überwerfen, in die Kleider schlüpfen, Toilette machen, sich fertig machen, herrichten, **2.** sich kleiden, anzuziehen wissen; seinen Stil kennen, **3.** fesseln, reizen, locken, Blicke auf sich ziehen, faszinieren, gewinnen.

99 **anziehend** **1.** einnehmend, ansprechend, reizvoll, **2.** magnetisch, hygroskopisch.

100 **appetitlich** **1.** appetitanregend, ansprechend, einladend, verlockend, duftend, mundwässernd, **2.** köstlich, lecker, pikant, würzig, blumig, süffig, prickelnd, schmackhaft, wohlschmeckend, fein, gut, delikat, deliziös, exquisit, exzellent, erlesen, raffiniert, superb, kulinarisch, göttlich, himmlisch, **3.** sauber, proper, zum Anbeißen.

101 **Arbeit** **1.** Tätigkeit, Tun, Handeln, Wirken, Schaffen, Betätigung, Verrichtung, Ausübung, Leistung, Werk, **2.** Erwerbstätigkeit, Beschäftigung, Broterwerb, Beruf, Metier, Anstellung, Stellung, Profession, Position, Stelle, Job, Platz, Arbeitsverhältnis, Arbeitsplatz, Posten, Aufgabe, **3.** Handarbeit, Heimarbeit, Halbtagsarbeit, Teilzeitarbeit, Jobsharing, Akkordarbeit, Fabrikarbeit, Lohnarbeit, Facharbeit, Kopfarbeit, Schwarzarbeit, Telearbeit, Teleworking, **4.** Maloche, Fron, Joch, Knute, Tretmühle.

102 **arbeiten** **1.** tätig sein, etwas tun/schaffen, Arbeit verrichten, sich beschäftigen mit, betätigen, widmen, befassen, abgeben; Arbeit leisten, tun, etwas betreiben, jobben, **2.** Beruf ausüben, einer Beschäftigung nachgehen, Stellung haben, erwerbstätig sein, im Dienst stehen, Amt ausüben, amtieren, fungieren als, seines Amtes walten, **3.** sich regen, rühren, tummeln; Hausarbeit verrichten, produzieren, leisten, vollbringen, malochen, buckeln, werkeln, hantieren, **4.** verfertigen, anfertigen, herstellen; spinnen, weben, wirken, flechten, zimmern, schreinern, tischlern; schmieden, schweißen; handarbeiten, stricken, häkeln, sticken, knüpfen, nähen, sticheln, heften, reihen, steppen, schneidern.

Arbeitnehmer Lohnabhängiger, 103
Lohnempfänger, Arbeiter, Werktätiger; Arbeitskraft, Angestellter, Gehaltsempfänger, Bediensteter; Betriebsangehöriger, Mitarbeiter; Tarifpartner.

arbeitslos erwerbslos, ohne Arbeit/ 104
Arbeitsplatz/Anstellung/Erwerb, stellungslos, ohne Job, beschäftigungslos, unbeschäftigt, brotlos, gekündigt, entlassen, abgebaut, ausgeschieden, ausgeschaltet, auf der Straße, stempelnd, auf Stütze.

Ärger **1.** Gereiztheit, Verstimmung, 105
Verärgerung, Ungehaltenheit, schlechte Laune, Unwille, Unmut, Grimm, Erbostheit, Entrüstung, Erbitterung, Verdruss, Verdrossenheit, Gekränktheit, Verletztheit, Missfallen, Missvergnügen, Missbehagen, **2.** Aufwallung, Empörung, Erregung, Aufgebrachtheit, Verbiesterung, Ingrimm, Zorn, Furor, Gift und Galle, Wut, Wutanfall, Koller, Zähneknirschen, Raserei, Rage, **3.** Ärgernis, Unannehmlichkeit, Widrigkeit, Missgeschick, Geduldsprobe, Nervenprobe, Verdrießlichkeit, Unbilden, Belastung, Gefrett, Schererei, Zores, Schlamassel, Knatsch, Theater, Tanz, Krach, Schwulitäten, Plage, Misshelligkeit, Unzuträglichkeit, Spannungen, dicke Luft, Unstimmigkeiten, Unerquicklichkeiten, Ungelegenheiten, Widerwärtigkeiten, Unliebsamkeiten, Schwierigkeiten, Molesten, Schikanen, Belästigungen.

ärgern (sich) **1.** Scherereien/ 106
Schwierigkeiten machen, Unannehmlichkeiten bereiten, verärgern, auf den Wecker fallen, molestieren, nerven, auf den Geist gehen, ätzen, Nerv töten, enervieren, entnerven, auf die Nerven

fallen, vergrätzen, irritieren, reizen, verschnupfen, verstimmen, sauer/nervös/böse/wild/zornig/rasend machen, in Harnisch bringen, erbosen, erzürnen, auf die Palme bringen, hochbringen, zur Raserei/in Rage bringen, aufbringen, verdrießen, erbittern, ergrimmen, Wände hochjagen, fuchsen, wurmen, stinken, 2. unangenehm berühren, sauer/nervös/böse/heftig/wild/zornig werden, sich erbosen; geladen sein, auffahren, aufbrausen, rotsehen, sich alterieren; aus dem Häuschen/in Harnisch geraten, rotieren, sieden, schäumen, kochen, Wände hochgehen, zu viel/die Krise kriegen, es satt haben/leid sein, genug haben, an die Decke/in die Luft gehen, 3. übel nehmen, krumm nehmen, einschnappen, verargen, verübeln, in den falschen Hals kriegen.

107 **arm** 1. bedürftig, mittellos, ohne Vermögen, vermögenslos, unbemittelt, einkommensschwach, finanzschwach, unterprivilegiert, ohne Einkommen, besitzlos, unversorgt, in Not, von der Hand in den Mund, bettelarm, arm wie eine Kirchenmaus, ohne Geld, abgebrannt, pleite, blank, Not leidend, hungernd, 2. ärmlich, schäbig, armselig, kläglich, dürftig, elend, beklagenswert, kümmerlich, kärglich, mickrig, heruntergekommen, lumpig, abgerissen, verarmt, verelendet, zum Gotterbarmen, erbärmlich, hilfsbedürftig, jämmerlich.

108 **Aroma** Duft, Geruch, Wohlgeruch, Parfüm, Odeur, Blume, Bukett; Geschmack, Wohlgeschmack, Schmackhaftigkeit, Würze, Würzigkeit, Hautgout, Wildgeruch, Süße, Süßigkeit; Mief, Muff, Gestank.

109 **aromatisch** duftend, wohlriechend, balsamisch, blumig, wohlduftend; schmackhaft, wohlschmeckend, köstlich, appetitanregend, pikant, würzig, kräftig; miefig, muffig, stinkend.

110 **Art** 1. Qualität, Beschaffenheit, Zustand, Form, Gepräge, Wesen, Wesensart, Erscheinung, Ausformung, Erscheinungsform, Charakter, Aussehen, Gestalt, Kontur, 2. Gattung, Genre, Kategorie, Rasse, Klasse, Schlag, Sorte, Geschlecht, Stamm, Familie, Spezies, Kaliber, Typus, Couleur, 3. Methode, Manier, Weise, Art und Weise, Stil, Technik, Weg, Modalität, Modus, Duktus.

Artist 1. Zirkuskünstler, Varietékünstler, Jahrmarktskünstler, 2. Akrobat, Athlet, Pantomime, Taschenspieler, Trickkünstler, Gaukler, Zauberkünstler, Eskamoteur, Schlangenmensch, Bodenakrobat, Seiltänzer, Geschicklichkeitskünstler, Clown, Pojatz, Hanswurst, Spaßmacher, Jongleur, Messerwerfer, Trapezkünstler, Hochseilakrobat, Feuerschlucker, Fakir, Schwertschlucker, Dompteur, Dresseur, Bauchredner, Tierbändiger, Todesfahrer, Steilwandfahrer, Kunstfahrer, 3. Stilist, Ästhet, Künstler. 111

Arznei 1. Arzneimittel, Droge, Heilmittel, Medikament, Mittel, Medizin, Hausmittel, Pharmakon, Präparat, 2. Pille, Tablette, Dragee, Zäpfchen, Tinktur, Salbe, Emulsion, Pulver, Tropfen, Injektion, Bestrahlung. 112

Arzt Mediziner, Doktor, Heilkundiger, Medikus, Therapeut, Heiler; Leibarzt, Vertrauensarzt, Schularzt. 113

Atelier Künstlerwerkstatt, Werkstatt, Studio; Filmatelier, Filmstudio, Fotoatelier, Fotostudio. 114

atmen respirieren, leben; einatmen, Luft einziehen, inhalieren, durchatmen, hauchen, schnauben, hecheln, japsen, Atem holen, Luft holen/schöpfen, tief atmen, schnaufen, nach Luft schnappen, keuchen, prusten, nach Atem ringen, ausatmen. 115

Attentat Anschlag, Mordanschlag, Sprengstoffanschlag, Bombenanschlag, Giftgasanschlag, Meuchelmord, Fememord, Überfall, Bluttat. 116

auch 1. ferner, weiter, weiterhin, fernerhin, fürderhin, des Weiteren, ebenfalls, gleichermaßen, gleicherweise, desgleichen, genauso, ebenso, gleichfalls, dito, item, sowie, sowohl, 2. einschließlich, mit, inklusive, samt, nebst, sogar, selbst, ohnedem, ohnedies, 3. außerdem, dazu, zudem, zum anderen, daneben, zusätzlich, obendrein, überdies, plus, extra, noch, darüber hinaus. 117

auffallen abstechen, sich unterscheiden, abheben; ins Auge fallen, Aufsehen erregen, aus der Reihe tanzen, Staub aufwirbeln, Schlagzeilen machen, aus dem Rahmen fallen, Extratour reiten, ausscheren, bemerkt/beachtet werden, sich einprägen; im Gedächtnis haften, Blicke anziehen, Furore machen, überraschen. 118

119 **auffallend** 1. auffällig, Aufsehen erregend, eklatant, frappant, ungewöhnlich, nicht alltäglich, ausgefallen, aus dem Rahmen fallend, besonders, unübersehbar, sichtlich, überraschend, erstaunlich, aufdringlich, in die Augen fallend, ins Auge stechend, 2. eigentümlich, merkwürdig, sonderlich, absonderlich, sonderbar, abweichend, abwegig, anders, seltsam, wunderlich, befremdlich, exzentrisch, eigenbrötlerisch, verzerrt, grotesk, lachhaft, lächerlich, komisch, kurios, spleenig, verschroben, schrullig, närrisch, verstiegen, verdreht, extravagant.

120 **Aufgabe** 1. Auftrag, Beruf, Rolle, Funktion, Obliegenheit, Angelegenheit, Sendung, Mission, Amt, Bestimmung, 2. Schließung, Einstellung, Stilllegung, Liquidierung, Auflassung, Niederlegung, Vergabe, Auslagerung, Outsourcing, 3. Abbestellung, Kündigung, Aufsage, Widerruf, Annullierung, Abmeldung, Stornierung, 4. Frage, Problem, Rätsel, Denksportaufgabe, Schwierigkeit, 5. Übergabe, Preisgabe, Herausgabe, Auslieferung, Verzicht, 6. Schularbeiten, Schulaufgaben, Hausaufgaben, Pensum, Lektion, Lernstoff, Lehrstoff.

121 **Aufgabengebiet** Aufgabenbereich, Aufgabenkreis, Aufgabenkomplex, Arbeitsgebiet, Sachgebiet, Domäne, Arbeitsbereich, Arbeitsfeld, Tätigkeitsbereich, Tätigkeitsgebiet, Sachbereich, Referat, Wirkungsbereich, Wirkungskreis, Ressort, Zuständigkeitsbereich, Kompetenzbereich.

122 **aufgeben** 1. schließen, einstellen, zumachen, dichtmachen, auflösen, aufheben, liquidieren, stilllegen, auflassen, 2. abbestellen, abmelden, aufsagen, abbrechen, kündigen, aufkündigen, zurückziehen, rückgängig machen, annullieren, für ungültig/nichtig erklären, ungeschehen machen, widerrufen, zurücknehmen, stornieren, canceln, streichen, tilgen, entwerten, keinen Wert mehr legen/verzichten auf, 3. abschreiben, ablassen von, abtun, vergessen können, über Bord werfen, fallen lassen, absehen von, beerdigen, verloren geben, zu Grabe tragen, an den Nagel hängen, sausen lassen, sich entgehen lassen, abschminken; fahren lassen, dreingeben, schwinden lassen; Segel streichen, Hoffnung aufgeben, aufstecken, Waffen strecken, Handtuch werfen, resignieren, passen, kapitulieren, Flinte ins Korn werfen, am Ende sein, aus dem letzten Loch pfeifen, sich unterwerfen; Kehle hinhalten, 4. Aufgabe stellen, aufbrummen.

aufheben 1. aufbewahren, verwahren, in Verwahr nehmen, unterbringen, unterstellen, einschließen, sichern, speichern, aufsparen, aufspeichern, sammeln, horten, lagern, einlagern, erhalten, behalten, hüten, bewahren, 2. hochheben, aufsammeln, anheben, auflesen, aufklauben, aufnehmen, aufgreifen, 3. zurückhalten, zurückbehalten, in der Hinterhand haben, in Reserve halten, 4. abschaffen, beheben, annullieren. 123

auflehnen (sich) 1. sich aufstützen, auflegen, anlehnen, lehnen, stützen auf, 2. aufmucken, aufbegehren, sich aufbäumen, wehren, widersetzen; Widerstand leisten, Front machen, opponieren, Kontra geben, Protest erheben, protestieren, sich empören; gegen den Strom schwimmen, Widerstand entgegensetzen, Paroli bieten, sich weigern; entgegentreten, entgegenstellen, sich quer legen, etwas nicht gefallen lassen; aufstehen, sich erheben; rebellieren, meutern, auf die Barrikaden gehen, Sturm laufen gegen, in Aufruhr geraten, revoltieren. 124

aufmerksam 1. gesammelt, konzentriert, angespannt, intensiv, bei der Sache, vertieft, versunken, andächtig, interessiert, dabei, unabgelenkt, offenen Auges, geistesgegenwärtig, auf dem Quivive, präsent, wach, mit wachen Sinnen, hellhörig, wachsam, stutzig, 2. höflich, nett, zuvorkommend, hilfsbereit, rücksichtsvoll. 125

Aufnahme 1. Foto, Lichtbild, Bild, Schnappschuss, Standfoto, Close-up, Take, Dreh; Bandaufnahme, Mitschnitt, Aufzeichnung, 2. Registrierung, Erfassung, Zulassung, Einreihung, Eintragung, Immatrikulation, 3. Empfang, Begrüßung, Willkomm, 4. Zulass, Zutritt, Zugang, Annahme, Rezeption, Anmeldung, Anmelderaum, 5. Einbürgerung. 126

aufnehmen 1. empfangen, willkommen heißen, beherbergen, unterbringen, Quartier geben, einquartieren, 2. zulas- 127 sen, annehmen, einschreiben, eintragen, einbeziehen, eingliedern, einschulen, immatrikulieren, 3. aufsaugen, absorbieren, resorbieren, einsaugen, sich einverleiben; verdauen, verarbeiten, anverwandeln, rezipieren, 4. aufgreifen, weiterspinnen, fortsetzen, 5. protokollieren, niederlegen, zu Protokoll nehmen, mitschreiben, notieren, listen, dokumentieren, fotografieren, filmen, auf Band nehmen, aufzeichnen, mitschneiden, brennen, 6. einbürgern, naturalisieren, nostrifizieren, Staatsangehörigkeit/Staatsbürgerschaft verleihen.

128 **aufpassen** 1. Acht geben, Obacht geben, Ohren spitzen, dabei sein, horchen, lauschen, zuhören, aufmerken, aufhorchen, 2. beobachten, beaufsichtigen, bewachen, im Auge behalten, achten/Acht geben auf, 3. Wacht halten, wachen, Wache/Posten stehen, Wache schieben, 4. sich vorsehen; achtsam sein, sich hüten; ängstlich sein, auf Nummer Sicher gehen, sich in Acht nehmen; Vorsicht walten lassen.

129 **aufregen (sich)** 1. ärgern, erregen, erbittern, aufbringen, hochbringen, 2. ängstigen, beunruhigen, beängstigen, erschrecken, unsicher machen, verunsichern, 3. Staub aufwirbeln, Aufregung verursachen, Aufsehen erregen, in ein Wespennest stechen, Ärgernis erregen, 4. umtreiben, zu schaffen machen, an die Nieren gehen, mitnehmen, angreifen, 5. in Erregung/Wallung geraten, sich ereifern, empören, erzürnen, erhitzen, entrüsten; aufbegehren, explodieren, ausrasten, ausflippen, sich Luft machen.

130 **aufregend** 1. erregend, ergreifend, packend, erschütternd, angreifend, bewegend, spannend, elektrisierend, aufwühlend, aufpeitschend, dramatisch, rührend, aufrüttelnd, beunruhigend, überwältigend, umwerfend, 2. ärgerlich, erbitternd, empörend, verstimmend, aufreizend, aufreibend, störend, nervenzermürbend, alterierend, nervend, entnervend, zum Verrücktwerden /Auswachsen, himmelschreiend, hanebüchen, unglaublich, bodenlos, skandalös, zu bunt, unerhört, starkes Stück, allerhand, happig, nicht zu glauben.

131 **aufrichtig** offen, ehrlich, grundehrlich, gerade, unverstellt, ohne Falsch/Winkelzüge/Hintergedanken, unumwunden, unverhohlen, echt, redlich, verlässlich, aufrecht, wahrhaftig, wahrheitsliebend.

Aufschwung Aufwärtsentwicklung, Wachstum, Auftrieb, Fortschritt, Blüte, Prosperität, Konjunktur, Wirtschaftsaufschwung, Boom, Hoch, Hausse, Take-off, Hochkonjunktur, Wirtschaftsblüte. 132

Aufsicht 1. Beobachtung, Bewachung, Beaufsichtigung, Wacht, Überwachung, Kontrolle, Zensur, 2. Wachhabender; Kontrolleur, Gefängniswärter, Beschließer, Polizist, Politesse, 3. Korrektor, Revisor, Prüfer, Wirtschaftsprüfer, Steuerprüfer. 133

Aufstand 1. Erhebung, Revolte, Insurrektion, Rebellion, Kämpfe, Massenerhebung, Volksaufstand, Umsturz, 2. Putsch, Staatsstreich, Handstreich, Coup d'État, Sturz, Militärputsch, Palastrevolution, Theatercoup, 3. Aufruhr, Unruhen, Wirren, Tumult, Krawalle, Randale. 134

Aufstieg 1. Beförderung, Rangerhöhung, Vorwärtskommen, Fortkommen, Emporkommen, Karriere, Laufbahn, Erfolg, Blitzkarriere, Steilflug, Traumkarriere, 2. Anstieg, Besteigung, Ersteigung, Bergbesteigung, Bergfahrt, Bergwanderung; Ansteigen, Steigung; Himmelfahrt, Erhebung, Elevation. 135

Auftrag 1. Bestellung, Buchung, Vormerkung, Abonnement, 2. Anordnung, Anweisung, Direktive, Weisung, Geheiß, 3. Berufung, Ruf, Bestallung, Aufgabe, Sendung, Entsendung, Mission, Beauftragung, Mandat, Befehl. 136

Aufwand 1. Aufwendungen, Ausgaben, Unkosten, Auslagen; Nebenausgaben, Extraausgaben, Spesen, Tantiemen, Tagegeld, Diäten, 2. Luxus, Verschwendung, Vergeudung, Ausstattung, Gepräge, Prunk, Pomp, Glanz, Staat, Überfluss; Umstände, Mühe. 137

aufwärts nach oben, bergauf, Bergfahrt, hinauf, hinan, empor, himmelwärts, stromauf. 138

aufziehen 1. großziehen, heranziehen, aufbringen, aufpäppeln, 2. hochziehen, hissen, hochwinden, hieven, flaggen, beflaggen, 3. aufmarschieren, antreten, sich aufstellen, formieren, 4. spotten, foppen. 139

140 **Aufzug** 1. Fahrstuhl, Paternoster, Personenaufzug, Lift, Lastenaufzug, Flaschenzug, Winde, Hebewerk, 2. Auftritt, Szene, Bild, Akt.

141 **Augen** Augapfel, Seher, Lichter, Fenster, Gucker, Seelenfenster; Glotzaugen, Glupscher, Froschaugen, Schielaugen, Silberblick, Kuhaugen, Katzenaugen, Mandelaugen; Adleraugen, Falkenaugen, Luchsaugen, Stielaugen; Blick.

142 **ausbrechen** 1. losbrechen, sich entladen; hochgehen, detonieren, explodieren, bersten; aufflammen, aufflackern, entbrennen, manifest werden, zum Durchbruch kommen, 2. losplatzen, losschreien, Nerven verlieren, 3. türmen, auskneifen, fliehen; ausscheren, aussteigen.

143 **Ausbruch** 1. Entladung, Erguss, Explosion, Eruption, Detonation, Knall, Zündung, 2. Wutanfall, Aufwallung, Wutausbruch, Zornausbruch, Raserei, Schimpfkanonade, Raptus, Rappel, Koller, Tobsuchtsanfall, 3. Flucht, Entweichen, Entkommen, Stampede.

144 **ausdauernd** beständig, stetig, fest, gleichmäßig, geduldig, unermüdlich, konstant, beharrlich, zielstrebig, stet, insistierend, hartnäckig, zäh.

145 **ausdehnen (sich)** 1. entfalten, erweitern, ausweiten, expandieren, globalisieren, ausbreiten, verbreiten, vergrößern, ausbauen, aufstocken, erhöhen, 2. zunehmen, anschwellen, sich entwickeln; ansteigen, übergreifen, sich erstrecken; anwachsen, sich häufen; breiter/stärker werden, 3. hinziehen, in die Länge ziehen, auswalzen, breittreten, kein Ende finden, ins Detail gehen, 4. sich ausbreiten, ausweiten; grassieren, um sich greifen, sich durchsetzen, einbürgern, Geltung verschaffen; Kreise ziehen, zur Gewohnheit werden, überhand nehmen, wuchern, überwuchern, üppig werden, ausarten, Formen annehmen, ins Kraut schießen, zur Landplage werden, wimmeln von.

146 **Ausdehnung** 1. Ausweitung, Ausbreitung, Zunahme, Vergrößerung, Erweiterung, Verbreiterung, Vermehrung, Anwachsen, Entfaltung, Expansion, Zuwachs, 2. Ausmaß, Länge, Breite, Weite, Höhe, Tiefe; Dimension, Größe, Umkreis, Größenordnung, Reichweite, Spannweite, Weitläufigkeit, Unbegrenztheit, Unendlichkeit, Grenzenlosigkeit, Globalisierung.

Ausdruck 1. Bezeichnung, Benennung, Wortprägung, Formulierung, Formel, Wendung, Wort, Vokabel, Redewendung, Idiom, Terminus, Fachausdruck, Begriff, 2. Miene, Gesichtsausdruck, Gesichtszüge, Physiognomie, Mienenspiel, Mimik; Gebärde, Gebärdensprache, Gebärdenspiel, Gestikulation, Gestik, 3. Computerausdruck, Abzug, Korrekturabzug, Fahne. 147

ausgesucht 1. gewählt, erlesen, handverlesen, exquisit, superb, erste Wahl, exzellent, edel, erstklassig, 2. erwählt, erkoren, auserwählt, berufen, auserkoren, ausersehen, 3. assortiert, zusammengestellt, gesammelt. 148

ausgezeichnet 1. vorzüglich, vortrefflich, hervorragend, außerordentlich, einmalig, überragend, formidabel, überdurchschnittlich, nicht mit Gold aufzuwiegen, famos, prima, super, bestens, meisterhaft, exzellent, glänzend, brillant, virtuos, 2. schätzenswert, trefflich, preiswürdig, belobigt, ausgelobt, geschmeichelt, preisgekrönt, prämiiert, rühmlich, vorbildlich, nachahmenswert, beherzigenswert, exemplarisch, beispielgebend, beispielhaft, beispiellos, mustergültig, bewundernswert, verehrungswürdig, anbetungswürdig. 149

Ausgleich 1. Einebnung, Applanierung, Angleichung, Ausgleichung, Begradigung, Nivellierung, Egalisierung, 2. Einlösung, Erfüllung, Begleichung, Abrechnung, Deckung, 3. Abtragung, Abzahlung, Bezahlung, Tilgung, Verrechnung, Ablösung, Entlastung, Rückzahlung, Entschuldung, Lösegeld, Loskauf, 4. Übereinkommen, Vergleich, Kompromiss, Schlichtung, Bereinigung, Befriedung, Entspannung, Neutralisierung, Beschwichtigung, Appeasement, 5. Gegengewicht, Widerlager, Gegenpol, Gleichgewicht, Balance. 150

ausgleichen 1. einebnen, applanieren, glätten, nivellieren, egalisieren, begradigen, angleichen, 2. löschen, tilgen, amortisieren, begleichen, ablösen, decken, bezahlen, erstatten, 3. abtragen, abarbeiten, abdienen, abfeiern, ableisten, abwohnen, abbezahlen, abzahlen, abgelten, abstottern, 4. anrechnen, aufrechnen, gutschreiben, verrechnen, ent- 151 lasten, gutbringen, kompensieren, aufwiegen, wettmachen, bereinigen, **5.** balancieren, ausbalancieren, Waage halten, ins Gleichgewicht bringen, Gegengewicht bilden, ins Lot bringen, Gleichgewicht halten, neutralisieren.

152 **auslassen** **1.** weglassen, fortlassen, außer Acht lassen, überschlagen, überspringen, übergehen, ausblenden, übersehen, nicht erwähnen/vorsehen, unterschlagen, verschweigen, aussparen, offen/frei lassen, **2.** ausnehmen, Ausnahme machen, ausschließen, ausklammern, abstrahieren/absehen von, **3.** schmelzen, zum Schmelzen bringen, zerlassen, zerfließen lassen, **4.** länger machen, verlängern.

153 **ausnutzen** **1.** nutzen, anwenden, **2.** ausbeuten, aussaugen, auspressen, auspowern, exploitieren, auspumpen, überfordern, Raubbau treiben, überbürden, überanstrengen, überlasten, überfrachten, das Letzte herausholen, ausschlachten, ausweiden, strapazieren, schröpfen, schlauchen, bluten lassen, melken, ausquetschen, rupfen, ausplündern, ausnehmen, Schindluder/Missbrauch treiben, **3.** absahnen, abzocken, herausschlagen, schmarotzen, schinden, nassauern, ganze Hand nehmen, vor seinen Wagen/Karren spannen, instrumentalisieren, funktionalisieren, missbrauchen.

154 **Ausnutzung** **1.** Benutzung, Nutzung, Gebrauch, Verwendung, Anwendung, Nutzen, Verwertung, Auswertung, Auslastung, Ausschöpfung, Ausschlachtung; Gewinnung, Abbau, Förderung, Nutznießung, Nießbrauch; Recycling, Zweitverwertung, **2.** Exploitation, Ausbeutung, Missbrauch, Abusus, Überanstrengung, Strapazierung, Überforderung, Auspowerung, Auslaugung, Raubbau, Ausplünderung, **3.** Instrumentalisierung, Funktionalisierung.

155 **ausscheiden** absondern, sekretieren, abscheiden, abgeben, ausdünsten, ausschwitzen, ausstoßen, auswerfen, ausströmen, ausspucken, abhusten, Notdurft verrichten, kacken, scheißen, Wasser lassen, pissen, pinkeln, pischern, pieseln, strullen, urinieren.

156 **Ausscheidung** **1.** Absonderung, Abscheidung, Aussonderung, Ausdünstung, Ausfluss, Auswurf, Expektoration, Schweiß, Sekret, Sekretion, Speichel, Spucke, Eiter, Schleim, Rotz, Sputum; Urin, Pisse, **2.** Flatulenz, Exkremente, Kot, Fäkalien, Stuhl, Stuhlgang, Dreck, Kacke, Scheiße, Losung, **3.** Dung, Dünger, Jauche, Mist, Pfuhl, Pudel, Addel, Gülle, **4.** Abgase, Abwässer, Fall-out.

ausschließlich einzig, allein, alleinig, eigens, nur. 157

aussehen wirken, ausschauen, anzusehen sein, Anblick bieten, sich ausnehmen; anmuten, Eindruck erwecken, Anschein haben, scheinen, riechen nach. 158

Aussehen Anblick, Äußeres, Erscheinung, Erscheinungsbild, Gestalt, Figur, Statur, Bau, Körperbau, Wuchs, Habitus, Form, Haltung, Kontur, Profil, Gepräge, Typ; Anstrich, Note, Anmutung, Air, Flair, Touch, Look; Anschein, Augenschein. 159

Außenseiter **1.** Original, Sonderling, Exzentriker, Kauz, Bücherwurm, Stubenhocker, Eigenbrötler; Mauerblümchen, graue Maus, Aschenputtel, **2.** Einzelgänger, Einsiedler, Säulenheiliger, Lonesome Cowboy, einsamer Wolf, Ich-AG; Außenstehender, Randseiter, Outsider, Randexistenz, Marginal Man, **3.** Underdog, Outcast, Outlaw, Ausgestoßener, Unterprivilegierter, Geächteter, Entrechteter, Rechtloser, Paria, Unberührbarer. 160

außer **1.** abgesehen von, ohne, ausgenommen, exklusive, ungerechnet, abzüglich, abgerechnet, bis auf, mit Ausnahme von, vermindert um, uneingerechnet, bar, mangels, sonder, **2.** außer wenn, es sei denn, dass. 161

äußern **1.** sagen, sprechen, reden, schreiben, etwas von sich geben, erklären, kundtun, Wort nehmen, sich zu Wort melden; Wort ergreifen, zur Diskussion sprechen, bemerken, feststellen, anmerken; einwerfen, einflechten, einfügen, einfließen lassen, zwischenwerfen, zwischenrufen, am Rande bemerken, mitreden, mitsprechen, vom Stapel lassen, verzapfen, zur Sprache bringen, sich auslassen, ausbreiten, **2.** ausdrücken, in Worte fassen, verbalisieren, aussprechen, formulieren, artikulieren, bezeichnen, benennen, **3.** bezeigen, erweisen, bezeugen, bekunden, manifestieren, offenbaren, fühlen las- 162 sen, zum Ausdruck bringen, an den Tag legen, zeigen, merken lassen, zu spüren geben, sich anmerken lassen; Gesicht/Miene machen.

163 **außerordentlich** 1. ungewöhnlich, außergewöhnlich, extraordinär, bemerkenswert, hervorstechend, sui generis, singulär, besonders, einmalig, ohnegleichen, unvergleichlich, sondergleichen, über alle Maßen, unnachahmlich, beispiellos, eminent, ausnehmend, unbeschreiblich, unwahrscheinlich, konkurrenzlos, spektakulär, sensationell, Aufsehen erregend, phänomenal, exorbitant, horrend, enorm, namenlos, epochal, Epoche machend, riesig, exzeptionell, unabsehbar, unendlich, immens, ungeheuer, unheimlich, ungemein, fulminant, schrecklich, 2. ungeplant, außerplanmäßig.

164 **Äußerung** 1. Aussage, Feststellung, Auslassung, Erwähnung, Erklärung, Bescheid, Nachricht, Information, Stellungnahme, Kommentar, Beitrag, Darlegung, Ausführung, Redebeitrag, 2. Bemerkung, Anmerkung, Zwischenruf, Zwischenfrage, Einwurf, Einlassung, Einrede, Gegenrede, Einwand, Richtigstellung, Einspruch, Widerrede, Randbemerkung, Ausspruch, 3. Bekundung, Bezeigung, Erweis, Beteuerung, Demonstration, Bezeugung, Message, Botschaft, 4. Evangelium, Bibel, frohe Kunde/Botschaft, Heilsbotschaft, Heilslehre, Heilige Schrift.

165 **Aussicht** 1. Fernsicht, Fernblick, Blick, Sicht, Ausblick, Überblick, Vogelschau, Vogelperspektive, Überschau, Übersicht, Anblick, Panorama, Rundblick, Rundschau, Umschau, 2. Chance, Möglichkeit, Perspektive, Aussichten, Lichtblick.

166 **aussondern** 1. aussortieren, auslesen, verlesen, sieben, sichten, Auswahl treffen, selegieren, beiseite legen, herausfiltern, herauspicken, herauslösen, abtrennen, Spreu vom Weizen trennen, 2. ausrangieren, ausmustern, verwerfen, nicht mehr verwenden, verschrotten, 3. gesondert behandeln, entsorgen, 4. ausgliedern, selektieren.

167 **ausstatten** 1. ausstaffieren, ausrüsten, equipieren, versehen, bestücken, versorgen mit, Mitgift geben, aussteuern, 2. inszenieren, dekorieren, drapieren, ausschmücken, aufmachen, herrichten, verpacken, verkleiden, putzen, schmücken, garnieren, herausputzen, stylen, 3. bemannen, belegen, bewaffnen.

Ausstattung 1. Ausrüstung, Equipierung, Bestückung; Apparatur, Gerät, Equipment, 2. Einrichtung, Möblierung, Innenausstattung, Interieur, Mobiliar; Bühnenbild, Set, 3. Gestaltung, Verpackung, Äußeres, Hülle, Schale, Beiwerk, Drum und Dran, Einkleidung, Verkleidung, Aufzug, Aufmachung, Ausstaffierung, Design, Dekor, Dekorum, Draperie, Verzierung, Putz, Aufputz, Garnierung, Ausschmückung, Staffage, Toilette, Outfit, Styling, Aufmotzung, 4. Aussteuer, Mitgift, Heiratsgut, Morgengabe. 168

Aussteiger Zivilisationsflüchtling, Alternativer, Nonkonformist, Hippie, Beatnik, Punk, Außenseiter, Ausgeflippter, Freak. 169

Ausstellung 1. Schaufenster, Schaukasten, Vitrine, Auslage, 2. Schau, Messe, Markt; Modenschau, Modevorführung; Exposition, Accrochage, Biennale, Themenpark, Weltausstellung, Expo, 3. Panoptikum, Lachkabinett, Wachsfigurenkabinett. 170

Auswahl 1. Auslese, Elite, Selektion, Sonderklasse, Best of, Spitzenklasse, 2. Zusammenstellung, Sortiment, Kollektion, Portfolio, Mustersammlung, Warensortiment, 3. Elitetruppe, Nationalmannschaft, Auswahlmannschaft, 4. Almanach, Anthologie. 171

ausweichen 1. Platz machen, zur Seite gehen, zurückweichen, aus dem Weg gehen, zurücktreten, Vortritt lassen, abbiegen, Bogen machen, herumgehen um, 2. Ausflüchte machen, sich nicht stellen, verschanzen; andere vorschieben, umgehen, hinhalten, ablenken, meiden, kneifen, sich nicht festlegen; offen lassen, sich winden, drehen und wenden, drücken, entziehen; lavieren. 172

ausweisen (sich) 1. ausstoßen, verstoßen, verbannen, in die Verbannung schicken, ins Elend stoßen, des Landes verweisen, vertreiben, ausbürgern, abschieben, exilieren, aussiedeln, evakuieren, deportieren, abtransportieren, verbringen, verschicken; räumen 173 lassen, ausquartieren, exkommunizieren, verfemen, brandmarken, ächten, **2.** sich legitimieren; Identität beweisen, sich identifizieren; Papiere vorlegen.

174 **auszeichnen (sich) 1.** Preis verleihen, prämiieren, diplomieren, ehren, erhöhen, adeln, huldigen, Orden verleihen, dekorieren, kränzen, krönen, preiskrönen, **2.** sich hervortun, profilieren, herausheben; hervortreten, auffallen, von sich reden machen, sich einen Namen machen; Aufsehen erregen, herausragen, hervorstechen, glänzen, übertreffen, Vogel abschießen, Lorbeeren ernten, **3.** Preis festsetzen, beschildern, bezeichnen, auspreisen.

175 **ausziehen (sich) 1.** umziehen, verziehen, Wohnung aufgeben, Wohnsitz wechseln, sich verändern; fortziehen, weggehen, wegziehen, ziehen, umsiedeln, übersiedeln, räumen, auswandern; losziehen, auf die Wanderschaft gehen, **2.** ausreißen, herausziehen, ziehen, extrahieren, entfernen, ausrupfen, auszupfen, entwurzeln, roden, **3.** herausschreiben, Auszug machen, exzerpieren, **4.** entkleiden, auskleiden, entblößen, abstreifen, abwerfen, ablegen, sich der Kleider entledigen, frei machen, entblößen; Striptease machen, strippen, **5.** in die Länge / Breite / Höhe ziehen.

Autobiographie Memoiren, Lebensbericht, Lebensbeschreibung, Lebenserinnerungen, Lebensgeschichte, Biographie, Lebenslauf, Lebenstextur, Selbstbiographie, Selbstdarstellung, Selbstbefragung, Selbstbekenntnis, Selbstzeugnis, Denkwürdigkeiten, Aufzeichnungen, Lebensrückblick, Lebensbeichte, Konfessionen, Memorabilia. 176

avancieren aufsteigen, vorankommen, vorrücken, hochkommen, weiterkommen, sich hocharbeiten, verbessern; vorwärts kommen, aufrücken, Karriere machen, Erfolg haben, seinen Weg machen, es weit bringen, zu Ehren kommen. 177

B

178 **Bad** 1. Badezimmer, Waschraum, Dusche, Nasszelle, Whirlpool, 2. Schwimmbad, Freibad, Hallenbad, Wellenbad, 3. Kurbad, Kurort, Badeort, Seebad, Heilbad, Luftkurort, 4. Moorbad, Solebad, Thermalbad, Dampfbad, Luftbad, 5. Vollbad, Baden, Säuberung.

179 **bahnen** 1. ebnen, glätten, glatt machen, glatt streichen, bauen, pflastern, asphaltieren, planieren, walzen, schlagen, hauen, spuren, gangbar machen, frei machen, 2. vorbereiten, erleichtern, fördern, begünstigen, protegieren.

180 **bald** gleich, demnächst, alsbald, nächstens, in Bälde/Kürze, zeitnah, binnen kurzem, jeden Augenblick, stündlich, kurzfristig, baldigst, über ein Kleines/kurz oder lang, dieser Tage, in nächster/absehbarer Zeit, über Nacht, heute oder morgen, in Sicht, steht vor der Tür, drauf und dran, steht zu erwarten/bevor.

181 **Balkon** Veranda, Loggia, Terrasse, Altan, Vorbau, Erker, Söller, Chörlein, Wintergarten.

182 **banal** gewöhnlich, alltäglich, selbstverständlich, abgedroschen, abgenutzt, abgebraucht, billig, verbraucht, abgestanden, abgegriffen, schal, flach, platt, öde, seicht, ausgeleiert, abgelutscht, gemeinplätzig, gedankenarm, geistlos, substanzlos, einfallslos, geistesarm, witzlos, hohl, inhaltslos, unbedeutend, epigonal, epigonenhaft, oberflächlich, nichts sagend, redundant, hausbacken, spießig, poesielos, ideenlos, phantasielos, geisttötend, nüchtern, prosaisch, trivial, aus zweiter Hand, aufgewärmt, konventionell, eklektisch, redensartlich, ohne Tiefgang, floskelhaft, formelhaft, phrasenhaft, profan, stereotyp, abgeschmackt, inflationär.

183 **Banalität** 1. Flachheit, Plattheit, Seichtheit, Trivialität, Abgedroschenheit, Abgeschmacktheit, Alltäglichkeit, Profanität, Profanierung, Gemeinplatz, Schlagwort, Phrase, Selbstverständlichkeit, Gemeinplätzigkeit, Epigonenhaftigkeit, Eklektizismus, Gedankenarmut, Geistlosigkeit, Substanzlosigkeit, Geschwätz, Redundanz, Geistesarmut, Einfallslosigkeit, Witzlosigkeit, Plattitüde, Phantasielosigkeit, Abziehbild, Binsenwahrheit, Binsenweisheit, 2. Spießertum, Spießigkeit, Spießbürgerlichkeit, Engstirnigkeit.

Bank 1. Sitzbank, Schulbank, Eckbank, Holzbank, Gartenbank, Steinbank, 2. Geldinstitut, Kreditanstalt, Ökobank, Kreditinstitut, Sparkasse, Darlehenskasse, Girobank, Hypothekenbank, Privatbank, Bankhaus, 3. Datenbank, Genbank. 184

Bankrott Zahlungseinstellung, Zahlungsunfähigkeit, Illiquidität, Nonvalenz, Insolvenz, Konkurs, Liquidierung, Falliment, Liquidation, Geschäftsaufgabe, Offenbarungseid; Pleite, Fiasko, Ruin, Zusammenbruch. 185

Barbar Kulturbanause, Kunstbanause, Wüstling, Sittenverderber, Rohling, Unmensch, Gewaltmensch, Zerstörer, Vernichter, Zornnickel, Wüterich, Berserker, Verwüster, Vandale, Ungeheuer, Ungetüm, Unhold, Untier, Monstrum, Geißel, Gottesgeißel, Kujon, Quäler, Folterknecht, Mordbube, Sadist, Ausgeburt, Bluthund, Scheusal, Bestie, Biest, Tier, Vieh. 186

Bart Schnurrbart, Lippenbart, Schnauzbart, Spitzbart, Knebelbart, Kinnbart, Backenbart, Vollbart, Rauschebart; Bärtchen, Fliege, Ziegenbart, Zwirbelbart, Kaiser-Wilhelm-Bart; Stoppelbart, Dreitagebart, Stoppeln, Flaum, Milchbart. 187

basteln handwerkern, heimwerkern, selber machen, tüfteln, pusseln, fummeln, werkeln, herumpusseln, handarbeiten. 188

Bauer 1. Landwirt, Agronom, Landbewirtschafter, Farmer, Agrarier, Rancher, Viehzüchter, Gutsbesitzer, Gutsherr, Landmann, Landarbeiter, Siedler, Krauter, 2. Käfig, Vogelkäfig, Vogelbauer, Voliere, Vogelhaus, 3. Landei, Dummkopf. 189

Bauernhof Hof, Wirtschaft, Landwirtschaftsbetrieb, Gut, Gutshof, Gehöft, Landgut, Domäne, Farm, Ranch, Latifundien, Hazienda, Plantage, Pflanzung. 190

191 **Baumeister** Architekt, Erbauer, Bauplaner, Konstrukteur, Baukünstler, Entwerfer, Gestalter, Bauherr, Bauträger, Gründer.

192 **Bauteil** 1. Bauelement, Baustein, Element, Teil, Partikel, Komponente, Modul, Chip, 2. Atom, Elementarteilchen, Teilchen, Masseteilchen, Korpuskel.

193 **beachten** 1. Acht haben, im Auge behalten, sich angelegen sein lassen; ernst nehmen, 2. berücksichtigen, Rücksicht nehmen auf, in Betracht ziehen, bedenken, mit berücksichtigen, einbeziehen, anrechnen, einkalkulieren, einplanen, respektieren, Beachtung schenken, Rechnung tragen, in Rechnung stellen, in Anschlag bringen, beherzigen, befolgen.

194 **Beamter** Staatsbediensteter, Amtsträger, Amtsperson, Staatsdiener, Beschäftigter im öffentlichen Dienst.

195 **beanspruchen** 1. Anspruch erheben, prätendieren, Ansprüche geltend machen, einklagen, reklamieren, für sich haben wollen, Ansprüche stellen, verlangen, abverlangen, fordern, einfordern, abfordern, postulieren, wollen, heischen, trachten, ersuchen, pochen auf, sich ausbedingen, ausbitten, ausgebeten haben, anmaßen, erlauben; zumuten, sich vorbehalten; an sich reißen; bestehen auf, zur Bedingung machen, abhängig machen von, beanspruchen können, Anspruch/ein Recht haben auf, verlangen können, 2. in Anspruch nehmen, mit Beschlag belegen, absorbieren, monopolisieren, 3. anstrengen, anspannen, stressen, einspannen, bemühen, belasten, viel verlangen, in Atem halten, hetzen, herumjagen, herannehmen.

196 **beanstanden** aussetzen, einwenden, auszusetzen haben, nicht in Ordnung finden, tadeln, rügen, nörgeln, kritteln, quengeln, missbilligen, Haar in der Suppe finden, kritisieren, Anstoß nehmen, bemängeln, bemäkeln, monieren, anmahnen, reklamieren, ablehnen, nicht anerkennen/zufrieden sein, sich beschweren; Einspruch erheben, sich beklagen; klagen, ausstellen.

197 **beantragen** Antrag stellen/einbringen/einreichen/unterbreiten/vorlegen; vortragen, petitionieren, Eingabe machen, Gesuch einreichen, vorstellig werden, einkommen um.

bearbeiten 1. behandeln, ausarbeiten, ausführen, gestalten, abhandeln, 2. durchackern, zurichten, durcharbeiten, überarbeiten, feilen, schleifen, ausfeilen, abschleifen, umschreiben, komprimieren, kürzen, glätten, verbessern, vervollkommnen, vervollständigen, letzte Hand anlegen, korrigieren, redigieren, 3. umpflügen, beackern, bebauen, bepflanzen, anbauen, bewirtschaften, kultivieren, umpflanzen, umsetzen, pikieren, versetzen, verpflanzen, 4. weiterverarbeiten, veredeln, raffinieren; aufbereiten, wieder verwenden, einschleusen, recyceln, 5. beeinflussen, umstimmen, zusetzen, unter Druck setzen, weich machen, bedrängen, in die Mangel nehmen, 6. dramatisieren, in Dramenform bringen, für die Bühne einrichten, in Szene setzen, verfilmen, auf die Leinwand bringen, filmisch umsetzen, Remake/Remix machen, orchestrieren. 198

bebildern illustrieren, mit Bildern versehen, Bilder beigeben, ausschmücken, aufmachen, auflockern, ausstatten, illuminieren, ausmalen. 199

bedecken abdecken, verdecken, umhüllen, einhüllen, verhüllen, bekleiden, umkleiden, verhängen, zuhängen, überdecken, behängen, bewerfen, zudecken, überlagern, überlappen, überkleben, bepflastern, beziehen, überziehen, bespannen, tapezieren, verschalen, verblenden, verputzen, verkleiden, übertünchen, furnieren, täfeln, paneelieren, vertäfeln, auskleiden, auslegen, Fußboden/Parkett legen, überwachsen, bewachsen, zuwachsen. 200

bedeuten 1. zu bedeuten haben, Bedeutung/Sinn haben, besagen, aussagen, meinen, heißen, ausdrücken, beinhalten, auf sich haben, sagen wollen, darstellen, verkörpern, repräsentieren, vorstellen, 2. ins Gewicht fallen, etwas ausmachen, Gewicht haben, zählen, wiegen, von Belang sein, 3. Geltung besitzen, jmd. sein, etwas darstellen/vorstellen, Achtung genießen, in Ansehen stehen, Ruf/Nummer haben, wichtig sein, geschätzt werden, Persönlichkeit/Faktor sein, 4. gelten, gültig/in Kraft sein. 201

Bedeutung 1. Sinn, Gedanke, Gehalt, Bewandtnis, Semantik, 2. Geltung, 202

Gewicht, Belang, Ansehen, Berühmtheit, Öffentlichkeitswirksamkeit, Prominenz, **3.** Wichtigkeit, Gewichtigkeit, Interesse, Aktualität, Dringlichkeit, Relevanz, Tragweite, Bedeutsamkeit, Wert, Rang, Würde, Tiefe, Größe, Schwere, Erheblichkeit, Ernst, Stellenwert, **4.** Hintersinn, Nebensinn, Nebenbedeutung, Konnotation, Bedeutungsfeld, Sinnhorizont.

203 **bedienen** **1.** handhaben, regulieren, betätigen, umgehen mit, hantieren, handeln, betreiben, manipulieren, schalten, steuern, führen, **2.** aufwarten, servieren, auftragen, auftischen, vorsetzen, vorlegen, bewirten; beliefern, Service leisten, abfertigen, besorgen, beschaffen.

204 **Bedienung** **1.** Handhabung, Lenkung, Schaltung, Steuerung, Betreibung, Manipulation, Betätigung, Anwendung, Handling, Führung, Regulierung, **2.** Abfertigung, Behandlung, Betreuung, Aufwartung, Versorgung, Dienstleistung, Bewirtung, Servieren, Service, **3.** Kellnerin, Serviererin, Servierfräulein, Saaltochter, Zimmermädchen, Empfangsdame, Stewardess; Kellner, Ober, Oberkellner, Zimmerkellner, Etagenkellner, Weinkellner, Zahlkellner, Steward, **4.** Kundendienst, Service.

205 **bedingt** mit Vorbehalt, vorbehaltlich, nicht unbedingt, begrenzt, eingeschränkt, örtlich, lokal, partikular, regional, strukturell, unter Umständen, nicht in jedem Fall, eventuell, je nachdem, von Fall zu Fall, zweckgebunden, auf Abruf / Widerruf / Bewährung, bei Bedarf, auf Verlangen, falls; zeitbedingt, wetterbedingt, saisonbedingt.

206 **Bedingtheit** Relativität, Abhängigkeit, Determiniertheit, Bezüglichkeit; bedingte Geltung, Einschränkung, Eingeschränktheit.

207 **Bedingung** **1.** Voraussetzung, Kondition, Prämisse, Annahme, Klausel, Einschränkung, Beschränkung, Vorbehalt, Vorbedingung, Eckpunkt, Grundbedingung, Conditio sine qua non, **2.** Bestimmung, Festsetzung, Auflage, Maßgabe.

208 **beeinflussen** Einfluss nehmen, bereden, bewegen, einreden, einflüstern, einflößen, einblasen, soufflieren, anstiften, einwirken, bearbeiten, suggerieren, manipulieren, indoktrinieren, infizieren, infiltrieren, verführen, zu bewegen suchen, empfehlen, anempfehlen, Wort einlegen, zuraten, zusetzen, zureden, überreden, aufreden, aufschwatzen, beschwatzen, einwickeln, hypnotisieren, fernlenken, fernsteuern, impfen, massieren, einimpfen, programmieren, Floh ins Ohr setzen, schmackhaft machen, antichambrieren.

Befehl **1.** Bestimmung, Auftrag, Geheiß, Gebot, Anweisung, Weisung, Direktive, Erlass, Anordnung, Edikt, Dekret, Kommando, Order, Befehlsgewalt, Diktat, Machtspruch, Ukas, **2.** Einberufung, Gestellungsbefehl, Aushebung. 209

befestigen **1.** anmachen, anbringen, festmachen, fixieren, anziehen, festzurren, anstecken, anheften, aufhängen, anmontieren, binden, stecken, heften, knoten, Knoten schürzen, verknoten, zusammenknoten, kleben, ankleben, anschlagen, festkleben, pappen, nageln, kitten, leimen, kleistern, schrauben, festschrauben, anschrauben, verschrauben; schnallen, anschnallen, festschnallen, Gurt anlegen, zuschnallen; spießen, aufspießen, feststecken, anpinnen, anstecken, dübeln, eindübeln, knöpfen, löten, verschweißen, anschmieden, eingipsen, anklammern, anketten, annageln, verklammern, **2.** festigen, stärken, erhärten, konsolidieren, verfestigen, versteifen, stabilisieren, stützen, zementieren, sichern, absichern, **3.** bekräftigen, verankern, vertiefen, festlegen. 210

Befestigung **1.** Anbringung, Verbindung, Verknüpfung, Verstrebung, Verkettung, Verankerung, **2.** Nagel, Stift, Schraube, Dübel, Pflock, Dalbe, Poller, Spund, Zapfen, Bolzen, Scharnier, Gelenk, Fuge, Angel, Pfriem, Dorn, Klammer, Spange, Öse, Schlinge, Schnalle, Haken, Sicherheitsnadel, **3.** Bindemittel, Klebstoff, Leim, Kleister, Kitt, Mörtel, Zement, **4.** Befestigungsanlage, Befestigungswerk, Bollwerk, Wehr, Verteidigungsanlage, Redoute, Schanze, Festungswall, Bastei, Bastion, Umwallung, Barrikade, Schützengraben, Unterstand, Geschützstand, Kasematte, Bunker, Schutzraum, Luftschutzkeller, Schutzzone, Cordon sanitaire; Feste, Festung, Burg, Kastell, Stadtfeste, Zitadelle, Fort, Wall, Mauer, Wand, Damm, 211

Deich, Mole, Reede, Hafendamm, Staudamm.

212 **befinden, sich** 1. sein, liegen, stehen, gelegen/zu suchen sein, sich erstrecken; daliegen, 2. sich fühlen; ergehen, gehen, stehen mit, zumute sein, 3. sich aufhalten; zu finden sein, wohnen, leben, stecken, verweilen.

213 **befreien (sich)** 1. losmachen, loslösen, loseisen, losbinden, freimachen, loslassen; freikommen, loskommen, loswerden, vom Halse schaffen, abwälzen, sich entledigen, entwinden, 2. entbinden, entlasten, freistellen, freilassen, beurlauben, entpflichten, dispensieren, entheben, freigeben, suspendieren, 3. entladen, entspannen, entfesseln, lösen, enthemmen, entriegeln, erleichtern, Herz ausschütten, sich abreagieren, aussprechen, 4. sich freimachen, emanzipieren; selbständig werden, sich selbständig/unabhängig machen, abnabeln, freischwimmen, auf eigene Füße stellen; autonom / souverän werden, Joch / Knechtschaft abschütteln, 5. Bresche schlagen, freikämpfen, entsatzen, heraushauen, freipressen, 6. ausspannen, ausschirren, abhalftern, abzäumen, absatteln, auswildern, 7. sich bloßstrampeln, aufdecken, entblößen; Decke wegstoßen, bloßliegen.

214 **befriedigen (sich)** 1. genügen, erfreuen, dienen, nützen, Anforderungen entsprechen, zufrieden stellen, genugtun, Wünschen nachkommen, es recht machen, entschädigen; gefallen, ausfüllen, erfüllen, 2. sich selbst befriedigen, einen runterholen; onanieren, masturbieren, wichsen.

215 **befürworten** empfehlen, anempfehlen, ans Herz legen, Lanze brechen, sich einsetzen, verwenden; sprechen/eintreten für, begrüßen, willkommen heißen, dafür sein, stimmen/votieren/plädieren für, gutheißen, billigen.

216 **begeben, sich** 1. sich verfügen nach, hinbegeben, wenden, wegbegeben; gehen / fliegen / laufen / fahren / wandern/reisen nach, 2. geschehen, sich ereignen, zutragen, abspielen; erfolgen, vorfallen, passieren, zustoßen, widerfahren, hereinbrechen, eintreten, sich einstellen; bieten, vorkommen, unterkommen, begegnen, sich ergeben, fügen; nicht ausbleiben, unterlaufen, 3. stattfinden, statthaben, vor sich gehen, abgehen, ablaufen, abrollen, vorgehen, sich vollziehen; verlaufen, vonstatten/über die Bühne gehen, veranstaltet werden, seinen Lauf nehmen.

begehren 1. wollen, wünschen, an- 217
streben, erstreben, beanspruchen, fordern, verlangen, heischen, trachten nach, ersehnen, brennen auf, zu tun sein um, sich reißen/bewerben um; Wert legen auf, wichtig nehmen, sich angelegen sein lassen; Wert beimessen, viel hermachen von, Gewicht beilegen, Anliegen sein, 2. haben wollen, verlangen/hungern nach, Appetit/Lust haben auf, Wasser im Mund zusammenlaufen, Mund wässern, dürsten, lechzen, schmachten, fiebern, gieren, gelüsten nach, entbrennen; sich verzehren; buhlen, drängen/schmachten/jappen nach, vergehen vor, sich sehnen nach; nachtrauern, sich zurücksehnen.

begehrlich 1. begierig, gierig, sinn- 218
lich, wild, lüstern, dürstend, lechzend, verlangend, unstillbar, erpicht, verrückt nach, versessen, scharf auf, genusssüchtig, 2. hungrig, hungernd, ausgehungert, heißhungrig, esslustig, nimmersatt, verfressen, gefräßig; naschhaft, schleckrig, genäschig, leckerhaft, süßer Zahn, durstige Kehle, trinkfreudig, 3. lebenshungrig, erlebnishungrig, lebensgierig, 4. konsumorientiert, kauflustig, kaufversessen, im Konsumrausch, mediengeil, prominentengeil.

begeistern (sich) 1. anregen, er- 219
wärmen, befeuern, anfeuern, beflügeln, entflammen, entzünden, mitreißen, entzücken, enthusiasmieren, erheben, hinreißen, trunken machen, elektrisieren, packen, aufregen, berauschen, antörnen, anmachen, 2. anbeißen, Feuer fangen, sich einlassen auf; erglühen, sich erhitzen; mitgerissen werden, außer sich geraten, sich mitreißen lassen; in Fahrt kommen, Kopf verlieren, schwärmen, hingerissen/erfüllt/Feuer und Flamme sein, abheben/abfahren auf, ausflippen.

begleiten 1. mitgehen, Geleit geben, 220
geleiten, heimbringen, heimgeleiten, heimfahren, mitnehmen, eskortieren, Straße säumen, Spalier stehen, sich anschließen, zugesellen; mitkommen, 2. einstimmen, mitspielen, mitsingen, untermalen, führen.

221 **beglücken** 1. beseligen, entzücken, euphorisieren, bezaubern, Freude bereiten, erfreuen, erfüllen, ausfüllen, befriedigen, 2. durchwirken, durchwalten, erleuchten, erwärmen, durchwärmen, besonnen, durchstrahlen, erhellen, mit Sinn erfüllen, 3. beschenken, spenden.

222 **Begriff** Kategorie, Definition, gedankliche Einheit, Schlüsselwort, Terminus, Term, Wort, Bezeichnung; Vorstellung, Idee, Anschauung, Bild.

223 **Behälter** Behältnis, Kiste, Kasten, Schachtel, Gefäß, Sack, Tonne, Tank, Kanister, Tube, Röhre, Kapsel, Büchse, Dose, Flasche, Vase, Hülle, Etui, Futteral, Scheide, Holster, Halfter, Beutel, Ranzen, Koffer, Mappe, Korb, Bottich, Becken, Schale, Schüssel, Urne; Großbehälter, Sammelbehälter, Container.

224 **behandeln** 1. handhaben, verfahren, anpacken, umspringen/umgehen mit, 2. ärztlich versorgen, verarzten, untersuchen, diagnostizieren, therapieren, betreuen, beistehen, 3. erörtern, abhandeln, durchnehmen, zum Thema nehmen, schreiben über; thematisieren, zum Thema/Gegenstand haben, durchsprechen, handeln von, sich drehen um; handeln über, gehen um, beinhalten.

225 **Behandlung** 1. Handhabung, Gebrauch, Bedienung, Umgang, Thematisierung, Erörterung, Durchnahme; Ausarbeitung, 2. Bearbeitung, Überarbeitung, Redaktion, Verbesserung, Korrektur, Ausbesserung, Retusche, 3. Untersuchung, Diagnostik, ärztliche Versorgung, Betreuung, Therapie, Heilbehandlung, Heilmethode.

226 **behaupten (sich)** 1. versichern, hinstellen, ausgeben als, für wahr erklären, beteuern, betonen, bestehen/beharren auf, festhalten an, vertreten, bleiben bei, aufrechterhalten, nicht ablassen von, verteidigen, 2. sich durchsetzen; Feld behaupten, standhaft bleiben, standhalten, sich tapfer halten; durchhalten, durchstehen, keep smiling, Ohren/Nacken steifhalten, auf dem Posten bleiben, ausharren, aushalten, bestehen, bei der Stange bleiben, nicht lockerlassen/aufgeben, sich nicht entmutigen lassen; nicht nachlassen, hart bleiben, sich bewähren, Sporen verdienen, durchbeißen; Rückgrat zeigen, reüssieren, 3. widerstehen, sich entgegenstellen, auf die Hinterbeine stellen, zur Wehr setzen; resistieren, Widerstand leisten.

beheimatet 1. ansässig, wohnhaft, mit Sitz in, sesshaft, einheimisch, endemisch, heimisch, eingesessen, alteingesessen, daheim, zu Hause, 2. behaust, geborgen, geschützt, sicher. 227

beherrschen, sich zurückhalten, mäßigen, zügeln, enthalten, bezwingen, disziplinieren, selbst besiegen, überwinden, bändigen, bemeistern, Zwang antun, an sich halten; Ruhe/Fassung/Contenance bewahren, sich zusammennehmen, in der Hand/in der Gewalt haben, in die Hand bekommen, am Riemen reißen, fassen; zu sich kommen; auf dem Teppich bleiben, sich nichts anmerken lassen; Zähne zusammenbeißen, sich zusammenreißen, nicht gehen lassen; Haltung bewahren, Gesicht wahren. 228

Beherrschung 1. Beherrschtheit, Gefasstheit, Haltung, Contenance, Fassung, Gelassenheit, Selbstbeherrschung, Selbstüberwindung, Disziplin, 2. Können, Qualifikation, Fähigkeit, 3. Macht, Gewalt, Zwang. 229

Behörde Verwaltung, Administration, Beamtenschaft; Dienststelle, Amt, Bürokratie, Instanz. 230

Beifall Beifallklatschen, Beifallsbekundung, Applaus, Klatschen, Händeklatschen, Ovation, Standing Ovations, Bad in der Menge, Dakaporufe, La Ola, Beifallssturm, Jubel, tosender/nicht enden wollender Beifall; Akklamation, Lob, Echo, Anerkennung. 231

Beigeschmack Nebengeschmack, Nachgeschmack, Anflug, Spur, Unterton, Nuance, Beiklang, Nebenklang, Nebenbedeutung, Nebensinn, Hintersinn. 232

beisetzen 1. begraben, beerdigen, bestatten, zu Grabe tragen, zur letzten Ruhe betten, der Erde übergeben, letztes Geleit geben, letzte Ehre erweisen, unter die Erde bringen, einäschern, verbrennen, kremieren, seebestatten, erdbestatten, 2. liegen, begraben sein/liegen, letzte Ruhestätte haben, sein Grab finden. 233

Beisetzung 1. Begräbnis, Beerdigung, Leichenbegängnis, Einsegnung, Bestattung, Grablegung, 2. Einäsche- 234 rung, Verbrennung, Feuerbestattung, Seebestattung, Erdbestattung.

235 **Beispiel** Exempel, Paradigma, Musterbeispiel, Paradebeispiel, Schulbeispiel, Präzedenzfall, Musterfall, Vorbild, Beleg.

236 **bekommen** 1. erhalten, erlangen, empfangen, ergattern, kriegen, erreichen, zuteil werden, zufallen, anheim fallen, Zuschlag bekommen, zufließen, zufliegen, zulaufen, abkriegen, erben, abbekommen, mitkriegen, geschenkt bekommen, 2. gut tun, wohl tun, zuträglich/verträglich sein, anschlagen, 3. davontragen, sich infizieren, einfangen, holen, zuziehen, einhandeln.

237 **belasten** 1. beladen, bepacken, aufbürden, aufladen, voll laden, aufpacken, voll packen, füllen, befrachten, 2. auferlegen, zumuten, aufhalsen, in Atem halten, ermüden, beanspruchen, stressen, schlauchen, hernehmen, überfordern, überanstrengen, strapazieren, 3. zur Last fallen, auf der Tasche liegen, Mühe und Kosten verursachen, 4. abziehen, als Schuld buchen, debitieren, anlasten, berechnen, anschreiben; besteuern, veranlagen, 5. bedrücken, beschweren, beengen, einengen, drücken, quälen, betrüben, kränken, beschuldigen.

238 **belehrend** 1. lehrreich, aufschlussreich, instruktiv, informativ, veranschaulichend, verdeutlichend, beleuchtend, bildend, erhellend, interessant, wissenswert, 2. erzieherisch, pädagogisch, lehrhaft, didaktisch; schulmeisterlich, dozierend, krittelig, mit erhobenem Zeigefinger, gouvernantenhaft, oberlehrerhaft, professoral.

239 **beleidigend** 1. kränkend, verletzend, gehässig, böswillig, ausfällig, persönlich, unsachlich, anzüglich, grob, unverschämt, ausfällig, ausfallend, 2. ehrverletzend, ehrenrührig, beschämend, schändlich, sexistisch, schimpflich, schmählich, schandbar, diskriminierend, diffamierend, herabsetzend, entwürdigend, demütigend, erniedrigend.

240 **Beleidigung** Kränkung, Verletzung, Ausfall, Affront, Invektive, Injurie, Verbalinjurie, Ausfälligkeit, Beschimpfung, Polemik, Insult, Insultation, Anfeindung, Missachtung, Verunglimpfung, Canossagang, Ehrverletzung, Schmähung, Herabsetzung, Diskriminierung, Diffamierung, Verleumdung, Pöbelei, Tort, Infamie, Verlästerung, Demütigung, Entwürdigung, Erniedrigung, Sexismus.

beleuchten 1. erhellen, hell machen, illuminieren, bestrahlen, anstrahlen, bescheinen, anleuchten, anscheinen, beglänzen, belichten, erleuchten, besonnen, Licht anmachen/anknipsen/andrehen / anzünden / einschalten, ableuchten, ausleuchten, aufblenden, 2. darstellen, darlegen, veranschaulichen, auslegen, deuten, erklären, interpretieren, kommentieren, herausstellen, hervorheben, pointieren. 241

beliebig nach Belieben/Wahl/Gutdünken/eigenem Ermessen, fakultativ, arbiträr, wahlweise, freistehend, nach Wunsch, wie es beliebt, ad libitum, wunschgemäß, nach Wohlgefallen, je nachdem, unbeschränkt, unbegrenzt, uneingeschränkt, irgendwie, wie gewünscht, nach Herzenslust, wahllos, x-beliebig, zufällig, willkürlich. 242

beliebt 1. geschätzt, bewundert, wohlgelitten, Stein im Brett, gut angeschrieben, gepriesen, umschwärmt, bejubelt, populär, volkstümlich, en vogue, in, modisch, 2. gängig, gern gekauft, viel verlangt, gut eingeführt, gesucht, begehrt, gefragt, bekannt, 3. besucht, frequentiert, anerkannt, gute Presse, häufig besucht, immer ausverkauft. 243

bellen 1. anschlagen, melden, Laut geben, kläffen, blaffen, belfern, heulen, jaulen, winseln, knurren, 2. schimpfen, anfahren, giften. 244

bemühen (sich) 1. heranziehen, in Beschlag nehmen, zu Rate ziehen, 2. sich interessiert zeigen; interessiert sein an, umwerben, buhlen, werben um, Interesse zeigen, ansuchen/anhalten um, zu bekommen trachten, sich anstrengen. 245

benutzen gebrauchen, brauchen, verwenden, anwenden, verwerten, sich bedienen, zunutze machen; nutzen, begehen, befahren, bespielen, nießnutzen, nutzbar machen, auswerten, ausnutzen, Gebrauch machen von, in Gebrauch nehmen, Nutzen ziehen aus, Gelegenheit ergreifen, beim Schopfe fassen, zu Rate ziehen, besuchen, frequentieren. 246

247 **beobachten** 1. hinsehen, anschauen, zuschauen, zuhören, zusehen, betrachten; Acht geben/Acht haben/achten auf, aufpassen, Augen offen halten, ins Auge fassen, im Auge behalten, nicht aus den Augen lassen, jmdm. nachsehen, mit Blicken verfolgen, 2. verfolgen, beschatten, überwachen, bespitzeln, observieren, kiebitzen, linsen, lugen, spähen, äugen, spitzen, luchsen, lauern, spionieren, nachspionieren, belauern, ausspähen, auf der Lauer liegen, beschnüffeln, nachschnüffeln, ausschnüffeln, belauschen, abhören, abhorchen.

248 **Beobachter** 1. Betrachter, Zuschauer, Augenzeuge, Zeuge, Zuhörer, Voyeur, Spanner, Schaulustiger, Gaffer, Zaungast, 2. Aufpasser, Detektiv, Ermittler, Fahnder, Spürhund, Spürnase, Suchhund, Kundschafter, Späher, Spion, Undercover, Maulwurf, Sleeper, Schläfer, Agent, Spitzel, Kiebitz, Lauscher, Horchposten, Schnüffler, Aushorcher, Informant, IM, informeller Mitarbeiter, V-Mann.

249 **Bequemlichkeit** 1. Komfort, Annehmlichkeit, Wohnlichkeit, Behaglichkeit, Gemütlichkeit, Trautheit, Traulichkeit, Heimeligkeit, Stallwärme, 2. Faulheit, Nachlässigkeit, Trägheit, Mundfaulheit.

250 **berauscht** 1. animiert, angesäuselt, angeheitert, beschwipst, beduselt, benebelt, einen in der Krone, schicker, weinselig, alkoholisiert, angetrunken, bezecht, voll des süßen Weines, voll, betrunken, im Tran/Rausch, granatenvoll, zu, sternhagelvoll, blau, schwer geladen, stockbetrunken, hackevoll, Schlagseite, besoffen, stockbesoffen, 2. bekifft, stoned, high, psychedelisch; trunken, wonnetrunken, entrückt, in Trance, begeistert.

251 **berechnen** 1. rechnen, Berechnung anstellen, ausrechnen, durchrechnen, anrechnen, errechnen, bemessen, kalkulieren, veranschlagen, vorausberechnen, überschlagen, Voranschlag machen, schätzen, taxieren, fakturieren, saldieren, 2. rechnen/spekulieren/sich spitzen auf; seinen Vorteil suchen, sich jmdn. warmhalten; Fuß in der Tür halten, erbschleichen, mit der Wurst nach der Speckseite werfen.

252 **berechtigt** 1. erlaubt, legal, gestattet, zugestanden, bewilligt, genehmigt, rechtens, rechtmäßig, statthaft, zulässig, unbestreitbar, unbeanstandet, unbenommen, unverwehrt, mit Fug und Recht, 2. befugt, anerkannt, bestätigt, beglaubigt, bevollmächtigt, autorisiert, legitimiert, ausgestattet, betraut mit, verliehen, bescheinigt, beauftragt, bestellt, bevorrechtet, privilegiert.

beredt 1. wortgewandt, sprachgewandt, redegewandt, beredsam; zungenfertig, mundfertig, nicht auf den Mund gefallen, schlagfertig, eloquent, 2. gesprächig, wortreich, redselig, plapperhaft, geschwätzig, schwatzhaft, plauderhaft, ohne Punkt und Komma, deklamatorisch, monologisch. 253

bereit 1. gesonnen, geneigt, gewillt, bereitwillig, willig, willens, erbötig, beflissen, gern, entgegenkommend, gefällig, willfährig, 2. zur Hand, bei der Hand, zur Verfügung, verfügbar, zur Disposition, disponibel, parat, funktionsfähig, entstört, einsatzbereit, startklar, startbereit, in Bereitschaft, abrufbereit, in der Pipeline, stand-by, 3. im Begriff, drauf und dran, dabei, auf der Stelle, sofort, auf dem Sprung. 254

Bereitschaft Bereitwilligkeit, Beflissenheit, Willigkeit, Willfährigkeit, Erbötigkeit, Entgegenkommen; Verfügbarkeit, Disponibilität. 255

bereuen bedauern, beklagen, Reue empfinden, reuen, gereuen, schmerzen, sich zu Herzen nehmen; Leid tun, zu schaffen machen, sich schämen; am Herzen nagen, Gewissensbisse haben, an die Brust schlagen, moralischen Kater haben, Einkehr halten, in sich gehen, sich schuldig bekennen; abschwören, ungeschehen wünschen, verfluchen, sich Asche aufs Haupt streuen; in Sack und Asche gehen. 256

Berg 1. Anhöhe, Erhöhung, Hügel, Buckel, Kuppe, Höcker, Kegel, Erhebung, Erdrücken, Bodenfalte, Höhenrücken, Vulkankegel, Bergkegel, Inselberg, 2. Gebirge, Mittelgebirge, Hügelland, Hochgebirge, Schneegebirge, Bergkette, Gebirgszug, Gebirgsmassiv, Höhenzug, Fels, Gipfel, Kamm; Schroffen, Zacken, 3. Menge, Masse. 257

Bericht 1. Berichterstattung, Report, Reportage, Meldung, Mitteilung, Bulletin, Dossier, Rapport, Kommuniqué, 258

Referat, Schilderung, Story, Beschreibung, **2.** Rundschreiben, Umlauf, Zirkular, Enzyklika, **3.** Rechenschaftsbericht, Tätigkeitsbericht, Augenzeugenbericht, Tatsachenbericht, Dokumentation, Erlebnisbericht.

259 **berichten** Bericht erstatten/abstatten, informieren, melden, referieren, vortragen, rapportieren; aussagen, mitteilen, beschreiben, erzählen.

260 **Berichterstatter** 1. Reporter, Journalist, Zeitungsschreiber, Bildjournalist, Publizist, Zeitungsmann, Blattmacher, Zeitungsfritze, Tagesschriftsteller, Skribent, Redakteur, Schriftleiter, Glossenschreiber, Leitartikler, Kommentator, Kolumnist, Feuilletonist, Theaterkritiker, Musikkritiker, Filmkritiker, Korrespondent, Auslandskorrespondent, **2.** Erzähler, Augenzeuge, Informant, Zuschauer, Chronist, Geschichtsschreiber, Historiker, Referent, **3.** Redaktion, Schriftleitung, Redaktionsstab, Pressesprecher, Pressestelle.

261 **beruhigen (sich)** 1. besänftigen, beschwichtigen, gut zureden, dämpfen, mäßigen, abdämpfen, mildern, abschwächen, abmildern, abkühlen, ernüchtern, entspannen, entbittern, entgiften, entschärfen, Spitze abbrechen, klären, ausgleichen, begütigen, bereinigen, befrieden, beilegen, zur Besinnung bringen, abbiegen, abfedern, abpolstern, abfangen, auffangen, ausbügeln, Wogen glätten, normalisieren, einpendeln, einrenken, Frieden stiften, versöhnen, schlichten, ins Lot bringen, vermitteln, unter einen Hut bringen, aussöhnen, einigen, in Einklang bringen, harmonisieren, **2.** runterkommen, sich abregen, abkühlen, abreagieren; Dampf ablassen; sich entspannen, fassen; zur Ruhe kommen, **3.** abrüsten, entwaffnen, demobilisieren, entmilitarisieren, deeskalieren, sich versöhnen, vertragen, verständigen, vergleichen; Kriegsbeil begraben, Friedenspfeife rauchen, Frieden schließen, **4.** in den Schlaf wiegen/singen, einwiegen, einlullen, einschläfern, sedieren.

262 **berühmt** 1. bekannt, namhaft, populär, publik, stadtbekannt, Stadtgespräch, wohl bekannt, renommiert, umwittert, berüchtigt, in aller Munde, verbreitet, geläufig, viel beachtet/genannt/besprochen, offenes Geheimnis, in allen Medien, öffentlichkeitswirksam, auf jedem Sender, **2.** groß, bedeutend, anerkannt, gefeiert, illuster, prominent, weltbekannt.

berühren 1. anfassen, anlangen, in 263
die Hand nehmen, antasten, tasten, befühlen, betasten, abtasten, tasten/fühlen nach, befingern, betupfen, beklopfen; anrühren, begrapschen, **2.** angehen, nahe gehen, betreffen, tangieren, bewegen, anrühren, rühren, umtreiben, nicht gleichgültig/kalt lassen, erschüttern, zu Herzen gehen, ergreifen, **3.** sich berühren, überlappen, überschneiden; angrenzen, nebenliegen, anliegen, grenzen an, anrainen, anstoßen, anschließen, heranreichen an, **4.** streifen, touchieren, flüchtig berühren, antippen, anstupsen, erwähnen, andenken, anticken, anklicken.

beschädigen lädieren, in Mitleiden- 264
schaft ziehen, verschandeln, verschlimmbessern, verunstalten, verstümmeln, deformieren, verderben, verhunzen, verunzieren, entstellen, entwerten, abnutzen, abbrechen, abwetzen, verwetzen, blank wetzen, durchscheuern, durchwetzen, verschleißen, abtragen, verwahrlosen, verlottern, verludern, bös zurichten, verkommen lassen, anknacksen, anschlagen, ramponieren, demolieren, durchlöchern, zerkratzen, verschaben, verformen, verbiegen, verbeulen, verbilden, verkrümmen, überdrehen, verdrehen, überdehnen.

beschädigt 1. schadhaft, defekt, an- 265
geschlagen, angeknackst, wurmstichig, faul, vergammelt, morsch, abgegriffen, abgestoßen, zerkratzt, abgebraucht, abgenutzt, lädiert, wacklig, ramponiert, rostig, verrostet, angerostet, verstümmelt, unvollständig, bruchstückhaft, lückenhaft, fehlerhaft, mangelhaft, mitgenommen, verschandelt, verunziert, durchlöchert, löchrig, durchlässig, undicht, leck, vermodert, fleckig, scheckig, stockfleckig, verschimmelt; verbraucht, abgewetzt, abgeliebt, verschlissen, zerschlissen, verwetzt; schäbig, zerlumpt, zerfranst, verlottert, verludert, vernachlässigt, verwahrlost, verkommen; verrottet, verwohnt, abgeschliffen, dünn gerieben, zerfasert, verwischt; gebrochen, geknickt, verbogen,

verformt, verdreht, verkrümmt, deformiert, 2. geschädigt, beeinträchtigt, schwer vermittelbar, gehandikapt; versehrt, kriegsversehrt, behindert, entstellt, verunstaltet, verkrüppelt, verstümmelt, 3. kaputt, entzwei, zerbrochen, zerborsten, in Scherben, zerfallen, verfallen, zertrümmert, eingefallen, eingestürzt, hin, zerbombt, unbewohnbar, ruiniert, verheert, verwüstet; geplatzt, zerrissen, zerfressen, zerlesen, zerfleddert, zerklüftet, zerfetzt; zerschmettert, zersprungen, zerstoßen, zersplittert; unbrauchbar, funktionsunfähig, abgestürzt, abgekackt, irreparabel, zerstört.

266 **beschäftigen (sich)** 1. anstellen, einstellen, engagieren, verpflichten, unterbringen, einsetzen, anheuern, 2. arbeiten an, sich abgeben/befassen mit, zuwenden, verlegen auf, widmen, einlassen auf; schwanger gehen mit, kauen an, mit sich herumtragen, sich hineinknien, auseinander setzen mit, 3. im Kopf herumgehen, zu schaffen machen, zu denken geben, nachgehen, in Beschlag nehmen, nicht loslassen/aus dem Sinn wollen, besetzen, absorbieren.

267 **Beschlagnahme** Einzug, Pfändung, Einziehung, Sperrung, Embargo, Konfiszierung, Konfiskation, Sicherstellung, Kaperung, Kaptur, Sequestration; Arrest.

268 **beschönigen** färben, frisieren, weichzeichnen, soften, retuschieren, ausschmücken, euphemisieren, schminken, verbrämen, verklären, idealisieren, schönen, vergolden, verniedlichen, idyllisieren, durch die rosa Brille sehen, schönreden, schönzeichnen, schönfärben, schönrechnen; klittern, verblümen, bemänteln, bagatellisieren, verharmlosen, herunterspielen, untertreiben.

269 **Beschönigung** Retuschierung, Retusche, Ausschmückung, Euphemismus, Verbrämung, Verklärung, Idealisierung, Hagiographie, Überhöhung, Verniedlichung, Idyllisierung, Schönreden, Schönzeichnen, rosa Brille, Hofberichterstattung, Schönfärberei, Schönrechnerei; Klitterung, Bemäntelung, Verharmlosung, Bagatellisierung, Untertreibung.

270 **beschreiben** 1. wiedergeben, darstellen, Beschreibung geben, ausführen, nachzeichnen, Bild entwerfen, schildern, charakterisieren, illustrieren, lebendig machen, verlebendigen, ausmalen, ausspinnen, ausphantasieren, 2. erzählen, vortragen, zum Besten geben, sein Garn spinnen, dichten, fabulieren, fabeln, gestalten, 3. bekritzeln, beschmieren.

Besitz 1. Eigentum, Schatz, Besitztum, Kapital, Vermögen, 2. Immobilien, Hausbesitz, Grundbesitz, Liegenschaften, Habe, Haus und Hof, Hab und Gut; Mobilien, bewegliche Habe, Sachwerte, Vermögenswerte, Wertsachen, Reichtümer, Habseligkeiten, Habschaft, 3. Barschaft, Barvermögen, Geldmittel, Aktiva, flüssiges Kapital, Kapitalien, Geldkapital, Devisen; Reserven, Ressourcen, Rücklagen, Guthaben; Vermögensanlage, Wertpapiere, Investmentpapiere, Effekten, Anleihe, Aktie, Obligationen, Schatzbrief, Pfandbrief, Sparbrief, 4. Guthaben, eiserne Reserve, Ersparnisse, Erspartes, Sparguthaben, Spargroschen, Rücklage, Notgroschen, Sparpfennig, 5. Sparschwein, Sparstrumpf, Strumpf, Sparbüchse; Portokasse, schwarze Kasse. 271

Besitzer Eigentümer, Eigner, Inhaber, Herr, Halter, Hausbesitzer, Vermieter. 272

besonders 1. extra, gesondert, separat, für sich allein, eigens, speziell, namentlich, ausdrücklich, hauptsächlich, insbesondere, in Sonderheit, in erster Linie, vorwiegend, überwiegend, vor allem, vornehmlich, vorzugsweise, vor allen Dingen, vor allem andern, in der Hauptsache, 2. bemerkenswert, eigenartig, spezifisch, ungewöhnlich, befremdend, befremdlich, auffallend, aus dem Rahmen fallend, sehenswert, 3. persönlich, individuell, eigenständig, selbständig, kapriziös, mit Pfiff, eigenwillig, apart, originell. 273

besorgen 1. beschaffen, herbeischaffen, beibringen, aufbringen, akquirieren, heranschaffen, heranholen, verschaffen, organisieren, auftreiben, vermitteln, verhelfen zu, zuschanzen, zuschieben, zuspielen, anschleppen, beibringen, mobilisieren, bereitstellen, flüssig machen, finanzieren, zaubern, herbeizaubern, 2. kaufen, einholen, einkaufen, holen, abholen, anschaffen, 274 mitbringen, Besorgung machen, **3.** tun, betreiben, bearbeiten, betreuen, verwalten, seines Amtes walten, versorgen, versehen mit, bedienen.

275 **Besorgung 1.** Einkauf, Kauf, Einholen, Beschaffung, Vermittlung, Übermittlung, Erledigung, **2.** Botengang, Gang, Verrichtung; Versorgung, Verwaltung, Betreuung.

276 **besprechen (sich) 1.** unterreden, beraten, beratschlagen, bereden, verhandeln, erwägen, hin und her wenden, von allen Seiten betrachten, wälzen, durchsprechen, ventilieren, erörtern, prüfen, untersuchen, **2.** beurteilen, begutachten, würdigen, rezensieren, kritisieren, schreiben über, ankündigen, behandeln, abhandeln, sich auslassen über; glossieren, **3.** sich beraten, auseinander setzen, austauschen, zusammensetzen, an einen Tisch setzen; Sitzung abhalten, konferieren, tagen, debattieren, disputieren, diskutieren, politisieren, palavern.

277 **Besprechung 1.** Erörterung, Beratung, Beredung, Beratschlagung, Verhandlung; Sitzung, Termin, Konsultation, **2.** Gespräch, Unterhaltung, Unterredung, Aussprache, Meinungsaustausch, Gedankenaustausch, Dialog, Zwiegespräch, Zwiesprache, Wechselrede, Diskurs, **3.** Wortwechsel, Diskussion, Auseinandersetzung, Kontroverse, Disput, Streitgespräch, Streit, Hin und Her, Palaver, **4.** Rezension, Kritik.

278 **bestätigen 1.** bescheinigen, konfirmieren, quittieren, signieren, bezeugen, testieren, attestieren, beurkunden, beglaubigen, **2.** bejahen, affirmieren, zustimmen, billigen, nicken, Hand aufheben, **3.** unterschreiben, unterzeichnen, Unterschrift geben, zeichnen, gegenzeichnen, abzeichnen, paraphieren, ratifizieren, **4.** ermutigen, gelten lassen, bestärken, unterstützen, ermuntern, **5.** bekräftigen, erhärten, festigen, sanktionieren, anerkennen, für gültig erklären, approbieren, sich verbürgen.

279 **Bestätigung 1.** Ausweis, Bescheinigung, Identifikationskarte, Kennkarte, Pass, Reisepass, Personalausweis, Passierschein, Visum, Passepartout, Identitätsbescheinigung; Zeugnis, Attest, Diplom, Patent, Nachweis, **2.** Bescheinigung, Quittung, Kassenzettel, Beleg, Empfangsbestätigung, Beglaubigung, Siegel, Brief und Siegel, Urkunde, **3.** Bekräftigung, Erhärtung, Sanktion, Anerkennung, **4.** Ratifizierung, Paraphierung, Paraphe, Stempel, Unterschrift, Unterzeichnung, Autogramm, **5.** Ermunterung, Ermutigung, Zuspruch, Zustimmung, Affirmation, Durchmarsch, Anerkennung, Bejahung, Bestärkung, Rückenwind, Rückenstärkung, **6.** Beweis, Erweis, Nachweis, Wahrheitsnachweis.

bestellen 1. auftragen, beauftragen, 280
in Auftrag geben, Auftrag erteilen, ordern, anfordern, machen/kommen lassen, **2.** abonnieren, halten, nehmen, beziehen, abnehmen, subskribieren, vorbestellen, buchen, **3.** auffordern, ersuchen, bescheiden, laden, vorladen, beordern, zitieren, **4.** hinterlassen, sagen, ausrichten, wissen lassen, benachrichtigen, überbringen, übermitteln, **5.** sein Haus bestellen/besorgen.

Besuch 1. Aufwartung, Visite, Arzt- 281
besuch, Einkehr, Besichtigung, Sightseeing, **2.** Gäste, Geselligkeit, Gesellschaft, Gastspiel, Gastrolle, Stippvisite, Höflichkeitsbesuch, Antrittsbesuch, Anstandsbesuch; Überfall, Heimsuchung.

besuchen 1. Besuch machen/abstat- 282
ten, zu Besuch kommen, Aufwartung machen, aufsuchen, vorsprechen, beehren, anklopfen, guten Tag sagen, sich blicken lassen; einkehren, auf einen Sprung kommen, hereinschauen, vorbeikommen, hereinschneien, aufkreuzen, sich einfinden; heimsuchen, überfallen, **2.** absteigen, logieren, wohnen, übernachten, nächtigen, **3.** frequentieren, häufig besuchen, verkehren, oft hingehen, Stammgast sein.

Besucher 1. Gast, Ankömmling, Ge- 283
ladener, Gastfreund, Tischgast, Logierbesuch, Besuch, Dauergast, Stammgast, **2.** Reisender, Durchreisender, Passagier, Fremder, Tourist, **3.** Zuschauer, Teilnehmer, Anwesender, Gasthörer, Hörer, Zuhörer, **4.** Auditorium, Publikum, Zuhörerschaft, Hörerschaft.

betäuben (sich) 1. anästhetisieren, 284
narkotisieren, chloroformieren, hypnotisieren, einschläfern, in Trance versetzen, **2.** Gefühle abtöten/im Keim ersticken/unterdrücken/verdrängen, **3.**

sich betrinken, einen Rausch antrinken, berauschen, bezechen, besäuseln; zu tief ins Glas schauen, sich beduseln; über den Durst trinken, saufen, sich einen ansaufen, voll laufen lassen, zusaufen; dem Alkohol frönen/Trunk verfallen, **4.** Drogen/Rauschgift nehmen, kiffen, drücken, fixen.

285 **betäubend** **1.** narkotisierend, berauschend, sinnverwirrend, narkotisch, schmerzstillend, schmerzmildernd, schmerzlindernd, sedierend, einschläfernd, **2.** intensiv, zu stark.

286 **betäubt** narkotisiert, unter Narkose, bewusstlos, besinnungslos, in Trance, schmerzfrei, ohne Schmerzgefühl, schmerzlos, gefühllos, unempfindlich, taub, berauscht, mondsüchtig.

287 **beteiligen** teilnehmen/partizipieren lassen, zum Teilhaber nehmen, am Gewinn beteiligen, gemeinsame Sache machen, zusammenarbeiten.

288 **betreffen** angehen, anbelangen, anbetreffen, sich beziehen auf; zusammenhängen mit, berühren, zu tun haben mit, teilhaben, mitbetroffen sein, gehen um, sich erstrecken auf, handeln/drehen um.

289 **betreffend** zu, dazu, darüber, davon, wegen, was das angeht, angehend, anlangend, bezüglich, in Bezug auf, diesbezüglich, dieserhalb, betrifft, betreffs, hinsichtlich, in puncto.

290 **Betrieb** **1.** Geschäft, Arbeitsstätte, Werk, Fabrik, **2.** Umtrieb, Hochbetrieb, Arbeitsanfall, Betriebsamkeit, Geschäftigkeit, Lauferei, Wirbel, Kommen und Gehen, Hektik, Hast, Rumor, **3.** Verkehr, Treiben, Trubel, Gedränge, Gewimmel, Getümmel, Gewirr, Getriebe, Gewusel, Gewühl, Durcheinander, Hexenkessel, **4.** Rummel, Lustbarkeit, Kurzweil, Vergnügen, Zirkus, Klimbim, Trara, Tamtam, Jahrmarkt, Erlebnispark, Freizeitpark, Almauftrieb.

291 **Betrug** Schwindel, Betrügerei, Gaunerei, Bauernfängerei, Veruntreuung, Schummelei, Nepp, Mogelei, Mogelpackung, Zechprellerei, Schmu, Beschiss, Nachhilfe, Schiebung, Hinterziehung, Steuerhinterziehung, Steuerflucht, Hintergehung, Unterschlagung, Unterschleif, krumme Tour, fauler Zauber, Schwarzarbeit, Schmuggel, Piraterie, Schwarzmarkt, Schwarzhandel, Schleichhandel, Machenschaft, Hochstapelei, Fälschung, Täuschung; Selbstbetrug, Vogel-Strauß-Politik, Augenwischerei.

betrügen **1.** täuschen, trügen, 292
schwindeln, beschwindeln, hintergehen, hinterziehen, veruntreuen, unterschlagen, beiseite schaffen, schmuen, verdunkeln, übervorteilen, begaunern, benachteiligen; beschummeln, verschaukeln, bemogeln, betuppen, abkochen, behumpsen, übers Ohr hauen, über den Tisch ziehen, düpieren, übertölpeln, bescheißen; falsch spielen, hereinlegen, zinken, türken, tricksen, mogeln, mauscheln, im Trüben fischen, prellen, bluffen, hinters Licht führen, ein X für ein U vormachen; beirren, verwirren, weismachen, anführen, anschmieren, lackmeiern, zum Narren halten, foppen, hochnehmen, irreführen, austricksen, unterschieben, andrehen; neppen, überfordern, überteuern, wuchern, ablisten, abluchsen, abschwindeln, abschwatzen, betören, einseifen, einwickeln, blenden, blauen Dunst vormachen, einen Vorteil erschleichen, corriger la fortune, Sand in die Augen streuen, **2.** schieben, verschieben, klüngeln, hehlen, verdunkeln, auf die falsche Fährte locken, abkarten, heimlich aushandeln, Vetternwirtschaft treiben, sich die Trümpfe zuspielen; unter einer Decke stecken, gemeinsame Sache machen, **3.** ehebrechen, Seitensprung machen, untreu sein, jmdn. hintergehen, swingen, fremdgehen, Hörner aufsetzen, zum Hahnrei machen, doppeltes Spiel treiben, **4.** aufs Glatteis führen/Kreuz legen, Grube graben, in den Hinterhalt locken, für dumm verkaufen, überlisten, Zeche prellen, Fell über die Ohren ziehen, veruntreuen, **5.** Recht verdrehen/beugen.

Betrüger **1.** Gauner, Schwindler, Fi- 293
lou, falscher Fuffziger, Falschmünzer, Fälscher, Schieber, Gangster, Erpresser, Wucherer, Halsabschneider, **2.** Hochstapler, Defraudant, Falschspieler, Bauernfänger, Beutelschneider, Preller, Zechpreller, Heiratsschwindler, Bigamist, Erbschleicher, Mitgiftjäger, Blender, Bluffer, **3.** Quacksalber, Kurpfuscher, Scharlatan, Rattenfänger, **4.** Schmuggler, Schleichhändler, Schwarz-

händler, Helfershelfer, Schlepper, Schleuser, Menschenhändler.

294 **Bett** Schlafstelle, Liegestatt, Bettstelle, Lager, Bettstatt; Doppelbett, französisches Bett, Ruhebett, Wandbett, Bettcouch, Liege, Ausziehbett, Klappbett, Pritsche, Feldbett, Notbett; Wiege, Kinderbett; Körbchen, Falle, Koje, Klappe, Kahn, Nest.

295 **beugen** 1. neigen, senken, abwinkeln, krümmen, biegen; sich vorbeugen, beugen über, vorneigen, neigen, vornüber neigen, 2. kauern, hocken, in die Hocke gehen, sich hinhocken, niederbücken, 3. konjugieren, flektieren, deklinieren, abwandeln.

296 **Bevölkerung** Population, Einwohnerschaft, Einwohner, Bewohnerschaft, Volk, Bewohner; Ureinwohner, Urbevölkerung, Aborigines, Autochthone, Ethnie.

297 **bevorzugen** 1. fördern, begünstigen, protegieren, befürworten, weiterhelfen, nachhelfen, aufbauen, gutes Wort einlegen, sich verwenden für; in den Sattel helfen, Weg ebnen, begönnern, lancieren, klüngeln, einschleusen, 2. Vorzug geben, höher einschätzen, favorisieren, vorziehen, Priorität setzen bei, vorausstellen, obenan stellen, vorordnen, 3. privilegieren, Vorrechte einräumen, bevorrechten.

298 **bewährt** erprobt, bekannt, anerkannt, eingeführt, gängig, gebräuchlich, lieb, probat, verlässlich, altgedient, altbewährt, vertraut, klassisch, empfehlenswert.

299 **bewegen (sich)** 1. sich regen; Lage verändern, Stellung wechseln, sich rühren; gehen, umhergehen, spazieren gehen, turnen, 2. wogen, wellen, steigen, sinken, 3. schieben, verschieben, befördern, transportieren, verrücken, rangieren, 4. fahren, reisen, kutschieren, rumkommen, mit dem Schiff fahren, rudern, paddeln, gondeln, segeln, surfen, reiten, radeln, Rad fahren.

300 **beweglich** 1. gelenkig, geschmeidig, leichtfüßig, gewandt, geschickt, lebhaft, lebendig, anpassungsfähig, lernfähig, umstellungsfähig, wandelbar, wendig, wandlungsfähig, rasch, schnell, fix, rege, agil, mobil, elastisch, flexibel, 2. ambulant, variabel, transportabel, zerlegbar, versetzbar, verstellbar; übertragbar, nicht an die Person gebunden.

Bewegung 1. Gang, Gangart, Trab, Trott, Schritt, Lauf, Galopp, 2. Fortbewegung, Ortsveränderung, Transport, Beförderung, Fluktuation, 3. Wirbel, Gestöber, Gestiebe, Gewoge, Strudel, Dünung, Seegang, 4. Regung, Schwingung, Wellenbewegung, Vibration, Oszillation, Pendeln, Pendelbewegung, Schwingen, Schwung. 301

bewerben, sich sich bemühen um; Stellung suchen, vorsprechen, ansuchen, nachsuchen, einkommen um, kandidieren. 302

bezahlen 1. zahlen, begleichen, entrichten, abführen, Kosten tragen, aufkommen für, ausgeben, aufwenden, 2. entlohnen, besolden, honorieren, Gehalt zahlen, vergüten, Lohn zahlen, auszahlen, ausbezahlen, 3. hinlegen, blechen, bluten, berappen, hinblättern, löhnen, herhalten müssen, herausrücken, lockermachen, sich in Unkosten stürzen, 4. tilgen, begleichen, bereinigen, abtragen, abdecken, finanzieren, einlösen, abstatten, sich einer Schuld entledigen; erfüllen, ablösen, erstatten, zurückgeben, überweisen, anweisen, ausgleichen; versteuern. 303

bezaubern 1. entzücken, begeistern, hinreißen, bestricken, berücken, betören, behexen, bezirzen, verzaubern, verhexen, um den Verstand bringen, berauschen, bannen, in Bann schlagen, faszinieren, bezwingen, verblenden, blenden, 2. zaubern, hexen, beschwören, verwünschen, besprechen, Hokuspokus treiben, berufen. 304

Bibliothek Bücherei, Büchersammlung, Leihbibliothek, Präsenzbibliothek, Stadtbücherei, Universitätsbibliothek; digitale Bibliothek, Infothek. 305

bieten ermöglichen, eröffnen, darbieten, verschaffen, zur Verfügung stellen, versprechen, offerieren, geben, zu bieten haben, anbieten, in Aussicht stellen, gewährleisten, zeigen, vorführen, Belohnung ausschreiben/aussetzen. 306

Bild 1. Anblick, Erscheinung, Ansicht, Panorama, Aussicht, 2. Abbild, Abbildung, Schaubild, Diagramm, Bildnis, Wiedergabe, Darstellung, Gemälde, Tafel, Zeichnung, Graphik, Holzschnitt, Aquarell, Pastell, Radierung, Gouache, 307

Stich, Lithographie, Collage, Fresko, Relief, Ölbild; Skizze, Studie, Entwurf, Graffito, Cartoon, Comic, Faustskizze, Handskizze; Bildnis, Porträt, Konterfei, Brustbild, Hüftbild, Selbstbild, Selbstbildnis, Selbstporträt, **3.** Foto, Aufnahme, Fotografie, Lichtbild, Schnappschuss, Standbild, Close-up, Momentaufnahme; Dia, Diapositiv, Abzug, Kontaktabzug, Vergrößerung, Großaufnahme, Poster, Luftaufnahme, Satellitenaufnahme; Projektion, Übertragung, **4.** Bebilderung, Buchschmuck, Illustrierung, Illustration, Bildschmuck, Bildbeigaben, **5.** Sinnbild, Metapher, Allegorie, Parabel, Symbol, Gleichnis, Trope, Tropus, Bildprogramm.

308 **Bildhauer** Plastiker, Modellierer, Bildner, Skulpteur, Schnitzer, Holzschnitzer, Steinmetz.

309 **bildlich 1.** bildhaft, eidetisch, ikonisch, **2.** sinnbildlich, symbolisch, gleichnishaft, allegorisch, figürlich, figurativ, figural, parabolisch, übertragen, zeichenhaft, bedeutungsvoll, hintergründig, metaphorisch, im Gleichnis, mit Verweischarakter, im Bild, verhüllt, vieldeutig, karikierend, persiflierend, **3.** vergleichsweise, sozusagen, gewissermaßen, quasi.

310 **Bildschirm** Monitor, Screen, Bildröhre, Mattscheibe, Schirm, Display.

311 **billig 1.** preiswert, preisgünstig, kostengünstig, wohlfeil, nicht teuer, bezahlbar, erschwinglich, günstig, vorteilhaft, halb umsonst, fast geschenkt, für ein Butterbrot, verbilligt, herabgesetzt, reduziert, ermäßigt, zu einem Spottpreis, für einen Pappenstiel, spottbillig, nachgeworfen, **2.** angemessen, zivil, reell, entsprechend, adäquat, zumutbar, vertretbar, berechtigt, in Ordnung, gebührend, recht und billig, **3.** nichtig, nichts sagend, dünn, schwach, banal, ordinär, simpel, primitiv, trivial, inferior.

312 **binden (sich) 1.** anpflocken, festbinden, anbinden, fesseln, anketten, **2.** festlegen, festnageln, beim Wort nehmen, verpflichten, nötigen, **3.** sich festlegen, verpflichten; Bindung eingehen, Verpflichtung auf sich nehmen, sein Wort geben, Vertrag schließen, Handel eingehen, etwas ausmachen / festmachen, sich verschreiben; bürgen, haften, einstehen, gutsagen, sich verdingen, **4.** zusammenbinden, zusammenwinden, zusammenfügen, knüpfen, schnüren, bündeln, **5.** sich beschränken, spezialisieren, verlegen auf, vereinseitigen, **6.** eindicken, legieren, sämig machen, **7.** broschieren, einbinden, lumbecken, aufbinden.

bitte 1. freundlichst, gütigst, möglichst, gefälligst, tunlichst, liebenswürdigerweise, freundlicherweise, bitte schön, bitte sehr, **2.** pardon, wie meinen, wie bitte, wie belieben, wie, was. 313

bitten 1. erbitten, wünschen, Wunsch äußern, ersuchen, auffordern, angehen, fragen, ansprechen, anfragen, nachsuchen, sich ausbitten; ansuchen, nahe legen, fürbitten, einkommen um; bestürmen, bedrängen, beschwören, erflehen, anflehen, in den Ohren liegen, zusetzen, weismachen, löchern, bohren, betteln, flehen, winseln, kniefällig bitten, **2.** abnötigen, abschmeicheln, abschwatzen, abknöpfen, abbetteln, abringen, **3.** beten, anbeten, verehren, loben, preisen, lobpreisen, danken. 314

blasen 1. winden, säuseln, fächeln, flattern, rascheln, atmen, ziehen, pusten, hauchen, wehen, stürmen, wettern, schnauben, rasen, stieben, brausen, rauschen, sausen, heulen, johlen, fauchen, toben, tosen, schrillen, **2.** trompeten, posaunen, schmettern, tuten, **3.** jmdm. einen blasen, fellationieren, fellieren, Schwanz lutschen. 315

Blickfeld Gesichtskreis, Gesichtsfeld, Sehkreis, Reichweite, Sichtweite, Radius, Ausschnitt, Gesichtswinkel; Umkreis, Umfeld, Horizont. 316

blind 1. augenlos, blicklos, erblindet, mit Blindheit geschlagen, stockblind, geblendet, mit verbundenen Augen, nachtblind, farbenblind, **2.** glanzlos, trübe, stumpf, matt, unklar, undurchsichtig, schmutzig, beschlagen, **3.** vorgetäuscht, als Attrappe, zur Verzierung, fingiert, **4.** uneinsichtig, kritiklos. 317

bloßstellen (sich) 1. sich eine Blöße geben, lächerlich machen, blamieren, desavouieren, kompromittieren, unmöglich machen, schlecht machen, diskreditieren; Gesicht verlieren, sich ein Armutszeugnis ausstellen, zum Gespött machen; keine gute Figur machen, Selbstdemontage betreiben, sich preis- 318 geben, wegwerfen, entwürdigen, prostituieren, entpuppen; Maske fallen lassen, 2. beschämen, verspotten, auslachen, an den Pranger stellen, zum Gespött machen, brandmarken, anprangern, schlecht/verächtlich machen, in den Dreck ziehen, herabsetzen, heruntermachen, vorführen, desavouieren, 3. entlarven, enttarnen, demaskieren, Maske herunterreißen, enthüllen, aufdecken, entschleiern, Geheimnis lüften, aufklären, entmystifizieren, entmythologisieren.

319 **Bordell** Freudenhaus, Etablissement, Puff, Eroscenter, Stundenhotel, Kontakthof, Massagesalon, Sexclub, Rotlichtbezirk, öffentliches Haus.

320 **borgen** 1. entleihen, entlehnen, leihen, pumpen, anpumpen, um Geld angehen, anzapfen, Kredit aufnehmen, Konto überziehen, Schulden machen, beleihen, verpfänden, versetzen, Vorschuss nehmen, 2. verleihen, ausleihen, geben, verborgen, anschreiben, verpumpen, aushelfen, vorlegen, vorhonorieren, vorfinanzieren, finanzieren, vorstrecken, auslegen, vorschießen, bevorschussen, beleihen, kreditieren, stunden.

321 **böse** 1. ärgerlich, gereizt, unmutig, indigniert, vergrämt, verbiestert, missmutig, missgestimmt, ingrimmig, missvergnügt, fuchsig, aufgebracht, in Fahrt, erbittert, zornig, auf hundertachtzig, furios, zähneknirschend, zürnend, erbost, siedend, wutentbrannt, wutschnaubend, wütend, fuchtig, unleidlich, affektgeladen, unwillig, unwirsch, alteriert, geladen, ungehalten, empört, entrüstet, zornentbrannt, verdrießlich, grimmig, zischend, schäumend, außer sich, grantig, grätig, vergrätzt, grollend, schmollend, rabiat, wütig, aus dem Häuschen, wild, fuchsteufelswild, stocksauer, 2. beleidigt, säuerlich, sauer, gekränkt, verletzt, verstimmt, verärgert, getroffen, verschnupft, auf den Schlips getreten, eingeschnappt, pikiert, auf den Fuß getreten; in die falsche Kehle bekommen, verdrossen, 3. schlecht, übel, schlimm.

322 **boshaft** 1. böse, bösartig, garstig, hämisch, hässlich, höhnisch, schadenfroh, gehässig, giftig, missgünstig, arg, böswillig, gallig, übel wollend, lieblos, ungut, infam, verletzend, niederträchtig, falsch, intrigant, link, schikanös, ränkesüchtig, Ränke schmiedend, diabolisch, teuflisch, verteufelt, infernalisch, satanisch, sardonisch, perfide, hundsgemein, klatschsüchtig, medisant, böses Mundwerk, scharfe Zunge, misswillig, verleumderisch, übel gesinnt, maliziös, 2. hinterlistig, hinterhältig, hinterfotzig, tückisch, heimtückisch, hintertückisch, arglistig, meuchlings, hinterrücks, hintenrum.

Bosheit Lieblosigkeit, Böswilligkeit, 323
Übelwollen, böser Wille, Gehässigkeit, Garstigkeit, Häme, Bösartigkeit, Boshaftigkeit, Gemeinheit, Schikane, Teufelei, Niederträchtigkeit, Infamie, Falschheit.

braten 1. anbraten, rösten, schmoren, 324
brutzeln, bräunen, backen, garen, überbacken, gratinieren, toasten, grillen, 2. schwitzen, in der Sonne braten.

Brauch 1. Brauchtum, Tradition, 325
Überlieferung, Gebräuche, Landessitte, 2. Gewohnheit, Gepflogenheit, Praxis, Sitte, Regel, Konvention, Konvenienz, Übereinkunft, Usus, Usance; Walze, alter Hut/Zopf, Tour, Mode, Leier, Schlendrian, 3. Form, Förmlichkeit, Komment, Etikette, Zeremoniell, Kleiderordnung, Dresscode, Protokoll, Zeremonie, Kult, Ritus, Ritual.

brauchen nötig haben, benötigen, 326
begehren, bedürfen, Bedarf haben, haben müssen, nicht auskommen können ohne, angewiesen sein auf, nicht entbehren/entraten/missen können, gebrauchen können; gebrauchen, im Gebrauch haben, benutzen, verwenden.

brav 1. artig, wohlerzogen, manier- 327
lich, nett, gut zu haben, lieb, gefällig, gehorsam, lammfromm, 2. tüchtig, tapfer, wacker, ordentlich, redlich, rechtschaffen, ehrenwert, achtbar, anständig, tugendhaft, ehrbar, unbescholten, aufrecht, kreuzbrav, 3. bieder, zahm, einfältig, simpel, spießig, hausbacken, ehrpusselig, prüde.

brechen 1. krachen, knacken, bers- 328
ten, knacksen, knicken, zerknicken, einknicken, abknicken, zerbrechen, springen, splittern, absplittern, in die Brüche gehen, durchbrechen, zerspringen, zerschellen, zerplatzen, zersplittern, auseinander brechen, entzweigehen, ka-

puttgehen, reißen, zerreißen, brocken, bröckeln, krümeln, zerkrümeln, in Stücke brechen, abbröckeln, **2.** abbrechen, aufgeben, abschließen mit, sich trennen von; lassen, sich zurückziehen; brechen /Schluss machen mit, Laufpass geben, jmdn. verlassen, Freundschaft aufkündigen, **3.** sich übergeben; erbrechen; speien, von sich geben, reihern, spucken, kotzen.

329 **brennen** 1. flammen, flackern, lodern, knistern, züngeln, lohen, glühen, gluten, flackern, zucken, glosen, schwelen, glimmen, wabern, **2.** in Brand geraten, anbrennen, anglimmen, sich entzünden; aufflammen, auflodern, aufflackern, entbrennen, ausbrechen, in Flammen stehen, lichterloh brennen, verbrennen, verkohlen, **3.** schmerzen, beißen, bitzeln, beizen, prickeln, reizen, kitzeln, **4.** sengen, ansengen, flämmen, abfackeln, abbrennen, **5.** destillieren, Schnaps brennen, **6.** kopieren, aufzeichnen, aufnehmen.

330 **Brett** 1. Latte, Planke, Diele, Bohle, Platte, Leiste, **2.** Regal, Bord, Bücherbrett, Büchergestell, Ständer, Etagere, Wandbrett, Fach, Stellage, Gestell, Konsole.

331 **Brief** Nachricht, Mitteilung, Benachrichtigung, Zuschrift, Schreiben, Auslassung, Zeilen, Epistel, Billett, Schrieb, Wisch, Post, offener Brief, Telebrief, SMS, E-Mail.

332 **Brücke** 1. Steg, Hängebrücke, Bogenbrücke, Zugbrücke, Schiffbrücke, Seebrücke, Landungsbrücke, Landungssteg, Lände, Anlegestelle, Aquädukt, Gangway; Überbrückung, Viadukt, Überführung, Unterführung, Übergang, Überstieg, Überweg, Zebrastreifen, Bahnübergang, **2.** Läufer, Teppich, **3.** Beziehung, Verbindung.

333 **brutal** rücksichtslos, roh, gefühllos, gemütlos, krude, rabiat, grausam, erbarmungslos, unbarmherzig, geht über Leichen, zynisch, schonungslos, unmenschlich, inhuman, barbarisch, menschenverachtend, gewalttätig, drakonisch, mit der Knute, mit eiserner Faust, entmenscht, mörderisch, bestialisch, blutdurstig, blutrünstig, blutgierig, mordgierig, viehisch, sadistisch, pervers.

334 **Brutalität** Rücksichtslosigkeit, Zynismus, Mitleidlosigkeit, Unbarmherzigkeit, Unerbittlichkeit, Unnachsichtigkeit, Schonungslosigkeit, Erbarmungslosigkeit, Gefühllosigkeit; Grausamkeit, Gewalttätigkeit, Unmenschlichkeit, Inhumanität, Barbarei, Vandalismus, Zerstörungswut, Rohheit, Verrohung, Menschenverachtung, Mordlust, Blutdurst, Mordgier, Bestialität, Sadismus, Perversität; Gräuel, Gräueltat, Scheußlichkeit, Ungeheuerlichkeit; Misshandlung, Quälerei, Marter, Peinigung, Tortur, Folterung, Folter.

Buch 1. Werk, Publikation, Veröffentlichung, Druckwerk, Titel, Band, Foliant, Wälzer, Schwarte, Schinken, Scharteke, Schmöker, **2.** Broschur, Broschüre, Druckschrift, Schrift, Taschenbuch, Paperback, Booklet, **3.** Lektüre, Lesestoff, Literatur, **4.** Buch der Bücher, Heiliges Buch, Heilige Schrift, Wort Gottes; Thora, Bibel, Koran. 335

Buchstabe 1. Letter, Schriftzeichen, Versal, Rune, Hieroglyphe, Minuskel, Majuskel; Type, **2.** Alphabet, Abc, Bilderschrift, Keilschrift. 336

Bürge Gewährsmann, Garant, Geisel, Zeuge, Augenzeuge; Pate, Trauzeuge, Taufzeuge. 337

bürgen 1. sich verbürgen; Bürgschaft stellen, haften, garantieren, einstehen, geradestehen, dafürstehen, gewährleisten, gutsagen, gutsprechen, sich verpflichten; verantworten, dazu stehen, Hand ins Feuer legen, Brief und Siegel geben, **2.** hinterlegen, sicherstellen, sichern, decken, verpfänden, verschreiben, Pfand geben, Sicherheit bieten, Kaution stellen, Kopf hinhalten. 338

Bürger 1. Kleinbürger, Großbürger, Bourgeois; Citoyen, Zivilist, Bildungsbürger, **2.** Bürgertum, Mittelklasse, Mittelstand, Mittelschicht, Kleinbürgertum, Kleinbourgeoisie, Bourgeoisie, Großbürgertum, Großbourgeoisie; bürgerliche Gesellschaft, Kreise, **3.** Spießbürger, Spießer, Biedermann, Bonhomme, Schildbürger, Pfahlbürger, Hinterwäldler, Philister, Krämerseele, Michel, Kulturbanause, Kleingeist, Kirchturmpolitiker, Krähwinkler, **4.** Liberaler, Weltbürger, Kosmopolit, **5.** Staatsbürger, Einwohner, Mitbürger, Seele. 339

bürgerlich 1. solid, ordentlich, sicher, geordnet, zivil, gutbürgerlich, aus- 340 kömmlich, ausreichend, **2.** kleinbürgerlich, mittelständisch, großbürgerlich, bourgeois, etabliert, **3.** bieder, kleinleutemäßig, spießig, spießerhaft, spießbürgerlich, banausenhaft, philiströs, eng, borniert, muffig, ohne Horizont, engstirnig, philisterhaft, kleinlich, konservativ, angepasst, konform, **4.** liberal, weltbürgerlich, kosmopolitisch.

341 **Bürgschaft** **1.** Garantie, Gewähr, Obligo, Haftung, Kaution, Sicherheit, Deckung, Pfand, Unterpfand, **2.** Verpflichtung, Einstandspflicht, Sicherung, Gewährleistung, Hinterlegung, Delkredere, Gutsagung, Affidavit.

342 **Busch** **1.** Strauch, Staude, Hecke, Gebüsch, Buschwerk, Niederwald, Gehölz, Gesträuch, Gestrüpp, Unterholz, Dickicht, Dschungel, Urwald, Wildnis, Steppe, **2.** Buschen, Strauß, Gebinde, Bukett, Bündel, Bund; Kranz, Girlande, Gewinde, Gehänge, Gesteck; Büschel, Garbe.

Busen Brust, Büste, Brüste, Mammae; 343
Möpse, Titten, Äpfel, Birnen, Glocken, Vorgebirge, Dekolleté, Ausschnitt.

büßen abbüßen, Buße tun, wieder 344
gutmachen, sühnen, abbitten, Abbitte/ Schadenersatz leisten, kompensieren, entgelten, abgelten, entschädigen, einstehen für, Strafe verbüßen, ausbaden, Suppe auslöffeln, Kopf/Buckel hinhalten, herhalten/geradestehen für, wettmachen, gutmachen, ausgleichen, Folgen tragen, Konsequenzen auf sich nehmen, Genugtuung geben.

C

345 **Charakter** Wesen, Wesensart, Eigentümlichkeit, Eigenart, Charakterbildung, Anlage, Natur, Naturell, Typ, Gemütsart, Veranlagung, Disposition, Temperament, Sinnesart, Denkweise; Persönlichkeit, Steher.

346 **charakterfest** 1. standhaft, charakterstark, charaktervoll, fest, unbeirrbar, unbestechlich, zuverlässig, verlässlich, unparteiisch, gerecht, **2.** verantwortungsbewusst, entschlossen, bestimmt, ernst, entschieden, von echtem Schrot und Korn, rocher de bronze, unerschütterlich.

347 **charakteristisch** 1. bezeichnend, signifikant, kennzeichnend, typisch, repräsentativ, echt, eigentümlich, eigenartig, unverkennbar, typgemäß, Typgerecht, unverwechselbar, wesenseigen, wesensgemäß, spezifisch, symptomatisch, **2.** ausgeprägt, prägnant, ausgesprochen, markant, in Reinkultur, sprichwörtlich, echt, unverfälscht, hundertprozentig.

charakterlos rückgratlos, haltlos, 348
haltungslos, charakterschwach, ohne Rückgrat, labil, willensschwach, willenlos; skrupellos, windig, erbärmlich, gesinnungslos, verkommen, niederträchtig, gemein, schurkisch, gewissenlos, ehrlos, würdelos, korrupt.

Chip 1. Bon, Coupon, Jeton, Token, 349
Gutschein, Wertmarke, Plakette, **2.** Plättchen, Bauelement, Mikroprozessorchip, **3.** Kartoffelstäbchen, Kartoffelschnitzel, Kartoffelchip.

chronologisch nach dem Zeitab- 350
lauf, in der Zeitenfolge, im historischen Ablauf, aufeinander folgend, zeitlich geordnet.

Computer 1. Rechner, Rechenma- 351
schine, Rechenautomat, Elektronengehirn, Großrechner, elektronische Datenverarbeitungsanlage, EDV, Mikrocomputer, Multimedia; Betriebssystem, Hardware, Programm, Software, **2.** Personalcomputer, PC, Minicomputer, Laptop, Notebook, Homecomputer, Workstation, Netzcomputer.

D

352 **Dampf** 1. Rauch; Qualm, Rauchwolken, Gewölk, blauer Dunst, Schmauch, Rauchfahne, 2. Nebel, Dunst, Wasserdampf, Schleier, Nebelschwaden, Nebelbank, Unklarheit, Brodem, Schwaden, Waschküche, Dunstglocke, Smog.

353 **dampfen** qualmen, dunsten, rauchen, nebeln, Rauchwolken ausstoßen, wölken, trüben, verdunsten, verdampfen.

354 **dankbar** 1. dankerfüllt, verbunden, erkenntlich, zu Dank verpflichtet, 2. nützlich, lohnend, ergiebig, fruchtbar.

355 **Dankbarkeit** Dank, Vergeltung, Lohn, Erkenntlichkeit, Anerkennung, Gegenleistung, Schuldigkeit, Dankbarkeitsgefühl, Verpflichtung; Danksagung, Dankadresse, Dankschreiben.

356 **danken** 1. sich bedanken; Dank sagen / zollen / aussprechen / ausdrücken / abstatten / bekunden / bezeigen / wissen; sich erkenntlich zeigen; vergelten, sich dankbar erweisen, 2. verdanken, Dank schulden, zu danken haben, in jmds. Schuld stehen, hoch anrechnen, dankbar sein, sich glücklich preisen.

357 **Darlehen** Anleihe, Kredit, Vorschuss, Vorleistung, Borg, Pump, Entleihung, Vorauszahlung, Entlehnung, Beleihung, Verpfändung, Verschreibung, Hypothek.

358 **darstellen (sich)** 1. beschreiben, zeichnen, plotten, malen, skizzieren, porträtieren, aquarellieren, in Öl malen, aufnehmen, Büste/Plastik anfertigen, 2. in Ziffern darstellen, digitalisieren, 3. repräsentieren, sich zeigen, produzieren, zur Schau stellen, exhibitionieren, 4. spielen, mimen, Rolle spielen, interpretieren, 5. symbolisieren, einkleiden, versinnbildlichen, zeichenhaft/bildlich/indirekt darstellen, verfremden, verweisen, verdunkeln, verunklaren, allegorisieren, in Bildern sprechen, verrätseln, karikieren, persiflieren.

359 **Darsteller** Mime, Interpret, Bühnenkünstler, Schauspieler, Akteur, Komödiant, Tragöde, Filmschauspieler, Sänger; Mannequin, Vorführdame, Modell, Fotomodell, Dressman, Model.

Darstellung 1. Beschreibung, Wiedergabe, Abbildung, Veranschaulichung, Darlegung, Entfaltung, Ausführung, Illustration, Illustrierung, Charakterisierung, Beleuchtung, Visualisierung, 2. Deutung, Interpretation, Exegese, Auslegung, Sinndeutung, Sinngebung; Symbolisierung, Allegorisierung, Verbildlichung, Verkörperung, Personifizierung, Personifikation, Inkarnation; Verfremdung, Verschleierung, Verdunkelung, Verrätselung, Versinnbildlichung, Verbrämung, Einkleidung, Zeichenhaftigkeit. 360

Dauer 1. Weile, Frist, Zeitraum, Zeitdauer, 2. Fortdauer, Bestand, Fortbestehen, Fortbestand, Fortgang, Permanenz, Kontinuität, Kontinuum, kontinuierliche Entwicklung, lückenloser Fortgang, Stetigkeit, Beständigkeit, Nachhaltigkeit, 3. Überdauern, Durchhalten, Durchstehen, Überstehen; Wertbeständigkeit, Zeitlosigkeit, Langlebigkeit, Haltbarkeit, 4. Dauererfolg, Evergreen, Longseller, Steadyseller, Dauerbrenner. 361

dauerhaft 1. haltbar, nachhaltig, solid, unverwüstlich, unzerreißbar, unzerbrechlich, durabel, widerstandsfähig, unempfindlich, robust, langlebig, unkaputtbar, qualitätsvoll, wertbeständig, massiv, echt, stabil, strapazierfähig, lichtecht, kochecht, kochfest, farbecht, waschecht, lichtfest, rostfrei, wetterfest, bleibend, modeunabhängig, zeitlos, 2. haltbar gemacht, konserviert, eingemacht, eingeweckt, sterilisiert, eingepökelt, mariniert, tiefgekühlt, eingeschweißt, unverderblich, 3. präpariert, einbalsamiert, mumifiziert. 362

dauern 1. währen, bleiben, sich erhalten, halten; gleich bleiben, Bestand haben, 2. weitergehen, anhalten, andauern, fortgehen, fortdauern, fortwähren, sich hinziehen; kein Ende nehmen, nicht aufhören, 3. überdauern, überleben, überwintern, weiterleben, überwinden, fortleben, fortbestehen, weiterwirken, fortwirken, 4. Leid tun, schmerzen, betrüben, erbarmen, Mitleid erregen. 363

dauernd 1. bleibend, während, verbleibend, bestehend, beständig, über- 364 dauernd, unentwegt, anhaltend, permanent, andauernd, unaufhörlich, fortdauernd, ununterbrochen, kontinuierlich, konstant, ohne Unterbrechung, chronisch, immer, **2.** traditionell, herkömmlich, gewohnheitsmäßig, **3.** immergrün, winterfest, perennierend, überwinternd, ganzjährig.

365 **Demagoge** Scharfmacher, Fanatiker, Falke, Eisenfresser, Hardliner, Anstifter, Aufwiegler, Einpeitscher, Populist, Hetzer, Brunnenvergifter, Hassprediger, Fundamentalist.

366 **Demagogie** Aufreizung, Anstiftung, Scharfmacherei, Populismus, Aufwiegelung, Hetze, Verhetzung, Brandrede, Fanatismus, Tugendterror, Hasspredigt, Fundamentalismus, Hetzpropaganda, Verketzerung, Hexenjagd, Kesseltreiben, Pogrom.

367 **demagogisch** aufwieglerisch, aufreizend, hetzerisch, populistisch.

368 **demokratisch** liberal, freiheitlich, mehrheitlich, basisdemokratisch, laizistisch, rechtsstaatlich, polyvalent, offen, repressionsfrei; zivil, transparent.

369 **Demonstration** **1.** Kundgebung, Demo, Manifestation, Protestkundgebung, Protestversammlung, politische Versammlung, Umzug, Protestmarsch, Massenkundgebung, Massenversammlung, Dienst nach Vorschrift, Bummelstreik, Streik, Boykott, Protestaktion, Kampagne, Fackelzug, Mahnwache, Lichterkette, Sit-in, Go-in, Teach-in, Love-in, Loveparade, Besetzung, Häuserbesetzung, Instandbesetzung, **2.** Veranschaulichung, Darlegung, Beweisführung.

370 **denken** **1.** Verstand gebrauchen, reflektieren, nachdenken, sich Gedanken machen; durchdenken, **2.** überlegen, bedenken, in Betracht ziehen, erwägen, sich zurechtlegen; spekulieren, drehen und wenden, von allen Seiten betrachten, nachgrübeln, kauen an, nachsinnen, knobeln, grübeln, sich zergrübeln; brüten, sinnen, sinnieren, wägen, hin und her wenden, mitbedenken, betrachten, abwägen, ermessen, kombinieren, überdenken, sich durch den Kopf gehen lassen, den Kopf zerbrechen; Probleme wälzen, philosophieren, sich fragen; Für und Wider erwägen, sich mit dem Gedanken herumschlagen; mit sich ringen, herumrätseln, berechnen, ausklügeln, vernünfteln, deuteln, phantasieren, spintisieren; ausdenken, aushecken, sich einfallen lassen, beikommen lassen; in Frage ziehen, hinterfragen, Schlüsse ziehen, sich vergegenwärtigen, vorstellen; meditieren, untersuchen, prüfen, studieren, **3.** sich besinnen, sammeln; in sich gehen, Gedanken sammeln, mit sich zu Rate gehen, zu sich kommen, Gedanken nachhängen, in Gedanken versunken sein, **4.** sich vertiefen, versenken, hineinknien, konzentrieren; versinken; ausbauen, fundieren, weitertreiben, steigern, vertiefen, intensivieren.

Denker Philosoph, Theoretiker, Wei- 371
ser, Gelehrter, Geistesarbeiter, Forscher, Erfinder, Kopfarbeiter, Wissenschaftler, Verstandesmensch, Intellektueller, kluger Kopf; Intelligenzler, Egghead, Verkopfter, Meisterdenker, Großintellektueller, Mandarin.

Denkmal Ehrenmal, Gedächtnismal, 372
Mahnmal, Monument, Gedenkstein, Denkstein, Obelisk, Säule, Statue, Gedenkstätte, Erinnerungsort, Memorial; Grabstein, Stele, Grabmonument, Pantheon.

Denkspruch **1.** Wahlspruch, Kern- 373
spruch, Merkspruch, goldene Regel, Sinnspruch, Leitsatz, Lebensweisheit, Sinngedicht, Kalenderweisheit, Sprichwort, Epigramm, Xenie, Volksweisheit, **2.** Devise, Schlagwort, Slogan, Sentenz, Spruch, Motto, Losung, **3.** Maxime, Aphorismus, Gedankensplitter.

Denkweise Denkungsart, Denkmus- 374
ter, Denkart, Weltbild, Weltanschauung, Ideologie, geistiger Standort, Grundeinstellung, Geisteshaltung, Sinnesart, Ethos, Gesinnung, Mentalität, Haltung, Anschauung, Einstellung.

derb **1.** handfest, kräftig, stark, ge- 375
sund, robust, drall, stramm, kernig, ungeschlacht, grobschlächtig, **2.** drastisch, grob, gröblich, unsanft, raubeinig, deutlich, faustdick, krass, krude, rüde, rau, harsch, barsch, ungehobelt, schroff, vulgär, saftig, deftig, **3.** bäuerlich, rustikal, ländlich, bäuerisch.

Deserteur Überläufer, Fahnenflüch- 376
tiger, Abtrünniger, Kollaborateur, Quisling.

deutlich **1.** fühlbar, bemerkbar, spür- 377
bar, merklich, vernehmlich, einschnei-

dend, unübersehbar, unüberhörbar, überdeutlich, klipp und klar, unverblümt, **2.** genau, artikuliert, scharf, klar erkennbar, leicht festzustellen, verständlich, präzis, prägnant, klar, ausdrücklich, ausgesprochen, profiliert, charakteristisch, fest umrissen, konturiert.

378 **Diät 1.** Fasten, Fastendiät, Heilfasten, Fastenkur, Nulldiät, Schlankheitskur, Abmagerungskur; Mastkur, **2.** Krankenkost, Schonkost, leichte Kost, Heilkost, Diätkost.

379 **dicht 1.** abgeschlossen, verschlossen, zu, unzugänglich; undurchdringlich, hermetisch, undurchsichtig, blickdicht, undurchlässig, imprägniert, waterproof, wasserdicht, abgedichtet, luftdicht, **2.** eng, gedrängt, gequetscht, gepresst, konzentriert, komprimiert, zusammengepresst, zusammengezogen, kompakt, fest gefügt, massiv, dichtmaschig; dicht bei dicht, gesteckt voll, wie in der Sardinenbüchse, wie die Heringe.

380 **dick 1.** stark, korpulent, stattlich, massiv, beleibt, wohlbeleibt, schmerbäuchig, rund, rundlich, dicklich, mollig, pummelig, wohlgerundet, füllig, vollschlank, gut gepolstert, stramm, drall, üppig, fett, feist, gut im Futter, fleischig, bullig, wohlgenährt, fettleibig, dickleibig, kugelrund, gemästet, prall, gewaltig, unförmig, übergewichtig, voll gefressen, **2.** angeschwollen, aufgedunsen, aufgeblasen, aufgetrieben, aufgebläht, schwammig, aufgeschwemmt, **3.** geschwollen, entzündet, wund, verdickt, **4.** schwellend, wulstig, aufgeworfen, gerundet, bauchig, vorgewölbt, gewölbt, herausstehend, vorstehend, überstehend, vorspringend, vorkragend, ausladend, kugelig.

381 **dienen 1.** Militärdienst leisten, einrücken, eingezogen werden, Wehrdienst leisten, **2.** dienen als, taugen zu, sich eignen zu; zu gebrauchen sein, benutzt werden, ersetzen, gute Dienste leisten, nützen.

382 **Dienst 1.** Amt, Amtspflicht, Funktion, Aufgabe, Obliegenheit, Arbeit, **2.** Gefallen, Gefälligkeit, Entgegenkommen, Liebesdienst, Freundschaftsdienst, Hilfeleistung, Besorgung, Verrichtung, Dienstleistung, Kundendienst, Service.

Dilettant 1. Liebhaber der Künste, Kunstfreund, Kunstjünger, Amateur, Laie, Nichtfachmann, Nichtkundiger, Autodidakt, **2.** Anfänger, Neuling, Halbgebildeter, Ignorant, Nichtskönner, Besserwisser, Banause, Quacksalber, Kurpfuscher, Stümper, Pfuscher. 383

dilettantisch 1. kunstvernarrt, kunstverliebt, kunsteifrig, wissenschaftseifrig, **2.** amateurhaft, laienhaft, autodidaktisch, halbgebildet, banausenhaft; ungenau, stümperhaft, unfachmännisch, unzulänglich. 384

Dilettantismus Liebhaberei, Spielerei, Laienarbeit, Laienhaftigkeit, Amateurhaftigkeit, Halbbildung. 385

Diplomat 1. Unterhändler, Geschäftsträger, Vertreter, Botschafter, Gesandter, Regierungsvertreter, Staatsrepräsentant, Legat, Nuntius, Konsul, Attaché, Ambassadeur, **2.** Taktiker, Politiker, Stratege, Schlaukopf, Pfiffikus, Schlauberger, Menschenkenner, Fuchs, Filou. 386

diskriminierend herabsetzend, ausgrenzend, benachteiligend, ungerecht, rassistisch, sexistisch. 387

Diskriminierung 1. öffentliche Herabsetzung, Benachteiligung, Ausgrenzung, Marginalisierung, Ungerechtigkeit, Diskreditierung, **2.** Rassismus, Sexismus, Überlegenheitswahn, Rassentrennung, Apartheid. 388

doppelt zweimal, zweifach, im Doppelpack, duplex, zwiefach, zwiefältig, verdoppelt, dual, paarig, zu zweit, zweistimmig, paarweise, gepaart; zweiteilig, zweispaltig, beidseitig, doppelseitig, zweiseitig, bilateral, zweischneidig, beidhändig; bisexuell, stereo, zweigeschlechtig, doppelgeschlechtig, androgyn, gamin, zwittrig, gekreuzt, hybrid, hybridisch, doppelköpfig, janusköpfig. 389

drängen (sich) 1. schieben, pressen, zwängen, quetschen, schubsen, stoßen, drängeln, drücken, sich vordrängen, zwischendrängen; Ellenbogen gebrauchen, nachdrängen, zusammendrängen, pferchen, zusammenpferchen, zusammenpressen, zusammenknäueln, ballen, **2.** treiben, hetzen, scheuchen, jagen, Druck dahinter setzen, Dampf machen, nachhelfen, antreiben, zum Jagen tragen, anspitzen, in Bewegung bringen, aktivieren, in Schwung brin- 390 gen, vorwärts treiben, auf Trab bringen, aufscheuchen, Hölle heiß machen, unter Druck setzen, auf Touren bringen, hochjagen, aufjagen, Beine machen, **3.** beschleunigen, forcieren, schneller werden, Tempo steigern/anziehen, an Fahrt gewinnen, auf die Tube drücken, Gas geben, durchstarten, Zahn zulegen, Sporen geben, das Letzte herausholen, **4.** bedrängen, drängen auf; sich drängen nach; in den Ohren liegen, nötigen, zusetzen, bestürmen, verfolgen, insistieren, löchern, bombardieren, eifern, keine Ruhe geben, bohren, nachbohren, **5.** umdrängen, umringen, auf den Leib rücken, auf jmdn. eindrängen/einstürmen, jmdn. belästigen/behelligen.

391 **dranhalten, sich** nicht nachlassen, hinterher sein, sich dahinter machen, ranhalten, dahinter klemmen; zumachen, unermüdlich sein, nicht müde werden, nicht ermüden, vor dem Wind segeln, Nase im Wind haben, Finger am Puls haben, auf dem Quivive sein.

392 **draußen 1.** im Freien, unter freiem Himmel, im Grünen, outdoors, an der Luft, in der Natur, **2.** außerhalb, anderswo, außer Landes, exterritorial, auswärts, auf Reisen, unterwegs, auf Fahrt/ Wanderschaft / Achse, umherziehend, auf Walze/Tour/Tournee, **3.** unstet, unbehaust, ohne festen Wohnsitz, obdachlos, auf Platte, ohne Dach über dem Kopf/Unterkunft/Bleibe, wohnungslos, **4.** außen, äußerlich, auswendig, auf der Oberfläche.

393 **Drehbuch** Treatment, Filmmanuskript, Skript, Textbuch, Szenario, Storyboard, Continuity.

394 **drehen (sich) 1.** kreisen, kreiseln, wirbeln, rotieren, tanzen, schwirren, trudeln, umlaufen, zirkulieren, rollen, kugeln, kullern, umkreisen, schwenken, herumschwenken, strudeln; aufwirbeln, hochwirbeln, **2.** wickeln, aufwickeln, winden, aufwinden, drillen, zwirnen, haspeln, spulen, aufrollen, einrollen, kurbeln, zusammenrollen, **3.** aufdrehen, eindrehen, kräuseln, locken, wellen, ringeln, kringeln, sich kringeln, aufrollen; umstülpen, umklappen, **4.** krümmen, kurven, biegen, winden, schlängeln, mäandern, sich schlängeln, winden, krümmen, **5.** sich wälzen, suhlen, rollen, **6.** wenden, umwenden, umdrehen, scrollen, umschwenken, abdrehen, beidrehen, zurücksetzen, zurückstoßen, umkehren, zurückfahren, kehrtmachen, zurückgehen, zurückkehren, wiederkehren, **7.** sich umdrehen, umwenden, herumdrehen, auf die andere Seite drehen, **8.** filmen, Film drehen.

Drehung 1. Umkehr, Rücklauf, Wende, Kurve, Umlauf, Umdrehung, Pirouette, Rotation, Tour, Wirbel, Strudel, **2.** Drall, Effet. 395

Drogenabhängiger 1. Rauschgiftabhängiger, Fixer, Junkie, User, Mainliner, Chippy, Kiffer, Kokser, Hascher; Alkoholiker, Trinker, **2.** Workaholic, Shopaholic. 396

drohen 1. ängsten, ängstigen, verängstigen, in Angst versetzen, Angst machen, erschrecken, schrecken, beunruhigen, Bange machen, Schrecken einjagen, **2.** bedrohen, gefährden, gefährlich werden, Gefahr bringen, ans Leben gehen, an den Leib/Kragen gehen, um Kopf und Kragen gehen, am seidenen Faden hängen, schlecht stehen, **3.** androhen, Zähne zeigen, Messer wetzen, anfunkeln, Druck ausüben, unter Druck setzen, erpressen, einheizen, Hölle heiß machen, ins Bockshorn jagen, Pistole auf die Brust setzen; mit dem Säbel rasseln, mit Krieg drohen, Schneid abkaufen, einschüchtern, verschüchtern, terrorisieren, mobben, **4.** bevorstehen, dräuen, nahen, heraufziehen, zukommen auf, kriseln; sich zusammenziehen, zusammenbrauen, zusammenballen, bewölken; in der Luft liegen. 397

Drohung 1. Bedrohung, Beängstigung, Beunruhigung, Androhung, Drohgebärde, Säbelrasseln, Einschüchterung, Erpressung, Ultimatum, Nötigung, Druck, Zwang, **2.** Gefahr, Lebensgefahr, Todesgefahr, Gefährlichkeit, Gefährdung, Fährnis, Klippe, Risiko, Krise, Damoklesschwert, Ernstfall, Notstand; dicke Luft, Drohkulisse, Gewitterwolke, Zündstoff, Sprengkraft, Brisanz, heißes Eisen, Reizklima. 398

Druck 1. Expansionskraft, Stoß, Stoßkraft, Schub, Schubkraft, Spannung, Tension, **2.** Schwere, Schwerkraft, Gewicht, Wucht, Last, **3.** Clinch, Zwang, Nötigung, Stress, **4.** Hoch, Hochdruckgebiet, Schönwetterzone; Tief, Tiefdruckgebiet, Schlechtwetterzone. 399

400 **Druck, im** in Schwierigkeiten/Bedrängnis/Zeitnot/Eile/einer Zwangslage/einer Notlage/Schwulitäten/einer Krise/der Tinte/der Zwickmühle/Nöten/Verlegenheit, unter Druck, im Termindruck/Stress.

401 **drücken** 1. lasten, schwer wiegen, wuchten, niederdrücken, belasten, beschweren, 2. Druck ausüben, pressen, stauchen, quetschen, wringen, zwängen, auspressen, ausdrücken, entpressen, entsaften, zusammendrücken, zusammenpressen, zusammenzwingen, zusammenquetschen, platt/breit drücken, schnüren, einschnüren, einzwängen, abschnüren, Luft abdrücken, beengen, engführen, verengen, zusammenschnüren, Kehle zuschnüren, würgen, ersticken, umfassen, umspannen, umklammern, clinchen, 3. beugen, niederhalten, deckeln, am Boden halten, ducken, unten halten, 4. sich entziehen, drücken; nicht teilnehmen/mitmachen/dranwollen, mauern, kneifen.

402 **dumm** 1. beschränkt, unbegabt, unbedarft, unintelligent, untalentiert, talentlos, unwissend, begriffsstutzig, verständnislos, unverständig, ungelehrig, schwer von Begriff, stupid, hat das Pulver nicht erfunden, dümmlich, flachsinnig, nicht bei Trost, geistesarm, geistesschwach, geistesschlicht, seelentaub, borniert, verbohrt, uneinsichtig, vernagelt, ignorant, unbelehrbar, resistent, schwachköpfig, blöde, dämlich, doof, debil, unterbelichtet, minderbemittelt, lange Leitung, Brett vor dem Kopf, auf dem Schlauch, kann nicht bis drei zählen, strohdumm, stockdumm, belämmert, behämmert, bescheuert, saudumm, saublöd, 2. töricht, unklug, gedankenlos, kritiklos, unüberlegt, unvernünftig, unsinnig, sinnlos, vernunftwidrig; einfältig, leichtgläubig, naiv, vertrauensselig, gimpelhaft, nimmt alles für bare Münze, 3. albern, läppisch, fad, kindisch, flapsig, lachhaft, lächerlich.

403 **Dummheit** 1. Beschränktheit, Unbegabtheit, Unbedarftheit, Geistesarmut, Flachsinn, Geistesschwäche, Geistlosigkeit, Borniertheit, Ignoranz, Stupidität, Dämlichkeit, Doofheit, Gedankenarmut, Unwissenheit, Begriffsstutzigkeit, Stumpfsinn, Dumpfheit, Seelentaubheit, Unverstand, Unvernunft, Blödheit, Verbohrtheit, Sturheit, 2. Torheit, Gedankenlosigkeit, Unklugheit, Einfältigkeit, Harmlosigkeit, Naivität, Leichtgläubigkeit, Einfalt.

Dummkopf 1. Kindskopf, Quatschkopf, Knallkopf, Schafskopf, Kohlkopf, Döskopp, Hohlkopf, Strohkopf, Schwachkopf, Wirrkopf, Grützkopf, Pfeifenkopf, Plattkopf, Flachkopf, Holzkopf, Gipskopf, Betonkopf, Quadratschädel, 2. Spatzenhirn, Dummrian, Dummlack, Dummbart, Dussel, Knalltüte, Dumpfbacke, Simpel, Trottel, Depp, Ignorant, Tropf, Nulpe, Blödmann, Dummerjan, Heini, Blödian, Mondkalb, Hirni, doofe Nuss, trübe Tasse, 3. Stiesel, Tölpel, Trampel, Trampeltier, Gimpel, Pinsel, Tollpatsch, Elefant im Porzellanladen, Chaot, Messie, 4. Idiot, Stümper, Spinner, Kretin, Armleuchter, Arsch, Arschloch, Flachwichser, Rindvieh, Rhinozeros, Hornochse, Hornvieh, Narr, Tor, Gans, Närrin, Pute, Törin, dumme Ziege/Kuh/Gans, dummes Huhn, Schaf, Luder, Tussi, 5. Naivling, Einfaltspinsel, Hinterwäldler, Landpomeranze, Landei, Dorftrottel, Bauer. 404

dumpf 1. dumpfig, feucht, modrig, muffig, kellerhaft, schimmelig, stockig, stickig, miefig, ungelüftet, abgestanden, schlechte Luft, vermieft, 2. schwül, feuchtwarm, erstickend, bedrückend, beklemmend, dämpfig, föhnig, drückend, gewittrig, 3. unbewusst, undifferenziert, unterschwellig, unartikuliert, unausgesprochen, unterbewusst, vorbewusst, stumpf, primitiv, stumpfsinnig, 4. betäubt, gefühllos, teilnahmslos, apathisch, lethargisch, benommen, umnebelt, 5. heiser, hohl, belegt, gedämpft, erstickt, krächzend, klanglos, matt, blechern, scheppernd, schnarrend. 405

dunkel 1. dämmerig, zwielichtig, abendlich, schummerig, abends, nächtig, düster, schwarz, lichtlos, finster, stockfinster, schwarze Nacht, rabenschwarz, tiefschwarz, tintenschwarz, kohlschwarz, pechschwarz, stockdunkel, zappenduster, 2. trüb, verhangen, verhüllt, verschleiert, diesig, neblig, wolkig, regnerisch, milchig, dunstig, getrübt, verfinstert, bezogen, bedeckt, schattig, umschattet, sonnenlos, 3. un- 406 klar, undeutlich, unscharf, verhüllt, verschleiert, lichtarm, diffus, verschwommen, nebelhaft, nebulos, undurchsichtig, unbestimmt, vage, umrisshaft, **4.** rätselhaft, unverständlich, unverstanden, unlösbar, vieldeutig, unentwirrbar, unentschlüsselbar, zweideutig, orakelhaft, delphisch, undurchdringlich, ungreifbar, geheimnisumwittert, ungewiss, unsicher, unerkennbar, geheimnisvoll, hintergründig, abgründig, tief, dämonisch, magisch, zaubermächtig, mystisch, okkult, obskur, mysteriös, verrätselt, kryptisch, **5.** im Dunkeln, im Finstern, nachts, nächtens, nächtlich, **6.** dunkelhaarig, braunhaarig, braun, brünett, bräunlich, nussbraun, schwärzlich, **7.** düster, Unheil verkündend, schaurig, unheimlich, makaber.

407 **Dunkelheit** **1.** Dämmerung, Dämmerstunde, Schummerstunde, blaue Stunde, Abendstunde, Einbruch der Nacht, Sonnenuntergang, sinkende Nacht; Abend, Tagesende, Halbdunkel, Zwielicht, schwindendes Licht, Einfall der Dunkelheit; Nacht, Düsterkeit, Dunkel, Finsternis, ägyptische Finsternis, Lichtlosigkeit, undurchdringliches Dunkel, Grabesdunkel, **2.** Schatten, Kernschatten, Schlagschatten, Trübung, Eintrübung, Verfinsterung, Verdüsterung, Bewölkung, Verdunklung, Verschleierung, Wolkenwand, Gewitterwand, Gewitterwolken, Sturmwolken, Wolkenhimmel, **3.** Unklarheit, Unverständlichkeit, Unverstehbarkeit, Unerkennbarkeit, Transzendenz, Unerklärlichkeit, Unergründlichkeit, Unfassbarkeit, Vieldeutigkeit, Zweideutigkeit, Zwielichtigkeit, Rätselhaftigkeit, Geheimnis.

408 **dunkeln** **1.** dämmern, schummern, dunkel/Abend/Nacht/finster werden, nachten, finstern, **2.** sich trüben, verdunkeln, verfinstern, beziehen, bewölken, mit Wolken bedecken, eintrüben, verdüstern, umnebeln, vernebeln; Schatten werfen, überschatten, beschatten, **3.** nachdunkeln, bräunen, schwärzen.

dünn **1.** fein, filigran, hauchdünn, durchscheinend, durchsichtig, alabasterhaft, perlmuttern, diaphan, **2.** mager, schlank, gertenschlank, rank und schlank, feingliedrig, zerbrechlich, zart, grazil, feenhaft, schmal, zierlich, knabenhaft, überschlank, hager, knochig, eckig, dürr, leibarm, klapperdürr, spindeldürr, abgemagert, abgezehrt, ausgemergelt, elend, **3.** spärlich, karg, knapp, gelichtet, schütter, dünn gesät, fipsig, fieselig, piepsig, mickrig, schmächtig, zum Umblasen, dürftig, wie eine Bohnenstange, Hering, Haut und Knochen, Strich in der Landschaft, **4.** dünnflüssig, fließend, laufend, rinnend, wässrig, ohne Konsistenz, schwach. 409

durchdringen **1.** durchfeuchten, durchnässen, durchweichen, eindringen, einsickern, infiltrieren, sich voll saugen, sättigen, durchtränken, tränken; schwängern, **2.** durchlassen, undicht sein, lecken, **3.** durchsickern, kundwerden, ans Licht kommen, ruchbar/bekannt werden, an die Öffentlichkeit dringen, herauskommen, laut werden, an den Tag kommen, aufkommen, verlaufen, publik werden, sich herumsprechen, **4.** durchwirken, durchweben, durchziehen, beseelen, beleben, innewohnen, **5.** erreichen, durchsetzen, ertrotzen, erzwingen, durchdrücken, durchpauken, durchboxen, durchfechten, durchpeitschen, durchbekommen, durchbringen, ans Ziel kommen, sich durchsetzen; Ziel erreichen, Terrain gewinnen, Feld behaupten, sich durchboxen, durchkämpfen; durchstoßen, sich nach vorn schieben. 410

durchgreifen energisch werden, Nägel mit Köpfen machen, zeigen, was eine Harke ist, auf den Tisch schlagen, Schraube anziehen, nicht lange fackeln, Exempel statuieren, kurzen Prozess machen, mit eisernem Besen kehren, kein Federlesens machen, Machtwort sprechen, Ernst machen, auf Vordermann bringen, Riegel vorschieben, Remedur schaffen. 411

E

412 **Echo** 1. Hall, Schall, Gegenhall, Widerhall, Widerklang, Resonanz, Mitschwingen, Nachhall, Nachklang, Nachklingen, Rückschall, Wiederholung, 2. Zustimmung, Anklang, Gegenliebe, Applaus.

413 **echt** 1. unverfälscht, unvermischt, ursprünglich, genuin, idiomatisch, natürlich, original, im Wortlaut, originalgetreu, authentisch, eigenständig, eigengesetzlich, eigenwüchsig, 2. beständig, qualitätsvoll, gediegen, solid, reell, haltbar, stabil, gut, schier, hochkarätig, rein, astrein, lupenrein, pur.

414 **Ecke** 1. Winkel, Schnittpunkt, Kreuzung, Biegung, Knick, 2. Vorsprung, Spitze, Schnabel, Nase, Zacke, Bug, Knie, Überhang, Kante, Eck, Sims, Gesims.

415 **edel** 1. fein, kostbar, erlesen, exquisit, erstklassig, ausgesucht, gewählt, subtil, de Luxe, differenziert, raffiniert, ausgeklügelt, verfeinert, sublim, erhaben, ohne Fehl, untadelig, wohl beschaffen, rein, rassig, tadellos, guter Stall, 2. geprägt, geformt, elegant, schnittig, 3. nobel, edelmütig, ritterlich, hochherzig, vornehm.

416 **Egoist** Ichmensch, Egozentriker, Egotist, Narziss, Selbstverliebter, Selbstbesessener, Egomane.

417 **ehe** bevor, früher, noch nicht, als, vorher, es war einmal, noch bevor/vor.

418 **Ehre** 1. Ehrgefühl, Ehrliebe, Stolz, Würde, Selbstachtung, 2. Tribut, Reverenz, Hommage, Ehrung, Auszeichnung, Ehrengabe, Orden, Titel, Ehrenzeichen, roter Teppich, großer Bahnhof, Honneurs, Salut, Ehrenbezeigung, Geleit, Ehrengeleit, Ovation, Huldigung, Krönung.

419 **ehren** 1. feiern, hochhalten, achten, beehren, auszeichnen, erhöhen, adeln, nobilitieren, würdigen, loben, preisen, besingen, bedichten, glorifizieren, dekorieren, Orden verleihen, verherrlichen, huldigen, bejubeln, zujubeln, entgegenjubeln, rühmen; heiligen, heilig sprechen, vergotten, verklären, 2. zur Ehre gereichen, Ehre machen, Lob verdienen.

ehrgeizig hochfliegend, ambitioniert, leistungsbetont, karrierebetont, leistungswillig, eifrig, strebsam, zäh, streberhaft, leistungsfixiert, karrieresüchtig, karrierefixiert, karrieristisch, karrieregeil; geltungsbedürftig, krankhaft ehrgeizig, geltungssüchtig, ehrsüchtig, profilierungssüchtig, ruhmgierig, machtgierig, machtbesessen. 420

Eifer 1. Streben, Bestreben, Einsatz, Ehrgeiz, Regsamkeit, Betätigungsdrang, Tatendurst, Rührigkeit, Geschäftigkeit, Betriebsamkeit, Umtriebigkeit, Tatendrang, Tatenlust, Beflissenheit, Enthusiasmus, Ambitioniertheit, 2. Fleiß, Arbeitsfreude, Arbeitslust, Emsigkeit, Strebsamkeit, Arbeitseifer, Arbeitswut, Schaffenslust, Feuereifer, Bienenfleiß, Übereifer, Mordseifer, Unermüdlichkeit, Unverdrossenheit. 421

eifrig bestrebt, bemüht, motiviert, engagiert, strebsam, rührig, geschäftig, betriebsam, umtriebig, aktiv, tätig, beflissen, erpicht, aufmerksam, versessen, unverdrossen, unermüdlich, rastlos, leidenschaftlich, hoch motiviert, hingebungsvoll, mit Hingabe, emsig, flink, behände, übereifrig. 422

Eigenart 1. Individualität, Persönlichkeit, Stil, Profil, 2. Eigenschaft, Qualität, Wesensmerkmal, Wesenszug, Duftmarke, Zug, Charakterzug, Seite, Note, Eigenheit, Eigentümlichkeit, Originalität, Besonderheit, Ursprünglichkeit, Charakteristikum, Spezifikum, Spezialität, Merkmal, Kennzeichen, 3. Besonderheit, Sonderfall, Sonderklasse, Sonderstellung, Ausnahme, Seltenheit, Einmaligkeit, Einzigkeit, Einzigartigkeit, Spezialfall, Fall für sich, weißer Rabe, Solitär, Kuriosum, Kuriosität, Sehenswürdigkeit, Seltsamkeit, Abnormität, 4. Wunderlichkeit, Lächerlichkeit, Verdrehtheit, Schrulligkeit, Verschrobenheit, Absonderlichkeit, Exzentrizität, Abseitigkeit, Spleenigkeit; Vogel, Tick, Schrulle, Klaps, Spleen, Stich, Sparren, Fimmel, Macke, Rappel, Mucke, Meise, Marotte, Flitz, Grille, fixe Idee, 5. Eigengesetzlichkeit, Eigendynamik. 423

424 **eigensinnig** starrsinnig, halsstarrig, querköpfig, hartköpfig, widerspenstig, bockig, bockbeinig, aufmüpfig, widerborstig, verbockt, mucksch, trotzig, kapriziös, trotzköpfig, störrisch, dickköpfig, hartnäckig, kratzbürstig, starrköpfig, obstinat, stur, verbohrt, verstockt, unbelehrbar, rechthaberisch; ungehorsam, aufsässig, renitent, widersetzlich, unbotmäßig, unfolgsam.

425 **eigentlich** 1. genau genommen, im Grunde, ursprünglich, von Rechts wegen, an sich, an und für sich, streng genommen, bei Licht betrachtet, 2. alias, in Wirklichkeit, auch … genannt, gewissermaßen, sozusagen, so genannt.

426 **Eile** 1. Hast, Hetze, Hatz, Hetzjagd, Zeitmangel, Zeitnot, Hektik, Unrast, Jagd, Gejage, Gejagtheit, Getriebenheit, Hetzerei, Hochdruck, Gehetze, Rastlosigkeit, Friedlosigkeit, 2. Tempo, Eiltempo, Geschwindigkeit, Flinkheit, Fixigkeit, Zügigkeit, Schnelligkeit, Rasanz, Speed, Galopp, Geschwindschritt, Fahrt, Raschheit, Raserei, Karacho, Vollgas, Topspeed, Spitzengeschwindigkeit, Gerase, 3. Eilfertigkeit, Voreiligkeit, Schnellschuss, Übereifer, Übereilung, Verfrühung, Kopflosigkeit, Überstürzung, fliegender Wechsel, 4. Beschleunigung, Temposteigerung, Spurt, Endspurt, Finale, Finish.

427 **eilen (sich)** 1. ausgreifen, ausschreiten, laufen, rennen, hasten, fliegen, sausen, stürzen, jagen, brettern, galoppieren, traben, rasen, stürmen, hetzen, flitzen, spritzen, preschen, stieben, schwirren, huschen, fegen, pesen, düsen, jetten, wieseln, 2. sich beeilen; in Eile sein, sich sputen; keine Ruhe haben, sich keine Zeit lassen; keine Zeit verlieren, schnell/rasch machen, sich tummeln; Schritt zulegen, sprinten, spurten, Tempo steigern, beschleunigen, an Fahrt gewinnen, anziehen, 3. brennen, drängen, keinen Aufschub dulden, eng werden, auf den Nägeln brennen, eilig sein, pressieren, dringlich sein, unaufschiebbar sein, 4. übereilen, überstürzen, überhasten, vorschnell handeln, unbedacht handeln, übers Knie brechen, sich überschlagen.

428 **eilig** 1. in Eile, hastig, gehetzt, gejagt, gedrängt, unruhig, rastlos, 2. eilends, sofort, im Nu, spornstreichs, auf der Stelle, stracks, flugs; eilfertig, vorschnell, überstürzt, voreilig, übereifrig, fluchtartig, fieberhaft, 3. dringend, dringlich, pressant, drängend, brisant, unaufschiebbar, jetzt oder nie, vordringlich, brennend, schnellstens, so bald wie möglich, möglichst gleich/sofort, recht bald, nächstmöglich, express, schleunigst; in höchster Eile, auf den letzten Drücker, im letzten Augenblick, mit Blaulicht, in fliegender Hast, mit Hochdruck/Karacho/Vollgas/Volldampf, Hals über Kopf, holterdiepolter.

einbilden, sich 1. vorschweben, imaginieren, wähnen, sich vorstellen; Eindruck haben, mutmaßen, sich erträumen, erhoffen; annehmen, glauben, meinen, vermuten, sich einreden, 2. sich Illusionen machen, vorspiegeln; irrtümlich meinen, sich etwas vormachen, vorgaukeln, betrügen; Kopf in den Sand stecken, Luftschlösser bauen, 3. sich etwas einbilden; eingebildet sein, von sich eingenommen sein, dicktun, angeben, sich überbewerten, überheben, erhaben dünken, überschätzen, versteigen, anmaßen, aufspielen; auf dem hohen Ross sitzen, viel von sich halten, überheblich sein, heraushängen lassen, herabsehen auf, Nase hoch tragen, Rosinen im Kopf haben, sich für weiß was halten, für unwiderstehlich halten, ein Air/Ansehen geben; aufschneiden. 429

Einbürgerung Nationalisierung, Nostrifikation, Naturalisierung, Verleihung der Staatsangehörigkeit. 430

eindringen 1. einbrechen, Einbruch begehen, einsteigen, gewaltsam eindringen, Tür aufbrechen, Hausfriedensbruch begehen, Zutritt verschaffen, 2. sich eindrängen, einschmeicheln, einschleichen, einschmuggeln, festsetzen, einnisten, 3. unterwandern, infiltrieren, einschleusen, durchsetzen, 4. hineindringen, gelangen in, penetrieren. 431

einfach 1. elementar, ungegliedert; einleuchtend, überschaubar, vereinfacht, verständlich, übersichtlich, begreiflich, unkompliziert, idiotensicher, unproblematisch, ohne Schwierigkeiten, volkstümlich, fasslich, eingängig, mühelos, 2. schlicht, unprätentiös, natürlich, kunstlos, ungekünstelt, unambitioniert, offen, gradlinig; naiv, ungebrochen, kindlich, kindhaft, harmlos, 432 arglos, leichtgläubig, weltfremd, unkritisch, nicht wählerisch, urteilslos, kritiklos, einfältig, treuherzig, unbedarft, einfach gestrickt, pflegeleicht, sozial verträglich, 3. bescheiden, frugal, ländlich, primitiv, spartanisch, ohne Aufwand; schmucklos, prunklos, glatt, unverziert, schnörkellos.

433 **Einfachheit** 1. Schlichtheit, Anspruchslosigkeit, Natürlichkeit, Offenheit, Geradlinigkeit, Freimut, Aufrichtigkeit, 2. Einfalt, Bonhomie, Arglosigkeit, Harmlosigkeit, Unschuld, Naivität, Unbedarftheit, Gutgläubigkeit, Weltfremdheit, Treuherzigkeit, Leichtgläubigkeit, 3. Unkompliziertheit, Undifferenziertheit, Klarheit, Verständlichkeit, Übersichtlichkeit, Fasslichkeit, Eingängigkeit, Volkstümlichkeit, 4. Naturverbundenheit, Urwüchsigkeit, Ursprünglichkeit, Frugalität, Ländlichkeit, Primitivität.

434 **einfallen** 1. in den Sinn/auf den Gedanken kommen, anwandeln, aufblitzen, auf die Idee kommen, durchzucken, kommen, dämmern, Licht aufgehen, beifallen, beschleichen, anwehen, anfliegen, durch den Kopf schießen, sich erinnern, entsinnen, 2. Ideen haben, schöpferisch denken, Einfälle haben, sich etwas einfallen lassen; auf etwas verfallen, 3. ins Wort fallen, versetzen, einwerfen, einflechten, einstreuen, einfließen lassen, einfügen, einschalten, unterbrechen, entgegnen; einsetzen, mitsingen, aufnehmen, anheben, anfangen, beginnen.

435 **Einfluss** 1. Beeinflussung, Einwirkung, Einflussnahme, Lenkung, Formung, Überredung, Seelenmassage, Manipulation, Willenslenkung, Indoktrination, Suggestion, Hypnose, 2. Vergünstigung, Verführung, Bestechung, Korruption, Korrumpierung; Bestechungsgeld, Schmiergeld, Handgeld, Bakschisch, Schweigegeld, 3. Einflussbereich, Einflusssphäre, Einflussgebiet, Wirkungsbereich, Aktionsradius, Kompetenzbereich, Dienstbereich, Zuständigkeitsbereich, Geltungsbereich, Herrschaftsbereich, Machtbereich, Machtsphäre.

436 **einführen (sich)** 1. verbreiten, auf den Markt bringen, kommerzialisieren, lancieren, propagieren, promoten, machen, den Weg bereiten; importieren, aus dem Ausland beziehen; gehen, gefallen, einschlagen, sich verkaufen, 2. einleiten, Vorrede schreiben, Vorwort verfassen, präludieren; eröffnen, ankündigen, anmoderieren, Anfang machen; introduzieren, Beziehung knüpfen, Verbindungen aufnehmen, 3. einschmuggeln, schmuggeln, einschleusen, einschleppen, 4. taufen, konfirmieren, firmen, inaugurieren, 5. anleiten, einweisen.

Einführung 1. Einleitung, Vorrede, Introduktion, Vorwort, Vorbemerkung, Präambel, Geleitwort, Editorial, Vorspruch, Intro, Vorspann, Motto; Prolog, Vorspiel, Präludium, Ouvertüre; Präliminarien, Vorüberlegungen, Vorverhandlungen, Anbahnung; Vorstellung, Vorführung, Debüt, Antrittsbesuch; Vorspeise, Aperitif, 2. Einsetzung, Inauguration, Amtsübergabe, Ernennung, Einweisung, Einstellung, Bestallung, Bevollmächtigung, Inthronisation, Initiation, Weihung, Konsekration, Ordination, Investitur, Taufe, Konfirmation, Firmung, Ritterschlag. 437

Eingeweide Innereien, innere Organe; Gekröse, Geschlinge, Därme, Kaldaunen, Plauze, Gescheide. 438

eingreifen einschreiten, dazwischentreten, dazwischenfahren, vorgehen gegen, zuspringen, verhindern, ausgleichen, vermitteln, sich einschalten, einklinken, ins Mittel legen, zwischenschalten, einmischen; einhaken, intervenieren. 439

einhalten 1. aufhören, abbrechen, stoppen, verschnaufen, ausruhen, pausieren, innehalten, unterbrechen, stocken, aussetzen, stillstehen, 2. abziehen, zurückbehalten, einbehalten, abhalten, 3. befolgen, sich richten nach, halten an; Folge leisten, beachten, Kurs halten. 440

Einheit 1. Ganzes, Ganzheit, Totalität, Einheitlichkeit, Vollständigkeit, Unität, Geschlossenheit, Formation, Gesamtheit, Ungeteiltheit, Unteilbarkeit, Zusammengehörigkeit, System, Homogenität, Integralität, Monade, 2. Gruppe, Abteilung, Heeresverband, Truppeneinheit, Kolonne, Zug, Schar, Truppe, Geschwader, 3. innere Einheit, Identität, Selbst, Ich. 441

442 **einig** 1. gleich gesinnt, gleich gestimmt, übereinstimmend, einhellig, einmütig, konform, einvernehmlich, im Einvernehmen, einträchtig, verbunden, seelenverwandt, im Bunde, ein Herz und eine Seele, verschmolzen, unzertrennlich; einverstanden, einverständig, einer Meinung, aus der Seele gesprochen, unisono, harmonisch, friedlich, einigend, verbindend, vertrauensbildend, 2. gemeinschaftlich, gemeinsam, geschlossen, solidarisch, vereint, einheitlich, Schulter an Schulter, verbündet, verschworen; einstimmig, ausnahmslos, ohne Ausnahme, mit einer Stimme.

443 **Einigkeit** Sympathie, Auskommen, Verträglichkeit, Einvernehmen, Übereinstimmung, Gleichgesinntheit, Einhelligkeit, Einklang, Harmonie, Chemie, Gleichklang, Seelenverwandtschaft, Gleichtakt, Friede, Eintracht; Zusammenhalt, Solidarität, Verbundenheit, Einverständnis, Konsens, Kompromiss, Mittelweg, Schmalspurkonsens, kleinster gemeinsamer Nenner.

444 **Einkehr** 1. Insichgehen, Besinnung, Sammlung, Versenkung, Nachdenklichkeit, Besinnlichkeit, Beschaulichkeit, Umdenken, Selbstbesinnung, Selbstfindung, Sinnesänderung, Sinneswandlung, Bekehrung, Läuterung, Katharsis, 2. Besuch, Einquartierung.

445 **einladen** 1. laden, zu sich bitten, auffordern, herbitten, zu kommen bitten, bewirten, 2. spendieren, freihalten, springen lassen, Spendierhosen anhaben, tief in die Tasche greifen, einen ausgeben.

446 **einprägen (sich)** 1. einschärfen, einhämmern, eintrommeln, eintrichtern, beibringen, einpauken, einpeitschen, einbläuen, einprügeln, einimpfen, unermüdlich predigen, 2. eingraben, aufprägen, prägen, eindrücken, pressen, einpressen, stanzen, riefen, rillen, ätzen, gravieren, abdrücken, Spur hinterlassen, 3. leicht zu behalten sein, ins Ohr gehen, sich einschmeicheln; im Gedächtnis haften.

447 **einrichten (sich)** 1. ausstatten, Wohnung einrichten, Hausstand gründen, möblieren, ausschmücken, sich installieren, 2. sich behelfen, arrangieren, anpassen, schicken; zurechtkommen, sparen.

Einrichtung 1. Vorrichtung, Installierung, Installation, Anlagen, 2. Hausrat, Hausgerät, Einrichtungsgegenstände, Inventar, Ausstattung, Interieur, Möblierung, Meublement, Mobiliar, Mobilien, bewegliche Habe, Wohnungseinrichtung, 3. Institution, Anstalt, Organisation. 448

einsam 1. allein, solo, verlassen, abgeschnitten, abgetrennt, abgeschlossen, isoliert, unverbunden, ohne Kontakt, kontaktschen, ausgestoßen, ausgeschlossen, kontaktarm, kontaktlos, unbegleitet, vereinsamt, freudlos, beziehungslos, desolat, mutterseelenallein, ohne Ansprache, vereinzelt, verwaist, fremd, entwurzelt, 2. eingezogen, für sich, zurückgezogen, ungesellig, kontaktscheu, einsiedlerisch, abgesondert, leutescheu, menschenscheu, weltflüchtig, solitär, klösterlich, weltverloren, 3. menschenleer, abgelegen, entlegen, abseitig, entfernt, weit weg, abgeschieden, abseits, unbewohnt, unbelebt, verödet, weltentrückt, weltfern, wie ausgestorben, gottverlassen, totenstill. 449

Einsamkeit 1. Verlassenheit, Alleinsein, Vereinzelung, Vereinsamung, Absonderung, Isolierung, Isolation, Zurückgezogenheit, Eingezogenheit, Klausur, Abgeschlossenheit, Abschließung, Elfenbeinturm, Einsiedlerleben, Menschenscheu, Abkapselung, Ungeselligkeit, Ungastlichkeit, Beziehungslosigkeit, Fremdheit, Kontaktarmut, Kontaktscheu, 2. Abgelegenheit, Einöde, Entlegenheit, Verborgenheit, Abgeschiedenheit, Abseitigkeit, Erdenferne, Erdenwinkel, Weltferne. 450

Einsatz 1. Einlage, Anlage, Kapitalanlage, Investment, Investition, Input, 2. Aufbietung, Aufwendung, Mobilisierung, Engagement, Eifer, Aufgebot, Aufwand, 3. Einschub, Keil, Zwickel. 451

einschließlich mit, plus, inbegriffen, mitgerechnet, inklusive, zugehörig, samt, nebst, eingeschlossen, eingerechnet, umfassend, außerdem, alles in allem, in Bausch und Bogen, ferner, zuzüglich, implizit, impliziert. 452

Einschränkung 1. Begrenzung, Beschränkung, Kürzung, Drosselung, Abbau, Abstrich, Verminderung, Verringerung, Rückgang, Schmälerung, Reduktion, Reduzierung, Verkürzung, Ver- 453 kleinerung, Minderung, Streichung, Einsparung, Verknappung, Restriktion, Streichkonzert, Rationalisierung, Sparmaßnahme, Kostendämpfung, **2.** Einengung, Engführung, Spezialisierung, Festlegung, Verengung, Vereinseitigung, Fachidiotie, **3.** Vorbehalt, Bedingung, Klausel, Kautel, Nebenbestimmung, Nebenbedingung, Kleingedrucktes.

454 **einseitig** **1.** voreingenommen, parteiisch, befangen, interessengeleitet, subjektiv, tendenziös, ideologisch, entstellt, vorurteilsvoll, verzerrt, eingleisig, eindimensional, vereinseitigt, **2.** unilateral, monolateral, partiell, auf eine Seite beschränkt.

455 **einsteigen** **1.** hineinsteigen, besteigen, aufspringen, zusteigen, an Bord gehen, sich einschiffen, **2.** mitmachen; sich beteiligen; etwas Neues anfangen.

456 **einzeln** **1.** für sich, allein, gesondert, getrennt, apart, gespalten, geteilt, abgetrennt, abgesprengt, versprengt, verstreut, verschlagen, vertrieben, zersplittert; separat, extra, eigen, besonders; einer nach dem andern, aufeinander, nacheinander, tröpfelnd, **2.** frei stehend, allein stehend, einzelstehend, vereinzelt, abgesondert, ungeleitet, unbegleitet, **3.** ledig, solo, getrennt lebend, geschieden, einspännig, frei, ungebunden, **4.** Punkt für Punkt, schrittweise, punktweise, im Einzelnen, ganz genau, en détail, detailliert.

457 **einziehen** **1.** einfordern, einklagen, einnehmen, einsammeln, eintreiben, erheben, kassieren, beitreiben, pfänden, requirieren, konfiszieren, beschlagnahmen, **2.** ausheben, einberufen, einrücken, rekrutieren, mobil machen, mobilisieren, **3.** Wohnung beziehen, sich einmieten, einrichten, niederlassen.

458 **eitel** **1.** putzsüchtig, gefallsüchtig, kokett, affig, geziert, neckisch, kleidernärrisch, prunksüchtig, dandyhaft, geckenhaft, stutzerhaft, snobistisch, **2.** eingebildet, dünkelhaft, von sich eingenommen, selbstherrlich, selbstverliebt, narzisstisch, selbstgefällig, selbstgerecht, überheblich, anmaßend, arrogant, herablassend, hybrid, blasiert, herrisch, hochmütig, hoffärtig, verblendet, vermessen, größenwahnsinnig, großschnäuzig, großmäulig, großtuerisch, großspurig, vollmundig, dummstolz, affektiert, gespreizt, aufgeblasen, wichtigtuerisch, kraftmeierisch, angeberisch, prahlerisch, ruhmredig, **3.** leer, nichtig, umsonst, vergeblich.

Eitelkeit **1.** Putzsucht, Gefallsucht, 459
Koketterie, Starallüren, Affigkeit, Selbstgefälligkeit, Selbstherrlichkeit, Narzissmus, Eigenruhm, Selbstlob, Eigenlob, Selbstverliebtheit, Selbstüberhebung, Selbstbeweihräucherung, Dünkel, Einbildung, falscher Stolz, Aufgeblasenheit, Höhenkoller, Hochmut, Hybris, Überheblichkeit, Hochmütigkeit, Hoffart, Herablassung, Anmaßung, Arroganz, Blasiertheit, Gespreiztheit, Snobismus, Affektiertheit, Getue, Gehabe, Tuerei, Anstellerei, Geziertheit, Gezwungenheit; Wichtigtuerei, Effekthascherei, Angabe, Namedropping, Mediengeilheit, Prahlerei, Protzerei, Geschwollenheit, Aufschneiderei, Großspurigkeit, Großmäuligkeit, Kraftmeierei, **2.** Geltungsbedürfnis, Geltungsdrang, Geltungssucht, Profilierungssucht, Profilneurose, Großmannssucht, Größenwahn, Übermut, Überhebung, Vermessenheit, Cäsarenwahn, Imponiergehabe.

ekelhaft **1.** abstoßend, Ekel erre- 460
gend, eklig, widerwärtig, abscheulich, übel machend, scheußlich, grässlich, abschreckend, degoutant, widerlich, **2.** übel, übel riechend, ungenießbar, unappetitlich, faulig, stinkend, aasig, stinkig, pestilenzartig.

ekeln (sich) **1.** abstoßen, anwidern, 461
verabscheuen, ankotzen, Abscheu einflößen, anekeln, degoutieren, widerstreben, widerstehen, Ekel/Übelkeit erregen, zuwider sein; Abscheu empfinden, sich schütteln, abwenden, grausen; zurückschaudern, zurückschrecken, nicht sehen können, seekrank werden, den Magen umdrehen; missfallen, gegen den Strich gehen, jagen können mit, **2.** verekeln, vermiesen, vergällen, versauen, verderben.

Element **1.** Urstoff, Grundstoff, Stoff, 462
Materie, Kraft, Faktor, **2.** Elemente, Naturgewalten, Urgewalten, **3.** Bestandteil, Einzelheit, Detail, Komponente, Bauteil, **4.** Fahrwasser, Lieblingsbeschäftigung, Leidenschaft, Passion, Hobby.

463 **Eltern** Vater und Mutter, Elternpaar, Erziehungsberechtigte, Elternteil, Bezugspersonen, Pflegeeltern, Adoptiveltern.

464 **Empfang** 1. Erhalt, Eingang, Ankunft, Eintreffen, Entgegennahme, Annahme, Übernahme, 2. Willkomm, Aufnahme, Begrüßung, Audienz, Cour, offizieller Anlass, Staatsempfang, Gesellschaft, Festivität, 3. Rezeption, Anmeldung.

465 **empfangen** 1. bekommen, erhalten, entgegennehmen, annehmen, übernehmen, 2. vorlassen, Zutritt gewähren, begrüßen, willkommen heißen, entgegengehen, bewillkommnen, in Empfang nehmen, 3. schwanger werden, Kind erwarten, hoffen, in Umstände kommen.

466 **empfänglich** 1. zugänglich, ansprechbar, aufnahmebereit, aufnahmefähig, aufnahmewillig, begeisterungsfähig, eindrucksfähig, sinnlich, 2. wach, aufgeschlossen, interessiert, weltoffen, offen, hellwach, undogmatisch, reformorientiert, reformerisch, änderungswillig, unorthodox, querdenkerisch, 3. beeinflussbar, bestimmbar, suggestibel, gelehrig, rezeptiv, überredbar, beeindruckbar, 4. feinfühlig, feinsinnig, hellhörig, feinnervig, intuitionssicher, 5. zart fühlend, einfühlsam, warmherzig, mitleidsfähig, mitleidig, weichherzig, gutmütig, nachgiebig, mild, mildtätig, mitfühlend, gemütvoll, 6. hellseherisch, ahnungsvoll, hellsichtig, divinatorisch, medial.

467 **Empfänglichkeit** 1. Antenne, Witterung, Organ/Sinn für, feine Sinne/Nase, feines Ohr/Gespür, Intuition, Riecher, Feeling, Beobachtungsgabe, Fühler, Spürsinn, Instinkt, Hellhörigkeit, Unrechtsempfinden, Gerechtigkeitssinn, 2. Zugänglichkeit, Ansprechbarkeit, Aufnahmefähigkeit, Aufnahmebereitschaft, Eindrucksfähigkeit, Sinnlichkeit, Begeisterungsfähigkeit, Aufgeschlossenheit, Aufmerksamkeit, Offenheit, Weltoffenheit, Wachheit, 3. Delikatesse, Fingerspitzengefühl, Feingefühl, Feinsinn, Einfühlsamkeit, Empathie, Zartgefühl, Takt, Gefühl, Gemüt, Herz, Mitleidsfähigkeit, Mitgefühl, 4. Ahnungsvermögen, prophetische Gaben, Divinationsgabe, Intuition, Medialität, Sehergabe, sechster Sinn, zweites Gesicht.

468 **empfehlen (sich)** 1. anbieten, anpreisen, anraten, befürworten, werben, loben, preisen, rühmen, herausstreichen, über den grünen Klee loben, einladen/auffordern zu, animieren, hinweisen auf, 2. zweckmäßig/zu erwägen sein, ratsam erscheinen, 3. sich verabschieden, beurlauben; auf Wiedersehen sagen.

Empfehlung Angebot, Vorschlag, Tipp, Anerbieten, Antrag, Aufforderung, Hinweis, Anzeige, Inserat, Offerte, Ausschreibung, Bewerbung, Befähigungsnachweis; Anraten, Anpreisung, Lob, Zuspruch, Rat; Fürsprache, Fürbitte, Befürwortung, Beziehungen, Referenzen. 469

empfindlich 1. zart, fein, delikat, gefährdet, zerbrechlich, heikel, verletzlich, verletzbar, verwundbar, wehrlos, fragil, dünnhäutig, hautlos, feinnervig, sensibel, sensitiv, seismographisch, 2. prädisponiert, anfällig, schwächlich, labil, nicht abgehärtet, zimperlich, verzärtelt, ohne Abwehrkräfte, disponiert, allergisch, wetterfühlig, schmerzempfindlich, wehleidig, 3. leicht reizbar, nervenschwach, mimosenhaft, zart besaitet, hoch sensibel, überempfindlich, gefühlig, überfeinert, überzüchtet, dekadent; leicht beleidigt, schreckhaft, hypersensibel, überreaktiv, 4. Zärtling, zarte Seele, Mimose, Kräutlein, Rührmichnichtan, Nervenbündel, Zappelphilipp, Prinzessin auf der Erbse. 470

Empfindlichkeit 1. Schmerzempfindlichkeit, Wehleidigkeit, Schwächlichkeit, Mangel an Abwehrkraft, Immunschwäche, Überempfindlichkeit, Überfeinerung, Überzüchtung, Dekadenz; Anfälligkeit, Disposition, Prädisposition, Schwachstelle, Sollbruchstelle, Schwachpunkt, Angriffsfläche, 2. Sensibilität, Feinnervigkeit, Nervenschwäche, Reizbarkeit, Erregbarkeit, Animosität, Empfindelei, Zärtelei, 3. Zartheit, Feinheit, Zerbrechlichkeit, Wehrlosigkeit, Verletzlichkeit, Weichteil, Verletzbarkeit, Verwundbarkeit, Dünnhäutigkeit, Weichheit, Weichherzigkeit, Gutmütigkeit, Mitgefühl, Milde. 471

empfindsam zartsinnig, gefühlsbetont, gefühlsbestimmt, emotional, emotionell, irrational, affektiv, sensibel, gefühlvoll, gemütvoll, gefühlsreich, gefüh- 472 lig, nostalgisch, leicht gerührt, überschwänglich, seelenvoll, schwärmerisch, lyrisch, romantisch, empfindungsreich, überströmend, gefühlsselig, rührselig, tränenselig, sentimental, überspannt, melodramatisch.

473 **Empfindsamkeit** Sensitivität, Zartsinnigkeit, Gemütstiefe, Gefühlstiefe, Sensibilität, Emotionalität, Gefühligkeit, Gefühlseligkeit, Fühligkeit, Innerlichkeit, Nostalgie, Tränenseligkeit, Überschwang, Überschwänglichkeit, Sentimentalität, Gefühlsduselei, Gefühlsklebrigkeit, Tremolo, Rührseligkeit, Überspanntheit, Gefühlsbetontheit, Irrationalität.

474 **enden** 1. aufhören, beenden, beendigen, einstellen, abbrechen, abblasen, abpfeifen, unterbrechen, Halt machen, beiseite legen, zusammenpacken, zur Seite legen, einpacken, innehalten, abschließen, ausschleichen, ausleiten, auflösen, heimschicken, nach Hause gehen, weglegen, aufgeben, aufstecken, an den Nagel hängen, Punkt / Feierabend machen, Zelte abbrechen, schließen; hinlegen, niederlegen, Ende / Schluss machen, Schlusspunkt setzen, Schlussstrich ziehen, Kram hinwerfen, ad acta legen, erledigen, **2.** ablaufen, auslaufen, münden, ausmünden, ausströmen, sich ergießen; einmünden, zu Ende sein, endigen, Ende haben, verrinnen, erlöschen, ausklingen, verebben, verhallen, erkalten, sterben, aussterben, ausgehen, versiegen, versickern, abreißen, zur Neige / zu Ende gehen, einschlafen, sich zerschlagen; in die Brüche gehen, nichts werden, abreißen, aufhören, stillstehen, ausgehen, Ende nehmen, zusammenbrechen, zum Erliegen / Stillstand kommen, sich neigen; abklingen, verklingen, auslaufen, auspendeln, zur Ruhe kommen.

475 **endgültig** unumstößlich, definitiv, beschlossen, besiegelt, entschieden, unabänderlich, unwiderruflich, ein für alle Mal, Punktum, basta, nichts zu machen; unumkehrbar, irreversibel, nicht revidierbar, nicht rückgängig zu machen, irreparabel.

476 **endlich** 1. abschließend, zusammenfassend, zum Abschluss/guten Schluss, als letzten Punkt, zuletzt, schließlich, letztlich, schließlich und endlich, mit einem Wort, kurz, zu guter Letzt, letzterdings, schlussendlich, **2.** erst, erst jetzt, in elfter Stunde / letzter Minute, kurz vor Toresschluss, mit letzter Kraft / Mühe und Not, im letzten Augenblick, **3.** hinten, zuhinterst, am Schluss/Ende/ Schwanz, achtern, **4.** begrenzt, irdisch, vergänglich.

Energie 1. Aktivität, Vitalität, Élan vital, Dampf, Dynamik, Agilität, Kraft, Spannkraft, Tatkraft, Unternehmungslust, Unternehmungsgeist, Tatendrang, Tatendurst, Erlebnishunger, Abenteuerlust, Entschlusskraft, Entschlossenheit, Resolutheit, Tüchtigkeit, Entschiedenheit, Wille, Willenskraft, Willensstärke, Initiative, Spontaneität, Durchsetzungsvermögen, Freiwilligkeit, Impulsivität, Feuer, Schwung, Schneid, Zunder, Emphase, Elan, Power, Fahrt, Vehemenz, Temperament, **2.** Treibstoff, Sprit, Kraftstoff, Benzin, Gas, Wasser, Öl, Strom, Atomenergie, Sonnenenergie, pflanzliche Energien, **3.** Motor, Maschine, treibende Kraft, Kraftquelle, Kraftwerk, Triebkraft, Sprengkraft, Explosivkraft, Brisanz, Schubkraft. 477

energisch tatkräftig, aktiv, vital, agil, handlungsorientiert, energiegeladen, resolut; entschieden, entschlossen, zielbewusst, zielsicher, zielstrebig, unbeirrbar, konsequent, willensstark, willenskräftig, entscheidungsstark, kraftvoll, unternehmend, geschäftstüchtig, tätig, beweglich, rührig, tüchtig, mitreißend, zupackend, betriebsam, schwungvoll, dynamisch, expansiv, tatenlustig, tatendurstig, forsch, stramm, draufgängerisch, fest, bündig, schneidig, dezidiert, bestimmt, ultimativ, vehement, strikt, befehlend, im Befehlston. 478

eng 1. beengt, knapp, schmal, begrenzt, winklig, verwinkelt, bescheiden, klein, eingeengt, eingeschränkt, zusammengedrängt, zusammengepresst, zusammengepfercht, eingepfercht, bedrängt, klaustrophobisch, beklommen, beklemmend, drangvoll, eingeklemmt, engmaschig, eingekeilt, dicht gedrängt, **2.** engherzig, kleinlich, engstirnig, illiberal, humorlos, kurzsichtig, beschränkt, provinziell, kleinkariert, ohne Horizont, distanzlos, begrenzt, borniert, unbelehrbar, philiströs, bigott, muckerisch, frömmlerisch, voreinge- 479 nommen, unduldsam, intolerant, moralinsauer, moralisierend, 3. eng anliegend, hauteng, knapp, knapp sitzend, stramm, knalleng.

480 **Enge** 1. Einengung, Beengtheit, Bedrängnis, Gedrängtheit, Knappheit, Raummangel, Raumnot, Platzmangel, Raumknappheit, **2.** Kurzatmigkeit, Atemnot, Beengung, Beklommenheit, Beklemmung, Platzangst, Klaustrophobie, **3.** Gedränge, Gewoge, Gewühl, Menschenansammlung, Übervölkerung, **4.** Engpass, hohle Gasse, Hohlweg, Klamm, Schlucht, schmale Stelle, Landenge, Einschnürung, Verengung, Hals, Kehle, Isthmus, **5.** Engherzigkeit, Kleinlichkeit, Humorlosigkeit, Engstirnigkeit, Beschränktheit, Scheuklappen, Provinzialität, Distanzlosigkeit, Borniertheit, Sturheit, Froschperspektive, Voreingenommenheit, Vorurteile, Einseitigkeit, Intoleranz, Unduldsamkeit, Bigotterie, Muckertum, Frömmelei; Fanatismus, Unbelehrbarkeit, Sturheit, Verblendung, Befangenheit, Verbohrtheit, Verranntheit.

481 **entbehren** ermangeln, entraten, nicht haben, vermissen; nichts haben, elend/in Armut leben, Mangel/Not leiden, von der Hand in den Mund leben, vegetieren, Leben fristen, keinen roten Heller besitzen, am Hungertuch nagen, auf dem Trocknen sitzen; hungern, dürsten, darben.

482 **Enteignung** Sozialisierung, Nationalisierung, Verstaatlichung, Kollektivierung, Expropriation, Säkularisation.

483 **entfernen** 1. beseitigen, eliminieren, wegnehmen, wegtun, weggeben, wegmachen, entsorgen, wegstoßen, aussetzen, wegschieben, fortschleppen; abbeizen, ablaugen, absaugen, abrasieren, enthaaren, abkratzen, abtupfen, abschaben, wegwischen, wegfegen, hinwegfegen, abwischen, abreiben, abstreifen; abhauen, abreißen, herunterreißen, wegreißen, entblättern, entlauben, abschütteln, **2.** weglegen, wegstellen, wegräumen, wegbringen, fortschaffen, wegschaffen, wegwerfen, fortwerfen, sich entledigen; Ordnung machen, Platz schaffen, aufräumen, entrümpeln, zusammenpacken, **3.** abräumen, abtragen, abdecken, freilegen, frei machen, wegziehen, **4.** einziehen, entwerten, aufheben, außer Kraft setzen; aus der Welt schaffen, ausräumen, aufräumen mit, beheben, abschaffen, in Ordnung bringen.

entfernen, sich 1. fortgehen, weggehen, gehen, aufbrechen, sich in Bewegung setzen; das Haus verlassen, ausgehen; losgehen, davongehen, von dannen gehen, enteilen, abhauen, abschwirren, abstieben, sich wegscheren, verziehen, fortmachen, trollen, verkrümeln, dünnmachen, verdrücken, abseilen, vom Acker/aus dem Staube machen; verschwinden, sich auf die Socken machen; Leine ziehen, Kurve kratzen, sich umdrehen, abkehren; wegtreten, kehrtmachen, zurücktreten, rückwärts schreiten, zurückweichen, weichen, sich zurückziehen, abwenden, **2.** verlassen, scheiden, sich verabschieden; Abschied nehmen, auf Wiedersehen/Lebewohl sagen, abrücken, abziehen, sich auf den Weg machen; aufbrechen, sich in Marsch setzen; ausrücken, abmarschieren, Zelte abbrechen, Feld räumen, sich aufmachen, zerstreuen, verteilen, verlaufen, **3.** abfahren, abreisen, verreisen, losziehen, wegfahren, auf Reisen gehen, Reise antreten, auslaufen, ausfahren, abfliegen, abfahren, **4.** auswandern, emigrieren, Land aufgeben, übersiedeln, umsiedeln, **5.** sich entfremden; einander fremd werden, Distanz setzen, auf Distanz gehen, sich distanzieren, auseinander leben, losmachen, ablösen, zurückziehen, nichts mehr zu sagen haben; von jmdm. abrücken, sich voneinander entfernen; einander aufgeben/lassen, sich trennen; auseinander gehen. 484

Entfernung 1. Abstand, Zwischenraum, Kluft, Distanz, Weite, Ferne, Strecke, **2.** Beseitigung, Tilgung, Eliminierung, Räumung, Reinigung, Säuberung, Leerung, Entrümpelung, Müllabfuhr; Annullierung, Streichung, Auflassung, Aufhebung, Löschung, Abschaffung, Extraktion, **3.** Abreise, Abschied, Scheiden, Lebewohl, Verabschiedung, Abfahrt, Aufbruch, Abzug, Start, Trennung, Ausfahrt, Auszug, Exodus, Abgang, Fortgehen, Weggang, Abmarsch, Ausreise, Einschiffung, Abflug, **4.** Abzug, Rückzug, Aufgabe, **5.** Auszug, Wegzug, Umzug, Wohnungswechsel, 485

Übersiedlung, Ortswechsel, Ortsveränderung.

486 **entführen** kidnappen, verschleppen, hijacken.

487 **Entführung** Kidnapping, Kindesraub, Kindesentführung, Menschenraub, Verschleppung, Freiheitsberaubung, Flugzeugentführung, Hijacking.

488 **entgegenkommen** 1. sich bequemen, herbeilassen; mit sich reden lassen, gelten lassen, anbieten, begünstigen, zuvorkommen, Gefälligkeit erweisen, gefällig sein, gern tun, beispringen, bereit/höflich/hilfsbereit sein, Güte haben, so freundlich sein; sich bereit finden; es möglich machen, Gefallen tun, goldene Brücken bauen, willens sein, sich anheischig machen, überschlagen, 2. nachgeben, willfahren, erfüllen, klein beigeben, sich breitschlagen lassen; weich werden.

489 **Entgegenkommen** 1. Zuvorkommenheit, Goodwill, Gefälligkeit, Gefallen, Eifer, Kulanz, Gewogenheit, Konzilianz, Zugeständnis, Konzession, 2. Liebenswürdigkeit, Verbindlichkeit, Freundlichkeit, Artigkeit, Gunstbezeigung, Wohlwollen, Aufmerksamkeit, Höflichkeit, Nettigkeit, Galanterie, Ritterlichkeit.

490 **entgegenkommend** zuvorkommend, hilfsbereit, gefällig, verbindlich, kulant, zu Diensten, bereitwillig, geneigt, nett, wohlwollend, liebenswürdig, freundlich, konziliant, beflissen, erbötig, willfährig.

491 **entgehen** 1. übersehen, nicht bemerken/beachten, ignorieren, überhören, verfehlen, 2. entkommen, entwischen, durchwitschen, entschlüpfen, auskommen, entrinnen, durch die Lappen gehen; ausweichen, vermeiden, aus dem Wege gehen, sich ersparen; verschont bleiben, noch einmal Glück haben, 3. entbehren müssen, versagt bleiben, abgehen, fehlen, 4. sich retten; durchkommen, der Gefahr entgehen, Gefahr bannen, dem Tod entrinnen, Kopf aus der Schlinge ziehen, davonkommen.

492 **enthalten** fassen, bergen, beinhalten, innewohnen, einschließen, implizieren, einbegreifen, umfassen, einbeziehen, umschließen, umspannen, ausmachen, mitrechnen, mitzählen; bestehen aus, sich zusammensetzen aus.

entlasten (sich) 1. Arbeit abnehmen, beispringen, unter die Arme greifen, helfen, unterstützen; Ballast abwerfen, sich erleichtern; Dampf ablassen, sich Luft machen, 2. billigen, zustimmen, bestätigen, gutheißen, gutschreiben, anerkennen, 3. sich rechtfertigen; Unschuld beweisen, sich reinwaschen, salvieren, rehabilitieren, verantworten, 4. abrechnen, Rechnung legen, Rechenschaft ablegen. 493

Entlastung 1. Erleichterung, Unterstützung, Hilfe, 2. Verteidigung, Pardon, Entschuldigung, Unschuldsbeweis, Rechtfertigung, Apologie, Rehabilitierung, Rehabilitation, Ehrenrettung, 3. Bestätigung, Gutschrift, Abrechnung. 494

entmutigen verleiden, ausreden, Wasser in den Wein gießen, Wind aus den Segeln nehmen, dämpfen, Dämpfer aufsetzen, lähmen, lahm legen, vermiesen, verekeln, demotivieren, abtörnen, decouragieren, madig/mies machen, schwarz malen, Freude vergällen, runterbringen, runterreißen, Hoffnung trüben/rauben, Spaß verderben, unken, schwarz sehen, Suppe versalzen, kalte Dusche verpassen, Lust nehmen, beeinträchtigen, bedrücken, verstimmen, niederdrücken, knicken, abwiegeln, niederschlagen, niederstimmen, niederschmettern, demoralisieren, einschüchtern, Moral untergraben, deprimieren, zermürben, zerschmettern, verdunkeln, verdüstern, trüben. 495

entschädigen 1. belohnen, danken, vergelten, sich revanchieren; ersetzen, Scharte auswetzen, vergüten, zurückgeben, wiedergeben, rückerstatten, wiedererstatten, zurückzahlen, zurückbringen, wiederbringen, aufwiegen, wettmachen, 2. wieder gutmachen, abfinden, abgelten, ablösen, kompensieren, rückvergüten, rekompensieren, Reparationen zahlen, Schadenersatz leisten, 3. entschädigt werden, wiederbekommen, wiedererlangen, zurückerhalten, zurückerlangen, Entschädigung bekommen. 496

Entschädigung 1. Belohnung, Lohn, Dank, Vergeltung, Entgeltung, Vergütung, Abgeltung, Ausgleich, Kompensation, Gegenleistung, Gegengabe, Revanche, 2. Ersatz, Rückgabe, 497

Erstattung, Rückerstattung, Wiedergutmachung, Wiedervergeltung, Rückzahlung, Rückvergütung, Satisfaktion, Genugtuung, **3.** Abfindung, Abstand, Schadenersatz, Lastenausgleich, Reparationen, Aufwandsentschädigung, Spesen, Diäten, Tagegeld, Sitzungsgeld, Schmerzensgeld, Trostpreis, Trostpflaster, Finderlohn.

498 **entscheiden (sich)** **1.** Entscheidung treffen, beschließen, bestimmen, losen, Los werfen/ziehen, abstimmen, anordnen, abmachen, festlegen, besiegeln, verfügen, **2.** sich entschließen; Entschluss fassen, sich schlüssig werden; Wahl treffen, auswählen, wählen, sich durchringen; zum Entschluss kommen, sich aufraffen, hochrappeln, aufrappeln, ermannen, einen Ruck geben, aufschwingen; in die Puschen kommen, den Arsch hochkriegen; mit sich ins Reine kommen, sich ein Herz fassen; Mut schöpfen, tief Luft holen, Anlauf nehmen, sich zusammenraffen, zusammenreißen, straffen.

499 **Entschluss** **1.** Entscheidung, Dezision, Entschließung, Beschluss, Wille, Willenserklärung, Option, Votum, Wahl, Willensbekundung, Willensakt, Festlegung, Ratschluss, **2.** Urteil, Schiedsspruch, Resolution.

500 **entschuldigen (sich)** **1.** um Verzeihung bitten, abbitten, Abbitte leisten, bedauern, **2.** verzeihen, vergeben, nachsehen, freisprechen, exkulpieren, begnadigen, amnestieren, Strafe erlassen, **3.** rechtfertigen, verteidigen, verantworten, entlasten, salvieren, klären, motivieren, erklären, begründen, verständlich machen, Gründe ins Feld führen, in Schutz nehmen, sich einsetzen; plädieren, fürsprechen, verfechten, Lanze brechen, argumentieren, aufklären, **4.** Nachsicht üben, Gnade vor Recht ergehen lassen, Auge zudrücken, durchgehen/fünf gerade sein lassen, durch die Finger sehen, zugute halten.

501 **Entschuldigung** **1.** Abbitte, Bitte um Vergebung, Verzeihung, Erklärung, Motivierung, Begründung, Rechtfertigung, **2.** Ausflucht, Ausrede, Vorwand, Notlüge, Scheingrund, Vorspiegelung.

502 **entsprechen** **1.** gleichen, gleichkommen, gleichwertig/gleichartig/gemäß/angemessen sein, genügen, behagen, gefallen, belieben, konvenieren, **2.** willfahren, nachkommen, sich anpassen; entgegenkommen, gehorchen, stattgeben, bewilligen, genehmigen, zusagen, **3.** passen, fitten, geeignet sein, reimen, stimmen, übereinstimmen, hingehören, korrespondieren, korrelieren.

entsprechend **1.** angemessen, gemäß, getreu, genau wie, ähnlich, gleich, ungefähr gleich, geeignet, wie gemacht/auf den Leib geschrieben, konform, kongruent, korrespondierend, übereinstimmend, passend, kompatibel, zusammengehörig, adäquat, maßstäblich, maßstabsgetreu, eins zu eins, proportional, parallel, analog; gebührend, geziemend, würdig, zustehend, angebracht, zukommend, gerechtfertigt, gehörig, geboten; anstandshalber, nach Gebühr, der Form wegen, rechtmäßig, billig, verdientermaßen, im richtigen Verhältnis, **2.** wunschgemäß, wie gewünscht, zufrieden stellend, zugeschnitten auf, **3.** diesbezüglich, in dieser Beziehung, in diesem Punkt, in puncto, dementsprechend, hierin, **4.** laut, nach, zu, betreffend. 503

Entsprechung **1.** Gegenstück, Seitenstück, Pendant, Korrelat, Parallele, **2.** Spiegelbild, Ebenbild, Gegenbild, Ähnlichkeit. 504

entstehen **1.** werden, anfangen, beginnen, anheben, aufkommen, geschaffen/verursacht/kreiert werden, erstehen, sich bilden, formen; ins Dasein treten, **2.** keimen, sprießen, sprossen, knospen, ausschlagen, treiben, blühen, wachsen, erscheinen, zum Vorschein kommen, hervorkommen, herauskommen, hervorbrechen, ausbrechen, aufgehen, aufbrechen, aufkeimen, entsprießen, **3.** entspringen, entquellen, heraussprudeln, hervorsprudeln, seinen Ursprung haben, entfliehen, entströmen, ans Licht kommen, auftauchen, sichtbar werden, austreten, hervortreten, erscheinen, **4.** hervorgehen, erwachsen, sich entwickeln, ergeben, formen; Form/Gestalt annehmen, sich herauskristallisieren, herausbilden; zustande kommen, **5.** laut werden, verlauten, bekannt werden, aufkommen. 505

enttäuschen versagen, verwehren, verweigern, vereiteln, Hoffnung zunichte machen, frustrieren, ernüchtern, ent- 506 mutigen, abkühlen, desillusionieren, entzaubern.

507 **Enttäuschung** Fehlschlag, gescheiterte Hoffnung, Nachsehen, Schlag ins Wasser, Strich durch die Rechnung, Pleite, Reinfall; Ernüchterung, Desillusionierung, Dusche, Dämpfer, Entzauberung, bittere Pille; Vereitelung, Durchkreuzung, Versagung, Verweigerung, Frustrierung, Frustration, Frust.

508 **entwerten** 1. lochen, abstempeln, stempeln, knipsen, abreißen, ungültig machen, aufheben, außer Kraft setzen, kassieren, einziehen, aus dem Verkehr ziehen, außer Kurs setzen, **2.** herabsetzen, herabmindern, abwerten, abstufen, im Wert mindern, verkleinern, abqualifizieren, Ansehen mindern, schlecht machen, unterbelichten, niederziehen; verschlechtern, verschlimmern, Niveau senken, drücken, **3.** banalisieren, verflachen, breittreten, verballhornen, verkitschen, inflationieren, profanieren, **4.** schänden, entehren, entweihen, entwürdigen, verlästern, verspotten, verhöhnen.

509 **entwickeln (sich)** 1. werden, aufwachsen, schlüpfen, ausschlüpfen, auskriechen, Eierschalen abstreifen, den Kinderschuhen entwachsen, sich machen, mausern; geraten, heranwachsen, gedeihen, **2.** anwachsen, angehen, einwurzeln, wachsen, **3.** ausarbeiten, ausbauen, aufbauen, vergrößern, entfalten, weiterentwickeln, vervollständigen, vervollkommnen, **4.** fortkommen, vorwärts kommen, prosperieren, boomen, brummen, florieren, gut gehen, **5.** sich weiterentwickeln, weiterbilden, fortbilden; dazulernen, leben lernen, an sich arbeiten, reifen, sich verbessern.

510 **Entwicklung** 1. Veränderung, Prozess, Werden, Wachsen, Entfaltung, Gedeihen, Wachstum, Wuchs, Reifen, Fortgang, Zunahme, Aufstieg, Zuwachs, Steigerung, Fortschritt, **2.** Aufbau, Ausbau, Erweiterung, Vergrößerung, Verbesserung, Vervollständigung, Bereicherung, Vollendung, **3.** Entwicklungsprozess, Entwicklungsgang, Ontogenese; Entwicklungsstufe, Entwicklungsphase, Entwicklungsstand, **4.** Entwicklungsgeschichte, Evolution, Genese, Phylogenese.

511 **Entzug** 1. Entziehung, Entwöhnung, Abgewöhnung, Fading-out, **2.** Drogenentzug, Alkoholentzug, Nikotinentzug, Liebesentzug.

Erbe 1. Erbschaft, Nachlass, Hinterlassenschaft, Erbteil, Pflichtteil, ererbter Besitz, Altlasten, **2.** Nachfolge, Übernahme, Weiterführung, Fortführung; Überlieferung, Weitergabe, Vererbung, **3.** Nachkomme, Hinterbliebener, Überlebender, Nachfolger, Anwärter; Erbberechtigter, Haupterbe, Alleinerbe, Universalerbe, Miterbe, **4.** Testament, letzter Wille, Schenkung, Vermächtnis, Legat, Verfügung. 512

erben beerben, zufallen, zukommen, zusterben, überkommen, Erbe antreten /übernehmen, Erbschaft machen/antreten, nachfolgen, nachrücken, Hinterlassenschaft antreten. 513

erfahren 1. erleben, Erfahrungen machen, sich aneignen; kennen lernen, durchleben, Zeitzeuge / Zeitgenosse sein, selbst sehen, mit ansehen, mitmachen, dabei sein, miterleben, Augenzeuge sein, **2.** zu spüren bekommen, Lehrgeld zahlen, sich die Hörner abstoßen; erleiden, zustoßen, abkriegen, auszustehen haben, am eigenen Leibe erfahren, **3.** hören, vernehmen, in Erfahrung bringen, Kenntnis erhalten, entnehmen, erkennen, aufschnappen, mitkriegen, mitbekommen, herausbekommen, läuten hören, zu Ohren kommen, dahinter kommen, entdecken. 514

erfahren (sein) 1. bewandert, beschlagen, weit gereist, herumgekommen, umgetan, weltläufig, gewandt, versiert, gewitzt, gewieft, gewitzigt, ausgebufft, mit allen Wassern gewaschen, in allen Sätteln gerecht, abgebrüht, sachkundig, sattelfest, firm, kundig, sachverständig, vom Fach/Bau, geschult, geübt, vorbereitet, gut unterrichtet, auf der Höhe, erprobt, gelernt, routiniert, bewährt, fit, sicher, qualifiziert, fähig, geeignet, im Bilde, ausgebildet, eingearbeitet; souverän, überlegen, lebensklug, lebenserfahren, welterfahren, weltklug, gereift, reif, **2.** sich zu helfen wissen; nicht zu verblüffen sein, Menschenkenntnis haben, die Menschen kennen/zu nehmen wissen, sich auskennen. 515

Erfahrung 1. Experiment, Beobachtung, eigene Anschauung, Empirie, Er- 516 kenntnis, Einsicht, Überzeugung, Verständnis, Begegnung, Erlebnis; Augenzeugenschaft, Zeitzeugenschaft, 2. Übung, Schulung, Praxis, Erfahrungswert, Training, Routine, Beschlagenheit, Gewieftheit, Gewitztheit, Kundigkeit, Sicherheit, Background, Überlegenheit, Weitblick, Souveränität; Lebenspraxis, Lebenserfahrung, Welterfahrung, Weltläufigkeit, Weltgewandtheit, Weltklugheit, Weltweite, Weltkenntnis, Menschenkenntnis, Lebensklugheit, Weltwissen.

517 **Erfolg** 1. Aufstieg, Anerkennung, Fortuna, Fortune, Glück, Gelingen, Gedeihen, Erfüllung, Bewältigung, Durchstoß, Durchbruch, Erdrutsch, 2. Coup, Meisterstück, Meisterstreich, Husarenstück, Überraschungserfolg, Griff, Schnapp, Schnitt; Glücksfall, Erfolgsstory, 3. Zulauf, Zustrom, Zuspruch, Run, Beifall, Bombenerfolg, Meilenstein, Triumph, Ruhm, 4. Treffer, Volltreffer, Einschlag, Trumpf, Hit, Bestseller, Verkaufsschlager, Selbstläufer, Heimspiel, Running Gag, Straßenfeger, Evergreen, 5. Verwirklichung, Realisierung, Frucht, Ertrag, Produkt, Effekt, Trophäe, Ausbeute, Siegespreis, Fang, Beute.

518 **ergänzen (sich)** 1. vervollständigen, vervollkommnen, ausbauen, ausgestalten, abrunden, runden, anbauen, aufstocken, nachtragen, zufügen, hinzusetzen, auffüllen, nachfüllen, zugießen, nachgießen, hinzutun, hinzufügen, zugeben, voll machen, komplettieren, nachbessern, integrieren, 2. beilegen, beifügen, beigeben, anfügen, beipacken, mitschicken, anfügen, beischließen, anheften, anlegen, nachliefern, nachschicken, nachsenden, nachzahlen, zuzahlen, zulegen, draufzahlen, aufrunden, 3. nachwachsen, sich erneuern, regenerieren, 4. zusammenpassen, harmonieren, 5. beiliegen, anliegen, dazugehören, 6. einfügen, einbauen, einarbeiten, implementieren, anpassen, einlassen, einweben, einschieben, zwischenschieben, einbetten, einflicken, hineinstellen, einblenden, einpassen, einschalten, einordnen, einrangieren, einreihen, einstufen, hineinstellen, 7. zuleiten, zuführen, einströmen lassen; zulaufen, zuströmen, einströmen, zufließen, 8. stückeln, anstückeln, zusammenstückeln, ansetzen, verlängern, einsetzen.

Ergänzung 1. Erweiterung, Vergrößerung, Vervollkommnung, Vervollständigung, Komplettierung, Perfektionierung, Hinzufügung, Konjektur, Ausbau, Zusatz, Abrundung, 2. Nachtrag, Nachwort, Nachsatz, Anhang, Fußnote, Randnote, Anmerkung, Klausel, Novelle, Begleitwort, Erläuterung, Randbemerkung, Marginalie, Glosse, Nachschrift, Füllsel, Anhängsel, Postskriptum, 3. Zugabe, Beifügung, Anlage, Beipack, Einschluss, Einlage, Zubehör, Supplement, Extras, Nachlieferung, Nachsendung, Folge, Fortsetzung, Sequel; Nachzahlung, Zuzahlung, Zuschuss, Zulage, Beihilfe, Nebenverdienst, Nebeneinnahme, Zusatzverdienst, zusätzliche Einnahme, Nebeneinkünfte, Überstunden, 4. Einbau, Anbau, Exkurs, Einschub, Einsprengsel, Parenthese, Einschiebsel, Einblendung, Einwurf, Zwischenruf, 5. Zuleitung, Zufluss, Zustrom, Nebenfluss, Zuführung, Zulauf, Flussarm, Nebenarm, Seitenarm, 6. Begleiterscheinung, Nebenwirkung, Kollateralschaden, Randerscheinung, Randfigur, Epiphänomen, 7. Zufuhr, Auffüllung, Zugang, Nachschub, Nachschlag, 8. Zuleitung, Zufahrt, Auffahrt, Zufahrtstraße, Zubringer, 9. Appendix, Blinddarm, Wurmfortsatz. 519

Ergebnis Resümee, Fazit, Resultat, Summe, Endsumme, Endbetrag, Bilanz, Ausgang, Lösung, Auflösung, Gesamtergebnis, Heerschau, Endergebnis, Endfassung, Director's Cut, Endstand. 520

erhalten (sich) 1. bekommen, empfangen, kriegen, zuteil werden, geschenkt bekommen, abbekommen, mitbekommen, abkriegen, erlangen; zugehen, geschickt bekommen, 2. haltbar machen, konservieren, tiefkühlen, einfrieren, frosten, einkochen, eindünsten, einmotten, einmachen, einschweißen, sterilisieren, einwecken, keimfrei machen, pasteurisieren, evaporieren, verdampfen, entwässern, Wasser entziehen, kondensieren, verdichten; einlegen, beizen, einsalzen, einpökeln, selchen, marinieren, räuchern; kandieren, verzuckern, präparieren, dauerhaft ma- 521 chen, abkochen, auskochen, vor dem Verfall bewahren, **3.** sich ernähren, durchbringen, durchschlagen; Lebensunterhalt verdienen/bestreiten, durchkommen, leben von, sich durchs Leben schlagen; Leben fristen; durchhelfen, durchfüttern, am Leben halten, versorgen, versehen, unterhalten, aushalten, finanzieren, hineinpumpen, **4.** einbalsamieren, mumifizieren; konservieren, ausstopfen.

522 **erheben (sich) 1.** sich aufrichten, aufsetzen, hinstellen, auf die Füße stellen; aufstehen, **2.** sich heben, aufschwingen; aufgehen, aufsteigen, hochschnellen, aufschießen, hochschießen, steigen, abstieben, aufstieben, abheben, **3.** hochkommen, auftauchen, an die Oberfläche kommen; in Sicht kommen, sichtbar werden, sich über den Horizont erheben, **4.** erigieren, Ständer kriegen; sich versteifen, **5.** revoltieren, sich auflehnen.

523 **erholen, sich 1.** entspannen, ausspannen, ruhen, feiern, ausruhen, abhängen, ausschlafen, im Bett liegen/bleiben, Ferien machen, aussetzen, Urlaub nehmen, verschnaufen, erquicken, verpusten, rasten, Rast/Pause machen, pausieren, sich laben, kräftigen, stärken; abschalten, Atem schöpfen, Luft schnappen, aufatmen, **2.** gesund werden, gesunden, genesen, aufleben, aufkommen, erstarken, ausnüchtern, sich kräftigen; ausheilen, vernarben; sich machen; wieder aufstehen, geheilt werden, sich regenerieren, berappeln, **3.** sich aalen, sielen, rekeln; lotteln, relaxen, alle viere von sich strecken, auf der faulen Haut liegen, nichts tun, faul sein, neue Kräfte sammeln, auftanken; herumlungern, fläzen, flegeln, lümmeln, sich gehen lassen.

524 **Erholung 1.** Entspannung, Ausspannung, Atempause, Arbeitspause, Pause, Break, Siesta, Rast, Ruhepause, Mittagsruhe, Verschnaufpause, Mußestunde, Nichtstun, Erquickung, Erfrischung, Belebung, Regeneration, Freizeit, freie Zeit, Erholungszeit, Urlaub, Ferienzeit, Urlaubszeit, Ferien, Ruhe, Muße, Luftwechsel, Luftveränderung, Tapetenwechsel, Kur, Sommerfrische, **2.** Genesung, Besserung, Linderung, Rekonvaleszenz, Aufkommen, Gesundung, Wiederherstellung, Rehabilitation, Kräftigung, Heilung, Stärkung, Neubelebung, Jungborn, Aufschwung, Neugeburt, Jungbrunnen, Gesundbrunnen, **3.** Schlaf, Schlummer, Schläfchen, Nickerchen, Mittagsschlaf, Nachtruhe, **4.** Ruhetag, Feiertag, Festtage, Festtag; Wochenende, Sonntag, Sabbat; Auszeit, Freisemester, Sabbatjahr.

erinnern (sich) 1. sich entsinnen, 525
besinnen; wieder einfallen, wieder erkennen, rekonstruieren, zurückdenken, zurückblicken, zurückschauen, nachträumen, sich zurückrufen, zurückversetzen; Revue passieren lassen, nacherleben, Vergangenheit lebendig machen, wieder auftauchen, wiederkommen, wieder erwachen, sich wieder einstellen; aktivieren, auffrischen, **2.** behalten, sich merken, einprägen; memorieren, ins Gedächtnis schreiben, aufnehmen, sich zu Eigen machen, hinter die Ohren schreiben; denken an, **3.** gedenken, Andenken bewahren, eingedenk sein, **4.** anklingen, gemahnen, heraufrufen, erinnern an, **5.** erinnerlich sein, im Kopf haben, auswendig wissen, im Gedächtnis haben, gegenwärtig/lebendig/präsent / unvergessen / unverwischbar / unvergesslich sein, gegenwärtig haben, nachklingen, nachhallen.

Erinnerung 1. Gedächtnis, Mneme, 526
Erinnerungsvermögen, Gedächtniskraft, Merkfähigkeit, Angedenken, Gedenken, Nacherleben, Rückschau, Rückblick, Rückblende, Reminiszenz, **2.** Gedenkrede, Nachruf, Nekrolog, Würdigung, Gedächtnisrede, Gedenkfeier, Schweigeminute, **3.** Denkzeichen, Merkzeichen, Merkzettel, Lesezeichen, Notizzettel, Terminkalender, Terminplaner, Organizer, Tagebuch, Diarium, Kalender, Chronik, Annalen; Andenken, Souvenir, Erinnerungsstück, Sehnsuchtsobjekt, Madeleine, Rosebud, **4.** Abglanz, Nachklang, Nachruhm, Nachglanz.

erklären 1. erläutern, auseinander le- 527
gen, entfalten, auseinander setzen, entwickeln, darlegen, darstellen, klarmachen, kommunizieren, verklaren, explizieren, exemplifizieren, dolmetschen, verdeutschen, klarlegen, rekonstruieren, zeigen, ausführen, aufzeigen, vorführen, demonstrieren, **2.** definieren,

bestimmen, Begriff bilden, abgrenzen, festlegen, eingrenzen, determinieren, 3. illustrieren, verdeutlichen, veranschaulichen, verlebendigen, beleuchten, greifbar / sichtbar machen, ausmalen, vor Augen führen, visualisieren, konkretisieren, anschaulich machen, bildlich darstellen, vergegenständlichen, verbildlichen, verdinglichen, interpretieren, deuten, ausdeuten, auslegen, herausarbeiten, kommentieren, 4. aufklären, orientieren, unterrichten, einweihen, einführen, ins Bild setzen, Licht aufstecken, begründen, motivieren, erhellen, Streiflicht werfen auf, vertraut machen, nahe bringen, Verständnis wecken, 5. deklarieren, beschriften, Bildunterschriften machen, texten, etikettieren, ausschildern.

528 **Erklärung** 1. Erläuterung, Darlegung, Explikation, Entfaltung, Auseinanderlegung, Ausführung, Aufschluss, Klärung, Demonstration, Vorführung, Einführung, Unterrichtung, Aufklärung, Information, Statement, 2. Verdeutlichung, Illustrierung, Illustration, Konkretisierung, Veranschaulichung, Vergegenständlichung, Darstellung, Verbildlichung, Visualisierung, Interpretation, Deutung, Ausdeutung, Auslegung, Kommentierung, 3. Definition, Begriffsbildung, Abgrenzung, Eingrenzung, Bestimmung, Festlegung, Determination, 4. Unterschrift, Bildunterschrift, erklärender Text, Spruchband, Banderole, Beschriftung, Bezeichnung, Inschrift, Legende, 5. Deklaration, Programm, Manifest; Grundsatzerklärung, Regierungserklärung, Parteiprogramm.

529 **erkranken** krank werden, kränkeln, etwas ausbrüten, unpässlich sein, sich anstecken; etwas fangen/erwischen/abkriegen / aufschnappen, sich erkälten, verkühlen; angefallen werden, sich etwas zuziehen; befallen, anfallen, anfliegen.

530 **erlauben (sich)** 1. gestatten, bewilligen, Einverständnis geben, anheim geben, sich einverstanden erklären; genehmigen, stattgeben, zuerkennen, erhören, Einsehen haben, freien Lauf/ hingehen lassen, tolerieren, geschehen/ fünf gerade sein/gelten lassen; einwilligen, gutheißen, zustimmen, zulassen, dulden, hinnehmen, sich gefallen lassen; durchgehen lassen, nachsehen, zubilligen, anheim stellen, freistellen, gönnen, vergönnen, zugeben, freie Hand lassen, einräumen, zugestehen, 2. befugen, bevollmächtigen, ermächtigen, autorisieren, berechtigen, beglaubigen, privilegieren, konzedieren, sanktionieren, approbieren, Approbation erteilen, zulassen, Vollmacht/Prokura erteilen, Lizenz vergeben, lizenzieren, legitimieren, 3. sich gestatten, die Freiheit nehmen, nicht scheuen/entblöden, unterfangen, herausnehmen; Lippe riskieren, 4. sich herablassen; gnädig/huldreich sein, schmelzen; bereit/geneigt sein, sich bereit finden, bequemen, herbeilassen; geruhen.

Erlaubnis 1. Einwilligung, Zustimmung, Zusage, Zuschlag, Jawort, Bewilligung, Billigung, Duldung, Stillschweigen, Wohlverhalten, Hinnahme, Freigabe, Freistellung, Dispensierung, Dispens, Zugeständnis, Plazet, Einverständnis, Einvernehmen, Beifall, Anerkennung, 2. Ermächtigung, Vollmacht, Prokura, Blankovollmacht, Bevollmächtigung, Befugnis, Berechtigung, Genehmigung, Permission, Lizenzierung, Lizenz, Recht, Autorisierung, Einräumung, Konzession, Zulassung, Approbation, Bewilligung, Privileg, 3. Freibrief, Freiheit, Befreiung; Erhörung, Gewährung, Bestätigung, Anerkennung, Sanktionierung; Sondergenehmigung, Sonderrecht. 531

erledigen 1. tun, machen, besorgen, verrichten, vollführen, ausführen, durchführen, bewerkstelligen, daran arbeiten, in der Mache haben, abwickeln, abarbeiten, verwirklichen, vollziehen, vollstrecken, in die Tat umsetzen, tätigen, vollenden, erfüllen, abschließen, absolvieren, beendigen, fertig machen, beseitigen, abtun, zu Ende bringen, fertig werden mit, vollbringen, fertig stellen, ablegen, abheften, zu den Akten legen, hinter sich bringen, durchziehen, loswerden, sich entledigen, 2. ausfertigen, unterschreiben, abzeichnen, abhaken, abfertigen, ausstellen, ausfüllen, ausschreiben, 3. abschießen, liefern, stürzen; töten. 532

erledigt 1. ausgemacht, abgemacht, fertig, fest, fix, abgeschlossen, getan, abgetan, gebongt, ausgeführt, erfüllt, 533 spruchreif, geregelt, perfekt, vollzogen, unter Dach, vom Tisch, entschieden, besiegelt, beschlossene Sache, angenommen, akzeptiert, bezahlt, quitt, unwiderruflich, gebilligt, handelseinig, abgeliefert, ausgefertigt, unterschrieben, Brief und Siegel, zu den Akten, Schluss, in Ordnung, ad acta, Schwamm drüber, nichts mehr zu machen, **2.** bankrott, zahlungsunfähig, überschuldet, verschuldet, illiquide, insolvent, geplatzt, verkracht, gescheitert, gestrandet, geliefert, ruiniert, verloren, aufgeschmissen, im Eimer, zappenduster, zerrüttet, am Ende, ganz unten, fertig, vernichtet, zuschanden, gebrochen, geschlagen, unrettbar, verzweifelt, **3.** unten durch, in Misskredit / Ungnade, gesellschaftlich unmöglich, geschnitten, verfemt, verpönt, ausgeschlossen, ausgestoßen, verworfen, geächtet, bloßgestellt, unsterblich blamiert, stigmatisiert, gebrandmarkt, degradiert, gezeichnet, verachtet, kompromittiert, unmöglich gemacht, boykottiert, disqualifiziert, gerichtet, verurteilt, verdammt; am Boden, knock-out, k. o., schachmatt, ausgepunktet, ausgezählt, kampfunfähig, geschlagen, besiegt, vernichtend geschlagen, **4.** abgeblasen, abgebrochen, abgemeldet, gestrichen, gelöscht, annulliert, gestorben.

534 **Erledigung 1.** Ausführung, Durchführung, Abfertigung, Verrichtung, Bewerkstelligung, Tätigung, Besorgung, Beendigung, Absolvierung, Abwicklung, **2.** Abschluss, Bewenden, Erfüllung, Vollendung, Ablieferung, Ausfertigung, Unterschrift, Ablage.

535 **ermitteln** recherchieren, Ermittlungen/Nachforschungen anstellen, nachforschen, fahnden, ausfindig machen, erkunden, Informationen beschaffen, untersuchen, nachspüren, auskundschaften, Erkundigungen einziehen, ausforschen, in Erfahrung bringen, auf den Grund gehen, aufklären, ergründen.

536 **Ermittlung** Recherche, Nachforschung, Ausforschung, Erkundigung, Erkundung, Erforschung, Sondierung, Fahndung, Aufklärung.

537 **ermöglichen 1.** möglich machen, einrichten, Gelegenheit suchen, sehen, was man tun kann, zulassen, **2.** befähigen, Gelegenheit bieten, Weg ebnen, instand/in die Lage versetzen, vorbereiten, vorarbeiten, ausrüsten, ertüchtigen, Voraussetzung schaffen, präparieren, schulen, unterstützen, protegieren, unter die Fittiche nehmen.

ermüden 1. müde machen, anstrengen, erschöpfen, aufreiben, aushöhlen, entkräften, schwächen, überfordern, überanstrengen, hetzen, zermürben, krank machen, plagen, schlauchen; schwer fallen, Mühe machen, Schweiß kosten, verzehren, **2.** müde werden, nachlassen, nicht mehr können, abfallen, erschlaffen, ermatten, erlahmen; sich überanstrengen, überfordern, übernehmen, schwer tun, zu viel zumuten, verausgaben, überarbeiten, abhetzen, abjagen, abrackern, abschinden, abarbeiten, fronen, placken; mutlos werden, Mut verlieren, blass/kraftlos werden, der Erschöpfung nahe sein, schlappmachen. 538

Ermüdung 1. Müdigkeit, Schläfrigkeit, Schlafbedürfnis, Übermüdung, Mattigkeit, Schwächung, Schwunglosigkeit, Schlaffheit, Abspannung, Entkräftung, Ermattung, Erschlaffung, Erschöpfung, **2.** Überarbeitung, Überanstrengung, Überlastung, Überbürdung, Überforderung, Überspannung, Kräfteverfall, Zermürbung, Zusammenbruch. 539

ermuntern 1. aufmuntern, zureden, zusprechen, anspornen, bereden, zu bewegen suchen, drängen, überreden, beeinflussen, antreiben, anstoßen, gut zureden, anraten, anempfehlen, **2.** ermutigen, Mut machen, anregen, animieren, Kick geben, Stoß versetzen, stimulieren, aufrütteln, aufrichten, beleben, stärken, aktivieren; bestärken, aufmöbeln, bestätigen, Nacken steifen, unterstützen, Rücken stärken. 540

Ernährung 1. Verköstigung, Verpflegung, Atzung, Fütterung; Nahrung, Essen und Trinken, Kost, Speis(e) und Trank, Proviant, Mundvorrat, Wegzehrung, **2.** Nahrungsmittel, Lebensmittel, Naturalien, Viktualien, Fressalien, Esswaren. 541

erneuern (sich) 1. ausbessern, auffrischen, aufarbeiten, instand setzen, reparieren, Schäden beheben, umbauen, überholen, umarbeiten, renovieren, verändern, wenden, restaurieren, rekon- 542 struieren, wiederherstellen, instand mogeln, wieder aufbauen, aufforsten, aufpolieren, tapezieren, neu gestalten, wieder herrichten, flottmachen, 2. plombieren, füllen, kitten, leimen, löten, dicht machen, abdichten, zustopfen, gipsen, ausfüllen, sohlen, riestern, flicken, stopfen, Stücke einsetzen, 3. reformieren, umorganisieren, umstrukturieren, reorganisieren, umgestalten, verbessern, revolutionieren, modernisieren, umwälzen, umwandeln, aktualisieren, 4. wiederholen, bekräftigen, neu beleben, aktivieren, auffrischen, 5. erfrischen, erquicken, sich verjüngen; aufblühen, aufleben; wieder aufflackern, auferstehen, wieder erstehen, wieder aufleben, Urständ feiern, wieder beleben, wieder auferstehen lassen, revitalisieren.

543 **Erneuerung** 1. Ausbesserung, Auffrischung, Instandsetzung, Renovierung, Restaurierung, Wiederherstellung, Reparatur, Änderung, Umarbeitung, Umbau, Aufarbeitung, Neugestaltung, Modernisierung, Rekonstruktion, Wiederaufbau, Aufforstung, 2. Auferstehung, Wiedererstehung, Neuwerdung; Verjüngung, Regeneration, Wiedergeburt, Reinkarnation, Neugeburt, Wiedererweckung, Neubelebung, Wiederaufleben, Wiedererblühen, Wiederbelebung, Revival, Wiederaufnahme, 3. Neufassung, Remake, Neuverfilmung.

544 **ernst** 1. ernsthaft, streng, entschieden, seriös, gesetzt, würdevoll, nüchtern, sachlich, aufrichtig, 2. steif, humorlos, trocken, todernst, 3. im Ernst, ernst gemeint, ohne Spaß, kein Scherz, allen Ernstes, 4. bedenklich, bedrohlich, nicht ungefährlich, bitterernst, gravierend, ernstlich, Besorgnis erregend, kritisch.

545 **ernten** pflücken, abmachen, ablösen, abbrechen, abpflücken, zupfen, abzupfen, schütteln, herunterholen, herunternehmen, abnehmen, schneiden, lesen, mähen, einbringen, einfahren, in die Scheuer bringen, aufklauben, auflesen, einsammeln, nachlesen; hereinbringen, speichern, gewinnen, erzielen, einheimsen.

546 **eröffnen** 1. anfangen, beginnen, aufmachen, gründen, Grundstein legen, einrichten, etablieren, sich niederlassen; anlegen, 2. weihen, einweihen, taufen, enthüllen, der Öffentlichkeit übergeben, 3. erschließen, urbar/nutzbar/zugänglich machen, wirtschaftlich erschließen.

erregt 1. aufgeregt, beunruhigt, besorgt, unruhig, ruhelos, zappelig, vibrierend, mit Herzklopfen, kribbelig, bebend, zitternd, nervös, verstört, angespannt, hektisch, übererregt, atemlos, fiebrig, aufgeladen, übernervös, alteriert, outriert, überreizt, 2. berührt, beeinflusst, beeindruckt, gerührt, ergriffen, emotionalisiert, affektiv, bewegt, gepackt, erschüttert, aufgewühlt, 3. begeistert, gehoben, aufgekratzt, erfüllt, weg, entzückt, fasziniert, gebannt, feurig, glühend, in Fahrt, leidenschaftlich, passioniert, rauschhaft, verzückt, im siebten Himmel, entrückt, Feuer und Flamme, hochgestimmt, euphorisch, hymnisch, trunken, erhitzt, hingerissen, außer sich, exaltiert, ekstatisch, schwärmerisch, bezaubert, verzaubert, verklärt, betört, gebannt, aufgelöst, berauscht, dionysisch, dithyrambisch, orgiastisch, überspannt, frenetisch, rasend, enthusiastisch, enthusiasmiert, mit fliegenden Fahnen. 547

Erregung 1. Aufregung, Erregtheit, Beunruhigung, Aufgeregtheit, Gemütsbewegung, Gemütserregung, Affekt, Gefühlsspannung, Wallung, Paroxysmus, Verstörtheit, Nervosität, Unruhe, Ungeduld, Schlaflosigkeit, Ruhelosigkeit, Hochspannung, Anspannung, Zappeligkeit, Herzklopfen, Herzflimmern, Lampenfieber, 2. Ergriffenheit, Erschütterung, Bewegtheit, Emotion, Rührung, 3. Begeisterung, Enthusiasmus, Entzücken, Entzückung, Rausch, Entrückung, Verzückung, Erhobenheit, Exaltiertheit, Hochgefühl, Trance, Entrücktheit, Besessenheit, Obsession, Faszination, Bezauberung, 4. Leidenschaft, Passion, Affekt, Feuer, Glut, Brand, Fieber, innerer Aufruhr, Überschwang, Höhenflug, Gärung, Aufwallung, Hochstimmung, Ekstase, Taumel, Trunkenheit, Trip, 5. Kurzschlusshandlung, Affekthandlung, Verzweiflungstat. 548

Ersatz 1. Behelf, Notbehelf, Provisorium, Zwischenlösung, Interimslösung, Notlösung, Plan B, Flickwerk, Notvorrat, eiserne Ration, 2. Ersatzstoff, Sur- 549 rogat, Substitut, Äquivalent, Ersatzmittel, Austauschstoff, Hilfsmittel, **3.** Prothese, künstliches Glied, Spenderorgan, Transplantat, Zahnersatz, Zahnprothese, Brille, Kontaktlinsen, Perücke, **4.** Ersatzmann, Reservemann, Stellvertreter, Auswechselspieler, Zweitbesetzung; Double, Stuntman, Stunt, Vertreter.

550 **erstarren (lassen)** **1.** fest werden, sich verfestigen; gelieren, steif werden, gerinnen, eindicken, **2.** erkalten, auskühlen, abkühlen, frieren, gefrieren, zu Eis werden, vereisen, **3.** klumpen, flocken, sich zusammenballen; kristallisieren, verhärten, verkalken, verknöchern, zu Stein werden, petrifizieren, **4.** sich verkrampfen, versteifen, verspannen, verhärten; versteinern.

551 **Erstaunen** Verwunderung, Staunen, Aufsehen, Befremden, Befremdung, Irritation, Überraschung, Überrumpelung, Erstarrung, Betäubung, Verwirrung, Verblüffung, Bestürzung, Betroffenheit, Sprachlosigkeit, Fassungslosigkeit, Frappiertheit, Schreck, Schock; Eklat, Skandal, Sensation, Bombe; Überraschungsei, Wundertüte, Glückskarte.

552 **erstaunlich** verwunderlich, merkwürdig, auffallend, bemerkenswert, wunderbar, überraschend, verwirrend, verblüffend, bestürzend, erschreckend, schockierend, frappant, Aufsehen erregend, ausgefallen, wundersam, sonderbar, seltsam, befremdend, befremdlich, irritierend, staunenswert, phänomenal, bewundernswert, stupend, bewunderungswürdig.

553 **erstklassig** erstrangig, unübertroffen, uneinholbar, unerreicht, unnachahmlich, non plus ultra, prima, das Beste, optimal, eins a, super, vom Besten/Feinsten, allerfeinst, führend, allen überlegen, überragend, ausnehmend, sondergleichen; Spitzenleistung, Meisterstück, Spitze, Klasse, erste Sahne, Meisterleistung, Meisterwerk, Höchstleistung, Krone, Gipfel, erste Qualität, große Klasse, Spitzenklasse; obenan, ganz vorn, nicht zu schlagen, konkurrenzlos.

554 **erwarten** **1.** annehmen, gewärtigen, entgegensehen, für sicher halten, nicht zweifeln, sicher sein, rechnen mit, spannen / setzen / zählen / bauen / vertrauen / gespannt sein/rechnen/Aussicht haben auf, sich verlassen, spitzen, freuen auf, etwas versprechen von; reflektieren, spekulieren auf, **2.** erhoffen, erträumen, erharren, Ausschau halten nach, den Mut nicht sinken lassen, hoffen auf, **3.** fürchten, befürchten, kommen sehen, vorhersehen, nichts Gutes ahnen, sich gefasst machen auf; voraussehen, vorausahnen, schwanen.

Erwartung **1.** Annahme, Hoffnung, 555
Glaube, Zuversicht, Traum, Ahnung, Vorgefühl, Vorfreude, Vorgeschmack, Kostprobe, Spannung, Ungeduld, **2.** Berechnung, Kombination, Spekulation, **3.** Aussicht, Chance, Möglichkeit, Gelegenheit, Silberstreifen, Lichtblick, Hoffnungsanker.

erwidern **1.** antworten, beantworten, 556
bescheiden, zurückschreiben, zurückrufen, Aufschluss geben, Rede stehen, eingehen auf, bestätigen, zusagen, absagen, Bescheid geben, **2.** entgegnen, Gegenteil behaupten, widersprechen, einwenden, dagegenhalten, widerlegen, entkräften, zurückweisen, ad absurdum führen, dawiderreden, Widerworte geben, bekämpfen, Lügen strafen, Veto einlegen, Kontra geben, Bescheid stoßen, kontern, entgegenhalten, entgegensetzen, Angriff abfangen, Ball zurückspielen, einhaken, entgegenstellen, gegenüberstellen, versetzen, austeilen, replizieren, zurückgeben, nichts schuldig bleiben, sich verwahren gegen; Einspruch erheben, Einwände vorbringen, protestieren, bestreiten, widerstreiten.

Erwiderung **1.** Antwort, Rückäuße- 557
rung, Beantwortung, Bescheid, **2.** Entgegnung, Replik, Retourkutsche, Widerspruch, Einrede, Einwand, Einwurf, Demarche, Einspruch, Entkräftung, Gegenrede, Widerrede, Gegenäußerung, Anfechtung, Gegenargument, Gegenstimme, Gegenbeweis, Gegenvorschlag, Entgegenstellung, Gegenbehauptung, Antithese, Widerlegung.

Erzählung **1.** Schilderung, Darstel- 558
lung, **2.** Geschichte, Story, Short Story, Kurzgeschichte, Novelle, Roman, Verserzählung, Versroman, Epos, Heldenepos, Epopöe, Legende, Sage, Fabel, Mythos, Märchen, Comic, Anekdote, Parabel.

erzeugen **1.** schaffen, erschaffen, 559

hervorrufen, ans Licht rufen, hervorbringen, verursachen, entstehen lassen, generieren, kreieren, **2.** zeugen, bestäuben, besamen, befruchten, begatten, decken, **3.** herstellen, bereiten, machen, fertigen, anfertigen, verfertigen, produzieren, fabrizieren, erstellen, erarbeiten, **4.** bauen, erbauen, errichten, aufführen, hinstellen, aufrichten, konstruieren, **5.** säen, aussäen, besäen, setzen, pflanzen, anbauen, anpflanzen, bebauen, bestellen, bewirtschaften, kultivieren, pflegen, ziehen, züchten, **6.** erfinden, ersinnen, erdenken, erdichten, formen, bilden, gestalten, aushecken, ausbrüten.

560 **Erzeuger** Urheber, Gründer, Vater, Initiator, Hersteller, Fertiger, Produzent, Verleger, Konstrukteur, Entwerfer, Designer, Modeschöpfer.

561 **Erzeugnis** Ergebnis, Produkt, Präparat, Fabrikat, Ware, Konsumgut, Gebrauchsgut, Serienprodukt.

562 **Erzeugung** **1.** Zeugung, Erschaffung, Schöpfung, Urheberschaft, Vaterschaft, **2.** Produktion, Herstellung, Fabrikation, Fertigung, Anfertigung, Verfertigung, Serienproduktion, industrielle Herstellung, **3.** Aufbau, Aufrichtung, Errichtung, Erstellung, Bau, Konstruktion; Erfindung, Erdichtung, Kreation, **4.** Anbau, Anpflanzung, Bepflanzung, Saat, Aussaat, Bestellung, Bebauung.

563 **erziehen** formen, bilden, heranbilden, sozialisieren, einwirken, pädagogisch anleiten, fördern, mündig werden lassen.

564 **Erziehung** **1.** Aufzucht, Brutpflege; Edukation, Sozialisation, Sozialisierung, Persönlichkeitsentwicklung, Bildung, Förderung, Mündigkeitshilfe; Formung, Zucht, Schliff, Kinderstube, **2.** Schulung, Anleitung, Anweisung.

565 **essen** **1.** sich ernähren; Nahrung zu sich nehmen, Hunger stillen, sich sättigen; verzehren, aufzehren, verspeisen, löffeln, sich einverleiben; über das Essen herfallen, verdrücken, sich zuführen, stärken; vertilgen, mit vollen Backen kauen, sich voll stopfen; Bauch voll schlagen, futtern, mampfen, essen wie ein Scheunendrescher, sich hermachen über; verschlingen, hinunterschlingen, wegschroten, verspachteln; zu viel essen, sich den Magen verderben, überessen, **2.** speisen, tafeln, frühstücken, brunchen, lunchen, dinieren, vespern, soupieren, **3.** naschen, knabbern, leckern, picken, kosten, mümmeln, schnabulieren, sich laben, gütlich tun; schleckern, knuspern, schmausen, **4.** kauen, zerkleinern, zermalmen, abbeißen, hineinbeißen, in den Mund stecken / schieben, schlucken, hinunterschlucken, schnell essen, schlingen; nagen, abnagen, abessen, **5.** schmatzen, schlürfen, geräuschvoll essen, **6.** fressen, äsen, weiden, grasen, abweiden, abgrasen, kahl fressen.

Essenz **1.** Wesen, Kern, das Wesentliche, Sosein, Mark, Quintessenz, Substanz, Inbegriff, Grundgedanke, springender Punkt, **2.** Extrakt, Konzentrat, Seim, Sirup, Auszug, Absud, Aufguss, Tinktur, Balsam, Elixier. 566

Europa **1.** Abendland, Okzident, Alte Welt, Westeuropa, Mitteleuropa, Osteuropa, Südeuropa, Nordeuropa, **2.** europäisch, abendländisch, okzidental, westeuropäisch, mitteleuropäisch, osteuropäisch, südeuropäisch, nordeuropäisch. 567

Exemplar Einzelstück, Stück, Nummer, Ausfertigung, Muster, Probe, Band. 568

Existenz Dasein, Sein, Leben, Vorhandensein, Vorkommen, Anwesenheit, Bestehen. 569

F

570 **Fach** 1. Schubfach, Schubkasten, Gefach, Schublade, Lade, 2. Disziplin, Wissensgebiet, Fachgebiet, Sachgebiet, Sparte; Unterrichtsfach, Arbeitsgebiet, Ressort, Zweig, Spezialgebiet.

571 **fachlich** 1. beruflich, einschlägig, speziell, spezialistisch, wissenschaftlich, fachgemäß, fachmännisch, fachgerecht, zunftgerecht, zunftgemäß, waidmännisch, sachkundig, sachgemäß, zünftig, fachkundig, gekonnt, gelernt, meisterhaft, materialgerecht, werkgerecht, kunstgerecht, richtig, 2. kennerhaft, sachverständig, vom Bau/Fach, von Berufs wegen, professionell, qualifiziert, routiniert, ausgebufft, maßgebend, autoritativ, erfahren.

572 **Fachmann** Kenner, Sachverständiger, Sachkenner, Fachkraft, alter Hase, Profi, Insider, Routinier, Praktiker, Experte, Autorität, Kapazität, Spezialist, Fachgröße, Koryphäe, Größe, Kanone, Schwergewicht, große Nummer, Meister, Könner, Künstler, Virtuose, Leuchte, großes Licht.

573 **fad** 1. würzlos, ungewürzt, salzlos, ungesalzen, geschmacklos, unschmackhaft, gehaltlos, saftlos, matt, flau, schal, wässerig, abgestanden, labberig, nach nichts, leer, öde, duftlos, geruchlos, unaromatisch, 2. langweilig, charakterlos, ausdruckslos, unanschaulich, gesichtslos, dröge, abgezogen, unplastisch, reizlos, unansehnlich, unscheinbar, blutarm, unattraktiv, unerotisch, keimfrei, aseptisch, asexuell.

574 **Faden** 1. Bindfaden, Schnur, Kordel, Strick, Strippe, Leine, Seil, Strang, Tau, Trosse, 2. Garn, Nähfaden, Zwirn, Zwirnsfaden, Seidenfaden, Wollfaden, Strickgarn, Stickgarn, Häkelgarn, 3. Faser, Fiber, Fussel, Fluse.

575 **fähig** 1. geeignet, qualifiziert, tauglich, befähigt, vermögend, imstande, geartet, veranlagt, begabt, geschaffen/geboren zu, prädestiniert für, begnadet, talentiert, geschickt, gewandt, anstellig, tüchtig, brauchbar, patent, famos, praktisch, lebenstüchtig, leistungsfähig, verwendbar, einfallsreich, ideenreich, findig, experimentierfreudig, 2. aufgelegt, disponiert, gestimmt, gelaunt, zumute, gesonnen, in der Lage, 3. vorbereitet, vorgesehen, geschult, geübt, gewappnet, gerüstet, stark, schlagkräftig.

Fähigkeit Begabung, Talent, Befähigung, Vermögen, Können, Potential, Eignung, Tauglichkeit, Gabe, starke Seite, Anlage, Veranlagung, Zeug dazu, Ader, Qualifikation, Kraft, Potenz, Vielseitigkeit, Tüchtigkeit, die Voraussetzungen. 576

Fahrt 1. Reise, Tour, Flug, Rutsch, Trip, Streifzug, Ausflug, Abstecher, Partie, Landpartie, Törn, Spazierfahrt, Fahrt ins Blaue, Gesellschaftsreise, Kaffeefahrt, Vergnügungsfahrt, Butterfahrt, 2. Expedition, Entdeckungsreise, Pilgerreise, Pilgerfahrt, Wallfahrt, Exkursion, Forschungsreise, Bildungsreise, Dienstreise, Geschäftsreise, Safari, Weltreise, Tournee, 3. Überfahrt, Passage, Überquerung, 4. Raumfahrt, Weltraumfahrt, Astronautik. 577

Fahrzeug 1. Verkehrsmittel, Gefährt, Wagen, Kalesche, Karosse, Droschke, Kutsche, Fiaker, Vehikel, Karre, 2. Kraftfahrzeug, Auto, Automobil, PKW, Personenwagen, Straßenkreuzer, Kleinwagen, Kleinstwagen, Limousine, Jeep, Caravan, Van, Coupé, Spider, Roadster, Kabrio, Schlitten, Flitzer, Benziner, Diesel, Elektroauto, Solarauto, Geländewagen, Sportwagen, Rennwagen, Oldtimer; Taxe, Taxi, Mietwagen; Motorrad, Kraftrad, Motorroller, Moped, Mofa; Rad, Fahrrad, Bike, Rennrad, Drahtesel, Stahlross, Tandem, 3. Lastwagen, Laster, LKW, Fernlaster, Brummer, Brummi, Truck, Lieferwagen, 4. öffentliches Verkehrsmittel, Bus, Omnibus, Autobus, Obus, Postbus, Bahnbus, Kleinbus; Straßenbahn, Elektrische, Tram, Untergrundbahn, U-Bahn, Metro, Schwebebahn, Hochbahn, Luftkissenbahn, Seilbahn, Zahnradbahn, Bergbahn, Sesselbahn, Sessellift, Schilift; Eisenbahn, Zug, Dampfross, Kleinbahn, Lokalbahn, Triebwagen, Zubringer; Personenzug, Eilzug, D-Zug, IC = Intercity-Zug, ICE = Intercity-Express; TEE = Trans-Europa-Express, TGV = train à 578 grande vitesse, Magnetbahn, Transrapid, **5.** Traktor, Schleppfahrzeug, Tieflader, Raupenfahrzeug, Kran, Gleitkettenfahrzeug, Baumaschinen, **6.** Schiff, Dampfer, Passagierschiff, Ozeandampfer, Luxusliner, Ozeanriese; Frachter, Kutter, Schoner, Unterseeboot; Galeere, Segelschiff, Klipper, Jolle, Jacht, Schnellsegler; Flotte, Flottille, Flottenverband, Schiffsverband, Konvoi, Geleitzug; Schlepper, Schleppzug; Fähre, Fährboot, Trajekt, Vaporetto, Barkasse, Hovercraft, Eisenbahnfähre; Gondel, Boot, Nachen, Kahn, Barke, Schaluppe, Beiboot, Motorboot, Ruderboot, Faltboot, Kanu, Kajak, Einbaum, Floß, **7.** Flugzeug, Flieger, Maschine, Verkehrsflugzeug, Passagierflugzeug, Jet, Düsenklipper, Düsenjäger, Senkrechtstarter, Airbus, Jumbo-Jet, Linienflugzeug, Chartermaschine, Shuttle, Hubschrauber, Helikopter; Zeppelin, Luftschiff, Ballon, Sportflugzeug, Segelflugzeug, **8.** Sänfte, Tragesessel, Tragstuhl, Rikscha, Pedicab, **9.** Aufzug, Lift, Elevator, Fahrstuhl, Paternoster, **10.** Raumfahrzeug, Raumkapsel, Raumstation, Skylab, Raumschiff, Raumlaboratorium, Raumsonde, Orbitalstation, Raumfähre.

579 **Fall** **1.** Sturz, Absturz, Sturz in die Tiefe, Rutsch, Plumps, freier Fall, **2.** Angelegenheit, Sache, Frage, Umstand, Kasus, Rechtsfall, Rechtssache, Problem, Belange, Vorfall, Interessen, Konstellation, Tatsache, Ereignis, Begebnis, Begebenheit, Tatbestand, Affäre, Gegebenheit, Causa, Nummer.

580 **fallen** **1.** stürzen, zu Fall kommen, hinfallen, zu Boden fallen, auf die Nase fallen, hinschlagen, lang/der Länge nach hinschlagen, hinfliegen, hinknallen, plumpsen; rutschen, ins Schleudern geraten, ausrutschen, abrutschen, Halt verlieren, ausgleiten, glitschen, stolpern, kippen, kentern, umkippen, hintenüberfallen, umstürzen, straucheln, Balance/Gleichgewicht verlieren, purzeln, hinpurzeln; niederstürzen, herabfallen, abstürzen, in die Tiefe stürzen, **2.** absinken, absacken, an Höhe verlieren, abschmieren, trudeln, ins Trudeln geraten, niedersinken, hinabsinken, wegsacken, sich senken; einsacken, einsinken, einfallen, sich durchbiegen; durchhängen, **3.** sterben.

falls wenn, für den Fall, im Falle, gesetzt den Fall, vorausgesetzt, dass, angenommen, sofern, insofern, wofern, sobald, notfalls, nötigenfalls, gegebenenfalls. 581

falsch **1.** verkehrt, unrichtig, unkorrekt, inkorrekt, schief, fehlerhaft, verfehlt, danebengegangen, schief gelaufen, grundfalsch, völlig verkehrt, verfahren, nicht getroffen, unzutreffend, unrecht, mit den Tatsachen nicht übereinstimmend, unverwendbar, unbrauchbar, verpfuscht, **2.** unwahr, gelogen, erlogen, aus der Luft gegriffen, entstellt, erfunden, irrtümlich, trügerisch, lügenhaft, lügnerisch, geflunkert, unaufrichtig, **3.** gefälscht, unecht, nachgemacht, nachgeahmt, irreführend, imitiert, fingiert, missbräuchlich, illusorisch, vorgetäuscht, trügerisch, eingebildet, Simili, täuschend echt, simuliert, **4.** unehrlich, heuchlerisch, scheinheilig, scheinfromm, frömmlerisch, bigott, schmeichlerisch, zuckersüß, scheißfreundlich, pharisäisch, geheuchelt, gleisnerisch, verlogen, verstellt, glatt, aalglatt, doppelzüngig, süß, süßlich; arglistig, hinterhältig, intrigant, denunziatorisch, **5.** unhaltbar, widersinnig, unsinnig, irrig, sinnwidrig, folgewidrig, inkonsequent, unlogisch, **6.** beschönigt, geschönt, euphemistisch, verharmlost, verklärt. 582

Falschheit **1.** Falsch, Perfidie, Hinterlist, Verschlagenheit, Schadenfreude, Gehässigkeit, Arglist, Arg, Heuchelei, Hinterhältigkeit, Heimtücke, Tücke, Hinterfotzigkeit, Intriganz, Infamie, Doppelstrategie, Doppelspiel, doppeltes Spiel, Gleisnerei, Doppelzüngigkeit, Lippenbekenntnis, Unaufrichtigkeit, **2.** Scheinheiligkeit, Pharisäertum, Bigotterie, Frömmelei, Doppelmoral. 583

Falte **1.** Falbel, Plissee, Krause, Rüsche, Volant, Bruch, Kniff, Kante, Knick, Eselsohr, Falz, Einschlag, Umschlag, Bügelfalte, Faltenwurf, **2.** Runzel, Krähenfüße, Rune, Knitter, Kerbe, Riefe, Rinne, Rille, Vertiefung, Furche; Lachfalte, Sorgenfalte, strenge Falte. 584

falten **1.** zusammenlegen, ineinander legen, zusammenfalten, zusammenklappen, zusammenschlagen, verschränken, **2.** umbiegen, einbiegen, falzen, knicken, kniffen, umschlagen, fäl- 585 teln, plissieren, kräuseln, einreihen, einhalten, raffen, reihen, 3. runzeln, rümpfen, zusammenziehen, furchen, zerknittern, zerkrumpeln, zerdrücken, zerknüllen, zusammenknüllen, zusammenballen; knautschen, knüllen, knittern, krumpeln.

586 **faltig** 1. gefaltet, in Falten gelegt, plissiert, gefältelt, gekräuselt, eingekraust, faltenreich, eingehalten, kraus, bauschig, weit, schwingend, pluderig, 2. runzlig, knittrig, alt, 3. zerknittert, zerknautscht, verkrumpelt, ungebügelt.

587 **fangen** 1. jagen, greifen, fassen, packen, schnappen, haschen, kriegen, grapschen, auffangen, aufschnappen, 2. einholen, einfangen, kaschen, erhaschen, abfassen, abfangen, abschnappen, zu fassen kriegen, erfassen, aufgreifen, zugreifen, zupacken, halten, finden, erwischen, 3. erjagen, erbeuten, erlegen, angeln, fischen, Fische fangen, keschern, zur Strecke bringen, ködern.

588 **Farbe** 1. Färbung, Farbgebung, Bemalung, Kolorierung, Kolorit, Buntheit, Farbenpracht, Farbenspiel, Vielfarbigkeit, Couleur; Pigmentierung, Teint, Ton, Gesichtsfarbe, 2. Farbigkeit, Anschaulichkeit, Frische, Lebendigkeit, Lebensnähe, Bildhaftigkeit, Wirklichkeitsnähe, Realismus, Plastizität, Körperlichkeit, 3. Farbstoff, Färbemittel, Naturfarbe, künstliche Farbe.

589 **färben** 1. einfärben, umfärben, Farbe verändern / erneuern / geben / auffrischen, andere Farbe auftragen, röten, bräunen, schwärzen, bläuen, 2. malen, pinseln, anmalen, anpinseln, tuschen, antuschen, kolorieren, illuminieren, schattieren, tönen, beizen, lackieren, 3. anstreichen, tünchen, streichen, überstreichen, übertünchen, bemalen, ausmalen, 4. braun werden, bräunen, anbräunen, 5. klittern, beschönigen.

590 **farbig** 1. bunt, buntfarbig, farbenprächtig, mehrfarbig, vielfarbig, farbenreich, polychrom, farbenfreudig, farbenfroh, farbenprangend, schillernd, frisch, buntscheckig, kunterbunt, leuchtend, satt, grell, knallig, poppig, knallbunt, schreiend, 2. bemalt, getüncht, gestrichen, koloriert, getönt, gemalt; illustriert, bebildert, 3. nicht weiß, coloured, andersfarbig, dunkelhäutig, schwarz.

Farbiger Afrikaner, Afroamerikaner, Schwarzer; Mohr, Neger, Nigger. 591

farblos 1. weiß, schneeweiß, weißlich, gebrochenes Weiß, Eierschale, alabasterfarben, ungefärbt, matt, blass, schneeig, bleich, fahl, falb, verblichen, ausgeblichen, verschossen, vergilbt, verblasst, verwaschen, entfärbt, grau in grau, unfarbig, wächsern, käsig, kreidebleich, käseweiß, schneebleich, blutlos, blutleer, geisterhaft, totenblass, leichenblass, 2. fad, reizlos, langweilig. 592

Farblosigkeit Blässe, Bleichheit, Entfärbung; Ausdruckslosigkeit, Unentschiedenheit, Neutrum, Fadheit, Langweiligkeit, Reizlosigkeit. 593

faulenzen feiern, müßig gehen, nichts tun, Hände in den Schoß legen, Zeit totschlagen, sich einen schönen Tag machen/die Zeit vertreiben; es sich gut gehen lassen, untätig/faul/müßig sein, bummeln, sich auf die faule Haut legen; den lieben Gott einen guten Mann sein lassen, Däumchen drehen, dem lieben Gott die Zeit stehlen, sich einen Lenz machen; ruhige Kugel schieben, gammeln, rumhängen, in den Tag leben. 594

Faulenzer Nichtstuer, Müßiggänger, Flaneur, Bummler, Faulpelz, Bummelant, Langschläfer, Drückeberger, Drohne, Eckensteher, Nachtwächter, Schlafmütze, Faultier, Bärenhäuter, Couch-Potato, Dauerglotzer, fauler Strick/Hund/Sack, Taugenichts. 595

Fäulnis Gärung, Verwesung, Moder, Schimmel, Zerfall, Fäule. 596

federn 1. zurückschnellen, abprallen, zurückprallen, zurückspringen, hochspringen; wippen, schnellen, springen, schwingen, vibrieren, beben, prallen, 2. hüpfen, hopsen, hupfen, Sprünge machen, kobolzen, 3. abfedern, polstern. 597

fehlen 1. nicht da sein, ausbleiben, fortbleiben, wegbleiben, fernbleiben, durch Abwesenheit glänzen, sich fern halten; nicht kommen, vermisst werden, Lücke hinterlassen, nicht anwesend/zugegen sein, absent sein, 2. mangeln, abgehen, gebrechen, hapern, knapp sein, brauchen, vermissen, benötigen, Not tun, nötig sein, 3. unterbleiben, nicht geschehen, ausfallen, wegfallen, abgesagt werden, fortfallen, nicht stattfinden, ins Wasser fallen, 4. verfehlen, nicht treffen, danebenschießen, Ziel/Weg verfehlen, vom Weg abkommen, sich verirren, verlaufen, **5.** fehltreten, danebentreten, sich den Fuß vertreten/verstauchen.

599 **Fehler** **1.** Versehen, Verstoß, Unrichtigkeit, Bock, Schnitzer, Patzer, Rechenfehler, Verschreiben, Schreibfehler, Rechtschreibfehler, Tippfehler, Druckfehler, Hörfehler, Versprecher, Sprachschnitzer, Denkfehler, **2.** Lücke, Auslassung, Unvollständigkeit, Unvollkommenheit, Unstimmigkeit, Unzulänglichkeit, Defekt, Schwäche, Achillesferse, schwache Stelle, wunder Punkt, wunde Stelle, Schönheitsfehler, Manko, Minus, Macke, Schattenseite, Pferdefuß, Haken, Kehrseite, **3.** Irrtum, Missverständnis, Missgriff, Fehlgriff, Verwechslung, Fehlpass, Vermengung, Verkennung, Missdeutung, Zirkelschluss, Unterschätzung, Überschätzung, Fehlleistung, Fehlschluss, Trugschluss, Holzweg, Irrweg, Irrfahrt, Odyssee, falsche Fährte; Fehlurteil, Justizirrtum, Kunstfehler, Fehlspekulation, Milchmädchenrechnung, Reinfall; Fehlzündung, Fehlstart, **4.** Entgleisung, Ausrutscher, Formfehler, Ungeschicklichkeit, Fauxpas, Lapsus, Taktfehler, Taktlosigkeit, Ungeschick, Plumpheit, **5.** Mangel, Untugend, Schwäche, Makel, Odium, Blöße, Armutszeugnis.

600 **feierlich** **1.** getragen, gemessen, gehoben, erhaben, gewichtig, nachdrücklich, bedeutsam, würdevoll, **2.** festlich, festtäglich, sonntäglich, galamäßig, weihevoll, erhebend, bewegend, solenn, stimmungsvoll, herzbewegend, packend, herzerhebend, olympisch, **3.** pastoral, pathetisch, majestätisch, gravitätisch, zeremoniell, salbungsvoll.

601 **Feierlichkeit** **1.** Festlichkeit, Solennität, Erbauung, Erhebung, Ergriffenheit, Andacht, Ernst, Stille, Gemessenheit, Getragenheit, Erhabenheit, Würde, Weihe, **2.** Feierstunde, Festakt, Festversammlung, Zeremonie, Zeremoniell, Zelebration, Kulthandlung.

602 **feiern** **1.** Fest geben, Feier veranstalten, festen, Fete machen, feten, **2.** sich vergnügen, belustigen, ergötzen; bummeln, schwärmen, durchmachen, einen draufmachen, durchschwärmen, schwiemeln, durchfeiern, versacken, **3.** blaumachen, krankfeiern, schwänzen, faulenzen.

Feigling Angsthase, Hasenfuß, Hasenherz, Memme, Drückeberger, Pantoffelheld, Schwächling, Waschlappen, Hampelmann, Schlaffi, Weichei, Weichling, Schoßkind, Muttersöhnchen, Jammerlappen, Kümmerling, Hosenscheißer, Schisser. 603

Feind **1.** Gegner, Widersacher, Widerpart, Angreifer, Aggressor, Erzfeind, Erbfeind, Todfeind, **2.** Menschenfeind, Misanthrop, Menschenverächter, Menschenhasser. 604

feindlich feindselig, gegnerisch, verfeindet, animos, aggressiv, überworfen, zerstritten, verzürnt, verkeilt, unversöhnbar, unversöhnlich, spinnefeind, nicht kompromissbereit/verhandlungsbereit, hasserfüllt, zwieträchtig, auf Kriegsfuß, im feindlichen Lager; menschenfeindlich, fremdenfeindlich, xenophob. 605

Feindseligkeit Feindschaft, Feindlichkeit, Gegnerschaft, Fronstellung; Unfriede, Hader, Zank, Streit, Zwist, Fehde; Groll, Hass, Neid, Animosität, Missgunst, Ressentiment, Bitterkeit, Rachsucht, Vergeltungsdrang, Rachgier, Unversöhnlichkeit, Verbitterung, Ranküne. 606

Feinheit **1.** Zartheit, Subtilität, Feinsinn, Anmut, Grazie, Erlesenheit, Gewähltheit, Distinktion, Vornehmheit, Noblesse, Exklusivität, **2.** Verfeinerung, Differenziertheit, Nuanciertheit, Dezenz, Raffinesse, Raffinement, Finesse, Überfeinerung, Ästhetizismus, Dekadenz. 607

Feminismus Frauenbewegung, Frauenrechtsbewegung, Frauenpolitik, feministische Bewegung / Politik, Gleichberechtigungskampf, Gleichstellungskampf, Frauenbefreiung, Frauenautonomie, Women's Lib. 608

Fernsehen **1.** Fernsehapparat, Apparat, TV-Gerät, TV, Fernseher, Fernsehempfänger, Empfangsgerät; Schwarzweißgerät, Farbfernseher, Portable, Flachfernseher; Flimmerkiste, Heimkino, Pantoffelkino, Glotze, Mattscheibe, **2.** Fernsehanstalt, öffentlich-rechtliches Fernsehen, privates Fernsehen, öffentlicher Sender, Privatsender, Kabelfernse- 609 hen, Pay-TV, digitales Fernsehen, 3. Fernsehprogramm, Sendefolge.

610 **fertig** 1. erledigt, beendet, abgeschlossen, vollendet, ausgeführt, zu Ende, unter Dach und Fach, im Kasten, durch, geschafft, getan, ausgestanden, durchgestanden, in Ordnung, nichts einzuwenden, einverstanden, 2. bereit, gerichtet, gerüstet, angezogen, gestiefelt und gespornt, fix und fertig, reisefertig, abfahrbereit, abmarschbereit, auf dem Sprung, startklar, 3. zur Disposition, in Bereitschaft, disponibel, zur Verfügung, verfügbar, parat, zur Hand, griffbereit, 4. gar, essbar, genießbar, tischfertig, durchgebacken, gekocht, zubereitet, angerichtet, serviert, aufgetragen, mundgerecht, 5. fertig gekauft, von der Stange.

611 **Fertigkeit** Geschicklichkeit, Gewandtheit, Wendigkeit, Geschick, Fingerfertigkeit, Kunstfertigkeit, Können, Beherrschung, Routine, Übung, Technik, Praxis, Fähigkeit.

612 **fest** unbeweglich, starr, statisch, stabil, unlösbar, fest verankert, unverrückbar, fixiert, fix, stramm, straff.

613 **Festigkeit** 1. Dichte, Härte, Stabilität, Stärke, Robustheit, Zähheit, Zähe, Haltbarkeit, Solidität, Widerstandsfähigkeit, Resistenz, Unverwüstlichkeit, Unempfindlichkeit, Strapazierfähigkeit, Wertbeständigkeit, 2. Unangreifbarkeit, Uneinnehmbarkeit, Unverwundbarkeit, Wehrhaftigkeit, Standfestigkeit, Widerstandskraft, Unbesiegbarkeit, 3. Beständigkeit, Beharrlichkeit, Konsequenz, Charakterfestigkeit, Rückgrat, Charakterstärke, Stehvermögen, Beharrungsvermögen, Hartnäckigkeit, Zielstrebigkeit, 4. Gleichmaß, Regelmäßigkeit, Stete, Stetigkeit, Ausdauer, Zähigkeit, Standfestigkeit, 5. Treue, Zuverlässigkeit, Verlässlichkeit, Unverführbarkeit, Unbestechlichkeit, Standhaftigkeit, Unerschütterlichkeit, Unbeirrbarkeit, Loyalität, Nibelungentreue, Integrität, 6. Fels, Pfeiler, Turm, Eiche.

614 **feststellen** 1. arretieren, fixieren, blockieren, 2. konstatieren, festhalten, vermerken, notieren, auflisten, listen, registrieren, belegen, diagnostizieren, identifizieren, sich überzeugen; klären, präzisieren, konkretisieren, festlegen, bestimmen, definieren, festsetzen, 3. messen, ausmessen, abmessen, dosieren, vermessen, ausschreiten, abschreiten, bemessen, eichen, normen, lokalisieren, orten, kartografieren, loten, ausloten, wiegen, abwiegen, auswiegen.

Feststellung 1. Befund, Ergebnis, 615
Resultat, Diagnose, Nachweis, Aussage, Angabe, Erklärung, Statement, Darlegung, Konstatierung, Beweisführung, 2. Messung, Ausmessung, Vermessung, Auslotung, Lotung, Ortung, Kartografie.

feuchten 1. nässen, nass machen, 616
netzen, befeuchten, anfeuchten, einsprengen, einspritzen, benetzen; gießen, schütten, begießen, übergießen, überschütten, durchtränken, sprengen, besprengen, spritzen, bespritzen, besprühen, berieseln, überrieseln, betauen, tränken, wässern, beträufeln, vernebeln, zerstäuben, versprengen, verspritzen, versprühen, sprühen, sprayen, 2. einweichen, durchtränken, durchfeuchten, bewässern, durchströmen, durchfließen, 3. anlaufen, beschlagen, sich überziehen; nass/feucht werden.

Feuer 1. Flamme, Funke, Lohe, Glut, 617
Licht, Leuchten, Glimmen, Wabern, Lohen, 2. Brand, Feuersbrunst, Flammenmeer, Flächenbrand, Großbrand, 3. Salve, Feuerstoß, Kugelfeuer, Trommelfeuer, Feuergarbe.

Film 1. Überzug, Schutzschicht, 618
Schutzfilm, Emulsionsschicht; Belag, Ölfilm, Schmierfilm, 2. Filmmaterial, Zelluloid, Streifen, Filmstreifen, Bildstreifen, Bildfolge, Filmrolle, Filmband, Videoband, DVD, Negativ, Positiv, Diapositiv, 3. Kinofilm, Spielfilm, Movie, Dokumentarfilm, Experimentalfilm, Animationsfilm, Autorenfilm, Stummfilm, Tonfilm, Fernsehfilm; Kultfilm.

finden (sich) 1. entdecken, auffin- 619
den, gewahren, erblicken, sichten, ausfindig machen, stoßen auf, auftun, freilegen, ausgraben, auftreiben, aufstöbern, auflesen, aufspüren, ausbaldowern, ausmachen, eruieren, ergründen, erforschen, herausfinden, erkunden, sich durchfinden; wieder finden; fündig werden, Neuland entdecken, 2. ertappen, erwischen, aufgabeln, abfassen, auf die Spur/Schliche kommen, enttarnen, 3. sich ergeben, zeigen, herausstellen; vorfinden, sich gegenübersehen.

620 **Fläche** 1. Ebene, Tafel, Plattform, Plateau, Tafelland, Flachland, Tiefland, Niederung, Tiefebene, Unterland, Aue, Wiesengrund, Flussaue; Hochebene, Hochplateau, 2. Flächigkeit, Flachheit, Gestrecktheit, Plattheit, Weite, Ausdehnung.

621 **fleißig** tätig, emsig, arbeitsam, arbeitsfreudig, lerneifrig, unermüdlich, rastlos, schaffig, strebsam, unverdrossen, rührig, geschäftig, regsam, nimmermüde, immer im Dienst, bienenfleißig.

622 **flexibel** 1. dehnbar, elastisch, federnd, biegsam, schwank; knetbar, modellierbar, formbar, 2. auffassungsschnell, wendig, helle, wandlungsfähig, gelenkig, geschmeidig.

623 **Flexibilität** 1. Dehnbarkeit, Elastizität, Nachgiebigkeit, Federkraft, Spannkraft, Plastizität, 2. Gelenkigkeit, Schmiegsamkeit, Wendigkeit, Anpassungsfähigkeit, Wandlungsfähigkeit, Beweglichkeit, Geschmeidigkeit, Auffassungsgabe, Formbarkeit, Aufnahmefähigkeit, Frische, Schwung, Schnellkraft.

624 **fliehen** 1. entfliehen, flüchten, sich absetzen, abseilen; ausbrechen, entlaufen, sich absentieren; abhauen, weglaufen, davonlaufen, entwischen, ausreißen, wegrennen, fortlaufen, davongehen, verschwinden, sich aus dem Staube machen; auskneifen, wegschleichen, sich wegstehlen, in die Büsche schlagen; davonschleichen, sich verdrücken; entrinnen, durchbrennen, auskommen, ausbüxen, Fersengeld geben, sich dünnmachen, verdünnisieren; auf und davon gehen, verduften, sich davonmachen; türmen, abhauen, abziehen, abzischen, abrauschen, auskratzen, Flucht ergreifen, stiften gehen, das Weite suchen, sich fortstehlen, verflüchtigen; Reißaus nehmen; entschlüpfen, entfliegen, wegfliegen, 2. meiden, umgehen, ausweichen, aus dem Wege gehen, scheuen, sich entziehen, fern halten; abrücken von, zurückweichen, zurückschrecken, fürchten, Manschetten haben vor.

625 **fließen** strömen, fluten, rinnen, triefen, rauschen, laufen, wogen, wallen, rieseln, sich ergießen; sprudeln, quellen, glucksen, plätschern, gurgeln, tröpfeln, tropfen, drippeln, träufeln, lenken, sickern, perlen, kullern, tränen, nässen.

626 **flott** schick, fesch, schmuck, adrett, alert, smart, schnittig, schnieke, geschniegelt, gestylt, durchgestylt; schnell.

Fluch Verwünschung, Verdammung, Verfluchung, Gottesstrafe, Lästerung, Schmähung, Gotteslästerung, Blasphemie; Kraftausdruck, Kraftwort, Drohwort, Schimpfwort. 627

fluchen verfluchen, lästern, verwünschen, verdammen, vermaledeien, zum Kuckuck/Teufel wünschen, etwas an den Hals wünschen, schimpfen, wettern. 628

flüstern leise sprechen, Stimme dämpfen, ins Ohr sagen, tuscheln, murmeln, zischen, zischeln, lispeln, brummeln, wispern, raunen, hauchen, flispern, fispeln, säuseln, flöten, piepsen, rascheln. 629

Folge 1. Reihenfolge, Aufeinanderfolge, Turnus, Sequenz, Ablauf, Abfolge, Verlauf, Hergang, Fortgang, Nacheinander, Nachfolge, Gang, Lauf, Fluss, 2. Fortsetzung, Serie, Sequel, Reihe, Verkettung, Kettenreaktion, 3. Konsequenz, Ergebnis, Resultat, Auswirkung, Frucht, Wirkung, Nachwirkung, Reaktion, Folgewirkung, Nachwehen, Nachbeben, Spätfolgen, Spätschäden, Weiterungen, Nachspiel, Rattenschwanz, Bescherung, Salat, Ende vom Lied. 630

folgen 1. nachgehen, mitgehen, sich anschließen, anhängen, zugesellen, beigesellen; mitkommen, nachkommen, hinterherkommen, hinterhertrotten, hinterherzockeln, 2. ergeben, erfolgen, sich auswirken; nach sich ziehen, im Gefolge haben, zur Folge haben, führen zu, 3. nachfolgen, nacheifern, nachstreben, nachtun, nachleben, gleichtun, sich anzugleichen suchen, orientieren an, richten nach; in die Fußstapfen treten, 4. drankommen, an die Reihe kommen, folgen auf, nachrücken, ablösen, übernehmen. 631

Form 1. Bau, Beschaffenheit, Gestalt, Art, Gefüge, Struktur, Aufbau, Formation, Anordnung, Organisation, Bauweise, Textur, Konstruktion, 2. Gestaltung, Prägung, Stil, Charakter, Eigenart, Manier, Ausdruck, Formgebung, Formung, Ausprägung, Gepräge, 3. Modell, Fasson, Matrize, Schnitt, Machart, Umriss, Kontur, 4. Format, Zuschnitt, Proportion, Maß, Größe, Figur. 632

633 **formlos** 1. amorph, gestaltlos, ungeformt, ungestaltet, unstrukturiert, roh, im Naturzustand, unbehauen, ungefüge, 2. stillos, stilwidrig, geschmacklos, unkünstlerisch, kitschig, 3. nachlässig, bequem, nonchalant, lässig, hemdsärmelig, leger, salopp, ungezwungen, zwanglos, unförmlich, ohne Vordruck/Formular.

634 **Formsache** 1. Formalität, Formalie, Förmlichkeit, Äußerlichkeit, Formkram, Instanzenweg, Dienstweg, Amtsschimmel, Papierkrieg, Papierkram, Routineangelegenheit, 2. Formular, Fragebogen, Formblatt, Vordruck.

635 **forschen** experimentieren, untersuchen, erforschen, explorieren, durchforschen, erkunden, erheben, ergründen, nachforschen, sezieren, graben, wühlen, ausforschen, nachbohren, nachgraben, durchleuchten, ausloten, austüfteln, herausbringen; hinterfragen, nachspüren, nachgehen, rekognoszieren, unter die Lupe nehmen, auf den Grund gehen, Untersuchungen anstellen.

636 **Forschung** 1. Wissenschaft, Wissenschaftler, Science-Community, 2. Experiment, Erhebung, empirische Forschung, wissenschaftliches Arbeiten, Analyse, Untersuchung, Theoriebildung, Spekulation, Problemlösung, 3. Grundlagenforschung, freie Forschung, Industrieforschung, Meinungsforschung, Projektforschung.

637 **Fortschritt** Entwicklung, Fortgang, Fortentwicklung, Aufwärtsentwicklung, Progress, Progression.

638 **Frage** 1. Anfrage, Nachfrage, Erkundigung, Befragung, Anamnese; Fragerei, Ausfragerei, 2. Zwischenfrage, Rückfrage, Gegenfrage, rhetorische Frage, Pseudofrage, Scheinfrage, Fangfrage, Gretchenfrage, Journalistenfrage, Scherzfrage, Entscheidungsfrage, Streitfrage, Zweifelsfrage, brennende Frage, 3. Verhör, Vernehmung, Kreuzverhör, Kreuzfeuer, Inquisition, 4. Problem, Problemstellung, Aufgabe, Thema, Kernfrage, Kernproblem, strittiger/kritischer Punkt, Fragestellung, Forschungsgegenstand, Knackpunkt, Dollpunkt.

639 **fragen** 1. Frage stellen, nachfragen, sich erkundigen; anfragen, erfragen, antippen, auf den Busch klopfen, ventilieren, sondieren, vorfühlen, sich umtun, umhören; herumfragen, um Aufschluss bitten, sich informieren; um Rat fragen, konsultieren, 2. befragen, verhören, vernehmen, ausfragen, ausholen, herausholen, abfragen, ins Kreuzverhör nehmen, aushorchen, ausquetschen, auspressen, aus der Nase ziehen, examinieren, prüfen, entlocken, ins Gebet nehmen, zur Rede stellen, interviewen, Löcher in den Bauch fragen, löchern.

Frau weibliche Person, Dame, Madame, Lady, Grande Dame; Frauenzimmer, Weib, Weibsbild, Weibsperson, Weibsstück; Junggesellin, Witwe, allein stehende Frau, allein erziehende Mutter, Single, Hausfrau, Matrone, Karrierefrau. 640

Frauenbilder Xanthippe, Megäre, Hyäne, Furie, Sirene, Lolita, Domina, Vamp, Venus, Sphinx, Blaustrumpf, Juno, Diana, schwaches Geschlecht, Hure, Heilige, Madonna, Muse, Engel, Fee, Göttin. 641

frech 1. kess, burschikos, draufgängerisch, keck, verwegen, unbescheiden, aufmüpfig, respektlos, ungebührlich, 2. vorlaut, vorwitzig, naseweis, übermütig, flapsig, neunmalklug, siebengescheit, schnippisch, 3. unartig, ungezogen, unerzogen, verzogen, patzig, pampig, ungeraten, flegelhaft, lümmelhaft, bräsig, rüde, krude, ungehobelt, schnodderig, rüpelhaft, ausfällig, dreist, dummdreist, nassforsch, unverfroren, unverschämt, impertinent, rotzig, rotzfrech. 642

Frechheit 1. Keckheit, Naseweisheit, Vorwitz, Vorwitzigkeit, Flapsigkeit, Respektlosigkeit, 2. Dreistigkeit, Ungezogenheit, Unverschämtheit, Unverfrorenheit, Impertinenz, Anmaßung, Präpotenz, Derbheit, Grobheit, Raubeinigkeit, Rüpelei, Kruditát, Unerzogenheit, Hemdsärmeligkeit, schlechte Manieren, 3. Unhöflichkeit, Taktlosigkeit, Unzartheit, Unliebenswürdigkeit, Kaltschnäuzigkeit, Unfreundlichkeit, Schroffheit, Ungebührlichkeit, Barschheit, Bissigkeit, Schärfe, Unbescheidenheit, Flegelei, Unart, Ungeheuerlichkeit, starkes Stück, Hammer, Bodenlosigkeit. 643

frei 1. selbständig, emanzipiert, geistig unabhängig, mündig; ungebunden, souverän, eigenstaatlich, unabhängig, autonom, eigener Herr, selbstverantwort- 644 lich, selbsternannt, unbehindert, unbeschränkt, unbehelligt, unbelastet, ungestört, ungehindert, unbegrenzt, unangefochten, unverwehrt, unbeaufsichtigt, auf eigene Faust, unkontrolliert, **2.** frank, zwanglos, ungezwungen, gelockert, aufgelockert, gelöst, unverkrampft, cool, angstfrei, entspannt; aufgetaut, ungeniert, ungehemmt, ohne Förmlichkeit, unzeremoniell, formlos; offen, freimütig, unbefangen, ohne Scheu, frei von der Leber weg, **3.** aufgeklärt, liberal, frei denkend, freidenkerisch, freigeistig, libertär, offen, tolerant, weltaufgeschlossen, **4.** vakant, offen, unbesetzt; leer, unbenützt, zu haben, verfügbar, **5.** erlöst, befreit, entlastet, enthoben, erleichtert, entbunden, aller Bande ledig, los und ledig, freie Bahn, freigestellt, dispensiert, suspendiert, **6.** freiberuflich, freelance, freier Mitarbeiter.

645 **Freiheit** **1.** Unabhängigkeit, Selbständigkeit, Selbstbestimmung, Liberalität, Willensfreiheit, geistige Selbständigkeit, Eigenverantwortlichkeit, Entscheidungsfreiheit, freie Wahl, Ungebundenheit, Handlungsfreiheit, Bewegungsfreiheit, Autonomie, Souveränität; Pressefreiheit, Meinungsfreiheit, Gedankenfreiheit, künstlerische Freiheit, **2.** Emanzipation, Freiheitsverlangen, Freiheitsliebe, Freiheitsdurst, Selbstbefreiung, Gleichberechtigung, **3.** Unbefangenheit, Natürlichkeit, Selbstverständlichkeit, Unbedenklichkeit, Ungeniertheit, Freimut, Freimütigkeit, Ungezwungenheit, Zwanglosigkeit, Leichtigkeit, Beweglichkeit, Unbekümmertheit, Narrenfreiheit, Blankoscheck, **4.** Befreiung, Erlösung, Errettung, Lossprechung, Freilassung, Entlassung; Entbindung, Entledigung, Absolution.

646 **freiwillig** ungezwungen, ungeheißen, spontan, unaufgefordert, aus eigenem Willen, gewollt, selbst gewählt, ohne Zwang/Druck, aus eigenem Antrieb, von selbst, aus freien Stücken, ohne Zutun, aus sich heraus, gern, aus eigener Initiative, auf eigene Faust/Verantwortung, unverlangt, ungefragt, ungebeten.

647 **fremd** **1.** unbekannt, ungewohnt, unvertraut, anders, heterogen, verschieden, befremdlich, fremdartig, exotisch, wildfremd, **2.** ortsfremd, neu, nicht eingeführt, unkundig, uneingeweiht, **3.** in der Fremde, im Ausland, in der Emigration, in einer anderen Kultur.

Fremde **1.** Ausland, Ferne, ferne Länder, weite Welt, unbekannte Länder, andere Kulturen; Exotik, Wildnis, **2.** Reisende, Touristen, Fremdlinge. 648

Freude **1.** Fröhlichkeit, Heiterkeit, Freudigkeit, Frohsinn, Humor, Aufgeräumtheit, Fidelität, gute Laune, Frohmut, Munterkeit, Lustigkeit, Vergnüglichkeit, Vergnügen, Stimmung, Laune, Belustigung, Erheiterung, Spaß, Fun, **2.** Gefallen, Behagen, Pläsier, Genuss, Ergötzen, Wohlgefallen, Herzensfreude, Beglückung, Zufriedenheit, Entzücken, Lust, Wonne, Lebenslust, Lebensgenuss, Lebensfreude, **3.** Jubel, Jubelruf, Freudenschrei, Jauchzen, Jauchzer, Juchzer, Freudengeheul, Lache, Lachen, Lächeln, Schmunzeln, Lachlust, Lachsalve, Gelächter, Hochstimmung, Freudentaumel, Frohlocken, Gejauchze, **4.** Übermut, Mutwille, Ausgelassenheit, Tollheit, Jux, Jokus, Gaudi. 649

freuen (sich) **1.** erfreuen, erheitern, Freude machen, gefallen, erbauen, erheben, beglücken, entzücken, froh machen, sich weiden an; Spaß machen, ergötzen, erquicken, behagen, glücklich machen, beseligen, genießen, sich delektieren, vergnügen, amüsieren, belustigen; lächern, zum Lachen bringen, **2.** lachen, lächeln, schmunzeln, grinsen, jubeln, frohlocken, jauchzen, jubilieren, juchzen, sich freuen wie ein Schneekönig; aus dem Häuschen geraten, fröhlich/heiter/guter Dinge sein, scherzen, spaßen, strahlen, glühen, glücklich sein. 650

Freund Kamerad, guter Freund, Genosse, Gefährte, Vertrauter, Getreuer, Blutsbruder, Lebenstrabant, Weggenosse, Stecken und Stab, Herzensfreund, Begleiter, Gespiele, Bundesgenosse, Leidensgenosse, Verbündeter; Kumpan, Kumpel, Geschäftsfreund, Parteifreund, Intimus, Amigo, Spezi, Jugendfreund, Spielgefährte, Schulfreund. 651

Freundin Gefährtin, Kameradin, Genossin, Vertraute, Gespielin, Lebenstrabantin, Begleiterin, Herzensfreundin, Busenfreundin, Verbündete, Jugendfreundin, Spielgefährtin, Schulfreundin. 652

653 **freundlich** 1. liebenswürdig, entgegenkommend, zuvorkommend, herzlich, kordial, gewinnend, warm, höflich, aufmerksam, gefällig, nett, reizend, hilfsbereit, bereitwillig, verbindlich, konziliant, jovial, **2.** ansprechend, einnehmend, lieb, zutunlich, vertraulich, wohlmeinend, wohlwollend, wohlgesinnt, nachbarlich, gut gesinnt, gut gemeint, wohlgewogen, **3.** freundschaftlich, amikal, kameradschaftlich, schwesterlich, brüderlich, väterlich, mütterlich, kollegial, kumpelhaft, zum Pferdestehlen; befreundet, verbunden, gleich gesinnt, **4.** lachend, lächelnd, schmunzelnd, grinsend, strahlend.

654 **Freundschaft** 1. Kameradschaft, Gefährtenschaft, Busenfreundschaft, Brüderschaft, Blutsbrüderschaft, Freundschaftsbande, Partnerschaft; Kameraderie, Kumpanei, Männerbündelei, **2.** Vertrautheit, Verbundenheit, Eintracht, Brüderlichkeit, Sympathie, Kameradschaftlichkeit, Zusammengehörigkeit, Kollegialität.

655 **Frieden** 1. Vergleich, Ausgleich, Entspannung, Entwarnung, Befriedung, Kompromiss, diplomatische Lösung, Gewaltverzicht, Verständigung, Versöhnung, Aussöhnung, Harmonie, Ruhe, Eintracht, **2.** Friedfertigkeit, Friedlichkeit, Gewaltlosigkeit, Friedensliebe, Pazifismus.

656 **Friedhof** Kirchhof, Gottesacker, Begräbnisstätte, Gräberfeld, Gruft, Mausoleum, Katakombe, Krypta, Totenstadt, Nekropole, Pantheon; Grab, Grabstätte, Ruhestätte, letzte Ruhestätte.

657 **friedlich** 1. ausgleichend, versöhnlich, kompromissbereit, kompromissfähig, friedfertig, friedsam, friedvoll, friedliebend, pazifistisch, **2.** kampflos, defensiv, mit friedlichen Mitteln, gewaltlos, unblutig, gütlich, ohne Kampf, schiedlich.

658 **frieren** 1. frösteln, schaudern, erschauern, schuckern, vor Kälte zittern, schlottern, bibbern, Gänsehaut bekommen, mit den Zähnen klappern, **2.** gefrieren, überfrieren, erstarren, vereisen, sich mit Eis beziehen; zufrieren, Eisblumen/Eisdecke/Eisschollen bilden.

659 **frisch** 1. gesund, blühend, rosig, durchblutet, jugendlich, lebendig, jung, unverdorben, heiter, lebhaft, munter, **2.** neu, ungebraucht, unangebrochen, erntefrisch, röstfrisch, taufrisch.

Frisör(in) Friseuse, Coiffeur, Haarschneider, Haircutter, Haarkünstler, Haarstylist; Figaro, Barbier, Bartscherer, Bader. 660

Frivolität 1. Unschicklichkeit, Anspielung, Anzüglichkeit, Anstößigkeit, Unanständigkeit, Zweideutigkeit, Eindeutigkeit, Pikanterie, Schlüpfrigkeit, **2.** sexuelle Freizügigkeit, Ungeniertheit, Laszivität, Obszönität, Schamlosigkeit, Pornographie, **3.** Geschmacklosigkeit, Unflätigkeit, Zote, Zotigkeit, Vulgarität, Pöbelhaftigkeit, Perversität, Schweinerei, Sauerei. 661

fromm gottgläubig, gläubig, religiös, gottgefällig, gottesfürchtig, glaubenssicher, glaubensüberzeugt, heilsgewiss, bekennend, bibelfest, orthodox, rechtgläubig, strenggläubig. 662

fruchtbar fruchtbringend, ergiebig, ertragreich, produktiv, ersprießlich, lohnend, fett, gedeihlich, dankbar, einbringlich, einträglich, fertil, zeugungsfähig, fortpflanzungsfähig. 663

früh zeitig, morgens, in aller Frühe, im Morgengrauen, vor Tau und Tag, bei Tagesanbruch / Sonnenaufgang, frühmorgens, frühzeitig, bald. 664

früher 1. ehedem, vordem, vorher, zuvor, einmal, damals, derzeit, ehemals, einst, dereinst, einstig, seinerzeit, einstmals, vor Jahr und Tag, vorzeiten, lange her, es war einmal, weiland, vormals, anno dazumal, lange gewesen, **2.** bisher, bislang, bis dato, bis jetzt. 665

Frühjahr Frühling, Lenz, Maienzeit, frisches/erstes Grün. 666

fühlen 1. empfinden, spüren, tasten, wahrnehmen, bemerken, merken, wittern, ahnen, Eindruck haben, Braten riechen, gewahr werden, innewerden, erfühlen, erspüren, Gefühle haben, Gefühl hegen, verspüren, sich bewusst werden; erleben, im Gefühl/Urin haben, **2.** sich vorkommen; das Gefühl haben, zumute sein. 667

führen 1. leiten, lenken, vorstehen, vorsitzen, Vorsitz führen, präsidieren, **2.** Zügel ergreifen, Sache in die Hand nehmen, steuern, lotsen, einweisen, bugsieren, anführen, vorangehen, vorausgehen, an der Spitze gehen, Weg 668 weisen, neue Wege zeigen, vorherrschen, überragen, dominieren, Oberhand / Vorhand / Übergewicht haben, überwiegen, Hauptrolle spielen, an erster Stelle stehen, dirigieren, Ton angeben, erste Geige/Meister spielen, Hosen anhaben, Heft in der Hand haben, das große Wort führen, an die Wand spielen, Zügel in der Hand halten, Führung innehaben, an der Spitze stehen, Spitze halten, **3.** vorstoßen, vorrücken, vortreiben, vorantreiben, nach vorn treiben, vorwärts treiben.

669 **führend** **1.** leitend, lenkend, herrschend, dirigierend, dominant, **2.** bahnbrechend, fortschrittlich, progressiv, avantgardistisch, neutönerisch, progressistisch, wegweisend, richtungweisend, maßgebend, revolutionär, vorstoßend, initiativ, tonangebend, überragend, überlegen, beherrschend.

670 **Führer** **1.** Kopf, Oberhaupt, Leader, **2.** Anführer, Bandenführer, Bandenchef, Rädelsführer, Stammesführer, Häuptling, Heerführer, Kriegsführer, Warlord, **3.** Fahrzeugführer, Fahrzeuglenker, Flugkapitän, Schiffskapitän, Zugführer, Lokführer, **4.** Reiseleiter, Reiseführer, Fremdenführer, Cicerone, **5.** Wegweiser, Ratgeber, Anleitung, Plan, Handbuch, Guide, Vademekum, Baedeker, **6.** Papst, Guru, Identifikationsfigur, Sektenführer; Lichtgestalt, Erwecker, Ideal, Oberguru, Charismatiker, Ikone, Hohepriester, Messias, Erlöser; Doyen, Prinzipal, Macher, Architekt, Lotse, Drahtzieher, Schlüsselfigur, Wortführer, Neutöner, Meinungsführer, Meinungsmacher, Trendsetter, Strippenzieher, Marktführer, Vorturner, **7.** Leithund, Leitwolf, Leittier, Rudelführer; Blindenhund.

671 **Führungskraft** Kader, Stab, Führungsstab, Management; Spitzenkraft, leitender Angestellter, Entscheider, Planer, Manager, Spitzenmanager, Topmanager, Leiter, Leitung.

Fülle **1.** Menge, Masse, Reichtum, Wohlstand, Segen, Üppigkeit, Flut, Vielfalt, Überfluss, Übermaß, Luxus, Opulenz, Fruchtbarkeit, Volumen, **2.** Fülligkeit, Körperfülle, Korpulenz, Leibesfülle, Massigkeit, Beleibtheit, Fettleibigkeit, Übergewicht, Dicke, Wohlgenährtheit, Embonpoint, Bauch, Plautze, Wanst, Fettwanst, Bierbauch, Ranzen, Wamme, Wampe, Schmerbauch, Unförmigkeit. **672**

füllen **1.** eingießen, einschütten, einfüllen, einschenken, anfüllen, abfüllen, voll gießen, voll schütten, nachfüllen, nachgießen, auffüllen, schöpfen, tanken, auftanken, voll tanken/machen, plombieren; beschicken, chargieren, **2.** laden, packen, aufladen, bepacken, befrachten, voll stopfen, hineinpressen, voll packen, voll pfropfen, ausstopfen, ausfüllen, spicken, **3.** sich füllen; voll/eng werden. **673**

Fund **1.** Entdeckung, Ausgrabung, Auffindung, Freilegung, Enthüllung; Trouvaille, Glücksfund, Fundsache, gefundener Gegenstand, **2.** Lösung, Auflösung, Schlüssel. **674**

füttern **1.** nähren, stillen, tränken, säugen, anlegen, Brust geben, zu trinken geben, Flasche geben, einflößen, eintrichtern, abfüttern, zu essen geben, päppeln, aufpäppeln, hochpäppeln; Futter/zu fressen geben, Futter vorwerfen, sättigen, atzen, eingeben, einlöffeln, stopfen, nudeln, mästen, voll stopfen, überfüttern, übersättigen, **2.** polstern, auslegen, abfüttern, auskleiden, unterlegen, wattieren, bekleiden, täfeln, paneelieren, kacheln. **675**

G

676 **Gabe** 1. Almosen, milde Gabe, Liebesgabe, Opfergabe, Scherflein, Obolus, Bakschisch, Trinkgeld, Tip, Botenlohn, Douceur; Gnadenbrot, Freitisch, Brosamen, 2. Geschenk, Präsent, Mitbringsel, Aufmerksamkeit, Bescherung, Gabenverteilung, Belohnung, Prämie, Preis, Gratifikation; Spende, Stiftung, Zuwendung, Dotation, 3. Widmung, Dedikation, Zueignung, 4. Begabung, Talent, Gnade.

677 **gängig** 1. gebräuchlich, geläufig, alltäglich, allgemein, gewöhnlich, kommun, hergebracht, einfach, schlicht, simpel, gewohnheitsmäßig, gemein, natürlich, selbstverständlich, vertraut, bekannt, eingefahren, konventionell, eingespielt, gewohnt, üblich, im Schwang, überliefert, überkommen, landesüblich, vorherrschend, landläufig, herkömmlich, traditionell, althergebracht, eingebürgert, normal, gang und gäbe, regulär, im Rahmen, durchschnittlich, stinknormal, 2. marktgängig, gangbar, gut zu verkaufen, verkäuflich, gesucht, gefragt, begehrt, gern gekauft, beliebt, eingeführt, viel verlangt, 3. stehend, formelhaft, stereotyp, nullachtfünfzehn, inflationär, 4. im Umlauf, umlaufend, gültig, kurant.

678 **ganz** 1. heil, unversehrt, wohlbehalten, unbeschädigt, vollständig, unangebrochen, einwandfrei, perfekt, intakt, unberührt, fehlerlos, komplett, lückenlos, umfassend, ganzheitlich, total, spurlos, rund, geschlossen, aus einem Guss, nahtlos, unfallfrei, 2. ganz und gar, gänzlich, mit Leib und Seele, völlig, vollständig, überhaupt, unbegrenzt, uneingeschränkt, unverkürzt, ungeteilt, samt und sonders, unvermindert; hundertprozentig, auf Gedeih und Verderb, durch und durch, von Grund auf, radikal, von oben bis unten, von Kopf bis Fuß, in Reinkultur, mit Haut und Haar, von A bis Z, mit Stumpf und Stiel, in Bausch und Bogen, von Anfang bis Ende, vollkommen, in jeder Hinsicht, in vollem Umfang, 3. einstimmig, vollzählig; alles zusammen, pauschal, alles in allem, ohne Ausnahme, vollends, alles, insgesamt, restlos, total, absolut, alles eingerechnet; in vollen Zügen, bis zur Neige, bis zum letzten Tropfen.

Garten Vorgarten, Hausgarten, Nutzgarten, Gemüsegarten, Obstgarten, Schrebergarten, Ziergarten, Lustgarten, Duftgarten, Baumgarten, Rondell; Anpflanzung, Pflanzung, Baumschule, Schonung; Anlage, Park, englischer/botanischer Garten, Grünanlage, Parkanlage, Stadtpark, Volkspark, grüne Lunge, Biotop. 679

Gasthaus 1. Gasthof, Gaststätte, Wirtshaus, Wirtschaft, Bierlokal, Ausschank, Schankstube, Trinkstube, Stehausschank, Imbiss, Imbissbude, Wirtsstube, Lokal, Eckkneipe, Kneipe, Destille, Schenke, Pinte, Kaschemme, Spelunke, Schwemme; Trattoria, Bistro, Speisewagen, Pizzeria, Speisehaus, Restaurant, Restauration, Speisegaststätte, Speiserestaurant, Resto, Edelschuppen, Fresstempel, Weinhaus, Weinstube, Krug, Taverne; Gartenwirtschaft, Biergarten, Besenwirtschaft; Etablissement, Vergnügungsstätte, Amüsierlokal, Nightclub, Bar, Nachtlokal, Stripteaselokal, Bumslokal; Kaffeehaus, Café, Eiscafé; Kantine, Mensa, Messe, 2. Disko, Tanzschuppen, Tanzdiele, Tanzlokal; Spielbank, Kasino, Spielkasino, Spielhölle; Hotel, Motel, Herberge, Pension, Hospiz, Gästehaus, Raststätte, Rotel, Rasthaus. 680

gebären 1. niederkommen, entbinden, entbunden werden, ins Kindbett kommen, kreißen, Kind bekommen/zur Welt bringen, Leben schenken, in die Welt setzen, Mutter werden, in Wehen liegen, 2. brüten, ausbrüten, werfen, jungen, kalben, frischen, Junge bekommen. 681

geben 1. reichen, hinreichen, zureichen, darreichen, hinstrecken, entgegenstrecken, hinhalten, bieten, hinschieben, zuschieben, anreichen; anbieten, verabfolgen, einhändigen, aushändigen, verabreichen, 2. schenken, mitbringen, bedenken/beglücken mit, beschenken, bescheren, spenden, wohl tun, mitteilen, stiften, zeichnen, dotie- 682 ren, zuwenden, aussetzen, zukommen lassen, angedeihen lassen, gönnen, überlassen, zur Verfügung stellen, übertragen, zedieren; austeilen, zuteilen, zustecken, in die Hand drücken, beisteuern, beigeben, mitgeben, 3. widmen, verehren, darbringen, dedizieren, zueignen, weihen, übereignen, darbieten, zollen, 4. verschenken, abgeben, überlassen, weggeben, hergeben, herausrücken, fortgeben.

683 **Gebet** Bitten, Flehen, Anrufung, Fürbitte; Andacht, Versenkung; Bittgebet, Dankgebet, Tischgebet, Morgengebet, Abendgebet, Nachtgebet, Kaddisch, Stoßgebet.

684 **Gebiet** 1. Bezirk, Bereich, Revier, Distrikt, Raum, Sphäre, Platz, Stelle, Kreis, Reichweite, Umkreis, Ghetto, Bannkreis, Einzugsgebiet, Hoheitsgebiet, 2. Areal, Fläche, Feld, Zone, Terrain, Territorium; Gemarkung, Breiten, Gelände, Landschaft, Gegend, Region, Landesteil, Landstrich, Gefilde, Himmelsstrich, Ecke, Kante, Winkel, 3. Platz, Feld, Sportplatz, Spielplatz, Spielfeld, Spielfläche, Übungsgelände; Stadion, Manege, Ring, Kampfbahn, Aschenbahn, Fußballplatz, Rasen, Tennisplatz, Centrecourt.

685 **geboren** 1. gebürtig, von Geburt/Herkunft, 2. neugeboren, auf der Welt, zur Welt gekommen, geworfen, geschlüpft, ausgekrochen, ausgebrütet.

686 **Geburt** Entbindung, Niederkunft, Kindbett, Wochenbett, Partus; schwere Stunde, freudiges Ereignis.

687 **Geduld** 1. Nachsicht, Langmut, Gelassenheit, Gleichmut, Ausdauer, 2. Ergebung, Sichfügen, Fügsamkeit, Lammsgeduld, Engelsgeduld, Eselsgeduld, Resignation, Indolenz.

688 **geduldig** 1. nachsichtig, langmütig, zuwartend, friedfertig, versöhnlich, verträglich, gelassen, gelinde, gemach, 2. ergeben, fügsam, gottergeben, klaglos, demütig, lammfromm, stoisch, resigniert, indolent.

689 **gefährlich** 1. gefahrvoll, bedrohlich, drohend, beängstigend, beunruhigend, kafkaesk, unheilvoll, nicht geheuer, unheildrohend, Unheil verkündend, unheilschwanger, spannungsgeladen, zugespitzt, kritisch, krisenhaft, heikel, brenzlig, auf der Kippe, auf Messers Schneide, am Rande des Abgrunds, drohend; explosiv, feuergefährlich, entzündlich, geladen, entsichert, 2. abenteuerlich, gewagt, waghalsig, verwegen, riskant, zweischneidig, halsbrecherisch, Schwindel erregend, selbstmörderisch, 3. brisant, heiß, Pulverfass, Zeitbombe, hochexplosiv, heißes Eisen, Wespennest, 4. gefährdet, bedroht, in Gefahr, exponiert, fragwürdig, mulmig, dicke Luft; Gratwanderung, Zitterpartie, Hängepartie, 5. ansteckend, infektiös, virulent, bösartig, epidemisch, übertragbar, schlimm, ernst, bedenklich, heimtückisch, übel, tödlich, todbringend, lebensgefährlich; bissig, angriffslustig, aggressiv, unberechenbar, gemeingefährlich; giftig, hochgiftig, 6. unbewacht, ungesichert, unbeschrankt, unbeaufsichtigt.

gefallen 1. zusagen, entsprechen, 690 passen, konvenieren, behagen, belieben, mögen, schmecken, munden, goutieren, Geschmack finden, recht sein, genehm sein, angenehm sein, gelegen kommen, zupass kommen, gern hören, begrüßen, Gefallen finden, Geschmack abgewinnen; nach jmds. Geschmack, nach jmds. Herzen, jmds. Typ sein, auf jmdn. stehen, es jmdm. angetan haben, 2. freuen, erfreuen, entzücken, Beifall erwecken, ansprechen, anheimeln, Anklang finden; Eindruck machen, faszinieren, betören, bezaubern, hinreißen, einschlagen, Erfolg haben, wirken.

Gefangenschaft 1. Verhaftung, 691 Festnahme, Zugriff, Inhaftierung, Gefangennahme, Untersuchungshaft, Freiheitsberaubung, Freiheitsentzug, Freiheitsstrafe, Arrest, Haft, Gewahrsam, Hausarrest, Bann, Beugehaft, Vorbeugehaft, Schutzhaft, Abschiebehaft, 2. Gefängnis, Strafanstalt, Strafvollzugsanstalt, Zuchthaus, Kittchen, Loch, Nummer Sicher, schwedische Gardinen, Käfig, Zwinger, Verlies, Knast, Kerker, Bau, Sing-Sing, Bunker; Kriegsgefangenschaft, Gefangenenlager.

Gefühl 1. Empfindungsvermögen, 692 Empfindungsfähigkeit, Sensualität, Empfinden, Empfindung, Emotion, Sentiment, Sensibilität, Affektivität, Emotionalität, Herz, Gemüt, Wärme, Empathie, Einfühlungsvermögen, 2. Ahnung, Vorgefühl, Vorahnung, Eindruck, Impression, Wahrnehmung, 3. Gespür, Empfindlichkeit, feine Nase, Spürsinn, Spürnase, Riecher, Instinkt, Witterung, Sensorium, Feeling, 4. Innenwelt, Innenleben, Seelenleben, Psyche, Seele, Unterbewusstsein, das Unbewusste.

693 **Gegensatz** 1. Gegenläufigkeit, Gegenteil, Opposition, Gegensätzlichkeit, Polarität, Widersprüchlichkeit, Widerstreit, Widerspruch, Widerspiel, Kehrseite, Umkehrung, 2. Unvereinbarkeit, Unüberbrückbarkeit, Unversöhnlichkeit, Inkompatibilität, Kontraproduktivität, Kontraindikation, Kontradiktion, Antagonismus, Dualismus, Dichotomie, Manichäismus.

694 **gegensätzlich** 1. uneins, uneinig, disharmonisch, unharmonisch, sich beißend, unstimmig, auf gespanntem Fuß, wie Hund und Katze, in Fehde, auf der Gegenseite, getrennt, überworfen, entzweit, zerstritten, verkracht, verfeindet, 2. gegenüber, am anderen Ufer, auf der anderen Seite, jenseits, drüben, vis-à-vis, face to face, Auge in Auge, 3. zweierlei, gegenläufig, gegenteilig, völlig anders, oppositionell, konträr, komplementär, polar, polarisiert, adversativ, antithetisch, widersprüchlich, widerstreitend, widerspruchsvoll, sich widersprechend, 4. entgegengesetzt, unvereinbar, unüberbrückbar, unversöhnlich, inkompatibel, kontraproduktiv, kontraindikativ, wie Tag und Nacht, einander ausschließend, kontradiktorisch, diametral, wie Feuer und Wasser, disjunktiv, antagonistisch, entweder ... oder, das eine oder das andere, schwarzweiß, so oder so, alles oder nichts, digital, binär, dualistisch, dichotomisch, dezisionistisch, manichäisch.

695 **gegenseitig** mutuell, reziprok, wechselseitig, wechselweise, abwechselnd, umschichtig, beiderseits, alternierend, im Turnus, einer für den andern, einander, untereinander, einer den anderen.

696 **Gegenstand** 1. Ding, Körper, Gebilde, Objekt, Sache, Etwas, Phänomen, 2. Thema, Stoff, Motiv, Sujet, Angelegenheit, Gebiet, Frage, Punkt, Stoffgebiet, Faktum, Problem, Untersuchungsobjekt, Problemstellung; Gesprächsthema, Gesprächsstoff, Unterhaltungsstoff, Gesprächsgegenstand, Tagesordnungspunkt, 3. Inhalt, Handlung, Fabel, Story, Plot.

Gegenwart 1. Jetztzeit, Jetzt, Heute, unsere Zeit, 2. Anwesenheit, Teilnahme, Dabeisein, Mitwirkung, Beteiligung, Präsenz, Zugegensein. 697

gegenwärtig 1. augenblicklich, derzeit, derzeitig, im Moment, momentan, zurzeit, eben jetzt, heute, im Augenblick, zur Stunde, heutzutage, neuerdings, neuerlich, nun, nunmehr, jetzt noch, nicht mehr lange, 2. jetzt, jetzig, heutig, heutzutage, gleichzeitig; aktuell, gegenwartsnah, akut, zeitgenössisch, mitlebend, zeitgemäß, modern, kontemporär, 3. anwesend, zugegen, hier, bei uns, dabei, zur Stelle, am Platze, greifbar, zu erreichen, zur Hand, da, präsent, an Bord; im Beisein, in Gegenwart/Anwesenheit von. 698

Gegner 1. Gegenspieler, Counterpart, Kontrahent, Gegenpart, Widerpart, Opponent, Antipode, 2. Regimekritiker, Oppositioneller, Frondeur, Fronde, Dissident, 3. Rivale, Konkurrent, Gegenkandidat, Wettbewerber, Nebenbuhler, Duellant, Feind. 699

Geheimlehre Geheimwissenschaft, Magie, Kabbala, Okkultismus, Esoterik, Spiritismus; Geheimkult, Voodoo, Mystagogie, mystische/magische Praktiken. 700

Geheimnis 1. Mysterium, Arkanum, Rätsel, Palimpsest, Wunder, Mirakel, Übersinnliches, unerklärliches Phänomen, Dunkel, Nachtseite, 2. Amtsgeheimnis, Betriebsgeheimnis, Geschäftsgeheimnis, Verschlusssache, Postgeheimnis. 701

gehen 1. einen Fuß vor den andern setzen, sich fortbewegen, begeben, wenden, verfügen nach; Weg einschlagen/zurücklegen, hinter sich bringen, betreten, begehen, beschreiten, abschreiten, hin und her gehen, umhergehen, sich die Füße vertreten; zu Fuß gehen, 2. schreiten, wandeln, ausschreiten, spazieren, spazieren gehen, Spaziergang machen, ins Freie gehen, promenieren, sich ergehen; lustwandeln, schlendern, streifen, bummeln, herumstreifen, flanieren; wandern, eilen, rennen, laufen, joggen, walken, marschieren, stapfen, stiefeln, trotten, traben, 702 schweifen, trippeln, dappeln, tänzeln, stelzen, stöckeln, gleiten, tappen, tasten, zotteln, zuckeln, schleichen, staksen, trödeln, trampeln, treten, stampfen, trappeln, schlurfen, tapsen, zockeln, latschen, tappeln, watscheln, hinken, 3. fahren, verkehren, funktionieren.

703 **gehorchen** 1. folgen, hören, willfahren, sich fügen; parieren, Erwartungen nachkommen, Folge leisten, befolgen, spuren, sich unterstellen, unterordnen, nachordnen; Gehorsam leisten, Befehl ausführen, kuschen, nach der Pfeife tanzen, strammstehen, Haltung annehmen, Schwanz einziehen, duckmäusern, 2. nachgeben, einknicken, hinnehmen, sich gefallen lassen; einlenken, Konzessionen machen, sich herbeilassen, ergeben, ducken, schicken; klein beigeben, Segel streichen, Nacken beugen, zu Kreuze kriechen, Rückzieher machen, 3. sich unterwerfen, erniedrigen, demütigen; Kniefall machen, nach Canossa gehen.

704 **gehorsam** folgsam, fügsam, gefügig, lenksam, lenkbar, beherrschbar, steuerbar, brav, beflissen, demütig, ergeben, dienstwillig, untertan, botmäßig, unterwürfig, willfährig, zu Willen, befehlsgewohnt, zahm, handsam, gezähmt, abgerichtet, domestiziert.

705 **Gehorsam** 1. Folgsamkeit, Fügsamkeit, Lenkbarkeit, Bravheit, Botmäßigkeit, Gefügigkeit, Untertänigkeit, Ergebenheit, 2. Ergebung, Demut, Unterwürfigkeit, Willfährigkeit, Unterordnung, Unterwerfung, Devotion, Servilität, Subordination, Kadavergehorsam, blinder Gehorsam, Hörigkeit.

706 **Geist** 1. Spiritus, Logos, Denken, Vernunft, Bewusstsein, Intelligenz, Verstand, Denkvermögen, Reflexionskraft, Seele, 2. Genius, Genie, Esprit, Einfallsreichtum, Köpfchen, Grips, Scharfsinn, Klugheit, Weisheit, Witz, Schlagfertigkeit, Geistesgegenwart, 3. Geister, Gespenst, Golem, Dämon, Spuk, Phantom, Kobold, Erscheinung, Schemen, Alb, Mahr, Schreckgespenst, Nachtgespenst, Lemuren, Schimäre, 4. Nixe, Undine, Wasserjungfrau, Seejungfer, Sirene, Wassergeist, Wassergöttin, Meergöttin, Quellengöttin, Flussgöttin, Seegöttin, Meerweib, Nymphe, Fee, Melusine, Najade; Gnom, Wichtelmann, Heinzelmann, Puck, Troll; Vampir, Werwolf, Wiedergänger, Zombie.

geisteskrank geistesgestört, schizophren, bewusstseinsgestört, bewusstseinsgespalten, paranoid, paranoisch, halluzinierend, dement, zwanghaft, ichgestört, persönlichkeitsgestört; idiotisch, verrückt, umnachtet, geistesumnachtet, irrsinnig, wahnsinnig; schwachsinnig, plemplem, rappelig, nicht richtig im Kopf, unzurechnungsfähig. 707

Geisteskrankheit Geistesgestörtheit, Geistesstörung, Demenz, Idiotie; Bewusstseinsstörung, Schizophrenie, Bewusstseinsspaltung; Paranoia, Wahnidee, Halluzination, Zwangsvorstellung, Zwanghaftigkeit, Ichstörung, Persönlichkeitsstörung, Alzheimer, Borderline; Umnachtung, Irrsinn, Wahnsinn, Phrenesie; Knacks, Dachschaden, Verrücktheit, Webfehler, Hau, Hieb. 708

Geizhals Geizkragen, Geizdrache, Filz, Knauser, Pfennigfuchser, Knicker, Neider, Harpagon, Kümmelspalter, Spänbrenner; Neidhammel, Krämerseele. 709

Gelage Schwelgerei, Orgie; Fressgelage, Fresserei, Völlerei, Prasserei, Zechgelage, Zecherei, Saufgelage, Sauferei, Besäufnis, Kommers, Trinkgelage, Bacchanal. 710

Geld 1. Zahlungsmittel, Währung, Banknote, Bargeld, Papiergeld, Geldschein, Münzen, Kleingeld, Silbergeld, Hartgeld, Plastikgeld, Eurogeld, 2. Wirtschaftsgeld, Taschengeld, Haushaltsgeld, 3. Moneten, Groschen, Kies, Moos, Mäuse, Marie, Möpse, Zaster, Knete, Kröten, Lappen, Eier, Kohle, Piepen, Koks, Taler, Schotter, Asche, Pulver, Rubel, Mücken, Heu, Peseten, Penunze, Zechinen, Flocken, 4. Falschgeld, Blüten. 711

Geliebte Bekannte, Freundin, Favoritin, ständige Begleiterin, Herzensdame, Buhle, Angebetete, Flamme, Girlfriend, Dulzinea, Feinsliebchen, Liebste, Liebhaberin, Auserwählte, Mätresse, Gespielin; Lover, Schatz, Herzblatt, Bettschatz, Bettgenossin, Gspusi, Darling, Augapfel, Liebling. 712

Geliebter Bekannter, Freund, Verehrer, Kavalier, ständiger Begleiter, Lieb- 713 haber, Günstling, Galan, Seladon, Cicisbeo, Boyfriend, Amant, Hausfreund, Liebster, Auserwählter, Einziger, Gespiele, Lover, Bettgenosse, Kerl, Macker, Scheich.

714 **gelingen** 1. glücken, geraten, gut ausgehen/ausfallen, fertig werden, von der Hand gehen, flutschen, funken, funktionieren, klappen, laufen, gut gehen; fertig bringen, schaffen, zustande bringen, zuwege bringen, auf die Beine stellen, hinkriegen, schultern, wuppen, schmeißen, schaukeln, zurande kommen, bewältigen, bewerkstelligen, deichseln, drehen, glatt gehen, hinhauen, **2.** Glück/Erfolg haben, erfolgreich sein, Dusel/Schwein haben, zu Geld kommen, gewinnen, reich werden, zu etwas kommen, vorwärts kommen, es zu etwas bringen, es sich richten, es weit bringen, reüssieren, es schaffen, ans Ziel gelangen, obenauf schwimmen, zwei Fliegen mit einer Klappe schlagen.

715 **Geltung** 1. Einfluss, Gewicht, Autorität, Bedeutung, Maßgeblichkeit, Stellung, Rang, **2.** Reputation, Leumund, Image, Renommee, Ruf, Ansehen, Prestige, Name, Bonität, Kredit, Wertschätzung, Goodwill, Standing, Credit, Performance, **3.** Bekanntheit, Beliebtheit, Popularität, Volkstümlichkeit, Achtung, Hochachtung, Verehrung, Nimbus, Ruhm, Glanz, Glorie, Charisma, Weltruhm, Vergötterung, **4.** Gültigkeit, Kurs, Wirksamkeit, Verbindlichkeit, Wirkungsdauer.

716 **Gemeinschaft** 1. Miteinander, Zusammenleben, Zusammenwirken, Zusammenschluss, Verbindung; Kommunität, Sozietät, Kollektiv, Kollektivität, Gruppe, **2.** Zweckgemeinschaft, Hausgemeinschaft, Wohngemeinschaft, Interessengemeinschaft.

717 **gemustert** 1. gestreift, kariert, getupft, getüpfelt, gepunktet, gepünktelt, geflammt, flamboyant, gefleckt, getigert, gescheckt, genoppt, geblümt, floral, gemasert, geädert, gewürfelt, genarbt, narbig, gestromt, gesprenkelt, meliert, marmoriert, scheckig, **2.** schillernd, irisierend, changierend, opalisierend, moiriert, gewässert, stonewashed.

718 **gemütlich** behaglich, zwanglos, salopp, ungezwungen, familiär; bequem, komfortabel, kommod, wohnlich, anheimelnd, lauschig, heimelig, traulich, wohlig, pudelwohl, mollig, traut, urgemütlich, stallwarm.

gemütskrank seelenkrank, psychisch/seelisch gestört, nervenkrank; psychopathisch, neurotisch, psychotisch, depressiv, manisch, manisch-depressiv, melancholisch, zwangsneurotisch, hysterisch. 719

Gemütskrankheit Seelenkrankheit, Psychopathie, psychische/seelische Störung, Nervenkrankheit; Neurose, Zwangsneurose, Angstneurose, Melancholie, Depression, Manie, manische Depression. 720

genau 1. ordentlich, sorgsam, sorgfältig, gewissenhaft, korrekt, akkurat, exakt, fehlerlos; peinlich, penibel, pingelig, übergenau, minuziös, detailversessen, haarklein, haargenau, perfektionistisch, akribisch; pünktlich, auf die Minute, genau gehend, **2.** präzis, prägnant, treffend, wohl gezielt, ins Zentrum, treffsicher, zielgenau, chirurgisch, punktgenau, haarscharf, aufs Haar, auf den Punkt, messerscharf, ins Schwarze, den Nagel auf den Kopf, schlagend, **3.** gründlich, tief schürfend, umfassend, grundlegend, von der Pike/von Grund auf, reiflich, fundiert, vollständig, profund, tief, auf Herz und Nieren, intensiv, tiefenscharf, **4.** ausführlich, episch, umschweifig, langatmig, weitschweifig, überdehnt, umständlich, weitläufig, breit, eingehend, einlässlich; wörtlich, detailliert, mit allen Einzelheiten, erschöpfend, wortgetreu, wortwörtlich, buchstäblich, buchstabengetreu, Wort für Wort, **5.** genau genommen, dem Buchstaben nach, zahlenmäßig, ziffernmäßig, der Zahl nach, gezählt, in Zahlen/Ziffern, im Grunde, aus der Nähe betrachtet, bei Licht besehen, im strengen Sinne, buchmäßig, rechnerisch, arithmetisch, auf dem Papier, unter die Lupe genommen, **6.** genau passend, passgenau, fest sitzend, wie angegossen, faltenlos, wie Hand und Handschuh. 721

genesen 1. gesunden, gesund werden, rekonvaleszieren, auf die Beine kommen, geheilt werden, wiederhergestellt sein, aufkommen, sich erholen; auskurieren, wieder auf den Beinen/ge- 722 nesen/wieder gesund sein, **2.** heilen, abklingen, besser werden, nachlassen, zurückgehen, sich bessern; abheilen, verheilen, vernarben, sich verwachsen; ausheilen, **3.** sich kräftigen; Kur machen, kuren, rehabilitiert werden.

723 **Genie** 1. Genius, Schöpfergeist, schöpferische Persönlichkeit, Universalgenie, Liebling der Götter, Geistesgröße, Phänomen, Wunderkind, **2.** Genialität, Erfindungsgabe, schöpferische Kraft, Ingenium, Begnadung, Berufung, Götterfunke, Dämon.

724 **genießen** sich erfreuen, ergötzen, delektieren, erbauen, begeistern; schlemmen, schwelgen, es sich schmecken lassen, frönen, in die Vollen gehen, sich etwas gönnen/reinziehen, gütlich tun, nichts abgehen lassen; zu leben wissen, etwas vom Leben haben, sich ausleben; es sich wohl sein lassen, Leben genießen, voll auskosten.

725 **Genießer** 1. Lebenskünstler, Genussmensch, Epikureer, Hedonist, Weltkind; Kenner, Connaisseur, Schöngeist, Ästhet, Sybarit, Phäake, Genüssling, Schwelger, Schlaraffe, **2.** Feinschmecker, Gourmet, Weinkenner, Schlemmer, Lukull, kein Kostverächter, feiner Gaumen, feine Zunge, Kochkünstler, Leckermaul, Naschkatze, **3.** Gourmand, Vielfraß, Lüstling, Fresser, Prasser, Zecher, Nimmersatt.

726 **genießerisch** feinschmeckerisch, kulinarisch, genussfähig, genüsslich, kennerhaft, wählerisch, kundig, lukullisch, schlemmerhaft, schwelgerisch, schlaraffisch, epikureisch, sybaritisch, üppig, schleckig, genäschig, verschwenderisch, prasserisch, lustvoll, sinnlich, bacchantisch, trinkfest, trinkfreudig, weinselig, sauflustig, ausschweifend.

727 **genug** genügend, ausreichend, zureichend, hinreichend, zulänglich, hinlänglich, auskömmlich, zufrieden stellend, befriedigend, zur Zufriedenheit, es geht, besser als nichts; satt, sattsam, genugsam, vollauf, zur Genüge, es reicht, mehr als genug, basta, Sense.

728 **genügen** 1. reichen, langen, hinreichen, Bedarf decken, ausreichen, befriedigen, zureichen, tun, gehen, angehen, auslangen, ausreichen, **2.** genug haben, auskommen, hinkommen, herumkommen, fertig werden, Auskommen haben, zufrieden sein, sich zufrieden geben; genug sein lassen.

Genuss 1. Behagen, Lust, Vergnügen, Wohlgefühl, Annehmlichkeit, Labsal, Wonne, Ergötzen, Entzücken, Augenweide, Augenschmaus, Ohrenschmaus, Gaumenkitzel, Sinnenfreude, Sinnenreiz, **2.** Schwelgerei, Prasserei, Völlerei, Schlemmerei, Tafelfreuden, Hochgenuss, Festessen, Schmaus, **3.** Kochkunst, feine Küche, Schlemmerküche, Haute Cuisine, Gastronomie, Esskultur, Feinschmeckerei, Gastrosophie. 729

geordnet 1. geregelt, in Ordnung, im Lot, aufgeräumt, gesäubert, gestopft, geflickt, ausgebessert, instand, repariert, gerichtet, beziehbar; gefaltet, gestapelt, zusammengelegt, eingeräumt; gepackt, eingepackt, abgepackt, verpackt, abgewogen, **2.** ordnungsmäßig, ordentlich, legitim, legal, rechtmäßig, vorschriftsmäßig, ordnungsgemäß, wie es sich gehört, bürgerlich, **3.** organisiert, gegliedert, untergliedert, strukturiert, systematisiert, systematisch, differenziert, klassifiziert, unterteilt, aufgeteilt, gestaffelt, methodisch, planmäßig, durchdacht, wohl gegliedert, wohl überlegt, wohlerwogen, organisch, sinnvoll, übersichtlich. 730

gerade 1. aufrecht, gerade gewachsen, kerzengerade, wie eine Eins, aufgerichtet, stehend, hoch aufgerichtet, rank, strack, schlank, straff, gestrafft, **2.** senkrecht, lotrecht, fallrecht, vertikal, steil, ragend, rechtwinklig, waagerecht, eben, schnurgerade, linear, geradlinig. 731

Gerät Apparat, Apparatur, Gerätschaft, Utensil, Material, Vorrichtung, Instrument, Automat, Arbeitsgerät, Werkzeug, Ausrüstung; Recorder, Kassettenrecorder, Videorecorder, Aufnahmegerät. 732

Geräusch 1. Laut, Ton, Hall, Schall, Klang, **2.** Klingeln, Läuten, Schellen, Bimmeln, Gebimmel; Klirren, Geklirr, Poltern, Gepolter, Gerumpel, Geklapper, Klappern, Geknatter, Geriesel, Geplätscher, Glucksen, Klatschen, Dröhnen, Gedröhn, Rasseln, Gerassel, Prasseln, Geprassel, Rauschen, Gerausche, Brausen, Gebrause, Sausen, Heulen, Donnern, Getöse, Tosen, Krachen, Grollen, Wettern, Brummen, Gebrumm, Summen, Gesumm, Surren, 733

Tropfen, Tröpfeln, Rieseln, Klopfen, Pochen, Ticken, Ticktack, Zirpen, Piepsen, Fiepen, Zischen, Zischeln, Flüstern, Geflüster, Lispeln, Gelispel, Wispern, Getuschel, Tuscheln; Knirschen, Knistern, Rascheln, Geraschel, Geraune, Murmeln, Gemurmel, Geplapper, Gequietsche, Quietschen, Lachen, Gelächter, Gezeter, 3. Lärm, Getöse, Dröhnen, Radau, Krach, Spektakel, Rabatz, Krawall, Rumor, Krakeel, Geschrei, Gebrüll, Brüllen, Zetergeschrei, Johlen, Stimmengewirr, Wortschwall, Donnergepolter; Explosion, Detonation, Knall, Schlag, Bums, Schuss, Kanonenschuss, Donnerschlag, Einschlag; Straßenlärm, Verkehrslärm, Maschinenlärm, Höllenlärm, 4. Bellen, Gebell, Kläffen, Gekläffe, 5. Zwitschern, Gezwitscher, Schlagen, Tirilieren, Singen, Gesang, Schmettern, Jubilieren, Flöten, Quinquilieren, Ziepen.

734 **gerecht (sein)** 1. sachlich, objektiv, repräsentativ, unbeeinflusst, unparteiisch, überparteilich, neutral, ausgewogen, ohne Ansehen der Person, unvoreingenommen, vorurteilslos, fair, gerechtigkeitsliebend, unbestechlich, 2. wohlverdient, verdientermaßen, verdient, angemessen, gebührend, gerechtfertigt, 3. jmdm. gerecht werden, richtig beurteilen, Gerechtigkeit widerfahren lassen, mit gleicher Elle messen.

735 **Gerechtigkeit** Sachlichkeit, Unbestechlichkeit, Unparteilichkeit, Objektivität, Überparteilichkeit, Vorurteilslosigkeit, Fairness, Unvoreingenommenheit, Unbefangenheit, Neutralität.

736 **Gerede** 1. Gerücht, Rederei, Geflüster, Tuscheln, Zischeln, Getuschel, Raunen, Geraune, Fama, Gemunkel, Klatsch, Klatscherei, Tratsch, Quatscherei, Stadtgespräch, Klatschgeschichte, offenes Geheimnis, Lästerei, Ondit, Zuträgerei, 2. Geplauder, Geschwätz, Altweibergeschwätz, Geplapper, Schnack, Gebabbel, Geplätscher, Gelaber, Geschnatter, Geschwafel, Gequassel, Gewäsch, Blabla, Palaver, Wischiwaschi, heiße Luft, leeres Stroh, Quatsch mit Soße, Pipifax, Schaumschlägerei, Phrasendrescherei, Gerüchtemacherei, Gerüchteküche, Giftküche, Kolportage, Latrinenparole, Gefasel, Schmarren, Faselei, Larifari, Schmus, Sermon, Schwadronade, Gesülze, Unsinn, Bullshit.

gern 1. bereitwillig, ohne weiteres, anstandslos, willig, geneigt, freudig, 2. natürlich, selbstverständlich, allemal, freilich, selbstredend, versteht sich, gewiss, schön, gut, gemacht, einverstanden, erwünscht, willkommen, ein Fest, mit Vergnügen / Kusshand / Freude, von Herzen, mit Interesse, liebend gern. 737

Gesang 1. Singen, Summen, Singsang, Schmettern, Trillern, Tönen, Gedudel, Dudelei, Tirilieren, Zwitschern, Pfeifen, Jubilieren, 2. Vokalstück, Vokalkomposition, Gesangsstück, Canto, Cantus, Lied, Sang, Weise, Melodie, Strophenlied, Arie, Volkslied, Traditional, Kunstlied, Lieddichtung, Rhapsodie, Kanon, Kanzone, Kantilene, Bänkelsang, Brettl-Lied, Countrysong, Moritat, Chanson; Schlager, Gassenhauer, Song, Hit, Ohrwurm, Evergreen; Kirchenlied, Choral, Madrigal, Spiritual, Gospel, Kantate, Hymne, Psalm, Nänie. 738

Geschäft 1. Betrieb, Firma, Haus, Unternehmen, Handelsgesellschaft, Gesellschaft, 2. Laden, Kaufladen, Shop, Magazin, Detailgeschäft, Gemischtwarenladen, Krämerladen, Tante-Emma-Laden, Dritte-Welt-Laden, Fachgeschäft, Boutique, Secondhandladen, Trödler, 3. Geschäftslokal, gewerblicher Raum, Geschäftsstelle, Büro, Kontor, Kanzlei, Werkstatt, Werkstätte, Ordination, Praxis, Labor, Laboratorium, 4. Verkaufsstelle, Kiosk, Bude, Verkaufshäuschen, Büdchen, Verkaufsstand, Marktstand, Marktbude, Schaubude, Stand, Pavillon, 5. Kaufhaus, Kaufhalle, Warenhaus, Selbstbedienungsladen, Supermarkt, Discountladen, Einkaufszentrum, Ladenstraße, Passage, Shopping-Center, Pall-Mall, Erlebniscenter, 6. Deal, Handel. 739

Geschäftsmann Kaufmann, Händler, Einzelhändler, Ladenbesitzer, Ladeninhaber, Gewerbetreibender, Großhändler, Grossist, Zwischenhändler, Großkaufmann, Importeur, Exporteur, Vermieter, Immobilienhändler, Makler, Banker, Börsianer, Unternehmer, Businessman, Geschäftemacher. 740

Geschehen 1. Ereignis, Begebenheit, Begebnis, Geschehnis, Vorgang, Handlung, Vorkommen, Vorfall, Vorkomm- 741 nis, **2.** Ablauf, Lauf, Verlauf, Entwicklung, Fortgang, Hergang, Abfolge, Chronologie, Zeitenfolge, Zeitlauf, Zeitläufe, Weltlauf, **3.** großes Ereignis, Politikum, Meilenstein, Haupt- und Staatsaktion, Knüller, Sensation, Spektakel, Tagesgespräch, Medienereignis, Event.

742 **Geschicklichkeit** 1. Wendigkeit, Vielfältigkeit, Anstelligkeit, Geschick, Gewandtheit, Fingerfertigkeit, technische Begabung, Geschicktheit, Treffsicherheit, sichere Hand, Geläufigkeit, Geübtheit, **2.** Diplomatie, Verhandlungsgeschick, Cleverness, Schlauheit, Vigilanz, Pfiffigkeit, Taktik, Strategie, Berechnung, Findigkeit, Gerissenheit, Gewitztheit, Raffinesse; Glätte, Schläue, Listigkeit, Abgebrühtheit, Durchtriebenheit, Verschlagenheit.

743 **geschickt** 1. praktisch, handfertig, fingerfertig, treffsicher, anstellig, verwendbar, vielseitig, kunstfertig, routiniert, Axt im Haus, weiß sich zu helfen, **2.** gewandt, wendig, agil, beweglich, trainiert, geübt, geschmeidig, glatt, diplomatisch, taktisch, strategisch, eloquent, geschliffen, anpassungsfähig, findig, flexibel, parkettsicher, aalglatt, smart, mit allen Wassern gewaschen, clever, stromlinienförmig.

744 **geschlossen** 1. zu, versperrt, zugesperrt, abgeschlossen, unzugänglich, verschlossen, unbetretbar, verriegelt, vernagelt, verrammelt, verbarrikadiert, außer Betrieb, **2.** ungeöffnet, unangebrochen, neu, verpackt, versiegelt, plombiert, eingeschweißt, **3.** nicht öffentlich, privat, exklusiv, **4.** einheitlich, einig.

745 **Geschmack** 1. Formgefühl, Formsinn, Kunstsinn, Kunstverstand, Kunstverständnis, Qualitätsgefühl, Schönheitssinn, ästhetisches Empfinden, Farbensinn, Kennerschaft, Fingerspitzengefühl, Kultur, Stil, Stilgefühl, Lebensart, Eleganz, Schick, Sinn für Harmonie, Proportionen, **2.** Geschmackssinn, Gaumen, Gusto, Zunge, Nase, **3.** Aroma, Schmackhaftigkeit.

746 **Geschöpf** 1. Kreatur, Lebewesen, Wesen, Tier, **2.** Schachfigur, Puppe, Marionette, Kreatur, Figur, Wachsfigur.

747 **gesellig** 1. umgänglich, zugänglich, aufgeschlossen, ansprechbar, unterhaltsam, unterhaltend, amüsant, ungezwungen, zwanglos, fidel, vergnügt, **2.** leutselig, sozial, soziabel, kontaktfähig, kontaktfreudig, interessiert, extrovertiert, extravertiert, **3.** gastlich, gastfrei, gastfreundlich, freigebig, spendabel, generös, großzügig.

Geselligkeit 1. Kontaktfähigkeit, 748
Kontaktfreude, Leutseligkeit, Aufgeschlossenheit, Extrovertiertheit, Extravertiertheit, Soziabilität, **2.** Gesellschaft, Festlichkeit, Einladung, Empfang, Beisammensein, Festivität, Ball, Tanz, Tanzerei, Tanzvergnügen, Veranstaltung, Essen, Geburtstagsfest, Freudenfest, Party, Cocktailparty, Fest, Fete, Feier, Sause, Budenzauber, Grillparty, Gartenfest, Straßenfest, Volksfest, **3.** Umgang, Verkehr, gesellschaftlicher Umgang, offenes Haus, Gastlichkeit, Gastfreiheit, Gastfreundlichkeit, Gastfreundschaft.

Gesetz 1. Recht, Verfassung, Lex, 749
Satzung, Vorschrift, Verfügung, Verordnung, Sollbestimmung, Erlass, Gebot, Dekalog, Bestimmung, Statut, Paragraph, Weisung, Diktat, Order, Edikt, Maßnahme, Richtlinie, **2.** Gesetzmäßigkeit, Regelmäßigkeit, Regel, Norm, Grundsatz, Prinzip, Dogma, Dekalog.

gesetzmäßig 1. gesetzlich, recht- 750
lich, richterlich, behördlich, amtlich, staatlich, **2.** rechtsgültig, rechtskräftig, rechtsverbindlich, legal, dem Gesetz entsprechend, **3.** juristisch, nach dem Gesetz, de jure, nach den Paragraphen; rechtskundig, rechtswissenschaftlich, **4.** rechtmäßig, legitim, gesetzlich anerkannt, zulässig, vorschriftsmäßig, kanonisch, ordnungsgemäß, regelgerecht, rechtsförmig, erlaubt, gestattet, berechtigt, nach Recht und Gesetz, von Rechts wegen, mit Fug und Recht, rechtens, zu Recht, mit Recht, **5.** vorgeschrieben, angeordnet, verordnet, obligatorisch, verpflichtend, bindend, gültig, verbindlich.

Gesicht 1. Angesicht, Antlitz, Physio- 751
gnomie, Züge, Gesichtszüge, Zifferblatt, Visage, Fratze, Fresse, **2.** Aussehen, Ausdruck, Miene, Anblick, Ansicht, Ansehen, Anmutung.

Gesindel Gelichter, Brut, Gezücht, 752
Bagage, Plebs, Mob, Pack, Pöbel, Landplage, Kroppzeug, Gesindel, Ge-

schmeiß, Gelump; Schlangenbrut, Otterngezücht, Teufelsbrut, Satansgelichter, Gesocks, Abschaum, Lumpenpack, Lumpengesindel, Kanaille.

753 **gesinnungslos** käuflich, bestechlich, feil, korrupt, gewissenlos, verräterisch, hinterhältig, heimtückisch; rückgratlos, prinzipienlos, charakterlos, haltlos, opportunistisch.

754 **Gesinnungslosigkeit** Käuflichkeit, Bestechlichkeit, Korruptheit, Gewissenlosigkeit, Hinterhältigkeit, Heimtücke; Rückgratlosigkeit, Prinzipienlosigkeit, Charakterlosigkeit, Treulosigkeit, Verrat, Haltlosigkeit, Opportunismus.

755 **gestalten** formen, bilden, schaffen, kreieren, Form geben, erschaffen, entwerfen, konstruieren, konzipieren, skizzieren, andeuten, hintupfen, modeln, prägen, strukturieren, kneten, modellieren, meißeln, bildhauern, aushauen, aus dem Stein hauen, herausmeißeln, behauen, schnitzen; fassonieren, ausarbeiten, durcharbeiten, durchbilden, durchformen, stilisieren, ausformen, ausgestalten, arrangieren, einrichten, verdichten; in Form bringen, formieren, layouten, umbrechen; zurechtformen, zurechtstutzen, zustutzen, drechseln.

756 **gesund** 1. wohl, wohlauf, frisch, gut, auf dem Damm, bei guter Gesundheit, munter, fit, in Form, abgehärtet, auf der Höhe/dem Posten, blühend, strotzend, gut beieinander/ernährt/dran, kerngesund, pudelwohl, normal, wohlbehalten, rüstig, 2. heil, geheilt, genesen, wiederhergestellt, gesundet, erholt, bei Kräften, 3. gesundheitsförderlich, bekömmlich, nahrhaft, gedeihlich, leicht verdaulich, leicht, nicht belastend, schonend, aufbauend, kräftigend, zuträglich, gut verträglich, abhärtend, biologisch, 4. heilsam, nützlich, wohltätig, wohltuend, heilend, kurierend, heilkräftig, kühlend, lindernd, durstlöschend, durststillend, mildernd, lösend, abführend, schweißtreibend, befreiend, helfend, rettend, wirksam, Kraft spendend; pflegend, kosmetisch, verjüngend, 5. erwerbsfähig, arbeitsfähig, beruflich integrationsfähig.

757 **Gesundheit** Frische, Wohlbefinden, Wohlergehen, Wohl, Wohlsein, Vollkraft, Erwerbsfähigkeit, gute Verfassung, guter Zustand, Rüstigkeit, Fitness, gutes Allgemeinbefinden.

Getränk 1. Trank, Trunk, Drink, Glas, Gläschen, Schluck, Tropfen, Flüssigkeit; Stoff, Gesöff, Gebräu, Plörre, 2. Alkoholika, Spirituosen, scharfe Sachen, harte Getränke, 3. Erfrischungsgetränk, Saft, Limonade, Sprudel, Heilwasser; Kaffee, Tee, Schokolade, Kakao, Milch. 758

Gewässer 1. Bach, Rinnsal, Wässerchen, Quelle, Wasserlauf, Wasserader, Fluss, Strom, Wasserstraße, Kanal, Wasserweg, 2. Lache, Pfütze, Wasserloch, Tümpel, Teich, See, Weiher, Stausee, Baggersee, Binnengewässer, 3. Wasserstelle, Tränke, Becken, Bassin, 4. Meer, See, Ozean, Weltmeere. 759

gewinnen 1. Gewinn erzielen, Profit machen, profitieren, verdienen, einnehmen, herausholen, herausbekommen, herausschlagen, einheimsen, einsacken, einstreichen, Geld machen/scheffeln, Schnitt machen, sich bereichern, 2. erlangen, erzielen, erreichen, erwischen, erhaschen, erjagen, sich beschaffen; erwerben, erkaufen, erarbeiten, erwirken, erheiraten, zufallen, zuteil werden, zukommen, erobern, erkämpfen, erstreiten, erstürmen, erbeuten, erringen, abringen, erzwingen, abzwingen, abgewinnen, wegschnappen, ergattern, angeln, kapern, entern, aufbringen, abnehmen, erraffen, an sich bringen; einstecken, ernten, sich einverleiben; Rahm abschöpfen, Vogel abschießen, trumpfen, Trumpf ausspielen, Oberwasser haben, im Vorteil sein, Rückenwind haben, 3. an Wert gewinnen, besser/schöner werden, sich entwickeln, machen. 760

Gewissen innere Stimme, Überich, besseres Ich, kategorischer Imperativ, inneres Gebot, Unrechtsbewusstsein, Unrechtsempfinden, moralische Instanz, Ethos, Moral; gutes/reines/schlechtes Gewissen, Gewissensbisse. 761

gewöhnen (sich) 1. Gewohnheit werden, sich einbürgern; einführen, zur Selbstverständlichkeit werden, sich einfahren; einreißen; sich einspielen; vertraut werden, sich aneinander gewöhnen, zusammenraufen, 2. sich angewöhnen; Gewohnheit annehmen, zur Gewohnheit machen, zu tun pflegen, 762 sich anverwandeln; sich zu Eigen machen, einarbeiten, eingrooven, hineinfuchsen; auf den Geschmack kommen, Gefallen finden an.

763 **Gewöhnung** Eingewöhnung, Habitualisierung, Einarbeitung, Anpassung.

764 **Gezeiten** Tiden, Ebbe, Flut, Hochflut, Springflut, Sturmflut, Brandung.

765 **geziert** manieriert, gespreizt, gestelzt, unnatürlich, affig, zickig, puppig, gezwungen, krampfig, erkünstelt, unecht, gesucht, gekünstelt, affektiert, gemacht, gewunden, überfrachtet, geschraubt, hochgestochen, prätentiös, überambitioniert.

766 **Gipfel** 1. Kuppe, Spitze, Höhe, Scheitel, Kamm, Pik, Zinken, Zacke, Zacken, Grat, Wipfel, Krone, Giebel, First, Mauerkrone, Zinne, **2.** Höhepunkt, Zenit, Gipfelpunkt, Kulminationspunkt, Kulmination, Klimax, Orgasmus, Siedepunkt, Scheitelpunkt, Wendepunkt, Umkehrpunkt, **3.** Höchstmaß, Höchststand, Höchstwert, Höchststrafe, Höchststufe, Maximum, Optimum, Höchstleistung, Rekord, Glanzleistung, Meisterleistung, Spitzenleistung, Spitze, Bombenerfolg, Bestleistung, Bestseller, Welterfolg, **4.** Blütezeit, Glanzzeit, Hauptgeschäftszeit, Hauptverkehrszeit, Stoßzeit, Stoßverkehr, Rushhour, **5.** Clou, Attraktion, Glanzpunkt, Glanzstück, Highlight, Knalleffekt, Glanznummer, Krönung, Hauptattraktion, Galanummer, Zugnummer, Zugstück, Kassenmagnet, Aushängeschild, **6.** Gipfeltreffen, Gipfelkonferenz, Treffen auf höchster Ebene, **7.** Vollendung, Vollkommenheit, Perfektion, Virtuosität, Bravour, Meisterschaft, Finish, letzter Schliff, i-Punkt, Tüpfelchen auf dem i, Sahnehäubchen, Nonplusultra, Superlativ.

767 **glatt** 1. flach, eben, plan, gerade, wasserpass, horizontal, flach verlaufend, flächig, tellereben, platt, gebahnt, gewalzt, **2.** blank, blinkend, strahlend, schimmernd, poliert, gewachst, gewichst, gebohnert, spiegelnd, glänzend, spiegelblank, lackiert, lasiert, geschliffen, geglänzt, satiniert, **3.** haarlos, unbehaart; strähnig, ungewellt, ungelockt, **4.** quitt, wett, ausgeglichen, erledigt, abgerechnet, paletti, bezahlt, getilgt, schuldenfrei, gestrichen, gelöscht, abgetan, los und ledig, **5.** angenehm, ohne Zwischenfälle/Komplikationen, reibungslos, ungestört, störungsfrei, wie am Schnürchen, zügig, wie geschmiert, folgenlos, ungehindert, unbehindert, **6.** glitschig, schleimig, schlüpfrig, ölig, fettig, schmierig, speckig, seifig, glibbrig, geschmiert, geölt, gefettet; vereist, spiegelglatt, rutschig, Aquaplaning, **7.** gebügelt, gemangelt, knitterarm, knitterfrei.

glätten 1. ebnen, nivellieren, walzen, 768
pflastern, asphaltieren, bahnen, **2.** plätten, bügeln, glatt streichen, ausbügeln, gerade biegen, ausstreichen, straffen, steifen, stärken, glatt ziehen, spannen, heißmangeln, dämpfen, entrunzeln, mangeln, **3.** polieren, wachsen, bohnern, wichsen, firnissen, laminieren, lacken, lackieren, satinieren, Glanz geben, lasieren, glasieren, abschleifen, schleifen, abhobeln, abfeilen, glatt hobeln, schmirgeln, runden, abrunden, feilen, hobeln, peelen, rasieren, **4.** schmieren, einschmieren, ölen, fetten, einölen, einpinseln, einreiben, salben, einfetten.

glauben 1. gläubig/überzeugt sein, 769
wähnen, vermeinen, finden, meinen, denken, **2.** Glauben schenken, für bare Münze nehmen, für wahr/richtig halten, abnehmen, abkaufen.

gleich 1. übereinstimmend, konform, 770
ebenso, genauso, dasselbe, nicht zu unterscheiden, deckungsgleich, austauschbar, ununterscheidbar, geklont, kein Unterschied, identisch, einer wie der andere, zum Verwechseln, wie ein Ei dem andern/aus dem Gesicht geschnitten/er leibt und lebt, aufs Haar gleich, gleichnamig, gleich lautend, gleichaltrig, derselbe Jahrgang, **2.** gleichförmig, einförmig, eintönig, monoton, im selben Tonfall, ohne Abwechslung; uniform, uniformiert, livriert, gleich gekleidet, Partnerlook, Unisex, einheitlich; im selben Trott, schematisch, nach Schema F, zwei rechts, zwei links, schablonenhaft, stereotyp, formelhaft, über einen Leisten geschlagen, feststehend, immer gleich, ständig wiederkehrend; gleichmacherisch, nivellierend, **3.** sofort, auf der Stelle, unverzüglich, augenblicklich, umgehend, ad hoc, sogleich, unverweilt, ohne Verzug, postwendend, kur-

zerhand, stehenden Fußes, frischweg, wie er geht und steht, ohne weiteres, stracks, brühwarm, gesagt – getan, auf den ersten Blick, von Anfang an, von vornherein, **4.** gleichartig, ähnlich, arteigen, artgleich, artverwandt, affin, verwandt, vergleichbar, kommensurabel, analog, sinngemäß, entsprechend, erinnernd, anklingend an, sich berührend mit, kongenial, wesensgleich, geistesverwandt, sinnverwandt; sinngleich, synonym, gleichsinnig, gleichbedeutend, bedeutungsgleich.

771 **gleichgültig** **1.** neutral, leidenschaftslos, über den Dingen, unparteiisch, uninteressiert, interesselos, unbetroffen, unbeteiligt, unbewegt, kühl, indifferent, teilnahmslos, ungerührt, unberührt, unerschüttert, **2.** passiv, nicht betroffen, abwartend, unentschieden, **3.** apathisch, unbeeindruckt, lethargisch, phlegmatisch, indolent, träge, untätig, inaktiv, leidend, duldend, widerstandslos, nachgiebig, ergeben, **4.** blasiert, gelangweilt, lasch, stumpf, lax, lässig, lauwarm, nicht Fisch noch Fleisch, mattherzig, achselzuckend, nicht aus der Ruhe zu bringen, gefühllos, unempfindlich, desinteressiert, froschblütig, fischblütig, wurstig, **5.** egal, kein Beinbruch, kein Hahn kräht danach, gehüpft wie gesprungen, Jacke wie Hose, schnuppe, schnurz, piepe, alles eins, scheißegal.

772 **gleichgültig lassen** nicht berühren, kalt lassen/bleiben, über den Dingen stehen, sich nicht anfechten lassen; Abstand wahren, auf sich beruhen lassen, Achseln zucken, nichts anhaben können, sich nicht scheren; den Teufel scheren, gern haben können.

773 **gleichsam** gewissermaßen, sozusagen, quasi, als ob, wie, etwa, entsprechend, vergleichbar, ähnlich, sich nähernd; anklingend, erinnernd, gemahnend, wie wenn.

774 **gleichwertig** ebenbürtig, äquivalent, ebenso gut, gleich, in Augenhöhe, vollwertig, gemäß, entsprechend, gleichstehend, gleichrangig, ranggleich, satisfaktionsfähig, passend, auf gleicher Höhe, wert, würdig, auf gleicher Stufe, konkurrenzfähig, konvertierbar, wettbewerbsfähig, gleichberechtigt, partnerschaftlich, gleichgestellt, paritätisch.

775 **gleichzeitig** zur selben Zeit, im selben Augenblick/Atemzug, auf einen Schlag, zu gleicher Zeit, zeitgleich, zugleich, simultan, koinzident, synchron, gleich laufend, zeitlich übereinstimmend, gemeinsam, zusammenfallend; während, indem, inzwischen, mittlerweile, dieweil, solange.

gleiten **1.** rutschen, ausrutschen, abrutschen, abwärts gleiten, glitschen, flutschen, schliddern, schleifen, sich lautlos bewegen; schleichen, geistern, sachte tun, leise machen, auf leisen Sohlen gehen, huschen, schlüpfen, **2.** kriechen, krauchen, krabbeln, robben, **3.** schweben, fliegen, segeln. 776

Glied **1.** Körperteil, Extremität, Arm, Bein, Hand, Finger; Pfote, Tatze, Klaue, Pranke, Huf, Kralle, **2.** Penis, Phallus, männliches Glied, Geschlechtsteil, Lingam, Geschlecht, Gemächt; Zipfel, Schniepel, Dick, Willie, Pimmel, Rute, Schwanz, Rohr. 777

Gliederung Aufbau, Bau, Struktur, Einteilung, Unterteilung, Ordnung, Aufteilung, Staffelung, Aufgliederung, Untergliederung, Differenzierung, Hierarchie; Anordnung, Gefüge, Zuordnung, Zusammenstellung, Arrangement, Koordinierung, Gruppierung, Aufstellung, Choreographie, Disposition, Bauplan, Plan, Komponierung, Konzertierung, Komposition, Konfiguration. 778

Glück **1.** Gunst der Verhältnisse, Güte des Geschicks, günstige Fügung, Bonheur, Füllhorn, guter Stern, Glücksstern, Fortuna; Erfolg, Gedeihen, Gelingen, Segen, Dusel, Schwein, Lottogewinn, Jackpot, Geschenk des Himmels, Massel, Glückssträhne, Sternstunde, Glücksfall, Glückssache, Glücksgriff, **2.** Beglückung, Beglücktheit, innere Befriedigung, Erfüllung, Hochstimmung, Freude, Seligkeit, Beseligung, Entzücken, Wonne, Euphorie, Tage der Rosen, goldene Zeit, Honigmond, Flitterwochen, Sonnenseite, Butterseite. 779

glücklich (sein) **1.** glückselig, beglückt, erfüllt, beseligt, beflügelt, beschwingt, hingerissen, freudig, selig, freudevoll, wunschlos, zufrieden, überglücklich, glückstrahlend, wonnetrunken, verklärt, im siebten Himmel, hochgestimmt, euphorisch, high, happy, **2.** begünstigt, erfolgreich, arriviert, ge- 780 macht, anerkannt, vorwärts gekommen, vom Glück begünstigt, lucky, wohlbestallt, fruchtbar, gedeihlich, erstrebenswert, gesegnet, beneidenswert, dornenlos, wolkenlos, ungetrübt, sorgenlos, sorgenfrei, schattenlos, auf der Sonnenseite, aussichtsreich, zukunftsfreudig, hell, besonnt, segensreich, Segen bringend, gnädig, **3.** angenehm, erfreulich, hocherfreulich, beglückend, beseligend, befriedigend, ausfüllend, erfüllend, schön, paradiesisch, himmlisch, elysisch, herzerfreuend, wonnevoll, wonnesam, wonnig, **4.** glücklicherweise, zum Glück, durch einen glücklichen Zufall, erfreulicherweise, gottlob, Gott sei Dank, **5.** sich glücklich fühlen/schätzen/preisen; auf Wolken gehen, nichts zu wünschen haben.

781 **Glückskind** Hans im Glück, Goldmarie, Sonntagskind, Everybody's Darling, Liebling der Götter, Günstling des Glücks, Hahn im Korb, Schoßhund, Liebling, Glückspilz, Erfolgsmensch, Senkrechtstarter, Shootingstar, Gewinner, Nutznießer, Begünstigter, Favorit, Günstling.

782 **Glücksspiel** Lotto, Lotterie, Vabanquespiel, Toto, Verlosung, Wette, Gewinnspiel, Wettspiel, Quiz, Tombola; Bingo, Bakkarat, Roulette, Poker, Würfelspiel, Zufallsspiel, Hasardspiel.

783 **Gnade** **1.** Erbarmen, Milde, Nachsicht, Schonung, Vergebung, Verzeihung, Barmherzigkeit, Begnadigung, Absolution, Ablass; Pardon, Amnestie, Straferlass, Nachlass, Dispens, **2.** Begnadung, Segen, Gottesgabe, Begabung, **3.** Gunst, Huld, Güte; Gnädigkeit, Jovialität, Gönnerhaftigkeit.

784 **Gott** **1.** Allmächtiger, Schöpfer, Demiurg, Weltenlenker, Höchster, Herrgott, Herr, Gottvater, himmlischer Vater, Vater im Himmel, Allwissender, Allgütiger, lieber Gott, Allerbarmer; Gottheit, Halbgott, göttliches Wesen, Numen, **2.** Herr Zebaoth, Jahwe, Jehova, Allah, Brahma, Buddha, Schiwa, Wischnu, Zeus, Wotan, Manitu, **3.** Magna Mater, Große Mutter, Demeter, Isis, Shakti.

785 **Götzenverehrung** Götzendienst, Götzendienerei, Idolatrie, Abgötterei, Bilderanbetung, Fetischismus, Teufelsdienst, Dämonenkult, Baalsdienst.

786 **graben** **1.** höhlen, aushöhlen, ausheben, ausschachten, ausbaggern, entkernen, wühlen, buddeln, schippen, baggern, schaufeln; umgraben, ackern, furchen, pflügen, umpflügen, umbrechen, schanzen, bohren, schürfen, unterminieren, untertunneln, unterhöhlen, aufgraben, anbohren, ausbohren, **2.** ausgraben, exhumieren, ausbuddeln, zutage fördern.

Grad Intensität, Ausmaß, Stufe, Stärke, Rang, Ausbreitung; Temperatur, Wärmegrad, Kältegrad. 787

gravieren eingraben, einritzen, einschneiden, rillen, riefen, einritzen, ritzen, stechen, ätzen, ziselieren, eingravieren. 788

Grenze Staatsgrenze, Landesgrenze, Zollgrenze, Grenzlinie, Demarkationslinie, Trennlinie, Rubikon, Schlagbaum, grüne Grenze, Abgrenzung, Schranke, Rand, Scheide. 789

groß **1.** hoch gewachsen, hochwüchsig, stattlich, hoch, lang, aufgeschossen, übergroß, überlang, übermannsgroß, übermannshoch, überlebensgroß, überdimensional, hünenhaft, riesig, haushoch, gigantisch, ungeheuer, überragend, kolossal, grandios, turmhoch, mächtig, titanisch, stark, gewaltig, **2.** bedeutend, ansehnlich, ausgedehnt, erheblich, beträchtlich; geräumig, voluminös, unendlich, unermesslich, astronomisch, unabsehbar, unvorstellbar, weit, immens, **3.** erhaben, hehr, Achtung gebietend, majestätisch, feierlich, ehrwürdig, imposant, imponierend, großmächtig, **4.** hervorragend, prominent, ausgezeichnet, bedeutend, hoch stehend, überlegen, berühmt, **5.** hochgespannt, weit reichend. 790

Größe **1.** Vektor, Faktor, Variable, Kaliber, Dimension, Konstante, Parameter, Format, Körpermaß, Ausdehnung, Weite, Geräumigkeit, Weiträumigkeit, Großflächigkeit, **2.** Bedeutung, Erhabenheit, Großartigkeit, Monumentalität, Majestät, Hoheit, Grandezza; Geistesgröße, Seelengröße, Seelenstärke, **3.** Großmacht, Hypermacht, Supermacht, Reich, Großreich, Imperium, Weltmacht. 791

großzügig **1.** nobel, nicht kleinlich, neidlos, generös, freigebig, offene Hand, spendabel, spendierfreudig, kulant, verschwenderisch, splendid, gebe- 792 freudig, **2.** großmütig, nachsichtig, verständnisvoll, tolerant, großdenkend, human, weitherzig, nicht nachtragend.

793 **Grund** 1. Ursache, Anlass, Veranlassung, Triebfeder, Ansporn, Antrieb, Anstoß, Anreiz, Stachel, Beweggrund, Movens, Agens, tiefster Grund, entscheidender Anlass, Wurzel, Warum, Motor, treibende Kraft, **2.** Begründung, Motivierung, Motivation, Motiv, Argument, Beweisführung, Argumentation, Fundierung, Untermauerung, **3.** Boden, Acker, Land, Erdreich, Erde, Krume, Erdboden, Ackerland, Feld, Flur.

794 **Grundbesitz** Grundstück, Gelände, Stück Land, Terrain, Areal, Parzelle, Länderei, Bauplatz, Baugrund, Bauland; Immobilie, Liegenschaft, Landbesitz, Grund und Boden, Grundeigentum.

795 **Grundlage** 1. Untergrund, Unterlage, Fundament, Boden, Grundstein, Basis, Plattform, Unterbau, Sockel, Fuß, Postament, Piedestal, **2.** Voraussetzung, Basis, Ausgangspunkt, Ausgangsbasis, Ansatzpunkt, Ansatz, Nährboden, **3.** Grundstock, Fundus, Fonds, Bestand, Reserve, Rücklage, Stock, **4.** Grundbegriffe, Elementarbegriffe, Allgemeinbegriffe, Elementarkenntnisse, Vorkenntnisse, Grundlagenwissen, Anfangsgründe, Elementartechniken, Kulturtechniken, **5.** Diskussionsgrundlage, Paper, Hand-out.

796 **grundlos** unbegründet, ohne Grund, ohne Anhaltspunkt, aus der Luft gegriffen, frei erfunden, erfunden, eingebildet, unmotiviert, zufällig, ungerechtfertigt.

797 **Grundsatz** 1. Richtlinie, Richtsatz, Richtschnur, Richtmaß, Maßstab, Maxime, Generalbass, Leitlinie, Leitgedanke, Grundprinzip, Grundidee, Grundvorstellung, Hauptgedanke, Grundgedanke, Grundmotiv, Leitmotiv, roter Faden, Tenor, Leitsatz, Grundregel, Vorsatz, Motto, goldene Regel, **2.** Behauptung, Axiom, Prinzip, Apriori, Theorem, Lehrsatz, These, Glaubenssatz, Dogma, Lehrmeinung, Doktrin, Postulat.

798 **grundsätzlich** grundlegend, fundamental, prinzipiell, a priori, theoretisch, in der Regel, eigentlich.

799 **Gruppe** 1. Abteilung, Fraktion, Sezession, Block, Kreis, Zirkel, Klub, Gesellschaft, Runde, Ring, **2.** Arbeitsgemeinschaft, Ausschuss, Team, Arbeitsgruppe, Projektgruppe, Kollektiv, Gesprächsgruppe, Gesprächsrunde, Kollegium, Belegschaft, Personal; Beraterstab, Expertengruppe, Brain-Trust, Think-Tank, **3.** Ensemble, Truppe, Orchester, Kapelle, Chor, Balletttruppe, Compagnie, **4.** Band, Musikgruppe, Combo, Rockband, Popgruppe, Jazzband, **5.** Bande, Schar, Trupp, Horde, Blase, Gang, Schwarm, Pulk, Volk, Traube, Haufen, Meute, Rotte, Korona, **6.** Lager, Sippe, Sippschaft, Clique, Ingroup, Peergroup, Klüngel, Seilschaft, Clan, Sekte, **7.** Initiativgruppe, Bürgerinitiative, Selbstinitiative, Ini, Aktionsgruppe, **8.** Tafelrunde, Stammtisch, Kegelklub, Kränzchen, Damenkränzchen, **9.** Mannschaft, Elf, Besatzung, Bemannung, Crew, Cast, Staffel, Equipe, Stab, Riege.

Gruß 1. Begrüßung, Grußformel, 800
Empfang, Willkomm; Lebewohl, Abschied, Verabschiedung, Empfehlung, **2.** Händedruck, Handschlag, Handkuss, Kuss, Umarmung, Verneigung, Verbeugung, Bückling, Diener, Knicks, Reverenz, Kratzfuß, Kotau, Fußfall, Kniefall, **3.** Ehrenbezeigung, Honneurs, Salut, Vivat, Hochruf, Hoch, großes Hallo, Ständchen, Tusch, Ansprache, Trinkspruch, Toast, **4.** Grußadresse, Grußbotschaft, Glückwunsch, Glückwunschadresse, Glückwunschkarte, Gratulationsbrief, Gratulation.

grüßen 1. begrüßen, willkommen 801
heißen, hallo sagen, winken, zuwinken, zunicken, nicken, sich verbeugen, verneigen; Bückling/Diener machen, dienern, knicksen, Hut abnehmen/ziehen/lüften, Hand schütteln/geben/reichen/bieten/drücken, Grüße übermitteln/überbringen/senden, **2.** strammstehen, salutieren, präsentieren, Spalier stehen.

günstig 1. vorteilhaft, gedeihlich, 802
aussichtsreich, viel versprechend, rosig, Glück verheißend, verheißungsvoll, hoffnungsvoll, Erfolg versprechend, zukunftsträchtig; opportun, empfehlenswert, angezeigt, ratsam, rätlich, geraten, klug, zupass, richtig, gelegen, **2.** positiv, lobend, anerkennend, bejahend, wohlwollend, wohlmeinend, wohlge-

sinnt, 3. kleidsam, tragbar; geeignet, passend, preiswert, billig.

803 **gut** 1. gutartig, gutherzig, gutmütig, ohne Falsch, herzensgut, seelengut, 2. geglückt, gelungen, wohlgeraten, gut geworden/gemacht/getroffen/geraten/ausgefallen, wohlgetan, ins Schwarze getroffen, in Ordnung, o. k., okay, bestens, sehr zufrieden, vorzüglich, prima, vortrefflich, top, nicht ohne / schlecht / von schlechten Eltern / übel / uneben, 3. gütig, anständig.

Güte Gütigkeit, Liebenswürdigkeit, Herzenswärme, Herzensgüte, Grundgüte, Warmherzigkeit, Hilfsbereitschaft, Gutmütigkeit, Zuwendung, Zuneigung, Selbstlosigkeit. 804

H

805 **Haar** 1. Haupthaar, Kopfhaar, Haarschopf, Tolle, Wuschelkopf, Mähne, Wolle, Zotteln, Pelz, Borsten, Schopf, Strähnen, Wellen, Locken, Dauerwellen, 2. Frisur, Haartracht, Haarschnitt, Schnitt, Fassonschnitt, Styling, Look, 3. Haarteil, Perücke, Toupet, Haarersatz, Kunsthaar, transplantiertes Haar.

806 **haben (sich)** 1. besitzen, sein Eigen nennen, innehaben, zu Eigen/in Händen haben, eignen, gehören, genießen, sich freuen an; verfügen über, zu Gebote stehen, vorrätig/auf Lager haben, aufweisen; angehören, zugehören, 2. es gut haben, gut dran sein, nichts zu klagen haben, nicht klagen können, im Fett /in der Wolle sitzen, aus dem Vollen schöpfen, im Geld schwimmen, Geld wie Heu haben, gut/in guten Verhältnissen leben, 3. sich zieren, gerieren, anstellen; Geschichten machen, sich nötigen lassen, genieren, sträuben; Sperenzien machen.

807 **habgierig** habsüchtig, raffgierig, berechnend, erpicht, filzig, geldgierig, gewinnsüchtig, besitzgierig, besitzsüchtig, materialistisch, unersättlich, vom Stamme Nimm, konsumorientiert, konsumgeil, konsumversessen.

808 **halb** zur Hälfte, halb und halb, hälftig, halbiert, zweigeteilt, halbseitig, halbpart, fifty-fifty, zu gleichen Teilen, brüderlich; halbwegs, in der Mitte, auf halbem Wege, zwischenliegend, dazwischen, zwischen, gleich weit entfernt, inmitten, auf halber Strecke.

809 **Halt** 1. Belastbarkeit, Festigkeit, Bindekraft, 2. Anhalt, Stütze, Anker, Stecken und Stab, Hoffnung, Eckstein, Rückhalt, Basis, Fundament, Stützpunkt, Standbein, 3. Balken, Träger, Säule, Pfeiler, Grundpfeiler, Eckpfeiler, Tragstütze, Pilaster, Pflock, Pfahl, Pfosten, Stange, Schiene, Sparren, Mast, 4. Spalier, Gerüst, Balkenwerk, Stützwerk; Gerippe, Skelett, Knochengerüst, Rückgrat, Wirbelsäule, 5. Lehne, Armlehne, Fußstütze, 6. Haltestelle, Stoppstelle, Haltepunkt, Station, Bahnhof; Aufenthalt, Zwischenstopp, Fahrtunterbrechung, Zwischenlandung, Stopp, Pause, Stillstand.

halten 1. anhalten, stehen bleiben, ausbremsen, innehalten, Halt machen, stoppen, landen, anlegen, zum Stehen kommen, stocken, abbrechen, unterbrechen, einhalten, aussetzen, Station/Zwischenstopp machen, 2. festhalten, zurückhalten, nicht loslassen, behalten, nicht hergeben, besetzt halten, 3. lesen, abonnieren, beziehen. 810

Halter 1. Griff, Handgriff, Heft, Schaft, Kolben, Stiel, Henkel, Türgriff, Klinke, Schnalle, Drücker, Knauf, Knopf, Anfasser, Greifer, Klipp, Klips, Spange, Klemme, Klammer, Pinzette, Zange, Greifwerkzeug; Hebel, Taste, Kurbel, 2. Träger, Hosenträger, Gurt, Gürtel, Hüfthalter, Straps; Schlaufe, Riemen, 3. Eigner, Besitzer. 811

Handarbeit 1. Handwerk, Manufaktur, Kunsthandwerk, Kunstgewerbe; Einzelarbeit, Einzelstück, Entwurf, Modell, Maßarbeit, 2. Heimarbeit, Bastelarbeit, Nadelarbeit, Knüpfarbeit, Webarbeit. 812

Handel 1. Warenverkehr, Warenaustausch, Güterverkehr, Güteraustausch, Handelsverkehr, Warenzirkulation, Geschäftsverkehr, Geschäftsleben, Warenvertrieb, Umsatz, Umschlag, Markt, Kommerz; Handelsbeziehungen, Wirtschaftsbeziehungen, 2. Geschäft, Tausch, Tauschhandel, Tauschgeschäft, Abschluss, Transaktion, Deal, 3. Einzelhandel, Großhandel, Engroshandel; Import, Einfuhr; Export, Ausfuhr, Außenhandel, Transithandel, Effektenhandel. 813

handeln 1. tun, machen, operieren, vorgehen, verfahren, agieren, tätig sein, wirken, arbeiten, zu Werke gehen, 2. Handel treiben, Geschäfte machen, kaufen und verkaufen, einführen, importieren, ausführen, exportieren, zwischenhandeln, dealen, 3. feilschen, schachern, Preis drücken, abhandeln, herunterhandeln, wuchern, übervorteilen. 814

Händler 1. Verkäufer, Trödler, Kaufmann, Krämer, Greißler, Handeltreibender, Höker, Straßenhändler, 2. Broker, Börsianer, Börsenmakler, Jobber, 815

Trader, Börsenspekulant, Fixer, Aktienhändler, 3. Vertreter, Handelsvertreter, Agent, Werber.

816 **handwerklich** 1. handwerksmäßig, fachgerecht, zunftgerecht, kunstgerecht, sachgerecht, werkgerecht, materialgerecht, 2. handgemacht, händisch, handgearbeitet, handgefertigt, manuell, hausgemacht.

817 **Harmonie** 1. Wohlklang, Wohllaut, Zusammenklang, Akkord, Stimmigkeit, Einklang, Zusammenspiel, Orchestrierung, 2. Ausgeglichenheit, Ausgewogenheit, Gleichgewicht, Gleichmaß, Ebenmaß, Abgewogenheit, Abgestimmtheit, Ebenmäßigkeit, gute Proportion.

818 **harmonisch** 1. wohllautend, wohlklingend, wohltönend, stimmig, zusammenstimmend, abgestimmt, konzertiert, harmonisiert, gleich gestimmt; vielstimmig, mehrstimmig, polyphon; übereinstimmend, abgewogen, im Gleichgewicht, gleichgewichtig, 2. zusammenpassend, einander entsprechend, geistesverwandt, 3. ausgewogen, ausgeglichen, ausbalanciert; gleichmäßig, ebenmäßig, wohlgeformt, wohlgegliedert, wohlproportioniert, im richtigen Verhältnis, abgewogen.

819 **hart** 1. fest, steif, starr, unelastisch, spröde; hölzern, erzen, ehern, metallen, felsenhart, steinern, steinhart; eckig, kantig; trocken, ausgetrocknet, ausgedörrt, verhärtet, verknöchert, versteinert, stählern, marmorn, stahlhart, knüppelhart, 2. herzlos, hartherzig, hartleibig, mitleidslos, kalt, gefühllos, eisig, eiskalt, ungerührt, lieblos, gefühlskalt, unzugänglich, unnachgiebig, knallhart, tough, nicht ansprechbar, nicht zu erweichen, keinen Bitten zugänglich, 3. streng, unnachsichtig, schonungslos, rücksichtslos, rau, kategorisch, eisern, beinhart, rigoros, unerbittlich, unbarmherzig, unversöhnlich, kompromisslos, gnadenlos, erbarmungslos, exemplarisch, abschreckend, drakonisch.

820 **hassen** 1. ablehnen, nicht mögen, unsympathisch finden, Abneigung empfinden, Dorn im Auge sein, Aversion hegen, nicht gewogen/grün sein, missliebig sein, missfallen, verabscheuen, nicht sehen/riechen/ausstehen können, rotes Tuch/zuwider sein, gefressen haben, 2. anfeinden, Hass/Feindschaft/Feindseligkeit / Groll / Ressentiment / Rachsucht empfinden, blind ablehnen, mit Hass verfolgen.

hässlich 1. unschön, unansehnlich, 821
unästhetisch, unvorteilhaft, plump, garstig, abscheulich, gräulich, scheußlich, fratzenhaft, grimassenhaft, verzerrt, entsetzlich, furchtbar, schlecht gebaut, verunstaltet, schiech, schauerlich, schaurig, abstoßend, abschreckend, widerlich, widerwärtig, ekelhaft, monströs, potthässlich, 2. dissonant, misstönig, falsch klingend, kakophonisch.

Hauptsache Angelpunkt, Pol, Dreh- 822
punkt, Mittelpunkt, Zentrum, Epizentrum, Kardinalpunkt, Schwerpunkt, Kern, Kernpunkt, A und O, Kernstück, Mark, Herzstück, Quintessenz, Inbegriff, springender Punkt, Pudels Kern, Gehalt, Pointe, das Wesentliche/Wichtigste/Entscheidende/Ausschlaggebende, Zünglein an der Waage, Nerv, Nervus Rerum, Lebensader, Lebensfaden, Leitfaden, Leitgedanke, roter Faden, Dreh- und Angelpunkt.

Haus 1. Gebäude, Bau, Bauwerk, Bau- 823
lichkeit, Wohnhaus, Mietshaus, Mietskaserne, Einfamilienhaus, Fertighaus, Häuschen, Reihenhaus; Hochhaus, Wolkenkratzer; Hütte, Kate, Baracke, Laube, Blockhaus, Baubaracke, Baubude, Bauhütte, Baude; Datscha, Ferienhaus, Sommerhaus, Bungalow, Landhaus, Chalet, Villa, Palais, Palast, Schloss, Burg, 2. Heim, Daheim, Eigenheim, vier Wände, Heimstätte, Domizil, Dach, Nest, Privatsphäre, persönlicher Bereich, Zuhause.

Haushalt 1. Hausstand, Hauswesen, 824
Haushaltung, Haushaltsführung, 2. Budget, Etat, Finanzplan, Haushaltsplan, Finanzen, Staatshaushalt, Wirtschaftsführung.

Hauspersonal 1. Dienerschaft, 825
Dienstpersonal, Hausangestellte, Bedienstete, Dienstboten, Domestiken, Gesinde, Hausgesinde, 2. Mädchen, Hausmädchen, Kraft, Housekeeper, Dienstmädchen, Dienstmagd, Haushaltshilfe, Haushaltsgehilfin, Stubenmädchen, Zimmermädchen; Hilfe, Stütze, Perle; Haushälterin, Wirtschaf-

terin, Gesellschafterin, Hausdame, Gouvernante; Köchin, Küchenhilfe, Zugehfrau, Putzfrau, Putzhilfe, Aufwartefrau, Stundenfrau, Reinemachfrau, **3.** Kinderfräulein, Kindermädchen, Kinderfrau, Kinderbetreuer, Babysitter, Au-pair-Mädchen, **4.** Hausdiener, Hausgehilfe, Hausbursche, Page, Boy, Dienstbote, Diener, Butler, **5.** Portier, Concierge, Pförtner, Hauswart, Hausmeister, Hausmaier.

826 **heben** **1.** aufheben, lupfen, liften, anheben, aufnehmen, hochnehmen, hochheben, stemmen, wuchten, schultern, buckeln; raffen, schürzen, aufstecken, hochbinden, **2.** Augen erheben, Blick heben, aufschauen, aufsehen, aufblicken, hochblicken, Augen aufschlagen, Blick gen Himmel richten, Lider heben.

827 **Heft** **1.** Schulheft, Notizheft, Schreibheft, Kladde, Schmierheft, Sudelbuch, Kollegbuch, **2.** Büchlein, Broschüre, Faszikel, Heftchen.

828 **heftig** **1.** intensiv, stark, kräftig, wuchtig, massiv, gewaltig, kraftvoll, mit aller Macht/Kraft, **2.** feurig, leidenschaftlich, hitzig, heißblütig, vulkanisch, mitreißend, schwungvoll, unbändig, ungestüm, impulsiv, stürmisch, enthemmt, turbulent, vehement, frenetisch, wild, hemmungslos, tumultuarisch; fanatisch, besessen, abgöttisch, passioniert, gewaltsam, forciert, eifernd, eifervoll, **3.** hitzköpfig, explosiv, cholerisch, reizbar, erregbar, aufbrausend, auffahrend, jähzornig, violent, zornmütig, wütend, rasend, von Sinnen, überschäumend, toll.

829 **Heftigkeit** Vehemenz, Wucht, Kraft, Intensität, Eifer, Temperament, Heißblütigkeit, Wildheit, Hemmungslosigkeit, Gefühlsausbruch, Raserei, Besessenheit, Tollheit, Verbissenheit, Unbändigkeit, Ungebärdigkeit, Unbeherrschtheit, Turbulenz, Ungestüm, Leidenschaft, Leidenschaftlichkeit, Feuer, Glut, Jähzorn, Zornmütigkeit, Reizbarkeit, Erregbarkeit, Hitzköpfigkeit, Radikalität, Streitbarkeit, Militanz, Streitlust, Aggressivität, Angriffslust, Streitsucht, Händelsucht, Zanksucht, Gewaltsamkeit, Gewalttätigkeit, Violenz.

830 **heilen** **1.** abheilen, verheilen, heil werden, ausheilen, gesund werden, **2.** verarzten, therapieren, kurieren, gesund machen, wiederherstellen, rehabilitieren.

Heiligenschein Gloriole, Aureole, Nimbus, Strahlenkranz, Mandorla. 831

Heim **1.** Herberge, Hort, Obdach, Zuhause, Reich, Wohnung, Haus, **2.** Anstalt, Wohnheim, Blindenheim, Obdachlosenheim, Studentenwohnheim, Altersheim, Altenheim, Seniorenheim; Kinderheim, Schullandheim, Internat, Erziehungsanstalt; Frauenhaus. 832

heimlich **1.** insgeheim, im Verborgenen/Stillen, unbemerkt, unbeobachtet, unter der Hand, hinter den Kulissen, unter Ausschluss der Öffentlichkeit, hinter verschlossenen Türen, stiekum, inoffiziell, ohne Aufsehen/Zeugen, verstohlen, still und leise, klammheimlich, klandestin, bei Nacht und Nebel, auf Schleichwegen, schwarz, abgekartet, hintenherum, hinterrücks, meuchlings, **2.** inkognito, pseudonym, anonym; geheim, geheimdienstlich, topsecret. 833

heiter **1.** froh, frohmütig, frohgemut, freudig, erfreut, munter, optimistisch, daseinsfreudig, lebenslustig, unbeschwert, lebensfroh, sonnig, fröhlich, zufrieden, ungetrübt, beschwingt, angeregt, beflügelt; freudestrahlend, lachend, lächelnd, schmunzelnd, grinsend, **2.** lustig, amüsant, ergötzlich, zum Lachen, humoristisch, humorig, humorvoll, spaßig, spaßhaft, kurzweilig, unterhaltend, unterhaltsam, pläsierlich, vergnüglich, köstlich, belustigend, erheiternd, zerstreuend, **3.** vergnügt, amüsiert, munter, obenauf, auf der Höhe, guter Dinge, guten Mutes, seelenvergnügt, stillvergnügt, belustigt, erheitert, wohlgemut, gut gelaunt, aufgeräumt, gut aufgelegt, übermütig, mutwillig, spitzbübisch, schalkhaft, schelmisch, verschmitzt, pfiffig, neckisch, drollig, fidel, launig; aufgedreht, aufgekratzt, kregel, feuchtfröhlich, närrisch, ausgelassen, außer Rand und Band, **4.** komisch, gelungen, witzig, ulkig, köstlich, gottvoll, possierlich, grotesk, burlesk, possenhaft, schwankhaft, lächerlich, putzig, schnurrig, urkomisch, zwerchfellerschütternd, zum Schießen, unbezahlbar, **5.** idyllisch, arkadisch, bukolisch, anakreontisch, ländlich, malerisch. 834

Heizung Heizanlage, Feuerung, Bren- 835

ner, Heizkessel; Zentralheizung, Fernheizung, Etagenheizung, Gasheizung, Kohleheizung, Ölheizung, Ofenheizung, Solarheizung, Nachtspeicherheizung, Heizkörper, Strahler, Radiator.

836 **helfen (sich)** 1. Hilfe leisten, unterstützen, beistehen, beispringen, mit anfassen, zur Hand gehen, zufassen, zuspringen, einspringen, aushelfen, überbrücken, sich nützlich machen, zur Verfügung stellen/halten; in die Bresche springen, Beistand leisten, sich erbarmen; Hilfestellung geben, stützen, zur Seite stehen, unter die Arme greifen, bereitstehen, zur Verfügung stehen, Rücken stärken, Steine aus dem Weg räumen, **2.** mitarbeiten, mithelfen, mitwirken, mitmachen, behilflich sein, beraten, informieren, entlasten, assistieren, zuarbeiten, sekundieren, Hand anlegen, **3.** zuschießen, beisteuern, zusteuern, subventionieren, beihelfen, sponsern, beitragen, dazutun, nachhelfen, hineinpumpen, **4.** abhelfen, befreien, retten, das Blatt wenden, Abhilfe schaffen, tragen, sanieren, Karre aus dem Dreck ziehen, **5.** einsagen, einhelfen, soufflieren, in die Feder diktieren, vorsagen, **6.** sich selbst helfen, zu helfen wissen; zurückgreifen auf, seine Zuflucht nehmen zu.

837 **Helfer** 1. Retter, Nothelfer, Sozialarbeiter, Samariter, Beistand, Stütze, Begleiter, Berater, Beschützer, Beschirmer, guter Engel/Geist, Invisible Hand, rettender Engel, Engel in der Not, Schutzengel, Schutzgeist, Schutzheiliger, Erretter, Erlöser, Heiland, Messias; Deus ex Machina, Batman, Zorro; Geber, Finanzier, Sponsor, Förderer, **2.** Gehilfe, rechte Hand, Assistent, Famulus, Mesner, Küster; Mädchen für alles, Adlatus, Pudel, Faktotum; Aushilfe, Diener, Hilfe, Handlanger, Mietling, Hilfsarbeiter, Tagelöhner, Zeitarbeiter, Vertretung, **3.** Souffleur, Einsager, Einhelfer.

838 **hell** 1. licht, lichtvoll, luzide, lichterfüllt; taghell, bei Tag/Tageslicht, **2.** strahlend, glänzend, funkelnd, schimmernd, scheinend, gleißend, glitzernd, blitzend, blendend, leuchtend, blank, schneeig, blütenweiß, silbrig, **3.** rein, klar, freundlich, sonnig, besonnt, wolkenlos, unbewölkt, ungetrübt, **4.** erleuchtet, beleuchtet, erhellt, angestrahlt, bestrahlt, illuminiert, **5.** hell klingend, hell tönend, silberhell, glockenhell, glockenrein, glockenklar, **6.** blond, hellblond, strohblond, goldblond, platinblond.

herablassend gnädig, leutselig, jovial, wohlwollend, huldvoll, hoheitsvoll, gönnerhaft, von oben herab, süffisant, selbstgefällig, dünkelhaft, onkelhaft. 839

herabsetzen (sich) 1. diffamieren, diskreditieren, demontieren, abqualifizieren, degradieren, entwerten, herabwürdigen, erniedrigen, demütigen, entwürdigen, beschämen, niederziehen, beugen, ducken, beleidigen, kränken, schmähen, ins Herz/Mark treffen, verletzen, anpöbeln, **2.** sich etwas vergeben, gemein machen, kompromittieren, klein machen; Understatement betreiben, Licht unter den Scheffel stellen, sich unter Wert verkaufen, **3.** verkleinern, senken, verringern, vermindern, abmildern, abschwächen, bagatellisieren, reduzieren, untertreiben, unterbewerten. 840

herausfordernd provokant, provokativ, provokatorisch, ketzerisch, rebellisch, querdenkerisch, kämpferisch, streitbar, konfliktfreudig; demonstrativ, ostentativ. 841

Herausforderung 1. Provokation, Brüskierung, Affront, Anrempelung, Behelligung, Belästigung, Anmache, Androhung, Drohung, Kampfansage, Duell, Fehdehandschuh, Kriegserklärung, **2.** Zündstoff, Reizthema, Drachensaat, vermintes Gelände, hochsensibler Punkt, **3.** Anforderung, Forderung, Vorgabe, Vorlage, Steilvorlage, Reiz, Anspruch. 842

herb 1. sauer, säuerlich, ungesüßt, trocken, zusammenziehend, angegoren, stichig, angesäuert, gegoren, vergoren, übergegangen, essigsauer, gekippt, **2.** scharf, salzig, gepökelt, gewürzt, rezent, pikant, süßsauer, würzig, gepfeffert, ätzend, beißend, brennend, prickelnd, bitter, gallig, gallebitter, kratzig. 843

Herd 1. Feuerstelle, Ofen, Kohleherd, Gasherd, Ölofen, Elektroherd; Kochgelegenheit, Kochherd, Küchenherd, Platte, Kocher, Mikrowellenherd, Mikrowelle, **2.** Heim, Zuhause, Daheim, **3.** Mitte, Zentrum, Nest, Ring, Brutstätte, Brutherd, Ursache. 844

Herkunft 1. Abkunft, Herkommen, 845

Ursprung, Deszendenz, Stammbaum, Geburt, Familie, Wurzeln, Hintergrund, Stall, **2.** Nationalität, Volkszugehörigkeit, Staatsangehörigkeit, ethnische Zugehörigkeit.

846 **Herrschaft** 1. Macht, Gewalt; Herrschaftsgewalt, Hoheitsgewalt, Regierungsgewalt, Regentschaft, Regime, Exekutive, Herrschaftsapparat, Nomenklatura, Herrschaftssystem, **2.** Vorherrschaft, Vormachtstellung, Vorrangstellung, führende Rolle, Regiment, Regie, Dominanz, Hegemonie, **3.** Alleinherrschaft, Absolutismus, Autokratie; Willkürherrschaft, Gewaltherrschaft, Despotie, Tyrannei, totalitäres System, Diktatur, Despotismus, Zwangsregiment, Terrorregime, Schreckensherrschaft, Terrorherrschaft, Schreckensregiment.

847 **herrschen** 1. beherrschen, gebieten, regieren, befehlen, befehligen, kommandieren, politische Führung haben, Herrschaft / Macht ausüben / besitzen / innehaben, Steuer / Heft / Zügel in der Hand haben, Sagen haben, **2.** vorherrschen, dominieren, bestimmen, walten.

848 **Herrscher** Souverän, Gebieter, Hegemon, Herr, Landesherr, Regent, Präsident, Machthaber, Potentat, Imperator, Kaiser, König, Monarch, Dynast, Fürst, Zar, Sultan, Scheich, Kalif, Emir, Mogul, Großmogul, Tenno, Negus, Cäsar, Duce, Führer, Caudillo; Alleinherrscher, Autokrat, absoluter Herrscher, Diktator, Despot, Tyrann, Politgangster.

849 **heruntergekommen** 1. verarmt, abgestiegen, deklassiert, aus der Bahn geworfen, elend, auf den Hund gekommen, abgerissen, auf Trebe, obdachlos, depraviert, **2.** seelisch verwahrlost, verödet, verwildert, verroht, verkommen, ausgebrannt, gebrochen, ausgeblutet; verbummelt, verlottert, versackt, verlumpt, verludert, **3.** geschwächt, entnervt, abgezehrt, abgemagert, ausgemergelt, Schatten seiner selbst, Wrack, verwüstet, verlebt, **4.** abgetakelt, verbraucht, erneuerungsbedürftig, reparaturbedürftig, verrottet.

850 **hetzen** 1. jagen, pirschen, verfolgen, nachsetzen, nachjagen, wegjagen, treiben, bedrängen, scheuchen, **2.** eilen, hasten, rennen, sich abhetzen, abjagen; immer auf Touren sein, keine Ruhe finden, immer im Druck sein, **3.** stänkern, wühlen, aufbringen, anstiften, aufheizen, anheizen, stacheln, anstacheln, aufstacheln, aufwiegeln, schüren, Unfrieden stiften, unterminieren, untergraben, aufreizen, aufrühren, agitieren, aufpeitschen, verhetzen, verketzern, fanatisieren, scharfmachen, aufputschen, böses Blut machen, Hass säen, Öl ins Feuer gießen, anblasen, anfachen, aufhetzen.

Heuchler Gleisner, Mucker, Frömmler, Pharisäer, Leisetreter, Schneeschleicher, Duckmäuser, Tartüff, Schlitzohr, Schleicher, Wolf im Schafspelz, Lügner, Lügenmaul, Lügenbeutel, Schwindelhuber, Erbschleicher, Simulant. 851

hier da, an dieser Stelle, an diesem Ort, hierzulande, daselbst, anwesend. 852

Hilfe 1. Beistand, Unterstützung, Gefälligkeit, Erleichterung, Entlastung, Aushilfe, Mithilfe, Hilfeleistung, Beratung, Information, Service, Dienstleistung, Hilfestellung, Zutun, Handreichung, Mitwirkung, Assistenz, Beihilfe, Beitrag, Zuschuss, Subvention, Fundraising, Sponsoring, Überbrückung; Förderung, Begünstigung, Vorschub, Beschaffungsnetz, Beschaffungssystem, **2.** Rettung, Bergung, Abhilfe, Entsatz; Feuerwehr, Notbremse, **3.** Denkhilfe, Eselsbrücke, Gedächtnisstütze, Merkhilfe, Merkspruch. 853

Hilferuf Notruf, Notschrei, Notsignal, Alarm, Sirene, SOS-Ruf, Aufruf, Appell, Signal. 854

hilflos 1. schwach, krank, leidend, kraftlos, hilfsbedürftig, pflegebedürftig, schutzbedürftig; unselbständig, auf andere angewiesen, dem Leben nicht gewachsen, ichschwach, unsicher, abhängig, anlehnungsbedürftig, hilfebedürftig, wehrlos, ohnmächtig, **2.** ratlos, unschlüssig, verzweifelt, hoffnungslos, aufgeschmissen, festgefahren, verrannt, in einer Sackgasse, desperat, in Not/Nöten, im Druck, in Bedrängnis/Verlegenheit, in der Klemme/Patsche, auf dem Trocknen, mit dem Latein/der Weisheit am Ende, **3.** ausgeliefert, preisgegeben, rechtlos, **4.** unversorgt, herrenlos, verlassen, unbeschützt, unbehütet, ausgesetzt. 855

hindern 1. hemmen, zurückhalten, fern halten, aufhalten, abhalten, abschrecken, zurückschrecken, eindämmen, ersticken, beschränken, unterdrü- 856 cken, lahm legen, sperren, bremsen, zügeln, mäßigen, knebeln, steuern, wehren, drosseln, dämpfen, abgrenzen, engführen, eingrenzen, lokalisieren, begrenzen, beruhigen, im Zaume halten, Zügel anlegen, an die Kandare nehmen, bekämpfen, angehen gegen, ankämpfen gegen, **2.** Halt gebieten, in den Weg treten, sich in den Weg stellen; entgegentreten, Weg verlegen/versperren, Steine in den Weg legen, in den Arm fallen, Knüppel zwischen die Beine werfen, entgegenarbeiten, inhibieren, behindern, beengen, Hände binden, Grenzen setzen, zurückpfeifen, **3.** verhindern, hintertreiben, abwiegeln, verbauen, fesseln, auflaufen lassen, konterkarieren, sabotieren, boykottieren, torpedieren, verhageln, versalzen, durchkreuzen, vereiteln, Punkt machen, Ende setzen, Gegenmaßnahmen ergreifen, unterbinden, zuvorkommen, abblocken, abschmettern, in die Pfanne hauen, platt machen, handicapen, abwehren, Einhalt gebieten, entgegenwirken, erschweren, Handwerk legen, Riegel vorschieben, dazwischentreten, unschädlich/Strich durch die Rechnung/zunichte/zuschanden machen, außer Gefecht setzen, aushebeln, abbügeln, Wasser abgraben, kippen, Spiel verderben, zu Fall bringen, **4.** belagern, blockieren, einkreisen, umzingeln, umstellen, einschließen, einkesseln, abschneiden, abschnüren, absperren, abriegeln.

857 **Hindernis** **1.** Hemmklotz, Hemmschuh, Bremse; Fessel, Kette, **2.** Einengung, Einschränkung, Erschwerung, Vereitelung, Hintertreibung, Durchkreuzung, Verhinderung, Erschwernis, Stolperstein, Durststrecke, Hemmnis, Unterbindung, Lähmung, Drosselung, Knebelung, Stau, Stauung, Stockung, Verstopfung, **3.** Belagerung, Einkreisung, Umzingelung, Einkesselung, Absperrung, Abschnürung, Umklammerung, **4.** Hürde, Wall, Drahtverhau, Barriere, Schranke, Blockade, Sperre, Absperrung, Sperrfeuer, Kordon; Graben, Spalte, Kluft, Abgrund, **5.** Handicap, Nachteil, Behinderung, Benachteiligung, Beeinträchtigung.

858 **Hintergrund** **1.** Grund, Folie, Rahmen, Fond, Tiefe, Background, graue Eminenz, Kulisse, Prospekt, Geräuschkulisse, Untermalung, Hintergrundmusik, **2.** Hintergedanke, Nebenabsicht, Nebenzweck, unbewusste Absicht, **3.** Voraussetzung, Prämisse, Bedingung.

Hinweis **1.** Ankündigung, Mitteilung, 859 Bekanntmachung, Anschlag, Wegweiser, Verweis, Link, **2.** Anspielung, Andeutung, Querverweis, Bemerkung, Wink, Fingerzeig, Deut, Tipp, Geheimtipp; Gebärde, Geste, Zeichen, Handzeichen, Handbewegung.

hinweisen **1.** zeigen, deuten, hindeuten, 860 verweisen, mit dem Finger zeigen, aufmerksam machen, auf die Spur/Fährte bringen, Hinweis geben, auf die Sprünge helfen, mit der Nase darauf stoßen, zu verstehen geben, andeuten, anspielen, durchlassen, erwähnen, streifen, rühren an, nicht näher eingehen auf, durchblicken lassen, beibringen, stecken, einflüstern, einblasen, warnen, nahe legen, durch die Blume sprechen, umschreiben, abheben/abzielen auf, Wort fallen lassen, bedeuten, sticheln, Anspielung machen, mit dem Zaunpfahl winken, Wink geben, **2.** sich profilieren, in den Vordergrund schieben; auf sich aufmerksam machen.

hoch **1.** oben, droben, in der Höhe, 861 hoch in der Luft, auf, über, oberhalb, zu Häupten, von oben, aus der Luft/Vogelperspektive, **2.** hoch stehend, hoch gestellt, übergeordnet, hochrangig, in leitender Stellung, höher gestellt, **3.** hoch ragend, aufragend, vielstöckig, himmelhoch, alles überragend, haushoch, turmhoch, **4.** obenauf, zuoberst, ganz oben; auf dem Gipfel, auf höchster Ebene, **5.** happig, horrend, gepfeffert, gesalzen, unverschämt, sündhaft.

hoffentlich **1.** wahrscheinlich, ver- 862 mutlich, wohl, voraussichtlich, denkbar, anzunehmen, zu erwarten, sicherlich, kaum anzuzweifeln, mutmaßlich, aller Voraussicht/Wahrscheinlichkeit nach, **2.** wünschenswert, erwünscht, zu wünschen.

höflich zuvorkommend, aufmerk- 863 sam, rücksichtsvoll, wohlerzogen, verbindlich, liebenswürdig, gewandt, freundlich; ritterlich, galant, ladylike, gentlemanlike, chevaleresk, artig.

Homosexualität Homophilie, Ho- 864 moerotik, gleichgeschlechtliche Liebe, Amour bleu.

865 **homosexuell** gleichgeschlechtlich, homophil, homoerotisch, schwul, gay, lesbisch.

866 **Homosexuelle(r)** Homo, Schwuler, Fag, Gay; Lesbe, Schwester, kesser Vater, KV, Dyke, Butch.

867 **hören** 1. lauschen, horchen, aufhorchen, vernehmen, wahrnehmen, verstehen, erfahren, entnehmen, mitkriegen, aufschnappen, erlauschen, zu Ohren kommen, sich sagen lassen; erzählt bekommen, 2. anhören, zuhören, hinhören, Gehör schenken, Ohren spitzen, belauschen.

868 **hübsch** nett, reizend, gefällig, genrehaft, ansprechend, angenehm, erfreulich, bildhübsch, frisch, knusprig, sauber, adrett, allerliebst, liebenswert, goldig, süß, niedlich, herzig, schmuck, proper, flott, fesch, alert, nett anzusehen.

869 **Hülle** 1. Umhüllung, Verpackung, Packmaterial, Packpapier; Papier, Bogen, Pappe, Pappdeckel, Wellpappe, **2.** Schale, Rinde, Pelle, Haut, Fell, Pelz, Kruste, Schwarte, Borke, Panzer, Kokon, Balg, **3.** Verputz, Bewurf, Tünche, Tapete, Wandbekleidung, Wandbespannung, Verkleidung, Umkleidung, Mantel, Verschalung, Täfelung, Paneel, Getäfel, Furnier, Behang, Wandbehang, Wandteppich, Gobelin; Auskleidung, Futter, Fütterung, Wattierung, Polsterung, **4.** Einband, Cover, Schuber, Deckel, Umschlag, Buchhülle; Briefumschlag, Kuvert, **5.** Tuch, Halstuch, Schultertuch, Umschlagtuch, **6.** Gardine, Store, Rollo, Vorhang, Portiere; Blende, Markise, Laden, Klappladen, Rollladen, Jalousie, Fensterladen, **7.** Wandschirm, Ofenschirm, spanische Wand, Paravent, **8.** Tasche, Mappe, Aktenmappe, Kollegmappe; Handtasche, Beutel; Koffer, Handkoffer, Reisekoffer, Boardcase, Sack, Bündel, Matchsack, Kulturbeutel; Etui, Futteral, Hülse, Köcher, **9.** Decke, Zudecke, Steppdecke, Wolldecke, Tagesdecke; Deckbett, Plumeau; Bettbezug, Überzug, **10.** Tüte, Papiersack, Plastikbeutel, Plastiktüte; Schlauch, Wassersack.

Hund Rüde, Vierbeiner; Haushund, 870
Hofhund, Jagdhund, Leithund, Wachhund, Kettenhund, Polizeihund; Rassehund, Mischling, Bastard, Promenadenmischung; Kläffer, Töle, Köter, Fiffi, Bello, Wauwau, Schoßhund.

hungern 1. Hunger haben, nichts zu 871
essen/beißen haben, Appetit haben, darben, entbehren, Not leiden, am Hungertuch nagen, **2.** verlangen, schmachten, gieren, **3.** fasten, sich enthalten; Diät halten, Hungerkur machen, im Hungerstreik sein.

hüten schützen, warten, hegen, pfle- 872
gen, aufpassen, betreuen, bewachen, achten auf, beaufsichtigen, beschirmen, beschützen, versorgen, sorgen für, sich kümmern um; weiden/grasen lassen.

I

873 **Ideal** 1. Beispiel, Muster, Idee, Hoffnungsträger, Leitstern, Leitbild, Hochziel, Vollendung, Ziel, Krönung, Krone, Gipfel, Höhepunkt, Ichideal, Übervater, Vorbild, Inbegriff, Maßstab, 2. Idol, Götze, Fetisch, Abgott, Schwarm, Kultfigur, Ikone, 3. Wunschbild, Wunschziel, Wunschtraum, Phantasiebild, Musterbild, Traumbild, Idealbild, Denkbild.

874 **Idealismus** 1. Glaube an Ideale, Enthusiasmus, Opferbereitschaft, 2. Romantik, Schwärmerei, Verstiegenheit, Überspanntheit, Purismus, Weltfremdheit, Donquichotterie.

875 **Idealist** 1. Optimist, Enthusiast, Himmelstürmer, Schwarmgeist, Traumtänzer, Bekenner, Träumer, Visionär, 2. Romantiker, schöne Seele, Schwärmer, Phantast, Illusionist, Utopist, Zukunftsträumer, Zukunftsgläubiger, Ideologe, Gutmensch, Weltverbesserer, Eiferer, Purist, Fanatiker, Zelot.

876 **idealistisch** 1. schwärmerisch, begeistert, enthusiastisch, hochfliegend, voller Ideale, 2. träumerisch, romantisch, unwirklich, phantastisch, verstiegen, unrealistisch, irreal, verschwärmt, wirklichkeitsfremd, utopisch, lebensfremd, in höheren Sphären, weltfremd, wirklichkeitsblind, ohne Boden unter den Füßen, ideologisch.

877 **Idee** 1. Erscheinung, Gestalt, Eidos, Bild, Form, Begriff, Gedanke, Abstraktion, Denkmöglichkeit, Entwurf, Grundgedanke, Plan, Denkmodell, Idealvorstellung, 2. Einfall, Impuls, Überlegung, Eingebung, Erleuchtung, Gedankenblitz, Geistesblitz, Geistesfunke, Intuition, Inspiration, Funke, 3. Hauch, Spur, Kleinigkeit.

878 **ideell** gedanklich, gedacht, geistig, auf einer Idee beruhend, kategorial, begrifflich, vorgestellt, spekulativ, abgezogen, abstrakt, Kopfgeburt, am grünen Tisch, theoretisch, ideologisch, ungegenständlich, unkörperlich, immateriell, metaempirisch, metaphysisch, unwirklich, imaginär.

Illusion 1. Einbildung, Wahn, Wahnvorstellung, fixe Idee, Zwangsvorstellung, Wahnwelt, Halluzination, Imagination, Fieberwahn, Phantomschmerz, Hirngespinst, Phantasma, Phantasmagorie, Phantasiegebilde, Fiebertraum, Traumwelt, Traumbild, Traumgesicht, 2. Sinnestäuschung, Gaukelspiel, Vision, Erscheinung, Gesicht, Fata Morgana, Luftspiegelung, Vexierbild, Trugbild, Blendwerk, 3. Wunschtraum, Glückstraum, Traum, Träumerei, Luftschloss, Wolkenkuckucksheim, Herzenswunsch, Wunschbild, Wunschvorstellung, Zukunftsmusik, Utopie, Zukunftstraum, frommer Wunsch, Selbsttäuschung, Selbstbetrug, Augenwischerei, 4. Fiktion, Scheinwelt, virtuelle Welten, Bildschirmwelt, Simulation, Virtual Vision, Cyberspace. 879

imitieren 1. nachahmen, nachbilden, nachmachen, nachformen, kopieren, abgucken, nachäffen, nachbeten, nachplappern, nachschwätzen, nachtun, lernen von, 2. abschreiben, abkupfern, abklatschen, spicken, entlehnen, sich anlehnen, mit fremden Federn schmücken, 3. nachdrucken, fälschen, plagiieren. 880

immer 1. ständig, stets, stets und ständig, dauernd, beständig, unaufhörlich, immer während, immerfort, immerzu, permanent, allewege, alle Mal, ewig, anhaltend, fortwährend, fortlaufend, ununterbrochen, andauernd, fortgesetzt, unablässig, ohne Ende/Unterlass, pausenlos, ewig und drei Tage, laufend, ohne Punkt und Komma, fortdauernd, Tag für Tag, tagtäglich, jeden Tag, alle Tage, täglich, den ganzen Tag, von früh bis spät, vom Morgen bis zum Abend, Sommer wie Winter, unausgesetzt, in einem fort, in einer Tour; immerdar, zeitlebens, ein Leben lang, lebenslänglich, auf lange Sicht, in alle Ewigkeit, kein Ende abzusehen, endlos, unendlich, nonstop, Open End, 2. für immer, auf Dauer, für und für, fort und fort, allezeit, jederzeit, jahrein, jahraus, das ganze Jahr, jedes Jahr, alljährlich; stündlich, alle Stunden, jede Stunde; jedes Mal, bei jedem Wetter, 3. regelmäßig, gleichmäßig, konstant, unentwegt, immer 881 wieder, wieder und wieder, alle naslang, **4.** schon immer, von jeher, seit alters, von alters her, von Anfang/von der Wiege an, seit Adam und Eva, seit eh und je, von Kindesbeinen an, von klein auf, mein Lebtag.

882 **immun** **1.** geschützt, gefeit, ungefährdet, widerstandsfähig, abwehrfähig, resistent, unempfänglich, unbedroht, geimpft, **2.** unangreifbar, unantastbar, Immunität genießend, immunisiert, tabuisiert.

883 **imponieren** beeindrucken, Eindruck machen, Achtung einflößen, Staunen erregen, auffallen, einschüchtern, faszinieren, Bewunderung erwecken, blenden, Aufsehen erregen, gute Figur machen.

884 **imponierend** imposant, eindrucksvoll, beeindruckend, repräsentativ, majestätisch, erhaben, Achtung gebietend, einschüchternd, stattlich, enorm, großartig, monumental.

885 **individuell** **1.** subjektiv, persönlich, unverwechselbar, unvergleichbar, einzig, singulär, sui generis, besonders, **2.** verschieden, jedes Mal anders, personenbezogen, personabhängig.

886 **Inhalt** **1.** Gehalt, Kern, Wesen, Thema, Sachinhalt, Forminhalt, **2.** Fülle, Füllung, Inneres, Füllsel, Füllmasse.

887 **innen** **1.** im Innern, intern, drinnen, binnen, innerhalb, darin, drin, im Haus /Raum, **2.** inwendig, innerlich, innewohnend, im Herzen, in der Brust, Seele, zuinnerst, zutiefst, im tiefsten Innern, im Gemüt, seelisch, psychisch, gefühlsmäßig, emotional, endogen.

888 **Insel** Eiland, Atoll, Werder, Hallig, Schäre, Holm, Flussinsel; Inselkette, Inselgruppe, Archipel; Bohrinsel, Rettungsinsel; Refugium.

889 **intelligent** **1.** vernunftbegabt, klug, begabt, gescheit, geweckt, aufgeweckt, lernfähig, hell, wach, scharfsinnig, das Wesentliche erfassend, blitzgescheit, nicht auf den Kopf gefallen, auffassungsschnell, befähigt, fix, findig, behänd, gewitzt, mit Köpfchen, **2.** besonnen, überlegt, klar blickend, klarsichtig, umsichtig, bedacht, weit schauend, weit blickend, scharfsichtig, weitsichtig, verständig, herzensklug, vorausschauend.

890 **intensiv** **1.** penetrant, durchdringend, stechend, beißend, streng, scharf, stark, **2.** angespannt, angestrengt, konzentriert, gesammelt, gründlich, aufmerksam, mit aller Kraft, **3.** kräftig, leuchtkräftig, ausdrucksvoll, ausdrucksstark, **4.** nachhaltig, tief, eindringlich, nachdrücklich, unvergesslich, unverwischbar, unauslöschlich, **5.** gesättigt, angereichert, hochprozentig, konzentriert.

interessant **1.** fesselnd, packend, 891
anregend, reizvoll, spannend, aufregend, spannungsreich, atemberaubend, mitreißend, unwiderstehlich, faszinierend, nicht loslassend, unterhaltend, unterhaltsam, kurzweilig, **2.** bemerkenswert, beachtlich, besonders, sehenswert, erzählenswert, wissenswert, gibt zu denken, lohnend, erwähnenswert, lesenswert, lehrreich, instruktiv, innovativ, informativ, bedeutungsvoll, beachtenswert, merkwürdig, seltsam, wunderbar, bedeutsam, eigenartig, ungewöhnlich, aufschlussreich, Fundgrube, Steinbruch.

Interesse Aufmerksamkeit, Augen- 892
merk, Anteilnahme, Gespanntheit, Beteiligung, Wissensdrang, Wissbegierde, Forschungstrieb, Forschergeist, Lernbegierde, Lerneifer, Wissensdurst, Neugier; Nachfrage, Vorteil, Nutzen, Reiz, Attraktivität.

interessieren (sich) **1.** fesseln, an- 893
regen, Interesse erwecken, Anteilnahme erregen, spannen, gefangen nehmen, packen, unterhalten, bannen, Beachtung verdienen, **2.** aufhorchen, aufmerksam werden, Lust bekommen, neugierig werden; Beachtung schenken, bei der Sache sein, Interesse haben für, interessiert sein an, an jmds. Lippen hängen, sich erwärmen, begeistern, **3.** neugierig/indiskret sein, seine Nase in alles stecken, Augenmerk richten auf, **4.** spekulieren/reflektieren auf, haben wollen.

interessiert **1.** gefesselt, gespannt, 894
dabei, gebannt, fasziniert, im Bann, konzentriert, aufmerksam, erwartungsvoll, wissbegierig, lernbegierig, aufgeschlossen, forschend, fragend, beteiligt, **2.** neugierig, schaulustig, sensationslüstern, indiskret, wunderfitzig, vorwitzig.

international überstaatlich, multi- 895
national, multiethnisch, transnational, zwischenstaatlich, staatenübergreifend, grenzüberschreitend, weltumspannend,

weltpolitisch, weltweit, global, universal, allgemein.

896 **Intrigant** Zuträger, Einflüsterer, Ränkeschmied, Giftmischer, Heimtücker, Filou, Drahtzieher, Unheilstifter, Verleumder, böse Zunge, Hintermann, Anstifter, Spin Doctor.

897 **Intrige** List, Ränke, Kabale, Intrigenspiel, Ränkespiel, Schliche, Machenschaft, Arglist, Machination, Manöver, Ranküne, abgekartetes Spiel, Einflüsterung, Ohrenbläserei; Komplott, Verschwörung, Konspiration.

898 **intuitiv** gefühlsmäßig, emotionell, instinktiv, eingegeben, einfühlend, divinatorisch, unbewusst, vorbewusst, nachtwandlerisch, schlafwandlerisch.

899 **Inventar** 1. Einrichtung, Ausstattung, Möbel, Mobiliar, Bestand, Vorrat, Lager, Lagerbestand, Fundus, Bestandsmasse, **2.** Inhaltsverzeichnis, Bestandsverzeichnis, Bestandsliste, Register, Verzeichnis.

900 **irren (sich)** 1. abirren, fehlgehen, irregehen, Weg verfehlen, sich verirren, verlaufen; vom Weg abkommen, sich verfahren, versteigen, verfranzen, **2.** danebentreten, fehltreten, abknappen, **3.** Fehler machen, verfehlen, danebenhauen, sich verhauen, verrechnen, verzählen, verschreiben, vertippen, verlesen, vergreifen; verwechseln, sich versehen, verhören; falsch verstehen, fehlgreifen, verpatzen, verbocken, versieben, Bock schießen, danebenschießen, Ziel verfehlen; hereinfallen, in die Falle gehen, auf den Leim kriechen, ins Netz gehen, Rechnung ohne den Wirt machen, Pferd am Schwanz aufzäumen, sich dumm anstellen, **4.** sich täuschen; missdeuten, falsch auslegen, missverstehen, verkennen; sich missverstehen; aneinander vorbeireden, auslegen, **5.** sich verkaufen; fehlspekulieren, sich verspekulieren, verkalkulieren; schief liegen, Katze im Sack kaufen, Bock zum Gärtner machen, auf der falschen Fährte / dem Holzweg sein, schief gewickelt sein, sich in Sicherheit wiegen; Eigentor schießen, auf einen selbst zurückfallen, sich schneiden, betrügen, **6.** verkennen, unterschätzen, unterbewerten, überschätzen, **7.** sich versprechen, verplappern, verschnappen, im Ausdruck vergreifen, den Mund / die Zunge verbrennen.

Irrtum 1. Fehler, Versehen, Fehlschluss, Fehlleistung, Fehlgriff, Fehlbesetzung, Verwechslung, falsche Fährte, Lapsus, Missgriff, Missverständnis, Trugschluss, Täuschung, Holzweg, Sackgasse, Zirkelschluss, **2.** Eigentor, Scheinsieg, Pyrrhussieg, Bumerang, Bärendienst. 901

irrtümlich irrig, fälschlich, verpeilt, versehentlich, aus Versehen, zu Unrecht, irrigerweise, fälschlicherweise, in der irrigen Annahme. 902

J

903 **Jagd** Jägerei, Weidwerk, Hatz, Hetzjagd, Treibjagd, Hetze, Pirsch, Großwildjagd.

904 **Jäger** 1. Weidmann, Nimrod, Jägersmann, Förster, Heger, Wildhüter, Jagdaufseher, Trapper, Hunter, Fallensteller, Pelzjäger, Großwildjäger, **2.** Wilddieb, Wilderer, Wildschütz.

905 **Jubiläum** Gedenktag, Gedenkfeier, Jahresfest, Jahrestag, Ehrentag, Erinnerungstag, Gründungstag, Eröffnungstag.

906 **jucken** 1. beißen, ätzen, brennen, kitzeln, kribbeln, bitzeln, prickeln, stechen, reizen, irritieren, stören, **2.** kratzen, scharren, reiben.

907 **Jugend** 1. Kindheit, Kindertage, Kinderzeit, Kindesalter, Kinderjahre, Lebensmorgen; Adoleszenz, Jugendjahre, Jugendzeit, Jugendalter, Entwicklungsjahre, Wachstumsjahre, Übergangsalter, Pubertät; Flegeljahre, Sturm-und-Drang-Zeit, Lenz, Lebensfrühling, **2.** junge Generation/Leute, junges Volk/Gemüse, Nachwuchs, Jugend von heute, Popgeneration, Hipgeneration, Generation X, **3.** Kids, Jugendliche, Heranwachsende, Halbwüchsige, Youngsters, Teenager, Teenies, Teens, Twens.

jung 1. klein, kindlich, jung an Jahren, blutjung, kindhaft, halbwüchsig, heranwachsend, jugendlich, adoleszent, juvenil, **2.** unreif, grün, kindisch, infantil, unausgewachsen, unvergoren, pubertär, unerfahren, **3.** frisch, blühend, knackig, unverbraucht. 908

Junge 1. Sohn, Filius, Junior, Sohnemann, Ältester, Stammhalter, Jüngster, Benjamin, **2.** Kind, Knabe, Bub, Bengel, Range, Kleiner, Kerlchen, Zwerg, Jungchen, Knirps, Dreikäsehoch, Wicht, Steppke; Hüpfer, Heranwachsender, junger Dachs, Bursche, Jüngling, Bubi, Milchbart, Milchgesicht, Füllen, Grünschnabel, junger Mann. 909

Jury 1. Preisrichterkollegium, Preisgericht, Schiedsgericht, Kampfgericht, Prüfungsausschuss, Prüfungskollegium, Komitee, Gremium, Rat, Kommission, Beirat, Ausschuss, Kuratorium, Geschworenengericht, **2.** Prüfer, Begutachter, Preisrichter, Schiedsmann, Ombudsmann, Schiedsrichter, Linienrichter, Schiri, Kampfrichter, Unparteiischer; Geschworene, Laienrichter. 910

Justiz 1. Rechtspflege, Rechtswesen, Gerichtswesen, Gericht, Gerichtsbarkeit, Kadi, Rechtsbehörde, Rechtsprechung, Jurisdiktion, **2.** Jurist, Rechtsgelehrter; Justitiar, Rechtsbeistand, Notar, Anwalt, Rechtsanwalt, Rechtsvertreter, Rechtspfleger, Rechtsberater, Konsulent, Advokat, Verteidiger; Richter, Staatsanwalt, Ankläger, **3.** Jura, Jurisprudenz, Rechtswissenschaft, Rechtslehre, Rechtskunde, Jus, Juristerei. 911

K

912 **kahl** 1. haarlos, unbehaart, glatzköpfig, kahlköpfig, 2. entlaubt, entblättert, baumlos, vegetationslos, nackt.

913 **kalt** 1. frisch, kühl, fröstelig, frostig, schuckrig, klamm, erkaltet, abgekühlt, feuchtkalt, bitterkalt, eisig, starr, gefroren, tiefgefroren, tiefgekühlt, schockgefroren, erstarrt, winterlich, schneebedeckt, vereist, polar, bereift, frostklirrend, lausig kalt, eiskalt, 2. fröstelnd, frierend, zitternd, bibbernd, schaudernd, zähneklappernd, schlotternd, durchfroren, unterkühlt, 3. fischblütig, froschblütig, gefühllos, kaltherzig, gemütskalt, kühl, leidenschaftslos, cool, gefühlskalt, gefühlsarm, gemütsarm, frigid, temperamentlos, dürftig, unzärtlich, ohne Zärtlichkeit/Wärme, wärmelos, liebeleer, lieblos, undankbar, unempfindlich, unempfänglich, unnahbar, 4. kalt lächelnd, unbewegt, herzlos, abgebrüht, kaltschnäuzig, schnöde.

914 **Kälte** 1. Kühle, Frische, Frost, Eis, tiefe Temperatur, Winter, Winterkälte, kalte Jahreszeit, Erstarrung, Todesstarre, Hundekälte, Lausekälte, 2. Gefühlskälte, Kaltherzigkeit, Unempfindlichkeit.

915 **Kamera** 1. Fotoapparat; Polaroidkamera, Kompaktkamera, Pocketkamera, Spiegelreflexkamera, Sucherkamera, Systemkamera; Großbildkamera, Kleinbildkamera, 2. Filmkamera, Filmapparat, Super-8-Kamera, Schmalfilmkamera, Videokamera, Camcorder, Fernsehkamera; Handkamera, Studiokamera, Camkamera, 3. Fotokopierer, Kopierer, Scanner, Brenner.

916 **Kampf** 1. Anstrengung, Bemühen, Bemühung, Tour de Force, Kraftakt, Klimmzug, Gewalttour, Gewaltmarsch; Ringen, Tauziehen, Rivalität, Konflikt, Wettstreit, Schlagabtausch, 2. Fehde, Strauß, Streit, Konfrontation, Auseinandersetzung, Handgemenge, Zweikampf, Kugelwechsel, Showdown, Duell, 3. Wettkampf, Fight, Ringkampf, Clinch, Boxkampf, 4. Freiheitskampf, Untergrundkampf, Widerstandskampf, 5. Todeskampf, Agonie.

kämpfen 1. sich einsetzen; ringen 917
um, fighten, sich engagieren, stark machen; eintreten/einstehen für, 2. konkurrieren, rivalisieren, wetteifern, es mit jmdm. aufnehmen, sich mit jmdm. messen; Wettkampf austragen, wettkämpfen, wettstreiten, ringen, boxen, 3. anfeinden, befeinden, angehen, ankämpfen gegen, zu bezwingen suchen, bekämpfen, befehden, bekriegen, zu Felde ziehen, mit Krieg überziehen; Einspruch erheben, anfechten, bestreiten; Widerstand leisten, sich zur Wehr setzen; abwehren, verjagen, vertreiben, hinschlachten, hinmorden, niedermachen, 4. schießen, abziehen, abdrücken, feuern, 5. Krieg führen, zu den Waffen greifen, ins Feld ziehen, angreifen, kriegen, dreinschlagen, dreinhauen, 6. sich schießen, duellieren; fechten, sich schlagen.

Kämpfer 1. Streiter, Krieger, Fighter, 918
Frontmann, Soldat, Schütze, 2. Draufgänger, Heißsporn, Kämpfernatur, Satanskerl, Haudegen, 3. Streetfighter, Streetgang, Stadtguerilla, 4. Gladiator, Stierkämpfer, Torero, Toreador, Matador, 5. Rebell, Empörer, Aufständischer, Bilderstürmer, Meuterer, Revolutionär, Widerstandskämpfer, Untergrundkämpfer, Partisan, Guerillero, Terrorist, Putschist.

kämpferisch engagiert, eifernd, 919
kühn, unverzagt, stark, heldenmütig, beherzt, wagemutig, couragiert, mutig, hitzig, draufgängerisch, auseinandersetzungsfreudig, auseinandersetzungsstark, konfliktfähig, streitbar, kombattant, kampfesmutig, kampfesfreudig.

Kasse 1. Ladenkasse, Registrierkasse, 920
Geldladen, Geldkasten, Geldbehälter, Geldschrank, Panzerschrank, Tresor, Schließfach, Safe, 2. Zahlstelle, Zahlschalter, Bankomat, Kassenautomat, Kassenschalter, Bankschalter, 3. Portemonnaie, Geldbeutel, Beutel, Börse, Tasche, Brieftasche, 4. Krankenkasse, Krankenversicherung.

Kassette 1. Schatulle, Kästchen, 921
Schmuckschatulle, Schmuckkästchen; Geldkassette, 2. Tonbandkassette, Videokassette, DVD-Kassette, Musikkassette, Audiokassette, Tape, Tonträger.

922 **Kauf** Ankauf, Erwerb, Bezug, Abnahme, Übernahme; Kaufabschluss, Einkauf, Erwerbung, Erstehung, Anschaffung; Gelegenheitskauf, Schnapp, Schnäppchen; Shopping, Teleshopping, Versandkauf, Leasing, Ratenkauf.

923 **kaufen** 1. einkaufen, Einkaufsbummel machen, Shopping gehen, sich eindecken, versorgen mit; anschaffen, erstehen, erwerben, beschaffen, sich zulegen, **2.** beziehen, abnehmen, nehmen, übernehmen, abkaufen, ankaufen, leasen, aufkaufen, ersteigern, erhandeln; schnappen, ramschen, zugreifen, zuschlagen, schießen, **3.** bestechen, schmieren, korrumpieren.

924 **Käufer** Konsument, Verbraucher, Abnehmer, Kunde, Endabnehmer, Interessent, Besteller, Bezieher, Abonnent; Kaufbesessener, Dauerkäufer, Zwangskonsument, Shopaholic.

925 **kaum** 1. selten, schwerlich, wenig, unmerklich, unmessbar, fast gar nichts, vereinzelt, nur, ab und zu, alle Jubeljahre, so gut wie nie, gelegentlich, kommt vor, im Ausnahmefall, manchmal, knapp, **2.** nicht anzunehmen, unwahrscheinlich, kaum denkbar, schwer vorstellbar.

926 **Kavalier** Gentleman, Ehrenmann, Ritter, Weltmann, Grandseigneur, Gesellschaftslöwe, Salonlöwe, Galan, Kümmerer, Courmacher, Charmeur, Plauderer, Causeur, Unterhalter.

927 **kennen** 1. Bekanntschaft gemacht haben, bekannt/begegnet/befreundet/vertraut sein mit, **2.** sich auskennen; wissen.

928 **kenntnisreich** gelehrt, kundig, studiert, unterrichtet, geschult, fundiert, belesen, gescheit, klug, gebildet, beschlagen, versiert, bewandert, informiert, firm, sicher, sattelfest, sachkundig, wohl unterrichtet; wissend, vertraut, eingeweiht.

929 **Kennzeichen** 1. Merkmal, Spezifikum, Charakteristikum, Attribut, Zug, Eigentümlichkeit, Besonderheit, Wesenszug; Zeichen, Kriterium, Symptom, Anzeichen, Prüfstein, Indikator, **2.** Kennzeichnung, Charakterisierung, Charakteristik; Steckbrief, Täterprofil, Suchmeldung; Benennung, Namensgebung, Betitelung, Adresse, Anschrift, Ross und Reiter, Personalien, Daten, Angaben zur Person; Unterschrift, Signatur, Namenszug, Namenszeichen, Monogramm, Insignien, Nummernschild, Autokennzeichen, **3.** Aufdruck, Stempel, Siegel, Fabrikmarke, Label, Logo, Gütezeichen, Wasserzeichen, Etikett, Schutzmarke, Markenzeichen, Gütesiegel, Handelszeichen, Warenzeichen; Schild, Aushängeschild, Wappen, Wappenschild, Emblem, Kokarde, Signum, Signet, Plakette, Abzeichen, Token, Vignette, Aufkleber, Medaille, Plombe; Zeichen, Pfeil, Piktogramm, Marke, Wegweiser, Wegemarke, Richtungsanzeiger, Markierung, Boje, **4.** Name, Anrede, Titel, Titulatur; Vorname, Rufname, Taufname, Eigenname, Zuname, Familienname, Nachname, Kosename, Spitzname, **5.** Kennwort, Kennziffer, Kennzahl, Codeziffer, Codewort, Passwort, PIN, Geheimzahl, Wählwort, Stichwort, Schlagwort, Chiffre, Erkennungszeichen, Fingerabdruck, Daktylogramm, Genabdruck, Muttermal, Tätowierung, Brandmal; Losungswort, Geheimzeichen, Erkennungswort, Schibboleth, **6.** Zahl, Ziffer, Zahlzeichen, Nummer, Zahlwort, Seitenzahl, **7.** Überschrift, Titel, Titelzeile, Schlagzeile, Scoop, Headline.

kennzeichnen 1. bezeichnen, be- 930
schreiben, schildern, charakterisieren, darstellen, illustrieren, definieren, qualifizieren, **2.** beschriften, adressieren, etikettieren, beschildern, datieren, **3.** prägen, stempeln, abstempeln; ausschildern, beschildern; markieren, einkringeln, umkringeln, unterschlängeln, einklammern, ankreuzen, unterstreichen, anstreichen, anzeichnen; punktieren, knipsen, lochen, nummerieren, paginieren, beziffern, signieren, unterschreiben, zeichnen, unterzeichnen, firmieren, beurkunden, siegeln, **4.** tätowieren, einmeißeln, gravieren, aufdrucken, bedrucken, aufprägen, Stempel aufdrücken, **5.** benennen, benamsen, betiteln, titulieren, heißen, nennen, taufen; umbenennen, anderen Namen geben.

Ketzer Andersgläubiger, Apostat, Ab- 931
trünniger, Abweichler, Dissident, Bekenner, Rebell, Nonkonformist; Sponti.

ketzerisch andersgläubig, aposta- 932
tisch, abtrünnig, abweichend, undogmatisch, antidogmatisch, dissidentisch, rebellisch, nonkonformistisch.

933 **keusch** enthaltsam, zölibatär, entsagend, platonisch, jungfräulich, züchtig.

934 **Keuschheit** Enthaltsamkeit, Entsagung, Zölibat, Jungfräulichkeit.

935 **Kind** 1. Neugeborenes, Säugling, Baby, Wickelkind, Frühchen, Wurm, Wiegenkind, Kleines, Nesthäkchen, Kleinkind, Hemdenmatz, Hosenmatz, Abc-Schütze, Schulkind, 2. Nachwuchs, Nachkommenschaft, Nachfahren, Kindersegen, Fleisch und Blut, Abkömmling, Nachkomme, Erbe, Spross, Stammhalter, Deszendent, Sprössling, uneheliches/außereheliches Kind, Stiefkind, Pflegekind, Waisenkind, Findelkind, Adoptivkind, Mündel.

936 **Kino** Filmtheater, Lichtspiele, Lichtspieltheater, Lichtspielhaus, Filmbühne, Filmpalast, Autokino, Drive-in-Kino, Cinemax, Multiplex; Kintopp.

937 **Kirche** 1. Glaubensgemeinschaft, Religionsgemeinschaft, 2. Gotteshaus, Kultstätte, Betsaal, Andachtsraum, Tempel, Moschee, Synagoge, Kapelle, Kathedrale, Dom, Münster, 3. Gottesdienst, Kult, Kulthandlung, Kultus, Ritus, Ritual, 4. Klerus, Priesterschaft, Priesterstand, Kleriker, 5. Kirchengemeinde, Kirchspiel, Parochie, Gemeinde, Sprengel.

938 **Kirchenmann** 1. Pfarrer, Priester, Geistlicher, Seelenhirte, Prediger, Kanzelredner, Pastor, Pfarrherr, Kleriker, Seelsorger, Pfaffe; Pope, Rabbi; Rabbiner, Vorbeter, Mullah, Allma, 2. Mönch, Klosterbruder, Ordensmann, Kuttenträger, Bettelmönch; Einsiedler, Klausner, 3. Küster, Mesner, Sakristan.

939 **Kitsch** 1. Geschmacklosigkeit, Geschmacksverirrung, klischierter Stil, Stillosigkeit, Stilwidrigkeit, Schwulst, Plattheit; Hausgräuel, Tand, Nippes, Trivia, Firlefanz, Schnickschnack, Kinkerlitzchen, wertloses Zeug, Talmi, Ramsch, Schund, Andenkenkitsch, Edelkitsch, Disneyland, 2. Schmarren, Schmachtfetzen, Schnulze, Elaborat, Rührstück, Schmonzette, Melodram, 3. Sentimentalität, Gefühlsverlogenheit, Sacharin, Süßlichkeit, Rührseligkeit, Tränenseligkeit, Betroffenheitskitsch.

940 **kitschig** unecht, verblasen, verlogen, abgeschmackt, anempfunden, schmalzig, süßlich, schwülstig, plüschig, platt, schnulzig, banal, sentimental, falsche Töne, rührselig, verkitscht, unkünstlerisch, niveaulos, klischiert, klischeehaft, pseudo, allzu schön, gefühlsverlogen.

Kitzler Klitoris, Genital, weibliches Geschlechtsteil, Clito. 941

Klage 1. Anklage, Anzeige, Beschwerde, Bezichtigung, Anschuldigung, Meldung, Beschuldigung, Strafantrag, 2. Schrei, Jammer, Seufzer, Stoßseufzer, Stoßgebet, Stöhnen, Weh und Ach, Wimmern, Wehklagen, Lamentieren, Gewimmer, Jammern, Gejammer, Gequengel, Quengelei, Jammergeschrei, Zetergeschrei, Geheul; Schmerzensschrei, Tränen, Zähren, Tränenströme, Geschrei, Wehgeschrei, Lamento, Wehklage, Totenklage, Beweinung, Kaddisch, Klagelied, Klagegesang. 942

klagen 1. anzeigen, melden, verklagen, angeben, sich beschweren; Anzeige erstatten, Klage einreichen, anschuldigen, beschuldigen, Schuld geben, zur Last legen, verantwortlich machen, zeihen, bezichtigen, verdächtigen, belangen, zur Rechenschaft ziehen, beklagen, anklagen, 2. Klage/Beschwerde führen, haftbar machen, einklagen, Prozess machen/anstrengen, Rechtsweg beschreiten, Gesetz anrufen, prozessieren, 3. sein Leid klagen, sich beklagen über; Herz ausschütten, jammern, weinen, in Tränen ausbrechen, Träne zerdrücken/vergießen, in Tränen schwimmen, schluchzen; wimmern, winseln, jaulen, greinen, Ohren volljammern, quengeln, seufzen, stöhnen, krächzen, ächzen, wehklagen, lamentieren, knatschen, heulen, schreien, plärren, quäken, maunzen, 4. trauern, beweinen, betrauern, bejammern, nachtrauern, nachweinen. 943

klar 1. hell, durchsichtig, einfach, sauber, ungetrübt, unbewölkt, wolkenlos, heiter, transparent, glashell, gläsern, kristallen, lauter, geklärt, geläutert, gereinigt, 2. klipp und klar, eindeutig, deutlich, präzis, artikuliert, unmissverständlich, unverblümt, unbemäntelt, unzweideutig, ungeschminkt, phrasenlos, ohne Umschweife, 3. sichtbar, augenfällig, evident, unverkennbar, unverhüllt, handgreiflich, manifest, unübersehbar, offenbar, offensichtlich, offenkundig, einsichtig, eklatant, einleuchtend, auf der Hand liegend, untrüglich, 944 flagrant, sonnenklar, glasklar, verräterisch, mit Händen zu greifen, zweifellos, schlüssig, logisch, folgerichtig, sinnfällig, **4.** erkennbar, berechenbar, ersichtlich, vorauszusehen, zu erwarten; lesbar, leserlich, entzifferbar; übersichtlich, abgegrenzt, umrissen.

945 **klären (sich)** **1.** regeln, ordnen, entwirren, bereinigen, einrenken, reinen Tisch machen, klare Bahn schaffen, richtig stellen, klarlegen, klarstellen, ausbügeln, geradebiegen, zurechtbiegen, zurechtrücken, ins Reine bringen, klarkriegen, aus der Welt schaffen, aufklären, abklären, ausdiskutieren, durchdiskutieren, erhellen, erleuchten, **2.** entziffern, dechiffrieren, dekodieren, lösen, enträtseln, Lösung finden, entsiegeln, **3.** läutern, raffinieren, reinigen, sublimieren, abschäumen, ablagern, sichten, sieben, sintern, seihen, filtern, filtrieren, klarspülen, ausschwemmen, spülen, **4.** aufheitern, aufklären, entwölken, aufhellen, sich lichten; aufklaren, **5.** berichtigen, belehren, korrigieren, verbessern, dementieren, rehabilitieren, eines Besseren belehren, revidieren.

946 **Klarheit** **1.** Deutlichkeit, Durchsichtigkeit, Sauberkeit, Transparenz, Luzidität, Sicht, Schärfe; Anschaulichkeit, Evidenz, Augenschein, Eindeutigkeit, Gewissheit, Verständlichkeit, Fassbarkeit, Übersichtlichkeit, **2.** Ordnung, Logik, Schlagkraft, Beweiskraft, Schlüssigkeit, Prägnanz, Folgerichtigkeit, Einsichtigkeit, **3.** Geistesschärfe, Urteilskraft, Nüchternheit, **4.** Klärung, Klarstellung, Richtigstellung, Dementi.

947 **klatschen** **1.** tratschen, sich die Mäuler zerreißen; Gerücht verbreiten, raunen, verraten, zutragen, schwatzen, wiedersagen, weitersagen, weitererzählen, weitertragen, nicht dichthalten, hinterbringen, zuflüstern, tuscheln, munkeln, ausplaudern, ausstreuen, aussprengen, ausposaunen, herumtragen, an die große Glocke hängen, verbreiten; durchhecheln, schlecht machen, anschwärzen, austragen, in aller Munde bringen; sich herumsprechen; herumkommen, in aller Munde sein, sich wie ein Lauffeuer verbreiten; Staub aufwirbeln, **2.** applaudieren, Beifall spenden, ehren, bejubeln, beklatschen, zujubeln, Beifall klatschen, Ovationen bereiten, feiern, herausrufen, herausklatschen, vor den Vorhang rufen.

Kleidung **1.** Bekleidung, Garderobe, 948
Gewand, Textilie, Kleidungsstücke, Kleider, Gewandung, Dress; Klamotten, Fummel, Zeug, Hülle, Schale, Aufzug, Putz, Staat, Montur, **2.** Amtstracht, Tracht, Uniform, Ornat, Robe, Kluft, Kutte.

klein **1.** winzig, zwergenhaft, kurz ge- 949
raten, putzig, zollhoch, verschwindend, klitzeklein, minimal, mikroskopisch, molekular, submikroskopisch, **2.** gering, minder, nichtig, nebensächlich, unbedeutend, untergeordnet, nachgeordnet, inferior, zweiter Ordnung, unwichtig, unerheblich, belanglos, geringfügig, **3.** niedrig, nieder, flach, seicht, handhoch, zentimeterhoch.

Kleinigkeit **1.** Geringfügigkeit, Be- 950
deutungslosigkeit, Marginalität, Bagatelle, Lappalie, Läpperei, Nichtigkeit, Kleinkram, Klein-Klein, Quisquilien, Nebensache, Nebensächlichkeit, Petitesse, Peanuts, Pipifax, Beiläufigkeit, Beiwerk, Unwichtigkeit, Belanglosigkeit, Lächerlichkeit, Lachnummer, Pappenstiel, Wehwehchen, Quark, Dreck, Batzen, Heller, Pfifferling, Jota, Deut, kleiner Fisch, **2.** Bissen, Brocken, Happen, Häppchen, Eckchen, Stückchen, Bisschen, Splitter, Span, Bruchteil, Wenigkeit, Winzigkeit, Klacks, Klecks, Kleckschen; Minimum, fast nichts, Spurenelement, Quäntchen, Prise; Kostprobe, Mund voll, Schluck, Hand voll, Schuss, Spritzer, Messerspitze; Idee, Andeutung, Hauch, Fingerhut, Stäubchen, Korn, Körnchen, Gran, Anflug, Spur, homöopathische Dosis, **3.** Augenblick, Sekunde, Minute, Moment, **4.** Wenigkeit, Kleinkram, Spielerei, Kinderspiel, leichtes Spiel, Krimskrams, Kram, Siebensachen.

Kloster Abtei, Stift, Konvent, Einsie- 951
delei, Zelle, Gehäuse, Monasterium, Kartause.

Klüngel Clique, Kamarilla, Cliquen- 952
wirtschaft, Vetternwirtschaft, Männerbündelei, Nepotismus, Günstlingswirtschaft, Filzokratie, Filz, Sumpf, Verfilzung, Ämterhäufung, Parteiklüngel, Seilschaft, Sippschaft, Mischpoke, Blase, Mafia, Clan.

knapp **1.** spärlich, karg, dünn, schüt- 953

ter, licht, gelichtet, ausgelichtet, dünn gesät, 2. kärglich, mager, wenig, schmalbrüstig, ärmlich, dürftig, kümmerlich, beengt, beschränkt, eingeengt, eng, notdürftig, kaum genug, nur eben; eben noch, nur eine Nasenlänge, Spitz auf Knopf, mit Hängen und Würgen, Kopf an Kopf, mit Mühe/knapper Not, um Haaresbreite, gerade noch, Zitterpartie, Hängepartie.

954 **kochen** 1. sieden, brodeln, dampfen, aufwallen, 2. brauen, aufgießen, aufbrühen, brühen, überbrühen, dünsten, dämpfen, abbrühen, blanchieren, garen, gar kochen/werden lassen, 3. Essen machen/zubereiten.

955 **Köder** 1. Lockspeise, Kadaver, Aas, Luder, Anreiz, Reizmittel, Zugmittel, Lockmittel; Lockvogel, Lockspitzel, Undercover, 2. Magnet, Blickfang, Aufmachung; Attraktion, Attraktivität, Zugstück, Appeal.

956 **kommen** 1. herkommen, herbeikommen, herannahen, nahen, bevorstehen, sich nähern; im Anzug sein, sich ankündigen, abzeichnen; auf jmdn. zukommen, sich bemerkbar machen; zu erwarten/gewärtigen sein, ausstehen, Schatten vorauswerfen, sich vorbereiten; geschehen, eintreten, zutage treten, Wirklichkeit werden, zum Vorschein kommen, aufkommen, 2. erscheinen, Ziel erreichen, anfangen, ankommen, eintreffen, in Erscheinung treten, auftreten, sich zeigen, einfinden, einstellen; auftauchen, antreten, sich melden; zufliegen, zulaufen, einfallen, 3. herauskommen, erscheinen, veröffentlicht/gebracht/gedruckt/verlegt werden, an die Öffentlichkeit treten, bekannt werden, hervortreten.

957 **kommerziell** geschäftlich, wirtschaftlich, ökonomisch, merkantil, kaufmännisch, gewerblich, gewerbsmäßig, professionell; gewinnorientiert, profitorientiert, auf Gewinn bedacht, commercial.

958 **Komödie** Lustspiel, Scherzspiel, Scherz, Schwank, Klamotte, Boulevardkomödie, Comedy, Soap-Opera, Seifenoper, Burleske, Posse, Possenspiel, Farce, Travestie, komische Oper, Operette, Tragikomödie.

959 **Komplize** Mittäter, Mitwisser, Mitschuldiger, Helfershelfer, Mitläufer, Informant, Gehilfe, Handlanger, Verbündeter, Mitbeteiligter, Spießgeselle, Kumpan, Konsorte, Hehler.

Konkurrenz 1. Rivalität, Kampf, 960
Gegnerschaft, Nebenbuhlerschaft, Wettbewerb, Wettstreit, Wetteifer, Wettkampf, 2. Wettspiel, Wettsport, Wettlauf, Rennen, Wettrennen, Wettfahrt, Rallye, Regatta, Race; Grand Prix, Cup, Match, Turnier, Olympiade, 3. Wirtschaftskampf, Konkurrenzkampf, Kampf um Märkte/Marktanteile.

können 1. vermögen, imstande/in der 961
Lage/fähig sein, verstehen, wissen, beschlagen/sattelfest sein, beherrschen, meistern, bemeistern, weghaben, loshaben, draufhaben, Handwerk verstehen, einer Sache mächtig sein, im Griff haben, gerecht werden, gewachsen sein, sich verstehen auf; Bescheid wissen, Dreh heraushaben, wissen, wie es gemacht wird, seine Sache verstehen, 2. dürfen, berechtigt/befugt sein, Macht/Erlaubnis haben, freistehen, 3. sich leicht tun; aus dem Ärmel schütteln, leicht fallen, zufliegen; sich zu helfen wissen; findig sein.

konstruieren 1. zusammensetzen, 962
zusammenfügen, zusammenbauen, montieren; planen, entwerfen, aufbauen, errichten, formen, 2. annehmen, unterstellen, voraussetzen, Fall setzen, erfinden, zusammenspinnen, Gespenster sehen.

Konstruktion 1. Aufbau, Gerüst; 963
Zusammensetzung, Zusammenbau, Montage, Verfertigung, Bau, 2. Entwurf, Erfindung, Konzept, Plan, 3. Annahme, Hypothese, Fiktion, Unterstellung, Konstrukt.

Kontakt 1. Berührung, Verbindung, 964
Anschluss, Konnex, Zusammenhang, Gedankenübertragung, 2. Annäherung, Anschluss, Fühlungnahme, Kontaktaufnahme, Flirt, Flitterwochen, Kennenlernen, Näherkommen, Kommunikation, Umgang, 3. Briefkontakt, Schriftkontakt, Korrespondenz, Briefwechsel, Schriftwechsel, elektronische Post, Internet.

kontrastieren 1. entgegenstellen, 965
gegenüberstellen, in Gegensatz stellen, 2. abstechen, sich abheben; Gegensatz bilden, im Gegensatz stehen, Kontrast

bilden, entgegenstehen, sich unterscheiden; differieren, auseinander gehen, divergieren, abweichen, sich widersprechen.

966 **konventionell** 1. üblich, herkömmlich, hergebracht, redensartlich, formelhaft, klischeehaft, unoriginell, altgewohnt, anerkannt, wohl bekannt, eingefahren, vorschriftsmäßig, gebräuchlich, alltäglich, allgemein, gang und gäbe, 2. unpersönlich, förmlich, korrekt, kühl, nichts sagend, steif, formell, offiziell.

967 **Kopf** 1. Haupt, Schädel, Dach, Dez, Birne, Hirnkasten, Hirnschädel, Oberstübchen, Rübe, Kürbis, Melone, Ballon, 2. Vorstand, Leitung.

968 **Kopfbedeckung** Hut, Hütchen, Mütze, Kappe, Käppchen, Barett, Baskenmütze, Birett, Haube, Kapuze, Schute, Kopftuch, Turban, Fes; Filzhut, Homburg, Melone, Zylinder, Strohhut, Panama, Kreissäge; Helm, Sturzhelm.

969 **Kopie** 1. Vervielfältigung, Fotokopie, Farbkopie, Xeroskopie, Fax, Fernkopie, Telefax, Telekopie, Mikrokopie, Mikrofiche, 2. Raubkopie, Raubdruck, Bootleg.

970 **Körper** 1. Korpus, Leib, Body, Organismus, Soma, Physis, Anatomie, Körperbau, Knochengerüst, Skelett, Wuchs, Statur, Gestalt, Körperlichkeit, Leiblichkeit, 2. Toter, toter Körper, Leichnam, Leiche, Mumie, Gebeine, sterbliche Überreste/Hülle; totes Tier, Kadaver, Aas, 3. Klangkörper, Resonanzkörper.

971 **korrespondieren** 1. Briefe austauschen, schriftlich verkehren, in Briefkontakt / Schriftwechsel / Briefwechsel stehen, mailen, 2. übereinstimmen, zusammenstimmen, konvergieren.

972 **kostbar** wertvoll, edel, erlesen, selten, unbezahlbar, rar, unersetzlich, unschätzbar, nicht mit Gold aufzuwiegen, von hohem Wert, hochwertig, lieb und teuer, heilig.

973 **Kostbarkeit** 1. Wertgegenstand, Wertobjekt, Wertsachen; Schatz, Kleinod, Wertstück, Prachtstück, Prachtexemplar, Schaustück, Prunkstück, Erinnerungsstück, Zierstück, antikes Stück, Reliquie, Devotionalie, Altertum, Antiquität, Rarität, Seltenheit, Unikum, Einzelstück, Monotype, Unikat, Rarissima, seltene Stücke; Inkunabel, 2. Juwelen, Edelsteine, Diamanten, Brillanten, Perlen, Gold, Silber, Platin, Edelmetall; Schmuckstücke, Schmuck, Pretiosen, Geschmeide, Schmuckwaren, Schmuckgegenstände, Zierrat, Putz, 3. Augapfel, Heiligtum, größter Schatz, Gral, Kultgegenstand, Kultobjekt.

kosten 1. betragen, ausmachen, ergeben, sich belaufen auf; machen, beziffern auf; Preis haben, wert sein, erfordern, 2. probieren, versuchen, verkosten, schmecken, durchprobieren, abschmecken, begutachten; nippen, naschen, Kostprobe nehmen, auf der Zunge zergehen lassen. 974

Kosten 1. Auslagen, Unkosten, Ausgaben, Aufwendungen, Kostenpunkt; Nebenkosten, Nebenausgaben, Belastungen, Lebenshaltungskosten, 2. Herstellungskosten, Produktionskosten, Selbstkosten, Fixkosten, Fertigungskosten, Vertriebskosten, Werbungskosten, Folgekosten. 975

Köstlichkeit Delikatesse, Spezialität, Leckerbissen, Leckerei, Feinkost, Gaumenfreude, Süßigkeit, Goody, Schleckerei, Naschwerk, Göttermahl, Schmankerl, Hochgenuss, Pikanterie, Gaumenkitzel, lukullische/kulinarische Genüsse, Ambrosia, Manna, Erfrischung, Labe, guter Tropfen, Göttertrank. 976

Kraft 1. Stärke, Körperkraft, Muskelkraft, Mumm, Arbeitskraft, Leistungsvermögen, Arbeitsvermögen, Arbeitsleistung, Tatkraft, Fähigkeit, Potenz, Potential, Können, 2. Schubkraft, Stoßkraft, Zugkraft, Schwerkraft, Gravitation, Anziehung, Anziehungskraft, Gewicht, Tension, Wirkung. 977

kräftig 1. stark, kraftvoll, kraftstrotzend, kernig, herzhaft, markig, muskulös, sehnig, drahtig, blutvoll, abgehärtet, wetterhart, wetterfest, leistungsfähig, belastbar, tragfähig, athletisch, baumstark, stählern, stahlhart, stabil, hart im Nehmen; lebenskräftig, lebensfähig, widerstandsfähig, resistent, zählebig, überlebensfähig; mannhaft, standfest, handfest, Mumm in den Knochen, kampffähig, fit, durchtrainiert, in Form, trainiert, tauglich, qualifiziert, schlagkräftig, 2. rüstig, ungebeugt, ungebrochen, zäh, vital, lebensvoll, voll- 978 blütig, 3. untersetzt, gedrungen, breit, breitschultrig, stämmig, kompakt, bullig, 4. lebhaft, saftig, farbig, leuchtend, intensiv, satt, voll, warm, 5. konfliktfähig, auseinandersetzungsfähig, psychisch stabil, ichstark.

979 **Kraftmensch** Muskelprotz, Athlet, Bulle, Stier, Bombenkerl, Bodybuilder, Herkules, Samson, Kraftmeier, Kraftprotz, Rambo.

980 **Krankenhaus** Hospital, Klinik, Heilstätte, Spital, Lazarett, Klinikum, Ambulatorium, Charité, Poliklinik, Heilanstalt, Psychiatrie, Sanatorium, Kurklinik, Rehabilitationsstätte.

981 **Krankheit** 1. Erkrankung, Infekt, Ansteckung, Übertragung; Übel, Gebresten, Leiden, Beschwerden, Siechtum, Bettlägerigkeit, Schwäche, Gebrechen, chronisches Leiden, Gebrechlichkeit, Hinfälligkeit, 2. Seuche, Epidemie.

982 **Krankheitserreger** Bazillen, Erreger, Bakterien, Mikroben, Mikroorganismen, Spaltpilze, Viren, Keime, Schmarotzer, Kleinlebewesen, Umweltfaktoren.

983 **Kredit** Anleihe, Darlehen, Hypothek, Beleihung, Belehnung, Verschreibung, Vorschuss, Vorleistung, Vorauszahlung, Überziehungskredit, Pump.

984 **Krieg** 1. bewaffnete Auseinandersetzung, bewaffneter Konflikt, kriegerische Handlung, militärische Auseinandersetzung, Kampfhandlung, Kampfgetümmel, Gefecht, Feuergefecht, Schießerei, Scharmützel, Waffengang, Schlacht, Feldschlacht, Feldzug, Kriegszug, Kriegshandlung, Bodenkrieg, Luftkrieg, Militärschlag, Erstschlag, Orlog, Blutvergießen, Schlacht, Gemetzel, 2. Bürgerkrieg, Guerillakrieg, Partisanenkrieg, Sezessionskrieg, Revolutionskrieg; Weltkrieg, Atomkrieg, Krieg der Sterne.

985 **Krise** 1. Zuspitzung, Ruhe vor dem Sturm, Eskalation, Krisis, Höhepunkt, Gefahr, Tanz auf dem Vulkan, Tiefpunkt, Wendung, Wende, Volte, Kehrtwende, Wendepunkt, Umschlag, Umschwung, Erdrutsch, Peripetie, 2. Störung, Schwierigkeit, Engpass, Zwangslage, Zwickmühle, Klemme, Dilemma, Verunsicherung, Midlifecrisis, 3. Wirtschaftskrise, Depression, Rezession, Stagnation, Abschwung, Tief, Baisse.

Kritik 1. Prüfung, Wertung, Beurteilung, Urteil, Würdigung, Gutachten, Auslassung, Stellungnahme, Besprechung, Rezension, 2. Beanstandung, Anstände, Bemängelung, Reklamation, Einwand, Missbilligung, Einwendung, Einspruch, Ablehnung, 3. Lob, Anerkennung, Beifall, lobende Erwähnung, gute Kritik, Bombenkritik; Verriss, Polemik, Medienschelte, Pamphlet, Prügel, Schmährede, Brandrede, vernichtendes Urteil, Zensur, Schmähung, Rufmord, 4. Krittelei, Nörgelei, Genörgel, Gemecker, Meckerei, Mäkelei, Beckmesserei, Besserwisserei, Kritikastertum. 986

Kritiker 1. Beurteiler, Bedenkenträger, Rezensent, Kunstkritiker, Literaturkritiker, Musikkritiker, Theaterkritiker, Filmkritiker, Zensor, Kunstrichter, 2. Krittler, Deutler, Nörgler, Querulant, Meckerer, Mäkler, Kritikaster, Beckmesser, Spötter, Zyniker, Satiriker, Ironiker, Lästerer, Lästerzunge, Lästermaul, Verächter, Schmähredner, Spottvogel. 987

Kritiklosigkeit Blindgläubigkeit, Urteilslosigkeit, Wahllosigkeit, Bedenkenlosigkeit, Beliebigkeit, Gläubigkeit, Gutgläubigkeit, Leichtgläubigkeit, Blauäugigkeit, Naivität, Autoritätsgläubigkeit, Denkfaulheit; Blindheit, Realitätsverlust, Realitätsblindheit. 988

krumm 1. gebogen, konkav, konvex, gewunden, gekrümmt, geschweift, verzogen, verschnörkelt, schnörkelig, verbogen, verdreht, gewölbt, barock, schwellend, geschwungen, üppig; kurvenreich, kurvig, 2. schief, verwachsen, bucklig, gebeugt, 3. windschief, baufällig, wackelig, verrutscht, 4. lockig, gelockt, gekräuselt, wellig, kraus, gewellt, spiralig, 5. krummbeinig, O-beinig, dackelbeinig, 6. verästelt, gegabelt, verzweigt, geästelt, vielarmig. 989

Küche Kochnische, Kochgelegenheit, Kombüse; Kochkunst, Gastronomie, Feinschmeckerei. 990

Kugel 1. Ball, Knäuel; Globus, Erdball, Erdkugel, Himmelskugel, 2. Geschoss, Patrone, Pistolenkugel, blaue Bohne, Gewehrkugel, Projektil, Kanonenkugel, Granate. 991

kühlen 1. abkühlen, auskühlen, erkalten lassen, kalt stellen, auf Eis legen; ab- 992 schrecken, frappieren, **2.** fächeln, fächern, wedeln, blasen, pusten, Ventilator anstellen.

993 **kultiviert** 1. erschlossen, urbar gemacht, entwickelt, **2.** kulturvoll, urban, zivilisiert, verfeinert, gebildet, gehoben, niveauvoll, feinsinnig, sublim, geschmackvoll, ästhetisch, kunstsinnig, kunstempfänglich, kunstverständig, urteilsfähig, urteilssicher, künstlerisch, musisch, belesen, schöngeistig, **3.** stilvoll, wählerisch, gewählt, erlesen, elegant, vornehm, dezent, distinguiert, exklusiv, weltmännisch, differenziert, mit Esprit, mondän.

994 **Kultur** 1. Kulturkreis, Kulturkomplex, Zivilisation; kulturelle Eigenart, kulturelles Muster / Deutungsmuster, Erbe, **2.** Zeitgeist, Zeitstil, Zeitgepräge, Lebensform, Lebensstil, Lifestyle, **3.** Kulturproduktion, Bewusstseinsindustrie, Meinungsindustrie, Medienkultur, Konsumkultur, **4.** Umweltgestaltung, Umweltpflege, Umweltschutz.

995 **kündigen** 1. abgehen, austreten, weggehen, ausscheiden, aufkündigen, gehen, hinwerfen, Stellung aufgeben, wechseln, sich verändern; abdanken, zurücktreten, demissionieren, abtreten, Dienst quittieren, Rücktritt erklären, Abschied nehmen, Amt/Posten niederlegen, aus dem Amt scheiden, seinen Hut nehmen; sich pensionieren lassen; in Pension gehen, in den Ruhestand treten, aus dem Dienst ausscheiden, in Rente gehen, **2.** abbauen, entlassen, freistellen, abheuern, abmustern, fortschicken, wegschicken, fortjagen, schassen, feuern, hinauswerfen, vor die Tür/an die Luft/auf die Straße setzen; der Ämter entheben, abservieren, auf ein totes Gleis schieben, ausmanövrieren, absetzen, entthronen, abberufen, verabschieden, stürzen, absägen, abschießen, Abschied geben, kassieren, Laufpass geben, Stuhl vor die Tür setzen, abhalftern, ausbooten, abtakeln, ausschalten, kaltstellen, abhängen, abwickeln, hinausekeln, wegloben, zum alten Eisen werfen, ausmustern, **3.** ausschließen, aussperren, ausstoßen, entfernen, disqualifizieren, rote Karte zeigen, **4.** pensionieren, in den Ruhestand versetzen, suspendieren, emeritieren.

996 **Kündigung** 1. Ausscheiden, Rücktritt, Austritt, Abgang, Weggang, Abschied, Verzicht, Abdankung, Pensionierung, Emeritierung, Demissionierung, Suspendierung, Freistellung, Zwangsfreistellung, **2.** Entlassung, Abbau, Absetzung, Abberufung, Ausschaltung, Entthronung, Verabschiedung, **3.** Ausschluss, Enthebung, Rausschmiss.

Kundschaft 1. Auftraggeber, Besteller, Abnehmer, Käufer, Kunde, Kundenkreis, Stammkunden, Stammkundschaft, Laufkundschaft, **2.** Klienten, Klientel, Mandanten, Patienten, **3.** Abonnenten, Bezieher, Dauermieter, Platzmieter, Dauerbezieher; Gäste, Besucher, Stammgäste. 997

kunstgerecht künstlerisch, kunstfertig, kunstvoll, zünftig, schulgerecht, nach allen Regeln der Kunst, werkgerecht, fachmännisch, gekonnt, gelernt, geschult, akademisch, schulmäßig. 998

künstlich synthetisch, unecht, chemisch, naturidentisch, unnatürlich, aus der Retorte, aus dem Labor, artifiziell. 999

Kunstliebhaber 1. Kunstkenner, Kunstfreund, Kunstexperte, Ästhet; Mäzen, Gönner, Förderer, Sammler, Sponsor, Bewunderer, Verehrer, Anhänger, **2.** Liebhaber, Dilettant, Amateur, **3.** Bücherfreund, Bücherliebhaber, Büchernarr, Bücherwurm, Bibliophile, Büchersammler, Bibliomane. 1000

Kurve Bogen, Biegung, Abbiegung, Kehre, Schwenkung, Wendung, Wende, Drehung, Richtungsänderung, Windung, Krümmung, Knick, Knickung, Beugung, Haken, Schleife, Schlinge, Spirale, Serpentine, Schlangenlinie, Haarnadelkurve, Schraubenwindung, Gewinde; Wellenlinie, Slalom; Verästelung, Gabelung, Verzweigung. 1001

kurz 1. klein, gestutzt, abgeschnitten, verkürzt, gekürzt, abgehackt, beschnitten, verschnitten, kupiert, gekappt, **2.** kurz angebunden, wortkarg, schmallippig, bündig, barsch, knapp, schroff, mufflig, bärbeißig, brüsk, mundfaul, lakonisch, karg, abweisend, stoßweise, abrupt, **3.** mit drei Worten, im Telegrammstil, kurz und bündig, lapidar, in aller Kürze, kurzweg, mit einem Federstrich, summarisch, zusammengefasst, verallgemeinert, abgekürzt, gedrängt, in gedrängter Form, präzis, prägnant, gerafft, gestrafft, verdichtet, komprimiert, 1002 verknappt, **4.** kurzlebig, vergänglich, flüchtig, zwischen Tür und Angel, kurzzeitig, kurzfristig, auf einen Sprung/Augenblick, **5.** anekdotisch, skizzenhaft, aphoristisch, epigrammatisch.

1003 **Kürze** **1.** Gedrängtheit, Verknapptheit, Verdichtung, Präzision, Prägnanz, **2.** Flüchtigkeit, Vergänglichkeit, Kurzlebigkeit.

1004 **kürzen** **1.** abschneiden, verkürzen, zurechtstutzen, wegschneiden, abtrennen, abhacken, abzwicken, abschlagen, abhauen, beschneiden, stutzen, kupieren, kappen, abkürzen, **2.** verkleinern, minimieren, minimalisieren, vermindern, verringern, schmälern, zurückfahren, Abstriche machen, abstreichen, dezimieren; lichten, auslichten, ausdünnen, ausholzen, reduzieren; subtrahieren, abziehen, zurückbehalten, **3.** einschränken, beschränken, einengen, abbauen, kleiner setzen, abzwacken, beschneiden, drosseln, zurückschrauben, verknappen, wegstreichen, zusammenstreichen, einsparen, **4.** verdichten, komprimieren, einkochen, eindicken, eindampfen, straffen, konzentrieren, kondensieren.

kürzlich vor kurzem, jüngst, neulich, 1005
unlängst, dieser Tage, in letzter Zeit, neuerlich, neuerdings, letzthin, letztens, seit kurzem, noch nicht lange her, eben, gerade, jetzt, just, vorhin, soeben.

L

1006 **lachen** 1. lächeln, in sich hineinlachen, schmunzeln, in den Bart lachen; strahlen, anstrahlen, anlächeln; grinsen, grienen, feixen, 2. kichern, gickeln, gibbeln, gicksen, prusten, losprusten, in Gelächter ausbrechen, Gelächter anstimmen, Lache anschlagen, loslachen, herausplatzen, losplatzen, losprusten, das Lachen nicht halten können, sich das Lachen verbeißen; hell auflachen, aus vollem Halse lachen, sich ausschütten vor Lachen, kringeln; schallend lachen, wiehern, brüllen vor Lachen, sich kugeln, die Seiten halten, biegen vor Lachen; Tränen lachen, sich nicht zu lassen wissen, kaputtlachen, schieflachen, totlachen, kranklachen, krummlachen, scheckig lachen.

1007 **Lage** 1. Ort, Punkt, Position, Standort, Stellung, 2. Situation, Sachlage, Sachstand, Sachverhalt, Tatbestand, Ausgangslage, Stand der Dinge, augenblicklicher Zustand, Umstand, aktueller Stand, 3. Verhältnisse, Lebenslage, Drum und Dran, Stand, Status, Stellung, Zusammenhänge, Gegebenheiten, Konstellation, Umstände, Bedingungen, Großwetterlage.

1008 **Lager** 1. Camp, Feldlager, Biwak, Zeltlager, Ferienlager, Lagerplatz, 2. Vorrat, Stock, Bestand, Rücklage, eiserne Ration, Reserve, Speicher, Magazin, Zeughaus, Speisekammer, Vorratskammer, Vorratskeller, Vorratslager, 3. Bett, Liegestatt, 4. Konzentrationslager, Internierungslager, Deportationslager, Arbeitslager, Vernichtungslager, Todeslager, Massenvernichtungslager, KZ.

1009 **Lampe** 1. Lichtquelle, Beleuchtungskörper, Leuchte, Licht, Neonlicht; Deckenlicht, Hängelampe, Stehlampe, Arbeitslampe, Schreibtischlampe, Nachttischlampe; Scheinwerfer, Führungslicht, Strahler, Taschenlampe, Punktstrahler, Spot, Spotlight, Discokugel, Flutlicht, Laterne, Glühbirne, Gaslampe, Tranlampe, Öllampe, Lampion, Ampel, 2. Leuchter, Kandelaber, Armleuchter, Kronleuchter, Kristallleuchter, Lüster, Kerzenleuchter.

lang 1. gedehnt, ausgedehnt, gestreckt, lang gestreckt/gezogen, langstielig, länglich, extensiv, 2. meterlang, meilenlang, ellenlang, endlos, unendlich, nicht abzusehen, unabsehbar; lange, langfristig, unaufhörlich, geraume Weile, Wochen, Monate, Jahre, langjährig, tagelang, jahrelang, wochenlang, stundenlang, lebenslang, lebenslänglich, auf immer, ewig, eine Ewigkeit, auf lange Zeit; lang dauernd, langwierig, verlängert, sich hinziehend; abendfüllend. 1010

Langeweile Gleichförmigkeit, Eintönigkeit, Ereignislosigkeit, Öde, Alltag, Tretmühle, Trott, Leerlauf, Fadheit, Stumpfheit, Monotonie, Stumpfsinn, Alltäglichkeit, Wiederkäuen, Einförmigkeit, alte Leier, olle Kamellen, Einerlei, Überdruss, Übersättigung, Sattheit, Ekel, innere Leere, Ennui. 1011

langsam 1. gemach, gemächlich, sachte, lento, gemütlich, bedächtig; schleppend, stockend, zögernd, zaudernd, kriechend, schleichend, im Schneckentempo / Schritttempo, in Zeitlupe; pomadig, träge, betulich, tranig, lahm, antriebsschwach, 2. nach und nach, en suite, allmählich, allgemach, schrittweise, Schritt für Schritt, stufenweise; graduell, gradweise, in Etappen, in Abschnitten; nacheinander, einer nach dem andern, im Gänsemarsch, nach der Reihe, einzeln, grüppchenweise, sukzessiv, stückweise, portionenweise, truppweise, ratenweise, in Raten, peu à peu, abschnittsweise, scheibchenweise, kleckerweise, tropfenweise, tröpfelnd, 3. nahtlos, übergangslos, unmerklich, schleichend. 1012

langweilen (sich) 1. ermüden, anöden, alte Geschichten aufwärmen, einschläfern, monologisieren, ennuyieren, 2. nichts zu tun haben, unbeschäftigt sein, erschlaffen, sich öden, mopsen; Zeit totschlagen, Däumchen drehen, nichts anzufangen wissen, sich für nichts interessieren; unausgefüllt sein, vor Langeweile umkommen. 1013

langweilig 1. eintönig, monoton, ereignislos, ermüdend, geisttötend, steril, spannungslos, akademisch, staubtro- 1014 cken, einschläfernd, nervtötend, ledern, bleiern, stieselig, langatmig, weitschweifig, umständlich, pedantisch, steifleinen, witzlos, zum Auswachsen/ Einschlafen, fad, nüchtern, unergiebig, sterbenslangweilig, stinklangweilig, **2.** ausdruckslos, reizlos, öde, dröge, farblos, trist, desolat, uninteressant, ohne Spannung / Stimmung / Abwechslung, schläfrig, lahm, nichts sagend, stumpfsinnig, belanglos, leer, redundant, kalter Kaffee, Schnee von gestern, alte Leier, tote Hose.

1015 **lärmen** 1. laut sprechen, schreien, brüllen, johlen, kreischen, gellen, schmettern, Schreie ausstoßen; poltern, Lärm/Radau/Krach machen, krakeelen, spektakeln, rumoren, Nachtruhe stören, Geschrei machen, randalieren, Allotria veranstalten, **2.** rütteln, knattern, rappeln, tuckern, klopfen, pochen, krachen, klirren, scheppern, dröhnen, donnern, grollen, rollen, gewittern, rattern, rumpeln, rasseln, klappern, tönen, schallen, hallen, trommeln, hämmern, hupen, **3.** ballern, feuern, knallen, schießen, böllern, bullern, detonieren.

1016 **lassen** 1. loslassen, in Ruhe/ungeschoren lassen, freigeben, freilassen, fortlassen, gehen lassen, nicht halten/ binden, lockerlassen, gewähren/freien Lauf/geschehen/laufen lassen, **2.** nicht tun, bleiben/sein lassen, unterlassen, weglassen, belassen, aufgeben, Abstand nehmen/absehen/abstehen von, bewenden lassen, abkommen von, ablassen/abgehen von, Finger davonlassen, sich nicht einlassen; auf sich beruhen lassen, **3.** frei/offen/unbesetzt/unbebaut lassen, aussparen.

1017 **Last** 1. Belastung, Bürde, Gewicht, Druck, Ballast, Gepäck, Ladung, Packen, Zentnerlast, Schwere, Fracht, Beschwerung, Wucht, **2.** Beschwer, Beschwerlichkeit, Unbequemlichkeit, Umstände; Mühe, Bemühung, Qual, Druck, Mühsal, Hypothek, Sorge, Alp, Alpdruck, Joch, Mühlstein, Elend, Fron, Plackerei, Bedrückung, Kreuz, Crux, Schinderei, Strapaze, Plage, Anstrengung, Schufterei, Schwerstarbeit, Herkulesarbeit, Maloche, Stress, Schraube ohne Ende, Geacker, Schlauch, Überforderung, Anspannung, Überanstrengung, Überlastung, Vereinnahmung.

lästig 1. hinderlich, hemmend, belastend, beschwerlich, unangenehm, ärgerlich, unerfreulich, anstrengend, ermüdend, strapaziös, drückend, unbequem, mühevoll, mühsam, mühselig, **2.** ungelegen, verquer, widrig, misslich, störend, Ärgernis erregend, ungebeten, ungeladen, **3.** aufdringlich, zudringlich, penetrant, sekkant, besitzergreifend, übergriffig; zu bunt, zeitraubend, langwierig. 1018

laut hörbar, vernehmbar, vernehmlich, deutlich, weithin hörbar, lautstark, lauthals, unüberhörbar, durchdringend, überlaut, lärmend, geräuschvoll, dröhnend, polternd, ohrenbetäubend, schreiend, markerschütternd, mit voller Lautstärke, aus voller Kehle, marktschreierisch, schrill, spitz, hoch, scharf, grell, gellend, hallend, schallend, fortissimo. 1019

lavieren 1. manövrieren, jonglieren, taktieren, finassieren, seiltanzen, Eiertanz vollführen, sich durchschlängeln, durchwinden, durchzwängeln, durchstehlen, hindurchwinden, durchschleichen, durchlavieren, durchmanövrieren, durchmogeln, nicht festlegen, den Rücken freihalten, **2.** drum herum reden, sich drehen und wenden, winden; Ausflüchte machen, sich herausreden, herausschwindeln, herausmogeln, herauswinden, herauslügen, rein waschen, weißwaschen. 1020

leben 1. sein, da sein, atmen, vorhanden/lebendig sein, existieren, bestehen, am Leben sein, Leben führen/verbringen/hinbringen, dahinleben, überleben, sich durchschlagen; vegetieren, **2.** wohnen, weilen, sich aufhalten; sitzen, ansässig sein, stecken, hingekommen sein, verschlagen worden sein, verbringen, verleben, zubringen, hausen, nisten, heimisch sein; residieren, logieren, Wohnsitz haben. 1021

Leben 1. Dasein, Existenz, Sein; Erdenleben, Erdentage, Erdendasein, Lebenszeit, Lebensdauer, **2.** Lebensreise, Lebensbahn, Lebenslauf, Lebensweg, Werdegang, Lebensgeschichte, Vita, **3.** Atem, Lebenslicht, Beseelung, Lebenssaft, Lebensfaden, Menschenleben, Herzblut, **4.** Lebensbedingungen, Lebenslage, Lebensform, Lebensweise, Existenzform, Lebensgestaltung, Le- 1022 bensplan, Lebensentwurf, Selbstentwurf, Lebensstandard, Existenzniveau, Lebensführung, Lebenszuschnitt, Lebenswandel, Lebensstil, Lebensgewohnheit, Tun und Lassen, Lebenshaltung, Lebensgefühl, Einstellung zum Leben, **5.** Existenzkampf, Daseinskampf, Lebensdrang, Selbsterhaltungstrieb, **6.** Lebendigkeit, Lebensenergie, Lebensfunke, Beseeltheit, Lebensgeister, Vitalität, Schwung, Elan, Élan vital, Lebensnerv, Lebenskraft, Lebensfülle.

1023 **lebendig** **1.** lebend, am Leben, auf der Welt, leibhaftig, belebt, beseelt, fassbar, zum Anfassen, körperlich, greifbar, wirklich, real, **2.** lebhaft, lebensvoll, beweglich, mobil, rege, munter, geschäftig, aufgeweckt, betriebsam, unternehmend, unternehmungslustig, nachtaktiv, ausgeschlafen, reiselustig, tatenlustig, tatendurstig, aufgeschlossen, interessiert, eifrig, dabei, elektrisiert, rührig, regsam, agil, wach, in Fahrt/Schwung, auf Touren/vollen Touren, **3.** temperamentvoll, quicklebendig, übersprudelnd, schwungvoll, flott, dynamisch, impulsiv, wach, fit, auf Draht, quick, auf der Höhe, up to date, vif, alert, kregel; quecksilbrig, quirlig, vital, schmissig, **4.** farbig, bunt, nuanciert, prall, lebensecht, ausdrucksvoll, natürlich, saftig, spritzig, funkelnd, quellend, sprudelnd, frisch, **5.** flammend, lodernd, wabernd, lohend; fliegend, wiegend, tanzend, kreiselnd, schwebend, flatternd, wehend, wallend, wogend.

1024 **Lebensunterhalt** **1.** Existenz, Auskommen, Lebenshaltungskosten, Unterhaltskosten, Haushaltungskosten, **2.** Unterhalt, Arbeit, Beruf, tägliches Brot, Erwerbsmittel, Subsistenzmittel, Einkommensquelle, Lebensgrundlage.

1025 **leer** **1.** ausgetrunken, geleert, entleert, ausgegossen, ausgeschüttet, verbraucht, konsumiert, aufgebraucht, aus, alle, ausverkauft, kahl, geräumt, **2.** ausgeflogen, verlassen, menschenleer, leer gefegt, unbemannt, **3.** eitel, müßig, nichtig, windig, gehaltlos, dünn, nichts dahinter, hohl, wertlos, Schall und Rauch, inhaltslos, banal, substanzlos, bedeutungslos, nichts sagend, ohne Sinn, sinnlos, geistiges Fastfood, **4.** leer stehend, unbewohnt, frei, unbesetzt, zu vermieten/haben, vakant; unbeschrieben, unbedruckt, unausgefüllt, **5.** verausgabt, ausgesogen, ausgelutscht, ausgesaugt, ausgepowert, ausgepumpt, ausgebrannt, burned out.

leer ausgehen in den Mond/die Luft gucken, in den Kamin/Wind schreiben, verlieren, einbüßen, Nachsehen haben, zubuttern, zuzahlen, in die Röhre gucken, der Dumme sein, den Letzten beißen die Hunde. 1026

leeren (sich) **1.** abladen, auspacken, entladen, löschen, ausschiffen, ausladen, räumen, ausräumen, Kehraus machen, ausverkaufen, Raum schaffen, Platz machen, **2.** ausschütten, ausleeren, ausgießen, abgießen, abschütten, wegschütten, entleeren, ablassen, ausschöpfen, **3.** trinken, austrinken, kippen, hinunterstürzen, auslöffeln, ausessen, auskratzen, vertilgen, aufessen, auf ex trinken, **4.** zapfen, abzapfen, leer pumpen, abziehen, abfüllen, umgießen, umfüllen; melken, ausquetschen, auspumpen, **5.** auslaufen, ausrinnen, leer werden, ausströmen, entweichen, aussickern, sich entleeren; entströmen, ausfließen, herauslaufen, leer laufen, sich ergießen; wegfließen, austreten, abfließen, bluten, ausbluten, verbluten. 1027

Leerung Entleerung, Abfüllung, Ausräumung, Ausladung, Ausschiffung, Löschung. 1028

Lehrbuch Lehrwerk, Schulbuch, Fibel, Fachbuch, Sachbuch, Vademekum, Abriss, Handreichung, Repetitorium, Katechismus, Glossar, Leitfaden, Handbuch, Unterrichtswerk, Übungsbuch, Benimmbuch, Knigge, Kompendium, Lexikon, Ratgeber, Lehrkassetten, Wörterbuch, Enzyklopädie, Nachschlagewerk, Thesaurus, Konversationslexikon. 1029

Lehre **1.** Anleitung, Einführung, Anweisung, Belehrung, Schulung, Unterweisung, Instruktion, Unterricht, Training, Coaching, **2.** Lehrzeit, Lehrjahre, Ausbildung, Bildungsgang, Wanderjahre, Praktikum, Volontariat, Fachausbildung, Studium, Telekolleg, Fernstudium; Lehrgang, Seminar, Kurs, Kursus, Workshop, Vorlesung, Projektstudium, Crashkurs, **3.** Lektion, Denkzettel, Mahnung, Erfahrung, Richtschnur, Regel, Ratschlag, **4.** These, Theorem, Hypothese, Lehrsatz, Lehrmeinung, Theo- 1030 rie, Richtung, Strömung, Bewegung, Schule, Schulmeinung, Lehrgebäude, Doktrin.

1031 **lehren** 1. unterrichten, belehren, beibringen, durchnehmen, geben, lesen, Wissen vermitteln, erschließen, orientieren; eintrichtern, pauken, einpauken, dozieren, **2.** anleiten, anlernen, einarbeiten, einführen, anweisen, unterweisen, einweisen, schulen, ausbilden, instruieren, trainieren, coachen, zeigen, vorbereiten, erklären.

1032 **Lehrer** 1. Schullehrer, Schulmann, Lehrkraft, Magister, Assessor, Studienrat, Hochschullehrer, Universitätsprofessor, Professor, Tutor, Lektor, Dozent; Pädagoge, Schulmeister, Erzieher, Pauker; Hauslehrer, Hofmeister, Mentor, Erzieherin, **2.** Instrukteur, Ausbilder, Coach, Trainer, **3.** Weisheitslehrer, Wanderprediger, Guru, Meister, Lehrmeister, Eingeweihter, **4.** Bändiger, Zähmer, Dompteur; Züchtiger, Zuchtmeister, Präzeptor, Domina.

1033 **leicht** 1. gewichtlos, federleicht, hopfenleicht, schwerelos; Leichtgewicht, Federgewicht, Fliegengewicht, **2.** einfach, mühelos, unschwer, spielend, bequem, im Schlaf, ohne Schwierigkeit; kinderleicht, Kinderspiel, kein Kunststück, unkompliziert, leicht zu verstehen, **3.** bekömmlich, leicht verdaulich, gut zu vertragen, zuträglich; locker, flaumig, flockig, schaumig, duftig, luftig, flüchtig, ätherisch, beschwingt, aufgelockert, **4.** leichtherzig, unbeschwert, sorglos, fröhlich, unbesorgt, unbekümmert, unbedenklich, ungezwungen, einfach, lebensfroh, lebensbejahend, zwanglos, kein Kind von Traurigkeit, positiv, optimistisch, weltfreudig, **5.** leichtfüßig, schnell, behände, federleicht, wie eine Gazelle/Antilope/Feder /Flaumfeder/Flocke.

1034 **leichtfertig** 1. oberflächlich, gedankenlos, obenhin, schnellfertig, ungenau, unzuverlässig, nachlässig, fahrlässig, flatterhaft, blindlings, übereilt, unachtsam, unbedacht, überstürzt, unüberlegt, von ungefähr, unvorsichtig, unbesonnen, sprunghaft, vorschnell, bedenkenlos, verantwortungslos, unbedenklich, **2.** leichtsinnig, leichtblütig, sorglos, lebenslustig, genussfreudig, frivol, leichtlebig, sinnenfroh, verspielt, spielerisch, unernst, unbesorgt, unbekümmert, leichte Ader, leichte Schulter, locker, lose, lax; unsolide, verschwenderisch, vergnügungssüchtig, unseriös.

Leichtsinn 1. Leichtlebigkeit, leichtes Blut, Sorglosigkeit, Unbesorgtheit, Unbeschwertheit, Unverkrampftheit, Leichtigkeit, Flatterhaftigkeit, **2.** Unvorsichtigkeit, Fahrigkeit, Unaufmerksamkeit, Unachtsamkeit, Flüchtigkeit, Achtlosigkeit, Fahrlässigkeit, Nachlässigkeit, Unbesonnenheit, Unbedachtsamkeit, Leichtfertigkeit. 1035

leid sein 1. sich verleiden/vermiesen lassen; leid werden, satt bekommen, **2.** genug haben, überhaben, überdrüssig/übersättigt sein, nicht mehr mögen/sehen/hören können, müde sein, es satt/dick haben, die Nase/Schnauze voll haben, zum Halse heraushängen, lästig fallen, überkriegen, lebensmüde sein. 1036

leiden 1. Schmerzen haben/fühlen, zu klagen haben, dulden, erdulden, ertragen, erleiden, ausstehen, tragen, durchmachen, aushalten, durchstehen, **2.** schlucken, hinnehmen, über sich ergehen lassen, sich beugen; hinunterschlucken, einstecken, wegstecken, sich fügen; resignieren, sich schicken, ducken, gefallen lassen, abfinden; Folgen tragen/auf sich nehmen, Konsequenzen tragen, Brei auslöffeln, Suppe aufessen, **3.** krank sein, kränkeln, kranken, schlecht gehen, darniederliegen, liegen müssen, auf der Nase liegen, klagen über, leiden an, befallen sein von, behaftet sein mit, herumlaborieren, siechen, fiebern, phantasieren, in Lebensgefahr schweben, mit dem Tode ringen, **4.** sich grämen, quälen, verzehren; schwer haben/nehmen, trauern, durchhängen, sich härmen, abhärmen; in sich hineinfressen, nicht hinwegkommen über, Schmerzliches erleben, zu leiden haben, viel ausstehen, drinstecken, im Dreck stecken, heimgesucht werden, verzweifeln, zerbrechen an. 1037

Leiden 1. Übel, Unbehagen, Missbehagen, Übelbefinden, Krankheit, Unpässlichkeit, Unwohlsein, Beschwerde, Störung, Schmerzen, Qualen, Pein, Plage, Marter, Leidensweg, Heimsuchung, Leidenskelch, Martyrium, **2.** Masochismus, Leidenslust, süßes/vergnügtes Leiden. 1038

1039 **leidend** 1. krank, erkrankt, befallen von, behaftet mit, infiziert, indisponiert, nicht aufgelegt, in schlechter Verfassung, nicht auf dem Damm, arbeitsunfähig, marode, angegriffen, angekränkelt, angekratzt, malade, kränklich, fiebrig, erbarmungswürdig, mitgenommen, angeschlagen, angezählt, kodderig, verkatert, schlecht, übel, flau, mau, mies; ungesund, anfällig, elend, hundeelend, hundsmiserabel, miserabel, durchsichtig, bleich, eingefallen, hohlwangig, abgezehrt, sterbenskrank, todkrank, in Lebensgefahr, schwer/lebensgefährlich erkrankt, chronisch/unheilbar/unrettbar krank, todgeweiht, **2.** gebrechlich, gelähmt, hinfällig, bettlägerig, siech, hilflos, pflegebedürftig, altersschwach, dement, **3.** verletzt, verwundet, versehrt, gepeinigt, gequält, **4.** nervenleidend, psychisch/psychosomatisch krank, gemütskrank, geisteskrank, **5.** auf Entzug, turkey.

1040 **leider** schade, jammerschade, bedauerlich, unglücklicherweise, bedauerlicherweise, unerfreulicherweise, zu jmds. Bedauern/Leidwesen.

1041 **leise** gedämpft, lautlos, unhörbar, tonlos, geräuschlos, ruhig, still, piano, pianissimo, auf leisen Sohlen/Samtpfoten/Katzenpfoten / Zehen / Fußspitzen, mäuschenstill, schweigend, stumm, kommentarlos, wortlos, schweigsam, schleichend; halblaut, flüsternd, mit gedämpfter Stimme, schwach, getragen, verhalten, erstickt.

1042 **leisten (sich)** 1. tun, schaffen, wirken, vollbringen, erfüllen, bringen, fertig bringen, vollführen, bewerkstelligen, bewirken, funktionieren, arbeiten; Leistungen vorweisen, sich verdient machen; Verdienste erwerben, **2.** sich gönnen, erlauben, genehmigen, gestatten, kaufen.

1043 **Leistung** 1. Tat, Verdienst, Werk, Œuvre, Opus, Gesamtwerk, Schöpfung, Wurf, Großtat, Arbeitsleistung, Ergebnis, Ausstoß, Output, Produkt, Erfolg, Rekord, **2.** Kunstwerk, Kunstgegenstand, Artefakt, Meisterwerk, Meisterstück, Opus magnum, Meisterleistung, Meilenstein.

1044 **Leiter** 1. Stehleiter, Trittleiter, Tritt, Treppchen, Strickleiter, Fallreep, **2.** Betriebsleiter, Direktor, Chef, Patron, Generaldirektor, Prokurist, Geschäftsführer, Bevollmächtigter, Abteilungsleiter; Versammlungsleiter, Diskussionsleiter, Organisator, Gruppenleiter; Dienststellenleiter, Vorsteher, Schulleiter, Rektor, Polier, Ressortleiter, Chefarzt, Oberin; Intendant, Spielleiter, Spielmacher, Konzertmeister, Kapellmeister, Dirigent, Taktgeber, Orchesterleiter, Chorleiter, Kantor, Generalmusikdirektor, Bandleader.

Leitung 1. Führung, Lenkung, Planung, Steuerung, Kontrolle; Kopf, Spitze, Zentrale, Schlüsselstellung, Direktion, Geschäftsleitung, Geschäftsführung, Stab, Direktorium, Vorstand, Chefetage, Management, Projektmanagement; Intendanz, Regie, Aufnahmeleitung, **2.** Bevormundung, Entmündigung, Gängelei, Gängelband, Leine, Gängelung, Kuratel, Aufsicht, Oberaufsicht, **3.** Schlauchleitung, Rohrleitung, Pipeline; Verbindungsschnur, Draht, Kabel. 1045

lernen 1. sich aneignen; erlernen, Kenntnisse erwerben, sich qualifizieren, informieren, schlau machen; studieren, sich präparieren, vorbereiten, schulen; memorieren, sich einprägen, plagen; büffeln, ochsen, pauken, bimsen, sich auf den Hosenboden setzen, eintrichtern; Schule besuchen, Schulbank drücken, **2.** hören, belegen bei, sich bilden, unterrichten, fortbilden, ausbilden, weiterbilden; dazulernen, Kenntnisse erweitern, **3.** learning by doing, Superlearning, computergestütztes Lernen, **4.** beherzigen, zur Einsicht kommen, Vernunft annehmen, sich gesagt sein lassen; Lehre ziehen. 1046

lesen 1. buchstabieren, entziffern, flüchtig durchsehen, durchblättern, blättern, stöbern, anlesen, hineinschauen, überfliegen, querlesen, schmökern, diagonal lesen, durchgehen, durchlesen, durcharbeiten, studieren, verschlingen, fressen, sich in Bücher vergraben, **2.** Vorlesung halten, Lesung abhalten, vorlesen, vortragen. 1047

leugnen 1. abstreiten, verneinen, ableugnen, bestreiten, in Abrede stellen, anfechten, Einspruch erheben, von sich weisen, zurückweisen, **2.** widerrufen, zurücknehmen, zurückziehen, verleugnen, dementieren, revozieren, Rückzie- 1048 her machen, 3. übersehen, wegsehen, nicht sehen/wahrhaben wollen, Augen verschließen, Auge zudrücken, Kopf in den Sand stecken, Scheuklappen tragen.

1049 **Licht** 1. Helligkeit, helle Beleuchtung, Erleuchtung, Tageslicht, Tageshelle, Sonne, Sonnenlicht, Sonnenschein, 2. Schein, Lichtschein, Lichtreflex, Lichteffekt, Lichtkegel, Strahl, Glanz, Schimmer, Flimmer, Gefunkel, Glast, Geflimmer, Leuchten, Strahlung, Funke, Glut, Kerzenlicht, Kerzenschein, Strahlen, Feuer, Strahlkraft, Illumination, Festbeleuchtung, Lichtermeer, Rampenlicht, Flutlicht.

1050 **Lichtung** Schneise, Blöße, Kahlschlag, Rodung, Flurbereinigung, Durchtrieb, Waldlichtung.

1051 **lieb** 1. angenehm, erwünscht, erfreulich, recht, willkommen, 2. teuer, wert, unentbehrlich, wichtig, bedeutungsvoll, geschätzt, hoch geschätzt, vergöttert, angebetet, verhätschelt, verwöhnt, geliebt; sympathisch, ans Herz gewachsen, lieb geworden, nah, vertraut, hold, gewogen, zugetan, geneigt, gut gesinnt, eingenommen, 3. zutraulich, anschmiegend, anschmiegsam, weich, 4. liebevoll, zärtlich, liebesfähig, herzlich, herzenswarm, gefühlswarm, warmherzig, gemütvoll, wärmend, warm, innig, gütig, hilfsbereit, mitfühlend.

1052 **Liebe** 1. Neigung, Zuneigung, Geneigtheit, Zuwendung, Hang, Vorliebe, Anhänglichkeit, Sympathie, Faible, Affenliebe, Vernarrtsein, Zugetanheit, Verbundenheit, Gewogenheit, Gunst, Wohlgefallen, Vertraulichkeit, Intimität, Liebe auf den ersten Blick, Liebesbande, 2. Eros, Erotik, Liebeskunst, Ars amandi, Minne, Leidenschaft, Verliebtheit, Besessenheit, Vergötterung, Anbetung, Verlangen, Begehren, Passion, Ekstase, Liebesglut, Verzückung, Rausch, 3. Zärtlichkeit, Liebkosung, körperliche Liebe, Kosen, Vorspiel, Petting, Kuss, Umarmung, Beischlaf, Geschlechtsverkehr, Geschlechtsakt, Akt, Liebesvereinigung, Intimverkehr, Beilager, Liebesvollzug, Sex, Vereinigung, Koitus, Quickie, Nummer, Vögeln, Fick, 4. Liebschaft, Flirt, Schwärmerei, Spielerei, Liebelei, Techtelmechtel, Plänkelei, Geplänkel, Schäkerei, Getändel, Tête-à-tête, Liaison, Bettgeschichte, Affäre, Eskapade, Eroberung, Abenteuer, Amouren, Romanze, Liebesgeschichte, Lovestory, Liebesbeziehung, Liebesbund, Verhältnis, Beziehung, Außenbeziehung, Beziehungskiste, Episode, Seitensprung, Amour fou, Schäferstündchen, One-Night-Stand.

lieben 1. angetan/zugetan/eingenommen sein, Schwäche haben für, Sympathien hegen, jmdn. mögen/sympathisch finden/leiden mögen/gern haben, Neigung haben, sich hingezogen fühlen, etwas aus jmdm. machen; schätzen, gewogen sein, lieb gewinnen/haben, verbunden sein, aneinander hängen, ins Herz schließen, 2. tändeln, sich verlieben, vergucken, verknallen, verschießen, vernarren; entbrennen, erglühen, Feuer fangen, in Flammen stehen, sich an jmdn. verlieren; vergehen vor Liebe, jmdm. verfallen/hörig sein, anbeten, bewundern, verehren, vergöttern, auf Händen tragen, zu Füßen liegen, anhimmeln, anschwärmen, anschmachten, glühen, entbrannt sein für, huldigen, 3. hätscheln, schnäbeln, turteln, liebkosen, küssen, streicheln, tätscheln, aneinander schmiegen, herzen, kosen, schmusen, umarmen, umfangen, umhalsen, umfassen, umschlingen, umschließen, beischlafen, sich lieben; Liebe machen, Sex haben, intim sein, ins Bett gehen, miteinander schlafen, bumsen, vögeln, schnackseln, ficken, rammeln. 1053

Liebeskummer Liebesschmerz, Liebespein, Liebesleid, Liebesnöte, Herzeleid, Herzweh, Herzschmerz, Trennungsangst, Verlustangst, Trennungsschmerz; Beziehungsknatsch, Beziehungskrise, Ehetragödie. 1054

Linie 1. Strich, Gerade, Zeile, Verbindungslinie, Durchmesser, Radius, Kreismesser, Tangente, Diagonale, 2. Kontur, Umriss, Silhouette, Schattenriss, Profil, Umrisslinie; Skyline, Horizontlinie, Grenzlinie, 3. Verkehrsstrecke, Buslinie, Bahnlinie, Metrolinie, Straßenbahnlinie, 4. Abstammungsreihe, Ahnenreihe, Geschlechterfolge, Dynastie, 5. schlanke Linie, Schlankheit, gute Figur. 1055

links 1. zur Linken, linker Hand, linksseitig, backbord, auf der linken 1056

Seite, auf der Herzseite, linkshändig, **2.** innen, Abseite, Rückseite, **3.** im linken Spektrum, gesellschaftskritisch, sozialkritisch, sozialistisch, kommunistisch, rot.

1057 **List** 1. Schachzug, Winkelzug, Trick, Hinterwitz, Tücke, Angel, Falle, Fettnäpfchen, Tretmine, Fallgrube, Fallstrick, Grube, Fußangel, Schlinge, Garn, Netz, Finte, Haken, Köder, Hinterhalt, **2.** Machenschaften, Kabale, Ränke, Manöver, Intrige, Machination, Umtriebe, abgekartetes Spiel, Komplott, Verschwörung, Konspiration.

1058 **Literatur** Lesestoff, Lektüre, Schrifttum, Schriftgut, Buch; Sprachkunstwerk, Dichtkunst, Belletristik, schöne Literatur, Kunstdichtung, Dichtung, Poesie, Lyrik, Epos, Drama, Unterhaltungsliteratur, Trivialliteratur.

1059 **Lob** 1. Anerkennung, Billigung, Zustimmung, Bewunderung, Vorschusslorbeeren, Streicheleinheit, Beifall, Anklang, **2.** Belobigung, Auszeichnung, Preis, Ehrung, Lorbeeren, Huldigung, Ruhmesblatt, Würdigung, Anpreisung, Empfehlung, **3.** Loblied, Lobgesang, Lobrede, Laudatio, Hymne, Verherrlichung, Glorifizierung, Erhöhung, Überhöhung, Hagiographierung, Verklärung, **4.** Schmeichelei, Flatterie, Schmus, Augendienerei, Süßholz, Gesülze, Lobhudelei, **5.** Liebedienerei, Anbiederung, Schmusekurs, Kuschelkurs, Kuschelpolitik.

1060 **loben** 1. anerkennen, belobigen, lobend erwähnen, rühmen, preisen, herausstreichen, herauskehren, empfehlen, anpreisen, werben für, lobpreisen, lobsingen, würdigen, nachrühmen, Gutes nachsagen, Loblied singen, über den grünen Klee loben, hochjubeln, emporstilisieren, Kult treiben mit, **2.** Verdienste anerkennen/würdigen, Orden verleihen, auszeichnen, dekorieren.

1061 **löschen** 1. auslöschen, ausmachen, abschalten, ausdrehen, ausknipsen; ausblasen, auspusten, ausdrücken, ersticken, **2.** tilgen, ausgleichen, erlassen, schenken, aufheben, **3.** streichen, auswischen, wegwischen, durchstreichen, ausradieren, Daten löschen.

1062 **lose** 1. locker, gelockert, wackelig, wackelnd, brüchig, lottelig, schlotterig, **2.** faserig, saugfähig, porös, weitmaschig, durchlässig, grobfädig, **3.** unverpackt, einzeln, offen, nicht abgepackt, nach Gewicht; abnehmbar, beweglich, **4.** hangend, hängend, baumelnd, schlackend, schlaff, schlotternd, **5.** frech, kess.

lösen (sich) 1. loslösen, herauslö- 1063
sen, ablösen, losmachen, losbinden, abtrennen, aufschrauben, abschrauben, entfernen, ausloggen, **2.** zerlassen, verflüssigen, weich machen, schmelzen, aufweichen, einweichen, tauen, zergehen, zerfließen, zerrinnen, zerlaufen, auseinander laufen, auseinander fallen, zerfallen; abtauen, entfrosten, auftauen, **3.** raten, erraten, enträtseln, herausbringen, auflösen, entsiegeln, herausfinden, herausbekommen, Lösung finden, lösen können, knacken, entziffern, dechiffrieren, entschlüsseln, dekodieren, dahinter kommen, aufdröseln, **4.** aufmachen, aufhaken, lockern, frei machen, **5.** sich trennen, loslösen, selbständig machen, abnabeln, emanzipieren; eigene Wege gehen, **6.** lockern, erleichtern, entkrampfen, abführen; auflockern, aufschütteln, **7.** abreißen, abgehen, abplatzen, abspringen, losgehen, abbröckeln, bröckeln, zerbröckeln, abschilfern, morsch werden, vermorschen, **8.** fasern, fusseln, dünn/schäbig werden, **9.** entsichern, schussbereit machen, **10.** schälen, abschälen, häuten, schuppen, pellen, palen, abbalgen, entgräten, enthülsen, abblättern, abhäuten.

Lücke 1. Spalt, Ritze, Spalte, Lakune, 1064
Leerstelle, Space, Bresche, Hohlraum, Zwischenraum, Durchschuss, **2.** unbesetzter Platz, Parklücke, unbesetzte/offene Stelle, Vakanz, Verlust, **3.** Forschungslücke, Desiderat, Defizit, blinder Fleck, Gap.

Luft 1. Atmosphäre, Lufthülle, Äther, 1065
2. Luftströmung, Luftstrom, Luftzug, Ventilation, Lüftung, Belüftung, Luftzufuhr, Ventilator, Klimaanlage, Aircondition, **3.** Frischluft, Meeresluft, Abendluft, Nachtluft, Morgenluft, Frühlingslüftchen.

lüften entlüften, auslüften, Luft her- 1066
einlassen, durchlüften, Durchzug machen, belüften.

luftig 1. windig, stürmisch, böig, auf- 1067
frischend, zugig, bewegt, frisch, **2.** flüchtig, ätherisch, gasförmig, duftig, **3.**

gelüftet, lüftbar; hoch gelegen, dem Wind ausgesetzt.

1068 **Lüge** 1. Unwahrheit, Entstellung, Verdrehung, Verzerrung, Verfälschung, Falschinformation, Desinformation, 2. Schwindel, Schwindelei, Geflunker, Ausflucht, Vorwand, Scheingrund, Trug, blauer Dunst, Unrichtigkeit, Lügengewebe, Hochstapelei, Amtsanmaßung, 3. Meineid, Wortbruch, Vertrauensbruch, Eidbruch, Falschaussage, 4. Erfindung, Erdichtung, Fabelei, Ente, Falschmeldung, Lügenmärchen, Hirngespinst, Räuberpistole, Flausen, Jägerlatein, Seemannsgarn, Ammenmärchen, fromme Lüge, Lug und Trug, 5. Geschichtsklitterung, Mythenbildung, Legendenbildung.

1069 **lügen** Unwahrheit sagen, schwindeln, verkohlen, beschwindeln, anlügen, kohlen, flunkern, täuschen, Bären aufbinden, belügen, weismachen, aus der Luft greifen, es mit der Wahrheit nicht genau nehmen, entstellen, verdrehen, desinformieren, verfälschen, beschönigen, übertreiben, verzerren, falsch darstellen, falsches Bild geben, vortäuschen, erfinden, erdichten, fingieren, vorgeben, simulieren, sich in Widersprüche verwickeln, widersprechen; mit zwei Zungen reden, sich ausgeben als; fabeln, fabulieren; heucheln, sich verstellen; Gefühle vortäuschen, Krokodilstränen vergießen, erschleichen, erbschleichen, hochstapeln; falsch schwören, Meineid schwören.

Lust 1. Regung, Hang, Stimmung, 1070
Bock, Laune, Neigung, Appetit, Verlangen, Gelüst, Begehrlichkeit, 2. Genuss, Genussfreude, Sinnenfreude, Lustgefühl, Sinnenlust, Sinnenrausch, Sinnentaumel, 3. Begehren, Begierde, Gier, Sinnlichkeit, Lüsternheit, Fleischeslust, Libido, Erregtheit, Stimuliertheit, Geilheit, Laszivität, Wollust, Brunst, Leidenschaft, Fieber, Kupidität, Liebestollheit, Liebeswut, Erotomanie, Pornophilie, Sexbesessenheit.

lüstern begehrlich, begierig, gierig, 1071
gieprig, libidinös, sinnlich, leidenschaftlich, erregt, stimuliert, erotisiert, sexualisiert, wollüstig, brünstig, lasziv, voluptuös, buhlerisch, faunisch, geil, scharf, heiß, spitz, erotoman, mannstoll, weibstoll, liebeshungrig, liebestoll, sexhungrig, pornophil, sexbesessen.

M

1072 **Macho** Chauvinist, Chauvi, Machist, Sexist, Macker, Pascha, Alpha-Männchen, Haustyrann, Männlichkeitsprotz, Heman, Männlichkeitsfanatiker, Latin Lover, Papagallo.

1073 **Macht** 1. Machtstellung, Dominanz, Potenz, Machtbefugnis, Entscheidungsmacht, Sanktionsgewalt, Allgewalt, Allmacht, Omnipotenz, **2.** Machtstreben, Machtdrang, Machthunger, Machtgier, Machtbesessenheit, Machtwahn, Megalomanie, **3.** Einfluss, Herrschaft, Hegemonie.

1074 **mächtig** 1. machtvoll, stark, kräftig, kraftvoll, durchsetzungsfähig, beherrschend, marktbeherrschend, hegemonial, dominant, **2.** einflussreich, angesehen, vermögend, viel vermögend, potent, wichtig, gewichtig, maßgebend, tonangebend, autoritativ, **3.** allmächtig, allgewaltig, omnipotent, uneingeschränkt, absolut, schrankenlos.

1075 **Mädchen** 1. Tochter, Filia, Jüngste, Älteste, Nesthäkchen, **2.** Kind, Kleine, Küken, Göre, Dirn, Mädel, junges Ding, Biene, Käfer, Puppe, Fratz, Krabbe; Heranwachsende, Jugendliche, Backfisch, Teenager, Teenie, Girl, Girlie, junge Dame.

1076 **Magnet** Anziehungspunkt, Blickfang, Attraktion; Zugstück, Zugnummer, Galanummer, Glanznummer, Glanzpunkt, Hauptattraktion, Blockbuster, Sensationsnummer, Sensation, Straßenfeger, Kassenschlager, Kassenknüller, Kassenmagnet; Reißer, Schlager, Hit, Knüller, Hammer, Bombe, Mekka, Faszinosum, Hype.

1077 **Mahlzeiten** 1. Essen, Speise, Gericht, Schmaus; Fraß, Fressen, Schlangenfraß, **2.** Frühstück, Morgenimbiss, Morgenkaffee, Brotzeit, Gabelfrühstück, Frühschoppen, Brunch, **3.** Vorgericht, Vorspeise, Horsd'œuvre, Entree, Appetithappen, **4.** Mittagessen, Mittagsmahl, Mittagsbrot, Lunch, Diner, **5.** Dessert, Nachtisch, Nachspeise, Süßspeise, **6.** Nachmittagskaffee, Tee, Fünfuhrtee, Jause, Vesper, **7.** Abendbrot, Abendessen, Nachtessen, Nachtmahl, Souper, Dinner, **8.** Zwischenmahlzeit, Imbiss, Bissen, Happen, Fastfood, Snack, Stärkung, Erfrischung, Picknick, **9.** Menü, Speisefolge, Gänge, **10.** Tafel, Esstisch, Speisetisch, Table d'hôte, Mahl, Gastmahl, Festmahl, Festessen, Bankett.

mahnen 1. ermahnen, zu bewegen suchen, anraten, zusetzen, zureden, beschwören, ins Gewissen reden, betroffen machen, bedrängen, **2.** anhalten, anspornen, einschärfen, drängen, treiben, auf die Seele binden, ans Herz legen, ins Stammbuch schreiben, Vorhaltungen machen, **3.** erinnern, anmahnen, abmahnen, monieren, reklamieren, appellieren, vorknöpfen, ins Gedächtnis rufen, Rippenstoß geben, zur Ordnung rufen, bei der Ehre packen, am Portepee fassen, zur Räson bringen, zurechtstauchen, schütteln, zur Besinnung bringen, zurechtstoßen, zurechtweisen, Kopf waschen, predigen, moralisieren, zu bekehren suchen, missionieren. 1078

Mahnung 1. Reklamation, wiederholte Aufforderung, Erinnerung, Monitum, Mahnbrief, Mahnverfahren; Wink, Rippenstoß, Ermahnung, Anmahnung, Abmahnung, Zureden, Beschwörung, **2.** Memento, Menetekel, Vorwarnung, **3.** Appell, Anruf, Zuruf, Aufruf, Ordnungsruf, **4.** Predigt, Sermon, Moralpredigt, Strafpredigt, Gardinenpredigt, Rüge, Tadel, Schelte. 1079

Maler 1. Kunstmaler, Kopist, Buchmaler, Illustrator, Porträtist, Aquarellist, Kolorist, Freskenmaler, **2.** Anstreicher, Malermeister, Tüncher, Weißbinder, Lackierer, Tapezierer; Pinsler, Kleckser. 1080

Mann männliche Person, Mannsperson, Mannsbild, Kerl; Mann von Welt, Gentleman, Herr; Junggeselle, allein stehender Mann, Single, Witwer, Hausmann. 1081

männlich männlichen Geschlechts, maskulin, viril, male. 1082

Markt 1. Messe, Umschlagplatz, Börse, Basar, Wochenmarkt, Flohmarkt, Jahrmarkt, Marktplatz, Forum, Handelsplatz, **2.** Absatzgebiet, Absatzmarkt, Binnenmarkt, Inlandsmarkt, Auslandsmarkt, Finanzmarkt, interna- 1083 tionaler Markt, Weltmarkt, Schwarzmarkt, Arbeitsmarkt, Heiratsmarkt.

1084 **Marktforschung** Marktbeobachtung, Marktanalyse, Research, Fieldresearch, Fieldwork, Bedarfsforschung, Bedarfsanalyse, Käuferanalyse, Produktanalyse, Absatzforschung, Käuferbefragung, Verbraucherbefragung.

1085 **Maschine** Apparat, Aggregat, Motor, Maschinerie.

1086 **Maß** 1. Mäßigkeit, Beherrschung, Zurückhaltung, 2. Ausmaß, Abmessung, Ausdehnung, Dimension, Längenmaß, Flächenmaß, Hohlmaß, 3. Maßstab, Skala, Norm, Standard, Grundsatz, Richtmaß, Richtschnur, Wertmesser, Wertskala, Gradmesser, Maßeinheit, Zeitmaß, Takt, Rhythmus, Tempo, 4. Verhältnis, Beziehung, Proportion, Größenverhältnis, 5. Größe, Stärke, Nummer; Klasse, Gewichtsklasse, Lautstärke, Schallpegel.

1087 **Massaker** Blutbad, Gemetzel, Metzelei, Amoklauf, Gewaltorgie, Abschlachtung, Schlächterei, Schlacht, Vernichtung, Massenmord, Massenvernichtung, Holocaust, Völkervernichtung.

1088 **mäßig** 1. maßvoll, mit Maßen, gemäßigt, moderat, gemessen, gebändigt, beherrscht, gezügelt, 2. mittelmäßig, mittel, nicht besonders, durchschnittlich, alltäglich, bescheiden, ausreichend, nicht berauschend, gerade eben, erträglich, genügend, hinlänglich, passabel, ziemlich, leidlich, mediokr, einigermaßen, durchwachsen, mit Mühe und Not, mit Ach und Krach, nichts Halbes und nichts Ganzes, nicht überwältigend, ganz nett, nicht übel, mittelprächtig, genießbar, halbwegs, soso, nicht aufregend, geht an, so lala, schlecht und recht, treu und brav, 3. lau, lauwarm, handwarm, mild, temperiert, überschlagen.

1089 **Mäßigung** 1. Maßhalten, Beherrschung, Zurückhaltung, Selbstbeherrschung, Selbstdisziplin, Askese, 2. Beruhigung, Begütigung, Beschwichtigung, Besänftigung, Dämpfung, Befriedung, Milderung, Linderung, Abschwächung, Begrenzung, Schadensbegrenzung, Abmilderung, Herabminderung, Senkung; Dusche, Ernüchterung, Dämpfer, Desillusionierung, Abkühlung, Entdramatisierung.

maßlos 1. unmäßig, ohne Maß, 1090
schrankenlos, 2. unbeherrscht, unkontrolliert, undiszipliniert, unberechenbar, disziplinlos, regellos, ungezügelt, ungezähmt, zügellos, 3. hemmungslos, haltlos, enthemmt, besessen, getrieben, süchtig, manisch, ausschweifend, orgiastisch, schwelgerisch, prasserisch, unersättlich, exzessiv, extremistisch, ohne Maß und Ziel, exaltiert, outriert, übertrieben.

Maßnahme Maßregel, Bestimmung, 1091
Anordnung, Richtlinie, Aktion, Regelung, Vorgehen, Unternehmung, Tat, Handlung, Entscheidung, Zugriff, Handlungsweise.

Mäzen Förderer, Gönner, Fürspre- 1092
cher, Stifter, Spender, Wohltäter, Schirmherr, Protektor, Sponsor, Geldgeber, Sammler, Kunstliebhaber.

mechanisch 1. automatisch, ma- 1093
schinell, fabrikmäßig, industriell, serienmäßig, seriell, mechanisiert, maschinenmäßig, technisch, 2. gedankenlos, gewohnheitsmäßig, unbewusst, unwillkürlich, wie von selbst, zwangsläufig, 3. unbeseelt, seelenlos, unbelebt, leblos, fühllos, tot.

Medien Massenmedien, Kommunika- 1094
tionsmedien, Printmedien, Fernsehen, Rundfunk, Film, Multimedia, neue Medien, Online.

Medizin 1. Heilkunde, Heilkunst, 1095
Humanmedizin, Veterinärmedizin, 2. Heilmittel, Arznei, Medikament, Präparat, Pharmazeutikum, Remedium, Arzneimittel, Droge, Tablette, Pharmakon, Therapeutikum.

meinen wähnen, denken, finden, für 1096
richtig halten, dafürhalten, vermuten, vermeinen, glauben, auf dem Standpunkt stehen, Standpunkt vertreten, annehmen, erachten, mutmaßen, rechnen mit, für möglich halten.

Meinung 1. Ansicht, Auffassung, An- 1097
schauung, Dafürhalten, Erachten, Ermessen, Gutdünken; Überzeugung, Weltanschauung, Kredo, Glaube, Gewissheit, Bewusstsein, Einstellung, 2. Gesichtspunkt, Standort, Blickpunkt, Blickwinkel, Aspekt, Perspektive, Warte, Standpunkt, 3. Vorstellung, Vermutung, Gedanke, Mutmaßung, Annahme, 4. Behauptung, Bekräftigung, Beteuerung, Aussage, Stellungnahme, Äuße-

rung, Meinungsäußerung, Stimme, Votum.

1098 **meistens** größtenteils, meist, fast immer, meistenteils, zumeist, in der Mehrzahl der Fälle, zum überwiegenden Teil, weitaus am meisten.

1099 **Menge** 1. Anzahl, Anteil, Zahl, Ausmaß, Posten, Häufung, Cluster, Quantität, Quantum, Schnittmenge, 2. Fülle, Masse, Haufen, Berg, Brocken, Klumpen, Klotz, 3. Menschenmenge, Menschenansammlung, Volksmenge, Menschenlawine, Menschengewimmel, Auflauf, Gewühl, Gewimmel, Getümmel, Rudel, Schwarm, Schwall, Heerscharen, Legionen, Armee, Pulk, Herde, Scharen, Unzählige, Riesenmenge, Myriaden, 4. Vielzahl, Unzahl, Unsumme, Unmenge, 5. Mehrzahl, Mehrheit, Majorität, größere Zahl, größerer Teil, Löwenanteil, das Gros; Minorität, Minderheit, Minderzahl, Unterzahl, 6. Mann auf der Straße, Leute, breite Masse, jedermann, gewöhnlicher Sterblicher, kleiner Mann, Otto Normalverbraucher, Lieschen Müller, schweigende Mehrheit.

1100 **Mensch** 1. Geschöpf, menschliches Wesen, Homo sapiens, Herr der Schöpfung; Sterblicher, Erdenbürger, Erdgeschöpf, Erdbewohner, Zweibeiner, Erdengast; Menschengeschlecht, Menschheit, 2. Subjekt, Person, Individuum, der Einzelne, Jemand, Selbst, Persönlichkeit, Individualität.

1101 **menschlich** 1. human, allgemein menschlich, humanitär, menschenwürdig, menschengerecht, menschenliebend, philantropisch, menschenfreundlich, altruistisch, 2. sterblich, irdisch, leiblich, unvollkommen, staubgeboren, erdgeboren, allzu menschlich.

1102 **Menschlichkeit** Humanität, Humanitas, Humanum, Menschenwürde, menschliches Maß, Humanismus, Menschenliebe.

1103 **Messer** Klinge, Schneide, Tafelmesser, Küchenmesser, Buttermesser, Brotmesser, Klappmesser, Taschenmesser, Stilett, Dolch.

1104 **Migrant** Emigrant, Auswanderer, Flüchtling, Vertriebener, Ausgebürgerter, Ausgewiesener, Heimatvertriebener, Exilant, Heimatloser, Aussiedler, Umsiedler; Immigrant, Einwanderer, Zuwanderer, Asylsuchender, Asylant.

Migration Wanderung, Auswanderung, Einwanderung, Zuwanderung, Umsiedlung, Abwanderung, Wohnsitzwechsel. 1105

mild 1. gelinde, lind, weich, sanft, lau, sacht, behutsam, sorgsam, schonungsvoll, unmerklich, 2. harmlos, unschädlich, schonend, umweltfreundlich, gefahrlos, ungefährlich, 3. nicht scharf, ungesalzen, bekömmlich, 4. nachsichtig, verständnisvoll, gütig, nicht streng, verwöhnend, benigne, sanftmütig, duldsam, mildherzig, gnädig. 1106

Milde Sanftmut, Güte, Weichheit, Zartheit, Nachgiebigkeit, Sachtheit, Sanftmütigkeit, Sanftheit, Schonung, Gnädigkeit, Duldsamkeit, Weitherzigkeit, Versöhnlichkeit, Verträglichkeit. 1107

Militär 1. Soldat, Rekrut, Wehrpflichtiger, Berufssoldat, Offizier, Legionär; Kommisskopf, Landsknecht, Landser, 2. Streitkraft, Streitmacht, Atomstreitkraft, bewaffnete Macht, Heeresverband, Armee, Heer, Truppe, Volksarmee, Volksheer, Berufsheer, Bürgerwehr; Reichswehr, Bundesheer, Wehrmacht, Miliz; Soldateska, Soldatenhauf, paramilitärische Einheit; Kommiss, Barras, Bund. 1108

mischen 1. mengen, vermengen, rühren, verrühren, unterrühren, verquirlen, schlagen, vermischen, unterarbeiten, kneten, verkneten, unterkneten, untermengen, durcheinander wirken, durchkneten; zusammengießen, zusammenbrauen, mixen, schütteln; versetzen mit, manschen, 2. verbinden, legieren, verquicken, beimischen, zusetzen, beimengen, beifügen, beigeben, zugeben, melieren, 3. kreuzen, bastardieren. 1109

Mischung 1. Gemisch, Gemenge, Konglomerat, Promenadenmischung, Melange, Mixtum, Mixtur, Mixgetränk, Cocktail, Gebräu, Mischmasch, Panscherei, Gepansche, 2. Verdünnung, Verwässerung, Verfälschung, Verschnitt; Legierung; Beimischung, Zusatz, Beigabe, 3. Sammelsurium, Mosaik, Puzzle, Ragout, Potpourri, Quodlibet, Mixtum compositum, Patchwork, Vermischtes, Vielerlei, buntes Allerlei, dies und das, Charivari, Pelemele, Tuttifrutti, 4. Verbindung, Dispersion, Vermischung, Vermengung, Klitterung, Stilmischung, Cross-over, Fusion, 1110

Mixed Media, Gemengelage, Streulage, Eklektizismus, Verschmelzung, Vereinigung, Synkretismus, **5.** Mittelding, Zwischending, Zwitterding, Zwitter, Hermaphrodit, Hybride, Intersex.

1111 **missachten** 1. verachten, nicht achten, gering achten, gering schätzen, diskriminieren, verschmähen, ungerecht behandeln, beeinträchtigen, jmdm. unrecht tun, herabblicken, für wertlos halten, verfemen, verpönen, Nase rümpfen, nicht für voll/nicht ernst nehmen, verkennen, von oben herab behandeln, zurücksetzen, ausgrenzen, unberücksichtigt lassen, hintansetzen, hintanstellen, vom Tisch wischen, übergehen, überfahren, benachteiligen, vernachlässigen, übervorteilen, prellen, **2.** sich nichts daraus machen; pfeifen/nicht hören auf, auf die leichte Schulter nehmen, in den Wind schlagen, Achseln zucken; schändlich behandeln, mit Füßen treten, Schindluder treiben, mit Verachtung strafen.

1112 **Missachtung** Benachteiligung, Zurücksetzung, Ausgrenzung, Nichtbeachtung, Vernachlässigung, Beeinträchtigung, Abschätzigkeit, Hintansetzung, Brüskierung, Diskriminierung, Geringschätzung, Herabsetzung, Nichtachtung, Verachtung; Achselzucken, Naserümpfen.

1113 **Misserfolg** Verlust, Schlappe, Pech, Fehlschlag, Rückschlag, Rohrkrepierer, Totgeburt, Durchfall, Niete, Fiasko, Panne, Reinfall, Schlag ins Wasser/Kontor, Schiffbruch, Kalamität, Blamage, Korb, Abfuhr, Auspfiff, Absage, Ablehnung, Kassengift, Konkurs, Bankrott, Flop, Pleite, Debakel, Desaster, Waterloo, Niederlage.

1114 **missmutig** lustlos, unlustig, null Bock, griesgrämig, sauertöpfisch, übellaunig, miesepetrig, mies, verdrossen, misslaunig, verdrießlich, missgelaunt, missgestimmt, schlecht gelaunt, schwarzgallig, knurrig, mürrisch, überdrüssig, grämlich, missvergnügt, zerknittert, verstimmt, verkehrt, mit dem linken Fuß zuerst aufgestanden, quengelig, ungenießbar, verquer.

1115 **Missstimmung** Unbehagen, Missbehagen, Missmut, Unmut, Lustlosigkeit, Bedrücktheit, Beklommenheit, Beklemmung; schlechte Laune, dicke Luft, Tief, Misslaune, Misston, Verdrießlichkeit, Unzufriedenheit, Verdrossenheit, Verstimmtheit, Verstimmung, Morosität, Verdruss, Ärger, Übellaunigkeit, Unlust, Unwille, Groll, Bitterkeit, Bitternis, Missvergnügen, Trübsinn, Überdruss, Ekel; Katzenjammer, moralischer Kater, Nachwehen, Hang-over.

Mitte 1. Herz, Seele, Herzstück, das Innerste, Tabernakel, **2.** Zentrum, Piazza, Marktplatz, Plaza, **3.** Zentrale, Hauptgeschäftsstelle, Sammelpunkt, Sammelbecken, Sammelstelle, Center, Hochburg, **4.** Hälfte, halbe Strecke, halber Weg, Mitte des Weges, Wegmitte, Mittelstreifen; Halbzeit, Spielwechsel; Mittag, Zenit, Lebenshöhe, Lebensmitte, **5.** inmitten, mitteninne, zentral, im Zentrum / Fadenkreuz / Visier / Mittelpunkt/Kern, mittendrin, mittenmang, **6.** Mittelpunkt, Fokus, Schnittpunkt, Knotenpunkt, Kern, Nukleus, Herd, Sitz, Scheitel, Nabel, Achse, Rückgrat, Angelpunkt, Zentralpunkt, Schwerpunkt, Brennpunkt; goldene Mitte, Mittelweg. 1116

mitteilen 1. melden, bestellen, sagen, ausrichten, benachrichtigen, informieren, briefen, kommunizieren, unterrichten, verständigen, wissen/vernehmen lassen, Nachricht/Bescheid/Auskunft geben, vermelden, berichten, referieren, in Kenntnis/ins Bild setzen, aufklären, vertraut machen mit, heranbringen an, hinweisen, **2.** anmelden, ankündigen, signalisieren, annoncieren, anzeigen, ansagen, eröffnen, angeben, bekunden, dartun, aussagen, zeugen, bezeugen, enthüllen, **3.** weitersagen, weitergeben, weiterleiten, hinterbringen, durchsagen, durchgeben, übermitteln, veröffentlichen, publizieren, bekannt geben/machen, kundtun, kundmachen, verlautbaren, in Umlauf setzen, verbreiten, kundgeben, publik machen, verkünden, unter die Leute bringen, kolportieren, **4.** ausrufen, ausschellen, aushängen, ausschreiben, verkündigen, proklamieren, hinterlegen, hinterlassen, mailen. 1117

mitteilsam kommunikativ, kontaktfreudig, aufgeschlossen, äußerungswillig, gesprächig, rückhaltlos, mitteilungsbedürftig, offen, ohne Hemmungen, freimütig, offenherzig, unverhoh- 1118 len, redefreudig, redselig, wortreich, sprudelnd, schwatzhaft, geschwätzig, plauderhaft, quasselig, plapprig.

1119 **Mitteilung** Benachrichtigung, Bescheid, Auskunft, Information, Info, Berichterstattung, Bericht, Meldung, Unterrichtung, Eröffnung, Verlautbarung, Verkündung, Ankündigung, Durchsage, Durchgabe, Bekanntgabe, Kundgabe, Veröffentlichung, Publizierung, Publikation, Mitteilungsblatt, Hauspostille, Verkündigung, Proklamation.

1120 **Mittel** 1. Hilfsmittel, Hilfsquelle, Geldmittel, Material, Werkzeug, Gerät, Medium, 2. Möglichkeit, Handhabe, Methode, Wege, Mittel und Wege, 3. Machtmittel, Druckmittel, Zwangsmittel.

1121 **mittelbar** 1. indirekt, vermittelt, abgeleitet, 2. auf Umwegen, gerüchteweise, andeutungsweise, aus zweiter Hand, zwischen den Zeilen, verschleiert, verstohlen, hinter vorgehaltener Hand, verhohlen, verkappt, verbrämt, verblümt, durch die Blume, verhüllt, eingekleidet, verklausuliert, hintenherum, auf Schleichwegen, über die Bande, 3. mittels, vermittels, vermöge, anhand von, kraft, mit Hilfe von, dank, durch, über, durch Vermittlung/auf Veranlassung von, per, seitens, vonseiten, mit, von, hierdurch, dadurch, 4. brieflich, schriftlich, bargeldlos, durch Überweisung, per Scheck, 5. vom Hörensagen, dem Namen nach, nicht persönlich.

1122 **Mode** 1. Zeitgeschmack, Zeitstil, Zeitgeist, Zeitströmung, Zug der Zeit, Strömung, Tendenz, Trend, Welle, Hauptströmung, Mainstream, Fashion, Allerweltsgeschmack, Massengeschmack, Zeiterscheinung, Tagesgeschmack, das Allerneuste, letzter Schrei, Dernier Cri, neuester Look, 2. Modeschöpfung, Haute Couture, Kreation, Kollektion, Prêt-à-porter.

1123 **modern** 1. neu, modisch, nach der Mode, der Mode entsprechend, modebewusst, modesüchtig, fashionable, trendy, hip, kultig, 2. trendsetting, auf der Höhe der Zeit/dem neuesten Stand, neuzeitlich, von heute, hochmodern, in, zeitgemäß, aktuell, up to date, im Schwang; zeitgebunden, der Mode unterworfen, betont modern, modernistisch, neumodisch.

mögen 1. etwas abgewinnen, etwas übrig haben für, nicht abgeneigt sein, angetan sein, Gefallen/Geschmack finden an, Lust haben auf, sich etwas machen aus; gefallen, Geschmack abgewinnen, gewogen sein, gern haben, schätzen, lieben, billigen, bevorzugen, 2. neigen, tendieren, sich hingezogen fühlen; hinneigen zu, sympathisieren. 1124

möglich 1. potentiell, virtuell, virtual, hypothetisch, denkbar, annehmbar, erwägenswert, diskutabel, erdenklich, zu erwägen, nicht ausgeschlossen, vorstellbar, angängig, ausführbar, gangbar, durchführbar, erzielbar, menschenmöglich, machbar, praktikabel, lösbar, anwendbar, vereinbar, zumutbar, zuzumuten, vertretbar, akzeptabel, 2. erträglich, auszuhalten, tragbar, überwindbar, bezwingbar, besiegbar, erreichbar, erfüllbar, bezahlbar, reparabel, heilbar, wieder gutzumachen, 3. möglicherweise, allenfalls, vielleicht, unter Umständen, eventuell, nicht auszuschließen, vermutlich, wohl, kann sein, im Bereich des Möglichen, womöglich, gegebenenfalls, wer weiß, je nachdem. 1125

Möglichkeit Potentialität, Eventualität, Durchführbarkeit, Machbarkeit, gangbarer Weg; Opportunität, Gelegenheit, Aussicht, Chance. 1126

müde 1. ermüdet, schläfrig, ruhebedürftig, schlafbedürftig, gähnend, dösig, übernächtig, übermüdet, halb tot, schlapp, matt, bleiern, bettreif, bettschwer, hundemüde, sterbensmüde, todmüde, im Stehen, mit offenen Augen schlafend, verschlafen, schlaftrunken, 2. abgekämpft, abgespannt, abgemattet, entnervt, abgeschlagen, abgeschlafft, abgearbeitet, abgehetzt, überlastet, überanstrengt, überbürdet, überfordert, überarbeitet, stressgeplagt, am Rande, übernommen, durchgedreht, marode, urlaubsreif, reif für die Insel, geschafft, entkräftet, verbraucht, mitgenommen, erschöpft, ab, erschlagen, k. o., zerschlagen, erschossen, groggy, am Ende, aufgerieben, entkräftet, zermürbt, schachmatt, fertig, erledigt. 1127

Mund Lippen, Lippenpaar, Schnabel, Schnäuzchen, Schnute, Mäulchen, Kussmund, Schmollmund; Klappe, Rand, Flappe, Mundwerk, Maul, Schnauze, Gosche, Fresse. 1128

1129 **mürbe** 1. morsch, brüchig, rissig, wackelig, zerfallend, verwittert, abbruchreif, 2. zart, fein, morbid, weich, locker, bröselig, krümelig.

1130 **Musik** 1. Klang, Ton, Tonfolge, Tonrelation, Intervall, Melodie, 2. Tonkunst, Komposition, Tondichtung, Tonschöpfung, Musikwerk, Musikstück, Arrangement, 3. klassische Musik, ernste Musik, E-Musik, Unterhaltungsmusik, U-Musik, Tanzmusik, Discomusik, Jazzmusik, Jazz, Popmusik, Volksmusik, Filmmusik, Soundtrack, Hintergrundmusik, Funktionsmusik; Instrumentalmusik, Vokalmusik, elektronische Musik, Scratching, Soundsystem.

1131 **Musiker** 1. Komponist, Tonsetzer, Tondichter, Tonschöpfer, Tonkünstler, Arrangeur, 2. Interpret, Musikant, Spieler, Virtuose, Solist, Barmusiker, Orchestermusiker, Klavierspieler, Pianist, Geiger, Violinist, Streicher, Cellist, Bassist, Blasmusiker, Klarinettist, Flötist, Posaunist, Saxophonist, Trompeter, Schlagzeuger, Trommler, Drummer, Gitarrist, Percussionist, Keyboarder.

1132 **müssen** sollen, obliegen; sich verantwortlich/verpflichtet/bemüßigt fühlen, genötigt/gezwungen sehen; für nötig/erforderlich/unabdingbar halten, gehalten/gezwungen/genötigt/verpflichtet/verantwortlich sein, unter Druck stehen, nicht anders können, nicht umhinkönnen, keine Wahl/Alternative haben, in den sauren Apfel beißen, dran glauben müssen.

1133 **Muster** 1. Verzierung, Dekor, Dessin, Musterung, Ornament, Arabeske, Schmuckform, Aufdruck, Zeichnung, 2. Beispiel, Probe, Warenprobe, Sample, Versuchsstück, Musterstück, Vorführstück, Mustersendung, 3. Modell, Entwurf, Riss, Plan, Vorlage, Vorgabe, Schnitt, Schnittmuster, Schnittbogen, Schnittvorlage, Strickmuster, 4. Form, Mater, Model, Schablone, Urbild, Phänotyp, Archetyp, 5. Streifen, Punkte, Pünktchen, Sprenkel, Tupfen, Tüpfchen, Kringel, Karo, Blumen, Blüten, Maserung, Moiré.

mustern 1. bemustern, bedrucken, 1134
bemalen, tüpfeln, sprenkeln, übersäen, blümen, streifen, ringeln, karieren, 2. studieren, abschätzen, prüfen, kritisch betrachten, taxieren.

Mut Kühnheit, Tapferkeit, Schneid, 1135
Bravour, Courage, Zivilcourage, Unerschrockenheit, Mumm, Beherztheit, Traute, Herz, Furchtlosigkeit, Unverzagtheit, Heldenmut, Heroismus, Löwenmut, Wagemut, Verwegenheit, Tollkühnheit, Waghalsigkeit.

mutig 1. kühn, beherzt, furchtlos, wa- 1136
cker, tapfer, heldenhaft, starkherzig, forsch, heroisch, bravourös, unerschrocken, löwenherzig, unverzagt, couragiert, 2. verwegen, unbedenklich, wagemutig, waghalsig, risikofreudig, freihändig, ohne Netz, ungesichert, draufgängerisch, tollkühn, unbesonnen, todesmutig, vor nichts zurückschreckend.

Mutter 1. Elternteil, Erziehungsbe- 1137
rechtigte, leibliche Mutter, Adoptivmutter, Ziehmutter, Amme, Pflegemutter, Stiefmutter, Bezugsperson, allein erziehende Mutter, Leihmutter, 2. Mama, Mutti, Mami, Mom, Muttchen, Mütterchen, Mütterlein, alte Dame, Großmutter, Oma, 3. Initiatorin, Begründerin, Stifterin, Oberin, Alma Mater, Nährmutter, Mutter der Nation.

N

1138 **Nachahmer** Imitator, Kopist, Abschreiber, Plagiator, Epigone, Nachbeter, Papagei, Eklektiker, Fälscher.

1139 **Nachahmung** 1. Nachdruck, Faksimile, Rekonstruktion, Nachbildung, Reproduktion, Entlehnung, Remake, Anleihe, Imitation, Ersatz, Aufguss, Surrogat, Attrappe, Disneyland, Legoland, Abziehbild, Nachmacherei, Plagiat, geistiger Diebstahl, Nachäfferei, Mimikry, Parallelaktion, Abklatsch, Kopie, Simili, Talmi, **2.** Fälschung, Falsifikat, Falschgeld, Falschmünzerei.

1140 **Nachbar** 1. Mitmensch, Nächster, der andere, Mitbürger, **2.** Mitbewohner, Zimmernachbar, Wohnungsnachbar, Hausgenosse, Mitmieter, Untermieter, Anrainer, Anlieger, Anwohner, Umgebung, Nachbarschaft, Umfeld, **3.** Gegenüber, Visavis, Nebenmann, Tischnachbar, Vordermann, Hintermann.

1141 **Nachdruck** Betonung, Ton, Akzent, Aplomb, Schmackes, Unterstreichung, Hervorhebung; Ernst, Gewicht, Bedeutsamkeit, Emphase, Nachdrücklichkeit, Eindringlichkeit, Intensität, Inständigkeit, Inbrunst, Pathos, Schwung, Wucht, Vehemenz, Schärfe, Bündigkeit, Entschiedenheit, Bestimmtheit, Festigkeit, Strenge, Stimmaufwand, Massivität.

1142 **nachdrücklich** 1. betont, mit Nachdruck, akzentuiert, pointiert, zugespitzt, gewichtig, bedeutsam, ostentativ, demonstrativ, dezidiert, bestimmt, prononciert, unüberhörbar, deutlich, unmissverständlich, ultimativ, energisch, geharnischt, vehement, massiv, **2.** angelegentlich, eifrig, eindringlich, kniefällig, flehentlich, aus tiefster Seele, inständig, bittend, flehend, innigst; ausdrücklich, beschwörend, dringlich, ernstlich, sehnlich, inbrünstig, stürmisch, ausdrucksvoll, eindrücklich, intensiv, pathetisch, emphatisch, bedeutungsvoll, groß geschrieben.

nachfolgend nachstehend, im Folgenden, weiter unten. 1143

Nachfrage Bedarf, Bedürfnis, Interesse, Zuspruch, Kaufinteresse, Käuferinteresse, Demand, Absatz. 1144

nachholen 1. nachlernen, nacharbeiten, aufarbeiten, aufholen, nachziehen, einholen, gleichkommen, gleichziehen, **2.** zurückgreifen auf, ausholen, Vorgeschichte berichten, rückblenden, zurückkommen auf. 1145

nachlassen 1. zurückgehen, absinken, abklingen, abebben, abflauen, abschwellen, abschwächen, abnehmen, erlahmen, erschlaffen, ermatten, bergab gehen mit, sich verbrauchen, abnutzen, **2.** abkühlen, auskühlen, erkalten, **3.** bleichen, entfärben, aufhellen, gilben, falben, Farbe verlieren, abblassen, auslaufen, ausgehen, ausbleichen, verblassen, verschießen; eingehen, einlaufen, schrumpfen, **4.** altern, älteln, ergrauen, vergreisen, verkalken, einrosten, kümmern, verfallen, vertrotteln, nicht mehr mitkönnen, nicht mehr Schritt halten, zurückbleiben, abbauen, abspinnen, abwirtschaften, hinfällig/kraftlos werden, erlöschen, **5.** ermäßigen, heruntergehen, herabsetzen, senken, zurücksetzen, verbilligen. 1146

nachlässig 1. leichthin, obenhin, ungenau, flüchtig, inakkurat, unkorrekt, fahrig, flusig, fluderig, schludrig, **2.** faul, bequem, träge, säumig, unaufmerksam, **3.** lax, leger, nonchalant, salopp, lässig, **4.** schlampig, unordentlich, schlunzig, ungepflegt, vernachlässigt, lotterig, zerknittert, zerknautscht, krumpelig, zerknüllt, derangiert, zerzaust, ungekämmt, strubbelig, unfrisiert, unangezogen. 1147

Nachlässigkeit Achtlosigkeit, Schludrigkeit, Oberflächlichkeit, Flüchtigkeit, Unachtsamkeit, Unordentlichkeit, Ungenauigkeit, Säumigkeit, Lieblosigkeit, Lässigkeit, Vergesslichkeit, Bequemlichkeit, Unaufmerksamkeit, Laxheit. 1148

nachtragend grollend, schmollend, verbiestert, bitter, übelnehmerisch, ressentimentgeladen, rachsüchtig, unversöhnlich, rachedurstig, rachegierig. 1149

nachträglich rückwirkend, im Nachhinein, hintennach, retrospektiv, rückblendend, rückblickend, hinterher. 1150

1151 **nackt** 1. unbekleidet, unbedeckt, bloß, ohne, ausgezogen, entkleidet, hüllenlos, entblößt, textilfrei, im Adamskostüm/Evakostüm, entblättert, splitternackt, pudelnackt, splitterfasernackt, 2. unbeschuht, ohne Schuhe und Strümpfe, nacktbeinig, barfuß, barfüßig; barbusig, busenfrei, oben ohne, topless, rückenfrei, bauchfrei.

1152 **nah** 1. neben, daneben, zuseiten, nebeneinander, seitlich, seitwärts, längs, entlang, 2. nebenan, nebenliegend, nahebei, juxta, in der Nähe, unweit, dicht dabei, benachbart, umliegend, in nächster Umgebung, ganz nah, nebenan, nächste Tür, anliegend, angrenzend, eng beieinander, hart dabei, in Hörweite, um die Ecke, zum Greifen, vor der Nase, in Rufweite, Katzensprung, auf Tuchfühlung, 3. im Anzug, kommend, anrollend, sich nähernd, im Anmarsch, bevorstehend, in nächster Zeit, 4. nahe stehend, nachbarschaftlich, vertraut, verbunden.

1153 **Nähe** 1. Erreichbarkeit, Hörweite, Reichweite, Rufweite, Armeslänge; Umgebung, Umgegend, Umkreis, Umfeld, 2. Vertrautheit, Verbundenheit, Familiarität, Nachbarschaft.

1154 **nähern, sich** 1. nahen, herankommen, näher kommen, kommen, zukommen/zulaufen auf, anmarschieren, im Anmarsch sein, herannahen, sich heranpirschen; näher treten, herantreten, entgegengehen, herangehen, auf jmdn. zugehen/zutreten/lossteuern; herbeieilen, anreisen, zu erwarten sein, anrücken, anrollen, 2. aufziehen, heraufziehen, bevorstehen, sich anzeigen, abzeichnen, anmelden, 3. ansteuern, antreiben, anspülen, anschwemmen, 4. sich näher kommen; auf Tuchfühlung gehen, das Eis brechen, Kontakt aufnehmen, Bekanntschaft schließen, in Beziehung treten, Beziehung aufnehmen/knüpfen, sich kennen lernen, nahe kommen; in Berührung kommen, Fühlung nehmen, sich annähern; näher bringen/rücken, warm werden, sich einlassen mit; zusammenrücken, sich anfreunden, befreunden; Freundschaft schließen, sich lieb gewinnen; vertraut werden, zueinander finden, sich zusammenfinden; Brüderschaft trinken.

1155 **nahrhaft** sättigend, füllend, nährstoffreich, kalorienreich, Kraft spendend, kräftigend, deftig, herzhaft, nachhaltig, kräftig, gehaltvoll, handfest, fett, schwer, mächtig.

naiv arglos, ohne Arg, vertrauensselig, 1156
gutgläubig, treuherzig, offen, unbedarft, blauäugig, aus dem Mustopf, ahnungslos, unerfahren, ursprünglich, natürlich, kindlich, ungebrochen, einfältig, treudoof; in gutem Glauben, bona fide.

nämlich denn, das heißt, sozusagen, 1157
gewissermaßen, genau gesagt, wie man weiß, folgendermaßen, mit anderen Worten, und zwar.

Nase Geruchsorgan, Riechorgan, Zin- 1158
ken, Kolben, Gurke, Knollennase, Adlernase, Hakennase, Kartoffel, Stupsnase, Himmelfahrtsnase, Römernase; klassische Nase, Riecher, Rüssel, Riechkolben, Gesichtserker, Triefnase, Rotznase.

nass 1. vollgesogen, durchweicht, 1159
durchtränkt, triefend, durchnässt, pudelnass, klatschnass, patschnass, tropfnass, zum Auswringen, nass bis auf die Haut, 2. schwimmend, überschwemmt, überflutet, unter Wasser, sumpfig, moorig, 3. feucht, regnerisch, dämpfig, modrig, regenreich, verregnet, feuchtkalt, nasskalt, 4. benetzt, betaut, tauig, beträufelt, bewässert, begossen, 5. getaut, aufgetaut, geschmolzen, zerronnen, aufgelöst, verflüssigt, flüssig, zerflossen, dünnflüssig, wässerig.

Nationalismus 1. Patriotismus, Na- 1160
tionalgefühl, Nationalstolz, Nationalpatriotismus, Hurrapatriotismus, Lokalpatriotismus, Volkstümelei, Ethnozentrismus, 2. Chauvinismus, Rechtsextremismus, Rassismus, Fremdenphobie.

Natur 1. Stoff, Substanz, Materie; na- 1161
türlicher Zustand, natürliche Beschaffenheit, 2. Naturreich, Mutter Natur, Flora, Fauna, Tierwelt, Pflanzenwelt, Gewässer, Gesteine, Vegetation, unberührte Landschaft, Wald, Feld, Flur.

Naturkatastrophe 1. Erdbeben, 1162
Beben, Seebeben, Meeresbeben, Erdstoß, Bergrutsch, 2. Hochwasser, Überschwemmung, Überflutung, Springflut, Land unter, 3. Vulkanausbruch, Eruption.

natürlich 1. ursprünglich, genuin, 1163
authentisch, original, echt; biologisch,

naturgemäß, organisch, unverfälscht, naturrein, naturbelassen, ohne Konservierungsstoffe, **2.** unverbildet, unverbogen, urwüchsig, urtümlich, urig, elementar, ungekünstelt, ungeziert, selbstverständlich, **3.** naturnah, naturliebend, naturverbunden, **4.** naturgetreu, nach der Natur, naturalistisch.

1164 **nebenbei** **1.** beiläufig, am Rande, übrigens, nebenbei bemerkt, apropos, was ich sagen wollte, bei dieser Gelegenheit, nicht zu vergessen, ohnehin, im Übrigen/Vorbeigehen, en passant, **2.** leichthin, obenhin, unbetont, parenthetisch, in Parenthese.

1165 **nehmen** **1.** an sich nehmen, greifen, packen, fassen, zur Hand nehmen, erfassen, festhalten, zugreifen, in die Hand nehmen, ergreifen, Besitz ergreifen, schnappen, **2.** wegnehmen, stehlen, entwenden, rauben, abnehmen, davontragen, abjagen, entreißen, beiseite bringen, sich vergreifen an; einstecken, mitnehmen, wegholen, wegschleppen, wegstehlen, wegtragen, entführen, an sich bringen; bestehlen, gripsen, mopsen, mausen, klauen, klemmen, stibitzen, wegfinden, einstreichen, einsacken, mitgehen lassen, abstauben, organisieren, besorgen, filzen, lange Finger machen, verschwinden lassen, **3.** entziehen, entreißen, expropriieren, enteignen, aberkennen, verstaatlichen, annektieren, requirieren, konfiszieren, ausspannen, entwinden, sich bemächtigen; aneignen, berauben, plündern, wildern, rupfen, schröpfen, ausrauben, **4.** annehmen, entgegennehmen, sich schenken lassen, nicht zweimal sagen lassen, **5.** entnehmen, herausnehmen, einnehmen, zu sich nehmen, **6.** adoptieren, als Kind annehmen.

1166 **Neid** Missgunst, Abgunst, Scheelsucht, Futterneid, Brotneid, Eifersucht, Konkurrenzneid.

1167 **neiden** missgönnen, beneiden, nicht gönnen, eifersüchtig/missgünstig sein, schielen nach, vor Neid erblassen/platzen.

1168 **neidisch** missgünstig, neidig, abgünstig, scheelsüchtig, eifersüchtig, neiderfüllt, neidvoll, neidzerfressen, futterneidisch.

1169 **Neigung** **1.** Lust, Hang, Sinn, Sympathie, Regung, Wunsch, Geneigtheit, Interesse, **2.** Anlage, Vorliebe, Zug, Tendenz, Schwäche, Faible, Steckenpferd, Hobby, **3.** Hang, Inklination, Senke.

nein keineswegs, keinesfalls, nicht im Mindesten, durchaus/überhaupt/ganz und gar nicht, in keiner Weise, nicht im Geringsten, auf keinen Fall, keine Spur, kein Gedanke daran, mitnichten, weit entfernt, auch nicht, ebenso wenig, weder … noch, ausgerechnet, auch das noch, umgekehrt, im Gegenteil, nicht, nicht doch. 1170

nennen **1.** bezeichnen, heißen, taufen, benennen, benamsen, rufen, betiteln, anreden, ansprechen, titulieren, apostrophieren, **2.** erwähnen, angeben, vorschlagen, bestimmen, nominieren, zitieren, anführen, aufführen, aufzählen, **3.** heißen, Namen führen, genannt werden, lauten. 1171

nett **1.** freundlich, liebenswürdig, gefällig, höflich, aufmerksam, angenehm, sympathisch, einnehmend, ansprechend, **2.** artig, brav, wohlerzogen. 1172

Netz **1.** Maschenwerk, Maschennetz, Geflecht, Gewebe, Flechtwerk, Fangnetz, Fischernetz, Kescher, Haarnetz, **2.** Vernetzung, Netzwerk, Verbund, Verbundnetz, Bahnnetz, Verkehrsnetz, Streckennetz, Schienennetz; Fernschreibnetz, Leitungsnetz, Teletex, Telex, **3.** Network, multimediales Netz, Compunetz, Internet, Datenhighway, World-wide Web, **4.** Absicherung, soziales Netz, Sozialfürsorge, Wohlfahrt. 1173

neu **1.** nagelneu, ungebraucht, unbenutzt, unberührt, unbeschrieben, frisch, brandneu, funkelnagelneu, neu/frisch gebacken, neugeboren, ungetragen, fabrikneu, neuwertig, neu erbaut, **2.** ungewohnt, unbekannt, noch nie gesehen/da gewesen, erstmalig, gewöhnungsbedürftig, **3.** neuartig, originell, apart, eigenartig, unvergleichlich, ungewöhnlich, **4.** erneuert, neu belebt, Wiedergeboren, erfrischt, wie neugeboren, wiederhergestellt, restauriert, verändert, verwandelt, hergerichtet, gerichtet, aufgefrischt, aufpoliert, renoviert, geflickt, instand gemogelt, runderneuert, wie neu, **5.** neu zu entdecken, unerforscht, unbetreten, unerschlossen, jungfräulich, Terra incognita. 1174

Neugierde Neugier, Interesse, Wissbegier, Erkenntnisinteresse, Wissbegier- 1175 de, Wissensdrang, Wissensdurst, Erkenntnisdrang, Forschertrieb, Fragelust; Ungeduld, Gespanntheit, Sensationslust, Schaulust, Klatschlust, Naseweisheit, Vorwitz, Schnüffelei, Ausfragerei, Schlüssellochguckerei, Voyeurismus.

1176 **Neuheit** 1. Novität, Aktualität, Novum, Errungenschaft, Neubildung, Neues, Neuartiges, Innovation, Neuerung, Neuerwerbung, Nouveauté, Dernier Cri, 2. Neuerscheinung, Erstveröffentlichung, Erstdruck, Neudruck.

1177 **nichts** 1. gar nichts, nicht das Mindeste, kein bisschen, null, nada, kein Stäubchen, nicht die Spur/Bohne, keinen Deut, kein Sterbenswörtchen/Hauch, keine Silbe, nicht das Geringste, keinerlei, 2. nirgends, nirgendwo, an keinem Ort, weder nah noch fern.

1178 **Nichts** 1. Leere, Vakuum, luftleerer Raum, Nullpunkt, Stillstand, Auflösung, 2. Null, Niemand, unbekannte Größe, Anonymus, Mr. Nobody, Nobody, Karteileiche, 3. Chimäre, leerer Dunst, Illusion.

1179 **niedergeschlagen** 1. bedrückt, mutlos, gedrückt, deprimiert, verletzt, gehemmt, down, belastet, beladen, beschwert, bepackt, entmutigt, depressiv, trübselig, trübsinnig, verzagt, lebensmüde, mit sich und der Welt zerfallen, Häufchen Elend, niedergeschmettert, unglücklich, trübsinnig, freudlos, weltschmerzlich, zerschmettert, enttäuscht, verbittert, bitter, getroffen, geknickt, niedergedrückt, 2. kleinmütig, flügellahm, weinerlich, klagend, larmoyant.

1180 **Niederlage** 1. Aufgabe, Ergebung, Übergabe, Entwaffnung, Zusammenbruch, Kapitulation, 2. Misserfolg, Scheitern.

1181 **niederlassen (sich)** 1. siedeln, ansiedeln, Fuß fassen, Zelte aufschlagen, Wurzeln schlagen; vor Anker gehen, landen, einwurzeln, Wohnsitz nehmen, nisten, sich einnisten, festsetzen; verwachsen mit, Wohnung nehmen, unterkommen, unterschlüpfen, einziehen, einwandern, zuwandern, zuziehen, 2. sich setzen, hinsetzen; Platz nehmen, es sich bequem machen, bleiben, verweilen, sich häuslich niederlassen, 3. Geschäft gründen/eröffnen, Praxis eröffnen, sich etablieren; setteln, 4. niedergehen, niedergleiten, anfliegen, einfliegen, einschweben, aufsetzen; einlaufen, anlegen, ankern, 5. senken, hinunterlassen, hinablassen, eintauchen, einsenken, versenken, tauchen, untertauchen, abseilen, zu Tal bringen, hinablassen, 6. ablagern, sich absetzen, niederschlagen; Schicht/Bodensatz bilden, sedimentieren.

Niederlassung 1. Siedlung, Ansiedlung, Gründung, Settlement, 2. Zweigstelle, Filiale, Dependance, Außenstelle, Nebenstelle, Geschäftsstelle, Agentur. 1182

Niederschlag 1. Tau, Dampf, Nebel, Dunst, Nässe, Feuchtigkeit, Regen, Sprühregen, Nieselregen, Landregen, Platzregen, Gewitterregen, Wolkenbruch, Regenfälle, Guss, Schutt, Dusche, Schauer, Strichregen, Schnürlregen, Wetter, Gewitter, Unwetter, Ungewitter, 2. Reif, Raureif, Hagel, Graupeln, Schnee, Schlackerschnee, Schneefall, Schneegestöber, Schneesturm, Pulverschnee, Harsch, 3. Ablagerung, Sediment, Bodensatz, Patina, Edelrost, Kalk, Kalkschicht, Kesselstein, Sinter, Fall-out. 1183

Niederschrift 1. Aufzeichnung, Notizen, Notat, Manuskript, Konzept, Druckvorlage, Satzvorlage, 2. Protokoll, Mitschrift, Stenogramm, Bandaufnahme, Mitschnitt. 1184

niemand keiner, kein Mensch/Einziger, nicht einer, keine Seele, nicht ein Schatten, kein Bein/Schwanz/Aas. 1185

Nonne Ordensschwester, Ordensfrau, Klosterfrau, Laienschwester, Begine, Eremitin, Klausnerin. 1186

Not 1. Mangel, Bedürftigkeit, gedrückte Verhältnisse, missliche Umstände, Dürftigkeit, Mittellosigkeit, Misere, Elend, Armut, Verarmung, Verelendung, Ärmlichkeit, Armseligkeit, Entbehrung, Knappheit, Geldverlegenheit, Zahlungsschwierigkeit, Zwangslage, Geldsorgen, Geldklemme, Ebbe in der Kasse, 2. Missstand, Notstand, Notzeit, Übelstand, Notlage, Notfall, Härtefall, Misslichkeit, Malaise, Beschwer, Mühsal, Drangsal, Ungemach, Bedrängnis, Wohnungsnot, Hungersnot. 1187

notwendig 1. nötig, erforderlich, unentbehrlich, unabkömmlich, obligat, zwingend, unbedingt, geboten, unerlässlich, vonnöten, dringend, dringlich, 1188 wichtig, wesentlich, lebenswichtig, lebensnotwendig, **2.** notwendigerweise, zwangsläufig, gesetzmäßig, unvermeidlich, unumgänglich, unaufhaltsam, unausweichlich, unentrinnbar, unabwendbar, unabänderlich, unausbleiblich.

1189 **Notwendigkeit** **1.** Erfordernis, Bedingung, Unentbehrlichkeit, Unerlässlichkeit, Unumgänglichkeit, Unaufhaltsamkeit, notwendiges Übel, **2.** Selbstverständlichkeit, Pflicht, Gebot, Muss, Zwang, Gebot der Stunde, **3.** Zwangsläufigkeit, Unabwendbarkeit, Gesetzmäßigkeit, Unausweichlichkeit, Unabänderlichkeit, Schicksal.

1190 **Nuance** Zwischenton, Einschlag, Schattierung, Ton, Schatten, Touch, Hauch, Spur, Anflug, Stich, Schuss, Schimmer, Einschuss.

1191 **nur** nichts als, niemand als, ausschließlich, just, höchstens, allein, lediglich, niemand sonst, kein anderer, nichts anderes.

1192 **Nutzen** **1.** Gewinn, Ertrag, Profit, Vorteil, Ausbeute, Rentabilität, **2.** Rendite, Reingewinn, Nettogewinn, Nettoertrag, Gewinnspanne, Schnitt, Marge, Überschuss, Verdienst, Plus, Surplus, **3.** Effekt, Leistung, Arbeitsleistung, Wirkung, **4.** Nützlichkeit, Nutzbarkeit, Brauchbarkeit, Verwendbarkeit, Verwendungsmöglichkeit, Verwertbarkeit, Zweckmäßigkeit, Zweckdienlichkeit.

1193 **nützen** **1.** sich lohnen, rechnen, auszahlen; Gewinn bringen, einbringen, abwerfen, eintragen, fruchten, tragen, ergeben, erbringen, Frucht tragen; Nutzen / Ertrag bringen, frommen, dienen, helfen, von Nutzen sein, sich bezahlt machen; gute Dienste leisten, zugute / zustatten kommen, sich verlohnen, verzinsen, rentieren, amortisieren; herausspringen, dienlich / verwendbar sein, Zweck erfüllen, Vorteil / Zinsen bringen, nützlich / nütze / brauchbar / wertvoll / der Mühe wert sein, Mühe lohnen, **2.** nutzen, Chance ergreifen / beim Schopfe packen, Gelegenheit nutzen, Vorteil wahrnehmen / ziehen aus, Eisen schmieden, im Kielwasser / Windschatten segeln, sich zunutze machen; Nutzen ziehen, sich schadlos halten; Schäfchen ins Trockene bringen, Vorteil wahren; profitieren, investieren, anlegen, **3.** ausbeuten, abbauen, verwerten, verwenden, auswerten, ausnutzen.

nützlich **1.** brauchbar, verwendbar, 1194
zu gebrauchen, verwertbar, geeignet, zweckmäßig, sinnvoll, hilfreich, dankenswert, segensreich, wohltuend, tauglich, nutze, förderlich, dienlich, sachdienlich, konstruktiv, zielführend, **2.** lohnend, vorteilhaft, einbringlich, einträglich, ertragreich, ergiebig, nutzbringend, ersprießlich, Gewinn bringend, wirtschaftlich, dankbar, rentabel, ökonomisch, rationell, lukrativ, **3.** angezeigt, ratsam, heilsam, geraten, klug, richtig, geboten, empfehlenswert, erstrebenswert, der Mühe wert.

O

1195 **Oberfläche** 1. Außenseite, Hülle, Schale, Überzug, Haut, Kleid, Decke, 2. Äußeres, Erscheinung, Exterieur, Außenansicht, Gesicht, Vorderseite, Fassade, 3. Schein, Anschein, Tünche, 4. Wasserspiegel, Wasseroberfläche, Meeresspiegel, Erdoberfläche.

1196 **oberflächlich** 1. äußerlich, außen, peripher, nebensächlich, 2. gedankenlos, ohne Tiefe, uninteressiert, unbeteiligt, vordergründig, ohne Tiefgang, seicht, nichts dahinter/sagend, flach, leichthin, 3. diagonal, quer, flüchtig, skizzenhaft, skizziert, hingeworfen, hingehaucht, hingetupft, angedeutet, umrisshaft, obenhin, in groben Zügen, in Umrissen, ungründlich, ungenau, kaum, 4. spielerisch, unernst, halb.

1197 **Oberflächlichkeit** Vordergründigkeit, Äußerlichkeit, Spielerei, Banalität.

1198 **Oberschicht** 1. herrschende/politische/besitzende Klasse, Upperclass, 2. feine Gesellschaft, die reichen Leute, Geldadel, Reiche, Creme, Highsociety, Hautevolee, die oberen zehntausend, Upperten, die große Welt, Spitzen der Gesellschaft, die gute Gesellschaft, die ersten Familien, Establishment, Ortsgrößen, Notabeln, Honoratioren, die Arrivierten, die vornehme Gesellschaft, Mandarine, 3. Highsnobiety, Jetset, Happy Few, Schickeria, Schickimicki, Jeunesse dorée, Kaschmirkinder, Yuppies; Prominenz, Proms, Promis, VIPs.

1199 **obgleich** obwohl, obschon, obzwar, zumal, zwar, wenngleich, selbst wenn, wiewohl, wenn auch, ob auch immer, sei es, dass, was auch immer, dennoch, gleichwohl, trotzdem, ungeachtet, unbeschadet.

1200 **Obrigkeit** Staat, Regierung, Staatsgewalt, Administration, Apparat, Verwaltung, Nomenklatura.

1201 **öde** 1. leer, wüst, kahl, steinig, felsig, zerrissen, zerklüftet, zerschrundet, wild, karg, brach, unbebaut, ungenutzt, unergiebig, trist, unwirtlich, traurig, trostlos, einsam, verlassen, eintönig, monoton, desolat, 2. verödet, versteppt, verwildert.

Öde 1. Kahlheit, Kargheit, Rauheit, Trockenheit, Dürre, Unfruchtbarkeit, Unergiebigkeit, Sterilität, 2. Einförmigkeit, Eintönigkeit, Monotonie, Fadheit, Mattheit, Farblosigkeit, Stumpfheit, Glanzlosigkeit, Unwirtlichkeit, 3. Verödung, Versteppung, Erosion, 4. Wüste, Steppe, Wüstenei, Einöde, Ödland, Brachland, Karst, Tundra. 1202

oder beziehungsweise, respektive, entweder … oder, so oder so, andernfalls, oder aber, oder auch. 1203

offen 1. unverschlossen, unversperrt, auf, gähnend, klaffend, sperrangelweit; geöffnet, eröffnet, zugänglich, freigegeben, begehbar, betretbar, befahrbar, unbeaufsichtigt, unbewacht, unüberwacht, unkontrolliert, 2. offenherzig, freimütig, geradezu, freiheraus, rundheraus, rundweg, ohne Umschweife, auf Deutsch, ungeschminkt, unverblümt, unbeschönigt, unbemäntelt, klipp und klar, frank und frei, direkt, 3. schwebend, ungeklärt, dahingestellt, ungewiss, unentschieden, fraglich, strittig, ungelöst, anhängig, anstehend, steht aus, unerledigt, zweifelhaft, in der Schwebe, im Raum stehend, ausstehend, im Fluss, ungetan, unbeantwortet, unbewältigt, unaufgearbeitet, ungesühnt, unerfüllt, 4. fällig, zahlbar, zu zahlen/leisten, unausgeglichen, offen stehend, 5. unausgefüllt, blanko, unbeschrieben, frei, leer, 6. unverbindlich, ohne Gewähr, nach Möglichkeit, wenn möglich, 7. irgendwann, früher oder später, eines Tages. 1204

offenbaren (sich) 1. bloßlegen, enthüllen, aufdecken, entblößen, entschleiern, klarlegen, dekuvrieren, entlarven, outen, an den Tag/ans Licht bringen, offen legen, entdecken, sichtbar machen, Dunkel lichten, 2. kundtun, zeigen, Zeichen geben, aufklären, eröffnen, unterrichten, in Kenntnis setzen, stecken, Augen öffnen, aufhellen, orientieren, ins Bild setzen, aufmerksam machen, beibringen, beibiegen, zutage fördern, Licht bringen in, zutage treten, ans Licht/zum Vorschein kommen, offenbar werden, sich zeigen; offen liegen, offen zutage liegen, sich ma- 1205 nifestieren, 3. bekennen, sich entdecken; gestehen, kein Hehl machen, sich outen; Geständnis ablegen, geständig sein, Schweigen brechen, mit der Wahrheit herausrücken, Katze aus dem Sack lassen, zugeben, Flagge zeigen, der Wahrheit die Ehre geben, Ross und Reiter nennen, Karten aufdecken, beichten, Geheimnis anvertrauen, einweihen, aus dem Herzen keine Mördergrube machen, Kummer abladen, alle Schleusen öffnen, seinen Gefühlen freien Lauf lassen, nichts zurückhalten, reinen Wein einschenken, eingestehen, einbekennen, sich aussprechen; Herz ausschütten.

1206 **Offenbarung** 1. Eröffnung, Mitteilung, Kundgabe, Manifestation, Aufdeckung, Offenlegung, Coming-out, Outing, Entdeckung, Enthüllung, Demaskierung, Entschleierung, Entlarvung, 2. Bekenntnis, Geständnis, Beichte, Generalbeichte, Eingeständnis, Herzensergießung, Selbstbekenntnis, Schuldbekenntnis, Seelenstriptease.

1207 **Offenheit** 1. Ehrlichkeit, Aufrichtigkeit, Wahrhaftigkeit, Wahrheitsliebe, Offenherzigkeit, Freimütigkeit, Geradheit, Freimut, Rückhaltlosigkeit, 2. Mitteilsamkeit, Gesprächigkeit, Plauderhaftigkeit, Redseligkeit, Schwatzhaftigkeit, Schwatzsucht, Logorrhöe, Geschwätzigkeit, Zungendrescherei.

1208 **öffentlich** 1. allen/jedermann zugänglich, für die Öffentlichkeit bestimmt; für jedermann sichtbar, vor aller Augen/Welt, coram publico, auf offener Straße, in aller Öffentlichkeit, im Rampenlicht, in den Medien, veröffentlicht, publik, 2. transparent, durchschaubar, nachvollziehbar, überprüfbar, kontrollierbar, demokratisch.

1209 **Öffentlichkeit** 1. Allgemeinheit, Gesamtheit, die Leute, alle Welt, die Gesellschaft, öffentliche Sphäre, öffentliche Meinung, veröffentlichte Meinung, öffentliches Leben, öffentlicher Diskurs, Forum, Plattform, Publikum, 2. Transparenz, Glasnost, Durchschaubarkeit, Einsehbarkeit, Zugänglichkeit, Überprüfbarkeit, Kontrollierbarkeit, 3. Bekanntheit, Berühmtheit, Publicity, Publizität; Rampenlicht, 4. Meinungsträger, Meinungsmacher, Opinionleader, Meinungsführer, Meinungslenker, Meinungsbildner; Massenmedien, Kommunikationsmedien.

offiziell 1. amtlich, behördlich, staatlich, dienstlich, gültig, beeidet, beschworen, maßgebend, maßgeblich, verbindlich, offiziös, halbamtlich, aus gut unterrichteten Kreisen, 2. förmlich, feierlich, gesellschaftlich, formal, formell, zeremoniell, zeremoniös, unpersönlich, in aller Form, 3. vertraglich, vertragsgemäß, notariell, protokollarisch, unterschrieben, besiegelt, gestempelt. 1210

öffnen (sich) 1. aufmachen, aufschließen, auftun, aufsperren, einlassen, hereinlassen; hinauslassen, herauslassen, ins Freie lassen, aufstoßen, aufhalten, offen halten/lassen, aufreißen, aufbrechen, erbrechen, eindrücken, einreißen, niederreißen, einschlagen, sprengen, stürmen, knacken, gewaltsam öffnen, aufbrechen; durchstoßen, aufstechen, durchstechen, durchbohren, durchdringen, lochen, durchlöchern, perforieren, 2. entfalten, entrollen, aufrollen, auspacken, auswickeln, entkorken, anbrechen, anschneiden, anstechen, anzapfen, anreißen, aufklappen, aufdrücken, aufklinken, aufknacken, aufknöpfen, aufknoten, entknoten, aufkriegen, aufmeißeln, aufschlitzen, aufschnüren, aufschrauben, aufschneiden, 3. aufgehen, aufblühen, sich entfalten, erschließen, auftun; bersten, springen, platzen, aufspringen, 4. gähnen, klaffen, offen stehen. 1211

Öffnung 1. Tür, Tor, Pforte, Portal, Eingang, Einfahrt, Einstieg, Zugang, Ausgang, Auslass, Ausfahrt, Notausgang, Ausstieg, Hintertür, Hinterausgang, Schlupfloch, 2. Einlass, Eintritt, Zutritt, Zufahrt, Zulass, 3. Loch, Riss, Ritz, Öhr, Öse, Nadelöhr, Lücke, Schlitz, Luke, Düse, Pore; Guckloch, Sprung, Fuge, Bresche, Leck, 4. Passage, Durchfahrt, Durchlass, Durchgang, Verbindungsweg, Pass, Übergang; Durchreiche, Schalter; Schleuse, Furt, 5. Fenster, Oberlicht, Lichtschacht, Luftloch, 6. Ventil, Klappe, Auspuff, Ablauf, Abfluss, Ausfluss, Ablass, Ausguss, Gully; Überlauf, 7. Rinne, Traufe, Ausguss, Tülle, Spundloch, 8. Tunnel, Durchstich, Kanal. 1212

oft öfter, öfters, des Öfteren, oftmals, 1213

oftmalig, häufig, alle naslang, wiederholt, immer wieder, vielfach, multipel, mehrmals, viele Male, vielmals, x-mal, verschiedentlich, nicht selten, einige/unzählige Mal, zuweilen, mehrfach, gehäuft, tausendfach.

1214 **Ohr** Hörorgan, Ohrwaschel, Lauscher, Löffel, Schlappohren, Segelohren.

1215 **operieren** Eingriff vornehmen, unters Messer nehmen, schneiden, entfernen, amputieren, abtrennen, Glied abnehmen, ektomieren, resezieren; transplantieren, verpflanzen, überpflanzen, übertragen, implantieren, cyborgen.

1216 **Opfer** 1. Tribut, Gabe; Verzicht, Zoll, Bauernopfer, Guttat, Liebestat, 2. Betroffener, Geschädigter, Leidtragender, Verfolgter, Benachteiligter, Pechvogel, Unglücksrabe, Unglückswurm, Geisel, Versuchskaninchen, Hinterbliebener, Verkehrsopfer, Unfallopfer, Märtyrer, Blutzeuge, 3. Opferhandlung, Sakrifizium, Opferung, Opferdienst, Schlachtopfer, Brandopfer, Blutzoll, Sühneopfer, Gabenopfer, Messopfer.

1217 **opfern (sich)** 1. teilen, hingeben, darangeben, preisgeben, aufopfern, Opfer bringen, Verzicht leisten, verzichten, sich absparen; verteilen, abtreten, verausgaben, verschenken, weggeben; sich hingeben, verschenken, entäußern, verschwenden, verausgaben, aufopfern; das Letzte hergeben, sich verschreiben; aufgehen in, 2. Kastanien aus dem Feuer holen, Drecksarbeit erledigen, Reste essen, 3. preisgeben, rücksichtslos/sinnlos einsetzen, verheizen.

1218 **Opportunist** unsicherer Kantonist, Konjunkturritter, Wendehals, Windfahne, Wetterfahne, Rohr im Wind, schwankendes Rohr, Spielball, Chamäleon, Kopfnicker, Jasager, Mitläufer, Claqueur, Schatten, Unterling, Nachbeter, Trittbrettfahrer, Radfahrer, Hofschranze, Marionette, Lakai, Kriecher, Arschkriecher, Schleimscheißer, Speichellecker, Steigbügelhalter, Gesinnungslump.

1219 **Optimismus** Hoffnung, Hoffnungsfreude, Zuversicht, Zuversichtlichkeit, Lebensbejahung, Lebenszuversicht, Lebensvertrauen, Urvertrauen, Urbehagen, Lebensfreude, Unbeschwertheit, Lebenslust, Lebensmut, Glaube an das Gute, Zukunftsglaube, Fortschrittsglaube, Fortschrittsgläubigkeit, Ungebrochenheit, rosa Brille, Sonne im Herzen, positives Denken.

Optimist Fortschrittler, Zukunftsgläubiger, Pragmatiker, Frohnatur, Stehaufmännchen, Strahlemann. 1220

optimistisch zukunftsgläubig, zuversichtlich, positiv, bejahend, unverzagt, guten Mutes, lebensfroh, fortschrittsgläubig, lebensbejahend, positiv denkend. 1221

ordentlich 1. penibel, tadellos, aufgeräumt, in Ordnung, im Lot, geordnet, alles am rechten Platz, an Ort und Stelle, übersichtlich, klar, 2. auf Ordnung haltend, ordnungsliebend, genau, 3. feste, viel, tüchtig, anständig, gründlich, nach Strich und Faden, gehörig, richtig, herzhaft, kräftig, nicht zu knapp, nach Herzenslust. 1222

ordnen 1. regeln, organisieren, richten, in Ordnung bringen, klären, gerade richten/rücken, zurechtrücken, hinbiegen, zurechtsetzen, zurechtlegen, aufräumen, Grund reinbringen, beiseite räumen, wegräumen, sauber machen, ausmisten, Ordnung/Remedur schaffen, in Schuss bringen, 2. gliedern, phrasieren, gruppieren, sortieren, einteilen, rubrizieren, aufteilen, unterteilen, untergliedern, periodisieren, strukturieren, staffeln, klassifizieren, katalogisieren, systematisieren, assortieren, zusammenstellen, fächern, einordnen, abstimmen, koordinieren, zuordnen, positionieren, in Stellung bringen, formatieren, anordnen, unterordnen, nachordnen, hineinstellen, einreihen, eingliedern, nummerieren, einrangieren; kodifizieren, musealisieren, verzeichnen, zusammenfassen, schematisieren, reglementieren, 3. arrangieren, disponieren, einrichten, deichseln, schmeißen, hinkriegen, einstellen, justieren, aussteuern, regulieren, kanalisieren, begradigen, ausrichten, formieren, aufstellen, postieren, 4. legalisieren, legitimieren, rechtmäßig machen, verrechtlichen. 1223

Organisation 1. Aufbau, Anordnung, Gliederung, Anlage, Gefüge, Komplex, System, Einteilung, Disposition, 2. Einrichtung, öffentliche Einrichtung, Organ, Institution, Vereinigung, Verband, Gesellschaft, Verein, 1224

Klub, Körperschaft, Korporation, Genossenschaft, Gewerkschaft, Partei, Gilde, Innung, Zunft, Interessenvertretung, Lobby.

1225 **organisch** 1. belebt, körperlich, leiblich, physisch, anatomisch, somatisch, 2. Einheit bildend, zusammenhängend, zusammenwirkend.

1226 **organisieren (sich)** 1. einrichten, installieren, aufbauen, ausbauen, gliedern, ausgestalten, koordinieren, vorbereiten, planen, anordnen, managen, planmäßig durchführen, veranstalten, 2. beschaffen, deichseln, besorgen, 3. sich assoziieren, vereinigen, zusammenschließen; kooperieren, Organisation bilden, sich anschließen; beitreten, Mitglied werden, eintreten.

1227 **Original** 1. Handschrift, Manuskript, Urschrift, Erstschrift, Urfassung, Urtext; Originaltext, Originalton; Originalausgabe, Erstausgabe, erste Ausgabe, erster Druck, Erstdruck; Inkunabel, Wiegendruck, 2. Type, Kauz, Sonderling, Urvieh, Urviech, Unikum, Gurke, Blüte.

originell 1. eigenartig, eigen, besonders, eigengeprägt, unverwechselbar, eigentümlich, spezifisch, ursprünglich, schöpferisch, erfinderisch, einfallsreich, ideenreich, phantasievoll, phantasiebegabt, 2. apart, neu, nicht alltäglich, bizarr, ungewöhnlich, einmalig, 3. witzig, komisch, geistreich, treffend. 1228

Ort 1. Ortschaft, Örtlichkeit, Dorf, Stadt, 2. Platz, Stelle, Lokalität, Punkt, Sitz, Stätte, Statt, Standort, Drehort, Location, Ecke, Winkel, Fleck, 3. Standpunkt, Position, Plattform, Forum, Ebene, Basis. 1229

P

1230 **packen** 1. bewegen, begeistern, berühren, aufregen, aufrühren, aufwühlen, aufrütteln, nachgehen, rühren, fesseln, erschüttern, zu Herzen gehen, ergreifen, ans Herz greifen, übermannen, überwältigen, überkommen, mitnehmen, zu Tränen rühren, Mitleid erregen, durch Mark und Bein gehen, angreifen, Eindruck machen, umwerfen, umschmeißen, wachrütteln, **2.** einpacken, eintüten, einhüllen, umhüllen, einwickeln, einschlagen, verpacken, bündeln, zusammenpacken, verschnüren, zuschnüren, zubinden, zusammenbinden, zusammenschnüren, umschnüren, umwickeln, transportfähig / versandfähig machen, Koffer packen, verstauen, unterbringen, **3.** nehmen, greifen, anpacken, zugreifen, zupacken, zufassen, festhalten, sich bemächtigen; umklammern, an sich reißen, grapschen, beim Wickel nehmen, beim Kragen packen, beim Schlafittchen nehmen, **4.** kuvertieren, in den Umschlag stecken, frankieren, freimachen.

1231 **Paradies** Eden, Garten Eden, Garten Gottes, Elysium, Gefilde der Seligen, Arkadien, Schlaraffenland, Gelobtes Land, Land, wo Milch und Honig fließt, Traumland, Zauberland, Märchenland, Dorado, Olymp, Orplid, Utopia, Wunderwelt, Märchenwelt, Idyll, goldenes Zeitalter, Himmelreich, Jenseits, himmlisches Jerusalem.

1232 **Partner** 1. Teilhaber, Geschäftspartner, Mitinhaber, Kompagnon, Sozius, Kommanditist, Gesellschafter, Komplementär, **2.** Mitspieler, Spielpartner, Gesprächspartner, Kollege, **3.** Liebespartner, Lebenspartner, Lebensgefährte, Lebensabschnittspartner, **4.** Ehepartner, Eheleute, Ehepaar, Paar, Mann und Frau, Gespann, Vermählte, Verheiratete; Verlobte, Braut, Ehefrau, Frau, Weib, Gattin, Gemahlin, Angetraute, Eheliebste, Ehegespons, bessere Hälfte, Hausfrau, Hausherrin; Verlobter, Bräutigam, Ehemann, Mann, Gatte, Gemahl, Angetrauter, Ehehälfte, Hausherr, Göttergatte, **5.** Ex, Exfrau, Exmann, Vorfrau, Vormann.

passieren 1. vorbeigehen, vorübergehen, vorbeifahren, vorbeiziehen, defilieren, **2.** sich durchschlängeln, vorbeidrücken; durchschlüpfen, durchwitschen, durchkommen, nicht auffallen/bemerkt werden, übersehen werden, unbemerkt bleiben, **3.** passieren lassen, Auge zudrücken, es nicht genau nehmen, nicht hinsehen, durch die Finger sehen. 1233

pathologisch krankhaft, abnorm, anormal, deviant, denaturiert, unnatürlich, abartig, pervertiert. 1234

Patient Klient, Kranker, Behandlungsbedürftiger, Pflegebedürftiger, Hilfsbedürftiger, Leidender, Schmerzgeplagter, Bettlägeriger, Pflegefall; Verwundeter, Verletzter, Verunglückter. 1235

Pedant 1. Kleinigkeitskrämer, Haarspalter, Paragraphenreiter, Prinzipienreiter, Krämerseele, Umstandskrämer, Schulmeister, Besserwisser, Beckmesser, Oberrichter, Chefankläger, Kritikaster, Krittler, Meckerer, Deutler, Nörgler, Quengler, Silbenstecher, Splitterrichter, Korinthenkacker, Erbsenzähler, Kümmelspalter, Wortklauber, Tüftler, Disputierer, Rechthaber, Rabulist, Wortverdreher, Bürokrat, Amtsschimmel, Schulfuchs; Langweiler, Wiederkäuer, Klugschwätzer, Klugscheißer, Schlaumeier, Federfuchser, **2.** Moralist, Moralprediger, Sittenrichter, Tugendbold, Tugendwächter, Sittenwächter, Philister, Moralapostel, Bußprediger. 1236

Pedanterie 1. Ordnungsliebe, Penibilität, Ordnungsversessenheit, Kleinlichkeitskrämerei, Umstandskrämerei, Ordnungsfanatismus, **2.** Wortklauberei, Haarspalterei, Spitzfindigkeit, Rabulistik, Sophistik, Sophisterei, Silbenstecherei, Besserwissertum, Rechthaberei, Tadelsucht, **3.** Spießbürgerlichkeit, Philistertum, Tugendwächterei. 1237

pedantisch 1. kleinlich, übergenau, hyperkorrekt, pinselig, pingelig, penibel, betulich, umständlich, bürokratisch, pinnig, spinös, tippelig, tüftelig, peinlich genau, schulmeisterlich, silbenstecherisch, haarspalterisch, **2.** überspitzt, spitzfindig, sophistisch, jesuitisch, kasuistisch, begriffsklauberisch, 1238 rabulistisch, wortklauberisch, besserwisserisch, tadelsüchtig, rechthaberisch, Paragraphen reitend, übergescheit, Weisheit mit Löffeln gefressen, **3.** philisterhaft, philiströs, spießbürgerlich, moralinsauer, kleinkariert, kleinlich, kleinkrämerisch, engherzig, engstirnig.

1239 **peinigen (sich) 1.** plagen, placken, malträtieren, piesacken, kujonieren, sekkieren, triezen, schurigeln, mobben, drangsalieren, tyrannisieren, zwiebeln, schikanieren, übel mitspielen; zusetzen, Leben verbittern/versauern/zur Hölle machen, keine Ruhe geben, belästigen, bedrängen, schlecht behandeln, vergrämen, **2.** beleidigen, kränken, ärgern, Wunden schlagen, wehtun, Leid zufügen, bekümmern, heimsuchen, verwunden, verletzen, **3.** bohren, zerren, beißen, nagen, zehren, wurmen, alte Wunden aufreißen, **4.** kitzeln, kneifen, zwicken, zwacken, **5.** warten/zappeln lassen, auf die Folter spannen, **6.** zu nahe treten, in Verlegenheit bringen, beschämen, wunden Punkt berühren, Finger auf die Wunde legen, **7.** misshandeln, foltern, martern, quälen, schinden, treten, schlagen, peitschen, auspeitschen, psychisch foltern.

1240 **peinlich 1.** unangenehm, genierlich, ärgerlich, lästig, verdrießlich, unerfreulich, unerquicklich, misslich, widerwärtig, widrig, beschämend, blamabel, fatal, zum In-den-Boden-Sinken, hochnotpeinlich, **2.** heikel, bedenklich, kritisch, mulmig, prekär, diffizil, kitzlig.

1241 **persönlich 1.** menschlich, individuell, subjektiv, **2.** selbst, selber, leibhaftig, in Person, in eigener Person, personaliter, höchstpersönlich, in natura, eigenhändig, direkt, mündlich, gesprächsweise, von Mensch zu Mensch, unmittelbar, von Angesicht zu Angesicht, **3.** privat, außerdienstlich, nicht amtlich, öffentlich, vertraulich, vertrauensvoll, privatim, unter vier Augen, im engsten Kreise, **4.** an die Person gebunden, nicht übertragbar, **5.** unsachlich, unangenehm, taktlos, ausfallend, anzüglich, beleidigend.

1242 **Pessimist** Verächter, Miesmacher, Defätist, Schwarzseher, Unheilsprophet, Unkenrufer, Neinsager, Weltverneiner, Geist, der stets verneint, Griesgram, Kopfhänger, Spielverderber, Schwarzmaler, Menschenverächter, Muffel, Hypochonder.

pessimistisch düster, schwarzseherisch, trübe, trübsinnig, lebensunfroh, melancholisch, trostlos, hoffnungslos, kopfhängerisch, weltverneinend, defätistisch, negativ, negativ denkend, abwertend, absprechend, Unheil verkündend. 1243

Pferd Gaul, Ross, Mähre, Klepper, Rosinante, Schindmähre, Ackergaul, Stute, Hengst, Wallach, Füllen, Fohlen, Schimmel, Rappe, Fuchs, Brauner, Schecke, Falbe, Vollblut, Halbblut, Kaltblut, Pony; Reitpferd, Rennpferd. 1244

Pflege 1. Fürsorge, Sorge, Betreuung, Schutz, Hut, Obhut, Umhegung, Hege, Wartung, Versorgung, **2.** Erhaltung, Bewahrung, Konservierung, Unterhaltung, Instandhaltung, **3.** Sauberkeit, Hygiene, Körperpflege, Gesundheitspflege, Schönheitspflege, Kosmetik. 1245

pflegen (sich) 1. sauber/in Ordnung halten, hüten, schonen, warten, hegen, pfleglich behandeln, umsorgen, umhegen, betreuen, bemuttern, betun, **2.** zu tun pflegen, gewohnt sein, meistens/im Allgemeinen tun, die Gewohnheit haben, **3.** konservieren, bewahren, instand halten, schützen, **4.** trockenlegen, baden, pudern, salben, windeln, wickeln, **5.** sich zurechtmachen; verschönern, richten, herrichten, schminken, frisieren, maniküren, pediküren, zur Kosmetikerin gehen; rasieren, barbieren. 1246

Pflicht Auflage, Verpflichtung, Eingebundensein, Gebot, Schuldigkeit, Verbindlichkeit, Notwendigkeit, Gewissenssache, Ehrensache, Haftung, Belastung, Last, Zwang. 1247

Pfusch Flickwerk, Halbheit, Stümperei, Murks, Pfuscharbeit, Flickschusterei, Patzer, Sudelei, Kleckserei, Hudelei, Schluderei, Pfuscherei, Stückwerk, Fehlkonstruktion, Ausschuss. 1248

pfuschen schummeln, falsch spielen, hudeln, stümpern, huscheln, klimpern, dilettieren, murksen, schustern, doktern, patzen, quacksalbern, schludern, schlampen, fünf gerade sein/schleifen lassen, sudeln, klecksen, schmieren, zusammenhauen, zusammenschustern, zusammenstoppeln, schlecht arbeiten, verpfuschen, verpatzen. 1249

1250 **Phantasie** Vorstellungsvermögen, Vorstellungskraft, Einbildungskraft, Erfindungsgabe, Anschauungsvermögen, Einfühlungsgabe, Schöpferkraft, schöpferisches Denken, Einfälle, Einfallsreichtum, Ideenreichtum, schöpferisches Gestalten, Imagination, Originalität, künstlerische Ader, Kreativität, Experimentierfreude.

1251 **phantastisch** 1. fabelhaft, märchenhaft, nicht zu glauben, unvorstellbar, unbeschreiblich, blendend, brillant, Schwindel erregend, unwahrscheinlich, unglaublich, sagenhaft, wunderbar, toll, super, geil, oberaffengeil, ultimativ, **2.** unwirklich, surreal, surrealistisch, traumhaft, phantasmagorisch, Science-Fiction, Sci-Fi, **3.** grotesk, kurios, schnurrig, närrisch, barock, überspannt, verstiegen, bizarr, seltsam, wunderlich, kauzig, skurril, schrullig.

1252 **Phlegmatiker** Gemütsmensch, Stoiker, die Ruhe selbst, Langweiler, Phlegma, Fischblut, Froschblut, Schlafmütze, Schlaftablette, Schnarchhuhn, Nachtwächter, Transuse, Trantüte, Schnecke, Tranfunzel, träger Mensch, Nesthocker.

1253 **Phrase** 1. Redensart, feste Wendung, Idiom, Floskel, Formel, Mantra, Redewendung, Zitat, geflügeltes Wort, Schlagwort, Slogan, Binsenwahrheit, Binsenweisheit, Gemeinplatz, Klischee, Plattitüde, Banalität, **2.** Schwulst, Bombast, Wortgeklingel, Wortemacherei, Redeblume, Gerede, Schnack, Geschwätz, Sprüche, Schmus, Sums, Tiraden, hohles Pathos, Deklamation, Wortgeklapper, Wortgeröll, Worthülse, Sprechblase, leeres Stroh, Geflunker, Flausen, **3.** Figur, Passage, Kantilene, Motiv.

1254 **Pionier** 1. Aufklärer, Freidenker, Freigeist, Reformer, Neuerer, Fortschrittler, Reformator, Umgestalter, **2.** Anreger, Ideengeber, Initiator, Initiant, Wegbereiter, Spurer, Vorhut, Anführer, Bahnbrecher, Schrittmacher, Trendsetter, Trendscout, Frühadapter, Scout, Talentsucher, Headhunter, Entdecker, Kolumbus, Vorreiter, Vorbereiter, Vorbote, Vorgänger, Vorläufer, Vorkämpfer, Testfahrer, Testpilot, Avantgardist, Vordenker, Spiritus Rector, Querdenker, Grenzgänger, Führer.

1255 **Plan** 1. Vorhaben, Absicht, Intention, Hintergedanke, Projekt, Agenda, Vorsatz, Vorgabe, Programm, Zielsetzung, Ziel, Masterplan, **2.** Aufriss, Entwurf, Wurf, Skizze, Gedankenaufriss, Gedankenspiel, Faustskizze, Exposé, Konzept, Konzeption, Konzipierung, Überblick, Übersicht, Riss, Grundriss, Bauplan, Studie, Planspiel, Versuchsanordnung, Szenario, Simulation, **3.** Voranschlag, Budget, Haushaltsplan, Kalkulation, Kostenaufstellung, Etat, Kostenvoranschlag, Kostenplan, Zeitplan, Zeitfenster, Kalkül, Finanzierungsplan, **4.** Überlegung, Vorbedacht, Voraussicht, Planung, Strategie, Taktik, Planen, Plänemachen, **5.** Programm, Strategie, Taktik, Logistik.

planen 1. beabsichtigen, wollen, in- 1256
tendieren, sich vornehmen; vorhaben, ins Auge fassen, projektieren, im Sinn haben, beschließen, zu tun gedenken, erwägen, vorsehen, Vorsatz fassen, in Aussicht nehmen, zum Ziel setzen, Plan machen, Pläne schmieden, avisieren, anlegen, sich mit dem Gedanken tragen; mit dem Gedanken spielen, im Schilde führen, in Aussicht stellen, **2.** anstreben, bezwecken, abzielen, hinzielen, erstreben, trachten nach, hinsteuern, **3.** entwerfen, konzipieren, aufsetzen, skizzieren, umreißen, aufreißen, Konzept machen, ins Unreine schreiben, organisieren, inszenieren, simulieren.

planmäßig 1. planvoll, methodisch, 1257
überlegt, bewusst, systematisch, klug, bedacht, durchdacht, nach Plan, programmmäßig, berechnet, gezielt, gelenkt, vorbereitet, wohlerwogen, durchorganisiert, wohlbewusst, sinnvoll, zielbewusst, taktisch, strategisch, wissenschaftlich, rational, **2.** plangemäß, programmgemäß, erwartungsgemäß, wie geplant.

plastisch hervortretend, erhaben, re- 1258
liefartig, abgehoben, heraustretend, räumlich, perspektivisch, modelliert, körperhaft, getrieben, geprägt, bildhauerisch; knetbar, formbar.

platzen 1. bersten, krachen, zersprin- 1259
gen, zerplatzen, explodieren, hochgehen, zerkrachen, losgehen, knallen, verpuffen, springen, splittern, knacken, **2.** wild werden, Wände hochgehen, zu viel kriegen, **3.** auffliegen, publik werden, sich zerschlagen; misslingen.

1260 **plötzlich** auf einmal, mit einem Male, mit eins, unvermittelt, unversehens, mit einem Schlag, schlagartig, blitzartig, wie aus der Pistole geschossen, aus heiterem Himmel, Knall auf Fall, ohne Vorwissen, von heute auf morgen, fristlos, ruckartig, Hals über Kopf, unerwartet, unvorhergesehen, unvorhersehbar, über Nacht, von einem Augenblick zum andern, ohne Übergang, übergangslos, abrupt, urplötzlich, angeflogen, unvermutet, mir nichts, dir nichts, ungeahnt, überrascht, überraschend, unverhofft, jäh, spontan, unangemeldet, in flagranti, auf frischer Tat.

1261 **plump** 1. schwerfällig, unförmig, vierschrötig, ungeschlacht, grobgliedrig, ungefüge, massig, ungeschmeidig, schwer beweglich, grobschlächtig, derb, bollig, klobig, klotzig, ungelenk, ungewandt, olber, Elefant im Porzellanladen, steif, hüftsteif, eckig, ungraziös, anmutlos, hölzern, unschick, unelegant, ohne Stilgefühl, unkultiviert, unzivilisiert, **2.** taktlos, ungeschliffen, unzart, unfein, unhöflich, grob, unkultiviert, unmanierlich, ungehobelt, massiv, unbehauen, **3.** undiplomatisch, untaktisch, unpolitisch, plump vertraulich.

1262 **poetisch** 1. dichterisch, schöpferisch, gestaltet, geformt, geprägt, literarisch, metaphorisch, symbolisch, allegorisch, verfremdet, verdichtet, dicht, formvollendet, anschaulich, lyrisch, episch, dramatisch, bilderreich, stilisiert, **2.** idyllisch, gefühlvoll, künstlerisch, musisch, romantisch, träumerisch, unwirklich, ideal, dichterisch frei, fiktiv.

1263 **Polizei** 1. Polizist, Polizeibeamter, Polyp, Cop, Sheriff, Bulle, Flic, Bobby, **2.** Polizeibehörde, Kommissariat, Polizeikräfte, Polente; Polizeiwache, Wache, Polizeirevier, Revier.

1264 **Post** 1. Postamt, Poststelle, Postdienststelle, **2.** Posteingang, Eingang, Einlauf, Zugang; Sendung, Postsendung, Postgut, Briefsendung, **3.** Brief, Drucksache, Einschreiben, Nachnahme, Paket, Päckchen, Warensendung, Wertbrief, **4.** elektronische Post, E-Mail.

1265 **prächtig** glänzend, prachtvoll, glanzvoll, herrlich, wirkungsvoll, triumphal, glorreich, glorios, pompös, prunkvoll, prunkend, prangend, prunkhaft, aufwendig, üppig, protzig.

prahlen 1. angeben, protzen, paradieren, stolzieren, brillieren, glänzen, auftreten, großtun, wichtig tun, sich wichtig machen; posieren, sich in Szene/Positur setzen; zur Schau stellen, inszenieren, Show abziehen, sich ein Air geben; dicktun, sich aufblasen, aufplustern, aufblähen, aufspielen, spreizen, vordrängen, brüsten, herausstreichen, rühmen; Wind machen, sich überheben; auf die Pauke hauen, aufschneiden, den großen Zampano spielen, übertreiben, renommieren, **2.** den Mund voll nehmen, kannegießern, bramarbasieren, salbadern, tönen, große Töne reden, schwafeln, leeres Stroh/Phrasen dreschen, für die Galerie sprechen. 1266

Preis 1. Betrag, Summe, Gegenwert, Geldwert, Marktwert, Handelswert, Entgelt, **2.** Taxe, Tarif, Gebühr, **3.** Verkaufspreis, Kaufpreis, Marktpreis, Ladenpreis, Engrospreis, Einkaufspreis, Selbstkostenpreis, Nettopreis, Listenpreis, Richtpreis, Preisempfehlung, Endpreis, **4.** Gewinn, Hauptgewinn, Haupttreffer, Losgewinn, Siegespreis, Trophäe, Kopfgeld, Pokal, Cup, Auszeichnung, Medaille, Trostpreis. 1267

Presse 1. Pressewesen, Zeitungswesen, Journalismus, Journaille; Sensationsjournalismus, **2.** Printmedien, Medien, Zeitung, Zeitschrift, Periodikum; Morgenblatt, Morgenzeitung, Tagblatt, Tageszeitung, Abendblatt, Abendzeitung; Blätterwald, Fachpresse, Boulevardpresse, Regenbogenpresse, Yellowpress, Sensationspresse, **3.** Kritik, Rezension, Beurteilung, Presseecho, Pressrummel, Medienhype. 1268

Primitivling 1. Raubein, Grobian, Murrkopf, Klotz, Kloben, Bauer, Mollenkopf, ungehobelter Kerl, Stoffel; Flegel, Lümmel, Bengel, Rotznase, Rotzlöffel, Rüpel, Prolo, Proll, Gassenjunge, Straßenjunge, Rowdy, Hooligan, Randalierer, **2.** Raufbold, Schläger, Brutalo, Rabauke, Zänker, Krakeeler, Krachmacher, Stänker, Polterer, Kampfhahn, Streitsucher, Haudegen, Streitmichel, Streithammel, Prozesshansel, **3.** Hitzkopf, Brausekopf, Querkopf, Dickschädel, Starrkopf, Choleriker, Zornnickel, Wüterich, schlimmer Finger, Unhold, 1269

Fanatiker, Maniac, Eiferer, Aufwiegler, Hassprediger.

1270 **problematisch** 1. fragwürdig, unentschieden, kritisch, schwierig, zweifelhaft, strittig, umstritten, unter Beschuss, ungeklärt, ungelöst, anfechtbar, 2. dubios, undurchschaubar, unverständlich, verdächtig, nicht geheuer, beunruhigend, mulmig.

1271 **Produktivität** 1. Schöpferkraft, Schöpfertum, Gestaltungskraft, Gestaltungsfreude, Gestaltungstrieb, Gestaltungsvermögen, Schaffensdrang, Schaffenslust, Schaffenskraft, Schaffensfreude, Schöpferlust, Genie, Erfindungsgabe, Spielfreude, Darstellungskraft, Originalität, schöpferische Eigenart, Phantasie, 2. Fruchtbarkeit, Potenz, Fertilität; Ertragsfähigkeit, Ertragskraft, Ergiebigkeit, Leistungsfähigkeit, Potential, Produktivkraft, Arbeitsvermögen, Leistungsvermögen, Manpower, Synergie.

1272 **Profitgeier** Wucherer, Beutelschneider, Halsabschneider, Abzocker, Schacherer, Spekulant, Schieber, Absahner, Ausbeuter, Blutsauger, Vampir, Aasgeier, Finanzhyäne, Währungsspekulant, Immobilienhai, Wohnungsspekulant, Miethai, Kredithai, Kriegsgewinnler.

1273 **Prophet** Warner, Mahner, Rufer, Deuter, Seher, Künder, Unheilverkünder, Unheilprophet, Kassandra, Verkündiger, Weissager, Verkünder, Wahrsager, Wahrschauer, Hellseher, Spökenkieker, Gedankenleser, Zauberer, Medizinmann, Haruspex, Druide, Schwarzkünstler, Magier, Hexer, Gespensterseher, Zeichendeuter, Geisterseher, Astrologe, Handleserin, Kartenlegerin, Schicksalskünderin, Augur, Schicksalsgöttin, Norne, Sibylle, weise Frau.

1274 **prophetisch** hellseherisch, ahnungsvoll, vorausschauend, vorhersehend, vorausahnend, hellsichtig, divinatorisch, orakelhaft, visionär, seherisch, verkündend, weissagend.

1275 **prophezeien** ahnen, hellsehen, orakeln, wahrsagen, vorausschauen, voraussehen, weissagen, verkünden, voraussagen, vorhersagen, vorhersehen, vorausahnen.

1276 **prostituieren, sich** als Prostituierte(r) arbeiten, sich verkaufen, anbieten; auf den Strich gehen, anschaffen, Prostitution betreiben, huren.

Prostituierte Dirne, Hure, Nutte, Freudenmädchen, Straßenmädchen, Callgirl, Strichmädchen, Stricherin, Flittchen; Kokotte, Hetäre, Domina, Odaliske. 1277

Prostituierter Stricher, Strichjunge, Lustknabe, Callboy, Sex-Worker. 1278

Prostitution ältestes Gewerbe der Welt, horizontales Gewerbe, käuflicher Sex, Telefonsex, Hurerei, Dirnenwesen, gewerbsmäßiger Sex, Strich, Straßenstrich, Straßenprostitution, Autostrich, Beschaffungsstrich, Drogenstrich. 1279

Prozess 1. Gerichtsverfahren, Gerichtssache, Verhandlung, Gerichtsverhandlung, Rechtshandel, Rechtsfall, Rechtsangelegenheit, Rechtsfrage, Rechtssache, juristisches Problem, Klagesache, Streitsache, Strafprozess, Strafsache, Strafverfahren, Rechtsstreit, Rechtsvorgang, Rechtsverfahren, Rechtsweg, Klageweg, 2. Vorgang, Entwicklung, Verlauf, Ablauf, Hergang, Fortgang, Prozedur, Verfahren, Gang, Lauf, Vorgehen, Geschehen, Ereigniskette, 3. Entwicklungsprozess, Lernprozess, Produktionsprozess. 1280

prüfen 1. examinieren, befragen, abprüfen, abhören, wiederholen, aufsagen lassen, abfragen, unter die Lupe nehmen, auf Herz und Nieren prüfen, nachsehen, durchgehen, durchsehen, kontrollieren, inspizieren, zensieren, Note geben, ins Auge fassen, untersuchen, abwägen, auf Tauglichkeit prüfen, sondieren, revidieren, durchrechnen, sich vergewissern; nachprüfen, überprüfen, nachfassen, nachmessen, nachzählen, nachlesen, gegenlesen, checken, nachrechnen, nachwiegen, ausmitteln, 2. anprobieren, anpassen, ausprobieren, probieren, 3. auf die Probe stellen, testen, austesten, erproben, auf den Zahn fühlen, ins Röhrchen blasen lassen, ins Kreuzverhör nehmen. 1281

Prüfung 1. Befragung, Test, Schularbeit, Klassenarbeit, Klausur; Abschlussprüfung, Examen, Rigorosum, Reifeprüfung, Abitur, 2. Untersuchung, Feststellung, Kontrolle, Überprüfung, Durchgang, Durchsicht; Musterung, Tauglichkeitsprüfung; Begutachtung, Überwachung, Supervision, Durchsu- 1282 chung, Erforschung, Visitation, Inspektion, Revision, Nachprüfung; Patrouille, Streife, Rundgang; Besichtigung, Begehung, Beschau, Beschauung, Sondierung, Check, **3.** Erprobung, Probe, Stichprobe, Geduldsprobe, Feuerprobe, Nervenprobe, Nagelprobe, Machtprobe, Zerreißprobe, Belastungsprobe, **4.** Nachbereitung, Evaluation, Qualitätssicherung, Auswertung, Manöverkritik.

1283 **Prunk** **1.** Gepränge, Pomp, Prachtentfaltung, Aufwand, Üppigkeit, Luxus, Schaustellung, Parade, Tamtam, Staat, Gala, Wichs, große Aufmachung, Kleiderpracht, Putz, **2.** Pracht, Glanz, Schönheit, Schmuck, Reichtum, Fülle, Blüte.

1284 **prunken** **1.** Pracht entfalten, Staat machen, Aufwand treiben, im Luxus leben, Luxus zeigen, auf großem Fuß leben, Reichtum zur Schau stellen, paradieren, stolzieren, brillieren, glänzen, **2.** prangen, strotzen, blühen, in Blüte stehen, leuchten, strahlen, Blicke auf sich ziehen.

1285 **Pseudonym** Deckname, Künstlername, Nom de Guerre/de Plume, Wahlname, Tarnname, falscher/angenommener Name.

1286 **Pulver** Staub, Mehl, Puder, Talkum, Sand, Krümel; Schießpulver, Schrot.

1287 **pünktlich** **1.** rechtzeitig, beizeiten, zeitig, zurecht, zur rechten/vereinbarten Zeit, frühzeitig, auf die Minute, zur Zeit, termingemäß, fristgemäß, wie vereinbart, fahrplanmäßig, ohne Verspätung, mit dem Glockenschlag; exakt, genau, **2.** prompt, sofort, umgehend, gleich, postwendend, ungesäumt, unverzüglich, unverweilt, flugs, stehenden Fußes, stracks, schnell, rasch.

Putz **1.** Schmuck, Geschmeide, 1288
Schmucksachen, Juwelen, Pretiosen, Kostbarkeiten, Bijouterie, Klunker, **2.** Verzierung, Ausputz, Ausschmückung, Dekoration, Ornament, Schmuckform, Zier, Zierwerk, Zierde, Schnörkel, Beschlag, Zierrat, Garnitur, Garnierung, Zutat, Besatz, Verschönerung, Aufmachung, Ausstattung, Aufputz, Accessoires, Drum und Dran, Zubehör, **3.** Flitter, Firlefanz, Tralala, Kinkerlitzchen, Klimbim, Krimskrams, Brimborium; Spielsachen, Spielwerk, Spielzeug, **4.** Tresse, Litze, Borte, Bordüre, Klunker, Bommel, Troddel, Quaste, **5.** Schmucknadel, Brosche, Agraffe, Ziernadel, Spange, Schmuckspange, Fibel, Schnalle, **6.** Band, Haarband, Haarschleife, Zierband, Bindeband, Samtband, Seidenband, Bändchen, Schleife, Masche, **7.** Krawatte, Binder, Schlips, Fliege, Lavallière, Halstuch, Schal, Cachenez, Brusttuch, Busentuch, **8.** Spitze, Einsatz, Zwischensatz, Stickerei, **9.** Aufschlag, Revers, Spiegel; Ärmelaufschlag, Stulpe, Manschette.

putzen (sich) **1.** schmücken, zieren, 1289
verzieren, ausputzen, dekorieren, ausschmücken, verschönern, betressen, verbrämen, beschlagen; garnieren, bekränzen, beflaggen, illuminieren, **2.** sich fein machen, schön machen, in Gala werfen, herausputzen; Toilette machen, Staat anlegen, sich schniegeln, in Schale schmeißen, auftakeln, **3.** striegeln, kardätschen, trimmen, scheren, strählen, **4.** sauber machen, säubern.

Q

1290 **quälend** 1. nagend, beißend, bohrend, peinigend, brennend, ziehend, stechend, zehrend, folternd, marternd, schmerzhaft, schmerzend, höllisch, 2. betrüblich, traurig, kränkend, verletzend, grausam, verzehrend, herb, bitter, herzbrechend, herzzerreißend, schlimm, leidvoll, peinvoll, gramvoll, kummervoll, 3. beklemmend, belastend, bedrückend, bedrohlich, bedrohend, ängstigend, kräftezehrend.

1291 **Qualität** 1. Eigenschaft, Beschaffenheit, 2. Güte, Echtheit, Wert, Niveau, Art, Marke, Klasse, Rang, Sorte, Güteklasse, Preislage, Wertstufe; Kreszenz, Lage, Jahrgang, Wachstum, 3. Qualitätsware, Feinarbeit, Präzisionsarbeit, Wertarbeit, Qualitätsarbeit, Maßarbeit.

1292 **Quantum** 1. Menge, Maß, Pack, Partie, Posten, Packen, Stoß, Schicht, Lage, Haufen, Stapel, Beuge, Bündel, Paket, Packung, Runde, Ballen, Batterie, Scheffel, Schock, Block, Schlag, Schub, Strang, Strähne, Lieferung, Fuhre, Fuder, Wagenladung, 2. Portion, Ration, Dosis, Gabe, Zuteilung, Anteil, Pensum, Teil, Kontingent, Quote, Deputat, Rate, Teilbetrag, Anzahl, Zahl, Anfall, Zuweisung, Bemessung, Quantität.

Quelle 1. Quell, Bronn, Born, Brunnen, Bach, 2. Ursprung, Anfang, Wiege, Nest, Wurzel, Ausgangspunkt, 3. Fundgrube, Fundort, Fundstelle, Beleg, Original, Bezugsquelle. 1293

quellen aufgehen, aufquellen, sich voll saugen; schwellen, anschwellen. 1294

queren 1. überqueren, überschreiten, durchschreiten, durchreisen, durchschweifen, durchziehen, durchwandern, durchstreifen, durchmarschieren, überfliegen; kreuzen, traversieren, durchqueren, 2. übersetzen, überfahren, hinübergelangen, durchschiffen, durchfahren, 3. überbrücken, überspannen, sich spannen; schwingen, hinüberführen. 1295

Querschnitt 1. Durchschnitt, Durchschnittswert, Mittel, Schnitt, Mittelmaß, Mittelwert, 2. Übersicht, Überblick, Zusammenschau, Zusammenfassung, Kompendium, Auszug, Abriss, Thesen, Extrakt, Quintessenz, Resümee, Inhaltsangabe, Kürzung, Komprimierung, Abstract, Briefing. 1296 entschlüsseln, herausbekommen, herauskriegen, dahinter kommen.

R

1297 **radikal** konsequent, bis zum Äußersten, bis in die Wurzel, mit der Wurzel, wurzeltief, tiefgreifend, von Grund auf, kompromisslos, auf Biegen oder Brechen/Gedeih und Verderb, extrem, zugespitzt, rücksichtslos, fanatisch, fundamentalistisch, unerweichbar, bedingungslos, unbedingt, starr, extremistisch.

1298 **Rahmen** 1. Umrahmung, Einrahmung, Umrandung, Fassung, Einfassung, Leiste; Fahrgestell, Chassis, 2. Sphäre, Szene, Lebenssphäre, Lebensbereich, Umgebung, Umkreis, Umwelt, Milieu, Atmosphäre, Klima, Hintergrund, Folie, Plattform, Forum, Basis, Ebene.

1299 **Rang** 1. Rangstufe, Listenplatz, Dienstrang, Dienstgrad, Grad, Stand, Platzanweisung, Stufe, Charge, Stellung, Position, Platz, Platzierung, Wertung, Titel, Niveau, Profil, Klasse, Schießklasse, Liga, Format, Höhenlage, 2. Galerie, Empore, Balkon, Tribüne, Olymp.

1300 **Rangfolge** Rangordnung, Stufenfolge, Skalierung, Rangtabelle, Chart, Ranking, Hierarchie, Hackordnung.

1301 **Rat** 1. Ratschlag, Vorschlag, Hinweis, Tipp, Empfehlung, Ermunterung, Ermutigung, Mahnung, Belehrung, 2. Ratsversammlung, Gremium, Ausschuss, Komitee, Kommission, Beirat, Kuratorium, 3. Beratung, Kundenberatung, Firmenberatung, Konsultation, Consulting.

1302 **raten** 1. anraten, anempfehlen, empfehlen, beraten, Rat geben, hinweisen, vorschlagen, bestärken, ermuntern, anregen, zuraten, nahe legen, 2. rätseln, sich den Kopf zerbrechen; grübeln, knobeln, herumraten, vor einem Rätsel stehen, herumrätseln, im Dunkeln tappen, 3. erraten, lösen, finden, ausfindig machen, ergründen, ausklamüsern, enträtseln, durchschauen, auflösen, herausbringen, herausfinden, aufdecken,

rationalisieren mechanisieren, technisieren, automatisieren, computerisieren. 1303

rau 1. uneben, holperig, steinig; hügelig, wellig, 2. haarig, behaart, borstig, bärtig, zottig, zottelig, ruppig, struppig, stoppelig, stachelig; narbig, schuppig, räudig, schrundig, spröde, schorfig; ausgefranst, fransig, fusselig, 3. heiser, krächzend, belegt, kratzig, quäkend, knarrend, 4. verarbeitet, verschafft, schwielig, rissig, aufgesprungen, 5. frisch, kalt, scharf, windig, stürmisch, wüst, öde, unfreundlich, schneidend. 1304

rauchen qualmen, dunsten, nebeln, dampfen, wölken, Dampfwolken ausstoßen, räuchern, einräuchern, Rauchfahne entwickeln, blaken, glimmen, schwelen; paffen, schmauchen, kiffen, Raucher / Kettenraucher / Gelegenheitsraucher sein. 1305

Raum 1. Räumlichkeit, Zimmer, Stube, Gemach, Gelass, Wohnraum; Kammer, Mansarde, Dachkammer, Bude, Gehäuse, Klause, Kabuff, Kabäuschen, Bruchbude; Kabinett, Kemenate, Salon, Boudoir, Saal, Abteil, Séparée, 2. Platz, Weite, Luft, Auslauf, freies Feld, freie Bahn, Bewegungsfreiheit, Tummelplatz, Spielraum, Erfahrungsraum. 1306

Rausch 1. Betrunkenheit, Berauschtheit, Trunkenheit, Weinlaune, Schwips, Zacken, Affe, Dusel, Tran, Suff, Vollrausch, Delirium; Konsumrausch, Konsumtrip, 2. Drogenrausch, Trip, Kick, Höhenrausch, Run, Flash, Horrortrip, Freak-out. 1307

Rauschgift Rauschmittel, Droge, Suchtmittel, Narkotikum, Betäubungsmittel, Aufputschmittel, Halluzinogen, Opiat, Amphetamin; Stoff, Dope, Tea, Gras, Schnee, Pot, Kif, Acid, Haschisch, Hasch, Shit, Marihuana, Kokain, Koks, Heroin, LSD, Crack, Speed, Ecstasy, Poppers, Designerdroge, Psychedelikum; Dröhnung, Schuss, Linie, Tüte, Trip, Joint. 1308

Rauschgifthändler Drogenhändler, Dealer, Pusher. 1309

reagieren Reaktion zeigen, antworten, erwidern, Zeichen geben, schalten, zurückgeben, zurückschlagen, kontern, 1310 anspringen auf; Wirkung zeigen, wirken, ansprechen.

1311 **Reaktion** 1. Antwort, Folge, Erwiderung, Gegenwirkung, Rückwirkung, Feedback, Gegenstoß, Gegenzug, Rückstoß, Reflex, Wirkung, Effekt, Gegenschlag, Gegendruck, Rückprall, Gegenströmung, Gegenverhalten, 2. Gegenrevolution, Gegenaufklärung, Ancien Régime, Konterrevolution, Restauration, Rollback, Gegenbewegung, Rückschrittlichkeit.

1312 **Realist** Pragmatiker, Verstandesmensch, kühler Kopf, Rationalist, Materialist.

1313 **Rechenschaft** 1. Bilanz, Abrechnung, Kassensturz, Kasse, Rechnungslegung, Schlussabrechnung, Schlussrechnung, Jahresabschluss, Saldierung, 2. Begründung, Rechtfertigung, Entlastung, Tätigkeitsbericht, Rechenschaftsbericht.

1314 **recht** 1. gut, schön, in Ordnung, fehlerlos, einwandfrei, zufrieden stellend, tadellos, vortrefflich, gut gemacht, goldrichtig, 2. richtig, wahr, zutreffend, logisch, klar, regelrecht, folgerichtig, ordnungsgemäß, sachgemäß, reell, solide, 3. rechtmäßig, rechtens, angemessen, recht und billig, mit Recht, rechtlich, regulär, legal, legitim.

1315 **Recht** 1. Anrecht, Anspruch, Claim, Berechtigung, Befugnis, Lizenz, Copyright, Urheberrecht, 2. Gerechtigkeit, Rechtmäßigkeit, Gesetzmäßigkeit, Legalität, Legitimität, 3. Naturrecht, positives Recht, Grundrecht, Menschenrecht, Selbstbestimmungsrecht, Völkerrecht, Bürgerrecht, Stimmrecht, Wahlrecht, 4. Privileg, Sonderrecht, Vergünstigung, Freibrief, Vorrecht, Alleinrecht, Monopol.

1316 **rechtlos** entrechtet, ausgeliefert, vogelfrei, verfemt, schutzlos, geächtet, ausgestoßen, ausgeschlossen, verbannt, exiliert, unterdrückt, versklavt, unterjocht, leibeigen, unterworfen, hörig.

1317 **rechts** 1. zur Rechten, rechter Hand, rechtsseitig, steuerbord, auf der rechten Seite, rechtshändig, 2. im rechten Spektrum, konservativ, traditionalistisch, restaurativ, schwarz, rechtslastig.

1318 **Reflexion** Überlegung, Berechnung, Erwägung, Abwägung, Betrachtung, Spekulation, Assoziation, Nachdenken, Denken, Nachsinnen, Sinnen, Grübeln, Grübelei, Kopfzerbrechen; Gedanke, Gedankenarbeit, Denkarbeit, Gedankenfolge, Gedankengang, Gedankenfülle, Gedankentiefe, Gedankenverknüpfung, Denkprozess.

Regel 1. Norm, Maß, Ordnung, Grundsatz, Richtschnur, Maßstab, Vorschrift, Bestimmung, Richtlinie, Prinzip, 2. Gepflogenheit, Gewohnheit, Sitte, Brauch, Usus, Konvention, das Normale, Normalfall, Standard, Stereotyp, Normalität, Übereinkunft, Spielregel, Faustregel, Reglement, Verhaltenskodex, Verhaltensregel, Verhaltensnorm, 3. Durchschnitt, Mittelmaß, Mittelmäßigkeit, Schema, Dutzendware, 4. Regelblutung, Menstruation, Zyklus, Monatsregel, Periode, Tage. 1319

regelmäßig 1. gleichmäßig, in gleichen Abständen, periodisch, zyklisch, rhythmisch, taktmäßig, im Takt, in steter Folge, immer zur selben Zeit, nach der Uhr, wiederkehrend, turnusgemäß, turnusmäßig, 2. gleichförmig, gewohnheitsmäßig, 3. symmetrisch, spiegelbildlich, spiegelgleich, gleichseitig. 1320

Regelmäßigkeit 1. Gleichmaß, Gleichmäßigkeit, Wiederholung, Wiederkehr, Turnus, Gleichtakt, Rhythmus, Takt, Periodizität, Zyklus, Symmetrie, Intervall, 2. Gleichförmigkeit, Uniformität, Einförmigkeit, Eintönigkeit, Einerlei, Öde, Monotonie. 1321

regnen tröpfeln, nässen, feuchten, nieseln, spritzen, sprühen, drippeln, fisseln, schauern, rieseln, rinnen, träufen, plätschern, gießen, pladdern, schütten, strömen, prasseln, schiffen, seichen, planschen, triefen; schneien, hageln. 1322

reiben 1. frottieren, rubbeln, bürsten, schrubben, scheuern, kratzen, scharren, 2. raspeln, hobeln, schaben, schrappen, raffeln, feilen, 3. abreiben, trockenreiben, massieren, durchkneten, durchwalken, 4. schrammen, rauen, aufrauen, aufreiben, wund reiben, aufschrammen, aufschürfen. 1323

reich 1. vermögend, begütert, besitzend, wohlhabend, wohl/gut situiert, wohlbestallt, betucht, zahlungskräftig, flüssig, bei Kasse, solvent, kaufkräftig, kapitalkräftig, finanzkräftig, finanzstark, einkommensstark, bemittelt, mit Glücksgütern gesegnet, sorgenfrei, neu- 1324 reich, in guten Verhältnissen, mehr als genug, übergenug, steinreich, Geld wie Heu; Goldfisch, gute Partie, **2.** reichhaltig, vielfältig, mannigfaltig, ansehnlich, bildgewaltig, beträchtlich, enorm, umfangreich, gewaltig, umfassend, wohl assortiert, große Auswahl, wohlversehen, **3.** gehaltvoll, inhaltsreich, ergiebig, lohnend, ertragreich, **4.** reichlich, üppig, quellend, strömend, strotzend, herrlich und in Freuden, vollauf, opulent, ausgiebig, sattsam, feudal, überladen, in Hülle und Fülle, jede Menge, tonnenweise, scheffelweise.

1325 **reif** **1.** vollreif, erntereif, gereift, überreif, schlachtreif, abgelagert, **2.** erwachsen, herangewachsen, ausgewachsen, groß, flügge, aus den Kinderschuhen, kein Kind mehr, volljährig, großjährig, mündig, entwickelt, geschlechtsreif, voll entwickelt, **3.** gereift, ausgereift, fertig, ausgearbeitet, durchdacht, ausgefeilt, ausgeklügelt, **4.** gesetzt, lebensklug, lebenskundig, erfahren, geformt, geprägt, gefestigt, abgeklärt, altersweise, weise.

1326 **Reihe** **1.** Folge, Abfolge, Sequenz, Reihung, Aufeinanderfolge, Aneinanderreihung, Kette, Schnur, Zeile, Linie; Anzahl, Zahl, **2.** Serie, Satz, Sammlung, Set, Service, Garnitur, Kombination, **3.** Aufmarsch, Front, Spalier, Gänsemarsch, Schlange, Zug, Phalanx, Riege, Staffel, Kolonne, Trupp, Prozession, Korso.

1327 **Reinigung** **1.** Kleiderreinigung, Wäscherei, **2.** Klärung, Läuterung, Raffinierung, **3.** Säuberung, Wäsche, Waschung, Dusche, Bad; Hausputz, Reinemachen, Großreinemachen, Frühjahrsputz, **4.** Entleerung, Entschlackung, Blutreinigungskur, Purgierung, Blutwäsche, Dialyse.

1328 **reisen** **1.** verreisen, Reise machen, auf die Reise gehen, unterwegs sein, umherreisen, ausfliegen, umherziehen, sich die Welt ansehen; herumfahren, herumgondeln, Tour / Trip / Rutsch / Tournee machen, touren, herumkommen, auf große Fahrt gehen, herumkutschieren, pilgern, wallfahren, **2.** abenteuern, vagabundieren, stromern, walzen, streunen, strolchen, trampen, hitchhiken, slacken, trekken.

1329 **Reisender** **1.** Passagier, Fahrgast, Insasse, Besucher, Fremder, Durchreisender, Reisegenosse, Reisegefährte, Reisebegleiter, Reisebekanntschaft, Mitreisender, Mitfahrer, Beifahrer, Tourist, Urlauber, Ausflügler, Sommerfrischler, Sommergast, Kurgast, Feriengast, Zugvogel, Nestflüchter, Traveller, Pilger, Wallfahrer, Vagant, blinder Passagier, Zeitreisender, Forschungsreisender, Globetrotter, Weltenbummler, Abenteurer, Weltreisender, Abenteuertourist, Entdeckungsreisender, **2.** Zigeuner, Nomade, Hobo, Landstreicher, Vagabund, Stromer, Streuner, Herumtreiber, Tramp, Tippelbruder, Bettler, Bettelmann, Bettelbruder, Stadtstreicher; Nichtsesshafter, Obdachloser, Wohnungsloser.

Reiz Anregung, Anreiz, Reizung, Sti- 1330
mulus, Kitzel, Sinnesreiz, Anziehung, Anziehungskraft, Charme, Flair, Fluidum, Appeal, Aura, Bezauberung, Betörung, Berückung, Verlockung, Verführung, Verzauberung, Zauber, Verführungszauber, Bann, Bindungskraft, Magnetismus, Unwiderstehlichkeit.

reizen **1.** aufreizen, anreizen, anfa- 1331
chen, anblasen, erregen, stimulieren, entflammen, anziehen, aufregen, begeistern, **2.** ärgern, herausfordern, anrempeln, Streit vom Zaun brechen, anspitzen, wider den Stachel löcken, stacheln, aufstacheln, anstacheln, hetzen, Fehdehandschuh hinwerfen, provozieren, brüskieren, fordern, **3.** belästigen, anmachen, fixieren, anstarren, durchbohren, zu nahe treten, ansprechen, anquatschen, anquasseln, anbaggern, nachsteigen, **4.** anlocken, ködern.

reizvoll anziehend, attraktiv, gewin- 1332
nend, einnehmend, ansprechend, reizend, entzückend, bezaubernd, betörend, herzbetörend, faszinierend, magnetisch, elektrisierend, berückend, bannend, berauschend, entflammend, lockend, verlockend, sexy, begehrenswert, blendend, fotogen, telegen, hinreißend, bestechend, entwaffnend, bezwingend, unwiderstehlich, verführerisch, verwirrend, bestrickend.

relativ verhältnismäßig, vergleichs- 1333
weise, verglichen mit, im Vergleich / Verhältnis zu, mehr oder minder, ziemlich, leidlich, bedingt, entsprechend, bezüglich.

1334 **Religion** 1. Konfession, Bekenntnis, Glaubensbekenntnis, Glaubenslehre, Weltanschauung, Glaubensrichtung, 2. Glaube, Gläubigkeit, Religiosität, Gottesfürchtigkeit, Gottvertrauen, Frommheit.

1335 **Rente** 1. Einkommen, Anteil, Ertrag, Zinsen, Gewinn, Dividende, Tantieme, arbeitsloses Einkommen, Pfründe, Sinekure, Apanage, 2. Pension, Ruhegehalt, Ruhegeld, Vorruhegeld, Altersversorgung, Alterssicherung.

1336 **reservieren** vormerken, buchen, sicherstellen, zurücklegen, zurückstellen, vorbehalten, offen halten, vormerken, belegen, freihalten, anzahlen, vorbestellen, die Hand legen auf.

1337 **Rest** 1. Überbleibsel, Überrest, Brosamen, Krümel, Brotkrumen, Schlacke, Asche, Schnitzel, Stückchen, Stummel, Schniepel, Stumpf, Stümpfchen, Fetzen, Lappen, Stück, Neige, Schlückchen, 2. Unerledigtes, Restbetrag, Fehlbetrag, Schuld; Restbestand, Restposten; Restrisiko, 3. Relikt, Restform, Fossil, Bruchstück, Rudiment, Rückstand, Kaffeesatz, Bodensatz, Residuum, 4. Spreu, Hülsen, Spelze, Abfall, 5. Zipfel, Ende, Endstück.

1338 **Reue** Bedauern, Schmerz, Gram, Reumütigkeit, Reuegefühl, Bußbereitschaft, Zerknirschung, Zerknirschtheit, Gewissensbisse, Selbstanklage, Selbstvorwurf, Selbstverurteilung, Selbstverdammung, Einkehr, Scham; Besserungswille, tätige Reue, Wiedergutmachungswille, Sühne.

1339 **reumütig** einsichtig, reuig, reuevoll, zerknirscht, beschämt, bußfertig, schuldbewusst, gefügig, guten Willens, windelweich.

1340 **Revolution** 1. Umwälzung, Umsturz, Umbruch, Umwertung, Umschwung, Wende, Neubeginn, Stunde null, Erneuerung, Neuordnung, Neugestaltung, Umgestaltung, 2. Kulturrevolution, industrielle/technische/wissenschaftliche /sexuelle/digitale/samtene Revolution.

1341 **riechen** 1. duften, Wohlgeruch/Duft ausströmen, Duftwolken verbreiten, 2. stinken, Luft verpesten, muffeln, miefen, Gestank verbreiten, Umwelt verschmutzen, 3. schnuppern, schnüffeln, beschnüffeln, beriechen, beschnuppern, beschnobern, schnobern, wittern.

Riese Hüne, Goliath, Gigant, Koloss, 1342
Titan, Zyklop; langer Lulatsch, Riesenkerl, Kaventsmann, Ungeheuer.

Ring 1. Reif, Gürtel, Kreis, Kringel, 1343
Zirkel, Rund, Runde, Rundung; Peripherie, Ringstraße, Umlaufbahn, 2. Rundbahn, Ringbahn, Ringelspiel, Karussell, 3. Fingerring, Nasenring; Freundschaftsring, Verlobungsring, Trauring, Ehering.

Rolle 1. Besetzung, Casting; Figur, 1344
Partie, Part, Hauptrolle, Titelrolle, Titelpartie, Titelpart, Hauptfigur, Hauptdarsteller, Hauptperson, Protagonist, tragende / zentrale Rolle, Nebenrolle, Charge, Gastrolle, Statist, Kleindarsteller, stumme Rolle, 2. Spule, Walze, Röllchen, Trommel, 3. Überschlag, Purzelbaum, Looping.

Rückgang 1. Niedergang, Abstieg, 1345
Abnahme, Rückschritt, Rückschlag, Karriereknick, Nachlassen, Schwund, Verschlechterung, Abbau, Rückbau, Einbuße, Verlust, Verschlimmerung, rückläufige Entwicklung, Krebsgang, Verfall, Rückfall, Atavismus, Rückbildung, 2. Entartung, Dekadenz, Degeneration, Verfall, Verkümmerung, 3. Verminderung, Verringerung, Minderung, Reduzierung, Reduktion, Dämpfung, Herabminderung, Prestigeverlust, Demontage, Selbstdemontage, Schmälerung, Aderlass, Fortfall, 4. Abnahme, Gewichtsabnahme, Gewichtsverlust, Abmagerung, Abhagerung, Entfettung, Auszehrung, Kräfteverfall, 5. Abschwung, Krise, Baisse, Depression, Geldentwertung, Entwertung, Inflation, Deflation, Kurssturz, Börsensturz, Börsenkrach, Börsencrash, 6. Werteverlust, Werteverfall, Sittenverfall, Entmenschlichung, Enthumanisierung, Verrohung, Barbarisierung, 7. Abkühlung, Temperaturrückgang, Wettersturz, Wärmeverlust, Klimasturz, Eiszeit, Kälteperiode, Vereisung, Vergletscherung, Klimakatastrophe, 8. Ebbe, fallendes Wasser, Niederwasser, Niedrigwasser, 9. Verkleinerung, Bonsai, Taschenformat, Miniformat, 10. Abrüstung, Demilitarisierung.

Rückkehr 1. Rückweg, Heimweg, 1346
Weg zurück, Heimreise, Rückreise, Nachhauseweg, Umkehr, Kehrtwende, Heimkehr, Rückkunft, 2. Wiederkehr,

Wiederkunft, Wiedererscheinen, Wiederauftreten, Rückfall, Rezidiv, Comeback, Wiederaufnahme, Reprise.

1347 **Rückseite** Kehrseite, Abseite, Hinterseite, Schattenseite, Rücken, Revers, Innenseite, Nachtseite; Hinterteil, Gesäß, Steiß, Po, Popo, Arsch, Hintern.

1348 **Rücksicht** Rücksichtnahme, Aufmerksamkeit, Behutsamkeit, Schonung, Vorsicht, Berücksichtigung, Achtsamkeit.

1349 **rückwärts** entgegengesetzt, gegenläufig, nach hinten, hintenüber, rücklings, retour, zurück, back, umgekehrt, umgedreht, spiegelverkehrt.

1350 **Ruf** 1. Berufung, Beauftragung, Lehrauftrag, Auftrag, Einsetzung, Ernennung, **2.** Aufruf, Appell, Anruf, Weckruf, Zuruf, Telefonanruf, Fernruf, Rückruf, Warnruf, **3.** Leumund, Ruch, Ansehen.

1351 **rufen** 1. ausrufen, mit lauter Stimme sprechen, anrufen, aufrufen, zurufen, rufen nach, um Hilfe rufen, alarmieren, **2.** zusammenrufen, herbeirufen, heranrufen, herbeizitieren, zusammentrommeln, ausrufen lassen, **3.** berufen, Amt/Stellung antragen/übertragen, einsetzen.

1352 **Ruhe** 1. Stille, Lautlosigkeit, Schweigen, Stillschweigen, Stummheit, Funkstille, **2.** Gelassenheit, Beschaulichkeit, Muße, Besinnlichkeit, Ausgeglichenheit, Gleichmaß, Gleichgewicht, Seelenfriede, Gleichmut, Gefasstheit, Besonnenheit, Seelenruhe, Kontemplation, Gemütsruhe, Stoizismus, **3.** Unerschütterlichkeit, Sitzfleisch, Trägheit, Passivität, Inaktivität, Phlegma, Fatalismus, **4.** Windstille, Flaute, Reglosigkeit, Unbewegtheit, Bewegungslosigkeit, Stillstand.

ruhen 1. rasten, pausieren, Siesta halten, innehalten, einhalten, verweilen, ausruhen, abschlaffen, entspannen, Seele baumeln lassen, sich verschnaufen, zurückziehen, hinlegen, ausstrecken, langlegen, langmachen, niederlegen, es sich bequem machen; liegen, sich Ruhe gönnen; Hände in den Schoß legen, zur Ruhe kommen, abschalten, stillhalten, sich nicht regen; nichts tun, **2.** in sich ruhen, sich Zeit lassen; Zeit nehmen, nichts übereilen/überstürzen, kühlen Kopf/Ruhe/Nerven bewahren, etwas überschlafen, **3.** unterbrechen, aussetzen, auf Eis liegen, lahm liegen, brachliegen. 1353

ruhig 1. still, lautlos, leise, unhörbar, mäuschenstill, schweigend, ruhend, schlafend, bewegungslos, friedlich, klösterlich, **2.** geruhsam, bedächtig, bedachtsam, behutsam, gemach, nachdenklich, besinnlich, überlegt, abwägend, abwartend, geduldig, **3.** beherrscht, gelassen, entspannt, beruhigt, gefasst, gemessen, gesetzt, fatalistisch, klaglos, ausgeglichen, gleichmäßig, phlegmatisch, würdevoll, ohne Eile/Hast, zurückhaltend, seelenruhig, ungerührt, unerschütterlich, stoisch, gleichmütig, **4.** kontemplativ, beschaulich, innerlich, versonnen, versunken, vertieft, träumerisch, verträumt, versponnen, in sich gekehrt, selbstvergessen, in Gedanken versunken, introvertiert, nach innen gerichtet, besinnlich, erbaulich, philosophisch, gedankenvoll, **5.** geistesgegenwärtig, kaltblütig, cool, beherrscht, **6.** ruhend, latent, verborgen, nicht in Erscheinung tretend, **7.** windstill, im Windschatten, reglos, regungslos, ohne Bewegung/einen Hauch, totenstill. 1354

S

1355 **sachlich** 1. objektiv, unparteiisch, neutral, vorurteilslos, vorurteilsfrei, unvoreingenommen, unbeeinflusst, unbefangen, unverblendet, uninteressiert, leidenschaftslos, emotionsfrei, 2. klar, real, nüchtern, logisch, rational, verstandesmäßig, realistisch, prosaisch, poesielos, unpersönlich, unpoetisch, trocken, pragmatisch, sachbezogen, praktisch orientiert.

1356 **saftig** 1. fruchtig, fleischig, feucht, saftstrotzend, safttriefend, erfrischend, prall, voll, üppig, strotzend, satt, 2. stark, unanständig, deftig, derb, 3. hoch, übersteigert, unverschämt, gepfeffert.

1357 **Saison** Jahreszeit, Hauptbetriebszeit, Erntezeit, Reisezeit, Hauptreisezeit, Hochkonjunktur, Hauptgeschäftszeit, Konzertsaison, Theatersaison, Ballsaison, Veranstaltungssaison.

1358 **sammeln (sich)** 1. einsammeln, zusammenlesen, aufsammeln, aufheben, aufklauben, zusammenbringen, zusammentragen, Sammlung anlegen, kompilieren, 2. scheffeln, anhäufen, zusammenraffen, zusammenkratzen, zusammenscharren, zusammenschleppen; stapeln, aufstapeln, stauen, lagern, einlagern, häufen, türmen, massieren, horten, schichten, aufschichten, akkumulieren, aufeinander schichten, aufeinander setzen, bündeln, schachteln, 3. zentralisieren, konzentrieren, zusammenfassen, zusammenziehen, 4. speichern, erfassen, aufnehmen, magazinieren, katalogisieren, bibliographieren, mikrofotografieren, auf Band nehmen, auf Festplatte/Diskette speichern, 5. zu sich kommen, sich fassen; zur Ruhe kommen, sich konzentrieren; Gedanken sammeln/zusammenhalten.

1359 **Sammlung** 1. Ernte, Lese, Anhäufung, Ansammlung, Hortung, Vorrat, Schatz, 2. Bildersammlung, Gemäldesammlung, Kuriositätensammlung, Wunderkammer, Raritätensammlung, Kunstsammlung, Privatsammlung, Büchersammlung, Bibliothek, Plattensammlung, Museum, Kunsthalle, Pinakothek, Galerie, Glyptothek, Videothek, Bestiarium, 3. Sammelwerk, Anthologie, Blütenlese, Brevier, Kodex, Almanach, Album, Auswahlband, Digest, Sammelband, Sampler, Mixtape, CD-ROM, 4. Aufnahme, Erfassung, Datenerfassung, Speicherung, Archivierung, Datensammlung, Datenbank, 5. Konzentration, innere Sammlung/Vorbereitung.

Sänger(in) 1. Bass, Bariton, Tenor, 1360
Kammertenor, Kastrat, Countertenor; Opernsänger, Operettensänger, Kammersänger, Konzertsänger, Chorsänger, Schlagersänger, Röhre, Rocksänger, Bluessänger, Popsänger; Chansonnier, Barde, Liedermacher, Balladensänger, Moritatensänger, Bänkelsänger, Troubadour; Vokalkünstler, Vokalist, 2. Alt, Sopran, Mezzosopran, Opernsängerin, Operettensängerin, Kammersängerin, Konzertsängerin, Chorsängerin, Chansonnette, Troubadourin, Soubrette, Liedermacherin, Bluessängerin.

satt 1. gesättigt, pappsatt, genudelt, 1361
voll gegessen/gestopft/gefressen, überfressen, 2. befriedigt, zufrieden, saturiert, zufrieden gestellt, wunschlos, 3. tief, voll, warm, kräftig, intensiv, leuchtend, 4. leid, über, verleidet, vermiest, überdrüssig, angewidert, angeekelt, angeödet, gelangweilt, müde.

sauber 1. gewaschen, blank, gerei- 1362
nigt, geputzt, gesäubert, gescheuert, frisch gewaschen, fleckenlos, fusselfrei, blitzblank, peinlich/porentief sauber, hygienisch, keimfrei, steril, pieksauber, wie geleckt, schmuck, proper, tipptopp, wie aus dem Ei gepellt, picobello, 2. rein, unvermischt, rückstandsfrei, naturrein, schier, unversetzt, pur, klar, lauter, ungetrübt, unverfälscht, geklärt, destilliert, geläutert, raffiniert, schlackenlos, bar, hochkarätig, lupenrein; stubenrein, 3. drogenfrei, clean, nüchtern, ausgenüchtert, trocken, stocktrocken, alkoholfrei.

Sauberkeit 1. Fleckenlosigkeit, 1363
Reinheit, Reinlichkeit, Gepflegtheit, Frische, Hygiene, 2. Naturreinheit, Unverfälschtheit, Ungetrübtheit, Echtheit.

säubern (sich) 1. rein machen, rei- 1364

nigen, putzen, sauber machen, stöbern, Hausputz halten, fegen, kehren, abfegen, abkehren, scheuern, schrubben, aufwaschen, aufwischen, aufnehmen, wischen, abstauben, Staub wischen, staubsaugen, entstauben, **2.** bürsten, ausbürsten, abbürsten, reiben, wegwischen, abwischen, abwaschen, entflecken; ausschütteln, ausschwenken, ausklopfen, klopfen; wichsen, bohnern, blank reiben, **3.** waschen, einseifen, abseifen, baden, Bad nehmen, duschen, brausen, abbrausen; abwaschen, Geschirr spülen, spülen, abspülen, Wäsche waschen/machen, **4.** jäten, roden, Unkraut entfernen, auszupfen, ausziehen, **5.** desinfizieren, entkeimen, keimfrei machen; entschlacken, purgieren, entseuchen, entgiften, dekontaminieren.

1365 **Schaden** **1.** Nachteil, Verlust, Einbuße, Schwund, Abbruch, Abgang, Ausfall, Wegfall, Panne, Unfall, Defekt, Pech, Bruch, Sachschaden, Schädigung, Beschädigung, Gesundheitsschädigung; Pleite, Misserfolg, **2.** Benachteiligung, Diskriminierung, Zurücksetzung, Missachtung.

1366 **schaden (sich)** **1.** Schaden zufügen, Unheil anrichten, schädigen, beeinträchtigen, benachteiligen, diskriminieren, zurücksetzen, in den Schatten stellen, hemmen, überrumpeln, sabotieren, Verluste beibringen, Wasser abgraben, etwas antun, Böses/Arges zufügen, sich in den Weg stellen; eins auswischen, bösen Streich spielen, Strick drehen, ins Unglück/in Misskredit bringen, Ruf schädigen, Suppe versalzen, Bein stellen, zu Fall bringen, austricksen, ausbooten, **2.** bekümmern, betrüben, Schmerz bereiten, Sorgen machen, Leid zufügen/antun, Herz brechen, verletzen, verwunden, **3.** sich verletzen; zu Schaden kommen, sich schädigen, **4.** Schaden erleiden, Pech haben, ins offene Messer laufen, Zeche bezahlen, den Kürzeren ziehen, zu kurz kommen, Nachsehen haben, schlecht wegkommen, zurückgesetzt/benachteiligt/beeinträchtigt werden, nicht zum Zuge kommen, vom Regen in die Traufe kommen, sich in die Nesseln setzen, den Mund verbrennen, ins eigene Fleisch schneiden; ins Fettnäpfchen treten, Porzellan zerschlagen, in Misskredit/ein schiefes Licht geraten, guten Ruf verlieren/verspielen, sich im Licht stehen, eine Suppe einbrocken; in ein Wespennest stechen, gegen sich einnehmen, sich unbeliebt/unmöglich machen; in Ungnade fallen, es verderben, sich sein eigenes Grab schaufeln; alles aufs Spiel setzen, **5.** zum Schaden gereichen, sich ungünstig/nachteilig/negativ auswirken; nachteilig/schädlich sein, krank machen, in Mitleidenschaft ziehen.

Scham **1.** Schamgefühl, Schamhaftigkeit, Scheu, Schüchternheit; Schamesröte, Reue, **2.** Schamhügel, Venushügel. 1367

schämen, sich **1.** Scham empfinden, in Verlegenheit geraten, Augen niederschlagen, sich genieren; erröten, rot werden, erglühen; verlegen/schüchtern sein; sich zieren; fremdeln, sich winden, nötigen lassen, anstellen, haben; Geschichten machen, **2.** zu schüchtern sein, sich scheuen; nicht den Mut/die Stirn haben, sich nicht trauen. 1368

Schande **1.** Schmach, Makel, Unehre, Schimpf, Blamage, Gesichtsverlust, Beschämung, Bloßstellung, Desavouierung, Skandal, Misskredit, übler Leumund, üble Nachrede, Verruf, Kompromittierung, Missachtung, Demütigung, dunkler Punkt, **2.** Schändung, Entweihung, Entwürdigung, Frevel, Schandfleck, Schandmal. 1369

scharf **1.** schneidend, geschliffen, gewetzt, geschärft, spitz, spitzig, gezackt, gezähnt, schartig, dornig, stachelig, eckig, kantig, scharfkantig, **2.** rau, kalt, durchdringend, harsch, grimmig, **3.** zugespitzt, überscharf, überspitzt, penetrant, ätzend, bissig, beißend, schonungslos, **4.** schrill, spitz, befehlend, schneidend, barsch, kategorisch; durchbohrend, stechend, **5.** klar, deutlich, gut zu erkennen, tiefenscharf. 1370

schärfen **1.** wetzen, abziehen, schleifen, dengeln, spitzen, anspitzen, feilen, **2.** sich verschärfen, verschlimmern, verschlechtern, zuspitzen; zu einer Entscheidung drängen, ernst werden, eskalieren, **3.** Blick schärfen/üben/schulen/verbessern. 1371

schätzen **1.** achten, ehren, anerkennen, bewundern, verehren, hochhalten, hoch achten, zu würdigen wissen, hohen Begriff haben, große Stücke auf jmdn. halten, für wertvoll halten, **2.** be- 1372 werten, werten, prüfen, begutachten, beurteilen, einschätzen, taxieren, abschätzen, überschlagen, abwägen, wägen, veranschlagen, ermessen, erachten, ansetzen, auswerten, kalkulieren, über den Daumen peilen, durchspielen, vermuten, annehmen.

1373 **schäumen** 1. gären, brausen, kochen, sieden, wallen, sprudeln, zischen, rauschen, gischten, branden, perlen, moussieren, prickeln, Schaum bilden, Gischt aufwerfen, **2.** aufbrausen, wüten, sich aufregen.

1374 **Schauplatz** 1. Bühne, Forum, Szenerie, Arena, Amphitheater, Center-Court, Stadion, Manege, Podium, Kampfplatz, Tatort, Ring, Rennbahn, Ort der Handlung/des Geschehens, **2.** Drehort, Set, Szene, Spielort, Location.

1375 **Schauspiel** 1. Bühnenstück, Bühnenwerk, Spiel, Theaterstück, Stück, Lehrstück, Festspiel, Mysterienspiel, Passionsspiel, Drama, Komödie, Tragödie, **2.** Anblick, Vorgang, Ereignis, Spektakel, Vorfall.

1376 **Scheide** 1. Vagina, Vulva; Muschi, Pussi, Möse, **2.** Wasserscheide, Scheidewand, Scheidemünze, Schwertscheide, **3.** Etui, Futteral, Behälter.

1377 **scheinbar** angeblich, vorgeblich, fiktiv, fingiert, pro forma, zum Schein, vorgetäuscht, trügerisch, täuschend, fragwürdig, fälschlich, vorgegeben, vermeintlich, irrtümlich.

1378 **scheinen** 1. aussehen, vorkommen, Anschein haben, erscheinen, dünken, wirken, anmuten, sich anfühlen; blenden, täuschen, Anschein erwecken, Schein/Dekorum wahren, so tun als ob, **2.** leuchten, strahlen, brennen, flackern, lodern, glühen, gluten, blinken, aufblitzen, blitzen, wetterleuchten, aufscheinen, flimmern, glitzern, funkeln, glänzen, gleißen, schimmern, schillern, glimmen, flirren, flittern, spielen, spiegeln, erglänzen, aufleuchten, aufzucken, erstrahlen, erglühen, ausstrahlen, aussenden, ausströmen, abstrahlen, verbreiten, **3.** durchscheinen, durchschimmern, Licht durchlassen, **4.** phosphoreszieren, fluoreszieren, changieren, glimmern, schillern, moirieren, flammen.

1379 **Scheinwelt** Simulation, Bildschirmwelt, virtuelle/fiktionale Realität, digitale Welt, Virtual Vision, Cyberspace.

scheitern 1. fehlschlagen, misslingen, missglücken, danebengehen, schief gehen, auffliegen, zuschanden werden, in die Brüche/Binsen gehen, zunichte machen, sich zerschlagen; zusammenkrachen, verunglücken, missraten, platzen, missfallen, durchfallen, **2.** Pech haben, Ziel verfehlen, versagen, Fiasko erleiden, zu nichts/auf keinen grünen Zweig kommen, straucheln, stolpern, Vermögen verlieren, zu Fall kommen, baden gehen, ins Unglück rennen, stranden, Schiffbruch erleiden, zerbrechen an, untergehen, abstürzen, **3.** unterliegen, erliegen, zu Boden gehen, kapitulieren, Handtuch werfen, auf verlorenem Posten kämpfen, weiße Flagge aufziehen, **4.** hereinfallen, auf den Leim /ins Garn/in die Schlinge gehen, **5.** abblitzen, abfahren, Korb bekommen, sich eine Abfuhr holen; sitzen gelassen/ versetzt/abgewiesen werden, aufsitzen, auflaufen, **6.** in den Wind reden, tauben Ohren predigen, auf Granit beißen, sich die Zähne ausbeißen; verkannt/nicht verstanden werden, auf Unverständnis stoßen. 1380

Schelm 1. Schalk, Schäker, Spaßmacher, Spaßvogel, Witzbold, Type, Possenreißer, Faxenmacher, lustiger Kauz, Eulenspiegel, Münchhausen, Komiker, Clown, Buffo, Pikaro, Hanswurst, Kasperle, Harlekin, Bajazzo, Wurstel, **2.** Schlingel, Racker, Strolch, Strick, Frechdachs, Lausejunge, Lausebengel, Lausbub. 1381

Schelte 1. Schimpfe, Zornausbruch, Donnerwetter, Anschnauzer, Abreibung, Anpfiff, Ungewitter, Scheltworte, Schimpfworte, Zigarre, Krach, Gebelfer, Gebell, Gekeife, Schimpferei, Schimpfkanonaden, Anschiss, Gardinenpredigt, Kapuzinerpredigt, Moralpredigt, Sermon, Standpauke, Philippika, Epistel, Lektion, Strafpredigt, **2.** Anwurf, Vorwurf, Anschuldigung, Vorhaltung, Rüge, Rüffel, Maßregelung, Zurechtweisung, Tadel, Ordnungsruf, Monitum, Verweis, Mahnung. 1382

Scheusal Vogelscheuche, Monstrum, Monstrosität, Popanz, Schreckgespenst, Ungetüm, Untier, Ungeheuer, Ausgeburt, Spottgeburt, Ekel, Gräuel, Widerling, Hurensohn, Biest, Kotzbrocken, Brechmittel, Miststück, Mistkerl. 1383

1384 **Schicht** 1. Überzug, Belag, Film, 2. Arbeitsschicht, Nachtschicht, Tagesschicht, Teilschicht, Doppelschicht, 3. Gesellschaftsschicht, soziale Schicht, Bevölkerungsschicht; Unterschicht, Mittelschicht, Oberschicht.

1385 **schicken** 1. senden, entsenden, delegieren, abordnen, 2. befördern, spedieren, transportieren, verfrachten, verladen, verschiffen, umschlagen, 3. liefern, zuführen, überführen, zustellen, zuschicken, zusenden, ausfahren, bringen, zugehen lassen, zuleiten, abliefern, ausliefern, übermitteln, beliefern, 4. einstecken, einwerfen, expedieren, abschicken, wegschicken, aufgeben, zur Post geben, absenden, versenden, verschicken, zustellen.

1386 **Schicksal** 1. Geschick, Fatum, Los, Bestimmung, Fügung, Schickung, Verhängnis, Kismet, Moira, Tyche, Parzen, 2. Providenz, Vorsehung, Prädestination, Vorherbestimmtheit, höhere Gewalt, Notwendigkeit, Sterne, Zufall, Zusammentreffen von Umständen, Koinzidenz der Fälle, Gunst/Ungunst der Verhältnisse, Tücke des Geschicks, Self-fulfilling Prophecy.

1387 **schicksalhaft** vorbestimmt, vorherbestimmt, prädestiniert, schicksalsbedingt, verfügt, zubestimmt, unwiderruflich, unentrinnbar.

1388 **schimpfen** 1. schelten, tadeln, zanken, brummen, knottern, raunzen, motzen, knurren, murren, kollern; anschnauzen, anfahren, ausschelten, ausschimpfen, auszanken, aufs Dach steigen, Abreibung erteilen, beschimpfen, unsachlich werden, an den Karren fahren, grob kommen, anfauchen, anzischen, anpfeifen, anranzen, verdonnern, eins draufgeben, Marsch blasen, ins Gebet nehmen, Kopf waschen, Hühnchen rupfen, anblasen, anherrschen, eins auf die Nase geben, vom Leder ziehen, Theater/Szene machen, den Text lesen, 2. toben, explodieren, platzen, bersten, schreien, fauchen, schnauben, poltern, schnauzen, giften, zischen, donnern, wettern, wüten, bellen, kläffen, keifen, geifern, zetern, rasen, donnerwettern, fluchen, lästern.

1389 **schlafen** 1. schlafen/ins Bett gehen, sich ins Bett legen; zu Bett gehen, sich zur Ruhe begeben, 2. einschlafen, einnicken, entschlummern, in Schlaf fallen/sinken, dämmern, duseln, nicken, dösen, schlummern, pennen, pofen, ratzen, schnarchen, sägen, im Schlaf liegen, fest/tief schlafen, 3. nicht aufpassen, mit den Gedanken woanders sein, träumen; unaufmerksam/nicht bei der Sache sein, 4. schlafen legen, zu Bett bringen, ins Bett legen, hinlegen, betten.

Schlag 1. Ohrfeige, Nasenstüber, Ba- 1390
ckenstreich, Backpfeife, Maulschelle, Watsche, Dachtel, Kopfnuss, Katzenkopf; Streich, Hieb, Klaps; Hiebe, Kloppe, Prügel, Haue, Senge, Tracht Prügel, Abreibung, Dresche, Keile, Schläge; Treffer, Schwinger, Boxhieb, Kinnhaken, 2. Schlägerei, Balgerei, Boxerei, Handgemenge, Keilerei, Holzerei, Prügelei, Rauferei, Handgreiflichkeit, Tätlichkeit, 3. Blitzschlag, Blitz aus heiterem Himmel, Donnerschlag, Schicksalsschlag, 4. Gehirnschlag, Schlaganfall, Schlagfluss, Apoplexie.

schlagen (sich) 1. hauen, prügeln, 1391
verwalken, durchhauen, durchwichsen, verhauen, Tracht Prügel verabreichen, durchbläuen, Fell gerben, zausen, verbimsen, bimsen, beuteln, übers Knie legen, Hosen stramm ziehen, verwamsen, versohlen, verdreschen; Klaps geben, patschen, eins hintendrauf geben, eins verpassen, ohrfeigen, eine langen/herunterhauen/knallen, 2. handgreiflich/handgemein/tätlich werden, zu Leibe gehen, Schlägerei beginnen, sich raufen; holzen, keilen, boxen, zusammenschlagen, niederschlagen, zu Boden schlagen, unterkriegen, überwältigen, zur Strecke bringen, niederwerfen, niederzwingen, bezwingen, zu Boden strecken, kleinkriegen, ausknocken, knockout schlagen, durch Knock-out besiegen, obsiegen, auspunkten, besiegen, 3. überrunden, ausstechen, überbieten, punkten, Punkte machen, übertreffen, toppen, überflügeln, Rang ablaufen, überholen, überragen, übertrumpfen, hinter sich lassen, zurücklassen, abhängen, in den Schatten stellen, in die Tasche stecken, an die Wand drücken/spielen, besser/überlegen sein, 4. fällen, schlagen, umschlagen, umhauen, abholzen, abschlagen, entwalden.

schlagend drastisch, erdrückend, 1392
unwiderleglich, frappant, verblüffend,

überraschend, beweiskräftig, evident, handgreiflich, stichhaltig, triftig, schlagkräftig, durchschlagend, schlüssig, logisch, zwingend, unabweislich, wohl begründet, unbezweifelbar, überzeugend, suggestiv, eindringlich, hieb- und stichfest, wasserdicht.

1393 **schlau** 1. gerissen, gerieben, gewieft, clever, gewitzigt, helle, gefinkelt, plietsch, ausgeschlafen, durchtrieben, mit allen Wassern gewaschen, füchsisch, vigilant, verschlagen, listig, pfiffig, verschmitzt, findig, bauernschlau, raffiniert, schlitzohrig, smart, mit allen Hunden gehetzt, trickreich, ausgepicht, fintenreich, ausgekocht, gewitzt, **2.** siebengescheit, oberschlau, überschlau, neunmalklug, obergescheit, superklug, superschlau.

1394 **schlecht** 1. wertlos, nichts wert, minderwertig, nichts dran, unbrauchbar, unverwendbar, nutzlos, drittklassig, letztklassig, spottschlecht, unter aller Kritik / Kanone, gering, nichtig, zu nichts zu brauchen; miserabel, lausig, keinen roten Heller / Pfifferling wert, spottet jeder Beschreibung, beschissen, saumäßig, grottenschlecht, verheerend, mies, flau, mau, mäßig, dürftig, **2.** misslungen, missraten, verfehlt, verpatzt, missglückt, verkorkst, versaut, ungeraten, schief gegangen, schief gelaufen; schlecht sitzend, nicht passend, schlecht gearbeitet, zu eng, zu weit, vermurkst, vergeigt, **3.** schlecht geworden, verdorben, gammelig, angefault, verschimmelt, schimmelig, lumelig, ranzig, stichig, gekippt, vergoren, angesäuert, sauer geworden, wurmstichig, wurmig, madig, faul, faulig, angebrannt, verkohlt, verbrannt, ungenießbar, **4.** schlimm, übel, arg, unheilvoll, bedenklich, gefährlich; infiziert, verseucht, vergiftet, verstrahlt, kontaminiert, **5.** gemein, niedrig, nichtswürdig, verwerflich, ehrlos, schimpflich, schofel, würdelos, perfide, fies, schandbar, abscheulich, ruchlos, miserabel, jämmerlich, verächtlich, schurkig, schuftig, kriminell, verbrecherisch, niederträchtig, hundsgemein, böse, schändlich, verächtlich, verabscheuenswert, verderbt, erbärmlich, verdammenswert, ungeheuerlich, unerhört, schreit zum Himmel; fragwürdig, nicht einwandfrei, ehrenrührig, charakterlos, **6.** ungültig, entwertet, verfallen, abgewertet, außer Kurs, abgelaufen, ausgelaufen, gegenstandslos, hinfällig, verjährt, null und nichtig.

Schlechtigkeit Gemeinheit, Verderbtheit, Verdorbenheit, Verworfenheit, Perfidie, Gewissenlosigkeit, Niedertracht, Nichtswürdigkeit, Verruchtheit, Verderbnis, Verkommenheit, Schuftigkeit, Schurkerei, Verächtlichkeit, Nichtsnutzigkeit, Schändlichkeit, Schandbarkeit, Sittenlosigkeit, Würdelosigkeit, Unmoral. 1395

schließen 1. zumachen, zuziehen, zuschlagen, zuklappen, zuknallen, zuwerfen, ins Schloss werfen, zuhalten, den Schlüssel umdrehen, abschließen, zuschließen, verschließen, zusperren, absperren, versperren, verstellen, blockieren, zuriegeln, abriegeln, verriegeln, verrammeln, vergittern, verbarrikadieren, **2.** verkorken, stöpseln, zustöpseln, verkapseln, zudrücken, Deckel schließen, verschrauben, zuschrauben, zubinden, zukleben, verkleben, zudrehen, abdrehen, zuknöpfen, zuhaken, verstopfen, versiegeln, plombieren, **3.** folgern, Schluss ziehen, zu dem Schluss kommen, zusammenfassen, Folgerung/ Fazit ziehen, zurückführen auf, erklären mit, erkennen, entwickeln, ableiten, urteilen, entnehmen, ersehen, herleiten, deduzieren, nachweisen, feststellen, finden, argumentieren, kombinieren, verknüpfen, in Beziehung bringen, resümieren, rekapitulieren, **4.** abblenden, abdunkeln, Vorhang schließen / zuziehen, Fenster verhängen/zuhängen, verdunkeln, die Läden schließen, finster machen, **5.** sich schließen; zufallen, ins Schloss fallen, einschnappen, zuschnappen, zuschlagen, einrasten. 1396

Schluss 1. Ende, Abschluss, Vollendung, Schließung, Beendigung, Abbruch, Ausgang, Auslauf, Mündung, Delta; Ausläufer, letzter Teil, Schwanz, Schwanzende, Schlussteil, Endstück, Verfallsdatum, **2.** Nachwort, Schlusswort, Zusammenfassung, Rückblick, Abgesang, Epilog, Abschlussbericht, Ausklang, Schlussakkord, Schwanengesang, Nachspiel; Kehraus, guter Ausgang, Happyend; Schlusspunkt, Nullpunkt, Endpunkt, Schlussakt, Schluss- 1397 licht, Torschluss, Endstation, Matthäi am Letzten; Nachhut, Rüste, Neige, Finale, Schlusssatz, Koda, Endstadium, Exitus, Totentanz, Danse macabre, **3.** Folgerung, Schlussfolgerung, Denkergebnis, Konsequenz, Ableitung, Deduktion, Konklusion, Analogieschluss, Syllogismus, **4.** Quintessenz, Nutzanwendung, Ergebnis, Fazit, Moral, **5.** Endkampf, Spurt, Endspurt, Finish, Endspiel, Endrunde, Schlussrunde.

1398 **schmeicheln** schönreden, süßreden, Süßholz raspeln, flattieren, beweihräuchern, Weihrauch streuen, hofieren, einwickeln, einseifen, lobhudeln, um den Bart gehen, bauchpinseln, Schleppe tragen, zu Gefallen reden, scharwenzeln, nachlaufen, schöntun, liebedienern, katzbuckeln, sich einschmeicheln, anbiedern; insinuieren, umwerben, umschmeicheln, umbuhlen, sich lieb Kind machen; kriechen, Kotau machen, heucheln.

1399 **Schmeichler** **1.** Augendiener, Lobredner, Schönredner, Schöntuer, Hofmacher, Claque, Claqueur, Courschneider, Heuchler, Bauchpinsler, Gleisner, Leisetreter, Schranze, Wasserträger, Kofferträger, Kriecher, Sklavenseele, Schneeschleicher, Liebediener, Süßholzraspler, Nachbeter, Ohrenbläser, Zuträger, Kreatur; Schmeichlerin, Schmeichelkatze, **2.** Schmarotzer, Parasit, Schädling, Nutznießer, Nassauer, Schnorrer, Abstauber, Vasall, Satellit.

1400 **Schmerz** **1.** Leid, Kummer, Gram, Weh, Seelenschmerz, Jammer, Herzeleid, Herzweh, **2.** Schmerzen, Schmerzempfinden, Schmerzgefühl, Leiden, Beschwerden, Pein, Pfahl im Fleisch, Qual, Marter, Folter, Plage, Tortur, Peinigung, Quälerei, Nervenprobe, Höllenpein, Höllenritt, Höllentrip, Höllenqualen, Martyrium, Tantalusqualen, Hölle, Inferno, Weltuntergang.

1401 **schmerzen** **1.** wehtun, Schmerzen verursachen, brennen, bohren, beißen, stechen, pochen, ziehen, schneiden, durch Mark und Bein gehen, quälen, martern, **2.** Leid tun, Kummer machen, bereuen, reuen, bedrücken, zu schaffen machen, Gewissensbisse verursachen.

1402 **schmückend** verschönernd, hebend, putzend, zierend, ziervoll, dekorativ, malerisch, wirkungsvoll.

Schmutz **1.** Dreck, Unrat, Unflat, Staub, Matsch, Schlamm, Morast, Sumpf, Schmutzlache, Pfuhl, Schmiere, Schlieren, Schmutzstreifen, **2.** Verunreinigung, Verschmutzung, Schweinerei, Sauerei, Flecken, Verfleckung, Verdreckung, Kleckse, Gesudel, Sudelei, **3.** Schund, Schundliteratur, Regenbogenpresse. 1403

Schmutzfink Schmierfink, Dreckspatz, Ferkel, Schweinigel, Schwein, Sau, Saubär, Säunickel, Wutz, Drecksau, Schlunze, Schlamper, Schlampe. 1404

schmutzig unsauber, ungewaschen, dreckig, schmuddelig, ungepflegt, liederlich, schweißig, verschwitzt, durchgeschwitzt; verunreinigt, befleckt, besudelt, beschmutzt, verschmutzt, verdreckt, verfleckt, fleckig, schmierig, versifft, verstaubt, staubig, staubüberzogen, rußig, verrußt, rußbedeckt; sandig, erdig; speckig, fettig, voll Fettflecken; schlammig, kotig, matschig, lehmig, morastig, glitschig, sudelig, sumpfig, grundlos. 1405

schneiden (sich) **1.** zerkleinern, zerschneiden, in Stücke schneiden, tranchieren, aufschneiden, zerteilen, teilen, abschneiden, abtrennen, absäbeln, herunterschneiden, schnippeln, schnipseln, absägen, **2.** kürzen, Teile entfernen, auf die richtige Länge/in die richtige Form bringen, cutten, **3.** schnitzen, schnitzeln, fitzen, spänen; kerben, einkerben, einschneiden, zacken, auszacken, **4.** verletzen, beschneiden, verwunden, pieken, stechen, **5.** verleugnen, meiden, aus dem Weg gehen, übersehen, hindurchschauen, nicht sehen wollen, wegsehen, übergehen, überhören, nicht hinhören/zuhören, ignorieren, boykottieren, keine Notiz nehmen, links liegen lassen, verpönen, verfemen, umgehen, abrücken, wie Luft behandeln, keines Wortes würdigen, brüskieren, kalte Schulter zeigen, nicht beachten, nicht zur Kenntnis nehmen, missachten, totschweigen, nicht mehr kennen, sich abwenden; Rücken zuwenden, **6.** sich kreuzen, treffen; zusammentreffen, sich begegnen, **7.** sich schaden, ins eigene Fleisch schneiden. 1406

schnell **1.** rasch, geschwind, flink, wieselig, behände, hurtig, eilig, rapid, blitzschnell, blitzartig, fix, affen- 1407 artig, flott, zügig, schwungvoll, mit Schwung, im Geschwindschritt / Galopp / Schweinsgalopp, fluchtartig, mit einem Sprung, Tempo, rasant, stürmisch, flugs, prompt, wie der Wind / aus der Pistole geschossen, mit Volldampf, holterdiepolter, im Laufschritt, wie ein Wiesel / Lauffeuer, in Windeseile, schnellstens, auf dem schnellsten Weg, ehestens, schleunigst, **2.** augenblicklich, gleich, eilends, sofort, unverweilt, ungesäumt, im selben Augenblick, stehenden Fußes, so bald wie möglich, recht bald, möglichst umgehend, überstürzt, im Nu, stracks, spornstreichs, auf der Stelle, eilfertig, handkehrum, im Handumdrehen.

1408 **schon** bereits, längst, früher als erwartet / gedacht, schon lange, seit langem.

1409 **schön** **1.** entzückend, reizend, klassisch, formvollendet, ebenmäßig, harmonisch, wunderschön, stilvoll, geschmackvoll, bildschön, herrlich, vollendet, makellos, unvergleichlich, strahlend, blendend, traumhaft, wunderbar, zauberhaft, wundervoll, märchenhaft, göttlich, göttergleich, reizvoll, **2.** gut gewachsen, wohlgestaltet, wohlbeschaffen, wohlproportioniert, gut gebaut, stattlich, wohlgeformt, blendende Figur.

1410 **schonen (sich)** **1.** sorgsam behandeln, hüten, hegen, nicht strapazieren, pfleglich behandeln, **2.** verschonen, bewahren / behüten vor, ersparen, mit Samthandschuhen anfassen, **3.** Milde walten lassen, Auge zudrücken, durch die Finger sehen, fünf gerade sein lassen, Nachsicht üben, nicht entgelten lassen, **4.** sich pflegen; langsam / kurz / kürzer treten, auf seine Gesundheit achten, Anstrengungen vermeiden.

1411 **Schönheit** **1.** Liebreiz, Wohlgestalt, Harmonie, Vollendung, Anmut, Formvollendung, Ebenmaß; Köstlichkeit, Erlesenheit, Pracht, Herrlichkeit, **2.** Schöne, Beauté, Schaufrau, Covergirl, Werbeschönheit; Beau, Adonis, Model.

1412 **schöpferisch** schaffend, genial, gestaltend, bildend, produktiv, gestaltungskräftig, geistesmächtig, erfinderisch, einfallsreich, ideenreich, originell, eigenwüchsig, ingeniös, dichterisch, poetisch, musisch, gestalterisch, fruchtbar, kreativ, phantasievoll.

Schöpfung **1.** Genesis, Erschaffung der Welt, Schöpfungsakt, **2.** Werk, Kunstwerk, Opus, Œuvre, Kreation. 1413

schräg **1.** quer, diagonal, transversal, kursiv, überquer, übereck, **2.** geneigt, abfallend, abschüssig, abgedacht, sich senkend / neigend; abböschend, abgeschrägt, **3.** steigend, ansteigend, steil, aufsteigend, abfallend, **4.** querbeet, mittendurch, querfeldein, **5.** schräge, ausgefallen, befremdlich, misstönend. 1414

Schrank Kasten, Kleiderschrank, Wohnzimmerschrank, Schrankwand, Buffet, Sideboard, Glasschrank, Vitrine, Hängeschrank, Geschirrschrank, Anrichte; Küchenschrank, Küchenbuffet, Vorratsschrank, Spind; Eisschrank, Kühlschrank, Tiefkühlschrank, Bücherschrank, Kommode, Truhe. 1415

Schranke Sperre, Barriere, Absperrung, Hürde, Zaun, Gitter, Gatter, Geländer, Reling, Brüstung; Bahnschranke, Verkehrsschranke, Grenze. 1416

schrecklich **1.** grässlich, fürchterlich, katastrophal, desaströs, furchtbar, entsetzlich, grauenhaft, alptraumartig, grauenvoll, verheerend, vernichtend, schauderhaft, schreckensvoll, abschreckend, drohend, dräuend, ängstigend, beängstigend, schaudervoll, Schauder erregend, Grauen erregend, Furcht erregend, Horror, horribel, **2.** schauerlich, schaurig, geisterhaft, gespenstig, grausig, unheimlich, gothic, haarsträubend, zum Fürchten, gruselig, spukhaft, nicht geheuer, finster, düster, ein Graus, angstbesetzt, Angst erregend. 1417

schreiben **1.** zu Papier bringen, aufschreiben, niederschreiben, niederlegen, schriftlich fixieren, zur Feder greifen; notieren, aufzeichnen, festhalten, vermerken, Notiz machen, eintragen, einschreiben, verzeichnen, **2.** aufsetzen, konzipieren, Skript schreiben, ins Unreine schreiben, **3.** formulieren, verfassen, abfassen, ausarbeiten, texten, **4.** pinseln, malen, kritzeln, schmieren, klecksen, sudeln, krakeln; tippen, Maschine schreiben. 1418

Schrift **1.** Schreibschrift, Druckschrift, Blockschrift, Schrifttypen, Schriftzeichen; Handschrift, Schriftzüge, Klaue, Pfote, Gekrakel, Gekritzel, Geschmiere, **2.** Zeichensystem, Bilderschrift, Gegenstandsschrift, Wort- 1419 schrift, Silbenschrift, Buchstabenschrift, Alphabet, Lautschrift, Umschrift, Transkription; Schönschrift, Kalligraphie.

1420 **Schriftsteller** Autor, Verfasser, Dichter, Poet, Literat, Homme de Lettres, Mann der Feder, Prosaschriftsteller, Prosaist, Erzähler, Epiker, Romancier, Romanschriftsteller, Novellist, Essayist, Lyriker, Dramatiker, Stückeschreiber, Dramendichter, Theaterdichter, Theaterautor; Drehbuchautor, Drehbuchschreiber, Skriptautor, Skriptschreiber, Scripter; Tagesschriftsteller, Texter, Glossenschreiber, Feuilletonist, Schreiberling, Vielschreiber, Verseklopfer, Verseschmied.

1421 **Schuld** 1. Makel, Fehler, Verschulden, Schuldigkeit, Kerbholz, Sündenregister, 2. Verpflichtung, Schulden, Verbindlichkeit, Rückstand, Passiva, Belastung, Verschuldung, Schuldenlast, Restanten, Überschuldung, 3. Schuldgefühle, Schuldbewusstsein, Skrupel, schlechtes Gewissen, Gewissensangst, Gewissensnot, Gewissensbisse, Gewissenspein, Gewissensqual, Schuldkomplex, Selbstanklage, Selbstvorwurf, Selbstekel.

1422 **schulden** 1. in der Schuld stehen, zu zahlen haben, im Rückstand/schuldig sein, in Verzug geraten, in der Kreide stehen, Schulden haben, in den roten Zahlen/verschuldet sein, auf Pump leben; Schuldner/Debitor/Kreditnehmer sein, 2. verdanken, verpflichtet sein, zu danken haben, 3. sich schuldig/verantwortlich fühlen, schuldig bekennen, etwas zuschulden kommen lassen, schuldig machen; Schuld auf sich laden, Schuld haben, schuld sein, verschuldet haben, verantwortlich sein, zu verantworten haben, geradestehen müssen, es gewesen sein/getan haben, auf dem Kerbholz haben.

1423 **schuldig** 1. rückständig, in der Kreide, im Verzug, zahlungspflichtig, im Rückstand, restant, verschuldet, überschuldet, mit Schulden überlastet, 2. schuld, schuldbeladen, Dreck am Stecken, Leiche im Keller, in Schuld verstrickt, schuldhaft, mitschuldig, belastet, straffällig, schuldig gesprochen, verurteilt, schuldbewusst.

1424 **Schule** 1. Lehranstalt, Erziehungsstätte, Bildungsstätte, Bildungsanstalt; Volksschule, Hauptschule, Gesamtschule, Realschule, Gymnasium, College, Ganztagsschule, Schulversuch; Penne, Quetsche; Zwergschule, Klippschule, 2. Schulgebäude, Schulhaus, Schulkomplex, 3. Richtung, Strömung, Lehre.

Schüler 1. Pennäler, Schulkind, Abc-Schütze, Schulanfänger, Erstklässler, Hauptschüler, Oberschüler, Gymnasiast, Abiturient, 2. Hörer, Student, Studierender, Hochschüler, 3. Jünger, Nachfolger, Adept, Anhänger, 4. Lehrling, Stift, Auszubildender (Azubi), Volontär, Praktikant, Anlernling, Hospitant, Debütant, Trainee. 1425

Schurke 1. Schelm, Schlitzohr, Bube, Lotterbube, Spitzbube, Haderlump, Halunke, Gauner, Filou, Schubiack, Subjekt, Windbeutel, 2. Finsterling, Galgenvogel, fieser Finger, Schuft, Bösewicht, Lump, Bandit, Ganove, Falschspieler, Betrüger, 3. Heckenschütze, Meuchelmörder, Mordbube, Mordbrenner, Aufwiegler, Verräter, Judas, Denunziant, Spitzel, Blockwart. 1426

schützen (sich) 1. decken, bedecken, zudecken, einhüllen, einmummeln, umhüllen, einpacken, abdecken, überdecken, überdachen, einwickeln, pampern, abfedern, abpolstern, schirmen, wahren, bewahren, sichern, unter Dach/in Sicherheit bringen, eintüten, bergen; decken gegen, abwenden von, breiten über, ausbreiten, beschirmen, behüten, bewachen, wachen über, beschützen, bewahren vor, fern halten, 2. feien, sichern, flankieren, unter die Fittiche nehmen, Hand halten über, gutes Wort einlegen, protegieren, 3. verteidigen, Partei ergreifen, entlasten, Lanze brechen, beispringen, parieren, auffangen, Rücken decken, 4. sich unterstellen, decken; in Deckung gehen, Deckung nehmen, 5. vorbauen, vorbeugen, Prophylaxe betreiben, impfen, verhüten, imprägnieren. 1427

Schützling Schutzbefohlener, Protegé, Liebling, Günstling, Favorit, Klient, Mündel, Schoßkind, Kronprinz, Mandant, Pflegling, Pflegekind. 1428

schwach 1. kraftlos, marklos, saftlos, blutarm, blutlos, blutleer, anämisch, zittrig, schwachnervig, schwächlich, schlapp, lahm, lendenlahm, pflaumen- 1429 weich, knochenlos, matt, schlaff, verzärtelt, verweichlicht, wehleidig, kläglich, weichlich, weichmütig, **2.** labil, auffällig, kränklich, hinfällig, entkräftet, schwach auf den Beinen, klapprig, gebrechlich, erschöpft, **3.** charakterlos, willenlos, haltlos, rückgratlos, weich, lasch, energielos, entscheidungsschwach, willensschwach, widerstandslos, unselbständig, wankelmütig, willfährig, nachgiebig, gefügig, verführbar, **4.** unterernährt, abgezehrt, ausgehungert, **5.** machtlos, entmachtet, ohnmächtig, beraubt, unterlegen, drittklassig.

1430 **Schwäche 1.** Schwachheit, Marklosigkeit, Kraftlosigkeit, Widerstandslosigkeit, Verführbarkeit, Labilität, innerer Schweinehund, Willensschwäche, Entscheidungsschwäche, Entschlusslosigkeit, Energielosigkeit, Willenlosigkeit, Willfährigkeit, Rückgratlosigkeit, Wankelmut, Unentschlossenheit, Unentschiedenheit, Weichheit, **2.** Blutleere, Blutarmut, Bleichsucht, Blutlosigkeit, **3.** Ohnmacht, Autoritätsverlust, Machtlosigkeit, Einflusslosigkeit, Führungsschwäche.

1431 **schwächen** beeinträchtigen, entkräften, erschöpfen, ermüden, zehren, lähmen, lahm legen, paralysieren, aufreiben, entwaffnen, entmutigen, demotivieren, demoralisieren, untergraben, verweichlichen, verzärteln, verhätscheln.

1432 **schwanken 1.** wanken, wackeln, taumeln, torkeln, kippeln, Schlagseite haben, unsicher auf den Beinen sein; rollen, schlingern, dümpeln, wogen, schaukeln, tanzen, **2.** unschlüssig sein, sich nicht entschließen können; zaudern, zweifeln, mit sich ringen, wankend, schwankend werden, ins Schwimmen geraten.

1433 **Schwätzer** Schwadroneur, Wichtigtuer, Neuigkeitskrämer, Zungendrescher, Alleswisser, Klugschwätzer, Klugscheißer, Quasselstrippe, Flüstertüte, Kannegießer, Biertischpolitiker, Fabulant, Gernegroß, Angeber, Aufschneider, Renommist, Großtuer, Prahlhans, Bramarbas, Großmaul, Papiertiger, Möchtegern, Radikalinski, Revoluzzer, Dauerredner, Vielschwätzer, Redelöwe, Wortemacher, Phrasendrescher, Blender, Maulheld, Schreihals, Schaumschläger, Windbeutel, Bildungsprotz, Klatschbase, Klatschweib, Waschweib, Schwatzbase, Klatschmaul, Plaudertasche, böse Zunge, Tratschtüte, Labertante.

schweben 1. fliegen, sich tragen lassen; segeln, gleiten, treiben, getragen werden, kreisen, sich wiegen; rütteln, flattern, streichen, schaukeln, wirbeln, schwirren, umherschwirren, **2.** schwimmen, treiben, flottieren, driften, obenauf schwimmen, dahintreiben. 1434

schweigen 1. nicht sprechen, stumm bleiben, nichts entgegnen / erwidern, verstummen, sich ausschweigen; Mund halten, keinen Ton herausbringen, **2.** Schweigen bewahren, dichthalten, für sich behalten, geheim halten, nichts sagen, seine Zunge im Zaum halten, stillschweigen, sich in Schweigen hüllen; keinen Laut von sich geben, nichts verraten, kein Wort verlieren, schweigen wie eine Auster/ein Grab. 1435

schweigsam 1. schweigend, stumm, still, wortlos, sprachlos, wortkarg, wortarm, nicht gesprächig, mundfaul, wortfaul, einsilbig, verschlossen, zurückhaltend, zugeknöpft, reserviert, nicht mitteilsam, verschwiegen, diskret, **2.** ohne Worte, unausgesprochen, stillschweigend, ungesagt, mimisch, pantomimisch. 1436

schwer 1. erdrückend, lastend, schwer wiegend, gewichtig, massig, bleiern, bleischwer, wuchtig, gewaltig, kaum zu heben/bewegen, **2.** beschwerlich, anstrengend, ermattend, aufreibend, ermüdend, mühevoll, mühsam, erschöpfend, betäubend, niederschmetternd, schwer erträglich; erschwerend, gravierend, schwerwiegend, belastend. 1437

schwierig 1. kompliziert, verwickelt, verzwickt, verzwackt, kraus, vertrackt, verworren, verteufelt, umständlich, unübersichtlich, unklar, verwirrend, **2.** tiefsinnig, schwer zugänglich, kaum zu begreifen, schwer, komplex, verflochten, verschlungen, beziehungsreich, verzweigt, schwer verständlich, problematisch, schwer zu entziffern, diffizil, heikel, knifflig, figgelinsch, subtil, dornig, **3.** schwer zu behandeln, unzugänglich, unansprechbar, nicht pflegeleicht. 1438

schwimmen 1. baden, tauchen, 1439

kraulen, planschen, **2.** ins Schwimmen geraten, zögern.

1440 **schwingen** **1.** werfen, schleudern, schmeißen, pfeffern, schmettern, zuwerfen; schwenken, ausschwenken, ausschütteln, **2.** pendeln, hin und her schwingen, baumeln, hängen, sich wiegen; bammeln, schlenkern, flattern, schaukeln, wogen, **3.** schwänzeln, wackeln, wedeln, fächeln, **4.** vibrieren, mitschwingen, pulsieren, oszillieren, fluktuieren, hin und her bewegen.

1441 **Schwingung** Pendelbewegung, Schwingen, Oszillieren, Schwankung, Fluktuation, Wellenbewegung, Vibration; Swing, Schwingungen, Vibrations.

1442 **schwitzen** **1.** in Schweiß/ins Schwitzen geraten, schmoren, braten, dampfen, sieden, kochen, transpirieren, ausdünsten, fließen, **2.** beschlagen, anlaufen.

1443 **Schwung** **1.** Drall, Stoß, Stups, Schub, Anlauf, Wucht, Schuss, Fahrt, **2.** Brio, Elan, Schmiss, Feuer, Biss, Begeisterung, Dynamik, Drive, Antrieb, Verve, Pep, Leben, Impuls, Impetus, Temperament, Lebhaftigkeit, Beweglichkeit, Initiative, Unternehmungsgeist.

1444 **Seele** **1.** Psyche, Innenleben, Inneres, Unterbewusstsein, das Unbewusste, Seelenleben, Gefühlswelten, **2.** Spiritus Rector, Seele der Organisation/des Betriebs, gute Seele.

1445 **Seemann** Matrose, Maat, Steuermann, Lotse, Janmaat, Schiffsjunge, Schiffsmann, Bootsmann, Kapitän, Smutje, Seefahrer, Nautiker, Schifffahrtskundiger, Küstenfahrer, Kanalschiffer, Schiffsfahrer, Schiffer, Skipper, Segler, Ruderer, Schipper, Seebär, fliegender Holländer.

1446 **Segen** **1.** Segnung, Benediktion, Segensspruch, Segenswunsch, **2.** Gnade, Gunst, Heil, Fülle, Lohn, Glück, Wohl, Seelenheil, **3.** Absegnung, Zustimmung, Erlaubnis, Einverständnis.

1447 **segnen** **1.** Segen spenden/sprechen, dem Himmel empfehlen, weihen, **2.** begnaden, auszeichnen, begaben, beglücken, beschenken.

1448 **sehen** bemerken, erblicken, erschauen, schauen, blicken, gewahren, wahrnehmen, vor Augen haben, ansichtig werden, erspähen, erkennen, sichten, entdecken, finden, gewahr werden, ausmachen, innewerden, spitzen, äugen, lugen, spähen, gucken, ansehen, beobachten; den Dingen ins Gesicht sehen.

sehr **1.** gewaltig, heftig, happig, mächtig, enorm, äußerst, in hohem Maß, erdrutschartig, eminent, zutiefst, hochgradig, weitgehend, mordsmäßig, mörderisch, höllisch, horrend, teuflisch, tierisch, wahnsinnig, bis über die Ohren/zur Halskrause, volle Kanne, bass, stark, höchst, höchlich, beachtlich, überaus, extra, erstaunlich, weidlich, erheblich, ganz besonders, ausnehmend, überaus, richtiggehend, ungeheuer, ungemein, unsäglich; diebisch, schrecklich, sündhaft, verteufelt, verflucht, namenlos, unsagbar, mega, ultra, hyper, unbeschreiblich, unendlich, unaussprechlich, empfindlich, fühlbar, schmerzlich, arg, **2.** höchstens, längstens, größtmöglich, optimal, maximal. 1449

selbstbewusst sicher, selbstsicher, von sich überzeugt, seines Wertes sicher, stolz, selbstgewiss, selbstkritisch. 1450

Selbstbewusstsein **1.** Selbstvergewisserung, Selbsterkenntnis, Selbstkritik, **2.** Selbstvertrauen, Selbstsicherheit, Selbstwertgefühl, Selbstachtung, Stolz, Selbständigkeit. 1451

Selbstsucht Egoismus, Eigennützigkeit, Eigennutz, Ichsucht, Eigensucht, Ichbezogenheit, Egotrip, Selbstbesessenheit, Selbstherrlichkeit, Selbstverliebtheit, Selbstvergötterung, Narzissmus, Egozentrik, Nabelschau, Egotismus, Eigenlob, Selbstbeweihräucherung, Selbstinszenierung. 1452

selbstsüchtig selbstisch, egoistisch, ichsüchtig, eigennützig, eigensüchtig, vorteilsüchtig, rücksichtslos, kaltschnäuzig, mit Ellbogen, durchsetzerisch, unsozial, unkollegial, berechnend, nur auf den eigenen Vorteil bedacht, geht über Leichen; ichbezogen, selbstbezogen, egozentrisch, selbstherrlich, solipsistisch, autistisch, monoman, egoman, selbstbesessen, narzisstisch, selbstverliebt. 1453

selten **1.** rar, dünn gesät, kostbar, gesucht, ungewöhnlich, unalltäglich, ungebräuchlich, unüblich, kaum vorkommend, vereinzelt, sporadisch, ausgefallen, außergewöhnlich, besonders, **2.** im Ausnahmefall, ausnahmsweise, kaum, 1454 nur manchmal, fast gar nicht, ab und zu, spärlich, nur gelegentlich, hie und da, alle Jubeljahre.

1455 **Sexualdelikt** geschlechtliche Unterdrückung, sexuelle Belästigung, Zudringlichkeit, sexuelles Vergehen, sexuelle Nötigung, Misshandlung, Ausbeutung, sexueller Missbrauch, Kindesmissbrauch, Unzucht mit Abhängigen, Vergewaltigung, Stuprum, Zwangsprostitution, Kinderprostitution, Mädchenhandel, Frauenhandel.

1456 **Show** Varieté, Tingeltangel, Revue, Striptease, Unterhaltungsshow, Spieleshow, Gameshow, Actionspielshow, Quizshow, Gewinnshow, Talkshow, Lateshow, Rockshow, Peepshow, Erotikshow.

1457 **sicher** 1. zutreffend, ganz sicher, todsicher, bombensicher, zweifelsfrei, gewiss, höchstwahrscheinlich, vorprogrammiert, wie das Amen in der Kirche, stimmt, nicht daran zu zweifeln, nicht zu leugnen, unleugbar, **2.** gefahrlos, ungefährlich, gesichert, ungefährdet, risikolos, risikofrei, unbedenklich; etabliert, unkündbar, in sicherer Stellung, in Lebensstellung, krisenfest, **3.** geborgen, geschützt, beschirmt, behütet, beschützt, betreut, gepampert, bewacht, bewahrt, unbedroht, gefeit, gut aufgehoben; in Sicherheit, gerettet, davongekommen, außer Gefahr, in trockenen Tüchern, **4.** beglaubigt, beurkundet, urkundlich, besiegelt, verbrieft, schwarz auf weiß, beweisbar, beweiskräftig, garantiert, eidesstattlich, beschworen, amtlich, offiziell; unanfechtbar, unanzweifelbar, unwiderleglich, unstreitig, unbestreitbar, unbestritten, beweiskräftig, begründet, bewiesen, stichhaltig, nachgewiesen, gesichert, erwiesen, verlässlich, aus sicherer Quelle/gut unterrichteten Kreisen, unwidersprochen, unwidersprechlich, unangefochten, nachweislich, hieb- und stichfest, niet- und nagelfest, bekanntlich, offenkundig, erfahrungsgemäß, erprobt, empirisch, experimentell bewiesen, wie jeder weiß, **5.** feststehend, unverrückbar, unwiderruflich, unabänderlich, vertraglich, vertragsgemäß, patentiert, beschlossen, abgemacht, **6.** unangreifbar, unverwundbar, unverletzlich, windgeschützt, feuersicher, kugelsicher, bulletproof; unerschütterlich, unerschüttert, unbeirrbar, unbeirrt, entschieden, entschlossen, **7.** gesichert, gespeichert, unverlierbar, unlöschbar, **8.** taktfest, taktsicher, auftrittsicher, sattelfest, sicher auf dem Parkett.

Sicherheit 1. Gewissheit, Bestimmtheit, Überzeugung, **2.** Sicherung, Protektion, Schutz, Beschützung, Beschirmung, Abschirmung, Feuerschutz, Flankenschutz, Deckung, Bedeckung; Obhut, Patronage, Zuflucht, Hut, Hort, Hafen, Asyl; Gesichertsein, Geborgenheit, Geborgenheitsgefühl, **3.** Garantie, Immunität, Prophylaxe, Verhütung. 1458

sichern (sich) 1. fundieren, fundamentieren, untermauern, konsolidieren, unterbauen, stützen, abstützen, unterlegen, unterstellen, tragen, halten, **2.** sicherstellen, garantieren, patentieren, zusichern, decken, **3.** sich schützen, absichern; Deckung/Unterstützung verschaffen; sich anschnallen, festschnallen, anseilen, **4.** absperren, abriegeln, beschranken, **5.** einschließen, unter Verschluss bringen, wegsperren, wegschließen. 1459

siegen 1. Nase vorn haben, Sieg davontragen/erringen, durchs Ziel gehen, gewinnen, Spiel/Rennen machen/gewinnen, ans Ruder kommen, triumphieren, **2.** überrennen, niederringen, übermannen, überwältigen, Oberhand gewinnen, zur Strecke bringen, in die Knie zwingen, niederwerfen, besiegen, obsiegen, matt setzen. 1460

Sieger 1. Bezwinger, Eroberer, Triumphator; Gewinner, Erster, Finalist, Preisträger, Preisgekrönter; Olympiasieger, Champion, Nummer eins, Weltmeister, Held, Recke, Heros, **2.** Besatzung, Besatzungsmacht, Besatzer, Siegermacht. 1461

singen 1. summen, trällern, dudeln, leiern, Lied anstimmen, vortragen, erschallen lassen, intonieren, psalmodieren, tremolieren; einstimmen, einfallen, mitsingen, **2.** schmettern, schreien, grölen, plärren, jubilieren, trillern, jodeln, **3.** pfeifen, zwitschern, tirilieren, tschilpen, flöten, schlagen, zirpen, piepen, keckern, quinkelieren, ziepen, **4.** ausplaudern, verraten. 1462

sinnlich 1. mit den Sinnen erfahrbar, sensualistisch, wahrnehmbar, spürbar, 1463 fühlbar, sichtbar, hörbar, **2.** genussfreudig, genussfähig, sinnenhaft, lustbetont, genießerisch, schwelgerisch, sinnenfreudig, hedonistisch, **3.** erotisch, leidenschaftlich, lüstern.

1464 **Sinnlichkeit** Sinnenlust, Sinnenfreude, Eros, Genussfähigkeit, Genussfreudigkeit, Hedonismus; Erotik, Fleischeslust, Fleischlichkeit, Sexualität, Lüsternheit, Lust.

1465 **sinnvoll** **1.** angebracht, angemessen, vernünftig, ratsam, anzuraten, geraten, **2.** bedeutsam, inhaltsreich, inhaltsschwer, erfüllt, tief, viel sagend, sinnreich, beziehungsvoll, beziehungsreich, **3.** systematisch, planmäßig, planvoll, geplant, überlegt, organisch, folgerichtig, geordnet, methodisch, einheitlich, zielführend, vorbedacht, wohl überlegt, durchdacht.

1466 **sitzen** **1.** sich setzen, hinsetzen, niederlassen; Platz nehmen, auf einen Stuhl fallen, **2.** im Gefängnis sein, einsitzen, brummen, absitzen, festsitzen, hinter Gittern / Stacheldraht / gefangen sein, **3.** dasitzen, hängen, kleben, dahocken, kauern, hocken, **4.** passen, keine Falten werfen, stimmen, guten Sitz/ gute Passform haben, wie angegossen sitzen.

1467 **Sitzmöbel** **1.** Sitzgelegenheit, Stuhl, Küchenstuhl, Polsterstuhl, Gartenstuhl, Armstuhl, Klappstuhl, Drehstuhl, Hocker, Schemel, **2.** Sessel, Ohrensessel, Schaukelstuhl, Polstermöbel, Garnitur, Sofa, Couch, Kanapee, Chaiselongue, Ottomane, Diwan; Bank, Sitzbank, Eckbank.

1468 **Sklave** **1.** Galeerensklave, Helot, Paria, Leibeigener, Fronknecht, Höriger, Knecht, Untertan, Unfreier, Gemeiner, Abhängiger, Willenloser, Odaliske, **2.** Masochist, Bettsklave, Liebessklave.

1469 **Skulptur** Bildwerk, Statue, Plastik, Bildwerk, Figur, Standbild, Bildsäule, Büste, Torso, Herme, Statuette, Figurine.

1470 **so** derart, derartig, solchermaßen, dergestalt, dermaßen, ebenso, genauso, in diesem Ausmaß / Umfang, in dieser Form/Weise, mit diesen Worten, gleichermaßen, folgendermaßen, wie folgt; gleichwie, also, nun, denn, so oder so, wie auch immer.

1471 **Sorge** Kummer, Bürde, schlaflose Nächte, Sorgenlast, Kümmernisse, Bekümmernis, Besorgtheit, Besorgnis, Bedenken, Beklemmung, Beklommenheit, Ungewissheit, Unsicherheit, Angst, Befürchtung, Beunruhigung, Zweifel.

Sorgfalt **1.** Sorgfältigkeit, Sorgsamkeit, Genauigkeit, Gründlichkeit, Präzision, Schärfe, Exaktheit, Akkuratesse, Akribie, Gewissenhaftigkeit, Abbildungstreue, **2.** Achtsamkeit, Behutsamkeit, Obacht, Besonnenheit, Bedachtsamkeit, Bedacht, Umsicht. 1472

sorgsam **1.** behutsam, schonungsvoll, schonend, sorgfältig, achtsam, bedachtsam, wohl überlegt, sorglich, fürsorglich, besorgt, pfleglich, mit Bedacht, wachsam, aufmerksam, zuverlässig, peinlich, akkurat, genau, exakt, gründlich, akribisch, **2.** umsichtig, überlegt, vorsorglich, mit Vorbedacht, wohl vorbereitet, von langer Hand, bedacht, gewissenhaft, weislich, wohlerwogen, vorausschauend, beschützend, bergend, beschützerisch, overprotecting. 1473

Soße Lake, Beize, Marinade, Tunke, Brühe; Salatsoße, Mayonnaise, Dressing, Stippe, Dip, Bratensaft, Fond. 1474

Spannung **1.** Erwartung, Gespanntheit, Interesse, Neugier, Erregung, Gespanntsein, Lampenfieber, Vorfreude, Ungeduld, gespannte Erwartung, Aufregung, Hochspannung, Nervenkitzel, Dramatik, Action, Suspense, **2.** Spannungen, Knatsch, gespanntes Verhältnis, Anspannung, Druck, Verstimmung, Ärger. 1475

sparen **1.** beiseite/auf die hohe Kante legen, ersparen, erübrigen, ansparen, zurücklegen, zusammenbringen, zusammenscharren, zusammenraffen, aufsparen, anhäufen, hamstern, horten, **2.** knausern, geizen, filzen, knapsen, abknapsen, sich vom Munde absparen; Daumen draufhalten, knapp halten, kurz halten, kargen, zwacken, knickern, **3.** haushalten, zusammenhalten, rechnen, wirtschaften, einteilen, rationieren, zirkeln, **4.** sich einschränken, bescheiden, beschränken; kürzer treten, kurz treten, einsparen, schrumpfen, runterfahren, tiefer hängen, absparen, abzwacken, sich begnügen, zufrieden geben, behelfen; Brotkorb höher hängen, Gürtel / Riemen enger schnallen, Pflöcke 1476 zurückstecken, vorlieb nehmen, verschlanken, abspecken.

1477 **sparsam** 1. haushälterisch, mäßig; kleinlich, filzig, knauserig, geizig, knickrig, schäbig, schofel, 2. verbrauchsgünstig, wirtschaftlich, ökonomisch, rationell, lean, Energie sparend, umweltfreundlich.

1478 **Sparsamkeit** Wirtschaftlichkeit, Ökonomie, genaues Rechnen, Einteilen, Kleinlichkeit, Knauserei, Pfennigfuchserei, Knickerigkeit, Knauserigkeit, Geiz.

1479 **spät** 1. verspätet, unpünktlich, säumig, saumselig, im Rückstand/Verzug, überfällig, zu spät, fünf nach zwölf, 2. höchste Zeit, keine Zeit zu verlieren, in letzter Minute, kurz vor Toresschluss, fünf vor zwölf, im letzten Augenblick, höchste Eisenbahn, 3. nach Jahren/langer Zeit/Jahr und Tag, postum, nach dem Tod, 4. zu später/vorgerückter Stunde, ziemlich spät, am späten Abend, spätabends, zu nachtschlafender Zeit, nachts.

1480 **später** 1. danach, darauf, nachmalig, nachmals, hinterher, hernach, nach, hierauf, nachher, dann, hiernach, noch nicht, von … ab, seit, seitdem, seither, 2. künftig, in Zukunft, späterhin, fernerhin, zu einem späteren Zeitpunkt, fortan, dereinst, eines Tages, ein andermal, über kurz oder lang, früher oder später, fortab, zukünftig, hinfort, von jetzt an, 3. angehend, zukünftig, kommend, in spe.

1481 **Speicher** 1. Dachboden, Dachkammer, Abstellraum, Rumpelkammer, 2. Depot, Lagerhaus, Magazin, Warenlager, Stapelplatz, Arsenal, Zeughaus; Schober, Stadel, Silo, Schuppen, Scheuer, Scheune, Schatzkammer, Hamsterkiste, 3. Archiv, Bildarchiv, Tonarchiv, Filmarchiv, Kinemathek, 4. Computerspeicher, Festplatte, Diskette, Sampler, Zip-Diskette, CD-ROM, DVD.

1482 **Spezialität** 1. Interessengebiet, Domäne, Sondergebiet, Spezialgebiet, Fachgebiet, Fachrichtung, Fachbereich, Fachgeschäft, Fachhandel, Sparte, 2. Steckenpferd, Liebhaberei, Hobby, Faible, Flitz, Lieblingsbeschäftigung, Stärke, 3. Leibgericht, Leibspeise, Hausgericht, Hausmachergericht, Leib- und Magengericht, Leckerbissen, 4. Eigentümlichkeit, Kuriosität, Besonderheit, Eigenart, Spezifikum.

spiegeln (sich) 1. in den Spiegel sehen, sich betrachten, ansehen, prüfen, 2. wiedergeben, reflektieren, zurückwerfen, widerspiegeln, zeigen, 3. glänzen, gleißen, blenden, 4. widerhallen, nachhallen, nachklingen, echoen. 1483

spielen 1. Theater spielen, schauspielen, auftreten, Rolle spielen, kreieren, Partie singen; erscheinen als, personifizieren, Leben verleihen, lebendig machen, figurieren, abgeben, geben, verkörpern, mimen, darstellen, agieren, doubeln, 2. aufführen, vorführen, inszenieren, einstudieren, Regie führen, auf die Bühne bringen, geben, zeigen, herausbringen, in Szene setzen, über die Bretter gehen lassen, 3. musizieren, aufspielen, klimpern, begleiten, blasen, pfeifen, flöten, trompeten, posaunen, geigen, harfen, trommeln, pauken, Klavier spielen, konzertieren, Konzert geben, 4. liebäugeln mit, denken an, kokettieren mit, 5. losen, Los ziehen, werfen, tippen, wetten, würfeln, zocken, daddeln, Karten spielen, karteln, Glücksspiele machen, hasardieren, vom Spielteufel besessen sein, 6. improvisieren, extemporieren, aus dem Stegreif spielen, 7. abspielen, laufen lassen. 1484

Sport Gymnastik, Körperübung, Leibesübung, Körpererziehung, Körperertüchtigung, Körperkultur; Leistungssport, Profisport, Massensport, Modesport. 1485

Sportler Wettkämpfer, Sporttreibender, Athlet, Leichtathlet, Turner, Schwerathlet, Amateursportler, Sportsmann, Amateur, Berufssportler, Berufsspieler, Profi, Spitzensportler, Meistersportler, Sportskanone, Olympiateilnehmer, Champion, Crack, Youngster. 1486

sportlich 1. sportiv, kräftig, gewandt, trainiert, fit, in Form/Hochform, athletisch, durchtrainiert, olympiaverdächtig, drahtig, sehnig, muskulös, 2. zweckmäßig, bequem, leger, wetterfest. 1487

Spott 1. Neckerei, Ulk, Spaß, Schabernack, 2. Stichelei, Gestichel, Spitze, Anspielung, Uzerei, Hänselei, Frotzelei, Hechelei, 3. Schadenfreude, Hohn, Hohngelächter, Ironie, Galgenhumor, Süffisanz, Sarkasmus, Zynismus, beißender Spott, Malice, Bissigkeit, Bos- 1488 heit, boshafte Anspielung, Bemerkung, Hieb, Nadelstich, Seitenhieb, Sottise, Verspottung, Verhöhnung, **4.** Karikatur, Spottbild, Scherzzeichnung, Persiflage, Satire, schwarzer Humor, Parodie, Travestie, Groteske, Pasquill, **5.** Spitzname, Spottname, Scherzname, Neckname.

1489 **spotten** **1.** aufziehen, hochnehmen, anspielen, sticheln, uzen, anpflaumen, verulken, necken, auf den Arm nehmen, frotzeln, foppen, hänseln, flachsen, narren, zum Besten halten, Streich spielen, an der Nase herumführen, spötteln, sich mokieren; witzeln, sich lustig machen; spaßen, Scherz/Spott treiben, sich belustigen über; zum Narren halten, auf die Schippe nehmen, belächeln, bespötteln, am Narrenseil führen, nasführen, veralbern, veräppeln, verarschen, **2.** höhnen, verhöhnen, verspotten, verlachen, Schnippchen schlagen, sich ins Fäustchen lachen; auslachen, lächerlich machen, der Lächerlichkeit preisgeben, hohnlachen, **3.** karikieren, verzerren, verzeichnen, persiflieren, ins Lächerliche ziehen, ironisieren, parodieren, travestieren.

1490 **spöttisch** **1.** anzüglich, ironisch, sarkastisch, sardonisch, zynisch, beißend, satirisch, bissig, spitz, maliziös, mokant, höhnisch, ätzend, scharf, verletzend, schneidend, mit spitzer Zunge, scharfzüngig, spitzzüngig, süffisant, spottsüchtig, **2.** neckend, schmunzelnd, frotzelnd, im Scherz, scherzhaft, im Spaß, spaßeshalber, parodistisch, satirisch, komisch, kabarettistisch, grotesk, **3.** ironisierend, als Zitat, campy.

1491 **Sprache** **1.** Sprachvermögen, Sprachkompetenz, sprachliches Handeln, Sprachbewusstsein, Sprechhandlung, Sprechakt, sprachliche Kommunikation; Sprechfähigkeit, Stimme, Laut, Zunge, **2.** Wortschatz, Sprachschatz, Vokabular, Zeichensystem, Terminologie; Diktion, Redeweise, Vortragsweise, Sprechweise, Ausdrucksweise, Stilistik, Sprechstil, Sprachgebrauch, Sprachverwendung, Darstellungsweise, Sprachgefühl, Sprachfeeling, Sprachintuition; Aussprache, Tonfall, Timbre, Artikulierung, Artikulation, Intonation, Klang, Betonung, **3.** Sprachgewandtheit, Rednergabe, Redegabe, Zungenfertigkeit, Suada, Redekunst, Redefluss, Dialektik, Rhetorik, Beredsamkeit, Beredtheit, Eloquenz, Sprechbegabung, Formulierungsgeschick; Sprachspiel, **4.** Schriftsprache, Hochsprache, Literatursprache, Bühnensprache, Kanzleistil; Alltagssprache, Umgangssprache, Volkssprache, Idiom; Landessprache, Muttersprache, Fremdsprache, Esperanto, Lingua franca; Dialekt, Mundart, Platt, Jargon, Slang, Soziolekt, Idiolekt, Sexlekt, Gossensprache, Vulgärsprache, Fäkalsprache, Koprolalie, Rotwelsch, Kauderwelsch, Gaunersprache, Szenesprache, Milieusprache, Insidersprache, **5.** Fachsprache, Funktiolekt, Nomenklatur, mathematische/künstliche Sprache, Codiersprache, Programmiersprache, Computersprache, Maschinensprache, synthetische Sprache, Welthilfssprachen.

sprechen **1.** reden, sagen, äußern, 1492
verbalisieren, artikulieren, zum Ausdruck bringen, Ausdruck geben, bezeichnen, nennen, aussprechen, erwähnen, **2.** Sprache handhaben, Worte setzen/wählen, Schweigen brechen, anheben, laut werden/verlauten lassen, vortragen, meinen, sagen wollen, kommunizieren, **3.** schwatzen, schwätzen, Herz auf der Zunge tragen, plaudern, schnattern, plappern, labern, sülzen, palavern, volllabern, zutexten, besoffen reden, durcheinander reden, daherreden, leiern, Blech/dummes Zeug reden, verzapfen, faseln, schwafeln; klug reden/schwätzen, gackern, babbeln, quasseln, ohne Punkt und Komma reden, monologisieren, tratschen, quatschen, sprudeln, sprühen, heraussprudeln, ausstoßen, herausstoßen; kauderwelschen, radebrechen, näseln, brabbeln, lallen, blubbern, nuscheln.

spröde **1.** mürbe, krachig, knusprig, 1493
kross, knackig, ofenfrisch, rösch, krosch, bissfest, **2.** bröckelig, brüchig, gläsern, unelastisch, zerbrechlich, splitterig, trocken, fettarm, rissig, rau, aufgesprungen, schilfrig, schrundig, strohig, altbacken, krümelig, bröckelig, bröselig, **3.** abweisend, zurückhaltend, unzugänglich, prüde, süßsauer, herb, zickig, zimperlich, geziert, genant, tuntig, altjüngferlich.

Sprung **1.** Riss, Spalt, Bruchstelle, 1494

Knick, Knacks, Haarriss, Einriss, Ritz, Hautriss, Kratzer, Schrunde, Schramme, **2.** Satz, Absprung, Hopser, Hüpfer, Luftsprung, Hechtsprung, Kopfsprung, Kaskade, Salto, Salto mortale, Todessprung.

1495 **Spur** **1.** Fährte, Fußspur, Fußstapfen, Tritt, Geläuf, Abdruck, Fingerabdruck; Reifenspur, Furche, Kielwasser, Rauchfahne, **2.** Zeichen, Indiz, Anflug, Beweis, Beleg, Anhaltspunkt, **3.** Schienen, Schienenstrang, Geleise; Trasse, Trassierung, Linie, Linienführung, Loipe.

1496 **spürbar** merklich, einschneidend, tief gehend, gravierend, fühlbar, ernstlich, schmerzlich, empfindlich, bemerkbar, wahrnehmbar, sichtbar, hörbar, erkennbar, greifbar, sichtlich, deutlich, nachhaltig, erheblich, beträchtlich, beachtlich.

1497 **Stadt** **1.** Ort, Ortschaft, Gemeinde; Städtchen, Kleinstadt, Landstadt, Provinzstadt, Kreisstadt, Residenzstadt, Residenz, Universitätsstadt, Stadtstaat, Großstadt, Hauptstadt, Kapitale, Metropole, Weltstadt, Megacity, **2.** Dorf, Kaff; Moloch, Asphaltschluchten, Steinschluchten, Pflaster, **3.** Stadtgebiet, Stadtteil, Stadtviertel, Viertel, Siedlung, Gegend, Wohngegend, Quartier, Kiez, City, Zentrum, Altstadt, Fußgängerzone, Innenstadt, Wohnblock, Block, Häuserviertel, Straßenzug; Kunstmeile, Museumsinsel, Kulturmeile, **4.** Randgebiet, Vorstadt, Stadtrand, Peripherie, Suburb, Trabantenstadt, Wohnstadt, Bürostadt, Schlafstadt; Slum, Favela, Zeltstadt, Elendsviertel; Villenviertel, Speckgürtel, Ballungsraum.

1498 **Star** **1.** Sternchen, Starlet, Diva, Primaballerina, Primadonna, Göttin, Filmstar, Filmheld, Rockstar, Popstar, Rockheroe, Topmodel, Schaufrau, Medienstar, Megastar, Champion, Matador, Crack, Ass, Kultfigur, Ikone, Topstar, Superstar, **2.** Berühmtheit, Mittelpunkt, Prominente(r); Größe, Koryphäe, Meister, Kapazität.

1499 **Stärke** **1.** Können, Vermögen, Kraft, Macht, **2.** Widerstandskraft, Resistenz, Widerstandsfähigkeit, Belastbarkeit, Tragfähigkeit, Zähigkeit, Zählebigkeit, **3.** Umfang, Durchmesser, Dicke, Grad, Kaliber, Intensität, Konzentration, **4.** Kapazität, Fassungsvermögen, Aufnahmefähigkeit, Speichervermögen, Speicherkapazität, Byte, **5.** starke Seite, besondere Begabung, Talent, Spezialität, **6.** Stärkemittel, Imprägnierung.

stärken (sich) **1.** sich kräftigen; etwas zu sich nehmen, sich wappnen, stählen, ertüchtigen, abhärten; trainieren, **2.** aufrichten, ermuntern, ermutigen, Rücken stärken; erquicken, laben, beleben, ergötzen, erfrischen, **3.** härten, festigen, steifen, verdichten, erhärten, verstärken, versteifen. 1500

Stärkung **1.** Erfrischung, Imbiss, Erquickung, Belebung, Labung, **2.** Trost, Zuspruch, Aufrichtung, Ermunterung, Ermutigung, Erbauung, **3.** Festigung, Bekräftigung, Konsolidierung, Stabilisierung, Verstärkung, **4.** Kräftigung, Erholung, Erstarkung, Abhärtung. 1501

starr **1.** steif, reglos, bewegungslos, unbeweglich, unveränderlich, tot, leblos, vereist, gefroren, hart, unempfindlich, herzlos, unduldsam, kalt, eisig, stumpf, taub, ungerührt, unbewegt, wächsern, stier, versteinert, maskenhaft, marmorn, stocksteif, **2.** stur, unflexibel, unnachgiebig, uneinsichtig, verbohrt, verrannt, eisern, gepanzert, autoritär, intransigent, rigide, unbelehrbar, borniert, starrsinnig, verknöchert, altersstarr, sklerotisch, hartköpfig, monomanisch, obsessiv, **3.** erstaunt, verwundert, perplex, bass erstaunt, verdutzt, sprachlos, überrumpelt, verdonnert, befremdet, staunend, platt, verblüfft, fassungslos, wie vom Blitz getroffen, wie eine Salzsäule, angewurzelt, schreckensstarr, erstarrt, stier, überrascht, vom Donner gerührt, regungslos, erschreckt, erschrocken, entsetzt, bestürzt, betroffen, betreten, verwirrt, verstört, wie vor den Kopf geschlagen, aus dem Lot, von der Rolle, durcheinander, ganz stumm, entgeistert, erschlagen, geschmissen, baff, stutzig, konsterniert, geschockt, verdattert, unverwandt, **4.** fanatisch, unbeeinflussbar, einseitig, verbissen, uneinsichtig, verblendet, blind, von Vorurteilen besessen, ideologisch, dogmatisch, doktrinär, fundamentalistisch. 1502

statt anstatt, an Stelle von, für, stellvertretend, gegen, Ersatz für, als, an … Statt, pro loco. 1503

1504 **stattlich** 1. ansehnlich, imposant, kräftig, gewichtig, imponierend, repräsentabel, herrschaftlich, Achtung gebietend, eindrucksvoll, pompös, stolz, kapital, **2.** füllig, korpulent, vollschlank, rundlich, üppig, umfänglich, junonisch, **3.** erklecklich, erheblich, beträchtlich.

1505 **stehen** 1. dastehen, aufrecht/auf den Beinen stehen, sich befinden; basieren, fußen; stehen müssen, **2.** sich erheben; ragen, aufragen, sich auftürmen; hochragen, **3.** anhalten, halten, stoppen, verharren, stocken, stillstehen, **4.** anstehen, kleiden, passen zu, geeignet sein für, zu Gesicht stehen, schmeicheln, verschönern, **5.** stehen zu, vertreten, verteidigen, Farbe bekennen, dazu stehen.

1506 **steigen** 1. ansteigen, bergauf führen; hochsteigen, schäumen, überschäumen, überlaufen, **2.** bergauf gehen, aufsteigen, aufwärts gehen, besteigen, klettern, erklettern, erklimmen, klimmen, kraxeln, hochsteigen, **3.** aufsteigen, abheben, sich hochschrauben, in die Luft schwingen, emporheben, **4.** anziehen, sich erhöhen, verteuern; hochgehen, hinaufgehen, hinaufschnellen, sich heben; eskalieren, explodieren.

1507 **steigern (sich)** 1. sich zuspitzen, verschärfen, verschlimmern, verschlechtern, erhöhen; eskalieren, **2.** mehr leisten, zulegen, sich verbessern, **3.** sich mehren, vermehren, summieren, ansammeln, anhäufen, vervielfältigen, potenzieren, vervielfachen, verdoppeln, verdreifachen; anschwellen, sich läppern, häufen, anstauen, auftürmen, zusammenläppern; zunehmen, anwachsen, auflaufen, wuchern, eins zum anderen kommen.

1508 **Steigerung** 1. Erhöhung, Hebung, Anhebung, Aufbesserung, Aufschwung, Aufstieg, Zulage, Zuschlag, **2.** Aufschlag, Verteuerung, Teuerung, Preiserhöhung, Preissteigerung, Inflation, Überteuerung, Preistreiberei, Kostenexplosion, **3.** Ausbreitung, Vergrößerung, Erweiterung, Vermehrung, Hinzugewinn, Wachstum, Zunahme, Zuwachs, Anwachsen, Anschwellen, Potenzierung, Crescendo, Vervielfältigung, Vervielfachung, **4.** Förderung, Besserung, Verbesserung, Intensivierung, Verstärkung, Entwicklung, Weiterentwicklung, Entfaltung, Fortschritt, Progression, **5.** Zuspitzung, Verschlechterung, Verschlimmerung, Verschärfung, Eskalation.

stellen (sich) 1. hinstellen, abstellen, niederstellen, zu Boden lassen, absetzen, hinsetzen; aufstellen, platzieren, postieren, stationieren, **2.** in die Enge treiben, sich vorknöpfen; zum Geständnis bringen, auf den Kopf zusagen, zur Rechenschaft ziehen, Aufklärung verlangen, in den Weg treten, **3.** antreten, parieren, standhalten; kandidieren, sich aufstellen lassen, zur Wahl stellen, bewerben, mitbewerben; konkurrieren, rivalisieren, sich messen, einlassen; bereit sein, **4.** Geständnis ablegen, zugeben, sich bezichtigen, melden, ausliefern, **5.** sich aufstellen, aufrichten; zu Berge stehen, sich sträuben, aufplustern. 1509

sterben 1. entschlafen, verlöschen, erlöschen, verscheiden, heimgehen, hinübergehen, ausatmen, aushauchen, Geist aufgeben, aus dem Leben scheiden, Welt verlassen, Augen schließen, das Zeitliche segnen, zu Staub werden, abscheiden, hinscheiden, einschlafen, erblassen, versterben, ableben, abberufen werden, **2.** ins Gras beißen, zu Tode kommen, Löffel abgeben, in die ewigen Jagdgründe eingehen, sich zu seinen Vätern versammeln; dahingehen, vergehen, enden, verröcheln, **3.** dran glauben müssen, über die Klinge springen, eingehen, krepieren, verenden, absterben, zugrunde gehen, verrecken, abkratzen, hopsgehen, verderben, verhungern, verdursten, verschmachten, ersticken, verbluten, erfrieren, ertrinken, **4.** fallen, bleiben, dahinraffen, verunglücken, umkommen, nicht wiederkommen, draufgehen, Hals/Genick brechen, etwas zustoßen/passieren, **5.** hingerichtet /ermordet/umgebracht werden. 1510

Stern Planet, Fixstern, Himmelskörper, Erdtrabant, Mond, Sonne, Himmelslicht, Gestirn; Sternenhimmel, Sternenzelt, Firmament, Milchstraße, Galaxis, Galaxie, Sternsystem, Sternbilder, Sternschnuppe, Meteorit, Meteor, Nordlicht, Polarlicht. 1511

Steuer 1. Steuerrad, Lenker, Lenkrad, Volant, Lenkstange, Steuerknüppel, Ruder, Leitwerk, **2.** Besteuerung, Abgabe, Taxe, Kontribution, Akzise; Lohn- 1512 steuer, Gewerbesteuer, Mehrwertsteuer, Umsatzsteuer; Zehnt, Zoll; Versteuerung, Veranlagung.

1513 **steuern** 1. führen, fahren, lenken, lotsen, 2. zielen, tendieren, anpeilen, richten, 3. gegensteuern, entgegenwirken, unterbinden, verhindern.

1514 **Stiel** 1. Stängel, Schaft, Halm, Stamm, Rohr, 2. Griff, Handgriff, 3. Strunk, Stubben, Stumpen, Stumpf, Stummel.

1515 **Stil** 1. Art, Ausdrucksweise, Ausdrucksform, Gepräge, Duktus, Diktion, Schreibweise, Schreibe, Technik, Arbeitsweise, Linienführung, Pinselstrich, 2. Kunstform, Kunstrichtung, Bauart, Baustil, Zeitstil, Epochenstil, Individualstil, 3. Lebensweise, Lebensstil, Lebensform, Existenzform, Lebenszuschnitt, 4. Selbstdarstellung, Verhalten, Habitus, Haltung, Look, Outfit, Styling.

1516 **Stillstand** Stockung, Halt, Unterbrechung, Stau, stop and go, Stauung, Pause, Einhalt, Ende, Stopp, Baisse, Nullpunkt, toter Punkt, Gefrierpunkt, Stagnation; Sauregurkenzeit.

1517 **Stimmung** 1. Laune, Verfassung, Gemütszustand, Gefühlslage, Gemütsbeschaffenheit, Seelenlage, Seelenverfassung, Gemütsverfassung, Gemütsstimmung, Grundgefühl, Grundstimmung, Grundströmung, Orgelton, Gestimmtheit, Disposition, Tagesform, Disponiertheit, Aufgelegtsein, Mood, 2. Lust, Neigung, Anwandlung, Regung, Wallung, Einfall, Kaprice, Affekt, Grille, Laune, Exzentrizität, Marotte, Kateridee.

1518 **Stock** 1. Blumenstock, Topfpflanze, Pflanzenstamm, Wurzelstock, Strauch, Blumenstumpf, Stubben, Stucken, 2. Rute, Prügel, Keule, Knute, Klopfer, Knüttel, Knüppel, Rohrstock, Gerte, Peitsche, Schläger; Stecken, Stab, Stange, Latte; Stütze, Krücke, Gehhilfe, Gehstock, Spazierstock, 3. Grundstock, Basis, Grundlage, Grundmasse, Grundkapital, Stammkapital, Kapitalgrundstock, 4. Vorrat, Bestand, Speicher, Lager, 5. Holzschnittform, Holzschnitt, 6. Stockwerk, Etage, Geschoss; Untergeschoss, Souterrain, Erdgeschoss, Zwischengeschoss, Mezzanin, Beletage, Dachgeschoss.

1519 **stocken** 1. innehalten, sich unterbrechen; aussetzen, streiken, abbrechen, anhalten, stehen bleiben, nicht weiterkommen, hängen bleiben, nicht vorwärts kommen, eingekeilt sein, aufgehalten werden, nicht vom Fleck kommen; haften, kleben, festkleben, festhängen, festsitzen, nicht loskommen, sich nicht lösen können; sitzen bleiben, kleben bleiben, hocken, kein Ende finden, 2. stottern, stammeln, drucksen, nicht weiterwissen, Faden verlieren, ins Stocken geraten, schwimmen, verstummen, erlahmen, 3. an die Substanz/ans Eingemachte gehen, Substanz angreifen, von der Substanz zehren, sich nicht weiterentwickeln; zurückbleiben, keine Fortschritte machen, auf der Strecke bleiben, Ziel nicht erreichen, sich festfahren; aufgeschmissen/ratlos sein, 4. stehen, stagnieren, versiegen, versanden, versumpfen, versickern.

Stoff 1. Materie, Masse, Substanz, 1520
Ding, Element, 2. Material, Stofflichkeit, Mittel, Baustoff, Baumaterial, Rohstoff, Grundstoff, Rohmaterial, Rohling, Werkstoff, Bodenschätze, 3. Gewebe, Gewirk, Geflecht, Gespinst, Tuch, Flor, Baumwolle, Textil, Leinwand, Leinen, Seide, Wolle, Samt, Tüll, Filz, 4. Sujet, Thema, Fabel, 5. Droge, Rauschgift.

stören 1. ablenken, zerstreuen, unter- 1521
brechen, behelligen, lästig fallen, aufhalten, inkommodieren, genieren; zuwiderlaufen, unpassend sein, verquer kommen, hinderlich sein, ungelegen kommen, belästigen; im Weg stehen, ins Gehege/in die Quere kommen; sich breit machen; bedrängen, sich aufdrängen; Tür einrennen, hereinplatzen, bombardieren, löchern, 2. durchkreuzen, zwischenfunken, quer schießen, quer treiben, dazwischenreden, ins Wort fallen, reinreden, nicht ausreden lassen; sich einmengen, einmischen; seine Nase in alles stecken, 3. sabotieren, lahm legen, blockieren, hindern.

Störenfried Eindringling, Ruhestö- 1522
rer, Unruhestifter, Quälgeist, Plagegeist, Landplage, Nervensäge, Nervtüte.

Störung Unterbrechung, Aufenthalt, 1523
Zwischenfall, Ablenkung, Belästigung, Behelligung, Abhaltung, Behinderung, Verhinderung, Verzögerung, Erschwerung, Einmischung, Intervention.

Stoß Ruck, Rucker, Erschütterung, 1524
Beben, Anprall, Aufprall, Aufschlag,

Einschlag, Anstoß, Schub, Stupser, Stups, Stips, Schlag, Tritt, Fußtritt, Puff, Rippenstoß, Rempelei.

1525 **stoßen** schubsen, puffen, knuffen, Puff versetzen, anstoßen, stupsen, anrempeln, rucken, rütteln, rappeln, erschüttern, schütteln, ins Wanken bringen, umschmeißen, umstoßen, umwerfen, zu Boden werfen, über den Haufen rennen, zusammenstoßen, zusammenprallen; treten, vor sich her stoßen, dribbeln, kicken.

1526 **Straße** Gasse, Allee, Promenade, Boulevard, Ringstraße, Prachtstraße, Damm, Einbahnstraße, Sackgasse, Nebenstraße, Seitenstraße; Hauptstraße, Geschäftsstraße, Verkehrsader; Bürgersteig, Trottoir, Gehweg, Fahrweg, Fahrbahn, Fahrstraße, Fahrdamm; Landstraße, Chaussee, Heerstraße, Bundesstraße, Schnellstraße, Autobahn, Zubringerstraße, Auffahrt, Ausfahrt.

1527 **streben** 1. anstreben, ausgehen/reflektieren/aus sein/abzielen auf, erstreben, wollen, eifern, sich angelegen sein lassen; zu erreichen suchen, sich zum Ziel setzen; drängen nach, tendieren, trachten, fahnden, angeln, gieren, lechzen, süchteln, alles dransetzen, sich reißen um, 2. aufstreben, vorwärts streben; hoch hinauswollen, nach den Sternen greifen.

1528 **Streber** Musterknabe, Klassenprimus, Ehrgeizling, Perfektionist, Primus, Radfahrer, Karrierist, Stellenjäger, Postenjäger.

1529 **strecken (sich)** 1. wachsen, größer werden, aufschießen, 2. dehnen, ausdehnen, vergrößern, weiten, verlängern, ausweiten, weiter/länger machen, längen, Saum herauslassen, lang ziehen, straffen, recken, spannen, ziehen, zerren, reißen, 3. sich erstrecken, ausbreiten, dehnen, hinziehen, 4. entspannen, abspannen, sich recken, dehnen, rekeln; stretchen.

1530 **Streik** Arbeitsniederlegung, Arbeitseinstellung, Ausstand, Arbeitskampf, Warnstreik, Bummelstreik, Solidaritätsstreik, Generalstreik.

1531 **streiken** 1. Arbeit niederlegen/verweigern/einstellen, in Streik/Ausstand treten, 2. versagen, stocken.

1532 **Streit** 1. Auseinandersetzung, Unstimmigkeit, Kontroverse, Entzweiung, Meinungsverschiedenheit, Zwietracht, Unfriede, Uneinigkeit, Zwiespalt, böses Blut, Disharmonie, Reiberei, Reibung, Missklang, Dissonanz, Stunk, Zoff, Gezerre, Verzwistung, Konflikt, Spannungen, Zerwürfnis, Differenzen, Zwistigkeit, Zwist, Querele, Knatsch, Hader, Zänkerei, Misshelligkeit, 2. Krach, Szene, Disput, Wortstreit, Zank, Kabbelei, Reibungen, Krakeel, Wortwechsel, Reiberei, Streiterei, Streitgespräch, Scharmützel, Renkontre, Zusammenstoß, Zusammenprall, Konfrontation, Auftritt, Strauß, Händel, Streitigkeit, Gefecht, Kampf; Streit um Worte, Streit um des Kaisers Bart, Gezänk, Polemik, Federkrieg, Hin und Her, Tauziehen, zähes Ringen, Nervenkrieg, Schlammschlacht, 3. Ehekrach, Ehekrieg, Geschlechterkrieg, Rosenkrieg.

streiten (sich) 1. entzweien, ver- 1533
zwisten, überwerfen, verfeinden, auseinander kommen, aneinander geraten, in den Haaren liegen, zanken, hadern, erzürnen, befehden, bekriegen; kabbeln, flachsen, anbinden, sich anlegen mit; über Kreuz kommen, sich reiben; schimpfen, 2. sich auseinander setzen; polemisieren, rechten, Streit anfangen, sich in die Haare kriegen, in die Wolle geraten; Strauß ausfechten, zusammenstoßen, zusammenprallen, krachen, sich verzanken, fetzen, verkrachen, beknirschen, überwerfen; debattieren, disputieren, erörtern, prozessieren.

streng 1. fest, konsequent, straff, ent- 1534
schieden, bündig, strikt, bestimmt, barsch, schroff, eisern, unwidersprechlich, hart, gestreng, rigoros, ex cathedra, autoritativ, scharf, kompromisslos, unnachgiebig, unerbittlich; strenggläubig, orthodox, amtskirchlich, rechtgläubig, 2. asketisch, enthaltsam, puritanisch, sittenstreng, sittenrichterlich, 3. autoritär, inquisitorisch, apodiktisch, gebieterisch, herrisch, herrscherlich, diktatorisch, drakonisch, spartanisch, despotisch, tyrannisch, disziplinarisch.

Strenge 1. Festigkeit, Konsequenz, 1535
Entschiedenheit, Ernst, Energie, Bestimmtheit, Nachdruck, Unnachgiebigkeit; Härte, Unnachsichtigkeit, Schonungslosigkeit, Rigorismus, Rigidität, Unerbittlichkeit, Kompromisslosigkeit; Strenggläubigkeit, Rechtgläubigkeit,

Orthodoxie, 2. Schärfe, Schroffheit, Barschheit, Herbheit, Kühle, Unzugänglichkeit, Unnahbarkeit, Verschlossenheit, 3. Steifheit, Prüderie, Zimperlichkeit, 4. Sittenstrenge, Verständnislosigkeit, Humorlosigkeit.

1536 **Strömung** 1. Richtung, Neigung, Bewegung, Trend, Tenor, Tendenz, Kurs, Welle, Mode, Schule, Stil, 2. Dünung, Zug, Sog, Flut, Schwall, Brandung, Gischt, Brecher, Sturzwelle, Woge, Welle, Drift, Trift, Strudel, Wirbel.

1537 **Struktur** Bau, Gefüge, Aufbau, Gliederung, Konstruktion, Beschaffenheit, Zusammensetzung, Lagerung, Schichtung, Organisation, Bauweise, Grammatik, Gestaltung; Textur, Gewebe, Maserung, Faserung, Raster.

1538 **Stück** 1. Ende, Strecke, Endchen, Ecke, Teil, Bahn, 2. Fetzen, Lappen, Zipfel, Schnipsel, Flicken, Stückchen, Fetzchen, Eckchen, Streifen, Abschnitt, Rest, Bruchstück, Coupon, 3. Schnitte, Scheibe, Tranche, Fladen, Brocken, Bissen, Happen, 4. Exemplar, Ausfertigung, 5. Theaterstück, Bühnenwerk, 6. Scheit, Klotz, Trumm, Oschi, Brocken, Kaventsmann, Kloben, Splitter, Span, Spreißel, 7. Zettel, Blatt, Bogen, Seite, Wisch; Buchseite, Papierbogen, Briefbogen, Pagina.

1539 **stumpf** 1. unscharf, abgestumpft, abgenutzt, schartig, 2. glanzlos, matt, mattiert, beschlagen, gebrochen, 3. unempfindlich, unempfänglich, phantasielos, phlegmatisch, lethargisch, schlafmützig, indolent, dumpf, taub, abgestumpft, reduziert, 4. teilnahmslos, ungerührt, gleichgültig, herzlos, unlebendig, unansprechbar, unzugänglich, verständnislos, 5. abgebrüht, stoisch, wurstig, unerschütterlich.

1540 **stunden** aufschieben, anstehen lassen, befristen, terminieren, Zahlungsaufschub gewähren, Frist verlängern, prolongieren.

1541 **Sturm** 1. Windsbraut, Sturmwind, Orkan, Taifun, Tornado, Hurrikan, Wirbelsturm, Windhose, Trombe, Zyklon, Schneesturm, Blizzard, Sandsturm, 2. Andrang, Ansturm, Run.

1542 **stützen (sich)** 1. Halt geben, unterfahren, stabilisieren, unterfangen, untermauern, verstreben, fundieren, festigen, abstützen, 2. helfen, aufhelfen, unterstützen, auf die Beine stellen; sich gegenlehnen, abstützen, anlehnen; Arm nehmen, sich aufstützen; bauen auf, sich verlassen auf, halten an, beziehen/berufen auf.

Stutzer Elegant, Dandy, Gent, Geck, Lackel, Fant, Modenarr, Gigerl, Affe, Laffe, Zierbengel, Modepuppe, Lackaffe, Schönling, Schnösel, Promenadenhengst. 1543

Subkultur 1. Sonderkultur, Nebenkultur, zweite Kultur, schichtspezifische /altersspezifische Kultur, Gruppenkultur, Szenekultur, Szene, Soziotop, Nische, Meile, Alternativkultur, Parallelkultur, Alternativszene, Gegenkultur, Protestbewegung, 2. Beatniks, Beat Generation, Gammler, Hippies, Flower-Power, Popgeneration, Jugendszene, Autonome, Punk, Raver, Slacker, Poppers, Mods, Computerfreaks, Netsurfer, Technologiemönche. 1544

Sublimation Vergeistigung, Verinnerlichung, Überhöhung, Sublimierung; Kompensation, Verdrängung, Verschiebung, Übertragung. 1545

sublimieren 1. vergeistigen, verfeinern, veredeln, entmaterialisieren, spiritualisieren, hochstilisieren, ins Erhabene steigern, 2. kompensieren, unterdrücken, verdrängen. 1546

Substanz Wesen, Materie, Stoff; Kern, Gehalt, Sinn, Bedeutung, Inhalt, Mark, Hauptsache, Inbegriff, das Wesentliche/Bleibende, Essenz. 1547

suchen 1. forschen, fahnden, Ausschau halten, sich umsehen/umschauen nach; um sich blicken, hinter sich schauen, sich umdrehen; in alle Richtungen schauen, ausschauen, spähen, sich umtun; ermitteln, recherchieren, nachforschen, einer Sache nachgehen; nachgraben, graben, wühlen, kramen, das Unterste zuoberst kehren, herumsuchen, nesteln, stöbern, durchsuchen, durchkämmen, absuchen, durchstöbern, Haussuchung machen, Razzia veranstalten, filzen, visitieren, 2. auf der Suche sein, nachjagen, verfolgen, hinterher sein, angeln, fischen nach, Netze auswerfen, tauchen, gründeln, 3. spüren, tasten, tappen, Fühler ausstrecken, Witterung nehmen, 4. nachschlagen, durchsuchen, surfen, googeln, heraussuchen, aufsuchen. 1548

1549 **Sucht** 1. Gewöhnung, Abhängigkeit, Süchtigkeit, Verfallensein, Hörigkeit, Trieb, Manie, Besessenheit, **2.** Suchtmittelabhängigkeit, Drogenabhängigkeit, Tablettenabhängigkeit, Alkoholabhängigkeit, **3.** Alkoholismus, Trunksucht, Alkoholsucht, Nikotinsucht, Drogensucht, Schlafmittelabhängigkeit, Abhängigkeit von Stimulantien, **4.** Arbeitssucht, Konsumsucht, Wettsucht, Spielsucht, Fresssucht, Magersucht, Bulimie.

1550 **Sumpf** 1. Moor, Morast, Ried, Bruch, Marsch, Fenn, Rohr; Modder, Schlamm, Matsch, Lehm, Pfuhl, Schmutz, Gosse, Dreck, Siff, Schlick, Brühe.

System 1. strukturiertes Ganzes, Zusammenhang, Regelhaftigkeit, Einheit, **2.** Systematik, Vorgehensweise, Methode, Methodik, Planmäßigkeit, Programm, Ordnungsprinzip, **3.** Lehrgebäude, Denkmodell, Gedankengebäude, **4.** Wirtschaftsform, Regierungsform, Gesellschaftsform. 1551

T

1552 **tadeln** 1. aussetzen, beanstanden, einwenden, reklamieren, ausstellen, monieren, bemängeln, mäkeln, missbilligen, nörgeln, meckern, kritteln, ankreiden, 2. rügen, rüffeln, schulmeistern, schurigeln, Vorhaltungen machen, räsonieren, verweisen, abkanzeln, runterputzen, zurechtweisen, zusammenstauchen, zusammenfalten, herunterputzen, Zigarre erteilen, vorwerfen, maßregeln, zur Ordnung rufen, Rüge/ Tadel erteilen, Leviten lesen, ins Gericht gehen, Mores lehren, Gardinenpredigt halten.

1553 **taktisch** 1. planvoll, überlegt, klug, berechnet, wohl vorbereitet, vorbedacht, zweckhaft, zweckvoll, strategisch, logistisch, 2. diplomatisch, geschickt, schlau, gerissen, raffiniert, gewieft, glatt, aalglatt, glattzüngig, doppelzüngig.

1554 **taktlos** indiskret, aufdringlich, indezent, neugierig, instinktlos, unhöflich, pietätlos, rücksichtslos, unangebracht, deplatziert, ungehörig, unpassend, geschmacklos, plump.

1555 **tätig** 1. fleißig, emsig, schaffig, unermüdlich, rastlos, unverdrossen, umtriebig, immer auf dem Posten, 2. aktiv, in Aktion, rege, agil, unternehmend, unternehmungslustig, energisch, betriebsam, rührig, geschäftig, tüchtig, regsam, tatkräftig, 3. arbeitend, berufstätig, erwerbstätig, werktätig, 4. beschäftigt, viel beschäftigt, voll beschäftigt, in Anspruch genommen, beansprucht, ausgelastet, ausgebucht.

1556 **Tatsache** 1. Faktum, Fakt, Tatbestand, Sachlage, Gegebenheit, Gewissheit, Sachverhalt, Umstand, vollendete Tatsache, Fait accompli, 2. Tatsächlichkeit, Faktizität, Wirklichkeit, Realität.

1557 **Täuschung** 1. Irreführung, Täuschungsmanöver, Verwirrspiel, Spiegelfechterei, Deckmantel, Tarnung, Lug, Trug, Bluff, Faceliftung, Theaterdonner, Farce, Fake, Übertölpelung, Ablenkungsmanöver, Überlistung, Vorwand, Ausrede, Verstellung, Scharlatanerie, Katz-und-Maus-Spiel, Schwindel, List, Trick, Betrug; Lippenbekenntnis, Krokodilstränen, Nebenschauplatz, Briefkastenfirma, Etikettenschwindel, 2. Schein, Anschein, Mogelpackung, Vorspiegelung, Vortäuschung, Ghostwriting, Playback, Fiktion, Mystifikation; Kulisse, Attrappe, Fassade, Dekorum, Augentäuschung, Trompe-l'Œil, Augentrug, Kippfigur, Sinnestäuschung, potemkinsches Dorf, Staffage, Camouflage, Rollentausch, Maske, Maskierung, Larve, Larvierung, Verhüllung, Verpuppung, Verlarvung, Kostümierung, Verkleidung, Maskerade, Narrenkleid, Mummenschanz, Schminke, Tünche, Verstellung, Verstellungskunst, 3. Fastnacht, Fasnacht, Fasching, Karneval, Mardi gras, 4. Verheimlichung, Verdunkelung, Verfälschung, Verzeichnung, Verdrehung, Verzerrung, Entstellung, Verschleierung, Beschönigung, Übertreibung, Überzeichnung, Desinformation.

Tausendsassa Allroundtalent, Mul- 1558
titalent, Joker, Hansdampf, Hansdampf in allen Gassen, Allerweltskerl, Teufelskerl, Allroundman, Superman, Masterplaner, Meister des Universums, Global Player.

Teil 1. Bruchteil, Portion, Brocken, 1559
Teilgebiet, Parzelle, Strecke, Teilstrecke, Etappe, Segment, Sektor; Abschnitt, Kapitel, Absatz, Passage, Passus, Ausschnitt, Auszug, Exzerpt, Partie, Stelle, Vers, Strophe, 2. Bruchstück, Stück, Teilstück, Torso, Fragment, Trakt, Flügel, Seitenteil, Rudiment, 3. Bestandteil, Komponente, Ingredienz, Detail, Einzelheit, Element, Teilchen, Zelle, Partikel, Molekül, Atom, Quant, Quark, 4. Wange, Backe, Flanke.

teilen (sich) 1. in Stücke schneiden, 1560
zerteilen, zerschneiden, zersägen, durchsägen, zerhauen, zerlegen, zerstückeln, tranchieren, splittern, auseinander nehmen, zergliedern, sezieren, abschneiden, abtrennen, spalten; unterteilen, gliedern, fächern, auffächern, rubrizieren; zerschnipseln, atomisieren, 2. zuteilen, zumessen, bemessen, zusprechen, einteilen, aufteilen, verteilen, austeilen, ausgeben, parzellieren, abteilen,

abzweigen, dosieren, abwiegen, rationieren, kontingentieren, **3.** Kräfte teilen, sich in Stücke reißen; zersplittern, zwei Herren dienen, allen gerecht werden wollen, sich verzetteln; auf zwei Hochzeiten tanzen, **4.** halbieren, hälften, zweiteilen, brüderlich teilen, **5.** sich gabeln, verästeln, verzweigen.

1561 **Teilnahme** 1. Anteilnahme, Beistand, Interesse, Sinn für, innere Beteiligung, Rührung, Ergriffenheit, Mitgefühl, Mitempfinden, Mitleid, Mitfreude, **2.** Anwesenheit, Beteiligung, Mitwirkung, Mitarbeit, Partizipation, Teilhaberschaft, Mitgliedschaft.

1562 **teilnehmen** 1. sich beteiligen; beteiligt sein, partizipieren, einsteigen, teilhaben, mitbenutzen, Hand im Spiel haben, mitmischen, mitbestimmen, vertreten sein, Anteil haben, dazugehören, Stimme haben, mitreden können, **2.** dabei/anwesend sein, miterleben, mitmachen, mittun, mitwirken, mitziehen, mitarbeiten, mithalten, mithören, dabeistehen, beiwohnen, zugegen sein, **3.** mitfühlen, nachfühlen, nachempfinden, interessiert sein, mitempfinden, bemitleiden, mitleiden, mittrauern, Anteil nehmen; Beileid aussprechen, Mitgefühl bekunden, kondolieren, **4.** beglückwünschen, gratulieren, sich mitfreuen.

1563 **teilnehmend** 1. anteilnehmend, mitfühlend, mitempfindend, sympathetisch, empathisch, teilnahmsvoll, mitleidend, mitleidig, gerührt, ergriffen, **2.** teilhaftig, beteiligt, interessiert, engagiert, betroffen, mitbetroffen, einbezogen, mitbeteiligt, hineinverwickelt, involviert.

1564 **Teilnehmer** 1. Anwesende, Besucher, Zuschauer, Zuhörer, Publikum, Hörer, Zuhörerschaft, Hörerschaft, Auditorium, **2.** Beteiligte, Interessenten, Mitwirkende, Mitglieder, Mitspieler, Gesprächsteilnehmer, Diskussionsteilnehmer, Kursteilnehmer, Mitfahrer.

1565 **teils** teilweise, zum Teil, partiell, einerseits, einesteils, auf der einen Seite, halb und halb, teils … teils, nicht unbedingt, auszugsweise, strichweise, streckenweise, durchwachsen.

1566 **Telefon** Fernsprecher, Apparat, Handy, Mobile, Bildtelefon, Kartentelefon.

1567 **telefonieren** anrufen, anklingeln, durchklingeln, anläuten, fernsprechen, an der Strippe hängen.

Tendenz 1. Neigung, Disposition, Hang, Richtung, Strömung, Zug, Zeitgeist, Trend, **2.** Einschlag, Ausrichtung, Orientierung. 1568

tendenziös einseitig, gefärbt, voreingenommen, parteilich, parteiisch, befangen, unsachlich, zweckbestimmt, entstellt, verdreht. 1569

Teppich Läufer, Brücke, Matte, Perser, Vorleger; Bodenbelag, Auslegeware, Teppichboden; Wandteppich, Bildteppich, Gobelin, Wandbehang. 1570

Termin Zeitpunkt, Stichtag, Fälligkeitstag, Deadline, Zahlungstag, Liefertag, Gerichtstermin. 1571

teuer kostspielig, aufwendig, gepfeffert, gesalzen, unerschwinglich, geht ins Geld, kommt teuer, unbezahlbar; lieb und teuer, wichtig. 1572

Teufel Satan, Höllenfürst, Luzifer, Beelzebub, Urian, Mephisto, Versucher, Verderber, Widersacher, Verführer, böser Geist, Gottseibeiuns, der Leibhaftige, die alte Schlange, Dämon, Inkubus, Sukkubus, Diabolus, Fürst der Finsternis, Antichrist, Scheitan, gefallener Engel, Behemoth, Leviathan; Deibel, Deubel. 1573

Text Wortlaut, Korpus, Partitur, Zeichensystem; Schriftwerk, literarischer Text, Sachtext, Gebrauchstext, Werbetext, Liedtext, Rollentext, Bildtext, Fließtext. 1574

Theater 1. Bühne, Schaubühne, Wanderbühne, Spielstätte, Schmiere, Straßentheater, Kleinkunstbühne, Kabarett; Theateraufführung, Stück, Vorstellung, Spiel, Performance, Körpertheater, Sketch, Stegreifspiel, Improvisationstheater, Impro, Sprechtheater, Tanztheater, **2.** Schauspielhaus, Festspielhaus, Opernhaus, Skala; Musentempel, **3.** Gehabe, Verstellung, Heuchelei. 1575

Ticket Fahrschein, Fahrausweis, Fahrkarte, Bahncard, Bordkarte, Flugschein; Eintrittskarte, Billett, Entree, Eintrittspreis, Eintrittsgeld, Karte. 1576

tief 1. tief liegend, in der Tiefe, tief/weit unten, **2.** grundlos, bodenlos, klaftertief, abgründig, abgrundtief. 1577

tiefgründig tief schürfend, tiefsinnig, faustisch, grüblerisch, selbstquälerisch, skrupulös; gedankenreich, viel sa- 1578 gend, feinsinnig, differenziert, profund, spekulativ, hintersinnig, hintergründig, unergründlich.

1579 **Tisch** Küchentisch, Esstisch, Speisetisch, Tafel, Schreibtisch, Arbeitstisch, Sekretär, Pult, Tischchen, Beistelltisch, Toilettentisch, Frisiertisch.

1580 **Tod** 1. Ende, Sterben, Exitus, ewiger Schlaf, Todesschlaf, Hingang, Heimgang, Hinscheiden, Hinschied, Ableben, Verscheiden, Erblassen, Entschlafen, Erlöschen, Lebensende, Abberufung, **2.** Todesfall, Verlust, Trauerfall, Sterbefall, **3.** Gevatter Tod, Todesengel, Schnitter Tod, Knochenmann, Sensenmann.

1581 **Toilette** 1. Klosett, Klo, WC, Lokus, Abort, Abtritt, Örtchen, Null-Null, Kabinett, Häuschen, Pissoir, Latrine, Donnerbalken, Scheißhaus, **2.** Sichankleiden, Sichfrisieren, Sichzurechtmachen.

1582 **Ton** 1. Laut, Klang, Schall, Sound, **2.** Klangfarbe, Klangart, Timbre, Betonung, Intonation, Modulation, Tonart, Färbung, Kolorit, **3.** Umgangston, Umgangsform, Ton, der die Musik macht, **4.** Tonfall, Stimmlage, Stimmfärbung, **5.** Klangwirkung, Klangverhältnisse, Akustik, Schallwirkung, Resonanz, **6.** Mergel, Kaolin, Lehm.

1583 **tönen** 1. ertönen, erklingen, schwingen, lauten, schallen, hallen, erschallen, ans Ohr dringen, sich vernehmen lassen, **2.** läuten, klingeln, schellen, bimmeln, anschlagen, scheppern, klirren, schrillen; klappern, klötern, brummen, summen, surren, sirren, schwirren, schnarren, quietschen, piepsen, schreien, kreischen, grillen; ticken, tacken; klatschen, knistern, rascheln, prasseln, zischen, brutzeln, **3.** blöken, bähen, mähen, muhen, wiehern, quaken, quarren, quieken, quieksen, röhren, schnurren, krähen, knirschen, zischen, fauchen, schnalzen, schnippen, gackern, schnattern, gurren, kollern, **4.** rauschen, tosen, gischten, branden, brodeln, sieden, gurgeln, gluckern, glucksen, murmeln, blubbern, schwappen, strudeln, quirlen, **5.** klingen, sich anhören; vorkommen wie, den Eindruck erwecken.

1584 **tot** 1. gestorben, verstorben, dahin, abgeschieden, heimgegangen, hinüber, dahingegangen, verschieden, entseelt, verblichen, gefallen, geblieben, mausetot, hin, **2.** unbelebt, anorganisch, unbeseelt, leblos, ausgestorben, leer, öde; ausgebrannt, erloschen, aus, ausgegangen; empfindungslos, fühllos, abgestorben.

töten (sich) 1. umbringen, ermorden, morden; erschlagen, totschlagen, 1585
keulen, umlegen, zusammenschießen, niederschießen, abknallen, abstechen, erdolchen, erstechen, erdrosseln, erwürgen, ertränken, ersäufen, vergiften, überfahren, steinigen, lynchen, niedermetzeln, abschlachten; kaltmachen, meucheln, unter die Erde bringen, über die Klinge springen lassen, Lebenslicht ausblasen, Garaus machen, zur Strecke /um die Ecke bringen, aus dem Weg schaffen, Rest geben, abmurksen, killen, liquidieren, beseitigen, massakrieren, vernichten, **2.** hinrichten, erschießen, an die Wand stellen, exekutieren, füsilieren, standrechtlich erschießen, enthaupten, guillotinieren, hängen, erhängen, aufknüpfen, vergasen, **3.** schlachten, erlegen, schießen, abschießen, **4.** abtöten, sterilisieren, keimfrei machen, ausrotten, austilgen, **5.** sich umbringen; Selbstmord / Suizid begehen, seinem Leben ein Ende/Schluss machen, von eigener Hand sterben, Hand an sich legen, sich entleiben, das Leben nehmen, etwas antun; Freitod wählen.

Tötung 1. Ermordung, Mord, Tö- 1586
tungsdelikt, Bluttat, Mordtat, Meuchelmord, Attentat, **2.** Todesstrafe, Hinrichtung, Exekution, Erschießung; Schlachten, Schächten, **3.** Freitod, Selbstmord, Suizid, Selbsttötung.

tragen 1. befördern, transportieren, 1587
mit sich führen, mitführen, bei sich haben; schleppen, sich aufladen; auf dem Rücken / huckepack tragen, auf die Schulter nehmen, **2.** anhaben, aufhaben, umhaben, am Leibe/auf dem Kopf haben, spazieren führen, sich bewegen in, kleiden mit, **3.** ertragen, aushalten, leiden, durchstehen, erdulden, schwer tragen an, zu tragen/Päckchen zu tragen haben, **4.** Frucht bringen, ergeben, einbringen, nützen, bringen, **5.** schwanger/in Umständen sein, hoffen, erwarten, guter Hoffnung sein.

Transport 1. Beförderung, Verschi- 1588
ckung, Verfrachtung, Verladung, Umladung, Versand, Spedition, Versendung,

Verschiffung, Zustellung, Lieferung, Ablieferung, Auslieferung, Übermittlung, Überführung, Zuleitung, Weiterleitung, Expedierung, Expedition, **2.** Fracht, Fuhre, Ladung, Last, Tracht, Sendung, Schub, Fahrt, Lieferung.

1589 **träumen** **1.** Traum / Traumgesichte haben, **2.** phantasieren, in den Wolken schweben, sich wünschen, ausmalen; Luftschlösser bauen, hoffen, sich Illusionen machen, **3.** nicht bei der Sache/ abwesend/in Gedanken versunken sein, mit halbem Ohr zuhören.

1590 **Traurigkeit** Freudlosigkeit, Mutlosigkeit, Niedergeschlagenheit, Tief, Trübsinnigkeit, Trübseligkeit, Bekümmertheit, Kümmernis, Betrübnis, Betrübtheit, Wehmut, Wehmütigkeit, Weltschmerz, Tristesse, Verdüsterung, Depression, Düsterkeit, Trübsal, Schmerz, Kummer, Gram, Leid, Trauer, Blues, Melancholie, Schwermut, Trostlosigkeit, Ungetrostheit, Verzweiflung, Lebensüberdruss, Weltekel, Untergangsstimmung.

1591 **treffen (sich)** **1.** begegnen, wieder sehen, sich sehen; zusammenkommen, sich versammeln; zusammentreffen, zusammentreten, tagen, konferieren, meeten, **2.** aufeinander treffen, zusammenstoßen, zusammenprallen, kollidieren, aufeinander stoßen, **3.** ins Schwarze/ Nagel auf den Kopf treffen, richtig liegen; zutreffen, stimmen, sich als richtig erweisen, **4.** antreffen, zu Hause finden, nicht verfehlen, Glück haben, **5.** einmünden, einströmen, zufließen, zusammenströmen, zusammenlaufen, zusammenfließen, sich vereinigen, **6.** kränken, verletzen, **7.** sich fügen; passen, zupass/ gelegen kommen, hinhauen.

1592 **Treffen** **1.** Begegnung, Zusammenkunft, Wiedersehen, Beisammensein, Verabredung, Rendezvous, Date, Besprechung, Termin, **2.** Sitzung, Tagung, Versammlung, Zusammentritt, Meeting, Konferenz, Kongress, Kolloquium, Symposium, Workshop, Synode, Konklave, Konzil; Parteitag, Delegiertenkonferenz, Ideenkonferenz, Brainstorming, **3.** Treffpunkt, Schnittpunkt, Knotenpunkt, Überschneidung, Kreuzung, Zusammenfluss, Einmündung, Mündung, **4.** Telefonkonferenz, Telekonferenz, Computerkonferenz.

trennen (sich) **1.** scheiden, auseinander gehen, Abschied nehmen, sich verabschieden; weggehen, auseinander laufen, absplittern; sich loslösen, losmachen, lösen, lossagen, überwerfen; Brücken hinter sich abbrechen, voneinander gehen, Tischtuch zerschneiden, sich scheiden lassen; Ehe auflösen, sich losreißen; aufgeben, verlassen, brechen, abbrechen, Schluss machen, Schlussstrich ziehen, **2.** entzweien, auseinander dividieren, auseinander bringen, abspalten, absondern, sondern, spalten, zersetzen, separieren, aufspalten, sprengen, Keil treiben zwischen, voneinander / auseinander reißen, Zwietracht säen, Verbindung unterbrechen, stören; unterbrechen, abschalten, abbrechen, abkoppeln, entflechten, dezentralisieren, aufteilen, aufgliedern, **3.** entmischen, aussortieren, verlesen, Spreu vom Weizen trennen, Auswahl treffen; entfernen, wegnehmen, **4.** auftrennen, zertrennen, aufschneiden, abbinden, abschnüren, Nabelschnur durchtrennen, abnabeln, durchschneiden, durchschlagen, zerhauen, durchhauen, **5.** aufdröseln, spleißen, spalten. 1593

Trennung **1.** Abschied, Scheiden, Auseinandergehen, Lösung, Lockerung, Entzweiung, Entfremdung, Distanzierung, Loslösung, Zwiespalt, Bruch, Uneinigkeit, Streit, Spaltung, Schisma, Schlussstrich, Scheidung, Abbruch, **2.** Sonderung, Aufspaltung, Dezentralisation, Separierung, Separation, Aufgliederung, Auffächerung, Unterteilung, Halbierung, Zweiteilung, **3.** Teilung, Zerteilung, Zerlegung, Tranchieren; Abtrennung, Abnabelung, Abspaltung, Sezession, Zersplitterung, Zerstückelung, Durchtrennung, **4.** Timesharing, Jobsharing. 1594

Treppe Aufgang, Stiege, Stufen, Freitreppe, Wendeltreppe, Stiegenhaus, Treppenhaus. 1595

Trick Kunstgriff, Kunststück, Kniff, Masche, Pfiff, Dreh, Finesse. 1596

Trieb **1.** Instinkt, Naturtrieb, Naturantrieb, Triebhaftigkeit, Geschlechtstrieb, **2.** Reis, Spross, Schössling. 1597

triebhaft **1.** triebmäßig, triebgemäß, instinktbedingt, animalisch, instinktiv, **2.** gejagt, gehetzt, rastlos, fiebernd. 1598

trinken **1.** schlucken, Durst löschen, 1599

Glas leeren, Durst stillen, sich erquicken, laben, erfrischen; die Kehle anfeuchten, **2.** schlürfen, kippen, nippen, hinunterstürzen, zu sich nehmen, anstoßen, genehmigen, heben, kümmeln, picheln, zechen, bechern, schnapsen, hinter die Binde gießen, einen schmettern/heben, süffeln, tanken, saufen, sich betrinken.

1600 **Trinker** Zecher, Schnapsdrossel, Schnapsbruder, Schluckspecht, Zechbruder, Saufbruder, Saufkumpan, Saufbold, Sumpfhuhn, Liederjan, Liedrian, Süffel, Süffler, Süffling, Pichler, Trunkenbold, Säufer, Quartalssäufer, Gewohnheitstrinker, Alkoholiker, Alkoholkranker.

1601 **trocken** **1.** entwässert, durstig, altbacken, ausgetrocknet, ausgedörrt, dehydriert, pelzig, verdorrt, dürr, welk, verwelkt, staubtrocken, pulvertrocken, knochentrocken, verschmachtet, vertrocknet, zusammengeschrumpft, eingeschrumpft, eingeschnurrt, verhutzelt, hutzelig, verholzt, holzig; sandig, staubig, staubbedeckt; gedörrt, getrocknet, **2.** ungeschmiert, unbelegt, ohne Getränk, **3.** langweilig, nüchtern, ledern, akademisch, geistesschwer, überfrachtet, kopflastig, lebensfern, praxisfern, steril, saftlos, **4.** regenlos, regenarm, niederschlagsarm, wasserarm, **5.** nüchtern, alkoholfrei.

1602 **trocknen** **1.** abwischen, abreiben, abtrocknen, trockenreiben, frottieren, föhnen, **2.** absorbieren, einsaugen, aufsaugen, versickern, ablaufen, verdunsten, trocken werden; erhärten, hart/fest werden, austrocknen, abtropfen lassen, Wasser entziehen, dehydrieren, entwässern, **3.** dörren, darren, konservieren, rösten, **4.** trockenlegen, entsumpfen, entwässern, drainieren, ableiten, **5.** vertrocknen, eintrocknen, verschmachten, vergehen, eingehen, verdorren, veröden, versteppen, versanden, ausdörren, **6.** welken, gilben, verwelken, abblühen, verblühen, kümmern, verkümmern, eintrocknen, schrumpfen, verschrumpeln, verhutzeln, zusammenschrumpfen, zusammengehen, zusammenfallen, absterben.

Trost Ermutigung, Ermunterung, Zuspruch, Aufrichtung, Tröstung, Trostworte, Linderung, Stärkung, Aufmunterung, Erheiterung, Hilfe, Lichtblick, Balsam, Labsal, Beruhigung. 1603

trösten (sich) **1.** ermuntern, ermutigen, aufmuntern, aufheitern, aufhellen, Mut zusprechen, Trost spenden, zureden, aufrichten, aufbauen, lindern, beschwichtigen, mäßigen, stillen, helfen, Tränen trocknen, Balsam auf die Wunde träufeln, besänftigen, beruhigen, **2.** sich ablenken; wieder aufleben, Mut schöpfen. 1604

tröstlich lindernd, besänftigend, mildernd, erleichternd, befreiend, erlösend, ermutigend, ermunternd, erquickend, belebend, stärkend, entspannend, hilfreich, trostreich, trostvoll, Trost bringend, aufrichtend, wärmend. 1605

trotz **1.** obwohl, obgleich, obschon, wenngleich, wiewohl, wenn auch, ungeachtet, unbeschadet, **2.** trotzdem, dennoch, doch, gleichwohl, trotz allem, dessen ungeachtet, nichtsdestoweniger, nichtsdestotrotz. 1606

Trotz Trotzreaktion, Widerspenstigkeit, Widerborstigkeit, Bockigkeit, Bockbeinigkeit. 1607

Turm **1.** Ausguck, Auslug, Warte, Aussichtsturm, Kirchturm, Glockenturm, Campanile, Minarett, Wachturm, Funkturm, Fernsehturm, **2.** Kompaktanlage, Hi-Fi-Turm. 1608

U

1609 **üben** wiederholen, memorieren, pauken, sich einprägen; auswendig lernen, proben, durchproben, probieren, einstudieren, einüben, bimsen, schulen, trainieren, trimmen, dressieren, drillen, exerzieren, abrichten, schleifen.

1610 **überall** 1. allerorten, allerwege, allerenden, allenthalben, allerwärts, nah und fern, weit und breit, im ganzen Land, kreuz und quer, an allen Enden, landauf, landab, wo auch immer, auf der ganzen Welt/Schritt und Tritt, wo man hinguckt, generell, allgegenwärtig, omnipräsent, 2. rundum, ringsum, ringsumher, rundherum, rings.

1611 **Überblick** 1. Übersicht, Rundschau, Zusammenschau, Zusammenfassung, Aufriss, Querschnitt, Abriss, Synopse, Inhaltsangabe, 2. Rückblick, Rückschau, Rekapitulation, 3. hohe Warte, Beherrschung, Verständnis.

1612 **Überbringer** 1. Bote, Dienstmann, Laufbursche, Austräger, Postbote, Briefträger, Zusteller, Lieferant, 2. Abgesandter, Emissär, Geschäftsträger, Kurier, Herold, Melder, Läufer, 3. Unglücksbote, Unheilbringer, Hiobsbote.

1613 **übereinstimmen** 1. sich decken; zusammenfallen, zusammengehen, zusammentreffen, auf denselben Tag fallen, zusammenpassen, kongruieren, zusammenstimmen, sich entsprechen, reimen; korrespondieren, parallel laufen, 2. einig sein, einig/konform gehen, gleichliegen, gleicher Meinung sein, Auffassung teilen, dasselbe meinen, harmonieren, konvergieren, 3. ähneln, gleichen, gleichsehen, sich ähnlich sehen; aussehen wie, erinnern/gemahnen an, nachschlagen, nachgeraten, arten nach.

1614 **übereinstimmend** 1. zusammenfallend, konvergierend, kongruent, korrespondierend, kompatibel, 2. konform, entsprechend, stimmig, gleichgeordnet, harmonisch, einhellig, einmütig.

Übereinstimmung 1. Gleichheit, 1615
Identität, Deckungsgleichheit, Schnittmenge, Deckung, Tautologie, Kongruenz, Kompatibilität, Gleichartigkeit, Parallelismus, Parallelität, Gleichlauf, 2. Zusammenfall, Koinzidenz, Zusammentreffen, Zwillingsgeschehen, Duplizität, Doppelereignis, Gleichzeitigkeit, 3. Gleichwertigkeit, Gleichrangigkeit, Ebenbürtigkeit, Parität, Konkurrenzfähigkeit, Wettbewerbsfähigkeit, Gleichrang, Gleichstand, Patt, Remis; Gleichberechtigung, Gleichstellung, Vollwertigkeit, Konvertierbarkeit, Austauschbarkeit, Auswechselbarkeit, 4. Gleichklang, Gleichtakt, Gleichmaß, Harmonie, Entsprechung, Korrespondenz, Stimmigkeit, Kongenialität, 5. Konsens, Konvergenz, Identifikation, Ausrichtung, Normierung, Nivellierung, Uniformierung, Konformität, Gleichschritt, Gleichschaltung, Sprachregelung, Political Correctness, 6. Sinngleichheit, Pleonasmus; Sinnähnlichkeit, Synonym, Sinnverwandtschaft.

übergeben verabfolgen, aushändi- 1616
gen, geben, abgeben, abliefern, zustellen, überreichen, ausliefern, überbringen, übermitteln, überstellen, übertragen; weiterleiten, weitergeben.

überlaufen 1. überquellen, überflie- 1617
ßen, überschäumen, überborden, über die Ufer treten, überfluten, überströmen, ausufern, voll Wasser laufen, hereinbrechen über, überschwemmen, unter Wasser setzen, wegschwemmen, mitreißen, ertränken, ersäufen, 2. überwechseln, übergeben, übertreten, konvertieren, desertieren, abfallen.

Übermaß 1. Zuviel, Überfülle, Un- 1618
menge, Unmaß, Überdosis, Überhang, Überschuss, Redundanz, Überreife, Überproduktion, Überangebot, Überfluss, Übersteigerung, Überhitzung, Reizüberflutung, Überwucherung, Gigantismus, Ausuferung, Auswuchs, 2. Zügellosigkeit, Maßlosigkeit, Haltlosigkeit, Hemmungslosigkeit, Ungehemmtheit, Übertreibung, Unmäßigkeit, Ausschweifung, Unersättlichkeit, Orgie, Exzess.

überraschen 1. verblüffen, in Er- 1619
staunen setzen, Freude bereiten, frappieren, bestürzen, konsternieren, Sprache verschlagen, befremden, aus der

Fassung bringen, vom Hocker/vom Stuhl hauen, verwirren, verdutzen, erstaunen, verwundern, auffallen, **2.** ertappen, erwischen, abfassen, überrumpeln, auf den Kopf zusagen, in flagranti erwischen, stellen, überführen, auf frischer Tat erwischen, **3.** unerwartet kommen, ins Haus fallen, hereinplatzen, hereinschneien, vor der Tür stehen, unangemeldet erscheinen, auftauchen, dastehen, überfallen.

1620 **übertragen** 1. überantworten, delegieren, beauftragen, vergeben, auslagern, outsourcen, zuweisen, zuschreiben, anvertrauen; überliefern, weiterreichen, weitergeben, **2.** vererben, hinterlassen, vermachen, abtreten, übereignen, zum Erben einsetzen, überschreiben, überlassen, testieren, bedenken mit, verschreiben, **3.** infizieren, anstecken, **4.** senden, ausstrahlen, über den Sender geben, beamen, bringen, aussenden, **5.** projizieren, transponieren, transkribieren, **6.** telegraphieren, kabeln, funken, drahten, fernschreiben, tickern, morsen, telefonieren, faxen, telefaxen, Daten übertragen/fernübertragen, mailen, smsen, **7.** übersetzen, chiffrieren, kodieren, verschlüsseln, kryptieren, **8.** umspulen, überspielen, kopieren, scannen.

1621 **übertreiben** 1. überspannen, übersteigen, überspitzen, überreißen, überziehen, übersteigern, überbetonen, zu viel Gewicht beilegen, zu wichtig nehmen; überladen, überorganisieren, aufblähen, aufplustern, überdrehen, überreagieren, zum Äußersten kommen lassen, auf die Spitze treiben, **2.** überschätzen, überhöhen, zu hoch veranschlagen, falsch einschätzen, idealisieren, **3.** überhäufen, überschütten, des Guten zu viel tun, sich überschlagen; das Maß überschreiten, es zu weit treiben, zu weit gehen, **4.** dramatisieren, hochspielen, aus einer Mücke einen Elefanten machen, aufbauschen, ausschmücken, dick auftragen, große Wortegroßes Aufheben machen; chargieren, dem Affen Zucker geben, überdeutlich machen, übertrieben darstellen, **5.** aufdonnern, aufputzen, überladen, behängen, auftakeln, protzen.

1622 **Übertreibung** 1. Übersteigerung, Überspanntheit, Exaltiertheit, Outriertheit, Schwulst, Bombast, Pathetik, Melodramatik, Überschwang, Überschwänglichkeit; Geschnörkel, Schnörkelei, Theatralik, Getue, Tuerei, Überreaktion, Overstatement, **2.** Windmacherei, Sensationsmache, Dramatisierung, Panikmache.

übertrieben 1. übermäßig, unmäßig, zu viel, maßlos, ausschweifend, unersättlich, exzessiv, nimmersatt, verschwenderisch, extravagant, aufgebläht, allzu viel, exorbitant, unverhältnismäßig, über Gebühr, unnötig, uferlos, übermenschlich, extrem, too much, allzu sehr, over, **2.** überbetont, überspitzt, krass, übersteigert, überspannt, exaltiert, verstiegen, outriert, manieriert, manieristisch, überhitzt, überhöht, überzogen, hypertroph, **3.** aufgedonnert, aufgeputzt, überladen, aufgetakelt, hochgetakelt, stutzerhaft, geckenhaft, dandyhaft, gigerlhaft, affektiert, aufgemotzt, aufgebrezelt, overdressed, overstyled, **4.** krankhaft, krampfig, verbissen, gewaltsam, angestrengt, überanstrengt, **5.** überschwänglich, deklamatorisch, hochtönend, bombastisch, geschraubt, ziseliert, gedrechselt, geschwurbelt, gewollt, überkandidelt, superlativistisch, theatralisch, **6.** überschätzt, verklärt, überhöht, zu hoch gegriffen. 1623

überwiegend vorwiegend, vorherrschend, hervorstechend, hauptsächlich, vornehmlich, in erster Linie, größtenteils, mehr als die Hälfte, in der Mehrzahl, in hohem Maße, mehrheitlich. 1624

überzeugen (sich) 1. bekehren, bereden, bewegen, bestimmen, überreden, einsichtig machen, eines Besseren belehren, umstimmen, herumkriegen, gewinnen, zur Einsicht bringen, erweichen, bearbeiten, bequatschen, voll quatschen, zuballern, beschwatzen, einwickeln, breitschlagen, erweichen, weich machen, einnehmen für, missionieren, **2.** sich vergewissern; überprüfen, sich versichern; nachsehen, kontrollieren, **3.** sich bewähren; keinen Zweifel zulassen, durchschlagen, sich durchsetzen; Erfolg haben; glaubwürdig/stichhaltig/überzeugend sein, Vertrauen genießen, Anklang/Glauben finden. 1625

übrig 1. verbleibend, übrig geblieben, 1626

verblieben, überzählig, zurückbleibend, restlich, unverkauft, unverkäuflich, Ladenhüter, unverwendet, unverwendbar, lästig, zu viel, überflüssig, redundant, überschüssig, über, übrig gelassen, **2.** mehr als genug, sattsam, reichlich, üppig, vollauf, entbehrlich, **3.** übrig lassen, übrig haben, stehen lassen, dalassen, zurücklassen.

1627 **Übung** Einübung, Schulung, Fingerübung, Denkübung, Patterndrill, Training, Drill, Schliff, Dressur, Abrichtung; Manöver, Probe.

1628 **Ufer** Saum, Gestade, Küste, Kante, Rand, Strand, Uferstreifen, Kai, befestigtes Ufer, Anlegestelle.

1629 **Umfang** Stärke, Dicke, Größe, Ausmaß, Volumen, Körperumfang.

1630 **Umfrage** Befragung, Erhebung, Interview, Survey, Enquete; Meinungsumfrage, Publikumsumfrage, Teleskopie, Leserumfrage, Hörerumfrage, Zuschauerumfrage, Wählerumfrage, Politbarometer.

1631 **umgeben** **1.** umziehen, einfassen, rahmen, säumen, rändern, umranden, umspannen, bekränzen, **2.** umranken, umrahmen, umwinden, einrahmen, **3.** Umgebung bilden, umliegen, nah liegen; umringen, umdrängen, **4.** einzäunen, einfrieden, einfriedigen, umgrenzen, eingrenzen, einhegen, abstecken, umreißen, begrenzen, abgrenzen, umzäunen, umziehen, abzäunen, absperren, **5.** umkreisen, einkreisen, umzingeln, einschließen.

1632 **umgehen** **1.** sich drücken; meiden, vermeiden, ausweichen, nicht dranwollen, sich entziehen; aus dem Wege gehen, sich verleugnen lassen, **2.** umgehen mit, Umgang haben/pflegen, verkehren, in Verbindung stehen, Beziehungen unterhalten, sich beschäftigen mit, **3.** spuken, geistern, gespenstern, irrlichtern, nicht mit rechten Dingen zugehen /geheuer sein, rumoren, erscheinen, **4.** umlaufen, kursieren, in Umlauf/in aller Munde/Tagesgespräch sein, Runde machen.

1633 **umsonst** **1.** gratis, franko, unberechnet, unentgeltlich, kostenlos, für lau, zum Nulltarif; unverdient, ohne eigenes Verdienst, zugefallen, geschenkt, gebührenfrei, zollfrei, steuerfrei, um Gotteslohn, unbezahlt, ehrenhalber, ehrenamtlich, freiwillig, **2.** vergeblich, nutzlos.

Umwelt **1.** Außenwelt, Umgebung, 1634
Peristase, natürlicher Lebensraum, **2.** Lebenssphäre, soziales Umfeld, Umfeld, Milieu, kultureller Lebensraum, Lebensbereich, Lebenskreis, Mitwelt, **3.** Umweltfaktoren, ökologische Faktoren.

umweltfreundlich **1.** umweltge- 1635
recht, umweltverträglich, umweltschonend, ökologisch, abbaubar, Energie sparend, **2.** abgasarm, schadstoffarm, schadstoffreduziert, schadstofffrei.

unangenehm **1.** misslich, peinlich, 1636
schwierig, ärgerlich, fatal, dumm, betrüblich, haarig, blöde, ungelegen, verdrießlich, lästig, leidig, beschwerlich, beschämend, blamabel, unbequem, unbehaglich, ungemütlich, unwohnlich, **2.** unerträglich, unzumutbar, untragbar, unmöglich, unerfreulich, unerquicklich, unerwünscht, unlieb, unliebsam, unwillkommen, **3.** unsympathisch, unleidlich, unausstehlich, zuwider, widrig, odiös, missliebig, antipathisch, ätzend, verhasst, widerwärtig, abstoßend, missfällig, Dorn im Auge, Stein des Anstoßes, Pfahl im Fleisch, unbeliebt, ungenießbar.

unaufmerksam **1.** zerstreut, unkon- 1637
zentriert, abgelenkt, nicht bei der Sache, abwesend, geistesabwesend, entrückt, verträumt, träumerisch, in den Wolken, verdöst, gedankenverloren, vertieft, versunken, verspielt, schläfrig, verschlafen, im Tran, unbeteiligt, uninteressiert, nachlässig, konfus, vergesslich, fahrig, zerfahren, schusselig, kopflos, **2.** gedankenlos, unüberlegt, unbesonnen, unvorsichtig, unbedacht, unachtsam, achtlos, gleichgültig, blind, rücksichtslos.

unbedeutend belanglos, unterge- 1638
ordnet, nachgeordnet, zweitrangig, sekundär, unmaßgeblich, nichtig, minder, geringfügig, minimal, kaum, nebensächlich, beiläufig, unbeträchtlich, unwichtig, peripher, unerheblich, bedeutungslos, nicht der Rede wert, abseitig, fern liegend, nicht entscheidend/ausschlaggebend, irrelevant, klein, Peanuts, gleichgültig, unwesentlich, gegenstandslos, nichts sagend, dürftig, ausdruckslos, farblos, fade, leer, Schall und

Rauch, unbedarft, unscheinbar, unansehnlich, mickrig.

1639 **unbedingt** 1. bedingungslos, unabdingbar, auf jeden Fall, auf alle Fälle, koste es, was es wolle, unter allen Umständen, auf Biegen oder Brechen, schlechterdings, allerdings, durchaus, absolut, partout, um jeden Preis, komme, was da wolle, notfalls mit Gewalt, schlechthin, ohne weiteres, wie auch immer, vorbehaltlos, uneingeschränkt, ohne Vorbehalt / Einschränkung, voraussetzungslos, unabhängig von, unweigerlich, fraglos, unbesehen, unumschränkt, **2.** ausgemacht, eingefleischt, ausgesprochen, unbekehrbar, konsequent, bis zum bitteren Ende.

1640 **unbekannt** 1. namenlos, anonym, No-Name, ungenannt, unentdeckt, unerkannt, inkognito, übersehen, unbeachtet, verkannt, unbeschriebenes Blatt, unbedeutend, ungedruckt, unveröffentlicht, übergangen, **2.** fremd, nie gesehen/gehört/begegnet.

1641 **uneben** 1. hügelig, gebirgig, wellig, bergig, höckrig, bucklig, felsig, zerklüftet, **2.** holperig, hubbelig, schotterig; grobkörnig, narbig, borkig, schorfig, grindig, gerieft, gefurcht, gerillt, gekerbt, rissig, schrundig, zackig, gezackt, gezähnt, **3.** knollig, klumpig, bollig, knorrig, **4.** unegal, ungleich lang, zipfelig.

1642 **uneigennützig** mitmenschlich, altruistisch, unegoistisch, hilfsbereit, karitativ, sozial, sozial engagiert, idealistisch, selbstlos, wohltätig, mildtätig, gütig, barmherzig, hochherzig, gebefreudig, großmütig, erbarmend, mitleidig, mitfühlend, opferbereit, opferwillig, aufopferungsvoll.

1643 **Uneigennützigkeit** Nächstenliebe, Mitmenschlichkeit, Altruismus, Hilfsbereitschaft, Fürsorglichkeit, Fürsorge, Selbstlosigkeit, Großzügigkeit, Freigebigkeit, Großmut, Edelmut, Gemeinsinn, Edelsinn, Hochherzigkeit, Wohltätigkeit, Mildtätigkeit, Opferbereitschaft, Opfermut, Aufopferungsfähigkeit, Selbstaufopferung.

1644 **unempfindlich** 1. gefühllos, stumpf, passiv, abgestumpft, apathisch, unempfänglich, herzensträge, gleichgültig, dickfellig, **2.** empfindungslos, abgestorben, fühllos, eingeschlafen, betäubt, narkotisiert, bewusstlos, ohnmächtig, besinnungslos, somnambul, in Trance, hypnotisiert, gedopt.

Unempfindlichkeit 1. Gefühllosigkeit, Stumpfheit, Sturheit, Dickfelligkeit, Unempfänglichkeit, Unbeeindruckbarkeit, **2.** Gleichgültigkeit, Neutralität, Uninteressiertheit, Teilnahmslosigkeit, Ungerührtheit, Kühle, Kälte, Phlegma, Passivität, Indolenz, Indifferenz, Indifferentismus, Kaltschnäuzigkeit, Leidenschaftslosigkeit, Coolness, Unerschütterlichkeit, Hartherzigkeit, Wurstigkeit, Undank, Desinteresse, **3.** Betäubung, Narkose, Rausch, Schlaf, Ohnmacht, Bewusstlosigkeit, Trance, Entrückung, Hypnose, Somnambulismus, **4.** Lethargie, Apathie, Gefühlskälte, Frigidität, Froschblut, Frostigkeit, Gefühlsarmut, Seelenblindheit, Unbewusstheit, Dumpfheit, Stumpfheit, Primitivität, **5.** Starrheit, Starre, Steifheit, Erstarrung. 1645

unendlich 1. unbegrenzt, unermesslich, unzählbar, zahllos, unerschöpflich, unerschöpft, grenzenlos, schrankenlos, unbeschränkt, ohne Grenze, unlimitiert, **2.** endlos, ohne Ende, Open End, unaufhörlich, ewig, nicht endend, bis ins Unendliche, und so fort, bis ins Aschgraue, nicht enden wollend, auf immer, bis in alle Ewigkeit, unabsehbar, bis zum Abwinken. 1646

Unendlichkeit Unbegrenztheit, Unbeschränktheit, Endlosigkeit, Unerschöpflichkeit, Unermesslichkeit, Zeitlosigkeit, Unvergänglichkeit, Unveränderlichkeit, Unzerstörbarkeit, Unsterblichkeit, Grenzenlosigkeit, Ewigkeit, Endlosschleife. 1647

unentschieden 1. unentschlossen, unschlüssig, von Zweifeln geplagt, hin und her gerissen, zweifelnd, schwankend, inkonsequent, wankend, zaudernd, im Zweifel, mit gemischten Gefühlen, am Scheideweg, ausweichend, halbherzig, hinhaltend, zögernd, verschleppend, dilatorisch, zuwartend, halb und halb, heute so, morgen so, zwiespältig, ambivalent, variabel, veränderlich, labil, entschlusslos, **2.** punktgleich, patt, remis, ausgeglichen, **3.** fließend, ineinander übergehend, gleitend, transitorisch, im Übergang, an der Schwelle, offen, nicht festgelegt, ein- 1648 deutig, schwebend, über sich hinausweisend, **4.** nichts Halbes und nichts Ganzes, nicht Fisch noch Fleisch.

1649 **Unfall** Unglücksfall, Unglück, Verkehrsunfall, Verkehrsunglück, Betriebsunfall, Bruchlandung, Karambolage, Kollision, Massenkarambolage, Zusammenstoß, Zusammenprall, Frontalzusammenstoß; Schiffbruch, Havarie, Entgleisung, Störfall, GAU.

1650 **unfrei** 1. willenlos, getrieben, hörig, zwanghaft, fixiert auf, abhängig, unselbständig, süchtig, verfallen, **2.** gefangen, hinter Gittern, verhaftet, der Freiheit beraubt, im Kerker, in Gewahrsam, gefangen genommen, eingesperrt, hinter schwedischen Gardinen / Schloss und Riegel, auf Nummer Sicher, interniert, festgesetzt, eingelocht, eingebuchtet, **3.** gehandikapt, festgenagelt, verstrickt, an der Leine, unter der Fuchtel/dem Pantoffel, gefesselt, geknebelt, in Banden, unter der Knute, leibeigen, versklavt.

1651 **unfreiwillig** 1. unbeabsichtigt, unabsichtlich, versehentlich, reflexhaft, unbewusst, ungewollt, unwillkürlich, von selbst, irgendwie, **2.** ungern, der Not gehorchend, wider Willen, widerwillig, unwillig, nolens volens, notgedrungen, gezwungenermaßen, pflichtschuldigst, zwangsweise, wohl oder übel, widerstrebend, im Schlepptau, gegen die Überzeugung, unter Druck, zähneknirschend, lustlos, mit Todesverachtung.

1652 **unfruchtbar** 1. unergiebig, brachliegend, ungenutzt, öde, karg, dürr, trocken, brach, unrentabel, nutzlos, nicht lohnend, kümmerlich, dürftig, ohne Ertrag, bringt nichts, ertragsunfähig, **2.** unschöpferisch, unproduktiv, ohne Einfälle, einfallslos, phantasielos, unkreativ, ideenlos, schematisch, ohne Phantasie, nach Schema F, unoriginell, aus zweiter Hand, nachschaffend, nachgestaltend, nachahmend, nachschöpferisch, reproduktiv, epigonenhaft, epigonal, plagiatorisch, **3.** zeugungsunfähig, impotent, steril, infertil.

1653 **ungefähr** 1. fast, beinahe, nahezu, annähernd, nach Augenmaß, abgerundet, bald, gegen, zirka, rund, etwa, praktisch, sagen wir, vielleicht, aufgerundet, stark, gut, gar, schier, um ein Haar, um Haaresbreite/Fadensbreite, **2.** etwa, dem Sinne nach, sinngemäß, nicht wörtlich, sinnentsprechend, analog, **3.** ungenau, allgemein, verschwommen, dehnbar, schwammig, diffus, unpräzise, verwaschen.

ungenügend 1. mangelhaft, unbefriedigend, unvollständig, unzulänglich, lückenhaft, unzureichend, knapp, kaum ausreichend, Tropfen auf einem heißen Stein, notdürftig, unvollkommen, nicht zufrieden stellend, defizitär, schwach, ungeeignet, unbrauchbar, insuffizient, dürftig, spärlich, **2.** unfähig, unvermögend, außerstande, untüchtig, beschränkt, begrenzt. 1654

ungerecht parteiisch, mutwillig, voreingenommen, stiefmütterlich, einseitig, befangen, unobjektiv, unsachlich, unbillig, undankbar, mit zweierlei Maß, unfair, unsportlich, unkameradschaftlich; unredlich, unreell, unsauber. 1655

ungeschickt (sein) 1. linkisch, unbeholfen, zwei linke Hände, unpraktisch, umständlich, stoffelig, tollpatschig, tapsig, täppisch, **2.** Pferd am Schwanz aufzäumen, mit der Tür ins Haus fallen, zweiten Schritt vor dem ersten tun, es dumm anfangen, sich dumm anstellen. 1656

Unglück Unheil, Verhängnis, Verderb, Unsegen, Unstern, Geißel, Kreuz, Plage, Prüfung, Last, Bürde, Ungemach, Unbilden, Widrigkeit, Missgeschick, Fatum, Fatalität, Debakel, Desaster; Hiobsbotschaft, Schrecknis, Schreckensbotschaft, Schreckensnachricht; Schicksalsschlag, harter Schlag, Fluch; Krankheit, Siechtum, Misere, Krebs, Krebsübel, Krebsgeschwür, Elend, Übel, Seuche, Landplage, Verderben, Vernichtung, Scherbenhaufen, Absturz, Untergang; Pech, unglückliche Fügung, Missgriff, Malheur; Drama, Tragödie, Trauerspiel, Tragik. 1657

unglücklich 1. traurig, leidend, leidtragend, leidvoll, betrübt, deprimiert, schmerzerfüllt, ungetrost, trostlos, todunglücklich, todtraurig, kreuzunglücklich, untröstlich, hoffnungslos, in Sack und Asche, schmerzbewegt, wehmütig, fassungslos, geschlagen, desolat, verzweifelt, gebrochen, verzagt, elend, melancholisch, schwermütig, depressiv, elegisch, überdrüssig, lustlos, freudlos, 1658 bedrückt, bekümmert, nicht gut drauf, geknickt, enttäuscht, heimgesucht, gebeutelt, getroffen, mutlos, entmutigt, down, im Keller, gebeugt, schwer geprüft, niedergebeugt, kummervoll, gramgebeugt, geschlagen, zerrissen, selbstzerstörerisch, zerquält, gramerfüllt, vergrämt, verhärmt, sorgenvoll, **2.** weinend, schluchzend, tränenüberströmt, in Tränen, mit Tränen in den Augen, tränenden Auges, händeringend, mit Leichenbittermiene, **3.** bedauernswert, bedauerlich, bejammernswert, bemitleidenswert, liebebedürftig, anlehnungsbedürftig, beklagenswert, Mitleid erregend, kläglich, erbärmlich, erbarmungswürdig, leidvoll, freudeleer, freudearm, umschattet, unfroh, **4.** schmerzlich, hart, betrüblich, erschütternd, arg, qualvoll, verhängnisvoll, fatal, schicksalhaft, tragisch, katastrophal, schlimm, unglückselig, unselig, **5.** entmutigend, enttäuschend, schade, jammerschade, niederdrückend, niederschmetternd, hoffnungslos, niederziehend, aussichtslos, ausweglos, schwarz, dunkel, düster, verdüstert, sinister, **6.** betrogen, getäuscht, hintergangen, hereingelegt; gehörnt, sitzen gelassen, im Stich gelassen.

1659 **ungünstig** 1. ungelegen, lästig, störend, widrig, entgegen, unzeitig, zur Unzeit, im falschen Augenblick, **2.** unpassend, unratsam, unangebracht, ungeeignet, undienlich, unhandlich, unzweckmäßig, ungeschickt, unbrauchbar, unverwendbar, sperrig, platzraubend, unpraktisch, unvorteilhaft, unbequem, unangemessen, **3.** nachteilig, abträglich, untunlich, misslich; schädlich, hinderlich, hemmend, ungesund, gesundheitswidrig, unbekömmlich, unverdaulich, unzuträglich, **4.** aufwendig, unrationell, unwirtschaftlich, unökonomisch, unrentabel, unökologisch.

1660 **unhöflich** 1. unfreundlich, unaufmerksam, ungefällig, unliebenswürdig, kurz angebunden, unwirsch, muffig, schroff, abweisend, ungastlich, barsch, harsch, brüsk, unzart, rücksichtslos, **2.** flegelhaft, ungezogen, schnippisch, grob, lümmelhaft, unmanierlich, ungehobelt, ungeschliffen, rüde, krude, unverschämt, patzig, pampig, ruppig, respektlos, unflätig, **3.** unpassend, ungehörig, unmöglich, taktlos, ungebührlich, unangebracht, unangemessen, unschicklich, verfehlt, deplatziert, fehl am Platz, ungalant, unritterlich, kein Gentleman.

Unkenntnis Unwissenheit, Ahnungslosigkeit, Unbelehrtheit, Bildungslücke, Nichtbegreifen, Unverständnis, Erfahrungsmangel, Wissensmangel, Unvertrautheit, Unerfahrenheit, Ungeübtheit, Ungeschultheit, Unbelesenheit, böhmische Dörfer, Unverstand, Ignoranz, Borniertheit, Banausenhaftigkeit, Unaufgeklärtheit, Aberglaube. 1661

unmittelbar 1. direkt, aus erster Hand/Quelle, **2.** geradeaus, der Nase nach, ohne Umweg, in Luftlinie, umweglos, geradlinig, straight, stracks, schnurstracks, querfeldein, quer durch; durchgehend, ohne Unterbrechung/Aufenthalt/Verzögerung/Zwischenstation, ohne weiteres/Zögern/Zaudern, spornstreichs, **3.** bar, in barer Münze, cash, auf die Hand, **4.** mündlich, wörtlich, verbal, in direkter Rede, persönlich, original, **5.** live, direkt übertragen, keine Konserve. 1662

unmöglich undenkbar, unausführbar, undurchführbar, unerreichbar, aussichtslos, hoffnungslos, ausgeschlossen, undiskutabel, unerfüllbar, nicht durchführbar/machbar/praktikabel/drin, unrealisierbar, nicht zu machen, wie verhext, geht/will nicht, nicht daran zu denken, kommt nicht in Frage, unter keinen Umständen, nie und nimmer, bestimmt nicht, keinesfalls, zu keiner Zeit, weder jetzt noch später, am Nimmerleinstag; unannehmbar, nicht zu ändern, unüberwindlich, ausweglos. 1663

Unmöglichkeit Undenkbarkeit, Unüberwindlichkeit, Undurchführbarkeit, Unlösbarkeit, Hoffnungslosigkeit, Nadel im Heuhaufen, Ausweglosigkeit, Aporie, Quadratur des Kreises, Perpetuum mobile. 1664

unnötig entbehrlich, überflüssig, überzählig, abkömmlich, ersetzbar, ersetzlich; hinfällig, nicht mehr nötig, wertlos, Eulen nach Athen, vergeblich. 1665

unordentlich 1. ungeordnet, unaufgeräumt, durcheinander, wirr, verworren, verheddert, verwurstelt, das Unterste zuoberst, chaotisch, nichts zu finden, wüst, **2.** unsystematisch, unorgani- 1666 siert, unmethodisch, regellos, systemlos, wie es kommt, ziellos, planlos, ungeplant, aufs Geratewohl, auf gut Glück, ins Blaue, **3.** turbulent, tumultuarisch, drunter und drüber.

1667 **Unordnung** **1.** Chaos, Labyrinth, Irrgarten, Wirrwarr, Gewirr, Wirrsal, Tohuwabohu, Achterbahn, Hin und Her, Wust, Konfusion, Desorganisation, Zickzackkurs, Planlosigkeit, Systemlosigkeit, Ziellosigkeit, **2.** Durcheinander, Schlamperei, Unordentlichkeit, Kuddelmuddel, Lotterwirtschaft, Saustall, Gehudel, Nachlässigkeit, Vernachlässigung, Liederlichkeit, Lotterleben, **3.** Verwirrung, Verfilzung, Verwicklung, Verwerfung, Schieflage, Verworrenheit, **4.** Tumult, Getümmel, Ausschreitung, Panik, Massenhysterie, Hexenkessel.

1668 **Unrecht** **1.** Unterlassung, Versäumnis, Gerechtigkeitslücke, Unbill, Verfehlung, Kavaliersdelikt, Ungerechtigkeit, Fehltritt, Versündigung, Entgleisung, Übergriff, Willkür, Gemeinheit, **2.** Vergehen, Delikt, Rechtsbeugung, Rechtsverdrehung, Rechtsbruch, Unrechtmäßigkeit, Rechtswidrigkeit, Rechtsverletzung, Gesetzwidrigkeit, Ungesetzlichkeit, Gesetzesübertretung, kriminelle Handlung, Illegalität, Illegitimität.

1669 **unreif** **1.** unausgereift, noch nicht reif, sauer, halb reif, unausgegoren, verfrüht, **2.** grün, nicht trocken hinter den Ohren, halb gar, kindhaft, kindisch, bübchenhaft, infantil, pubertär, halbwüchsig, unmündig, unausgewachsen, unfertig, unentwickelt, unerwachsen.

1670 **unruhig** **1.** rastlos, ruhelos, schlaflos, ohne Schlaf, ungeduldig, nervös, zappelig, hibbelig, friedlos, quecksilbrig, wuselig, wirbelig, kein Sitzfleisch, Hummeln im Hintern, auf Nadeln, auf glühenden Kohlen, hektisch, fieberhaft, auf dem Sprung, in Eile, eilig, unstet, umgetrieben, dynamisch, **2.** flackernd, flackrig, zuckend, hin und her springend, Discolicht, **3.** Quirl, Quecksilber, Energiebündel, Wirbelwind, Zappelphilipp, Flippie.

1671 **unschuldig** **1.** schuldlos, nicht schuldig, ohne Schuld, schuldfrei, unverschuldet, ohne eigenes Verschulden, frei von Schuld, **2.** straflos, straffrei, freigesprochen, amnestiert.

1672 **unsicher** **1.** unverbürgt, unbestätigt, nicht belegt, dahingestellt, offen, unerwiesen, unbewiesen, unbeweisbar, bestreitbar, fraglich, widerlegbar, umstritten, strittig, **2.** unabgesichert, unversorgt, von der Hand in den Mund, ohne festes Einkommen / Rückhalt, freischwebend, **3.** sagenumwoben, legendenumwoben, legendär, sagenhaft, mythisch, **4.** unsicher auf den Beinen, haltlos, schwankend, wankend, torkelnd, wackelig, taumelnd, taumelig, mit Schlagseite, **5.** gehemmt, unfrei, verklemmt, scheu, schüchtern, ohne Selbstbewusstsein, verunsichert, **6.** gefährlich, nicht geheuer.

Unsinn **1.** Unfug, Nonsens, Quatsch, 1673
Blech, Schmarren, Stuss, Senf, Zinnober, Humbug, Makulatur, Kohl, Kauderwelsch, Schmonzes, Krampf, Mist, Bockmist, Bullshit, Kokolores, Fisimatenten, Albernheit, Faxen, Faselei, Farce, Getue, Narretei, dummes Zeug, Flausen, Possen, Mumpitz, Narrheit, Verrücktheit, Unsinnigkeit, Widersinn, Ungereimtheit, Tollheit, Kinderei, Unklugheit, **2.** Schwank, Streich, Schelmenstück, Schabernack, Ulk, Spaß, Klamauk, Eulenspiegelei, Jux, Allotria, Lausbüberei, Disziplinlosigkeit, Dummejungenstreich, Donquichotterie, Schwabenstreich, Schelmenstreich, Schildbürgerstreich, **3.** dummer Streich, Dummheit, Torheit, Eselei, Eskapade, Jugendsünde, Verrücktheit, Affentheater, Blödsinn, Kateridee, Schnapsidee, Kapriolen, Wahnsinn, Wahnwitz, Aberwitz, Irrenanstalt, Irrenhaus, Klapsmühle, Klapse, Narrenhaus, Tollhaus.

untätig **1.** müßig, träge, bequem, 1674
faul, schläfrig, unlustig, kein/null Bock, tatenlos, bummelig, saumselig, trödelig, denkfaul, gedankenträge, schlafmützig, **2.** inaktiv, passiv, phlegmatisch, abwartend, zuwartend, meditativ, mußevoll, entspannt.

Untätigkeit **1.** Müßiggang, Nichts- 1675
tun, Lotterleben, Zeitvergeudung, Zeitverschwendung, Drohnendasein, Tagedieberei, Drückebergerei, Bummelei, Trödelei, Faulheit, Trägheit, Bequemlichkeit, **2.** Muße, Meditation, Kontemplation, Otium, Dolcefarniente, Inaktivität, Passivität, Tatenlosigkeit, Phlegma, Lethargie.

1676 **unten** 1. in der Tiefe, drunten, am Grunde, zuunterst, untendrunter, auf dem Boden/der Erde, 2. parterre, ebenerdig, zu ebener Erde, im Erdgeschoss/Souterrain/Keller, 3. unterprivilegiert, marginalisiert, am unteren Ende der Pyramide, 4. unter, unterhalb, darunter, unter der Oberfläche, gesunken, versunken, untergegangen.

1677 **Unterbrechung** 1. Abbruch, Aussetzen, Störung, Funkloch, Interruption, Einschnitt, Zäsur, Absatz, Hiatus, Lücke, Pause, Halbzeit, Denkpause, Schrecksekunde, Ruhepause; Halt, Station, Zwischenlandung, 2. Episode, Zwischenspiel, Zwischenfall, Intermezzo, Intermedium, Intervall, Zwischenzeit, Interim, Interimszustand, Provisorium, 3. Zwischenfrage, Interpellation, Zwischenruf, Zwischenbemerkung, Einwurf.

1678 **unterdrücken** 1. klein halten, niederhalten, unten/am Boden halten, nicht aufkommen lassen, lähmen, ducken, unterbuttern, paralysieren, knechten, knuten, versklaven, Fuß auf den Nacken setzen, unter das Joch beugen, unterjochen, terrorisieren, tyrannisieren, 2. ersticken, auslöschen, dämpfen, 3. verhalten, zurückhalten, nicht merken lassen, verbergen, verstecken, hinunterschlucken, abtöten, Zähne zusammenbeißen, sich beherrschen, zusammennehmen; verdrängen, 4. beherrschen, bevormunden, gängeln, bestimmen, Heft aus der Hand nehmen, entmündigen, entrechten, unter Kuratel stellen.

1679 **Unterhalt** 1. Lebensunterhalt, Auskommen, tägliches Brot, Lebensnotwendiges, Haushaltungskosten, Lebenshaltungskosten, Aufwendungen, 2. Alimente, Unterhaltszahlungen, Apanage.

1680 **unterhalten (sich)** 1. erhalten, ernähren, durchfüttern, durchbringen, versorgen, instand/in Gang halten, aufrechterhalten, 2. Gesellschaft leisten, Zeit vertreiben, zerstreuen, amüsieren, belustigen, ablenken, erheitern, aufmuntern, auf andere Gedanken bringen, 3. Gespräche führen, sich austauschen, unterreden, besprechen, erzählen; diskutieren, Konversation machen, plaudern, schwatzen, klönen, quatschen, ratschen, palavern, parlieren, 4. sich vergnügen; Spaß haben/machen, scherzen, spaßen, Quatsch machen, Unsinn reden, witzeln, blödeln, kalbern, herumalbern, Dummheiten machen, ulken, kalauern, 5. tanzen, schwofen, abhotten.

Unterhalter 1. Entertainer, Animateur, Conférencier, Moderator, Talkmaster, Showmaster, Ansager, Alleinunterhalter, Kabarettist, Diseuse, Reiseanimateur, Discjockey, Deejay, DJ, Newsjockey, 2. Stimmungsmacher, Betriebsnudel, Spaßmacher, Pausenclown, Spaßvogel, Jeck, Hallodri, bunter Hund. 1681

Unterhaltung 1. Gespräch, Dialog, Plauderei, Gedankenaustausch, Geplauder, Konversation, Meinungsaustausch, Zwiesprache, Dialog, Diskussion, Besprechung, Aussprache; Schwatz, Schwätzchen, Plausch, Smalltalk, Talk, Parlando, Chat, 2. Amüsement, Vergnügen, Pläsier, Entertainment, Infotainment, Zeitvertreib, Lustbarkeit, Spaß, Zerstreuung, Abwechslung, Ablenkung, Belustigung, Erheiterung, Fidelität, Gaudi, Betrieb, Trubel, Rummel, Geselligkeit, Highlife, Halligalli, 3. Spaß, Witz, Scherz, Drolerie, Drolligkeit, Jux, Faxen, Fez, Ulk, Jokus, 4. Witze, Anekdote, witzige Bemerkung, Witzwort, Aperçu, Bonmot, Wortspiel, Gag, Kalauer, 5. Spiel, Ratespiel, Brettspiel, Psychospiel, Wettspiel, Telespiel, Computerspiel, 6. Theater, Kino, Tingeltangel, Fernsehen, Show. 1682

unternehmen 1. anfangen, beginnen, angreifen, anpacken, anfassen, in die Hand nehmen, drangehen, sich dranmachen; aufziehen, organisieren, vorgehen, managen, gründen, ins Werk setzen, aufbauen, schaffen, tätigen, veranstalten, 2. handeln, Hand anlegen, aktiv werden, tun, sich einschalten; in Aktion treten, funktionieren, an die Arbeit gehen, in Gang setzen, Initiative ergreifen, in die Wege leiten. 1683

Unternehmen 1. Betrieb, Firma, Gesellschaft, Konzern, 2. Tat, Werk, Leistung, Unternehmung, Handlung, Aktion, Akt, Operation, Transaktion, 3. Unterfangen, Coup, Handstreich, Husarenstück, Meisterstreich, Meisterstück, Bravourstück, Kunststück, Geniestreich. 1684

1685 **Unternehmer** 1. Fabrikant, Hersteller, Produzent, Producer, Fabrikant, Industrieller, Geschäftsmann, Kapitalist; Tarifpartner, Arbeitgeber, Brötchengeber, 2. Großindustrieller, Industriemagnat, Industriekapitän, Finanzmagnat, Großaktionär, Großbankier, Börsenmagnat, Marktführer, Medienzar, Mogul, 3. Bonze, Geldaristokrat, Krösus, Nabob, Plutokrat, Tycoon.

1686 **unterscheiden (sich)** 1. auseinander halten / kennen, Unterschied machen, differenzieren, selegieren, 2. kontrastieren, abstecken, differieren, divergieren, abheben von, abweichen.

1687 **Unterschied** Verschiedenheit, Differenz, Divergenz, Kontrast, Abweichung, Ungleichheit, Unähnlichkeit, Abstand, Intervall, Tonschritt, Distanz, Gefälle, Kluft, Diskrepanz.

1688 **Unterwelt** 1. Gangstertum, Gangstermilieu, Verbrecherwelt, Milieu, Halbwelt, Mafia, 2. Schattenreich, Schattenwelt, Hades, Orkus, Totenreich, Tartarus, Hölle, Inferno.

1689 **unterwürfig** 1. devot, ergeben, demütig, fügsam, dienstwillig, servil, subaltern, inferior, untertänig, 2. domestikenhaft, duckmäuserisch, kriecherisch, lakaienhaft, kniefällig, fußfällig, sklavisch, knechtisch, liebedienerisch, gesinnungslos, ohne Stolz, speichelleckerisch, hündisch.

1690 **unverbesserlich** unbelehrbar, eingefleischt, abgebrüht, verstockt, verhärtet, hartgesotten, halsstarrig, unbekehrbar, unbußfertig, verblendet, hoffnungsloser Fall, Hopfen und Malz verloren, rückfällig.

1691 **unverständlich** 1. unbegreiflich, unerfindlich, unerklärlich, unfasslich, ungreifbar, unbestimmbar, unerklärbar, nicht zu verstehen, unlesbar, schwer zu entziffern, unleserlich, missverständlich, rätselhaft, Buch mit sieben Siegeln, höhere Mathematik, schwierig, hieroglyphenhaft, spanisch, böhmisch, 2. undeutlich, unklar, nebelhaft, nebulos, schleierhaft, verhüllt, undurchsichtig, undurchdringlich, undefinierbar, unfassbar, unwägbar, unbestimmbar, unartikuliert, wirr, dunkel, unaufgeklärt, schattenhaft, unscharf, unbestimmt, vage, ungenau, andeutungsweise, schemenhaft, dubios, zu hoch, 3. sinnlos, sinnwidrig, töricht, verrückt, abwegig, unvernünftig, beziehungslos, ungereimt, widersinnig, unsinnig, toll, absurd, abstrus, hanebüchen, 4. überempirisch, übersinnlich, übernatürlich, überwirklich, metaphysisch, transzendent, unergründlich, unerkennbar, unerklärbar, unausforschlich, unnennbar, unaussprechlich, mysteriös, mystisch, unberechenbar; himmlisch, überirdisch, jenseitig, göttlich, numinos, 5. unheimlich, unirdisch, verwunschen, geisterhaft, gespenstisch, spukhaft, dämonisch.

Unvollkommenheit 1. Unzulänglichkeit, Ungenügen, Insuffizienz, Schwäche, Fehlbarkeit, 2. Unvollständigkeit, Kinderkrankheit, Lückenhaftigkeit, Mängel, Fehlerhaftigkeit, Schadhaftigkeit, Stückwerk, Minderwertigkeit, Halbheit, Unabgeschlossenheit. 1692

unvollständig 1. unvollendet, unbeendet, unfertig, nicht abgeschlossen, halb fertig, ergänzungsbedürftig, bruchstückhaft, rhapsodisch, torsohaft, rudimentär, fragmentarisch, abgebrochen, lückenhaft, schadhaft, minderwertig, beschädigt, defizitär, defekt, 2. unvollkommen, fehlerhaft, fehlbar, mangelhaft, unzulänglich, nur gebrochen, nicht fließend, ungenau, ungenügend, schülerhaft, 3. halb gar, ungar, nicht durchbacken. 1693

unvorbereitet 1. unausgerüstet, unausgestattet, unerfahren, unversehen, 2. unbedacht, unüberlegt, unorganisiert, ungeplant, planlos, sorglos, gedankenlos, 3. auf Anhieb, aus dem Stegreif, frei, frisch drauflos, aus dem Handgelenk / Kopf / Gedächtnis, improvisiert, auswendig, prima vista, vom Blatt, freihändig, ohne Vorlage/Noten, 4. blindlings, automatisch, ohne Nachdenken, wild drauflos, auf gut Glück, von ungefähr, reflexartig. 1694

unwissend 1. unkundig, ungeschult, ununterrichtet, unbelehrt, unbelesen, nichts wissend, unbeschlagen, unvertraut, uneingeweiht, ahnungslos, unaufgeklärt, uninformiert, unberaten, überfragt, unverständig, ungeübt, ungelernt, ungelehrt, unbekannt mit, keine Ahnung, schimmerlos, desorientiert, falsch unterrichtet, keinen Dunst, 2. ungebildet, unerfahren, unbewandert, unbedarft, ignorant. 1695

1696 **unzufrieden** unbefriedigt, unausgefüllt, leer, missvergnügt, missmutig; geknickt, sauertöpfisch, mäkelig, verdrießlich, verdrossen, griesgrämig, verbittert, eingeschnappt, übelnehmerisch, zu kurz gekommen.

1697 **unzuverlässig** 1. unbeständig, wankelmütig, wechselhaft, wetterwendisch, leicht verführbar, unstet, unberechenbar, launenhaft, launisch, labil, flatterhaft, heute so, morgen so, unsicherer Kantonist, 2. unverlässlich, ungenau, unkorrekt, pflichtvergessen, unaufrichtig, vergesslich, unpünktlich, unglaubwürdig, nimmt den Mund voll.

1698 **Unzuverlässigkeit** 1. Unbeständigkeit, Wankelmut, Wechselhaftigkeit, Launenhaftigkeit, Launischkeit, Labilität, Flatterhaftigkeit, Unstetigkeit, Unberechenbarkeit, 2. Unkorrektheit, Ungenauigkeit, Flüchtigkeit, Vergesslichkeit, Unpünktlichkeit, Unglaubwürdigkeit, Strohfeuer, Indiskretion, Unaufrichtigkeit, Unlauterkeit, Säumigkeit, Unverlässlichkeit, 3. Opportunismus, Illoyalität, Wetterwendischkeit, Verführbarkeit, Beeinflussbarkeit.

1699 **Urteil** 1. Standpunkt, Meinung, Stellungnahme, Beurteilung, Ermessen, Entscheidung, Stimme, Gutachten, Begutachtung, Votum, Würdigung, Kritik, Diktum, Spruch, Note, Zensur, Prädikat, Wertung, Bewertung, Werturteil, Schätzung, Einschätzung, Befund, Feststellung, 2. Urteilskraft, Klarsicht, Weitblick, Scharfsicht, 3. Entscheidung, Urteilsspruch, Rechtsspruch, Richterspruch, Gerichtsentscheid, Schiedsspruch, Verurteilung, Aburteilung, Verdikt.

urteilen 1. sich ein Urteil bilden; zu 1700
einem Urteil gelangen, befinden über, beurteilen, bewerten, Stellung nehmen, begutachten, würdigen, werten, besprechen, rezensieren, kritisieren, zensieren, benoten, abschätzen, ermessen, 2. Urteil fällen/sprechen, richten, verurteilen, aburteilen, verdonnern, verknacken, Stab brechen, entscheiden, befinden, Recht sprechen, zu Gericht sitzen, bemessen, 3. unterscheiden, auseinander halten, auseinander kennen.

utopisch ausgedacht, konstruiert, er- 1701
träumt, visionär, unverwirklichbar, unmöglich, unrealistisch, wirklichkeitsübersteigend.

V

1702 **Variation** Variante, Varietät, Abänderung, Abwandlung, Modifikation, Modulation, Abweichung, Abstufung, Besonderheit, Sonderfall, Abart, Lesart, Spielart, Version.

1703 **Vater 1.** Elternteil, leiblicher Vater, Erzeuger, allein erziehender Vater, Pflegevater, Stiefvater, Ziehvater, Adoptivvater, Bezugsperson, Erziehungsberechtigter, **2.** Papa, Papi, Vati, Daddy, alter Herr, Alter, **3.** geistiger Vater, Stifter, Gründer, Begründer, Initiator.

1704 **verallgemeinern** generalisieren, übertragen, abstrahieren, formalisieren, typisieren, schematisieren, verabsolutieren.

1705 **Verallgemeinerung** Generalisierung, Übertragung, Abstrahierung, Abstraktion, Simplifizierung, Simplifikation, Vereinfachung, Schematisierung, Normierung, Typisierung, Formalisierung, Verabsolutierung.

1706 **veraltet** unmodern, altmodisch, aus der Mode, passé, out, überholt, überlebt, altbacken, angestockt, abgestanden, angejahrt, grottig, rückständig, zeitfremd, gestrig, vorgestrig, verstaubt, aus der Mottenkiste, anachronistisch, obsolet, hinterwäldlerisch, kalter Kaffee, Auslaufmodell, Schnee von gestern, megaout, abgetan, nicht mehr gefragt, altfränkisch, tümelnd, altväterisch, verzopft, unzeitgemäß, altertümlich, antiquiert, vorsintflutlich, antediluvianisch.

1707 **verändern (sich) 1.** ändern, abändern, umarbeiten, verwandeln, umwandeln, umändern, wenden, umdrehen; umformen, abwandeln, modifizieren, variieren, modulieren, Tonart wechseln, umschneiden, umtexten, umschreiben, ummodeln, umschmelzen, verwandeln, umgestalten, anders machen, auf den Kopf stellen, das Unterste zuoberst kehren, aus den Angeln heben, umkrempeln, umstülpen, umbilden, reformieren, umstoßen, umwerfen, umstürzen, revolutionieren, umorganisieren, umstrukturieren, umprogrammieren, umfunktionieren; veränderlich sein, sich ändern; anders werden, umschlagen, sich wenden, bessern, verschlechtern; umsetzen, verpflanzen; verlagern, umbesetzen, neu besetzen, umwidmen, umdeklarieren, übertragen, transponieren; umwerten, umdeuten, ummünzen, anderen Sinn geben, uminterpretieren, umdefinieren, umformulieren, reformulieren, anders sehen, Blickwinkel ändern; einschränken, relativieren, begrenzen, **2.** umräumen, verrücken, umstellen, verschieben, versetzen, **3.** Stellung/Beruf wechseln, umsatteln, umschulen, umsteigen, **4.** mutieren, pubertieren, **5.** sich wandeln, ändern, häuten; anderen Sinnes werden, sich entfalten, entwickeln; anders besinnen, umdenken, sich umstellen; umschalten, sich verwirklichen, finden, verlieren, **6.** sein Aussehen ändern, sich runderneuern, umstylen.

Veränderung 1. Änderung, Verwandlung, Abänderung, Umarbeitung, Umformung, Umbildung, Umbau, Reform, Umorganisation, Umgestaltung, Umstrukturierung, Modifikation, Neuerung, **2.** Wandel, Wandlung, Umwandlung, Wendung, Wende, Umschlag, Umschwung, Revolution, Schwenk, Verlagerung, Umkehr, Umkehrung, Schwankung, Fluktuation, Wechsel, Schwanken, Hin und Her, Auf und Ab, Jo-Jo, Ups and Downs, Umstellung, Übergang, Umbruch, **3.** Sinneswandel, Sinnesänderung, Häutung, Umstellung, Entfaltung, Reifung, Selbsterkundung, Selbstfindung, Verwirklichung, **4.** Lebenswende, Lebenskrise, Selbstverlust, Ummünzung, Umdeutung, Uminterpretation, Umwertung. 1708

veranlassen 1. anregen, initiieren, induzieren, verursachen, bewirken, zeitigen, herbeiführen, heraufbeschwören, auslösen, hervorbringen, heraufrufen, hervorrufen, verschulden, anstiften, erzeugen, ins Leben rufen, nach sich ziehen, mit sich bringen, zur Folge haben, **2.** in Gang setzen, ankurbeln, anlassen, anleiern, starten, einschalten, anklicken, anwerfen; managen, in die Wege leiten, zustande bringen, in die Gänge kriegen, anzetteln, einfädeln, in Bewegung bringen. 1709

1710 **veranstalten** 1. arrangieren, anordnen, einrichten, aufziehen, geben, unternehmen, ausrichten, durchführen, verwirklichen, vollziehen, abhalten, bringen, 2. inszenieren, organisieren, ins Werk/in Szene setzen, auf die Beine stellen, über die Bühne gehen lassen, fertig bringen, bewerkstelligen, managen.

1711 **Veranstaltung** 1. Ausrichtung, Abhaltung, Abwicklung, Durchführung, Organisierung, 2. Aufführung, Vorführung, Darbietung, Nummer, Auftritt, Vorstellung, Performance, Session, Konzert, Matinee, Soiree, Lesung, 3. Festlichkeit, Festivität, Festival, Festspiele, Festwochen, Kulturereignis, Großveranstaltung, Spektakel, Event.

1712 **verarbeiten** 1. aufnehmen, verkraften, bewältigen, verschmerzen, verwinden, überwinden, hinwegkommen über, sich abfinden; fertig werden mit, wegstecken, verdauen, sich fassen; zu sich kommen, Abstand gewinnen, Gras wachsen lassen über, 2. durchdenken, sich aneignen, zu Eigen machen; rezipieren, 3. bearbeiten, entwickeln, weiterverarbeiten, verwerten.

1713 **verbergen (sich)** 1. verheimlichen, tarnen, kaschieren, verhehlen, vorenthalten, unter den Teppich kehren, zudecken, verdecken, verstecken, dem Blick entziehen, vertuschen, vernebeln, verschleiern, geheim halten, verschweigen, für sich behalten, unerwähnt lassen, mit Schweigen übergehen, totschweigen, überspielen, hinweggehen über, nicht merken lassen, im Unklaren lassen, seinen Mund halten, 2. maskieren, verkleiden, kostümieren, verlarven, vermummen, verbrämen, verhüllen, mystifizieren, 3. wegschließen, einschließen, wegstecken, einstecken, 4. sich verstecken, verkriechen, verschanzen, verbarrikadieren, verborgen halten; untertauchen, abtauchen, in den Untergrund gehen, von der Bildfläche/spurlos/in der Versenkung verschwinden, nicht aufzufinden sein, sich in nichts auflösen.

1714 **verbessern (sich)** 1. bearbeiten, kultivieren, überarbeiten, korrigieren, verfeinern, verschönern, glätten, nachbessern, nachschieben, nachlegen, intensivieren, retuschieren, verschlimmbessern, 2. entfalten, veredeln, kultivieren, heben, vertiefen, bereichern, optimieren, steigern, erhöhen, fördern, befördern, vorwärts bringen, mehren, vermehren, hecken, entwickeln, ausbauen, erweitern, weiterentwickeln, verstärken, vorwärts treiben, forcieren, weiterbringen, vervollkommnen, anheben, hinaufschrauben, aufwerten, 3. weiterhelfen, besser stellen, Gehalt erhöhen, zulegen, aufbessern, 4. versüßen, vergolden, verzuckern, angenehmer machen, 5. anreichern, düngen, jauchen, kompostieren, meliorieren, 6. aufsteigen, avancieren.

Verbesserung 1. Korrektur, Retu- 1715
sche, Berichtigung, Nachbesserung, Klarstellung, 2. Veredelung, Kultivierung, Verfeinerung, Vervollkommnung, Bereicherung, Verschönerung, Aufwertung, 3. Anreicherung, Bodenverbesserung, Melioration.

verbinden (sich) 1. Verbindung 1716
knüpfen, Beziehung herstellen, Brücke schlagen, sich befreunden, anfreunden, zugesellen, einlassen, engagieren, verbrüdern; fraternisieren, zueinander finden, zusammenwachsen, 2. vereinigen, amalgamieren, vereinen, paaren, koppeln, knüpfen, schlingen, knoten, verkoppeln, verkuppeln, zusammenkoppeln, zusammenbringen, verquicken, zusammenfügen, montieren, zusammenbauen, zusammenführen, in Verbindung bringen, verschränken, zusammenlegen, verketten, verkabeln, verlinken, einloggen; vernetzen, verkitten, zusammensetzen, verknoten, verschlingen, verknüpfen, aneinander fügen, kombinieren, verzahnen, verzapfen, vernieten, verfugen, verschmelzen, zusammenschmieden, verschweißen, zusammenkleben, zusammenflechten, zusammenketten, zusammenwerfen, verweben, überbrücken, überspannen, überleiten, 3. zusammenarbeiten, zusammenwirken, Team bilden, sich zusammentun, zusammenschließen, einigen, vereinigen, verbünden; fusionieren, verflechten, assoziieren, integrieren, unieren, kooperieren, konföderieren, liieren, paktieren, koalieren, angliedern, beitreten, eintreten, Mitglied werden, 4. verschwören, konspirieren, verstricken, Komplott schmieden, 5. sich verloben, verheiraten, vermählen; Ehe schließen, heiraten, freien.

1717 **Verbindung** 1. Kontakt, Verknüpfung, Verkabelung, Vernetzung, Verkoppelung, Koppelung, Verkettung, Verflechtung, Verzahnung, Verquickung, Verschlingung, Verschmelzung; Zusammensetzung, Kombination, Aggregat, Mischung, Synthese, Band, Nexus, Schiene, Brücke, Zusammenhang, Junktim, Relation; Verflochtenheit, Verbundenheit, Zusammengehörigkeit, Schulterschluss, Brückenschlag, **2.** Assoziation, Gedankenverbindung, roter Faden, Referenz, Bezug, Anknüpfungspunkt, Anschlussstelle, Schnittstelle, Berührungspunkt; Gedankenbrücke, Eselsbrücke, **3.** Bindungen, Gemeinsamkeiten, Verbindungen, Beziehungen, Connections, Kanäle, Draht, Netzwerk, Vitamin B, richtiges Parteibuch, **4.** Studentenverbindung, Burschenschaft, Corps, Landsmannschaft, Loge, Bruderschaft, Kongregation, Orden, **5.** Beziehung, Verhältnis, Bindung, Einbindung, Partnerschaft, Lebensgemeinschaft, Verlobung, Verlöbnis, Ehe, Ehebund, Vermählung, Eheschließung, **6.** Vereinigung, Assoziierung, Zusammenschluss, Koalition, Listenverbindung, Fraktion, Liga, Bund, Bündnis, Allianz, Föderation, Union, Fusion, Fusionierung, Kartellierung, Kartell, Konzern, Syndikat, Trust, Elefantenhochzeit.

1718 **verborgen** 1. unmerklich, unsichtbar, unbemerkt, unerkannt, unkenntlich, verhüllt, unter der Oberfläche, untergründig, latent, unterschwellig, subkutan, verkappt, verhohlen, verdeckt, versteckt, verkleidet, maskiert, verlarvt, vermummt, **2.** esoterisch, okkult, nur für Eingeweihte, nicht mitteilbar.

1719 **Verbot** 1. Untersagung, Interdikt, Zensur, Verwehrung, Einspruch, Verweigerung, Versagung, Relegation, Widerspruch, Veto, Tabu, Bann, Beschwörung, Beschwörungsformel, **2.** Platzverweis, Hausverbot, Hausarrest, Ausgangsverbot, Fahrverbot, Parkverbot, Sperrstunde, Prohibition.

1720 **verboten** untersagt, unerlaubt, off limits, verwehrt, gesetzwidrig, ungesetzlich, illegal, vorschriftswidrig, rechtswidrig, strafbar, strafwürdig, ordnungswidrig, verfassungswidrig, illegitim, widerrechtlich, unbefugt, unrechtmäßig, unberechtigt, ungerechtfertigt, unzulässig, frevelhaft, verpönt, unstatthaft, tabuisiert, tabu, unaussprechbar, unantastbar, sakrosankt, indiziert, im Giftschrank.

Verbrauch 1. Konsum, Konsumtion, 1721
Verzehr, Bedarf, **2.** Schwund, Verlust, Abgang, Abnahme, Verringerung, Verminderung, Schmälerung, Einbuße, Verschleiß, Abnutzung, Abrieb, Materialermüdung.

verbrauchen (sich) 1. verwenden, 1722
brauchen, konsumieren, verzehren, aufbrauchen, verbuttern, verbraten, verwirtschaften, verkonsumieren, kleinkriegen, aufzehren, aufwenden, ausgeben, **2.** sich verausgaben, überanstrengen; alles hergeben, das Letzte aus sich herausholen, sich übernehmen, **3.** abnutzen, verschleißen, abschaben, verschaben, abbrauchen, aufreiben, zerreiben, mitnehmen, abscheuern, abwetzen, verwetzen, abtragen, auftragen, strapazieren; erschöpfen, beeinträchtigen, herunterbringen, zehren, auslaugen, abstumpfen; verwohnen, abnutzen, abwohnen; schleißen, reißen, dünn werden, schädigen, **4.** nachlassen, sich vermindern; abbröckeln, kleiner werden, sich verringern; abbrechen, **5.** verwischen, undeutlich machen, verwaschen, entfärben, ausbleichen, verschleifen.

Verbrechen Delikt, Straftat, Strafde- 1723
likt, Freveltat, Übeltat, Missetat, Untat, Schandtat, Frevel, Entsetzenstat, Gräueltat; Gewalttat, Gewaltverbrechen, Kapitalverbrechen, Wirtschaftsverbrechen, Umweltverbrechen, Sexualverbrechen, Totschlag, Mord, Raubmord, Lynchmord, Fememord, Lynchjustiz, Menschenraub, Menschenhandel, Kidnapping, Hijacking, Kriegsverbrechen, Verbrechen wider die Menschlichkeit.

Verbrecher 1. Delinquent, Straffälli- 1724
ger, Straftäter, Schuldiger, Täter, Krimineller, Übeltäter, Missetäter, Rechtsbrecher, Gesetzesbrecher, **2.** Einbrecher, Räuber, Bankräuber; Entführer, Kidnapper, Luftpirat; Sexualverbrecher, Mörder, Raubmörder, Killer, Totschläger, Gewalttäter, Gewaltverbrecher, Schwerverbrecher, Kriegsverbrecher, Massenmörder, Kapitalverbrecher, Umweltverbrecher, White-Collar-Verbrecher, Schreibtischtäter.

1725 **verbreiten** 1. ausdehnen, ausströmen, ausbreiten, verströmen, weitersagen, ausstreuen, in Umlauf setzen, weiterleiten, bekannt geben, wissen lassen, ausposaunen, veröffentlichen, unter die Leute bringen, 2. senden, übertragen.

1726 **verbunden** 1. befreundet, vereinigt, zusammengehörig, einig, vertraut, zugehörig, eingebunden, verbunden, verbündet, vereint, alliiert, im Bündnis, verbrüdert, untrennbar, verschworen, komplizenhaft, verschwörerisch, solidarisch, liiert, verbandelt, Schulter an Schulter, Seite an Seite, geeinigt, föderiert, organisiert, assoziiert, 2. gekoppelt, geschaltet, gestöpselt, kommunizierend, korrespondierend, zusammengeschlossen, zusammengezogen, verkabelt, verdrahtet, online, vernetzt, multimedial, 3. verflochten, verzahnt, verknüpft, verschlungen, verschmolzen, zusammengesetzt, zusammenhängend.

1727 **verderben** 1. verkommen, umkommen, draufgehen, ranzig werden, gären, angehen, sich zersetzen; faulen, verfaulen, verwesen, vermodern, modern, vergammeln, schimmeln, verschimmeln, anbrennen, verkohlen, 2. veröden, verrotten, versauern, rosten, korrodieren, durchrosten, verrosten, einrosten, oxidieren, Patina bilden, Grünspan ansetzen; denaturieren, verfallen, zerfallen, 3. herunterkommen, absinken, degenerieren, absteigen, abgleiten, absacken, abrutschen, abstürzen, verkommen, unter die Räder kommen, versacken, vor die Hunde gehen, an den Bettelstab/auf den Hund kommen, verludern, verlumpen, versumpfen, verelenden, verlottern; verwahrlosen, verarmen, depravieren, verkümmern, verslumen, verwildern, verrohen, untergehen, scheitern, zugrunde gehen; versimpeln, verdummen, verblöden, 4. vermasseln, vermurksen, verkorksen, verpatzen, versauen, verpfuschen, verhunzen, versaubeuteln, ungenießbar machen, versalzen, 5. negativ beeinflussen, auf die schiefe Bahn bringen, schlechten Einfluss ausüben, hinabziehen, herabziehen, hinunterziehen, herunterziehen, ins Verderben reißen, 6. verhindern, hindern.

1728 **verdeutlichen** 1. präzisieren, veranschaulichen, herausarbeiten, konkretisieren, auf den Punkt kommen, betonen, hervorheben, pointieren, herausheben, deutlich machen, verstärken, umreißen, konturieren, profilieren, unterstreichen, akzentuieren, klarmachen, offenbaren, orientieren, aufzeigen, herausstellen, 2. zur Sache kommen, Standpunkt klarmachen, Flötentöne beibringen, Tacheles / Fraktur / deutsch reden, Bescheid stoßen, kein Blatt vor den Mund nehmen, Kind beim Namen nennen, Katze aus dem Sack lassen, deutlich werden, Star stechen, reinen Wein einschenken, beibringen, beibiegen, stecken, aufklären, Maske fallen lassen, Flagge zeigen, 3. Bezug nehmen, sich beziehen auf; zurückkommen/zurückgreifen auf, verknüpfen mit, ableiten, in Verbindung bringen.

verdienen 1. erwerben, erarbeiten, einnehmen, bekommen, gewinnen, bezahlt bekommen, Einnahmen haben, erhalten, kriegen, einstreichen, beziehen, profitieren, herausbekommen, absahnen, Geld machen, 2. zukommen, zustehen, gebühren, beanspruchen können, Anrecht haben, erwarten dürfen, wert/angemessen sein. 1729

Verdienst 1. Einnahme, Einkommen, Einkünfte, Bezüge, Lohn, Entgelt, Entlohnung, Gehalt, Fixum, Pauschale, Abgeltung, Abfindung, Vergütung, Gage, Provision, Bezahlung, Besoldung, Honorar, Sold, Salär, Heuer, 2. Profit, Ertrag, Erlös, Zins, Gewinn, Ausbeute, Rendite, Überschuss, Surplus, Spanne, Schnitt, Marge, Reibach, 3. Verdienste, Meriten, Werk, Tat, Leistung. 1730

verdienstvoll anerkennenswert, lobenswert, löblich, hoch anzurechnen, dankenswert, ehrenvoll, ehrend, beifallswürdig, achtbar, beachtlich, rühmenswert, rühmlich. 1731

verdrängen 1. wegschieben, wegdrängen, abdrängen, zurückdrängen, wegdrücken, in den Hintergrund drängen, beiseite schieben/drängen/stoßen, zur Seite schieben; an die Wand drängen, aus dem Feld schlagen, verbeißen; kaltstellen, schaden, kündigen, 2. ignorieren, unterdrücken, niederhalten, ersticken, abwehren, ins Unbewusste abschieben, aus dem Bewusstsein bannen, nicht wahrhaben wollen, überspielen, umlenken, sublimieren, kompensieren, scheinbegründen, rationalisieren. 1732

1733 **verehren** 1. achten, bewundern, anstaunen, respektieren, anerkennen, estimieren, schätzen, aufsehen zu, aufschauen, aufblicken, emporsehen, hochblicken, hoch schätzen, wertachten, werthalten, wertschätzen, hochhalten, heilig halten, hohe Meinung haben, hoch achten, Achtung erweisen, zollen, ehrfürchtig sein, lieben, huldigen, zu Füßen liegen, auf Händen tragen, 2. anhimmeln, anschwärmen, umschmeicheln, umwerben, umschwärmen, in den Himmel heben, anbeten, verhimmeln, vergöttern, fetischisieren, idolisieren, Kult machen um, 3. Denkmal setzen, verewigen.

1734 **vereinbaren** abmachen, beschließen, statuieren, ausmachen, abkaspern, auskaspern, übereinkommen, verabreden, absprechen, festlegen, festsetzen, festmachen, festklopfen, festschreiben, unterschreiben, besiegeln, akkordieren, verbleiben, fixieren, Vertrag schließen; sich verständigen; Kompromiss schließen, Zugeständnisse machen, tiefer hängen, aushandeln, sich abstimmen, vergleichen, entgegenkommen, einigen; einig werden, sich arrangieren; Lösung finden, auf einen Nenner bringen, sich zusammenraufen; abkarten, heimlich ausmachen; abschließen, handelseinig werden, beschließen, abgrenzen, terminieren, befristen, begrenzen, limitieren, einschränken, abstecken, eingrenzen.

1735 **Vereinbarung** 1. Abkommen, Abmachung, Übereinkunft, Übereinkommen, Arrangement, Abrede, Absprache, Agreement, Beschluss, Entscheidung, Entschließung, Entschluss, Fixierung, Festschreibung, Festsetzung, Festlegung, Einigung, Klärung, Verständigung; Kompromiss, Zwischenlösung, Interim, Entgegenkommen, Vergleich, Zugeständnis, Konsens, kleinster gemeinsamer Nenner, Schmalspurkonsens, 2. Vertrag, Kontrakt, Abschluss, Konvention, Bündnis, Pakt, Konkordat, Bindung, Verpflichtung, Versprechen.

1736 **vereinfachen** vereinheitlichen, standardisieren, nivellieren, keinen Unterschied machen, alles in einen Topf werfen, über einen Kamm scheren, normieren, formalisieren, schematisieren, typen, schablonisieren, uniformieren, gleichmachen, simplifizieren, versimpeln, popularisieren, banalisieren, verflachen, vergröbern, verwässern, Geist austreiben.

Vereinfachung Vereinheitlichung, Begradigung, Nivellierung, Angleichung, Gleichmacherei; Normung, Standardisierung, Typung, Eichung; Normierung, Präzisierung, Mechanisierung, Schematisierung, Schablonisierung, Simplifizierung, Typisierung, Banalisierung, Verflachung, Popularisierung, Verwässerung, Vergröberung. 1737

verfälschen 1. entstellen, verzerren, verdrehen, verzeichnen, überzeichnen, umkehren, ummünzen, hineininterpretieren, hineinlegen, auf sich beziehen, projizieren, hineinsehen, klittern, abfälschen, 2. verdünnen, versetzen, verschneiden, verlängern, strecken, denaturieren, verwässern, zusammenschütten, zusammenwerfen, panschen. 1738

verfolgen 1. nachgehen, nachjagen, nachsetzen, nachspringen, nachlaufen, nachsprengen, hinterhersetzen, hetzen, jagen, treiben, bedrängen, beschleichen, anschleichen, jmds. Spuren verfolgen, mit den Augen verfolgen, beschatten, auf den Fersen bleiben, 2. fortsetzen, fortführen, anknüpfen, fortfahren, weiterverfolgen, dran sein, dranbleiben, weiterspinnen, weiterführen, nicht ablassen, beibehalten, sich nicht irremachen lassen, 3. nachlaufen, nachrennen, hinterherrennen, sich an den Rockzipfel hängen; auf Schritt und Tritt folgen, nachstellen, nachsteigen. 1739

verführen verlocken, verleiten, in Versuchung bringen; locken, buhlen, versuchen, balzen, gurren, Avancen machen, schöntun, kokettieren, flirten, plänkeln, schäkern, liebäugeln, scharmieren, scharmutzieren, hofieren, Hof machen, umwerben, bezaubern, bezirzen, berücken, betören, faszinieren, umgarnen, antörnen, Kopf verdrehen, anmachen, aufreißen, anfixen, anstechen, anbaggern, angraben, scharfmachen, aufgeilen, reizen. 1740

Verführer(in) 1. Don Juan, Casanova, Schürzenjäger, Womanizer, Frauenheld, Herzensbrecher, Weiberheld, Lebemann, Schwerenöter, Partylöwe, Blaubart, Ladykiller, Satyr, Faun, Lustgreis, Lustmolch, Bock, Hengst, Lüstling; Homme à Femmes, Lady's Man, 1741

Charming Boy, Everybody's Darling, Bel Ami, Gigolo, Playboy, Libertin, Roué, Lustknabe, Sexmaniac, **2.** Weibchen, Lolita, Kokette, Playgirl, Playmate, Femme fatale, Kurtisane, Animierdame.

1742 **vergangen** vorbei, gelaufen, gewesen, zu Ende, abgeschlossen, aus, vorüber, um, dahin, tot, passé, ex, alles Asche, out, long ago, überholt, verflossen, einstig, vorig, einstmalig, früher, damalig, gestrig, ehemalig, entschwunden, erloschen, versunken, abgesunken, vergessen, verweht, zurückliegend, lange her, verjährt, überwunden, verschmerzt, geschichtlich, historisch, unwiederbringlich, vorangegangen, vorhergegangen, vorausgegangen, abgelebt, verpasst, zu spät.

1743 **Vergangenheit** Urzeit, Vorzeit, Frühzeit, Altertum, Antike, Urgeschichte, Vorgeschichte, Frühgeschichte, Antediluvium, Steinzeit, graue Vorzeit, Prähistorie, Geschichte, Historie; Gestern, vergangene/gewesene Zeiten, Vorleben.

1744 **vergänglich** endlich, begrenzt, irdisch, wie Spreu im Winde, wandelbar, zeitgebunden, an den Tag gebunden, vorübergehend, ohne Bestand, auf tönernen Füßen, kurzlebig, temporär, nicht von Dauer, sterblich, flüchtig, volatil, unbeständig.

1745 **Vergänglichkeit** 1. Endlichkeit, Flüchtigkeit, Begrenztheit, Unbeständigkeit, Weltgetriebe, Zeitlichkeit, Zeitgebundenheit, Kurzlebigkeit, Verfallsdatum, Sterblichkeit, Vanitas, **2.** Schaum, Gischt, Traum, Schnee, Seifenblase, Schall und Rauch, Staub und Asche, Verdunstung, Schmelze, Verflüssigung, Vergehen, Verflüchtigung.

1746 **vergeblich** vergebens, umsonst, bachab, missglückt, misslungen, danebengegangen, dumm gelaufen, gescheitert, ergebnislos, resultatlos, illusorisch, eingebildet, trügerisch, verfehlt, ungenutzt, verschwendet, verpufft, nutzlos, unnütz, fruchtlos, erfolglos, für nichts und wieder nichts, unwirksam, wirkungslos, unverrichteter Dinge, für die Katz, zwecklos, sinnlos, aussichtslos, müßig, unsinnig.

1747 **Vergeblichkeit** Fass der Danaiden, Nutzlosigkeit, Erfolglosigkeit, Fruchtlosigkeit, Sinnlosigkeit, Wirkungslosigkeit, Fass ohne Boden, Schlag ins Wasser, verlorene Liebesmüh, Sisyphusarbeit, Pyrrhussieg, Kampf gegen Windmühlenflügel, Hornberger Schießen.

vergehen (sich) 1. entschwinden, 1748
verschwinden, enteilen, verlaufen, verrinnen, dahingehen, dahineilen, verfliegen, verrauschen, entweichen, zu Ende gehen, verstreichen, vorübergehen, vorbeigehen, hinschwinden, zum Schatten werden, ablaufen, aufhören, sich verflüchtigen; verwehen; versickern, sich verlaufen, in nichts auflösen; dahinschmelzen, wegschmelzen, **2.** verkommen, verwittern, sich zersetzen; zerfallen, verfallen, einstürzen, zusammenstürzen, zusammenkrachen, zusammenbrechen, einfallen, einkrachen, auseinander fallen, zerbröckeln, abbröckeln, **3.** verlöschen, verlodern, erlöschen, erkalten, verglimmen, verglühen; nachlassen, abklingen; verklingen, verschwimmen, zerflattern, ersterben; verpuffen, verrauschen, **4.** verdunsten, verfliegen, verdampfen, sich verflüchtigen, auflösen; schwinden, verriechen, verduften, schal werden, **5.** verbrennen, abbrennen, niederbrennen, in Flammen /Rauch aufgehen, zu Asche werden, verkohlen, **6.** veralten, abkommen, unmodern werden, aus der Mode kommen, überaltern, sich überleben, **7.** verfallen, ungültig werden, verjähren, Wert verlieren, außer Kurs geraten, **8.** widerrechtlich handeln, gegen Gesetze verstoßen, mit dem Gesetz in Konflikt kommen, sich etwas zuschulden kommen lassen; etwas anrichten, unrecht tun, verstoßen gegen, fehlen, sich strafbar machen; straffällig werden, Verbrechen begehen, sein Unwesen treiben, etwas verbrechen, sich versündigen, schuldig machen; zuwiderhandeln, Pflicht verletzen, Wort brechen.

vergelten 1. rächen, ahnden, abrech- 1749
nen mit, mit gleicher Münze zahlen, zur Kasse bitten, Rache nehmen, heimzahlen, Rechnung begleichen, entgelten/fühlen lassen, wettmachen, quittieren, Quittung erteilen, sich Genugtuung verschaffen; büßen lassen, Spieß umdrehen, Antwort nicht schuldig bleiben, **2.** abstrafen, Denkzettel verpassen, bestrafen, nachtreten, eins drauf setzen,

heimleuchten, zu fühlen geben, es jmdm. besorgen, **3.** belohnen, lohnen, danken, erwidern, sich revanchieren, erkenntlich zeigen; gutmachen, entschädigen, vergüten, anrechnen, zugute halten, rückvergüten.

1750 **Vergeltung** **1.** Rache, Revanche, Abrechnung, Ahndung, Nemesis, Heimzahlung, Quittung, Denkzettel, Lehre, Gegenschlag, Vergeltungsschlag, Rachefeldzug, Blutrache, Feme, Repressalie, Retourkutsche, wie du mir, so ich dir, Auge um Auge, **2.** Strafe, Bestrafung, Strafaktion, Strafmaßnahme, Sanktion, Sühne, **3.** Dank, Erkenntlichkeit.

1751 **vergessen (sich)** **1.** sich nicht mehr erinnern, nicht entsinnen; verschwitzen, verbummeln, verschlafen, verdrängen, verschlampen, verschusseln, entfallen, nicht daran denken, aus dem Gedächtnis verlieren, nicht behalten, verlernen, **2.** liegen lassen, verlieren, stehen / sitzen / warten lassen, versetzen, Verabredung/Versprechen nicht einhalten, **3.** nicht wissen, was man tut, sich unüberlegt verhalten; entgleisen, aus der Rolle fallen, sich vorbeibenehmen; Fauxpas begehen, handgreiflich werden, aus der Fassung geraten.

1752 **Vergleich** **1.** Gegenüberstellung, Konfrontation, Gegeneinanderhalten, Kontrastierung, Abgleich, **2.** Gleichnis, Metapher, Bild, Analogie, **3.** Ausgleich, Versöhnung, Kompromiss, Verständigung, Übereinkunft, Beilegung.

1753 **vergleichen (sich)** **1.** nebeneinander halten/stellen, kollationieren, kontrapunktieren, abstimmen, abgleichen, dagegenhalten, gegenüberstellen, konfrontieren, kontrastieren, aneinander messen, prüfen an, Parallelen ziehen, auf eine Stufe stellen, Vergleich ziehen, gegeneinander abwägen, **2.** sich gütlich einigen; Ausgleich/Vergleich finden, **3.** sich messen; mit jmdm. konkurrieren.

1754 **vergraben (sich)** **1.** eingraben, begraben, einbuddeln, verbuddeln, einscharren, zudecken, zuschütten, verbergen, verscharren, verstecken, **2.** nichts hören und sehen, für niemanden zu sprechen sein, sich abschließen, versenken; in Klausur gehen, sich abkapseln, absondern.

1755 **verhaften** aufgreifen, fangen, festnehmen, ergreifen, hoppnehmen, stellen, dingfest machen, überwältigen, habhaft werden, abführen, festsetzen, arretieren, sistieren, inhaftieren, einstecken, einbuchten, einlochen, einsperren, gefangen nehmen, einkerkern, in Gewahrsam nehmen, gefangen setzen, hinter Schloss und Riegel bringen.

verhalten, sich **1.** sich benehmen, betragen, geben, gebärden, gebaren, gehaben; reagieren, verfahren; sich aufführen, gerieren, anstellen; auftreten, **2.** stehen, bestellt sein, Bewandtnis haben. 1756

Verhalten **1.** Benehmen, Betragen, Reaktion, Verhaltensweise, Führung, Gebaren, Aufführung, Gehabe, Handlungsweise, Verhaltensmuster, Pattern, Einstellung, **2.** Manieren, Formen, Umgangsformen, Gewandtheit, Pli, Stil, Benimm, Knigge, Imagepflege, **3.** Haltung, Attitüde, Allüren, Pose, Air, Stellung, Positur, Gebärden. 1757

Verkauf **1.** Abgabe, Ausgabe, Auslieferung, Handel, Umsatz, Veräußerung, Realisation, Absatz, Vertrieb, Versand, Mailorder, Versandverkauf, **2.** Ausverkauf, Schlussverkauf, Sale, Räumungsverkauf, Totalausverkauf, **3.** Versteigerung, Gant, Vergantung, Auktion. 1758

verkaufen (sich) **1.** absetzen, abgeben, veräußern, realisieren, vertreiben, umsetzen, anbieten, abstoßen, an den Mann bringen, überlassen, zu Geld machen, feilbieten, anbieten, auf den Markt bringen; versteigern, verganten, auktionieren, unter den Hammer bringen, kommerzialisieren, **2.** verkitschen, verkloppen, verticken, verditschen, verschachern, versilbern, verscherbeln, verhökern; hausieren, andrehen, aufreden, aufschwatzen, **3.** ausverkaufen, räumen, verramschen, verschleudern, losschlagen, abstoßen, Lager räumen, **4.** abgehen, gehen, weggehen, gefragt sein, sich einführen; einschlagen, gefallen, Abnehmer / Publikum / reißenden Absatz finden, sich absetzen lassen, **5.** sich kaufen lassen; bestechlich sein. 1759

Verlangen **1.** Wollen, Wünschen, Streben, Trachten, Drängen, Begehren, Begehrlichkeit, Neigung, Trieb, Drang, Sucht, Hang, Lust, Gelüst, Gier; Appetit, Esslust, Hunger, Heißhunger, Naschhaftigkeit, Bärenhunger, Kohldampf; Gefräßigkeit, Fressbegierde, 1760

Fressgier, Fresssucht, Unersättlichkeit; Durst, trockene Kehle, Brand; Libido, Lüsternheit, **2.** Wunsch, Begehr, Belieben, Bestreben, Bestrebung, Bitte, Anliegen, Anspruch, Ansinnen, Forderung, Anruf, Appell, Ansuchen, Ersuchen, Sehnen, Sehnsucht, Weh, Nostalgie, Heimweh, Fernweh, **3.** Besitzgier, Habgier, Habsucht, Geldgier, Raffgier, Gewinnsucht.

1761 **verlegen** **1.** scheu, zaghaft, zage, schüchtern, befangen, gehemmt, blockiert, ängstlich, unsicher, unfrei, geniert, genant, geschämig, steif, gezwungen, verkrampft, verklemmt, hilflos, ratlos, **2.** verwirrt, verschämt, betreten, verschüchtert, eingeschüchtert, beschämt, kleinlaut, blamiert, peinlich berührt, schamrot, wie ein begossener Pudel.

1762 **Verlegenheit** **1.** Ratlosigkeit, Unschlüssigkeit, Bedrängnis, Zwiespalt, Unentschiedenheit, Unentschlossenheit, Handlungsdruck, Notlage, Geldverlegenheit, Schwierigkeit, Klemme, Zwickmühle, Sackgasse, Dilemma, Konflikt, Zwangslage, Bredouille, Klippe, Engpass, Kalamität, Schwulität, Gefahrenpunkt, Komplikation, harte Nuss, Problem, Tinte, Patsche, Schlamassel, Pech, Pechsträhne, **2.** Schüchternheit, Scheu, Angst, Komplex, Befangenheit, Unsicherheit, Minderwertigkeitsgefühle, Hemmungen, Beißhemmung, Bisshemmung, Schuldgefühle, Bammel, Nervosität, Verschämtheit, Genierlichkeit, **3.** Beschämung, Blamage, Betretenheit, roter Kopf, Malheur, Gehemmtheit, Hemmung, Verwirrtheit, Unbeholfenheit, Ungeschicklichkeit, Hilflosigkeit, Eckigkeit, Steifheit, Ungewandtheit, Ungeschick, **4.** Verkrampfung, Verkrampftheit, Sperre.

1763 **verleumden** bezichtigen, beschuldigen, anschwärzen, schlecht machen, verdächtigen, unterstellen, unterschieben, denunzieren, zeihen, verunglimpfen, anhängen, nachsagen, andichten, diffamieren, diskreditieren, mies machen, heruntermachen, übel nachreden, verlästern, schmähen, die Ehre abschneiden, böswillig behaupten, am Zeuge flicken, verteufeln, verschreien, verunehren, lästern, unmöglich machen, verteufeln, verketzern, herziehen über, in den Schmutz ziehen, kein gutes Haar lassen, begeifern, schmähen, herabsetzen, in Verruf bringen.

Verleumdung üble Nachrede, Verunglimpfung, Rufschädigung, Herabwürdigung, Beleidigung, Bezichtigung, Diffamierung, Herabsetzung, Diskreditierung, böswillige Unterstellung, Schmähung, Ehrabschneidung, Verlästerung, Medisance, Verteufelung, Verketzerung, Brunnenvergiftung. 1764

verliebt angetan, zugetan, gewogen, hold, ins Herz geschlossen, entzückt, schwärmerisch, hingerissen, besessen, vernarrt, verschossen, leidenschaftlich, ergriffen, entflammt, entbrannt, vergafft, verknallt, amourös, betört, verhext, verzaubert, bezirzt, außer sich, nicht bei Sinnen, im siebten Himmel, auf Wolke sieben, liebestoll. 1765

verlieren **1.** einbüßen, abhanden kommen, verlustig gehen, verkramen, verlegen, verschlampen, versieben, verschludern, verloren gehen, wegkommen, hopsgehen, flöten gehen, los sein, verschütt gehen, kommen um, loswerden, **2.** verscherzen, verwirken, Nachsehen haben, zubuttern, Verlust erleiden, zulegen, draufzahlen, zuzahlen, verspielen, beim Spiel verlieren, zusetzen, ins Hintertreffen geraten, Einbuße erleiden, Haare lassen, in den Mond gucken, in den Schornstein schreiben, hereinfallen, aufsitzen, Zeche bezahlen, verloren geben; an Ansehen verlieren, in Misskredit geraten, in schlechten Ruf kommen, **3.** unterliegen, scheitern. 1766

vermitteln **1.** Wort einlegen, fürbitten, sich verwenden, ins Mittel legen; fürsprechen, intervenieren, befürworten, sich einschalten; dolmetschen, schlichten, bereinigen, ausgleichen, **2.** ansagen, moderieren, schalten, verbinden, Kontakt herstellen, **3.** begreiflich/verständlich machen, erklären, interpretieren, entfalten, darlegen, verstehen/erkennen lassen, rüberbringen. 1767

Vermittler **1.** Mittelsmann, Mittler, Mittlerrolle, Hehler, Verbindungsmann, Kontaktperson, Makler, Unterhändler, Mediator, Kommunikator, Krisenmanager, Troubleshooter, Go-between, Medium, Moderator, Zwischenhändler, Zwischenträger, Bindeglied, **2.** Dolmetscher, Übersetzer, Sprachmittler, Operator, Dragoman. 1768

1769 **Vermittlung** 1. Mitwirkung, Mithilfe, Fürbitte, Fürsprache, Intervention, Einsatz, Einschaltung, Hilfe, Vermittlungsstelle, Agentur, Telefonvermittlung, 2. Übersetzung, Übertragung, Interpretation, Erklärung, Erläuterung.

1770 **vermuten** 1. glauben, meinen, schätzen, denken, annehmen, als gegeben betrachten, Fall setzen, dafürhalten, dünken, vorkommen, wähnen, für möglich halten, Meinung hegen, Vermutungen anstellen; zuschreiben, beilegen, andichten, 2. mutmaßen, nicht sicher sein, voraussehen, kommen sehen, vorausahnen, schwanen, dunkeln, vorschweben, erahnen, Verdacht schöpfen, verdächtigen, präsumieren, unterstellen, Braten riechen, Wind bekommen, sich an fünf Fingern abzählen; ahnen, Lunte riechen.

1771 **vernünftig** 1. vernunftbegabt, verständig, einsichtig, einsichtsvoll, Vernunftgründen zugänglich, überlegt, umsichtig, besonnen, bedächtig, ernüchtert, Schluss mit lustig, 2. hell, klug, aufgeklärt, vorurteilslos, aufgeschlossen, gescheit, klarsichtig, nicht auf den Kopf gefallen, 3. logisch, analytisch, rational, verstandesmäßig, begrifflich, klar, einleuchtend, schlüssig, folgerichtig, vernunftgemäß, mit Hand und Fuß, 4. intellektuell, geistig, mental, gedanklich, bewusst, reflektiert, kritisch, mit Bewusstsein, bei klarem Verstand, wach, illusionsfrei, sachlich, realistisch, realitätsbewusst, nüchtern, verstandesbetont, vernunftbetont, wirklichkeitsnah, welthaltig, lebensnah, lebensklug, selbstkritisch, urteilsfähig, urteilssicher.

1772 **veröffentlichen** 1. verlegen, herausgeben, herausbringen, drucken, auflegen, publizieren, edieren, vertreiben, auf den Markt/ins Internet bringen, ins Netz stellen, 2. verbreiten, öffentlich machen, kundmachen, in Umlauf setzen, unter die Leute bringen, ausrufen, ausschellen, aushängen, ausschreiben, plakatieren, proklamieren, bekannt geben, bekannt/publik machen, verkünden, offenbaren, verlautbaren lassen, senden.

1773 **Veröffentlichung** 1. Publikation, Ausgabe, Neuerscheinung, Druckwerk, Buch, 2. Herausgabe, Edition, Erscheinen, Druck, Abdruck, Auflage, Drucklegung, Sendung.

verpflichtet 1. gehalten, genötigt, gezwungen; haftbar, haftpflichtig, ersatzpflichtig, schadenspflichtig, gebührenpflichtig, in jmds. Schuld, zu Dank verpflichtet, 2. gebunden, im Wort, eingebunden, festgelegt, versprochen, in festen Händen, nicht mehr frei. 1774

verraten verpetzen, petzen, sich verplappern; Indiskretion begehen, aus der Schule plaudern, ausplaudern, herauslassen, angeben, auspacken, nicht hinterm Berge halten, hinterbringen, Katze aus dem Sack lassen; hochgehen lassen, verpfeifen, anzeigen, denunzieren, Verrat begehen. 1775

verrückt 1. närrisch, durchgedreht, übergeschnappt, toll, weich in der Birne, wunderlich, spinnig, durch den Wind, wirr, verwirrt, im falschen Film, nicht ganz dicht, Schraube los, nicht richtig im Oberstübchen, gestört, nicht recht gescheit, nicht bei Sinnen/Trost, unzurechnungsfähig, verdreht, neben der Spur, nicht alle Tassen im Schrank, meschugge, neben der Kappe, ein Rad ab, bescheuert, behämmert, bekloppt, beknackt, überdreht, aus dem Häuschen, kopflos, überspannt, überkandidelt, schräge, schrill, irre, abgedreht, ausgeflippt, 2. geisteskrank, geistesgestört, wahnsinnig, anstaltsreif, umnachtet, debil, irrsinnig, idiotisch, blöde, irr, psychopathisch, 3. absurd, wahnwitzig, hirnverbrannt, aberwitzig, hirnrissig. 1776

Verrücktheit 1. Knall, Knacks, Klaps, Sparren, Vogel, Meise, Stich, Rappel, Tick, Dachschaden, Macke, Schatten, Webfehler, 2. Schnapsidee, Kateridee, Spleen, Flitz, Grille, Mucken, Flausen, verrückter Einfall, 3. Bewusstseinsstörung, Geistesgestörtheit, Geisteskrankheit. 1777

versagen (sich) 1. abschlagen, ablehnen, ausschlagen, nicht erlauben/gestatten, verneinen, negieren, abwinken, verweigern, verwehren, frustrieren, vorenthalten, entziehen, aberkennen, absprechen, abstreiten, streitig machen, 2. verbieten, untersagen, unterbinden, 3. aussetzen, stocken, streiken, blockieren, erlahmen, aushaken, nicht mehr funktionieren / laufen, wegbleiben, Geist aufgeben, stillstehen; nichts mehr hergeben, eintrocknen, versiegen; nicht mehr können, Nerven verlieren, abge- 1778 hängt werden, zurückbleiben, nicht weiterkönnen, schlappmachen, 4. durchfallen, sitzen bleiben, zurückbleiben, nicht mitkommen, Anschluss verpassen, Klassenziel nicht erreichen, nicht bestehen, zurückfallen, sich nicht bewähren; enttäuschen, vermissen lassen, vertändeln, in den Sand setzen, 5. sich entziehen; absagen, wegbleiben, aufsagen, sich distanzieren, drücken, dünnmachen; mauern, dichtmachen, 6. abstillen, entwöhnen, absetzen, 7. verzichten, entsagen, sich abgewöhnen.

1779 **Versagen** 1. Versäumnis, Unterlassung, Vergessen, Versehen, Unachtsamkeit, Vernachlässigung, Saumseligkeit, Fahrlässigkeit, Pflichtvergessenheit, Unzulänglichkeit, 2. Panne, Lücke, Fehler, Mangel, Ausfall, technischer Defekt, Blockade, Ladehemmung, 3. Nervenkrise, Kollaps.

1780 **Versager** Nichtsnutz, Tunichtgut, Früchtchen, Schlemihl, Schlawiner, Taugenichts, Flasche, Anfänger, Lusche, taube Nuss, Blindgänger, Spätzünder, Niete, Nulpe, Null, Pfeife, Träne, Pflaume, Trottel, Penner, Nichtskönner, schwarzes Schaf, Schnarchzapfen, Verlierer, Loser, Verlierertyp.

1781 **versäumen** 1. verpassen, lassen, sich schenken, entgehen lassen; unterlassen, verbummeln, vertrödeln, verstreichen lassen, schwänzen, verschlampen, verschleppen, verzögern, verabsäumen, entgehen, vorübergehen lassen, auf die lange Bank schieben, 2. verschlafen, zu spät kommen, sich verspäten, verfehlen, verpassen; aneinander vorbeigehen.

1782 **verschieden** 1. anders, andersartig, diskrepant, von anderer Art; verändert, verwandelt, umgebaut, umgewandelt, nicht wieder zu erkennen, völlig verändert; wie umgewandelt, neugeboren, anderer / neuer Mensch; unegal, ungleich, artfremd, artverschieden, unähnlich, unterschiedlich, verschiedenartig, uneinheitlich, heteronom, wandlungsfähig, wandelbar, ungleichmäßig, wechselnd, gegensätzlich, 2. abwechslungsreich, bunt, bilderreich, ereignisreich, mannigfaltig, mannigfach, vielgestaltig, vielförmig, multikulturell, zusammengewürfelt, gemischt, vermischt, variantenreich, vielfältig; vielstimmig, mehrstimmig, polyphon; verschiedenerlei, allerhand, allerlei; beweglich, schillernd, variabel, teils … teils, 3. abweichend, irregulär, regelwidrig, normwidrig, divergierend, unkonventionell, unorthodox, querdenkerisch.

Verschluss 1. Deckel, Stöpsel, Stop- 1783
fen, Pfropfen, Korken, Zapfen, Pflock, Klappe, Platte, Schraubdeckel, Hahn, Spund, 2. Riegel, Schloss, Haken, Knopf, Knebel, Schlinge, Öse, Schnalle, Schließe, Knoten, Reißverschluss, Band, Klettband, Verschlussband, Banderole, Verschlussmarke, Verschlussstreifen, Siegel, Plombe, Verriegelung.

verschwenden 1. in Saus und Braus 1784
leben, über die Stränge schlagen, die Sau rauslassen, lockeres Leben führen, über seine Verhältnisse leben, in die Vollen gehen, auf großem Fuß leben, Geld zum Fenster hinauswerfen / auf den Kopf hauen, Perlen vor die Säue werfen, 2. vergeuden, vertun, verschleudern, verwirtschaften, vertändeln, versaufen, verfressen, verbraten, verjuxen, verbumfiedeln, verjuchheien, verballern, verbrettern, verbuttern, verläppern, verplempern, verpulvern, vertrödeln, verspielen, verprassen, verjubeln, durchbringen.

versichern (sich) 1. beteuern, be- 1785
kräftigen, betonen, Hand ins Feuer legen, beharren, dabei bleiben, erhärten, 2. versprechen, zusichern, zusagen, geloben, sein Wort geben, sich verbürgen, stark machen; auf seinen Eid nehmen, darauf wetten, beschwören, beeiden, garantieren, verbriefen, bescheinigen, verbürgen, beglaubigen, 3. Versicherung abschließen, sich absichern, rückversichern; etwas in petto haben, auf Nummer Sicher gehen.

Versicherung 1. Behauptung, Be- 1786
teuerung, Versprechen, Zusicherung, Gelöbnis, Schwur, Eid, Wort, Kaufmannswort, Ehrenwort, 2. Sicherung, Deckung, Vorsorge, Vorbedacht, Schutz, Rückversicherung, Rückendeckung, Vorsichtsmaßnahme, Sicherheitsvorkehrung, Sicherheitsmaßnahme.

versorgen (sich) 1. sich eindecken, 1787
versehen mit; kaufen, horten, speichern, hamstern, vorsorgen, bunkern, 2. pflegen, betreuen, umsorgen, hüten,

behüten, warten, in Obhut/Pflege nehmen, hegen, aufpassen, sich kümmern, bekümmern, jmds. annehmen; besorgt sein um, sorgen für, bemuttern, bevatern, begönnern, 3. verpflegen, verproviantieren, mit Proviant versehen, verköstigen; unterhalten, aufkommen für, für den Lebensunterhalt aufkommen, jmdn. aushalten, 4. beschicken, bestellen, beliefern.

1788 **Verstand** 1. Urteilskraft, Urteilsvermögen, Urteilsfähigkeit, Denkvermögen, Denkfähigkeit, Denkkraft, Geist, Vernunft, Geisteskraft, Logos, Ratio, Räson, diskursives Denken, Erkenntnisvermögen, Erkenntniskraft, Kognition, Begriffsvermögen, Abstraktionsvermögen, Abstraktionsfähigkeit, Bewusstsein, Bewusstheit, Durchdringungsfähigkeit, Intellekt, 2. Intelligenz, Geistesgaben, Auffassungsgabe, Aneignungsfähigkeit, Unterscheidungsvermögen, Differenzierungsvermögen, Beobachtungsgabe, Kombinationsgabe, Klugheit, Scharfsinn, Scharfblick, Gescheitheit, Kritikfähigkeit, Lernfähigkeit, Fassungsvermögen, Fassungskraft, Verständigkeit, Klarsicht, klarer Verstand, Verständnis, gesunder Menschenverstand, Common Sense, Nüchternheit, Realistik, Sachlichkeit, Vernünftigkeit, Wirklichkeitssinn; Hirn, Grips, Köpfchen, Oberstübchen, Grütze, Kopf, Mutterwitz.

1789 **verständlich** 1. einsichtig, begreiflich, erklärlich, einleuchtend, überzeugend, plausibel, evident, sinnfähig, augenfällig, vorstellbar, denkbar, glaubhaft, fasslich, fassbar, nachvollziehbar, klar, einsehbar, allgemein verständlich, verstehbar, transparent, vermittelbar, lernbar, erlernbar, einfach, unkompliziert, eingängig, populär, 2. nahe liegend, auf der Hand liegend, mit Händen zu greifen, 3. entschuldbar, verzeihlich, begreiflich, nachfühlbar, zu rechtfertigen, zu verstehen, einzusehen; aus guten Gründen, verständlicherweise, begreiflicherweise, selbstverständlich, versteht sich.

1790 **Verständlichkeit** Verstehbarkeit, Fasslichkeit, Anschaulichkeit, Durchschaubarkeit, Allgemeinverständlichkeit, Sinnfälligkeit, Augenfälligkeit, Plausibilität, Transparenz, Unkompliziertheit, Nachvollziehbarkeit, Vermittelbarkeit, Klarheit.

Verständnis 1. Einfühlungsvermögen, Einfühlungsgabe, Empathie, Einfühlung, Feingefühl, Sachverständnis, Sinn, Antenne, Witterung für, 2. Kennerschaft, Sachverstand, Durchblick, Überblick, Durchdringung, 3. Großherzigkeit, Weitherzigkeit, Toleranz. 1791

verstehen (sich) 1. hören, vernehmen, zur Kenntnis nehmen, realisieren, mitkriegen, mitbekommen, 2. erkennen, einsehen, durchschauen, klar sehen, wieder erkennen, erfassen, bewusst werden, zu Bewusstsein/zu der Erkenntnis kommen, zur Einsicht gelangen, begreifen, fassen, lernen, kapieren, schnallen, schalten, checken, durchsteigen, durchdringen, eindringen, sich klar werden; klug werden aus, ergründen, mitkommen, folgen, nachvollziehen können, Einblick gewinnen, durchfinden, dahinter kommen, herausfinden, herausbekommen, zusammenreimen, überblicken, verarbeiten, verdauen, durchschauen, ins Bewusstsein dringen, fressen, sich zu Eigen machen; intus haben, Dreh heraushaben; einleuchten, dämmern, aufgehen, funken, eingehen, 3. nachfühlen, nachempfinden, mitfühlen, sich einfühlen; gerecht werden, sich hineindenken, in jmdn. versetzen; mitschwingen, 4. sich verstehen auf, auskennen; kennen, beherrschen, übersehen, überschauen, durchblicken, Durchblick haben, Zusammenhänge sehen, mitreden können, auf dem Laufenden/informiert/sachverständig/im Bild/beschlagen/bewandert sein, wissen, wie der Hase läuft, Bescheid wissen, sich zurechtfinden, 5. einsehen, beherzigen, sich zu Herzen nehmen; eine Lehre ziehen, sich zuziehen, gesagt sein lassen; Vernunft annehmen, zur Einsicht/Räson kommen, 6. sich verständigen; kommunizieren, übereinstimmen, harmonieren, zusammenklingen, zusammenstimmen, zusammenpassen, sich vertragen; sympathisieren, gut stehen/können/auskommen, einander ergänzen, zu nehmen wissen, behandeln können, 7. dekodieren, entschlüsseln, entziffern, dechiffrieren. 1792

Versuch 1. Probe, Experiment, Test, Analyse, 2. Kostprobe, Schnupperange- 1793 bot, Testmuster, Versuchsballon, Pilotfilm, Preview, 3. Zerreißprobe, Kraftprobe, Crashtest, Machtprobe, 3. Versuchsstadium, Vorläufigkeit, Spielcharakter, Tastversuche, Werdestatus.

1794 **versuchen** 1. probieren, ausprobieren, durchprobieren, austesten, prüfen, Versuch machen, erproben, reinschmecken, 2. experimentieren, forschen, Versuche anstellen, riskieren, wagen, manövrieren, laborieren, sein Heil versuchen, tasten, sondieren, testen, analysieren, tüfteln, austüfteln, ausklügeln, ausknobeln, ausklamüsern.

1795 **verteilen (sich)** 1. ausgeben, austeilen, distribuieren, zuteilen, zumessen, verabfolgen, zusprechen, zubilligen, zuerkennen, verabreichen, aufteilen, umlegen, ausschütten, auslosen, 2. streuen, säen, ausschleudern, ausstreuen, aussäen, auswerfen, verstreuen, herumstreuen, 3. sich aufteilen, verlaufen; zerstreuen, auseinander laufen.

1796 **Verteilung** Austeilung, Distribution, Ausgabe, Zuteilung, Aufteilung, Gewinnverteilung, Auslosung, Ausschüttung, Zuerkennung.

1797 **Vertiefung** 1. Eindruck, Delle, Mulde, Grube, Trichter, Krater, Kuhle, Loch; Falte, Spalte, Einschnitt, Graben, Senkung, Senke, Tal, Furche; Höhle, Grotte, Höhlung, Ausschachtung, Ausmaß, Schacht, Stollen, Schlucht, Schlund, Kluft, Tiefe, 2. Einbuchtung, Nische, Bucht, Bai, Fjord, Golf, Meerbusen, 3. Kerbe, Scharte, Rille, Rinne, Riefe, Fuge, Einkerbung, 4. Steigerung, Fundierung, tieferes Eindringen, Versunkenheit.

1798 **vertrauen** 1. Vertrauen haben, sich verlassen auf; für zuverlässig halten, glauben, Zutrauen haben, jmdm. trauen, Vertrauen schenken, sich stützen auf, jmdm. anvertrauen; bauen/zählen/setzen auf, 2. etwas anvertrauen, in Verwahr/in Obhut/zu treuen Händen geben.

1799 **Vertrauen** Zutrauen, Zuversicht, Grundvertrauen, Lebensvertrauen, Urvertrauen, Selbstvertrauen.

1800 **vertraulich** intim, diskret, unter uns, entre nous, unter vier Augen/dem Siegel der Verschwiegenheit, privatim, intern, nur für den Hausgebrauch.

1801 **vertraut** 1. wohl bekannt, intim, befreundet, familiär, freundschaftlich, innig verbunden, nahe stehend, 2. geläufig, bekannt, gewohnt, heimatlich, altgewohnt, heimisch, alltäglich.

vertreiben 1. verscheuchen, in die 1802
Flucht schlagen, wegscheuchen, verdrängen, verstoßen, räumen, scheuchen, forttreiben, verjagen, zerstreuen, auseinander treiben, versprengen, wegjagen, wegtreiben, wegstoßen, ausweisen, exilieren, ansiedeln, aussiedeln, einsiedeln, umsiedeln, umsetzen, verpflanzen, abschieben, austreiben, evakuieren, entwurzeln, verbannen, expatriieren, repatriieren, deportieren, abtransportieren, zwangsumsiedeln, verschicken, verschleppen, verbringen, 2. vergrämen, verärgern, hinausekeln, vergraulen, 3. verkaufen, handeln mit.

Vertreibung Ausweisung, Evakuie- 1803
rung, Räumung, Verbannung, Austreibung, Ausbürgerung, Verschickung, Verbringung, Verschleppung, Exil, Exilierung, Verstoßung, Abschiebung, Landesverweis, Zwangsumsiedlung, Expatriierung, Repatriierung, Deportation, An-/Aus-/Ein-/Umsiedlung.

vertreten 1. ersetzen, aushelfen, bei- 1804
springen, einspringen, in die Bresche springen, stellvertreten, doubeln, an die Stelle treten, nachrücken, vorstellen, repräsentieren, stehen für, verkörpern, figurieren als, 2. verfechten, fürsprechen, sich einsetzen/verwenden für; eintreten für, verteidigen, rechtfertigen.

Vertreter 1. Reisender, Verkäufer, 1805
Hausierer, Kommissionär, Handelsvertreter, Reisevertreter, Werber, Agent, 2. Verteidiger, Fürsprecher, Sachwalter, Stellvertreter, Vize, Prokurator, Treuhänder, Vormund; Platzhalter, Bevollmächtigter, Prokurist, Statthalter, Gouverneur, Verweser, Satrap, Büttel, Scherge, 3. Delegierter, Abgeordneter, Deputierter, Volksvertreter, Parlamentarier, Repräsentant, Funktionär, Interessenvertreter, Sprecher, Wortführer, Galionsfigur, Exponent, Aushängeschild, 4. Aushilfskraft, Libero, Auswechselspieler, Springer, 5. Sündenbock, Prügelknabe, Prellbock, Puffer, Lückenbüßer, Blitzableiter, Pappkamerad, Strohmann.

Vertretung Abordnung, Delegation, 1806
Deputation; Gesandtschaft, Botschaft,

Auslandsvertretung, Handelsvertretung, Außenstelle, Agentur, Prokura, Repräsentation, Ersatz, Zweitbesetzung, Aushilfe, Stellvertretung, Repräsentanz, Geschäftsstelle.

1807 **verunreinigen** beschmutzen, verschmutzen, besudeln, verdrecken, eindrecken, zumüllen, verschmieren, beflecken, verflecken, verschütten, bespritzen, bekleckern, kleckern, sudeln, einsauen, schweinigeln, besabbern, verschwitzen, durchschwitzen, schmutzig/dreckig machen, anschmutzen, trüben; bekritzeln, beschmieren; verkleben, beschlabbern, verkleistern; stauben, schmutzen, einstauben; Umwelt verschmutzen, vergiften, kontaminieren, verseuchen, verstrahlen.

1808 **verurteilen** 1. aburteilen, Urteil fällen/sprechen, Stab brechen, verknacken, schuldig sprechen, für schuldig erklären, Strafe verhängen, mit einer Strafe belegen, 2. ablehnen, verwerfen, schlecht kritisieren, zerreißen, heruntermachen, zerpflücken, niedermachen, abmaiern, zerrupfen, kein gutes Haar lassen, in der Luft zerreißen, verreißen, vernichtend beurteilen, verdammen; zischen, auszischen, buhen, ausbuhen.

1809 **vervielfältigen** vervielfachen, abschreiben, abtippen, abziehen, hektographieren, durchpausen, abzeichnen, reproduzieren, drucken, abdrucken, nachdrucken, fotokopieren, faxen, ablichten, überspielen, kopieren, brennen, runterladen, klonen.

1810 **Vervielfältigung** 1. Druck, Abdruck, Probedruck, Fahnenabzug, Fahne, Abguss, Abzug, 2. Kopie, Abschrift, Durchschlag, Zweitschrift, Duplikat, Doppel, Dublette, Klon, Hektographie, Lichtpause, Reproduktion, Ablichtung, Überspielung, 3. Vervielfachung, Multiplikation, Verdoppelung, Tautologie.

1811 **verwandt** 1. blutsverwandt, angeheiratet, verschwistert, verschwägert, versippt, stammverwandt, zur Familie gehörig, 2. ähnlich, artverwandt, geistesverwandt, wahlverwandt, kongenial.

1812 **Verwandtschaft** 1. Abstammungsgruppe, Blutsverwandtschaft, Familie, Haus, Geschlecht, Schlag, Sippe, Anverwandte, Ahnen, Vorfahren, Angehörige, Nachkommen, Verwandte, Verwandtenkreis, Parentel, Sippschaft, Clan, Mischpoke, 2. Ähnlichkeit, Wahlverwandtschaft, Geistesverwandtschaft, Kongenialität.

verwirklichen 1. realisieren, in die 1813
Tat umsetzen, wahr machen, ausführen, ins Werk/in Szene setzen, hinkriegen, schmeißen, praktizieren, tun, 2. sich bewahrheiten, erfüllen; Wahrheit/Wirklichkeit werden, eintreffen, zutreffen.

verwirren (sich) 1. derangieren, in 1814
Unordnung bringen, verknäueln, verheddern, durcheinander werfen, verwühlen, zerwühlen, zerraufen, verwickeln, verfilzen, verhuddeln, verwursteln, zerzausen, verstricken, Verwirrung stiften, das Unterste zuoberst kehren, durcheinander bringen, 2. in Verlegenheit bringen, beirren, kopfscheu machen, verstören, desorientieren, kirre machen, aus der Ruhe bringen, beunruhigen, aus dem Text bringen, verunsichern, irremachen, irritieren, verdutzen, verblüffen, aus der Fassung bringen, 3. in Verlegenheit geraten, stottern, stocken, stammeln, sich versprechen, verfangen, verstricken; Faden verlieren, nicht wissen, wo einem der Kopf steht, sich verhaspeln, verheddern, in Widersprüche verwickeln; durcheinander geraten, Fassung verlieren.

verwöhnen 1. verziehen, verkork- 1815
sen, verweichlichen, verpimpeln, in Watte packen, verzärteln, verhätscheln, 2. auf Händen tragen, reich beschenken, anbeten, überschütten / überschwemmen mit, auf Rosen betten, jeden Wunsch erfüllen/von den Augen ablesen.

Verzeichnis 1. Aufstellung, Zusam- 1816
menstellung, Liste, Tabelle, Übersicht, Inventar, Register, Index, Auflistung, Matrikel, 2. Plan, Tafel, schwarzes Brett, Brett, Pinnwand, Aushang, Anschlag, 3. Kartei, Katalog, Kartothek, Datei, Nomenklatur.

Verzicht 1. Abtretung, Aufgabe, Ze- 1817
dierung, Übertragung, Überlassung, Entäußerung, Verzichtleistung, 2. Askese, Abstinenz, Enthaltsamkeit, Hingabe, Entsagung, Bescheidung, Opfer, Resignation.

verzichten 1. aufgeben, lassen, dran- 1818
geben, hergeben, opfern, entsagen, resignieren, sich abfinden; hinnehmen, sich zufrieden geben, bescheiden, hin-

einschicken, ergeben; zurückstecken, zurückstehen, **2.** sich enthalten, verkneifen, verbeißen, versagen, entschlagen, entäußern, lossagen, trennen von, abgewöhnen; ablegen, sich frei machen; abstreifen, abschwören, sich begeben.

1819 **verzögern** 1. aufschieben, verschleppen, retardieren, hinausschieben, vertagen, verschieben, verlegen, umlegen, zurückstellen, hinziehen, verschlampen, säumen, zögern, zaudern, hinauszögern, auf Eis legen, hinausschieben, verlangsamen, verbummeln, vertrödeln, **2.** hinhalten, aufhalten, hemmen, hintanhalten, anstehen lassen, vertrösten, **3.** sich verspäten; zu spät kommen, aufgehalten werden, unpünktlich sein, Zeit überschreiten, im Rückstand/in Verzug sein, verziehen, sich hinziehen; kein Ende finden, zurückbleiben, nachklappen, nachhinken, hängen, nachzotteln, bummeln, trödeln, säumen, trendeln, hinterherkommen, es nicht gebacken kriegen.

1820 **Verzögerung** 1. Rückstand, Ausstand, Verzug, Verspätung, Zeitverlust, Aufschub, Frist, Retardation, **2.** Saumseligkeit, Verschleppung, Verlangsamung, Entschleunigung, Bummelei, Trödelei, Vertagung, Verschiebung, Vertröstung, **3.** Galgenfrist, Bedenkzeit, Atempause, Gnadenfrist, Bewährungsfrist, Strafaufschub, Probezeit, Prüfungszeit, Wartezeit, Schlange, Warteschleife, Karenzzeit, Schonzeit, Schonfrist.

1821 **verzweifeln** 1. verzagen, Mut verlieren, mutlos werden, Kopf/Mut sinken lassen, keinen Ausweg sehen, schwarz sehen, Hoffnung aufgeben/fahren lassen, Ohren hängen lassen, Flinte ins Korn werfen, nicht mehr weiterwissen, aufgeben, Hoffnungen begraben, **2.** sich festfahren, hilflos fühlen; ratlos dastehen, auf Grund fahren, nicht vor- noch zurückkommen, in eine Sackgasse geraten, nicht aus noch ein wissen, Hände ringen, Haare raufen, heulendes Elend kriegen.

1822 **viel** 1. allerhand, eine Menge, reichlich, üppig, vollauf, erheblich, eine Masse/Stange, mehr als genug, massenhaft, en masse, überreichlich, übergenug, massig, eimerweise, haufenweise, übersät mit, fuderweise, sturzflutartig, wie ein Maschinengewehr, uferlos, unerschöpflich, wie Sand am Meer, beträchtlich, erheblich, zuhauf, erklecklich, zu Hunderten/Tausenden, es prasselt nur so, es regnet/hagelt, scheffelweise, schockweise, dutzendweise, zu Dutzenden, klotzig, knüppeldick, dicke, zahllos, in Hülle und Fülle; gerüttelt Maß, en gros, im Großen, in großen Mengen/großem Umfang, serienweise, in Serie, serienmäßig, reihenweise, **2.** vieles, manches, einiges, vielerlei, mancherlei, alles Mögliche, Verschiedenes, allerlei, mehrerlei, Sonstiges, anderes, Mehreres, nicht wenig, Etliches, dies und das, **3.** bei weitem, um ein Erhebliches/Erkleckliches, weitgehend; kein Pappenstiel, keine Kleinigkeit.

Vieldeutigkeit Doppelbedeutung, 1823
Polysemie, Doppelsinnigkeit, Doppelsinn, Doppelgesicht, Janusköpfigkeit, Doppelgestalt, Ambiguität, Doppeldeutigkeit, Zweideutigkeit, Zweiwertigkeit, Mehrdeutigkeit, Missverständlichkeit, Uneindeutigkeit.

viele manche, mehrere, etliche, etwel- 1824
che, dieser und jener, verschiedene, nicht wenige, eine beachtliche Anzahl, ziemlich viele, zahlreiche, ungezählte, unzählige, zahllose, Unmenge, unzählbare, scharenweise, diverse, gewisse, welche; zu Dutzenden, in großer Zahl, in hellen Scharen; wie Sand am Meer, Heer von, Hunderte, Tausende, Mengen, Massen.

Vielfalt 1. Vielgestaltigkeit, Reich- 1825
tum, Buntheit, Abwechslung, Wechsel, Farbigkeit, Formenreichtum, Mannigfaltigkeit, Verschiedenartigkeit, Pluralität, Multikultur, Multikulti, Vielförmigkeit, Reichhaltigkeit, Vielheit, Buntheit, Vielerlei, Variationsbreite, Bandbreite, Vielfältigkeit, Allerlei, Auswahl, Fülle, Menge, Masse, **2.** Spektrum, Repertoire, Sinfonie, Palette, Bogen, Strauß, Tableau, Skala, Gemischtwarenladen, Kaleidoskop.

Viereck Rechteck, Quadrat, Geviert, 1826
Karree, Raute, Rhombus, Trapez.

voll 1. gefüllt, zum Überlaufen, rand- 1827
voll, gestopft/gerüttelt voll, ausgefüllt, voll gepfropft, **2.** gedrängt, gestopft, besetzt, belegt, dicht besetzt, komplett, ausverkauft, überfüllt, übervoll, voll bis auf den letzten Platz, gesteckt/gerappelt voll, rappelvoll, zum Platzen/Bers-

ten, wimmeln von, platzen vor, überlaufen, **3.** bevölkert, volkreich, dicht besiedelt, dicht bevölkert, übervölkert, überbelegt, menschenwimmelnd, wimmelnd, wuselnd, verkehrsreich, belebt, übersät, gespickt, dicht gesteckt; rund, kreisförmig, ringförmig, scheibenförmig, eirund, gerundet, geschlossen, kugelrund, **4.** warm, tönend, klingend, tragend, wohllautend, tief, dunkel, sonor, klangvoll, satt, voller Sound, **5.** betrunken, volltrunken, zu.

1828 **vollenden** abschließen, beschließen, fertig machen/stellen, runden, abrunden, unter Dach bringen, beenden, erledigen, zu Ende bringen, aus der Hand legen, ans Ziel kommen, das Werk krönen, es schaffen, wuppen, bewältigen, leisten, erfüllen, austragen, bewerkstelligen, erreichen, sich entledigen; ausführen, vollbringen, zu Ende führen, zum Abschluss/unter Dach und Fach bringen, letzte Hand anlegen, letzten Schliff/richtigen Pfiff geben, Glanzlichter aufsetzen.

1829 **vollkommen** **1.** vollständig, vollendet, fertig, unfehlbar, unangreifbar, unanfechtbar, druckreif, ausgereift, fehlerlos, fehlerfrei, lupenrein, makellos, einwandfrei, rund, perfekt, komplett, aus einem Guss, nahtlos, astrein, tadellos, untadelig, vollwertig, beispielhaft, ideal, mustergültig, mit allen Vorzügen, das Beste, **2.** sicher, geläufig, gewandt, ohne Stocken, fließend, flüssig, im Schlaf, firm, routiniert, geübt, virtuos, High-End-..., zum Vorzeigen, erstklassig, musterhaft, bravourös, meisterlich, formvollendet, auf der Höhe, **3.** umfassend, allseitig, total, umspannend, universal, enzyklopädisch, erschöpfend, global, weltumspannend, mondial.

1830 **Vollkommenheit** Perfektion, Vollendung, Reife, Fehlerlosigkeit, Untadeligkeit, Beispielhaftigkeit, Reinheit, Vorbildlichkeit, Makellosigkeit, Unangreifbarkeit, Unfehlbarkeit, Mustergültigkeit, Heiligkeit.

1831 **Vollzug** Ausführung, Durchführung, Vollziehung, Vollführung; Eintreibung, Einzug, Inkasso, Pfändung, Vollstreckung.

1832 **voraussetzen** bedingen, erfordern, zugrunde liegen, dahinter stecken, verursachen, begründen, Ursache sein.

Voraussetzung Annahme, Vermutung, Bedingung, Kondition, Prämisse, Hypothese, Vorgabe, Einschränkung, Klausel, Vorbehalt, Vorbedingung, Grundlage. 1833

vorbereiten (sich) **1.** bereitlegen, bereitstellen, bereithalten, zurechtlegen, zurechtmachen, zurechtstellen, ordnen, herrichten, richten, einrichten, rüsten, bereiten, bahnen, zurüsten, Voraussetzung schaffen, **2.** präparieren, vorsorgen, vorarbeiten; vorglühen, sich einstellen auf, bereitmachen, einstimmen, anschicken; Vorkehrungen treffen, Anstalten machen, in Stellung gehen, vorsehen, aufbereiten, ansetzen; einrichten, organisieren; vorfertigen, vorfabrizieren, **3.** wappnen, befähigen, aufzäumen, ausbilden, ausrüsten, **4.** laden, programmieren, füttern, Daten eingeben/einspeisen, **5.** anbahnen, vorfühlen, einfädeln, in die Wege leiten, lancieren, anspinnen, ankurbeln, ventilieren, Fühlung nehmen, Verbindung knüpfen, Anlauf nehmen, vorbesprechen, **6.** bewaffnen, aufrüsten. 1834

Vorbereitung **1.** Vorarbeit, Planung, Vorkehrung, Vorsorge, Anbahnung, Einstimmung, Vorbesprechung, Ankurbelung, Einrichtung, Bereitstellung, Zurüstung, Ausrüstung, Count-down, **2.** Kriegsvorbereitung, Aufrüstung, Bewaffnung, Militarisierung. 1835

Vorderseite **1.** Vorderteil, Fassade, Schauseite, Hauptansicht, Vorderansicht, Straßenseite, Frontseite, Front, Stirnseite, Vordergiebel, Giebeldreieck; Butterseite, Sonnenseite, **2.** Titelblatt, Titelseite, Frontispiz, Cover. 1836

vorerst vorab, zunächst, fürs Erste, vorderhand, momentan, augenblicklich, zurzeit, gegenwärtig, vorläufig; jetzt, heute, für die nächste Zeit, einstweilen, bis auf weiteres, bis auf Widerruf, provisorisch. 1837

vorhanden **1.** vorrätig, am Lager, käuflich, verkäuflich, veräußerlich, lieferbar, zu haben, vorliegend, auf Lager, zu Gebot, feil, erhältlich; bereit, bei der Hand, greifbar, parat, disponibel, verfügbar, zur Disposition, zuhanden, zur Verfügung, griffbereit, **2.** existent, existierend, wirklich, faktisch, real, präsent. 1838

Vorhersage Voraussage, Prognose, Horoskop, Prophezeiung, Mantik, Ora- 1839 kel, Auspizien, Prophetie, Offenbarung, Verheißung, Weissagung, Wahrsagung.

1840 **vorn** 1. an der Spitze, zuvorderst, führend, leitend, nicht zu schlagen/überholen, am Kopf, oben, obenan, an erster Stelle, am Steuer/Ruder, als Erster, Nase vorn, zuerst, voran, vornweg, vor Ort, an der Front, im Alltag, in der Praxis; obenauf, droben, über allem, 2. von vorn, frontal, en face, stirnseitig.

1841 **vornehm** aus gutem Stall/guter Familie, nobel, ladylike, gentlemanlike.

1842 **Vorraum** 1. Flur, Gang, Korridor, Hausflur, 2. Diele, Garderobe, Vorzimmer, Entree, Vestibül, Vorhalle, 3. Wandelhalle, Wandelgang, Foyer, Lobby.

1843 **Vorschlag** Angebot, Anregung, Rat, Ratschlag, Offerte, Empfehlung, Antrag.

1844 **vorschlagen** 1. Vorschlag machen, antragen, unterbreiten, offerieren, anheim stellen, zu bedenken geben, 2. auffordern, raten, in die Waagschale werfen, geltend machen, 3. Thema anschneiden, aufgreifen, aufwerfen, vorbringen, zur Sprache bringen, aufrollen, aufs Tapet bringen, zur Diskussion stellen.

1845 **vorsichtig** 1. behutsam, achtsam, sorglich, sorgfältig, schonungsvoll, rücksichtsvoll, sorgsam, gewissenhaft, bedächtig, bedachtsam, wie auf Eiern, wie ein rohes Ei, auf Zehenspitzen, mit Samthandschuhen, 2. abwägend, diplomatisch, wohl überlegt, wohlerwogen, bedacht, schonend, besonnen, vorausschauend, 3. ängstlich, wachsam, misstrauisch, auf der Hut/dem Quivive, sicherheitshalber, vorsichtshalber, um sicherzugehen, unsicher, zögerlich, 4. vorbeugend, prophylaktisch, präventiv.

1846 **vorstellen (sich)** 1. präsentieren, vorführen, einführen, bekannt machen, introducen, 2. sich ausdenken; imaginieren, sich ausmalen, vor Augen führen, eine Vorstellung machen, einen Begriff/ein Bild machen; vorschweben.

1847 **Vorstellung** 1. Bekanntmachung, Introducing, Einführung, Präsentation, 2. Anschauung, Imagination, Begriff, Bild, Denkbild, Idee, 3. Veranstaltung, Darbietung, Nummer; Theater, Kino.

1848 **vortäuschen** simulieren, markieren, mimen, figurieren, schauspielern, Theater spielen, schattenboxen, hochstapeln, Türken bauen, Versteck spielen, sich verstellen; so tun als ob, fingieren, vorgeben, vorspiegeln, vorzaubern, sich den Anschein geben; blenden, vormachen, täuschen, vorschützen, bluffen, X für ein U vormachen, narren, vorgaukeln, aufs Glatteis führen, blauen Dunst vormachen, in Sicherheit wiegen.

Vorteil 1. Vorsprung, Oberhand, 1849
Oberwasser, Überlegenheit, Trumpf, Plus, Heimspiel, 2. Vergünstigung, Verbilligung, Gewinn, Profit, Nutzen, Wert, Ertrag.

Vortrag Bericht, Rapport, Referat, 1850
Rede, Ansprache, Vorlesung, Kolleg, Lesung; Dichterlesung, Rezitation, Parlando, Deklamation, Predigt, Kanzelrede; Monolog, Selbstgespräch.

vortragen 1. vorsprechen, deklamie- 1851
ren, rezitieren, aufsagen, vorlesen, Vortrag, Rede, Ansprache halten, dozieren, lesen, referieren, vorlesen, ablesen, wiedergeben, zitieren, szenisch vortragen, 2. hersagen, herunterbeten, leiern, herunterleiern, herleiern, vorleiern, abspulen, herunterhaspeln, herunterrattern, herunterschnurren, mechanisch hersagen.

vorübergehend 1. manchmal, nicht 1852
immer, zeitweise, zeitweilig, ab und zu, gelegentlich, zuweilen, bisweilen, temporär, unregelmäßig, saisonbedingt, von Fall zu Fall, auf kurze Zeit, zuzeiten, sporadisch, dann und wann, hin und wieder, mitunter, von Zeit zu Zeit, hier und da, vereinzelt, stoßweise, anfallweise, periodisch, 2. probeweise, versuchsweise, provisorisch, interimistisch, zwischenzeitlich, kommissarisch, vertretungsweise, auf Probe, behelfsweise, aushilfsweise, 3. vorläufig, zunächst, einstweilig, begrenzt, terminiert, auf Zeit, stundenweise, tageweise, halbtags, episodisch, episodenhaft, temporär, nebenbei, nebenher, außer der Reihe, unregelmäßig, 4. leihweise, als Leihgabe, auf Pump, 5. reversibel, umkehrbar, revidierbar, rückgängig zu machen, reparabel.

Vorurteil Befangenheit, Eingenom- 1853
menheit, Voreingenommenheit, Denkschablone, vorgefasste Meinung, Stereotyp, Pauschalurteil, Klischee, Ressentiment, Präjudiz, Negativsymbol, Vorverurteilung, Scheuklappen.

1854 **vorwärts** weiter, geradeaus, fürbass, immerzu, unermüdlich, fort, marsch, avanti, voran, weiter im Text.

1855 **vorwerfen** Vorwürfe machen, vorhalten, Schuld geben, anlasten, ankreiden, anhängen, zur Last legen, belasten, anschuldigen, beschuldigen, verdächtigen, unterstellen, unterschieben, verantwortlich machen, in die Schuhe schieben, zeihen, bezichtigen, auftischen, vorrechnen, aufrechnen, aufs Brot schmieren, unter die Nase halten.

vorzeitig 1. zu früh, verfrüht, früher als erwartet; im Voraus, vorsorglich, auf lange Sicht, in weiser Voraussicht, vorher, **2.** übereilt, überstürzt, unausgereift, vorschnell, voreilig, unzeitig, unausgegoren, unüberlegt; altklug, frühreif. 1856

Vorzug 1. Vorrang, Vorrecht, Präferenz, Priorität, Primat, Vorrangstellung, Privileg, Bevorzugung, Bevorrechtung, Begünstigung, Artenschutz, Ausnahme, **2.** Qualität, gute Eigenschaft, schöner Zug, Vorteil, Plus, Schokoladenseite. 1857

W

1858 **Waffe** 1. Hiebwaffe, Stichwaffe, Schusswaffe, Mine, Zündsatz, Sprengsatz, Brandsatz, Granate, Bombe, Kernwaffen, chemische/biologische Waffen, 2. Bewaffnung, Aufrüstung, Hochrüstung, Rüstungsspirale, Overkill.

1859 **wagen** 1. riskieren, hasardieren, spekulieren, aufs Spiel setzen, es darauf ankommen lassen, alles auf eine Karte setzen, sein Glück versuchen, va banque spielen, Wagnis eingehen, mit dem Feuer spielen, 2. sich aussetzen, exponieren, gefährden; Gefahr laufen, drauflosgehen, sich heranwagen, stellen; heißes Eisen anfassen, sich in die Höhle des Löwen wagen, 3. sich erlauben, unterfangen, anmaßen, erfrechen, erdreisten, vermessen, trauen, getrauen, ein Herz fassen, einfallen lassen, unterstehen, herausnehmen; Stirn haben.

1860 **Wagnis** Risiko, Drahtseilakt, Blindflug, Blind Date, Wagestück, Mutprobe, russisches Roulette, Abenteuer, Vabanquespiel, Glücksspiel, Experiment; Husarenritt, Hängepartie, Zitterpartie, Gratwanderung.

1861 **Wahl** 1. Auswahl, Alternative, Variante, Entscheidung, Belieben, Gutdünken, Wunsch, 2. Abstimmung, Hammelsprung, Kampfabstimmung, Votum, Option, Stimmabgabe, Wahlgang, Urnengang, Plebiszit, Volksabstimmung, Volksentscheid, 3. Nominierung, Ernennung, Berufung.

1862 **wählen** 1. aussuchen, Wahl treffen, sich entscheiden für; auswählen, erküren, küren, kiesen, 2. nennen, ernennen, aufstellen, zur Wahl stellen, nominieren, auf die Wahlliste setzen, 3. von seinem Stimmrecht Gebrauch machen, zur Wahl gehen, Stimme abgeben, stimmen, abstimmen, optieren, votieren, 4. anwählen, Nummer wählen.

1863 **wahr** richtig, zutreffend, der Wahrheit entsprechend, wahrheitsgetreu, wahrlich, nicht zu bezweifeln, unanzweifelbar, belegt, sicher; tatsächlich, in Wirklichkeit/Wahrheit; etwas Wahres dran, fürwahr, ein Körnchen Wahrheit.

während dieweil, als, solange, indem, indes, gleichzeitig, unterdessen, inzwischen, einstweilen, zugleich, mittlerweile, indessen, währenddessen, zwischendurch, binnen, innerhalb, zeit, im Laufe /in der Zeit von, nicht später als, in der Zwischenzeit, zwischenzeitlich, interimistisch, zwischenhinein, im Verlauf. 1864

Wahrheit Wirklichkeit, Tatsächlichkeit, Gewissheit, Realität; Richtigkeit, Tatsachenwahrheit, Tatsächlichkeit. 1865

wahrnehmen 1. hören, sehen, erblicken, vernehmen, merken, fühlen, spüren, wittern, riechen, perzipieren, beobachten; gewahr werden, innewerden, gewahren, bemerken, auffallen, vom Gesicht ablesen, erkennen, registrieren, herausfinden, 2. Gras wachsen/Flöhe husten hören, Braten/Lunte riechen. 1866

Wahrnehmung 1. Perzeption, Eindruck, Empfinden, Entdeckung, Beobachtung, Sinneseindruck, Erfassen, Aufnehmen, 2. Sinnesempfindung, Wahrnehmungsvermögen, Sensorium, Geruchsvermögen, Geruchssinn, Tastsinn, Hautempfindung, Hörvermögen, Sehvermögen, Geschmacksvermögen. 1867

Wald Hain, Forst, Holz, Gehölz, Tann, Waldgebiet; Laubwald, Nadelwald, Mischwald, Schonung, Baumschule. 1868

waldig bewaldet, waldreich, baumbestanden, bewachsen, belaubt, dicht belaubt. 1869

wandern spazieren gehen, Wanderung/Ausflug machen, laufen, marschieren, tippeln, schreiten, stiefeln, stromern, ziehen, walzen, pilgern, trekken. 1870

warm 1. handwarm, lau, lind, überschlagen, mild, mollig, behaglich, wärmend, gemütlich, heimelig, temperiert, vorgewärmt, durchwärmt, geheizt, 2. heiß, glühend, brennend, feurig, glutig, schwül, drückend, überheizt, brütend, bullig, feuchtwarm, dumpf, tropisch, subtropisch, sommerlich, sonnig, südlich, siedend, kochend, flammend, brüllend, wie in einem Backofen, 3. erhitzt, schwitzend, schweißtriefend, schweißgebadet. 1871

Wärme 1. Erwärmung, Hitze, Siedehitze, Gluthitze, Bruthitze, Schwüle, Bullenhitze, tropische Temperaturen, 1872

Sonnenglut, Weißglut, **2.** Geborgenheit, Warmherzigkeit.

1873 **wärmen (sich)** **1.** anzünden, anfachen, anmachen, vorglühen, temperieren, anwärmen, überschlagen, heizen, erwärmen, erhitzen, einheizen, feuern, warm machen, **2.** warm halten, isolieren, Wärme dämmen; sich warm anziehen, warm laufen, aufwärmen.

1874 **warnen** alarmieren, mahnen, abraten, Wink geben, verwarnen, drohen.

1875 **Warnung** Alarm, Warnruf, Warnschuss, Schreckschuss, Unkenruf, Kassandraruf, Menetekel, Warnzeichen; Verwarnung, Zurechtweisung, Wink, Drohung.

1876 **warten** **1.** erwarten, zuwarten, abwarten, harren, verharren, zögern; sich gedulden, Zeit lassen; ausharren, herumstehen, herumsitzen; auf glühenden Kohlen sitzen, lauern, **2.** anstehen, sich anstellen; Schlange stehen.

1877 **Wärter** Hüter, Heger, Wächter, Waldhüter; Wachmann, Wachposten, Türsteher, Türstopper, Monitor; Nachtwache, Nachtportier, Leibwächter, Gorilla, Bodyguard, Garde; Bahnwärter, Schrankenwärter.

1878 **warum** weswegen, weshalb, wozu, wofür, wieso, aus welchem Grund, zu welchem Zweck.

1879 **Wäsche** Weißzeug, Weißwaren, Hauswäsche, Wäscheausstattung, Bettwäsche, Tischwäsche, Leibwäsche.

1880 **Wasser** **1.** Flüssigkeit, Nass, nasses Element, Regen, Niederschlag, Feuchte, Feuchtigkeit, Nässe, **2.** Süßwasser, Trinkwasser, Flusswasser, Salzwasser, Meereswasser.

1881 **Wasserfall** **1.** Gießbach, Wildbach, Wildwasser, Katarakt, Kaskade, Stromschnelle, Wirbel, Strudel, **2.** Redeschwall, Wortkaskade.

1882 **Wechsel** **1.** Abwechslung, Rotation, Turnus, Tausch; Austausch, Umtausch, Auswechslung, Umbesetzung, Wachablösung, Stühlerücken, Ablösung, Revirement, Rochade, Stellungswechsel, **2.** Konversion, Parteiwechsel, Partnerwechsel, Klimawechsel.

1883 **wechseln** **1.** einwechseln, umwechseln, eintauschen, umtauschen; tauschen, austauschen, vertauschen, Besitzer wechseln, wandern, in andere Hände übergehen; Thema/Programm wechseln, zappen, umschalten, hin und her schalten, **2.** abwechseln, ablösen, alternieren, umbesetzen, sich abwechseln; umschichtig tun, Platz tauschen, an jmds. Stelle treten; umstellen, auswechseln, ersetzen, erneuern; sich verändern; fluktuieren, umschlagen.

Wechselseitigkeit Wechselbeziehung, Interaktion, Wechselwirkung, Gegenseitigkeit, Interdependenz, Korrelation, Reziprozität, Mehrfachbezug. 1884

wecken aufwecken, wach/munter machen, wachrütteln, aufrütteln, aufschrecken, aufstören, alarmieren. 1885

weg **1.** fort, abwesend, anderswo, anderwärts, aushäusig, auswärts, ausgezogen, abgemeldet, verzogen; verreist, entflohen, flüchtig, auf und davon, über alle Berge, von dannen, von hinnen, dahin, spurlos verschwunden, wie vom Erdboden verschluckt, unauffindbar, entflogen, geflohen, geflüchtet, entwichen, ausgebrochen, verschollen; abgängig, verloren, vermisst, perdu, verschütt gegangen, abhanden, futsch, hin, dahin, up and away, **2.** ausgegangen, ausverkauft, vergriffen, ausgebucht; vergessen, verschwitzt, ausgelassen, weggelassen, **3.** vertan, vergeudet, verspielt, verschwendet, verloren, zerronnen, durchgebracht, los. 1886

Weg **1.** Pfad, Steg, Spur, Fährte, Steig, Feldweg, Waldweg, Fußweg, Wanderweg, Trampelpfad, Kreuzweg, Scheideweg; Holzweg, **2.** Piste, Rennstrecke, Rennbahn, Aschenbahn; Startbahn, Landebahn, **3.** Strecke, Route, Reiseweg, Marschstrecke, Kurs, Lauf, **4.** Seeweg, Landweg, Luftweg. 1887

wegen aufgrund, halber, anlässlich, bedingt durch, in Zusammenhang mit, laut, infolge, kraft, hinsichtlich, zwecks, durch, ob, um … willen. 1888

weiblich weiblichen Geschlechts, feminin, fraulich, female. 1889

weich **1.** daunenweich, schmiegsam, nachgiebig, formbar, knetbar, schmierbar, streichfähig, soft, butterweich, **2.** anpassungsfähig, beeinflussbar, nachgiebig, weichherzig, nah ans Wasser gebaut, **3.** zart, seidig, seiden, seidenweich, seidenglatt, samtweich, samtig, wollig, flauschig, flockig, flaumig, mollig, kuschelig, flaumweich, **4.** wabbelig, schwabbelig, quabbelig, quallig, gallert- 1890 artig, lappig, breiig, labberig, schlabberig, schwammig, quatschig, zerlaufen, zerflossen, gelöst, aufgelöst, zergangen, breitgelaufen, **5.** überzart, verwöhnt, verzärtelt, lasch, schlaff, verweichlicht.

1891 **weit** 1. ausgedehnt, breit, geräumig, weitläufig, weiträumig, endlos, uferlos, grenzenlos, unbegrenzt, unübersehbar, weltenweit, weit gestreckt, lang gestreckt, weit gespannt, weit gesteckt, **2.** fern, entfernt, weit weg, unerreichbar, am Ende der Welt, meilenweit, in weiter Ferne, außer Sehweite, **3.** von weitem/fern/weither, aus der Ferne/großer Entfernung, **4.** weit fallend, faltig, glockig.

1892 **Welt** 1. Erde, Erdball, Globus, Erdkreis, Erdkugel, Planet, Blauer Planet; Kontinent, Erdteile, Weltteile, **2.** Weltall, Weltraum, Kosmos, All, Universum, Schöpfung, Weltgebäude, Makrokosmos, Mikrokosmos.

1893 **wenig** 1. gering, ein bisschen, nicht viel, Tropfen auf den heißen Stein, magere Ausbeute, etwas, verschwindend, geringfügig, unbeträchtlich, nicht nennenswert, Fingerhut voll, nicht der Rede wert, für den hohlen Zahn, unerheblich, unbedeutend, Hauch / Spur von, **2.** wenige, ein paar, nicht viele, nur einige, kaum welche, Einzelne, der eine und der andere, Hand voll, Versprengte, Vereinzelte, **3.** wenigstens, mindestens, zum Mindesten, zumindest, geringstenfalls, das Mindeste.

1894 **wenn** 1. falls, für den Fall, im Fall, angenommen, sooft, wann immer, gegebenenfalls, sosehr auch, **2.** dieweil, solange, während, wofern, vorausgesetzt, je nachdem, in der Annahme, sobald, sowie, ehe.

1895 **werben** 1. inserieren, anzeigen, Anzeige schalten, annoncieren, Reklame machen, propagieren, bearbeiten, animieren, ködern, einflüstern, alle Register ziehen, trommeln, agitieren, **2.** anhalten/buhlen um, **3.** akquirieren, Kunden werben, promoten, anwerben.

1896 **Werber** Freier, Bewerber, Verehrer, Buhle; Kundenfänger, Trommler, Akquisiteur.

1897 **Werbung** 1. Reklame, Propaganda, Mundpropaganda; Advertising, Public Relations, PR, Promotion, Publicity, Öffentlichkeitsarbeit, Kontaktpflege, Akquisition, Kundenwerbung, **2.** Werbefeldzug, Reklamefeldzug, Ballyhoo, Propagandafeldzug, Reklameschlacht, Relaunch, Hype, **3.** Werbemittel, Leuchtreklame, Prospekt, Werbebrief, Mailing, Werbeschrift, Werbebeigabe, Gadget, Werbebeilage, Wurfsendung, Handzettel, Folder, Flyer, Faltblatt, Zettel; Demokassette, Demovideo, Demo, Werbefernsehen, Werbefunk, Werbeblock, Werbefilm, Werbespot, Jingle, Spot, Commercial, Trailer, Pilotfilm, Werbevorführung; Werbeslogan, Werbeschlagwort, Slogan, Werbetext, Logo, Display, Akronym, Eyecatcher, Spam, Werbefigur, Werbeschönheit, Covergirl, **4.** Werbeagentur, Advertising Agency, Werbeabteilung, Werbeagent, Merchandiser, Werbetexter, Werbegraphiker, Werbegestalter, Artdirector, Kontakter, Mediaman, Build-upper, **5.** Umwerbung, Beeinflussung, Bearbeitung, Feldgeschrei, Trommelfeuer, Bedarfsweckung, Bedarfslenkung, Absatzförderung, Verkaufsförderung, Merchandising, Schleichwerbung, Produktplatzierung, Verbundwerbung.

Wert 1. Qualität, Güte, Nutzen, Be- 1898
deutung, Gehalt, **2.** Äquivalent, Gegenwert, Tauschwert, Marktwert, Kurs, Gebrauchswert.

wichtig 1. wesentlich, ernst, drin- 1899
gend, dringlich, akut, brisant, lebenswichtig, notwendig, unentbehrlich, elementar, unerlässlich, unumgänglich, triftig, entscheidend, drängend, ausschlaggebend, bestimmend, signifikant, schwerwiegend, gravierend, inhaltsschwer, vordringlich, weit tragend, folgenschwer, folgenreich, einschneidend, gewichtig, **2.** beachtlich, bedeutend, weltbewegend, welterschütternd, belangvoll, relevant, respektabel, vorrangig, zentral, Lebensfrage, Hauptsache, bedeutsam, wertvoll, beachtenswert, bemerkenswert, bedeutungsvoll, aktuell, gegenwartsnah, brennend, groß, bewegend, denkwürdig, **3.** maßgebend, prominent, einflussreich, tonangebend, im Vordergrund, Jahrhundertereignis, epochal, Epoche machend.

Widerstand 1. Reibung, Hemmung, 1900
Gegenwirkung, Gegendruck, Gegenkraft, **2.** Widerspruch, Weigerung, Protest, Verwahrung, Abwehr, Gegenwehr, Gegenstoß, Verteidigung, Defensive,

Rückzugsgefecht, Opposition, Resistenz, Gehorsamsverweigerung, Auflehnung, ziviler Ungehorsam, **3.** Untergrund, Widerstandsnest.

1901 **wie** **1.** als ob, gleichsam, sozusagen, gewissermaßen, nicht anders als, **2.** auf welche Weise, in welcher Form, **3.** beschaffen, geartet, veranlagt, geformt, gebaut, gewachsen, geprägt, gemacht, aufgebaut, organisiert, **4.** gleichwie, vergleichbar, ähnlich, nicht viel anders, fast dasselbe.

1902 **wieder** von neuem, abermals, erneut, nochmals, noch einmal, da capo, wiederum, wieder einmal, wiederholt, immer wieder, neuerdings, aufs Neue, neuerlich, von vorne, wiederkehrend.

1903 **wiederholen (sich)** **1.** nachsprechen, nachlesen, auffrischen, repetieren, rekapitulieren, üben, **2.** noch einmal/wieder tun, rückfällig werden, nicht lassen können, in denselben Fehler verfallen, nichts dazugelernt haben; von vorn anfangen, wieder beginnen, **3.** wieder aufnehmen, wieder aufgreifen, aufrollen, zurückkommen auf, neu inszenieren/einstudieren, in Serie spielen; nachdrucken, neu auflegen, **4.** wiederkäuen.

1904 **Wiederholung** Repetition, Rekapitulation, Auffrischung, Erneuerung; Neueinstudierung, Nachdruck, Neudruck, Neuauflage; Aufguss, Sequel, Dakapo, Wiederauftreten, Rezidiv; Wiederholungszwang, Déjà-vu-Erlebnis; Refrain, Basso continuo, Leitmotiv.

1905 **wild** **1.** ungezähmt, ungebändigt, unbändig, ungebärdig, unbezwinglich, unbezähmbar, unlenkbar, zügellos, ungezügelt, unbeherrscht, heftig, wütend, zornig, unzähmbar; rasend, tobend, furios, zähnefletschend, martialisch, **2.** unerschlossen, ungerodet, ungelichtet, wüst, unwegsam, unzugänglich, unbewohnt, unwirtlich, menschenleer, unkultiviert, unzivilisiert, **3.** wild wachsend/wuchernd, wildwüchsig, **4.** schäumend, kochend, siedend, wallend, quirlend, strudelnd, quellend, gurgelnd, reißend.

1906 **Wille** **1.** Absicht, Entschluss, Vorsatz, Bestreben, Vorhaben, Plan, Wollen, Willensäußerung, Willenserklärung, **2.** Willenskraft, Willensstärke, Entschlossenheit, Entschiedenheit, Tatkraft, Entschlusskraft, Entschlussfähigkeit.

willkommen gern gesehen, freudig begrüßt, erwünscht, angenehm, wohlgelitten, genehm, wie gerufen, passend, recht, gelegen. 1907

willkürlich **1.** eigenmächtig, nach Gutdünken, eigenwillig, subjektiv, beliebig, mutwillig, unbedenklich, **2.** herrisch, selbstherrlich, despotisch, diktatorisch, tyrannisch. 1908

Wind **1.** Brise, Bö, Zephir, Lüftchen, Hauch, Föhn, Zug, Durchzug, Zugluft, Zugwind, Fahrtwind, Sog, Luftwirbel, steife Brise, Sturm, **2.** Furz, Bums, Winde, Flatulenz. 1909

wirken **1.** fungieren, arbeiten, agieren, **2.** beeindrucken, ausstrahlen, durchschlagen, stechen, verfangen, zünden, greifen, fruchten, nützen, helfen, anschlagen, **3.** nachwirken, nachbeben, nachzittern, fortzeugen, **4.** sich auswirken; bewirken, erzeugen, heraufrufen, veranlassen, hervorrufen, auslösen, anmuten. 1910

wirklich **1.** real, faktisch, de facto, existent, bestehend, gegeben, vorhanden, **2.** körperlich, dinghaft, körperhaft, stofflich, fassbar, greifbar, konkret, materiell, substantiell, leibhaftig, in Fleisch und Blut, **3.** effektiv, tatsächlich, in der Tat, bestimmt, unbestreitbar, sicher, gewiss, wahrlich, wahrhaft, veritabel, wahrhaftig, fürwahr, beileibe, mit Sicherheit, sage und schreibe. 1911

wirksam **1.** probat, nützlich, tauglich, funktionell, effizient, effektiv, synergetisch, **2.** drastisch, durchgreifend, schlagkräftig, zugkräftig, durchschlagend, radikal, nachhaltig, durchdringend, intensiv, wirkungsvoll, werbewirksam, effektvoll, reißerisch, marktschreierisch, knallig, dick aufgetragen, laut, aufdringlich, schrill, dekorativ, plakativ, eindrucksvoll, ausdrucksstark, suggestiv, überzeugend, wirkmächtig, glänzend, glanzvoll, mitreißend, zündend, tief greifend, weit reichend. 1912

Wirkung **1.** Effekt, Auswirkung, Wirksamkeit, Werbewirksamkeit, Durchschlagskraft, Effizienz, Synergie, Nachhaltigkeit, **2.** Ergebnis, Erfolg, Niederschlag, Spur, Ausfluss, Auswirkung, Folge, Eindruck, Nachwirkung, Widerhall, Resonanz. 1913

wirr **1.** verworren, durcheinander, verdreht, ungeordnet, verheddert, verwirrt, 1914 verfilzt, vermengt, verknotet, verknäuelt, drunter und drüber, kunterbunt, chaotisch, **2.** desorientiert, konfus, verwirrt, fahrig, unkonzentriert, benommen, rammdösig, irritiert, wie vor den Kopf geschlagen, panisch, kopflos, außer sich, aus dem Gleichgewicht, ratlos, neben der Spur, außer Fassung, zerfahren, schusselig, kraus, **3.** schlaftrunken, duselig, schwindelig, betäubt, verstört, bestürzt, kopfscheu, **4.** unzusammenhängend, unüberschaubar, unübersichtlich, zusammenhanglos, verwirrend.

1915 **Wirt 1.** Gastwirt, Gastronom, Hotelier, Schankwirt, Kneipier, Kneipenwirt, Hauswirt, **2.** Organismus, Primärwirt, Zwischenwirt, Endwirt.

1916 **wissen** Kenntnis haben, kennen, über Wissen verfügen, beherrschen, überblicken, intus/auf der Pfanne haben, loshaben, beschlagen sein, sich auskennen; Bescheid wissen, im Bilde sein, sich bewusst sein.

1917 **Wissen 1.** Kenntnis, Kunde, Einblick, Einsicht, Bewusstsein, Beschlagenheit, Verständnis, Vertrautheit, Übersicht, Überblick, Gewissheit, Sicherheit, **2.** Bildung, Wissenschaft, Gelehrsamkeit, Gelehrtheit, Buchwissen, **3.** Fachwissen, Branchenkenntnis, Sachkenntnis, Sachverstand, Know-how.

1918 **Wissenschaftler** Forscher, Naturwissenschaftler, Geisteswissenschaftler, Akademiker, Studierter, Gelehrter, Intellektueller, Geistesarbeiter.

1919 **Wohnung 1.** Quartier, Behausung, Unterkunft, Bleibe, Logis, Dach über dem Kopf, **2.** Zimmerflucht, Suite, Appartement, Apartment, Einzimmerwohnung, Kleinwohnung, Garçonnière, Loft, Flat, Mansardenwohnung, Dachwohnung, Dachgeschoss, Penthaus; Mietwohnung, Eigentumswohnung, **3.** Sitz, Wohnsitz, Wohnort, Aufenthaltsort, Standort, Domizil, Anschrift.

1920 **wölben (sich) 1.** schwellen, anschwellen, sich verdicken; aufschwellen, hervortreten, buckeln, wulsten, herauswachsen, sich runden; ausladen, aufblähen, aufquellen, blähen, auftreiben, beulen, aufgehen, aufblasen, aufschwemmen, **2.** überhängen, kragen, überstehen, vorstehen, abstehen, vortreten, herausragen, überragen, vorspringen, vorragen, hervorragen, herausstehen.

Wölbung 1. Wulst, Buckel, Erhebung, Höcker, Erhöhung, Auswuchs, Beule, Schwellung, Verdickung, Wucherung, **2.** Bogen, Arkaden, Bogengang, **3.** Rundung, Halbkugel, Apsis, Kuppel, Rotunde, Rundbau, Gewölbe. 1921

wollen 1. beabsichtigen, vorhaben, sich vornehmen; intendieren, willens/gewillt sein, zu tun gedenken, bezwecken, anstreben, ausgehen auf, trachten nach, hinsteuern, abzielen, hinzielen, es anlegen auf, sich in den Kopf setzen; Lust haben zu, **2.** bestehen/beharren auf, sich kaprizieren; nicht lockerlassen, ablassen, sich verbeißen, festbeißen, verbohren, auf die Hinterbeine stellen; Kopf durchsetzen, mit dem Kopf durch die Wand gehen, ertrotzen. 1922

Wunde Verletzung, Blessur, Verwundung, Stich, Schnitt, Riss, Biss, Einschuss, Kratzer, Schramme, Schmarre, Schrunde, Quetschung, Prellung, Zerrung, Verrenkung, Verstauchung, Bruch, Fraktur, Verbrennung, Brandwunde. 1923

wundern (sich) 1. staunen, sich verwundern; seinen Augen nicht trauen, nicht fassen können, Kopf stehen, Mund und Nase aufsperren, aus allen Wolken fallen, große Augen machen, sich satt sehen; keine Worte finden, Hände über dem Kopf zusammenschlagen, nicht für möglich halten, **2.** verwundern, wundernehmen, in Erstaunen setzen, erstaunen, Atem/Sprache verschlagen, überwältigen, betäuben, blenden, aus der Fassung bringen, **3.** starren, anstarren, bestaunen, anstaunen, stutzen, stutzig werden, scheuen, sonderbar finden. 1924

Würde 1. Format, Haltung, Stolz, Unnahbarkeit, Erhabenheit, Hoheit, Vornehmheit, Dignität, Grandezza, Majestät, Gravität, **2.** Weihe, Ehre, Rang, Ehrwürdigkeit. 1925

würdig 1. würdevoll, hoheitsvoll, erlaucht, weihevoll, ehrwürdig, Respekt erheischend, Achtung gebietend, erhaben, unnahbar, **2.** gravitätisch, gewichtig, gemessen, getragen, majestätisch. 1926

würzen 1. pfeffern, salzen, abschmecken, verfeinern, süßen, zuckern, versüßen, parfümieren, aromatisieren, **2.** Pointen setzen, interessant erzählen. 1927

Z

1928 **zäh** 1. beharrlich, ausdauernd, bohrend, widerstandsfähig, hartnäckig, verbissen, stur, unnachgiebig, zielbewusst, erbittert, insistierend, investigativ, 2. dickflüssig, konsistent, zähflüssig, sämig, breiig, kleistrig, seifig, talgig, teigig, speckig, 3. klebrig, harzig, leimig, haftend, pappig, klebend, selbstklebend, gummiert, 4. ledern, sehnig, drahtig.

1929 **zählen** 1. rechnen, zusammenzählen, zusammenrechnen, durchzählen, abzählen, nachrechnen, an den Fingern abzählen; summieren, aufrechnen, ausrechnen; zuzählen, addieren, abziehen, subtrahieren, malnehmen, multiplizieren, teilen, dividieren, ins Quadrat erheben, radizieren, potenzieren; abrechnen, berechnen, aufzählen; nummerieren, paginieren, 2. einschließen, mitzählen, dazurechnen, einrechnen, mitrechnen, einbegreifen, berücksichtigen, miterwägen, 3. dazuzählen, dazugehören, darunter fallen, mit betroffen sein.

1930 **Zahlung** 1. Bezahlung, Begleichung, Tilgung, 2. Vergütung, Honorierung, Entlohnung, 3. Abzahlung, Rate, Abtragung, Ratenzahlung, Abschlagszahlung, Abfindung, 4. Barzahlung, Auszahlung, Scheck, Überweisung.

1931 **zart** 1. fein gesponnen, fein, feinfädig, duftig, locker, leicht, ätherisch, dünn, blumenhaft, blütenhaft, durchsichtig, schleierdünn, elfenhaft, feenhaft, spinnwebfein, zerbrechlich, durchscheinend, diaphan, eierschalendünn, blütenzart, filigran, subtil, glatt, weich, jung, samten, seidig, 2. sanft, leise, schonend, mild, sacht, behutsam, gelinde, schonungsvoll.

1932 **Zauber** 1. Hokuspokus, Gaukelwerk, Gaukelei, Gaukelspiel, Taschenspielerei, Zauberkunst, 2. Amulett, Talisman, Fetisch, Maskottchen, Glückspfennig, Glücksbringer, Glückszeichen, Liebestrank, Zaubermittel, Zauberformel, Zauberspruch, Zaubertier, Bannspruch, Abrakadabra, Hexeneinmaleins, 3. Zauberei, Magie, Teufelswerk, Zauberwesen, Hexerei, schwarze Kunst.

Zeichen 1. Symbol, Sinnbild, Metapher, Allegorie, Parabel, Personifikation, Verkörperung, 2. Wink, Geste, Tipp, Gebärde, Chiffre, Sigel, Signum, Marke, Markierung, Kürzel, Abkürzung, Kennzeichen, Wahrzeichen, Erkennungszeichen, Statussymbol; Anzeichen, Symptom, Krisenzeichen, Krankheitszeichen, Merkmal, Mal, Stigma, 3. Vorzeichen, Vorbote, Hinweis, Indiz, Omen, Menetekel, 4. Fahne, Flagge, Wimpel, Standarte, Banner, Feldzeichen, Stander, Emblem; Signal, Warnzeichen, Fanal, 5. binäres Zeichen, Bit. 1933

zeigen (sich) 1. weisen, hinweisen, hinzeigen, hindeuten, vorverweisen, deuten, Zeichen geben, signalisieren, Wink geben, gestikulieren, zuwinken, nicken, zunicken, kopfschütteln, Achseln zucken, blinzeln, zwinkern, auf den Fuß treten, anstupsen, 2. herzeigen, vorzeigen, vorweisen, vor Augen führen, präsentieren, vorstellen, vorführen, demonstrieren, vorlegen, zur Schau tragen, 3. bezeigen, aufweisen, aufzeigen, anzeigen, bekunden, spüren, merken lassen, offenbaren, sichtbar machen, Flagge zeigen, 4. beweisen, nachweisen, liefern, überführen, belegen, verifizieren, dokumentieren, 5. Finger strecken, Hand heben, sich zu Wort melden, melden, 6. sich bieten; erscheinen, auftauchen, aufscheinen, sichtbar werden, ins Auge springen; sich ergeben, finden, herausstellen, erweisen, bewahrheiten, als richtig erweisen; klar werden, zutage treten, sich abzeichnen, von selbst verstehen. 1934

Zeit 1. Tempus, Chronos; Zeitspanne, Dauer, Zeitdauer, Weile, Zeitraum, Semester, Phase, Zeitabschnitt, Periode, Frist; Äon, Epoche, Zeitalter, Ära, Dekade; Zeitpunkt, Augenblick, Moment, Tag, Stunde; günstiger Augenblick, Sternstunde, Kairos, 2. Einheitszeit, Echtzeit, Weltzeit. 1935

zergliedern 1. analysieren, scheiden, auflösen, aufteilen, trennen, detaillieren, aufgliedern, differenzieren, spezifizieren, spezialisieren, einzeln aufführen, dekomponieren, dekonstruieren, aufschlüsseln, im Einzelnen darlegen, in 1936 einzelne Schritte zerlegen, operationalisieren, auseinander nehmen, desintegrieren, dezentralisieren, parzellieren, fragmentieren, **2.** zerteilen, zerfasern, zerreden, tranchieren, obduzieren, sezieren, ausschlachten.

1937 **zerkleinern** mahlen, zermahlen, pulverisieren, zermalmen, zerquetschen, schroten, zerstoßen, zerstampfen, verschroten, zerklopfen, zerschlagen, verquirlen, verrühren; zerrupfen, zerknicken, brechen, raffeln, schaben, reiben, zerreiben, raspeln, schnitzeln, stoßen, durchdrücken, durchseihen, durchdrehen, passieren, durchschlagen, sieben, zerspalten, klein schlagen, hacken, spalten, zerhacken, stampfen, zerdrücken, zerpflücken, zerkrümeln, zerbröseln, zerbröckeln, zerschneiden, klein schneiden.

1938 **zerkleinert** pulverisiert, pulvrig, staubfein, pulverförmig, mehlig, zerrieben, gerieben, gemahlen, verquirlt, zerstoßen, zerhackt, gestoßen, gestampft, zermatscht, zerquetscht, geschrotet.

1939 **zerstören (sich) 1.** verderben, ruinieren, zugrunde richten, herunterwirtschaften, untergraben, zunichte machen, vereiteln, zuschanden machen, zerrütten, bankrott richten, an den Bettelstab bringen, erledigen, vernichten, ans Messer liefern, zu Fall bringen, ins Verderben stürzen, **2.** ausrotten, aufreiben, vertilgen, austilgen, beseitigen, auslöschen, ausmerzen, eliminieren, **3.** kaputtmachen, destruieren, demolieren, kurz und klein schlagen, zerstückeln, zerbrechen, zerschmeißen, zerschmettern, zerteppern, zerschlagen, in Stücke brechen, zertrümmern, zusammenschlagen, entzweibrechen, einschmeißen, einwerfen, zuschanden fahren, zu Bruch fahren, Bruch machen, unbrauchbar machen, **4.** kaputtgehen, aus der Hand/zu Boden fallen, in Scherben gehen, zerbrechen, zersplittern, zerschellen, in Stücke brechen, zerspellen, aus dem Leim gehen, **5.** verbrennen, versengen, in Brand stecken, niederbrennen, abbrennen, abfackeln, in Schutt und Asche legen, einäschern, in die Luft jagen, zerbomben, **6.** zerfetzen, zerfleddern, zerlesen, zerreißen, in Stücke/in Fetzen reißen, zerfleischen, **7.** abbrechen, niederreißen, einreißen, abreißen, umreißen, abtragen, niederlegen, schleifen, in Trümmer legen, dem Erdboden gleichmachen, atomisieren, einebnen, **8.** vernichten, niedermetzeln, niederwalzen, niedermähen, verwüsten, verheeren; zerdrücken, zermalmen, zerstampfen, zerhacken; zernagen, zerfressen, durchlöchern, **9.** versenken, torpedieren, **10.** vergiften, verseuchen, kontaminieren, **11.** sich ruinieren, zugrunde richten; zugrunde gehen, Bankrott gehen, Bankrott/Pleite machen, fallieren, zusammenbrechen, zusammenkrachen, in Konkurs gehen, zuschanden werden, untergehen.

Zerstörung 1. Vernichtung, Destruktion, Austilgung, Annihilierung, Ausrottung; Zertrümmerung, Verwüstung, Verbrennung, Verheerung, Flurschaden, Katastrophe, Apokalypse; Untergang, Pleite, Zusammenbruch, Niederbruch, Ruin, Bankrott; Sprengung, Zusammensturz, Abbruch; Kahlschlag, Kahlfraß, Atomschlag, Weltuntergang, **2.** Zerstückelung, Zerteilung, Zerfaserung, Auflösung, Zersetzung, Zerfall. 1940

Zeugnis 1. Attest, Diplom, Zertifikat, Beglaubigung, Bescheinigung, Dokument, Patent, Urkunde, Meisterbrief, Beweismittel, Asservat, **2.** Aussage, Zeugenaussage, Angabe, Geständnis, Eid, Schwur. 1941

ziehen 1. schleppen, schleifen, zerren, ins Schlepptau nehmen, hinter sich herziehen; an sich ziehen, **2.** dehnen, recken, strecken, spannen, anspannen, reißen; rupfen, zupfen, zausen, ziepen, **3.** hochziehen, herausziehen, zücken, heraufziehen, **4.** lutschen, saugen, lecken, schlecken, schlotzen, aussaugen, auslutschen, einsaugen. 1942

Ziel 1. Zweck, Absicht, Bestimmung, Endzweck, Zielsetzung, Sinn, **2.** Ende, Endpunkt, Bestimmungsort, Reiseziel, Schlusspunkt, Abschluss, Endstation, **3.** Wunsch, Herzenswunsch, Wunschziel, Lebensziel, **4.** Zielpunkt, Zielscheibe, Schießscheibe. 1943

zielen 1. peilen, anvisieren, visieren, ins Auge fassen, aufs Korn nehmen, anlegen, **2.** steuern, ansteuern, lenken, lotsen, anpeilen, zusteuern auf, anfliegen. 1944

ziemlich einigermaßen, ausreichend, befriedigend, erträglich, leidlich, passabel, annähernd, ganz, glimpflich, 1945 schlecht und recht, so eben, halbwegs, ungefähr, bis zu einem gewissen Grade, recht, nicht wenig, ansehnlich, erklecklich.

1946 **zittern** 1. beben, schlottern, schlackern, bibbern, mit den Zähnen klappern, schnattern, schauern, schaudern, erschauern, zusammenfahren, zucken, durchzucken, 2. erbeben, erzittern, vibrieren, erschüttert werden, hin und her schwanken, wackeln.

1947 **zögern** zaudern, schwanken, zagen, sich bedenken; Bedenken tragen, mit sich kämpfen, unschlüssig, unentschlossen sein, drucksen, herumdrucksen, säumen, abwarten, zuwarten, aufschieben, auf die lange Bank schieben.

1948 **Zoo** zoologischer Garten, Tierpark, Menagerie, Tiergehege, Wildpark, Tiergarten, Gehege, Freigehege.

1949 **zubereiten** vorbereiten, bereiten, herrichten, herstellen, anmachen, anrichten, ansetzen, kochen, braten, garen.

1950 **Zucht** 1. Aufzucht, Züchtung, Neuzüchtung, Zuchtwahl, Herauszüchtung, 2. Zähmung, Domestizierung, Dressur, Abrichtung, 3. Kreuzung, Vermischung, Bastardierung, Genmanipulation.

1951 **züchten** 1. veredeln, kreuzen, pfropfen, okulieren, aufpfropfen, aufsetzen, kultivieren, auf Flaschen ziehen, heranziehen, herauszüchten, rückzüchten, genetisch manipulieren, 2. zähmen, bändigen, abrichten, dressieren, domestizieren, gefügig machen, zureiten, drillen.

1952 **zufällig** 1. per Zufall, aleatorisch, von selbst, irgendwie, unmotiviert, blindlings, unbeabsichtigt, unfreiwillig, 2. wahllos, von ungefähr, beliebig, aufs Geratewohl, auf gut Glück.

1953 **Zufriedenheit** Befriedigung, Erfüllung der Wünsche, Genugtuung, Behagen, Wohlbehagen; Wohlgefallen, Selbstbescheidung, Wunschlosigkeit, Selbstgenügsamkeit.

1954 **Zuhälter** Louis, Loddel, Lude, Strizzi; Kuppler, Schlepper, Mädchenhändler, Frauenhändler.

1955 **Zukunft** Folgezeit, Nachher, Morgen, kommende Zeit, künftige Zeiten, Nachwelt.

1956 **Zulage** Zuschlag, Gratifikation, Prämie, Sonderzulage; Weihnachtsgeld, Urlaubsgeld, Leistungsprämie, Treueprämie.

zunehmend wachsend, ansteigend, 1957
steigend, im Steigen begriffen, sich rundend, füllend, mehrend, steigernd, erhöhend; progressiv; auffrischend, stärker werdend.

zürnen 1. grollen, nachtragen, 1958
schmollen, tückschen, hadern, anrechnen, ankreiden, verargen, verübeln, übel nehmen, auf dem Kieker haben, übel vermerken, verdenken, krumm nehmen, in den falschen Hals bekommen, 2. trotzen, mucken, murren, grämeln, grummeln, maulen, muffeln, bocken, muckschen, sich stemmen, sträuben, stängeln, sperren.

zurückhaltend 1. reserviert, still, 1959
unauffällig, verhalten, schwer zugänglich, schweigsam, herb, verschwiegen, wortkarg, einsilbig, zugeknöpft, kontaktscheu, 2. respektvoll, pietätvoll, taktvoll, diskret, unaufdringlich, dezent, abwartend.

Zurückhaltung 1. Distanz, Reser- 1960
ve, Reserviertheit, Respekt, Scheu, Pietät, 2. Takt, Verhaltenheit, Diskretion, Feinheit, Dezenz, Unaufdringlichkeit, Zartgefühl, 3. Wortkargheit, Einsilbigkeit, Schweigsamkeit, Verschwiegenheit, Verschlossenheit, Zugeknöpftheit, Unzugänglichkeit.

zusammen miteinander, vereinigt, 1961
verbunden, Arm in Arm, gemeinsam, vereint, Hand in Hand, Schulter an Schulter, Seite an Seite, ein Herz und eine Seele, selbander, zweisam, mitsammen, gemeinschaftlich, beieinander, beisammen, ungetrennt, ungeteilt, untrennbar, unzertrennlich, eins, ineinander, verschmolzen, geschlossen, verbrüdert, kollektiv.

Zusammenarbeit Partnerarbeit, 1962
Teamarbeit, Teamwork, Kooperation, Koproduktion, Gemeinschaftsarbeit, Jointventure, konzertierte Aktion.

zusammenbrechen 1. zusammen- 1963
klappen, zusammensacken, in sich zusammenfallen, schlappmachen, absacken, ohnmächtig werden, Besinnung verlieren, in Ohnmacht fallen, Kollaps erleiden, kollabieren, 2. einstürzen, umfallen.

zusammenhalten 1. zusammenste- 1964

hen, an einem Strang ziehen, einig sein, zueinander halten, sich solidarisieren, solidarisch erklären; Solidarität üben; aneinander hängen, verbunden sein, zusammengehören, Treue halten, zu jmdm. halten, stehen/halten zu, **2.** zusammenwohnen, zusammenleben, zusammenziehen, unter einem Dach leben, **3.** gemeinsame Sache machen, unter einer Decke stecken.

1965 **Zustand** Verfassung, Beschaffenheit; Befinden, Befindlichkeit, Allgemeinbefinden, Konstitution, Gestimmtheit, Stimmung, Ergehen, Status, Lage, Situation, Status quo, Stadium.

1966 **zuständig** **1.** maßgebend, maßgeblich, kompetent, bestimmend, ausschlaggebend, **2.** befugt, berechtigt, verpflichtet, betraut, autorisiert, verantwortlich.

1967 **Zuständigkeit** **1.** Kompetenz, Ressort, Maßgeblichkeit, Verantwortlichkeit, Berechtigung, Befugnis, Verpflichtung, Vollmacht, Ermächtigung, **2.** Wohnsitz, Gerichtsstand.

1968 **zustimmen** **1.** einräumen, zugestehen, zubilligen, **2.** bejahen, beipflichten, gutheißen, einwilligen, akklamieren, abnicken, absegnen, durchwinken, einstimmen, beistimmen, in dieselbe Kerbe hauen, ins gleiche Horn stoßen, Partei ergreifen, sich auf jmds. Seite schlagen; sekundieren, billigen, annehmen, akzeptieren, ratifizieren.

1969 **zustimmend** beipflichtend, beifällig, einverstanden, positiv, bejahend, affirmativ, einverständig, augenzwinkernd.

1970 **zuverlässig** **1.** fair, loyal, solide, ehrlich, beständig, gleich bleibend, unbeirrbar, aufrecht, charakterfest, treu, unverbrüchlich, unerschütterlich, unwandelbar, standfest, anhänglich, treue Seele, altgedient, vertrauenswürdig, glaubwürdig, Vertrauen erweckend, unbestechlich, getreu, treu ergeben, ergeben, linientreu, kritiklos, unkritisch, **2.** gewissenhaft, sorgfältig, pflichttreu, verlässlich, gründlich, genau, ordentlich, ausdauernd, beharrlich, beständig, konservativ, pflichtbewusst, **3.** verbürgt, sicher, bezeugt, unverdächtig, glaubhaft.

1971 **Zwang** **1.** Pression, Repression, Nötigung, Diktat, Psychoterror, Terrorisierung, Mobbing, Bedrückung, Bedrängung, Zwangsmaßnahme, Brachialgewalt, Zwangsmittel, Repressalie, Sanktion, Druckmittel, Machtmittel; Zwangsbindung, Zwangsfixierung; Kandare, Daumenschrauben, härtere Gangart, Zügel, Fron, Joch, Knechtschaft, Unfreiheit, Zwangsarbeit, Sklaverei, **2.** Konsumzwang, Konsumterror.

zweckmäßig **1.** brauchbar, geeignet, tauglich, verwendbar, passend, zweckentsprechend, zweckdienlich, sachdienlich, nützlich, dienlich, zweckvoll, praktisch, praktikabel, benutzbar, bespielbar, handlich, handgerecht, griffig, angepasst, benutzerfreundlich, **2.** rationell, planvoll, wohl durchdacht, wohl überlegt, sinnreich, sinnvoll, durchkonstruiert, ausgeklügelt, ausgefeilt; wirtschaftlich, ökonomisch, sparsam, Material sparend, zweckgerichtet, stromlinienförmig, schnittig, windschlüpfrig, seetüchtig, **3.** angezeigt, geraten, tunlich, ratsam, zu empfehlen, angebracht, empfehlenswert. 1972

Zweifel **1.** Bedenken, Bedenklichkeit, Skrupel, Unsicherheit, Zwiespalt, Zwiespältigkeit, Zerrissenheit, Ungewissheit, Unentschiedenheit, Unschlüssigkeit, Konflikt, Zaudern, Zögern, Schwanken, innerer Widerstreit, gemischte Gefühle, Ambivalenz, Hassliebe, Doublebind, Gewissenskonflikt, Gewissensfrage, Zweifelsfrage, **2.** Verdacht, Argwohn, Ahnung, Vermutung, Misstrauen, Befürchtung, Skepsis, Unterstellung, Eifersucht, Verdächtigung, Generalverdacht, **3.** Entweder-oder, Hin und Her, Tauziehen, Dunkelziffer, Wenn und Aber, Pro und Contra, Für und Wider, Vor- und Nachteil, Scheideweg. 1973

zweifelhaft **1.** fraglich, ungewiss, unsicher, unbestimmt, anfechtbar, fragwürdig, dubios, ominös, faul, oberfaul, bedenklich, mehrdeutig, verdächtig, **2.** doppelsinnig, doppeldeutig, vieldeutig, zweideutig, strittig, problematisch, viel sagend, verfänglich, suspekt, mulmig, undurchsichtig, undurchschaubar, dunkel, **3.** obskur, zwielichtig, fadenscheinig, halbseiden, übel beleumundet, anrüchig, berüchtigt. 1974

zweifeln bezweifeln, anzweifeln, in Zweifel ziehen, Bedenken hegen, in Frage stellen, wanken, schwanken, unsicher sein, wankend/unsicher/irre wer- 1975 den, Verdacht schöpfen, verdächtigen, argwöhnen, misstrauen.

1976 **Zweig** 1. Nebenstelle, Zweigstelle, Tochter, Tochterfirma, Filiale, Handelsniederlassung, Ladenkette, **2.** Branche, Abteilung, Gebiet, Sektion, Bereich, Sektor, Dezernat, Fakultät, Sparte, **3.** Ast, Arm, Spross, Nebenarm, Seitenarm, Seitenlinie.

1977 **Zweiheit** 1. Doppelheit, Duplizität, Zweimaligkeit, Zweizahl, Dual, Doppelstellung, Doppelgesicht, Doppelgestalt, Doppelgänger, Zwiegestalt, **2.** Gespann, Paar, Pärchen, Ehepaar, Joch, Zwilling, Duett, Duo, Einheit, **3.** Dualität, Polarität, Dualismus.

1978 **zwiespältig** gespalten, zerspalten, mit sich uneins, ambivalent, innerlich zerrissen, hin und her gerissen, von Zweifeln geplagt, mit sich zerfallen, unentschlossen, ratlos, unentschieden, unschlüssig.

zwingen 1. nötigen, Druck ausüben, pressen zu, gefügig machen, Willen aufzwingen, oktroyieren, diktieren, majorisieren, niederstimmen, mundtot machen, **2.** erpressen, festnageln, knebeln, drankriegen, erzwingen, abpressen, unter Druck setzen, Messer an die Kehle setzen, keine Wahl lassen, Pistole auf die Brust setzen, an die Kandare nehmen, terrorisieren, tyrannisieren, **3.** zusammenzwingen, aneinander ketten/fesseln, zusammenschmieden. 1979

zwingend 1. stichhaltig, unwiderstehlich, unausweichlich, eindringlich, schlagend, stringent, **2.** bindend, verpflichtend, obligatorisch, verbindlich, **3.** schicksalhaft, unabwendbar. 1980

Zwischenfall 1. Ereignis, Vorfall, Geschehnis, Widerfahrnis, Störfall, Störung, **2.** Episode, Zwischenspiel, Intermezzo, Wendung, Abenteuer. 1981

Register

A

B

C

D

E

F

G

H

I

J

K

L

M

N

O

P

Q

R

S

T

U

V

W

X

Y

Z

Hinweise

Dieses Handbuch erklärt nicht nur über 20000 Fremdwörter aus allen Lebensgebieten, sondern hilft auch bei der richtigen Aussprache. Zudem löst es die gängigen Abkürzungen bzw. Kürzel auf (Beispiele: **BRT** = Bruttoregistertonne; **ai** = Amnesty International). Neben den «reinen» Fremdwörtern enthält es eine Fülle von Namen und Bezeichnungen etwa aus der antiken Mythologie (Beispiel: **Adonis**) oder der Lebensumwelt (Beispiel: **Alligator**).

Das Gleichheitszeichen (=) löst eine Abkürzung auf und/oder verweist auf einen wortverwandten Begriff (Beispiel: **Dalbe** = Duckdalbe; die Erklärung von Dalbe siehe unter Duckdalbe).

Die Stichwörter sind alphabetisch geordnet; die Umlaute ä, ö, ü sind wie a, o, u behandelt. Die Stichwörter sind, wenn sie dasselbe Stammwort haben, in Wortgruppen zusammengefasst, wodurch – auch wenn dies zu geringfügigen Abweichungen von der alphabetischen Hierarchie führt – die etymologische bzw. semantische Zusammengehörigkeit der Wörter einer Gruppe verdeutlicht wird.
Hinter den Stichwörtern steht die Angabe zum grammatischen Geschlecht und – in Klammern – die meistens abgekürzte Herkunftsbezeichnung (vgl. Abkürzungsverzeichnis).
Die betonte Silbe eines Wortes ist unterstrichen. Wird ein Doppelselbstlaut – z. B. au, ei, eu – betont, so steht der Strich unter dem ersten Selbstlaut.
Die Aussprache der Wörter steht vor der Herkunftsbezeichnung. Wird nur ein Teil des Worts anders ausgesprochen, steht für die bekannte Aussprache ein Strich. Da wir aus Gründen der Einfachheit auf Lautschriftzeichen verzichtet haben, sind die Nasale, z. B. der französischen Sprache, bezeichnet mit an = ang, en = ang, in = äng, on = ong, un = öng. Ein Apostroph zwischen zwei Buchstaben (z. B. -ri'e-) gibt an, dass beide Buchstaben ausgesprochen werden.
Die häufig wiederkehrenden Endsilben -tion, -tium und -tiell werden immer -zion, -zium und -ziell gesprochen. Der Buchstabe C wird vor a, o und u immer wie K gesprochen, vor e und i in lateinischen Wörtern wie Z, sonst nach Angabe. Der Buchstabe V wird in allen Fremdsprachen, wenn er am Anfang der Silbe steht, wie W gesprochen. Die Endsilbe -rhöe wird immer rö gesprochen.

Abkürzungen

Abk.	Abkürzung	gebr.	gebräuchlich od. gebraucht
abwert.	abwertend	gegr.	gegründet
afrik.	afrikaans	germ.	germanisch
ägypt.	ägyptisch	ggf.	gegebenenfalls
altind.	altindisch	Ggs.	Gegensatz
altisl.	altisländisch	gr.	griechisch
amerik.	amerikanisch	hait.	haitisch
anatom.	anatomisch	hawai.	hawaiisch
arab.	arabisch	hebr.	hebräisch
aram.	aramäisch	herg.	hergestellt
austral.	australisch	Herk.	Herkunft
aztek.	aztekisch	Hptw.	Hauptwort
Bed.	Bedeutung	ind.	indisch
bes.	besonders	indian.	indianisch
Bez.	Bezeichnung	isl.	isländisch
brasil.	brasilianisch	itl.	italienisch
bzw.	beziehungsweise	jap.	japanisch
chem.	chemisch	jav.	javanisch
chin.	chinesisch	Jh.	Jahrhundert
d. h.	das heißt	jidd.	jiddisch
dt.	deutsch	jmd.	jemand
EDV	elektronische Datenverarbeitung	jmdm.	jemandem
		jmdn.	jemanden
ehemal.	ehemalig	jmds.	jemandes
eigtl.	eigentlich	karib.	karibisch
Eigw.	Eigenschaftswort	kath.	katholisch
einged.	eingedeutscht	kelt.	keltisch
elektr.	elektrisch	Kfz.	Kraftfahrzeug
engl.	englisch	korean.	koreanisch
entspr.	entsprechend	kreol.	kreolisch
eskim.	eskimoisch	lat.	lateinisch
europ.	europäisch	m.	männlichen Geschlechts
evang.	evangelisch	malai.	malaiisch
Ez.	Einzahl	mexik.	mexikanisch
finn.	finnisch	mhd.	mittelhochdeutsch
frz.	französisch	mong.	mongolisch
gäl.	gälisch	mytholog.	mythologisch

Mz.	Mehrzahl	slaw.	slawisch
n. Chr.	nach Christus	slowen.	slowenisch
nepales.	nepalesisch	sog.	so genannt
niederl.	niederländisch	span.	spanisch
normann.	normannisch	tägl.	täglich
norw.	norwegisch	tahit.	tahitisch
o. Ä.	oder Ähnliches	tamil.	tamilisch
o. Art.	ohne Artikel	tibet.	tibetisch
od.	oder	tschech.	tschechisch
o. g.	oben genannt	tungus.	tungusisch
österr.	österreichisch	türk.	türkisch
pers.	persisch	u. a.	und andere(s)
peruan.	peruanisch	u. Ä.	und Ähnliche(s)
philos.	philosophisch	umg.	umgangssprachlich
poln.	polnisch	unbek.	unbekannt
port.	portugiesisch	ungar.	ungarisch
provenz.	provenzalisch	urspr.	ursprünglich
rd.	rund	usw.	und so weiter
röm.	römisch	v. Chr.	vor Christus
roman.	romanisch	vgl.	vergleiche
rumän.	rumänisch	viell.	vielleicht
russ.	russisch	w.	weiblichen Geschlechts
s.	sächlichen Geschlechts	walis.	walisisch
sanskr.	sanskritisch	wörtl.	wörtlich
scherzh.	scherzhaft	Wz.	Warenzeichen
schott.	schottisch	z. B.	zum Beispiel
schwed.	schwedisch	z. T.	zum Teil
semit.	semitisch	Ztw.	Zeitwort
serb.	serbisch	zz.	zurzeit
singhal.	singhalesisch	z. Z.	zur Zeit
skand.	skandinavisch	=	siehe unter

A

à (*frz.*) je, das Stück zu
A-, a-, (*gr.*); **Ab-, ab-** (*lat.*) als Vorsilbe: weg, ab, ent-, nicht
Abakus *m.* (*gr.-lat.*) 1. Deckplatte über Säulenkapitell; 2. antike Rechentafel
Abandon *m.* (abangdong, *frz.*) Preisgabe von Rechten oder Vermögenswerten
à bas! (aba, *frz.*) nieder!, herunter!
Abasie *w.* (*gr.*) Gehunfähigkeit (aus organischen oder psychischen Ursachen); **abatisch** an Abasie leidend
Abaton *s.* (*gr.*) Altarraum in orthodoxen Kirchen
Abba *m.* (*aram.*) 1. Anrede (Vater) an Gott im Neuen Testament; 2. alte Anrede an Geistliche der Ostkirche
Abbasiden *Mz.* Kalifengeschlecht im Mittelalter (in der Nachfolge von Mohammeds Onkel Abbas)
Abbé *m.* (*frz.*) Titel eines kath. Weltgeistlichen in Frankreich
Abbreviatur *w.* Abkürzung in Schrift und Notenschrift (z. B. *usw.* für *und so weiter*); **abbreviieren** (-vi'ie-) abkürzen
Abderit *m.* Schildbürger, Einfaltspinsel (nach den Einwohnern der altgriechischen Stadt Abdera)
Abdikation *w.* (*lat.*) Abdankung, Verzicht; **abdizieren** abdanken, zurücktreten
Abdomen *s.* (*lat.*) 1. Bauch, Unterleib; 2. Hinterleib der Gliedertiere (z. B. Spinnen, Krebse); **abdominal** zu Bauch oder Unterleib gehörig; **Abdominalgravidität** *w.* Bauchhöhlenschwangerschaft
Abduktion *w.* (*lat.*) Wegführen eines Muskels von der Mittellinie des Körpers, Spreizen; **Abduktor** *m.* Spreizmuskel (*Mz.*: Abduktoren); **abduzieren** spreizen
Aberration *w.* (*lat.*) 1. Scheinbare Ortsveränderung eines Gestirns (dem Beobachter entgegen); 2. Abbildungsfehler bei optischen Systemen; 3. Abweichung innerhalb einer Tier- oder Pflanzenart, Ztw. **aberrieren**
abhorreszieren, abhorrieren (*lat.*) 1. verabscheuen, ablehnen; 2. zurückschrecken
ab initio (*lat.*) von Anfang an
Abiogenese *w.* (*gr.*) die Annahme von der Entstehung des Lebens aus Unbelebtem, Urzeugung
Abiose, Abiosis *w.* (*gr.*) Lebensunfähigkeit, Absterben von Geweben, Eigw. **abiotisch**
Abitur, Abiturium *s.* (*lat.*) Reifeprüfung; **Abiturient** (-ri'e-) *m.* jmd., der die Reifeprüfung ablegt oder abgelegt hat
Abjudikation *w.* (*lat.*) (gerichtliche) Aberkennung; **abjudizieren** aberkennen, absprechen
abkonterfeien (*frz.*) abmalen, abzeichnen, fotografieren
Ablaktation *w.* (*lat.*) Entwöhnung (von der Muttermilch); **ablaktieren** abstillen, entwöhnen
Ablation *w.* (*lat.*) Abtragung durch Wind und Regen, Abschmelzen von Gletschern
Ablativ *m.* (*lat.*) Beugungsfall des Hauptworts, Woherfall (z. B. im Lateinischen)
abnorm (*lat.*) von der Regel abweichend, nicht normal; **Abnormität** *w.* Abweichung vom Normalen
Abolition *w.* (*lat.*) 1. Abschaffung der Sklaverei; 2. Niederschlagung eines Strafverfahrens
abominabel (*frz.*) abstoßend, widerlich, scheußlich
Abonnement *s.* (abonnmang, *frz.*) Dauerbezug (von Zeitungen, Konzertkarten o. Ä.); **Abonnent** *m.* jmd., der ein Abonnement hat, Ztw. **abonnieren**
Aborigines *Mz.* (äboridschines, *lat.-engl.*) die Ureinwohner, bes. Australiens
Abort, Abortus *m.* (*lat.*) Fehlgeburt; **abortieren** fehlgebären; **abortiv** 1. eine Fehlgeburt bewirkend; 2. fehlgebildet; 3. verkürzt verlaufend (von Krankheiten)
ab ovo (*lat.*) von Anfang an, vom Ursprung her

abqualifizieren (*lat.*) jmdm. die Eignung für etwas absprechen
Abrakadabra *s.* (*unbek. Herk.*) 1. Zauberwort; 2. verworrenes Gerede
Abrasion *w.* (*lat.*) 1. Abtragung durch die Meeresbrandung; 2. Ausschabung (der Gebärmutter)
Abraxas *m.* (*gr.*) gnostisches Geheimwort (für Gott); **Abraxasstein** *m.* Gemme, Amulett, Ring mit einem Abraxas
abreagieren (*lat.*) sich von Erregung, Spannung befreien; **Abreaktion** *w.* Lösung seelischer Spannung
Abrogation *w.* (*lat.*) Abschaffung, Aufhebung eines Gesetzes; **abrogieren** abschaffen, aufheben, zurücknehmen
abrupt (*lat.*) jäh, unvermittelt, unerwartet, zusammenhanglos
Absence *w.* (absangß, *frz.*) vorübergehende Geistesabwesenheit
absent (*lat.*) abwesend; **in absentia** (-zia) in Abwesenheit; **sich absentieren** sich entfernen; **Absenz** *w.* Abwesenheit
Absinth *m.* (*gr.-lat.*) Wermutpflanze und Wermutbranntwein
absit! (*lat.*) das sei ferne!, bewahre!
absolut (*lat.*) 1. rein, nur auf sich bezogen (z. B. absolute Musik, Malerei); 2. uneingeschränkt, vollkommen, unabhängig (z. B. absolute Monarchie); 3. überhaupt, schlechthin, durchaus (z. B. absolut keine Lust); **Absolution** *w.* Lossprechung, bes. von Sünden; **Absolutismus** *m.* 1. uneingeschränkte Herrschaft; 2. Zeitalter der uneingeschränkten Fürstenherrschaft, Eigw. **absolutistisch**
Absolvent *m.* (*lat.*) jmd., der eine Ausbildung (erfolgreich) durchlaufen hat; **absolvieren** 1. durchlaufen, erfolgreich abschließen; 2. die Absolution erteilen, Hptw. **Absolvierung** *w.*
Absorber *m.* (*engl.*) Gerät zum Aufsaugen von Gasen (in Kältemaschinen); **absorbieren** (*lat.*) 1. aufsaugen; 2. restlos beanspruchen; 3. verschlucken (von Licht, Strahlung), Hptw. **Absorption** *w.*; **absorptiv** einsaugend, verschluckend
abstinent (*lat.*) enthaltsam; **Abstinenz** *w.* Enthaltsamkeit, Enthaltung; **Abstinenzler** *m.* Alkoholgegner, Anhänger der Antialkoholbewegung
Abstract *s.* (äpßträkt, *engl.*) kurze Inhaltsangabe, kurzer Abriss
abstrahieren (*lat.*) 1. abziehen, absehen von, beiseite lassen; 2. verallgemeinern, zum Begriff erheben; **abstrakt** begrifflich; abgezogen, theoretisch; **abstrakte Kunst** vom Gegenständlichen absehende, ungegenständliche Kunst; **Abstraktion**, *w.* Verallgemeinerung, Begriffsbildung; **Abstraktum** *s.* Hauptwort, das etwas Nichtgegenständliches bezeichnet, Begriffswort (z. B. Liebe, Seele), (*Mz.* Abstrakta)
abstrus (*lat.*) dunkel, verworren, unklar, absonderlich, unverständlich
absurd (*lat.*) unsinnig, widersinnig, sinnlos, abwegig; **Absurdität** *w.* Widersinnigkeit
Abszess *m.* (*lat.*) Eiterherd; **abszedieren** eitern
Abszisse *w.* (*lat.*) waagerechte Achse im Koordinatensystem
abturnen (-törnen, *engl.*) aus der Stimmung bringen
Abu *m.* (*arab.*) Vater, Bestandteil arab. Namen
Abulie *w.* (*gr.*) krankhafte Willenlosigkeit, Unentschlossenheit
abundant (*lat.*) reichlich, überfließend; **Abundanz** *w.* Überfluss, Überangebot
ab urbe condita (*lat.*) seit Gründung der Stadt (Rom), altröm. Zeitrechnung
Abusus *m.* (*lat.*) übermäßiger Gebrauch, Missbrauch; **abusiv** missbräuchlich
Abyssus *m.* (*gr.*) 1. Meerestiefe; 2. Abgrund; **abyssisch** aus großer Tiefe, in großer, abgründiger Tiefe
a cappella (*itl.*) Musik: für Singstimmen ohne Instrumentalbegleitung
accel. Abk. für **accelerando** (atschellerando, *itl.*) Musik: schneller werden(d), lebhafter
Accent aigu *m.* (akßangt ägü, *frz.*) Akut, Betonungszeichen, Zeichen ´, z. B. é; **Accent circonflexe** *m.* (– ßirkongfleks) Zirkumflex, Dehnungszeichen, Zeichen ˆ, z. B. ê; **Accent grave** *m.* (– graf) Gravis, Betonungszeichen, Zeichen `, z. B. è
Accessoires *Mz.* (akßessoahr, *frz.*) modisches Zubehör
Accompagnato *s.* (akompanjato, *itl.*) Rezitativ mit Orchester

Accountant *m.* (äkauntent, *engl.*) Bez. für Wirtschaftsprüfer in den USA, den Niederlanden, Großbritannien und Irland

accresc. Abk. für **accrescendo** (akreschendo, *itl.*) Musik: anschwellend, stärker

Accrochage *w.* (akroschahsch, *frz.*) Ausstellung aus den eigenen Beständen einer Galerie

Acetat *s.* (*lat.*) Salz der Essigsäure; **Acetatseide** *w.* Kunstseide aus Zellulose-Acetat; **Aceton** *s.* Lösungsmittel (Essiggeist); **Acetylen** *s.* brennbarer, gasförmiger Kohlenwasserstoff

Achat *m.* (*gr.*) bunt geschichteter Schmuckstein, Eigw. **achaten**

Acheron *m.* (*gr.*) Fluss in der Unterwelt; **acherontisch** unterweltlich

Acheuléen *s.* (aschöleang, *frz.*) Kulturstufe der älteren Steinzeit

Achillessehne *w.* (*gr.*) Sehne in der Wadenmuskulatur; **Achillesferse** *w.* schwache Seite, verwundbare Stelle eines Menschen

a. Chr. (n.) = ante Christum (natum)

achromatisch (akro-, *gr.*) Farben nicht verzerrend; **Achromat** *m.* fotografisches Objektiv mit achromatischer Linse; **Achromasie** *w.*; **Achromatismus** *m.* Brechung des Lichts ohne Zerlegung in Farben; **Achromatopsie** *w.* Farbenblindheit

a. c. i. = accusativus cum infinitivo (*lat.*) Akkusativ mit Infinitiv, grammatische Fügung, bei der das Akkusativobjekt des ersten Verbs zugleich Subjekt des zweiten, im Infinitiv stehenden Verbs ist (z. B.: Ich höre den Hund bellen = Ich höre den Hund. Er bellt.)

Acid *s.* (ehßid, *engl.*) Rauschmittel, LSD

Acidimetrie *w.* (*lat.*) Methode zur Bestimmung des Säuregehalts; **Acidität** *w.* Säuregehalt einer Lösung

à condition (a kongdißjong, *frz.*) bedingungsweise, unter Vorbehalt

a conto (*itl.*) auf Rechnung von, auf Abschlag

Acre *m.* (ehk'r, *engl.*) englisches Flächenmaß: 40,5 Ar

Acrylfarben *Mz.* (*Kunstwort*) Kunstharzdispersionsfarben, die seit den 1960er-Jahren in der Malerei verwendet werden

Action *w.* (äktschen, *engl.*) Spannung, Dramatik, Handlungsreichtum; **Actionfilm** *m.* Film, der überwiegend auf Action ausgerichtet ist; **Actionpainting** (-pehnting) Aktionsmalerei, abstrakt-expressionistische Richtung der modernen Malerei, vor allem in den USA

A. D. = Anno Domini

a. d. = a dato

Ad-, ad- (*lat.*) als Vorsilbe: zu, hinzu

ad absurdum führen (*lat.*) die Sinnlosigkeit einer Behauptung nachweisen

ad acta legen (*lat.*) zu den Akten, beiseite legen, als erledigt betrachten, abtun

Adagietto *s.* (adadschetto, *ital.*) kleines Adagio; **adagio** (-dscho) Musik: langsam, getragen; **Adagio**, *s.* langsamer Satz eines Tonwerks; **adagio assai** ziemlich langsam; **– molto, adagissimo** (-dschissi-) sehr langsam

Adagium *s.* (*lat.*) Sprichwort (*Mz.* Adagia)

Adapter *m.* (*engl.*) 1. Vorrichtung zur Anpassung elektrischer Geräte aneinander; 2. Zusatzgerät; **Adaption, Adaptation** *w.* (*lat.*) Anpassung, Umarbeitung; **adaptieren** anpassen, umarbeiten; **adaptiv** auf Adaption beruhend

adäquat (*lat.*) angemessen, entsprechend, passend

a dato (*lat.*) vom Tage des Datums an

ad calendas graecas, ad kalendas graecas (ka- gräk-, *lat.*) bis zu den (nicht vorhandenen) griechischen Kalenden: nie, niemals, am Nimmerleinstag

addieren (*lat.*) zusammenzählen, zusammenrechnen, hinzufügen; **Addition** *w.* Zusammenrechnung, Summierung; **additional, additionell** nachträglich, zusätzlich; **additiv** durch Addition entstanden; **Additiv** *s.* chem. Zusatz zur Qualitätsverbesserung eines Stoffs

addizieren (*lat.*) zuerkennen, zusprechen, zuschreiben, bes. unsignierte Gemälde einem Künstler

Adduktion *w.* (*lat.*) heranziehende Bewegung; **adduktiv** heranziehend; **Adduktor** *m.* heranziehender Muskel (*Mz.* Adduktoren)

à demi (*frz.*) zur Hälfte

Adenitis *w.* (*gr.*) Drüsenentzündung, Lymphknotenentzündung; **Adenoma** *s.*

Drüsengeschwulst; **adenös** die Drüsen betreffend

Adept *m.* (*lat.*) Eingeweihter, Jünger eines Meisters

adhärent (*lat.*) anhaftend, aneinander haftend; **adhärieren** anhaften; **Adhäsion** *w.* 1. das Aneinanderhaften von Stoffen; 2. Verklebung (von Organen)

ad hoc (*lat.*) 1. zu diesem Zweck, eigens dafür; 2. aus dem Augenblick

ad hominem argumentieren (demonstrieren) (*lat.*) Beweis oder Erklärung auf das Verständnis eines bestimmten Menschen abstellen

ad honorem (*lat.*) ehrenhalber, zu Ehren

adieu! (adjöh, *frz.*) Gott befohlen! Leb wohl!

Ädikula *w.* (*lat.*) Fenstereinfassung, Nische

ad infinitum = in infinitum

Adipositas *w.* (*lat.*) Fettleibigkeit

à discrétion (a dißkreßiong, *frz.*) nach Belieben

Adjektiv *s.* (*lat.*) Eigenschaftswort, Beiwort; **adjektivisch** als Eigenschaftswort gebraucht

Adjudikation *w.* (*lat.*) Zuerkennung; **adjudizieren** zuerkennen, zusprechen

adjungieren (*lat.*) zuordnen, beigeben; **Adjunktion** *w.* Beifügung

adjustieren (*lat.*) eichen, normen; **Adjustierung** *w.* Eichung, Normung

Adjutant *m.* (*lat.*) zur Unterstützung beigeordneter Offizier

ad kalendas ... = ad calendas ...

Adlatus *m.* (*lat.*) Helfer, Gehilfe (scherzh.)

ad libitum (*lat.*) nach Belieben

ad maiorem Dei gloriam (de'i) (*lat.*) zur größeren Ehre Gottes

Administration *w.* (*lat.*) Verwaltung und Verwaltungsbehörde; **administrativ** behördlich, verwaltungsmäßig; **Administrator** *m.* Verwalter

Admiral *m.* (*arab.-frz.*) 1. Seeoffizier im Generalsrang; 2. samtschwarzer Schmetterling mit weißen Flecken und roten Streifen; **Admiralität** *w.* oberste Behörde der Kriegsmarine

Adnex *m.* (*lat.*) Anhang, Zusatz

ad notam nehmen (*lat.*) zur Kenntnis nehmen, sich merken

ad oculos demonstrieren (*lat.*) deutlich vor Augen führen, anschaulich machen

adoleszent (*lat.*) heranwachsend; **Adoleszenz** *w.* Jugendalter, Lebensabschnitt nach der Pubertät

Adonai (o. Art., *hebr.*) Umschreibung für Jahwe im Alten Testament

Adonis *m.* (*griech.*) schöner junger Mann (nach dem Jüngling der griech. Mythologie), Eigw. **adonisch**

adoptieren (*lat.*) 1. als Kind annehmen; 2. sich etwas nachahmend aneignen; **Adoption** *w.* Annahme, das Adoptieren; **Adoptivkind** *s.* angenommenes Kind

Adoration *w.* (*lat.*) Anbetung, religiöse Verehrung, Eigw. **adorabel**

ad referendum (*lat.*) zur Berichterstattung

ad rem (*lat.*) zur Sache

Adrema *w.* (Kurzwort, *Wz.*) Adressiermaschine

Adrenalin *s.* (*lat.*) Hormon des Nebennierenmarks

Adressat *m.* (*frz.*) 1. Empfänger einer Sendung; 2. jmd., an den etwas gerichtet ist; **Adresse** *w.* 1. Anschrift; 2. politische Willenskundgebung an die Regierung; 3. gekennzeichneter Speicherplatz im Computer (EDV); **adressieren** 1. mit Adresse versehen; 2. sich an jmdn. wenden

adrett (*frz.*) sauber, nett, ordentlich

adsorbieren (*lat.*) anlagern; **Adsorption** *w.* Bindung von Gasen an die Oberflächenschicht fester Stoffe

ad spectatores (*lat.*) an das Publikum gerichtete Äußerung eines Schauspielers (Regieanweisung)

Adstringens *s.* (*lat.*) zusammenziehendes Mittel (*Mz.* Adstringenzien); **adstringieren** zusammenziehen, verengen

Adulter *m.*, **Adultera** *w.* (*lat.*) Ehebrecher(in)

ad usum (*lat.*) zum Gebrauch; **ad usum Delphini** für die Jugend bearbeitet, von anstößigen Stellen befreit (was auf Veranlassung Ludwigs XIV. mit der Lektüre des Kronprinzen, des Dauphin, geschah)

Advantage *s.* (edwahntidsch, *engl.*) erster gewonnener Punkt nach dem Einstand (beim Tennis)

Advent *m.* (*lat.*) die vier Wochen vor Weihnachten

Adverb *s.* (*lat.*) Umstandswort; **adverbial** als Umstandswort gebraucht
adversativ (*lat.*) gegensätzlich, entgegengesetzt
Advertising Agency *w.* (ädwörteising ähdschenßi, *engl.*) Werbeagentur
Advocatus Diaboli *m.* (*lat.*) jmd., der der Sache zuliebe die Position der Gegenseite einnimmt
Advokat *m.* (*lat.*) Anwalt, Rechtsbeistand
Adynamie *w.* (*gr.*) Schwäche, Kraftlosigkeit; **adynamisch** schwach, kraftlos
Aero-, aero- (äro, *gr.*) als Wortteil: Luft; **Aerodynamik** *w.* Lehre von den Bewegungsgesetzen der Luft; **Aerologie** *w.* Erforschung der höheren Luftschichten in der Meteorologie; **Aeronautik** *w.* Luftfahrtkunde; **Aerostatik** *w.* Lehre von den Gleichgewichtszuständen der Luft
Affäre *w.* (*frz.*) 1. unangenehme Sache, peinlicher Vorfall; 2. Liebesverhältnis
Affekt *m.* (*lat.*) heftige Gemütsbewegung, Zustand der Erregung; **affektiert** geziert, gekünstelt; **Affektation** *w.* affektiertes Benehmen; **Affektion** *w.* Erkrankung; **affektiv** affektbetont, durch einen Affekt hervorgerufen; **Affektivität** *w.* Gesamtheit menschlicher Gefühle und Stimmungen
affettuoso, con affetto (*itl.*) Musik: mit Empfindung, leidenschaftlich
Affiche *w.* (affisch, *frz.*) Anschlag, Aushang, Plakat, Ztw. **affichieren**
Affidavit *s.* (*lat.*) 1. eidesstattliche Versicherung; 2. Bürgschaft für einen Immigranten
affin (*lat.*) 1. wesensverwandt; 2. reaktionsfähig (von Stoffen bei chem. Verbindungen); **affinieren** reinigen, scheiden, trennen (z. B. in der Metallverarbeitung); **Affinität** *w.* 1. Anziehungskraft zwischen (zwei) Menschen; 2. chem. Reaktionsbereitschaft
Affirmation *w.* (*lat.*) Bejahung, Bekräftigung; **affirmativ** bejahend, bekräftigend
Affix *s.* (*lat.*) Wortbildungselement (Präfix und Suffix)
affizieren (*lat.*) reizen, einen krankhaften Vorgang auslösen; **affiziert** gereizt, befallen
Affront *m.* (affrong, *frz.*) herausfordernde Beleidigung, Brüskierung
affrös (*frz.*) abscheulich
Afghane *m.* afghanischer Windhund
à fonds perdu (a fong perdü, *frz.*) auf Verlustkonto
a fortiori (*lat.*) erst recht, umso mehr
a fresco = al fresco
Afrikaans *s.* (-kahns, *niederl.*) Sprache der Buren in der Republik Südafrika
After-Shave (after schehf, *engl.*) Rasierwasser
Aga, Agha *m.* (*türk.*) 1. Herr (als persische Anrede); 2. früherer Titel für türkische Offiziere; **Agha Khan** *m.* Oberhaupt der schiitischen Glaubensgemeinschaft
Agape *w.* (*gr.*) 1. Gottesliebe, Nächstenliebe; 2. Liebesmahl, Speisung (der Armen im Frühchristentum)
Agar-Agar *s.* (*malai.*) Gallerte aus Meeresalgen
Agave *w.* (*gr.*) der Aloe verwandte, artenreiche Gattung mit bedornten, dickfleischigen Blättern
Agenda *w.* (*lat.*) 1. Merkbuch, Schreibtafel; 2. Terminkalender; 3. Verhandlungspunkte; **Agende** *Mz.* Buch für die Gottesdienstordnung
Agens *s.* (*lat.*) treibende Kraft, wirkende Ursache (*Mz.* Agenzien)
Agent *m.* (*lat.*) 1. Vertreter, Vermittler, Unterhändler; 2. Spion; **Agent provocateur** *m.* (aschang prowokatöhr, *frz.*) Lockspitzel; **Agentur** *w.* 1. Geschäftsstelle; 2. Künstlervermittlungsbüro; 3. Nachrichtenbüro
Agglomerat *s.* (*lat.*) zusammengeballtes Gestein; **Agglomeration** *w.* Zusammenballung, Konzentration (z. B. von Vorstädten); **agglomerieren** zusammenballen, anhäufen
Agglutination *w.* (*lat.*) 1. Verklebung, Verklumpung (von Zellen); 2. das Anfügen von Affixen; **agglutinieren** 1. zusammenballen, zusammenkleben; 2. Affixe anfügen
Aggregat *s.* (*lat.*) 1. aus mehreren selbständigen Teilen bestehende Einheit; 2. Maschinensatz; **Aggregatzustand** *m.* Erscheinungsform der Körper (fest, flüssig, gasförmig)
Aggression *w.* (*lat.*) 1. Angriff, Überfall, Angriffskrieg; 2. aggressive Haltung, aggressives Verhalten; **aggressiv** angriffs-

lustig, feindselig, streitsüchtig, provozierend; **Aggressivität** *w.* (-wi-) Angriffslust, Angriffsverhalten; **Aggressor** *m.* Angreifer (*Mz.* Aggressoren)

Ägide *w.* (*gr.*) Leitung, Schirmherrschaft

agieren (*lat.*) handeln; auftreten als

agil (*lat.*) flink, gewandt, beweglich, geschäftig, Hptw. **Agilität**, *w.*; **agile** (adschile, *itl.*) Musik: leicht, behände

Agio *s.* (ahdscho, *itl.*) Aufgeld (Unterschied zwischen Nennwert und Marktpreis eines Wertpapiers); **Agiotage** *w.* (-tasch, *itl.-frz.*) Börsenspekulation mit Kursdifferenzen; **Agioteur** *m.* (-tör) Börsenspekulant; **agiotieren** Kursschwankungen nutzen

Agitation *w.* (*lat.*) 1. Werbung für politische Ziele, Propaganda; 2. Hetze; **agitato** (adschitato, *itl.*) Musik: heftig; **Agitator** *m.* (*lat.*) jmd., der Agitation betreibt; **agitieren** 1. für politische Ziele werben, Propaganda treiben; 2. hetzen

Agitprop *w.* (Kunstwort aus *Agit*ation und *Prop*aganda) kommunistische Bewegung in den 1920er-Jahren mit dem Ziel, die (russischen) Massen zu revolutionieren

Agnat *m.* (*lat.*) Blutsverwandter von der väterlichen Seite; **agnatische Erbfolge** männliche Erbfolge

Agnomen *s.* (*lat.*) Beiname (*Mz.* Agnomina)

Agnostiker *m.* (*lat.*) Anhänger der Lehre; **Agnostizismus** *m.* Lehre von der rationalen Unerkennbarkeit des Göttlichen, des Metaphysischen, Eigw. **agnostizistisch**

agnoszieren (*lat.*) anerkennen

Agnus Dei *s.* (– de'i, *lat.*) 1. Lamm Gottes, Bez. für Christus; 2. Schlussteil des kath. Gottesdienstes

à gogo (*frz.*) nach Belieben (viel)

Agogik *w.* (*gr.*) individuelle Gestaltung des musikalischen Tempos, Eigw. **agogisch**

Agon *m.* (*gr.*) Wettkampf in der Antike; **agonal** wettkampfmäßig; **Agonie** *w.* Todeskampf; **Agonist** *m.* Wettkämpfer

Agora *w.* (*gr.*) Markt- und Versammlungsplatz im antiken Griechenland; **Agoraphobie**, *w.* (*gr.*) Platzangst

Agraffe *w.* (*frz.*) Spange

Agrar- (*gr.*) auf die Landwirtschaft bezogen; **Agrarier** *m.* (-ri'er) Landbesitzer, Großgrundbesitzer; **agrarisch** landwirtschaftlich; **Agronom** *m.* wissenschaftlich ausgebildeter Landwirt; **Agronomie** *w.* Ackerbaukunde, Landwirtschaftswissenschaft, Eigw. **agronomisch**

Agreement *s.* (ägrihment, *engl.*) nichtvertragliche Übereinkunft (zwischen Staaten)

Agrément *s.* (agrehmang, *frz.*) Beglaubigung eines Diplomaten

Agrikultur *w.* (*lat.*) Ackerbau, Landwirtschaft

Agrumen *Mz.* (*itl.*) Südfrüchte, Zitrusfrüchte

Ahasver *m.* (*hebr.-lat.*) Sagengestalt des ewig unstet wandernden Juden; **ahasverisch** ruhelos umherirrend

ai = Amnesty International

Aide *m.* (ähd, *frz.*) Partner beim Whist; **Aide-mémoire** *w.* (-memoahr) schriftliche Fixierung einer diplomatischen Unterredung

Aids *s.* (ehds, aus *engl.* *a*cquired *i*mmune *d*eficiency *s*yndrome) Immundefektsyndrom, Verlust der körpereigenen Abwehrkräfte (aufgrund einer Infektion mit dem HIV-Virus)

Aikido *s.* (*jap.*) Form der Selbstverteidigung

Air *s.* (ähr, *frz.*) 1. Hauch, Fluidum; 2. Lied, Weise; 3. Aussehen, Haltung; **sich ein Air geben** sich ein Ansehen geben

Airbag *m.* (ährbäck, *engl.*) Luftsack, Sicherheitsvorkehrung im Auto; **Airboard** *m.* (-bohrd) aufblasbarer Hightech-Schlitten mit zwei Luftkammern; **Airbus** *m.* (ährbus) Großraumflugzeug für den Passagierverkehr; **Aircondition** *w.* (-kondischen) Klimaanlage

Airedaleterrier *m.* (ährdehlterri'er, *engl.*) drahthaariger englischer Rassehund

Airmail (-mehl, *engl.*) Luftpost; **Airport** *m.* Flughafen

Ajatollah *m.* (*pers.*) schiitischer Ehrentitel für Geistliche

à jour (aschuhr, *frz.*) auf dem Laufenden

Ajourarbeit Durchbrucharbeit an Geweben; **Ajourfassung** Randfassung für Edelsteine

Akademie *w.* (*gr.*) Hochschule, Kunstschule, wissenschaftliche Gesellschaft; **Akademiker** *m.* 1. Person mit abgeschlossener Hochschulausbildung; 2. Mitglied einer Akademie; **akademisch** 1. wissenschaftlich; 2. trocken, erstarrt

Akanthus *m.* (*gr.*) 1. Bärenklau; 2. Blattornament am korinthischen Kapitell

akaustisch (*gr.*) nicht ätzend

Akelei *w.* (*lat.*) Zierpflanze, Gattung der Hahnenfußgewächse

Akinesie *w.* (*gr.*) 1. Bewegungshemmungen von Gliedmaßen; 2. Sichtotstellen bei Tieren; **akinetisch** unbeweglich, bewegungsarm

Akklamation *w.* (*lat.*) 1. Beifall; 2. Zustimmungsruf bei mündlicher Abstimmung; **akklamieren** zustimmen

Akklimatisation *w.* (*gr.-lat.*) Anpassung an ein fremdes Klima, eine andere Umgebung; **akklimatisieren** sich eingewöhnen

Akkolade *w.* (*frz.*) 1. feierliche Umarmung bei einer Ordensverleihung; 2. geschwungene Klammer, die Zusammengehöriges bezeichnet

akkommodabel (*lat.*) anpassungsfähig, zweckmäßig; **Akkommodation** *w.* 1. Angleichung, Anpassung; 2. Einstellung des Auges auf die Entfernung; **akkommodieren** anpassen, angleichen; **sich akkommodieren** sich einigen, sich vergleichen

Akkompagnement *s.* (akompanjemang, *frz.*) musikalische Begleitung; **akkompagnieren** (-panjihren) instrumental begleiten

Akkord *m.* (*frz.*) 1. Zusammenklang von mindestens drei Tönen; 2. Vergleich zwischen Schuldner und Gläubiger; 3. Stücklohn; **Akkordeon** *s.* Ziehharmonika, Handharmonika; **akkordieren** übereinkommen, einen Vergleich eingehen

akkreditieren (*frz.*) 1. beglaubigen, bestätigen, bevollmächtigen; 2. Kredit einräumen; **Akkreditiv** *s.* 1. Beglaubigungsschreiben, bes. für Diplomaten; 2. Kreditbrief

Akkulturation *w.* (*lat.*) das Hineinwachsen einer Person in ihre kulturelle Umwelt

Akkumulation *w.* (*lat.*) Anhäufung, Ansammlung; **Akkumulator, Akku** *m.* 1. Stromspeicher, Stromsammler; 2. Speicherzelle (EDV); **akkumulieren** anhäufen, speichern

akkurat (*lat.*) genau, sorgfältig, ordentlich; **Akkuratesse** *w.* (*frz.*) Genauigkeit, Ordnungsliebe, Sorgfalt

Akkusativ *m.* (*lat.*) der 4. Fall, antwortet auf die Frage: Wen oder was?

Akme *w.* (*gr.*) Gipfel, Höhepunkt, bes. im Verlauf einer Krankheit

Akne *w.* (*gr.*) Hautausschlag, bes. in der Pubertät

akquirieren (*lat.*) 1. erwerben, anschaffen; 2. als Akquisiteur tätig sein; **Akquisiteur** *m.* (-tör) Anzeigenwerber, Kundenwerber; **Akquisition** *w.* 1. Erwerbung, Anschaffung; 2. Anzeigenwerbung, Kundenwerbung

Akribie *w.* (*gr.*) äußerste Genauigkeit, peinliche Sorgfalt, Eigw. **akribisch**

Akro-, akro- (*gr.*) als Wortteil: hoch, spitz

Akrobat *m.* (*gr.*) Turnkünstler, Seiltänzer, Trapezkünstler; **Akrobatik** *w.* 1. Kunst des Akrobaten; 2. Geschicklichkeit und Körperbeherrschung, Eigw. **akrobatisch**

Akromegalie *w.* (*gr.*) Riesenwuchs vorspringender Körperteile (z. B. Hände, Füße, Nase)

Akronym *s.* (*gr.*) aus den Anfangsbuchstaben mehrerer Wörter gebildetes Wort (z. B. UNO)

Akropolis *w.* (*gr.*) Oberstadt, Stadtburg altgriechischer Städte, bes. Athens

Akrostichon *s.* (*gr.*) Gedicht, bei dem die Anfangsbuchstaben der Verse einen Sinn ergeben

Akt *m.* (*lat.*) 1. Handlung, Geschehen, Vorgang; 2. feierliche Handlung, Zeremoniell; 3. Teil des Dramas; 4. künstlerische Darstellung des nackten Körpers; 5. Koitus, Geschlechtsakt

Akte *w.* (*lat.*) Sammlung schriftlicher Unterlagen, bes. bei Behörden (*Mz.* Akten)

Akteur *m.* (-tör, *frz.*) 1. Schauspieler; 2. handelnde Person

Aktie *w.* (-zi'e, *lat.*) Anteilschein am Grundkapital einer Aktiengesellschaft; **Aktionär** *m.* Besitzer von Aktien

Aktinometer *s.* (*gr.*) Messgerät für Sonnenstrahlung; **aktinomorph** strahlenförmig (von Blüten)

Aktion *w.* (*lat.*) Handlung, Unternehmung, Tun; **Aktionär** = Aktie; **Aktionismus** *m.* von Aktion zu Aktion getriebenes Handeln, Eigw. **aktionistisch**; **Aktionskunst** *w.* Vorläuferin des Happening, Kunst als Aktion (des Künstlers); **Aktionsradius** *m.* Wirkungsbereich

aktiv (*lat.*) 1. tätig, unternehmend; 2. chem. wirksam, reaktionsfähig; **Aktiv** *s.* Tätigkeitsform des Zeitworts; **Aktiva** *Mz.* vorhandene Vermögenswerte, Guthaben; **Aktivität** *w.* 1. Unternehmungsgeist, Tätigkeitsdrang, Betriebsamkeit; 2. Maß für die Stärke radioaktiver Strahlung; **aktivieren** 1. in Bewegung bringen; 2. zu den Aktiva schreiben; 3. radioaktiv machen; **Aktivismus** *m.* zielstrebiges Handeln für ein (politisches) Ziel, Eigw. **aktivistisch**

Aktrice *w.* (aktriß, *frz.*) Schauspielerin

Aktuar *m.* (*lat.*) Versicherungs- und Wirtschaftsmathematiker

aktualisieren (*lat.*) 1. wirksam machen; 2. auf den neuesten Stand bringen, Hptw. **Aktualisierung** *w.*; **Aktualität** *w.* 1. Gegenwartsnähe, Tagesbezogenheit; 2. das Wirksamsein; **aktuell** (-tu'e-) für den Augenblick von Interesse, zeitnah

Akupunktur *w.* (*lat.*) Heilbehandlung durch den Einstich von Nadeln in bestimmte Hautstellen

Akustik *w.* (*gr.*) 1. Lehre vom Schall; 2. Klangverhältnisse in einem Raum, Eigw. **akustisch**; **akustischer Typ** Mensch, der sich Gehörtes besser merken kann als Gesehenes

akut (*lat.*) 1. vordringlich, brennend; 2. rasch verlaufend, heftig einsetzend (von Krankheiten)

Akut = Accent aigu

Akzedenz *w.* (*lat.*) Beitritt, Bewilligung; **akzedieren** beistimmen, beitreten

Akzeleration *w.* (*lat.*) Beschleunigung; **akzelerieren** beschleunigen

Akzent *m.* (*lat.*) 1. Betonung; 2. Tonfall, Aussprache; **akzentuieren** betonen, hervorheben

Akzept *s.* (*lat.*) angenommener Wechsel, Anerkennung eines Wechsels; **akzeptabel** annehmbar; **Akzeptant** *m.* der zur Bezahlung des Wechsels Verpflichtete; **Akzeptanz** *w.* Bereitschaft, etwas zu akzeptieren; **akzeptieren** annehmen, sich einverstanden erklären, hinnehmen

akzessorisch (*lat.*) nebensächlich, untergeordnet

akzidentiell (-ti'e-), **akzidentell** (*lat.*) zufällig, beiläufig, nebensächlich; **Akzidenz**, *w.* gelegentliche Druckarbeit (z. B. Formulare u. Ä.)

Akzise *w.* (*lat.*) Verbrauchs-, Verkehrssteuer

à la (alla, *frz.*) nach Art von; **à la baisse spekulieren** (alla bähß –, *frz.*) auf das Sinken der Börsenkurse spekulieren

Alabaster *m.* (*gr.*) marmorartiger, durchscheinender Gips

à la bonne heure! (alla bonnör, *frz.*) sehr gut!, vortrefflich!

à la carte (alla kart, *frz.*) nach der Speisekarte (essen)

à la hausse spekulieren (alla ohß –, *frz.*) auf das Steigen der Börsenkurse spekulieren

à la jardiniere (– schardinjähr, *frz.*) mit Ein- oder Beilagen von frischem Gemüse versehen (von Speisen)

Alalie *w.* (*gr.*) Unfähigkeit, artikuliert zu sprechen, fehlendes Sprachvermögen

à la longue (alla longe, *frz.*) auf die Dauer

à la mode (alla mohd, *frz.*) modisch, nach der neuesten Mode; **Alamodezeit** *w.* Zeit der übertriebenen Nachahmung des Französischen in Tracht, Lebensart und künstlerischer Form im Deutschland des 17. Jahrhunderts, Eigw. **alamodisch**

Alarm *m.* (*frz.-itl.*) 1. Warnruf, Warnsignal; 2. Beunruhigung; **alarmieren** warnen, zu Hilfe rufen, **alarmierend** beunruhigend

à la suite (alla swit, *frz.*) in einer militärischen Ehrenstellung (ohne Amt)

Alaun *m.* (*lat.*) Doppelsulfat, blutstillendes Mittel

Albatros *m.* (*arab.-span.*) gänsegroßer Seevogel mit Flügeln von großer Spannweite

Albe *w.* (*lat.*) das weiße Chorhemd des kath. Geistlichen

Albergo *s.* (*itl.*) italien. Wirtshaus, Herberge, Pension

Albigenser *m.* Angehöriger einer Sekte in Südfrankreich (12. und 13. Jh.)

Albinismus *m.* (*lat.*) erblich bedingter Pigmentmangel bei Mensch und Tier; **Al-**

bino *m.* Mensch oder Tier mit Pigmentmangel

Albion keltischer Name für England, heute nur noch poetisch verwendet

Albumen *s.* (*lat.*) Eiweiß

Alcantara *s.* (*Wz.*) Wildlederimitat

Alchemie *w.*, **Alchimie** *w.* (*arab.-gr.*) 1. Goldmacherkunst; 2. mittelalterliche Chemie; **Alchimist** *m.* Chemiker des Mittelalters, Goldmacher; **alchimistisch** die Alchimie betreffend

al corso (*itl.*) zum laufenden Kurs (von Börsenwerten)

Aldehyd *s.* (*gr.*) Alkohol, dem Wasserstoff entzogen wurde

al dente (*itl.*) bissfest (z. B. von Nudeln)

Ale *s.* (ehl, *engl.*) englisches Bier

alea iacta est (*lat.*) es ist entschieden (nach dem angeblichen Ausspruch Caesars, als er den Rubikon überschritt: «Der Würfel ist geworfen»)

Aleatorik *w.* (*lat.*) moderne Kompositionstechnik, die der Aufführung des Werks durch zufallsbedingte Abfolge von Klangkomplexen immer neue Interpretationsmöglichkeiten offen lässt; **aleatorisch** vom Zufall abhängend, beliebig

alert (*frz.*) lebhaft, munter, frisch, fröhlich

Alexandriner *m.* sechsfüßiger gereimter Jambenvers (nach der frz. Alexanderepik des Mittelalters); **Alexandrit** *m.* sibirische, smaragdgrüne Abart des Chrysoberylls (nach dem russ. Zaren Alexander II.)

Alexie *w.* (*gr.*) krankhafte Unfähigkeit zu lesen

alfanzen (*itl.*) Possen reißen, närrisch reden, schwindeln; **Alfanzerei** *w.* Albernheit, kindisches Benehmen

al fine (*itl.*) Musik: bis zum Schluss

al fresco (*itl.*) auf frischem Untergrund gemalt

Algebra *w.* (*arab.*) Lehre von den regelhaften Beziehungen mathem. Größen, Lehre von den Gleichungen, Eigw. **algebraisch** (-a'i-)

Algesie *w.* (*gr.*) Schmerz, Schmerzempfindlichkeit; **Algesiologie** *w.* Schmerzforschung

ALGOL *s.* (aus *engl. algo*rithmic *l*anguage) Formelsprache, Programmiersprache aus den 1960er-Jahren, grundlegend für spätere Programmiersprachen

Algonkin *s.* Sprache der Algonkinindianer in Nordamerika und Kanada (nach dem gleichnamigen Gebiet in Kanada)

Algonkium *s.* (*indian.*) Zeitalter der Erdgeschichte

Algorithmus *m.* (*gr.*) festgelegte Folge von Schritten zur Lösung einer Aufgabe

alias (*lat.*) unter dem Namen... bekannt

Alibi *s.* (*lat.*) 1. Nachweis der Abwesenheit vom Tatort; 2. Entschuldigung, Ausrede

Alien *s.* (ehli'en, *engl.*) utopisches Lebewesen von anderen Planeten

Alienation *w.* (-li'e-, *lat.*) 1. Entfremdung; 2. psychotisch bedingte geistige Zerrüttung; 3. Veräußerung, Verkauf; **alienieren** 1. entfremden; 2. veräußern

Alimentation *w.* (*lat.*) Unterhaltsgewährung; **Alimente** *Mz.* Unterhaltsbeiträge; **alimentieren** Alimente zahlen

a limine (*lat.*) ohne weiteres

aliter (*lat.*) anders

Alizarin *s.* (*arab.-span.*) Krapprot, ein Farbstoff

Alkahest *m.* oder *s.* Universallösungsmittel für alle Stoffe (Annahme der Alchimisten)

alkäisch im Versmaß des griechischen Dichters Alkäos (von Oden)

Alkalde *m.* (*span.*) Ortsrichter, Bürgermeister in Spanien

Alkalimetall (*arab.*) chem. stark reaktionsfähige, einwertige Elemente (z. B. Cäsium, Lithium); **alkalisch** basisch, laugenhaft; **Alkaloid** *s.* organische Stickstoffverbindung, meist giftig (z. B. Koffein, Nikotin, Kokain)

Alkazar *m.* (auch -asar, *arab.-span.*) span. Bez. für Burg, Schloss, Palast

Alkohol *m.* (*arab.*) 1. Hydroxylgruppe(n) enthaltende organische Verbindung; 2. Äthylalkohol; **Alkoholika** *Mz.* alkoholische Getränke; **Alkoholiker** *m.* Alkoholkranker; **alkoholisch** alkoholhaltig (von Getränken); **Alkoholismus** *m.* Trunksucht; **alkoholisieren** 1. jmdn. betrunken machen; 2. mit Alkohol versetzen

Alkoven *m.* (*arab.*) Bettnische

Alkyl *s.* (*arab.-gr.*) einwertiger Kohlenwasserstoff

alla breve (*itl.*) Musik: schnell, beschleunigt, doppelt so schnell

Allah (*arab.*) Name Gottes im Islam

alla polacca (*itl.*) Musik: in der Art einer Polonaise
alla prima (*itl.*) Malweise mit einem einzigen Farbauftrag («aufs Erste»)
allargando (*itl.*) Musik: breiter, langsamer werdend
alla tedesca (*itl.*) Musik: nach Art des Walzers (des deutschen Tanzes)
alla turca (*itl.*) Musik: im Stil der türkischen Musik
Allee *w.* (*frz.*) mit Bäumen besäumte Straße
Allegat (*lat.*) angeführte Schriftstelle, Zitat; **allegieren** ein Zitat anführen
Allegorese *w.* (*gr.*) Textdeutung, die hinter dem Wortlaut einen verborgenen Sinn sucht; **Allegorie** *w.* Sinnbild, Gleichnis, bildhafte Darstellung eines abstrakten Begriffs; **allegorisch** etwas durch eine Allegorie ausdrückend
allegretto (*itl.*) Musik: ziemlich rasch; **allegro** schnell, lebhaft
allel (*gr.*) sich entsprechend (von Genen); **Allel** *s.* Erbanlagepaar innerhalb eines Gens; **Allelie** *w.* Zusammengehörigkeit von Allelen; **allelodidaktisch** sich gegenseitig unterrichtend
Allemande *w.* (-mangd, *frz.*) 1. Schreittanz in mäßigem Tempo; 2. (erster) Suitensatz
Allergene *Mz.* (*gr.*) Stoffe, die allergische Krankheiten hervorrufen; **Allergie** *w.* Überempfindlichkeit gegen bestimmte Stoffe, Eigw. **allergisch**
allez! (alleh, *frz.*) vorwärts, los!
Allianz *w.* (*frz.*) Verbindung, Bündnis, Staatenbündnis; **alliieren** (-li'ie-) verbünden, **alliiert** verbunden, verbündet
Alligator *m.* (*span.*) tropisch-subtropische Krokodilart
Alliteration *w.* (*lat.*) Stabreim, gleich lautende Anfangsbuchstaben mehrerer Wörter; **alliterieren** mit demselben Buchstaben anlauten, stabreimen
Allium *s.* (*lat.*) Knoblauch
Allogamie *w.* (*gr.*) Fremdbestäubung von Blüten
Allonge *w.* (allongsch, *frz.*) Verlängerungsabschnitt (an einem Wechsel); **Allongeperücke** *w.* Herrenperücke mit langen Locken; **allongieren** (allongschieren) verlängern
allons! (allong, *frz.*) auf!, vorwärts!, gehen wir!
allonym (*gr.*) unter anderem Namen
Allopathie *w.* (*gr.*) (die übliche) Behandlung von Krankheiten mit der Krankheit entgegengesetzten Medikamenten (im Gegensatz zur Homöopathie), Eigw. **allopathisch**
Alloplastik *w.* (*gr.*) Verwendung körperfremder Stoffe, z. B. Silber, Elfenbein, als Gewebeersatz
Allotria *Mz.* (*gr.*) Unfug
all right! (ohlreit, *engl.*) gut!, in Ordnung!
allround (-raund, *engl.*) allseitig; **Allroundman**, *m.* Tausendsassa; **Allroundspieler** *m.* Spieler, der auf allen Positionen einer Mannschaft spielen kann; **Allroundsportler**, *m.* Sportler, der mehrere Sportarten beherrscht
All-Star-Band *w.* (ohl star bänd, *engl.*) aus (berühmten) Solisten bestehendes größeres oder kleineres (Jazz-)Orchester
Allüre *w.* (*frz.*) Gangart des Pferdes; **Allüren** *Mz.* eigenwilliges Benehmen (eines Stars)
Allusion *w.* (*lat.*) Anspielung
Alluvium = Holozän
Alma Mater *w.* (*lat.*) Bezeichnung der Universität als nahrungsspendender Mutter
Almanach *m.* (*gr.*) Jahrbuch, Kalender mit unterhaltenden Beiträgen
Almosen *s.* (*gr.*) milde Gabe an die Armen
alogisch (*gr.*) wider die Vernunft, unlogisch
Alpaka *s.* (*span.*) 1. Neusilber, silberähnliche Metalllegierung; 2. zahme Lamaart; 3. Halbwollgewebe, Lüster
al pari (*itl.*) zum Nennwert (von Aktien)
Alpha *s.* (*gr.*) erster Buchstabe des griechischen Alphabets, A, α; **Alphabet** *s.* Reihenfolge der Schriftzeichen einer Sprache; **alphabetisieren** 1. alphabetisch anordnen; 2. einen Analphabeten im Lesen und Schreiben unterrichten; **alphanumerisch** Buchstaben und Ziffern enthaltend (vom Zeichenvorrat in der EDV); **Alphastrahlen** *Mz.* Teilchenstrahlung beim radioaktiven Zerfall von Atomkernen
al punto (*itl.*) auf den Punkt, ganz genau

al secco (*itl.*) auf trockenem Untergrund gemalt
al segno (– ßenjo, *itl.*) Musik: bis zum Zeichen
al sgraffito (*itl.*) dunkel auf hellem Untergrund gemalt
Alt *m.* (*itl.*) 1. tiefe Frauenstimme; 2. Sängerin mit Altstimme, auch: **Altistin**, *w.*
Altan *m.* (*itl.*) Vorbau, Balkon, Söller
Altar *m.* (*lat.*) tischähnlicher Aufbau in christl. Kirchen, Opferstätte
altera pars (*lat.*) die Gegenseite
Alteration *w.* (*lat.*) 1. Aufregung, Ärger; 2. Änderung eines Tons im Akkord; **alterieren** 1. (sich) ärgern, aufregen; 2. einen Ton verändern
Alter Ego *s.* (*lat.*) 1. das (zweite) unbewusste Ich; 2. Freund, Vertrauter
Alternative *w.* (*lat.*) Wahl zwischen zwei Möglichkeiten; Eigw. **alternativ**; **alternieren** wechseln, abwechseln, einander ablösen, Hptw. **Alternation** *w.*
Altruismus *m.* (*lat.*) Selbstlosigkeit; **Altruist**, *m.* selbstloser, uneigennütziger Mensch, Eigw. **altruistisch**
Aluminium *s.* (*lat.*) chem. Element, ein Leichtmetall
Alumnat *s.* (*lat.*) Schulheim, Stift; **Alumne** *m.* Zögling eines Alumnats
Alveole *w.* (*lat.*) 1. Bläschen, besonders an Drüsen und Lunge; 2. Höhlung im Kiefer für die Zähne (Alveolarfortsatz); **alveolar** mit kleinen Hohlräumen versehen
a. m. = ante meridiem
amabile (*itl.*) Musik: liebenswürdig, zärtlich im Ausdruck
Amalgam *s.* (*arab.-gr.*) Legierung eines Metalls mit Quecksilber; **amalgamieren** 1. ein Amalgam herstellen; 2. vereinigen, verbinden
Amant *m.* (amang, *frz.*) Liebhaber, Geliebter
Amarant *m.* (*lat.-gr.*) 1. Fuchsschwanz (Pflanze); 2. dunkelroter Farbstoff; **amarant, amaranten** dunkelrot
Amarelle *w.* (*lat.*) Sauerkirschensorte
Amaryl *m.* (*gr.*) hellgrüner Saphir; **Amaryllis** *w.* Zierpflanze mit vielen verwandten Gattungen
Amateur *m.* (-tör, *frz.*) Nichtfachmann, der Kunst, Wissenschaft, Sport aus Liebhaberei betreibt
Amazone *w.* (*gr.*) 1. Angehörige eines kriegerischen Frauenvolks der griech. Sage; 2. Turnierreiterin; 3. Papageiengattung
Ambassade *w.* (angbassahd, *frz.*) Gesandtschaft; **Ambassadeur**, *m.* (-dör) Gesandter
Amber = Ambra
ambidexter (*lat.*) mit beiden Händen gleich geschickt
Ambiente *s.* (-bi'en-, *itl.*) Umgebung, Milieu
Ambiguität *w.* (*lat.*) Doppel-, Mehrdeutigkeit, Eigw. **ambiguos**
Ambition *w.* (*lat.-frz.*) ehrgeiziges Streben; **ambitioniert** anspruchsvoll, hoch gesteckt; **ambitiös** ehrgeizig, geltungsbedürftig
ambivalent (*lat.*) 1. doppelwertig; 2. zwiespältig; **Ambivalenz** *w.* 1. Doppelwertigkeit; 2. Widerstreit der Gefühle
Ambra *w.* (*arab.*) wohlriechende Ausscheidung des Pottwals, Duftstoff
Ambrosia *w.* (*gr.*) Speise der Götter; **ambrosisch** köstlich, himmlisch, göttlich
ambulant (*lat.*) 1. nicht ortsfest; 2. nicht stationär (von ärztl. Behandlung); **Ambulanz** *w.* Krankenwagen; **Ambulatorium** *s.* ärztlicher Behandlungsraum
Amelie *w.* (*gr.*) angeborenes Fehlen von Gliedmaßen
Amelioration *w.* (*frz.*) Verbesserung des Bodens, Ztw. **ameliorieren**
Amendement *s.* (amangdmang, *frz.*) (Antrag zur) Abänderung von Verträgen und Gesetzen
Amenorrhöe *w.* (*gr.*) Ausbleiben der Monatsregel
American way of life *m.* (emeriken weh of leif, *engl.*) amerikanischer Lebensstil
a metà (*itl.*) zur Hälfte
Amethyst *m.* (*gr.*) violetter Schmuckstein
Ametrie *w.* (*gr.*) Ungleichmäßigkeit, Missverhältnis; **ametrisch** ungleichmäßig, unproportioniert
Ameublement *s.* (amöblemang, *frz.*) Möblierung, Wohnungsausstattung
Amid *s.* (*Kunstwort*) chem. Verbindung des Ammoniaks
Amigo *m.* (*lat.*) 1. Freund; 2. Geschäftsmann mit wirtschaftlich vorteilhaften Beziehungen zu Politikern

Amine *Mz.* (*Kunstwort*) von Ammoniak abgeleitete organische (basische) Verbindung; **Aminosäuren** *Mz.* organische Säuren, wichtigster Baustein der Eiweiße

Ammoniak *s.* (*gr.*) Wasserstoff-Stickstoff-Verbindung; **Ammonit**, *m.* versteinerter Kopffüßler, Ammonshorn; **Ammonium** *s.* Wasserstoff-Stickstoff-Verbindung

Amnesie *w.* (*gr.*) Erinnerungslosigkeit; Gedächtnisverlust

Amnestie *w.* (*gr.*) Straferlass, Begnadigung; **amnestieren** begnadigen

Amnesty International (ämnesti -näschenel, *engl.*) 1961 gegr. weltweit tätige Organisation mit Sitz in London, die sich für die Menschenrechte und die Freilassung von Häftlingen einsetzt, die aus weltanschaulichen, religiösen oder politischen Gründen im Gefängnis sind (Abk. ai)

Amnion *s.* (*gr.*) Embryonalhülle; **Amnioten** *Mz.* (*gr.*) Sammelbegriff für die drei obersten Wirbeltierklassen (Reptilien, Vögel, Säuger) mit Embryonalentwicklung im Amnion

Amöbe *w.* (*gr.*) Wechseltierchen, Einzeller ohne feste Körperform; **amöboid** amöbenartig

Amok *m.* (*malai.*) blindwütige Angriffs- und Mordlust

amön (*lat.*) anmutig, lieblich

Amor *m.* (*lat.*) Liebesgott der Römer

amoralisch (*lat.*) außerhalb moralischer Grundsätze; **Amoralismus** *m.* Ablehnung moralischer Maßstäbe

Amoretten *Mz.* (*frz.*) kleine geflügelte nackte Liebesgötterfiguren

Amor Fati *m.* (*lat.*) Liebe zum Unausweichlichen

amoroso (*itl.*) Musik: zärtlich, verliebt

amorph (*gr.*) formlos, gestaltlos, ungestaltet

Amortisation *w.* (*lat.*) Tilgung, Abzahlung nach Plan; **amortisieren** abzahlen, tilgen

Amouren *Mz.* (amuhren, *frz.*) Liebschaften, Liebesverhältnisse; **amourös** verliebt

Ampère *s.* (ampähr) Einheit der elektrischen Stromstärke (nach A. M. Ampère)

Amphetamin *s.* (*Kunstwort*) schnell wirkende Droge

Amphibie (-bi'e) *w.*; **Amphibium**, *s.* (*gr.*) Tiergattung, die im Wasser und auf dem Lande leben kann, Eigw. **amphibisch**; **Amphibolie** *w.* Zweideutigkeit, Doppelsinn; **amphibol, amphibolisch** doppelsinnig

Amphitheater *s.* (*gr.*) antike Theaterform mit rund, halbrund oder oval angeordneten Stufensitzen, Eigw. **amphitheatralisch**

Amphitrite *w.* (*gr.*) Meeresgöttin in der gr. Mythologie

Amphitryon Held der griechischen Sage, dessen Gestalt Zeus annahm, um Alkmene, die Frau des A., zu verführen

Amphora, Amphore *w.* (*gr.*) Steinkrug mit zwei Henkeln

Amplifikation *w.* (*lat.*) Erweiterung, weitere Ausführung; **amplifizieren** erweiternd ausführen

Amplitude *w.* (*lat.*) größter Schwingungsausschlag (z. B. eines Pendels)

Ampulle *w.* (*lat.*) luftdicht verschlossenes Glasröhrchen für Arzneien

Amputation *w.* (*lat.*) operative Abnahme eines Körperglieds; **amputieren** Glied abnehmen

Amulett *s.* (*arab.-lat.*) als Anhänger getragener Gegenstand zur Abwehr von Unheil

amüsant (*frz.*) vergnüglich, unterhaltend; **Amuse-geule** *s.* (amüs göhl, *frz.*) Appetithäppchen; **Amüsement** *s.* (-mang, *frz.*) Vergnügung, Zeitvertreib; (sich) **amüsieren** 1. unterhalten, die Zeit vertreiben; 2. belustigen

amusisch (*gr.*) ohne Kunstverständnis

Ana-, ana- (*gr.*) als Vorsilbe: auf, hinauf, wieder, entsprechend

Anabaptist *m.* (*gr.*) Wiedertäufer

Anabiose *w.* (*gr.*) das Vermögen von Lebewesen und ihren Keimen, extreme Bedingungen durch ein scheintotes Stadium zu überleben

Anabolika *Mz.* (*gr.-lat.*) muskelbildende Hormonpräparate zur sportl. Leistungssteigerung; **Anabolismus** *m.* die dem Aufbau körpereigener Stoffe dienenden Prozesse in Lebewesen

Anachoret *m.* (*gr.*) Einsiedler, Klausner; **anachoretisch** einsiedlerisch

Anachronismus *m.* (*gr.*) 1. Verlegung eines Ereignisses in eine falsche Zeit; 2. zeitwidrige Erscheinung, Eigw. **anachronistisch**

Anacidität *w.* (*gr.-lat.*) das Fehlen von freier Säure im Magensaft

Anadyomene *w.* (*gr.*) die Schaumgeborene, Beiname der Aphrodite

Anaerobien *Mz.*; **Anaerobier** *Mz.* (-ärobi'er, *gr.*) ohne Sauerstoff lebende niedere Lebewesen

Anagogie *w.* (*gr.*) 1. Erhebung des Geistes zur Gottesschau; 2. Auslegung eines Textes durch Hinzufügung eines höheren Sinns, bes. der Bibel, Eigw. **anagogisch**

Anagramm *s.* (*gr.*) wortspielerische Veränderung des Wortsinns durch Buchstabenumstellung

Anakoluth *s.* (*gr.*) Sprung im Satzbau

Anakonda *w.* (*singhal.*) Königsschlange, Riesenschlange

Anakreontik *w.* kokett-elegante Dichtung des Rokoko, die Genuss- und Lebensfreude feiert; **Anakreontiker** *m.* Vertreter der Anakreontik; **anakreontisch** in der Art der Anakreontik(er) (nach dem griech. Dichter Anakreon)

Anakrusis *w.* (*gr.*) 1. Auftakt (in manchen Liedern); 2. Vorschlagsilbe, Teil des Wortes vor der ersten Hebung

anal (*lat.*) den After (Anus) betreffend

Analekten *Mz.* (*gr.*) Sammlung ausgewählter Stellen, Sammlung vermischter Schriften; **analektisch** auswählend

Analeptika *Mz.* (*gr.*) belebende Mittel

Analgetika *Mz.* (*gr.*) schmerzlindernde Mittel

analog (*gr.*) 1. entsprechend, gleichartig; 2. stufenlos (EDV); **Analogie** *w.* Übereinstimmung, Gleichartigkeit; **Analogieschluss** *m.* Schlussfolgerung aus ähnlichen Voraussetzungen; **Analogon** *s.* ähnlicher Fall; **Analogrechner** *m.* elektronische Rechenanlage, die mathematische Beziehungen nicht in Zahlen, sondern z. B. in Kurven darstellt (EDV)

Analphabet *m.* (*gr.*) Mensch, der weder lesen noch schreiben kann, Eigw. **analphabetisch**

Analyse *w.* (*gr.*) 1. systematische Untersuchung, Zerlegung eines Gegenstands oder Stoffs zur Ermittlung seiner Einzelbestandteile; 2. kurz für Psychoanalyse; **analysieren** zergliedern, systematisch untersuchen; **Analysis** *w.* 1. Teilgebiet der Mathematik; 2. Zergliederung einer geometrischen Konstruktionsaufgabe; **Analyst** *m.* Börsenfachmann für die Analyse von Tendenzen im Wertpapierhandel; **Analytik** *w.* Lehre von den Beweisen und (logischen) Schlüssen; **Analytiker** *m.* 1. Wissenschaftler auf dem Gebiet der Analytik; 2. kurz für Psychoanalytiker; **analytisch** die Analyse betreffend, zu ihr gehörig; zergliedernd, zerlegend

Anämie *w.* (*gr.*) Blutarmut, Mangel an roten Blutkörperchen, Eigw. **anämisch**

Anamnese *w.* (*gr.*) Krankheitsgeschichte, Vorgeschichte des Kranken, Eigw. **anamnetisch**

anamorphisch, anamorphotisch (*gr.*) verzerrt (dargestellt); **Anamorphose** *w.* absichtlich verzerrte Darstellung (in der bildenden Kunst)

Anankasmus *m.* (*gr.*) Zwangsvorstellung, Zwangsneurose, Denkzwang und daraus entspringende Zwangshandlung

Ananke *w.* (*gr.*) Notwendigkeit, Unabwendbarkeit (griechische Schicksalsgöttin)

Ananym *s.* (*gr.*) Deckname aus dem rückwärts geschriebenen wirklichen Namen (z. B. Ceram aus Marek)

Anapäst *m.* (*gr.*) griechischer Versfuß

Anapher *w.* (*gr.*) Satzreihe, bei der jeder Satz mit demselben Wort beginnt

Anaphrodisiakum *s.* (*gr.*) Mittel, das den Geschlechtstrieb dämpft

Anarchie *w.* (*gr.*) Gesetzlosigkeit, Herrschaftslosigkeit, Eigw. **anarchisch**; **Anarchismus** *m.* politische Lehre, die jede Staatsgewalt ablehnt; **Anarchist** *m.* Anhänger dieser Lehre, Eigw. **anarchistisch**

Anästhesie *w.* (*gr.*) 1. Schmerzunempfindlichkeit; 2. Betäubung; **anästhesieren** betäuben; **Anästhetikum**, *s.* Betäubungsmittel

Anastigmat *m.* (*gr.*) Linse für unverzerrte Bilder, Eigw. **anastigmatisch**

Anathem, Anathema *s.* (*gr.*) Fluch, Bannfluch, Kirchenbann

Anatom *m.* (*gr.*) Lehrer und Wissenschaftler der Anatomie; **Anatomie** *w.* 1. Lehre vom Körperbau der Lebewesen; 2. Wissenschaft von der Zergliederung der Leiche; 3. Universitätsinstitut für anatomische Studien; **anatomisch** die Anatomie betreffend

Anchovis *w.;* **Anschovis** *w.* (antschowis, *span.-niederl.*) kleine Sardelle

Ancienn*ität* *w.* (angßi'ennität, *frz.*) Dienstalter, Rangordnung nach dem Alter; **Ancien Régime** *s.* (angßieng reschim) alte Regierungsform, urspr. die absolutistische französische Regierung vor der Revolution von 1789

ancora (*itl.*) Musik: noch einmal, wiederholen

andante (*itl.*) Musik: langsam, schreitend, ruhig; **andante con moto** leicht bewegt; **andantino** mäßig bewegt

andocken (*engl.*) ankoppeln (Raumschiffe)

Androgamet *m.* (*gr.*) männliche Keimzelle; **Androgene** *Mz.* die männlichen Geschlechtshormone; **androgyn** zwitterhaft, doppelgeschlechtig; **Androgynie** *w.* Mischung weiblicher und männlicher Anteile

Anekdote *w.* (*gr.*) charakteristische kleine (witzige) Geschichte (meist über eine bekannte Persönlichkeit); **anekdotenhaft, anekdotisch** wie eine Anekdote

Anemograph *m.* (*gr.*) selbstschreibender Windmesser; **Anemologie** *w.* Lehre von den Winden; **Anemometer** *s.* Windmesser; **Anemone** *w.* (*gr.*) Buschwindröschen, ein Hahnenfußgewächs; **Anemostat** *m.* (*Wz.*) Luftverbesserer

Angelus *m.* (*gr.-lat.*) 1. katholisches Gebet; 2. Glockenläuten zum Angelusgebet

Angina *w.* (*lat.*) Mandelentzündung; **Angina pectoris** *w.* Herzkrampf, Herzschmerzen durch Gefäßverengung

Angiospermen *Mz.* (*gr.*) bedecktsamige Pflanzen

Anglaise *w.* (anglähs, *frz.*) schneller englischer Volkstanz

anglikanisch (*lat.*) der englischen Staatskirche zugehörig

Anglist *m.* (*lat.*) Erforscher der englischen Sprache; **Anglistik** *w.* wissenschaftliche Erforschung der englischen Sprache und Kultur; **Anglizismus** *m.* aus dem Englischen übernommenes Sprachelement; **anglophil** englandfreundlich, Hptw. **Anglophilie** *w.*

Angora Bez. für Felle und Wolle mit langem, dichtem, seidigem Haar (nach dem alten Namen für die türkische Hauptstadt Ankara)

Angostura *m.* (*Wz.*) bitterwürziges Aroma aus der Rinde des südamerikanischen Angosturabaumes zur Likörbereitung

Angry young Men *Mz.* (ängri jang mähn, *engl.*) zornige junge Männer, Sammelbez. für die Generation sozialkritischer englischer Dramatiker im Anschluss an den Zweiten Weltkrieg

angular (*lat.*) den Winkel betreffend

Anhydrid *s.* (*gr.*) chem. Verbindung, die aus einer anderen durch Wasserentzug entsteht

änigmatisch (*gr.*) rätselhaft

Anilin *s.* (*span.-arab.*) aus Steinkohlenteer gewonnener Ausgangsstoff vieler Farbstoffe

Anima *w.* (*lat.*) Seele; **animalisch** 1. tierisch, kreatürlich; 2. urwüchsig; **Animalismus** *m.* religiöse Tierverehrung; **Animalität** *w.* tierisches Wesen; **Animateur** *m.* (-tör, *frz.*) jmd., der für das Unterhaltungsprogramm, z. B. einer Reisegesellschaft, sorgt; **Animation** *w.* (ännimehschen, *engl.*) 1. Trickfilmverfahren; 2. durch einen Animateur angeregte Unterhaltung; **Animationsfilm** *m.* Trickfilm; **Animatismus** *m.* (religiöser) Glaube an die Allbelebung; **Animator** *m.* jmd., der die Trickfilmverfahren beherrscht; **animieren** (*lat.*) 1. ermuntern, anregen, anreizen; 2. Trickfilmverfahren anwenden; **Animismus** *m.* 1. religiöser Glaube an Geistwesen; 2. die Erklärung okkulter Erscheinungen durch die mediale Begabung bestimmter Menschen, Eigw. **animistisch**

Animosität *w.* (*lat.*) Empfindlichkeit, Gereiztheit, Abneigung

animoso (*itl.*) Musik: bewegt, erregt

Anion *s.* (*gr.*) negativ geladenes Ion

Anisette *w.* (-sett, *frz.*) Anislikör

Ankathete *w.* (*gr.*) einer der Schenkel im rechtwinkligen Dreieck

Annalen *Mz.* (*lat.*) Jahrbücher

Annaten *Mz.* (*lat.*) in früherer Zeit Jahresabgabe an den Papst für ein neu besetztes kirchliches Amt

annektieren (*lat.*) sich gewaltsam aneignen; **Annex** *m.* Anhang; **Annexion** *w.* gewaltsame Aneignung fremden Staatsgebiets; **Annexionismus** *m.* das Streben eines Staats nach Annexionen; Eigw. **annexionistisch**

anni currentis (*lat.*) im laufenden Jahr

Annihilation *w.* (*lat.*) 1. Nichtigkeitserklärung; 2. Zerstrahlung eines Teilchens und seines Antiteilchens beim Zusammentreffen; **annihilieren** 1. für ungültig erklären, zunichte machen; 2. zerstrahlen

Anniversarium *s.* (*lat.*) jährliche Gedächtnisfeier, bes. in der kath. Kirche

Anno (*lat.*) im Jahre; **Anno Domini** im Jahre des Herrn (= nach Christi Geburt, Abk. A. D.)

Annonce *w.* (annongße, *frz.*) Zeitungsanzeige; Ankündigung; **annoncieren** anzeigen, ankündigen

Annotation *w.* (*lat.*) erläuternde Anmerkung; **annotieren** den Inhalt eines Buches o. Ä. erläutern und analysieren

annuell (-nu'e-, *lat.*) einjährig (von Pflanzen); **Annuität** *w.* Jahreszahlung an Raten und Zinsen

annullieren (*lat.*) rückgängig machen, widerrufen, für ungültig erklären, Hptw. **Annullierung** *w.*

Anode *w.* (*gr.*) positive Elektrode; **Anodenstrahlen** *Mz.* positiv elektrisch geladene Strahlen

anomal (*gr.*) regelwidrig, von der Norm abweichend; **Anomalie** *w.* 1. Abweichung vom Normalen; 2. Missbildung

Anomie *w.* (*gr.*) Zustand sich auflösender gesellschaftlicher Integration, Eigw. **anomisch** (nach É. Durkheim)

anonym, anonymisch (*gr.*) 1. namenlos; 2. unpersönlich; **Anonyma** *Mz.* Schriften ohne Verfasserangabe; **Anonymität** *w.* 1. Unbekanntheit des Namens; 2. unpersönliche Beschaffenheit (z. B. von Städten); **Anonymus** *m.* unbekannter Künstler, unbekannte Person (*Mz.* Anonymi oder Anonymen)

Anopheles *w.* (*gr.*) Gattung der Fiebermücke (z. B. die Malariaüberträgerin)

Anorak *m.* (*eskim.*) Windbluse mit Kapuze

Anorexie *w.* (*gr.*) Appetitlosigkeit, Appetitmangel

anorganisch (*gr.*) nicht von Pflanze oder Tier stammend, unbelebt

Anschovis = Anchovis

Antagonismus *m.* (*gr.*) Widerstreit, Widerspruch, gegensätzliche Wirkung; **Antagonist** *m.* Gegner, Gegenspieler; **antagonistisch** widerstreitend, gegensätzlich, in unversöhnbarem Widerspruch stehend

Antarktik *w.* (*gr.*) der Südpolarkontinent; **Antarktis** *w.* Land- und Meergebiete um den Südpol, Eigw. **antarktisch**

Antäus *m.* (-tä'u-, *gr.*) Sohn des Poseidon und der Erdgöttin Gäa, ein unbesiegbarer Riese, solange er die Erde berührte

ante (*lat.*) vor (im zeitlichen Sinne)

ante Christum natum (*lat.*) vor Christi Geburt (Abk. a. Chr.)

ante meridiem (-di'em, *lat.*) vor Mittag (Abk. a. m.)

Antenne *w.* (*lat.*) 1. Vorrichtung zum Empfangen oder Senden elektromagnetischer Wellen; 2. Fühler der Gliedertiere

Antependium *s.* (*lat.*) Verkleidung des Altarunterbaus

ante portas (*lat.*, eigtl. *ad* portas, vor den Toren) im Kommen, im Anmarsch (scherzh.)

Antezedens *s.*; **Antezedenz** *w.* (*lat.*) das Vorausgegangene, Voraussetzung (*Mz.* Antezedenzien)

Anthologie *w.* (*gr.*) Sammlung ausgewählter (literarischer) Texte

Anthrax *w.* (*gr.*) Milzbrand(erreger)

Anthrazit *m.* (*gr.*) Steinkohle, Glanzkohle

Anthropo-, anthropo- (*gr.*) als Wortteil: Mensch; **anthropogen** vom Menschen geschaffen, herrührend; **Anthropogenie** *w.* Wissenschaft von Entstehung und Abstammung des Menschen; **Anthropogeographie** *w.* Erforschung der Wechselbeziehung zwischen Mensch und geographischem Umfeld; **Anthropoide** *m.* Menschenaffe; **Anthropolatrie** *w.* Menschenkult, gottähnliche Verehrung eines Menschen; **Anthropologe** *m.* Wissenschaftler auf dem Gebiet der Anthropologie; **Anthropologie** *w.* Wissenschaft von der Entwicklung des Menschen als biologischem und sozialem Wesen, Eigw. **anthropologisch**; **anthropomorph** menschenähnlich; **Anthropomorphismus** *m.* Übertragung menschlicher Eigenschaften auf Außermenschliches; **Anthropophage** *m.*

Kannibale; **Anthropophobie** *w.* Menschenfurcht, Menschenscheu; **Anthroposoph** *m.* Anhänger der Anthroposophie; **Anthroposophie** *w.* die Weltanschauungslehre Rudolf Steiners, Eigw. **anthroposophisch; anthropozentrisch** vom Menschen ausgehend, den Menschen in den Mittelpunkt stellend; **Anthropus** *m.* Frühstufe in der Entwicklung des Menschen

Anti-, anti- (*gr.*) als Wortteil: gegen

Antialkoholiker *m.* (*gr.-arab.*) Alkoholgegner

Antiatom *s.* (*gr.*) Atom der Antimaterie

antiautoritär (*gr.-frz.*) gegen Zwänge und autoritäre Normen, bes. in der Erziehung

Antibabypille *w.* (*gr.-engl.-lat.*) Mittel für die hormonell gesteuerte Empfängnisverhütung (umg.)

antibakteriell (-ri'e-, *gr.-lat.*) bakterienvernichtend

Antibiont *m.* (*gr.*) Kleinstlebewesen, das Antibiose bewirkt; **Antibiose** *w.* Schädigung von Mikroben durch die Stoffwechselprodukte anderer Mikroben; **Antibiotikum** *s.* natürliches oder synthetisches Mittel, das Antibiose bewirkt, Eigw. **antibiotisch**

antichambrieren (-scham-, *frz.*) sich durch beharrliches Warten (im Vorzimmer) um jmds. Gunst bemühen

Antichrist *m.* (*gr.*) ein der Wiederkehr Christi vorausgehender Widersacher

Antidot *s.* (*gr.*) Gegengift

Antifaschist *m.* (*gr.-itl.*) Gegner des Faschismus

Antigene *Mz.* (*gr.*) giftige Eiweißstoffe (z. B. Mikroben), die die Bildung von Antikörpern bewirken

Antiheld *m.* (*gr.-germ.*) negative Hauptfigur im Roman, Drama und Film

antik (*lat.*) 1. dem gr. oder röm. Altertum zugehörig; 2. wertvoll und alt (umg.); **Antike** *w.* das klassische Altertum; **Antiken** *Mz.* antike Kunstwerke; **antikisieren** antike Vorbilder nachahmen, Eigw. **antikisch**

Antikathode *w.* (*gr.*) Gegenkathode bei Röntgenröhren

antiklerikal (*gr.-lat.*) kirchenfeindlich, Hptw. **Antiklerikalismus** *m.*

Antiklimax *w.* (*gr.*) Übergang vom stärkeren zum schwächeren sprachlichen Ausdruck

antikonstitutionell (*lat.*) verfassungswidrig

antikonzeptionell (*lat.*) empfängnisverhütend

Antikörper *Mz.* Reaktionsprodukte der Körperzellen auf den Reiz der Antigene

Antilope (*gr.*) gehörnter Paarhufer in Afrika und Asien

Antimaterie *w.* (-ri'e, *gr.-lat.*) aus Antiteilchen bestehende hypothetische Materie

Antimon *s.* (*lat.*) chem. metallisches oder nichtmetallisches Element; **Antimonit** *m.* Grauspießglanz, wichtigstes Antimonerz

Antineuralgika *Mz.* (*gr.*) schmerzlindernde, schmerzstillende Mittel

Antinomie *w.* (*gr.*) 1. Widerspruch zwischen zwei gleich gültigen Urteilen; 2. Widerspruch zwischen zwei Rechtssätzen, Eigw. **antinomisch**

Antipassat *m.* (*gr.-niederl.*) Gegenwind zum Passat

Antipasto *m.* oder *s.* (*itl.*) itl. Vorspeise

Antipathie *w.* (*gr.*) Abneigung, Widerwillen, Eigw. **antipathisch**

Antiphlogistikum *s.* (*gr.*) entzündungshemmendes Heilmittel

Antiphon *w.* (*gr.*) Wechselgesang zwischen Priester und Chor oder Gemeinde

Antiphrase *w.* (*gr.*) ironische, im entgegengesetzten Sinn verwendete Stilfigur (z. B. eine schöne Bescherung)

Antipode *m.* (*gr.*) 1. «Gegenfüßler», Bewohner des entgegengesetzten Teils der Erdkugel; 2. Mensch mit entgegengesetztem Standpunkt

Antipyretikum (*gr.*) Mittel zur Fiebersenkung, Eigw. **antipyretisch**

Antiqua *w.* (*lat.*) die heute gebräuchliche gerade stehende lateinische Druckschrift; **Antiquar** *m.* Händler mit gebrauchten Druckerzeugnissen; **Antiquariat** *s.* Handel, Buchhandlung mit gebrauchten Druckerzeugnissen; **antiquarisch** alt, gebraucht; **antiquiert** veraltet; **Antiquität** *w.* wertvoller, alter (Kunst)gegenstand

Antisemit *m.* Judengegner; **antisemitisch** judenfeindlich; **Antisemitismus** *m.* Judenfeindschaft

Antisepsis *w.* (*gr.*) Abtötung der Krankheitserreger in einer Wunde mit chem. Mitteln; **Antiseptika** *Mz.* keimtötende Mittel; **antiseptisch** keimtötend

Antiskating *s.* (-skeht-, *gr.-engl.*) eine größtmögliche Leichtigkeit des Tonabnehmens bewirkende Vorrichtung

Antispasmodikum *s.* (*gr.*) krampflösendes Mittel, Eigw. **antispastisch**

antistatisch die elektrostatische Aufladung verhindernd (Eigenschaft bestimmter Chemikalien)

Antiteilchen *s.* Elementarteilchen mit entgegengesetztem Vorzeichen (des zugeordneten Teilchens)

Antithese *w.* (*gr.*) entgegengesetzte Behauptung, Gegenbehauptung, Eigw. **antithetisch**

Antitoxin *s.* (*gr.*) körpereigenes Gegengift, ein Immunstoff

Antizipation *w.* (*lat.*) Vorwegnahme; **antizipatorisch** bewusstseinsmäßig vorwegnehmend; **antizipieren** etwas in Gedanken vorwegnehmen, vorausdenken

antizyklisch (*gr.*) 1. unregelmäßig wiederkehrend; 2. einem Konjunkturverlauf entgegenwirkend; **Antizyklone** *w.* Hochdruckgebiet

Antonomasie *w.* (*gr.*) Umschreibung eines Eigennamens oder Charakterisierung einer Person durch charakteristische Beiwörter (z. B. Casanova); **Antonym** *s.* Wort, das einem anderen bedeutungsmäßig entgegengesetzt ist (z. B. jung/alt)

anturnen (-törn-, *engl.*) in Stimmung bringen

Anurie *w.* (*gr.*) Fehlen der Harnabsonderung, Harnverhaltung

Anus *m.* (*lat.*) After, Eigw. **anal**

Äolsharfe *w.* (*gr.*) Windharfe, Saiteninstrument, das der Wind zum Tönen bringt

Äon *m.* (*gr.*) langer Zeitraum, Weltalter, Ewigkeit (*Mz.* Äonen)

Aorta *w.* (*gr.*) Hauptschlagader

Apache *m.* (apatsche, *indian.*) 1. Indianer in Nordamerika; 2. (*frz.*) Großstadtganove

Apanage *w.* (-nasch, *frz.*) Zuwendungen an die nichtregierenden Angehörigen eines Fürstenhauses

apart (*frz.*) außergewöhnlich, anziehend, mit persönlichem Stil

Apartheid *w.* (*afrik.*) Rassentrennung (räumlich, wirtschaftlich, sozial, politisch) zwischen weißen und farbigen Bewohnern, bes. im früheren Südafrika

Apartment *s.* (epartment, *engl.*) moderne Kleinwohnung; **Apartmenthaus** *s.* Wohnhaus mit Apartments; **Apartmenthotel** *s.* 1. Hotel mit Apartments; 2. (verhüllend für) Bordell

Apathie *w.* (*gr.*) Teilnahmslosigkeit, Gleichgültigkeit, Eigw. **apathisch**

Apatride *m.* und *w.* (*gr.*) Staatenlose(r)

Aperçu *s.* (aperßü, *frz.*) geistreiche prägnante Bemerkung

Aperitif *m.* (*frz.*) appetitanregendes alkoholisches Getränk

Apertur *w.* (*lat.*) 1. Öffnung, Eingang, bes. von Körperkanälen; 2. Maß für die Bildhelligkeit und die Bildauflösungsqualität optischer Systeme

Apex *m.* (*lat.*) 1. Längenzeichen für Vokale, Betonungszeichen für Silben; 2. Zielpunkt bewegter Objekte (z. B. eines Gestirns); 3. Zungenspitze (*Mz.* Apizes)

Aphasie *w.* (*gr.*) Verlust des Sprachvermögens, Eigw. **aphasisch**

Aphel *s.* (afel, *gr.*) größte Sonnenferne eines Planeten

Aphorismus *m.* (*gr.*) kurze prägnante Formulierung einer (persönlichen) Lebenseinsicht, Gedankensplitter; **aphoristisch** knapp, treffend, zugespitzt

Aphrodisiakum *s.* (*gr.*) Mittel, das den Geschlechtstrieb anregt oder steigert (*Mz.* Aphrodisiaka); **aphrodisisch** den Liebesgenuss betreffend; **Aphrodite** *w.* Liebesgöttin der Griechen

Aphthe *w.* (afte, *gr.*) weißliche, schmerzhaft entzündete Stelle der Mundschleimhaut; **Aphthenseuche** Maul- und Klauenseuche

a piacere (a pjatschere, *itl.*) Musik: nach Belieben (des Interpreten)

apikal (*lat.*) 1. an der Spitze, am Scheitel u. Ä. gelegen; 2. mit der Zungenspitze artikuliert

Apikultur *w.* (*lat.*) Bienenzucht; **Apis** *w.* Biene; **Apis** *m.* (*ägypt.-gr.*) Stiergottheit im alten Ägypten

Aplanat *m.* (*lat.*) nicht verzerrendes Linsenpaar, Eigw. **aplanatisch**

Aplomb *m.* (aplonb, *frz.*) 1. sicheres Auftreten, Nachdruck; 2. Balance, Gleichgewicht (beim Balletttanz)

APO, Apo *w.* *außerparlamentarische Opposition am Ende der 1960er-Jahre*
Apo-, apo- (*gr.*) als Wortteil: von – weg; entfernt, ausgehend, abgesetzt von; ab, nach, ent-
apodiktisch (*gr.*) 1. keinen Widerspruch duldend; 2. unwiderleglich, unumstößlich
Apogäum *s.* (-gä'u-, *gr.*) erdfernster Punkt der Gestirnsbahn
Apokalypse *w.* (*gr.*) prophetisch-visionäre Offenbarungsschrift vom Weltuntergang (z. B. die Offenbarung des Johannes im Neuen Testament); **Apokalyptik** *w.* 1. Gesamtheit des apokalyptischen Schrifttums; 2. Deutung von Ereignissen als Zeichen für das Weltende; **apokalyptisch** 1. die Apokalypse betreffend; 2. Unheil verkündend; 3. dunkel, geheimnisvoll
Apokatastase *w.* (*gr.*) Lehre von der Erfüllung aller göttlichen Verheißungen in der Weltvollendung
apokryph (*gr.*) später zugesetzt, nachgetragen, als nicht echt geltend; **Apokryphen** *Mz.* die nicht in den Bibelkanon aufgenommenen Schriften des Alten und Neuen Testaments
apolitisch (*gr.*) unpolitisch
Apoll, Apollo *m.* (*gr.*) 1. griechischer Gott der Dichtkunst und der Weissagung; 2. blendend schöner (junger) Mann; **apollinisch** maßvoll, harmonisch, ausgeglichen
Apolog *m.* (*gr.*) Lehrfabel; **Apologet** *m.* 1. jmd., der eine Überzeugung oder Lehre nachdrücklich verteidigt; 2. Verteidiger der christlichen Lehre (in der Antike); **Apologetik** *w.* die Lehre von der Rechtfertigung von (christlichen) Lehrsätzen; **apologetisch** eine Lehre, eine Überzeugung rechtfertigend; **Apologie** *w.* Rede oder Schrift zur Verteidigung einer Lehre, Überzeugung u. Ä.
Apophthegma *s.* (*gr.*) geflügeltes Wort (*Mz.* Apophthegmata); **apophthegmatisch** kurz und geistvoll
Apophyse *w.* (*gr.*) 1. Knochenfortsatz als Muskelansatz; 2. Gesteinsabzweigung
Apoplektiker *m.* (*gr.*) Menschentyp, der zum Schlaganfall neigt; **apoplektisch** zum Schlaganfall neigend; **Apoplexie** *w.* Schlaganfall
Aporem *s.* (*gr.*) logische Schwierigkeit; Unlösbarkeit eines (philos.) Problems; **Aporetik** *w.* Behandlung von Aporien; **Aporie** *w.* Ausweglosigkeit, unlösbares Problem
Apostasie *w.* (*gr.*) Abfall (eines Christen) vom Glauben; **Apostat** *m.* Abtrünniger
Apostel *m.* (*gr.*) 1. Jünger Jesu, frühchristlicher Missionar; 2. werbender Vertreter für eine Überzeugung; **Apostolat** *s.* Apostelamt, Auftrag der Kirche; **Apostolikum** *s.* das Apostolische Glaubensbekenntnis; **apostolisch** 1. von den Aposteln ausgehend; 2. päpstlich
a posteriori (*lat.*) aus Erfahrung gewonnen; **aposteriorisch** erfahrungsgemäß
Apostroph *m.* (*gr.*) Auslassungszeichen; **apostrophieren** feierlich anreden, sich auf jmdn. beziehen
Apotheke *w.* (*gr.*) zugelassenes Geschäft für Herstellung und Verkauf von Arzneimitteln
Apotheose *w.* (*gr.*) 1. Versetzung unter die Götter, Vergöttlichung; 2. prunkvolles Schlussbild einer theatralischen Darbietung
Apparat *m.* (*lat.*) 1. Gerät aus zusammengesetzten Einzelteilen; 2. alle für die Durchführung einer Aufgabe, die Ausübung einer Funktion notwendigen Mittel (und Personen); 3. Anmerkungsteil, kritischer Apparat; **apparativ** den Apparat betreffend, zu ihm gehörig; mittels Apparaten; **Apparatschik** *m.* stur seinen Anweisungen verpflichteter Bürokrat; **Apparatur** *w.* Einheit von Apparaten
apparent (*lat.*) wahrnehmbar (von Krankheiten)
Appartement *s.* (appartmang, *frz.*) Zimmerflucht, Wohnung
appassionato (*itl.*) Musik: leidenschaftlich, stürmisch
Appeal *m.* (äppihl, *engl.*) Werbewirkung, Anreiz, Ausstrahlungskraft
Appeasement *s.* (äppihsment, *engl.*) Beschwichtigung, Beschwichtigungspolitik
Appell *m.* (*frz.*) 1. Aufruf; 2. Antreten zum Befehlsempfang; 3. Gehorsam des Jagdhundes; **Appellation** *w.* Berufung bei einer höheren Instanz; **appellieren** 1. Berufung einlegen; 2. anrufen, eindringlich ansprechen, mahnen
Appendix *m.* (*lat.*) 1. Anhang; 2. Wurm-

fortsatz des Blinddarms; **Appendizitis** *w.* Entzündung des Wurmfortsatzes

Apperzeption *w.* (*lat.*) bewusste Erfassung, Aufnahme und Verarbeitung von äußeren und inneren Eindrücken; **apperzipieren** aufnehmen, bewusst erfassen

Appetenz *w.* (*lat.*) 1. Suchverhalten (z. B. bei der Nahrungssuche); 2. Begehren

Appetit *m.* (*lat.*) Lust aufs Essen, Lust am Essen; **appetitlich** 1. appetitanregend; 2. anziehend, nett, adrett; **Appetizer** *m.* (äppeteiser, *engl.*) appetitanregendes Mittel

applanieren (*frz.*) ebnen, glätten

applaudieren (*lat.*) Beifall klatschen; **Applaus** *m.* Beifall

Applikation *w.* 1. Aufnäharbeit, aufgenähtes Muster; 2. Anwendung (von Medikamenten); **Applikatur** *w.* Fingersatz in der Klavierspieltechnik; **applizieren** 1. verabfolgen, anwenden 2. auftragen, aufnähen

appoggiando (appodschando, *itl.*); **appoggiato** (-dschato) Musik: getragen

Appoggiatur *w.* (-dschatur, *itl.*) langer Vorschlag, Nebenton vor dem Hauptton

Apport *m.* (*frz.*) 1. Herbeibringen des erlegten Wildes durch den Hund; 2. Herbeibringen durch Geisterhand im Spiritismus; **apportieren** herbeibringen

Apposition *w.* (*lat.*) Sprachlehre: Beifügung, erklärender Beisatz

Apprehension *w.* (*lat.*) 1. unmittelbares Erfassen, Begreifen; 2. Befürchtung (veraltet)

Appretur *w.* (*frz.*) Verfahren zur Verbesserung der Eigenschaften oder des Aussehens von Geweben, Ztw. **appretieren**

Approach *m.* (äprohtsch, *engl.*) 1. Herangehensweise an ein wissenschaftliches Problem; 2. Textaufreißer eines Werbetextes

Approbation *w.* (*lat.*) Zulassung, Genehmigung, Ztw. **approbieren**

approximativ (*lat.*) annähernd

après nous le déluge (aprä nuh le delühsch, *frz.*) nach uns die Sintflut; **Après-Ski** *s.* Vergnügen aller Art im Winterurlaub

a priori (*lat.*) von vornherein, unabhängig von Erfahrung

apropos (apropo, *frz.*) übrigens, nebenbei, am Rande (gesagt)

Apside *w.* (*gr.*) größter oder kleinster Abstand eines Planeten zu seinem Bezugskörper; **Apsis** *w.* Chornische, halbrunde Nische (*Mz.* Apsiden)

Aqua destillata (*lat.*) destilliertes Wasser (Abk. aq. dest.)

Aquädukt *m.* (*lat.*) antike Wasserleitung in Form von Bogenbrücken

Aquamanile *s.* (*lat.*) bei der Messe gebrauchtes Gefäß zum Händewaschen

Aquamarin *m.* (*lat.*) meergrüner bis blassblauer Beryll, ein Edelstein

Aquaplaning *s.* (*lat.-engl.*) Wasserglätte, gefährliches Rutschen auf nasser Fahrbahn

Aquarell *s.* (*itl.*) Wasserfarbenbild; **aquarellieren** mit Wasserfarben malen

Aquaristik *w.* (*lat.*) für die Züchtung und Haltung von Wassertieren; **Aquarium** *s.* Wasserbehälter zur Züchtung und Haltung von Wassertieren und -pflanzen; **Aquarius** *m.* Sternbild des Wassermanns; **aquatisch** im Wasser entstanden, im Wasser befindlich; **Aquatinta** *w.* (*itl.*) Kupferstichverfahren, das die Wirkung einer getuschten Pinselzeichnung hervorruft

Äquator *m.* (*lat.*) größter Breitenkreis, der die nördliche und südliche Erdhälfte trennt; **äquatorial** am Äquator gelegen

à quatre (akattr', *frz.*); **à quatre mains** (– mäng); **a quattro** (*itl.*) zu vieren; **a quattro mani** (*itl.*) vierhändig

Aquavit *m.* (*lat.*) mit Kümmel aromatisierter Branntwein

Äquidistanz *w.* (*lat.*) gleich großer Abstand

Äquilibrist *m.* (*lat.*) Jongleur, Seiltänzer, Gleichgewichtskünstler, Eigw. **äquilibristisch**

Äquinoktium *s.* (*lat.*) die Zeit der Tagundnachtgleiche

Äquivalent *s.* (*lat.*) Gegenwert, vollwertiger Ersatz; **äquivalent** gleichwertig; **Äquivalenz** *w.* Gleichwertigkeit; **äquivok** 1. gleich lautend, aber in der Bedeutung unterschiedlich; 2. doppeldeutig

Ar *s.* (*lat.*) Flächenmaß, 100 qm

Ara *m.* (*Tupi*) großer langschwänziger Papagei im tropischen Amerika

Ära *w.* (*lat.*) durch etwas Bestimmtes gekennzeichneter Zeitabschnitt (*Mz.* Ären)

Arabeske *w.* (*frz.*) 1. stilisiertes, reich ver-

ziertes Blattrankenornament; 2. Charakterstück mit reicher Figuration der Melodie; **Arabesque** *w.* (-besk, *frz.*) eine Grundposition im Ballett
Aräometer *s.* (*gr.*) Gerät zur Ermittlung des spezifischen Gewichts
Ärar *s.* (*lat.*) Staatskasse, Fiskus; **ärarisch** staatlich, staatseigen
Arbiter *m.* (*lat.*) Schiedsrichter; **Arbiter elegantiarum** *m.* Sachverständiger, Maßgeblicher in Fragen des guten Geschmacks
Arbitrage *w.* (arbitrasch, *frz.*) 1. Schiedsspruch (im Handelsrecht); 2. Ausnützung von Kursschwankungen an verschiedenen Börsen; **arbiträr** willkürlich, nach Ermessen
Arboretum *s.* (*lat.*) Baumgarten
Archaikum *s.* (-cha'i-, *gr.*) älteste Erdformation; **archaisch** 1. frühzeitlich; 2. altertümlich; **archaisieren** in archaischen Formen gestalten; **Archaismus** *m.* Gebrauch alter Wörter und Wendungen in Gegenwartssprache und -literatur
Archäologe *m.* (*gr.*) wissenschaftlicher Erforscher des Altertums; **Archäologie** *w.* Altertumskunde, Eigw. **archäologisch**
Archäopteryx *m.* (*gr.*) der Urvogel
Archetyp, Archetypus *m.* (*gr.*) Urbild, Urform, Urfassung; **archetypisch** der Urform entsprechend
Archidiakon *m.* (*gr.*) erster Diakon; **Archimandrit** *m.* Abt eines Klosters der Ostkirchen
Archipel *m.* (*gr.*) Inselgruppe, Inselmeer
Architekt *m.* (*gr.*) Baumeister; **Architektonik** *w.* 1. Wissenschaft von der Baukunst; 2. künstlerischer Aufbau eines Werks; **architektonisch** die Architektonik betreffend; **Architektur** *w.* Baukunst, Baustil
Architrav *m.* (*gr.-lat.*) steinerner Querbalken zwischen Säulen und Fries an antiken Bauwerken
Archiv *s.* (*gr.-lat.*) 1. Sammlung von Urkunden, Schriftstücken, Dokumenten; 2. das Haus oder der Raum, wo sie verwaltet werden; **Archivar** *m.* Verwalter des Archivs; **Archivalien** *Mz.* (-li'en) die im Archiv aufbewahrten Dokumente; **archivalisch** urkundlich; **archivieren** in ein Archiv aufnehmen
Archivolte *w.* (*itl.*) Stirnseite eines Rundbogens
Archont *m.* (*gr.*) der höchste Beamte im antiken Athen
ardente (*itl.*) Musik: feurig
Areal *s.* (*lat.*) 1. Bodenfläche; 2. abgegrenztes Gebiet
Arena *w.* (*lat.*) Kampfplatz
Areopag *m.* (*gr.*) höchster Gerichtshof im antiken Athen
Ares *m.* (*gr.*) griech. Kriegsgott
Argon *s.* (*gr.*) chem. Element, Edelgas
Argot *s.* (argo, *frz.*) Sondersprache, Gaunersprache
Argument *s.* (*lat.*) 1. Beweisgrund, Beweismittel; 2. einem Bühnenstück vorgestellte Erklärung; 3. unabhängige Variable einer mathem. Funktion; **Argumentation** *w.* Beweisführung; **argumentativ** die Argumentation betreffend; **argumentieren** folgern, begründen, beweisen; **argumentum e contrario** *s.* Folgerung aus dem Gegenteil
Argus *m.* hundertäugiger Wächter der Io in der gr. Sage; **mit Argusaugen** wachsam, misstrauisch, scharf beobachtend
Ariadnefaden *m.* (*gr.*) Leitfaden durch Wirrnisse (nach dem Garnknäuel der Ariadne, mit dem Theseus aus einem Labyrinth herausfand)
Arianer *m.* Anhänger des Arianismus; **Arianismus** *m.* die von dem Presbyter Arius im 4. Jh. begründete Lehre, wonach Christus mit Gott wesensähnlich, nicht wesensgleich ist
arid (*lat.*) trocken, wüstenhaft
Arie *w.* (-ri'e, *itl.*) Komposition für Sologesang mit Orchesterbegleitung, bes. in der Oper
Ariel (-ri'e-, *hebr.*) Luftgeist
Ariette *w.* (ariett, *frz.*) kleine Arie; **arioso** (*itl.*) Musik: liedhaft, singend
Aristokrat *m.* (*gr.*) 1. Angehöriger des Adels; 2. vornehm zurückhaltender Mensch; **Aristokratie** *w.* adlige Oberschicht; **aristokratisch** 1. dem Adel angehörig; 2. vornehm-distanziert; **Aristonym** *s.* adliges Pseudonym
Arithmetik *w.* (*gr.*) Teilgebiet der Mathematik, die Zahlentheorie und das Rechnen mit Zahlen umfassend, Eigw. **arithmetisch**

Arkade *w.* (*frz.*) 1. auf Säulen oder Pfeilern ruhende Bogenreihe; 2. Bogengang, Laubengang

Arkadien *s.* (-di'en) idyllisches heiteres Landleben (als literarischer Schauplatz); **arkadisch** ländlich, heiter, sorgenfrei (nach der Landschaft des Peloponnes)

Arkanum *s.* (*lat.*) 1. Geheimnis; 2. Geheimmittel; **Arkandisziplin** *w.* Geheimhaltung religiöser Riten

Arkebuse *w.* (*niederl.-frz.*) altes Gewehr, Hakenbüchse

Arktis *w.* (*gr.*) Nordpolgebiet, Eigw. **arktisch**

Arlechino (-kino, *itl.*) Harlekin der Commedia dell'Arte

Armada *w.* (*span.*) große Kriegsflotte (nach der span. Armada im 16. Jh.)

Armageddon *s.* (*hebr.*) nach der Offenbarung des Johannes der Ort der letzten Schlacht, Katastrophe, Untergang

Armagnac *m.* (armanjak, *frz.*) französischer Weinbrand

Armatur *w.* (*lat.*) Ausrüstungsstück einer technischen Anlage (z. B. Mess- oder Bedienungsgerät); **armieren** 1. mit Armaturen versehen; 2. verstärken (z. B. ein Bauteil)

Armee *w.* (*frz.*) 1. gesamte Streitmacht eines Staats; 2. Heeresgruppe

Armorial *s.* (*lat.*) Wappenbuch

Arom, Aroma *s.* (*gr.*) 1. Duft oder Geschmack; 2. Geschmacksstoff; **aromatisch** würzig

arpeggiato (arpedschato, *itl.*); **arpeggio** (arpedscho) Musik: gebrochen, nach Harfenart

Arrak *m.* (*arab.*) Branntwein aus Reis oder Melasse

Arrangement *s.* (arrangschmang, *frz.*) 1. Anordnung, Gestaltung; 2. das gestaltete Ganze; 3. Übereinkunft, Absprache, Vereinbarung; 4. Bearbeitung eines Musikstücks für eine andere Besetzung; **Arrangeur** *m.* (-schöhr, *frz.*) 1. jmd., der etwas arrangiert; 2. Bearbeiter von Musikstücken; **arrangieren** 1. in die Wege leiten, vorbereiten, zusammenstellen; 2. Musikstück bearbeiten; 3. sich vergleichen, sich einrichten; **Arrangierprobe** *w.* Stellprobe im Theater

Arrest *m.* (*lat.-frz.*) 1. Haft für bestimmte Personen (z. B. Jugendarrest); 2. vorläufige Beschlagnahme, Sicherstellung; **Arrestant** (*m.*) Häftling, Gefangener; **arretieren** 1. verhaften; 2. bewegliche Teile feststellen; **Arretierung** *w.* 1. Festnahme; 2. Sperrvorrichtung

arriviert (*frz.*) gesellschaftlich aufgestiegen und anerkannt

arrogant (*frz.*) anmaßend, überheblich; **Arroganz** *w.* Anmaßung, Überheblichkeit

arrondieren (arongdihren, *frz.*) abrunden, zusammenlegen (von Grundstücken), Hptw. **Arrondierung** *w.*; **Arrondissement** *s.* (-dißmang) französischer Verwaltungsbezirk

Ars *w.* Kunst (*Mz.* Artes); **Ars amandi** *w.* Liebeskunst; **Ars antiqua** *w.* mehrstimmige Musik des 13. und 14. Jhs.; **Ars moriendi** *w.* (-ri'en-) erbauliches mittelalterliches Sterbebüchlein; **Ars nova** *w.* die neue (mehrstimmige) Musikströmung im Frankreich des 14. Jhs.; **Ars poetica** *w.* Dichtkunst

Arsen *s.* (*gr.*) chem. Element (Halbmetall); **Arsenik** *s.* giftige Arsenverbindung

Arsenal *s.* (*arab.-itl.*) Zeughaus

Art deco *s.* (ahr-deko, *frz.*) dekorative Kunst, Kunstgewerberichtung der 20er- und 30er-Jahre des 20. Jhs.; **Art-Director** *m.* (-dei-, *engl.*) künstlerischer Direktor einer Werbeabteilung

Artefakt *s.* (*lat.*) 1. Kunsterzeugnis; 2. vorgeschichtliches Werkzeug; 3. Selbstverletzung, -verstümmelung

Artemis (*gr.*) griech. Göttin der Jagd

Arte povera *w.* (*itl.*) moderne Objektkunst mit schlichten Alltagsmaterialien (Holz, Asche, Eisenstücke u. Ä.)

Arterie *w.* (-ri'e, *gr.*) Schlagader; **arteriell** die Schlagadern betreffend; **Arteriosklerose** *w.* Arterienverkalkung

Artes liberales *Mz.* (*lat.*) die sieben freien Künste in Antike und Mittelalter

Arthritis *w.* (*gr.*) Gelenkentzündung; **Arthrose, Arthrosis** *w.* degeneratives chronisches Gelenkleiden

artifiziell (-zi'e-, *lat.*) künstlich

Artikel *m.* (*lat.*) 1. Geschlechtswort; 2. Verkaufsgegenstand, Ware; 3. Aufsatz,

Abhandlung; 4. Abschnitt eines Gesetzes oder Vertrags
artikular (*lat.*) zum Gelenk gehörig; **Artikulaten** *Mz.* Gliedertiere; **Artikulation** *w.* 1. deutliche Lautbildung, deutliche Aussprache; 2. das Benennen (z. B. von Gefühlen); 3. Verbindung oder Trennung von Tönen; 4. Gelenk; **artikulieren** 1. deutlich aussprechen; 2. etwas formulieren (z. B. Gefühle)
Artillerie *w.* (*frz.*) mit Geschützen ausgerüstete Waffengattung; **Artillerist** *m.* Soldat der Artillerie
Artischocke *w.* (*itl.*) distelartige Gemüsepflanze
Artist *m.* (*lat.*) 1. Geschicklichkeitskünstler im Zirkus und Varieté; 2. jmd. mit hohem formalem Können; **Artistik** *w.* Zirkus- und Varietékunst; **artistisch** in der Art eines Artisten
Art nouveau *m.* (ahr nuwoh, *frz.*) Bez. für Jugendstil in Frankreich und England
Artothek *w.* (*lat.-gr.*) Kunstverleih
Arts and Crafts *Mz.* (-änd krahfts, *engl.*) Bewegung in England um 1900 zur Erneuerung des Kunsthandwerks
As = Ass
As *m.* (*lat.*) altrömische Münz- und Gewichtseinheit
Aschkenasim *Mz.* (*hebr.*) die in Mittel- und Osteuropa beheimateten, Jiddisch sprechenden Juden (i. Ggs. zu den Sephardim)
Ascorbinsäure *w.* (*gr.-lat.*) Vitamin C
ASEAN (aus *engl.* *A*ssociation of *S*outh *E*ast *A*sian *N*ations) Vereinigung südostasiatischer Nationen, derzeit 9 Mitgliedsstaaten, gegr. 1967, Sitz in Jakarta (Indonesien)
Asebie *w.* (*gr.*) Frevel, Gottlosigkeit, das Gegenteil von Eusebie; Eigw. **asebisch**
a secco = al secco
Asepsis, Aseptik *w.* (*gr.*) keimfreie Wundbehandlung; **aseptisch** keimfrei
Askaris *w.* (*gr.*) Spulwurm, Eingeweidewurm (*Mz.* Askariden)
Askese *w.* (*gr.*) entsagende Lebensweise; **Asket** *m.* enthaltsam, entsagend lebender Mensch, Eigw. **asketisch**
Äskulap griechischer Gott der Heilkunde; **Äskulapstab** *m.*, **Äskulapschlange** *w.* Schlangenstab, Symbol für Heilkunst und Arztberuf
Asmodi (*aram.*) Fürst der Dämonen im Talmud
Asomnie *w.* (*lat.*) Schlaflosigkeit
asozial (*lat.*) unsozial
Aspekt *m.* (*lat.*) 1. Blickwinkel, Gesichtspunkt; 2. bestimmte Planetenstellung; 3. Verlaufsform des Verbs, die einen Vorgang als abgeschlossen oder nicht abgeschlossen kennzeichnet (z. B. in slawischen Sprachen)
Aspergill *s.* (*lat.*) Weihwedel zum Besprengen
Asphalt *m.* (*gr.*) zähe Masse aus Bitumen und Mineralstoffen; **asphaltieren** eine Straße mit Asphalt belegen
Aspik *s.* (*frz.*) Fisch- oder Fleischgelee
Aspirant *m.* (*lat.*) Anwärter, Bewerber; **Aspirata** *w.* Hauchlaut; **Aspiration** *w.* 1. Hoffnung, Erwartung, Bestrebung; 2. Aussprache mit Hauchlaut; **Aspirator** *m.* Vorrichtung zum Ansaugen; **aspirieren** 1. mit Hauchlaut aussprechen; 2. ansaugen (z. B. Luft)
Ass *s.* (*frz.*) 1. höchste Karte im Kartenspiel; 2. unerreichbarer Aufschlagball im Tennis; 3. Spitzenkönner auf seinem Gebiet
assai (*itl.*) sehr, ziemlich, genug (bei der Tempobez. in der Musik)
Assekuranz *w.* (*lat.*) Versicherung, Versicherungsgesellschaft
Assemblage *w.* (aßangblahsch, *frz.*) dreidimensionale Collage aus (häufig) vorgefundenen Gegenständen; **Assemblee** *w.* (-bleh, *frz.*) Versammlung
Assembling *s.* (äß-, *engl.*) Zusammenschluss von Industriebetrieben zwecks Rationalisierung
assentieren (*lat.*) zustimmen
Assertion *w.* (*lat.*) Behauptung, Feststellung; **assertorisch** behauptend, einen Tatbestand feststellend
Assessment *s.* (äß-, *engl.*) Einstufung(stest), Beurteilung
Assessor *m.* (*lat.*) akademisch ausgebildeter, aber noch nicht fest angestellter Beamter
Assiette *w.* (aßjett, *frz.*) flache, kleine Schüssel
Assignaten *Mz.* (*frz.*) Papiergeld, Inflati-

onsgeld zur Zeit der Französischen Revolution

Assimilation, Assimilierung *w.* (*lat.*) 1. Angleichung, Anpassung, Anverwandlung; 2. Umwandlung der Nahrung im Körper; 3. Angleichung zweier benachbarter Mitlaute; **assimilieren** angleichen, anpassen, anverwandeln

Assistent *m.* (*lat.*) einem leitend Tätigen zugeordnete Fachkraft; **Assistenz** *w.* Hilfe, Beistand, Mitwirkung; **assistieren** mitwirken, zur Hand gehen

Associé *m.* (assoßjeh, *frz.*) Teilhaber, Geschäftspartner

Assoluta *w.* (*itl.*) weiblicher Opern- oder Ballettstar der absoluten Spitzenklasse

Assonanz *w.* (*lat.*) vokalischer Halbreim bei Verschiedenheit der Konsonanten (z. B. *So*nate – *To*mate)

assortieren (*frz.*) nach Warengattungen zusammenstellen; **Assortiment** *s.* Warenlager

Assoziation *w.* (*lat.*) 1. Zusammenschluss; 2. Vereinigung von Molekülen zu größeren Einheiten; 3. Gedankenverbindung, Gedankenverknüpfung; **assoziativ** verbindend, durch Vorstellung verknüpft; **assoziieren** (-zi'ie-) 1. gedanklich verknüpfen; 2. sich zusammenschließen

Assumtion *w.* (*lat.*) Himmelfahrt (Marias); **Assunta** *w.* Darstellung der Himmelfahrt Marias in der bildenden Kunst

Asteroid *m.* (*gr.*) 1. Seestern; 2. kleiner Planet

Asteronym *s.* (*gr.*) durch drei Sternchen (***) verheimlichter Autorenname

Asthenie *w.* (*gr.*) Kraftlosigkeit, Schwäche; **Astheniker** *m.* Mensch von schmalem, schmächtigem Körperbau, Eigw. **asthenisch**

Ästhesie *w.* (*gr.*) Empfindungsfähigkeit; Empfindungsvermögen; **Ästhet** *m.* jmd., der größten Wert auf stilvoll-schöne Gestaltung legt; **Ästhetik** *w.* 1. wissenschaftliche Untersuchung des Schönen, bes. in der Kunst; 2. den Regeln der Ästhetik entsprechende Gestaltung; **ästhetisch** die Ästhetik (1) betreffend, geschmackvoll, stilvoll-kultiviert; **ästhetisieren** einseitig nach den Gesetzen der Ästhetik urteilen; **Ästhetizismus** *m.* Beurteilung aller Lebenserscheinungen nach dem Maßstab der Ästhetik

Asthma *s.* (*gr.*) anfallsweise auftretende Atemnot

Astigmatismus *m.* (*gr.*) Unvermögen einer Linse und des Auges, unverzerrte Bilder wiederzugeben, Eigw. **astigmatisch**

ästimieren (*lat.*) schätzen, achten, würdigen

Asti spumante (*itl.*) itl. Schaumwein

Astrachan *s.* (*russ.*) Fell des Astrachanschafs und Nachahmung in Plüsch

astral (*lat.*) die Gestirne betreffend; **Astralleib** *m.* im Okkultismus der unsichtbare Ätherleib des Menschen

Astrologe *m.* (*gr.*) Sterndeuter; **Astrologie** *w.* Sterndeutekunst, Eigw. **astrologisch**; **Astronaut** *m.* (*gr.*) Weltraumfahrer; **Astronautik** *w.* Raumfahrt; **Astronom** *m.* Wissenschaftler der Astronomie; **Astronomie** *w.* Wissenschaft, die sich mit der Erforschung des Weltalls befasst; **astronomisch** 1. die Astronomie betreffend; 2. unfassbar groß; **Astrophysik** *w.* Teilgebiet der Astronomie, das sich mit der Physik der Gestirne befasst

Asyl *s.* (*gr.*) Zufluchtsort; **Asylant** *m.* politisch oder religiös Verfolgter, der in einem anderen Land Zuflucht sucht

Asymmetrie *w.* (*gr.*) Ungleichmäßigkeit; **asymmetrisch** ungleichmäßig, nicht symmetrisch

Asymptote *w.* (*gr.*) Gerade, die sich einer Kurve beliebig nähert, ohne sie zu erreichen

asynchron (*gr.*) nicht gleichzeitig, in unregelmäßigem Takt; **Asynchronmotor** *m.* Motor, dessen Drehzahl nicht mit der Netzfrequenz übereinstimmt

Asyndeton *s.* (*gr.*) eine Reihe gleichgeordneter, nicht durch Konjunktionen verbundener Wörter oder Satzteile (z. B. alles rennet, rettet, flüchtet), Eigw. **asyndetisch**

Asynergie *w.* (*gr.*) mangelhaftes Zusammenwirken von Muskeln, Eigw. **asynergisch**

Aszendent *m.* (*lat.*) 1. Verwandter in aufsteigender Linie; 2. Aufgangspunkt eines Gestirns; 3. das im Augenblick der Geburt am Osthorizont erscheinende Tierkreiszeichen; **Aszendenz** *w.* 1. Verwandtschaft in aufsteigender Linie; 2. Aufgang eines Gestirns

ataktisch (*gr.*) unregelmäßig

Ataman *m.* (*russ.*) = Hetman

Ataraktika *Mz.* Beruhigungsmittel; **Ataraxie** *w.* (*gr.*) Unerschütterlichkeit, Seelenruhe, Gleichmut

Atavismus *m.* (*lat.*) 1. das Wiederauftreten entwicklungsgeschichtlich überholter Merkmale; 2. Rückfall in überwunden geglaubte Zustände; Eigw. **atavistisch**

Ataxie *w.* (*gr.*) Bewegungsstörung durch mangelnde Muskelkoordination

Atelier *s.* (ateljeh, *frz.*) 1. Werkstatt für Künstler und bestimmte Berufe; 2. Raum für Filmaufnahmen

a tempo (*itl.*) 1. Musik: (wieder) im Tempo; 2. rasch

Äthan *s.* gasförmiger Kohlenwasserstoff

Athanasie *w.* (*gr.*) Unsterblichkeit

Atheismus *m.* (-te'is-, *gr.*) die Überzeugung, dass es keinen Gott gibt; **Atheist** *m.* Gottloser; **atheistisch** gottlos

Athene griechische Göttin der Weisheit

Äther *m.* (*gr.*) 1. organische Verbindung mit narkotisierender Wirkung (fachsprachl. Ether); 2. nach antiker Vorstellung die unveränderliche Materie der himmlischen Sphären; 3. nach alter physikal. Vorstellung ein Medium wellenförmiger Kraftübertragung (Ätherwellen); **ätherisch** 1. hauchzart, vergeistigt; 2. flüchtig, verfliegend

Athlet *m.* (*gr.*) 1. Kraftmensch, Muskelmensch; 2. Wettkämpfer; **athletisch** 1. muskelstark; 2. sportlich durchtrainiert

Äthylen *s.* (*gr.*) ungesättigter Kohlenwasserstoff

Athymie *w.* (*gr.*) Schwermut, Antriebslosigkeit

Ätiologie *w.* (*gr.*) Lehre von den Ursachen, bes. den Krankheitsursachen; **ätiologisch** ursächlich

Atlant *m.* (*gr.*) männliche Figur als Gebälkträger; **Atlantik** *m.* der Atlantische Ozean; **Atlantis** *w.* sagenhafte, im Atlantik versunkene Insel

Atlas *m.* (*gr.*) 1. Riese, der nach der griechischen Sage das Himmelsgewölbe trägt; 2. gebundene Sammlung von Karten zur Geographie oder einem anderen Fachgebiet (*Mz.* Atlanten); 3. oberster Halswirbel

Atlas *m.* (*arab.*) schwerer, glänzender Seidenstoff

Atman *s.* (*sanskr.*) der Wesenskern des Menschen in der indischen Philosophie

Atmosphäre *w.* (*gr.*) 1. Lufthülle um die Erde; 2. Einheit für den Druck; 3. Stimmung, Fluidum; **atmosphärisch** die Atmosphäre betreffend

Atoll *s.* (*malai.*) ringförmige Koralleninsel

Atom *s.* (*gr.*) kleinste Einheit eines chem. Elements; **atomar** mit dem Atom zusammenhängend; **Atomenergie** *w.* bei der Spaltung des Atomkerns frei werdende Energie; **atomisieren** in kleinste Teile zerlegen; **Atomkern** *m.* der aus Nukleonen bestehende positiv geladene Bestandteil des Atoms in der Elektronenhülle; **Atommeiler** *m.* = Reaktor; **Atommüll** *m.* radioaktive Abfallstoffe; **Atomwaffen** *Mz.* Kernwaffen

atonal (*lat.*) tonartlich ungebunden, Hptw. **Atonalität** *w.*

Atonie *w.* (*gr.*) Muskelerschlaffung, Eigw. **atonisch**

Atout *s.* (attu, *frz.*) Trumpf im Kartenspiel

à tout prix (a tuh prih, *frz.*) um jeden Preis

atoxisch (*gr.*) nicht giftig

Atrium *s.* (*lat.*) 1. säulenumstandener Hofraum im altrömischen Haus; 2. Säulenvorhof der altchristlichen Basilika; 3. Innenhof eines Hauses; 4. Vorkammer des Herzens

Atrophie *w.* (*gr.*) Abnahme von Geweben und Organen durch Zellschwund

Atropin *s.* (*gr.*) hochgiftiges Alkaloid, natürlich z. B. in der Tollkirsche vorkommend

Atrozität *w.* (*lat.*) Grausamkeit, Gräuel

Attac *o. Art.* (aus: *A*ssociation pour la *T*axation des *T*ransactions Financières pour l'*A*ide aux *C*itoyens) weltweit größter Zusammenschluss von Privatpersonen und Organisationen, die wachsende Ungleichheit, Steuerfreiheit von Finanztransaktionen und deregulierte Globalisierung bekämpfen

attacca (*itl.*) Musik: ohne Pause den folgenden Satz anschließen
Attaché *m.* (attascheh, *frz.*) beigeordneter Beamter des diplomatischen Dienstes
Attachment *s.* (ettätsch-, *engl.*) ein an eine E-Mail angehängtes längeres (Ton-, Bild-, Text- oder Film-)Dokument, das vom Empfänger geöffnet und bei Bedarf heruntergeladen werden kann
Attacke *w.* (*frz.*) 1. Angriff; 2. Krankheitsanfall; **attackieren** angreifen, anfeinden
Attentat *s.* (*lat.*) (Mord-)Anschlag auf einen politischen Gegner; **Attentäter** *m.* jmd., der ein Attentat ausführt
Attention! (attangßjong, *frz.*) Achtung!
Attentismus *m.* (*lat.*) 1. abwartendes Verhalten; 2. berechnende Zurückhaltung der eigenen Entscheidung
Attest *s.* (*lat.*) ärztliche Bescheinigung; **attestieren** bescheinigen
Attika *w.* (*gr.*) fensterloser Aufbau über dem Gesims
Attila *w.* (*ungar.*) mit Schnüren besetzte Husarenjacke
Attitüde *w.* (*frz.*) 1. Haltung, innere Einstellung, Pose; 2. eine Grundposition im Ballett
Attraktion *w.* (*lat.*) Zugnummer, Anziehungskraft; **attraktiv** anziehend, gut aussehend
Attrappe *w.* (*frz.*) täuschend ähnliche Nachbildung
Attribut *s.* (*lat.*) 1. Kennzeichen, Merkmal, Eigenschaft; 2. Sprachlehre: Beifügung; **attributiv** beigegeben, beifügend
atü altes Zeichen für Atmosphärenüberdruck
atypisch (*gr.*) nicht typisch, von der Regel abweichend
Aubergine *w.* (oberschin, *frz.*) 1. violette Frucht einer Gemüsepflanze, Eierfrucht; 2. chinesisches Porzellan mit blauroter Glasur
au contraire (o kongträr, *frz.*) im Gegenteil
au courant (o kurang, *frz.*) auf dem Laufenden
audiatur et altera pars (*lat.*) (man soll) auch die Gegenseite hören
Audienz *w.* (-di'e-, *lat.*) Empfang bei hohen Persönlichkeiten
Audiometer *s.* (*lat.*) Hörmessgerät; **Audiovision** *w.* (*lat.*) Technik der Speicherung und Wiedergabe von Ton und Bild; **audiovisuelle Medien** *Mz.* (elektronische) Medien, die Töne und Bilder übermitteln sowie die Geräte zum Speichern (Tonfilm, Fernsehen, Videorecorder); **Audiphon**, *s.* Hörapparat; **Auditeur** *m.* (ohditör, *frz.*) Militärjurist; **auditiv** (*lat.*) das Gehör betreffend; **Auditor** *m.* Richter der röm. Kurie; **Auditorium** *s.* 1. Zuhörerschaft; 2. Hörsaal einer Universität; **Auditorium maximum** größter Hörsaal; **Auditus** *m.* das menschliche Hörvermögen
au fond (o fong, *frz.*) im Grunde genommen, eigentlich
au four (o fuhr, *frz.*) im Ofen gebraten, gebacken
Augiasstall *m.* Riesenunordnung, Dreckloch (nach dem von Herkules ausgemisteten Stall)
Augmentation *w.* (*lat.*) Ausweitung eines musikalischen Themas
Augur *m.* (*lat.*) 1. Vogelschauer, römischer Priester; 2. jmd., der aufgrund seines Insiderwissens Prognosen stellt; **Augurenlächeln** *s.* verständnisinniges Lächeln unter Eingeweihten
Auktion *w.* (*lat.*) Versteigerung; **Auktionator** *m.* Versteigerer; **auktionieren** versteigern
Aula *w.* (*lat.*) Festsaal, großer Versammlungsraum in Schulen
au naturel (o natürell, *frz.*) in natürlichem Zustand, unvermischt
au pair (o pär, *frz.*) ohne Bezahlung, auf Gegenleistung
Aura *w.* (*gr.*) Ausstrahlung, intensive Wirkung einer Person
Aureole *w.* (*lat.*) 1. Heiligenschein; 2. Hof um Sonne oder Mond; 3. Warnschein in Grubenlampen; 3. elektrische Lichterscheinung
Aureomyzin *s.* (*Wz.*) Antibiotikum
Aureus *m.* (-re'u-, *lat.*) römische Goldmünze
au revoir (o rewoar, *frz.*) auf Wiedersehen
Aurignacien *s.* (orinjaßjäng) Stufe der Altsteinzeit (nach der Stadt Aurignac in Frankreich)

aurikular (*lat.*) das Ohr betreffend
Aurora (*lat.*) 1. röm. Göttin der Morgenröte; 2. ein Tagfalter
ausbalancieren (-balangßieren, *frz.*) ins Gleichgewicht bringen
ausbaldowern (*jidd.*) auskundschaften
ausknocken (-nock-, *engl.*) k. o. schlagen
Auskultation *w.* (*lat.*) medizin. Abhorchen; **auskultatorisch** durch Abhorchen; **auskultieren** behorchen, abhorchen
ausloggen (*dt.-engl.*) ein kennwortverschlüsseltes Computernetzwerk verlassen
Auspizien *Mz.* (-zi'en, *lat.*) Aussichten für ein Vorhaben
auspowern (*frz.*) ausbeuten, ausplündern, arm machen
ausrangieren (-rangschieren; *frz.*) aussondern, außer Dienst stellen
ausstaffieren (*frz.*) ausstatten; **Ausstaffierung** *w.* Ausstattung
austarieren (*itl.*) ins Gleichgewicht bringen
Austerity *w.* (oßteriti, *engl.*) 1. Strenge, Einfachheit, Einschränkung; 2. rigorose Sparpolitik
Austria (*lat.*) Österreich; **Austriazismus** *m.* österreichische Spracheigentümlichkeit
austricksen (*engl.*) durch einen Trick überlisten
Autarkie *w.* (*gr.*) wirtschaftliche Selbstversorgung, Eigw. **autark**
authentifizieren (*gr.-lat.*) beglaubigen; **authentisch** (*gr.*) verbürgt, echt, vom Autor beglaubigt; **authentisieren** rechtsgültig machen; **Authentizität** *w.* Echtheit, Glaubwürdigkeit
Autismus *m.* (*gr.*) psychische Störung mit extremer Selbstbezogenheit und Kontaktverlust, Eigw. **autistisch**
Auto-, auto- (*gr.*) als Wortteil: selbst, eigen
Auto *s.* kurz für Automobil
Autoaggression *w.* (*gr.-lat.*) gegen die eigene Person gerichtete Aggression; **Autoaggressionskrankheiten** *Mz.* Krankheiten, bei denen der Körper Antikörper gegen körpereigene Antigene bildet
Autobiographie *w.* (*gr.*) Beschreibung des eigenen Lebens, Selbstbiographie, Eigw. **autobiographisch**
Autochromdruck *m.* (*gr.*) Autotypie mit Farbraster
autochthon (*gr.*) 1. an Ort und Stelle entstanden (von Gestein); 2. alteingesessen; **Autochthone** *m.* oder *w.* Eingeborene(r), Ureinwohner(in)
Autodafé *s.* (*port.*) Ketzerverbrennung, Bücherverbrennung (aufgrund eines Urteils der Inquisition)
Autodidakt *m.* (*gr.*) jmd., der sich durch Selbstunterricht bildet, Eigw. **autodidaktisch**
autodynamisch (*gr.*) selbstwirkend
autoerotisch (*gr.*) selbstverliebt, in den eigenen Körper verliebt, Hptw. **Autoerotismus** *m.*
Autofokus *w.* (*gr.-lat.*) Vorrichtung zur automatischen Einstellung der Bildschärfe (z. B. an Kameras)
Autogamie *w.* (*gr.*) Selbstbefruchtung bei bestimmten Pflanzen und Tieren
autogen (*gr.*) selbsttätig, selbstwirkend; **autogenes Training** Übungen zur Entspannung durch Selbsthypnose
Autogramm *s.* (*gr.*) eigenhändige Unterschrift (berühmter Personen)
Autograph *s.* (*gr.*) Manuskript in der ersten Fassung, Urschrift
Autohypnose *w.* (*gr.*) Selbsthypnose
Autoinfektion *w.* (*gr.-lat.*) Selbstansteckung; **Autointoxikation** *w.* Selbstvergiftung des Körpers
Autoklav *m.* (*gr.-lat.*) Dampfdruckgefäß zum Sterilisieren
Autokrat *m.* (*gr.*) 1. unbeschränkter Herrscher, Alleinherrscher; 2. selbstherrlicher, rücksichtsloser Mensch; **Autokratie** *w.* Staatsform mit unbeschränkt herrschendem Oberhaupt; **autokratisch** 1. alleinherrschend; 2. selbstherrlich
Automat *m.* (*gr.*) 1. Verkaufsapparat, Warenautomat; 2. System mit elektronischer Steuerung; **Automatik** *w.* Vorgang der Selbststeuerung; **automatisch** 1. selbsttätig; 2. unwillkürlich, zwangsläufig, mechanisch; **Automatisierung, Automation** *w.* Umstellung der Produktion auf automatische Arbeitssysteme, Ztw. **automatisieren**; **Automatismus** *m.* 1. selbsttätiger, unbewusster Ablauf von Vorgängen;

2. spontane Mal- und Schreibtechniken (der Surrealisten), durch die sich das Unbewusste ohne rationale Kontrollen ausdrücken soll

Automobil *s.* (*gr.-lat.*) Kraftfahrzeug

autonom (*gr.*) selbständig, unabhängig; **Autonomie** *w.* Selbständigkeit, (politische) Unabhängigkeit; **Autonomist,** *m.* Kämpfer für politische Autonomie

Autopilot *m.* (*gr.-itl.*) automatisches Steuerhilfsgerät eines Luftfahrzeugs

Autoplastik *w.* (*gr.*) Ersatz von Haut- oder Gewebeverlusten durch geeignetes Gewebe des eigenen Körpers

Autopsie *w.* (*gr.*) Leichenschau, Leichenöffnung

Autor *m.* (*lat.*) Urheber, Verfasser; **autorisieren** bevollmächtigen, Hptw. **Autorisierung, Autorisation** *w.*

Autoreverse *s.* (autoriwörß, *lat.-engl.*) Rückwärtsschaltung in Kassetten- und Videorecordern

Autorität *w.* (*lat.*) 1. Ansehen, Einfluss; 2. fachliche Kompetenz; **autoritär** diktatorisch, Gehorsam fordernd; **autoritativ** maßgebend, auf Autorität beruhend

Autoskooter *m.* (-skuter, *gr.-engl.*) elektrisch betriebener kleiner Flitzer auf Jahrmärkten

Autostrada *w.* (*itl.*) italien. Autobahn

Autosuggestion *w.* (*gr.-lat.*) Selbstbeeinflussung, Eigw. **autosuggestiv**

Autotypie *w.* (*gr.*) fotomechanisches Reproduktionsverfahren für Bilder mit Halbtönen

auxiliar (*lat.*) helfend

a. v. = a vista

Aval *m.* (*frz.*) Wechselbürgschaft; **per aval** als Bürge

Avance *w.* (awangß, *frz.*) 1. Vorsprung, Vorteil; 2. Entgegenkommen (meist *Mz.* Avancen); **Avancement** *s.* (-mang) Beförderung, Vorwärtskommen; **avancieren** vorwärts kommen, aufrücken; **Avantage** *w.* (-tasch) Vorteil, Gewinn

Avantgarde *w.* (awangard, *frz.*) die Vorkämpfer; **Avantgardist** *m.* Wegbereiter, Vorkämpfer; **avantgardistisch** vorkämpferisch

avanti! (*itl.*) vorwärts!, los!

Avatar *m.* (*sanskr.*) 1. in den indischen Religionen ein Gott, der zu den Menschen herabsteigt und ihre Gestalt annimmt; 2. Computergenerierung der menschlichen Gestalt und ihrer Bewegungsabläufe in räumlicher Darstellung (EDV)

ave (*lat.*) sei gegrüßt! **Ave** *s.* Ave Maria, katholisches Mariengebet

Avenida *w.* (*span.-port.*) breite Prachtstraße, Allee in Spanien, Portugal und Lateinamerika; **Avenue** *w.* (awenü, *frz.* ewenju, *engl.*) Prachtstraße

Avers *m.* (*lat.*) Vorderseite, Kopfseite einer Münze

Aversion *w.* (*lat.*) Abneigung, Widerwille

Aviatik *w.* (*lat.*) alte Bezeichnung für Flugtechnik, Flugwesen

avid (*lat.*) Antikörper anziehend

Avis *s.* (awih, *frz.*) Benachrichtigung, Ankündigung; **avisieren** ankündigen

a vista (*itl.*) bei Sicht, bei Vorlage fällig (von Wechseln)

Avitaminose *w.* (*lat.*) durch Vitaminmangel bewirkte Krankheit

Avocado *w.* (*aztek.*) dunkelgrüne Frucht eines südamerik. Lorbeergewächses

Awesta *s.* (*pers.*) Gesamtheit der religiösen Schriften des Parsismus

axial (*lat.*) in Richtung der Achse

axillar (*lat.*) 1. zur Achselhöhle gehörend; 2. achselständig (von Blättern)

Axiologie *w.* (*gr.*) Wertlehre

Axiom *s.* (*gr.*) Grundsatz, der nicht ableitbar und (deshalb) nicht beweisbar, aber unanzweifelbar ist; **Axiomatik** *w.* Lehre von den mit Axiomen durchführbaren logischen Operationen; **axiomatisch** auf Axiomen beruhend, unanzweifelbar

Azetat = Acetat

Azimut *s.* oder *m.* (*arab.*) Winkel zur Lagebestimmung eines Gestirns

Azoikum *s.* (*gr.*) früheste erdgeschichtliche Formation; **azoisch** ohne Spuren organischen Lebens

Azur *m.* (*arab.-pers.*) das Himmelsblau; **azurn** tief himmelblau

Azzurri *Mz.* (*itl.*) italien. Fußballnationalmannschaft

B

B. A. = Bachelor of Arts

Baal *m.* (*hebr.*) (Fruchtbarkeits-)Gott der Westsemiten

Baas *m.* (*niederl.*) Chef, Meister, Aufseher, Vermittler (von Seeleuten)

Baba *m.* (*pers.-türk.*) türkischer Ehrentitel für Geistliche und Fromme

Babbitt *m.* (bäbbitt, *engl.*) Spießer, Geschäftemacher (nach dem Helden des gleichnamigen Romans von Sinclair Lewis, 1922)

Babusche *w.* (*pers.-türk.*) orientalischer pantoffelartiger Schuh

Babuschka *w.* (*russ.*) Großmutter

Baby *s.* (behbi, *engl.*) Säugling und kleines Kind; **Baby-Bonds** Schuldverschreibungen von sehr kleinem Nennwert; **Babydoll** *m.* Damenschlafanzug mit kurzem Höschen und weitem Oberteil; **Babylook** *m.* (-luk) kosmetisch erzielte Gesichtsverjüngung; **Baby-Pro** *w.* (Kurzform von Baby-Prostitution) Prostitution von sehr jungen Minderjährigen (Jargon); **Babysitter** *m.* jmd., der auf ein Baby gegen Entgelt aufpasst, Ztw. **babysitten**

Baccalaureus = Bakkalaureus

Bacchus *m.* (bachus, *gr.-lat.*) röm. Gott des Weins und der Fruchtbarkeit; **Bacchanal** *s.* ausschweifendes Trinkgelage; **Bacchant** *m.* 1. berauschter Zecher; 2. fahrender Schüler im Mittelalter; **bacchantisch** überschäumend, ausgelassen, trunken

Bachelor (bettscheler, *lat.-engl.*) niederster akademischer Grad der englischen und amerikanischen Universitäten; **Bachelor of Arts** *m.* o. g. Grad für die geisteswissenschaftliche Fachrichtung

Background *m.* (bäckgraund, *engl.*) 1. Milieu, geistige Herkunft, Gesamtheit der Erfahrungen; 2. Projektion als Filmhintergrund; 3. Klanghintergrund bei einem Solo (im Jazz); 4. Untermalung, Geräuschkulisse

Backhand *m.* (bäckhänd, *engl.*) Rückhandschlag im Tennis

Backup *m.* (bäckap, *engl.*) Sicherung von Daten (EDV)

Backwoods *Mz.* (bäckwuds, *engl.*) abgelegene Wälder in Amerika; **Backwoodsman** *m.* (-män) Hinterwäldler

Bacon *m.* (behkn, *engl.*) leicht gesalzener, geräucherter, durchwachsener Speck

Badminton *s.* (bätminten, *engl.*) Turnierform des Federballspiels

Bafel *m.* (aus dem Talmud) 1. Geschwätz; 2. Ausschussware

Bagage *w.* (bagahsche, *frz.*) anhänglicher, unwillig akzeptierter Tross von Leuten

Bagatelle *w.* (*frz.*) Kleinigkeit, Nichtigkeit; **Bagatelldelikt** *s.* unbedeutender Rechtsverstoß; **bagatellisieren** auf die leichte Schulter nehmen, als geringfügig darstellen, verkleinern

Bagno *s.* oder *m.* (banjo, *itl.*) frühere Strafanstalt in Italien und Frankreich

Baguette *w.* (bagett, *frz.*) 1. französisches Stangenweißbrot; 2. besondere Schliffart bei Brillanten

Bahai-Bewegung *w.* (*pers.*) pantheistische soziale Religionsbewegung aus Persien

Bai *w.* (*frz.*) Meeresbucht

Baigneuse *w.* (bänjöse, *frz.*) Spitzenhaube des 18. Jahrhunderts

Bain-marie *s.* (bängmarih, *frz.*) Wasserbad zum Wärmen von Speisen

Baiser *s.* oder *m.* (bäseh, *frz.*) Meringe, Schaumgebäck

Baisse *w.* (bähß, *frz.*) Fallen der Preise und Börsenkurse; **Baissier** *m.* (-jeh) Spekulant, der fallende Kurse ausnutzt

Bajadere *w.* (*port.*) indische Tempeltänzerin

Bajazzo *m.* (*itl.*) Hanswurst, Clown, Possenreißer im itl. Theater

Bajonett *s.* (*frz.*) Seitengewehr

Bakelit *s.* *Wz.* Kunststoff aus Kunstharzen (nach dem belgischen Chemiker Baekeland)

Bakkalaureat *s.* (*lat.*) 1. unterster akadem. Grad in England und den USA; 2. Abitur in Frankreich; **Bakkalaureus** *m.* (-re'us) Inhaber des Bakkalaureats

Bakkarat *s.* (bakara, *frz.*) Kartenglücksspiel

Bakschisch *s.* (*pers.*) 1. Trinkgeld; 2. Bestechungsgeld

Bakterie *w.* (-ri'e, *gr.*) einzelliges Kleinlebewesen, Spaltpilz, häufig Krankheitserreger; **bakteriell** durch Bakterien erzeugt; **Bakteriologie** *w.* Wissenschaft von den Bakterien, Eigw. **bakteriologisch**; **Bakteriophagen** *Mz.* bakterienzerstörende Kleinstlebewesen; **bakterizid** keimtötend

Balalaika *w.* (*russ.*) russisches Saiteninstrument

Balance *w.* (balangß, *frz.*) Gleichgewicht; **Balancé** *m.* (balangßeh) Schwebeschritt im Tanz; **Balanceakt** *m.* Gleichgewichtskunststück; **Balance of power** *w.* (bällenß of pauer, *engl.*) Gleichgewicht der Mächte; **balancieren** (balangßieren, *frz.*) das Gleichgewicht halten

Balata *w.* (*indian.*) kautschukartiger Pflanzensaft; **Balatum** *s.* (*Wz.*) kautschukgetränkter Fußbodenbelag

Baldachin *m.* (*itl.*) Altarhimmel, Thronhimmel, Stoffdach

Balkon *m.* (*frz.*) 1. offener Gebäudevorbau; 2. erhöhter Zuschauerraum im Theater oder Kino

ballabile (*itl.*) Musik: tänzerisch

Ballade *w.* (*frz.-itl.*) dramatisch erzählendes Gedicht mit tragischem Ausgang, Eigw. **balladesk**

Ballawatsch = Pallawatsch

Ballei *w.* (*lat.*) Amtsbezirk eines Ritterordens

Ballerina *w.* (*itl.*) Balletttänzerin

Ballett *s.* (*frz.*) 1. Bühnentanz; 2. Tanzgruppe; **Ballettensemble** (-angsambl) Tanzgruppe eines Theaters; **Balletteuse** *w.* (-töhse) Balletttänzerin

ballhornisieren verschlimmbessern (nach dem Lübecker Buchdrucker Ballhorn)

Balliste *w.* (*gr.-.lat.*) altes Wurfgeschütz; **Ballistik** *w.* Lehre von den Geschossbahnen; **ballistische Kurve** *w.* Flugbahn eines Geschosses

Ballon *m.* (-ong, *frz.*) 1. mit Leichtgas gefüllter Ball; 2. große, bauchige Flasche, auch Korbflasche

Ballotade *w.* (*frz.*) Sprung des Pferdes in der Reitkunst

Ballotage *w.* (ballotahsche, *frz.*) Abstimmung mit Kugeln; **ballotieren** mit Kugeln abstimmen

Ballyhoo *s.* (bällihuh, *engl.*) marktschreierische Reklame, Werberummel

Balneologie *w.* (*lat.*) Bäderkunde

Bal paré *m.* (*frz.*) großer Ball, bei dem die Damen maskiert sind

Balsa *s.* (*span.*) Nutzholz des südamerik. Balsabaums; **Balsa** *w.* Boot aus Binsenbüscheln der südamerik. Indianer

Balsam *m.* (*gr.-lat.*) 1. Gemisch aus Harzen und ätherischen Ölen; 2. Linderungsmittel; 3. Linderung; **balsamisch** duftend, wohltuend; **balsamieren** einsalben

Baluster *m.* (*gr.-frz.*) Ziersäulchen; **Balustrade** *w.* (*frz.*) Brüstung aus Säulchen

Bambi *s.* jährlich verliehener amerik. Filmpreis (nach Walt Disneys Hauptfigur im gleichnamigen Zeichentrickfilm);

Bambina *w.* (*itl.*) kleines Mädchen; **Bambino** (*itl.*) 1. kleiner Junge; 2. Jesuskind in der Kunst

Bambule *w.* (*frz.*) Häftlingsprotest

Bambus *m.* (*niederl.*) tropische Graspflanze

Bami-goreng *s.* (*malai.*) indonesisches Nudelgericht

Ban *m.* (*ungar.*) ungar. Landeshauptmann im Mittelalter

banal (*frz.*) abgedroschen, platt, alltäglich; **banalisieren** verflachen, breittreten; **Banalität** *w.* Plattheit, Abgeschmacktheit

Banause *m.* (*gr.*) Mensch ohne Kunstverständnis, Eigw. **banausisch**, Hptw. **Banausentum** *s.*

Band *w.* (bänd, *engl.*) Musikgruppe (z. B. Jazzband, Beatband); **Bandleader** *m.* (-lihder) Leiter einer Band

Bandage *w.* (bandahsche, *frz.*) 1. fester Verband; 2. Schutzbinde (z. B. beim Sport); **bandagieren** (-schieren) verbinden, umwickeln; **Bandagist** *m.* Hersteller von Bandagen

Banderilla *w.* (banderilja, *span.*) ge-

schmückter Spieß des Banderilleros; **Banderillero** *m.* (-jero) Stierkämpfer, der den Stier mit der Banderilla reizt
Banderole *w.* (*frz.*) 1. Steuerband; 2. Spruchband in der Malerei; **banderolieren** mit Kontrollstreifen versehen
Bandit *w.* (*itl.*) 1. Räuber, Straßenräuber; 2. Lausejunge (umg.)
Bandleader = Band
Bandola *w.* (*span.-itl.*) lautenähnliches Musikinstrument
Bandoneon *s.* Handharmonika mit Knöpfen an beiden Seiten (nach dem Erfinder H. Band)
Bandy *s.* (bändi, *engl.*) frühere Form des Eishockeyspiels mit Ball statt Puck
Banjo *s.* (bändscho, *engl.*) gitarreartiges Instrument
Bank *w.* (*frz.-itl.*) Kreditanstalt; **Bankakzept** *s.* (*lat.*) von einer Bank angenommener Wechsel
Bankett *s.* (*frz.*) 1. Festmahl; 2. Randstreifen neben der Landstraße; **bankettieren** festlich tafeln
Bankier *m.* (bankjeh, *frz.*); **Banker** *m.* (bänker, *engl.*) Inhaber, Vorstandsmitglied einer Bank, Bankfachmann; **Bankomat** *m.* Geldautomat
Bankrott *m.* (*itl.*) Zahlungseinstellung, Konkurs; **bankrott** zahlungsunfähig, übertragen: erledigt; **Bankrotteur** *m.* (-tör) jmd., der Bankrott macht
Bantamgewicht *s.* (*jav.*) leichtere Körpergewichtsklasse beim Boxen, Ringen und Gewichtheben
banzai! (*jap.*) lebe hoch!
Baptismus *m.* (*gr.-lat.*) christl. Religionsgemeinschaft mit Erwachsenentaufe; **Baptist**, *m.* Anhänger des Baptismus; **Baptisterium** *s.* Taufkapelle
Bar *w.* (*engl.*) 1. Schanktisch mit hohen Stühlen; 2. Nachtlokal; **Barmixer** *m.*; **Barkeeper** *m.* (-kihper) *m.* Barmann
Bar *s.* (*gr.*) alte Maßeinheit des (Luft-) Drucks
Baracke *w.* (*frz.*) niedriger, oft provisorischer Bau, meist aus Holz
Baratt *m.* (*itl.*) Warentausch; **Baratthandel** *m.* Tauschhandel; **barattieren** tauschen; **Baratterie**, *w.* Betrug oder Verschulden der Schiffsbesatzung gegenüber dem Reeder
Barbar *m.* (*gr.*) unkultivierter Mensch, Rohling; **Barbarei** *w.* Rohheit, Grausamkeit, barbarisches Vergehen; **barbarisch** roh, ungesittet, grausam; **Barbarismus** *m.* grober Ausdrucksfehler
Barbecue *s.* (barbikju, *engl.*) 1. Gartenfest in den USA, bei dem ganze Tiere am Spieß gebraten werden; 2. Bratrost, Gartengrill
Barbier *m.* (*frz.*) Frisör, Rasierer; **barbieren** rasieren
Barbiton *s.* (*gr.*) altgriech. Saiteninstrument
Barbiturat *s.* (*Kunstwort*) Schlaf- und Beruhigungsmittel
Barchent *m.* (*arab.*) linksseitig gerauter Baumwollstoff
Barde *m.* (*kelt.*) Sänger, Dichter, Liedermacher
Barde *w.* (*frz.*) Speckscheibe; **bardieren** mit Speck belegen, in Speck wickeln
Barège *m.* (baräsch, *frz.*) gazeartiger Kleiderstoff
Barett *s.* (*lat.*) flache Mütze ohne Schirm
Bargaining *s.* (bahgening, *engl.*) 1. Verhandeln; 2. Vertragsabschluss
Bariton *m.* (*itl.*) 1. Männerstimme zwischen Tenor und Bass, Sänger mit Baritonstimme; 2. Solo einer Baritonstimme in einem Musikstück
Barkarole *w.* (*itl.*) Gondellied
Barkasse *w.* (*span.*) 1. kleines Dampfboot; 2. größtes Beiboot von Schiffen
Barock *m.* oder *s.* (*frz.*) Kulturepoche und Kunststil vom Ende des 16. bis Mitte des 18. Jhs.; **barock** 1. im Barockstil; 2. verschnörkelt, übertrieben, Ztw. **barockisieren**; **Barockperle** unregelmäßige Perle
Barogramm *s.* (*gr.*) vom Barographen aufgezeichnete Luftdruckkurve; **Barograph** *m.* selbsttätig schreibendes Barometer; **Barometer** *s.* Luftdruckmesser, Eigw. **barometrisch**
Baron *m.* (*frz.*) Freiherr; **Baronesse** *w.* Freifräulein; **Baronin** *w.* Freifrau; **baronisieren** in den Freiherrnstand erheben
Barras *m.* Kommiss, Militär (Soldatensprache, Herkunft ungeklärt)
Barrel *s.* (bärrel, *engl.*) Hohlmaß für Erdöl (rd. 158 l)
Barriere *w.* (-ri'e-, *frz.*) Schlagbaum, Bahnschranke, Sperre

Barrikade *w.* (*frz.*) Straßensperre, bes. bei Straßenkämpfen
Barrister *m.* (bärrister, *engl.*) Rechtsanwalt an engl. Obergerichten
Barsoi *m.* (barseu, *russ.*) russ. Windhund
Barsortiment *s.* Zwischenhandel zwischen Verlag und Einzelbuchhandel (Sortiment)
Barter-Geschäft *s.* (*engl.*) Tauschgeschäft, Kompensationsgeschäft
Baryton *s.* (*gr.-frz.*) gambenähnliches Saiteninstrument; **baryzentrisch** auf den Schwerpunkt bezüglich; **Baryzentrum** *s.* Schwerpunkt
basal (*gr.*) grundlegend, die unterste Schicht, die Basis bildend
Basalt *m.* (*lat.*) schwarzes Eruptivgestein
Basar, Bazar *m.* (*pers.*) 1. orientalisches Händlerviertel; 2. Ladenstraße; 3. Verkaufsausstellung zu Wohltätigkeitszwecken
Baschlik *m.* (*russ.-türk.*) kaukasische Wollkapuze mit Schal
Base *w.* (*gr.*) chem. Verbindung, die mit Säure Salz bildet, Eigw. **basisch**
Baseball *s.* (behsboll, *engl.*) amerik. Schlagballspiel
Basedowsche Krankheit *w.* Schilddrüsenerkrankung (nach dem dt. Arzt K. v. Basedow)
Basement *s.* (*engl.*) Tiefparterre
BASIC *s.* (behßik, aus *engl.* *b*eginner's *a*ll purpose *s*ymbolic *i*nstruction *c*ode) eine einfache Programmiersprache; **Basic English** *s.* (– inglisch) vereinfachtes Englisch mit einem Grundwortschatz von 850 Wörtern
basieren = Basis
Basilika *w.* (*gr.-lat.*) mehrschiffige, flachdeckige Halle, im römischen Altertum Markt- und Gerichtshalle, in der Form von der frühchristlichen Kirche übernommen
Basilikum *s.* (*gr.*) stark duftende Gewürzpflanze
Basilisk *m.* (*gr.*) Leguanart; **Basiliskenblick** *m.* tödlicher Blick, der der geflügelten, im Altertum Basilisk genannten Schlange zugeschrieben wurde
Basis *w.* (*gr.*) Grundlage, Grundlinie, Grundzahl, Grundfläche; **basieren** ruhen auf, beruhen auf, sich gründen auf
Basketball *s.* (*engl.*) Korbballspiel
Basküle *w.*, **Baskülverschluss** *m.* (*frz.*) Fensterverschluss, Drehschloss, das von der Mitte aus oben und unten Riegel vorschiebt
Basrelief *s.* (bareljeff, *frz.*) Flachrelief, leicht plastisches Bildwerk
Bass *m.* (*itl.*) 1. tiefe Männerstimme; 2. Streichinstrument, Kontrabass
Basset *m.* (bä-, *engl.*) Dachshund
Bassett *s.* (*itl.*) ältere Bezeichnung für Cello; **Bassetthorn** *s.* Altklarinette
Bassin *s.* (bassäng, *frz.*) Wasserbecken
Bassist *w.* (*itl.*) 1. Sänger mit Bassstimme; 2. Kontrabassspieler
basso continuo (*itl.*) Musik: Generalbass; **basso ostinato** ständig wiederkehrendes Bassmotiv, klangliche Stütze des musikalischen Geschehens
Basson *m.* (bassong, *frz.*) Fagott
basta! (*itl.*) genug!, Schluss!
Bastard *m.* (*lat.*) 1. durch Artenkreuzung entstandenes Tier oder entstandene Pflanze; 2. alte Bezeichnung für uneheliches Kind; **Bastardfaden** *m.* Kennzeichen unehelicher Abkunft im Wappen; **bastardieren** kreuzen, Hptw. **Bastardierung** *w.*; **Bastardschrift** Druckschrift, in der sich verschiedene Schriftarten mischen
Bastei *w.* (*itl.*) halbrunder, aus der Mauer vorspringender Festungsteil
Bastille *w.* (bastije, *frz.*) 1. befestigtes Schloss, Burg in Frankreich; 2. Pariser Staatsgefängnis, das 1789 zu Beginn der Revolution zerstört wurde
Bastion *w.* (*frz.*) Bollwerk
Bastonade *w.* (*itl.*) bes. im Orient bis ins 19. Jh. gebräuchliche Prügelstrafe auf Fußsohlen und Rücken
Bataille *w.* (bataij, *frz.*) Schlacht; **Bataillon** *s.* (bataljohn) Truppenverband aus mehreren Kompanien
Batate *w.* (*indian.*) Süßkartoffel, stärkereiche Knolle der Knollenwinde
Bathometer *s.* (*gr.*) Meerestiefenmesser, Tiefseelot
bathygraphisch (*gr.*) tiefseekundlich
Bathysphäre *w.* (*gr.*) größte Tiefe des Meeres
Batik *m.* oder *w.* (*malai.*) Stofffärbever-

fahren mit Hilfe von Wachs, Ztw. **batiken**

Batist *w.* (*frz.*) sehr zartes Leinen- oder Baumwollgewebe, Eigw. **batisten**

Batterie *w.* (*frz.*) 1. Einheit bei der Artillerie; 2. zusammengeschaltete elektrische Elemente; **battieren** dem Gegner beim Fechten die Klinge aus der Hand schlagen

Battuta *w.* (*itl.*) 1. Taktschlag; 2. Schlag auf die gegnerische Klinge beim Fechten

Bauxit *m.* wichtigstes Aluminiumerz (nach Les Beaux in Frankreich, dem ersten Fundort)

Bavaria *w.* (*lat.*) Frauengestalt als Sinnbild Bayerns

Bavel = Bafel

Bazar = Basar

Bazillus *m.* (*lat.*) stäbchenförmige Sporen bildende Bakterie (*Mz.* Bazillen); **Bazillophobie** *w.* übertriebene Bazillenfurcht

Beachvolleyball *m.* und *s.* (bihtschwolli-, *engl.*) auf Sand von Zweiermannschaften gespielte Art des Volleyballspiels

Beam-Antenne *w.* (bihm-, *engl.*) Richtantenne

Beat *m.* (biht, *engl.*) 1. regelmäßiger rhythmisierender Grundschlag in Jazz und Unterhaltungsmusik, gemessen in beat per minute (Abk. bpm); 2. Sammelbez. für verschiedene, nach 1960 aufgekommene Strömungen der Popmusik; **Beat Generation** *w.* (-gschenerehschen) Gruppe junger amerik. Künstler und Intellektueller nach dem Zweiten Weltkrieg, die ihren nonkonformistischen Lebensstil in freier Sexualität, Drogengenuss, Jazzmusik und mystischen Neigungen auslebte

Beatifikation *w.* (*lat.*) Seligsprechung; **beatifizieren** selig sprechen

beati possidentes *Mz.* (*lat.*) glücklich (sind) die Besitzenden

Beatle *m.* (bihtl, *engl.*) veraltete Bez. für einen langhaarigen jungen Mann (nach den Beatles, einer engl. Musikgruppe); **Beatnik** *m.* (aus *Beat* und Sput*nik*) jmd., der sich zur Beat Generation zählte

Beau *w.* (boh, *frz.*) schöner Mann, Stutzer, Modenarr; **Beauté** *w.* (boteh, *frz.*); **Beauty** *w.* (bjutih, *engl.*) Schönheit, schöne Frau

Bébé *s.* (*frz.*) Säugling, kleines Kind

Bebop *m.* (bibopp, *engl.*) Stilform des Jazz in den 1940er-Jahren

Béchamel-Soße *w.* (beschamell, *frz.*) Buttersoße nach dem Marquis de Béchamel

becircen (-zirz-, *lat.*) verzaubern, verführen (nach der griechischen weiblichen Sagengestalt Kirke)

Becquerel *s.* (beckerell) Maßeinheit für die Aktivität einer radioaktiven Substanz (nach dem frz. Physiker Becquerel)

Beduine *m.* (*arab.*) arabischer Nomade

Beefeater *m.* (bihfihter, *engl.*) volkstümlicher Name der britischen königlichen Leibwache im Londoner Tower

Beefsteak *s.* (bihfstehk, *engl.*) Rindersteak; **Beeftea** *m.* (-tih) Kraftbrühe aus Rindfleisch

Beelzebub *m.* (*hebr.*) Teufel, Herr aller Teufel

Beg *m.* (*türk.*) höherer türkischer Titel

Beginen *Mz.* (*niederl.*) halb klösterliche Frauengemeinschaft in den Niederlanden und Belgien

Begum *w.* (*Hindi*) Titel indischer Fürstinnen

Behaviorismus *m.* (bihewi'erismus, *engl.*) amerik. Richtung der Verhaltensforschung

Behemoth *m.* (*hebr.*) in der jüdischen Apokalyptik ein Tier der Endzeit

Bei = Beg

beige (bähsch, *frz.*) gelbgrau, naturfarben, sandfarbig

Beignet *m.* (bänjäh, *frz.*) in Teig getauchtes und in Schmalz gebackenes Obst

Beiram *m.* (*türk.*) Name zweier Feste des Islam

Bekassine *w.* (*frz.*) Sumpf-, Moorschnepfe

Bel *s.* Einheit für das logarithmierte Verhältnis zweier physikalischer Größen, meist im zehnten Teil verwendet (z. B. Dezibel, nach A. G. Bell)

Belami *m.* (*frz.*) Frauenliebling

Belcanto *m.* (*itl.*) virtuoser, klangschöner Gesang der italienischen Schule

Belemnit *m.* (*gr.*) Donnerkeil, Teil versteinerter Tintenfische

Beletage *w.* (beletasch, *frz.*) der erste Stock eines Hauses

Belkanto = Belcanto

Belladonna *w.* (*itl.*) Gift der Tollkirsche, Atropin
Belle Époque *w.* (bell epock, *frz.*) Bez. für die Zeit von der Jahrhundertwende bis zum Ersten Weltkrieg in Frankreich, die durch Wohlstand, gesellschaftliche Vergnügungen und technischen Fortschritt geprägt war
Belletrist *m.* (*frz.*) Schriftsteller der Belletristik; **Belletristik** *w.* erzählende, schöngeistige (Unterhaltungs-)Literatur, Eigw. **belletristisch**
Bellevue *s.* (bellwüh, *frz.*) schöne Aussicht, Name vieler schön gelegener Schlösser
Bel-Paese *m.* (-pa'e-, *itl.*) vollfetter italien. Butterkäse
Beluga *w.* (*russ.*) russ. Name für den Hausen, ein Störfisch; **Beluga** *m.* Kaviar aus dem Rogen des Hausens
Belvedere *s.* (*itl.*) = Bellevue
Ben (*hebr.-arab.*) Teil arab. und hebr. Familiennamen mit der Bedeutung Sohn
bene! (*itl.*) gut!
benedeien (*lat.*) segnen, lobpreisen; **Benediktion** *w.* Segnung, kath.-kirchl. Weihe
Benefiz *w.* (*lat.*) Veranstaltung zugunsten eines Künstlers oder wohltätigen Zwecks; **Benefizium** *s.* 1. Pfründe aus einem Kirchenamt; 2. mittelalterliches Lehen
benevolent (*lat.*) wohlwollend; **Benevolenz** *w.* Wohlwollen
benigne (*lat.*) gutartig (von Geschwulsten); **Benignität** *w.* Gutartigkeit
Benjamin *m.* (*hebr.*) der Jüngste einer Familie oder Gruppe
Benthos *s.* (*gr.*) Pflanzen- und Tierwelt des Meeresbodens, Eigw. **benthonisch**
Benzin *s.* (*lat.*) Treibstoff aus Rohöl
Benzoe *w.* (-zo'e, *lat.*) wohlriechendes tropisches Harz
Benzol *s.* (*lat.*) wasserhelle, leicht entzündliche Kohlenstoffverbindung
Beo *m.* (*malai.*) asiatischer Star, ein Singvogel
Berber *m.* 1. wollener Knüpfteppich; 2. Nichtsesshafter, Wohnungsloser (nach dem nordafrikan. Volk)
Berceuse *w.* (berßöhse, *frz.*) Wiegenlied
Bergamaska *w.* (*frz.-itl.*) italienischer Bauerntanz
Bergamotte *w.* (*itl.-türk.*) 1. Abart der Apfelsine; 2. Birnenart
Beriberi *w.* (*singhal.*) Krankheit durch Vitamin-B-Mangel
Berlocke *w.* (*frz.*) Schmuckanhänger, meist an Uhrketten
Bermudashorts, Bermudas *Mz.* (-shorz, *engl.*) eng anliegende knielange Shorts oder Badehose
Bersagliere *m.* (berßaljehre, *itl.*) Angehöriger einer italien. Scharfschützentruppe (*Mz.* Bersaglieri)
Berserker *m.* (*altnord.*) 1. Krieger der altnord. Sage; 2. jmd., der sich wild gebärdet und wütet
Beryll *m.* (*gr.*) dem Smaragd verwandter, meist grüner Edelstein
Besanmast *m.* (*lat.-niederl.*) hinterster Schiffsmast
Bésigue *s.* (besihk, *frz.*) Kartenspiel
bestialisch (*lat.*) unmenschlich, grausam, Hptw. **Bestialität** *w.*; **Bestie** *w.* (beßti'e) 1. wildes Tier; 2. brutaler Mensch, Unmensch
Bestseller *m.* (*engl.*) etwas, bes. ein Buch, was in einem bestimmten Zeitraum sehr häufig verkauft wird, Kassenschlager
Beta *s.* (*gr.*) zweiter Buchstabe des griechischen Alphabets, Β, β; **Betablocker** *m.* Kurzform von Betarezeptorenblocker; **Betarezeptor** *m.* (*gr.-lat.*) Nervenfaserende des sympathischen Nervensystems; **Betarezeptorenblocker** *m.* chem. Substanz zur Behandlung von Bluthochdruck; **Betastrahlen** (*gr.*) beim radioaktiven Zerfall von Atomkernen entstehende Strahlen aus Elektronen, β-Strahlen; **Betatron** *s.* Elektronenschleuder; **Betateilchen** *s.* beim radioaktiven Zerfall ausgesendete Elektronen; **Betazerfall** *m.* Umwandlung eines Atomkerns unter Aussendung von β-Strahlen
Bête *w.* (bäht, *frz.*) Strafeinsatz beim Spiel, Geld des Verlierers
Betel *m.* (*malai.*) Genussmittel aus der Frucht der Betelnusspalme
Betise *w.* (bätihse, *frz.*) Dummheit, Torheit
Beton *m.* (betong, *frz.*) fester Baustoff aus einem Gemisch von Zement, Wasser, Sand und Kies; **betonieren** 1. mit Beton aus-

bauen; 2. etwas ein für alle Mal festlegen (z. B. eine Ansicht)
Bey = Beg
Bezoar *m.* (*pers.*) Stein aus dem Magen von Wiederkäuern, galt als Heilmittel
bfn. = brutto für netto
Bhagawadgita *w.* (*sanskr.*) altind. religionsphilosophisches Gedicht (um 700 n. Chr.); **Bhagwan** *m.* Ehrentitel für hinduistische Religionslehrer
Bi-, bi- (*lat.*) als Vorsilbe: zweifach, doppelt; **bi** Kurzwort für bisexuell (umg.)
Biarchie *w.* (*lat.-gr.*) Doppelherrschaft
Bias *s.* (beijeß, *engl.*) durch falsche Methoden bewirkte Verzerrung eines Befragungsergebnisses (z. B. in der Meinungsforschung)
Biathlon *s.* (*gr.*) moderne Wintersportdisziplin, Doppelwettkampf im Skilanglauf und im Scheibenschießen
Bibel *w.* (*gr.*) Schriften des Alten und Neuen Testaments; **Bibelkonkordanz** *w.* Nachschlagewerk für Bibelstellen
Bibelot *m.* (bibeloh, *frz.*) Kleinkunstwerk, Nippsache
Bibernelle *w.* (*lat.*) Gewürzpflanze (auch Pimpernell)
Biblia pauperum *w.* (*lat.*) mittelalterliche Bilderbibel oder Bibelkurzfassung
Bibliographie *w.* (*gr.*) Bücherverzeichnis, Schrifttumsnachweis, Eigw. **bibliographisch**; **Bibliomane** *m.* Büchernarr, Eigw. **bibliomanisch**; **bibliophil** bücherliebend; **Bibliophile** *m.* Bücherfreund; **Bibliophilie** *w.* Buchliebhaberei; **Bibliothek** *w.* Bücherei, Büchersammlung, größerer Besitz an Büchern; **Bibliothekar** *m.* Verwalter einer Bibliothek, Eigw. **bibliothekarisch**
Biblizismus *m.* (*gr.-lat.*) Bibelverständnis, das jede Aussage in der Bibel wörtlich nimmt
Bidet *s.* (bidäh, *frz.*) Sitzgefäß für Spülungen des Unterleibs
Bidonville *s.* (bidongwihl, *frz.*) Elendsquartier am Stadtrand nordafrikanischer Siedlungen
bien (biäng, *frz.*) gut, recht
biennal (bi'e-, *lat.*) zweijährlich, alle zwei Jahre (stattfindend); **Biennale** *w.* alle zwei Jahre stattfindende Veranstaltung; **Biennium** *s.* Zeitraum von zwei Jahren
bifilar (*lat.*) doppelfädig
Bifokalglas (*lat.*) Zweistärkenglas
biform (*lat.*) zwiegestaltig, doppelgestaltig, Hptw. **Biformität,** *w.*
Bifurkation *w.* (*lat.*) Gabelung
Bigamie *w.* (*lat.-gr.*) Doppelehe; **Bigamist** *m.* jmd., der zwei Ehen gleichzeitig führt
Big Band *w.* (– bänd, *engl.*) großes Jazzorchester
Big Bang *m.* (– bäng, *engl.*) Bez. für den hypothet. Urknall bei der Entstehung des Weltalls
Big Ben *m.* (*engl.*) volkstümlicher Name des Glockenturms im Londoner Parlamentsgebäude
Big Business *s.* (– bisniß, *engl.*) Großindustrie und deren Geschäftswelt
bigott (*frz.*) scheinheilig, frömmelnd, Hptw. **Bigotterie** *w.*
Big Science *s.* (– ßei'enß, *engl.*) Großforschung, große wissenschaftliche Unternehmungen der Privatindustrie und des Staats mit den dazugehörigen Organisationen
Bijou *m.* oder *s.* (bischuh, *frz.*) Kleinod, Edelstein; **Bijouterie** *w.* 1. kunstgewerbliche modische Schmuckwaren; 2. Schmuckwarenhandel
Bikarbonat *s.* (*lat.*) doppeltkohlensaures Salz
Bike *s.* (beik, *engl.*) Fahrrad
Bikini *m.* zweiteiliger Damenbadeanzug (nach dem Atoll)
bikonkav (*lat.*) auf beiden Seiten hohl geschliffen (von Linsen)
bikonvex (*lat.*) auf beiden Seiten erhaben geschliffen (von Linsen)
bilabial (*lat.*) Sprachlehre: mit beiden Lippen gebildet; **Bilabial** *m.* mit beiden Lippen gebildeter Laut
Bilanz *w.* (*itl.*) 1. Kontenabschluss, Gegenüberstellen der Aktiva und Passiva zur Ermittlung des Geschäftsstandes; 2. Ergebnis, Fazit; **bilanzieren** Bilanz machen
bilateral (*lat.*) zweiseitig, zwei Seiten betreffend
Bilge *w.* (bilsch, *engl.*) Kielraum eines Schiffs
biliär (*lat.*) die Galle betreffend; **biliös** gallig

bilingual (*lat.*) 1. zweisprachig; 2. auf zwei Sprachen bezogen; **bilinguisch** in zwei Sprachen verfasst

Bill *w.* (*engl.-lat.*) Gesetz, Gesetzentwurf

Billard *s.* (bijahr, eingedeutscht billjard, *frz.*) Kugelspiel auf besonderen, grün bezogenen Tischen; **Billardqueue** (-köh) Billardstock

Billetdoux *s.* (bijähduh, *frz.*) Liebesbrief (noch scherzhaft)

Billett *s.* (bijäh, eingedeutscht billjett) Einlasskarte, Fahrkarte

Billiarde *w.* (billjarde, *frz.*) tausend Billionen (10^{15})

Billion *w.* (billjohn, *frz.*) tausend Milliarden (10^{12}); in der ehem. UdSSR, USA, Frankreich: 10^{9}

Billrothbatist *m.* wasserdichter Verbandsstoff (nach dem österr. Chirurgen T. Billroth)

bimanuell (-nu'e-, *lat.*) zweihändig, mit beiden Händen gleich geschickt

Bimester *s.* (*lat.*) Zeitdauer von zwei Monaten

Bimetallismus *m.* (*lat.*) auf zwei Metallen aufgebautes Währungssystem (meist Gold und Silber)

binär, binarisch (*lat.*) zweiteilig, aus zwei Einheiten bestehend, **Binärcode** *m.* Code mit nur zwei Zeichen; **Binärsystem** *s.* Dualsystem

Bingo *s.* (*engl.*) dem Lotto ähnliches engl. Glücksspiel; **bingo!** gewonnen!, getroffen!, hat geklappt! (*umg.*)

Binokel *s.* (*lat.*) Augenglas für beide Augen, Opernglas; **binokular** mit beiden Augen, für beide Augen

Binom *s.* (*lat.*) aus zwei Teilen gebildeter mathemat. Ausdruck; **binomisch** zweiteilig, zweigliedrig

Bio-, bio- (*gr.*) als Vorsilbe: Leben, das Leben betreffend

Biobibliographie *w.* Bibliographie zu Quellen und Sekundärliteratur über eine Person

Biochemie *w.* 1. Wissenschaft von der Chemie des Organismus; 2. Heilverfahren, das auf Biochemie beruht

Biochip *m.* (-tschip, *gr.-engl.*) Computerchip aus organischen Verbindungen (im Entwicklungsstadium)

Bioethik *w.* (*gr.*) Teilgebiet der Ethik, das sich auf den Arbeits- und Forschungsbereich der Biologie bezieht, der sich mit lebenden Organismen, bes. mit embryonalen Stammzellen, beschäftigt

Biogas *s.* Faulgas aus Biomasse

Biogenese *w.* Entwicklungsgeschichte der Lebewesen, Eigw. **biogenetisch**

Biograph *m.* jmd., der das Leben eines Menschen beschreibt; **Biographie** *w.* 1. Lebensbeschreibung; 2. Lebensgeschichte eines Menschen, Eigw. **biographisch**;

Bioinformatik *w.* (*gr.-lat.*) junge Disziplin der Informatik, um die enormen Datenmengen bei der (menschlichen) Genomentschlüsselung zu verarbeiten

Biologie *w.* Wissenschaft von den Lebensvorgängen, Eigw. **biologisch**; **Biologismus** *m.* Übertragung biologischer Gesichtspunkte auf Individuum und Gesellschaft; **Biomasse** *w.* Gesamtheit der organischen Substanz (eines Lebensraums); **Biomechanik** *w.* Wissenschaft von den mechanischen Abläufen in Organismen; **Biometrie**, **Biometrik** *w.* (*gr.*) Erfassung und Bearbeitung von Mess- und Zählwerten in allen Bereichen der Biologie; Eigw. **biometrisch**; **Biomorphose** *w.* durch den Lebensablauf bedingte Veränderungen des Erscheinungsbildes von Lebewesen; **Bionomie** *w.* Wissenschaft von den Gesetzen des Lebens

Biophysik *w.* Wissenschaft von den physikal. Vorgängen im Körper

Bioskop *s.* (*gr.*) altes Filmvorführgerät

Biopsie *w.* Entnahme von Gewebe aus dem lebenden Organismus; **Biorhythmus** *m.* 1. der regelmäßig wiederkehrende Teil organischen Lebens (z. B. weiblicher Zyklus); 2. Theorie, nach der körperliche und geistige Aktivität sowie das Gefühlsleben in Phasen verlaufen; **Biosphäre** *w.* Teil der Erde, in dem Lebewesen existieren; **Biotechnologie** *w.* Wissenschaft, die die technische Durchführung biologischer Prozesse erforscht (z. B. Einsatz von gezüchteten Algen zur Stoffumwandlung); **Biotop** *m.* oder *s.* Lebensraum einer Tier- oder Pflanzenart (*Mz.* Biotope); **biotrope Faktoren** *Mz.* (*gr.-lat.*) Gegebenheiten wie Wetter und Luftdruck, die auf Lebewesen einwirken; **Biotypus** *m.* durch Selbst-

befruchtung oder Parthenogenese entstandene, genetisch gleiche Organismengruppe; **biozentrisch** Denkweise, die das organische Leben in den Mittelpunkt stellt
Bipede *m.* (*lat.*) der Zweifüßer, Eigw. **bipedisch**
bipolar (*lat.*) zweipolig, doppelpolig, Hptw. **Bipolarität** *w.*
Bireme *w.* (*lat.*) antikes Kriegsschiff mit zwei übereinander liegenden Ruderreihen
Birett *s.* (*gr.-lat.*) Barett kath. Geistlicher
bis (*frz.*) Musik: noch einmal, wiederholen
Bisam *m.* (*hebr.*) 1. Moschus; 2. Fell der Bisamratte
Bisexualität *w.* (*lat.*) 1. Doppelgeschlechtigkeit; 2. hetero- und homosexuelle Neigungen, Eigw. **bisexuell**
Biskuit *m.* oder *s.* (biskwit, *frz.*) ganz leichtes Gebäck; **Biskuitporzellan** zweimal gebranntes, unglasiertes Porzellan
Bison *m.* (*gr.*) Büffel, Rinderart
Bistro *s.* (*frz.*) Kneipe, kleine Gastwirtschaft
Bit *s.* (aus *engl. bi*nary digi*t*) 1. Einheit für die Anzahl von Zweierschritten, die ein Computer gleichzeitig bearbeiten kann (z. B. ein 8-Bit-, 16-Bit-Rechner); 2. der einzelne Zweierschritt (EDV)
Bitter Lemon *s.* (-lemmen, *engl.*) leicht bitter schmeckendes Getränk aus Zitronensaft mit Chiningehalt
Bitumen *s.* (*lat.*) natürliches oder bei der Erdölaufbereitung gewonnenes Kohlenwasserstoffgemisch, Steinkohlenpech
bivalent (*lat.*) zweiwertig (Chemie)
Biwak *s.* (*frz.*) Zeltlager, Feldlager; **biwakieren** Zeltlager aufschlagen, im Freien nächtigen
bizarr (*frz.*) sonderbar, fremdartig, wunderlich; **Bizarrerie** *w.* Absonderlichkeit
Bizeps *m.* (*lat.*) doppelköpfiger Oberarmmuskel
Blackout *s.* (bläckaut, *engl.*) 1. plötzliches Abstellen der Bühnenbeleuchtung am Ende einer Theaterszene; 2. totaler Stromausfall; 3. plötzlicher Denkaussetzer
Black Power *w.* (bläck pauer, *engl.*) Bewegung Schwarzer gegen Rassendiskriminierung in den USA
blamabel (*frz.*) beschämend; **Blamage** *w.* (blamasche) Peinlichkeit, Bloßstellung, Hereinfall; **blamieren** beschämen, lächerlich machen; bloßstellen
Blanc de Blancs *m.* (blang de blang, *frz.*) Weißwein oder Champagner aus weißen Trauben
blanchieren (blangschihren, *frz.*) Gemüse u. a. kurz überbrühen
Blancmanger *s.* (blangmangscheh, *frz.*) weiße Mandelsüßspeise
bland (*lat.*) 1. reizlos (von einer Diät); 2. mild verlaufend (von Krankheiten)
blanko (*itl.*) weiß, unbeschrieben, leer; **Blankoscheck** *m.* unterschriebener Scheck mit unausgefüllter Summe; **Blankovollmacht** *w.* unumschränkte Vollmacht
blasiert (*frz.*) überheblich, eingebildet
Blason *s.* (blasong, *frz.*) Wappenschild; **blasonieren** Wappen kunstgerecht ausmalen oder deuten
Blasphemie *w.* (*gr.*) Gotteslästerung, Eigw. **blasphemisch**
Blastogenese *w.* (*gr.*) ungeschlechtliche Vermehrung, z. B. durch Knospung
Blazer *m.* (blehser, *engl.*) Damen- oder Herrenjackett
Blend *m.* oder *s.* (*engl.*) Verschmelzung zweier Wörter zu einem neuen Begriff (z. B. *Sexpol* aus *Sex* und *Pol*itik)
Blennorrhöe, Blennorrhö *w.* (*gr.*) Eiterfluss, bes. der Augenbindehaut
blessieren (*frz.*) verwunden; **Blessur** *w.* Wunde, Verwundung
bleu (blöh, *frz.*) blassblau
Blimp *m.* (*engl.*) 1. englischer Stockkonservativer; 2. Geräuschschutzgerät an Kameras
Blind Date *s.* (bleind deht, *engl.*) durch Anzeige oder Agentur vermitteltes Rendezvous mit einem unbekannten Partner
Blini *Mz.* (*russ.*) Buchweizenpfannkuchen
Blizzard *m.* (bliserd, *engl.*) schwerer Schneesturm in Nordamerika
Blockade *w.* (*frz.*) 1. Absperrung von aller Zufuhr; 2. Funktionsausfall (bei Bremsen u. Ä.); **blockieren** 1. absperren, sperren; 2. ausfallen (einer Funktion)
Blockbuster *m.* od. *s.* (-baster, *engl.*) Kinohit, Kassenknüller
Blonde *w.* (blongd, *frz.*) Seidenspitze;

blondieren blond färben; **Blondine** *w.* blonde Frau
Bloody Mary *w.* (bladdi märri, *engl.*) Cocktail mit Wodka und Tomatensaft
Blouson *s.* (blusong, *frz.*) Windjacke; **Blouson noir** *m.* (– noar, *frz.*) französische Bez. für Halbstarker
Blow-up *s.* (blohap, *engl.*) Vergrößerung von Fotos
Blue Chip *m.* (bluh tschipp, *engl.*) Wertpapier der besten Sorte; **Blue Jeans** *Mz.* (– dschihns) (Arbeits-)Hose aus blauer Baumwolle; **Blue Movie** *m.* oder *s.* (– muhwie) Erotikfilm; **Blue Note** *w.* (– noht) für den Blues typische abweichende Intonierung der dritten und siebten Note der Durtonleiter
Blues *m.* (bluhs, *engl.*) 1. schwermütiges Lied der Schwarzen in den USA, eine der Grundlagen des Jazz; 2. langsamer Gesellschaftstanz; 3. Traurigkeit, Schwermut
Bluff *m.* (blaff, auch bluff, *engl.*) bewusste Irreführung, Täuschungsmanöver; **bluffen** blenden, irreführen, täuschen
blümerant (*frz.*) schwindelig, schwach
Boa *w.* (*lat.*) 1. Riesenschlange; 2. langer, schmaler Schal aus Pelz oder Straußenfedern
Boardinghouse *s.* (bohrdinghaus, *engl.*) Fremdenheim, Pension
Bob, Bobsleigh *m.* (-sleh, *engl.*) Metallsportschlitten
Bobby *m.* (*engl.*) engl. Polizist (umg.)
Bobine *w.* (*frz.*) 1. Garnspule; 2. Seiltrommel; 3. Papierrolle, von der Zigarettenhülsen abgeteilt werden
Bobinet *m.* (bobinäh, *frz.*) feiner Tüll
Bobsleigh = Bob
Boccia *w.* (bottscha, *itl.*) italienisches Kugelspiel
Boche *m.* (bosch, *frz.*) französisches Schimpfwort für «den» Deutschen
Bocher *m.* (*jidd.*) Talmudschüler
Bodega *w.* (*span.*) Weinstube
Body *m.* (boddi, *engl.*) 1. Körper; 2. eng anliegender Anzug; **Body-Art** *w.* Körperkunst, Kunstform, bei der der (eigene) Körper zur künstlerischen Darstellungsfläche wird; **Bodybuilding** *s.* (-bilding) Trainingsmethode zur Ausbildung der Muskulatur; **Bodycheck** *m.* (-tscheck) erlaubte Körperattacke beim Eishockey; **Bodydouble** *s.* (-duhbl) Ersatzdarsteller(in) in Filmszenen, in denen nur der (nackte) Körper zu sehen ist; **Bodyguard** *m.* (-gahd) Leibwächter
Bofel = Bafel
Boheme *w.* (boähm, *frz.*) unkonventionelles künstlerisches Milieu; **Bohemien** *m.* (-jäng) Angehöriger der Boheme
Boiler *m.* (beuler, *engl.*) Warmwasserspeicher
boisieren (boasihren, *frz.*) täfeln
Bojar *m.* (*russ.*) adliger Großgrundbesitzer, auch Würdenträger
Boje *w.* (*frz.*) verankertes Seezeichen
Bolero *m.* (*span.*) 1. spanischer Tanz; 2. knappes offenes Jäckchen; 3. rund aufgeschlagener Hut
Bollette *w.* (*itl.*) Zollabfertigungspapier
Bollywood *s.* (aus *engl.* *Bo*mbay und Ho*llywood*) Bez. für die jährlich rd. 300 Titel umfassende indische Filmproduktion, für die ihre schrill-bunte Machart und üppige Inszenierung mit Gesangs- und Tanzeinlagen charakteristisch ist
Bolometer *s.* (*gr.*) Instrument zur Messung von Wärmestrahlen
Bolschewik *m.* (*russ.*) Mitglied der Kommunistischen Partei der Sowjetunion; **Bolschewismus** *m.* Theorie und Praxis des sowjetischen Kommunismus, Eigw. **bolschewistisch**
Bombage *w.* (bombasche, *frz.*) 1. Herstellung gewölbter Formen in Blech oder Karton; 2. Wölben der Konservendosen bei Gasbildung, Ztw. **bombieren**
Bombarde *w.* (*frz.*) altes Geschütz; **bombardieren** beschießen, Bomben abwerfen; **Bombardement** *s.* (-mang) Beschießung, Bombenabwürfe
Bombardon *s.* (*frz.*) tiefe Tuba, Blechinstrument
Bombasin *m.* (bombasäng, *frz.*) 1. Halbseidengewebe; 2. tuch- oder köperbindiges Gewebe aus feinem Merinokammgarn
Bombast *m.* (*lat.*) 1. Baumwollzeug zum Wattieren; 2. Schwulst; **bombastisch** mit zu viel Aufwand, schwülstig, hochtrabend
Bon *m.* (bong, *frz.*) Gutschein, Kassenzettel
bona fide (*lat.*) in gutem Glauben
Bonbon *m.* oder *s.* (bongbong, *frz.*) Zu-

ckerzeug; **Bonbonniere** *w.* (-bonniähr') Schachtel mit Pralinen
Bond *m.* (*engl.*) verzinsbare Schuldverschreibung
Bondage *s.* (bondidsch, *engl.*) Fesselung zur Steigerung sexueller Lust
Bonheur *s.* (bonnöhr, *frz.*) Glück
Bonhomie (bonnomih, *frz.*) Biederkeit, Gutmütigkeit, Einfalt; **Bonhomme** *m.* (-nomm) gutmütiger Einfaltspinsel
Bonifikation *w.* (*lat.*) Vergütung, Preisnachlass, Eigw. **bonifizieren**
Bonität *w.* (*lat.*) Zahlungsfähigkeit, Kreditwürdigkeit
Bonmot *s.* (bongmoh, *frz.*) geistreiches Wort, witzige Wendung
Bonne *w.* (bonn, *frz.*) Kindermädchen
Bonsai *m.* (*jap.*) jap. Zwergbaum; **Bonsai** *s.* Methode, Zwergbäume zu züchten
Bonsens *m.* (bongsangs, *frz.*) gesunder Menschenverstand
Bonus *m.* (*lat.*) 1. Sondervergütung (in Aktiengesellschaften); 2. Pluspunkt gegenüber anderen
Bonvivant *m.* (bongwiwang, *frz.*) Lebemann
Bonze *m.* (*jap.*) 1. buddhistischer Priester; 2. eingebildete, überhebliche Persönlichkeit in Amt oder Partei; **Bonzokratie** *w.* Bonzenherrschaft
Boogie-Woogie *m.* (buhgi wuhgi, *engl.*) Pianostil auf Bluesgrundlage
Booklet *s.* (bucklet, *engl.*) (Werbe-)Broschüre ohne Einband; Beiheftchen (z. B. zu einer CD)
Boom *m.* (buhm, *engl.*) plötzlicher wirtschaftlicher Aufschwung, ökonomischer Erfolg, Ztw. **boomen**
böotisch (*gr.*) denkfaul, plump, hinterwäldlerisch
Bootleg *s.* (buht-, *engl.*) schwarz hergestellte Ware (z. B. Alkohol während der Prohibition i. d. USA, Raubdrucke oder Raubkopien von Schallplatten, CDs oder Videos); **Bootlegger** *m.* Hersteller von Bootlegs
Bor *s.* (*lat.*) chem. Element, ein Nichtmetall
bpm = Beat (1)
Bora *w.* (*itl.*) kalter Fallwind an der Adria
Borax *m.* (*arab.-lat.*) borsaures Natrium, Mittel zum Weichmachen des Wassers
Bordcase *s.* und *m.* (-kehs, *engl.*) kleines kofferähnliches Fluggepäck
Bordeaux *m.* (bordoh, *frz.*) französischer Rot- und Weißwein (nach der Stadt Bordeaux); **bordeauxrot** braunrot, weinrot
Bordell *s.* (*frz.*) Freudenhaus
Borderlinesyndrom *s.* (-lein, *engl.-gr.*) Krankheitssyndrom, das auf der Grenze zwischen Neurose und Psychose liegt
Bordüre *w.* (*frz.*) Saum, Einfassung, Borte; **bordieren** einfassen
Boreas *m.* (*gr.*) kalter Nordwind; **boreal** nördlich
Borgis (*itl.*) Schriftgrad von 9 Punkt
borniert (*frz.*) beschränkt, dumm, engstirnig, Hptw. **Borniertheit** *w.*
Borretsch *m.* (*lat.-arab.*) Gewürzkraut
Borsalino *m.* (*itl.*) Herrenfilzhut aus der Hutfabrik von Borsalino in Alessandria/Oberitalien
Borschtsch *m.* (*russ.*) Kohlsuppe
Borussia (*lat.*) Frauengestalt als Sinnbild Preußens
Boskett *s.* (*frz.*) angepflanzte Gruppe von Bäumen und Sträuchern, Lustwäldchen
Boss *m.* (*engl.*) Chef, führende Person
bosselieren, bossieren (*itl.*) 1. die Rohform einer Figur grob aushauen; 2. gebrochene Mauersteine behauen; **Bossierwachs** *s.* Modellierwachs
Boston *m.* (bostn, *engl.*) amerik. langsamer Walzer
Botanik *w.* (*gr.*) Pflanzenkunde; **Botaniker** *m.* Wissenschaftler auf dem Gebiet der Botanik; **botanisieren** Pflanzen sammeln und bestimmen
Bottega = Bodega
Bottle-Party *w.* (bottl parti, *engl.*) Party, zu der jeder Gast ein alkoholisches Getränk mitbringt
Bouclé *s.* (bukleh, *frz.*) 1. starkes Kräuselgarn; 2. Haargarnteppich
Boudoir *s.* (budoah, *frz.*) elegantes, privates Damenzimmer
Bouffonerie *w.* (buffonnerih, *itl.-frz.*) Possenreißerei
Bouillabaisse *w.* (buijabähß, *frz.*) südfranzösische Fischsuppe
Bouillon *w.* (buijong, *frz.*) Fleischbrühe
Boule *w.* oder *s.* (buhl, *frz.*) 1. Spielkugel; 2. Kugelspiel, bes. in Frankreich
Boulevard *m.* (bulwar, *frz.*) breite Straße,

Ringstraße; **Boulevardpresse** Sensationspresse

Bouquet = Bukett

Bouquinist = Bukinist

Bourgeois *m.* (burschoa, *frz.*) 1. Bürger; 2. abfällige Bez. für einen wohlhabenden und selbstzufriedenen Bürger; **bourgeois** bürgerlich, zur Bourgeoisie gehörig; **Bourgeoisie** *w.* wohlhabendes Bürgertum

Bourrée *w.* (bureh, *frz.*) heiterer Tanz

Bourrette *w.* (burett, *frz.*) Seidenfrotté, körnig aussehender Seidenstoff in Taftbindung

Bouteille *w.* (butähj, *frz.*) Flasche

Boutique *w.* (butik, *frz.*) Spezialgeschäft für Mode und modische Artikel

Bouton *m.* (butong, *frz.*) Knopf, knopfförmiger Ohrring; **Boutonnière** *w.* (butonniähr) 1. Ansteckblume, Knopflochblume; 2. äußerer Harnröhrenschnitt

Bovel = Bafel

Bowiemesser *s.* (bowi-, *engl.*) amerik. Jagdmesser, Hirschfänger

Bowle *w.* (bohle, *engl.*) 1. kaltes Getränk aus Wein mit Früchten oder Kräutern; 2. Gefäß für das Getränk

Bowler *m.* (bohler, *engl.*) steifer Herrenhut (Melone)

Bowling *s.* (bohling, *engl.*) 1. amerikanisches Kegeln; 2. engl. Kugelspiel auf Rasen; **Bowlinggreen** *s.* (-grihn) Rasenplatz für engl. Bowling

Box *w.* (*engl.*) 1. Büchse, Schachtel; 2. abgeteilter Raum; 3. Rollfilmkamera

Boxcalf, Boxkalf *s.* (-kahf, *engl.*) feinnarbiges Kalbleder

boxen (*engl.*) (nach festen Regeln) mit den Fäusten kämpfen; **Boxen** *s.* Faustkampf, eine sportliche Disziplin; **Boxer** *m.* 1. Faustkämpfer; 2. eine Hunderasse

Boy *m.* (beu, *engl.*) Junge, Page; **Boyfriend** *m.* (-frend) 1. der Freund eines jungen Mädchens; 2. Freier im Sextourismus (Jargon)

Boykott *m.* (beukott, *engl.*) Ausschluss, Liefersperre, Ächtung; **boykottieren** mit Boykott belegen

Boy-Scout *m.* (beuskaut, *engl.*) englischer Pfadfinder

bpm = Beat

Brabançonne *w.* (brabangßonn, *frz.*) belgische Nationalhymne

Bracelet *s.* (brasslä, *frz.*) 1. Armband; 2. Handschelle (umg.)

brachial (-ki-, *lat.*) zum Arm gehörig; **Brachialgewalt** *w.* rohe Gewalt

Brachylogie *w.* (*gr.*) Kürze im Ausdruck, Gedrängtheit des Ausdrucks

Brahma *m.* (*altind.-sanskr.*) höchster Gott des Hinduismus; **Brahma** *s.* Weltseele, schöpferische Kraft; **Brahmaismus** *m.* Lehre von Brahma; **Brahmane, Brahmine** *m.* Mitglied der obersten Hindi-Kaste: Priester, Gelehrte, Dichter, Eigw. **brahmanisch**

Braille-Schrift *w.* (braije, *frz.*) Blindenschrift

Brainstorming *s.* (brehnstorming, *engl.*) Ideenkonferenz zur Sammlung möglichst vieler spontaner Einfälle

Brain-Trust *m.* (brehntrast, *engl.*) Expertengruppe in Wirtschaftsunternehmen und Behörden

Brakteat *m.* (*lat.*) einseitig geprägte mittelalterliche Münze aus dünnem Silber- oder Goldblech

Bram *w.* (*niederl.*) Verlängerung von Schiffsmasten

Bramarbas *m.* (*span.*) Großmaul, Prahlhans, Aufschneider; **bramarbasieren** prahlen, aufschneiden, schwadronieren, dicktun

Branche *w.* (brangsch, *frz.*) Geschäftszweig

Brandy *m.* (brändi, *engl.*) Branntwein

Brasil *w.* (*port.*) sehr dunkle Zigarre aus Brasiltabak

Brass-Band *w.* (braß bänd, *engl.*) Marschkapelle mit Blechblasinstrumenten; **Brass-Rock** *m.* Rockmusik mit Eigengewicht der Blasinstrumente

Brasse *w.* (*niederl.-frz.*) Tau zum Segelstellen

Brasselett *s.* (*frz.*) Armband

bravo! (*itl.*) gut!, gut gemacht!; **Bravo** *m.* Bandit, gedungener Mörder; **bravissimo!** sehr gut!, hervorragend!

Bravour *w.* (brawuhr, *frz.*) 1. Schwung, Forschheit; 2. Virtuosität; **bravourös** glanzvoll, meisterhaft, virtuos; **Bravourstück** *s.* Glanzleistung

Break *m.* oder *s.* (brehk, *engl.*) 1. Pause, Unterbrechung; 2. plötzlicher Durchbruch im sportlichen Wettkampf, Konterschlag;

3. kurzes Solo im Jazz; 4. Punktgewinn beim gegnerischen Aufschlag im Tennis;
Breakdance *m.* (-dänß) akrobatische Tanzkunststücke zu Soul, Rap, HipHop;
Break-even-Point *m.* (– ihwen peunt) Rentabilitätsschwelle, Übergang in den Gewinn
Breakfast *s.* (bräckfest, *engl.*) Frühstück
Brd. = Billiarde
Bredouille *w.* (breduj, *frz.*) Klemme, Patsche
Breeches *Mz.* (brihtschis, *engl.*) Reithosen
Breton *m.* (bretong, *frz.*) kleiner Hut mit rund hochgerollter Krempe
Breve *s.* (*lat.*) kurzer päpstlicher Erlass
Brevier *s.* (*lat.*) 1. Stundengebet(buch) für den kath. Geistlichen; 2. Sammlung aussagekräftiger Textstellen eines klassischen Autors (z. B. Goethebrevier)
Breviloquenz *w.* (*lat.*) Knappheit des Ausdrucks
brevi manu (*lat.*) kurzerhand, ohne Umstände
Bric-à-brac *s.* (brick a brack, *frz.*) kleine Kunstgegenstände, Gerümpel, Trödel
Bridge *s.* (bridsch, *engl.*) ein Kartenspiel für vier Personen
Brie *m.* (*frz.*) weicher französischer Schimmelkäse
Briefing *s.* (*engl.*) kurze Unterrichtung, Lagebesprechung, Einweisung
Brigade *w.* (*span.-itl.*) 1. Truppeneinheit (2–3 Regimenter); 2. Belegschaft einer Hotelküche; **Brigadier** *m.* (-djeh) Brigadegeneral
Brigant *m.* (*itl.*) Straßenräuber; **Brigantine** *w.* kleines zweimastiges Segelschiff
Brigg *w.* (*itl.-engl.*) zweimastiges Segelschiff
Brikett *s.* (*frz.*) quader- oder eiförmig gepresste feinkörnige Stoffe, bes. Kohle; **brikettieren** in Brikettform pressen
Brikole *w.* (*frz.*) Rückprall beim Billard; **brikolieren** durch Rückprall treffen
Brillant *m.* (brijang, eingedeutscht briljant, *frz.*) 1. besonders geschliffener Diamant; 2. Schriftgrad von 3 Punkt; **brillant** (brilj-) glänzend, virtuos; **Brillantine** *w.* Haarpomade; **Brillanz** *w.* 1. Virtuosität; 2. Tonschärfe; 3. Bildschärfe; **brillieren** glänzen, Aufsehen erregen
Brillonette *w.* (briljo-, *frz.*) unterseits flacher Halbbrillant
Brimborium *s.* (*lat.*) Gerede, Getue, Drumherum, Aufheben
Brio *s.* (*itl.*) Feuer, Leidenschaft; **con brio** Musik: feurig, schwungvoll
Brioche *w.* (briosch, *frz.*) feines Gebäck aus Butterteig
Brioletten, **Brioletts** *Mz.* (*frz.*) Doppelrosette aus Brillanten, meist Ohrgehänge
brioso (*itl.*) Musik: forsch, feurig
Brisanz *w.* (*frz.*) hohe Aktualität, Sprengkraft; **brisant** sprengend, sprengkräftig, explosiv, heikel
Brise *w.* (*frz.-span.*) Seewind
Brisolett *s.* (*frz.*) Klößchen aus Kalbfleisch
Broadcasting *s.* (brodkasting, *engl.*) Rundfunk
Broadway *m.* (brodweh, *engl.*) Hauptstraße, bes. in New York, mit Banken, Geschäften, Theatern usw.
Broderie *w.* (*frz.*) Stickerei, Einfassung, Ztw. **brodieren**
Broiler *m.* (breu-, *engl.*) Bez. für Brathähnchen in der ehemal. DDR
Brokat *m.* (*itl.*) kostbarer gold- oder silberdurchwirkter Seidenstoff; **brokaten** aus Brokat
Brokkoli (*itl.*) Spargelkohl
Brom *s.* (*gr.*) chem. Element, Grundstoff für Beruhigungsmittel
Bronchialkatarr *m.*, **Bronchitis** *w.* (*gr.*) Entzündung der Luftwege; **Bronchien** *Mz.* (-chi'en) die Luftwege
Brontosaurus *m.* (*gr.*) urzeitliche Riesenechse
Bronze *w.* (brongße, *frz.*) Legierung aus Kupfer und Zinn, Eigw. **bronzen, bronzefarben; Bronzezeit** *w.* vorgeschichtlicher Zeitabschnitt zwischen Stein- und Eisenzeit; **bronzieren** mit Bronzefarbe überziehen
broschieren (*frz.*) 1. Druckbogen zusammenheften und in leichten Karton binden; 2. mit Webmustern durchwirken; **Broschur** *w.* 1. das Broschieren; 2. Broschüre;
Broschüre *w.* geheftete Druckschrift; Flugschrift
Browning *m.* (brauning, *engl.*) amerik. Selbstladepistole
Browser (brauser, *engl.*) Internet-Zu-

gangssoftware, Programm, das den Zugriff auf Seiten im World Wide Web sowie die Darstellung von Websites ermöglicht (EDV)

BRT = Bruttoregistertonne

Bruitismus *m.* (brüitismus, *frz.*) moderne Kompositionsweise mit künstlerischer Einbeziehung von Lärm, Geräusch, Krach

Brumaire *m.* (brümähr, *frz.*) zweiter Monat im Kalender der Französischen Revolution (22. Oktober–20. November)

Brunch *m.* (bransch, *engl.*) spätes, üppiges Frühstück anstelle des Mittagessens; Ztw. **brunchen**

Brünelle *w.* (*frz.*) Handelsbezeichnung für geschälte, entkernte Pflaumen

brünett (*frz.*) braunhaarig, braunhäutig; **brünieren** Metall bräunen, Hptw. **Brünierung** *w.*

brüsk (*frz.*) schroff, barsch, unvermittelt; **brüskieren** vor den Kopf stoßen, Hptw. **Brüskierung** *w.*

brutal (*lat.*) rücksichtslos, gefühllos, gewalttätig, roh, Hptw. **Brutalität** *w.*

brutto (*itl.*) 1. ohne Abzug; 2. mit Verpackung; **Bruttoeinnahme** *w.* Einnahme, von der die Unkosten nicht abgezogen sind; **brutto für netto** der Preis gilt für das Gewicht der Ware inklusive Verpackung (Abk. bfn.)

Bruttoregistertonne *w.* Maß für den Rauminhalt eines Schiffes (Abk. BRT)

Bruyèreholz *s.* (brüijähr-, *frz.*) Wurzelholz der mittelmeerischen Baumheide, bes. für Pfeifenköpfe verwendet

Bryologie *w.* (*gr.*) Wissenschaft von den Moosen

BSE *w.* (aus *engl.* *b*ovine *s*pongiform *e*ncephalopathy) Hirnerkrankung bei Rindern, Rinderwahn(sinn)

bsh = Bushel

Bubblegum *s.* oder *m.* (babbelgamm, *engl.*) Kaugummi, mit dem man Blasen vor dem Mund bilden kann

Bucentaur *m.* (-ze-, *itl.*) Prunkschiff des Dogen von Venedig

Buckram *m.* (*engl.*) Steifleinen zum Buchbinden

Buckskin *m.* (backskinn, *engl.*) 1. weiches Schaf- oder Hirschleder; 2. melierter Herrenanzugstoff in Köperbindung

Buddha *m.* (*sanskr.*) indischer Religionsstifter; **Buddhismus** *m.* die von Buddha im 6. Jh. v. Chr. begründete ostasiatisch-indische Religion; **Buddhist** *m.* Anhänger des Buddhismus, Eigw. **buddhistisch**

Budget *s.* (büdschäh, *frz.*) Haushaltsplan, Voranschlag öffentl. Haushalte, Ztw. **budgetieren**

Budike, Butike *w.* (*frz.*) Kramladen, Kneipe; **Budiker** *m.* Inhaber einer Budike

Buen Retiro *s.* (bu'en-, *span.*) Zuflucht (spanischer Schlossname)

Buffalo *m.* (baffeloh, *engl.-span.*) amerikanischer Büffel, Bison

Büfett, Buffet, Büffet *s.* (büffäh, *frz.*) 1. Schanktisch; 2. Anrichte; **kaltes Büfett** *s.* Tisch mit kalten Speisen zur Selbstbedienung; **Büfettier, Buffetier** *m.* (-jeh) Verwalter des Schanktischs

Buffo *m.* (*itl.*) Sänger komischer Rollen; **Buffo-Oper** *w.* komische Oper

Buggy *m.* (baggi, *engl.*) 1. hochrädriger, einspänniger Wagen; 2. zusammenklappbarer Kinderwagen

bugsieren (*niederl.*) ins Schlepptau nehmen, lotsen

Builder *Mz.* (bilder, *engl.*) Waschmittelsubstanz; **Build-upper** *m.* (-apper, *engl.*) Werbeleiter

Bukanier, Bukanier *m.* (*westind.*) Seeräuber

Bukett *s.* (*frz.*) 1. Blumenstrauß; 2. Blume des Weins

Bukinist *m.* (*frz.*) Straßenhändler mit antiquarischen Büchern, bes. in Paris

Buklee = Bouclé

Bukolika *Mz.* (*gr.*) Schäferpoesie; **Bukoliker** *m.* Dichter idyllischer Poesie; **bukolisch** idyllisch, ländlich

Bülbül *m.* (*pers.*) Nachtigall

Bulette *w.* (*frz.*) Fleischklößchen, Frikadelle

Bulimie *w.* (*gr.*) Essstörung mit Heißhunger und anschließendem Erbrechen

Bull *m.* (*engl.*) Haussier, Spekulant auf steigende Kurse

Bulldog *m.* (*Wz., engl.*) Zugmaschine

Bulldozer *m.* (bulldoser, *engl.*) Planierraupe

Bulle *w.* (*lat.*) 1. Siegelkapsel; 2. mittelalterliche, mit Metallsiegel versehene Urkunde; 3. päpstlicher Erlass

Bulletin *s.* (büllt**ä**ng, *frz.*) 1. amtliche Bekanntmachung, Tagesbericht; 2. Titel von wissenschaftlichen Zeitschriften
Bullfinch *w.* (bullfintsch, *engl.*) Dornenhecke als Rennhindernis im Reitsport
Bully *s.* (*engl.*) Anspiel von zwei Spielern im Eishockey
Bumerang *m.* (*austral.*) gekrümmtes Wurfholz, das in die Hand des Werfers zurückkehrt
Buna *s.* (*Wz.*) künstlicher Kautschuk
Bungalow *w.* (bungalo oder bangelo, *ind.-engl.*) flaches einstöckiges Haus
Bungee *s.* (bandschih, *engl.*) Sprung aus großer Höhe an einem elastischen Seil, das kurz vor dem Boden zurückfedert
Bunny *s.* (banni, *engl.*) als Häschen kostümierte weibliche Bedienung in Playboy-Clubs
Buran *m.* (*russ.*) Steppensturm
Burberry *m.* (börberri, *engl.*) festes, wasserdichtes Kammgarngewebe für Mäntel u. a.
Bürette *w.* (*frz.*) Messglas mit Hahn für chemische Untersuchungen
Burka, Burkha, Burqa *m.* (*arab.*) Ganzkörperschleier der Muslimin in (orthodox-)islamischen Ländern
burlesk (*itl.*) komisch, possenhaft; **Burleske** *w.* Posse, Schwank
Burnout *s.* (börnaut, *engl.*) 1. unkontrollierte Kernspaltung; 2. Beginn des Raketenflugs ohne Triebwerk; 3. Syndrom großer körperlich-seelischer Erschöpfung
Burnus *m.* (*arab.*) Kapuzenumhang der Beduinen
Büro *s.* (*frz.*) Geschäftszimmer, Amtsraum, Schreibstube; **Bürokratie** *w.* 1. Verwaltungsapparat; 2. bürokratisches Handeln; **Bürokratismus** *m.* Aufblähung des Verwaltungsapparats und Überschätzung seiner Wichtigkeit, Amtsschimmel; **Bürokrat** *m.* jmd., der bürokratisch denkt und handelt; **bürokratisch** übergenau, stur nach den Vorschriften; **bürokratisieren** überorganisieren, schematisieren
burschikos (*gr.-lat.*) betont ungezwungen
Burse *w.* (*lat.*) Studentenheim
Bus *m.* (*lat.*) 1. Autobus, Omnibus; 2. (*engl.*) Sammelleitung in der EDV
Bushel *s.* (buschl, *engl.*) englisches Getreidemaß (rd. 36 l)
Bushido *m.* (*jap.*) Ehrenkodex des altjapanischen Kriegertums
Business *s.* (bisniß, *engl.*) Geschäft, vorteilhafter Geschäftsabschluss; **Businessman** *m.* (-män, *engl.*) Geschäftsmann
Bussole *w.* (*frz.*) Kompassgerät
Butan *s.* (*lat.*) Kohlenwasserstoff
Butike = Budike
Butler *m.* (batler, *engl.*) oberster Diener in vornehmen englischen Häusern
Butterflystil *m.* (batterflei-, *engl.*) Schmetterlingsstil beim Schwimmen
Button *m.* (batten, *engl.*) Anstecker mit Text oder Symbol, der die Meinung des Trägers kundtut
Butyrometer *s.* (*gr.*) Messrohr zur Bestimmung des Fettgehalts der Milch
Buy-out *s.* (beiaut, *engl.*) Kauf, Umstrukturierung und gewinnbringender Wiederverkauf (von Teilen) einer (zumeist unterbewertet erworbenen) Firma
bye-bye! (beibei, *engl.*) auf Wiedersehen!
Bypass *m.* (beipaß, *engl.*) 1. Umführung einer Strömung im Triebwerk; 2. Umgehung einer verschlossenen Blutbahn durch Gefäßtransplantat; das Transplantat selbst
Byte *s.* (beit, *engl.*) Einheit der Speicherkapazität eines Computers (= 8 Bit)
Byzantinistik *w.* Wissenschaft von der byzantinischen Geschichte und Kultur

C

C = Celsius
ca. = circa
Cab *s.* (käbb, *engl.*) Kabriolett, einspännige Droschke, Taxi (umg.)
Caballero *m.* (kawajero, *span.*) 1. span. Edelmann; 2. span. Titel: Herr
Cable-Car *m.* (kehblkahr, *engl.*) Drahtseil-Straßenbahn; **Cable-Transfer** (-tränsfer) telegraphische Anweisung von Geldbeträgen nach Übersee
Cabochon *m.* (kaboschong, *frz.*) rund geschliffener Edelstein
Cachenez *s.* (kaschneh, *frz.*) seidenes Halstuch
Cachucha *w.* (katschutscha, *span.*) spanischer Tanz im Walzertakt
CAD (aus *engl.* *c*omputer-*a*ided *d*esign) computerunterstütztes Entwerfen und Konstruieren (EDV)
Caddie *m.* (käddi, *engl.*) bezahlter Träger oder kleiner Wagen zum Schlägertragen beim Golfspielen
Cadeau *s.* (kadoh, *frz.*) Geschenk
Café *s.* (*frz.*) Kaffeehaus; **Café chantant** *s.* (– schangtang), **Café concert** *s.* (– konßär) 1. Musikcafé; 2. Tingeltangel; **Cafeteria** *w.* (*span.-engl.*) Imbissstube mit Selbstbedienung; **Cafetier** *m.* (-tjeh) Kaffeehausbesitzer
Ça ira (ßa ira, *frz.*) es wird gehen (Titel eines französischen Revolutionslieds 1789)
Caisson *m.* (käßong, *frz.*) Senkkasten zum Arbeiten unter Wasser; **Caissonkrankheit** *w.* Druckluftkrankheit
Cakes = Keks
Cakewalk *m.* (kehk wohk, *engl.*) afroamerikanischer Tanz der Jahrhundertwende mit grotesken Bewegungen
cal. = Kalorie
Calamus *m.* (*gr.*) antikes Schreibrohr
calando (*itl.*) Musik: nachlassend, leiser und langsamer werdend
Calembour *m.* (kalangbur, *frz.*) Wortspiel mit Homonymen
Callboy *m.* (kolboi, *engl.*), **Callgirl** *w.* (-görl) Prostituierte(r) auf telefonische Bestellung
calmato (*itl.*) Musik: beruhigt
Calvados *m.* (kalwados, *frz.*) französischer Apfelbranntwein
Calypso *m.* (*Herkunft unsicher*) rumbaähnliche volkstümliche Tanzmusik Westindiens
CAM (aus *engl.* *c*omputer-*a*ided *m*anufacturing) computerunterstützte Steuerung und Überwachung von Produktionsabläufen
Camcorder *m.* (käm-, aus *engl.* *cam*era und re*corder*) Gerät für die Aufnahme und Wiedergabe von Videofilmen
Camelot *m.* (kameloh, *frz.*) französischer Straßenhändler, auch Zeitungsausrufer
Camembert *m.* (kamangbähr, *frz.*) französischer Weichkäse
Camera obscura *w.* (*lat.*) Lochkamera
Camerlengo *m.* (*itl.*) päpstlicher Vermögensverwalter
Camion *m.* (kamiong, *frz.*) Lastkraftwagen
Camorra *w.* (*itl.*) (politischer) mafioser Geheimbund in Neapel
Camouflage *w.* (kamuflahsch, *frz.*) Tarnung, Maskierung, Täuschung
Camp *s.* (kämp, *engl.*) 1. Zeltlager; 2. Gefangenenlager; 3. Ferienlager; **campen** zelten; **Camping** *s.* das Zelten; **Campingplatz** *m.* Platz zum Zelten
Campanile *m.* (*itl.*) Glockenturm
Campecheholz = Kampescheholz
Campesino *m.* (*span.*) Bauer, Landarbeiter in Lateinamerika (*Mz.* Campesinos)
Camposanto *m.* (*itl.*) Friedhof
Campus *m.* (*engl.*) Gesamtgelände einer Universität, bes. in den USA
Canadienne *w.* (kanadjenn, *frz.*) gegürtete Jacke
campy (kämpi, *engl.*) kitschig schön, manieristisch
Canaille = Kanaille
Canapé, Kanapee *s.* (*frz.*) 1. Sofa; 2. klei-

ne geröstete, pikant belegte Weißbrotschnitte
Canasta *m.* oder *s.* (*span.*) aus Südamerika stammendes Kartenspiel
Cancan *m.* (kangkang, *frz.*) französischer Tanz, meist Schautanz im Varieté
Cancer *m.* (*lat.*) Karzinom
cand. = Kandidat
Candida *w.* (*lat.*) 1. Antiquadruckschrift; 2. Sprosspilz auf der Haut, der zum Krankheitserreger werden kann
Candy *s.* (kändih, *engl.*) Zuckerzeug
Canon = Kanon
Cañon *m.* (känjon, *span.*) tief eingeschnittenes, enges Tal
Canotier *m.* (-tjeh, *frz.*) steifer Strohhut mit flachem Kopf und gerader Krempe (Kreissäge)
Cant *m.* (känt, *engl.*) 1. gesellschaftliche Heuchelei, Scheinheiligkeit; 2. Gaunersprache
cantabile (*itl.*) Musik: gesanglich; **cantando** singend
Canter = Kanter
Cantus firmus *m.* (*lat.*) Grundmelodie in einer musikalischen Komposition, die in allen Stimmen auftreten kann
Capa *w.* (*span.*) farbiger Umhang des Stierkämpfers; **Cape** *s.* (kehp, *engl.*) ärmelloser Umhang
Capeador *m.* (*span.*) Stierkämpfer, der den Stier mit der Capa stimuliert
Cappuccino (kaputschino, *itl.*) italienischer Milchkaffee
Capriccio *s.* (kapritscho, *itl.*) Musik: scherzhaftes, launiges Musikstück; **capriccioso** (-tschoso) launig, spielerisch
Captain *m.* (käptn, *engl.*) Hauptmann im engl. und amerik. Heer
Captatio benevolentiae *w.* (-ti'ä, *lat.*) feststehende Formulierung in Rede oder Brief, mit der jmd. um das Wohlwollen des Adressaten wirbt, Demutsformel
Capuchon *m.* (kapüchong, *frz.*) Damenmantel mit Kapuze im 19. Jh.
Caput mortuum *s.* (-tu'u-, *lat.*) rotes Eisenoxyd, Englischrot
caramba! (*span.*) Donnerwetter! Teufel!
Caravan (*engl.*) Kombiwagen
Cardigan *m.* (kardigen, *engl.*) kragenlose Wolljacke, auch Strickweste
care of (kär off, *engl.*) Anmerkung auf Briefen: wohnhaft bei (Abk. c/o)
carezzando (*itl.*) Musik: streichelnd, zärtlich
Carmagnole *w.* (karmanjoll, *frz.*) frz. Revolutionslied
Carmen *s.* (*lat.*) Lied (*Mz.* Carmina)
Carpaccio *m.* (karpatscho, *itl.*) dünn geschnittene, marinierte Rindfleischscheiben, die man roh isst
carpe diem (-di'em, *lat.*) pflücke (= genieße) den Tag, Spruch aus den Oden des Horaz
Carte blanche *w.* (kart blangsch, *frz.*) unbeschränkte Vollmacht, Freibrief
Cartoon *m.* (kartuhn, *engl.*) künstlerisch-graphisch gestaltete politisch-satirische Bild-Text-Geschichte; **Cartoonist** *m.* Cartoonzeichner
Casa (*lat.-itl.*) Haus
Casanova *m.* (*itl.*) Frauenverführer, Frauenheld
Cäsar *m.* (zäsar, *lat.*) Titel des röm. Kaisers; **Cäsarenwahn** *m.* Größenwahn des Alleinherrschers; **Cäsarismus** *m.* uneingeschränkte Herrschergewalt; **Cäsaropapismus** *m.* Staatsform, bei der weltliche und geistliche Herrschaft in einer Hand liegen
Casework *s.* (kehswörk, *engl.*) amerik. Form der Sozialfürsorge
Cash *s.* (käsch, *engl.*) Bargeld, Barzahlung; **cash and carry** (– änd kerri) bar bezahlen und mitnehmen; **cash before delivery** (– bifohr diliverih) Zahlung vor Lieferung; **cash on delivery** Zahlung bei Lieferung; **Cashflow** *m.* (käschfloh, *engl.*) die Summe von Reingewinn und Abschreibungen, die die Innenfinanzierung eines Unternehmens wiedergibt
Cashewnuss *w.* (käschjuh-, *Tupi-engl.*) Nuss des tropisch-amerik. Nierenbaums
Cäsium *s.* (zä-, *lat.*) chem. Element, ein unbeständiges Metall
Cassata *s.* oder *w.* (*itl.*) italienische Eistorte
Cassis *m.* (*frz.*) schwarzer Johannisbeerlikör
Cast *s.* (*engl.*) Produktionsteam beim Film; **Casting** *s.* Rollenbesetzung beim Film

Castle *s.* (kahßl, *engl.*) Schloss, Burg
Castorhut *m.* (*lat.*) Hut aus Biberfilz
Casula = Kasel
Casus *m.* (*lat.*) Fall; **Casus belli** *m.* Kriegsfall; **Casus foederis** *m.* Bündnisfall
Catalpa *w.* (*indian.*) Trompetenbaum
Catch-as-catch-can *s.* (kätsch äs kätsch känn, *engl.*) Ringkampf im freien Stil, bei dem alle Griffe erlaubt sind, Ztw. **catchen**;
Catcher *m.* (kätscher) Freistilringer
Catering *s.* (kehtering, *engl.*) Lieferdienst für Verpflegung
Caterpillar *m.* (käterpiller, *engl.*) Raupenschlepper
Catgut = Katgut
Cattleya *w.* Orchideenart (nach dem Züchter Cattley)
Caudillo *m.* (kaudiljo, *span.*) Heerführer, diktatorischer Machthaber
Causa *w.* (*lat.*) 1. Ursache; 2. Streitsache; **causa** wegen, um ... willen
Cause célèbre *w.* (kohs ßehläbre, *frz.*) Aufsehen erregender Rechtsfall
Causerie *s.* (kohserih, *frz.*) Plauderei; **Causeur** *m.* (-sör) Plauderer; **Causeuse** *w.* (-sös) kleines Sofa
ça va? (*frz.*) wie geht's?
cave, cavete (*lat.*) Achtung, Vorsicht; **cave canem!** Vorsicht, Hund!
Cavatine *w.* (*itl.*) kurze Arie, melodiöses Instrumentalstück
Cayennepfeffer *m.* (kajenn, *frz.*) Chilipfeffer
cbm = früher für Kubikmeter
CD, CD-ROM = Compact Disc
CD = Corps diplomatique
Cedille *w.* (ßedij, *frz.*) Häkchen unter einem Buchstaben, z. B. ç in französischen Wörtern
Celesta *w.* (tschelesta, *itl.*) Stahlplattenklavier
Cella *w.* (ze-, *lat.*) 1. Innenraum des antiken Tempels; 2. Zelle, kleinste Einheit von Organismen
Cellist *m.* (tsche-, *itl.*) Cellospieler; **Cello**, *s.* (tsch-) Kniegeige, Violoncello (*Mz.* Celli)
Cellon *s.* (ze-, *Wz.*) Kunststoff; **Cellophan** *s.* (*Wz.*) durchsichtige Folie, Verpackungsmaterial
Cellulitis = Zellulitis
Celsius (zel-) Gradeinheit; **Celsiusskala** Thermometerskala von 100 Graden zwischen Gefrier- und Siedepunkt des Wassers (Abk. C) (nach dem schwed. Astronomen A. Celsius)
Cembalo *s.* (tschem-, *itl.*) Tasteninstrument, bei dem die Saiten angerissen werden
Cénacle *s.* (ßenakl, *frz.-lat.*) 1. Saal, in dem das Abendmahl abgehalten wird; 2. Vereinigung französischer Dichter in Paris zur Zeit der Romantik
Cent *m.* (ßent, *engl.*) kleine Münze, Untereinheit der Währungseinheit des Dollar und des Euro; **Centavo** *m.* kleine Münze in Brasilien
Center *s.* (ßenter, *engl.*) Zentrum, Anlage für bestimmte Tätigkeiten (z. B. Wasch-Center); **Center-Court** *m.* (-kohrt) Hauptplatz einer großen Tennisanlage
Centweight *s.* (ßentweht, *engl.*) engl. Handelsgewicht
Cercle *m.* (ßerkl, *frz.*) 1. gesellschaftlicher Kreis; 2. Empfang bei Hof
cereal (*lat.*) zum Ackerbau gehörend; **Cerealien** *Mz.* jährlich gefeiertes Fest der Ceres; **Ceres** (ze-) römische Göttin des Ackerbaus
cerise (ßerihs, *frz.*) kirschrot
CERN (aus *frz. C*onseil *E*uropéen pour la *R*echerche *N*ucléaire) Europäischer Rat für Kernforschung mit derzeit 19 europ. Mitgliedsstaaten, gegr. 1952, Sitz in Genf (Schweiz)
c'est la vie! (ßelawih, *frz.*) so ist das Leben!
ceterum (zet-, *lat.*) übrigens; **ceterum censeo** (-zenseo) im Übrigen bin ich der Meinung, um daran zu erinnern; **ceteris paribus** unter sonst gleichen Umständen
cf = cost and freight
cf., cfr. = confer
cg = Zentigramm
CH = Confoederatio Helvetica
Chablis *m.* (schabli, *frz.*) weißer Burgunderwein
Cha-Cha-Cha *m.* (tscha-, *span.*) kubanischer Modetanz der 1950er-Jahre
Chaconne *w.* (schakonn, *frz.*) 1. langsamer spanischer Tanz; 2. Musikstück nach Art der Chaconne
chacun à son goût (chaköngaßong guh, *frz.*) jeder nach seinem Geschmack

Chagrin *s.* (schagräng, *frz.*) künstlich genarbtes Leder; **chagrinieren** (-grinihren) Narbenmuster aufpressen

Chaine *w.* (schähn, *frz.*) Kettfaden; **Grande Chaine** *w.* (grangd –) Große Kette (beim Tanz)

Chairman *m.* (tschährmän, *engl.*) Vorsitzender, Präsident, Leiter eines Gremiums in England und den USA

Chaise *w.* (schähs, *frz.*) halb offener Wagen; **Chaiselongue** *w.* (-long) Ruhebett

Chalet *s.* (schalä, *frz.*) Landhaus, Sennhütte

Chalkotypie *w.* (*gr.*) Kupferdruck(kunst)

Chalzedon *m.* (ka-, *gr.*) grüner Schmuckstein

Chamäleon *s.* (ka-, *gr.*) 1. die Farbe wechselnde Eidechsenart; 2. wetterwendischer Mensch

Chambertin *m.* (schangbertäng, *frz.*) roter Burgunderwein

Chambre séparée *s.* (schangbre ßehpareh, *frz.*) früher: Nebenraum in Restaurants, wo man ungestört war

chamois (schamoa, *frz.*) gelbbraun, gämsfarben; **Chamois** *s.* Gämsenleder

Champagner *m.* (schampanjer, *frz.*) französischer Schaumwein

Champignon *m.* (schampinjong, *frz.*) ein essbarer Pilz

Champion *m.* (tschämpien, *engl.*) Spitzensportler, Gewinner einer Meisterschaft

Chamsin *m.* (ka-, *arab.*) heißer, trockener Südwind in Ägypten

Chan = Khan

Chance *w.* (schangß, *frz.*) günstige Gelegenheit, Aussicht, Glücksfall

Chancellor *m.* (tschahnßeler, *engl.*) Kanzler

Change *m.* (tschehndsch, *engl.*) Geldwechsel, Geldumtausch

changeant (schangschang, *frz.*) verschiedenfarbig schillernd; **Changeant** *m.* verschiedenfarbig schillerndes Gewebe

changieren (schangschihren, *frz.*) 1. schillern; 2. vom Rechts- zum Linksgalopp wechseln im Reitsport

Chanson *s.* (schangsong, *frz.*) Lied mit poetischem, politischem oder satirischem Inhalt, Kabarettlied; **Chansonette** *w.* (-nett) 1. kleines Chanson; 2. Chansonsängerin; **Chansonnier** *m.* (-sonnjeh) 1. Troubadour; 2. Chansonsänger oder -dichter

Chaos *s.* (ka-, *gr.*) ungestalteter, ungeordneter Zustand der Dinge; **Chaostheorie** *w.* mathem.-physikal. Theorie, mit der zufallsbedingte, durch chaotische Strukturen gekennzeichnete Systeme beschrieben werden; **chaotisch** ungeordnet, wirr, wüst, drunter und drüber

Chapeau claque *m.* (schapoh klack, *frz.*) zusammenklappbarer Zylinder, Klapphut

Charakter *m.* (ka-, *gr.*) 1. Wesensart, Kern der Persönlichkeit; 2. Merkmal, Kennzeichen (*Mz.* Charaktere); **charakterisieren** kennzeichnen, treffend schildern; **Charakteristik** *w.* Kennzeichnung, treffende Beschreibung; **charakteristisch** bezeichnend; **Charakteristikum** *s.* Kennzeichen, besonderes Merkmal; **charakterlich** den Charakter eines Menschen betreffend; **Charakterologie** *w.* Charakterkunde, Eigw. **charakterologisch**

Charge *w.* (scharsch, *frz.*) 1. Rang, Dienstgrad; 2. scharf gezeichnete Nebenrolle im Theater; 3. Beschickung, Ladung; **chargieren** (-schihren) 1. beschicken; 2. eine Nebenrolle spielen; 3. Rollencharakter übertreiben; **Chargé d'affaires** *m.* (scharscheh daffär) Geschäftsträger

Charis (ka-, *gr.*) griech. Göttin der Anmut

Charisma *s.* (*gr.*) 1. Gnadengabe; 2. besondere Ausstrahlung eines Menschen, Eigw. **charismatisch**

Charité *w.* (schariteh, *frz.*) Krankenhaus

Chariten, Charitinnen *Mz.* (*gr.*) Grazien, Göttinnen der Anmut

Charivari *s.* (scha-, *frz.*) Durcheinander

Charleston *m.* (tscharlsten, *engl.*) Modetanz der 1920er-Jahre

Charlotte (russe) *w.* (scharlott rüß, *frz.*) Süßspeise aus in Wein getauchten Löffelbiskuits und Krem

charmant (scharmant, *frz.*) liebenswert, voll Charme; **Charme** *m.* Zauber, gewinnendes Wesen; **Charmeur** *m.* (-ör) charmanter Mann

Charmeuse *w.* (scharmös, *frz.*) Seiden- oder Kunstseidenstoff
Charon *m.* (*gr.*) Totenfährmann in der griech. Mythologie
Charta *w.* (ka-, *lat.*) Urkunde, Verfassung
Charter *m.* (tscharter, *engl.*) 1. Freibrief, Schutzbrief; 2. Frachtvertrag; **Charterer** *m.* Mieter eines Schiffes oder Flugzeugs; **chartern** mieten; **Chartermaschine** *w.* gemietetes Flugzeug
Chartreuse *w.* (schartrös, *frz.*) 1. Kartause; 2. Klosterlikör
Charts *Mz.* (tscharts, *engl.*) Rangtabelle, Hitliste
Charybdis = Szylla und Charybdis
Chasse *w.* (schass, *frz.*) Spiel mit 15 Bällen beim Billard; **Chassé** *m.* Tanzschritt, Ztw. **chassieren**
Chasseur *m.* (schassör, *frz.*) Jäger
Chassidismus *m.* (*hebr.*) im 18. Jh. entstandene religiöse Erneuerungsbewegung des osteuropäischen Judentums
Chassis *s.* (schassih, *frz.*) 1. Fahrgestell des Kfz; 2. Montagerahmen von technischen Geräten, z. B. von Radio oder Handy
Château *s.* (schatoh, *frz.*) Schloss
Chateaubriand *s.* (schatobriang, *frz.*) dicke, meist auf dem Rost gebratene Rindslendenschnitte
Chatelaine *s.* (schatlähn, *frz.*) Uhrkette mit Anhänger
Chat *s.* (tschät, *engl.*) Unterhaltung, Schwatz im Internet mit anderen Netzbenutzern, Ztw. **chatten**
Chaudeau *m.* (schodoh, *frz.*) süße Weinsoße
Chauffeur *m.* (schoför, *frz.*) jmd., der berufsmäßig Personen im Kraftfahrzeug befördert; **chauffieren** (schofihren) 1. ein Kraftfahrzeug lenken; 2. jmdn. (berufsmäßig) befördern
Chaussee *w.* (schoßeh, *frz.*) ausgebaute Landstraße
Chauvi *m.* (schowih, Kurzwort) Mann, der sich Frauen gegenüber grundsätzlich überlegen fühlt; **Chauvinismus** *m.* (*frz.*) 1. blinder, exzessiver Nationalismus; 2. Verhalten und Geisteshaltung eines Chauvis, Eigw. **chauvinistisch**; **Chauvinist** *m.* 1. engstirniger Nationalist; 2. = Chauvi
Check *s.* (tschäck, *engl.*) Spielbehinderung beim Eiskockey; **checken** 1. prüfen, kontrollieren; 2. begreifen (umg.); **Check-in** *s.* Flugabfertigung; **Checkliste** *w.* Kontrollliste; **Checkpoint** *m.* (-peunt) Kontrollstelle an Grenzübergängen; **Check-up** *m.* (-ap) umfassende medizinische Vorsorgeuntersuchung
cheerio! (tschihrioh, *engl.*) Prost! Adieu!
Chef *m.* (schäff, *frz.*) Leiter, Vorgesetzter; **Chef d'Œuvre** *s.* (– dövr) Meisterwerk, Meisterstück
Chemie *w.* (che- oder ke-, *frz.-arab.*) Wissenschaft von den Eigenschaften der Zusammensetzung und Umwandlung der Stoffe; **Chemigraphie** *w.* Ätzverfahren zur Herstellung von Druckplatten; **Chemikalie** *w.* chemisches Erzeugnis; **Chemiker** *m.* Chemiewissenschaftler; **chemisch** 1. die Chemie betreffend, in der Chemie verwendet; 2. unter Verwendung von Chemikalien hergestellt; **chemische Elemente** chemische Grundstoffe in der äußeren, Meere und Atmosphäre umfassenden Erdschicht, Metalle und Nichtmetalle; **chemische Keule** Reizstoff, der wie Tränengas eingesetzt wird; **chemische Verbindungen** aus Elementen zusammengesetzte, in ihren Eigenschaften gegenüber den Ausgangsstoffen veränderte Stoffe; **Chemismus** *m.* Gesamtheit der chemischen Vorgänge im Tier- und Pflanzenkörper, **Chemotechnik** *w.* Gesamtheit der Verfahren und Einrichtungen zur praktischen Nutzbarmachung chem. Wissens; **Chemotherapie** *w.* Behandlung von Krankheiten mit chemischen Mitteln, Eigw. **chemotherapeutisch**
Chemisett *s.* (schemisett, *frz.*) gesteifte Hemdbrust an Frack- und Smokinghemden
Chenille *w.* (schenij, *frz.*) raupenartig wirkender Webfaden
cherchez la femme! (scherscheh la famm, *frz.*) sucht die Frau! (die dahinter stecken muss)
Cherry-Brandy *m.* (tscherri brändi, *engl.*) Kirschlikör
Cherub *m.* (che-, *hebr.*) Erzengel (*Mz.* Cherubim), Eigw. **cherubinisch**
Chester *m.* (tschester, *engl.*) vollfetter Hartkäse

Chesterfield *m.* (-fihld) meist einreihiger Herrenmantel mit verdeckter Knopfleiste (nach dem engl. Lord, der den Mantel entwarf)

chevaleresk (schewalresk, *frz.*) ritterlich, kavaliersmäßig; **Chevalier** *m.* (schewaljeh) 1. franz. Adelstitel; 2. Kavalier

Cheviot *m.* (tschewiet, *engl.*, eingedeutscht: schewiott) Schafwollgewebe in Köperbindung

Chevreau *s.* (schewroh, *frz.*) weiches Schaf- oder Ziegenleder

Chewinggum *m.* (tschuing gamm, *engl.*) Kaugummi

Chi *s.* (*gr.*) 22. Buchstabe des griechischen Alphabets, Χ, χ

Chianti *m.* (kjanti) italienischer Rotwein (nach der italien. Landschaft)

Chiasmus *m.* (*gr.*) Überkreuzstellung von Satzgliedern (z. B. die Kunst *ist lang*, und *kurz ist* unser Leben); **chiastisch** gekreuzt

Chichi *s.* (schischih, *frz.*) 1. Getue, Gehabe; 2. Accessoires

Chicorée, Schikoree *w.* (schikoreh, *frz.*) endivienartige Gemüsepflanze, eine Zichorienart

Chief *m.* (tschihf, *engl.*) engl. Bez. für Chef, Oberhaupt

Chiffon *m.* (schiffong, schiffong, *frz.*) schleierfeiner Stoff aus Wolle oder Seide

Chiffre *w.* (schiffre, *frz.-arab.*) 1. Ziffer; 2. geheimes Schriftzeichen; 3. Kennziffer einer Zeitungsannonce; **chiffrieren** verschlüsseln

Chignon *s.* (schinjong, *frz.*) Haarknoten im Nacken

Child-Guidance *w.* (tscheild geidenß, *engl.*) Erziehungsberatung in den angelsächsischen Ländern

Chili *m.* (tsch-, *indian.*) 1. roter Pfeffer; 2. scharf gewürztes Gericht

Chiliasmus *m.* (*gr.*) Lehre von der Erwartung des Jüngsten Gerichts und des Tausendjährigen Reichs Christi, Eigw. **chiliastisch**

Chimäre *w.* (*gr.*) 1. Feuer schnaubendes, aus mehreren Tierkörpern zusammengesetztes Fabelwesen der griech. Sage; 2. = Schimäre; 3. Organismus, der aus (durch Pfropfung oder Transplantation erzeugten) genetisch verschiedenen Zellen besteht; 4. Lebewesen, bei dem Zellen mit abweichender Chromosomenstruktur nachweisbar sind

Chinchilla *w.* (tschintschilla, *span.*) südamerikan. Hasenmaus, kostbares Pelztier

Chinin *s.* (*peruan.*) aus Chinarinde gewonnene Arzneimittel

Chinoiserie *w.* (schinoaserih, *frz.*) europäisches Kunstgewerbe im chinesischen Stil

Chintz *m.* (tschinz, *engl.*) bedrucktes, durch Appretur geglättetes Baumwollgewebe

Chip *m.* (tschip, *engl.*) 1. dünnes, in Fett gebackenes Kartoffelscheibchen; 2. Spielmarke; 3. aus Silicium bestehendes Trägerplättchen mit integrierten Schaltkreisen, auf dem Informationen gespeichert werden

Chippendale *s.* (tschippendehl, *engl.*) englischer Rokokostil

Chiragra *s.* (*gr.*) Gicht der Hand; **Chirologie** *w.* 1. die Taubstummensprache; 2. Lehre von der Handdeutung; **Chiromant** *m.* Wahrsager; **Chiromantie** *w.* Wahrsagen aus den Handlinien

Chiropraktik *w.* (*gr.*) manuelle Heilmethode bei Wirbelsäulenleiden

Chirurg *m.* (*gr.*) Facharzt der Chirurgie; **Chirurgie** *w.* 1. Behandlung durch operative Eingriffe; 2. Krankenhausabteilung, Eigw. **chirurgisch**

Chitin *s.* (*gr.*) hornartiger Stoff, der z. B. den Panzer der Gliedertiere bildet

Chiton *m.* (*gr.*) altgriechisches hemdartiges Untergewand

Chlamys *w.* (*gr.*) Überwurf für junge Männer im antiken Griechenland

Chlor *w.* (klo-, *gr.*) chem. Element, ein Nichtmetall; **chlorieren** mit Chlor keimfrei machen; **Chloroform** *s.* Chlorverbindung, Betäubungsmittel, Ztw. **chloroformieren**

Chlorophyll *s.* (kl-, *gr.*) Blattgrün, grüner Farbstoff in Pflanzenzellen, der die Assimilation ermöglicht

Choke *m.* (tschohk, *engl.*) Kaltstarthilfe im Auto

Cholämie *w.* (ko-, *gr.*) Übertritt von Gallenflüssigkeit ins Blut; **Cholelith** *m.* Gallenstein; **Cholelithiasis** *w.* Gallenkolik

Cholera *w.* (ko-, *gr.*) schwere Infektionskrankheit von Magen und Darm, die seuchenartig auftritt

Choleriker *m.* (ko-, *gr.*) jähzorniger Mensch; **cholerisch** jähzornig, aufbrausend, reizbar

Cholesterin *s.* (ko-, *gr.*) ein Steroid, Bestandteil aller Körperzellen im menschlichen und tierischen Organismus

Chor *m.* (ko-, *gr.*) 1. Gruppe von Sängern oder Sprechern; 2. Musikstück für Singstimmen; 3. Raum des Hauptaltars (auch *s.*); **Chorist** *m.* Chorsänger in der Oper

Choral *m.* (ko-, *gr.*) Lied mit religiösem Inhalt, Kirchenlied

Choreograph *m.* (koreograf, *gr.*) Ballettschöpfer und -regisseur; **Choreographie**, *w.* Ballettentwurf und -regie, Ztw. **choreographieren**

Chose *w.* (schohs, *frz.*) Sache, Angelegenheit

Chow-Chow *m.* (tschau-tschau) chin. Hunderasse, chinesischer Spitz

Chrestomathie *w.* (kre-, *gr.*) Sammlung ausgewählter Texte für den Unterricht

Chrisam *s.* oder *m.*; **Chrisma** *s.* (kri-, kris-, *gr.*) geweihtes Salböl in der kath. und orthodoxen Kirche

Christian Science *w.* (kristschen ßeijenß, *engl.*) 1879 gegründete Glaubensgemeinschaft (vgl. Szientismus)

Christmas *w.* (krismes, *engl.*) Weihnachten

Christolatrie *w.* (kri-, *gr.*) Verehrung Christi als Gott; **Christologie** *w.* die dogmatische Lehre von der Person Christi; **Christophanie** *w.* Erscheinung Christi

Chrom *s.* (kro-, *gr.*) chem. Element, ein Metall; **Chromatiden** *Mz.* Chromosomenspalthälften, aus denen die Tochterchromosomen (bei der Zellteilung) entstehen

Chromatik *w.* (kro-, *gr.*) 1. Farbenlehre; 2. Aufteilung der Tonleiter in Halbtonschritte; **chromatisch** 1. farbig, farblich; 2. in Halbtönen fortschreitend; **chromogen** farberzeugend; **Chromolithographie** *w.* Farbsteindruck

Chromatin *s.* (kro-, *gr.*) anfärbbarer, das Erbgut der Zelle enthaltender Bestandteil des Zellkerns

Chromosom *s.* (kro-, *gr.*) Träger der Erbanlagen, Bestandteil der Zellen jeder Organismenart

Chromosphäre *w.* (kro-, *gr.*) die atmosphärische Schicht der Sonne

Chronik *w.* (kro-, *gr.*) Geschichtswerk, das die Ereignisse in ihrer zeitlichen Reihenfolge darstellt; **Chronique scandaleuse** *w.* (kronik skangdalös, *frz.*) Sammlung von Skandal- und Klatschgeschichten; **chronisch** (*gr.*) ständig; **Chronist** *m.* Verfasser einer Chronik

Chronologie *w.* (kro-, *gr.*) Wissenschaft von der Zeitmessung und -rechnung; **chronologisch** zeitlich geordnet; **Chronometer** *m.* Zeitmesser, genau gehende Uhr; **Chronos** = Kronos

Chrysalide *w.* (krü-, *gr.*) Schmetterlingspuppe; **Chrysalis** *w.* Puppenstadium der Insekten

Chrysolith *m.* (krü-, *gr.*) Mineral, grüner Schmuckstein, Goldstein

chthonisch (*gr.*) der Erde angehörend, unterirdisch; **chthonische Gottheiten** in vielen Religionen verehrte Erdgottheiten (z. B. Demeter in der griech. Mythologie)

Chuzpe *w.* (*hebr.-jidd.*) Unverschämtheit, Dreistigkeit

CIA (ßi-ei-eh, aus *engl.* *C*entral *I*ntelligence *A*gency) Zentrale Nachrichtenbehörde, 1947 gegr. Geheimdienst der USA, Sitz in Washington

ciao (tschau, *itl.*) hallo!, tschüs!

Ciborium *s.* (zi-, *lat.*) 1. Altarüberbau; 2. Gefäß zur Aufbewahrung geweihter Hostien

Cicero *s.* (ziz-, *lat.*) Schriftgrad von 12 Punkt; **Cicerone** *m.* (tschitscherohne, *itl.*) Fremdenführer; **ciceronisch, ciceronianisch** (ziz-, *lat.*) des berühmten Redners Cicero würdig, stilistisch vollkommen

Cicisbeo *m.* (tschitschisbeo, *itl.*) Hausfreund, Liebhaber der Ehefrau

Cidre *m.* (sidre, *frz.*) französischer Apfelwein

Cie. = Kompanie(gesellschaft)

cif = cost, insurance, freight

Cineast *m.* (ßineast, *frz.*) 1. Filmkünstler; 2. Filmkenner, Filmliebhaber, Kinofan (*Mz.* Cineasten)

Cinemascope *s.* (ßin-, *gr.*) Filmverfahren, das Bilder auf eine gewölbte Bildwand

von zweieinhalbfacher Normalbreite wirft;
Cinerama *s.* Projektionsverfahren auf (halb)kreisförmiger Bildwand
Cinquecento *s.* (tschinquetschento, *itl.*) das 16. Jh. als italien. Stilepoche
circa (zi-, *lat.*) etwa, ungefähr
Circe *w.* (zirze, *gr.*) 1. männerbetörende Zauberin der griech. Sage; 2. Verführerin
Circuittraining *s.* (ßörkittrehning, *engl.*) modernes Leistungssporttraining mit raschem Wechsel zwischen verschiedenen Kraftübungen
Circulus vitiosus *m.* (zi-, *lat.*) 1. Zirkelschluss; 2. Teufelskreis, ausweglose Lage, in der sich alle Faktoren wechselseitig negativ verstärken
cisalpin = zisalpin
Citoyen *m.* (ßitoajäng, *frz.*) frz. Bez. für (Staats-)Bürger, in der Franz. Revolution die Anrede anstelle von Monsieur
City *w.* (ßitti, *engl.*) Geschäftsviertel, Innenstadt; **Cityhall** (-hohl) engl. Bez. für Rathaus
Civil rights *Mz.* (ßiwwil reits, *engl.*) Bürgerrechte
Civitas Dei *w.* (zi- de'i, *lat.*) der Staat Gottes (theologisch weit reichender Begriff aus dem Hauptwerk des Augustinus)
cl = Zentiliter
Claim *s.* (klehm, *engl.*) 1. Rechtsanspruch, Rechtstitel; 2. Anteil (an einem Goldgräbergeschäft); 3. Behauptung, die ein Werbetext aufstellt, Werbeversprechen
Clair-obscur *s.* (klärobskür, *frz.*) Helldunkelmalerei, ein Gestaltungsprinzip der Malerei, bes. im holländischen Barock
Clairon *s.* (klärong, *frz.*) hohe Trompete, Signalhorn
Clairvoyance *w.* (klärvoajangß, *frz.*) das Hellsehen
Clan *m.* (klänn, auch klan, *kelt.*) 1. Lehnsverband; 2. verschworene Interessengruppe (umg.)
Claque *w.* (klack, *frz.*) bezahlte Beifallklatscher (*Ez.* Claqueur, *m.*)
Clavicula *w.* (*lat.*) Schlüsselbein
clean (klihn, *engl.*) nicht mehr rauschgiftabhängig
Clearing *s.* (klihring, *engl.*) 1. Verrechnungsverfahren; 2. Datenprüfung auf Vollständigkeit (EDV)
Clerk *m.* (klahk, *engl.*) kaufmännischer Angestellter, Verwaltungsbeamter in England und den USA
clever (klewwer, *engl.*) geschickt, gewandt, klug, gerissen, Hptw. **Cleverness** *w.*
Cliffhanger *m.* (kliffhä-, *engl.*) Fernsehserie (oder Fortsetzungsroman), deren Einzelepisode gerade im spannendsten Augenblick abbricht
Clinch *m.* (klintsch, *engl.*) Umklammerung beim Boxen, Nahkampf
Clip *m.* (*engl.*) 1. Ohrschmuck; 2. Kurzform von Videoclip
Clique *w.* (klicke, *frz.*) Klüngel, Sippschaft
Clochard *m.* (kloschahr, *frz.*) Stadtstreicher
Cloisonné *s.* (kloaßonneh, *frz.*) Zellenemail
Clon = **Klon**
Cloqué *m.* (klockeh, *frz.*) Blasenkrepp, gaufrierter Stoff
Close-up *s.* (klohsap, *engl.*) Nahaufnahme im Film
Clou *m.* (kluh, *frz.*) Höhepunkt, Glanzpunkt
Clown *m.* (klaun, *engl.*) Spaßmacher im Zirkus; **Clownerie** *w.* Spaßmacherei, Eigw. **clownesk**
Cluster *s.* (klaster, *engl.*) 1. Menge von Einzelteilen (z. B. Moleküle), die als einheitliches Ganzes anzusehen ist; 2. Klangfeld, auf klangliche Wirkung bedachte Häufung von Tönen, bes. in Sekundenintervallen; 3. pathologische Zellhaufen, bes. von Krebszellen
cm = Zentimeter
cm/sec Zentimeter in der Sekunde = Einheit der Geschwindigkeit
Co. = Cie.
c/o = care of
Coach *w.* (kohtsch, *engl.*) 1. Kutsche; 2. Trainer, Betreuer; **coachen** trainieren, betreuen, bes. im Sport, Hptw. **Coaching** *s.*
Coat *m.* (koht) Überrock, lange Jacke
Cobbler *m.* (*engl.*) alkoholischer Cocktail
COBOL (aus *engl.* *c*ommon *b*usiness *o*riented *l*anguage) Programmiersprache für kommerzielle Datenverarbeitung
Coca-Cola *w.* (*Wz.*) koffeinhaltiges Erfrischungsgetränk

Cochenille = Koschenille
Cochon *m.* (koschong, *frz.*) Schwein; **Cochonnerie** *w.* (koschonnerih) Schweinerei, Zote
Cockerspaniel *m.* (-spanjel, *engl.*) engl. Jagdhund, Stöberhund
Cockney (kockni, *engl.*) 1. Londoner Dialekt; 2. Spottname für den Londoner Spießbürger
Cockpit *m.* (*engl.*) 1. Sitzraum in Motor- und Segelboot; 2. Pilotenkabine im Flugzeug; 3. Sitz des Fahrers im Rennwagen
Cocktail *m.* (-tehl, *engl.*) alkoholisches Mischgetränk verschiedenster Zusammensetzung; **Cocktailkleid** kleines Abendkleid; **Cocktailparty** *w.* Geselligkeit am frühen Abend
Coda *w.* (*itl.*) Schlussteil eines Musikstücks
Code *m.* (kohd, *frz., engl.*) 1. Gesetzbuch; 2. (*engl.*) Zeichenvorrat, als Grundlage der Nachrichtenübermittlung und Informationsverarbeitung (EDV); 3. Kode; **Code civil** *m.* (– ßiwil, *frz.*) französisches Bürgerliches Gesetzbuch
Codex = Kodex
codieren = kodieren
Cœur *s.* (kör, *frz.*) Kartenspiel: Herz
cogito, ergo sum (*lat.*) ich denke, also bin ich (philosophisch grundlegender Satz bei Descartes)
Cognac *m.* (konjack, *frz.*) französischer Weinbrand
Coiffeur *m.* (koafför, *frz.*) Friseur; **Coiffeuse** *w.* (koaffös) Friseuse; **Coiffure** *w.* (koaffür) Frisur; Haartracht
Coincidentia oppositorum *w.* (ko'inzidenzia-, *lat.*) Zusammenfall und Aufhebung aller Widersprüche
Coitus = Koitus
Coke *w.* (kohk, *engl.*) kurz für (eine Flasche, ein Glas) Coca-Cola
Collage *w.* (kollahsch, *frz.*) künstlerisch arrangiertes Klebebild aus verschiedenen Materialien (z. B. Papier, Stoff, Text)
coll' arco (*itl.*) Musik: mit dem Bogen; **colla destra** mit der rechten Hand; **colla parte** mit der Hauptstimme; **colla sinistra** mit der linken Hand
College *s.* (kollidsch, *engl.*) höhere Schule und Universität in England und Amerika, meist mit Internat verbunden
Collegium musicum *s.* (*lat.*) Musikvereinigung zur Pflege der Musik
col legno (kollenjo, *itl.*) Musik: mit der Bogenstange
Collie *m.* (*kelt.*) schottischer Schäferhund
Collier *s.* (kolljeh, *frz.*) Halsband
coll'ottava (ko-, *itl.*) Musik: die Oktave ist mitzuspielen
Colonel *m.* (kolonell, *frz.*; körnl, *engl.*) Oberst
Colt *m.* (*Wz.*) Revolver (nach dem amerik. Erfinder und Hersteller S. Colt, 1814–1862)
Combo *w.* (kombo, *engl.*) kleines Ensemble von (bis zu 6) Jazzmusikern
Comboloi *s.* = Komboloi
Comeback *s.* (kambäck, *engl.*) erfolgreiches Wiederauftreten einer früher bekannten Person in der Öffentlichkeit
COMECON, **Comecon** *m.* und *s.* (aus *engl.* *Co*uncil for *M*utual *Econ*omic Assistance) Rat für gegenseitige Wirtschaftshilfe, die von 1949 bis 1991 bestehende Wirtschaftsorganisation sozialistischer Staaten
Comédie française *w.* (komedih frangßäs, *frz.*) französisches Staatstheater in Paris; **Comédie larmoyante** *w.* (– moajangt) Rührstück
come prima, come sopra (ko-, *itl.*) Musik: wie oben, wie vorher
Come quick, danger! (kam kwick, dehnscher, *engl.*) kommt schnell, Gefahr!, ehemaliges englisches Seenotzeichen (Abk. CQD)
Comic (kommick, *engl.*); **Comicstrip** *m.* gezeichnete Bildgeschichte mit Text in Sprechblasen
Coming Man *m.* (kamming män, *engl.*) viel versprechender, meist jüngerer Mann mit Karriereaussichten
Coming-out *s.* (kamming aut, *engl.*) das öffentliche Eingeständnis einer bisher verborgenen Tatsache, Neigung, bes. das Eingeständnis einer Person, homosexuell zu sein
comme ci, comme ça (kommßi, kommßa, *frz.*) so lala, leidlich
Commedia dell'Arte *w.* (*itl.*) italienische Stegreifkomödie mit feststehenden Charakterfiguren
comme il faut (komm il foh, *frz.*) wie es sich gehört, tadellos

Commercial *s.* (kommörschel, *engl.*) Werbespot

Commis voyageur *m.* (kommih voajaschöhr, *frz.*) Handlungsreisender

Commitment *s.* (kommittment, *engl.*) 1. Verpflichtung, Verbindlichkeit, Bindung; 2. Überweisung (an einen Ausschuss)

Common Sense *m.* (kommen ßens, *engl.*) gesunder Menschenverstand

Commonwealth *s.* (kommenwelß, *engl.*) 1. Staatenbund; 2. Bez. für das ehemalige britische Weltreich

Communiqué = Kommuniqué

comodo (*itl.*) Musik: gemächlich

comp. Abk. von **composuit** (*lat.*) hat zusammengestellt

Compact Disc *w.* (kompäkt disk, *engl.*) kleine Schallplatte als digitaler Datenträger von hoher Tonqualität, der durch Laserstrahl abgetastet wird (Abk. CD); **Compact-Disc-ROM** Nur-Lese-Speicher auf einer CD (vgl. ROM, Abk. CD-ROM)

Compiler *m.* (kompeiler, *engl.*) Computerprogramm, das Programmiersprachen in Maschinensprachen übersetzt (EDV)

Composer *m.* (kompohser, *engl.*) elektrische Schreibmaschine, die Druckvorlagen liefert

Compoundmaschine *w.* (kompaund-, *engl.*) Verbundmaschine, Antriebsmaschine mit verschiedenen Zylindern, durch die das Antriebsmittel nacheinander geleitet wird

Comprette = Komprette

Comptoir *s.* (kongtoar, *frz.*) Kontor, Büro

Computer *m.* (kompjuter, *engl.*) Rechner, elektronische Datenverarbeitungsanlage; **computern** mit dem Computer arbeiten; **computerisieren** 1. Daten für einen Computer bearbeiten; 2. (Produktion oder Dienstleistungen) auf Computer umstellen; **Computerviren** *Mz.* (*engl.-lat.*) in Netzwerk bzw. Computer eingeschleuste Programme, die sich ähnlich wie biologische Viren vermehren und Daten und/oder Programme gegen den Willen des Benutzers verändern oder zerstören (EDV)

Comte *m.* (kongt, *frz.*) Graf, **Comtesse** *w.* (kongtess) Gräfin

con (*itl.*) mit; Musik: **con affetto** gefühlvoll; **con agilita** (adschilita) leicht, behände; **con amore** mit Liebe; **con anima** Musik: mit Seele, mit Ausdruck; **con brio** schwungvoll, feurig; **con calore** mit Wärme

Concept-Art *w.* (-ze-, *engl.*) Kunstrichtung, die künstlerische Konzepte, nicht deren Realisation zum Gegenstand der Darstellung macht

concetti = Konzetti

Concierge *m.* oder *w.* (kongßiärsch, *frz.*) Hausmeister, Hausmeisterin in Frankreich; **Conciergerie** *w.* (-scherie) Gefängnis in Paris

Concordia *w.* (*lat.*) röm. Göttin der Eintracht

Concours hippique *m.* (kongkuhr ippik, *frz.*) Pferderennen

con discrezione (*itl.*) Musik: zurückhaltend

Conditio sine qua non (*lat.*) unerlässliche Bedingung

con dolcezza (-doltschetsa) Musik: zärtlich, weich; **con dolore** schmerzlich

Condottiere *m.* (-ti'e-, *itl.*) italienischer Söldnerführer in der Renaissance-Zeit

con espressione (*itl.*) Musik: ausdrucksvoll

confer! (*lat.*) vergleiche! (Abk. cf., cfr.)

Conférencier *m.* (konferangßieh, *frz.*) Unterhaltungskünstler, Ansager

Confessio *w.* (*lat.*) 1. Glaubensbekenntnis, Bekenntnisschrift; 2. Geständnis, Beichte; 3. Heiligengrab unter dem Hochaltar kath. Kirchen, Krypta; **Confessor** *m.* Glaubensbekenner (in der römischen Kaiserzeit)

Confiserie *w.* (*frz.*) Konditorei

Confiteor (*lat.*) das allgemeine und öffentliche Schuldbekenntnis als Teil der kath. Liturgie

Confoederatio Helvetica (-fö-, *lat.*) Schweizerische Eidgenossenschaft (Abk. CH)

con forza (*itl.*) Musik: mit Kraft; **Confrater** = Konfrater; **con fuoco** Musik: mit Feuer; **con gravita** schwer, wuchtig

Conga *w.* (*engl.-span.*) 1. kubanische fass- oder kegelförmige Holztrommel; 2. kubanischer Volkstanz

Congrevedruck *m.* (-grähf-, *engl.*) altes Vierfarbendruckverfahren
con gusto (*itl.*) Musik: mit Geschmack; **con impeto** ungestüm; **con leggerezza** (ledscheretsa, *itl.*) leicht; **con moto** bewegt
Connaisseur *m.* (konnässöhr, *frz.*) Kenner, Fachkenner, Feinschmecker
Connection *w.* (konnecktschen, *engl.*) vorteilhafte Verbindung(en)
con passione (*itl.*) Musik: leidenschaftlich
Consecutio temporum *w.* (*lat.*) Sprachlehre: Zeitenfolge in Haupt- und Gliedsätzen
Conseil *m.* (kongßej, *frz.*) Rat, Ratsversammlung
Consilium = Konsilium
Consommé *s.* (kongsommeh, *frz.*) Kraftbrühe
con sordino (*itl.*) Musik: mit Dämpfer
Consulting *s.* (konßalting, *engl.*) Beratungstätigkeit, bes. Unternehmensberatung
Container *m.* (kontehner, *engl.*) 1. standardisierter Großbehälter; 2. behelfsmäßiger Wohn- oder Gewerberaum; **Containerterminal** *m.* (-törminel) spezielle Umschlaganlage für den Containerverkehr
Containment *s.* (kontehn-, *engl.*) 1. Schutzhülle um Atomreaktoren; 2. die im Kalten Krieg formulierte US-amerik. Verteidigungs- und Bündnispolitik zur Eindämmung des Kommunismus
Conte *m.* (*itl.*) Graf; **Contessa** *w.* Gräfin
Contenance *w.* (kongtnangß, *frz.*) Haltung, Fassung, Gelassenheit
con tenerezza (*itl.*) Musik: mit Zartheit
continuo (*itl.*) Musik: fortlaufend
contra (*lat.*) gegen
Contradictio in adiecto (-di'e-, *lat.*) Widerspruch zwischen der im Eigenschaftswort benannten Eigenschaft und dem Hauptbegriff (z. B. eckiger Kreis)
Contrat social *m.* (kongtra ßoßiall, *frz.*) Gesellschaftsvertrag (nach J. J. Rousseau)
contre cœur (kongtre köhr, *frz.*) widerwillig
Controller *m.* (kontrohler, *engl.*) Leiter des betrieblichen Rechnungswesens
cool (kuhl, *engl.*) 1. nüchtern, leidenschaftslos, gelassen; 2. souverän, sehr gut;
Cool Jazz *m.* (kuhl dschäs) Stilform des Jazz in den 1950er-Jahren
Cop *m.* (*engl.*) amerikanischer Polizist (umg.)
Copyright *s.* (-ireit, *engl.*) Urheberrecht
Coquille *w.* (kockij, *frz.*) Ragout in einer Muschelschale
coram publico (*lat.*) öffentlich, vor aller Öffentlichkeit
Cord *m.* (*engl.*) stark gerippter Woll- oder Baumwollstoff
Cordon bleu *m.* (kordong blöh, *frz.*) mit Käse und gekochtem Schinken gefülltes Kalbsschnitzel
Corned Beef *s.* (kornd bihf, *engl.*) gesalzenes, zerkleinertes Rindfleisch (in Dosen)
Corner *m.* (*engl.*) 1. planmäßiges Aufkaufen einer bestimmten Ware an der Börse zum Zweck der Preissteigerung; 2. Ecke im Boxring
Corn-Flakes *Mz.* (-flehks, *engl.*) geröstete Maisflocken
Cornichon *s.* (-schong, *frz.*) kleine Pfeffergurke
Corona = Korona
Corporate Identity *w.* (korporet eidentiti, *engl.*) unverwechselbares Erscheinungsbild eines Betriebs, einer Organisation in der Öffentlichkeit, bes. durch die Gestaltung von Produkten, Logo, Verpackung o. Ä.
Corps = Korps; **Corps de ballet** *s.* (– de ballä, *frz.*) Balletttruppe; **Corps diplomatique** *s.* (– tik) Diplomatisches Korps (Abk. CD)
Corpus = Korpus *s.*
Corpus Delicti *s.* (*lat.*) Beweisstück; **Corpus Juris** *s.* Gesetzbuch
Corregidor *m.* (korrechidor, *span.*) Richter, hoher Beamter in Portugal und Spanien
Corrida *w.* (*span.*) Stierkampf
corriger la fortune (korrischeh la fortün, *frz.*) dem Glück nachhelfen, falsch spielen
Corsage = Korsage
Cortison = Kortison
così fan tutte (*itl.*) so machen es alle (Frauen)
Cosinus = Kosinus

cost and freight (kohst änd freht, *engl.*) Verladekosten und Fracht im Preis eingeschlossen (Abk. cf); **cost, insurance, freight** (– inschurenß –) Verladekosten, Versicherung und Fracht im Preis eingeschlossen (Abk. cif)
Cotangens = Kotangens
Cottage *s.* (kottidsch, *engl.*) englisches Landhaus; **Cottagecheese** *m.* (-tschieß) körniger Frischkäse
Cotton *s.* (kottn, *engl.*) Baumwolle, Baumwollstoff, Kattun; **Cottonmaschine** *w.* Strumpfwirkmaschine; **Cottonöl** *s.* Baumwollsamenöl; **Cottonwood** *s.* (-wud) Holz der kanadischen Pappel
Couch *w.* (kautsch, *engl.*) Liegesofa, Schlafsofa
Couleur *w.* (kulör, *frz.*) 1. Trumpf im Kartenspiel; 2. Farben einer Studentenverbindung; 3. Gesinnung
Coulomb *s.* (kulong, *frz.*) Maßeinheit für die Elektrizitätsmenge (Zeichen: C)
Count *m.* (kaunt, *engl.*) engl. Titel für einen Grafen des europäischen Kontinents; **Countess** *w.* Gräfin; **County** *w.* Grafschaft; dem Kreis entsprechender Verwaltungsbezirk in England und den USA
Countdown *m.* (kauntdaun, *engl.*) 1. letzte technische Kontrollen (z. B. vor einem Raketenstart); 2. Rückwärtszählung bis Null, wo der Start beginnt
Counter *m.* (kaunter, *engl.*) 1. Theke, Schalter; 2. Zähler, Schaltwerk in der EDV; **Countertenor** *m.* falsettierender Männertenor
Country-Music *w.* (kantri mjusik, *engl.*) balladenartige Volks- und Unterhaltungsmusik der Weißen in den USA
Coup *m.* (ku, *frz.*) Schlag, Streich, Husarenstück
Coupé *s.* (kupeh, *frz.*) 1. (früher) Eisenbahnabteil; 2. geschlossenes zweitüriges Auto mit nach hinten abfallendem Dach
Couplet *s.* (kupleh, *frz.*) witzig-freches aktualitätsbezogenes Lied mit Kehrreim
Coupon *m.* (kupong, *frz.*) 1. Gutschein; 2. Zinsabschnitt
Cour *w.* (kuhr, *frz.*) Hof, Hofhaltung; **die Cour machen** den Hof machen
Courage *w.* (kurahsch, *frz.*) Mut, Beherztheit, Eigw. **couragiert**
Courante *w.* (kurant, *frz.*) 1. schneller altfranzösischer Tanz; 2. lebhafter Satz einer Suite im Dreivierteltakt
Courtage *w.* (kurtasch, *frz.*) Maklergebühr
Courtoisie *w.* (kurtoasih, *frz.*) ritterliche Höflichkeit
Couscous *s.* (kußkuß, *arab.*) Hirsebrei
Cousin *m.* (kusäng, *frz.*) Vetter; **Cousine** *w.* (kusine) Base
coute que coute (kutt ke kutt, *frz.*) koste es, was es wolle, um jeden Preis
Couture = Haute Couture
Couvade *w.* (ku-, *frz.*) Männerkindbett (symbolische Handlung bei einigen Völkern)
Cover *s.* (kawwer, *engl.*) 1. Titelblatt; 2. Plattenhülle; **Coverboy** *m.* (-beu) Männerfoto auf der Titelseite einer Illustrierten; **Covercoat** *m.* (-koht) 1. Wollstoff; 2. Mantel aus diesem Stoff; **Covergirl** *s.* (-görl) Frauenfoto auf der Titelseite einer Illustrierten; **Coverstory** *w.* Titelstory; **Cover-up** (-ap) volle Deckung im Boxsport; **Cover-Version** *f.* (-wörschen) Neuauflage, Uminterpretation eines (Rock-)Titels
Cowboy *m.* (kaubeu, *engl.*) amerik. Rinderhirt
Cowper *m.* (kauper) Winderhitzer für Hochöfen (nach dem engl. Ingenieur A. E. Cowper)
Coyote = Kojote
CQD = Come quick, danger!
cr. = currentis
Crack *m.* (kräck, *engl.*) 1. das beste Rennpferd; 2. hervorragender Sportler; 3. synthetisches Rauschgift; **Cracker** *m.* 1. ungesüßtes Gebäck; 2. Codeknacker, Ztw. **cracken**
Craquelé *s.* (krackleh, *frz.*) 1. Glasur mit (absichtlich erzeugten) feinen Sprüngen; 2. *s.* und *m.*, Kreppgewebe aus Baumwolle oder Zellwolle mit rissigem Aussehen
Crash *m.* (kräsch, *engl.*) 1. (Auto-)Unfall; 2. Zusammenbruch (eines Unternehmens); **Crashtest** *m.* Aufpralltest in der Erprobungsphase von Fahrzeugen
Crawl = Kraul

Crayon *m.* (kräjong, *frz.*) Drehbleistift; **Crayonmanier** *w.* Kupferstichverfahren, durch das die Wirkung einer Kreidezeichnung erzeugt wird

Cream *m.* (krihm, *engl.*) Rahm, Sahne

Creation = Kreation

Credit = Kredit 2.

Credo *s.* (kr-, *lat.*) Glaubensbekenntnis; Überzeugung; **credo, quia absurdum** (*lat.*) ich glaube, weil es wider die Vernunft ist; **credo, ut intelligam** ich glaube, damit ich erkenne

Creme *w.* (krähm, *frz.*) 1. Sahne; 2. dickflüssige Süßspeise; 3. Hautpflegemittel; 4. Oberschicht der Gesellschaft; **creme, cremefarben** blassgelb; **Crème de la crème** allerbeste Gesellschaft; **Crème fraîche** *w.* (– fräsch) fetter Sauerrahm

Crêpe *m.* (kräp, *frz.*) 1. Kreppstoff; 2. hauchdünner Eierpfannkuchen; **Crêpe chiffon** *m.* (– schiffong) hauchdünnes Gewebe aus reiner Seide in Taftbindung; **Crêpe de Chine** *m.* (– schihn), rein- oder kunstseidenes Gewebe in Taftbindung mit gekrepptem Schussfaden; **Crêpe marocain** *m.* (– marokäng) körniges Gewebe in Taftbindung; **Crêpe satin** *m.* (– ßatäng) Seiden- oder Kunstseidengewebe in Atlasbindung mit glänzender Vorderseite

crescendo (kreschendo, *itl.*) Musik: stärker werdend, anschwellend

Cretonne *m.* (kretonn, *frz.*) bedruckter Baumwollstoff

Crew *w.* (kruh, *engl.*) 1. Besatzung, Mannschaft; 2. Personengruppe mit einer bestimmten Aufgabe

Crimson Rambler *w.* (krimsn rämbler, *engl.*) rote Kletterrose

Croissant *s.* (kroaßang, *frz.*) Hörnchen aus Blätterteig

Cromagnonrasse *w.* (kromanjong-) Menschen der Altsteinzeit (nach dem franz. Fundort)

Croquet = Krocket

Croquette = Krokette

Cross *m.* (kro-, *engl.*) 1. diagonal über den Platz geschlagener Ball beim Tennis; 2. Boxschlag über den Arm des Gegners, **Cross-Country** *s.* (– kantri) Querfeldeinrennen, Waldlauf; **Cross-over** *s.* (*engl.*) 1. Austausch von Erbfaktoren zwischen Chromosomen; 2. Stilmischung, Stilkreuzung (z. B. von Musikstilen)

Croupier *m.* (kruppjeh, *frz.*) Spielbankangestellter mit Aufsichtsfunktion

Cru *s.* (krü, *frz.*) Gewächs; staatlich kontrollierte und geschützte Qualitätsbez. für durch Boden und Klima bevorzugte Lagen von (französischen) Weinen

Cruise-Missile *s.* (kruhs misseil, *engl.*) unbemannter Flugkörper; **Cruising** *s.* (kruhsing, *engl.*) das Umherziehen auf der Suche nach einem Sexpartner

Crux *w.* (*lat.*) Kreuz, Leid, Kummer, Last

Cruzeiro *m.* (-sä-, *port.*) Währungseinheit in Brasilien bis 1986

Csárdás *m.* (tschardasch, *ung.*) ungarischer (National-)Tanz mit langsamer Einleitung und schnellem Hauptteil

c. t. = cum tempore

ct = Cent, Centime (*Mz.* cts)

cui bono? (*lat.*) wem zuliebe?, wozu?, wem nützt es?

cuius regio, eius religio (kuju-, eju-, *lat.*) wessen Land, dessen Religion (Grundsatz des Augsburger Religionsfriedens von 1555)

Cul de Paris *m.* (kühl de pari, *frz.*) Gesäßpolster unter dem Frauenrock im 18. und 19. Jh.

Culotte *w.* (külott, *frz.*) Kniehose des frz. Adels (vgl. Sansculotte)

Cumberlandsoße *w.* (kamberländ-) Soße mit Johannisbeergelee und Senf (nach dem Herzog von Cumberland)

cum grano salis (*lat.*, mit einem Körnchen Salz) mit der nötigen Einschränkung

cum laude (*lat.*) gut, mit Lob; **summa cum laude** ausgezeichnet, mit höchstem Lob

cum tempore (*lat.*) mit dem akademischen Viertel, eine Viertelstunde nach der angesetzten Zeit (Abk. c. t.)

Cunnilingus *m.* (*lat.*) orale sexuelle Erregung der weiblichen Geschlechtsorgane

Cup *m.* (kap, *engl.*) Siegespokal

Cupido *m.* (*lat.*) römischer Liebesgott

Cuprama *w.* (*Wz.*) Kupferspinnfaser; **Cupresa** *w.* Kupferkunstseide

Curaçao *m.* (kürassao, *Wz.*) Likör aus den Schalen der Curaçao-Pomeranze

Curare = Kurare

Curé *m.* (küreh, *frz.*) französischer kath. Geistlicher
Curie *s.* (kürih, *frz.*) Maßeinheit der radioaktiven Strahlung (Zeichen Ci)
Curling *s.* (körling, *engl.*) schottisches Eisschießen
currentis (*lat.*) des laufenden (Monats od. Jahres)
Curriculum *s.* (*lat.*) Lehrplan; **Curriculum vitae** *s.* (– witä, *lat.*) Lebenslauf
Curry *s.* (körri, *engl.*) indisches Gewürz
Cursor *m.* (körßer, *engl.*) Anzeige auf dem Bildschirm eines Computers für die nächste Eingabe
Cut, Cutaway *m.* (kat'weh, *engl.*) halblanger Herrenrock mit abgerundeten Vorderschößen
Cut-and-Pasters-Generation *w.* (kat-änd-pasters-dschenerehschn, *engl.*) die Generation «Markieren – Kopieren – Einfügen», d. h. die Generation, bes. von Schülern und Studenten, die sich Referate, Semester- und Hausarbeiten aus dem Internet besorgt
Cutter *m.* (katter, *engl.*); **Cutterin** *w.* Schnittmeister(in) bei Film- und Tonbandaufnahmen, Ztw. **cutten**
Cuvee *w.* (küweh, *frz.*) Weinverschnitt zur Schaumweinbereitung
CVJM = YMCA
cwt = Centweight
Cyanid *s.* (*gr.*) Salz der Blausäure
Cyber- (ßeiber, *engl.*) als Wortteil in der Bedeutung: in einer virtuellen, vom Computer erzeugten Realität stattfindend (z. B. Cyberspace, Cybercity, Cybersex)
Cyborg *m.* (aus *engl. cyb*ernetic *org*anism) Einbau technischer Geräte in den menschlichen Körper, um ihn für bestimmte Aufgaben zu präparieren (in der Entwicklung)

D

da capo (*itl.*) Musik: noch einmal, wiederholen

d'accord (dakkohr, *frz.*) einverstanden

Dada, Dadaismus *m.* internationale Kunstbewegung in der Zeit nach dem Ersten Weltkrieg, in der es um Freisetzung von unbewussten (durch kulturelle Normen blockierte) schöpferischen Kräften und deren Umsetzung in unkonventionelle provokante künstlerische Darstellungen ging, Eigw. **dadaistisch**

dag = Dekagramm

Daguerrotypie *w.* (dagerrotüpih, *frz.*) frühe Fotografie, Lichtbild auf Metallplatte

Daimyo *m.* (*jap.*) japanischer Ritter, Angehöriger des Hochadels

Dakapo *s.* (*itl.*) Beifallsbekundung des Publikums, die den Sänger, die Sängerin auffordert, etwas Vorgetragenes, z. B. eine Arie, zu wiederholen

dakryodisch (*gr.*) tränen-, tropfenförmig

Daktylogramm *s.* (*gr.*) Fingerabdruck; **Daktyloskopie** *w.* Fingerabdruckverfahren

Daktylus *m.* (*gr.*) Versfuß mit einer Länge und zwei Kürzen

Dalai-Lama *m.* (*mong.-tibet.*) weltliches Oberhaupt des Lamaismus in Tibet

Dalbe = Duckdalbe

Dalles *m.* (*hebr.*) Geldmangel

Dalmatika *w.* (*lat.*) hemdartiger Überwurf mit Ärmeln, Pontifikalgewand der kath. Bischöfe

dal segno (-ßenjo, *itl.*) Musik: vom Zeichen ab (wiederholen)

Damassé *m.* (*frz.*) Seide mit damastähnlicher Musterung

Damast *m.* Stoff mit eingewebten Mustern, Eigw. **damasten** (nach der Stadt Damaskus)

Damaszenerklinge *w.* (*frz.*) Klinge aus verziertem Stahl; **damaszieren** Eisen und Stahl mit Musterungen versehen, Hptw. **Damaszierung** *w.*

Damno *m.* (*itl.*) **Damnum** *s.* (*lat.*) Unterschied zwischen Nennwert und tatsächlich gezahlter Summe (z. B. bei Hypotheken oder Darlehen), Verlust des Entleihers

Damoklesschwert *s.* (*gr.*) ständig drohende Gefahr

Dämon *m.* (*gr.*) 1. göttliches Wesen; 2. böser Geist, von dem jmd. besessen ist; **Dämonie** *w.* Macht des Dämons; **dämonisch** 1. getrieben; 2. geheimnisvoll wirkend, suggestiv

Danaergeschenk *s.* (-na'er-, *gr.*) verhängnisvolles Geschenk, Unglücksgabe;

Danaidenarbeit *w.* (*gr.*) Anstrengung, die zu nichts führt, vergebliche Mühe, Fass ohne Boden

Dandy *m.* (dändi, *engl.*) extravaganter Lebe- und Genussmensch, der sich durch sein übertrieben modisches Äußeres von allem Alltäglichen abgrenzen will; **dandyhaft** blasiert, extravagant (gekleidet), egozentrisch

Danebrog *m.* (*dän.*) dänische Flagge

Danse macabre *m.* (dangß makabr, *frz.*) Totentanz

dantesk von der Großartigkeit eines Dante (des itl. Dichters)

Darjeeling *m.* (dardschieling, *engl.*) indische Teesorte

Dark Horse *s.* (dahk horß, *engl.*) 1. Rennpferd, dessen Siegeschancen man nicht abschätzen kann; 2. unkalkulierbarer Mitbewerber; **Darkroom** *m.* (dahkruhm, *engl.*) dunkler Raum für anonyme homosexuelle Kontakte

Darling (*engl.*) Liebling

Darwinismus *m.* Selektionstheorie J. Darwins; **Darwinist** *m.* Anhänger des Darwinismus, Eigw. **darwinistisch**

Dash *m.* (däsch, *engl.*) Spritzer als Beimischung beim Cocktailmixen

Date *s.* (deht, *engl.*) Treffen, Verabredung, Rendezvous; **Dating** *s.* das Sichverabreden mit möglichst vielen wechselnden Partnern, um seine Beliebtheit zu beweisen

Daten *Mz.* (*lat.*) 1. nähere Angaben, Tatsachen; 2. Zeichen, die eine Information darstellen und in Form von Buchstaben oder Ziffern gespeichert und weiterverarbeitet werden können; **Datei** *w.* Datensammlung; **Datenbank** *w.* durch Integration von Dateien entstandene umfassende Datensammlung; **Datenerfassung** *w.* Eingabe von bereitgestellten und für den Computer bearbeiteten Daten; **Datenhighway** *m.* = Internet; **datieren** 1. mit Datum versehen; 2. seit einer bestimmten Zeit bestehen, stammen von, Hptw. **Datierung** *w.*; **Datum** *s.* Zeitangabe nach dem Kalender

Dativ *m.* (*lat.*) Sprachlehre: der dritte Fall, antwortet auf die Frage: Wem?

dato (*lat.*) am heutigen Tage, am Tag des Datums

Datscha *w.* (*russ.*) Wochenendhaus, Sommerhaus (meist aus Holz)

Datum = Daten

Dauphin *m.* (dofäng, *frz.*) Titel des französischen Kronprinzen

Davis-Cup *m.* (dehwis kap, *engl.*) Davis-Pokal, jährlich verliehener Tennispreis

Davit *m.* oder *s.* (dehwit, *engl.*) Schiffskran

Dawesplan *m.* (doh'es-, *engl.*) Plan zur Regelung der deutschen Reparationszahlungen nach dem Ersten Weltkrieg

DAX *m.* Deutscher Aktienindex, der die 30 umsatzstärksten deutschen Aktienwerte enthält

dB = Dezibel

d. c. = da capo

d. d. = de dato

De-, de- (*lat.*) als Vorsilbe: ent-, weg

Deadline *w.* (dädlein, *engl.*) Endtermin einer Frist

Deal *m.* (dihl, *engl.*) Handel, Geschäft; **dealen** 1. unsaubere Geschäfte machen (z. B. mit Waffen, Rauschgift); 2. handeln, verkaufen, Geschäfte vermitteln; **Dealer** *m.* 1. Rauschgifthändler; 2. Börsenspekulant

Dean *m.* (dihn, *engl.*) oberster Geistlicher einer englischen Kathedrale, Superintendent der anglikan. Kirche

Debakel *s.* (*frz.*) Katastrophe, desaströses Ereignis

Debatte *w.* (*frz.*) Erörterung, Meinungsaustausch, Diskussion; **Debattenschrift** *w.* verkürzte Kurzschrift; **debattieren** diskutieren, Debatten führen

Debet *s.* (*lat.*) Soll, Schuld, Verbindlichkeit; **debitieren** auf die Sollseite schreiben, belasten; **Debitor** *m.* Schuldner; **Debitorenkonto** *s.* Konto der Außenstände

debil (*lat.*) leicht schwachsinnig; **Debilität** *w.* leichter Schwachsinn

Debüt *s.* (debüh, *frz.*) erstes Auftreten in der Öffentlichkeit; **Debütant** *m.* jmd., der zum ersten Male auftritt, Ztw. **debütieren**

Dechanat *s.*; **Dechanei** *w.* (*lat.*) Amtsbezirk des Dechanten; **Dechant** *m.* Vorsteher eines Kirchenbezirks der kath. Kirche

dechiffrieren (deschiffrihren, *frz.*) (einen chiffrierten Text) entschlüsseln

deciso (detschiso, *itl.*) Musik: entschlossen

declamando (*itl.*) Musik: ausdrucksvoll

Decoder *m.* (dikohder, *engl.*) Gerät zur Daten- bzw. Informationsentschlüsselung; **Decoding** *s.* Entschlüsselung einer chiffrierten Nachricht

Decollage *w.* (dekollasch, *frz.*) bildnerisches Werk, das durch Abreißen, Zerstückeln, Kratzen oder Schaben einer Collage entsteht

decouragieren (dekuraschihren, *frz.*) entmutigen

decrescendo (dekreschendo, *itl.*) Musik: abnehmend, leiser werdend

Decubitus = Dekubitus

de dato (*lat.*) von heute, vom Ausstellungstag an (bei Urkunden)

Dedikation *w.* (*lat.*) Zuneigung, Widmung; **dedizieren** widmen, zueignen, übereignen, schenken

Deduktion *w.* (*lat.*) Ableitung, Herleitung des Besonderen aus dem Allgemeinen; **deduktiv** ableitend; **deduzieren** ableiten

Deejay = Diskjockey

Deeskalation *w.* (de'e-, *lat.*) Entschärfung (einer Situation), stufenweise Verringerung militärischer Mittel

de facto (*lat.*) wirklich, tatsächlich

Defaitismus, Defätismus *m.* (defä-, *frz.*) Schwarzseherei, Zweifel am Erfolg, Eigw. **defaitistisch**; **Defaitist** *m.* Schwarzseher, Pessimist

Defäkation *w.* (*lat.*) 1. Läuterung, Reinigung von Flüssigkeiten; 2. Stuhlentleerung; **defäkieren** Stuhl entleeren

Defekt *m.* (*lat.*) Mangel, Schaden, Fehler; **defekt** beschädigt, mangelhaft; **Defektar** *m.* Apotheker, der selbst Arzneimittel herstellt; **Defektur** *w.* Arzneianfertigung auf Vorrat

defensiv (*lat.*) abwehrend, verteidigend; **Defensive** *w.* Abwehr, Verteidigung; **Defensor** *m.* Verteidiger

deficiendo (defitschendo, *itl.*) Musik: nachlassend

Deficit-Spending *s.* (däffißitt-, *engl.*) ungedeckte Erhöhung der öffentlichen Ausgaben

Defilee *s.* (*lat.-frz.*) Vorbeimarsch; **defilieren** feierlich vorbeiziehen

definieren (*lat.*) begrifflich festlegen, abgrenzen, erklären; **Definition** *w.* Begriffsbestimmung, Begriffsabgrenzung, Erklärung; **definitiv** endgültig; **Definitivum** *s.* endgültiger Zustand, Dauerzustand

defizient (-zi'e-, *lat.*) fehlend, unvollständig

Defizit *s.* (*lat.*) Fehlbetrag, Mangel; **defizitär** zu einem Defizit führend, belastet mit einem Defizit

Deflation *w.* (*lat.*) Beschränkung der Geldmenge zur Steigerung des Geldwerts und zur Vergrößerung der Kaufkraft, Eigw. **deflatorisch**

Deflektor *m.* (*lat.*) Schornsteinaufsatz, Luftsauger

Defloration *w.* (*lat.*) Entjungferung; **deflorieren** entjungfern

Deformation *w.* (*lat.*) Verformung, Verunstaltung, Eigw. **deformiert**

Defraudant *m.* (*lat.*) Betrüger; **Defraudation** *w.* Unterschlagung, Hinterziehung; **defraudieren** unterschlagen, hinterziehen, veruntreuen

Defroster *m.* (*engl.*) Abtauvorrichtung

Degagement *s.* (degaschmang, *frz.*) 1. Befreiung von Verbindlichkeiten; 2. Zwanglosigkeit; **degagieren** (-schihren) 1. befreien, losmachen; 2. beim Fechten die gegnerische Klinge umgehen; **degagiert** befreit, zwanglos

Degeneration *w.* (*lat.*) Entartung, Verfall, Rückbildung; **degenerieren** verkümmern, entarten

Degout *m.* (deguh, *frz.*) Ekel, Abneigung, Widerwille; **degoutant** widerlich, abstoßend; **degoutieren** anwidern, ekelhaft finden

degradieren (*lat.*) herabsetzen, zurückversetzen; **Degradierung, Degradation** *w.* 1. Rückversetzung, Rangminderung; 2. Zerlegung von Molekülen in kleinere Bruchstücke (z. B. Abbau von Polymeren); 3. negative Veränderung des Bodenprofils

Degression *w.* (*lat.*) 1. Verminderung (von Abschreibungssätzen); 2. Staffelung (von Steuersätzen); **degressiv** abnehmend, abfallend, sich stufenweise vermindernd

Degustation *w.* (*lat.*) Kostprobe, Prüfung von Lebensmitteln, bes. von Wein

de gustibus non est disputandum (*lat.*) über den Geschmack lässt sich nicht streiten

Dehors *Mz.* (deor, *frz.*) äußerer Schein, Dekorum

Dehydratation, Dehydratisierung *w.* (*lat.*) Wasserentzug, Austrocknung (z. B. des menschlichen Körpers); **dehydratisieren** Wasser entziehen; **dehydrieren** Wasserstoff entziehen, Hptw. **Dehydrierung** *w.*

Deifikation *w.* (de'i-, *lat.*) Vergottung (eines Dinges oder Menschen), Ztw. **deifizieren**

Deismus *m.* (de'i-, *lat.*) Glaube an Gott als Schöpfer, nicht aber als Lenker der Welt; **Deist** *m.* Anhänger des Deismus; Eigw. **deistisch**

DJ = Diskjockey

Déjà-vu-Erlebnis *s.* (dehscha wüh –, *frz.*) das plötzliche Gefühl, etwas Gegenwärtiges schon einmal erlebt zu haben

Dejeuner *s.* (deschöneh, *frz.*) Frühstück

de jure (*lat.*) dem Rechte nach

Deka-, deka- (*gr.*) als Vorsilbe: zehn, **Deka** *s.* Dekagramm

Dekabrist *m.* (*russ.*) Teilnehmer an der russischen Verschwörung vom Dezember 1825

Dekade *w.* (*gr.*) eine Einheit von zehn (z. B. 10 Jahre, 10 Tage, 10 Gedichte)
dekadent (*frz.*) kulturell niedergehend; überfeinert; **Dekadenz** *w.* Niedergang, Verfall, Überfeinerung
dekadisch (*gr.*) nach Zehner rechnend; **Dekagramm** *s.* 10 Gramm (Abk. dag und dkg)
Dekaeder *m.* (-ka'e-, *gr.*) von zehn Flächen begrenzter Körper
Dekalog *m.* (*gr.*) die Zehn Gebote
Dekameron *s.* (*itl.*) Erzählungen Boccaccios, deren Rahmenhandlung zehn Tage umfasst
Dekan *m.* (*lat.*) 1. höherer Geistlicher der evang. und kath. Kirche; 2. Vorsitzender einer Fakultät; **Dekanat** *s.* Amtsbereich des Dekans
dekantieren (*frz.*) abgießen, umgießen, bes. Rotwein
dekartellisieren (*lat.-frz.*) Kartell auflösen, Hptw. **Dekartellisierung** *w.*
Deklamation *w.* (*lat.*) 1. kunstgerechter Vortrag; 2. eingelerntes, hohles Gerede; **Deklamator** *m.* Vortragskünstler; **deklamatorisch** 1. sprechkünstlerisch; 2. etwas rednerisch vortäuschend; **deklamieren** vortragen, aufsagen
Deklaration *w.* (*lat.*) 1. offizielle Erklärung; 2. Wert-, Inhaltsangabe (z. B. beim Zoll); **deklarieren** eine Deklaration abgeben
deklassieren (*lat.-frz.*) 1. einen Gegner hoch besiegen (im Sport); 2. sozial absteigen (lassen), Hptw. **Deklassierung** *w.*
Deklination *w.* (*lat.*) 1. Sprachlehre: Beugung von Adjektiv, Artikel, Numerale, Substantiv; 2. Abweichung der Magnetnadel; **deklinieren** Sprachlehre: beugen (Wort)
dekodieren (*lat.*) mit Hilfe eines Codes entschlüsseln
Dekolleté *s.* (dekollteh, *frz.*) tiefer Ausschnitt an Damenkleidern; **dekolletiert** tief ausgeschnitten
dekompensieren (*lat.*) eine (organische) Störung nicht mehr ausgleichen können, Hptw. **Dekompensation** *w.*
dekomponibel (*lat.*) zerlegbar, auflösbar; **dekomponieren** auseinander nehmen, zerlegen; **Dekomposition** *w.* 1. Auflösung; 2. Organschwund, Verminderung einer Organfunktion; **Dekompositum** *s.* Sprachlehre: Ableitung von Wörtern aus einem Kompositum
dekonstruieren (*lat.*) zerlegen, auseinander legen; **Dekonstruktion** *w.* Zerlegung, Auflösung, Auseinanderlegung
Dekor *s.* (*lat.*) Muster, Musterung; **Dekorateur** *m.* (-tör, *frz.*) Fachmann für die Innenausstattung; **Dekoration** *w.* 1. Ausgestaltung, Ausschmückung; 2. künstlerische Ausgestaltung der Bühne, Bühnenbild; 3. Ordensverleihung; **dekorativ** effektvoll schmückend; **dekorieren** 1. ausstatten, ausschmücken; 2. Orden verleihen
Dekort *m.* (*itl.-frz.*) Abzug vom Preis, Verkürzung; **dekortieren** abziehen, verkürzen
Dekorum *s.* (*lat.*) Schicklichkeit, äußerer Anstand
Dekrepitation *w.* (*lat.*) Zerplatzen der Hülle von Kristallen beim Erhitzen, Ztw. **dekripitieren**
Dekret *s.* (*lat.*) Erlass, Verordnung; **dekretieren** bestimmen, verordnen
Dekubitus *m.* (*lat.*) das Wundliegen
Dekuvert *s.* (dekuwähr, *frz.*) Mangel an Waren oder Wertpapieren; **dekuvrieren** (-wrihren) aufdecken, enthüllen, entlarven
del. = deleatur
Delation *w.* (*lat.*) 1. Anzeige; 2. Übertragung einer Erbschaft
deleatur (*lat.*) Anweisung an die Druckerei: soll wegfallen (Abk. del.); **Deleatur** *s.* Tilgungszeichen
Delegation *w.* (*lat.*) 1. Abordnung; 2. Übertragung von Zuständigkeiten; **delegieren** abordnen, übertragen; **Delegierte** *m.* und *w.* Abgeordnete(r), Beauftragte(r)
delektieren (sich) (*lat.*) ergötzen, laben, sich gütlich tun
Delfin = Delphin
Deliberation *w.* (*lat.*) Überlegung, Beratschlagung; **Deliberationsfrist** *w.* Bedenkzeit; **Deliberativstimme** *w.* beratende, nicht abstimmungsberechtigte (= Dezisivstimme) Stimme; **deliberieren** nachdenken, überlegen
delicatamente, delicato (*itl.*) Musik: zart

delikat (*lat.*) 1. fein, auserlesen; 2. wohlschmeckend, köstlich; 3. Behutsamkeit erfordernd, heikel; **Delikatesse** *w.* (*frz.*) 1. Leckerbissen, Feinkost; 2. Zartgefühl

Delikt *s.* (*lat.*) Straftat

Delinquent *m.* (*lat.*) Straffälliger

delirando (*itl.*) Musik: leidenschaftlich, rasend

delirieren (*lat.*) irrereden; **Delirium** *s.* Fieberwahn, Bewusstseinstrübung mit Wahnerlebnissen; **Delirium tremens** *s.* Säuferwahn

deliziös (*frz.*) köstlich

Delkredere *s.* (*itl.*) 1. Haftung, Gewährleistung für den Eingang einer Forderung; 2. Wertberichtigung für wahrscheinliche Ausfälle bei Außenständen; **Delkrederefonds** *m.* (-fong) Rücklagen für etwaige Verluste an Außenständen; **Delkredere-Provision** *w.* Vergütung für die Übernahme der Haftung

Delogement *s.* (deloschmang, *frz.*); **Delogierung** *w.* (-schihrung) Ausweisung, Ausquartierung aus einer Wohnung; **delogieren** (-schihren) ausweisen, ausquartieren

Delphin *m.* (*gr.-lat.*) Zahnwal

Delphinus *m.* (*lat.*) lateinische Bezeichnung für Dauphin (Kronprinz)

delphisch dunkel, doppelsinnig (nach Delphi, der altgriech. Orakelstätte)

Delta *s.* (*gr.*) 1. Mündungsgebiet mehrarmiger Flüsse; 2. vierter Buchstabe des griechischen Alphabets, Δ, δ; **Deltamuskel** *m.* dreieckig geformter Armhebemuskel; **Deltastrahlen** *Mz.* Elektronenstrahlen, die beim Durchgang von Strahlung durch Materie vorkommen

Delusion *w.* (*lat.*) Verspottung, Täuschung; **delusorisch** trügerisch

Demagoge *m.* (*gr.*) Volksverführer; **Demagogie** *w.* politische Hetze, Volksverführung; **demagogisch** hetzerisch, volksverführend

Demand *m.* (dimahnd, *engl.*) Marktnachfrage

Demarche *w.* (demarsch, *frz.*) diplomatischer Einspruch

Demarkation *w.* (*frz.*) Abgrenzung; **Demarkationslinie** *w.* vorläufige Grenzlinie

demaskieren (sich) (*frz.*) die Maske abnehmen, entlarven; **Demaskierung** *w.* Entlarvung

Dementi *s.* (*frz.*) Richtigstellung einer Nachricht, Widerruf; **dementieren** etwas richtig stellen, widerrufen

Dementia (-zia); **Demenz** *w.* (*lat.*) Schwachsinn aufgrund von Hirnschädigung; **Dementia praecox** *w.* Jugendirresein; **Dementia senilis** Altersschwachsinn

Demeter *w.* (*gr.*) griechische Göttin des Ackerbaus

Demijohn *m.* (demidschon, *engl.*) großer Glasballon im Korb

Demimonde *w.* (demimongd, *frz.*) Halbwelt

Demission *w.* (*lat.*) Niederlegung eines Amts, Abschied, Rücktritt; **demissionieren** seinen Abschied nehmen, vom Amt zurücktreten

Demiurg *m.* (*gr.*) Weltenschöpfer, Weltbaumeister (bei Platon und den Gnostikern)

Demo *s.* = Demonstrationsaufnahme

Demo *w.* = Demonstration (2)

demobilisieren (*lat.*) abrüsten; **Demobilisierung** *w.*; **Demobilisation** *w.*; **Demobilmachung** *w.* Abrüstung, Zurückführung des Heers auf Friedensstärke

Demodulation *w.* (*lat.*) Gleichrichtung von Schwingungen; **Demodulator** *m.* Gerät zur Gleichrichtung von Schwingungen

demodulieren gleichrichten

Demographie *w.* (*gr.*) beschreibende Erforschung der wirtschafts- und sozialpolitischen Bevölkerungsbewegungen, Eigw. **demographisch**

Demoiselle *w.* (demoasell, *frz.*) Fräulein

Demokrat *m.* (*gr.*) 1. Anhänger der Demokratie; 2. Anhänger oder Mitglied einer demokratischen Partei; **Demokratie** *w.* 1. Volksherrschaft als Staatsform; 2. Gültigkeit freiheitlicher Prinzipien in allen gesellschaftlichen Bereichen, Eigw. **demokratisch**

demolieren (*lat.*) zerstören, beschädigen, zertrümmern, Hptw. **Demolierung** *w.*

Demonetisierung *w.* (*lat.*) Außerkurssetzen eines Zahlungsmittels, Ztw. **demonetisieren**

Demonstrant *m.* (*lat.*) Teilnehmer an einer Kundgebung; **Demonstration** *w.* 1. Vorführung, anschaulicher Beweis; 2. öffentliche Kundgebung; **Demonstrationsaufnahme** *w.* Musik- oder Videoband zu Werbungszwecken (z. B. für eine Musikgruppe); **demonstrativ** 1. mit Nachdruck, herausfordernd; 2. verdeutlichend; 3. hinweisend (von Fürwörtern); **Demonstrativpronomen** *s.* Sprachlehre: hinweisendes Fürwort; **demonstrieren** 1. vorführen, verdeutlichen, anschaulich machen; 2. zu erkennen geben; 3. öffentlich kundtun, protestieren

Demontage *w.* (demongtasch, *frz.*) Abbau, Abbruch; **demontieren** abbauen

demoralisieren (*frz.*) jmds. Moral untergraben, entmutigen, Hptw. **Demoralisierung, Demoralisation** *w.*

de mortuis nil nisi bene (*lat.*) über die Toten (soll man) nur Gutes (sprechen)

Demoskopie *w.* (*gr.*) Meinungsforschung

Denar *m.* (*lat.*) altrömische Münze

Denaturalisation *w.* (*lat.*) Ausbürgerung; **denaturalisieren** Staatsangehörigkeit entziehen

denaturieren (*lat.*) einen Stoff seiner natürlichen Eigenschaften berauben, verunreinigen, versetzen mit, Hptw. **Denaturierung** *w.*

Dendrologie *w.* (*gr.*) Baumkunde; **Dentrometer** *m.* Gerät zur Vermessung stehender Bäume

Denier *s.* (denjeh, *frz.*) Einheit für die Fadenstärke von Seide und Kunstfaser

Denomination *w.* (*lat.*) 1. Benennung, Ernennung; 2. Anzeige, Ankündigung; 3. Herabsetzung des Nennbetrags einer Aktie; **Denominativ** *s.* Sprachlehre: von Haupt- oder Eigenschaftswort abgeleitetes Zeitwort; **denominieren** ernennen, benennen

Dens *m.* (*lat.*) Zahn

densieren (*lat.*) verdichten; **Densimeter** *s.* Gerät zur Messung des spezifischen Gewichts (bes. von Flüssigkeiten), Dichtemesser; **Densität** *w.* Dichtigkeit

dental (*lat.*) die Zähne betreffend

Denudation *w.* (*lat.*) Abtragung des Bodens durch Wasser, Wind u. a.

Denunziant *m.* (*lat.*) jmd., der denunziert; **Denunziation** *w.* verleumderische Anzeige, Bezichtigung; **denunziatorisch** verleumderisch, öffentlich verurteilend; **denunzieren** 1. jmdn. anzeigen, 2. etwas verdammen, verurteilen

Deo, Deodorant *s.* (*lat.-engl.*) Mittel gegen Körpergeruch

Departement *s.* (departmang, *frz.*) 1. frz. Verwaltungsbezirk; 2. Abteilung; **Department** *s.* (dipartment, *engl.*) amerik. Ministerium

Dependance *w.* (depangdangß, *frz.*) 1. Nebengebäude eines Hotels, 2. Zweigstelle

Dependenz *w.* (*lat.*) Abhängigkeit, Eigw. **dependent**

Depersonalisation *w.* (*lat.*) Entpersönlichung, Verlust des Ich-Bewusstseins

Depesche *w.* (*frz.*) Eilnachricht, Ztw. **depeschieren**

Depigmentierung *w.* (*lat.*) Schwinden des Pigments aus Haut oder Haar

Depilation *w.* (*lat.*) Enthaarung; **depilieren** enthaaren, Haare entfernen

Deplacement *s.* (deplassmang, *frz.*) Wasserverdrängung eines Schiffs; **deplaciert**, eingedeutscht **deplatziert** unangebracht

Deplantation *w.* (*lat.*) Verpflanzung

deplorabel (*lat.*) beklagenswert

Deponens *s.* (*lat.*) Sprachlehre: lateinisches Zeitwort mit passiver Form, aber aktiver Bedeutung

Deponat *s.* (*lat.*) etwas, was jmd. hinterlegt hat; **Deponent** *m.* jmd., der etwas hinterlegt; **Deponie** *w.* Müllkippe; **deponieren** hinterlegen, zum Aufbewahren geben, Hptw. **Deponierung** *w.*

Depopulation *w.* (*lat.*) Entvölkerung

Deportation *w.* (*lat.*) Zwangsverschickung, Verbannung; **deportieren** zwangsweise verschicken, verbannen; **Deportierte** *m.* oder *w.* Verbannte(r)

Depositen *Mz.* hinterlegte Wertsachen, hinterlegtes Geld; **Deposition** *w.* Hinterlegung

depossedieren (*lat.-frz.*) enteignen, besitzlos machen; **Depossedierung** *w.* Enteignung

Depot *s.* (depoh, *frz.*) 1. Warenlager, Sammelstelle (z. B. für Busse, Straßenbahnen); 2. Ablagerung, Bodensatz (z. B. des Rotweins); 3. Abteilung einer Bank für die

Deponierung von Wertsachen; **Depotpräparat** *s.* Arzneimittel mit Langzeitwirkung; **Depotwechsel** *m.* als Sicherheit hinterlegter Wechsel

Depravation *w.* (*lat.*) Verschlechterung, Wertminderung; **depravieren** verschlechtern, verderben

Depression *w.* (*lat.*) 1. düstere, hoffnungslose Gestimmtheit; 2. Niedergang der Wirtschaft; 3. Tiefdruckgebiet; 4. Bodensenke; **depressiv** 1. schwermütig, düster; 2. im Konjunkturrückgang; **deprimieren** verstimmen, niederdrücken, entmutigen; **deprimiert** niedergeschlagen, mutlos; **Deprimiertheit** *w.* Niedergeschlagenheit

Deprivation *w.* (*lat.*) 1. Entziehung, Vorenthaltung, Entzug (z. B. von Liebe); 2. Verlust von Fähigkeiten

De profundis (*lat.*) aus der Tiefe, aus der Not (Anfangsworte des 130. Psalms der Vulgata)

Deputat *s.* (*lat.*) 1. Sachleistungen, die zum Gehalt gehören; 2. Pflichtstundenanzahl einer Lehrkraft; **Deputation** *w.* Abordnung; **deputieren** abordnen, entsenden; **Deputierte(r)** *m.* und *w.* Abgeordnete(r), Abgesandte(r)

Derangement *s.* (derangschemang, *frz.*) Unordnung; **derangiert** (derangschihrt) in Unordnung, zerzaust

Derby *s.* (därbi, eingedeutscht: derbi, *engl.*) 1. Pferderennen; 2. Sportereignis

deregulieren (*lat.*) ordnende, regelnde Maßnahmen außer Kraft setzen; **Deregulierung** *w.* 1. das Deregulieren; 2. Aufhebung von Gesetzen, die den global ungehinderten Austausch von Kapital, Waren und Dienstleistungen behindern

Derivat *s.* (*lat.*) 1. Abkömmling (einer chemischen Substanz, eines Worts); 2. Finanztransaktion, bei der sich Käufer und Verkäufer auf einen vorab festgelegten Preis (z. B. von Aktien) einigen; **Derivation** *w.* Ableitung; **derivativ** durch Ableitung entstanden, ableitend; **Derivativ** *s.* abgeleitetes Wort

dermal (*gr.*) die Haut betreffend; **Dermatitis** *w.* Hautentzündung; **Dermatologe** *m.* Hautarzt; **Dermatologie** *w.* Lehre von den Hautkrankheiten, Eigw. **dermatologisch**; **Dermatoplastik** *w.* Hautverpflanzung; **Dermatose** *w.* Hautkrankheit; **Dermoplastik** *w.* 1. = Dermatoplastik; 2. Methode der Tierpräparation

Dernier cri *m.* (dernjeh krih, *frz.*) letzter Schrei, neueste Mode

Derogation *w.* (*lat.*) Einschränkung, Schmälerung; **derogativ** aufhebend, einschränkend

Deroute *w.* (derut, *frz.*) 1. Kurssturz; 2. wilde Flucht

Derwisch *m.* (*pers.*) Mönch islamischer Bettelorden, zu deren Riten ekstatisch-religiöse Tänze gehören

Desaster *s.* (*frz.*) Unglück, Zusammenbruch, Unstern, Eigw. **desaströs**

desavouieren (desawuihren, *frz.*) 1. in Abrede stellen, ableugnen; 2. bloßstellen

desensibilisieren (*lat.*) unempfindlich machen (z. B. gegen allergieauslösende Stoffe), Hptw. **Desensibilisierung** *w.*; **Desensibilisator** *m.* Farbstoff, der Filme unempfindlich macht

Deserteur *m.* (-tör, *frz.*) Fahnenflüchtiger; **desertieren** fahnenflüchtig werden, überlaufen; **Desertion** *w.* Fahnenflucht

Déshabillé *s.* (desabijeh, *frz.*) elegantes Morgen- oder Hauskleid

desiderabel (*lat.*) wünschenswert; **Desiderat** *s.* Erwünschtes, Fehlendes

Design *s.* (disein, *engl.*) 1. (zeichnerischer) Plan, Entwurf, Modell, Muster (bes. zur Gestaltung industriell hergestellter Gegenstände); 2. die aufgrund von 1 entstandene Formgebung von etwas; **Designer** *m.* (disainer, *engl.*) Musterzeichner, Formgestalter; **Designerbaby** *s.*, **Designermensch** *m.* menschliches Lebewesen, dessen Erbgut im Embryonalzustand durch Eliminierung unerwünschter und Implantation erwünschter Gene verändert wurde; **Designerdroge** *m.* synthetische Droge aus kommerziellen Schmerzmitteln

Designation *w.* (*lat.*) Bezeichnung, einstweilige Ernennung; **designieren** bezeichnen, bestimmen (für ein Amt)

desillusionieren (*frz.*) enttäuschen, ernüchtern, einer Vorstellung berauben, Hptw. **Desillusionierung** *w.*

desinfizieren (*lat.*) Krankheitserreger beseitigen, Hptw. **Desinfektion** *w.*; **Desinfizierung** *w.*; **Desinfiziens** *s.* (-zi'ens)

Mittel zur Desinfektion (*Mz.* Desinfizienzien)

Desintegration *w.* (*lat.*) Auflösung (eines Ganzen); **desintegriert** aufgelöst, aufgespalten, unzusammenhängend

Desinteresse *w.* (*lat.*) Unbeteiligtsein, Gleichgültigkeit; **desinteressiert** uninteressiert, unbeteiligt

Desinvolture *w.* (dehsängwoltühr, *frz.*) ungezwungene Haltung, Ungeniertheit

Deskription *w.* (*lat.*) Beschreibung; **deskriptiv** beschreibend

Desktop *m.* (*engl.*) leistungsfähiger Personalcomputer (PC); **Desktop-Publishing** *s.* (-pablisching, *engl.*) komplette Bild- und Satzerstellung auf einem PC

desodorieren, desodorisieren (*lat.*) geruchlos machen

desolat (*lat.*) verlassen, einsam, trostlos

Desordre *w.* (*frz.*) Unordnung

Desorganisation *w.* (*lat.*) 1. Auflösung, Zerrüttung; 2. fehlende Planung; **desorganisiert** ungeordnet, schlecht geplant

desorientieren (-ori'en-, *frz.*) verwirren, falsch informieren; **desorientiert** 1. verwirrt; 2. nicht im Bilde, Hptw. **Desorientierung** *w.*

Desoxydation *w.* (*lat.-gr.*) Entzug von Sauerstoff aus chem. Verbindungen

Desoxyribonucleinsäure *w.* (-kle'in-) Träger der genetischen Information (Abk. DNS, *engl.* DNA)

despektierlich (*lat.*) geringschätzig, respektlos

Desperado *m.* (*span.*) 1. zu jeder Verzweiflungstat Entschlossener; 2. (politischer) Abenteurer

desperat (*lat.*) verzweifelt, hoffnungslos

Despot *m.* (*gr.*) Tyrann, Gewaltherrscher; **Despotie** *w.*; **Despotismus** *m.* Gewaltherrschaft, Diktatur; **despotisch** wie ein Despot

Dessert *s.* (dessähr, *frz.*) Nachtisch, Süßspeise

Dessin *s.* (dessäng, *frz.*) Muster, Musterung, Zeichnung; **Dessinateur** *m.* (-tör) Musterzeichner

Dessous *Mz.* (deßuh, *frz.*) elegante Damenunterwäsche

Destillat *s.* (*lat.*) durch Destillation gewonnene Flüssigkeit; **Destillateur** *m.* (-tör, *frz.*) Branntweinbrenner; **Destillation** *w.* (*lat.*) Reinigung von Flüssigkeit durch Verdampfen und anschließende Rückverflüssigung; **Destille** *w.* Branntweinbrennerei, Branntweinausschank; **destillieren** verdampfen, abdampfen

Destinatar *m.* (*lat.*) Empfänger (besonders von Schiffsgütern); **Destination** *w.* Bestimmung, Bestimmungsort

destra mano (*itl.*) Musik: mit der rechten Hand

destruieren (*lat.*) zerstören; **Destruktion** *w.* 1. Zerstörung; 2. Verwitterung, Abtragung; **destruktiv** zerstörerisch, zersetzend

Deszendent *m.* (*lat.*) 1. Nachkomme, Abkömmling; 2. Gestirn im Untergehen; **Deszendenz** *w.* Verwandtschaft (absteigende Linie)

détaché (detascheh, *frz.*) Musik: unverbunden, Stakkato; **detachiert** kühl, sachlich

Detail *s.* (detaj, *frz.*) Einzelheit; **ins Detail gehen** ausführlich schildern, genau berichten; **Detailhandel** *m.* Einzelhandel; **detaillieren** aufgliedern, Einzelheiten angeben

Detektiv *m.* (*engl.*) 1. Geheimpolizist; 2. privater Ermittler; Eigw. **detektivisch**

Detektor *m.* (*lat.*) 1. Hochfrequenzgleichrichter; 2. Nachweisgerät (z. B. Lügendetektor)

Détente *w.* (detangt, *frz.*) Entspannung zwischen Staaten

Detention *w.* (*lat.*) Besitz (ohne Rechtsschutz)

Detergens *s.* (*lat.*) in Waschmitteln enthaltene Stoffe, die die Oberflächenspannung des Wassers mindern und die Reinigungskraft erhöhen

Determinante *w.* (*lat.*) 1. hypothetisches Teilchen des Keimplasmas, das Keimentwicklung und Vererbung bestimmt; 2. Rechenhilfe der Algebra bei der Auflösung linearer Gleichungen; **Determination** *w.* Bestimmung, Zuordnung; **determinativ** 1. bestimmend; 2. fest entschlossen; **determinieren** bestimmen; **Determiniertheit** *w.* Bestimmtheit, Abhängigkeit; **Determinismus** *m.* philosophische Lehre von der ursächlichen Bestimmtheit allen Geschehens und der Unfreiheit des Wil-

lens; **Determinist** *m.* Anhänger des Determinismus, Eigw. **deterministisch**
detestabel (*lat.*) abscheulich, verabscheuungswürdig
Detonation *w.* (*lat.*) 1. Knall, Entladung, Explosion; 2. (*frz.*) unreines Singen oder Spielen; **detonieren** 1. explodieren; 2. (*frz.*) den Ton unrein ansetzen
Detorsion *w.* (*lat.*) Verdrehung
Detumeszenz *w.* (*lat.*) Abnahme, Abschwellung (eines Tumors)
Deuce *s.* (djuhs, *engl.*) Gleichstand beim (Tennis-)Spiel, wenn beide Parteien jeweils drei Punkte gewonnen haben
Deus absconditus *m.* (de'us, *lat.*) der verborgene Gott; **Deus ex machina** *m.* der Gott aus der (Theater-)Maschine, Person in Drama oder Roman, die alle Probleme löst
Deuterium *s.* (*gr.*) Wasserstoffisotop, wichtig für den Bau von Wasserstoffbomben; **Deuteron** *s.* Atomkern des Deuteriums
Deuteronomium *s.* (*gr.*) das fünfte Buch Mose
Deux-pièces *s.* (döh pjäß, *frz.*) zweiteiliges Kleid
Devalvation *w.* (*lat.*) Entwertung, Abwertung (einer Währung); **devalvatorisch** zur Abwertung führend; **devalvieren** abwerten
Developer *m.* (diwelloper, *engl.*) 1. Entwicklerflüssigkeit in der Fototechnik; 2. Gerät oder kosmetische Substanz zur Entwicklung und Formung der weiblichen Brust
devestieren (*lat.*) die Priesterwürde entziehen, Hptw. **Devestitur** *w.*
Devianz *w.* (*lat.*) Abweichung (von einer Norm), Eigw. **deviant**
Devise *w.* (*lat.*) 1. Wahlspruch, Losung; 2. ausländisches Zahlungsmittel; **Devisenmarkt** *m.* Gesamtheit des Handels mit Devisen an der Devisenbörse
Devolution *w.* (*lat.*) Rechtsübergang auf eine andere Person oder Institution
Devon *s.* (-wen) erdgeschichtlicher Zeitabschnitt des Paläozoikums, der Erdfrühzeit (nach der engl. Grafschaft Devonshire)
devot (*lat.*) ergeben, unterwürfig; **Devotion** *w.* Ergebenheit, Unterwürfigkeit; **Devotionalien** *Mz.* (-li'en) Gegenstände der Volksfrömmigkeit (zum (Beispiel Kreuze, Rosenkränze, Heiligenbildchen)
Dextran *s.* (*Wz.*) viel verwendeter synthetischer Blutplasmaersatz; **Dextrin** *s.* (*lat.*) Stärkegummi, Klebstoff aus Stärkemehl; **Dextropur** *s.* (*Wz.*) Traubenzuckerpräparat; **Dextrose** *w.* Traubenzucker
Dextrokardie *w.* (*gr.-lat.*) Lage des Herzens in der rechten Brusthöhle
Dezennium *s.* (*lat.*) Jahrzehnt
dezent (*lat.*) zurückhaltend, unaufdringlich, Hptw. **Dezenz** *w.*
Dezentralisation *w.* (*lat.*) Auflösung von Mittel- und Schwerpunkten (z. B. in der Verwaltung), Ztw. **dezentralisieren**
Dezernat *s.* (*lat.*) Aufgabenbereich, Sachgebiet; **Dezernent** *m.* Dezernatsleiter
Dezi-, dezi- (*lat.*) als Wortteil: ein Zehntel einer Einheit
Dezibel *s.* (*lat.*) der zehnte Teil des Bel, Maßeinheit für die Lärmstärke (Zeichen dB), in der Hochfrequenz Maßeinheit für die Dämpfung
dezidiert (*lat.*) entschieden, entschlossen
Dezigramm *s.* (*lat.*) 1 / 10 Gramm (Abk. dgr.); **Deziliter** *m.* 1 / 10 Liter (Abk. dl); **Dezimalsystem** *s.* Zahlensystem, das auf der Zahl 10 beruht; **Dezimalklassifikation** *w.* von dem amerikanischen Bibliothekar Melvil Dewey 1876 erfundenes System zur Ordnung des gesamten Wissens in Zehnergruppen (Abk. DK); **Dezimeter** *s.* 1 / 10 Meter (Abk. dm)
Dezime *w.* (*lat.*) 1. Intervall von 10 Tönen; 2. Strophenform mit zwei Fünfzeilern
dezimieren (*lat.*) etwas stark vermindern, jmdm. starke Verluste beibringen, Hptw. **Dezimation, Dezimierung** *w.*
Dezision *w.* (*lat.*) Entscheidung; **dezisiv** entscheidend; **Dezisivstimme** *w.* (*lat.*) abstimmungsberechtigte Stimme in politischen Gremien
dg = Dezigramm
Dg = Dekagramm
Dharma *s.* od. *m.* (*sanskr.*) 1. religiöses Grundprinzip, Gesetz in der indischen Religion; 2. daseinsbedingende Kräfte, durch

deren Zusammenwirken die menschliche Persönlichkeit und ihr Geschick zustande kommt

Di-, di- (*gr.*) als Vorsilbe: zwei, doppelt

Dia-, dia- (*gr.*) als Vorsilbe: durch, hindurch

Dia = Diapositiv

Diabas *m.* (*gr.*) Grünstein, ein vulkanisches Eruptivgestein

Diabetes *m.* (*gr.*) Harnruhr; **Diabetes mellitus** *m.* Zuckerkrankheit; **Diabetiker** *m.* Zuckerkranker

diabolisch (*gr.*) teuflisch, tückisch; **Diabolus** *m.* der Teufel

diachron (-kron, *gr.*) entwicklungsmäßig betrachtet; **Diachronie** *w.* Beschreibung der Sprache in ihrer Entwicklung

Diadem *s.* (*gr.*) Stirnreif, niedrige Krone

Diadochen *Mz.* (*gr.*) streitende Konkurrenten um die Nachfolge (Alexanders d. Großen); **Diadochenkämpfe** *Mz.* Konkurrenzkämpfe um die (Amts-)Nachfolge

Diagnose *w.* (*gr.*) 1. Erkennen einer Krankheit; 2. Zustandsbeurteilung; **Diagnostik** *w.* Lehre vom Erkennen einer Krankheit; **Diagnostiker** *m.* jmd., der sich besonders auf die Diagnose versteht, Eigw. **diagnostisch**, Ztw. **diagnostizieren**

diagonal (*gr.*) schräg laufend; **Diagonal** *m.* Stoff mit deutlich schräg laufender Musterung; **Diagonale** *w.* Schräglinie, Verbindungslinie zwischen zwei nicht benachbarten Ecken eines Vierecks

Diagramm *s.* (*gr.*) Schaubild, zeichnerische Darstellung

Diakon *m.* (*gr.*) niederer Geistlicher (kath. Kirche), Prediger (evang. Kirche); **Diakonie** *w.* Gemeindedienst der evang. Kirche; **Diakonisse** *w.* evang. Kranken- oder Gemeindeschwester

diakritisch (*gr.*) unterscheidend; **diakritisches Zeichen** Zeichen über oder unter einem Buchstaben, das die Aussprache anzeigt, z. B. Háček

Dialekt *m.* (*gr.*) Mundart; **Dialektik** *w.* 1. Kunst der Gesprächs- und Beweisführung; 2. philosophische Erkenntnismethode, die sich von der (Ausgangs-)These durch die Antithese zur Synthese als Erkenntnis höherer Art bewegt; **Dialektiker** *m.* jmd., der sich auf Dialektik versteht; **dialektisch** 1. mit den Methoden der Dialektik; 2. spitzfindig

Dialog *m.* (*gr.*) 1. Wechselrede; 2. Frage und Antwort zwischen Benutzer und Computer (EDV); **dialogisch** in Dialogform; **dialogisieren** in Dialogform bringen

Dialysator *m.* (*gr.*) Gerät zur Durchführung einer Dialyse; **Dialyse** *w.* 1. Methode zur Trennung verschiedenartiger Substanzen einer chem. Verbindung; 2. Blutwäsche, Eigw. **dialytisch**

Diamant *m.* (*gr.*) 1. härtester Edelstein; 2. kleiner Schriftgrad (4 Punkt); **diamanten** aus Diamant; **diamantene Hochzeit** der 60. Hochzeitstag

Diameter *m.* (*gr.*) Durchmesser einer Kugel oder eines Kreises; **diametral** völlig entgegengesetzt; **diametrisch** den Durchmesser betreffend

Diana *s.* (*lat.*) römische Jagdgöttin

Dianoetik *w.* (-no'e-, *gr.*) die Lehre vom Denken; **dianoetisch** den Verstand betreffend

diaphan (*gr.*) durchscheinend, Hptw. **Diaphanität** *w.*; **Diaphanie** *w.*; **Diaphanbild** *s.* durchscheinendes Bild

Diaphorese *w.* (*gr.*) das Schwitzen ; **diaphoretisch** schweißtreibend

Diapositiv *s.* (*gr.-lat.*) durchsichtiges Foto zur Projektion auf eine weiße Fläche; **Diaprojektor** *m.* Projektionsgerät für Dias

Diarium *s.* (*lat.*) Tagesheft, Schulkladde

Diarrhöe, Diarrhö *w.* (*gr.*) Durchfall

Diaspora *w.* (*gr.*) religiöse Minderheit in sonst andersgläubigem Gebiet

Diastole *w.* (*gr.*) 1. rhythmische Erweiterung des Herzens; 2. Dehnung kurzer Vokale aus Verszwang, Eigw. **diastolisch**

Diät *w.* (*gr.*) Krankenkost, Schonkost

Diäten *Mz.* Tagegelder und Aufwandsentschädigung für Abgeordnete

Diätetik *w.* (*gr.*) Lehre von der Ernährung und vernunftgemäßen Lebensweise, Eigw. **diätetisch**

diatherman (*gr.*) wärmedurchlässig; **Diathermie** *w.* Wärmebehandlung mit hochfrequentem Wechselstrom, der die Gewebe im Inneren des Körpers erwärmt

Diathese *w.* (*gr.*) Veranlagung für spezielle Krankheiten

Diatonik *w.* (*gr.*) aus sieben Stufen beste-

hendes Dur-Moll-Tonleitersystem mit Ganz- und Halbtönen, Eigw. **diatonisch**
Diatribe *w.* (*gr.*) 1. satirische Moralpredigt der antiken Wanderredner; 2. Moralpredigt in fingiertem Dialog; 3. Streitschrift
Diavolo *m.* (*itl.*) Bez. für Teufel
Dichotomie *w.* (*gr.*) Zweigliedrigkeit, Zweiteiligkeit, Eigw. **dichotomisch**
Dichroismus *m.* (dikro-, *gr.*) Zweifarbigkeit, Farbwechsel bei Kristallen, je nach Lichteinfall; **dichromatisch** zweifarbig
Dictionnaire *m.* (dikßionnähr, *frz.*) Wörterbuch, Lexikon
Didaktik *w.* (*gr.*) Lehre des Lehrens und Lernens; **didaktisch** 1. unterrichtskundlich; 2. belehrend, lehrhaft
Diegese *w.* (di'e-, *gr.*) Erzählung, Ausführung; **diegetisch** erzählend, entwickelnd, ausführend
Dielektrikum *s.* (di'e-, *gr.*) Stoff ohne elektrische Leitfähigkeit (*Mz.* Dielektrika); **dielektrisch** nicht leitend
Dies *m.* (di'es, *lat.*) Tag; **Dies ater** *m.* schwarzer Tag, Unglückstag; **Dies irae** *m.* (-rä) Tag des Zorns, Tag des Weltgerichts
Diese, Diesis *w.* (di'e-, *gr.*) Musik: das um einen halben Ton erhöhende Kreuzzeichen in der Notenschrift
diffamieren (*lat.*) verleumden, herabsetzen; **diffamatorisch** verleumderisch, ehrenrührig, Hptw. **Diffamierung, Diffamation** *w.*
different (*lat.*) verschieden, abweichend; **Differential, Differentialgetriebe** *s.* (*lat.*) Ausgleichsgetriebe; **Differentialdiagnose** *w.* Abklärung einer Krankheit durch Vergleich mit ähnlichen Krankheitsbildern; **Differentialquotient** *m.* Verhältnis zweier unendlich kleiner Größen; **Differenz** *w.* 1. Unterschied, Fehlbetrag; 2. Meinungsverschiedenheit; **differenzieren** unterscheiden, trennen, aufgliedern; **differenziert** genau unterschieden; **Differenzierung** *w.* Ausbildung von Unterschieden; **differieren** 1. abweichen; 2. anderer Meinung sein
diffizil (*lat.*) schwierig, verwickelt, heikel, Hptw. **Diffizilität** *w.*
difform (*lat.*) missgestaltet; **Difformität** *w.* Missgestalt, Missbildung
diffrakt (*lat.*) gebrochen; **Diffraktion** *w.* Brechung des Lichts und anderer Wellen
diffundieren (*lat.*) 1. zerstreuen (von Strahlen); 2. eindringen, verschmelzen; **diffus** zerstreut, verschwommen; **Diffusion** *w.* 1. Durchdringung, Vermischung (von Gasen); 2. Zerstreuung (von Licht); **diffusiv** sich ausbreitend
digen (*gr.*) zweigeschlechtlich; **Digenie** *w.* zweigeschlechtliche Fortpflanzung
digerieren (*lat.*) ausziehen, auslaugen, verdauen
Digest *m.* (daidschest, *engl.*) Auswahl, Überblick
Digesten *Mz.* (*lat.*) Gesetzessammlung Justinians
Digestif *m.* (dische-, *lat.-frz.*) verdauungsanregendes alkoholisches Getränk, das man nach dem Essen trinkt; **Digestion** *w.* (-ge-, *lat.*) 1. Verdauung; 2. Auszug, Auslaugung; **digestiv** verdauungsfördernd
Digger *m.* (*engl.*) Goldgräber; Diamantensucher
digital (*lat.*) 1. mit den Fingern, die Finger oder Zehen betreffend; 2. in Stufen erfolgend; 3. in Ziffern oder Zeichen darstellend (EDV); **Digitalaufzeichnung** *w.* Speicherung von analogen Zeichen in digitalisierter Form auf Trägern, von denen sie in analoger Form abgerufen werden können; **Digitalis** *w.* 1. Fingerhut; 2. aus dem Fingerhut gewonnenes Herzmittel; **digitalisieren** 1. Daten und Informationen in Ziffern (durch binäre Zeichen) darstellen; 2. ein Analogsignal in ein digitales Signal umwandeln, Hptw. **Digitalisierung** *w.*; **Digitalrechner** *m.* elektronische Rechenanlage, die mit Binärzeichen arbeitet; **Digitaluhr** *w.* Uhr mit Zifferanzeige, wobei die Ziffern sprungweise schalten
Dignität *w.* (*lat.*) Würde, Amtswürde
Digression *w.* (*lat.*) Abschweifung, Abweichung
Dike *w.* (*gr.*) Göttin der Gerechtigkeit
Diktaphon *s.* (*lat.-gr.*) Diktiergerät
Diktat *s.* (*lat.*) 1. das Ansagen eines Texts; 2. Nachschrift eines angesagten Texts; 3. Befehl, etwas Aufgezwungenes; **Diktator** *m.* unumschränkter Gewaltherrscher; **diktatorisch** mit uneingeschränkter Gewalt,

gebieterisch; **Diktatur** *w.* Gewaltherrschaft; **diktieren** 1. einen Text zum Mitschreiben Wort für Wort sagen; 2. befehlen, aufzwingen

Diktion *w.* (*lat.*) Ausdrucksweise; **Diktum** *s.* Ausspruch

dilatabel (*lat.*) dehnbar; **Dilatation** *w.* Dehnung, Erweiterung; **Dilation** *w.* Frist, Aufschub; **dilatorisch** aufschiebend, verzögernd, hinhaltend

Dildo *m.* (*engl.*) künstlicher Penis

Dilemma *s.* (*gr.*) Zwangslage, Wahl zwischen zwei Übeln, Klemme

Dilettant *m.* (*itl.*) 1. laienhafter Liebhaber einer Kunst oder Wissenschaft; 2. Pfuscher; **dilettantisch** laienhaft, unzulänglich; **Dilettantismus** *m.* 1. Liebhaberei für Kunst oder Wissenschaft; 2. Unzulänglichkeit, Pfuscherei; **dilettieren** etwas als Liebhaberei betreiben

Diligence *w.* (dilischangß, *frz.*) Postkutsche

Diluvium *s.* (*lat.*) alte Bez. für Pleistozän, Eiszeitalter, Eigw. **diluvial**

Dime *m.* (deim, *engl.*) 10-Cent-Münze in den USA

Dimension *w.* (*lat.*) 1. Ausdehnung; 2. Größenordnung; **dimensional** die Ausdehnung betreffend; **dimensionieren** abmessen, in den Dimensionen festlegen

Dimeter *m.* (*gr.*) zweifüßige Verseinheit

diminuendo (-nu'e-, *itl.*) Musik: abnehmend, langsamer

Diminutiv, Diminutivum *s.* (*lat.*) Sprachlehre: Verkleinerungsform; **diminutiv** verkleinernd

Dimission = Demission

Dimmer *m.* (*engl.*) stufenloser Helligkeitsdämpfer

dimorph (*gr.*) zweigestaltig; **Dimorphismus** *m.* Zweigestaltigkeit

DIN (*Wz.*) 1. Kurzwort für *D*eutsche *I*ndustrie-*N*orm; 2. Maßeinheit für die Lichtempfindlichkeit von Filmen

Dinar *m.* (*lat.*) Währungseinheit des früheren Jugoslawien u. anderer Länder

Diner *s.* (dineh, *frz.*) 1. Mittagessen; 2. Festessen; **dinieren** zu Mittag essen; festlich speisen

Dingi *s.* (*Hindi*) kleines Beiboot

Dingo *m.* (*austral.*) australischer Wildhund

Dinner *s.* (*engl.*) 1. Hauptmahlzeit in England; 2. festliches Essen; **Dinnerjacket** *s.* (-dschäckit) engl. Bez. für Smoking

Dinosaurier (-ri'er), **Dinosaurus** *m.* (*gr.*) ausgestorbene Riesenechse der Kreidezeit

Diode *w.* (*gr.*) Zweipolröhre

Dionysien *Mz.* (-si'e-, *gr.*) Feste zu Ehren des Gottes Dionysos im antiken Griechenland; **dionysisch** rauschhaft, wild, ekstatisch

Diopter *s.* (*gr.*) Visiereinrichtung; **Dioptrie** *w.* Maßeinheit für die lichtbrechende Kraft einer Linse; **dioptrisch** lichtbrechend

Diorama *s.* (*gr.*) plastisch wirkendes Bild im Schaukasten

Dioskuren *Mz.* (*gr.*) die Zwillingsgötter Kastor und Pollux als Sinnbild unzertrennlicher Freunde

Diotima *w.* (*gr.*) Priesterin in Platons Gastmahl, Sinnbild weiblicher Liebe

Dioxin *s.* (*gr.*) hochgiftige Verbindung aus Chlor und Kohlenwasserstoff

Diözese *w.* (*gr.*) Amtsbezirk eines kath. Bischofs

Diphtherie, Diphtheritis *w.* (*gr.*) Infektionskrankheit der Luftwege; **diphtheroid** diphtheritisartig

Diphthong *m.* (*gr.*) Doppellaut, zwei zu einem Laut verbundene Vokale (z. B. ei)

Dip *m.* (*engl.*) kalte Soße zum Eintunken von Gemüsestücken u. a., Ztw. **dippen**

diploid (*gr.*) mit zwei Chromosomensätzen versehen

Diplokokken *Mz.* (*gr.*) paarweise zusammenhaftende Kugelbakterien

Diplom *s.* (*gr.*) Urkunde über eine bestandene Abschlussprüfung; **Diplomand** *m.* Student, der sich auf seine Diplomprüfung vorbereitet; **Diplomat** *m.* 1. Vertreter eines Staates im Ausland, höherer Beamter im auswärtigen Dienst; 2. kluger Taktiker; **Diplomatie** *w.* 1. Gesamtheit der Diplomaten; 2. Verhandlungstaktik, Verhandlungsgeschick; **Diplomatik** *w.* Urkundenforschung; **Diplomatiker** *m.* Urkundenforscher; **diplomatisch** 1. die Diplomatie und/oder den Diplomaten betreffend, urkundlich; 2. taktisch klug; **Diplomatisches Korps** (– kohr) Gesamtheit der bei einer Regierung beglaubigten diplomati-

schen Vertreter (Abk. CD); **diplomieren** ein Diplom erteilen
Dipodie *w.* (*gr.*) metrische Einheit aus zwei Versfüßen
Dipol *m.* (*gr.*) Vorrichtung mit zwei gleich großen elektrischen Ladungen oder zwei entgegengesetzten Polen
dippen = Dip
Diptychon *s.* (*gr.*) zweiteiliges, zusammenklappbares Bild
Directoire *s.* (direktoar, *frz.*) Kunststil zur Zeit des Direktoriums in Frankreich, Form des Klassizismus
direkt (*lat.*) 1. unmittelbar, sofort; 2. geradezu, schnörkellos; **direkte Rede** wörtliche Wiedergabe eines Gesprächs; **Direktion** *w.* 1. Richtung; 2. Vorstand; **Direktive** *w.* Anleitung, Verhaltensmaßregel; **Direktmandat** *s.* Abgeordnetensitz aufgrund von Persönlichkeits-, nicht Listenwahl; **Direktor** *m.* Leiter eines Unternehmens, eines Amtes oder einer Schule; **Direktorat** *s.* Direktoramt, Eigw. **direktorial**; **Direktorium** *s.* Geschäftsleitung, Vorstandsgruppe; **Direktrice** *w.* (-triß, *frz.*) Leiterin einer Modewerkstätte
Dirigent *m.* (*lat.*) Leiter eines Orchesters; **dirigieren** 1. lenken, steuern; 2. ein Orchester leiten; **Dirigismus** *m.* Wirtschaftssystem mit hohem Staatseinfluss, Eigw. **dirigistisch**
Dis-, dis- (*lat.*) als Vorsilbe: auseinander, zwischen
Disagio *s.* (-ahdscho, *itl.*) Unterschied zwischen dem Nennwert von Wertpapieren oder Devisen und dem niedrigeren Kurswert
Disco = Disko
Discountgeschäft *s.* (diskaunt, *engl.*) Laden, in dem Markenartikel und andere Waren zu einem besonders hohen Rabattsatz verkauft werden, Billigwarenladen
discreto, con discrezione (*itl.*) Musik: vorsichtig, verhalten
Disengagement *s.* (dißingehdschment, *engl.*) Politik der Entspannung zwischen gegnerischen Mächten durch Truppenverminderung und andere konfliktvermeidende Maßnahmen
Diseur *m.* (disör), **Diseuse** *w.* (disös, *frz.*) Sprecher(in), Vortragskünstler(in) im Kabarett
Disharmonie *w.* (*gr.*) 1. Missklang; 2. Uneinigkeit, Unstimmigkeit; **disharmonisch** 1. misstönend; 2. uneinig, schlecht zusammenpassend
disjunkt (*lat.*) getrennt, gegensätzlich; **Disjunktion** *w.* 1. Trennung, Trennungsvorgang; 2. einander ausschließende Aussagen; **disjunktiv** gegensätzlich, einander ausschließend
Diskant *m.* (*lat.*) 1. Oberstimme, hohe Tonlage eines Instruments; 2. Schrillheit einer Stimme beim Sprechen; 3. obere Hälfte der Klaviatur
Diskette *w.* scheibenförmiger externer Speicher (EDV)
Diskjockey (-dschokkeh), **Deejay, DJ** (dihdscheh, *engl.*) jmd., der in einer Diskothek oder im Radio ein Musikprogramm bestreitet und kommentiert
Disko, Diskothek *w.* (*gr.-engl.*) 1. Tanzlokal mit Musik (von Schallplatten); 2. Tonträgerarchiv
Diskont *m.* (*itl.*) Zinsabzug bei Zahlung noch nicht fälliger Summen; **diskontieren** Wechsel vor dem Fälligkeitstermin gegen Zinsabzug kaufen, Hptw. **Diskontierung** *w.*
diskontinuierlich (*lat.*) unterbrochen, nicht fortdauernd; **Diskontinuität** *w.* unterbrochener Vorgang
diskordant (*lat.*) nicht übereinstimmend, uneinig; **Diskordanz** *w.* Missklang, Uneinigkeit
diskreditieren (*lat.*) verdächtigen, in Verruf bringen
diskrepant (*lat.*) uneinig, zwiespältig, abweichend; **Diskrepanz** *w.* Zwiespältigkeit, Unstimmigkeit, Abweichung
diskret (*lat.*) 1. verschwiegen, taktvoll, zurückhaltend; 2. isoliert, vereinzelt (von Zahlenwerten); **Diskretion** *w.* Verschwiegenheit, Zurückhaltung
diskriminieren (*lat.*) herabsetzen, benachteiligen; **Diskriminierung** *w.* Herabsetzung, Benachteiligung
Diskurs *m.* (*lat.*) Gespräch, Auseinandersetzung, Erörterung; **diskursiv** fortschreitend, erschließend
Diskus *m.* (*gr.*) Wurfscheibe
Diskussion *w.* (*lat.*) Erörterung, Meinungsaustausch; **diskutabel** erörterns-

wert, in Frage kommend; **diskutieren** erörtern, besprechen

Dislokation *w.* (*lat.*) Verlagerung, Verschiebung; **dislozieren** verlegen, verschieben

Dispache *w.* (-pasch, *frz.*) Kostenverteilung bei Havarie eines Schiffes

disparat (*lat.*) ungleichartig, unvereinbar; **Disparität** *w.* Ungleichheit, Verschiedenheit

Dispatcher *m.* (dispätscher, *engl.*) Manager des Produktionsprozesses in Großbetrieben

Dispens *m.*, **Dispensation, Dispensierung** *w.* (*lat.*) Befreiung, Entpflichtung; **dispensieren** von einer Verpflichtung befreien, beurlauben

Dispersion *w.* (*lat.*) 1. Brechung des Lichts in verschiedene Farben; 2. feinste Verteilung eines Stoffs in einem anderen; 3. Abhängigkeit der Ausbreitungsgeschwindigkeit einer Welle von ihrer Länge

Displaced Persons *Mz.* (-plehst pörßens, *engl.*) ausländische Zwangsarbeiter in Deutschland während des Zweiten Weltkriegs (Abk. D. P.)

Display *s.* (-pleh, *engl.*) 1. Datensichtgerät (EDV); 2. Blickfangwerbung im Schaufenster

Disponenden *Mz.* (*lat.*) vom Buchhändler nicht verkaufte, dem Buchhandel weiterhin zur Verfügung stehende Bücher; **Disponent** *m.* Angestellter mit besonderen Vollmachten; **disponibel** verfügbar, Hptw. **Disponibilität** *w.*; **disponieren** verfügen, anordnen, planen; **disponiert** aufgelegt, gelaunt; **Disposition** *w.* 1. Einteilung, Anordnung; 2. Neigung zu Krankheiten; 3. Plan, Aufriss; 4. Verfügung; 5. Stimmung; **zur Disposition** 1. zur Verfügung; 2. einstweilen im Ruhestand; **Dispositionsfonds** *m.* (-fong) Posten in einem öffentl. Haushalt, über den frei verfügt werden kann; **Dispositionskredit** *m.* Überziehungskredit

dispositiv (*lat.*) anordnend, verfügend

Disproportion *w.* (*lat.*) Missverhältnis; **disproportional, disproportioniert** ungleich, im Missverhältnis stehend

Disput *m.* (*lat.-frz.*) Redestreit; **disputabel** strittig; **Disputant** *m.* Teilnehmer am Disput; **Disputation** *w.* wissenschaftliches Streitgespräch; **disputieren** erörtern, sich auseinander setzen; **Disputierer** *m.* Rechthaber

disqualifizieren (*lat.*) wegen Regelverletzung vom Spiel ausschließen, Hptw. **Disqualifizierung, Disqualifikation** *w.*

Dissemination *w.* (*lat.*) Ausbreitung (von Krankheitserregern); **disseminiert** ausgestreut

Dissens *m.* (*lat.*) Meinungsverschiedenheit; **dissentieren** anders denken, anderer Meinung sein

Dissertation *w.* (*lat.*) Doktorarbeit; **dissertieren** eine Doktorarbeit anfertigen

Dissident *m.* (*lat.*) 1. Freidenker; 2. (*russ.*) jmd., der mit der offiziellen politischen Doktrin nicht übereinstimmt

Dissimilation *w.* (*lat.*) 1. Umwandlung eines Lautes in der sprachgeschichtlichen Entwicklung (z. B. *Köder* aus mhd. *kerder*); 2. Abbau der durch Assimilation gewonnenen Körperstoffe, Ztw. **dissimilieren**

Dissimulation *w.* (*lat.*) bewusste Verheimlichung, Verstellung, Ztw. **dissimulieren**

Dissipation *w.* (*lat.*) Umwandlung anderer Energieformen in Wärme; **dissipieren** zerstreuen, umwandeln

dissolubel (*lat.*) löslich, auflösbar; **dissolvieren** auflösen

dissonant (*lat.*) misstönend, unharmonisch; **Dissonanz** *w.* 1. Missklang; 2. Misston, Unstimmigkeit; **dissonieren** nicht zusammenstimmen

Dissoziation *w.* (*lat.*) 1. Zerfall von Molekülen; 2. Auflösung von Bewusstseinszusammenhängen (z. B. Halluzinationen), Ztw. **dissoziieren**

distal (*lat.*) von der Körpermitte am weitesten entfernt

Distanz *w.* (*lat.*) 1. Abstand; 2. Reserviertheit; **distanzieren** jmdn. im Wettkampf hinter sich lassen, Distanz einlegen; **sich distanzieren** von jmdm. oder etwas abrücken; **distanziert** zurückhaltend

Distichon *s.* (*gr.*) Verspaar aus Hexameter und Pentameter

distinguiert (distingihrt, *lat.-frz.*) vor-

nehm; **distinkt** deutlich unterschieden; **Distinktion** *w.* Vornehmheit, hoher Rang; **distinktiv** unterscheidend
Distorsion *w.* (*lat.*) 1. Verstauchung; 2. optisch verzerrender Abbildungsfehler
distrahieren (*lat.*) strecken, auseinander ziehen, Hptw. **Distraktion** *w.*
distribuieren (*lat.*) verteilen; **Distribution** *w.* Verteilung; **distributiv** verteilend
Distrikt *m.* (*lat.*) Bezirk, Bereich
Diszession *w.* (*lat.*) Weggang, Übertritt (z. B. in eine andere Partei)
Disziplin *w.* (*lat.*) 1. Unterordnung, bewusste Einordnung; 2. wissenschaftliches Fachgebiet; 3. Teilbereich des Sports; **Disziplinargewalt** *w.* Ordnungsgewalt; **disziplinarisch** der Dienstordnung gemäß; **disziplinieren** zur (Ein-)Ordnung erziehen; **diszipliniert** sich ein- oder unterordnend, beherrscht
dithyrambisch (*gr.*) hymnisch, überschwänglich; **Dithyrambus** *m.*, **Dithyrambe** *w.* Lobeshymne
dito (*itl.*) gleichfalls, ebenso (Abk. do.)
Diurese *w.* (*gr.*) Harnausscheidung; **diuretisch** harntreibend
Diurnal *s.* (*lat.*) Gebetbuch der kath. Geistlichen
Diva *w.* (*lat.*) gefeierte Künstlerin, Star
divergent, divergierend (*lat.*) auseinander gehend, voneinander abweichend; **Divergenz** *w.* Auseinanderstreben, Meinungsverschiedenheit; **divergieren** auseinander streben, verschiedener Meinung sein
divers (*lat.*) verschieden; **Diversant** *m.* (*russ.*) Störer, Saboteur im kommunistischen Sprachgebrauch; **Diverses** *s.* Verschiedenes, Allerlei; **Diversifikation** *w.* Produkterweiterung eines Unternehmens, Ztw. **diversifizieren**
Divertimento (*itl.*), **Divertissement** *s.* (-tißmang, *frz.*) heiteres Stück; suitenartige Komposition; Zwischenspiel in der Oper
divide et impera (*lat.*) teile und herrsche, trenne deine Gegner, um sie einzeln besser beherrschen zu können
Dividend *m.* (*lat.*) die zu teilende Zahl; **Dividende** *w.* Gewinnanteil, der auf eine Aktie entfällt; **dividieren** teilen
Divination *w.* (*lat.*) Ahnung; **divinatorisch** seherisch, prophetisch; **Divinität** *w.* Göttlichkeit, Gottheit; **Divus** *m.* der (nach seinem Tod) zum Gott Erhobene, Titel römischer Kaiser
Divis *s.* (*frz.*) Bindestrich, Teilungszeichen; **divisibel** (*lat.*) teilbar; **Division** *w.* 1. Grundrechenart des Teilens; 2. Truppenverband; **Divisor** *m.* Teiler, Nenner
Diwan *m.* (*pers.*) 1. ehem. türkischer Staatsrat; 2. Bettsofa; 3. orientalische Gedichtsammlung
dixi (*lat.*) ich habe gesprochen
Dixieland *s.* (-länd, *engl.*) 1. Bezeichnung für die Südstaaten der USA; 2. *m.* Jazzstil, Nachahmung des New-Orleans-Jazz durch weiße Musiker
DJ = Diskjockey
Djihad = Dschihad
DK = Dezimalklassifikation
dkg = Dekagramm
dl = Deziliter
dm = Dezimeter
DNA, DNS = Desoxyribonucleinsäure
do. = dito
docendo discismus (-zen- -zi-, *lat.*) durch Lehren lernen wir
Dock *s.* (*engl.*) Anlage zum Trockenlegen der Schiffe; **docken** Schiffe ins Dock legen
Dodekaeder (-ka'e-, *gr.*) ein von 12 Flächen begrenzter Körper
Dodekaphonie *w.* (*gr.*) Zwölftontechnik der Komposition
Dogaressa *w.* (*itl.*) Frau des Dogen
Dogcart *m.* (dogkahrt, *engl.*) offener, zweirädriger Jagdwagen
Doge *m.* (dohsche, *itl.*) Oberhaupt der ehemaligen Republik Venedig
Dogma *s.* (*gr.*) Glaubenssatz, Lehrsatz, festgelegte, verbindliche Lehrmeinung (*Mz.* Dogmen); **dogmatisch** 1. die Lehrsätze betreffend; 2. engstirnig, starr; **dogmatisieren** zum Dogma erheben; **Dogmatismus** *m.* 1. Denken auf der Grundlage von Dogmen; 2. Verzicht auf selbständiges Denken
Dogskin *s.* (*engl.*) Handschuhleder aus kräftigem Schafleder
do it yourself (du'ittjurßelf, *engl.*) mach es selbst; **Do-it-yourself-Bewegung** eine von den USA ausgehende Massenbewe-

gung, die eigene handwerkl. Arbeiten propagierte
Dokimasie *w.* (*gr.*) Prüfung, Untersuchung; **Dokimasiologie**, **Dokimastik** *w.* Prüfkunst, Lehre von der Prüfung (z. B. der Erze); **Dokimastikum** *s.* Probeschrift, Probestück, Eigw. **dokimastisch**
Doktor *m.* (*lat.*) 1. akademischer Titel auf der Basis einer Doktorarbeit; 2. jmd., der den Doktortitel besitzt (Abk. Dr.); 3. Arzt; **Doktorand** *m.* jmd., der an seiner Dissertation arbeitet; **Doktorat** *s.* Doktorwürde; **doktorieren** = promovieren
Doktrin *w.* (*lat.*) 1. verbindlicher Grundsatz; 2. politisches Programm; **doktrinär** auf eine Doktrin festgelegt, starr, einseitig; **Doktrinär** *m.* starrer Verfechter von Lehrmeinungen
Dokument *s.* (*lat.*) 1. Urkunde, Beweisstück; 2. Information in Form von Text, Grafik, Bild, Video, Audio im World Wide Web; **dokumentarisch** urkundlich beglaubigt, amtlich; **Dokumentarfilm** *m.* Film, der sich möglichst genau an die Tatsachen eines Vorgangs hält; **Dokumentation** *w.* Beweisführung durch Dokumente, Beurkundung, Sammlung und Auswertung von Dokumenten aller Art; **dokumentieren** belegen, beweisen
Dolby *s.* (*Wz.*) Verfahren zur Rauschunterdrückung beim Kopieren von Tonaufzeichnungen
dolce (doltsche), **dolciato** (doltschato, *itl.*) Musik: sanft, süß, lieblich; **Dolcefarniente** *s.* (-ni'en-) süßes Nichtstun; **Dolce Vita** *w.* (doltsche wita) Luxusleben, Genussleben, Müßiggängertum
dolente (*itl.*) Musik: klagend
dolieren = dollieren
Doline *w.* (*slow.*) durch versickernde Wasser gebildeter Erdtrichter, bes. im Karstboden
Dollar *m.* (*engl.*) Währungseinheit in den USA, in Kanada u. a. Ländern
dollieren (*frz.*) Leder dünn schaben (für Handschuhe)
Dolly *m.* (*engl.*) Kamerawagen
Dolman *m.* (*türk.*) Husarenjacke
dolmetschen (*türk.*) (mündlich) zwischen zwei Partnern verschiedener Sprachen vermitteln; **Dolmetscher** *m.* berufsmäßiger Übersetzer
doloroso (*itl.*) Musik: schmerzlich, wehmütig
dolos (*lat.*) arglistig, betrügerisch
Dom *m.* (*port.*) port. Titel, Herr
Domäne *w.* (*frz.*) 1. staatliches Gut; 2. Sparte, Arbeitsgebiet
Domestik, Domestike *m.* (*lat.*) gefügiger Dienstbote (umg.); **Domestikation** *w.* Zähmung zum Haustier; **domestizieren** zähmen
Domina *w.* (*lat.*) 1. Herrin, Stiftvorsteherin; 2. im Sadomasochismus die Sadistin; **dominant** vorherrschend, bestimmend, Hptw. **Dominanz** *w.*; **Dominante** *w.* 1. der fünfte Ton der diachronen Tonleiter (Quinte); 2. vorherrschendes, bestimmendes Merkmal; **dominieren** beherrschen, vorherrschen
Dominion *s.* (dominjen, *engl.*) Teil des ehemal. britischen Weltreichs mit eigener Regierung
Domino *m.* (*itl.*) Maskenmantel und Träger des Kostüms; **Domino** *s.* Anlegespiel mit Steinen; **Dominotheorie** *w.* die für die US-amerik. Nachkriegspolitik maßgebliche These, dass, wenn ein Land (bes. in Südostasien) kommunistisch würde, die Nachbarländer wie Dominosteine eins nach dem anderen umkippen würden
Domizil *s.* (*lat.*) Wohnsitz
Dompteur *m.* (dongtör, *frz.*) Tierbändiger; **Dompteuse** (-tös) Tierbändigerin
Don *m.* (*span.-itl.*) Herr; **Doña** *w.* (donja, *span.*) Frau (als span. Anrede vor Vornamen)
Donatar *m.* (*lat.*) Empfänger einer Schenkung; **Donation** *w.* Schenkung; **Donator** *m.* Schenker, Stifter; **Donum** *s.* Geschenk, Schenkung
Döner *m.* (*türk.*) eigtl. Dönerkebab, Kebab aus stark gewürztem (Hammel-)Fleisch, das an einem senkrecht stehenden Drehspieß gebraten wurde
Donjon *m.* (dongschong, *kelt.-frz.*) Hauptturm der normann.-franz. Burg, Bergfried
Don Juan *m.* (– ku-, *span.*) Frauenheld, Verführer
Donkey *m.* (donki, *engl.*) 1. Esel; 2. kleine Hilfsmaschine für Schiffe
Donna *w.* (*itl.*) Titel für weibliche Adlige in Italien

Donquichotterie *w.* (-kischotterie) weltfremdes, zum Scheitern verurteiltes Unterfangen (nach dem spanischen Roman «Don Quichotte» von Cervantes)
Dope *s.* (dohp, *niederl.-engl.*) Rauschgift; **dopen** durch (verbotene) anregende Mittel die sportlichen Leistungen erhöhen, Hptw. **Dopen, Doping** *s.*
Dorado *s.* (*span.*) sagenhaftes Goldland, Paradies, Traumland
Dormitorium *s.* (*lat.*) großer Schlafsaal, Gemeinschaftsschlafsaal in Klöstern
dorsal (*lat.*) zum Rücken gehörig; **Dorsale** *s.* Rückwand des Chorgestühls; **dorsoventral** in der Richtung Rücken–Bauch liegend
dos à dos (dos a do, *frz.*) Rücken an Rücken
dosieren (*gr.*) bemessen, zuteilen; **Dosis** *w.* kleine, zugemessene Menge (einer Arznei)
Dossier *m.* (dossjeh, *frz.*) Aktenstück, das alle zu einer Sache gehörigen Schriftstücke enthält
Dotation *w.* (*lat.*) Schenkung, Ausstattung; **dotieren** mit Geld ausstatten
Douane *w.* (duan, *frz.*) Zoll, Zollamt; **Douanier** *m.* (duanjeh) Zollbeamter, Zöllner
Double *s.* (duhbl, *frz.*) Ersatzdarsteller (z. B. im Film), Ztw. **doubeln**
Double-bind *s.* (dabbelbeind, *engl.*) gleichzeitige, gleich starke Bindungen an widersprüchliche Informationen oder Gefühlsäußerungen einer anderen Person; **Double-feature** *s.* (-fietscher) zwei Spielfilme in einer Vorstellung
Doublé, Dublee *s.* (*frz.*) unedles Metall, das mit einer dünnen Schicht Edelmetall überzogen ist, Ztw. **doublieren**
Doublette = Dublette
Doupion *m.* (dupjong, *frz.*) der Rohseide nachgeahmtes Mischgewebe, meist aus Kunstseide und Zellwolle
do ut des (*lat.*) ich gebe, damit du gibst, eine Hand wäscht die andere
Dow-Jones-Index *m.* (dau dschohns –, *engl.*) Index der Durchschnittskurse von dreißig Aktien an der New Yorker Börse
down (daun, *engl.*) niedergedrückt, niedergeschlagen
Downing Street *w.* (dauningstriht, *engl.*) Straße in London, Amtssitz des britischen Premierministers
Downtown *w.* (-taun, *engl.*) amerik. Bezeichnung für Stadtzentrum
Down-Syndrom *s.* (*engl.*) angeborener Schwachsinn durch Chromosomenfehlentwicklung, Mongolismus
Doxale *s.* (*lat.*) Chorgitter; **Doxographie** *w.* systematische Darstellung der griech. philosophischen Lehren (nach Doxograph, einem der griech. Gelehrten, die die Sammlung anlegten); **Doxologie** *w.* Verherrlichung Gottes und der Dreifaltigkeit
Doyen *m.* (doajäng, *frz.*) Rangältester, Wortführer des diplomat. Korps
Dozent *m.* (*lat.*) Hochschullehrer; **dozieren** 1. Vorlesung halten; 2. belehrend reden
D. P. = Displaced Persons
Dr. = Doktor
Dr. h. c. (– honoris causa) Doktor ehrenhalber, Ehrendoktor
Drachme *w.* (*gr.*) 1. griechische Währungseinheit vor Einführung des Euro (2002); 2. altes Apothekergewicht
Dragée *w.* oder *s.* (drascheh, *frz.*) mit Zucker überzogene Tablette, Süßigkeit
Dragoman *m.* (*arab.*) Dolmetscher, Übersetzer, Fremdenführer im Orient
Dragoner *m.* (*frz.*) 1. leichter Reiter; 2. resolute Frau
Drain, Drän *m.* (drehn, *engl.*) Abzugsrohr für Flüssigkeit; **Drainage**, **Dränage** *w.* (dränasche) Ableitung der Flüssigkeit; **drainieren**, **dränieren** Abfluss verschaffen, entwässern; **Drainierung** *w.* Entwässerung des Bodens
Draisine *w.* 1. Laufrad; 2. kleiner Schienenwagen mit Antrieb (nach dem Erfinder K. F. Drais von Sauerbronn)
drakonisch (*gr.*) hart, streng, grausam
Drama *s.* (*gr.*) 1. Schauspiel, Bühnenwerk; 2. ernstes, erschütterndes Geschehen; **Dramatik** *w.* 1. dramatische Dichtkunst; 2. Spannung; **Dramatiker** *m.* Verfasser eines Bühnenwerks; **dramatisch** 1. in Dramenform; 2. aufregend, spannend; **dramatisieren** 1. Bearbeitung eines Stoffs für die Bühne; 2. übertreiben, aufbauschen; **Dramaturg** *m.* literarischer Berater an einer Bühne, bei Rundfunk- oder

Fernsehanstalten und beim Film; **Dramaturgie** *w.* 1. Lehre von der Kunst des Dramas und Theaters; 2. Inszenierung eines Bühnenwerks; 3. dramatische Abteilung eines Theaters, einer Rundfunk- oder Fernsehanstalt

Drän = Drain

Drap *m.* (dra, *frz.*) Tuch, festes Wollgewebe; **Drapé** *m.* wollener, tuchartiger Herrenanzugsstoff; **Draperie** *w.* 1. dekorative Gehänge aus Stoff; 2. die Darstellung von Stoffgehängen in der bildenden Kunst; **drapieren** Stoff dekorativ anordnen; **Drapierung** *w.* Anordnung von Stoff, bes. von Gewandfalten

Drastik *w.* (*gr.*) Derbheit, Direktheit; **drastisch** 1. derb, kein Blatt vor den Mund nehmend; 2. kräftig, wirksam

Dress *m.* (*engl.*) Kleidung, bes. Sportkleidung

Dresseur *m.* (-sör, *lat.-frz.*) Tierlehrer; **Dressur** *w.* Abrichtung von Tieren; **dressieren** 1. abrichten; 2. Speisen herrichten; **Dressing** *s.* (*engl.*) 1. Salatsoße; 2. Gewürzmischung für die Füllung von Geflügelbraten; **Dressman** *m.* (-män, *engl.*) männliches Mannequin (*Mz.* Dressmen)

dribbeln (*engl.*) Ball mit kleinen Stößen übers Spielfeld treiben, Hptw. **Dribbling** *s.*

Drink *m.* (*engl.*) alkoholisches (Misch-) Getränk

Drive *m.* (dreiw, *engl.*) 1. Treibschlag in Polo, Golf und Tennis, Ztw. **driven**; 2. Rhythmussteigerung im Jazz; 3. mitreißende Dynamik, Schwung; **Drive-in** *s.* (dreiw-in) Einrichtungen, deren Service man vom Auto aus in Anspruch nehmen kann (z. B. Kino, Restaurant, Bank)

Droge *w.* (*niederl.*) 1. Rohstoff für Arzneimittel; 2. Rauschgift; **Drogerie** *w.* Fachgeschäft für nicht rezeptpflichtige Arzneimittel u. a.; **Drogist** *m.* Besitzer oder Angestellter einer Drogerie

Drolerie *w.* (*frz.*) 1. schnurrige Komik, Drolligkeit; 2. drollige Darstellung von Tieren und Menschen in der Kunst des Mittelalters

Dromedar *s.* (*gr.-lat.*) einhöckriges Kamel

Droschke *w.* (*russ.*) Pferdekutsche mit Klappverdeck zum Mieten

Drugstore *m.* (dragstor, *engl.*) amerik. Gemischtwarenladen

Druide *m.* (*kelt.*) keltischer Priester

Drumlin *m.* (dramlin, *irisch*) Moränenhügel

Drummer *m.* (drammer, *engl.*) Schlagzeuger in einer Band; **Drums** *Mz.* Schlaginstrumente der Rhythmusgruppe

Druschina *w.* (*russ.*) Gefolgschaft russischer Großfürsten

dry (drei, *engl.*) trocken, herb

Dschebel *m.* (*arab.*) arab. Bez. für Gebirge

Dschihad *m.* (*arab.*) 1. Pflicht des einzelnen Muslim zur lebenslangen religiös-moralischen Vervollkommnung; 2. (heiliger) Krieg der muslimischen Gemeinschaft zur Verteidigung und Ausbreitung des Islam

Dschinn *m.* (*arab.*) Dämon des arabischen Volksglaubens

Dschungel *m.* oder *s.* (*sanskr.-engl.*) tropisches Sumpfwalddickicht

Dschunke *w.* (*chin.*) ostasiatisches Segelschiff, meist Wohnschiff

Dual, Dualis *m.* (*lat.*) Zweizahl, Zweiheit; **dual** zweiheitlich; **Dualismus** *m.* 1. Gegensätzlichkeit, Polarität; 2. philosophisch-religiöse Lehre, dass die Welt auf zwei gegensätzlichen Prinzipien aufgebaut ist; **Dualist** *m.* Vertreter des Dualismus; **dualistisch** gegensätzlich, gespalten; **Dualität** *w.* Zweiheit; **Dualsystem** *s.* Zahlensystem mit der Basis 2, in dem sich jede Zahl durch eine Folge von nur zwei Symbolen (0 und 1) ausdrücken lässt, Grundlage der digitalen Datenverarbeitung

Dubbing *s.* (dabbing, *engl.*) 1. Synchronisation beim Film, 2. Neumischung der Stimmen eines Musikstücks und Hinzufügung von Klangeffekten

dubios, dubiös (*lat.*) zweifelhaft; **Dubiosen** *Mz.* unsichere Außenstände

Dublee = Doublé

Dublette *w.* (*frz.*) Doppelstück, Doppelschuss (bei der Jagd), Doppelschlag (beim Boxen); **dublieren, doublieren** 1. Metall mit Gold überziehen; 2. Garn doppeln; **Dublone** *w.* (*span.*) alte Goldmünze

Duc *m.* (dück, *frz.*) Titel eines Herzogs in Frankreich; **Duca** *m.* (duka, *itl.*) Titel eines Herzogs in Italien; **Duchess** *w.* (datschis, *engl.*) Titel einer Herzogin in England; **Duchessa** *w.* (duckessa, *itl.*) Titel einer italien. Herzogin; **Duchesse** *w.* (düscheß, *frz.*) 1. Titel einer Herzogin in Frankreich; 2. Seiden- oder Kunstseidengewebe in Atlasbindung; **Duchessespitze** Verbindung von Nadel- und Klöppelspitze

Duckdalbe, Dückdalbe *w.* eingerammtes Pfahlbündel zum Festmachen von Schiffen (nach dem Duc d'Albe [Herzog von Alba])

due (*itl.*) zwei; **Duecento** *s.* (du'etschento, *itl.*) das 13. Jh. als italien. Stilepoche

Duell *s.* (du'e-, *lat.*) Zweikampf; **duellieren** ein Duell austragen

Duett *s.* (du'e-, *itl.*) 1. Komposition für zwei Stimmen; 2. musikalischer Vortrag von zwei Stimmen

Dufflecoat *m.* (dafflkoht, *engl.*) halblanger Kapuzenmantel aus Wollstoff

Dukaten *m.* (*lat.*) alte Goldmünze

Duke *m.* (djuk, *engl.*) Titel eines Herzogs in England

duktil (*lat.*) dehnbar; **Duktilität** *w.* Dehnbarkeit; **Duktus** *m.* Schriftzug, künstlerische Linienführung

Dulzinea *w.* (*span.*) Angebetete, Herzensdame (nach der Geliebten des Don Quichotte)

Duma *w.* (*russ.*) Volksvertretung im zaristischen Russland und seit 1993

Dumdum *s.* (*ind.-engl.*) stumpfes Geschoss, das beim Auftreffen zerreißt und schwere Verletzungen hervorruft

Dumka *w.* (*tschech.*) slawisches Volkslied

Dummy *m.* (dammi, *engl.*) Attrappe, Unfallpuppe bei Tests

Dumping *s.* (damping, *engl.*) Verkauf von Waren zu Schleuderpreisen, um sich gegen Konkurrenten durchzusetzen

Duo *s.* (*itl.*) 1. Komposition für zwei Instrumente; 2. Vereinigung von zwei Musikern; 3. zwei Personen, die etwas gemeinsam aushecken, Zweiergespann

Duodenalgeschwür *s.* (*lat.*) Zwölffingerdarmgeschwür

Duodez *s.* (*lat.*) das kleinste der gebräuchlichsten Buchformate; **Duodezfürst** *m.* Herrscher eines kleinen Ländchens; **Duodezimalsystem** *s.* auf der Zahl 12 aufgebautes Zahlensystem

düpieren (*frz.*) prellen, täuschen, an der Nase herumführen, Hptw. **Düpierung** *w.*

Duplikat *s.* (*lat.*) Doppel, Abschrift, Kopie; **Duplikation** *w.* Verdoppelung; **duplizieren** verdoppeln; **Duplizität** *w.* Doppelgeschehen, Zweimaligkeit

Dur *s.* (*lat.*) Musik: Tonart mit großer Terz

durabel (*lat.*) dauerhaft, haltbar

Duralumin *s.* (*Wz.*) Aluminiumlegierung

Dust *m.* (dast, *engl.*) Teestaub

Duty-free-Shop *m.* (djutifrih schop, *engl.*) Flughafengeschäft mit zollfreier Ware

Duumvirat *s.* (du'um-, *lat.*) Zweimänneramt im alten Rom

Duvetine *w.* (düftin, *frz.*) wie Wildleder wirkendes Gewebe aus Wolle oder Baumwolle mit Seide

DVD (aus *engl.* *D*igitale *V*ersatile *D*isc) kleine Scheibe als digitaler Datenträger für Ton-Bild-Aufzeichnungen, löst zunehmend die herkömmliche Videotechnik ab

Dyade *w.* (*gr.*) Zweiheit, Eigw. **dyadisch**

Dyn *s.* (*gr.*) alte Maßeinheit für Kraft

Dynamik *w.* (*gr.*) 1. Lehre vom Einfluss der Kraft auf die Bewegung von Körpern; 2. Anwendung der verschiedenen Tonstärkegrade in der Kompositionstechnik; 3. Schwung, Lebendigkeit, Triebkraft; **dynamisch** lebendig, schwungvoll; **dynamisieren** vorantreiben; **Dynamit** *m.* oder *s.* Sprengstoff

Dynamo *m.* (*gr.*) Stromerzeuger; **Dynamometer** *s.* Kraftmesser

Dynast *m.* (*gr.*) Herrscher; **Dynastie** *w.* Herrschergeschlecht, Herrscherhaus, Eigw. **dynastisch**

Dys-, dys- (*gr.*) als Vorsilbe: miss-, übel; **Dysenterie** *w.* Ruhr; **dysenterisch** ruhrartig; **Dysmelie** *w.* angeborene Missbildung der Gliedmaßen; **Dyspepsie** *w.* Verdauungsstörung, Eigw. **dyspeptisch**; **Dystonie** *w.* Störung des Spannungszustandes, bes. der Muskeln und Gefäße; **Dystrophie** *w.* Ernährungsstörung

E

Eagle *m.* (ihgl, *engl.*) amerikanische Goldmünze

EAN-Code Abk. von *E*uropäische *A*rtikel*n*ummerierung (für den Strichcode auf Waren, der an der Kasse gescannt wird)

Earl *m.* (öhrl, *engl.*) Titel eines Grafen in England

Easy Rider *m.* (ihsi reider, *engl.*) spezielles Motorrad und dessen Fahrer (nach dem gleichnamigen Film von Dennis Hopper)

Eau *s.* (oh, *frz.*) Wasser; **Eau de Cologne** *w.* oder *s.* (– de kolonj) Kölnischwasser; **Eau de Parfum** *s.* (– de parfang) leichtere Duftstärke als Parfum; **Eau de Toilette** *s.* (– toalett) leichtere Duftstärke als Eau de Parfum; **Eau de Vie** *w.* oder *s.* (– wie) Branntwein

Ebonit *s.* (*Wz.*) Hartgummi aus Kautschuk

Ecaillemalerei *w.* (ekaij, *frz.*) schuppenartige Musterung auf Porzellan

Ecce-Homo (ekze, *lat.*) 1. Welch ein Mensch! Ausruf des Pilatus nach dem Johannesevangelium; 2. Bildnis des dornengekrönten Christus in der bildenden Kunst

Ecclesia *w.* (ekle-, *gr.-lat.*) 1. christliche Kirche; 2. Personifikation der Kirche in einer Frauengestalt in der bildenden Kunst

ecco! (ekko, *itl.*) sieh da!

Echappement *s.* (eschappmang, *frz.*) 1. Hemmung in der Uhr; 2. Auslösungsvorrichtung im Klavier, die die angeschlagenen Hämmerchen zurückschnellen lässt

echauffieren (eschofihren, *frz.*) sich erhitzen, aufregen; **echauffiert** aufgeregt, erhitzt

Echec *m.* (escheck, *frz.*) 1. franz. Bez. für Schach; 2. Schaden, Niederlage

Echo *s.* (*gr.*) 1. Widerhall; 2. (positive) Resonanz, Reaktion; 3. Wiederholung einer kurzen musikalischen Phrase mit geringerer Tonstärke; **Echoeffekt** *m.* durch Rückstrahlung elektromagnetischer Wellen an Hindernissen bedingte Erscheinung; **Echolalie** *w.* 1. automatisches, sinnloses Nachsprechen von Wörtern; 2. Nachsprechen von Wörtern bei Kleinkindern; **Echolot** *s.* Meerestiefenmesser

Eclair *s.* (eklähr, *frz.*) mit Sahne gefülltes Brandteiggebäck

Economyklasse *w.* (ikonnomi-, *engl.*) preisgünstige Tarifklasse im Luftverkehr

Ecossaise *w.* (ekossäs, *frz.*) schottischer Tanz

ecru = ekrü

ECU, **Ecu** (ekü, aus *engl.* *E*uropean *C*urrency *U*nit) Europäische Rechnungseinheit

ed. = edidit

edaphisch (*gr.*) bodenbedingt, zum Erdboden gehörig

Edaphon *s.* (*gr.*) die Kleinlebewelt im Erdboden

Eden *s.* (*hebr.*) Paradies, Gottesgarten (in der Bibel)

edieren (*lat.*) herausgeben, veröffentlichen; **edidit** er hat herausgegeben; **Edition** *w.* Ausgabe, Auflage, Herausgabe von Büchern; **Editio castigata** *w.* von anstößigen Partien gereinigte Ausgabe; **Editio princeps** *w.* (– zeps) Erstausgabe; **Editor** *m.* Herausgeber; **Editorial** *s.* Verlagsimpressum, Vorwort

Edikt *s.* (*lat.*) Erlass, Verordnung

Education sentimentale *w.* (edükaßjong ßangtimangtal, *frz.*) Herzenserziehung, Gefühlserziehung; **Edukation** *w.* (*lat.*) Erziehung

EDV = elektronische Datenverarbeitung

EEG = Elektroenzephalogramm

Efendi *m.* (*türk.*) frühere türkische Anrede für Herr

Effekt *m.* (*lat.*) Wirkung, Erfolg, Ergebnis; **Effekten** *Mz.* Wertpapiere; **effektiv** wirklich, tatsächlich, wirkungsvoll; **Effektivität** *w.* Wirksamkeit; **effektuieren** einen Auftrag ausführen, eine Zahlung leisten; **effektvoll** eindrucksvoll

Effemination *w.* (*lat.*) Verweiblichung
Effendi = Efendi
Effet *s.* (effä, *frz.*) Drall eines Balles, Wirkung eines bestimmten Stoßes
effetuoso (*itl.*) Musik: wirkungsvoll, effektvoll
Efficiency *w.* (iffischenßi, *engl.*) Leistungsfähigkeit, Wirtschaftlichkeit; **effizient** (-zi'e-, *lat.*) leistungsfähig, wirksam; **Effizienz** *w.* (*lat.*) Wirksamkeit; **effizieren** bewirken
effilieren (*lat.-frz.*) Haare ausdünnen
Effloreszenz *w.* (*lat.*) 1. Hautausschlag; 2. Kristallausblühung; **effloreszieren** 1. aufblühen, ausschlagen; 2. ausblühen, auswittern
Effusion *w.* (*lat.*) Ausströmung, Ausfließen; **Effusivgestein** *s.* Ergussgestein
egal (*frz.*) 1. gleich, gleichartig; 2. gleichgültig; **egalisieren** gleichmachen, ausgleichen, Hptw. **Egalisierung** *w.*; **Egalité** *w.*; **Egalität** *w.* Gleichheit; **egalitär** auf Gleichheit zielend
Egghead *m.* (ägghähd, *engl.*) Intellektueller, Intelligenzler
Ego *s.* (*lat.*) das Ich; **Egoismus** *m.* Selbstsucht, Ichsucht; **Egoist** *m.* selbstsüchtiger Mensch; **egoistisch** selbstgefällig, eigensüchtig; **egomanisch** in krankhafter Weise auf sich selbst bezogen, Hptw. **Egomanie** *w.*; **Egotismus** *m.* Eigenliebe, Bedürfnis, im Vordergrund zu stehen; **Egotist** *m.* Mensch dieser Veranlagung; **Egotrip** *m.* (*lat.-engl.*) stark ichbezügliche Lebensphase; **Egozentrik** *w.* Neigung, alles Erlebte ausschließlich in Bezug zum eigenen Leben zu setzen, **egozentrisch**; **Egozentriker** *m.* egozentrischer Mensch
egrenieren (*lat.*) auskernen; **Egreniermaschine** *w.* Maschine zum Entkernen der Baumwolle
Egyptienne *w.* (eschiptjenn, *frz.*) Form der Antiquaschrift
eh bien! (eh bjäng, *frz.*) nun gut!
Eidetik *w.* (*gr.*) ausgeprägte bildhafte Vorstellungsfähigkeit; **eidetisch** anschaulich, bildhaft
Einherier *Mz.* (-ri'er, *isl.*) die unsterblich gewordenen Helden in Walhall (in der nordischen Göttersage)
einloggen (*dt.-engl.*) sich in ein kennwortverschlüsseltes Computernetzwerk einschalten (EDV)
Eire (äere) irischer Name für Irland
Ejakulation *w.* (*lat.*) Erguss, Samenerguss; **ejakulieren** ausspritzen; **Ejektion** *w.* die Ausschleudertätigkeit des Vulkans; **Ejektor** *m.* 1. mechanischer Auswerfer von Patronenhülsen; 2. Strahlpumpe; **ejizieren** ausschleudern (von Materie)
Ekart *m.* (ekar, *frz.*) Kursunterschied
Ekarté *s.* (*frz.*) französisches Kartenspiel
EKG = Elektrokardiogramm
Ekklesia = Ecclesia
Eklampsie *w.* (*gr.*) Krampfanfall während der Schwangerschaft oder im Wochenbett
Eklat *m.* (ekla, *frz.*) Aufsehen, Skandal; **eklatant** 1. Aufsehen erregend; 2. offenkundig
Eklektiker *m.* (*gr.*) unschöpferischer Denker oder Künstler, der sich vorhandener Systeme, Schulen oder Stile bedient; **eklektisch** unoriginell, unschöpferisch; **Eklektizismus** *m.* Verfahren eines Eklektikers und das denkerische oder künstlerische Ergebnis daraus, Eigw. **eklektizistisch**
Eklipse *w.* (*gr.*) Sonnen-, Mondfinsternis; **Ekliptik** *w.* scheinbare Jahresbahn der Sonne am Himmel, Eigw. **ekliptisch**
Ekloge *w.* (*gr.*) Hirtengedicht, bes. in der lateinischen Poesie
Ekrasit *s.* (*frz.*) Sprengstoff
ekrü (*frz.*) ungebleicht, naturfarbig
Ekstase *w.* (*gr.*) Rausch, Verzückung; **Ekstatiker** *m.* Verzückter, Entrückter; **ekstatisch** verzückt, rauschhaft, begeistert, außer sich
Ekto-, ekto- (*gr.*) als Wortteil: außen
Ektoderm *s.* (*gr.*) äußere Hautschicht des menschlichen oder tierischen Keims; **Ektomie** *w.* Herausschneiden eines Organs; **Ektoplasma** *s.* äußere Protoplasmaschicht
Ekzem *s.* (*gr.*) entzündlicher Hautausschlag
Elaborat *s.* (*lat.*) 1. Ausarbeitung, schriftliche Arbeit; 2. Machwerk; **elaboriert** ausgearbeitet, hoch entwickelt, durchgebildet
Elan *m.* (elang, *frz.*) Schwung, Begeisterung; **Élan vital** *m.* (– wital) Lebensdrang, Lebensschwung

Elastik *s.* oder *w.* (*gr.-frz.*) sehr dehnbares Gewebe; **elastisch** spannkräftig, dehnbar, federnd; **Elastizität** *w.* Spannkraft, Dehnbarkeit, Federkraft

Elder Statesman *m.* (– stehtsmän, *engl.*) ein auch nach seinem Ausscheiden aus dem Amt angesehener, erfahrener Politiker

Eldorado (*span.*) = Dorado

Eleaten *Mz.* griech. Philosophenschule in Elea (Unteritalien) um 500 v. Chr.

Elefantiasis, Elephantiasis *w.* (*gr.*) unförmige Lymphstauverdickungen der Gliedmaßen

elegant (*lat.*) 1. geschmackvoll, gewählt, vornehm; 2. geschickt in Durchführung und Ergebnis; **Elegant** *m.* (elegang, *frz.*) Stutzer; **Eleganz** *w.* 1. Geschmack, Vornehmheit; 2. Gewandtheit, (stilistische) Meisterschaft

Elegie *w.* (*gr.*) 1. wehmütiges Gedicht; 2. Wehmut, Schwermut; **elegisch** wehmütig, klagend

Eleison *s.* (-le'i-, *gr.*) erbarme dich! Gesang im Gottesdienst

Elektion *w.* (*lat.*) Wahl, Auswahl; **elektiv** auswählend; **Elektorat** *s.* Kurfürstenwürde

elektrifizieren (*gr.-lat.*) auf Elektrizität umstellen, Hptw. **Elektrifizierung** *w.*; **Elektrik** *w.* elektrische Ausstattung (z. B. einer Anlage); **Elektriker** *m.* Fachmann für elektr. Anlagen; **elektrisch** mit Hilfe von elektr. Energie; **elektrisieren** 1. mit elektr. Strom in Berührung bringen oder behandeln; 2. begeistern, aufrütteln; **Elektrizität** *w.* 1. positive oder negative elektrische Ladung von Teilchen; 2. elektrische Energie

Elektro-, elektro- (*gr.*) als Wortteil: elektrisch, die Elektrizität betreffend

Elektroakustik (*gr.*) Teilgebiet der Akustik, das sich mit der Erzeugung, Übertragung und Wiedergabe von Schall mittels der Elektrotechnik beschäftigt; **Elektrochemie** *w.* Lehre v. Zusammenhang chem. und elektr. Vorgänge; **Elektrode** *w.* Stromzuführer; **Elektrodynamik** *w.* Wissenschaft von den Wirkungen der bewegten Elektrizität; **Elektroenergie** *w.* Energie des elektrischen Feldes; **Elektroenzephalogramm** *s.* Aufzeichnung der Hirnströme (Abk. EEG); **Elektrokardiogramm** *s.* Aufzeichnung der Herztätigkeit mittels elektrischer Ströme (Abk. EKG); **Elektrokaustik** *w.* Operationsmethode, um krankes Gewebe elektrisch zu verschorfen; **Elektrokauter** *m.* chirurgisches Instrument für die Elektrokaustik; **Elektrokoagulation** *w.* Operationsmethode, um krankes Gewebe mit Hochfrequenzstrom zu zerstören; **Elektrolyse** *w.* Zerlegung einer chem. Verbindung durch elektr. Strom, Eigw. **elektrolytisch**; **Elektromagnet** *m.* Eisenkern, der, vom magnetischen Feld einer Elektrospule durchsetzt, selbst magnetische Eigenschaften annimmt; **Elektromagnetismus** *m.* durch elektr. Strom erzeugter Magnetismus, Eigw. **elektromagnetisch**

Elektron *s.* (*gr.*) 1. negativ geladenes Elementarteilchen (*Mz.* Elektronen); 2. (*Wz.*) Magnesium-Legierung; 3. in der Natur vorkommende Gold-Silber-Legierung; **Elektronenmikroskop** *s.* Mikroskop, das mit Elektronenstrahlen vergrößert

Elektronik *w.* (*gr.*) Bereich der Elektrotechnik und der Elektrophysik, der sich mit den Grundlagen und Anwendungen der Elektrizität in Form von Elektronen befasst (z. B. bei Photozellen, Elektronenröhren, Computern, Radio, Fernsehen), Eigw. **elektronisch**; **elektronische Datenverarbeitung** *w.* Erfassung, Aufbereitung, Speicherung und Weiterverarbeitung von Daten mittels Computer (Abk. EDV); **elektronische Musik** *w.* mit elektronischen Hilfsmitteln erzeugte und wiedergegebene Musik

Elektroskop *s.* (*gr.*) Gerät zum Nachweisen und Messen elektr. Ladungen; **Elektrosmog** *m.* durch elektronische Geräte erzeugte elektromagnetische Felder, die als gesundheitsschädigend gelten; **Elektrostatik** *w.* Lehre von der ruhenden Elektrizität; **Elektrotechnik** *w.* Erzeugung und Verwertung des elektr. Stroms; **Elektrotechniker** *m.* Fachmann auf dem Gebiet der Elektrotechnik; **Elektrotherapie** *w.* Heilbehandlung mit Elektrizität; **Elektrotomie** *w.* Operieren mit der elektr. schneidenden Schlinge

Element *s.* (*lat.*) 1. Stoff, der mit chemischen Mitteln nicht weiter zerlegt werden kann, chemischer Grundstoff; 2. Urstoff in der alten Naturphilosophie (Erde, Feuer, Wasser, Luft); 3. Komponente, Bauteil; 4. Stromquelle, die auf chemischer Zersetzung beruht; 5. idealer Entfaltungsraum für eine Person; **elementar** 1. grundlegend; 2. ursprünglich, ungebändigt; **Elementargewalt** *w.* Naturgewalt; **Elementarunterricht** *m.* Grundschulunterricht; **Elementarteilchen** *s.* fundamentaler Baustein der Materie

Elephantiasis = Elefantiasis

Elevation *w.* (*lat.*) Hebung, Erhebung, Polhöhe; **Elevator** *m.* Hebewerk für Getreide, Sand u. a.

Eleve *m.* (*frz.*) Anfänger, Praktikant (z. B. beim Theater, in der Forstwirtschaft)

elidieren (*lat.*) (Buchstaben) weglassen, auslassen, tilgen, Hptw. **Elision** *w.*

eliminieren (*lat.*) entfernen, streichen, beseitigen, Hptw. **Elimination** *w.*

Elite *w.* (*lat.-frz.*) Auslese (der Besten); **elitär** (*frz.*) zur Elite gehörig

Elixier *s.* (*arab.*) Auszug, Heiltrank, Verjüngungsmittel

Ellipse *w.* (*gr.*) 1. Kegelschnitt (abgeplatteter Kreis); 2. Sprachlehre: Auslassung von leicht ergänzbaren Worten; **Ellipsoid** *s.* eiähnlicher Körper, der durch die Umdrehung einer Ellipse um ihre Achse entsteht; **Elliptizität** *w.* Abplattung; **elliptisch** 1. ellipsenförmig; 2. unvollständig

Eloge *w.* (*frz.*) Lobrede, Schmeichelei

Elongation *w.* (*lat.*) 1. Schwingung eines Körpers um seine Gleichgewichtslage; 2. Planetenwinkel (zur Sonne); **elongieren** verlängern, ausdehnen

eloquent (*lat.*) beredt, wortgewandt; **Eloquenz** *w.* Beredsamkeit, Redegewandtheit

Elysium *s.* (*gr.*) Gefilde der Seligen in der griech. Sage, Eigw. **elysisch**, **elysäisch**

Elzevir *w.* Antiquadruckschrift (nach dem niederl. Buchdrucker Elzevir); **Elzevirdruck** Buch aus der Druckerei Elzevir

E-Mail *w.* (ih mehl, aus *engl. E*lectronic *mail*) elektronische Post, die von den Benutzern eines Netzwerks, z. B. des Internets, von Computer zu Computer verschickt wird; **E-Mail-Chat** = Chat

Email *s.*, **Emaille** *w.* (emaj, ema[l]je, *frz.*) Glasfluss zum Überziehen von Metall; **– cloisonné** *s.* (– kloasonneh) Zellenemail; **Emailleur** *m.* (ema[l]jöhr) Facharbeiter für Emailtechnik; **emaillieren** (emajihren) mit Email überziehen

Emanation *w.* (*lat.*) Ausstrahlung, Ausströmung; **emanieren** 1. ausstrahlen, ausströmen; 2. radioaktive Strahlen aussenden

Emanzipation *w.* (*lat.*) 1. Befreiung, Selbstbefreiung aus Abhängigkeit; 2. gesellschaftlich-rechtliche Gleichstellung (der Frau mit dem Mann) erlangen; **emanzipatorisch** auf Emanzipation gerichtet; **emanzipieren** (sich) befreien, rechtliche Gleichstellung erlangen; **emanzipiert** frei, gleichberechtigt, unabhängig

Emballage *w.* (angballasch, *frz.*) Verpackung; **emballieren** verpacken

Embargo *m.* oder *s.* (*span.*) 1. Beschlagnahme fremder Schiffe mit Ladung im Hafen; 2. Handels- und Ausfuhrverbot

Emblem *s.* (*gr.*) Sinnbild, Kennzeichen, Symbol; **Emblematik** *w.* Lehre und Wissenschaft von den Emblemen; **emblematisch** sinnbildlich

Embolie *w.* (*gr.*) Verstopfung eines Blutgefäßes durch einen Blutpfropf oder Fremdkörper, Eigw. **embolisch**; **Embolus** *m.* Blutpfropf

Embonpoint *s.* (angbongpoäng, *frz.*) Wohlbeleibtheit, Körperfülle

Embryo *m.* (*gr.*) Keimling, Leibesfrucht im frühen Stadium der Schwangerschaft; **Embryologie** *w.* Lehre von der Entwicklung des Embryos; **embryonal** 1. im Zustand des Embryos; 2. im Anfangsstadium

Emendation *w.* (*lat.*) Verbesserung, Berichtigung; **emendieren** verbessern, berichtigen

emeritieren (*lat.*) pensionieren, in den Ruhestand versetzen; **emeritiert** im Ruhestand; **Emeritus** *m.* in den Ruhestand versetzter Hochschullehrer

Emersion *w.* (*lat.*) Auftauchen, Austritt aus dem Schatten (von Monden), Ztw. **emergieren**

Emeute *w.* (emöht, *frz.*) Aufstand, Meuterei, Aufruhr

Emigrant *m.* (*lat.*) Auswanderer (besonders aus politischen Gründen); **Emigra-**

tion *w.* Auswanderung; **emigrieren** auswandern

eminent (*lat.*) außerordentlich, hervorragend; **Eminenz** *w.* Anrede für Kardinäle; **graue Eminenz** *w.* einflussreiche Person im Hintergrund

Emir *m.* (*arab.*) orientalischer Fürst; **Emirat** *s.* Amtsbereich eines Emirs, Fürstentum

Emissär *m.* (*lat.*) Abgesandter mit einem speziellen Auftrag; **Emission** *w.* 1. Ausgabe von Wertpapieren; 2. Ausstrahlung von elektromagnetischen Wellen oder Teilchen; 3. Aussendung (z. B. von luftverunreinigenden Stoffen); **Emissionskurs** *m.* Ausgabekurs von Wertpapieren; **Emissionswerte** *Mz.* die Emission betreffende Werte; **Emittent** *m.* jmd., der Anleihen oder Wertpapiere ausgibt; **emittieren** aussenden, ausströmen, ausgeben

Emotion *w.* (*lat.*) Gemütsbewegung, Gefühlszustand, Gemütserregung; **emotional**, **emotionell** gefühlsmäßig, gefühlsbetont; **Emotionalität** *w.* Gefühlsbetontheit, Erregbarkeit

Empathie *w.* (*gr.*) Einfühlungsvermögen (in eine andere Person), Eigw. **empathisch**

Emphase *w.* (*gr.*) Nachdruck, Eindringlichkeit, Betonung; **emphatisch** nachdrücklich, betont

Emphysem *s.* (*gr.*) Aufblähung, Ansammlung von Luft im Gewebe, bes. in der Lunge

Empire *s.* (empeier, *engl.*) das britische Weltreich; **Empire** *s.* (angpihr, *frz.*) 1. das französische Kaiserreich unter Napoleon I. und III.; 2. Stilepoche zur Zeit Napoleons I.

Empirem *s.* (*gr.*) Erfahrungstatsache; **Empirie** *w.* Erfahrung, Sinneserfahrung, Erfahrungswissen; **Empiriker**, **Empirist** *m.* jmd., der sich vorrangig auf die Empirie stützt; **empirisch** auf Erfahrung beruhend, nicht theoretisch; **Empirismus** *m.* philosophische und wissenschaftliche Richtung, die jede Erkenntnis aus Sinneswahrnehmungen ableitet, Eigw. **empiristisch**

Empyem *s.* (*gr.*) Eiteransammlung in einer Körperhöhle

empyreisch (-re'i-, *gr.*) lichtstrahlend, himmlisch; **Empyreum** *s.* oberster Lichthimmel, Ort der Seligen nach antiker und mittelalterlicher Anschauung

Emu *m.* (*port.*) Straußvogel

Emulgator *m.* (*lat.*) Stoff, der eine dauerhafte Mischung mehrerer unlösbarer Stoffe ermöglicht (für kosmetische Präparate u. a.); **emulgieren** eine Emulsion herstellen; **Emulsion** *w.* Gemisch unlösbarer Stoffe (z. B. Fett und Wasser)

en avant! (ang awang, *frz.*) vorwärts!

en bloc (ang block, *frz.*) im Ganzen, in Bausch und Bogen

encodieren = enkodieren

Encoding *s.* (enkohding, *engl.*) Chiffrierung, Verschlüsselung von Nachrichten

Encounter *s.* (enkaunter, *engl.*) Gruppentraining in der Psychologie

encouragieren (angkuraschihren, *frz.*) ermutigen, anfeuern

Endemie *w.* (*gr.*) örtlich begrenztes Auftreten einer Krankheit; **endemisch** örtlich gebunden, heimisch, einheimisch

endermal (*gr.*) in der Haut, in die Haut

en détail (ang detaj, *frz.*) im Kleinen, im Einzelverkauf, im Einzelnen

Endivie *w.* (-wi'e, *lat.-frz.*) Salatpflanze, ein Zichoriengewächs

Endo-, endo- (*gr.*) als Wortteil: innen, in

Endogamie *w.* (*gr.*) Heirat innerhalb des eigenen sozialen Verbands (Stamm, Kaste usw.)

endogen (*gr.*) im Inneren, im Körper entstanden

Endokard *s.* (*gr.*) die innere Herzwandschicht; **Endokarditis** *w.* Entzündung der Herzinnenhaut

endokrin (*gr.*) mit innerer Sekretion verbunden

Endoparasit *m.* (*gr.*) Parasit, der im Innern des Wirtstiers oder der Wirtspflanze lebt

Endoskop *s.* (*gr.*) Gerät zum Untersuchen und Ausleuchten von Körperhöhlen; **Endoskopie** *w.* Untersuchung mit dem Endoskop

endotherm (*gr.*) sich unter Wärmeaufnahme vollziehend (von chem. und physikal. Prozessen)

endothym (*gr.*) zum inneren Gefühls- und Affektbereich gehörig

Endotoxine *Mz.* (*gr.*) Gifte, die durch Bakterienzerfall frei werden
Energetik *w.* (*gr.*) 1. Wissenschaft von der Energie und ihrer Umwandlung; 2. philosophische Ansicht, dass alles Sein und Geschehen auf Energie zurückgeht, Eigw. **energetisch**; **Energie** *w.* 1. Fähigkeit eines Systems, Arbeit zu leisten, Arbeitsvermögen; 2. Tatkraft, Schwung, Willenskraft, Unternehmungslust; **energisch** 1. tatkräftig, willensstark; 2. nachdrücklich
enervieren (*lat.*) auf die Nerven gehen, entnerven
en face (ang faß, *frz.*) von vorn (gesehen)
en famille (ang famij, *frz.*) im vertrauten Kreis, unter sich
Enfant terrible *s.* (angfang terrihbl, *frz.*) jmd., der durch Offenheit in seinen Äußerungen und Verhaltensweisen andere in Verlegenheit bringt oder schockiert
Engagement *s.* (anggaschmang, *frz.*) 1. Zahlungs- oder Abnahmeverpflichtung von Börsenpapieren; 2. Anstellung (eines Künstlers); 3. persönlicher Einsatz; **engagieren** (anggaschihren) anstellen, unter Vertrag nehmen; **sich engagieren** sich auf etwas einlassen; sich für etwas einsetzen, Eigw. **engagiert**
Engineering *s.* (indschenihring, *engl.*) Rationalisierung(en) im Produktionsprozess
Englishwaltz *m.* (inglisch wolz, *engl.*) langsamer Walzer
Engorgement *s.* (anggorschmang, *frz.*) Stockung des Wirtschaftslebens
Engramm *s.* (*gr.*) bleibende Spur geistiger Eindrücke im Gedächtnis
en gros (ang groh, *frz.*) im Großen, im Großhandel, im Allgemeinen
enharmonisch (*gr.*) harmonisch austauschbar, aber anders bezeichnet (von Intervallen)
enigmatisch = änigmatisch
Enjambement *s.* (angschangbmang, *frz.*) Versbrechung, Übergreifen des Satz- und Sinnzusammenhangs einer Verszeile in die folgende
Enkaustik *w.* (*gr.*) Maltechnik mit heißen Farben, Wachsmalerei, Ztw. **enkaustieren**, Eigw. **enkaustisch**
Enklave *w.* (-we, *lat.-frz.*) vom Hoheitsgebiet des eigenen Staates eingeschlossener Teil eines anderen Staates
enkodieren (*engl.*) mit einem Kode verschlüsseln
Enkomion *s.* (*gr.*) Loblied, Lobrede, Lobgedicht
Enkulturation *w.* (*engl.*) das Hineinwachsen eines Menschen in die ihn umgebende Kultur
en masse (ang maß, *frz.*) in Mengen, massenhaft
en miniature (ang minijatühr, *frz.*) verkleinert, in kleinerem Maßstab
Ennui *m.* (angnüi, *frz.*) Überdruss, Langeweile; **ennuyant** (-jang) langweilig, lästig, ermüdend; **ennuyieren** (-jihren) langweilen, belästigen, anöden
enorm (*lat.*) außerordentlich, ungeheuer; **Enormität** *w.* Ungeheuerlichkeit
en passant (ang passang, *frz.*) im Vorübergehen, nebenbei, beiläufig
en pleine carrière (ang plähn karriähr, *frz.*) in gestrecktem Galopp
en profil (ang profill, *frz.*) von der Seite
Enquete *w.* (angkäht, *frz.*) Untersuchung, amtliche Umfrage, Erhebung
enragiert (angraschihrt, *frz.*) leidenschaftlich, versessen auf
en route (ang rutt, *frz.*) unterwegs, auf der Reise
Ens *s.* (*lat.*) das Seiende, Wesen, Idee
Ensemble *s.* (angsangbl, *frz.*) 1. Schauspielgruppe, Künstlergruppe, Musikergruppe; 2. Gesamtheit (z. B. einer Ansammlung von Bauten); 3. zusammengehörige Kleidungsstücke
en suite (ang swit, *frz.*) 1. hintereinander, ununterbrochen; 2. im Gefolge
Entelechie *w.* (*gr.*) formstiftendes inneres Prinzip (des Organismus)
Entente *w.* (angtangt, *frz.*) Bündnis; **Entente cordiale** *w.* (– kordiall) Bez. für das engl.-frz. Bündnis nach 1904, herzliches Einvernehmen
enteral (*gr.*) Eingeweide und Darm betreffend; **Enteritis** *w.* Darmentzündung; **Enteroskop** *s.* Instrument zur Untersuchung des Dickdarms; **Enteroskopie** *w.* Untersuchung des Dickdarms
Entertainer *m.* (-tehner, *engl.*) 1. Unterhalter, Showmaster; 2. Unterhaltungs-

künstler; **Entertainment** *s.* Unterhaltung, Showgeschäft

enthusiasmieren (*gr.*) begeistern, berauschen; **enthusiasmiert** hingerissen; **Enthusiasmus** *m.* leidenschaftliche Begeisterung; **Enthusiast** *m.* schwärmerischer Bewunderer; **enthusiastisch** schwärmerisch, begeistert

Entität *w.* (*lat.*) Seinshaftigkeit, Dasein (im Ggs. zum Wesen eines Dinges)

Entomologe *m.* (*gr.*) Insektenforscher; **Entomologie** *w.* Insektenkunde, Eigw. **entomologisch**

entopisch (*gr.*) einheimisch, örtlich

Entourage *w.* (angturasche, *frz.*) Gefolge

en tout cas (ang tu ka, *frz.*) auf jeden Fall, unter allen Umständen

Entozoen *Mz.* (*gr.*) = Endoparasit

Entreakt *m.* (angtreakt, *frz.*) Zwischenakt, Zwischenaktmusik

Entrechat *m.* (angtrescha, *frz.*) Ballettsprung, bei dem die Beine aneinander geschlagen werden

Entrecote *s.* (angtrekoht, *frz.*) Mittelrippe vom Rind

Entree *s.* (angtreh, *frz.*) 1. Eingang, Eingangszimmer; 2. Eintrittskarte; 3. Vorspeise

Entrefilet *s.* (angtrefileh, *frz.*) eingeschobene Notiz, kleiner Zeitungsartikel

Entremets *s.* (angtremä, *frz.*) kleines Gericht zwischen den Gängen

entre nous (angtre nuh, *frz.*) unter uns, ungezwungen

Entrepreneur *m.* (angtreprenör, *frz.*) Unternehmer, Veranstalter; **Entreprise** *w.* (angtr'prihs) Unternehmung

Entresol *s.* (angtreßoll, *frz.*) Zwischenstock

entrez! (angtreh, *frz.*) herein!

entrieren (angtrihren, *frz.*) einleiten, einfädeln, anspinnen

Entropie *w.* (*gr.*) 1. Teil einer Wärmemenge, der nicht in Energie umgesetzt werden kann; 2. der mittlere Informationsgehalt einer Nachricht (in der Informationstheorie)

Enukleation *w.* (*lat.*) Auskernung, Ausschälung (z. B. einer Geschwulst); **enukleieren** (-kle'ie-) 1. eine Enukleation vornehmen; 2. entwickeln, erklären

Enumeration *w.* (*lat.*) Aufzählung; **enumerieren** aufzählen

Enunziation *w.* (*lat.*) Aussage, Erklärung; **enunziativ** erklärend

Enurese, Enuresis *w.* (*gr.*) Bettnässen, bes. bei Kindern

Enveloppe *w.* (angwelopp, *frz.*) 1. Hülle, Decke; 2. Briefumschlag; 3. einhüllende Kurve (in der Mathematik)

Environment *s.* (enweirenment, *engl.*) zeitgenössische Kunstform, die eine künstlerische Objektanordnung im Raum vornimmt und dadurch den Betrachter zum Begeher eines Kunstwerks macht

en vogue (ang wohg, *frz.*) modern, im Schwange, beliebt

Envoyé *m.* (angwoajeh, *frz.*) Geschäftsträger, Gesandter

Enzephalitis *w.* (*gr.*) Gehirnentzündung; **Enzephalogramm** Röntgenbild des Gehirns

Enzyklika *w.* (*gr.*) päpstliches Rundschreiben; **enzyklisch** einen Kreis durchlaufend

Enzyklopädie *w.* (*gr.*) umfassende Darstellung des gesamten vorliegenden Wissens aller Disziplinen oder eines Wissensgebiets; **enzyklopädisch** alle Wissensgebiete umfassend; **Enzyklopädist** *m.* Herausgeber (oder Mitarbeiter an) einer Enzyklopädie

Enzym *s.* (*gr.*) organische Verbindung in der lebenden Zelle, die den Stoffwechsel im Körper steuert; **Enzymologie** *w.* Lehre von der Wirkungsweise der Enzyme

eo ipso (*lat.*) von selbst, selbstverständlich

Eolienne *w.* (eohljenn, *frz.*) gerippte Halbseide

Eolithe *Mz.* (*gr.*) Steinsplitter aus voreiszeitlichen Ablagerungen, die früher für menschliche Werkzeuge gehalten wurden

Eozän *s.* (*gr.*) zweitälteste Stufe des Tertiärs, Eigw. **eozän**

Eozoikum = Algonkium

epagogisch (*gr.*) vom Einzelnen zum Allgemeinen, von den Folgen zu den Ursachen führend

Epaulett *s.*, **Epaulette** *w.* (epolett, *frz.*) Schulterstück auf Uniformen

Ephebe *m.* (*gr.*) wehrfähiger Jüngling im alten Griechenland

ephemer, ephemerisch (*gr.*) 1. eintägig (von Organismen); 2. flüchtig, vergänglich; **Ephemeride** *w.* 1. Eintagsfliege; 2. astronom. Tabelle für die tägl. Stellung der Himmelskörper

Ephorus *m.* (*gr.*) Vorsteher eines Predigerseminars der evang. Kirche

Epi-, epi- (*gr.*) als Vorsilbe: bei, neben, über, um, auf

Epidemie *w.* (*gr.*) Krankheitswelle, gehäuftes Auftreten einer Infektionskrankheit während einer bestimmten Zeit; **epidemisch** in Form einer Epidemie auftretend

Epidermis *w.* (*gr.*) Oberhaut, oberste Hautschicht

Epidiaskop *s.* (*gr.*) Projektor für durchsichtige und nicht durchsichtige Vorlagen

Epigastrium *s.* (*gr.-lat.*) Oberbauch, Oberbauchgegend

Epigenese *w.* (*gr.*) 1. embryonale Entwicklung eines Lebewesens durch eine Kette von Neubildungen (nach der Theorie von C. F. Wolff im 18. Jh.); 2. spätere Entstehung (von Gesteinsstätten), Eigw. **epigenetisch**

Epigone *m.* (*gr.*) unschöpferischer Nachahmer großer Vorbilder, Eigw. **epigonal**

Epigramm *s.* (*gr.*) Sinngedicht, (spöttischer) Ausspruch in knapper, dichterischer Form; **Epigrammatiker** *m.* Verfasser von Epigrammen; **epigrammatisch** kurz, schlagend, knapp

Epigraph *s.* (*gr.*) (antike) Aufschrift, Inschrift; **Epigraphik** *w.* Inschriftenkunde; **Epigraphiker** *m.* Inschriftenforscher

Epik *w.* (*gr.*) Kunst des Epos, der erzählenden Dichtung; **Epiker** *m.* erzählender Dichter; **episch** erzählend, ausmalend

Epikrise *w.* (*gr.*) abschließende ärztliche Beurteilung einer Erkrankung

Epikureer *m.* (-re'e-, *gr.*) jmd., der die (materiellen) Freuden des Daseins in vollen Zügen genießt, Genussmensch (nach dem griechischen Philosophen Epikur), Eigw. **epikureisch**

Epilepsie *w.* (*gr.*) Fallsucht; **Epileptiker** *m.* jmd., der an Epilepsie leidet, Eigw. **epileptisch**

epilieren (*lat.*) Haare kosmetisch entfernen, Hptw. **Epilation** *w.*

Epilog *m.* (*gr.*) Schlussteil einer Rede, abschließendes Nachwort, Nachspiel im Drama

Epinglé *m.* (epängleh, *frz.*) Möbel- und Kleiderstoff mit ungleich starken (Quer)-Rippen

Epiphanie, Epiphania *w.* 1. Erscheinung einer Gottheit unter den Menschen; 2. Erscheinungsfest, Dreikönigsfest der christl. Kirchen

Epiphänomen *s.* (*gr.*) Begleiterscheinung

Epiphyten *Mz.* (*gr.*) Pflanzen, die auf anderen Pflanzen leben, ohne Schmarotzer zu sein (z. B. manche Orchideen, Moose, Flechten)

episch = Epik

Episkop *s.* (*gr.*) Projektor für undurchsichtige Bilder

episkopal (*gr.*) bischöflich; **Episkopalismus** *m.* kirchenrechtliche Lehre, die das Episkopat über den Papst stellt; **Episkopalkirche** *w.* Kirche mit bischöflicher Verfassung; **Episkopat** *m.* od. *s.* 1. Bischofsamt; 2. Gesamtheit der Bischöfe; **Episkopus** *m.* Bischof

Episode *w.* (*gr.*) Nebenhandlung, Zwischenspiel, nebensächliches Erlebnis; **episodisch** 1. gelegentlich; 2. vorübergehend, nebensächlich

Epistel *w.* (*gr.-lat.*) 1. Brief, Sendschreiben; 2. Strafpredigt

Epistemologie *w.* (*gr.*) Erkenntnistheorie, Lehre vom Wissen (bes. in der angelsächsischen Philosophie)

Epistyl *s.* (*gr.*) Säulenknauf und Verbindungsbalken zwischen zwei Säulen

Epitaph *s.* (*gr.*) Grabschrift und Grabmal mit Inschrift

Epithel *s.* (*gr.*) die oberste Zellschicht der Haut

Epitheton *s.* (*gr.*) Sprachlehre: Beiwort; **Epitheton ornans** *s.* (*gr.-lat.*) nur schmückendes, formelhaftes Beiwort (z. B. *scharfes* Schwert)

Epizentrum *s.* (*gr.-lat.*) Erdoberfläche über einem Erdbebenherd

Epizoon *m.* (-zo'on, *gr.*) Tier, das auf anderen Lebewesen lebt, ohne Schmarotzer zu sein

Epoche *w.* (*gr.*) 1. Beginn eines Zeitabschnitts; 2. größerer Zeitraum, der durch Gemeinsamkeiten, z. B. in der Kunst, charakterisiert ist; **epochemachend, epochal** eine Epoche begründend, bedeutend, Aufsehen erregend

Epos *s.* (*gr.*) große erzählende Dichtung in gehobener Sprache, bes. Helden- und Göttersagen

Equestrik *w.* (*lat.*) Reitkunst, bes. im Zirkus

equilibrieren usw. = äquilibrieren

Equalizer *m.* (ikweleiser, *engl.*) Gerät zur Hebung oder Senkung bzw. zur Wahl eines Frequenzbereichs

Equipage *w.* (ekipahsch, eingedeutscht equipahsche, *frz.*) herrschaftliche Kutsche; **Equipe** *w.* (ekip) Mannschaft (in Sport und Reitsport)

Equipment *s.* (ekwipment, *engl.*) Ausstattung, Ausrüstung, bes. einer Band

Eranos *m.* (*gr.*) im antiken Griechenland Mahlzeit, zu der jeder Teilnehmer beitrug

Erato *w.* (*gr.*) griech. Muse der Liebesdichtung

Erbium *s.* chem. Element, ein Seltenerdmetall (nach dem Ort Ytterby in Schweden)

Erebus, Erebos *m.* (*gr.-lat.*) Unterwelt, Hades

erektil (*lat.*) schwellfähig; **Erektion** *w.* Aufrichtung, Steifwerden von Schwellkörpern an Penis und Kitzler; **erigiert** im Zustand der Erektion, aufgerichtet

Eremit *m.* (*gr.*) Einsiedler; **Eremitage** *w.* (ermittasch, *frz.*) Einsiedelei, als Einsiedelei gestaltetes Lustschlösschen

Erg *s.* (*gr.*) alte physikalische Einheit für Arbeit

ergo (*lat.*) also, folglich

Ergograph *m.* (*gr.*) Instrument zur Aufzeichnung der Muskelarbeit; **Ergometer** *s.*, **Ergostat** *m.* Apparat zur Messung der Muskelarbeit

Ergonomie *w.* (*gr.*) Arbeitswissenschaft

Erinnyen *Mz.* (*gr.*) die Rachegöttinnen Tisiphone, Alekto und Megaira in der griech. Mythologie

Eris *w.* (*gr.*) Göttin des Streits in der griech. Sage; **Eristik** *w.* Kunst des Streitgesprächs (bei den Sophisten)

erodieren (*lat.*) wegnagen, auswaschen

erogen (*gr.*) sexuell erregend

eroico (*itl.*) Musik: heldisch, kraftvoll

Eros *m.* (*gr.*) sinnliche Anziehung (nach Eros, dem griech. Gott der Liebe); **Eros-Center** *s.* (-ßenter, *engl.*) modernes Bordell

Erosion *w.* (*lat.*) Auswaschung, Bodenabtragung durch Wasser oder Wind

Eroten *Mz.* (*gr.*) Darstellungen nackter Kindergestalten als Begleiter des Liebesgottes, Amoretten

Erotik *w.* (*gr.*) Sinnlichkeit, sinnliche Liebe; **Erotiker** *m.* 1. Verfasser von Erotika; 2. sinnlicher Mensch, Liebeskünstler; **Erotikon** *s.* Buch mit erotischem Inhalt (*Mz.* Erotika); **erotisch** 1. sinnlich; 2. von der sinnlichen Liebe handelnd; 3. sexuell; **Erotomanie** *w.* Fixiertheit auf Sexualität, Eigw. **erotomanisch**

errare humanum est (*lat.*) Irren ist menschlich

Errata = Erratum

erratisch (*lat.*) weit vom Ursprungsort entfernt; **erratische Blöcke** *Mz.* Findlinge, die in der Eiszeit durch Gletscher verschleppt wurden

Erratum *s.* (*lat.*) Druckfehler (*Mz.* Errata)

eruieren (*lat.*) ermitteln, erforschen

Eruption *w.* (*lat.*) 1. Ausbruch von Vulkanmassen; 2. Hautausschlag; **eruptiv** 1. durch Eruption entstanden; 2. reizbar, jähzornig

Erysipel, Erysipelas *s.* (*gr.*) durch Streptokokken hervorgerufene Wundrose, Rotlauf

Erythem *s.* (*gr.*) (entzündliche) Hautröte;

Erythrozyt *m.* rotes Blutkörperchen

Eschatologie *w.* (es'cha-, *gr.*) Lehre von den letzten Dingen; **eschatologisch** endzeitlich, von den letzten Dingen handelnd

Escudo *m.* (*port.*) Währungseinheit in Chile, in Portugal vor Einführung des Euro (2002)

Eskaladierwand *w.* Hinderniswand für Kletterübungen

Eskalation *w.* (*lat.-engl.*) Steigerung, Ausdehnung, stufenweise Verschärfung, bes. beim Einsatz militärischer Mittel; **eskalieren** sich ausweiten, steigern, verschärfen

Eskamotage *w.* (-tahsch, *frz.*) alte Bez.

für Zauberei, Taschenspielerei; **Eskamoteur** *m.* (-töhr) Zauberkünstler; **eskamotieren** wegzaubern

Eskapade *w.* (*frz.*) 1. falscher Sprung eines Reitpferdes; 2. leichtsinniger Streich, Seitensprung, Abenteuer; **Eskapismus** *m.* (*lat.-frz.*) Flucht vor der Wirklichkeit in eine Traumwelt, Eigw. **eskapistisch**

Eskarpe *w.* (*frz.*) Böschung bei Befestigungen

Eskarpins *Mz.* (-päng, *frz.*) Herrenschuhe mit Schnallen im 18. Jh.

Eskompte *w.* (eskongt, *frz.*) Rabatt, Diskont; **eskomptieren** diskontieren

Eskorte *w.* (*frz.*) Geleit, Schutz, Ehrengeleit; **eskortieren** geleiten

Esoterik *w.* (*gr.*) Geheimlehre und geheime Riten eines (religiösen) Kultverbandes; **Esoteriker** *m.* jmd., der in eine Esoterik eingeweiht ist; **esoterisch** in Form einer Geheimlehre, nur Eingeweihten zugänglich

Espada *m.* (*span.*) der mit dem Degen bewaffnete Stierkämpfer

Espagnole *w.* (espanjoll, *frz.*) spanischer Tanz

Esparto *m.* (*span.*) Steppengras, Rohstoff für die Papierproduktion

Esperanto *s.* (*Kunstwort* in Anlehnung an *port.* und *span.*) späterer Name der Welthilfssprache, die der poln. Arzt L. L. Zamenhof 1887 (unter dem Pseudonym Dr. Esperanto) als Lingua Internacia veröffentlichte

espirando (*itl.*) Musik: verhauchend, ersterbend

Esplanade *w.* (*frz.*) Anlage, freier Platz, meist vor großen Bauwerken

espressivo (*itl.*) Musik: ausdrucksvoll

Espresso *m.* (*itl.*) auf italienische Art zubereiteter Mokka (*Mz.* Espressi)

Esprit *m.* (esprih, *frz.*) Geist, Witz, Schlagfertigkeit, Scharfsinn; **Esprit de corps** *m.* (– kohr, *frz.*) Standesbewusstsein, Korpsgeist

Esquire *m.* (iskwair, *engl.*) englischer Höflichkeitstitel (Abk. Esq)

Essay *m.* oder *s.* (esseh, *frz.*) Studie, anspruchsvolle, kürzere Abhandlung über ein gegenwartsbezogenes Thema; **Essayist** *m.* (-jist) Verfasser von Essays; **essayistisch** nach Art eines Essays

Essential *s.* (issentschel, *engl.*) wesentlicher Punkt, unabdinglicher Kernpunkt (*Mz.* Essentials)

essentiell (-zi'e-, *lat.*) wesentlich, wesenhaft, lebensnotwendig; **Essenz** *w.* 1. Wesenheit, Wesen einer Sache; 2. konzentrierter Auszug aus Naturprodukten; 3. Hauptsache, Kernpunkt

Establishment *s.* (istäblischment, *engl.*) etablierte Gesellschaftsschicht, die kein Interesse an gesellschaftlichen Veränderungen hat

Estanzia *w.* (*span.*) südamerikanisches Gut, Viehfarm

estimieren (*frz.*) schätzen, achten, respektieren

Estrade *w.* (*frz.*) erhöhter Platz im Raum, meist vor Fenstern

Estragon *m.* (*arab.-frz.*) Gewürzpflanze

Estrich *m.* (*lat.*) glatter Fußboden aus Lehm, Zement, Ziegelsteinen

et (*lat.*) und

etablieren (*frz.*) gründen, einrichten, eröffnen; **sich etablieren** sich niederlassen, Hptw. **Etablierung** *w.*; **Etablissement** *s.* (etablißmang) 1. Betrieb, Unternehmen; 2. Vergnügungsstätte; 3. Bordell

Etage *w.* (etasche, *frz.*) Stockwerk; **Etagere** *w.* (etaschähr) Gestell mit mehreren Etagen für Bücher oder Ziergegenstände

Etalon *s.* (-long, *frz.*) Eichmaß

Etamin *s.* (*frz.*) gazeartiger Gitterstoff

Etappe *w.* (*frz.*) 1. Teilstrecke, Abschnitt; 2. Gebiet hinter der Front

Etat *m.* (etah, *frz.*) 1. Haushaltsplan des Staates; 2. zweck- und zeitgebundene Geldmittel; **etatisieren** in den Voranschlag aufnehmen; **Etatismus** *m.* 1. Tendenz, den staatlichen Einfluss zu stärken; 2. eine auf staatliche Interessen fixierte Denkweise; **Etats généraux** *Mz.* (etah scheneroh, *frz.*) die vom frz. König zur Steuerbewilligung einberufenen Generalstände, bestehend aus Vertretern des Adels, des Klerus und der Bürger

etc. Abk. für **et cetera** (*lat.*) und so weiter

eternisieren (*lat.*) verewigen, Dauer verleihen

Eternit *s.* (*Wz.*) Baumaterial aus Asbest und Zement

Etesien *Mz.* (-si'en, *gr.*) trockene Nordwestwinde im östlichen Mittelmeergebiet; **Etesienklima** *s.* Klima der Subtropen (trocken im Sommer, feucht im Winter)
Ether = Äther
Ethik *w.* (*gr.*) Lehre vom sittlichen Verhalten; **ethisch** den Erkenntnissen der Ethik entsprechend, sittlich
Ethnie *w.* (-ni'e, *gr.*) Gruppe von Menschen mit einheitlicher Kultur und Sprache; **ethnisch** einer Ethnie zugehörig, eine Ethnie betreffend; **Ethnographie** *w.* beschreibende Völkerkunde, Eigw. **ethnographisch**; **Ethnologe** *m.* Wissenschaftler auf dem Gebiet der Ethnologie; **Ethnologie** *w.* wissenschaftliche Völkerkunde, Eigw. **ethnologisch**
Ethologe *m.* (*gr.*) Verhaltensforscher; **Ethologie** *w.* Verhaltensforschung, bes. des Verhaltens der Tiere
Ethos *s.* (*gr.*) sittliches Bewusstsein, moralische Grundhaltung
Etikett *s.* (*frz.*) Aufklebeschild mit Bezeichnung des Inhalts; **Etikette** *w.* 1. Hofsitte; 2. Vorschriften für gesellschaftliche Umgangsformen; **etikettieren** mit Zettel und Aufschrift versehen
Etüde *w.* (*frz.*) Studie, musikalisches Übungsstück
Etui *s.* (*frz.*) Behälter, Hülle
Etymologie *w.* (*gr.*) Wissenschaft vom Ursprung und der Bedeutungsentwicklung der Wörter; **etymologisch** worterklärend
Eu-, eu- (*gr.*) als Vorsilbe: gut, schön, leicht
Eubiotik *w.* (*gr.*) Lehre vom gesundheitlichen Leben
Eucharistie *w.* (*gr.*) Altarsakrament in der kath. Kirche; **eucharistisch** zum Altarsakrament gehörig
Eudämonie *w.* (*gr.*) Glückseligkeit; **Eudämonismus** *m.* Weltanschauung, die im Glück das Lebensziel sieht; **eudämonistisch** nach Glückseligkeit strebend; **Eudämonologie** *w.* Anleitung zum glücklichen Leben
Eudoxie *w.* (*gr.*) 1. guter Ruf; 2. richtiges Urteil
Eugenetik, Eugenik *w.* (*gr.*) Erbgesundheitsforschung, Eigw. **eugenisch**, **eugenetisch**; **Eugeniker** *m.* Forscher auf dem Gebiet der Eugenik
Eukalyptus *m.* (*gr.*) immergrüner Strauch oder Baum, dessen ätherische Öle zu Heilzwecken verwendet werden
Eukrasie *w.* (*gr.*) Lehre von der (guten) Zusammensetzung der Körpersäfte als Basis der Gesundheit
Eumeniden = Erinnyen
Eunuch *m.* (*gr.*) Kastrat, zeugungsunfähiger Mann
Euphemismus *m.* (*gr.*) Beschönigung, mildernde Umschreibung; **euphemistisch** beschönigend, verhüllend
Euphonie *w.* (*gr.*) sprachlicher Wohllaut, Wohlklang; **euphonisch** wohllautend
Euphorie *w.* (*gr.*) Gefühl erhöhten Wohlbefindens, Hochgefühl, Eigw. **euphorisch**
Euphuismus *m.* gezierter oder schwülstiger literarischer Stil (nach dem Roman «Euphues» von John Lyly, 1579)
Eurasien (-si'en) die zusammenhängende Landmasse von Europa und Asien
Eurhythmie *w.* (*gr.*) 1. Ausdrucks- und Bewegungskunst in der Anthroposophie; 2. Regelmäßigkeit des Pulses
Euro *m.* ab 2002 gemeinsame Währung von (zunächst) elf Staaten der Europäischen Union; **Euro-Stoxx** *m.* seit 1998 bestehender europäischer Aktienindex, der die 50 umsatzstärksten Aktienwerte der Länder der Europäischen Wirtschafts- und Währungsunion enthält
Eurovision *w.* Fernsehprogrammaustausch zwischen europäischen Fernsehanstalten
Eusebie *w.* (*gr.*) Frömmigkeit, Gottesfurcht, das Gegenteil von Asebie; Eigw. **eusebisch**
Euterpe *w.* (*gr.*) Muse der lyrischen Dichtkunst
Euthanasie *w.* (*gr.*) 1. Erleichterung des Sterbens; 2. Massentötung von (Geistes-) Kranken im Nationalsozialismus
eutroph (*gr.*) 1. reich an Nährstoffen; 2. überdüngt; **Eutrophie** *w.* guter Ernährungszustand
Evakuation *w.* (*lat.*) Herstellung eines Vakuums; **Evakuierung** *w.* Räumung, Aussiedlung; **evakuieren** 1. ein Gebiet

von den Bewohnern räumen, aussiedeln; 2. ein Vakuum herstellen
Evaluation *w.* (*engl.-frz.*) Bewertung, Beurteilung (von Projekten), Ztw. **evaluieren**
Evalvation *w.* (*lat.*) Schätzung, Bewertung, Bestimmung des Werts, bes. bei Münzen; **evalvieren** schätzen, berechnen, bewerten
Evangeliar *s.* (*gr.*) liturgisches Buch mit den Evangelientexten; **Evangelisation** *w.* Verkündigung des Evangeliums; **evangelisch** 1. der evangelischen Kirche angehörend; 2. auf das Evangelium bezüglich; **Evangelist** *m.* Verfasser eines Evangeliums; **Evangelium** *s.* eins der vier Bücher vom Leben Jesu im Neuen Testament
evaporabel (*lat.*) verdunstbar; **Evaporation** *w.* Verdampfung, Verdunstung (von Wasser); **Evaporator** *m.* Gerät, das aus Meereswasser Süßwasser erzeugt; **evaporieren** verdampfen, durch Verdampfen Wasser entziehen
Evasion *w.* (*lat.*) 1. Entweichen; 2. Ausflucht; **evasiv**, **evasorisch** ausweichend
Evektion *w.* (*lat.*) Abweichen des Mondes von seiner Bahn infolge unterschiedlicher Anziehungskraft der Sonne
Event *s.* (iwent, *engl.*), **Evenement** *s.* (evenmang, *frz.*), 1. Ereignis, Begebenheit; 2. medienwirksam inszenierte Veranstaltung (z. B. Ausstellung, Popkonzert)
eventual, eventualiter, eventuell (-tu'a-, *lat.*) möglich, möglicherweise, gegebenenfalls, vielleicht, unter Umständen; **Eventualität** *w.* Möglichkeit, möglicher Fall
Evergreen *m.* oder *s.* (ewwergrihn, *engl.*) Schlager mit dauerhaftem Erfolg
Evertebrat *m.* (*lat.*) wirbelloses Tier
evident (*lat.*) augenscheinlich, offenbar, einleuchtend, auf der Hand liegend; **Evidenz** *w.* Einsichtigkeit, Gewissheit
Evokation *w.* (*lat.*) 1. Vorladung; 2. das Hervorrufen von Vorstellungen; **evozieren** 1. vorladen; 2. hervorrufen, bewirken
Evolution *w.* (*lat.*) 1. allmähliche Entwicklung; 2. stammesgeschichtliche Entwicklung der Lebewesen; **evolutionär** auf Evolution beruhend, sich langsam entwickelnd, nicht revolutionär; **evolvieren** entfalten, entwickeln
evviva! (ewwiwa, *itl.*) er, sie lebe hoch!
ex aus, vorbei (umg.)
Ex *m.* und *w.* (Kurzform für Exmann, Exfrau) ehemalige(r) Partner(in) (umg.)
Ex-, ex- (*lat.*) als Vorsilbe: aus, aus... heraus, ehemalig
ex abrupto (*lat.*) überraschend, unvorhergesehen
Exaggeration *w.* (*lat.*) Übertreibung, Steigerung; **exaggerieren** übertreiben, steigern
exakt (*lat.*) 1. genau, sorgfältig; 2. berechen- und messbar, Hptw. **Exaktheit** *w.*
Exaltation *w.* (*lat.*) Überspanntheit, übertriebene Erregtheit; **exaltiert** überspannt, übersteigert
Examen *s.* (*lat.*) Prüfung; **Examinand** *m.* Prüfling; **Examinator** *m.* Prüfer; **examinieren** prüfen, ausfragen
Exanthem *s.* (*gr.*) Hautausschlag
Exanthropie *w.* (*gr.*) Menschenscheu
Exaration *w.* (*lat.*) Bodenabschürfung durch Gletscher
Exarch *m.* (*gr.*) 1. Vertreter des Patriarchen in der griech.-orthodoxen Kirche; 2. ehemaliger byzantinischer Statthalter in Italien; **Exarchat** *s.* Gebiet des byzantinischen Statthalters
Exartikulation *w.* (*lat.*) operative Abtrennung eines Gliedes im Gelenk
exc. = excudit
ex cathedra (*lat.*) 1. vom Papst verkündet; 2. als unanzweifelbar daherkommend
Exceptio *w.* (*lat.*) juristischer Einspruch
Exchange *w.* (ikstschehnsch, *engl.*) Tausch, Geldwechsel
excudit (*lat.*) auf Kupferstichen: hat gestochen
excusez! (exküseh, *frz.*) Verzeihung!
Exedra *w.* (*gr.*) 1. halbrunde Nische mit Sitzen; 2. Apsis (*Mz.* Exedren)
Exegese *w.* (*gr.*) wissenschaftliche Ausdeutung, Auslegung eines Textes, bes. der Bibel; **Exeget** *m.* Fachmann für die Bibelausdeutung; **Exegetik** *w.* Kunst der Textauslegung; **exegetisch** erklärend, auslegend, deutend
exekutieren (*lat.*) vollstrecken, hinrichten; **exekutiv** ausführend; **Exekutive**,

Exekutivgewalt *w.* Vollzugsgewalt des Staates; **Exekutor** *m.* Vollstrecker; **Exekution** *w.* 1. Vollzug, Vollstreckung eines richterlichen Spruches; 2. Hinrichtung

Exempel *s.* (*lat.*) Beispiel, Lehre; **Exempel statuieren** abschreckendes Beispiel setzen; **Exemplar** *s.* Einzelstück, Muster; **exemplarisch** 1. beispielhaft; 2. abschreckend; **Exemplifikation** *w.* Erläuterung durch Beispiele; **exemplifizieren** am Beispiel erläutern

exemt (*lat.*) von etwas ausgenommen, befreit; **Exemtion** *w.* Ausnahme, Befreiung von einer Pflicht

Exequatur *s.* (*lat.*) 1. behördliche Genehmigung; 2. Ermächtigung eines diplomatischen Vertreters

Exequien *Mz.* (-kwi'en, *lat.*) Begräbnisriten der kath. Kirche

exerzieren (*lat.*) (militärisch) drillen, einüben; **Exerzitien** *Mz.* (-zi'en) geistl. Übungen der Katholiken

Exhalation *w.* (*lat.*) Aushauchung, Ausdünstung (von Gasen bei Vulkanen)

Exhaustor *m.* (*lat.*) Absaugventilator

exhibieren (*lat.*) zur Schau stellen; **Exhibition** *w.* 1. Zurschaustellung; 2. (exhibischen, *engl.*) Ausstellung, Schau; **Exhibitionismus** *m.* zwanghafte Neigung zur Entblößung der Geschlechtsteile; **Exhibitionist** *m.* jmd., der an Exhibitionismus leidet; **Exhibitionsklage** *w.* Klage auf Aushändigung einer Sache

exhumieren (*lat.*) wieder ausgraben; **Exhumierung** *w.* Wiederausgrabung von Leichen für gerichtliche Zwecke

Exil *s.* (*lat.*) (Ort der) Verbannung; **exilieren** ausweisen, verbannen

eximieren (*lat.*) von einer Verbindlichkeit befreien, ausnehmen

existent (*lat.*) wirklich, vorhanden; **existential**, **existentiell** (-zi'a-) auf die Existenz bezüglich, daseinsmäßig; **Existentialismus** *m.* moderne Richtung der Existenzphilosophie, die als einzige Wirklichkeit die menschliche Existenz in den Mittelpunkt stellt; **Existenz** *w.* 1. Dasein, Vorhandensein; 2. materielle Lebensgrundlage; **Existenzminimum** *s.* Mindesteinkommen; **existieren** sein, vorhanden sein, leben, bestehen

exit, exeunt (-e'u-, *lat.*) geht ab, gehen ab (als Regieanweisung für Bühnenschauspieler); **Exit** *m.* (*engl.*) Ausgang; **Exitus** *m.* (*lat.*) Ausgang, Tod

Exkavation *w.* (*lat.*) Aushöhlung, Ausbuchtung (eines Organs); **exkavieren** aushöhlen

exkl. = exklusive

Exklamation *w.* (*lat.*) Ausruf; **exklamieren** ausrufen

Exklave *w.* (*frz.*) Teil des eigenen Staates in einem anderen Staatsgebiet; **exkludieren** ausschließen; **Exklusion** *w.* Ausschluss; **exklusiv** 1. ausschließlich; 2. anspruchsvoll; **exklusive** (-we) außer, mit Ausnahme von; **Exklusivität** *w.* das Exklusivsein

Exkommunikation *w.* (*lat.*) Kirchenbann, Ausschließung aus der kath. Kirche; **exkommunizieren** aus der kath. Kirche ausschließen, bannen

Exkrement *s.* (*lat.*) Ausscheidung (Harn, Kot); **Exkret** *s.* ausgeschiedenes Stoffwechselprodukt; **Exkretion** *w.* Vorgang der Absonderung, der Ausscheidung

Exkulpation *w.* (*lat.*) Rechtfertigung, Entlastung; **exkulpieren** rechtfertigen, entlasten

Exkurs *m.* (*lat.*) Abschweifung innerhalb einer Abhandlung; **Exkursion** *w.* Lehr- und Studienausflug

exlex (*lat.*) außerhalb des Gesetzes, vogelfrei

Exlibris *s.* (*lat.*) Eigentumszeichen in Büchern

Exmatrikel *w.* (*lat.*) Bescheinigung beim Abgang von der Hochschule; **Exmatrikulation** *w.* Streichung aus dem Studentenverzeichnis, Ztw. **exmatrikulieren**

Exmission *w.* (*lat.*) zwangsweise Ausweisung aus einer Wohnung; **exmittieren** ausweisen, gerichtlich entfernen

ex nihilo nihil (*lat.*) aus nichts entsteht nichts

ex nunc (– nunk, *lat.*) von jetzt an

Exo-, exo- (*gr.*) als Vorsilbe: außerhalb, außen

Exobiologie *w.* (*gr.*) Astrobiologie, Wissenschaft von den Möglichkeiten außerirdischen Lebens

Exodermis *w.* (*gr.*) äußeres Gewebe der Pflanzenwurzel

Exodus *m.* (*gr.*) Auszug der Juden aus Ägypten (im zweiten Buch Mose)
ex officio (*lat.*) von Amts wegen
Exogamie *w.* (*gr.*) Heirat außerhalb des eigenen sozialen Verbandes (z. B. Stamm, Kaste)
exogen (*gr.*) durch äußere Einflüsse entstanden, von außen her wirkend
exorbitant (*lat.*) außergewöhnlich, ungeheuerlich
ex oriente lux (-ri'e-, *lat.*) aus dem Osten kommt das Licht (zunächst auf die Sonne, später auf Kultur und Christentum bezogen)
Exorzismus *m.* (*gr.-lat.*) Austreibung böser Geister; **Exorzist** *m.* Geisterbeschwörer, Ztw. **exorzieren**
Exoten *Mz.* (*gr.*) Menschen, Tiere, Pflanzen aus fernen Ländern; **Exotik** *w.* Reiz des Fremdartigen; **exotisch** fremdartig, ausgefallen
exoterisch (*gr.*) allgemein verständlich, für alle zugänglich, nicht esoterisch
exotherm (*gr.*) unter Wärmeentwicklung ablaufend (von chem. Prozessen)
Expander *m.* (*lat.*) Muskelstrecker, Sportgerät zur Übung der Muskeln; **expandieren** sich ausdehnen; **expansibel** dehnbar; **Expansion** *w.* Ausdehnung, Ausbreitung; **Expansionspolitik** *w.* Eroberungspolitik; **expansiv** sich ausdehnend, raumgreifend
Expatriation *w.* (*lat.*) Ausbürgerung; **expatriieren** ausbürgern, Staatsangehörigkeit aberkennen
Expediatur *s.* (*lat.*) Abfertigungsbefehl; **Expedient** *m.* (-di'e-) 1. mit dem Versand Beauftragter; 2. Reisebürokaufmann; **expedieren** absenden, ausliefern, befördern; **Expedition** *w.* 1. Versandabteilung; 2. Forschungsreise
Expektorans *s.* (*lat.*) schleimlösendes Mittel; **Expektoration** *w.* 1. Herzensergießung; 2. Auswurf (von Schleim u. Ä.); **expektorieren** 1. sich aussprechen, seinem Herzen Luft machen; 2. abhusten
expensiv (*lat.*) kostspielig
Experiment *s.* (*lat.*) 1. wissenschaftlicher Versuch; 2. gewagtes Unternehmen; **Experimentator** *m.* jmd., der Versuche anstellt; **experimentell** auf Versuchen beruhend; **experimentieren** Versuche anstellen; **experimentum crucis** *s.* entscheidendes Experiment, das einen endgültigen Beweis bringen soll
Experte *m.* (*lat.*) Sachverständiger, Sachkenner; **Expertensystem** *s.* problemlösungsorientiertes Programmsystem (EDV); **Expertise** *w.* Gutachten eines Experten
Explanation *w.* (*lat.*) literaturwissenschaftliche Methode der Texterklärung; **explanieren** auslegen, erläutern
Explantat *s.* (*lat.*) Gewebekultur; **Explantation** *w.* Züchtung und Verpflanzung organischen Gewebes
Explikation *w.* (*lat.*) Erklärung; Erläuterung; **explizieren** erklären, erläutern; **explizit** 1. ausdrücklich; 2. differenziert
explodieren (*lat.*) platzen, in die Luft gehen, detonieren, zerspringen, zerknallen; **explosibel** selbstentzündlich; **Explosion** *w.* Detonation, Entladung, Sprengschlag; **explosiv** leicht explodierend
Exploitation *w.* (*frz.*) Nutzbarmachung, Ausbeutung; **exploitieren** nutzbar machen, ausbeuten
Exploration *w.* (*lat.*) Untersuchung, Befragung, Erforschung; **explorieren** untersuchen, erforschen, befragen
Exponat *s.* (*lat.-russ.*) ausgestellter Gegenstand, Museumsstück
Exponent *m.* (*lat.*) 1. Zahl, die den Grad einer Potenz oder Wurzel angibt; 2. charakteristischer Vertreter einer Richtung; **exponieren** 1. sich (Gefahr, Kritik u. Ä.) aussetzen; 2. darstellen, zur Schau stellen; **exponiert** herausgehoben
Export *m.* (*lat.*) Ausfuhr, Absatz im Ausland; **Exporten** *Mz.* Ausfuhrwaren; **Exporteur** *m.* (-tö̱r) jmd., der Waren ausführt; **exportieren** Waren ins Ausland ausführen
Exposé *s.* (*frz.*) Entwurf, Übersicht, Bericht; **Exposition** *w.* (*lat.*) 1. Einführung, vorbereitender Teil (z. B. eines Dramas, einer Sonate); 2. Aufriss in Punkten; 3. Ausstellung
ex post (*lat.*) hinterher
express (*lat.*) 1. ausdrücklich; 2. eilig; **Express** *m.* Schnellzug; **expressis verbis** ausdrücklich, in deutlichen Worten, unmissverständlich
Expression *w.* (*lat.*) Ausdruck; **Expres-**

sionismus *m.* Kunstrichtung des frühen 20. Jhs., die einen subjektiv-ausdrucksstarken Stil in Abgrenzung zu Impressionismus und Naturalismus entwickelte, Ausdruckskunst; **Expressionist** *m.* Vertreter des Expressionismus, Eigw. **expressionistisch**; **expressiv** ausdrucksvoll; **Expressivität** *w.* 1. Ausprägung, Ausprägungsgrad einer Erbanlage; 2. Ausdruckskraft; **exprimieren** herausdrücken (durch Druck)

ex professo (*lat.*) von Amts (Berufs) wegen, absichtlich

Expromission *w.* (*lat.*) Übernahme einer fremden Schuld

Expropriation *w.* (*lat.*) Enteignung; **expropriieren** enteignen

Expulsion *w.* (*lat.*) Entfernung, Austreibung; **expulsiv** austreibend, abführend

exquisit (*lat.*) auserlesen, edel

Exsekration *w.* (*lat.*) Fluch, rituelle Verwünschung der kath. Kirche; **exsekrieren** verfluchen

Exsikkation *w.* (*lat.*) Austrocknung; **exsikkativ** austrocknend; **Exsikkator** *m.* Gerät zum Austrocknen von Chemikalien

Exspiration *w.* (*lat.*) Ausatmung; **exspiratorisch** auf Exspiration beruhend; **exspirieren** ausatmen

Exstirpation *w.* (*lat.*) Entfernung eines Organs oder Gewebes; **exstirpieren** völlig entfernen, ausschneiden

Exsudat *s.* (*lat.*) ausgeschwitzte Flüssigkeit; **Exsudation** *w.* 1. krankhafte Ausschwitzung von Körperflüssigkeit; 2. Drüsenabsonderung bei Insekten

ex tempore (*lat.*) aus dem Stegreif; **Extempore** *s.* Stegreifspiel, Improvisation; **extemporieren** aus dem Stegreif spielen oder sprechen (auf der Bühne)

extendieren (*lat.*) ausdehnen, ausweiten; **Extension** *w.* 1. Ausdehnung, Streckung; 2. Begriffsumfang; **Extensität** *w.* Ausdehnung, Umfang, Breitenwirkung; **extensiv** ausgedehnt, umfassend; **Extensor** *m.* Streckmuskel (*Mz.* Extensoren)

Exterieur *s.* (exterjör, *frz.*) Äußeres, äußere Erscheinung, Außenseite; **Exteriorität** *w.* (*lat.*) Außenseite, Oberfläche

Extermination *w.* (*lat.*) 1. Landesverweisung; 2. Zerstörung; **exterminieren** vertreiben

extern (*lat.*) 1. auswärtig, fremd, draußen; 2. nicht im Internat wohnend; Hptw. **Externe** *w.* und *m.*; **Externalisation** *w.* (*engl.*) Verlegung eigener Gefühle in die Außenwelt, Projektion

exterritorial (*lat.*) der Landeshoheit nicht unterworfen; **Exterritorialität** *w.* rechtliche Unabhängigkeit von der Gerichtsbarkeit des Gastlandes (z. B. von Diplomaten)

Extinktion *w.* (*lat.*) 1. Schwächung des Lichts durch Absorption; 2. Erlöschen von Gedächtnisinhalten und bedingten Reflexen

extra (*lat.*) 1. besonders; 2. nebenbei, außerdem; 3. eigens, absichtlich; **Extra** *s.* Zubehör (zur Standardausstattung); **Extrablatt** *s.* Sonderausgabe einer Zeitung; **extra brut** (– brüt, *frz.*), **extra dry** (– drei, *engl.*) besonders herb, trocken (von Schaumwein)

extrahieren (*lat.*) ausziehen, herausziehen; **Extrakt** *m.* 1. Auszug (z. B. aus pflanzlichen Stoffen); 2. die wesentlichen Punkte (einer Abhandlung, Rede u. Ä.); **Extraktion** *w.* Herausziehen, Entfernen, Herauslösung; **extraktiv** ausziehend, auslaugend

extramental (*lat.*) außerhalb des erkennenden Bewusstseins

extramundan (*lat.*) außerweltlich

extra muros (*lat.*) außerhalb der (Stadt-) Mauern

extra ordinem (*lat.*) außer der Reihe

extraordinär (*lat.*) außergewöhnlich, außerordentlich; **Extraordinarium** *s.* der außerordentliche Haushaltsplan; **Extraordinarius** *m.* außerordentlicher Professor

Extrapolation *w.* (*lat.*) 1. Erweiterung, Ausweitung; 2. Verlängerung einer mathematischen oder statistischen Beziehung über den Beobachtungszeitraum hinaus, Ztw. **extrapolieren**

extraterrestrisch (*lat.*) außerhalb der Erde

Extratour *w.* (*lat.-frz.*) eigenwillige, von einem Gruppenkonsens abweichende Verhaltensweise

extrauterin (-tra'u-, *lat.*) außerhalb der Gebärmutter; **Extrauteringravidität** *w.* Bauchhöhlenschwangerschaft

extravagant (*lat.-frz.*) ausgefallen, aus

dem Rahmen fallend; **Extravaganz** *w.* auffallendes, aus dem Rahmen fallendes Verhalten
Extravasat *s.* (*lat.*) aus einem Körpergefäß ins Gewebe ausgetretene Flüssigkeit
extravertiert, extrovertiert (-wer-, *lat.*) nach außen gewandt, der Welt zugewandt, offen für Eindrücke von außen
extrazellulär (*lat.*) außerhalb der Zelle
extrem (*lat.*) 1. äußerst, am äußersten Punkt; 2. radikal; **Extrem** *s.* 1. der äußerste Punkt, der größte oder der kleinste Wert, die äußerste Möglichkeit; 2. Übertreibung; **Extremismus** *m.* übersteigert radikale Haltung; **Extremist** *m.* übersteigert radikaler Mensch, Eigw. **extremistisch**; **Extremitäten** *Mz.* Gliedmaßen
extrinsisch (*lat.*) von außen, durch äußere Antriebe
ex tunc (– tunk, *lat.*) von damals an
Exulant *m.* (*lat.*) Verbannter; **exulieren** in der Verbannung leben
Exulzeration *w.* (*lat.*) Geschwürbildung, Ztw. **exulzerieren**
Exundation *w.* (*lat.*) Überschwemmung; **exundieren** über die Ufer treten
Exuser *m.* (-juser, *engl.*) jmd., der nicht mehr rauschgiftsüchtig ist
ex usu (*lat.*) durch Übung, aus der Erfahrung
ex voto (*lat.*) einem Gelübde entsprechend; **Exvoto** *s.* Weihgeschenk, Votivgabe
ex work (– wörk, *lat.-engl.*) ab Werk (in Vertragsklauseln)
exzellent (*lat.*) ausgezeichnet, hervorragend, vorzüglich; **Exzellenz** *w.* 1. Vortrefflichkeit; 2. Titel für hohe Persönlichkeiten; **exzellieren** glänzen, sich hervortun
exzelsior! (*lat.*) empor! höher hinauf!
Exzentrik *w.* (*lat.*) 1. Artistik mit ausgefallenen Mitteln; 2. überspanntes Verhalten; **Exzentriker** *m.* 1. Varietékünstler, der ausgefallene Künste vorführt; 2. überspannter Mensch; **exzentrisch** 1. außerhalb des Mittelpunkts; 2. verstiegen, überspannt, ungewöhnlich; **Exzentrizität** *w.* 1. Abweichung vom Mittelpunkt; 2. Überspanntheit
Exzeption *w.* (*lat.*) Ausnahme; **exzeptionell** ungewöhnlich, außergewöhnlich; **exzeptiv** ausnehmend, ausschließend
exzerpieren (*lat.*) Auszüge machen; **Exzerpt** *s.* Auszug (aus einem Buch)
Exzess *m.* (*lat.*) Ausschreitung, Ausschweifung; **exzessiv** übermäßig, ausschweifend
exzidieren (*lat.*) ausschneiden; **Exzision** *w.* (*lat.*) Ausschneidung kranken Gewebes
exzitabel (*lat.*) erregbar, reizbar; **Exzitantien** *Mz.* (-zi'en) kreislaufanregende Arzneimittel; **Exzitation** *w.* Erregung, Aufregung; **exzitieren** anregen
Eyecatcher *m.* (eikätscher, *engl.*) Blickfang in der Werbung; **Eyeliner** *m.* (-leiner) Kosmetikstift oder Pinsel zum Ziehen eines Lidstrichs

F

f = forte
f. = 1. feminin; 2. folgende (Seite)
Fa. = Firma
Fabel *w.* (*lat.*) 1. Lehrdichtung, in der Tiere die Rolle der Menschen spielen; 2. Stoff einer Dichtung und Gang der Handlung; **Fabulant** *m.* Geschichtenerzähler, Schwätzer; **fabulieren** 1. erzählen, lebhaft berichten; 2. Geschichten erfinden, schwindeln; **fabulös** märchenhaft, unwahrscheinlich
Fabian Society *w.* (fehbjen ßoßei'eti, *engl.*) Vereinigung englischer Intellektueller am Ende des 19. Jhs.; **Fabianismus** die von o. g. Gesellschaft vertretene Theorie eines sozialreformerisch-evolutionären Sozialismus
Fable convenue *w.* (fabl congwenüh, *frz.*) eine erdichtete Geschichte, die man als Wahrheit gelten lässt
Fabrik *w.* (*lat.-frz.*) gewerblicher Betrieb, der Erzeugnisse serienmäßig maschinell produziert; **Fabrikant** *m.* Hersteller, Inhaber einer Fabrik; **Fabrikat** *s.* 1. Ware, die fabrikmäßig erzeugt wird; 2. bestimmter Typ eines Fabrikats; **Fabrikation** *w.* Herstellung von Waren in einer Fabrik; **fabrizieren** etwas (mehr schlecht als recht) zusammenbauen (scherzhaft)
Facelifting *s.* (fehß-, *engl.*) 1. Schönheitsoperation zur Straffung des Gesichtes; 2. geringfügige oder nur äußerliche Veränderung von Marktprodukten, deren Absatz stagniert; 3. das Aufpolieren, Modernisieren
Facette *w.* (fassette, *frz.*) 1. geschliffene Abschrägung an Spiegeln oder edlen Steinen; 2. Teil, Aspekt eines Zusammenhangs; **Facettenauge** *s.* aus mehreren Einzelaugen zusammengesetztes Auge der Insekten; **facettieren** abschrägen, Facetten (1) schleifen
Facialis = Fazialis
facile (fatschile, *itl.*) Musik: leicht
Façon = Fasson; **Façon de parler** (fassong de parle, *frz.*) Redensart, Phrase;
Façonné *m.* (-neh) Bezeichnung für Stoffe mit kleinen Webmustern
Factoring *s.* (fäk-, *engl.*) amerik. Methode der Absatzfinanzierung
Facts *Mz.* (fäkts, *lat.-engl.*) Tatsachen(material)
Facultas Docendi = Fakultas
Fade-out *s.* (fehdaut, *engl.*) Ausblenden von Musik; **Fading** *s.* Schwundeffekt in der Technik; **Fading-out** *s.* das Absetzen von, das Hinausschleichen aus therapeutischen Maßnahmen
Fado *m.* (fadu, *port.*) schwermütiges portugiesisches (Tanz-)Lied
Fagott *s.* (*itl.*) Holzblasinstrument, Bass der Holzbläser; **Fagottist** *m.* Fagottspieler
Faible *s.* (fehbl, *frz.*) Schwäche, Vorliebe, Neigung
Faille *w.* (faij, *frz.*) Stoff mit Ripscharakter aus Seide oder Kunstseide und rückwärtigem atlasartigem Glanz
fair (fähr, *engl.*) anständig, ehrlich, gerecht, den Spielregeln entsprechend; **Fairness** *w.* (-nis), **Fairplay** *s.* (-pleh) faires Verhalten
Fait accompli *s.* (fäht akongplih, *frz.*) vollendete Tatsache
Fake *s.* (fehk, *engl.*) Vortäuschung, Fälschung; **faken** etwas vortäuschen, zurechtmachen, frisieren
Fäkalien *Mz.* (-li'en, *lat.*) Kot
Fakir *m.* (*arab.*) 1. islamischer Bettelmönch; 2. hinduistischer Asket; 3. Zauberer, Gaukler in Indien
Faksimile *s.* (*lat.*) Reproduktion, fotomechanisch genaue Nachbildung, bes. von Handschriften und älteren Druckwerken; **faksimilieren** Faksimile herstellen
faktisch (*lat.*) tatsächlich, gegeben, wirklich; **Faktizität** *w.* nachweisbare Wirklichkeit, Tatsächlichkeit, Gegebenheit

Faktitivum *s.* (*lat.*) Zeitwort, das ein Bewirken ausdrückt (z. B. befreien = frei machen)

Faktor *m.* (*lat.*) 1. bestimmender Umstand, wichtiger Bestandteil, Gesichtspunkt; 2. Leiter der Setzerei; 3. Vervielfältigungszahl in der Multiplikation; **Faktorei** *w.* überseeische Handelsniederlassung in der Kolonialzeit

Faktotum *s.* (*lat.*) Axt im Hause, Mädchen für alles

Faktum *s.* (*lat.*) Tatsache, Tatbestand

Faktur, Faktura *w.* (*lat.*) Lieferschein, Rechnung für gelieferte Ware; **fakturieren** Rechnung ausschreiben; **Fakturist** *m.* kaufmännischer Angestellter, der Rechnungen aufstellt und prüft

Fakultas *w.* (*lat.*) Lehrbefähigung, Lehrberechtigung; **Fakultät** *w.* 1. größere, mehrere Wissenschaften zusammenfassende Abteilung einer Universität, deren Mitglieder Hochschullehrer und Studenten der Wissenschaften sind; 2. das Zeichen ! in der Mathematik (z. B. 6!, gesprochen: 6 Fakultät); **fakultativ** wahlfrei, nach eigenem Ermessen

Falange *w.* (falanche, *span.*) bis 1977 faschistische Staatspartei in Spanien; **Falangist** (-chist), *m.* Mitglied der Falange

fallieren (*frz.*) zahlungsunfähig werden, Bankrott machen

Fallot *m.* (*frz.*) Gauner, Betrüger

Fall-out *m.* (fohlaut, *engl.*) Niederschlag von radioaktiven Stoffen (z. B. nach Kernwaffenexplosionen)

Falsett *s.* (*itl.*) Kopfstimme, Fistelstimme

Falsifikat *s.* (*lat.*) Fälschung; **Falsifikation** *w.* Widerlegung einer Aussage durch ein Gegenbeispiel bzw. einen empirischen Gegenbeweis; **falsifizieren** widerlegen

Fama *w.* (*lat.*) Gerücht, Nachrede

familiär (*lat.*) vertraut, vertraulich, Hptw. **Familiarität, Familie** *w.* (*lat.*) 1. Eltern und Kinder, die nächste Verwandtschaft; 2. verwandte Gattung, biologische Einteilungsstufe zwischen Gattung und Ordnung

famos (*lat.*) ausgezeichnet, trefflich, prächtig

famulieren (*lat.*) ein medizin. Praktikum im Krankenhaus ableisten; **Famulus** *m.* (*lat.*) 1. Medizinstudent im Praktikum; 2. Gehilfe (scherzhaft)

Fan *m.* (fänn, *engl.*) begeisterter Anhänger

Fanal *s.* (*itl.*) 1. Feuerzeichen, Leuchtfeuer, Sturmzeichen; 2. Ereignis, Handlung als Auftaktzeichen einer Veränderung

Fanatiker *m.* (*lat.*) jmd., der sich fanatisch für etwas einsetzt; **fanatisch** mit Fanatismus denkend und handelnd; **fanatisieren** fanatisch machen; **Fanatismus** *m.* blindgläubiges, kompromiss- und rücksichtsloses Verfolgen eines (politischen) Ziels

Fandango *m.* (*span.*) spanischer Tanz mit Kastagnettenbegleitung

Fanfare *w.* (*frz.*) 1. gerade Trompete ohne Ventile; 2. Trompetensignal

Fango *m.* (*itl.*) mineralischer Schlamm für Heilpackungen

Fantasia *w.* (*span.*) nordafrikanisches Reiterschauspiel; **Fantasie** *w.* (*frz.*) Musikstück in freier Form (vgl. Phantasie)

Fantasy *w.* (fentesih, *engl.*) Roman- oder Filmgenre, das die Handlung in Märchen- und Traumwelten verlegt

FAO (aus *engl.* *F*ood and *A*gricultural *O*rganization) Ernährungs- und Landwirtschaftsorganisation der Vereinten Nationen, gegr. 1951, Sitz in Rom (Italien)

Farad *s.* Maßeinheit der elektr. Kapazität; **Faradisation** *w.* Heilbehandlung mit faradischem (Wechsel-)Strom (nach dem engl. Physiker M. Faraday)

Farandole *w.* (farangdol, *frz.*) provenzalischer Tanz

Farce *w.* (farß, *frz.*) 1. kurzes burleskes Spiel; 2. billige, abgeschmackte Posse; 3. Fleischfüllung; **farcieren** mit einer Fleischmasse füllen

farewell! (fähr-, *engl.*) leb(t) wohl!

Farin *m.* (*lat.-itl.*) 1. Rohzucker; 2. Puderzucker

Farm *w.* (*engl.*) landwirtschaftlicher Betrieb in Amerika und England; **Farmer** *m.* Landwirt

Faro = Pharao und Pharus

faschieren (*frz.*) Fleisch durch die Maschine drehen

Faschinen *Mz.* (*itl.*) Reisigbündel für (Ufer-)Befestigungsanlagen

Faschismus *m.* (*itl.*) 1. von Mussolini

etablierte nationalistische Gewaltherrschaft in Italien; 2. eine ähnlich organisierte Herrschaftsform oder Bewegung; **Faschist** *m.* Anhänger des Faschismus, Eigw. **faschistisch**; **faschistoid** in Gedanken oder Methoden dem Faschismus ähnelnd

Fashion *w.* (fäschen, *engl.*) 1. Mode; 2. Lebensart; **fashionable** (-ebl) modisch, schick

Fassade *w.* (*frz.*) 1. Vorderseite, Schauseite, Stirnseite; 2. Äußerlichkeit, äußerer Schein

Fasson *w.* (fassong, *frz.*) 1. Form, Schnitt, Sitz von etwas; 2. Lebensweise

Fastage = Fustage

Fastfood *s.* (fahstfuhd, *engl.*) 1. Schnellgerichte in Imbisslokalen; 2. etwas, was billig gemacht ist und schnell konsumiert wird

fastidiös (*frz.*) ärgerlich, widerwärtig

fastoso (*itl.*) Musik: prächtig

Faszes *Mz.* (*lat.*) Rutenbündel mit Beil als Symbol altrömischer Magistratsgewalt; von den italienischen Faschisten übernommen

Faszie *w.* (-zi'e, *lat.*) Muskelhaut, Bindegewebshaut

Faszikel *m.* (*lat.*) Aktenbündel

Faszination *w.* (*lat.*) Bezauberung, bannende Wirkung; **faszinieren** bezaubern, fesseln; **Faszinosum** *s.* etwas, was unwiderstehlich anzieht

fatal (*lat.*) 1. folgenschwer, verhängnisvoll; 2. unangenehm, peinlich; **Fatalismus** *m.* Lebenshaltung, die durch den Glauben an ein unentrinnbares, von einer überirdischen Macht verhängtes Schicksal bestimmt ist; **Fatalist** *m.* schicksalsergebener Mensch, Eigw. **fatalistisch**; **Fatalität** *w.* Peinlichkeit, Missgeschick

Fata Morgana *w.* (*itl.*) 1. Luftspiegelung; 2. Luftschloss, unrealistische Vorstellung

fatigieren (*frz.*) ermüden, langweilen

Fatum *s.* (*lat.*) Schicksal, Verhängnis

Fatwa *w.* (*arab.*) (nach muslimischen Rechtsvorstellungen) gesetzlicher Entscheid, ausgesprochen von den Ulema

Faun *m.* (*lat.*) römischer Gott mit Bocksfüßen, Sinnbild der Lüsternheit; **faunisch** geil, lüstern

Fauna *w.* (*lat.*) Tierwelt eines Gebiets; **Faunistik** *w.* Erforschung einer Fauna

faute de mieux (foht de miöh, *frz.*) notfalls, wenn's nichts Besseres gibt

Fauteuil *m.* (fotöj, *frz.*) Lehnsessel

Fauves *Mz.* (fohw, *frz.*) Gruppe französ. Maler um 1905; **Fauvismus** *m.* Malstil der Fauves mit reinen Farben, starken Kontrasten und flächiger Malweise

Faux frais *Mz.* (foh frä, *frz.*) Unkosten

Fauxpas *m.* (fopa, *frz.*) Missgriff, Taktlosigkeit

Favela *w.* (*port.*) Slum am Rande von Großstädten Südamerikas

favorisieren (*frz.*) 1. begünstigen, bevorzugen; 2. einen voraussichtlichen Sieger im Sport benennen; **Favorit** *m.* jmd., der favorisiert wird

Fax = Telefax

Fayence *w.* (fajangs) Töpferware mit farbiger oder weiß deckender Glasur (nach der italien. Stadt Faenza)

Fazenda *w.* (*port.*) Landgut in Brasilien

Fazetien *Mz.* (-ti'en, *lat.*) epigrammatisch verdichtete Kurzerzählungen mit erotischem oder satirischem Inhalt, bes. in der italien. Renaissance

fazial (*lat.*) das Gesicht betreffend; **Fazialis** *m.* (*lat.*) Gesichtsnerv, der das Mienenspiel ermöglicht

Fazilität *w.* (*lat.*) Leichtigkeit, Gewandtheit

Fazit *s.* (*lat.*) Ergebnis, Endsumme

FBI *m.* oder *s.* (eff bi ei, aus *engl.* *F*ederal *B*ureau of *I*nvestigation) Bundeskriminalamt der USA

FCKW = Fluorchlorkohlenwasserstoff

Feature *s.* (fihtscher, *engl.*) Dokumentarbericht mit Reportagen, Dialogen und Kommentaren in Radio und Fernsehen

febril (*lat.*) fieberhaft, fiebrig

fec. Abk. für **fecit** (*lat.*) auf Kunstwerken hinter dem Namen des Künstlers: er hat gemacht

Feedback *s.* (fihdbäck, *engl.*) 1. Rückkopplung, Rückmeldung von Ergebnissen; 2. Rückbeeinflussung durch die Wirkung des eigenen Verhaltens auf andere

Feeling *s.* (fihling, *engl.*) Gestimmtheit, Gefühl, Gespür

fekund (*lat.*) fruchtbar; **Fekundität** *w.* Fruchtbarkeit

Fellache *m.* (*arab.*) Ackerbauer in Ägypten

Fellatio *w.* (*lat.*) orale sexuelle Erregung des Penis

Fellow *m.* (felloh, *engl.*) 1. Mitglied eines College; 2. Stipendiat; **Fellowship** (-schip) Graduiertenstipendium; **Fellow-Traveller** *m.* (-träwweler) Sympathisant, Parteigänger

Felonie *w.* (*frz.*) Bruch der Lehnstreue

Feluke *w.* (*arab.*) kleines Küstenfahrzeug des Mittelmeerraums

feminin (*lat.*) weiblich; **feminisieren, feminieren** verweiblichen; **Femininum** *s.* Sprachlehre: weibliches Hauptwort (Abk. f.); **Feminismus** *m.* 1. Theorie und Praxis der Frauenbewegung; 2. Ausbildung weiblicher Geschlechtsmerkmale beim Mann bzw. bei männlichen Tieren; **feministisch** 1. den Feminismus betreffend; 2. die Ziele der Frauenbewegung vertretend

Femme fatale *w.* (famm fatal, *frz.*) begehrenswertes weibliches Luxusgeschöpf, das sich nicht scheut, seine spendablen Liebhaber in den (finanziellen) Ruin zu treiben, heute eine eher literarische Gestalt

Fender *m.* (*engl.*) Schutzpolster an Schiffswänden

Fermate *w.* (*itl.*) Haltezeichen über einer Note in der Notenschrift

Ferme *w.* (ferm, *frz.*) französisches Pachtgut, Meierei

Ferment *s.* (*lat.*) organischer Stoff, der einen Stoffwechsel steuert; **Fermentation** *w.* 1. Gärung; 2. biochem. Aufbereitung, bes. von Genussmitteln, zur Aromaentwicklung (z. B. von Tabak, Kakao); **fermentieren** mittels Fermentation verändern

feroce (ferohtsche, *itl.*) Musik: wild

Ferrite *Mz.* (*lat.*) Eisenkristalle; **Ferritantenne** *w.* Richtantenne

Ferr(o)-, ferr(o)- (*lat.*) als Wortteil: Eisen enthaltend; **Ferromagnetismus** *m.* Magnetismus des Eisens u. a. Elemente; **Ferrum** *s.* (*lat.*) Eisen (Zeichen: Fe)

fertil (*lat.*) fruchtbar; **Fertilität** *w.* Fruchtbarkeit

Fes, Fez *m.* (*türk.*) orientalische Kopfbedeckung aus rotem Filz

Festival *s.* (festiwel, *engl.*) periodisch stattfindendes kulturelles Ereignis; **Festivität** *w.* (*lat.*) Festlichkeit

festivo (*itl.*) Musik: feierlich, festlich

Feston *s.* (-tong, *frz.*) 1. Blumen- oder Fruchtgirlanden an Bauwerken; 2. gestickter Bogenrand an Stoffen; **festonieren** Stoffe ausbogen

fetal (*lat.*) zum Fötus gehörig

Fete *w.* (*frz.*) Fest, Party

Fetisch *m.* (*port.*) Zaubermittel, Gegenstand, dem Schutzkräfte zugeschrieben werden; **fetischisieren** etwas zum Fetisch machen; **Fetischismus** *m.* 1. Fetischglaube, Fetischverehrung; 2. Erregung der Sexualität durch bestimmte Gegenstände (z. B. Kleidungsstücke); **Fetischist** *m.* 1. Fetischverehrer; 2. Person mit fetischistisch geprägter Sexualität; **fetischistisch** den Fetischismus betreffend

Fetus, Fötus *m.* (*lat.*) Leibesfrucht ab der 12. Schwangerschaftswoche

feudal (*lat.*) 1. herrschaftlich, üppig; 2. zum Feudalismus gehörig; **Feudalismus** *m.* Herrschaftsform, die auf dem Lehnswesen und der politischen und wirtschaftlichen Macht des Adels aufgebaut ist; **Feudalität** *w.* 1. Lehnsverhältnis; 2. prunkvoller, üppiger Lebensstil

Feuilleton *s.* (föjetong, *frz.*) 1. Kulturteil der Zeitung; 2. literarischer Einzelbeitrag im Kulturteil; **Feuilletonist** *m.* jmd., der (im) Feuilleton schreibt; **feuilletonistisch** nicht wissenschaftlich, essayistisch; plaudernd, leicht, unterhaltend

Fez = Fes

ff = fortissimo

Fiaker *m.* (*frz.*) Pferdedroschke und deren Kutscher (Österreich)

Fiale *w.* (*gr.*) gotisches Spitztürmchen auf Strebepfeiler

Fiasko *s.* (*itl.*) Misserfolg, schwerer Reinfall

fiat (*lat.*) es sei, es geschehe; **fiat iustitia** die Gerechtigkeit nehme ihren Lauf

Fibel *w.* (*lat.*) 1. Schmuckspange, Gewandspange; 2. Abc-Buch für Schulanfänger

Fiber *w.* (*lat.*) Faser; **Fibrin** *s.* Eiweißstoff, der bei der Blutgerinnung auftritt; **Fibrom** *s.* gutartige Geschwulst im Bindegewebe; **fibrös** faserreich

Fiche *w.* (fisch, *frz.*) 1. Spielmarke; 2. fotografisch verkleinerte Datensammlung, die mit speziellen Geräten gelesen wird

Fiction *w.* (fikschen, *engl.*) Sammelbegriff für Prosaliteratur, die auf Fiktion beruht
Fichu *s.* (fischüh, *frz.*) Brusttuch
Fideikommiss *s.* (fide'i-, *lat.*) unveräußerliches familiäres Vermögen
fidel (*lat.*) lustig, vergnügt
Fidibus *m.* (*lat.*) gefalteter Papierstreifen zum Anzünden der Pfeife
Fiduz *s.* (*lat.*) Vertrauen, Zuversicht; **fiduziarisch** treuhänderisch
Fieldresearch *s.* (fihldresörtsch, *engl.*) Feldforschung, Markt- und Meinungsforschung; **Fieldwork** *s.* (-wörk) Befragung von Testpersonen; **Fieldworker** *m.* Interviewer
fiero (-i'e-, *itl.*) Musik: stolz
Fiesta *w.* (-i'e-, *span.*) spanisches Volksfest
fifty-fifty (*engl.*) halb und halb, halbpart
Figaro (*span.-itl.*) Frisör (scherzhaft; nach der Figur des Dieners in Beaumarchais' «Die Hochzeit des Figaro»)
Fight *m.* (feit, *engl.*) harter Kampf; **fighten** hart kämpfen; **Fighter** *m.* harter Kämpfer
Figur *w.* (*lat.*) 1. menschliche Gestalt, Körperform; 2. Darstellung eines Körpers in der Kunst; 3. Redefigur in der Rhetorik; 4. literarische Gestalt; 5. Bewegungsablauf im Tanz; 6. geschlossene Klangfolge; 7. Spielstein (z. B. beim Schach); 8. geometrische Darstellung; **figural** mit Figuren versehen; **Figuralmusik** *w.* mehrstimmige, kontrapunktische Musik des Mittelalters; **Figurant** *m.* nebensächliche Person; **Figuration** *w.* 1. Auflösung eines Akkords in gleichartige Figuren, Verzierung einer Melodie; 2. Formgebilde; **figurativ** gegenständlich, figürlich dargestellt; **figurieren** darstellen, auftreten als; **Figurine** *w.* 1. Modebild, Zeichnung eines Bühnenkostüms; 2. kleine Statue
Fiktion *w.* (*lat.*) etwas Vorgestelltes, Erdichtetes, Als-ob-Annahme; **fiktiv** auf Fiktion beruhend
Filament *s.* (*lat.*) 1. Staubfaden der Blüte; 2. fadenförmiges Gebilde in der Gasschicht der Sonne (z. B. leuchtender Gasnebel, Sonnenprotuberanz); 3. endlose Chemiefaser
File *s.* (feil, *engl.*) in einer Datei angelegte Datenmenge (EDV)
Filet *s.* (fileh, *frz.*) 1. Lendenstück; 2. Scheiben vom Lenden- oder Brustfleisch und vom entgräteten Fischrücken; **Filetarbeit** *w.* Nadel-Maschenarbeit, Ztw. **filieren**
Filiale *w.* (*lat.*) Zweigniederlassung, Tochtergesellschaft; **Filiation** *w.* 1. rechtliche Abstammung; 2. Gliederung des Staatshaushaltsplans
Filibuster *s.* (fillibaster, *engl.*) amerik. Bez. für eine Verschleppungstaktik in Debatten, z. B. Marathonreden, wodurch man die Verabschiedung von Gesetzen verhindert; Ztw. **filibustern** (vgl. Flibustier)
Filigran *s.* (*lat.*) Arbeit aus feinem Gold- oder Silberdraht; **filigran** feingliedrig
Filius *m.* (*lat.*) Sohn (scherzhaft)
Film *m.* (*engl.*) 1. dünnes Häutchen, dünne Schicht; 2. fotografische Emulsionsschicht, Rohfilm; 3. projiziertes Laufbild, Filmstreifen; 4. Lichtspielwesen; **filmen** einen Film machen; **filmisch** den Film betreffend, für den Film geeignet; **Film noir** *m.* (– noahr, *frz.*) Bez. der franz. Filmkritik für einen genreübergreifenden Stil des amerik. Films der 1940er-Jahre, der in eindrücklichen Schwarzweißbildern und nächtlich-düsteren Stimmungen seinen (Anti-)Helden scheitern ließ
Filou *m.* (filuh, *frz.*) Spitzbube, gerissener Halunke, Gauner
Filter *m.* oder *s.* (*lat.*) Klärvorrichtung; **Filtrat** *s.* gefilterte Flüssigkeit; **filtrieren** durch einen Filter laufen lassen, filtern
Filzokratie *w.* (*dt.-gr.*) Machtausübung durch begünstigende Ämterhäufung oder Ämterverfilzung
final (*lat.*) 1. beendend, endgültig; 2. zweckbestimmend; **Finale** *s.* (*itl.*) 1. Schlusssatz eines Musikwerks; 2. abschließender Höhepunkt einer Veranstaltung; 3. Endrunde, Endspurt; **Finalismus** *m.* (*lat.*) philosophische Lehre von der Zweckgerichtetheit allen Geschehens, Eigw. **finalistisch**; **Finalität** *w.* (*lat.*) Zweckbestimmtheit (z. B. einer Handlung) im Ggs. zur Ursachenbestimmtheit; **Finalsatz** *m.* Nebensatz, der eine Absicht ausdrückt
Finanzen *Mz.* (*frz.*) Geldwesen, Geldbesitz, Vermögensverhältnisse; **finanziell**

(-i'e-) geldlich; **Finanzier** *m.* (-zjeh) Geldgeber; **finanzieren** Geldmittel bereitstellen, auf Kredit kaufen; **Finanzierung** Geldmittelbeschaffung, Kreditgewährung

Fin de Siècle *s.* (fäng de ßjäkle, *frz.*) Schlagwort für das vorherrschende Lebensgefühl und seine künstlerischen Ausdrucksformen im Ausgang des 19. Jahrhunderts

Fine *s.* (*itl.*) Schlusszeichen in der Partitur

Finesse *w.* (*frz.*) Feinheit, Raffinesse, Kunstgriff

Finette *w.* (finett, *frz.*) feiner Barchent

fingieren (*lat.*) vortäuschen, erdichten

Finish *s.* (finisch, *engl.*) 1. Endkampf, Endspurt, Entscheidungskampf; 2. letzter Arbeitsgang, letzter Schliff; **finishen** 1. letzten Schliff geben; 2. im Finish das Letzte herausholen

Finissage *w.* (-ßahsch, *frz.*) Abschlussveranstaltung einer Kunstausstellung, Gegenstück zur Vernissage; **Finisseur** *m.* (-ör) Rennsportler, der beim Endspurt seine Stärken entfaltet

finito (*itl.*) vorbei, beendet (umg.)

Finte *w.* (*itl.*) Scheinangriff, Täuschungsversuch, Vorwand

Firlefanz *m.* 1. überflüssiger Kram; 2. Unsinn, Spinnerei

firm (*lat.*) beschlagen, sattelfest

Firma *w.* (*lat.*) 1. wirtschaftliches Unternehmen; 2. Geschäftsname; **firmieren** mit einem bestimmten Namen unterzeichnen, diesen führen

Firmament *s.* (*lat.*) Himmelsgewölbe

Firmelung, Firmung *w.* (*lat.*) kath. Sakrament, Bestätigung der Taufe, Ztw. **firmeln**, **firmen**

Firnis *m.* (*frz.*) glänzender Überzug, Lack; **firnissen** mit Firnis überziehen

first class (först klahs, *engl.*) erstklassig;

First Lady *w.* (– lehdi) Frau eines Staatsoberhaupts

Fishing for Compliments (fisching for kompliments) das Erpichtsein auf Komplimente

fiskalisch (*lat.*) die Staatskasse betreffend; **Fiskus** *m.* Staatskasse, Bezeichnung für den Staat als Eigentümer von Vermögen

Fisole *w.* (*gr.-itl.*) Bohne (Österreich)

fissil (*lat.*) spaltbar; **Fission** *w.* Spaltung eines (Atom-, Zell-)Kerns

Fissur *w.* (*lat.*) Riss, Knochenriss, Schleimhautriss, Schrunde

Fistel *w.* (*lat.*) 1. angeborener oder künstlicher Abflusskanal aus einer Körperhöhle; 2. hohe Stimmlage (Falsett); **fisteln** mit Fistelstimme sprechen oder singen

fit (*engl.*) in Form, leistungsfähig; **Fitness**, *w.* Bestform

fitten (*engl.*) anpassen; **Fitting** *s.* 1. das Anpassen; 2. Verbindungsstück an Rohrleitungen

Five o'clock tea *m.* (feif o klock tih, *engl.*) Fünfuhrtee

fix (*lat.*) 1. schnell; 2. fest; 3. gewandt

Fixateur *m.* (-tör, *frz.*) dem Parfum zugefügte Komponente, die seine Verdunstung verzögert; **Fixativ** *s.* (*lat.*) Mittel, um Zeichnungen unverwischbar zu machen;

fixe Idee *w.* Zwangsvorstellung

fixen (*engl.*) 1. Rauschgift injizieren; 2. auf Kursrückgang (von Wertpapieren) spekulieren; **Fixer** 1. jmd., der Drogen spritzt; 2. Börsenspekulant, der auf Kursrückgang rechnet; **fixieren** 1. haltbar, unempfindlich machen; 2. anheften, festmachen; 3. anstarren; 4. schriftlich niederlegen, verbindlich machen; 5. psychisch, emotional in einer frühkindlichen Phase stecken bleiben, Hptw. **Fixierung** *w.*; **Fixpunkt** *m.* Festpunkt, Ausgangspunkt; **Fixstern** *m.* scheinbar unbeweglicher Stern; **Fixum** *s.* festes Honorar

Fizz *m.* (fiß, *engl.*) Cocktail mit Früchten oder Säften und Sodawasser

Fjäll, Fjeld, Fjell *m.* (*schwed.*) Hochebene der skandinavischen Gebirge

Fjord *m.* (*dän.-norw.*) tief eingeschnittene enge Meeresbucht

fl. = Florin

Flagellanten *Mz.* (*lat.*) Geißler, Büßerscharen mit Geißeln; **Flagellaten** *Mz.* Geißeltierchen; **Flagellation** *w.* sexuelle Befriedigung durch Geißeln

Flageolett *s.* (flascholett, *frz.*) 1. kleine Schnabelflöte; 2. hoher, flötenähnlicher Ton auf Saiteninstrumenten

flagrant (*lat.*) offensichtlich, ins Auge fallend; **in flagranti** auf frischer Tat

Flair *s.* (flähr, *frz.*) 1. Spürsinn, Witterung; 2. persönliche Ausstrahlung, Note
Flakon *s.* (flakong, *frz.*) Fläschchen aus geschliffenem Glas
Flambeau *m.* (flangboh, *frz.*) 1. Fackel; 2. hoher Armleuchter; **flambieren** Speisen mit Spirituosen übergießen und kurz anzünden
Flamberg *m.* Zweihänderschwert mit welliger Klinge, Flammenschwert (nach einem altfranz. Heldenepos)
Flamboyant *s.* (flangboajang, *frz.*) 1. flammenartiges gotisches Maßwerk; 2. tropischer Zierstrauch
Flamenco *m.* (*span.*) Tanzlied und Tanz in Andalusien
Flammeri *m.* (*engl.*) kalter Grießpudding
Flanell *m.* (*engl.*) leicht gerautes Woll- oder Baumwollgewebe in Köperbindung
Flaneur *m.* (flanör, *frz.*) Müßiggänger; **flanieren** bummeln, umherschlendern
flankieren (*frz.*) 1. seitlich begrenzen; 2. seitlich decken
Flare *m.* (flähr, *engl.*) Strahlungsausbruch in der Chromosphäre
Flash *m.* (fläsch, *engl.*) 1. kurze Einblende, Rückblende im Film; 2. Wirkungsbeginn des Rauschgifts; **Flashlight** *s.* (-leit, *engl.*) Flackerlicht (z. B. in Diskos)
Flat *s.* (flätt, *engl.*) 1. um einen Halbton erniedrigte Note; 2. Kleinwohnung
Flatterie *w.* (*frz.*) Schmeichelei
Flatulenz *w.* (*lat.*) Blähung, Blähsucht
flautando (*itl.*) Musik: flötenartig; **Flauto** *m.* Flöte
flebile (*itl.*) Musik: kläglich, flehend
flektieren (*lat.*) beugen, ein Wort konjugieren oder deklinieren
Fleuron *s.* (flörong, *frz.*) stilisierte Blume in Stein oder im Buchdruck; **Fleurop** *w.* (flörop, aus *lat. fl*ores *Europ*ae) internationaler Auftragsdienst für Blumengeschenke
flexibel (*lat.*) 1. biegsam, anpassungsfähig; 2. beugbar (vom Wort); **Flexibilität** *w.* Biegbarkeit, Biegsamkeit, Anpassungsfähigkeit; **Flexible Response** *s.* (flexibl rispons, *engl.*) seit den 60er Jahren gültige NATO-Konzeption für Konflikte in Europa, nach der einem feindlichen Angriff wirkungsvoll, aber begrenzt begegnet werden soll; **Flexion** *w.* Beugung eines Wortes; Biegung, Knickung; **Flexor** *m.* Beugemuskel; **Flexur** *w.* 1. Biegung, Krümmung eines Organs; 2. bruchlose Biegung von Gesteinsschichten
Flibustier *m.* (-büsti'er, *frz.*) Seeräuber, Freibeuter
Flic *m.* (flick, *frz.*) französischer Polizist
Flicflac, Flickflack *m.* (*frz.*) mehrfacher Handstandüberschlag nach rückwärts
Flightrecorder *m.* (fleitrikorder, *engl.*) Flugschreiber
Flip *m.* (*engl.*) 1. alkoholisches Mischgetränk mit Ei oder Eigelb; 2. Eiskunstlaufsprung; **Flipchart** *m.* (-tschart) großer Papierblock auf einer Halterung; **Flipflop** *s.* Kippschaltung in elektronischen Geräten; **Flipper** *m.* Spielautomat; **Flippie** *m.* unruhiger, bei keiner Sache bleibender Mensch, Eigw. **flippig** (umg.)
Flirt *m.* (flöhrt, *engl.*) 1. erotisch-verspielte Kontaktaufnahme zwischen zwei Personen; 2. Liebelei; **flirten** mit jmdm. (oder etwas) einen Flirt beginnen
floaten (flohten, *engl.*) schwanken (von Wechselkursen), Hptw. **Floating** *s.*
Flop *m.* (*engl.*) misslungenes Projekt, Misserfolg
Floppydisk, Floppy *w.* (*engl.*) Diskette (EDV)
Flor *m.* (*lat.*) 1. Blütenpracht; 2. schwarzer Seidenkrepp; 3. Haardecke aus Samt, Plüsch; **Flora** *w.* 1. römische Blumengöttin; 2. Pflanzenwelt eines Gebiets; **floral** mit Blumen geschmückt, geblümt; **Floreal** *m.* (*frz.*) der achte Monat des französischen Revolutionskalenders (20. April bis 19. Mai); **Floreszenz** *w.* Blütenstand, Blütezeit; **florid** in voller Blüte, voll entwickelt; **florieren** in Blüte stehen, gedeihen, sich günstig entwickeln; **Florilegium** *s.* Blütenlese; **Florist** *m.* 1. Blumenbinder; 2. Pflanzenforscher; **Floristik** *w.* Erforschung der Flora eines Gebiets, Eigw. **floristisch**
Florett *s.* (*span.*) Stoßdegen mit dünner Klinge; **Florettseide** *w.* Abfallseide
Florin *m.* (*itl.-frz.*) alte Bez. für Gulden
Floskel *w.* (*lat.*) inhaltsleere Redewendung, konventionelle Höflichkeitsformel
Flotation *w.* (*lat.*) Aufbereitungsverfahren, Schwemmverfahren für Mineralien

u. a. Stoffe, Ztw. **flotieren**; **Flotte** *w.* 1. Gesamtheit der Schiffe eines Staates; 2. größerer Schiffsverband; 3. Behandlungsbad für Textilien; **flottieren** schwimmen, treiben; **Flottille** *w.* (flottije, eingedeutscht flotille, *frz.*) kleinerer Schiffsverband

Flower-Power *w.* (flauer pauer, *engl.*) Slogan der Hippiebewegung, die mit Blumen als Symbol der Gewaltlosigkeit demonstrierte

Fluid *s.* (*lat.*) flüssiges Mittel; **fluid** flüssig; **Fluidität** *w.* Fließfähigkeit; **Fluidum** *s.* besondere Ausstrahlung, atmosphärische Wirkung eines Menschen, einer Umgebung oder Situation

Fluke *m.* (*engl.*) Schwanzflosse des Wals

Fluktuation *w.* (*lat.*) 1. Hin- und Herschwanken bes. von Flüssigkeiten; 2. schneller Wechsel; **fluktúieren** hin und her wogen, wechseln; **fluktuierend** unsicher, schwankend

Fluor *m.* (*lat.*) Scheidenausfluss

Fluor *s.* (*lat.*) chem. Element, ein giftiges Nichtmetall; **Fluorchlorkohlenwasserstoff** *m.* chem. Verbindung, als Kältemittel und Treibgas die Ozonschicht schädigend (weltweit verboten ab dem Jahr 2000; Abk. FCKW); **Fluoreszenz** *w.* Aufleuchten bei oder Nachleuchten nach Bestrahlung; **fluoreszieren** aufleuchten

Fluorid *s.* (*lat.*) Salz der Flusssäure; **fluoridieren**, **fluorieren** Fluoride zum Trinkwasser zusetzen (zur Kariesvorbeugung)

Fluorit *m.* (*lat.*) Flussspat

fluvial (*lat.*) zum Fluss gehörig, vom Fluss gebildet; **Fluviograph** *m.* selbsttätig aufzeichnender Pegel

Flush *m.* (flasch, *engl.*) Wallung, Hautröte

Fluxus *m.* (*lat.*) 1. Eiterfluss; 2. Kunstrichtung des Neodadaismus um 1960, die Theater, Musik und bildende Kunst zur Aktionskunst verband

Flyer *m.* (fleier, *engl.*) 1. Vorspinnmaschine; 2. Handzettel, Werbezettel (z. B. für eine Veranstaltung)

fob. Abk. für *free on board* (frih on bord, *engl.*): Verkäufer trägt Transportkosten bis aufs Schiff

Föderalismus *m.* (*lat.*) Streben nach weitgehender Selbständigkeit der Einzelstaaten in einem Bundesstaat; **Föderalist** *m.* Anhänger des Föderalismus; **föderalistisch** auf Föderalismus beruhend, dem Föderalismus geneigt; **Föderation** *w.* (Staaten-)Bund; **föderativ** bündnismäßig; bundesstaatlich; **föderiert** verbündet; **Föderierte** Verbündete

Fog *m.* (*engl.*) dichter Nebel

fokal (*lat.*) den Brennpunkt betreffend; **Fokaldistanz** *w.* Brennweite; **Fokalinfektion** *w.* Erkrankung durch Streuung eines Krankheitsherds; **Fokus** *m.* 1. Brennpunkt; 2. Krankheitsherd; **fokussieren** 1. etwas auf einen Brennpunkt richten; 2. (Licht-)Strahlen sammeln, Hptw. **Fokussierung** *w.*

fol. = Folio

Foliant *m.* (*lat.*) dickes Buch, Buch im Folioformat

Folie *w.* (-li'e, *lat.*) 1. Hintergrund; 2. sehr dünn ausgewalztes Metall- oder Kunststoffblatt

Folio *s.* (*itl.*) großes Buchformat (4 Buchseiten pro Bogen)

Folium *s.* (*lat.*) getrocknetes Pflanzenblatt

Folk *m.* (fohk, *engl.*) 1. englischsprachige Volksmusik; 2. Musikstil in der Unterhaltungsmusik, der Elemente der Volksmusik verwendet; **Folketing** *s.* (*dän.*) das dänische Abgeordnetenhaus; **Folklore** *w.* (*engl.*) 1. Gesamtheit der Volksüberlieferungen als Gegenstand der Volkskunde; 2. volksmusikalische Elemente in der Kunst- und Unterhaltungsmusik; **Folklorismus** *m.* Pflege und kommerzielle Nutzung der Volksüberlieferungen; **Folklorist** *m.* Volkskundler; **Folkloristik** *w.* Wissenschaft von den Volksüberlieferungen, Volkskunde; **folkloristisch** 1. volkskundlich; 2. volksliedhaft (von Musik); 3. (kommerziell) volkstümlich; **Folksong** *m.* Song, der sich am englischsprachigen Volkslied orientiert

Follikel *m.* (*lat.*) Drüsenknötchen, Hautsäckchen, Bläschen; **Follikelhormon** *s.* weibliches Sexualhormon, Eigw. **follikular**, **follikulär**

Fon = Phon

Fond *m.* (fong, *frz.*) 1. Grundlage; 2. Hintergrund (z. B. eines Bildes); 3. Rücksitz im Wagen; 4. Fleischsaft; **au fond** (o fong)

im Grunde, genau genommen; **à fond perdu** (a fong perdüh) auf Verlustkonto

Fondant *s.* (fongdang, *frz.*) Süßigkeit aus weichem Zucker

Fonds *m.* (fong, *frz.*) Bestand, Rücklage, verfügbarer Geldvorrat

Fondue *w.* (fongdüh, *frz.*) mit Wein geschmolzenes Käsegericht

Fontäne *w.* (*lat.-frz.*) Springbrunnen

Fontanelle *w.* (*lat.*) Knochenlücke am Schädel des Säuglings

Fooddesigner *m.* (fuhddiseiner, *engl.*) jmd., der professionell Fotos von Speisen für Zeitschriften u. a. macht

Foot *m.* (fut, *engl.*) Fuß, englisches Maß, etwa 30 cm

Force *w.* (forß, *frz.*) Stärke, Kraft; **Force de Frappe** *w.* (– de frapp) die atomare Abschreckungsstreitmacht Frankreichs; **Force majeure** (– maschöhr) höhere Gewalt; **forcieren** mit Nachdruck betreiben, zwingen, erzwingen

Forehand *w.* (fohrhänd, *engl.*) Vorhandschlag im Tennis, Tischtennis usw.

Foreign Affairs *Mz.* (forin efärs, *engl.*) auswärtige Angelegenheiten, Außenpolitik; **Foreign Office** *s.* (– offiß) das britische Auswärtige Amt

forensisch (*lat.*) gerichtlich

Formaggio *m.* (formadschoh, *itl.*) italien. Bez. für Käse

formal (*lat.*) was die Form angeht, äußerlich; **formalisieren** 1. in eine systematische Form bringen; 2. zur Form erstarren lassen; **Formalismus** *m.* Überbetonung des Formalen, Eigw. **formalistisch**; **Formalist** *m.* jmd., der die Form und das Formale überbetont; **Formalität** *w.* Formsache, Förmlichkeit; **formaliter** der Form nach, der Form wegen; **formell** förmlich

Formaldehyd *m.* Ameisensäure, giftiges Raumdesinfektionsmittel; **Formalin** *s.* (*Wz.*) Konservierungsmittel z.B. für anatom. Präparate auf der Basis von Formaldehyd

Format *s.* (*lat.*) 1. Normgröße; 2. Bedeutung, überdurchschnittliches Niveau einer Person; 3. Anordnung von Daten (EDV); **formatieren** Ordnungsmerkmale für Daten festlegen, Hptw. **Formatierung** *w.* (EDV)

Formation *w.* (*lat.*) 1. in bestimmter Weise angeordnetes, strukturiertes Ganzes; 2. erdgeschichtlicher Abschnitt; 3. geschlossene Pflanzengesellschaft; 4. Truppeneinheit; **formativ** gestaltend

Formel *w.* (*lat.*) 1. kürzeste Form einer Begriffsbestimmung; 2. feststehende Redewendung; 3. chemische, physikalische, mathematische Bezeichnung

formidabel (*frz.*) sehr gut, außergewöhnlich

formieren (*lat.*) in einer bestimmten Form aufstellen, ordnen, gestalten

Formular *s.* (*lat.*) Vordruck, Formblatt; **formulieren** in Worte fassen, ausdrücken

Fort *s.* (fohr, *frz.*) Festungswerk

forte (*itl.*) Musik: stark, laut (Abk. f); **fortissimo** sehr laut (Abk. ff)

FORTRAN *s.* (aus *engl. for*mular *tran*slator) Programmiersprache, bes. für technische und mathematisch-wissenschaftliche Probleme (EDV)

Fortuna *w.* (*lat.*) Erfolg, Glück (nach der römischen Göttin des Glücks)

Forum *s.* (*lat.*) 1. Marktplatz im antiken Rom; 2. öffentliche Diskussion; 3. Plattform

forzando (*itl.*) Musik: verstärkt, mit starker Betonung (Abk. fz)

Foße *w.* (fohß, *frz.*) Fehlfarbe, leere Karte

Fossil *s.* (*lat.*) 1. Versteinerung oder Abdruck von Lebewesen der geologischen Vorzeit (*Mz.* Fossilien [-li'en]); 2. altmodischer Mensch, der seine Zeit überlebt hat (umg.); **fossil** versteinert, urzeitlich

fötal = fetal

Fotoapparat *m.* (*gr.-lat.*) Stehbildkamera; **fotogen** (*engl.*) bildwirksam, gut zu fotografieren (bes. von Personen); **Fotograf** *m.* (*gr.*) jmd., der professionell fotografiert; **Fotografie** *w.* 1. Verfahren zur Herstellung von Lichtbildern; 2. einzelnes Lichtbild, Foto; **fotografieren** Bilder mit dem Fotoapparat machen; **fotografisch** zur Fotografie gehörig; **Fotogramm** *s.* fotografisches Messbild von beliebigen Objekten; **Fotokopie** *w.* durch Fotografie hergestellte Kopie, Ztw. **fotokopieren**; **fotomechanisch** mittels Fotografie und Ätztechnik hergestellt; **Fotomodell** *s.* jmd., der sich beruflich als Modell für Werbung und Mode fotografieren lässt; **Fotomontage** *w.* Zusammensetzung verschiedener Fotos oder Ausschnitte zu einem neuen Bild; **Fotorealismus** *m.* von den USA ausgehende Richtung der Malerei der 1960er-Jahre, die unter Verwendung fotografischer Elemente einen hyperrealistischen (Mal-)Stil entwickelte

Fötus = Fetus

Foul *s.* (faul, *engl.*) grober Verstoß gegen die sportlichen Regeln; **foul** regelwidrig, unsportlich

Foulard *m.* (fulahr, *frz.*) 1. (meist bedruckter) leichter Seidenstoff; 2. Maschine zum Färben und Aufbessern von Geweben; **Foulard** *s.* Seidenschal

Fourage = Furage

fow. Abk. für *free on wagon* (frih on wäggen, *engl.*): Verkäufer trägt die Transportkosten bis zum Eisenbahnwagen

Foxterrier *m.* (-ri'er, *engl.*) englische Hunderasse

Foxtrott *m.* (*engl.*) aus Amerika stammender Gesellschaftstanz in vielen Varianten

Foyer *s.* (foajeh, *frz.*) Wandelgang, Erfrischungsraum im Theater

Fra = Frater

Frack *m.* (*engl.*) 1. Gesellschaftsanzug für Herren; 2. berufliche Kleidung der Kellner

fragil (*lat.*) zerbrechlich, überzart; **Fragilität** *w.* Zartheit, Zerbrechlichkeit

Fragment *s.* (*lat.*) Bruchstück, unvollendetes Werk; Eigw. **fragmentarisch**

frais, fraise (frähs, *frz.*) erdbeerfarbig

fraktal (*engl.*) vielfältig gegliedert, strukturiert

Fraktion *w.* (*lat.-frz.*) 1. parlamentarische Vertretung einer Partei; 2. durch chem. Trennung eines Stoffgemischs gewonnener Anteil; **fraktionieren** aufteilen, unterteilen

Fraktur *w.* (*lat.*) 1. Knochenbruch; 2. Schreib- und Druckschrift mit mehreren Varianten

Frambösie *w.* (*frz.*) tropische Hautkrankheit

Franc *m.* (frang, *lat.-frz.*) Währungseinheit in Frankreich und anderen europäischen Ländern vor Einführung des Euro (2002)

Française *w.* (frangßäs, *frz.*) alter Gesellschaftstanz

Franchise *w.* (frangschis, *frz.*) Abgaben- und Zollfreiheit; **Franchising** *s.* (fräntscheising, *engl.*) spezielle gemeinsame Warenvertriebsform mehrerer Unternehmen

frankieren (*itl.*) Postsendung freimachen, Hptw. **Frankierung** *w.*; **franko** freigemacht, portofrei

frankophil (*lat.-gr.*) allem Französischen zugeneigt, Hptw. **Frankophilie** *w.*

Franktireur *m.* (-rör, *frz.*) Freischärler

frappant (*frz.*) überraschend, schlagend, auffallend; **Frappé** *m.* Stoff mit eingepressten Mustern; **Frappé** *s.* alkoholisches Getränk auf zerkleinertem Eis; **frappieren** 1. überraschen, stutzig machen; 2. Getränke mit Eis kühlen

Frater *m.* (*lat.*) Ordensbruder, Mönch (*Mz.* Fratres); **fraternisieren** verbrüdern; **Fraternisierung** *w.* Verbrüderung; **Fraternität** *w.* Bruderschaft; Brüderlichkeit

Freak *m.* (frihk, *engl.*) 1. Angehöriger einer Subkultur; 2. auf eine Tätigkeit, ein Hobby fixierte Person (z. B. Computerfreak)

Freelance *m.* (frihlähnß, *engl.*) freiberuflich Tätiger

free on board = fob.

free on wagon = fow.

Fregatte *w.* (*frz.*) altes Kriegsschiff, Schnellsegler

frenetisch (*gr.*) rasend, wahnsinnig, tobend

frequent (*lat.*) häufig; **frequentieren** häufig besuchen, in Anspruch nehmen, Hptw. **Frequentation** *w.*; **Frequenz** *w.* 1. Zulauf, Besucherzahl; 2. Schwingungszahl, Periodenzahl

fresco (*itl.*) Musik: frisch, lebhaft

Fresko *s.*, **Freske** *w.* (*itl.*) 1. Wandmalerei auf frischem Verputz (*Mz.* Fresken); 2. frotteeartiger Stoff aus Wolle u. a. Material in Leinenbindung

Frigidaire *m.* (frischidähr, *Wz.*, *frz.*) Kühlschrank(marke); **Frigidarium** *s.* 1. kaltes Gewächshaus; 2. Abkühlungsraum in altrömischen Thermen

Frigidität *w.* (*lat.*) sexuelle Unerregbarkeit oder Orgasmusunfähigkeit bei Frauen, Eigw. **frigid**, **frigide**

Frikadelle *w.* (*frz.*) gebratenes Hackfleischklößchen
Frikandeau *s.* (frikangdoh, *frz.*) gedämpfte Kalbsnuss
Frikassée *s.* (*frz.*) Stücke von hellem Fleisch in heller Soße; **frikassieren** Fleisch zerstückeln
frikativ (*lat.*) durch Reibung erzeugt; **Frikative** *Mz.* Sprachlehre: Reibelaute; **Friktion** *w.* 1. Reibung; 2. Widerstand, Verzögerung
Frimaire *m.* (frimähr, *frz.*) der dritte Monat im Kalender der Französischen Revolution (21. November bis 20. Dezember)
Frisé *s.* (*frz.*) frotteeartiges Gewebe; **Frisée** *m.* gekräuselter Salat
Friseur, Frisör *m.* (frisör, *frz.*), **Friseurin** (-ör-), **Friseuse** *w.* (frisöse) jmd., der Haarschnitt und Haarpflege professionell beherrscht; **frisieren** 1. die Haare kämmen, bürsten und stylen; 2. etwas manipulieren (z. B. eine Motorleistung, eine Bilanz); **Frisur** *w.* das Ergebnis des Frisierens
Frittate *w.* (*itl.*) dünner Eierkuchen als Suppeneinlage
Fritte *w.* (*itl.*) Glaspulvermasse; **Fritten** *Mz.* (*frz.*) eingedeutschte Kurzform von Pommes frites; **fritten** (*engl.*) 1. eine Glasschmelze abschrecken; 2. eine pulverförmige Mischung erhitzen; 3. frittieren (umg.); **frittieren** (*lat.-frz.*) in siedendem Fett garen
frivol (*frz.*) leichtfertig, schlüpfrig; **Frivolität** *w.* Zweideutigkeit, Leichtfertigkeit; **Frivolitätenarbeit** *w.* Schiffchenspitzenarbeit
Fromage de Brie *m.* (frommasch de bri, *frz.*) französischer weicher Käse (meist: Brie)
Fronde *w.* (frongde, *frz.*) kämpferische, politische Opposition; **Frondeur** *m.* (frongdöhr) Anhänger der Fronde, Regierungsgegner; **frondieren** Widerstand leisten, sich auflehnen
Front *w.* (*frz.*) 1. Vorderseite eines Gebäudes; 2. vorderste Kampflinie; 3. Block, geschlossene (Gegen-)Gruppe; 4. Grenzbereich zwischen Luftmassen; **frontal** 1. auf der Vorderseite; 2. von vorn; **Frontale** *w.* Darstellung(sweise), Abbildung von vorn; **Frontispiz** *m.* 1. Giebeldreieck über vorspringendem Gebäudeteil; 2. verziertes Buchtitelblatt
Frontier *w.* (frantjer, *engl.*) 1. (Siedlungs-)Grenze im 19. Jh. in den USA zwischen dem Land der Indianer und der Siedler; 2. Siedler, Pionier
Frottee *s.* (*frz.*) Kräuselstoff mit Noppen; **frottieren** reiben
Froufrou *s.* (frufru, *frz.*) das Rascheln von eleganten Damenunterkleidern, der Mode um 1900 entsprechend
Fructidor *m.* (frü-, *frz.*) der zwölfte Monat des französischen Revolutionskalenders (18. August bis 16. September)
frugal (*lat.*) einfach, mäßig, bescheiden (von Mahlzeiten), Hptw. **Frugalität** *w.*
Fruktifikation *w.* (*lat.*) Fruchtbildung
Fruktose *w.* (*lat.*) Fruchtzucker
Frust *m.*, **Frustration** *w.* (*lat.*) Versagung, erzwungener Verzicht und das sich daraus ergebende Gefühl der Enttäuschung; **frustrieren** versagen, Erwartungen enttäuschen
fud. Abk. für **fudit** (*lat.*) auf Glocken und anderen Gusswerken: er hat gegossen
Fugato *s.* (*lat.-itl.*) fugenartiger Teil in einem Musikstück; **Fuge** *w.* mehrstimmiger Satz von komplizierter, strenger Führung der Stimmen; **Fughetta** *w.* kleine Fuge; **fugiert** nach Art der Fuge komponiert
Fulldress *s.* (*engl.*) Gesellschaftsanzug, Gala
Fulltimejob *m.* (-teimdschobb, *engl.*) ganztägige Beschäftigung
fulminant (*lat.*) blendend, zündend, durchschlagend
Fumarole *w.* (*itl.*) vulkanische Gaswolke
Fundament *s.* (*lat.*) Grundlage, Grundstein, Grundmauern; **fundamental** grundlegend; **Fundamentalismus** *m.* starres Festhalten an politischen, religiösen u. a. Grundsätzen, Eigw. **fundamentalistisch**; **Fundamentalist** *m.* Anhänger eines Fundamentalismus; **fundamentieren** einen Grund legen; **Fundi** *m.* Kurzform von Fundamentalist (mit entschärfender Bedeutung); **fundieren** 1. mit Mitteln ausstatten; 2. untermauern; **fundiert** 1. gut ausgerüstet, abgesichert; 2. gut begründet, überzeugend

Fundus *m.* (*lat.*) 1. Bestand, Grundstock; 2. Ausstattungsbestand eines Theaters

funebre (fünäbre, *frz.*), **funerale** (*itl.*) Musik: traurig, düster

Funeralien *Mz.* (-li'en, *lat.*) Begräbnisfeierlichkeiten

fungibel (*lat.*) austauschbar, unterschiedlich verwendbar; **fungieren** wirken als, eine Funktion erfüllen

Fungosität *w.* (*lat.*) schwammartige Wucherung; **Fungus** *m.* Pilz, Geschwulst

Funk *m.* (fank, *engl.*) rhythmisch pointierter, perkussiver Stil in der modernen Unterhaltungsmusik, bes. schwarzer Musiker

Funktion *w.* (*lat.*) 1. Tätigkeit, Aufgabe, Zweck; 2. Leistung (eines Organs); 3. mathematische Größe, zu deren Wert ein bestimmter Wert einer anderen Größe gehört; **funktional** der Funktion entsprechend, zweckgerichtet; **Funktionalismus** *m.* 1. wissenschaftlicher Denkansatz, der komplexe Systeme als Gesamtheit der Funktionen der Systemelemente untereinander versteht; 2. (Postulat der) Übereinstimmung von Gestalt und Zweck in der Architektur; **Funktionär** *m.* aktiv tätiges Mitglied einer Organisation mit bestimmten Aufgaben; **funktionell** die Leistung betreffend, wirksam; **funktionieren** reibungslos vonstatten gehen

fuocoso (*itl.*) Musik: mit Leidenschaft

Furage *w.* (furasch, *frz.*) Verpflegung der Truppen; **furagieren** (furaschihren) Lebensmittel (und Futter) für die Truppe beschaffen

Furie *w.* (-ri'e, *lat.*) 1. römische Rachegöttin; 2. wutentbranntes Weib; **furios** wütend, leidenschaftlich zornig; **furioso** (*itl.*) Musik: wild, leidenschaftlich

Furnier *s.* (*frz.*) dünnes Blatt aus edlem Holz zur Verkleidung einfacher Hölzer; **furnieren** mit Furnier bedecken, beziehen

Furor *m.* (*lat.*) Wut, Zorn; **Furore** *w.* Begeisterung, Raserei; **Furore machen** Begeisterung, Aufsehen erregen

Furunkel *m.* (*lat.*) eitrige Entzündung einer Talgdrüse; **Furunkulose** *w.* heftige anhaltende Furunkelbildung

füsilieren (*frz.*) standrechtlich erschießen

Fusion *w.* (*lat.*) Vereinigung, Verschmelzung (z. B. von Unternehmen, Atomkernen, Zellen); **fusionieren** zusammenlegen, verschmelzen

Fustage, Fastage *w.* (füstasch, fastasch, *frz.*) Leergut

Fusti *Mz.* (*itl.*) Abfälle und Unreinheiten an einer Ware und entsprechender Abzug am Preis

Futhark *s.* (fußark, *skand.*) ältestes Runenalphabet

futil (*lat.*) nichtig, unbedeutend, Hptw. **Futilität** *w.*

Futon *s.* (*jap.*) hart gepolsterte japanische Matratze

Futur, Futurum *s.* (*lat.*) Sprachlehre: die grammatische Form des Zeitwortes, mit der eine Voraussage, Vermutung, feste Absicht oder Aufforderung ausgedrückt wird; **Futures** *Mz.* (fjutschers, *engl.*) Termingeschäfte (an der Börse); **Futurismus** *m.* revolutionäre, von Italien ausgehende Kunstrichtung zu Beginn des 20. Jhs.; **Futurist** *m.* Vertreter des Futurismus; **futuristisch** dem Futurismus entsprechend, zum Futurismus gehörend; **Futurologie** *w.* (*lat.-gr.*) Zukunftsforschung

fz = forzando

G

g = Gramm

Gäa *w.* (*gr.*) griech. Göttin der Erde

Gabardine *m.* (-din, auch: -din, *frz.*) dichtes, schräg geripptes Gewebe aus Kammgarn oder Baumwolle

Gadget *s.* (gät-, *engl.*) Nippes, Krimskrams

Gag *m.* (gäg, *engl.*) komischer Einfall, bes. im Film

gaga verrückt, meschugge (umg., Herkunft ungeklärt)

Gagat *m.* (*gr.*) als Schmuckstein verwendete glänzende Pechkohle, Jet

Gage *w.* (gasche, *frz.*) Gehalt von Künstlern

Gagliarde *w.* (galjarde, *itl.*), **Gaillarde** *w.* (gaijard, *frz.*) fröhlicher alter Tanz; **gaio** (*itl.*), **gaiment** (gämang, *frz.*) Musik: heiter

Gagman *m.* (gägmän, *engl.*) Spezialist für die Erfindung und Konstruktion von (filmischen) Gags

Gala *w.* (*span.*) 1. festliche Kleidung; 2. Hoftracht; 3. prunkvolle Aufführung

galaktisch (*gr.*) zur Milchstraße gehörend; **Galaxie** *w.* Sternsystem; **Galaxis** *w.* Milchstraße

Galaktometer *s.* (*gr.*) Messapparat für die Qualität der Milch; **Galaktose** Bestandteil des Milchzuckers

Galalith *m.* (*Wz.*) Kunststoff aus Milcheiweiß

Galan *m.* (*span.*) Verehrer, Liebhaber (ironisch); **galant** höflich, betont aufmerksam gegenüber dem weiblichen Geschlecht; **Galanterie** *w.* galante Bemerkung, galantes Verhalten; **Galanthomme** *m.* (galangtomm, *frz.*) franz. Bez. für einen galanten Mann

Galeasse *w.* (*frz.*) 1. Küstenfrachtsegler; 2. größere Galeere

Galeere *w.* (*gr.-itl.*) Ruder- oder Segelkriegsschiff des Mittelalters

galenische Mittel *Mz.* pflanzliche Arzneimittel, die in der Apotheke hergestellt werden (nach dem griech.-röm. Arzt Galenus)

Galeone, Galione *w.* (*span.*) großes span.-port. Kauffahrtei- und Kriegsschiff mit Segeln (15.–18. Jh.)

Galerie *w.* (*frz.*) 1. nach einer Seite offener, gedeckter Gang; 2. oberster Rang im Theater; 3. Kunsthandlung, Gemälde- und Kunstsammlung

Galimathias *m.* (*gr.-frz.*) verworrenes Geschwätz

Galion, Gallion *s.* (*span.*) Vorbau am Bug alter Schiffe; **Galionsfigur** *w.* 1. Schmuckfigur am Bug; 2. Vorzeigefigur, Wortführer (z. B. einer Partei)

Galipot *m.* (galipoh, *frz.*) Fichtenharz

Gallert *s.*, **Gallerte** *w.* (*lat.*) Sülze aus tierischen oder pflanzlichen Säften

Gallien (-li'e-, *lat.*) röm. Name Frankreichs; **gallisch** 1. zu Gallien gehörig; 2. stellvertr. für französisch; **gallikanische Kirche** die mit Sonderrechten versehene kath. Kirche Frankreichs vor der Revolution; **Gallium** *s.* chem. Element, ein Metall; **Gallizismus** *m.* (*lat.*) für die französische Sprache typische, in eine andere Sprache übernommene Eigentümlichkeit; **gallophil** allem Französischen zugeneigt

Gallon *m.* oder *s.* (gällen, *engl.*), **Gallone** *w.* (*frz.*) in England und Amerika gebräuchliches Hohlmaß (rd. 4,5 l in Großbritannien, rd. 3,8 l in den USA)

Gallupinstitut *s.* (gällep-) amerikan. Institut für Meinungsforschung (gegr. 1935 von G. H. Gallup)

Galon *m.* (galong, *frz.*) Tresse, Borte, Litze; **galoniert** mit Gold- oder Silbertresse besetzt; **galonierter Diener** Diener in betresster Livree

Galopp *m.* (*itl.*) Sprunglauf des Pferdes; **galoppieren** Galopp reiten, rennen

Galosche *w.* (*frz.*) Gummischuh

Galvanisation *w.* (nach dem italien. Naturforscher L. Galvani) 1. Überziehen eines Gegenstandes mit einer Metallschicht durch Elektrolyse; 2. Heilbehandlung mit galvanischem Strom; **galvanischer Strom** Gleichstrom; **Galvaniseur** *m.* (-sör) Facharbeiter für das Galvanisieren; **galvanisieren** 1. auf elektr. Wege mit einer Metallschicht überziehen; 2. mit galvanischem Strom behandeln; **galvanisch** auf der elektrolytischen Erzeugung von Strom basierend; **Galvano** *s.* auf galvanischem Wege hergestellter Druckstock; **Galvanokaustik** *w.* Ausglühen von krankem Gewebe durch einen galvanisch glühenden Draht; **Galvanokauter** *m.* Instrument für Galvanokaustik; **Galvanometer** *s.* Gerät zur Messung geringer Stromstärken; **Galvanoplastik** *w.* Herstellung von Metallkopien durch galvanische Niederschläge; **Galvanopunktur** *w.* elektrische Entfernung von Haaren; **Galvanotechnik** *w.* Sammelbez. für verschiedene Verfahren des Galvanisierens

Gamasche *w.* (*frz.-span.*) Knöchel- oder Wadenbekleidung aus Leder oder Stoff

Gambe *w.* (*itl.*) Kniegeige

Gambit *s.* (*itl.-frz.*) Eröffnung einer Schachpartie mit einem Bauernopfer

Gambrinus *m.* (*lat.*) sagenhafter flandrischer König, gilt als Erfinder des Bierbrauens

Gameshow *w.* (gehmschoh, *engl.*) Gewinnspiel-Unterhaltungsshow, bes. im Fernsehen

Gameten *Mz.* (*gr.*) Geschlechtszellen (Ei- und Samenzellen), Fortpflanzungszellen

gamin (gameng, *frz.*) jungenhaft, androgyn

Gamma (*gr.*) dritter Buchstabe des griech. Alphabets, Γ, γ; **Gammaglobulin** *s.* Eiweiß des Blutplasmas, ein Immunglobulin; **Gammaquant** *s.* Elementarteilchen der Gammastrahlen; **Gammastrahlen** *Mz.* kurzwellige Röntgenstrahlen, γ-Strahlen

Ganeff *m.* (*jidd.*) Ganove

Gang *m.* (gäng, *engl.*) organisierte kriminelle Bande; **Gangster** *m.* (gängster) Mitglied einer Gang

Ganglion *s.* (*gr.*) 1. Überbein; 2. Nervenknoten, Anhäufung von Nervenzellen; **Ganglienzellen** (-li'en) Nervenzellen

Gangrän *s.* (*gr.*) Wundbrand, Zersetzung von Körpergewebe; **gangränös** brandig

Gangspill *s.* (*niederl.*) Ankerwinde am Schiff

Gangster = Gang

Gangway *w.* (gängweh, *engl.*) Laufsteg vom Schiff zum Ufer, fahrbare Treppe zum Besteigen eines Flugzeugs

Ganove *m.* (*hebr.*) Spitzbube, Dieb, Gauner

Gant *w.* (*itl.*) Zwangsversteigerung, Konkurs

Ganymed *m.* (*gr.*) 1. Mundschenk und Geliebter des Zeus; 2. größter Jupitermond

Gap *s.* (gäp, *engl.*) 1. Forschungslücke in Wissenschaft und Technik; 2. Chromosomenlücke

Garage *w.* (garasche, *frz.*) Einstellraum für Autos

Garamond, Garmond *w.* (-mong, *frz.*) 1. Schriftart; 2. Schriftgrad von 10 Punkt

Garant *m.* (*frz.*) Bürge; **Garantie** *w.* Bürgschaft, Gewährleistung, Zusicherung; **garantieren** bürgen, gewährleisten

Garçon *m.* (garßong, *frz.*) franz. Bez. für Kellner

Garde *w.* (*frz.*) Leibwache, Elitetruppe; **Gardedukorps** *s.* (garddükohr) 1. Leibgarde; 2. (*m.*) Leibgardist; **Gardist** *m.* Angehöriger der Garde

Gardemanger *m.* (gardmangscheh, *frz.*) Koch für Kaltspeisen

Garderobe *w.* (*frz.*) 1. Kleidung, Kleiderbestand; 2. Kleiderablage; **Garderobier** *m.* (-bi'eh), **Garderobiere** *w.* (-bi'är) Person, die Schauspieler ankleidet und ihre Garderobe wartet

gardez! (gardeh, *frz.*) Achtung! (Ausruf beim Schachspiel für Bedrohung der Dame)

Gardine *w.* (*lat.*) Fenstervorhang

Garnele *w.* (*niederl.*) schmackhafter, kleiner Seekrebs

garnieren (*frz.*) ausschmücken, verzieren, reizvoll anrichten, Hptw. **Garnierung** *w.*

Garnison *w.* (*frz.*) Truppenstandort

Garnitur *w.* (*frz.*) 1. Verzierung, Besatz; 2. Satz zusammengehöriger Gegenstände

Garotte *w.* (*span.*) Halseisen, mit dem die Todesstrafe durch Erdrosselung ausgeführt wurde

Gasel *s.*, **Gasele** *w.* (*arab.*) Gedichtform

der orientalischen Lyrik mit demselben Reim in jeder zweiten Verszeile
Gaskonade *w.* (*frz.*) Aufschneiderei
Gasolin *s.* (*engl.*) Leichtbenzin; **Gasometer** *m.* Gaskessel, Gasbehälter
gastrisch (*gr.*) den Magen betreffend; **Gastritis** *w.* Magenkatarrh, Entzündung der Magenschleimhaut; **gastrogen** vom Magen ausgehend; **Gastroskop** *s.* Magenspiegel; **Gastroskopie** *w.* Untersuchung mit dem Gastroskop
Gastronom *m.* (*gr.*) Gastwirt und Fachmann der feinen Küche; **Gastronomie** *w.* 1. Gaststättengewerbe; 2. feine Kochkunst; **gastronomisch** feinschmeckerisch; **Gastrosophie** *w.* Kunst des Feinschmeckers
Gate *s.* (geht, *engl.*) besondere Elektrode bei der Steuerung eines Elektronenstroms; **Gate-Array-Bausteine** *Mz.* (-ärreh) kostengünstige Chips mit Logikgattern; **Gatefold** *s.* übergroße Seite in einem Buch oder einer Illustrierten, die auf das entspr. Format zusammengefaltet ist
GATT (aus *engl.* *G*eneral *A*greement on *T*ariffs and *T*rade) von 1947 bis Anfang der 1990er-Jahre bestehendes Allgemeines Zoll- und Handelsabkommen zwischen der UNO angehörigen oder assoziierten Vertragsparteien, Sitz in Genf (heute: WTO)
Gaucho *m.* (gautscho, *span.*) südamerikanischer Rinderhirt zu Pferde
Gaudeamus (*lat.*) Anfang eines Studentenliedes: Freuen wir uns; **Gaudium** *s.* Belustigung, Spaß
gaufrieren (go-, *frz.*) (Papier, Gewebe, Leder) rillen, prägen
Gavotte *w.* (gawott, *frz.*) mäßig schneller altfranzösischer Tanz
Gay *m.* (geh, *engl.*) Homosexueller; **gay** homosexuell
Gaze *w.* (gase, *frz.-pers.*) lose gewebter Stoff; in Baumwolle: Verbandstoff
Gazelle *w.* (*frz.-arab.*) Antilopenart in den afrik. und asiatischen Steppen
Gazette *w.* (*itl.-frz.*) Zeitung (heute eher abwertend)
Gecko *m.* (*malai.*) Klettereidechse
gehandikapt = Handikap
Geiser, Geysir *m.* (*isl.*) periodisch sprudelnder heißer Springquell vulkanischen Ursprungs
Geisha *w.* (gehscha, *jap.*) in Musik, Tanz und gesellschaftlichen Zeremonien ausgebildete Gesellschafterin in japanischen Teehäusern
Geison *s.* (*gr.*) Kranzgesims antiker Tempel
Gel *s.* (gehl, Kurzform von Gelatine) gallertartiges, wasserhaltiges Kolloid; **Gelatine** *w.* (schela-, *frz.*) aus Knochen gewonnene Gallerte; **gelatinieren** zur Gelatine erstarren
Gelee *s.* (scheleh, *frz.*) mit Zucker eingedickter Fruchtsaft; **Gelée royale** *s.* (– roajal) Futtersaft für die Bienenkönigin; **gelieren** dick werden, gelatineartig werden
Gemination *w.* (*lat.*) Verdoppelung von Konsonanten; **Gemini** *Mz.* Zwillinge; **Geminiden** *Mz.* Meteorstrom im Sternbild der Zwillinge
Gemme *w.* (*lat.*) Edelstein mit eingeschnittenen Figuren; **Gemmoglyptik** *w.* (*gr.*) Kunst, Gemmen zu schneiden
Gen *s.* (*gr.*) Erbträger in den Chromosomen (*Mz.* Gene)
genant (sche-, *frz.*) 1. peinlich; 2. verlegen, befangen; **sans gêne** (sang schän) zwanglos
Genbank, Genbibliothek *w.* Einrichtung zur Sammlung und Überlieferung von Genmaterial
Gendarm *m.* (schangdarm, *frz.*) Landjäger; **Gendarmerie** *w.* Polizei in Landbezirken Österreichs und der Schweiz
Genealoge *m.* (*gr.*) Stammbaumforscher; **Genealogie** *w.* 1. Stammbaumforschung; 2. Herkunftsforschung (z. B. von Krankheiten), Eigw. **genealogisch**
Genera = Genus
General *m.* (*frz.*) 1. Offizier der höchsten Rangklasse; 2. Vorsteher eines kath. Ordens; **General-** als Wortteil: Haupt-, Ober-; **Generalbass** = Basso continuo; **Generalisation**, **Generalisierung** *w.* Verallgemeinerung; **generalisieren** verallgemeinern; **Generalissimus** *m.* oberster Befehlshaber, Titel von Stalin, Franco; **Generalist** *m.* jmd., der im Ggs. zu einem Spezialisten in seinen (wissenschaftlichen) Interessen nicht festgelegt ist; **Generalität** *w.* Gesamtheit der Generale (auch Generäle); **generell** allgemein, allgemein gültig

Generation *w.* (*lat.*) 1. Gesamtheit der Altersgenossen; 2. Menschenalter; 3. die einzelnen Glieder der Geschlechterfolge; 4. die technischen Geräte eines bestimmten Herstellungs- oder Ausstattungstypus; **generativ** 1. die Fortpflanzung betreffend; 2. Sprachlehre: die Erzeugung von Sätzen betreffend

Generator *m.* (*lat.*) Erzeuger von Strom und Gas; **Generatorprogramm** *s.* ein Computerprogramm, das ein Benutzerprogramm erzeugt (EDV); **generieren** (*lat.*) erzeugen, produzieren, hervorbringen; **generisch** die Gattung, die Herkunft betreffend

generös (*lat.-frz.*) großmütig, großzügig, freigebig, Hptw. **Generosität** *w.*

Genese *w.* (*gr.*) Entstehung, Entwicklung; **Genesis** *w.* (*gr.*) 1. Ursprung, Schöpfung; 2. das erste Buch Mose

Genetik *w.* (*gr.*) Vererbungslehre; **genetisch** 1. entwicklungsgeschichtlich; 2. auf der Genetik beruhend; **genetischer Code** *m.* Verschlüsselung der genetischen Information in DNS und RNS

Genever *m.* (schenewer, *lat.-frz.*) holl. Wacholderbranntwein (auch: Genewer)

genial (*lat.*) schöpferisch, großartig; **genialisch** 1. genial veranlagt; 2. überschwänglich; **Genialität** *w.* geistige Schöpferkraft; **Genie** *s.* (schenih) 1. schöpferische Begabung; 2. Mensch mit außergewöhnlicher schöpferischer Begabung

Genien *Mz.* (geni'en, *lat.*) römische Schutzgeister

genital (*lat.*) die Geschlechtsorgane betreffend; **Genitale** *s.* Geschlechtsorgan (*Mz.* Genitalien [-li'en])

Genitiv *m.* (*lat.*) Sprachlehre: der 2. Fall, antwortet auf die Frage: wessen?

Genius *m.* (*lat.*) 1. Genie; 2. röm. Schutzgeist, helfende Macht; 3. geflügelte Gottheit in künstler. Darstellungen; **Genius Loci** *m.* das an einem Orte herrschende geistige Klima; **Genius Morbi** *m.* Krankheitscharakter; **Genius saeculi** *m.* (-sä-) Geist der Zeit, des Jahrhunderts

Genklonierung *w.* (*gr.*) identische Vermehrung eines isolierten Gens; **Genmanipulation** *w.* Veränderung des Erbguts von Zellen oder Organismen durch Übertragung fremder genetischer Information; **Genmutation** *w.* erbliche Veränderung eines Gens; **Genom** *s.* der die Erbmasse tragende einfache Chromosomensatz einer Zelle; **Genomik** *w.* neue Disziplin der Genforschung, die darauf abzielt, die Gesamtheit aller Erbanlagen sowie die Funktionen und das zeitliche Zusammenspiel aller Gene zu erfassen; **Genotyp**, **Genotypus** *m.* Summe der Erbfaktoren eines Lebewesens

Genozid *m.* (*gr.-lat.*) Völkermord, Vernichtung ethnischer, rassischer oder religiöser Gruppen

Genre *s.* (schangre, *frz.*) (Kunst- und Literatur-)Gattung; **genrehaft** dem alltäglichen Leben entnommen; **Genremalerei** *w.* Darstellung des alltäglichen Lebens

Gens *w.* (*lat.*) altröm. Familienverband, Sippe (*Mz.* Gentes); **Gentilen** *Mz.* Angehörige der Gentes

Gent *m.* (dschent, Kurzform von Gentleman, *engl.*) Stutzer, Geck

Gentechnologie *w.* (*gr.*) Forschung und Entwicklung von Verfahren zur Genmanipulation, die Genmanipulation als Forschungsgebiet der Mikrobiologie

gentil (schangtij, *frz.*) nett, liebenswürdig, fein; **Gentilhomme** *m.* (-omm) französ. Bez. für Gentleman

Gentilen = Gens

Gentleman *m.* (dschentlmän, *engl.*) nobler Mann, Mann mit Charakter; **gentlemanlike** (-laik) nobel, mit Lebensart; **Gentlemen's Agreement** *s.* (– egrihment) Übereinkunft ohne schriftlichen Vertrag, auf Treu und Glauben

Gentry *w.* (dschentri, *engl.*) der niedere englische Adel

genuin (*lat.*) 1. angeboren; 2. echt, unverfälscht

Genus *s.* (*lat.*) 1. Art, Gattung; 2. grammatisches Geschlecht (*Mz.* Genera)

Geo-, geo- (*gr.*) Vorsilbe: Erd-, Erde

Geobotanik *w.* (*gr.*) Pflanzengeographie; **Geodäsie** *w.* Vermessungskunde; **Geodät** *m.* Landmesser; **geodätisch** die Geodäsie betreffend; **Geogenese** *w.* Wissenschaft von der Entstehung der Erde; **Geograph** *m.* Geographiewissenschaftler; **Geographie** *w.* Erdkunde, Wissenschaft von der Erde, Eigw. **geographisch**; **Geo-**

id *s.* die theoretische Gestalt der Erde; **Geologe** *m.* Vertreter der Geologie; **Geologie** *w.* Wissenschaft von der stofflichen Beschaffenheit der Erdkruste und ihrer Entwicklung, Eigw. **geologisch**; **Geometer** *m.* Vermessungsingenieur; **Geometrie** *w.* die Raumlehre als Teil der Mathematik, Eigw. **geometrisch; Geomorphologie** *w.* Wissenschaft von den Formen der Erdoberfläche und ihren Veränderungen, Eigw. **geomorphologisch**; **Geophysik** *w.* Wissenschaft von den physikalischen Eigenschaften des Erdkörpers; **Geopolitik** *w.* Lehre vom Einfluss der geographischen Bedingungen auf die Politik; **Geosphäre** *w.* Erdhülle; **Geotektonik** *w.* Lehre vom Aufbau der Erdrinde; **Geotherapie** *w.* klimatische Heilbehandlung; **Geothermometer** *s.* Thermometer zur Bestimmung der Temperatur verschiedener Erdschichten; **Geotropismus** *m.* Fähigkeit der Pflanzen, ihren Wuchs auf die Schwerkraft einzustellen; **Geozentrik** *w.* ptolemäisches Weltbild

Georgette *w.* (schorschett, *frz.*) sehr dünnes Seiden- oder Wollgewebe

Gepard *m.* (*frz.*) Jagdleopard

Geriater *m.* (*gr.*) Arzt, der sich insbesondere mit den Krankheiten alter Menschen beschäftigt; **Geriatrie** *w.* Lehre von den Alterskrankheiten; **Geriatrikum** *s.* Heilmittel gegen typische Alterskrankheiten und -leiden

gerieren (sich) (*lat.*) sich gebärden, sich benehmen

Germania *w.* (*lat.*) Frauengestalt, die das Deutsche Reich von 1871 personifizierte; **Germanismus** *m.* dem Deutschen entlehnte Spracheigentümlichkeit in einer anderen Sprache (*Mz.* Germanismen); **Germanist** *m.* Vertreter der Germanistik; **Germanistik** *w.* deutsche Philologie, Wissenschaft von der deutschen Sprache und Literatur, Eigw. **germanistisch**

Germinal *m.* (scher-, *frz.*) der siebte Monat des franz. Revolutionskalenders (21. März bis 19. April)

germinal, germinativ (*lat.*) den Keim betreffend; **Germination** *w.* Keimungsphase

Geronten *Mz.* (*gr.*) die Ältesten in Sparta; **Gerontologie** *w.* Lehre vom Altern und seinen Ursachen; **Gerontokratie** *w.* 1. Regierung durch den Ältestenrat; 2. Herrschaft einer vergreisten Führungsclique

Gerundium *s.* (*lat.*) gebeugter Infinitiv des lateinischen Verbs; **Gerundiv, Gerundivum** *s.* Passivpartizip (des Futurs) vom lateinischen Verb

Gerusia *w.* (*gr.*) Rat der Alten in Sparta

Gervais *m.* (schervä, *frz.*) milder, fetter Sahnequarkkäse

Geseire, Geseires *s.* (*jidd.*) Geschwätz, Gerede, Gejammer

Gespan *m.* (*ungar.*) ungarischer Verwaltungsbeamter, Vorsteher eines Komitats, Landrat

Gespons *m.* und *s.* (*lat.*) Gatte, Gattin (scherzhaft)

Gestagen *s.* (*gr.-lat.*) Gelbkörperhormon

Geste *w.* (*lat.*) Gebärde; **Gestik** *w.* Gesamtheit der gestischen Ausdrucksformen eines Menschen; **Gestikulation** *w.* (situative) Gebärdensprache; **gestikulieren** Gebärden machen; **gestisch** durch Gebärden, die Gebärden betreffend

Getto, Ghetto *s.* (*itl.*) 1. Stadtviertel, in dem die jüdische Bevölkerung lebte bzw. leben musste; 2. Stadtbezirk, in dem eine Minderheit wohnt; **Gettoblaster, Ghettoblaster** *m.* (*itl.-engl.*) leistungsstarker Stereokassettenrecorder, urspr. für Straßenmusik in den amerik. Gettos der Schwarzen

Geysir = Geiser

Ghasel = Gasel

Ghibellinen *Mz.* (*itl.*) kaisertreue Partei im Italien der Renaissance

Ghostword *s.* (gohstwörd, *engl.*) Geisterwort, das seine Entstehung einem Übermittlungsfehler (Druckfehler, Versprecher u. a.) verdankt; **Ghostwriter** *m.* (-reiter) jmd., der für einen anderen anonym schreibt

G. I. *m.* (dschi ai, Abk. für government *i*ssue, *engl.*) Staatseigentum (scherzhafte Bez. für den amerik. Soldaten)

Giaur *m.* (*arab.*) Bez. der Moslems für einen Nichtmoslem

Gig *s.* (*engl.*) offener, zweirädriger Einspänner; **Gig** *m.* (*engl.*) Musikerauftritt

gegen Gage; **Gig** *w.* oder *s.* schmales Ruderboot
Giga- (*gr.*) das Milliardenfache einer Einheit; **Gigameter** *m.* eine Milliarde Meter
Gigant *m.* (*gr.*) Riese; **gigantisch** riesig, gewaltig, überlebensgroß; **Gigantismus** *m.* Riesenwuchs; **Gigantomachie** *w.* Kampf der Giganten gegen die Götter in der griech. Mythologie; **Gigantomanie** *w.* die Sucht, in riesigen Dimensionen zu gestalten, u. a. in der Architektur
Gigolo *m.* (schi-, *frz.*) 1. Eintänzer; 2. von älteren Frauen ausgehaltener junger Mann
Gigue *w.* (schihg, *frz.*) heiterer Tanz, Satz einer Suite
Gilet *s.* (schilä, *frz.*) Weste
Gilka *m.* Kümmellikör
Gimmick *m.* oder *s.* (*engl.*) effektvolle Werbeidee; Effekthascherei
Gin *m.* (dschin, *engl.*)Wacholderbranntwein
Gingang, Gingham *m.* (gingäm, *malai.*) leinenähnliches Gewebe aus bunten Fäden
Ginkgo *m.* (*jap.*) ostasiatischer Baum
Ginseng *m.* (*chines.*) chinesische Heilpflanze
giocondoso (dschokon-, *itl.*) Musik: anmutig, heiter; **giocoso** fröhlich, scherzhaft
Gipüre *w.* (*frz.*) Spitze mit erhabenem Muster
Giralgeld *s.* (schi-, *itl.*) buchmäßig vorhandenes Geld; **Girant** *m.* 1. jmd., der Geld durch Giro überträgt; 2. jmd., der einen Wechsel überträgt; **Girat**, **Giratar** *m.* jmd., auf den ein Wechsel übertragen wird; **girieren** einen Wechsel übertragen; **Giro** *s.* bargeldlose Zahlung durch Überweisung
Girandola *w.* (dschi-, *itl.*) 1. Feuerwerkskörper; 2. mehrarmiger Leuchter
Girardi *m.* (dschi-) flacher Strohhut (nach dem Wiener Schauspieler Girardi)
Girl *s.* (görl, *engl.*) 1. Mädchen; 2. Revuetänzerin; **Girlie** *s.* selbstbewusstes, rotznäsiges Mädchen unter den Kids
Girlande *w.* (*frz.*) Gewinde, meist bogig gehängt, aus Blumen oder Papier
Giro = Giralgeld
Giroflé *s.* (schirofleh, *frz.*) rotvioletter Farbstoff
Girondist *m.* (schirongdist, *frz.*) Vertreter der gemäßigt-republikanischen Richtung im franz. Parlament der Revolution
Gitarre, Guitarre *w.* (*span.*) Zupfinstrument; **Gitarrist** *m.* Gitarrenspieler
giusto (dschusto, *itl.*) Musik: richtig, im richtigen Tempo
Glacé *s.* (glasseh, *frz.*) weiches Lamm- oder Ziegenleder
Glacis *s.* (glassi, *frz.*) Vorgelände einer Festung
Gladiator *m.* (*lat.*) Schaukämpfer im alten Rom (*Mz.* Gladiatoren)
Glamour *m.* oder *s.* (glämmer, *engl.*) glänzende Aufmachung, Eigw. **glamourös**; **Glamourgirl** *s.* (-görl, *engl.*) Reklame-, Hollywood-Schönheit
glasieren (*frz.*) mit Zuckerguss bzw. glänzender Schmelzmasse überziehen; **Glasur** *w.* 1. Schmelzmasse zum Überzug von Töpferwaren; 2. geschmolzener Zucker
Glaukom *s.* (*gr.*) grüner Star
glazial (*lat.*) zur Eiszeit gehörig, der Eiszeit entstammend; **Glazialkosmogonie** *w.* Welteislehre; **Glaziologie** *w.* Gletscherkunde
Glissade *w.* (*frz.*) gleitender Tanzschritt; **glissando** (*itl.*) Musik: gleitend, schleifend; **Glissando** *s.* Gleiten auf der Saite
global (*lat.*) 1. allgemein, ungefähr; 2. weltweit, weltumspannend; **Global Goods** *Mz.* (glohbl guds, *engl.*) Produkte, die auf der ganzen Welt vertreten sind, z. B. Coca-Cola und Benneton; **Global Player** *m.* (– plejer) transnationaler Konzern (und dessen personelle Führung), der frei von nationalen Beschränkungen weltweit aktiv ist; **Global Village** *s.* (– willidsch) Metapher und Schlagwort für den hypothetischen Zustand einer durch Internet verbundenen (Benutzer-)Welt, die im Hinblick auf Uneingeschränktheit und Schnelligkeit des Informationsflusses auf die Dimension eines Dorfes schrumpft; **globalisieren** (*lat.*) 1. (ungerechtfertigt) verallgemeinern; 2. (ein System, eine Wirtschaftsform) weltweit ausdehnen, Hptw. **Globalisierung** *w.*
Globetrotter *m.* (*engl.*) Weltenbummler, Weltreisender; **Globus** *m.* (*lat.*) Erdball, verkleinerte Nachbildung des Erdballs

Globulin *s.* (*lat.*) Eiweißstoff im Blutplasma

Gloria *s.* (*lat.*) 1. Lob, Ruhm; 2. Lobgesang, Teil der kath. Messe; **Gloria in excelsis Deo** Ehre sei Gott in der Höhe

Glorie *w.* (-ri'e, *lat.*) Ruhm, Herrlichkeit, Glanz; **Gloriette** *w.* kleiner, offener, runder Ziertempel; **glorifizieren** verherrlichen, Hptw. **Glorifikation** *w.*; **Gloriole** *w.* Heiligenschein; **glorios** glanzvoll, glorreich

Glossar, Glossarium *s.* (*gr.-lat.*) 1. Glossensammlung; 2. Wörterverzeichnis mit Erklärungen; **Glosse** *w.* 1. erklärender Kommentar im Text oder am Rande; 2. spöttische Randbemerkung; 3. polemischer Kurzkommentar in Tageszeitungen; **glossieren** Randbemerkungen machen

Glossolalie *w.* (*gr.*) ekstatisches (Zungen-)Reden

Glottis *w.* (*gr.*) Stimmritze zwischen den Stimmbändern

Glukose *w.* (*gr.*) Traubenzucker

Glutamat *s.* (*lat.*) Aromastoff aus den Salzen der Glutaminsäure; **Glutaminsäure** *w.* in eiweißhaltigen Nahrungsmitteln enthaltene Aminosäure; **Gluten** *s.* Eiweißstoff, der nach Entfernung der Stärke aus dem Mehl zurückbleibt, wird bei der Herstellung von Teigwaren verwendet; **Glutin** *s.* Eiweißstoff aus tierischen Knochen

Glykämie *w.* (*gr.*) Zuckergehalt des Blutes; **Glykogen** *s.* vom Körper erzeugte Stärke, in fast allen Zellen vorhanden; **Glykosurie** *w.* Ausscheiden von Zucker im Harn

Glypte *w.* (*gr.*) geschnittener Stein; **Glyptik** *w.* die Kunst, Stein oder Metall zu schneiden; **Glyptothek** *w.* Skulpturensammlung, Sammlung geschnittener Steine

Glyzerin *s.* (*gr.*) dickflüssige, süße Alkoholart

G-Man *s.* (dschihmähn, Abk. von government-*man*, *engl.*) Spezialmitarbeiter des FBI (*Mz.* G-Men)

Gnom *m.* (*gr.*) Kobold, zwergenhafter Erdgeist

Gnome *w.* (*gr.*) kurzer Denkspruch in Prosa oder Vers, Eigw. **gnomisch**; **Gnomiker** *m.* Dichter von Gnomen

Gnoseologie *w.* (*gr.*) Erkenntnislehre, Eigw. **gnoseologisch**; **Gnosis** *w.* 1. Erkenntnis durch die Schau Gottes; 2. esoterische Philosophie oder Weltanschauung; **Gnostiker** *m.* Vertreter der Gnosis, Eigw. **gnostisch**; **Gnostizismus** *m.* Bez. für verschiedene religiöse Bewegungen der Spätantike, denen ein manichäisches Weltbild eigen war

Gnu *s.* (*hottentottisch*) Kuhantilope Afrikas

Go *s.* (*jap.*) japanisches Brettspiel

Goal *s.* (gohl, *engl.*) Fußballtor, Treffer; **Goalkeeper** *m.* (gohlkihper) Torwart

Gobelet *m.* (goblä, *frz.*) mittelalterlicher Pokal, Würfelbecher

Gobelin *m.* (gobläng, *frz.*) Wandteppich mit Bildern

Godemiché *m.* (godmische, *frz.*) Nachbildung des Penis, Dildo

Godet *s.* (godä, *frz.*) Stoffkeil

God save the king (queen) (god sehw se king [kwihn], *engl.*) Gott schütze den König (die Königin), Titel und Anfang der englischen Nationalhymne

Go-go-Boy *m.*, (-beu), **Go-go-Girl** *s.* (-görl) Vortänzer(in) bei Musikveranstaltungen

Gog und Magog (*hebr.*) das (barbarische) Volk der Weltendzeit (nach der Offenbarung des Johannes)

Goi, Goj *m.* (*hebr.*) jüd. Bez. für Nichtjude

Go-in *s.* (goh inn, *engl.*) während der Studentenbewegung entwickelte Taktik des massenhaften Eindringens von Protestierenden in Hörsäle u. ä., um eine Diskussion zu erzwingen

Gokart *m.* (*engl.*) 1. Laufwagen für Kinder; 2. niedriges, unverkleidetes Rennauto

Golem *m.* (*hebr.*) künstliche aus Ton geschaffene Gestalt der jüdischen Legende

Golf *m.* (*frz.*) Meeresbucht; **Golf** *s.* (*schott.-engl.*) (englisches) Spiel mit Hartgummiball und Schlägern

Goliath *m.* (*hebr.*) Riese aus dem Alten Testament, der von dem schwächeren Gegner David mit einer Steinschleuder getötet wird

Gon *s.* (*gr.*) Maßeinheit für Winkel

Gonade *w.* (*gr.*) Keimdrüse

Gonagra *s.* (*gr.*) Gicht im Knie; **Gonar-**

thritis, Gonitis *w.* Kniegelenkentzündung

Gondel *w.* (*itl.*) 1. venezianisches Boot; 2. Personenkorb am Ballon; **Gondoliera** *w.* (-i'e-) Gondellied; **Gondoliere** *m.* Gondelführer

Gong *m.* oder *s.* (*malai.*) Schlagbecken; **gongen** den Gong schlagen

Gongorismus *m.* schwülstiger, überstrapazierter literarischer Stil (nach dem Schriftsteller Gongora)

Goniometer *s.* (*gr.*) Apparat zum Messen von Neigungswinkeln; **Goniometrie** *w.* Winkelmessung u. Winkelberechnung

Gonokokken *Mz.* (*gr.*) Bakterien, Erreger der Gonorrhöe; **Gonorrhöe** *w.* Geschlechtskrankheit, Tripper

goodbye! (gudbai, *engl.*) auf Wiedersehen!

Goodwill *m.* (gudwill, *engl.*) 1. Wohlwollen, freundliche Einstellung; 2. guter Ruf, Ansehen; 3. Geschäftswert; **Goodwilltour** *w.* (-tuhr) Reise eines Politikers, um sein Image aufzupolieren

gordischer Knoten *m.* (*gr.*) unauflösbarer Knoten, Sinnbild für eine Schwierigkeit, die nur durch einen genialen Einfall zu lösen ist

Gorgonenhaupt *s.* (*gr.*) Haupt der Medusa, eines weiblichen Ungeheuers der griechischen Sage, dessen Anblick versteinert

Gorgonzola *m.* (*itl.*) italienischer Schimmelpilzkäse

Gorilla *m.* (*afrik.*) größter Menschenaffe

Gospelsong *m.* (-ßong, *engl.*) Form des Negrospirituals seit den 1940er-Jahren

Gospodar *m.* (*russ.*) Herr als russ. Anrede

Gouache *w.* (guahsch, *frz.*) 1. Maltechnik mit angereicherten Wasserfarben; 2. einzelnes Bild in dieser Technik

Goudakäse (gauda-) vollfetter Süßmilchkäse (nach der niederl. Stadt Gouda)

Gourmand *m.* (gurmang, *frz.*) Schlemmer, Vielfraß; **Gourmet** *m.* (gurmä) Feinschmecker, Weinkenner

Gout *m.* (gu, *frz.*) Geschmack; **goutieren** mögen, zu würdigen wissen

Gouvernante *w.* (guwer-, *frz.*) heute: prüde, mäkelnde Hauslehrerin oder Erzieherin; **Gouvernement** *s.* (guwernmang) 1. Regierung; 2. Verwaltungsbezirk; **Gouverneur** *m.* (-nör) 1. oberster Beamter eines Gouvernements oder einer Kolonie; 2. Befehlshaber einer Festung; 3. oberster Beamter eines amerik. Bundesstaats

Gracht *w.* (*niederl.*) schiffbarer Kanal, besonders innerhalb einer Stadt (in Holland und Belgien)

Grad *m.* (*lat.*) 1. Rang; 2. Maß, Stärke, Skaleneinheit; **Gradation** *w.* Steigerung, Stufenfolge, Abstufung; **gradieren** 1. abstufen; 2. (Salzsole) verstärken, konzentrieren; **Gradierung** *w.* Erhöhung, Verstärkung (des Salzgehalts); **Gradierwerk** *s.* Anlage zur Gradierung

gradual (*lat.*) den Grad betreffend, gradmäßig; **graduell** (-du'e-) stufenweise; **graduieren** 1. in Grade einteilen; 2. einen akademischen Titel verleihen; **graduiert** im Besitz eines akademischen Titels

Graecum, Gräkum *s.* (*lat.*) Prüfung zum Nachweis der Beherrschung der griechischen Sprache

Graffiti *Mz.* (*itl.*) Farbspraybilder oder -parolen an Häuserwänden; **Graffito** *m.* oder *s.* 1. Ez. von Graffiti; 2. in Stein eingeritzte Inschrift oder Muster

Grafik = Graphik

Grafit = Graphit

Grain *m.* (grehn, *engl.*) Juwelengewicht; **Grain** *s.* (gräng, *frz.*) aufgerauter Rips; **grainieren** Papier aufrauen, narben, körnen

Gräkomanie *w.* (*gr.*) übersteigerte Vorliebe für alles Griechische

Gramm *s.* (*gr.*) Gewichtseinheit (Abk. g)

Grammatik *w.* (*gr.*) 1. Regelsystem der Sprache; 2. Sprachlehrbuch; **grammatisch, grammatikalisch** das Regelsystem der Sprache betreffend, dem Regelsystem entsprechend; **Grammatiker** *m.* Wissenschaftler auf dem Gebiet der Grammatik

Grammatom *s.* (*gr.*) so viel Gramm eines chem. Elementes, wie sein Atomgewicht angibt; **Grammkalorie** = Kalorie; **Grammmolekül** *s.* so viel Gramm eines Stoffes, wie sein Molekulargewicht angibt

Grammofon *s. Wz.* Bez. für den Schallplattenapparat bei seiner Erfindung; **Grammy** *m.* (grämmi, *engl.*) amerik. Schallplattenpreis

gramnegativ, grampositiv sich beim Färbeverfahren rot oder blau färbend (nach dem Bakteriologen J. Gram)

Gran *s.* (*lat.*) altes Apotheker- und Goldgewicht

Granat *m.* (*lat.*) rotbrauner Edelstein; **Granatapfel** *m.* Frucht des Granatbaums

Granate *w.* (*itl.*) Artilleriegeschoss

Grand *m.* (grang, *frz.*) Spielform beim Skat, bei dem nur die Buben Trumpf sind

Grand Cru *s.* (grang krüh, *frz.*) großes Gewächs (vgl. Cru)

Grande *m.* (*span.*) Angehöriger des spanischen Hochadels

Grande Nation *w.* (grangd nassjong, *frz.*) von Napoleon kreierte Bez. für Frankreich: die große Nation

Grandeur *w.* (grangdör, *frz.*) Größe, Großartigkeit

Grandezza *w.* (*span.-itl.*) Hoheit, Würde, nobles Auftreten; **con grandezza** Musik: mit Würde

Grand Guignol *m.* (grang ginjoll, *frz.*) 1. der Hanswurst im franz. Puppenspiel des 19. Jhs.; 2. franz. Gattung der Grusel- und Schauerstücke, die im Théâtre du Grand Guignol in Paris aufgeführt wurden

Grandhotel *s.* (grang-, *frz.*) Luxushotel

grandios (*itl.*) großartig; **grandioso** Musik: erhaben, wuchtig

Grand Lit *s.* (grang lih, *frz.*) großes, zweischläfriges Bett

Grand Old Lady *w.* (gränd ohld lehdy, *engl.*); **Grand Old Man** *m.* (– män) jmd., der auf seinem Gebiet eine erfahrene, ehrwürdige Autorität darstellt

Grand ouvert *m.* (grang uhwähr, *frz.*) Spielweise beim Skat, bei der der Spielmacher sein Blatt zeigen muss; **Grand Prix** *m.* (– prih) Großer Preis

Grandseigneur *m.* (grang ßenjöhr, *frz.*) weltgewandter, vornehmer Herr

Grand Slam *m.* (gränd släm, *engl.*) jährlich durchgeführte internationale Tennismeisterschaften

granieren (*lat.*) eine Kupferstichplatte körnig machen

Granit (*lat.-itl.*) hartes Tiefengestein

granulär (*lat.*) körnig; **granulieren** 1. körnen, in Körnchenform bringen; 2. Körnchen bilden; **Granulat** *s.* gekörnte Substanz; **Granulation** *w.* 1. Kornbildung, Körnung; 2. aufgeschmolzene Metallverzierung; 3. Vorform des Narbengewebes; **Granulom** *s.* geschwulstartige Bindegewebswucherung

Grapefruit *w.* (grehpfruht, *engl.*) Pampelmuse, orangenartige Zitrusfrucht

Graphem (*gr.*) Sprachwissenschaft: kleinstes bedeutungsunterscheidendes graphisches Zeichen; **Graphemik** *w.* Wissenschaft von den Graphemen; **Graphik** *w.* 1. Kunst und Technik von Holz- und Kupferstich, Radierung, Lithographie und Handzeichnung; 2. ein einzelnes Werk in diesen Techniken, Eigw. **graphisch**; **Graphiker** *m.* Künstler und ausgebildeter Techniker in der Graphik; **graphische Darstellung** *w.* Schaubild; **Graphikdesign** *s.* (-disein, *engl.*) Gebrauchsgraphik

Graphit *m.* (*gr.*) unlösliche Form des Kohlenstoffs

Graphologie *w.* (*gr.*) Handschriftendeutung, Eigw. **graphologisch**

Graphospasmus *m.* (*gr.*) Schreibkrampf

Grappa *m.* oder *w.* (*itl.*) italien. Tresterschnaps

grassieren (*lat.*) sich ausbreiten, um sich greifen (z. B. von Krankheiten, Modewörtern)

Gratifikation *w.* (*lat.*) zusätzliche Vergütung

Gratin (gratäng, *frz.*) überbackenes Gericht; **gratinieren** überbacken

gratis (*lat.*) umsonst, kostenlos; **gratis und franko** umsonst und ohne Portokosten

Gratulant *m.* (*lat.*) Glückwünschender; **gratulieren** beglückwünschen; **Gratulation** *w.* Glückwunsch, Beglückwünschung

gravamente, grave (*itl.*) Musik: schwer, ernst

Gravamina *Mz.* (*lat.*) anklagende Beschwerden, Vorwürfe, Anschuldigungen

Graves *m.* (graw) nach der französischen Landschaft Grave benannte weiße oder rote Bordeauxweine

Graveur *m.* (grawör, *frz.*) jmd., der berufsmäßig graviert; **gravieren** in Holz, Stein oder Metall schneiden; **Gravur, Gravüre** *w.* Kupferstich, Stahlstich

gravid (*lat.*) schwanger; **Gravidität** *w.* Schwangerschaft
gravieren = Graveur
gravierend (*lat.*) erschwerend, belastend
Gravis = Accent grave
Gravität *w.* (*lat.*) Würde, Gemessenheit; **gravitätisch** gemessen, würdevoll, betont feierlich
Gravitation *w.* (*lat.*) wechselseitige Anziehungskraft der Körper, Schwerkraft; **gravitieren** der Schwerkraft folgen; **Graviton** *s.* Elementarteilchen des Schwerkraftfeldes (*Mz.* -tonen)
Gravur, Gravüre = Graveur
Grazie *w.* (-zi'e, *lat.*) Anmut; **Grazien** *Mz.* römische Göttinnen der Anmut; **grazil** schlank, gazellenhaft; **graziös** anmutig, lieblich, zierlich; **grazioso** (*itl.*) Musik: anmutig
gräzisieren (*lat.*) 1. in die griech. Sprache übertragen; 2. griechische Vorbilder nachahmen; **Gräzist** *m.* Kenner der griechischen Sprache und Kultur; **Gräzismus** *m.* in eine andere Sprache übernommene Ausdruckseigentümlichkeit des Griechischen
Greenback *m.* (grihnbäck, *engl.*) 1. mit rückseitig grünem Aufdruck versehene Schatzanweisung mit Banknotencharakter in den USA nach dem Bürgerkrieg; 2. populäre Bezeichnung für die heutige grüne Dollarnote
Greenhorn *s.* (grihn-, *engl.*) Neuling, Grünschnabel
Greenpeace (-pihß, *engl.*) 1971 gegründete internationale Umweltschutzorganisation, Sitz in Amsterdam (Niederlande)
Grègeseide *w.* (gräsch-, *frz.*) sehr feinfädige Rohseide
gregorianischer Gesang *m.* einstimmiger, unbegleiteter liturgischer Gesang der kath. Kirche; **gregorianischer Kalender** *m.* der durch Papst Gregor XIII. 1582 eingeführte, heute noch gültige Kalender
Gremium *s.* (*lat.*) beratende oder beschließende Körperschaft; Ausschuss
Gremlins *Mz.* (*engl.*) Kobolde, denen unerklärliche Störungen (meist an Maschinen) zugeschoben werden
Grenadier *m.* (*frz.*) Infanterist (urspr. Handgranatenwerfer)
Grenadine *w.* (*frz.*) 1. leichter, spröder Gitterstoff; 2. damastartiger Futterstoff; 3. Sirup aus Granatäpfeln
Greyhound *m.* (grehhaund, *engl.*) 1. großer englischer Windhund, Rennhund; 2. amerik. Überlandbus
Grill *m.* (*engl.*) Bratrost; **grillen, grillieren** (grijihren, *frz.*) auf dem Rost braten
Grimasse *w.* (*frz.*) (gewollte) Verzerrung des Gesichts, Ztw. **grimassieren**
Gringo (*span.*) Spottname im spanischsprachigen Lateinamerika für Nichtromanen und Neulinge im Land
Grisaille *w.* (grisaije, *frz.*) 1. Seidenstoff aus schwarzen und weißen Fäden; 2. Malerei in graufarbigen Abtönungen; **Grisette** *w.* (-sett) 1. Pariser Putzmacherin; 2. leichtlebige junge Frau
Grissini *Mz.* (*itl.*) lange, dünne Weizengebäckstangen
Grog *m.* (*engl.*) heißes Getränk aus Rum, Wasser und Zucker; **groggy** erschöpft, müde, angeschlagen
Groom *m.* (gruhm, *engl.*) engl. Bez. für Reitknecht
Groove *m.* (gruhw, *engl.*) rhythmisch-melodischer, durch Bass oder Schlagzeug produzierter Schwebezustand; **grooven** 1. einen Groove erzeugen; 2. sich (in einer Situation, bei einer Sache) wohl fühlen
Gros *s.* (gro, *frz.*) 1. zwölf Dutzend; 2. der überwiegende Teil (von Personen); **Grossist** *m.* Großhändler
Großkordon *m.* (-dong, *frz.*) Großkreuz, höchste Klasse vieler Orden
Großmogul *m.* (*tatarisch*) 1. Titel indischer Herrscher (16.–19. Jh.); 2. großer Diamant (*Mz.* Großmoguln)
grosso modo (*itl.*) ungefähr, etwa
Großwesir *m.* (*arab.*) 1. Titel eines nur dem Herrscher unterstellten Beamten islamischer Länder; 2. Titel des türkischen Ministerpräsidenten bis 1922
grotesk (*itl.*) 1. absurd, lächerlich; 2. verzerrt, phantastisch, übersteigert; **Grotesk** *w.* Druckschrift von gleichmäßig starker Linienführung ohne Querstriche; **Groteske** *w.* 1. antike Wandverzierung von verschnörkelter Linienführung; 2. künstlerische Darstellung, die mit den Mitteln des Derbkomischen und Paradoxen arbeitet

Groundhostess *w.* (graundhostess, *engl.*) weibliche Angestellte, die die Passagiere auf dem Flughafen betreut

Ground Zero *s.* (graund siero, *engl.*) das Gebiet im Süden von Manhattan, das durch den Zusammensturz des World Trade Centers (11. 9. 2001) vollständig zerstört wurde

Groupie *s.* (grupih, *engl.*) weiblicher Fan, der alles daransetzt, um in möglichst engen Kontakt mit dem Star zu kommen

Grubber *m.* (*engl.*) Eggenpflug, Kultivator zur Bodenlockerung; **grubben** mit dem Grubber pflügen

Grunge *m.* (grandsch, *engl.*) aggressiver Hardrock

Guanako *s.* (*span.*) dem Lama verwandtes Gebirgstier Südamerikas

Guano *m.* (*span.*) auf Inseln und an Küsten abgelagerter Vogelmist, der als Düngemittel verwendet wird

Guelfen *Mz.* (-gu'e- *itl.*) Welfen, papstfreundliche Partei im Italien der Renaissance

Guêpière *w.* (gäpjär, *frz.*) Miedergürtel zur Erzielung einer Wespentaille

Guerilla *w.* (gerilja, *span.*) 1. Kleinkrieg, Bandenkrieg; 2. paramilitärische Einheit; **Guerilla** *m.* Angehöriger einer Guerilla; **Guerillero** *m.* Untergrundkämpfer in Lateinamerika

Guide *m.* (gihd, *frz.*; gaid, *engl.*) Reiseführer, Reisehandbuch

Guildhall *w.* (gildhohl, *engl.*) Rathaus in England, bes. in London

Guignol = Grand Guignol

Guilloche *w.* (gijosch, *frz.*) verschlungene Zierlinie auf Geldscheinen; **Guillocheur** *m.* (-schör) Facharbeiter für Guillochen; **guillochieren** mit Guillochen versehen

Guillotine *w.* (gijotihn) Fallbeil, von dem franz. Arzt J. J. Guillotin erfundene Hinrichtungsmaschine; **guillotinieren** durch das Fallbeil hinrichten

Guinee *w.* (gini, *engl.*) 1. alte englische Goldmünze; 2. Rechnungseinheit: 21 englische Shilling

Guitarre = Gitarre

Gulasch *s.* (*ungar.*) mit Paprika gewürztes Gericht aus klein geschnittenem Rindfleisch

Gully *m.* oder *s.* (*engl.*) Senkkasten im Straßenrinnstein

Gummi *m.* (*ägypt.-gr.*) Kautschukmasse; **Gummiarabicum** *s.* (*gr.-lat.*) Klebstoff aus dem Saft der Gummiakazie; **gummieren** mit Klebstoff bestreichen

Gunman *m.* (gannmän, *engl.*) bewaffneter Gangster (*Mz.* -men)

Guppy *m.* (*engl.*) Zahnkarpfen, ein Aquarienfisch

Guru *m.* (*Hindi*) 1. geistlicher Lehrer im Hinduismus und bei den Sikh, oft als göttliche Verkörperung verehrt; 2. quasireligiös verehrtes Gruppenidol

gustieren (*lat.*) mögen, Geschmack finden an; **Gusto** *m.* (*itl.*) Geschmack, Neigung, Wohlgefallen; **gustoso** Musik: zurückhaltend

gutta cavat lapidem (*lat.*) steter Tropfen höhlt den Stein

Guttapercha *w.* (*malai.*) kautschukartiger, aus Baumsaft gewonnener Stoff

Guttural *m.* (*lat.*) Kehllaut; **guttural** tief, kehlig

Gymkhana *s.* (*Hindi-engl.*) Geschicklichkeitswettbewerb im Motorsport

Gymnasiast *m.* (*gr.*) Schüler eines Gymnasiums; **Gymnastik** *w.* auf Elastizität und Geschmeidigkeit abgestellte Körperübungen, Eigw. **gymnastisch**; **Gymnasium** *s.* 1. Gymnastikschule für Männer im antiken Griechenland; 2. höhere Schule, die zur Hochschulreife führt

Gymnospermen *Mz.* (*gr.*) Nacktsamer

Gynäkologe *m.* (*gr.*) Frauenarzt; **Gynäkologie** *w.* Frauenheilkunde, Eigw. **gynäkologisch**; **Gynäkospermium** *s.* Samenfaden mit X-Chromosom

Gynandrie, Gynandrismus *w.* (*gr.*) Zwitterhaftigkeit bei Lebewesen

Gyros *s.* (*gr.*) geröstetes Fleisch, das vom Drehspieß geschnitten wird; **Gyroskop** *s.* Messgerät zum Nachweis der Achsendrehung der Erde

H

h = hora
ha = Hektar
h.a. = 1. huius anni; 2. hoc anno
Habanera *w.* (*span.*) kubanisch-spanische Lied- und Tanzform
Habeaskorpusakte *w.* (*lat.*) vom englischen Oberhaus 1679 verabschiedetes Gesetz zur Sicherung der persönlichen Freiheit
habemus Papam (*lat.*) wir haben einen Papst (Ausruf, mit dem der neugewählte Papst verkündet wird)
habent sua fata libelli (*lat.*) Bücher haben (auch) ihre Schicksale
habil (*lat.*) gewandt, flink, fähig
habil. = habilitiert
Habilitation *w.* (*lat.*) Erwerb der Lehrberechtigung an Universitäten; **sich habilitieren** die Lehrberechtigung erwerben; **habilitiert** im Besitz der Lehrberechtigung (Abk. habil.)
Habit *s.* (*lat.*) Amtstracht
Habitat *s.* (*lat.*) 1. Lebensraum einer Tier- oder Pflanzenart; 2. Wohnstätte, Wohnraum
habitualisieren (*lat.*) gewöhnen, zur Gewohnheit machen, zur Gewohnheit werden; **Habitualisierung** *w.* Gewöhnung; **Habitué** *m.* (abitüeh, *frz.*) Stammgast, gewohnheitsmäßiger Besucher; **habituell** zur Gewohnheit geworden, gewohnheitsmäßig
Habitus *m.* (*lat.*) 1. Gesamterscheinungsbild und Auftreten einer Person; 2. Gestalt und Eigenschaften von Tieren, Pflanzen und anorganischen Substanzen
Háček *s.* (hatscheck, *tschech.*) Häkchen über einem Buchstaben, das einen Zisch- oder Reibelaut anzeigt, z.B. č oder ž in tschech. Wörtern
Haché = Haschee
Hacienda = Hazienda
Hacker *m.* (*engl.*) jmd., der sich über PC und Telefon unberechtigt Zugang zu fremden Datenbanken verschafft, Ztw. **hacken**
Hades *m.* (*gr.*) 1. griechischer Gott der Unterwelt; 2. Unterwelt
Hadith *m.* (*arab.*) Sammlung von Mohammed zugeschriebenen Aussprüchen und Taten, ergänzt durch die «Überliefererkette», die den Text durch Augen- und Ohrenzeugen bis auf den Propheten zurückführt
Hadsch *w.* (*arab.*) Pilgerfahrt nach Mekka; **Hadschar** *m.* der schwarze Stein an der Kaaba in Mekka; **Hadschi** *m.* Ehrentitel des Mekkapilgers
Hafis *m.* (*arab.*) islam. Bez. für einen Mann, der den Koran auswendig weiß
Haggada *w.* (*hebr.*) der erbaulich-erzählerische Teil des Talmud
Hagia Sophia *w.* (*gr.*) die Sophienkirche in Istanbul; **Hagiographie** *w.* Lebensbeschreibung der Heiligen; **hagiographisch** 1. das Leben der Heiligen, die Hagiographie betreffend; 2. kritiklos verherrlichend; **Hagiolatrie** *w.* Heiligenverehrung; **Hagiologie** *w.* die Lehre von den Heiligen
Haiduck = Heiduck
Haiku *s.* (*jap.*) aus 17 Silben bestehende japan. Gedichtform
Hakim *m.* (*arab.*) 1. Arzt, Weiser im Orient; 2. Herrscher, Richter im Orient
Halacha *w.* (*hebr.*) Sammelbez. für die ethischen, gesetzlichen und rituellen Einzelvorschriften des jüdischen Lebens
halkyonisch = alkyonisch
halleluja (*hebr.*) lobet Gott; **Halleluja** *s.* liturgischer Gesang
Halluzination *w.* (*lat.*) Sinnestäuschung, Eigw. **halluzinatorisch**; **halluzinieren** an Halluzinationen leiden
Halo *m.* (*gr.*) 1. atmosphärische Lichterscheinungen (z. B. der Hof um Sonne oder Mond); 2. Augenring(e); **Haloeffekt** *m.* psychologisch wirksamer Mechanismus, durch den man von einer Eigenschaft einer Person unbegründet auf eine andere schließt; **Halochemie** *w.* (*gr.*) Chemie der Salze; **Halogen** *s.* (*gr.-lat.*) chem. Element, das Salz bildet; **halogen** Salz bildend; **Ha-**

logenlampe *w.* Hochleistungsglühlampe, die einen Halogenzusatz enthält; **Halophyt** *m.* Salzpflanze; **Halothermen** *Mz.* warme Salzquellen

Halunke *m.* (*tschech.*) hinterhältiger Kerl, Gauner

Hamadryade *w.* (*gr.*) Baumnymphe

Hamam, Hammam *m.* (*arab.*) Badehaus in der islamischen Welt, türkisches Bad

Hamamelis *w.* (*gr.*) Zaubernussstrauch, dessen Wirkstoffe in Kosmetik und Heilkunde genutzt werden

Ham and Eggs (häm änd eggs, *engl.*) gebratene Schinkenscheiben mit Spiegelei, berühmtes englisches Frühstück

Hämat(o)-, hämat(o) (*gr.*) als Wortteil: Blut; **Hämatit** *m.* rotes Eisenerz, Roteisenstein; **hämatogen** 1. aus dem Blut entstanden; 2. Blut bildend; **Hämatogramm** *s.* Blutbild; **Hämatologie** *w.* Lehre vom Blut und den Blutkrankheiten; **Hämatom** *s.* Bluterguss; **Hämatopoese** *w.* (-po'e-) Blutbildung; **Hämatoskopie** *w.* Blutuntersuchung; **Hämaturie** *w.* Blutausscheidung im Urin

Hamburger *m.* (hämbörger, *engl.*) Rinderhacksteak mit Zutaten im Spezialbrötchen

Hämoglobin *s.* (*gr.*) Farbstoff der roten Blutkörperchen; **Hämometer, Hämoglobinometer** *s.* Gerät zur Bestimmung des Hämoglobingehalts; **Hämopathie** *w.* Blutkrankheit; **Hämophilie** *w.* Bluterkrankheit; **Hämorrhoiden** *Mz.* (-rid-) Erweiterung der Blutadern im Mastdarm; **Hämozyten** *Mz.* Blutkörperchen

Handicap, Handikap *s.* (händikäp, *engl.*) 1. Vorgabe für den leistungsschwächeren Sportler; 2. Erschwerung, Behinderung, Nachteil; **handikapen** 1. eine Vorgabe geben; 2. behindern, benachteiligen, Eigw. **gehandikapt**; **Handikapper** *m.* jmd., der ein Handikap (1) gibt, Ausgleicher

Handling *s.* (händ-, *engl.*) Handhabung, Benutzung; **Hand-out** *s.* (händaut, *engl.*) für Sitzungen, Tagungen u. Ä. ausgegebene Informationsunterlagen; **Handy** *s.* (hä-, *Kunstwort*) stromnetzunabhängiges Telefon; **Handyman** *m.* (-män) Bastler, Heimwerker, Axt im Hause

Hangar *m.* (*frz.*) Flugzeughalle

Hang-over *m.* (hängower, *engl.*) Katerstimmung

Hansom *m.* (hänßem, *engl.*) leichte, zweirädrige Kutsche mit dem Kutschbock hinter den Fahrgästen

haploid (*gr.*) nur einen einfachen Chromosomensatz aufweisend (von Zellen); **Haplont** *m.* haploides Lebewesen (z. B. Sporentierchen)

Happening *s.* (häppening, *engl.*) von Künstlern veranstaltetes Ereignis, bei dem alltägliche Handlungen und Gegenstände schockierend und demonstrativ verfremdet werden

Happy End *s.* (häppi end, *engl.*) guter Ausgang, glückliches Ende (eines Romans, Theaterstücks, Films)

Haptik *w.* (*gr.*) Lehre vom Tastsinn; **haptisch** den Tastsinn betreffend

Harakiri *s.* (*jap.*) zeremoniell durchgeführter Selbstmord durch Bauchaufschlitzen in Japan

Harass *m.* (*frz.*) Lattenkiste, Kiste für Glas und Porzellan

Hardcore *m.* (-kohr, *engl.*) 1. harter Kern von Elementarteilchen; 2. die harte, extreme Version von etwas; **Hardcoreporno** pornographischer Film, der sexuelles Geschehen in aller Deutlichkeit zeigt; **Hardcover** *s.* (-kawwer) Buch mit festem Einband; **Hardliner** *m.* (-leiner,) Vertreter einer kompromisslosen, harten (politischen) Linie; **Hardrock** *m.* harmonisch vereinfachte, beatbetonte Version der Rockmusik; **Hardtop** *m.* oder *s.* abnehmbares, nicht faltbares Autoverdeck; **Hardware** *w.* (-währ) die Gesamtheit der technischen Einrichtungen eines Computers

Harem *m.* (*arab.-türk.*) 1. die vom Wohnhaus abgetrennten Frauengemächer in islamischen Ländern; 2. die darin wohnenden Frauen

Häresie *w.* (*gr.*) vom Dogma der Kirchenlehre abweichende Glaubenslehre, Ketzerlehre; **Häretiker** *m.* Ketzer; **häretisch** vom Dogma abweichend, ketzerisch

Haricots verts *Mz.* (arikot währ, *frz.*) grüne Bohnen

Harlekin *m.* (*itl.*) Spaßmacher, Hanswurst in der (italien.) Komödie; **Harlekinade** *w.* Possenreißerei, Hanswurstiade

Harmonie *w.* (*gr.*) 1. Einklang, Übereinstimmung; 2. Wohlklang, Ebenmaß; **Harmonielehre, Harmonik** *w.* Lehre vom Aufbau der Akkorde und der Verbindung der Klänge zu musikalisch logischen Folgen; **harmonieren** 1. zusammenstimmen, zusammenpassen; 2. sich verstehen; **Harmonika** *w.* 1. Musikinstrument; 2. Faltenbalg (zwischen Eisenbahnwagen); **harmonisch** klangrein, aufeinander abgestimmt, wohlproportioniert, ausgewogen; **Harmonium** *s.* orgelartiges Instrument

Harnisch *m.* (*frz.*) Schutzrüstung; **in Harnisch bringen** ärgern

Harpagon *m.* (arpagong, *frz.*) männliche Hauptperson in Molières «Der Geizige», seitdem Inbegriff des Geizhalses

Harpsichord *s.* (-kort, *gr.*) Cembalo

Harpune *w.* (*frz.-niederl.*) Wurfspeer mit Haken und Leine für den Walfang; **Harpunier** *m.* 1. Harpunenwerfer; 2. Harpunenkanone; **harpunieren** mit der Harpune erlegen

Harpyie *w.* (-püje, *gr.*) 1. unheilvolles weibl. Ungeheuer in der griech. Sage, Vogel mit Mädchenkopf; 2. südamerikan. Greifvogel; 3. Jungfrauenadler, Wappenadler mit einem weiblichen Oberkörper

Hartschier, Hatschier *m.* (*itl.*) Leibwächter (urspr. Bogenschütze)

Hasard *s.* (*arab.-frz.*) 1. Glücksspiel; 2. Wagnis, Risiko; **Hasardeur** *m.* (-dör) Spieler, Abenteurer, Spekulant; **hasardieren** riskant spielen, viel wagen

Haschee *s.* (*frz.*) Gericht aus fein gehacktem Fleisch; **haschieren** fein hacken, wiegen

Haschisch *s.* (*arab.*) Rauschmittel aus Hanf

Häsitation *w.* (*lat.*) Zaudern, Zögern, Stocken; **häsitieren** zögern, zaudern, stockend sprechen

Hatschek = Háček

Hattrick *m.* (hättrick, *engl.*) drei Torschüsse nacheinander; dreimaliger Erfolg desselben Wettkämpfers

Haubitze *w.* (*tschech.*) Feldgeschütz mit kurzem Rohr

Hausse *w.* (ohß, meist: hohß, *frz.*) 1. Steigen der Börsenkurse; 2. wirtschaftlicher Aufschwung; **Haussier** *m.* (-jeh) Börsenspekulant, der auf das Ansteigen der Kurse (à la hausse) spekuliert

Haute Couture *w.* (oht kutühr, *frz.*) die tonangebende Mode jeder Saison; **Haute Couturier** *m.* (-kutührieh, *frz.*) Modeschöpfer

Hautefinance *w.* (oht finangß, *frz.*) die Hochfinanz

Hautevolee *w.* (ohtwoleh, *frz.*) die feine Gesellschaft, die oberen zehntausend

Hautgout *m.* (ohguh, *frz.*) 1. typischer, strenger Wildgeschmack und -geruch; 2. Anrüchigkeit

Hautrelief *s.* (ohreljäf, *frz.*) Hochrelief, erhabene Schnitzerei

Havanna *m.* kubanische Tabaksorte; **Havanna** *w.* Zigarre aus kubanischem Tabak

Havarie *w.* (*itl.-frz.-arab.*) 1. Seeschaden eines Schiffes oder seiner Ladung, 2. Schaden an technischen Anlagen; **havariert** beschädigt

Havelock *m.* (häwlock, *engl.*) Herrenmantel mit Umhang

Hazard = Hasard

Hazienda *w.* (hassienda, *span.*) südamerikanische Farm

h. c. = honoris causa

h. e. = hoc est

Headhunter *m.* (hädhanter, *engl.*) jmd., der Führungskräfte aus Unternehmen abwirbt; **Headline** *w.* (-lein) Schlagzeile einer Zeitung; **Headset** *s.* Vorrichtung, bestehend aus Kopfhörer(n), Mikrofon und einer Verbindung zum Telefonapparat, sodass man freihändig telefonieren kann

Hearing *s.* (hihring, *engl.*) öffentliche Anhörung von Sachverständigen und Zeugen in einem (parlamentarischen) Ausschuss zu einem bestimmten Fall

Heavisideschicht *w.* (hewiseid-) hoch liegende Schicht der Atmosphäre, die elektrische Wellen reflektiert (nach dem engl. Physiker O. Heaviside)

heavy (häwwi, *engl.*) hart, extrem (Jargon); **Heavymetal** *s.* (-mettl, *engl.*) extremer Hardrock und das dazugehörige Outfit

Hebe *w.* (*gr.*) griech. Göttin der Jugend, Mundschenkin der Götter

Hebephrenie *w.* (*gr.*) Jugendirresein, Form der Schizophrenie

Hebraist *m.* (*lat.*) Forscher und Kenner der hebräischen Sprache und Geschichte

Hedonismus *m.* (*gr.*) philosophische Lehre und Weltanschauung, nach der Genuss und Sinnenlust das höchste Prinzip menschlichen Handelns sind; **Hedonist, Hedoniker** *m.* Anhänger des Hedonismus, auch: Genießer, Eigw. **hedonistisch**

Hedschra *w.* (*arab.*) Übersiedlung Mohammeds von Mekka nach Medina (622 n. Chr., Anfang der mohammedanischen Zeitrechnung)

Hegemonie *w.* (*gr.*) Vorherrschaft, Vormachtstellung, Eigw. **hegemonial**

Heiduck *m.* (*ungar.*) ungar. Söldner, Freischärler

Heimarmene *w.* (*gr.*) Verhängnis, Schicksal in der griech. Philosophie

Hekate *w.* (*gr.*) Nacht- und Unterweltsgöttin, Torhüterin

Hekatombe *w.* (*gr.*) 1. Opfer von 100 Tieren in der Antike; 2. große Verlustmenge an Menschen, Massenopfer

Hekt(o)-, hekt(o)- (*gr.*) als Wortteil: hundertfach

Hektar *s.* (*gr.*) 10 000 Quadratmeter, hundert Ar (Abk. ha)

Hektik *w.* (*gr.*) unruhig-nervöse Betriebsamkeit; **hektisch** fiebrig, nervös-erregt

Hektograph *m.* (*gr.*) alter Vervielfältigungsapparat für Schriftstücke; **hektographieren** Schriftstücke abziehen, vervielfältigen

Hektoliter *s.* oder *m.* (*gr.*) hundert Liter (Abk. hl); **Hektometer** *s.* oder *m.* hundert Meter (Abk. hm)

helikoidisch (*gr.*) spiralförmig

Helikon *s.* (*gr.*) Kontrabasstuba

Helikopter *m.* (*gr.*) Hubschrauber

Helio-, helio- (*gr.*) als Wortteil: Sonne-

Heliograph *m.* (*gr.*) 1. Fernrohrkamera zum Fotografieren der Sonne; 2. Blinkgerät, das mit Sonnenstrahlen arbeitet; **Heliographie** *w.* Tiefdruckverfahren mit lichtempfindlich gemachten Kupferplatten; **Heliogravüre** *w.* Kupferdruck; **Helios** *m.* griechischer Gott der Sonne; **Heliostat** *m.* Spiegelapparat, der auftreffende Sonnenstrahlen in eine gewünschte Richtung wirft; **Heliotherapie** *w.* Heilverfahren mit Hilfe von Sonnenstrahlen; **Heliotrop** *m.* Schmuckstein, grünroter Chalzedon; **Heliotrop** *s.* süß duftende Gartenpflanze, Vanillestrauch; **Heliotropismus** *m.* Fähigkeit von Pflanzen, sich auf das Licht einzustellen; **Heliotypie** = Heliographie; **heliozentrisch** die Sonne als Mittelpunkt des Weltalls annehmend (wie Kopernikus)

Helium *s.* chem. Element aus der Gruppe der Edelgase (Zeichen: He)

Helix *w.* (*gr.*) 1. Ohrmuschelrand; 2. spiralige Molekularstruktur; 3. Weinbergschnecke

hellenisch (*gr.*) griechisch; **Hellenismus** *m.* 1. griechische Kulturepoche von Alexander d. Gr. bis Augustus; 2. die griechische Sprache jener Zeit, Eigw. **hellenistisch**; **Hellenistik** *w.* Wissenschaft von der griechischen Sprache und Kultur

Hellespont *m.* (*gr.*) altgriech. Name der Dardanellen

Helot *m.* (*gr.*) staatseigener Sklave in Sparta

Helvetia (-zia), **Helvetien** *s.* (-zi'en, *lat.*) Name der Schweiz, Eigw. **helvetisch**

He-Man *m.* (hihmän, *engl.*) sich betont maskulin gebender Mann

Hemi-, hemi- (*gr.*) als Wortteil: halb

Hemiplegie *w.* (*gr.*) halbseitige Lähmung, Lähmung einer Körperhälfte; **Hemisphäre** *w.* 1. Halbkugel, nördliche oder südliche Hälfte der Erde; 2. Hirnhälfte

Henna *w.* (*arab.*) Hennastrauch, aus dessen Blättern ein Haarfärbemittel gewonnen wird

Henriquatre *m.* (angrikattre, *frz.*) kurzer Spitzbart (nach dem französischen König Heinrich IV.)

Henry *s.* (*engl.*) Einheit der Selbstinduktion (Zeichen: H)

hepatisch (*gr.*) auf die Leber bezogen; **Hepatitis** *w.* Leberentzündung; **Hepatopathie** *w.* Leberleiden

Hephäst, Hephaistos *m.* (*gr.*) Schmied der Götter in der griech. Mythologie

Hept(a)-, hept(a)- (*gr.*) als Wortteil: sieben

Heptagon *s.* (*gr.*) Siebeneck; **Heptameron** *s.* Novellensammlung der Margarete von Navarra (an sieben Tagen erzählt); **Heptameter** *m.* siebenfüßiger Vers; **Heptateuch** *m.* die ersten sieben Bücher des Alten Testaments; **Heptode** *w.* Siebenpolröhre

Hera *w.* (*gr.*) griech. Göttin, Gemahlin des Zeus

Herakles = Herkules

Heraldik *w.* (*dt.-frz.*) Wappenkunde, Eigw. **heraldisch**; **Heraldiker** *m.* Wappenkundiger, Wappenforscher

Herbar, Herbarium *s.* (*lat.*) Sammlung gepresster Pflanzen; **Herbizide** *Mz.* chem. Mittel zur Unkrautvernichtung

hereditär (*lat.*) 1. erblich; 2. das Erbe betreffend; **Heredität** *w.* Erbschaft, Erbfolge

Herkules *m.* (*gr.*) 1. Herakles, Halbgott der griech. Sage, der übermenschliche Körperkräfte hatte; 2. ein Sternbild; **herkulisch** stark wie Herkules

Hermaphrodit *m.* (*gr.*) zweigeschlechtiges Wesen, Zwitter; **Hermaphroditismus** *m.* Zweigeschlechtigkeit

Herme *w.* (*gr.*) Pfeiler mit Bildniskopf

Hermeneutik *w.* (*gr.*) 1. Kunst und Theorie der Auslegung von Texten, des Verstehens von Werken der bildenden Kunst und Musik; 2. metaphysische Richtung in der Existenzphilosophie, Eigw. **hermeneutisch**

Hermes *m.* (*gr.*) Götterbote, Gott des Handels und der Diebe in der griech. Mythologie

hermetisch (*gr.*) 1. dicht verschlossen; 2. vieldeutig, schwer verständlich, geheimnisvoll

Hernie *w.* (-ni'e, *gr.*) 1. Eingeweidebruch; 2. Krankheit der Kohlpflanzen durch Parasiten

Heroe, Heros *m.* (*gr.*) 1. Held; 2. griechischer Halbgott; **Heroin** *s.* morphiumartiges Rauschgift; **Heroine** *w.* Heldendarstellerin auf der Bühne; **heroisch** heldenhaft; **heroisieren** zum Helden erheben, als Held ansehen; **Heroismus** *m.* Heldentum, Heldentat

Herold *m.* (*frz.*) 1. jmd., der etwas überbringt oder verkündet; 2. in der Heraldik kundiger Diener eines mittelalterlichen Fürsten; **Heroldskunst** = Heraldik

Herostrat *m.* (*gr.*) 1. griechischer Jüngling, der aus Ruhmsucht einen Tempel anzündete; 2. Verbrecher aus Ruhmsucht; **Herostratentum** *s.* Ruhmsucht, die vor nichts zurückschreckt; **herostratisch** nach Art des Herostraten

Herpes *m.* (*gr.*) Bläschenausschlag, eine Viruserkrankung

Hesperiden *Mz.* (*gr.*) Töchter des Atlas, Hüterinnen der goldenen Äpfel, der **Hesperidenäpfel**

Hesperien *s.* (-ri'e-, *gr.*) antike Bezeichnung für Land im Westen, bes. Italien und Spanien, Eigw. **hesperisch**; **Hesperos, Hesperus** *m.* Abendstern

Hestia *w.* (*gr.*) griech. Göttin des Herdes

Hetäre *w.* (*gr.*) kultivierte, einflussreiche und bezahlte Geliebte bedeutender Männer in der Antike

Hetero-, hetero- (*gr.*) als Wortteil: anders, verschieden

heterodox (*gr.*) andersgläubig, von der offiziellen (kirchlichen) Lehre abweichend, Hptw. **Heterodoxie** *w.*; **heterogen** ungleichartig, uneinheitlich, Hptw. **Heterogenität** *w.*; **Heterogenese** *w.* anormale Gewebebildung; **Heterogonie** *w.* 1. Auftreten unbeabsichtigter Wirkungen; 2. Auftreten unterschiedlicher Fortpflanzung beim Generationswechsel; **Heterolyse** *w.* 1. Spaltung des Moleküls; 2. Zellverfall durch körperfremde Stoffe; **heteromorph** verschiedengestaltig; **heteronom** von fremden Gesetzen abhängig; **Heteronomie** *w.* 1. Fremdgesetzlichkeit, Abhängigkeit des Willens von äußeren Gesetzen; 2. Ungleichartigkeit, Ungleichwertigkeit (z. B. im Aufbau eines Tierkörpers); **Heteronyme** *Mz.* 1. Wörter, die bedeutungsmäßig eng zusammenhängen, aber unterschiedliche Wurzeln haben; 2. Wörter aus verschiedenen Dialekten oder Sprachen mit gleicher Bedeutung (z. B. Orange und Apfelsine); **Heteroplastik** *w.* Überpflanzung von tierischem auf menschliches Gewebe; **Heterosexualität** *w.* auf das andere Geschlecht gerichtete Sexualität, Eigw. **heterosexuell**; **heterozygot** gemischterbig

Hetman *m.* (*poln.*) 1. Oberbefehlshaber des Heeres in Polen und Litauen (16. bis 18. Jh.); 2. frei gewählter Heerführer der Kosaken

heureka! (*gr.*) ich hab's! ich hab's gefunden! (Archimedes zugeschriebener Ausruf); **Heuristik** *w.* 1. Lehre von den Problemlösungsverfahren; 2. Methoden, die zu neuen Erkenntnissen führen; **heu-**

ristisch zu neuen Erkenntnissen führend

Hexa-, hexa- (*gr.*) als Wortteil: sechs

Hexaeder *s.* (-xa'e-, *gr.*) Körper mit sechs Flächen, Würfel; **Hexagon** *s.* regelmäßiges Sechseck; **Hexagramm** *s.* Sechsstern, Davidsstern; **Hexameter** *m.* sechsfüßiger Vers; **Hexode** *w.* Sechspolröhre

Hfl. Abk. für holländische Gulden

Hiatus *m.* (*lat.*) 1. Sprachlehre: Zusammentreffen zweier Selbstlaute, was zu einer Lücke im Sprechrhythmus führt; 2. Spalte in menschlichen od. tierischen Organen

Hibernakel *s.* (*lat.*) Überwinterungsknospe an Wasserpflanzen; **hibernal** winterlich; **Hibernation** *w.* 1. Winterschlaf; 2. künstlich erzeugter Schlaf

Hibiskus *m.* (*lat.*) artenreiches Malvengewächs

Hickory *m.* (*Algonkin-engl.*) nordamerikanische Walnussbaumart mit sehr zähem Holz

hic Rhodus, hic salta! (*lat.*) zeige *hier*, was du kannst (nach einer Fabel des Äsop)

Hidalgo *m.* (*span.*) 1. Edelmann aus niederem spanischem Adel; 2. mexikanische Goldmünze

Hidrose *w.* (*gr.*) die Schweißabsonderung; **hidrotisch** schweißtreibend

Hidschra = Hedschra

Hierarchie *w.* (*gr.*) 1. (strenge) Rangfolge, Rangordnung in pyramidenförmigem Aufbau; 2. Gesamtheit des Klerus und dessen Rangordnung der kath. Kirche; **hierarchisch** nach einer Rangordnung aufgebaut; zur Hierarchie gehörig; **Hieratik** *w.* (hi'e-) religiös gebundene Kunst

Hierodulen *Mz.* (hi'e-, *gr.*) weibliche oder männliche Tempelsklaven in der Antike; **Hieroglyphen** *Mz.* (hi'ero-) altägyptische Bilderschrift; **hieroglyphisch** dunkel, rätselhaft; **Hierogramm** *s.* geheime altägyptische Priesterschrift; **Hierokratie** *w.* Ausübung der staatlichen Gewalt oder starker Einfluss auf die Staatsgewalt durch kirchliche Amtsträger; **Hieromant** *m.* aus den Eingeweiden der Opfertiere weissagender Priester; **Hieromantie** *w.* Weissagung aus Opfertieren; **Hieronymie** *w.* Wechsel des Namens beim Eintritt in eine Kultgemeinschaft

Hi-Fi *w.* (heifei), Kurzform von **Highfidelity** *w.* (*engl.*) höchste Wiedergabetreue, Originaltreue der Tonqualität; **high** (hei) begeistert, in einem Rauschzustand; **High Church** *w.* (– tschörtsch, *engl.*) die anglikanische Hochkirche; **high end** technisch perfekt; **Highland** *s.* (-länd) das schottische Hochland; **Highlife** *s.* (-leif) 1. exklusiver Lebensstil; 2. eine Phase ausgiebigen Feierns; **Highlight** *s.* (-leit) Glanzpunkt, Höhepunkt (einer Darbietung); **Highnoon** *s.* (-nuhn) extreme Spannung, spannender Höhepunkt (nach dem gleichnamigen Film von Fred Zinnemann); **High School** *w.* (– skuhl) amerikan. Schultyp, bei dem auf die achtjährige Grundschule ein vierjähriger Kurs folgt; **Highsnobiety** *w.* (-snobeijiti, aus Snob und Society) snobistische gesellschaftliche Kreise; **Highsociety** *w.* (-ßoßeijeti) die vornehme Welt, die oberen zehntausend; **Hightech** *w.* (-teck) hoch entwickelte Technologie auf allen Gebieten; **Highway** *m.* (-weh) Hauptstraße, Landstraße, Autobahn in den USA

Hijacker *m.* (heidschäcker, *engl.*) Entführer eines Flugzeugs oder eines Schiffs

Hillbilly *m.* (*engl.*) 1. Hinterwäldler (Spottname für Südstaatler der USA); 2. ländliche Volksmusik der amerik. Südstaaten und die Musik der Cowboys sowie deren moderne Nachahmungen

Himation *s.* (-ti-, *gr.*) weites Übergewand der altgriechischen Kleidung

Hindi *s.* Amtssprache in Indien; **Hindu** *m.* Anhänger des Hinduismus; **Hinduismus** *m.* Form des Brahmanismus, Volksreligion in Indien

hip (*engl.*) eingeweiht, in allem, was modern ist, beschlagen (umg.); **Hip-Hop** *m.* moderne Version des Rap

Hippiatrie, Hippiatrik *w.* (*gr.*) Pferdeheilkunde

Hippie *m.* (-pi, *engl.*) jugendlicher Anhänger einer antibürgerlichen Lebensform, ausgehend von den USA, in den 1970er-Jahren (*Mz.* Hippies)

Hippodrom *m.* (*gr.*) Reitbahn, Reithalle

hippokratisch (*gr.*) gemäß den Grundsätzen des Hippokrates; **hippokratischer Eid** *m.* der in seinem sittlichen Gehalt noch heute für den Arzt gültige Eid des Hippokrates; **hippokratisches Gesicht** *s.* der von Hippokrates zum ersten Mal beschriebene Ausdruck des Sterbenden

Hippokrene *w.* (*gr.*) Quelle am Helikon, die als Ort dichterischer Inspiration galt

Hippologie *w.* (*gr.*) Wissenschaft vom Pferd, Eigw. **hippologisch**

Hippopotamus *m.* (*gr.*) Nilpferd, Flusspferd

Hipster *m.* (*engl.*) 1. leidenschaftlicher Jazzfreund, Jazzfan; 2. jmd., der hip ist

Hisbollah *m.* Anhänger, Mitglied der **Hisbollah** *w.* Gruppe (extremistischer) schiitischer Moslems, schiitische Miliz(en)

Hispanos *Mz.* (*span.*) Bez. für die Einwanderer aus spanischsprachigen Ländern nach Nordamerika

Histamin *s.* (*gr.*) körpereigenes Gewebshormon

Histologe *m.* (*gr.*) Facharzt auf dem Gebiet der Histologie; **Histologie** *w.* Lehre von den Körpergeweben, Eigw. **histologisch**

Historie *w.* (-ri'e, *lat.*) die Geschichte; **Historik** *w.* Geschichtswissenschaft; **Historiker** *m.* Geschichtswissenschaftler, Geschichtsforscher; **Historiograph** *m.* Geschichtsschreiber; **Historiographie** *w.* Geschichtsschreibung; **historisch** 1. geschichtlich, überliefert; 2. vergangen; **historisieren** 1. in die Geschichte verlegen, historische Stile annehmen; 2. etwas unter historischen Gesichtspunkten betrachten; **Historismus** *m.* 1. Geschichtsbewusstsein; 2. Überbetonung des Historischen; 3. eklektischer Baustil um 1900

Histrione *m.* (*lat.*) Schauspieler im antiken Rom

Hit *s.* (*engl.*) 1. Schlager, Erfolgsstück; 2. Verkaufsschlager, etwas, was sehr begehrt ist

hitchhiken (hitschheiken, *engl.*) per Anhalter reisen, trampen

HIV *s.* (aus *engl. h*uman *i*mmunodeficiency *v*irus) menschliches Immundefektvirus, Aidsvirus

hl = Hektoliter

h. l. = hoc loco

hm = Hektometer

h. m. = huius mensis

Hobby *s.* (*engl.*) Steckenpferd, Liebhaberei

Hobo *m.* (*engl.*) umherziehender Arbeiter in den USA um die Jahrhundertwende

hoc anno (*lat.*) in diesem Jahr

hoc est (*lat.*) das ist, das bedeutet (Abk. h. e.)

Hochfrequenz *w.* (*lat.*) Frequenz von 20 000 bis 100 Mio. Hertz

hochmolekular (*lat.*) 1. aus vielen Atomen bestehend; 2. aus großen Molekülen bestehend

Hockey *s.* (hocki, *engl.*) Stockball, Rasensport mit Ball und Schlägern

hoc loco (*lat.*) an diesem Ort

Hodscha *m.* (*türk.*) geistlicher Lehrer im Islam

Hokuspokus *m.* (*engl.*) 1. Formel bei Zauberkunststücken; 2. Taschenspielerei, Blendwerk (viell. Verballhornung der kath. Messformel *hoc est corpus [meum]* = dies ist mein Leib)

Holdinggesellschaft *w.* (*engl.*) Gesellschaft, die Aktien und Anteile anderer Unternehmen besitzt und diese dadurch beeinflusst

Hole *s.* (hohl, *engl.*) Loch (beim Golfspiel)

Holismus *m.* (*gr.*) Lehre, nach der alle Daseinsformen der Welt danach streben, ein Ganzes zu sein, Eigw. **holistisch**

Hollerithmaschine *w.* früher gängige Lochkartenbuchungsmaschine (nach dem Erfinder H. Hollerith)

Holocaust; **Holokaust** *m.* (*gr.-engl.*) Massenvernichtung bes. durch Feuer, Bez. für die Judenvernichtung während des Nationalsozialismus

Holographie *w.* (*gr.*) technisches Verfahren mit Laserstrahlen, durch das ein dreidimensionales Bild, das Hologramm, erzeugt und gespeichert wird

Holozän *s.* (*gr.*) jüngster Abschnitt des Quartärs, beginnend etwa vor 10 000 Jahren

Homebanking *s.* (hohmbänking, *engl.*) Erledigung von Bankgeschäften von zu Hause aus mittels Telekommunikation; **Homecomputer** *m.* (-kompjuter, *engl.*) Computer mit einfacher Bedienbarkeit und großem Angebot an Spielprogrammen; **Homepage** *w.* (-pehdsch) 1. private Website; 2. Startseite einer Website

Homeriden *Mz.* (*gr.*) Sammelbez. für die griech. Epiker oder Sänger im Stile Homers; **homerisch** typisch für den Stil Homers, in seinem Stil; **homerisches Gelächter** lautes, ausgelassenes Gelächter

Homespun *s.* (hohmspan, *engl.*) grober, rauer (wie hausgemachter) Wollstoff

Homiletik *w.* (*gr.*) Predigtlehre, Eigw. **homiletisch**; **Homiliar** *s.* Predigtsammlung; **Homilie** *w.* Predigt, erbauliche Bibelauslegung

Homilophobie *w.* (*gr.*) krankhafte Menschenscheu

Hominiden *Mz.* (*lat.*) Menschenartige, Familie der Primaten

Hominisation *w.* (*lat.*) stammesgeschichtliche Menschwerdung

Hommage *w.* (ommahsch, *frz.*) 1. Huldigung; 2. Veranstaltung zu Ehren einer Person, bes. eines Künstlers; **Homme à Femmes** *m.* (omm a famm, *frz.*) Frauentyp, Frauenliebling; **Homme de Lettres** *m.* (– de lettr) Literat, Schriftsteller

Homo *m.* (*lat.*) der Mensch als Gattungswesen; **Homo faber** *m.* der Mensch als tätiges, die Welt technisch veränderndes Wesen; **Homo ludens** *m.* der Mensch als spielerisches Wesen; **Homo novus** *m.* Emporkömmling, Neuling; **Homo oeconomicus** *m.* der Mensch, soweit er rein wirtschaftlich denkt; **Homo sapiens** *m.* (-pi'ens) der vernunftbegabte Mensch, wissenschaftliche Bez. für den heutigen Menschen

Homo-, homo- (*gr.*) als Wortteil: gleich

homogen (*gr.*) gleichartig, gleich beschaffen; **homogenisieren** eine einheitliche Mischung herstellen; **Homogenität** *w.* Gleichartigkeit, Einheitlichkeit; **homolog** übereinstimmend, entsprechend; **homonym** gleich lautend; **Homonym** *s.* Wort, das genauso geschrieben und gesprochen wird wie ein anderes, aber etwas anderes bedeutet (z. B. *Ball/Ball*) oder sich grammatisch unterscheidet (z. B. die Vergangenheit von *hängen*: a) *hängte* b) *hing*); **homophon** 1. mit einer führenden Melodiestimme (und Begleitstimmen); 2. gleich lautend (von Wörtern oder Silben); **Homophon** *s.* Wort, das genauso gesprochen, aber anders geschrieben wird (z. B. *fast/fasst*); **Homosexualität** *w.* gleichgeschlechtliche Liebe, Eigw. **homosexuell**; **homozentrisch** mit gleichem Mittelpunkt; **homozygot** mit gleichen Erbanlagen

Homöo-, homöo- (*gr.*) als Wortteil: ähnlich

Homöopath *m.* (*gr.*) Arzt mit homöopathischer Heilweise oder Heilpraktiker; **Homöopathie** *w.* Heilweise, die Krankheiten mit kleinsten Dosen der den Krankheitserregern ähnlichen Stoffen angeht; **homöopathisch** 1. Homöopathie anwendend; 2. in minimaler Dosis (umg.); **Homöoplastik** *w.* Übertragung von arteigenem Gewebe; **Homöostase** *w.* Gleichgewichtszustand der Organismen

Homunkulus *m.* (*lat.*) künstlich erzeugter Mensch

Honanseide *w.* chinesische Naturseide mit dickeren Fadenstellen (nach der Provinz Honan in China)

honen (*engl.*) ziehschleifen, fein schleifen zur Erzielung vollkommen passender Metallteile

honett (*frz.*) ehrenhaft, anständig, ehrbar; **Honnête Homme** (onnett omm) im 17. Jh. der wohlerzogene, gebildete, ehrenhafte Mann bzw. Adlige, später der Inbegriff des Biedermanns

Honey *m.* (hanni, *engl.*) Liebling, Schatz; **Honeymoon** *m.* (-muhn) Flitterwochen

Honneurs *Mz.* (onnör, *frz.*) Ehrenbezeigungen

honni (bzw. **honny**) **soit qui mal y pense** (onni soa ki mall ipangs, *frz.*) ein Schuft ist der, der Schlechtes dabei denkt (Inschrift des englischen Hosenbandordens)

honorabel (*lat.*) ehrenvoll, ehrenwert; **Honorar** *s.* Vergütung, Bezahlung für Angehörige freier Berufe; **Honorarprofessor** *m.* Professor ehrenhalber; **Honoratioren** *Mz.* die angesehensten Bürger des Ortes; **honorieren** 1. bezahlen, Wechsel einlösen; 2. anerkennen, würdigen; **honorig** nicht kleinlich, anständig; **honoris causa** ehrenhalber (Abk. h. c.)

Honourable (onerebl, *engl.*) engl. Ehrentitel: Hochwohlgeboren

Honved *w.* (*ungar.*) die ungarische Armee (1919–1945); **Honved** *m.* ungarischer Soldat
Hooligan *m.* (huhligen, *engl.*) Rowdy, Schlägertyp, Randalierer
Hoplit *m.* (*gr.*) schwer bewaffneter Soldat im altgriechischen Heer
hora (*lat.*) Stunde als physikalische Maßeinheit (Zeichen: h)
Horen *Mz.* (*lat.*) griechische Göttinnen der Jahreszeiten
Horizont *m.* (*gr.*) 1. sichtbare Trennungslinie zwischen Himmel und Erde; 2. Gesichtskreis, geistiges Fassungsvermögen (z. B. Wissenshorizont); **horizontal** waagerecht; **Horizontale** *w.* waagerechte Linie oder Lage
Hormon *s.* (*gr.*) körpereigener Wirkstoff, Produkt der Drüsen mit innerer Sekretion, Eigw. **hormonal, hormonell**
Horolog, Horologium *s.* (*lat.*) Stundenzeiger, Uhr (z. B. Sonnenuhr); **Horologe** *m.* antiker Stundenausrufer
Horopter *m.* (*gr.*) Sehgrenze, Sehbereich des menschlichen Blicks
Horoskop *s.* (*gr.*) 1. Stellung der Gestirne in einem bestimmten Augenblick und an einem bestimmten Ort; 2. schematische Aufzeichnung dieser Stellung; 3. Charakter- und Zukunftsdeutung einer Person aus der Stellung der Gestirne, bes. am Tag der Geburt
horrend (*lat.*) schrecklich, unmäßig
horribel (*lat.*) grausig, schrecklich; **horribile dictu** schrecklich, es auszusprechen
Horror *m.* (*lat.*) Schrecken, Schauder, Abscheu, Entsetzen; **Horrorfilm** *m.* Film mit schaurig-gruseligem Inhalt; **Horrortrip** *m.* 1. extreme Angstzustände im Drogenrausch; 2. alptraumartiges Erlebnis; **Horror vacui** *m.* Angst vor dem Leeren (angebliche Abneigung der Natur gegen leere Räume)
hors concours (or kongkuhr, *frz.*) außer Wettbewerb
Horsd'œuvre *s.* (ordöwre, *frz.*) Vorgericht, Vorspeise
Hortikultur *w.* (*lat.*) Gärtnerei, Gartenkunst
Horus *m.* altägyptischer Hauptgott, in Gestalt eines Falken verehrt, Titel des Königs
hosianna! (*hebr.*) Hilfs- und Freudenruf, der aus dem Alten Testament in die christliche liturgische Tradition übernommen wurde
Hospital *s.* (*lat.*) Krankenhaus; **Hospitalismus** *m.* 1. Infektionen durch im Krankenhaus übertragene Erreger; 2. seelische Störungen durch langen Krankenhaus- oder Heimaufenthalt, bes. bei Kindern;
Hospitant *m.* 1. Gasthörer; 2. Praktikant, Ztw. **hospitieren**; **Hospiz** *s.* von einer christl. Vereinigung betriebenes Gasthaus oder Hotel
Hospodar = Gospodar
Hostess *w.* (*engl.*) 1. Betreuerin, Begleiterin, Führerin bei Ausstellungen, Messen u. ä.; 2. Prostituierte (in der Diktion von Zeitungsannoncen); **Hostcomputer** *m.* Netzwerkcomputer, der netzunabhängige Aufgaben wahrnimmt (EDV)
Hostie *w.* (-ti'e, *lat.*) Abendmahlsoblate, den Leib des Herrn darstellend
hostil (*lat.*) feindlich; **Hostilität** *w.* Feindseligkeit
Hot *m.* (*engl.*) heiße, heftige Spielweise im Jazz; **hotten** in dieser Art spielen oder tanzen; **Hotdog** *s.* gekochtes und gegrilltes Würstchen, das der Länge nach in ein Brötchen gelegt wird
Hotel *s.* (*frz.*) Übernachtungsbetrieb für gehobenere Ansprüche; **Hotel de Ville** *s.* (– de will) Rathaus in Frankreich und Belgien; **Hotel garni** *s.* Hotel, das nur Frühstück gibt; **Hotelier** *m.* (-jeh) Hotelbesitzer; **Hotellerie** *w.* Gasthausgewerbe
Hot Jazz *m.* (-dschäs, *engl.*) frühe temperamentvolle Stilform des Jazz; **Hotline** *w.* (-lein) telefonische Spezialdienste für dringliche Fälle
Hourdi *m.* (urdi, *frz.*) Hohlziegel für Dächer
House of Commons *s.* (haus of kommens, *engl.*) englisches Unterhaus; **House of Lords** *s.* englisches Oberhaus
Hovercraft *s.* (howerkrahft, *engl.*) Luftkissenfahrzeug
HTML (aus *engl. Hyper*text *m*ark-up *L*anguage) Sprache zur Erstellung von Hypertext-Dokumenten, Dokumentensprache
http (aus *engl. Hyper*text *T*ransfer *P*roto-

col) Anfang einer Adresse im World Wide Web

Hugenotten *Mz.* (*frz.*) die Protestanten in Frankreich, die das Land am Ende des 17. Jhs. verließen, Eigw. **hugenottisch**

huius anni (*lat.*) dieses Jahres; **huius mensis** dieses Monats

human (*lat.*) 1. für den Menschen typisch; 2. nachsichtig, nicht streng; 3. menschenwürdig

Human Engineering *s.* (jumen endschinihring, *engl.*) Gestaltung von Maschinenanlagen, Geräten und Arbeitsplätzen nach menschlichen Erfordernissen

Humangenetik *w.* (*lat.*) Wissenschaft von der menschlichen Vererbung; **humanisieren** menschlich, menschenwürdig gestalten; **Humanismus** *m.* 1. in der Renaissance einsetzende Bildungsbewegung mit dem Ziel, den Menschen (nach dem Vorbild der Antike) zu wahrer Menschlichkeit zu erziehen; 2. geistige Haltung, die auf die Würde des menschlichen Individuums ausgerichtet ist; **Humanist** *m.* Vertreter des Humanismus; **humanistisch** 1. im Geist des Humanismus; 2. altsprachlich gebildet; **humanitär** menschenfreundlich, wohltätig; **Humanität** *w.* Menschlichkeit, Menschenwürde

Humanitarismus *m.* (*lat.*) menschenfreundliche, auf das Wohl des Menschen gerichtete Gesinnung (nach einer sich nach dem «Journal humanitaire» benennenden Gruppierung im Frankreich des 19. Jhs.); Eigw. **humanitaristisch**

Human Relations *Mz.* (jumen rilehschens, *engl.*) eine Form der Personalpolitik, die auf Pflege und Förderung der zwischenmenschlichen Beziehungen im Betrieb ausgerichtet ist; **Human Touch** *m.* (– tatsch) menschliche Note, menschlicher Zug; **Humanwissenschaften** *Mz.* (*lat.*) Gesamtheit der wissenschaftl. Disziplinen, die sich mit dem Menschen befassen

Humbug *m.* (*engl.*) Schwindel, Quatsch

humid (*lat.*) feucht; **Humidität** *w.* Feuchtigkeit

Humor *m.* (*lat.*) Heiterkeit, gelassene und heitere Einstellung gegenüber Widrigkeiten; **Humoralpathologie** *w.* antike Auffassung, die alle Krankheiten aus einer fehlerhaften Zusammensetzung der Körpersäfte ableitete; **Humoreske** *w.* kurze humoristische Erzählung oder heiteres, kleines Musikstück; **humorig** gut gelaunt; **Humorist** *m.* humoristischer Schriftsteller oder Vortragskünstler; **humoristisch** scherzhaft, humorvoll, witzig

Humus *m.* (*lat.*) Nährboden aus abgestorbenen pflanzlichen oder tierischen Stoffen; **humos** humusreich

Huris *Mz.* (*arab.*) die ewig jungen und schönen Jungfrauen, die nach islamischem Glauben die Seligen im Paradies belohnen (Ez. Huri)

Hurrikan *m.* (harriken, *indian.*) tropischer Wirbelsturm, Orkan

Husar *m.* (*ungar.-itl.*) ehemal. Angehöriger der leichten Kavallerie

Husky *m.* (haski, *engl.*) Eskimohund

Hussiten *Mz.* Anhänger des Reformators Johannes Hus, des Begründers und Predigers der tschechischen Glaubens- und Nationalbewegung im 15. Jh.

hyalin (*gr.*) glasig, durchscheinend; **Hyaline** *Mz.* glasige Eiweißkörper; **Hyalit** *m.* Glasopal; **Hyalographie** Glasradierung

Hyäne *w.* (*gr.*) Aas fressendes Raubtier in Afrika und Südasien

Hyazinth *m.* (*gr.*) Edelstein, Abart des Zirkon; **Hyazinthe** Gattung der Liliengewächse mit stark duftenden Blüten

hybrid (*gr.*) 1. von zweierlei Herkunft, gekreuzt; 2. aus verschiedenen Sprachen zusammengesetzt (von Worten); 3. vermessen, hochmütig; **Hybride** *w.* aus einer Kreuzung hervorgegangenes Lebewesen; **Hybridisation** *w.* Kreuzung, Ztw. **hybridisieren**; **Hybris** *w.* Selbstüberhebung, Vermessenheit

Hydr(o)-, hydr(o)- (*gr.*) als Vorsilbe: Wasser

Hydra *w.* (*gr.*) 1. neunköpfiges Seeungeheuer der griech. Mythologie; 2. Süßwasserpolyp

Hydrämie *w.* (*gr.*) erhöhter Wassergehalt des Blutes; **Hydrant** *m.* Wasserzapfstelle zum Anschließen von Schläuchen; **Hydrat** *s.* chem. Verbindung, die durch Anlagerung von Wasser entsteht; **Hydraulik** *w.* techn. Verfahren und Anlagen zur Kraftübertragung durch Flüssigkeiten; **hydraulisch** auf Hydraulik basierend

Hydria *w.* (*gr.*) altgriech. Gefäß zum Wassertragen (mit zwei waagerechten und einem senkrechten Henkel)

Hydrid *s.* (*gr.*) Verbindung von Wasserstoff mit anderen Elementen; **hydrieren** auf chemischem Wege Wasserstoff anlagern, Hptw. **Hydrierung** *w.*

Hydrobiologie *w.* (*gr.*) Wissenschaft von der Lebewelt der Gewässer; **hydrobiont** im Wasser lebend (von Lebewesen)

Hydrochinon *s.* (*gr.*) fotografischer Entwickler; **Hydrodynamik** *w.* Wissenschaft von den bewegten Flüssigkeiten, Strömungslehre, Eigw. **hydrodynamisch**; **hydroenergetisch** von Wasser angetrieben; **hydrogam** durch Vermittlung des Wassers befruchtet (von Pflanzen); **Hydrogen** *s.* Wasserstoff, chem. Element, Zeichen H; **Hydrographie** *w.* Teilgebiet der Hydrologie, das sich mit dem natürlichen Wasserkreislauf befasst, Eigw. **hydrographisch**; **Hydrokultur** *w.* Verfahren und Ausstattung zur Pflanzenaufzucht in Nährlösung; **Hydrologie** *w.* Wissenschaft vom Wasser; **Hydrolyse** *w.* Spaltung chemischer Verbindungen durch Wasser, Eigw. **hydrolytisch; Hydrometer** *s.* Gerät zum Messen strömender Flüssigkeiten; **hydrophil** Wasser anziehend, Wasser liebend (von Pflanzen und Tieren); **hydrophob** Wasser abstoßend, wasserscheu (von Pflanzen und Tieren); **hydropneumatisch** durch Wasser und Luft angetrieben; **Hydrops** *m.*, **Hydropsie** *w.* Wassersucht; **Hydrosphäre** *w.* die Wasserhülle der Erde; **Hydrostatik** *w.* Wissenschaft vom Druck und Gleichgewicht der Kräfte bei ruhenden Flüssigkeiten; **Hydrotechnik** *w.* Wasserbautechnik; **Hydrotherapie** *w.* Wasserheilkunde; **Hydrothorax** *w.* Brustwassersucht; **Hydrozephalus** *m.* Wasserkopf

Hyetograph *m.* (*gr.*) Instrument zum Registrieren der Niederschlagsmenge; **Hyetometer** *s.* Instrument zum Messen der Niederschlagsmenge

Hygieia *w.* (-gi'ei-, *gr.*) Göttin der Gesundheit; **Hygiene** *w.* (-gi'e-) Gesundheitslehre; **hygienisch** den Forderungen der Gesundheitslehre entsprechend

Hygrograph *m.* (*gr.*) registrierendes Messgerät für Luftfeuchtigkeit; **Hygrometer** *s.* Luftfeuchtigkeitsmesser; **hygrophil** feuchten Standort liebend (von Pflanzen); **Hygrophyten** *Mz.* Pflanzen, die an feuchten Stellen leben; **Hygroskop** *s.* Apparat, der die Luftfeuchtigkeit anzeigt; **hygroskopisch** Feuchtigkeit bindend

Hyle *w.* (*gr.*) Urstoff in der altgriech. Naturphilosophie; **Hylozoismus** *m.* Lehre, nach der der Stoff beseelt ist

Hymen *m.* (*gr.*) griech. Hochzeitsgott; **Hymen** *s.* Jungfernhäutchen

Hymne *w.*, **Hymnus** *m.* (*gr.*) 1. Lobgesang, Festgesang; 2. kurz für Nationalhymne; **Hymnik** *w.* Kunst d. Hymnendichtung und -komposition; **hymnisch** lobpreisend, überschwänglich

Hype *m.* (heip, *engl.*) übersteigerte Reklame, Medienrummel

Hyper-, hyper- (*gr.*) als Vorsilbe: über, über… hinaus, übermäßig

Hyperacidität *w.* (*gr.-lat.*) erhöhter Säuregehalt des Magensaftes; **Hyperalgesie** *w.* Schmerzüberempfindlichkeit; **Hyperämie** *w.* (*gr.*) Blutandrang, Blutüberfülle; **Hyperästhesie** *w.* Überempfindlichkeit gegenüber Sinnesreizen; **Hyperazidität** = Hyperacidität

Hyperbel *w.* (*gr.*) 1. mathematischer Kegelschnitt mit zwei parallelen Zweigen; 2. stilistische Übertreibung; **hyperbolisch** übertrieben

Hyperboreer *Mz.* (-re'er, *gr.*) sagenhaftes Volk im hohen Norden; **hyperboreisch** hoch im Norden gelegen

Hyperfunktion *w.* (*gr.-lat.*) Überfunktion eines Organs

Hyperglykämie *w.* (*gr.*) erhöhter Blutzuckergehalt

Hyperion *m.* (*gr.*) ein Titan in der griech. Mythologie, Sohn der Gaia und des Uranos

Hyperkinese *w.* (*gr.*) krankhafter Bewegungsdrang

hyperkritisch (*gr.*) überkritisch, überstreng

Hyperlink = Link

Hypermetropie, Hyperopie *w.* (*gr.*) Übersichtigkeit, Weitsichtigkeit

Hypersekretion *w.* (*gr.*) vermehrte Absonderung

Hypertext *m.* (heiper-, *engl.*) Dokumentensystem im World Wide Web, das Texte,

Graphiken, Video- und Audiodokumente miteinander verbindet

Hypertonie *w.* (*gr.*) 1. erhöhter Blutdruck; 2. vermehrte Muskelspannung

Hypertrichose *w.* (*gr.*) übermäßige Körperbehaarung

hypertroph, hypertrophisch (*gr.*) 1. durch Zellwachstum vergrößert; 2. überspannt, überzogen; **Hypertrophie** *w.* 1. übermäßige Vergrößerung; 2. überzogenes Selbstbewusstsein, Anmaßung

Hypnos *m.* (*gr.*) griech. Gott des Schlafes; **Hypnose** *w.* schlafähnlicher Zustand, durch Suggestion hervorgerufene Willenlosigkeit; **Hypnosie** *w.* Schlafkrankheit; **Hypnotikum** *s.* Schlafmittel; **hypnotisch** willenlähmend; **Hypnotiseur** *m.* (-sör) Person mit hypnotischen Fähigkeiten; **hypnotisieren** 1. in Hypnose versetzen; 2. bannen, widerstandslos machen; **Hypnotismus** *m.* Lehre von der Hypnose

Hypo-, hypo- (*gr.*) als Vorsilbe: unter

Hypoacidität, Hypoazidität *w.* (*gr.-lat.*) verminderter Säuregehalt des Magensaftes

Hypochonder *m.* (*gr.*) an Hypochondrie Leidender, eingebildeter Kranker, Eigw. **hypochondrisch**; **Hypochondrie** *w.* (*gr.*) Krankheitsangst, Krankheitsgefühl ohne pathologische Ursache

hypodermatisch (*gr.*) unter der Haut

Hypofunktion *w.* (*gr.*) Unterfunktion der Organe

Hypogalaktie *w.* (*gr.*) zu geringe Milchabsonderung in der Stillzeit

Hypoglykämie *w.* (*gr.*) verminderter Blutzuckergehalt

Hypokausten *Mz.* (*gr.*) Warmluftheizanlage unter den Fußböden in Antike und Mittelalter

Hypokinese *w.* (*gr.*) Bewegungsarmut der Muskulatur

Hypokrisie *w.* (*gr.*) Heuchelei, Scheinheiligkeit; **Hypokrit** *m.* Heuchler; **hypokritisch** heuchlerisch, scheinheilig

Hypophyse *w.* (*gr.*) Hirnanhangsdrüse

Hypoplasie *w.* (*gr.*) Unterentwicklung von Organen

Hypostase *w.* (*gr.*) 1. Unterlage, Grundlage, Substanz; 2. Verdinglichung eines Begriffs; 3. Blutstauung unten liegender Körperteile; 4. Personifizierung göttlicher Eigenschaften; **hypostasieren** vergegenständlichen, personifizieren, unterstellen; **hypostatisch** gegenständlich

hypotaktisch (*gr.*) Sprachlehre: untergeordnet, abhängig, Hptw. **Hypotaxe, Hypotaxis** *w.*

Hypotenuse *w.* (*gr.*) im rechtwinkligen Dreieck die längste Seite

Hypothek *w.* (*gr.*) durch Beleihung erworbenes Pfandrecht an Grundstücken und Häusern, Eigw. **hypothekarisch**

Hypothermie *w.* (*gr.*) Untertemperatur

Hypothese *w.* (*gr.*) 1. begründete (wenn auch nicht bewiesene) wissenschaftliche Annahme; 2. die Prämisse für die Konklusion (in logischen Operationen); **hypothetisch** unterstellt, angenommen

Hypotonie, Hypotension *w.* (*gr.*) 1. Blutunterdruck; 2. verminderter Augendruck

Hypotrophie *w.* (*gr.*) 1. Unterentwicklung von Organen und Geweben; 2. Unterernährung

Hypovitaminose *w.* (*gr.*) Vitaminmangelkrankheit

Hypozentrum *s.* (*gr.*) Erdbebenherd

Hypso-, hypso- (*gr.*) als Wortteil: Höhe; **Hypsometer** *s.* Höhenmesser; **Hypsometrie** *w.* Höhenmessung; **Hypsothermometer** *s.* Höhenmessgerät nach dem Siedepunkt des Wassers; **Hypsophobie** *w.* Höhenangst

Hysterie *w.* (*gr.*) krankhafter Erregungszustand mit abnormen körperlichen und psychischen Symptomen; **Hysteriker** *m.* Person mit hysterischen Leiden; **Hysteriologie** *w.* die Lehre von den Krankheiten der Gebärmutter, Eigw. **hysteriologisch**; **hysterisch** 1. auf Hysterie beruhend; 2. übererregt, überspannt

Hysterologie *w.*; **Hysteron-Proteron** *s.* (*gr.*) Redefigur, die etwas vorwegnimmt, was zeitlich oder logisch später folgen müsste (z. B. Ihr Mann ist tot und lässt Sie grüßen [Goethe, Faust])

Hysteroskopie *w.* (*gr.*) Gebärmutteruntersuchung; **Hysterotomie** *w.* Kaiserschnitt

I

Iambus = Jambus
Iatrik, Iatrologie *w.* (*gr.*) Heilkunst, ärztliche Kunst
ib., ibd. = ibidem
Iberer *Mz.* (*lat.*) frühere Bevölkerung der Pyrenäenhalbinsel; **iberisch** die Pyrenäenhalbinsel betreffend; **Iberische Halbinsel** *w.* Pyrenäenhalbinsel; **Iberoamerika** *s.* Lateinamerika, Eigw. **iberoamerikanisch**
ibidem (*lat.*) ebenda, am selben (schon erwähnten) Ort
Ibis *m.* (*arab.-gr.*) tropischer und subtropischer Storchvogel
Ibn *m.* (*arab.*) Sohn, Teil arab. Personennamen
IBRD (aus *engl.* *I*nternational *B*ank for *R*econstruction and *D*evelopment) 1944 gegr. Internationale Bank für Wiederaufbau und Entwicklung, Sonderorganisation der Vereinten Nationen mit Sitz in Washington (USA), Weltbank
IC = Intercity-Zug
ICE = Intercity-Expresszug
Ichneumon *m.* oder *s.* (*gr.*) afrikanische Schleichkatze
Ichthyol *s.* (*Wz.*) schwefelhaltiges Destillat aus Ölschiefer, zu Heilzwecken gegen Hautkrankheiten u. a. verwendet
Ichthyologie *w.* (*gr.*) Fischkunde; **Ichthyosaurus** *m.* vorweltliche, riesige Fischeidechse (*Mz.* Ichthyosaurier [-'ri'er]); **Ichthyose, Ichthyosis** *w.* Fischschuppenkrankheit des Menschen; **Ichthyotoxin** *s.* Fischgift im Blut mancher Fische
Icon *s.* (eiken, *engl.*) computererzeugtes Bildobjekt
Icterus = Ikterus
Ictus = Iktus
id. = idem
i. D. Abk. für inklusive Dividende (auf Kurszetteln)
Id *s.* (*arab.*) das höchste mohammedanische Fest
Ideal *s.* (*gr.*) Idealbild, Inbegriff des Vollkommenen, Vorbild, nach dem jmd. strebt; **ideal** 1. vollkommen, vorbildlich; 2. nur in der Vorstellung vorhanden; **idealisieren** zum Ideal erheben, verklären; **Idealismus** *m.* 1. durch Ideale bestimmte Lebensführung und Weltanschauung; 2. philosophische Anschauung, die das Materielle als Erscheinungsform von Ideen interpretiert; **Idealist** *m.* 1. von Idealen bestimmter Mensch; 2. Vertreter des philosophischen Idealismus, Eigw. **idealistisch; Idealität** *w.* ideale Beschaffenheit; **Idealtyp** *m.* Person, die in vollkommener Weise die Merkmale einer sozialen Gruppe aufweist, Eigw. **idealtypisch**
Idee *w.* (*gr.*) 1. Urbild, reiner Begriff; 2. Einfall, Vorstellung, Gedanke; 3. Kleinigkeit, ein bisschen; **ideell** (-de'e-) auf einer Idee beruhend, gedanklich; **Ideenassoziation** *w.* nicht dem Willen unterliegende gedankliche Verknüpfung von Vorstellungen; **Ideengeschichte** *w.* Geistesgeschichte; **Ideenflucht** *w.* krankhafte Unfähigkeit, einen Gedanken zu verfolgen, Bestürmtwerden von ständig wechselnden Vorstellungen
Idée fixe *w.* (ideh fix, *frz.*) 1. Grundgedanke, durchgehaltene Idee eines Werks; 2. Zwangsvorstellung
idem (*lat.*) derselbe, dasselbe
Iden *Mz.* (*lat.*) im altrömischen Kalender der 13. oder 15. Tag des Monats; **Iden des März** Tag der Ermordung Cäsars (44 v. Chr.)
Identifikation, Identifizierung *w.* (*lat.*) 1. Feststellung der Gleichheit; 2. gefühlsmäßiges Sichgleichsetzen mit anderen und Übernahme ihrer Normen; **identifizieren** 1. jmd. oder etwas wieder erkennen, seine Identität feststellen; 2. gleichsetzen; 3. sich identifizieren: sich mit etwas oder jmdm. gleichsetzen; **identisch** ein und dasselbe; **Identität** *w.* 1. vollkommene Gleichheit, Übereinstimmung in allen

Merkmalen; 2. die erlebte Kontinuität des Ich

Ideogramm *s.* (*gr.*) Schriftzeichen, das einen ganzen Begriff darstellt, Begriffszeichen; **Ideographie** *w.* Bilderschrift, Begriffsschrift, Eigw. **ideographisch**

Ideologe *m.* (*gr.*) Vertreter einer Ideologie; jmd., der die Wirklichkeit durch die Brille einer Ideologie sieht; **Ideologie** *w.* (politisches) Denksystem, das aufgrund beschränkter Wirklichkeitswahrnehmung einseitig und interessegeleitet ist; **ideologisch** auf einer Ideologie beruhend, ihr entsprechend; **ideologisieren** zur Ideologie machen, ideologisch ausrichten; **Ideologiekritik** *w.* 1. Nachweis der gesellschaftlichen Bedingtheit von Ideologien; 2. Interpretation von Texten im Hinblick auf ihre gesellschaftlichen Voraussetzungen; **Ideomotorik** *w.* unwillkürliche Bewegungen, die durch Vorstellungen oder Wahrnehmungen ausgelöst werden

id est (*lat.*) das heißt, das bedeutet

Idio-, idio- (*gr.*) als Vorsilbe: Eigen-, Selbst

Idiolatrie *w.* (*gr.*) Selbstvergötterung

Idiolekt (*engl.*) Wortschatz, Aussprache und Ausdrucksweise eines einzelnen Individuums

Idiom *s.* (*gr.*) 1. Mundart; 2. Spracheigentümlichkeit; **Idiomatik** *w.* Wissenschaft von den Spracheigenarten; **idiomatisch** die Idiomatik betreffend; **idiomatische Wendungen** *Mz.* Spracheigentümlichkeiten, für eine bestimmte Sprache charakteristische Redewendungen

Idioplasma *s.* (*gr.*) Keimplasma

Idiosynkrasie *w.* (*gr.*) 1. Überempfindlichkeit gegen bestimmte Stoffe; 2. unüberwindliche Abneigung, Widerwille gegenüber bestimmten Gegenständen, Anschauungen, Personen, Eigw. **idiosynkratisch**

Idiot *m.* (*gr.*) 1. Schwachsinniger; 2. Schwachkopf (umg.); **Idiotie** *w.* angeborener oder sehr früh durch Gehirnerkrankung erworbener schwerster Schwachsinn; **Idiotikon** *s.* Mundartwörterbuch; **idiotisch** 1. geistesschwach, blöde; 2. dumm, widersinnig, unsinnig; **Idiotismus** *m.* 1. Idiotie, Verblödung; 2. unbegreiflich törichte Handlungsweise; 3. mundartliche Eigentümlichkeit, mundartlicher Einschlag in der Sprache (*Mz.* Idiotismen)

idiotypisch (*gr.*) durch die Gesamtheit aller Erbfaktoren festgelegt; **Idiotypus** *m.* Gesamtheit aller Erbfaktoren; **Idiovariation** *w.* Genmutation

Ido *s.* (*Kunstwort*) aus dem Esperanto weiterentwickelte Welthilfssprache

Idol *s.* (*gr.*) 1. Götzenbild in Menschengestalt; 2. kritiklos bewunderte, vergötterte Person; **Idolatrie** *w.* Götzendienst, Abgötterei; **idolisieren** zum Idol erheben

Idyll *s.* (*gr.*) Bild oder Zustand eines stillen, einfachen, friedlichen Daseins; **Idylle** *w.* dichterische Schilderung einfacher, ländlicher Lebenszustände; **idyllisch** friedlich, ländlich

i. e. = id est

i. f. = ipse fecit

Iglu *m.* (*eskim.*) Rundbau der Eskimos aus Eis und gefrorenem Schnee

ignoramus, ignorabimus (*lat.*) wir wissen es nicht und werden es nicht wissen (Ausdruck für die Anerkennung unlösbarer Welträtsel)

Ignorant *m.* (*lat.*) Unwissender bzw. nicht wissen wollender Mensch; **Ignoranz** *w.* 1. Unwissenheit; 2. gewollte Unwissenheit; **ignorieren** übersehen, nicht beachten, nicht wissen wollen

Ikebana *s.* (*jap.*) japan. Kunst des Blumensteckens

Ikon *s.*, **Ikone** *w.* (*gr.*) 1. Heiligenbild der Ostkirchen; 2. Kultbild (das sich jmd. von jmdm. macht); **Ikonodulie** *w.* Bilderverehrung; **Ikonograph** *m.* 1. Wissenschaftler auf dem Gebiet der Ikonographie; 2. lithographisches Gerät; **Ikonographie** *w.* Bestimmung und Deutung alter, bes. antiker Bildwerke; **Ikonoklasmus** *m.* Bildersturm; **Ikonoklast** *m.* Bilderstürmer; **Ikonologe** *m.* Wissenschaftler auf dem Gebiet der Ikonologie; **Ikonologie** *w.* Erforschung, Beschreibung und Deutung von Bildinhalten jeder Art; **Ikonoskop** *s.* Elektronenröhre im Fernsehapparat; **Ikonostase** *w.* Bilderwand vor dem Altarraum orthodoxer Kirchen

Ikosaeder *s.* (-sa'e-, *gr.*) Körper mit zwanzig Flächen, Zwanzigflächner

ikterisch (*gr.*) die Gelbsucht betreffend; gelbsüchtig; **Ikterus** *m.* Gelbsucht

Iktus *m.* (*lat.*) 1. Betonung im Vers; 2. plötzliches schwer wiegendes Erkrankungszeichen

Ileus *m.* (ile'us, *gr.*) Darmverschluss

Ilex *m.* (*lat.*) 1. Steineiche der Römer; 2. Stechpalmengewächs

Ilias *w.* (*gr.*) Epos Homers über den Kampf um Troja; **Ilion, Ilios, Ilium** *s.* antiker Name Trojas

illegal (*lat.*) ungesetzlich, gesetzwidrig; **Illegalität** *w.* Ungesetzlichkeit; **illegitim** unrechtmäßig; **Illegitimität** *w.* Unrechtmäßigkeit

illiberal (*lat.*) engherzig, nicht liberal; **Illiberalität** *w.* Engherzigkeit

illimitiert (*lat.*) unbegrenzt

illiquid (*lat.*) zahlungsunfähig, in Zahlungsschwierigkeiten; **Illiquidität** *w.* Mangel an Barmitteln

illiterat *m.* (*lat.*) unbelehrt, (wissenschaftlich) ungebildet

illoyal (*frz.*) 1. vertragsbrüchig; 2. nicht mehr treu zu jmdm. stehend, Hptw. **Illoyalität** *w.*

Illuminaten *Mz.* (*lat.*) Illuminatenorden, Freimaurerorden des 18. Jahrhunderts; **Illumination** *w.* 1. Festbeleuchtung; 2. göttliche Erleuchtung; 3. Ausmalung von Zeichnungen; **Illuminator** *m.* 1. Buchmaler, Ausmaler von Büchern; 2. Beleuchtungseinrichtung an optischen Geräten; **illuminieren** 1. festlich beleuchten; 2. Buchmalereien herstellen

Illusion *w.* (*lat.*) 1. falsche Vorstellung, Selbsttäuschung; 2. Phantasievorstellung, Wunschbild; **illusionär** auf Illusion beruhend; **Illusionismus** *m.* 1. philosophische Anschauung, die alles Vorhandene als Schein erklärt; 2. täuschende Bildwirkung; **Illusionist** *m.* 1. Phantast; 2. Zauberkünstler, Gaukler; **illusionistisch** 1. illusionär; 2. durch Illusionsmalerei erzeugt; **illusorisch** 1. trügerisch; 2. vergeblich

illuster (*lat.*) berühmt, glänzend, vornehm; **Illustration** *w.* 1. Abbildung; 2. Erläuterung, Veranschaulichung; **illustrativ** veranschaulichend; **Illustrator** *m.* Künstler, der Bücher bebildert; **illustrieren** 1. bebildern; 2. erläutern, veranschaulichen; **Illustrierte** *w.* Zeitschrift mit hohem Anteil an Bildberichten

ILO (aus *engl. I*nternational *L*abour *O*rganization) Internationale Arbeitsorganisation, Sonderorganisation der Vereinten Nationen, gegr. 1919, neu gegr. 1946, Sitz in Genf

Image *s.* (immidsch, *engl.*) 1. Vorstellungsbild, das sich eine Person oder Gruppe von sich oder anderen macht; 2. das durch Public Relations produzierte Bild einer Person oder Organisation in der Öffentlichkeit

imaginabel (*lat.*) denkbar, vorstellbar; **imaginär** nicht wirklich, nur in der Vorstellung vorhanden; **Imagination** *w.* Einbildungskraft; **imaginativ** auf bildlich vorstellendem Denken beruhend; **imaginieren** sich vorstellen, ersinnen; **Imago** *w.* 1. das voll entwickelte Insekt; 2. unterbewusstes, in der Jugend erworbenes und weiterwirkendes inneres Leitbild; **Imagologie** *w.* Arbeitsgebiet der vergleichenden Literaturwissenschaft, das den Niederschlag wechselseitiger Vorstellungsbilder der Völker in der Literatur untersucht

Imam *m.* (*arab.*) Vorsteher einer Moschee und Vorbeter, Kultusdiener; **Iman** *s.* Gesamtheit der Glaubenssätze des Islam

imbezil, imbezill (*lat.*) mittelgradig schwachsinnig; **Imbezillität** *w.* mittelschwerer Schwachsinn

Imbroglio *s.* (imbrolljo, *itl.*) Mischung verschiedener Taktarten in einer Komposition

IMF (aus *engl. I*nternational *M*onetary *F*und) Internationaler Währungsfonds (Abk. IWF) mit derzeit 182 Mitgliedsstaaten, gegr. 1944, Sitz in Washington (USA)

Imitat *s.*, **Imitation** *w.* (*lat.*) Nachahmung, Nachbildung; **Imitator** *m.* Nachahmer; **imitieren** nachahmen, nachmachen; **imitiert** unecht, nachgeahmt

immaculata conceptio *w.* (*lat.*) das 1854 verkündete Dogma der kath. Kirche, dass die Jungfrau Maria unbefleckt, d. h. frei von Erbsünde, empfangen wurde

immanent (*lat.*) 1. innewohnend, enthaltend; 2. zur Welt gehörend, diesseitig; **Immanenz** *w.* das Enthaltensein in etwas, die Beschränktheit in etwas; **Immanenzphilosophie** *w.* philosophische Anschauung, die alles Sein ins Bewusstsein verlegt

immateriell (*lat.*) nicht materiell, geistig

Immatrikulation *w.* (*lat.*) Aufnahme in eine Universität; **sich immatrikulieren** sich als Studierender eintragen

immediat (*lat.*) unmittelbar, nur der höchsten Behörde unterstellt; **immediatisieren** (reichs)unmittelbar machen (z. B. einer Stadt)

immens (*lat.*) unendlich, unermesslich, außerordentlich; **immensurabel** unmessbar; **Immensurabilität** *w.* Unmessbarkeit

Immerget *m.* (*lat.*) Wiedertäufer

Immersion *w.* (*lat.*) 1. Eintauchen, Untertauchen; 2. Eintritt eines Mondes in den Schatten eines Planeten; 3. Einbetten eines Körpers in Flüssigkeit, um sein optisches Verhalten zu beobachten; **Immersionstaufe** *w.* Taufe durch Untertauchen bei den Baptisten

Immigrant *m.* (*lat.*) Einwanderer; **Immigration** *w.* Einwanderung; **immigrieren** einwandern

imminent (*lat.*) bevorstehend, drohend;

Immission *w.* (*lat.*) 1. Einführung, Amtseinsetzung; 2. Einwirkung schädlicher Umwelteinflüsse auf Lebewesen

immobil (*lat.*) unbeweglich; **Immobiliarkredit** *m.* Kredit auf Liegenschaften; **Immobilien** *Mz.* (-li'en) unbewegliches Vermögen, Liegenschaften; **Immobilienfonds** *m.* (-li'enfong) Vermögen einer Kapitalanlagegesellschaft, das aus Immobilien besteht; **immobilisieren** 1. bewegliche Güter rechtlich zu Immobilien machen; 2. ruhig stellen (z. B. ein Gelenk)

Immoralität *w.* (*lat.*) Gleichgültigkeit gegen moralische Normen; **Immoralismus** *m.* Ablehnung verbindlicher Moralgesetze als philosophische Anschauung; **Immoralist** *m.* Anhänger des Immoralismus

Immortalismus *m.* (*lat.*) Glaube an die Unsterblichkeit; **Immortalität** *w.* Unsterblichkeit; **Immortelle** *w.* (*frz.*) Strohblume

immun (*lat.*) 1. gegen Krankheiten geschützt; 2. unempfindlich, nicht zu beeindrucken; 3. unverletzlich, im Besitz der Immunität; **Immundefekt** *m.* Immunstörung des Organismus; **Immunglobulin** *s.* Antikörpereigenschaft des Gammaglobulins; **immunisieren** immun machen, Hptw. **Immunisierung** *w.*; **Immunität** *w.* 1. Unempfänglichkeit für Krankheiten; 2. rechtliche Sonderstellung von Diplomaten (Exterritorialität); 3. Schutz der Parlamentarier vor strafrechtlicher Verfolgung; **Immunologe** *m.* Wissenschaftler auf dem Gebiet der Immunologie; **Immunologie** *w.* Wissenschaft von der Immunität der Organismen

imp. = imprimatur

Impact *m.* (-pekt, *engl.*) Wirkungsgrad einer (Werbe-)Maßnahme

Imparität *w.* (*lat.*) Ungleichheit

Impass *m.* (*frz.*) 1. Sackgasse; 2. Stich mit einer niederen Karte beim Whist

impassabel (*frz.*) ungangbar, unzugänglich

Impasto *s.* (*itl.*) dicker Farbauftrag auf einem Gemälde, Ztw. **impastieren**

Impeachment *s.* (-pihtschment, *engl.*) öffentliche Anklage, Klage auf Amtsenthebung wegen Amtsmissbrauch und schwerer Vergehen (in England und den USA)

Imperativ *m.* (*lat.*) 1. Sprachlehre: Befehlsform des Zeitworts; 2. Sollensvorschrift, Pflichtgebot; **imperativ** zwingend, bindend; **imperativisch** befehlend

Imperator *m.* (*lat.*) 1. Oberbefehlshaber im alten Rom; 2. Kaiser; **Imperator Rex** *m.* Kaiser und König (Abk. I. R., in der Unterschrift Wilhelms II.)

Imperfekt, Imperfectum *s.* (*lat.*) Sprachlehre: Zeitform der nicht abgeschlossenen Vergangenheit, Präteritum

imperforabel (*lat.*) nicht zu durchbohren, undurchdringlich; **Imperforation** *w.* angeborener Verschluss einer Körperöffnung

Imperial *s.* (*lat.*) 1. früher übliches Papierformat; 2. sergeähnliches Kammgarngewebe; **imperial** 1. zu einem Imperium gehörend; 2. kaiserlich, herrschaftlich; **Imperialismus** *m.* Streben eines Staates nach Großmachtstellung; **Imperialist** *m.* Anhänger des Imperialismus, Eigw. **imperialistisch**; **Imperium** *s.* 1. Kaiserreich, Weltreich; 2. sehr großer Einflussbereich eines Unternehmens

impermeabel (*lat.*) undurchlässig, undurchdringlich, Hptw. **Impermeabilität** *w.*

impertinent (*lat.*) frech, anmaßend, unverschämt; **Impertinenz** *w.* Frechheit, Unverschämtheit

imperzeptibel (*lat.*) nicht wahrnehmbar, unmerklich

impetiginös (*lat.*) schorfig, borkig; **Impetigo** *w.* Blasengrind, Eiterflechte

impetuoso, impetuosamente (*itl.*) Musik: stürmisch

Impetus *m.* (*lat.*) Schwung, Ungestüm, Antrieb

Implantat *s.* (*lat.*) in den Körper eingepflanztes Gewebestück; **Implantation** *w.* Einpflanzung von Gewebe und anderen Substanzen in den Körper; **implantieren** eine Implantation vornehmen

implementieren (*engl.*) 1. einsetzen, einführen, einbauen; 2. ein Computerprogramm an die bestehende Rechenanlage anpassen (EDV), Hptw. **Implementierung** *w.*

Implikation *w.* (*lat.*) das Einbezogensein, die Einbeziehung einer Sache in eine andere; **implizieren** 1. einbeziehen, einbegreifen; 2. nach sich ziehen; **implizit** einbegriffen, einschließlich, mitenthalten

implodieren (*lat.*) durch Implosion zerstört werden; **Implosion** *w.* Zerstörung eines Hohlkörpers durch äußeren Überdruck

Imponderabilien *Mz.* (-li'en, *lat.*) Unwägbarkeiten, unbestimmbare, unberechenbare Einflüsse; **Imponderabilität** *w.* Unwägbarkeit, Unberechenbarkeit

imponieren (*lat.*) Eindruck machen, Achtung einflößen; **imponierend** eindrucksvoll; **Imponiergehabe** *s.* ein Verhalten, das beeindrucken soll

Import *m.* (*lat.*) Einfuhr; **Importe** *w.* eingeführte Zigarre aus ausländischen Tabaken; **Importeur** *m.* (-tör, *frz.*) jmd., der Waren einführt; **importieren** einführen

imposant (*lat.-frz.*) groß, eindrucksvoll, stattlich

impotent (*lat.*) 1. unvermögend, unfähig; 2. unfähig zum Geschlechtsverkehr; 3. zeugungsunfähig; **Impotenz** *w.* 1. Unvermögen, Schwäche; 2. Unfähigkeit des Mannes zum Geschlechtsverkehr; 3. Zeugungsunfähigkeit

impr. = imprimatur

Imprägnation *w.* (*lat.*) 1. Sättigung, Durchtränkung; 2. Befruchtung; **imprägnieren** durchtränken, sättigen, widerstandsfähig machen gegen Wasser, Feuer und Fäulnis, Hptw. **Imprägnierung** *w.*

Impresario *m.* (*itl.*) früher: Künstleragent

Impression *w.* (*lat.*) Sinneseindruck, Gefühlswahrnehmung; **impressionabel** empfänglich, aufgeschlossen, erregbar; **Impressionismus** *m.* Kunstrichtung am Ende des 19. Jhs., der es um die Darstellung des momenthaften Eindrucks, der flüchtigen Stimmung ging; **Impressionist** *m.* Vertreter des Impressionismus; **impressionistisch** im Stil des Impressionismus

Impressum *s.* (*lat.*) Angabe der verantwortlichen Herausgeber, Redakteure, Drucker u. a. in Druckwerken

Imprimatur *s.* (*lat.*) Druckerlaubnis; **imprimatur** es kann gedruckt werden, druckfertig (Abk. imp., impr.); **imprimieren** das Imprimatur erteilen, für druckreif erklären

Imprimé *s.* (ängprimeh, *frz.*) Bezeichnung für bedruckte Stoffe

Impromptu *s.* (ängprongtüh, *frz.*) an keine feste Form gebundenes Musikstück, Einfall

Improvisation *w.* (*lat.*) 1. Stegreifspiel, freies Phantasieren; 2. unvorbereitete Handlung; **Improvisator** *m.* jmd., der improvisiert, Stegreifkünstler; **improvisieren** ohne Vorbereitung, aus dem Stegreif durchführen

Impuls *m.* (*lat.*) 1. Anstoß, Antrieb; 2. Produkt aus Masse und Geschwindigkeit eines Körpers, Bewegungsgröße; **impulsiv** ohne Überlegung, spontan; **Impulsivität** *w.* spontane Wesensart; **Impulstechnik** *w.* Erzeugung und Anwendung elektrischer Impulse (z. B. in der EDV)

In-, in- (*lat.*) als Vorsilbe: 1. hinein; 2. nicht, un-

in (*engl.*) modern, gefragt, begehrt (umg.)

in absentia (*lat.*) in Abwesenheit

in abstracto (*lat.*) unter allgemeinem Aspekt, an und für sich

Inacidität = Anacidität

inadäquat (*lat.*) unangemessen, nicht passend

in aeternum (-ät-, *lat.*) für immer, bis in alle Ewigkeit
inakkurat (*lat.*) ungenau, nicht sorgfältig
inaktiv (*lat.*) 1. untätig, tatenlos; 2. außer Dienst; 3. vorübergehend nicht aktiv; 4. chemisch unwirksam; **inaktivieren** 1. in Ruhestand versetzen; 2. unwirksam machen; **Inaktivität** *w.* Untätigkeit, Ruhestand, Unwirksamkeit
inakzeptabel (*lat.*) unannehmbar
inan (*lat.*) leer, hohl, eitel, nichtig, Hptw. **Inanität** *w.*
Inappetenz *w.* (*lat.*) hochgradige Appetitlosigkeit
inartikuliert (*lat.*) undeutlich ausgesprochen
Inauguration *w.* (*lat.*) Einführung, Einweihung, Einweisung in ein hohes Amt; **Inauguraldissertation** *w.* Doktorarbeit; **inaugurieren** einweihen, ins Leben rufen
Inazidität = Inacidität
in bond (*engl.*) unter Zollverschluss
in brevi (*lat.*) bald, in Kürze
inc. = incidit
Inc. = incorporated
incalzando (*itl.*) Musik: jagend, hastig
Inch *s.* oder *m.* (intsch, *engl.*) englisches Längenmaß, etwa 2,5 cm
incidit (*lat.*) auf Kupferstichen: hat gestochen
incipit (*lat.*) es beginnt, hier beginnt (Eröffnungsformel alter Handschriften)
incl. = inklusive
in concreto (*lat.*) in Wirklichkeit; im einzelnen Fall
in contumaciam (*lat.*) in selbst verschuldeter Abwesenheit
incorporated (inkorperehtid, *engl.*) engl. Bez. für: amtlich eingetragen
in corpore (*lat.*) alle zusammen, geschlossen; **Incorporation** = Inkorporation
incroyable (ängkroajabl, *frz.*) unglaublich; **Incroyable** *m.* 1. Stutzer um 1800; 2. zweispitziger Hut um 1800
Indanthren *s.* (*Wz.*) licht- und waschechter Farbstoff; **indanthren** licht- und farbecht
indefinibel (*lat.*) nicht durch Begriffe zu bestimmen; **indefinit** unbestimmt; **Indefinitivpronomen, Indefinitum** *s.* Sprachlehre: das unbestimmte Fürwort
indeklinabel (*lat.*) Sprachlehre: nicht veränderlich, nicht beugbar
Indemnität *w.* (*lat.*) 1. Straflosigkeit der Abgeordneten für ihre Äußerungen im Parlament; 2. nachträgliche Billigung von Regierungsmaßnahmen
indemonstrabel (*lat.*) nicht zu beweisen, nicht demonstrierbar
Independence Day *m.* (indipendenz deh, *engl.*) Tag der Unabhängigkeitserklärung der USA (4. Juli 1776)
Independenten *Mz.* (*lat.*) Kirchengemeinschaft in England und Nordamerika, die sich von der englischen Staatskirche unabhängig gemacht hat (auch: Kongregationalisten)
in deposito (*lat.*) zur Aufbewahrung
indeterminabel (*lat.*) unbestimmbar; **Indetermination** *w.* Unbestimmtheit; **indeterminiert** unbestimmt; **Indeterminismus** *m.* philosoph. Lehre von der Willensfreiheit des Menschen
Index *m.* (*lat.*) 1. Verzeichnis, Register; 2. Verzeichnis der von der kath. Kirche verbotenen Bücher; 3. statistischer Messwert für Veränderungen (z. B. der Lebenshaltungskosten); 4. mathemat. Kennzeichen zur Unterscheidung zusammengehöriger Dinge; 5. der Zeigefinger (*Mz.* Indices, Indizes); **Indexfamilie** *w.* statistischer Modellfamilienhaushalt
indezent (*lat.*) unschicklich, ohne Takt; **Indezenz** *w.* Mangel an Takt, Unschicklichkeit
Indian *m.* (*engl.*) Truthahn (Österreich)
indifferent (*lat.*) 1. gleichgültig, teilnahmslos, neutral, unentschieden; 2. keine chem. Verbindung eingehend; **Indifferenz** *w.*, **Indifferentismus** *m.* 1. Gleichgültigkeit, Teilnahmslosigkeit, Neutralität; 2. Neutralität von chem. Stoffen
Indigene *Mz.* (*lat.*) bodenständige Tiere
Indigestion *w.* (*lat.*) Magenverstimmung, Verdauungsstörung
Indignation *w.* (*lat.*) Entrüstung, Empörung, Unwille; **indignieren** entrüstet sein oder werden; **indigniert** peinlich berührt, entrüstet, verärgert
Indigo *m.* (*gr.-span.*) blauer Farbstoff
Indikation *w.* (*lat.*) Feststellung der Not-

wendigkeit, ein bestimmtes medizin. Verfahren anzuwenden

Indikativ *m.* (*lat.*) Sprachlehre: Wirklichkeitsform des Zeitworts, Eigw. **indikativisch**

Indikator *m.* (*lat.*) 1. Verlaufs- oder Leistungsanzeiger; 2. Stoff, der eine chem. Reaktion anzeigt; 3. etwas, das auf den Stand einer Entwicklung hinweist

Indio *m.* (*span.*) südamerikanischer Indianer

indirekt (*lat.*) mittelbar, auf Umwegen; **indirekte Rede** die nur ihrem Inhalt nach, nicht wörtlich mitgeteilte Rede

indiskret (*lat.*) nicht verschwiegen, taktlos; **Indiskretion** *w.* Vertrauensbruch, Taktlosigkeit

indiskutabel (*lat.*) keiner Diskussion wert

indispensabel (*lat.*) unerlässlich

indisponibel (*lat.*) nicht verfügbar, festgelegt

indisponiert (*lat.*) 1. unpässlich, nicht aufgelegt; 2. nicht bei Stimme (vom Sänger); **Indisposition** *w.* Unpässlichkeit

indisputabel (*lat.*) unbestreitbar

Indium *s.* (*lat.*) chem. Element, ein Metall

individualisieren (*lat.*) auf den Einzelnen abstellen, Hptw. **Individualisierung** *w.*; **Individualismus** *m.* 1. Anschauung, die dem Individuum Vorrang vor der Allgemeinheit gibt; 2. Neigung eines Menschen zu individueller Lebensgestaltung, Eigw. **individualistisch**; **Individualist** *m.* Person mit ausgeprägt eigenständigem Lebensstil, Einzelgänger; **Individualität** *w.* persönliche Eigenart, Unverwechselbarkeit; **Individualstil** *m.* der persönlichkeitsgebundene Stil eines Künstlers; **Individuation** *w.* Entwicklung zur Einzelpersönlichkeit, Entfaltung zu sich selbst; **individuell** (-du'e-) 1. aus der persönlichen Eigenart entspringend; 2. dem Individuum angemessen, auf es zugeschnitten; **Individuum** *s.* (-du'um) 1. der Mensch als Einzelwesen; 2. Pflanze und Tier als Einzelexemplar; 3. Person (abwert.)

indivisibel (*lat.*) unteilbar

Indiz *s.* (*lat.*) Anzeichen, Hinweis (*Mz.* Indizien [-zi'en]); **Indizienbeweis** *m.* Rechtsbeweis, der sich nur auf Anzeichen und Verdachtsgründe stützt

indizieren (*lat.*) 1. anzeigen, als angebracht erscheinen lassen; 2. auf den Index setzen; **indiziert** ratsam, angezeigt

Indoktrination *w.* (*lat.*) massive, einseitige, gezielte Beeinflussung, Ztw. **indoktrinieren**

indolent (*lat.*) gleichgültig, interesselos, träge, unempfindlich; **Indolenz** *w.* Gleichgültigkeit, Interesselosigkeit, Unempfindlichkeit gegen Eindrücke und Schmerzen

Indologe *m.* (*gr.*) Indienforscher; **Indologie** *w.* Wissenschaft von den Kulturen und Sprachen Indiens

Indossament *s.* (*itl.*) Girovermerk, Übertragungsvermerk auf der Rückseite eines Wechsels; **indossabel** (*itl.*) durch Indossament übertragbar; **Indossant** *m.* jmd., der den Wechsel überträgt; **Indossatar** *m.* jmd., der den Wechsel übernimmt; **indossieren** Wechsel übertragen; **Indosso** = Indossament

in dubio (*lat.*) im Zweifelsfalle; **in dubio pro reo** im Zweifelsfalle zugunsten des Angeklagten (Rechtsgrundsatz)

Induktion *w.* (*lat.*) 1. wissenschaftl. Methode, aus Einzelfällen auf das Allgemeine zu schließen; 2. Stromerzeugung durch Bewegung in einem elektr. Kraftfeld (Induktionsstrom); **Induktionskrankheit** *w.* unechte Krankheit mit echten Symptomen, die durch psychische «Ansteckung» hervorgerufen wird; **Induktionsmotor** *m.* Drehstrommotor; **induktiv** durch Induktion, folgernd, schließend, hinführend; **Induktor, Induktionsapparat** *m.* Apparat zur Erzeugung hochgespannten Wechselstroms

indulgent (*lat.*) nachsichtig; **Indulgenz** *w.* Nachsicht, Schonung, Straferlass

Indult *m.* oder *s.* (*lat.*) Aufschub, Fristbewilligung, Stundung

Induration *w.* (*lat.*) Gewebe- und Organverhärtung; **induriert** verhärtet

Industrial Design *s.* (indastri'el disein, *engl.*) Formgestaltung von industriell erzeugten Gebrauchsgegenständen (z. B. Autos, technischen Geräten); **Industrial Engineering** *s.* (– indschenihring) Rationalisierung von Fertigungsprozessen nach betriebswirtschaftlichen und technischen

Prinzipien; **Industrial Relations** *Mz.* (– rilehschns) die Beziehungen zwischen Arbeitnehmer und Arbeitgeber

industrialisieren (*lat.*) 1. Industrie ansiedeln; 2. auf Industrie umstellen; **Industrialisierung** *w.* Schwerpunktverlagerung der wirtschaftl. Produktion von der Landwirtschaft auf die Industrie; **Industrie** 1. Massenfabrikation von Gebrauchs- und Produktionsgütern im Großbetrieb; 2. die Industriebetriebe eines Wirtschaftszweigs; **industriell** (-ri'e-) durch Industrie erzeugt; **Industrielle** *Mz.* Besitzer von Industriebetrieben

induzieren (*lat.*) vom Einzelnen auf das Allgemeine schließen

Ineditum *s.* (*lat.*) noch nicht veröffentlichte Schrift (*Mz.* Inedita)

ineffabil, **ineffabile** (*lat.*) unaussprechlich, unbeschreiblich; Hptw. **Ineffabilität** *w.*

ineffektiv (*lat.*) unwirksam, nicht lohnend, nicht effektiv, Hptw. **Ineffektivität** *w.*

in effigie (-gi'e, *lat.*) an einem Bild, stellvertretend

inegal (*lat.*) ungleich

inert (*lat.*) träge; **inerte Stoffe** *Mz.* reaktionsarme chemische Stoffe

inexakt (*lat.*) ungenau, nachlässig

inexistent (*lat.*) nicht vorhanden, nicht bestehend

in extenso (*lat.*) ausführlich, vollständig

in facto (*lat.*) wirklich, in der Tat, tatsächlich

infallibel (*lat.*) unfehlbar; **Infallibismus** *m.* Lehre von der Unfehlbarkeit des Papstes in Glaubensdingen

infam (*lat.*) niederträchtig, gemein; **Infamie** *w.* 1. Gemeinheit, Niedertracht; 2. unverschämte, bösartige Äußerung

Infant *m.*, **Infantin** *w.* (*lat.*) Titel der königlichen Prinzen und Prinzessinnen in Spanien und Portugal

Infanterie *w.* (*span.-frz.*) Fußtruppen; **Infanterist** *m.* Soldat der Infanterie

infantil (*lat.*) kindlich, kindisch; **Infantilismus** *m.* körperliches oder seelisches Stehenbleiben auf einer kindlichen Entwicklungsstufe; **Infantilität** *w.* unreifes, kindisches Wesen

Infarkt *m.* (*lat.*) Absterben eines Gewebeteils (z. B. im Herzen, in der Lunge) durch Gefäßverschluss

Infekt *m.*, **Infektion** *w.* (*lat.*) Ansteckung durch Krankheitserreger; **infektiös** ansteckend

inferior (*lat.*) untergeordnet, abhängig; **Inferiorität** *w.* untergeordnete Stellung

infernalisch (*lat.*) höllisch, teuflisch, schrecklich, kaum auszuhalten; **Inferno** *s.* (*itl.*) 1. Hölle, höllische Qualen; 2. schreckliches, viele Menschen betreffendes Ereignis

infertil (*lat.*) unfruchtbar

Infighting *s.* (infeiting, *engl.*) Nahkampf beim Boxen

Infiltrat *s.* (*lat.*) Zellen oder Flüssigkeit als Fremdkörper in einem Gewebe; **Infiltration** *w.* 1. Eindringen, Einsickern (in Gewebe); 2. ideologische Unterwanderung; **infiltrieren** einsickern, einflößen

infinit (*lat.*) Sprachlehre: unbestimmt; **Infinitesimalrechnung** *w.* Rechnen mit unendlich kleinen Werten; **Infinitiv** *m.* Sprachlehre: Nennform des Zeitworts; **in infinitum, ad infinitum** endlos, immer weiter, bis ins Unendliche

Infirmität *w.* (*lat.*) Schwäche, Hinfälligkeit

Infix *s.* (*lat.*) in den Wortstamm eingefügter Buchstabe (oder Silbe)

infizieren (*lat.*) anstecken, Krankheit übertragen

in flagranti (*lat.*) auf frischer Tat

inflammabel (*lat.*) entzündbar; **inflammieren** 1. begeistern; 2. sich entzünden

Inflation *w.* (*lat.*) Geldentwertung; **inflationistisch, inflationär** 1. Geldentwertung bewirkend; 2. übermäßig verbreitet und deshalb entwertet

inflexibel (*lat.*) 1. Sprachlehre: nicht beugbar, unveränderlich; 2. nicht anpassungsfähig; **Inflexibilität** *w.* starre, unveränderliche Geisteshaltung

Infloreszenz *w.* (*lat.*) Blütenstand; **in floribus** in voller Blüte, im Wohlstand, im Überfluss

Influenz *w.* (-flu'e-, *lat.*) Erzeugung von Magnetismus durch ein magnetisches Feld, Erzeugung von Elektrizität durch Einwirkung eines elektr. Feldes auf einen Stromleiter; **Influenzmaschine** Elektrisiermaschine

Influenza *w.* (*lat.*) Grippe

Info *s.* Kurzwort für Information, Informationsblatt; **Information** *w.* (*lat.*) Auskunft, Mitteilung, Nachricht; **Informand** *m.* jmd., der informiert wird; **Informant** *m.* jmd., der einen anderen informiert, Gewährsmann

Informatik *w.* (*lat.*) Wissenschaft und Technik von der elektronischen Informations- und Datenverarbeitung; **Informatiker** *m.* Wissenschaftler oder Techniker der Informatik; **informativ, informatorisch** aufschlussreich, in Kenntnis setzend, belehrend

informell (*frz.*) ohne Formalitäten, nicht offiziell, ohne Auftrag; **informelle Kunst** *w.*, **Informel** *s.* vom Automatismus herkommende Richtung der Malerei nach 1945, die Bildwerke von eigenwilliger Zeichengebung und Phantastik schuf

informieren (*lat.*) wissen lassen, in Kenntnis setzen, unterrichten; **sich informieren** sich unterrichten, Erkundigungen einziehen

Infoshow *w.* (-schoh, *engl.*) Show, bei der Informationen zu bestimmten Vorgängen oder Ergebnissen geboten werden; **Infotainment** *s.* (-tehn-) Fernsehsendung, die Information und Entertainment mischt

Infraktion *w.* (*lat.*) unvollständiger Knochenbruch

Infrarot *s.* (*lat.*) unsichtbare Wärmestrahlen; **Infraschall** *m.* Schallwellen unterhalb der menschlichen Hörgrenze

Infrastruktur *w.* (*lat.*) Gesamtheit der materiellen, institutionellen und personellen Voraussetzungen, die eine (industrielle) Gesellschaft für ihr Funktionieren braucht

Inful *w.* (*lat.*) 1. Stirnbinde der römischen Priester; 2. Bischofsmütze, Mitra

infundieren (*lat.*) eingießen

Infus, Infusum *s.* (*lat.*) Aufguss (z. B. von Heilkräutern); **Infusion** *w.* Einfließenlassen, Einführen von Flüssigkeiten in den Organismus; **Infusorien** (-ri'en); **Infusionstierchen** *Mz.* Aufgusstierchen, Wimpertierchen

in genere (*lat.*) im Allgemeinen; **ingeneriert** angeboren

Ingenieur *m.* (-schenjör, *lat.-frz.*) wissenschaftlich ausgebildeter Techniker

ingeniös (*lat.-frz.*) erfinderisch, scharfsinnig, geistreich; **Ingeniosität** *w.* Erfindungsgabe, Scharfsinn; **Ingenium** *s.* (*lat.*) natürliche Begabung, Genie, Erfindungsgabe

Ingestion *w.* (*lat.*) Nahrungsaufnahme

in globo (*lat.*) insgesamt

Ingot *m.* (*engl.*) 1. Gussform für Metall; 2. Barren, Block (z. B. aus Metall, Gold)

Ingrainpapier *s.* (ingrehn-, *engl.*) rauflächiges, mit Wollfasern durchsetztes Zeichenpapier

Ingrediens *s.*, **Ingredienz** *w.* (-di'en-, *lat.*) Zutat, Bestandteil (*Mz.* Ingredienzien [-di'enzi'en], Ingredienzen)

Ingrespapier *s.* (ängre-) getöntes oder linear strukturiertes Papier für Zeichnungen (nach dem franz. Maler J. A. D. Ingres)

Ingression *w.* (*lat.*) Eindringen des Meeres in Festlandssenken

in grosso (*itl.*) im Großen

Ingroup *w.* (-gruhp, *engl.*) Wir-Gruppe, Gruppe, der man sich zugehörig fühlt

Ingwer *m.* (*gr.-ind.-pers.*) Wurzel einer südostasiatischen Gewürzpflanze

Inhalation *w.* (*lat.*) Einatmung von Dämpfen oder zerstäubten Heilflüssigkeiten, Ztw. **inhalieren**; **Inhalator** *m.* Gerät zum Inhalieren; **Inhalatorium** *s.* Raum zum Inhalieren

inhärent (*lat.*) einer Sache innewohnend, ihr anhaftend; **Inhärenz** *w.* Verhältnis der Eigenschaften zu den Dingen, denen sie anhaften; **inhärieren** innewohnen, anhaften

inhibieren (*lat.*) hemmen; **Inhibitor** *m.* chem. wirksamer Hemmstoff

in hoc signo vinces (*lat.*) in diesem Zeichen wirst du siegen (nach der Legende, dass Kaiser Konstantin 312 n. Chr. ein Kreuzzeichen am Himmel erschien)

inhomogen (*gr.-lat.*) ungleich(artig); Hptw. **Inhomogenität** *w.*

in honorem (*lat.*) zu Ehren

inhuman (*lat.*) 1. unmenschlich; 2. menschenunwürdig; **Inhumanität** *w.* Unmenschlichkeit, Härte

Ini *w.* Kurzwort für (Bürger-)Initiative (Jargon)

Initial *s.*, **Initiale** *w.* (*lat.*) großer Anfangsbuchstabe (*Mz.* Initiale, Initialen); **Initialwort** *s.* (*lat.*) Kurzbezeichnung, aus den Anfangslauten mehrerer Begriffe gebildet (z. B. UNO, HIV, PASCAL); **Initialstadium** *s.* Anfangsstadium (einer Krankheit); **Initialzündung** *w.* Auslösung einer großen Explosion durch eine kleine

Initiation *w.* (*lat.*) von bestimmten Riten begleitete Aufnahme in eine Gemeinschaft; **initiativ** den Anstoß gebend, die Initiative ergreifend; **Initiativantrag** *m.* Gesetzesvorlage; **Initiative** *w.* 1. Anfang, erster Schritt; 2. Entschlusskraft, Unternehmungsgeist; 3. Zusammenschluss von Personen, um Forderungen durchzusetzen (z. B. Bürgerinitiative); **Initiator** *m.* Urheber, Anreger; **initiatorisch** veranlassend, anstiftend; **initiieren** 1. jmdn. in sein Amt einführen; 2. den Anstoß geben, anregen

Injektion *w.* (*lat.*) 1. Einspritzung von Flüssigkeiten in den Körper; 2. Einpressen von Bindemitteln in den Baugrund; 3. Eindringen von Magma in Gesteinsfugen; 4. Einbringen von Elementarteilchen in einen Elektronenbeschleuniger; **injizieren** einspritzen

Injurie *w.* (-ri'e, *lat.*) Beleidigung

inkarnat (*lat.*) fleischfarben, fleischrot; **Inkarnation** *w.* 1. Fleischwerdung, Menschwerdung; 2. Verkörperung; **inkarniert** Fleisch geworden, verkörpert

Inkarzeration *w.* (*lat.*) Einklemmung von Organteilen (z. B. Darmschlingen)

Inkasso *s.* (*itl.*) Einziehung von Geld, fälligen Wechseln usw.; **Inkassobüro** *s.* Büro, das das Einziehen von Forderungen übernimmt; **Inkasso-Indossament** *s.* Vermerk auf Wechsel, der den Inhaber zum Inkasso berechtigt

inkl. = inklusive

Inklination *w.* (*lat.*) 1. Neigung, Hang; 2. Neigungswinkel

Inklusen *Mz.* (*lat.*) Einsiedler(innen), die sich zur Askese in ihrer Zelle einmauern ließen

inklusive (*lat.*) einschließlich

inkognito (*lat.*) unter fremdem Namen, unerkannt; **Inkognito** *s.* Verheimlichung des Namens

inkohärent (*lat.*) unzusammenhängend; **Inkohärenz** *w.* Zusammenhanglosigkeit

inkommensurabel (*lat.*) unvergleichbar (weil nicht messbar)

inkommodieren (*lat.*) jmdm. Umstände machen, Mühe verursachen (heute nur noch scherzhaft)

inkomparabel (*lat.*) 1. unvergleichbar; 2. nicht steigerungsfähig (von bestimmten Eigenschaftswörtern, z. B. brüderlich)

inkompatibel (*lat.*) unvereinbar, unverträglich, nicht zusammenpassend; **Inkompatibilität** *w.* Unvereinbarkeit

inkompetent (*lat.*) nicht zuständig, nicht fähig, etwas zu tun; **Inkompetenz** *w.* Unzuständigkeit, mangelnder Sachverstand

inkomplett (*frz.*) unvollständig

inkongruent (-ru'ent, *lat.*) nicht übereinstimmend, sich nicht deckend, Hptw. **Inkongruenz** *w.*

inkonsequent (*lat.*) 1. nicht folgerichtig; 2. widersprüchlich im Verhalten; **Inkonsequenz** *w.* innerer Widerspruch, Widersprüchlichkeit

inkonsistent (*lat.*) 1. unbeständig, nicht dauernd; 2. nicht überzeugend, Hptw. **Inkonsistenz** *w.*

inkonstant (*lat.*) unbeständig, veränderlich, Hptw. **Inkonstanz** *w.*

Inkontinenz *w.* (*lat.*) Unfähigkeit, Harn oder Stuhl zu halten

inkonvertibel (*lat.*) nicht austauschbar (von Währungen)

Inkorporation *w.* 1. Aufnahme in eine Körperschaft; 2. Einverleibung; **inkorporieren** 1. in eine Körperschaft aufnehmen, 2. dem Organismus einverleiben

inkorrekt (*lat.*) ungenau, fehlerhaft, unangemessen, Hptw. **Inkorrektheit** *w.*

Inkrement *s.* (*lat.*) Zuwachs

Inkret *s.* (*lat.*) Drüsenabsonderung in den Körper, bes. von Hormonen; **Inkretion** *w.* innere Sekretion; **inkretorisch** die innere Sekretion betreffend

inkriminieren (*lat.*) anschuldigen, beschuldigen, zur Last legen, Hptw. **Inkriminierung** *w.*

Inkrustation *w.* (*lat.*) 1. Verkleidung von Mauern mit edlerem Material; 2. Anlagern, Überlagern, Sintern; 3. Schmuckeinlage; 4. in Kleidungsstücke eingearbeitete Schmuckformen; 5. Krustenbildung an Fossilien, Geröll (z. B. durch Kalk), Ztw. **inkrustieren**

Inkubation *w.* (*lat.*) 1. Zeit zwischen Ansteckung und Ausbruch einer Krankheit,

Inkubationszeit; 2. Bebrütung von Vogeleiern; 3. Tempelschlaf in der griech. Antike (für göttliche Offenbarungen oder Heilung von Krankheiten); **Inkubator** *m.* Brutkasten
Inkubus *m.* (*lat.*) 1. Alpdruck; 2. der Teufel, der beim Koitus mit einer Hexe oben liegt (nach mittelalterlicher Vorstellung)
inkulant (*frz.*) nicht entgegenkommend, ungefällig (im Geschäftsleben); **Inkulanz** *w.* Mangel an Entgegenkommen
Inkunabel *w.* (*lat.*) Wiegendruck, Druckerzeugnis vor 1500
inkurabel (*lat.*) unheilbar
Inlay *s.* (-leh, *engl.*) Zahnfüllung
Inliner *m.* (-leiner, *engl.*) Rollschuh mit schmalen, in einer Achse hintereinander angeordneten Rädchen (*Mz.* Inliners)
in medias res (*lat.*) mitten hinein, zur Sache
in memoriam (*lat.*) zur Erinnerung, zum Gedächtnis
in natura (*lat.*) 1. leibhaftig, wirklich; 2. in Waren (bezahlen)
Innervation *w.* (*lat.*) 1. Versorgung mit Nerven; 2. Übertragung von Reizen auf Organe durch Nerven, Ztw. **innervieren**
in nomine (*lat.*) im Namen, im Auftrag
Innovation *w.* (*lat.*) Erneuerung, Neuerung, technische Verbesserung; **innovativ** Innovationen bewirkend; **innovatorisch** Innovationen erwarten lassend
in nuce (*lat.*) im Kern; in Kürze, zusammengefasst
innumerabel (*lat.*) unzählbar
inobligat (*lat.*) unverbindlich, freiwillig, nach Belieben
inoffiziell (-zi'ell, *frz.*) nicht amtlich, nicht amtlich bestätigt, nicht im offiziellen Rahmen
Inokulation *w.* (*lat.*) Impfung
inoperabel (*lat.*) 1. unoperierbar; 2. auch durch drastische Maßnahmen nicht behebbar
inopportun (*lat.*) unzweckmäßig, unangebracht, ungünstig, Hptw. **Inopportunität** *w.*
in persona (*lat.*) persönlich, selbst, in eigener Person
in petto (*itl.*) im Sinn, im Hintergrund
in praxi (*gr.-lat.*) in der Praxis, tatsächlich, im wirklichen Leben
in puncto (*lat.*) wegen, hinsichtlich
in puris naturalibus (*lat.*) schier, nackt, in ganzer Blöße, splitternackt
Input *s.* (*engl.*) 1. Gesamtheit der eingesetzten (Produktions-)Mittel; 2. Eingabe von Daten in einen Computer (EDV)
inquirieren (*lat.*) untersuchen, verhören, ausfragen; **Inquisition** *w.* Untersuchung; das geistliche Gericht der kath. Kirche zur Verfolgung und Bestrafung der Personen, die sie für Ketzer hielt; **Inquisitionsmaxime** *w.* Grundsatz der Inquisition, nach der Ankläger und Richter ein und dieselbe Person sind; **Inquisitor** *m.* 1. Ankläger und Richter der Inquisition; 2. scharfer Untersuchungsrichter; **inquisitorisch** scharf, peinlich genau
I. N. R. I. Abk. für die Kreuzesinschrift *J*esus *N*azarenus *R*ex *J*udaeorum, Jesus von Nazareth, König der Juden
Insania *w.* (*lat.*) Wahnsinn
inschallah (*arab.*) wenn Allah will, häufig gebrauchte moslem. Redeformel
Insekt *s.* (*lat.*) Kerbtier; **insektivor** Insekten fressend; **Insektizid** *s.* Insekten vernichtendes chem. Mittel
Insemination *w.* (*lat.*) 1. künstliche Befruchtung; 2. Eindringen der Samenfäden in das Ei
insensibel (*lat.*) unempfindlich, gefühllos, Hptw. **Insensibilität** *w.*
Inseparables *Mz.* (ängßeparabl, *frz.-lat.*) die Unzertrennlichen, Papageienart
Inserat *s.* (*lat.*) Zeitungsanzeige; **Inserent** *m.* jmd., der eine Anzeige aufgibt; **inserieren** Anzeige aufgeben
Insert *s.* (*engl.*) 1. Einschub (z. B. eines Schaubildes oder eines Werbeteils in eine Fernsehsendung); 2. Werbebeilage mit Antwortabschnitt in Zeitschriften; **Insertion** *w.* (*lat.*) 1. Anzeigenveröffentlichung; 2. Ansatz eines Muskels am Knochen, Ansatzstelle eines Pflanzenteils an einem anderen; 3. Einbau eines Chromosomenabschnitts in ein anderes Chromosom
Inside *m.* (inßeid, *engl.*) Innenstürmer beim Fußball; **Insider** *m.* Eingeweihter, jmd., der weiß, wie der Hase läuft; **Inside-Story** *w.* Bericht eines Eingeweihten
insidiös (*lat.*) heimlich, verstohlen, schleichend (von Krankheiten)

Insignien *Mz.* (-ni'en, *lat.*) Abzeichen, Symbole einer Würde

Insinuant *m.* (*lat.*) Einschmeichler; **Insinuation** *w.* Einflüsterung, Einschmeichelei, Unterstellung; **insinuieren** etwas einflüstern, sich einschmeicheln, etwas unterstellen

insistieren (*lat.*) beharren, zusetzen, drängen

in situ (*lat.*) in richtiger, originaler Lage

inskribieren (*lat.*) sich an einer Hochschule einschreiben; **Inskription** *w.* Einschreibung, Eintragung an einer Hochschule

Insolation *w.* (*lat.*) 1. Sonnenstrahlung; 2. Sonnenstich

insolent (*lat.*) unverschämt, anmaßend, Hptw. **Insolenz** *w.*

insolubel (*lat.*) chemisch unlöslich

insolvent (*lat.*) zahlungsunfähig; **Insolvenz** *w.* Zahlungsunfähigkeit (auch: -venz)

Insomnie *w.* (*lat.*) Schlaflosigkeit

in spe (*lat.*) künftig, später

Inspekteur *m.* (-tör, *frz.*) Leiter einer Inspektion; **Inspektion** *w.* (*lat.*) 1. Prüfung, Kontrolle; 2. regelmäßige Wartung eines Kraftfahrzeugs; 3. Aufsichtsbehörde; **Inspektor** *m.* Aufsichtsbeamter

Inspiration *w.* (*lat.*) 1. Einatmung; 2. Eingebung, schöpferischer Einfall; **Inspirator** *m.* Anreger; **inspirieren** anregen, eingeben, begeistern

Inspizient *m.* (-zi'e-, *lat.*) Angestellter beim Fernsehen oder Theater, der für den reibungslosen Ablauf einer Produktion zuständig ist; **inspizieren** beaufsichtigen, kontrollieren, nachprüfen

instabil (*lat.*) unbeständig, nicht fest; **Instabilität** *w.* Unbeständigkeit

Installateur *m.* (-tör, *frz.*) Fachmann für Sanitär- und Heizungsanlagen; **Installation** *w.* 1. Einbau technischer Anlagen; 2. Einweisung in ein geistliches Amt; 3. Raumkunst, dreidimensionale, im Raum angeordnete Kunstobjekte; **installieren** einrichten, einbauen, einweisen; **sich installieren** sich auf einem Posten niederlassen

instant (instent, *engl.*) schnell, ohne lange Vorbereitung, sofort gebrauchsfertig (z. B. Instantkaffee); **instantan** unverzüglich, augenblicklich

Instanz *w.* (*lat.*) zuständige Amtsstelle; **Instanzenweg** *m.* Dienstweg

in statu nascendi (-zen-, *lat.*) im Werden, in der Entstehung; **in statu quo** im gegenwärtigen Zustand; **in statu quo ante** im früheren Zustand

Instillation *w.* (*lat.*) Einträufelung, tropfenweise Einflößung, Ztw. **instillieren**

Instinkt *m.* (*lat.*) 1. angeborene Fähigkeit zu einem bestimmten Verhalten, vor allem bei Tieren; 2. sicheres Gefühl, Nase für etwas; **instinktiv** 1. instinktbedingt; 2. unwillkürlich

instituieren (*lat.*) einrichten, unterweisen; **Institut** *s.* 1. Einrichtung, Anstalt; 2. Forschungsstätte an der Universität; **Institution** *w.* 1. öffentliche Einrichtung; 2. soziales Gebilde mit normativen Richtlinien; **institutionell** im Sinne der Institution, im Hinblick auf die Institution; **institutionalisieren** zu einer festen Einrichtung machen oder werden

instruieren (*lat.*) unterweisen, ins Bild setzen; **Instrukteur** *m.* (-tör) jmd., der andere (in der Handhabung von Geräten oder Vorschriften) unterweist; **Instruktion** *w.* Anweisung, Vorschrift; **instruktiv** aufschlussreich, erhellend

Instrument *s.* (*lat.*) 1. Gerät, Werkzeug; 2. Musikwerkzeug; **instrumentalisieren** jmdn. für die eigenen Zwecke benutzen, Hptw. **Instrumentalisierung** *w.*; **Instrumentalmusik** *w.* Musik ohne Singstimmen; **Instrumentarium** *s.* 1. alle zur Durchführung einer Aufgabe notwendigen Mittel; 2. alle bei einer Aufführung eingesetzten Musikinstrumente; **instrumentell** mit Hilfe von Instrumenten; **instrumentieren** eine Komposition für die einzelnen Instrumente einrichten, Hptw. **Instrumentation, Instrumentierung** *w.*

Insubordination *w.* (*lat.*) Unbotmäßigkeit, Ungehorsam gegenüber Vorgesetzten

insuffizient (-zi'e-, *lat.*) unzulänglich; **Insuffizienz** *w.* Schwäche, Unzulänglichkeit, ungenügende Leistung (eines Organs)

Insulin *s.* (*lat.*) Hormon der Bauchspeicheldrüse, Mittel gegen Zuckerkrankheit

Insult *m.* (*lat.*) 1. Beleidigung, Beschimpfung, Ztw. **insultieren**; 2. Anfall (z. B. Schlaganfall); 3. seelisches Trauma
in summa (*lat.*) im Ganzen, alles in allem
Insurgent *m.* (*lat.*) Aufständischer; **insurgieren** Aufstand machen, aufstehen gegen; **Insurrektion** *w.* Aufstand, Erhebung
inszenieren (*lat.-frz.*) 1. in Szene setzen, künstlerisch gestalten, auf die Bühne bringen; 2. geschickt ins Werk setzen, einfädeln; **Inszenierung** 1. Gesamtheit der technischen und künstlerischen Arbeiten, um ein Stück in Szene zu setzen; 2. das inszenierte Stück
Intabulation *w.* (*lat.*) 1. Eintragung ins Grundbuch; 2. Vertäfelung, Ztw. **intabulieren**
Intaglio *s.* (intaljo, *itl.*) Gemme mit eingeschnittenem Bild
intakt (*lat.*) unversehrt, in Ordnung, unberührt, voll funktionsfähig
Intarsie *w.* (-si'e, *arab.-itl.*) Einlegearbeit
integer (*lat.*) 1. unbescholten, unbestechlich; 2. (*engl.*, intidscher) ganzzahlig (EDV); **Integrität** *w.* 1. Unbescholtenheit, Unbestechlichkeit; 2. Unverletzlichkeit des Staatsgebiets
integral (*lat.*) ein Ganzes bildend, für sich bestehend; **Integral** *s.* Summe unendlich vieler, unendlich kleiner Teile in der Mathematik; **Integralrechnung** *w.* Teilgebiet der höheren Mathematik, Rechnung mit Integralen
Integration *w.* (*lat.*) 1. Herstellung einer Einheit, Eingliederung in ein größeres Ganzes; 2. Berechnung eines Integrals; **integrieren** 1. einfügen, einbeziehen; 2. ein Integral berechnen; **integrierend** wesentlich, unerlässlich für ein Ganzes; **integriert** zusammengefügt; **integrierte Schaltung** mikroelektronische Schaltung, bei der alle Bauelemente auf einem Chip enthalten sind (EDV)
Integrität = integer
Intellekt *m.* (*lat.*) Denk-, Erkenntnisvermögen, Verstand; **Intellektualismus** *m.* übermäßige Betonung des Verstandes; **intellektuell** (-tu'e-) verstandesmäßig, auf den Verstand ausgerichtet; **Intellektuelle** *m.* und *w.* jmd., der eine Fragestellung mit dem Instrumentarium wissenschaftlicher Kritik angeht
Intelligence Service *m.* (intellidschenß ßörwiss, *engl.*) britischer Geheimdienst
intelligent (*lat.*) 1. klug, gescheit, verständig, fähig, das Wesentliche zu erfassen;
2. der menschlichen Intelligenz scheinbar gleichend (von Computern); **Intelligenz** *w.* die Gesamtheit der geistigen Fähigkeiten; **Intelligenzquotient** *m.* Messzahl, die sich aus dem Verhältnis von Lebensalter und geistiger Fähigkeit ergibt (Abk. IQ); **intelligibel** nicht sinnlich, sondern nur durch den Intellekt fassbar
Intendant *m.* (*frz.*) Leiter eines Theaters oder Senders; **Intendanz** *w.* Amt und Büro des Intendanten
intendieren (*lat.*) anstreben, planen, auf etwas hinzielen
Intensimeter *s.* (*lat.*) Messgerät für Strahlungsstärke
Intensität *w.* (*lat.*) Stärke, Kraft, Wirksamkeit, Eindringlichkeit; **intensiv** 1. eindringlich, kräftig, nachdrücklich, stark; 2. gesteigert, aufwendig, alle Möglichkeiten nutzend; **intensivieren** verstärken, intensiver betreiben, steigern, Hptw. **Intensivierung** *w.*; **intensivo, intenso** (*itl.*) Musik: heftig, kräftig, eindringlich
Intention *w.* (*lat.*) Absicht, Plan, Ziel, Tendenz; **intentional** von einer Absicht getragen, zielgerichtet, Hptw. **Intentionalität** *w.*
Inter-, inter- (*lat.*) als Wortteil: zwischen
Interaktion *w.* (*lat.*) Wechselbeziehung, wechselseitige Beeinflussung; **interaktiv** Interaktion bewirkend
interalliiert (*lat.*) mehreren Verbündeten gemeinsam
Intercity *m.* (*engl.*) Kurzform für Intercity-Zug, Zug, der zwischen Großstädten verkehrt (Abk. IC); **Intercity-Express** *m.* Kurzform für Intercity-Expresszug, besonders schneller Intercity-Zug (Abk. ICE)
interdependent (*lat.*) wechselseitig abhängig, Hptw: **Interdependenz** *w.*
Interdikt *s.* (*lat.*) Verbot kirchlicher Amtshandlungen
interdisziplinär (*lat.*) fachübergreifend
interessant (*lat.-frz.*) fesselnd, spannend,

anregend, bemerkenswert; **Interesse** *s.* 1. geistige Anteilnahme, Vorliebe, Neigung; 2. Nutzen, Vorteil; **Interessensphäre** *w.* wirtschaftliches oder politisches Einflussgebiet (eines Staates); **Interessent** *m.* jmd., der für etwas Interesse hat, sich um etwas bemüht; **interessieren** (sich) 1. Aufmerksamkeit, Anteilnahme erregen; 2. Anteilnahme, Interesse bekunden; **interessiert** aufgeschlossen für etwas, aufmerksam

Interface *s.* (interfehß, *engl.*) Schnittstelle zwischen Geräten, Programmen, Bauteilen (EDV)

Interferenz *w.* (*lat.*) 1. Zusammentreffen zweier Wellenzüge mit dem Ergebnis, dass sie einander auslöschen oder verstärken; 2. Einwirkung von (Merkmalen) einer Sprache auf eine andere; 3. bei zweifacher Infektion das Zurückdrängen einer Infektion

Interferon *s.* (*Kunstwort*) körpereigener, virusabwehrender Eiweißkörper

interfraktionell (*lat.*) den Fraktionen mehrerer Parteien gemeinsam

intergalaktisch (*lat.-gr.*) zwischen den Galaxien befindlich

interglazial (*lat.*) zwischen zwei Eiszeiten; **Interglazialzeit** *w.* Zeit zwischen zwei Eiszeiten

Interieur *s.* (ängteriör, *frz.*) 1. Innenraum, Innenausstattung; 2. Bild eines Innenraums, bes. in der Malerei der Niederlande im 17. Jh.

Interim *s.* (*lat.*) einstweilige Regelung; Zwischenzeit; **interimistisch** einstweilig, zwischenzeitlich, vorläufig

interiorisieren (*lat.*) verinnerlichen, Hptw: **Interiorisation** *w.*

Interjektion *w.* (*lat.*) Ausrufewort (oh!)

interkonfessionell (*lat.*) nicht auf ein einzelnes Glaubensbekenntnis beschränkt, konfessionsübergreifend, zwischenkirchlich

interkontinental (*lat.*) von einem Erdteil zum anderen reichend (von z. B. Meeren, Raketen)

interkostal (*lat.*) zwischen den Rippen

interkulturell (*lat.*) mehrere Kulturen betreffend, mehrere Kulturen umfassend

interlinear (*lat.*) zwischen den Zeilen; **Interlinearversion** *w.* zwischen den Zeilen eines fremdsprachigen (mittelalterlichen) Textes stehende wörtliche Übersetzung

Interlinguistik *w.* Spezialgebiet der Linguistik, das sich mit Welthilfssprachen befasst

Interludium *s.* (*lat.*) musikalisches Zwischenspiel

intermediär (*lat.*) zwischenliegend, vermittelnd; **Intermedium** *s.* unterhaltsames Zwischenspiel, bes. bei festlichen Veranstaltungen in der Barockzeit (*Mz.* Intermedien)

Intermezzo *s.* (*itl.*) Zwischenspiel, angenehmer Zwischenfall

intermittierend (*lat.*) aussetzend, wechselnd (von Krankheiten, elektrischen Strömen)

Intermundien *Mz.* (-di'en, *lat.*) die leeren Räume zwischen den Himmelskörpern, in denen nach der Philosophie Epikurs die Götter wohnen

intern (*lat.*) innerlich, im Innern, innerhalb; **Interna** *Mz.* vertrauliche Angelegenheiten (*Ez.* Internum *s.*); **internalisieren** sich Werte, Normen zu Eigen machen, verinnerlichen; **Internat** *s.* Lehranstalt, in der die Schüler wohnen; **Interne** *m.* u. *w.* Schüler(in) eines Internats

international (*lat.*) zwischenstaatlich, überstaatlich; **Internationale** *w.* 1. die internationale Vereinigung sozialistischer Organisationen; 2. Kampflied der internationalen Arbeiterbewegung; **internationalisieren** unter internationales Recht stellen; **Internationalismus** *m.* 1. Streben nach zwischenstaatlichen Zusammenschlüssen; 2. ein in vielen Sprachen gebrauchtes Wort

Internet *s.* (aus *engl. inter*national *net*work) weltweit größtes Computernetzwerk, das dem Benutzer Dienste aller Art anbietet und die Kommunikation mit anderen Benutzern gestattet

internieren (*lat.*) Personen aus politischen oder medizinischen Gründen absondern, Hptw. **Internierung** *w.*

Internist *m.* (*lat.*) Facharzt für innere Krankheiten

Internspeicher *m.* Datenspeicher, der zur Zentraleinheit eines Computers gehört (EDV)

Internum = intern

Interpellation *w.* (*lat.*) parlamentarische Anfrage an die Regierung; **interpellieren** Anfrage an die Regierung richten

interplanetar, interplanetarisch (*lat.*) 1. zwischen den Planeten befindlich; 2. eine Verbindung zwischen Planeten herstellend

Interpol *w.* Kurzwort für *Inter*nationale Kriminal*poli*zeiliche Organisation (mit Sitz in Paris)

Interpolation *w.* (*lat.*) 1. die nachträgliche Einfügung von Wörtern oder Textpassagen in überlieferte Texte durch fremde Hand; 2. näherungsweise Bestimmung eines mathematischen Werts, wenn andere Werte bekannt sind, Ztw. **interpolieren**

Interpret *m.* (*lat.*) 1. jmd., der eine Interpretation vornimmt; 2. reproduzierender Künstler; **Interpretation** *w.* 1. erklärende Auslegung und Deutung eines Textes, einer Komposition, eines Sachverhalts u. a.; 2. künstlerische Wiedergabe, Ztw. **interpretieren**

Interpunktion *w.* (*lat.*) Sprachlehre: Zeichensetzung, Ztw. **interpunktieren**

Interregnum *s.* (*lat.*) Zwischenregierung, vorläufige Regierung, Zeit ohne Regierung (z. B. kaiserlose Zeit von 1254 bis 1273 in Deutschland)

interrogativ (*lat.*) fragend; **Interrogativpronomen** *s.* Sprachlehre: fragendes Fürwort, **Interrogativsatz** *m.* Fragesatz

Interruption *w.* (*lat.*) Unterbrechung

Intersex *s.* (*lat.*) Lebewesen mit männl. und weibl. Geschlechtsmerkmalen; **Intersexualität** *w.* Mischung männlicher und weiblicher Merkmale in einem Individuum

interterritorial (*lat.*) zwischenstaatlich

Intertrigo *w.* (*lat.*) Hautwolf

Intervall *s.* (*lat.*) 1. Zeitspanne, Frist, Pause; 2. Bereich zwischen zwei Zahlen einer Skala; 3. Abstand zwischen zwei Tönen auf der Grundlage der Stammtonreihe

intervenieren (*lat.*) sich einschalten, dazwischentreten, vermitteln; **Intervention** *w.* 1. Vermittlung, Einmischung; 2. Eingreifen an der Börse, um fallende Kurse zu stützen; 3. Eintreten eines Dritten für einen Not leidenden Wechselschuldner (Ehreneintritt)

Interview *s.* (interwjuh, *engl.*) 1. Befragung einer bekannten Person durch einen Reporter; 2. Befragung von Personen zu statistischen oder Forschungszwecken, Ztw. **interviewen** (-wjuen); **Interviewer** *m.* (-wjuer) jmd., der ein Interview durchführt

interzedieren (*lat.*) dazwischentreten, bürgen, für jmdn. eintreten

interzellular (*lat.*) zwischen den Zellen

Intestaterbe *m.* (*lat.*) der gesetzliche Erbe (wenn kein Testament vorliegt)

intestinal (*lat.*) zum Darm gehörig

Inthronisation *w.* (*lat.*) feierliche Thronerhebung, Einsetzung, Ztw. **inthronisieren**

intim (*lat.*) 1. eng befreundet, vertraut, innig; 2. sexuell (von Beziehungen); **Intima** *w.* Vertraute, Freundin; **Intimität** *w.* 1. enges Freundschaftsverhältnis, Vertrautheit; 2. Vertraulichkeit; 3. sexuelle Handlung, Intimitäten; **Intimus** *m.* enger Freund, Vertrauter

intolerant (*lat.*) unduldsam; **Intoleranz** *w.* Unduldsamkeit

Intonation *w.* (*lat.*) 1. das Stimmen der Musikinstrumente, Art der Tongebung bei einer Singstimme; 2. Tongebung, Klang beim Sprechen, Ztw. **intonieren**

in toto, in totum (*lat.*) im Ganzen, ganz und gar

Intoxikation *w.* (*lat.*) Vergiftung

Intra-, intra- (*lat.*) als Wortteil: innen, innerhalb

intraabdominell (*lat.*) innerhalb des Bauchraums

Intrade *w.* (*lat.-itl.*) musikalisches Einleitungsstück, Vorspiel

intrakardial (*lat.-gr.*) im Herzen, in das Herz

intrakoronar (*lat.*) in einem Herzkranzgefäß, in ein Herzkranzgefäß

intrakutan (*lat.*) in der Haut, in die Haut

intramolekular (*lat.*) innerhalb der Moleküle

intramundan (*lat.*) innerweltlich

intra muros (*lat.*) innerhalb der vier Wände, nicht öffentlich

intramuskulär (*lat.*) in den Muskeln, in die Muskeln

Intranet *s.* (*engl.*) ein mit Hilfe der Internet-Technologie aufgebautes internes Netzwerk (EDV)

intransigent (*lat.*) unversöhnlich, starr, Hptw. **Intransigenz** *w.*
Intransitiv *s.* (*lat.*) Sprachlehre: Zeitwort ohne Ergänzung, Eigw. **intransitiv**
intraokular (*lat.*) innerhalb des Auges; **intrathorakal** (*lat.-gr.*) innerhalb der Brusthöhle; **intratellurisch** (*lat.*) innerhalb der Erdbahn
intrauterin (-a'ut-, *lat.*) innerhalb der Gebärmutter; **Intrauterinpessar** *s.* in die Gebärmutter eingelegte Spirale zur Empfängnisverhütung
intravenös (*lat.*) in der Vene, in die Vene
intrazellular (*lat.*) in der Zelle
intrigant (*frz.*) ränkesüchtig, hinterhältig; **Intrigant** *m.* Ränkeschmied, Drahtzieher; **Intrige** *w.* Ränkespiel, Machination, Machenschaft; **intrigieren** Ränke spinnen
intrinsisch (*engl.*) von innen heraus (motiviert)
Intro-, intro- (*lat.*) als Wortteil: hinein
Introduktion *w.* (*lat.*) Einleitung, Vorspiel; **introduktiv, introduktorisch** einführend, einleitend; **introduzieren** einleiten
Introitus *m.* (*lat.*) 1. Eingang in ein Hohlorgan des Körpers; 2. Einleitungsteil der Messe
Introspektion *w.* (*lat.*) Selbstbeobachtung, Selbstanalyse; **introspektiv** durch Selbstbeobachtung
introvertiert (*lat.*) nach innen gewandt
Intruder *m.* (*engl.*) Flugzeug zum Schutz (eines Flugzeugträgers) und zur Aufklärung
Intrusion *w.* (*lat.*) Eindringen, Einschieben; **Intrusivgestein** *s.* in die Erdkruste eingedrungenes und erstarrtes Gestein
Intuition *w.* (*lat.*) unmittelbare, nicht durch den Verstand vermittelte Erkenntnis, Eingebung; **intuitiv** auf Intuition beruhend
Intumeszenz, Inturgeszenz *w.* (*lat.*) Abschwellung, Ztw. **intumeszieren**
Inturgeszenz = Intumeszenz
intus (*lat.*) innen, binnen; **intus haben** (umg.) 1. begriffen haben; 2. gegessen haben
Inundation *w.* (*lat.*) Überschwemmung, Ztw. **inundieren**
Inunktion *w.* (*lat.*) Einsalbung, Einreibung mit Arzneimitteln
in usum Delphini = ad usum Delphini
inv. = invenit
invalid (*lat.*) erwerbsunfähig; **Invalide** *m.* Erwerbsunfähiger; **Invalidität** *w.* Erwerbsunfähigkeit
invariabel, invariant (*lat.*) unveränderlich; **Invariante** *w.* unveränderliche Größe; **Invarianz** *w.* Unveränderlichkeit
Invasion *w.* (*lat.*) 1. feindlicher Truppeneinfall; 2. Eindringen von Krankheitserregern in das Blut; 3. überraschendes Eintreffen vieler Personen (umg.); **Invasor** *m.* Eroberer, Eindringling (*Mz.* Invasoren)
Invektive *w.* (*lat.*) 1. Schmährede, Schmähschrift; 2. Anwurf
invenit (*lat.*) auf Kupferstichen: er hat erfunden (Abk. inv.)
Inventar *s.* (*lat.*) 1. Besitzstand an Einrichtungsgegenständen u. Vermögenswerten z. B. eines Unternehmens; 2. Verzeichnis des Besitzstandes; **Inventarisation, Inventur** *w.* Bestandsaufnahme der Vermögensteile, Ztw. **Inventur machen**; **Invention** *w.* Erfindung
invers (*lat.*) umgekehrt; **Inversion** *w.* Umwandlung, Umkehrung, Umstellung; **Invertzucker** *m.* aus der Spaltung des Rohrzuckers entstandener Zucker, Gemisch aus Trauben- und Fruchtzucker; **invertieren** umkehren, umstellen
investieren (*lat.*) 1. Kapital in Sachgütern anlegen; 2. Mühe, Arbeit, Gefühle auf etwas oder jmdn. verwenden; **Investition** *w.* Anlage von Kapital in Sachgütern
Investigation *w.* (*lat.*) (gerichtliche) Nachforschung, Untersuchung; **investigativ** nachforschend, enthüllend (z. B. von journalistischer Arbeit)
Investitur *w.* (*lat.*) Einweisung in ein kirchliches Amt
Investivlohn *m.* (*lat.*) Teil des Lohnes, der zum Zweck der Vermögensbildung zwangsweise einbehalten und angelegt wird
Investmentfonds *m.* (-fong) Sondervermögen einer Kapitalanlagegesellschaft an Wertpapieren oder Grundstücken
Investor *m.* (*lat.*) Kapitalanleger
in vino veritas (*lat.*) im Wein ist Wahrheit
invisibel (*lat.*) unsichtbar
in vitro (*lat.*) im Reagenzglas ausgeführt

(von wissenschaftlichen Versuchen); **In-Vitro-Fertilisation** *w.* (*lat.*) «Befruchtung im Glas», Verschmelzung von Eizelle und Spermium außerhalb des weiblichen Körpers (Abk. IVF)

in vivo (*lat.*) am lebenden Versuchsobjekt durchgeführt oder beobachtet

Involution *w.* (*lat.*) Rückbildung von Organen

involvieren (*lat.*) 1. in sich schließen, enthalten; 2. zur Voraussetzung haben

Inzest *m.* (*lat.*) Geschlechtsverkehr zwischen engen Verwandten (z. B. Eltern und Kindern, Geschwister untereinander); **inzestuös** 1. einen Inzest darstellend; 2. wie ein Inzest

inzidieren (*lat.*) einen Einschnitt vornehmen (z. B. in einen Abszess)

inzipient (-pi'e-, *lat.*) beginnend

Inzision *w.* (*lat.*) Einschnitt, Einschneiden; **Inzisivzahn** *m.* Schneidezahn; **Inzisur** *w.* Einschnitt, Einbuchtung, Einkerbung

Ion *s.* (*gr.*) elektrisch geladenes Teilchen, das entsteht, wenn neutralen Atomen oder Molekülen Elektronen zugeführt oder entzogen werden; **Ionisation** *w.* Erzeugung von Ionen, Ztw. **ionisieren**; **Ionosphäre** *w.* oberste Schicht der Erdatmosphäre

Iota = Jota

ipse fecit (*lat.*) er hat es (selbst) gemacht (auf Kunstwerken, Abk. i. f.)

I. R. = Imperator Rex

irenisch (*gr.*) friedfertig

Iris *w.* (*gr.*) 1. Regenbogenhaut des Auges; 2. Schwertlilie; 3. Botin der Götter in der griech. Mythologie; **irisieren** schillern; **Iritis** *w.* Regenbogenhautentzündung

Irish Coffee *m.* (eirisch koffih, *engl.*) Kaffee mit einem Schuss Whiskey und Schlagsahne; **Irish Stew** *s.* (– stjuh) Eintopf aus Hammelfleisch mit Weißkohl und Kartoffeln

Ironie *w.* (*gr.*) 1. verdeckte spöttische Form der Kritik, z. B. dadurch, dass man das Gegenteil dessen äußert, was man meint; 2. das unbeeinflussbare Zusammenwirken von Umständen, das in paradoxer Weise Pläne, Ziele und Handlungen konterkariert (z. B. Ironie des Schicksals); **ironisch** voller Ironie; **ironisieren** mit Ironie behandeln; **Ironym** *s.* ironische Wendung anstelle des Autorennamens

Irradiation *w.* (*lat.*) Ausstrahlung, bes. von Schmerzen

irrational (*lat.*) 1. für den Verstand nicht zugänglich, verstandesmäßig nicht fassbar; 2. jeglicher Vernunft widersprechend; **Irrationalismus** *m.* irrationales Denken, irrationales Geschehen; **Irrationalität** *w.* das Irrationalsein

irreal (*lat.*) unwirklich; **Irrealität** *w.* Unwirklichkeit

Irredenta *w.* (*itl.*) politische Bewegung, die den Anschluss abgetrennter Gebiete an das Mutterland erstrebt; **Irredentismus** *m.* Irredentagesinnung und -politik; **Irredentist** *m.* Anhänger des Irredentismus

irreduktibel, irreduzibel (*lat.*) nicht zurückführbar, nicht ableitbar

irregulär (*lat.*) unregelmäßig, regelwidrig; **Irregularität** *w.* Unregelmäßigkeit, Regelwidrigkeit

irrelevant (*lat.*) unerheblich, unbedeutend; **Irrelevanz** *w.* Geringfügigkeit, Bedeutungslosigkeit

irreligiös (*lat.*) nicht religiös

irreparabel (*lat.*) nicht wieder gutzumachen, nicht heilbar, unersetzlich, Hptw. **Irreparabilität** *w.*

irresistibel (*lat.*) unwiderstehlich, Hptw. **Irresistibilität** *w.*

irreversibel (*lat.*) nicht umkehrbar; **Irreversibilität** *w.* Unumkehrbarkeit

Irrigation (*lat.*) 1. Bewässerung; 2. Ausspülung; **Irrigator** *m.* Spülapparat, bes. für Darmspülungen

irritabel (*lat.*) reizbar, erregbar; **Irritabilität** *w.* Reizbarkeit; **irritieren** reizen, ärgern, beirren, unsicher machen, Hptw. **Irritation** *w.*

isabellfarben (*frz.*) graugelb

Isagogik *w.* (*gr.*) Einführungskunst, die pädagogisch geschickte Einführung in eine Wissenschaft oder Lehre

Ischias *w.* (auch *m.* oder *s.*), **Ischialgie** *w.* (iß'chias, iß'chialgie, auch: ischias, ischial-, *gr.*) Hüftschmerz, Neuralgie des Hüftnervs, Eigw. **ischiadisch**

Islam *m.* (*arab.*) von Mohammed im 7. Jh. gestiftete und im Koran niedergelegte Religion; **islamisch** zum Islam gehörig; **isla-**

misieren zum Islam bekehren; **Islamit** *m.* Anhänger des Islam

Iso-, iso- (*gr.*) als Vorsilbe: gleich

Isobare *w.* (*gr.*) Linien, die Orte mit gleichem Luftdruck verbinden; **Isochromasie** *w.* gleichmäßige Lichtempfindlichkeit fotografischen Materials; **isodynam, isodynamisch** bei der Verbrennung im Körper gleiche Wärmemengen erzeugend; **Isodyname** *w.* Verbindungslinie aller Orte gleicher Stärke des Erdmagnetismus; **Isokline** *w.* Verbindungslinie von Orten gleicher Neigung der Magnetnadel, Eigw. **isoklinisch**

Isolation *w.* (*lat.*) 1. Vereinsamung, Vereinzelung; 2. Verhinderung von Strömen durch Isoliermaterial; 3. Absonderung von Personen mit ansteckenden Krankheiten, von Häftlingen; **Isolationismus** *m.* politische Richtung, die die Abschließung des Staates vom Ausland anstrebt; **Isolator** *m.* Stoff von geringer Leitfähigkeit, der sich zum Isolieren eignet, Isoliermaterial; **isolieren** 1. absondern, einzeln halten; 2. vereinsamen; 3. abdichten, Körper vor Abfluss von Wärme oder Elektrizität schützen, Hptw. **Isolierung** *w.* **Isolinie** *w.* (-ni'e, *gr.-lat.*) Linie auf Erd- oder Wetterkarten, die Punkte gleicher Werte miteinander verbindet

Isomere *Mz.* (*gr.*) chem. Verbindungen, die bei gleicher Zusammensetzung chemisch und physikalisch verschieden reagieren, Eigw: **isomer**; **Isomerie** *w.* bei gleichen Eigenschaften verschiedenes Verhalten

isomorph (*gr.*) gleichgestaltig, Hptw. **Isomorphie** *w.*, **Isomorphismus** *m.*

Isoptera *Mz.* (*gr.*) Termiten

Isotherme *w.* (*gr.*) Linie, die Orte gleicher mittlerer Temperatur miteinander verbindet

Isotone *Mz.* (*gr.*) Atomkerne mit gleicher Anzahl von Neutronen, verschiedener Anzahl von Protonen; **Isotope** *Mz.* Atom(kern)e desselben chem. Elements mit gleicher Anzahl von Protonen, verschiedener Anzahl von Neutronen

isotrop (*gr.*) von physikalisch gleicher Beschaffenheit, Hptw. **Isotropie** *w.*

Isthmus *m.* (*gr.*) Landenge, Eigw. **isthmisch**

it. = item

Itala *w.* (*lat.*) Sammlung von ältesten lateinischen Bibelübersetzungen; **italisch** das antike Italien betreffend

item (*lat.*) ebenso, ferner; **Item** *s.* (eitem, *engl.*) 1. Posten, Bestandteil, Element, Kernpunkt; 2. einzelne Aufgabe (innerhalb eines Tests)

Iteration *w.* (*lat.*) 1. Wiederholung eines Wortes; 2. schrittweises Rechenverfahren, Folge von Näherungslösungen in Mathematik und EDV; **iterativ** wiederholend; **Iterativ, Iterativum** *s.* Wiederholungswort

Itinerar *s.* (*lat.*) Straßenkarte, Wegeverzeichnis der römischen Zeit und des Mittelalters

IVF = In-Vitro-Fertilisation

IWF (Internationaler Währungsfonds) = IMF

Iwrit(h) *s.* (*hebr.*) Neuhebräisch, Amtssprache in Israel

J

Jab *m.* (dschäb, *engl.*) Haken aus kürzester Entfernung im Boxsport

Jabot *s.* (schabo, *frz.*) Spitzenkrause, Hemdkrause, Brustkrause

Jacht *w.* (*niederl.*) leichtes, schnelles Schiff mit Segel oder Motor, zu Sport- oder Vergnügungsfahrten

Jacketkrone *w.* (dschäcket-, *engl.*) Zahnmantelkrone aus Porzellan oder Kunstharz

Jackett *s.* (*frz.*) Jacke als Teil eines Herrenanzuges

Jackpot *m.* (dschäck-, *engl.*) besonders hohe Gewinnquote bei Glücksspielen, weil in den vorhergehenden Spielen keine Gewinne gemacht wurden

Jackstag *m.* (dschäckstäck, *engl.*) Eisenstange zum Befestigen des Segels an der Rahe

Jacquardweberei *w.* (schakar-) mechanische Weberei mit Lochkarten für große Muster und Bilder (nach dem franz. Seidenweber J. M. Jacquard, 1752–1834)

Jade *w.* (*span.*) grünes bis blaugrünes Mineral, auch Nephrit; **Jadeit** *m.* (-de'it) Eisvogeljade, billigere Jadeart

Jaffaapfelsine *w.* große, kernlose Apfelsine aus Jaffa in Israel

Jaguar *m.* (*indian.*) südamerikanische Raubkatze

Jahwe (*hebr.*) Name Gottes im Alten Testament

Jak *m.* (*tibet.*) langhaariges asiatisches Hochgebirgsrind

Jakobiner *m.* Mitglied des radikalsten Klubs in der Franz. Revolution; **Jakobinermütze** *w.* rote Wollmütze der Jakobiner, phrygische Mütze

Jalon *m.* (schalong, *frz.*) Richtfähnchen, Absteckpfahl in der Vermessungstechnik

Jalousie *w.* (schalu-, *frz.*) Rollladen, Sichtschutz

Jam *s.* (dschäm, *engl.*) englische Bezeichnung für Marmelade

Jamboree *s.* (dschämberih, *engl.*) 1. Pfadfindertreffen; 2. großes geselliges Treffen mit Unterhaltungsprogramm

Jambus *m.* (*gr.*) Versfuß: kurz–lang

Jams *s.* (*port.-engl.*) essbare Wurzelknolle einer Kletterpflanze in den Tropen

Jam Session *w.* (dschäm ßeschen, *engl.*) Zusammenkunft von Jazzmusikern und Jazzfreunden zum Zweck freier Improvisation

Janitscharen *Mz.* (*türk.*) ehemalige türkische Fußtruppe, bestehend aus islamisierten christlichen Kriegsgefangenen; **Janitscharenmusik** *w.* Feldmusik der Janitscharen mit Trommeln, Becken, Tamburin, Schellenbaum

Jan Maat, Janmaat *m.* (*niederl.*) scherzhafter Name für Seemann

Januskopf *m.* Bild eines zweigesichtigen Männerkopfes (nach dem italischen Gott Janus), Sinnbild des Zwiespalts

Jardiniere *w.* (schardinjähr, *frz.*) Schale, Korb für Pflanzen

Jargon *m.* (schargong, *frz.*) gruppenspezifische Umgangssprache

Jaschmak *m.* (*türk.*) Schleier der vornehmen Türkin

Jaspis *m.* (*gr.*) vielfarbiger Schmuckstein

Jause *w.* (*slowen.*) Zwischenmahlzeit; **jausen** eine Zwischenmahlzeit zu sich nehmen (Österreich)

Jazz *m.* (dschäs, *engl.*) in Nordamerika zu Beginn des 20. Jhs. entstandene, auf Improvisation beruhende Musikform, die Elemente afrikanischer und europäischer Musik zu einem völlig neuen Stil verband und sich in vielfältigen Stilarten weiterentwickelte; **jazzen** Jazzmusik spielen; **Jazzer** Musiker, der Jazzmusik spielt

Jeans *Mz.* (dschihns, *engl.*) Kurzform für Blue Jeans, Baumwollhosen

Jeep *m.* (dschihp, *engl.*) geländegängiges Kraftfahrzeug mit Vierradantrieb

Jeremiade *w.* (*hebr.*) Klagelied, Gejammer

Jerezwein *m.* (chereß-, *span.*) Sherry
Jersey *m.* (dschörsi, *engl.*) gewirkter Wollstoff
Jet *m.* (dschett, *engl.*) Düsenflugzeug; **Jet-lag** *m.* (-läg, *engl.*) Beschwerden, die aus der Zeitdifferenz bei Langstreckenflügen entstehen; **Jetliner** *m.* (-leiner, *engl.*) Düsenverkehrsflugzeug; **jetten** 1. (häufig) mit dem Jet fliegen; 2. sich sputen (umg.)
Jeton *m.* (schetong, *frz.*) Spielmarke
Jetset *m.* (dschettsett, *engl.*) entsprechend begüterte Personen, die zu ihren internationalen Vergnügungsterminen mit dem Jet fliegen; **Jetstream** *m.* (-ßtrihm) sehr schnelle Luftbewegung in der oberen Atmosphäre
Jett *s.* (dschett, *engl.*) Pechkohle, Gagat, schwarzer Schmuckstein
Jeu *s.* (schöh, *frz.*) Glücksspiel
Jeunesse dorée *w.* (schöneß doreh, *frz.*) Bezeichnung für die modisch elegante, monarchistische Jugend von Paris nach dem Sturz Robespierres
Jingo *m.* (dschingoh, *engl.*) engl. Bez. für Chauvinist, fanatischer Nationalist
Jitterbug *m.* (dschitterbag, *engl.*) akrobatisch anmutender Gesellschaftstanz
Jiu-Jitsu *s.* (dschiu dschitsu, *jap.*) japanische Kunst der waffenlosen Selbstverteidigung
Jive *m.* (dscheiw, *engl.*) eine Art Swingmusik, gemäßigte Form des Boogie-Woogie
Job *m.* (dschob, *engl.*) Arbeit, Verdienstmöglichkeit, einträgliche Tätigkeit, Ztw. **jobben**; **Jobber** *m.* Börsenspekulant; **Job-hopping** *s.* häufiger Stellenwechsel, um beruflich aufzusteigen; **Jobkiller** *Mz.* alles, was dazu beiträgt, menschl. Arbeitskraft überflüssig zu machen; **Jobsharing** *s.* (-schäring) Aufteilung eines Vollarbeitsplatzes auf mehrere Kräfte
Jockey *m.* (dschocki, *engl.*), **Jockei** *m.* berufsmäßiger Rennreiter
Jod *s.* (*gr.*) chem. Element, ein Nichtmetall aus der Gruppe der Halogene, in der Fotografie und Pharmazie genutzt
Jodhpurhose *w.* den Breeches ähnliche Reithose mit langen engen Beinen (nach der ind. Stadt Jodhpur)
Joga = Yoga
Jogging *s.* (dschogging, *engl.*) sportliches Laufen im Trabtempo, Ztw: **joggen**
Joghurt *m.* oder *s.* (*türk.*) mit Hilfe von Bakterien erzeugte Dickmilch
Jogi = Yogi
John Bull *m.* (dschon bull, *engl.*) Spitzname des Engländers
Joint *m.* (dschoint, *engl.*) Marihuanazigarette; **Jointventure** *s.* (-ventscher) Projektzusammenschluss von Unternehmen
Joker *m.* (dschohker, *engl.*) Spielkarte, die für jede andere Karte eintreten kann
Jokus *m.* (*lat.*) Scherz, Spaß, Ulk
Jom Kippur (*hebr.*) höchstes jüdisches Fest am Versöhnungstag
Jongleur *m.* (schonglör, *frz.*) Artist, der bes. im Werfen und Auffangen von Gegenständen geübt ist, Geschicklichkeitskünstler; **jonglieren** 1. Gegenstände werfen und auffangen oder im Gleichgewicht halten; 2. Anstoß vermeiden, sich auf geschickte Weise zwischen verschiedenen Erwartungen und Anforderungen bewegen
Jota (*gr.*) der zehnte Buchstabe des griechischen Alphabets, Ι, ι; **kein Jota** nicht das Geringste
Joule *s.* (dschaul oder dschul, *engl.-frz.*) Maßeinheit der Arbeit, Energie und Wärme (Zeichen: J, seit 1978 anstelle der Kalorie gültig: 1 cal = 4,1868 J)
Jour fixe *m.* (schuhr fix, *frz.*) fest vereinbarter Tag für ein regelmäßiges Treffen
Journaille *w.* (schurnaj, *frz.*) abschätzige Bezeichnung für Journalismus; **Journal** *s.* (schurnal) 1. Tagebuch für geschäftliche Eintragungen; 2. Zeitschrift; **Journalismus** *m.*, **Journalistik** *w.* Pressewesen; **journalistisch** charakteristisch für den Schreibstil des Journalisten; **Journalist** *m.* jmd., der professionell für Presse, Rundfunk und Fernsehen schreibt
jovial (*lat.*) herablassend, wohlwollend, leutselig, Hptw. **Jovialität** *w.*
Joystick *m.* (dscheustick, *engl.*) Steuerhebel am Spielcomputer
jr. = junior
Jubilar *m.* (*lat.*) Gefeierter, Jubelgreis, jmd., der ein Jubiläum begeht; **Jubiläum** *s.* (-lä'u-) Jahrestag eines Ereignisses, Ehrentag, Gedenktag

Juchten *s.* (*russ.*) mit Birkenteeröl getränktes Rind- oder Kalbleder
Judaika *Mz.* (-da'i-, *hebr.-lat.*) jüdische Schriften, Bücher, Bilder
Judikative *w.* (*lat.*) richterliche Gewalt im Staat
Judo *s.* (*jap.*) sportliche Ausübung des Jiu-Jitsu; **Judoka** *m.* Sportler des Judo
Juice *m.* u. *s.* (dschuhß, *engl.*) Saft aus Obst oder Gemüse
Jukebox *w.* (dschuhkbox, *engl.*) Musikautomat, der bei Geldeinwurf Musiktitel abspielt
Julfest *s.* (*schwed.*) Weihnachtsfest in Skandinavien; **Julklapp** *m.* Weihnachtsgeschenk
Julienne *w.* (schüljenn, *frz.*) fein geschnittene Gemüse als Suppeneinlage
Julklapp = Julfest
Jumbojet, Jumbo *m.* (*engl.*) Großraumjet
jun. Abk. für **junior** (*lat.*) jünger, der Jüngere; **Junior** *m.* 1. der jüngere Teilhaber; 2. Mitglied einer Nachwuchsmannschaft; 3. Jugendlicher; 4. Sohn (scherzhaft)
Junkfood *s.* (dschankfud, *engl.*) Essen ohne Nährwert mit hoher Kalorienzahl
Junkie *m.* (dschankih, *engl.*) Rauschgiftabhängiger (Jargon)
Junktim *s.* (*lat.*) Koppelung von Gesetzesvorlagen oder Verträgen, sodass sie nur gemeinsam angenommen oder abgelehnt werden können
junonisch (*lat.*) von stattlicher weiblicher Schönheit, wie Juno (die bedeutendste Göttin des alten Rom)
Junta *w.* (chunta, *lat.-span.*) 1. Regierungsausschuss in Portugal, Spanien, Lateinamerika; 2. Militärjunta
Jupiter *m.* (*lat.*) 1. der höchste Gott der Römer; 2. Planet; **Jupiterlampe** *w.* transportable, lichtstarke Lampe für Bühne und Film
Jupon *m.* (schüpong, *frz.*) Halbunterrock
Jura (*Mz.* von Jus, *lat.*) die Rechte; **juridisch, juristisch** rechtswissenschaftlich; **Jurisdiktion** *w.* Rechtsprechung; **Jurisprudenz** *w.* Rechtswissenschaft; **Jurist** *m.* Rechtsgelehrter; **juristische Person** *w.* rechtsfähige Körperschaft; **Juror** *m.* Preisrichter (*Mz.* Juroren)
Jurte (*russ.-türk.*) Wohnzelt aus Filz der asiatischen Nomaden
Jury *w.* (dschüri, *engl.*, schüri, *frz.*) 1. Preisrichter-Kollegium; 2. Schwurgericht in Großbritannien und den USA, das über Kapitalverbrechen zu urteilen hat
Jus *m.* oder *s.* (dschüh, *frz.*) eingedickter Bratensaft
Jus *s.* (*lat.*) Recht, Rechtswissenschaft; **Jus naturale** *s.* Naturrecht; **Jus gentium** *s.* Völkerrecht; **Jus primae noctis** *s.* (-mä-) feudales Recht des Grundherrn auf die erste Nacht mit der Braut eines Hörigen; **Jus sanguinis** Recht, wonach die Staatsangehörigkeit durch Blutsverwandtschaft mit den Eltern oder einem Elternteil erworben wird
Justemilieu *s.* (schüstmiljöh, *frz.*) politisches Schlagwort in Frankreich nach 1830, auf den ausgleichenden lauen Regierungsstil Louis-Philippes gemünzt
justieren (*lat.*) 1. genau einstellen, eichen; 2. Druckstöcke auf Schrifthöhe bringen, Fahnensatz auf Seitenhöhe bringen, umbrechen, Hptw. **Justierung** *w.*
Justifikation *w.* (*lat.*) Rechtfertigung, Anerkennung der Richtigkeit; **Justifikatur** *w.* Genehmigung (einer Rechnung) nach Prüfung; **justifizieren** rechtfertigen, überprüfen
Justitia *w.* (*lat.*) 1. Frauengestalt als Sinnbild, Personifizierung der Gerechtigkeit; 2. altrömisch. Göttin der Gerechtigkeit, **Justitiar** *m.* Rechtsbeistand eines Betriebs oder einer Behörde
Justiz *w.* (*lat.*) staatliche Rechtspflege, Gerichtswesen
Jute *w.* (*ind.*) indischer Flachs
juvenil (*lat.*) jugendlich
Juwel *s.* (*frz.*) geschliffener Edelstein, wertvolles Schmuckstück, Kostbarkeit; **Juwelier** *m.* Goldschmied, Schmuckwarenhändler
Jux *m.* (*lat.*) Spaß, Ulk

K

K = Kelvin
kA = Kiloampere
Kaaba *w.* (ka'a-, *arab.*) Hauptheiligtum des Islam in der großen Moschee in Mekka
Kabale *w.* (*hebr.-frz.*) Machenschaft, Intrige
Kabarett *s.* (*frz.*) 1. Kleinkunstbühne, Brettl; 2. Kleinkunst, die in pointierter, parodistischer Form politische Verhältnisse kritisiert; 3. Schüssel mit Glaseinsätzen für Vorspeisen u. Ä.; **Kabarettist** *m.* Künstler am Kabarett; **kabarettistisch** nach Art des Kabaretts
Kabbala *w.* (*hebr.*) 1. Sammlung von inoffiziellen mystisch-religionsphilosophischen Schriften des Judentums; 2. esoterische jüdische Geheimlehre, die auf Buchstaben- und Zahlensymbolik beruht; **Kabbalist** *m.* Kenner der Kabbala; **Kabbalistik** *w.* Erforschung der Kabbala, Eigw. **kabbalistisch**
Kabeljau *m.* (*niederl.*) Schellfisch, Dorsch
Kabine *w.* (*frz.*) 1. kleiner abgeteilter Raum (z. B. Umkleidekabine); 2. Wohn- und Schlafraum für Schiffspassagiere
Kabinett *s.* (*frz.*) 1. kleines Zimmer; 2. Kunstsammlung; 3. Regierung, Ministerrat; **Kabinettsfrage** *w.* Vertrauensfrage; **Kabinettsjustiz** *w.* Eingriff des Herrschers in ein Rechtsverfahren; **Kabinettstück** *s.* erfolgreiches Unterfangen, das geschickt eingefädelt und durchgeführt wird
Kabotage *w.* (-tasch, *frz.*) Küstenschifffahrt; **kabotieren** befördern
Kabrio, Kabriolett *s.* (*frz.*) Auto mit zurückklappbarem Verdeck
Kabuki *s.* (*jap.*) japan. Volkstheater
Kachexie *w.* (*gr.*) krankheitsbedingter allgemeiner Kräfteverfall, Eigw. **kachektisch**
Kadaver *m.* (*lat.*) Tierleichnam; **Kadavergehorsam** *m.* blinder Gehorsam
Kaddisch *m.* (*hebr.*) jüdisches Totengebet
Kadenz *w.* (*lat.*) 1. Schlusswendung im Musikwerk; 2. virtuoser solistischer Einschub innerhalb eines klassischen Instrumentalkonzerts; 3. Tonfall am Ende eines gesprochenen Satzes, Ztw. **kadenzieren**
Kader *m.* (*lat.-frz.*) 1. militärische Stamm- und Ausbildungstruppe; 2. (*russ.*) ideologisch geschultes Funktionärskorps aus Mitgliedern der kommunist. Parteien in den ehemaligen sozialistischen Staaten
Kadett *m.* (*frz.*) 1. Zögling in einer militärischen Ausbildungsanstalt für Offiziere; 2. gestreifter drellartiger Baumwollstoff, urspr. für die Berufskleidung der Kadetten und Matrosen
Kadi *m.* (*arab.*) 1. Richter in islamischen Ländern; 2. Gericht, Richter (umg.)
Kadmium *s.* (*lat.*) chem. Element, ein Metall
Kaduzierung *w.* (*lat.*) Verfallserklärung von Aktien
Kaffee *m.* (*arab.*) 1. Kaffeepflanze, Kaffeebohnen, Kaffeegetränk; 2. Zwischenmahlzeit am Nachmittag mit Kaffee
Kaffer *m.* (*jidd.*) Bauer, Hinterwäldler, Dummkopf (umg.)
Kafir *m.* (*arab.*) abwertende Bez. der Moslems für Ungläubigen, Nichtmohammedaner
Kaftan *m.* (*türk.-pers.*) orientalisches Obergewand, das zur Kleidung der orthodoxen Juden gehört
Kai *m.* (*frz.*) Hafenmauer, gemauerte Uferstraße
Kaiman *m.* (*span.-indian.*) Alligator, südamerikanische Krokodilart
Kainit *s.* (*gr.*) Mineral, Düngemittel
Kairophobie *w.* (*gr.*) Situationsangst;
Kairos *m.* der rechte (begnadete, entscheidende) Augenblick
Kajak *m.* oder *s.* (*eskim.*) 1. Paddelboot der Eskimos; 2. gedecktes Sportboot

Kajal *s.* (*sanskr.*) schwarze Farbe zum Schminken der Augen
Kajüte *w.* (*niederl.*) Wohnraum auf Schiffen
Kakadu *m.* (*malai.*) Papageienart
Kakemono *s.* (*jap.*) ostasiat. Rollbild
Kakerlak *m.* (*ind.-niederl.*) Küchenschabe
Kakophonie *w.* (*gr.*) Missklang
Kalabreser *m.* breitrandiger Filzhut (nach Kalabrien)
Kalamität *w.* (*lat.*) Unannehmlichkeit, Klemme
Kalamus *m.* (*lat.*) Schilfpalme (im Altertum als Schreibrohr benutzt)
Kalander *m.* (*lat.-frz.*) Maschine zum Glätten von Stoffen oder Papier, Ztw. **kalandern**
Kalauer *m.* (viell. in Anlehnung an *frz.* calembour = fader Wortwitz, dies viell. in Anlehnung an Kalau, eine Stadt in der Niederlausitz) fader Wortwitz, Ztw. **kalauern**
Kaldarium *s.* (*lat.*) warmes Gewächshaus
Kaldaunen *Mz.* (*lat.*) Kutteln
Kalebasse *w.* (*span.*) Gefäß aus Flaschenkürbis, kürbisförmiges Gefäß
Kaledonien *s.* (-ni'en) poetisch für Nordschottland
Kaleidoskop *s.* (*gr.*) Spiegelgerät zum Erzeugen ständig wechselnder farbiger Muster
Kalenden *Mz.* (*lat.*) der 1. Tag eines jeden Monats im römischen Kalender; **Kalendarium** *s.* Verzeichnis der Tage eines Jahres; Verzeichnis der kirchlichen Fest- und Heiligentage; **Kalender** *m.* 1. die Zeiteinteilung; 2. Verzeichnis der Tage, Wochen und Monate eines Jahres
Kalesche *w.* (*tschech.*) leichter vierrädriger Einspänner
Kalewala *w.* (*finn.*) finnisches Nationalepos
Kalfakter, Kalfaktor *m.* (*lat.*) 1. jmd., der alle möglichen Dienste verrichtet; 2. Zwischenträger, Aushorcher; **kalfaktern** zutragen, klatschen, petzen
Kalfaterer *m.* (*itl.*) Schiffsausbesserer; **kalfatern** Schiffswände abdichten; **Kalfa- terung** *w.* Abdichtung
Kali *s.* (*arab.*) Kaliumrohsalz, Düngemittel
Kaliban *m.* halbtierischer Unhold (nach Shakespeares «Sturm»), auch: Caliban
Kaliber *s.* (*span.-arab.*) 1. innerer Durchmesser von Rohren; 2. äußerer Durchmesser von Geschossen; 3. Messwerkzeug für Durchmesser, Eigw: **kalibrig**; 4. Schlag, Typ (umg.); **kalibrieren** genaues Maß geben, eichen
Kalif *m.* (*arab.*) Titel der Nachfolger Mohammeds, der weltlichen und geistlichen Oberhäupter des Islam
Kaliko *m.* (*frz.-niederl.*) stark appretierter Baumwollstoff, Buchbinderleinwand
Kalixtiner *Mz.* (*lat.*) gemäßigte Hussiten, die den Laienkelch im Abendmahl forderten (vgl. Utraquisten)
Kalkant *m.* (*lat.*) Bälgetreter an der Orgel
Kalkül (*frz.*) Berechnung, Überlegung; **Kalkulation** *w.* Kostenvoranschlag; **Kalkulator** *m.* Fachmann für betriebliches Rechnungswesen; **kalkulatorisch** rechnerisch; **kalkulieren** veranschlagen, berechnen
Kalle *w.* (*jidd.*) junge Frau, Braut, Geliebte, Prostituierte
Kalligraphie *w.* (*gr.*) Kunst der Schönschrift, Eigw. **kalligraphisch**
Kalliope *w.* (*gr.*) Muse der erzählenden Dichtkunst
Kallipygos *w.* (*gr.*) Beiname der altgriechischen Liebesgöttin Aphrodite: die mit dem hübschen Hintern
Kallus *m.* (*lat.*) knorpelartige Neubildung des Knochens nach Brüchen, Knochenschwiele; **kallös** schwielig
Kalme *w.* (*lat.*) Windstille; **Kalmengürtel** *m.* Zone der Windstille
Kalmücken *Mz.* westmongolisches Volk
Kalo *m.* (*itl.*) Gewichtsverlust von Waren, bes. beim Versand
Kalokagathie *w.* (*gr.*) griechisches Bildungsideal der körperlichen und geistigen Vollkommenheit
Kalomel *s.* (*gr.*) Quecksilberverbindung, altes Abführmittel
Kalorie *w.* (*lat.*) Maßeinheit für Wärme und den Energiewert der Nahrung (Zeichen cal, vgl. Joule); **Kalorik** *w.* Wärmelehre; **Kalorimeter** *s.* Messgerät für Wärmemengen; **Kalorimetrie** *w.* Ermittlung der Wärmemengen

Kalotte *w.* (*frz.*) 1. Schädeldach; 2. Kugelkäppchen der kath. Geistlichen; 3. flache Kuppel

Kalpak, Kolpak *m.* (*türk.*) Lammfellmütze und Tuchzipfel an der Husarenmütze

Kaltkaustik = Elektrokoagulation

Kalumet *s.* (kalümeh, *frz.*) Friedenspfeife der nordamerikanischen Indianer

Kalvinismus *m.* die von Calvin gegründete evangelisch-reformierte Richtung des Protestantismus; **Kalvinist** *m.* Anhänger des Kalvinismus, Eigw. **kalvinistisch**

Kalypso *w.* (*gr.*) Nymphe in der Odysseussage

kalzinieren (*lat.*) entwässern; **Kalzination** *w.* Entwässerung von chem. Elementen durch Erhitzen

Kamarilla *w.* (-rillja, *span.*) Hofpartei, (Hof-)Klüngel

Kambio *m.* (*itl.*) Wechsel

Kambrium *s.* (*lat.*) erdgeschichtliches Zeitalter, erste Stufe des Erdaltertums

Kamee *w.* (*frz.-pers.*) Stein mit erhaben geschnittenem Bild

Kamera *w.* (*lat.*) 1. Fotoapparat; 2. Filmkamera

Kameralien *Mz.* (-li'en, *lat.*) Staatswissenschaft, Volkswirtschafts- und Verwaltungslehre; **Kameralismus** *m.* Lehre von den Staatseinkünften; **Kameralistik** *w.* Rechnungsführungslehre für die Staatseinnahmen

Kamikaze *m.* (*jap.*) japanische Angriffstaktik im Zweiten Weltkrieg, bei der ein Pilot sein sprengstoffbeladenes Flugzeug direkt ins Ziel steuerte und dabei ums Leben kam

Kampagne *w.* (kangpanje, *frz.*) 1. groß angelegte medien- und öffentlichkeitswirksame Aktion für oder gegen etwas oder jmdm.; 2. Hauptbetriebszeit in saisonabhängigen Unternehmen

Kampanile *m.* (*ital.*) einzeln stehender Glockenturm

Kampescheholz *s.* (*span.*) Blauholz aus Mittelamerika

kampieren (*frz.*) im Freien lagern, zelten, schlecht und recht übernachten

Kanaille *w.* (kanaij, eingedeutscht kanalje, *frz.*) Schuft, Schurke

Kanapee = Canapé

Kandare *w.* (*ungar.*) Gebissstange des Pferdes

Kandelaber *m.* (*lat.*) Standleuchter

Kandidat *m.* (*lat.*) 1. Bewerber um ein Amt oder Mandat; 2. Student vor der Abschlussprüfung; **Kandidatur** *w.* laufende Bewerbung; **kandidieren** sich bewerben, auf der Liste der Kandidaten stehen

kandieren (*frz.*) verzuckern

Kandis *m.* (*arab.*) aus heißer Lösung kristallisierter Zucker

Kaneel *m.* (*span.*) Zimt

Kanephore *w.* (*gr.*) 1. Jungfrauen, die bei Prozessionen im alten Griechenland Gefäße mit Opfergeräten auf dem Kopf trugen; 2. = Karyatide

Kanevas *m.* (*frz.*) Stramin, Gitterstoff

Kanister *m.* (*lat.*) Behälter zum Transportieren von Flüssigkeiten

kannelieren (*frz.*) riefen, auskehlen; **Kannelüre** *w.* senkrechte Hohlkehle an der Säule

Kannibale *m.* (*span.-karib.*) Menschenfresser; **kannibalisch** roh, unmenschlich, grausam; **Kannibalismus** *m.* Menschenfresserei

Kanon *m.* (*gr.*) 1. Gesamtheit der festgelegten Regeln für ein Fachgebiet innerhalb der kath. Kirche: Gesamtheit der für echt erklärten Teile der Bibel, unveränderlicher Teil der Messe, Verzeichnis der Heiligen, kirchliche Rechtsbestimmung; 2. Lied für mehrere Stimmen, bei dem die Stimmen nacheinander mit derselben Liedstelle beginnen; 3. Tafel für die Bewegung der Himmelskörper; 4. Proportionslehre in der bildenden Kunst; **Kanoniker** *m.* Mitglied eines Kapitels; **kanonisch** dem Kanon entsprechend, vorschriftsmäßig; **Kanonisation** *w.* Aufnahme in den Kanon (der kath. Heiligen); **kanonisieren** in den Kanon aufnehmen; **Kanonissin** *w.* Stiftsdame; **Kanonist** *m.* Lehrer des Kirchenrechts

Kanope *w.* altägyptische Urne für die Eingeweide der mumifizierten Toten (nach der altägypt. Stadt Kanobas)

Känozoikum = Neozoikum

kantabel (*lat.*) Musik: singbar, wie gesungen, gesanglich

Kantate *w.* (*lat.*) Musikwerk für Solostimmen, Chor und Instumente

Kanter *m.* (känter, *engl.*) kurzer, leichter Galopp, Ztw. **kantern**; **Kantersieg** *m.* mühelos gewonnener hoher Sieg im Sport
Kantilene *w.* (*itl.*) liedartige Tonfolge
Kantine *w.* (*itl.*) Speiseraum in Betrieben, Theater usw.
Kanton *m.* (*frz.*) 1. Verwaltungsbezirk in Frankreich und Belgien; 2. Einzelstaat in der Schweiz, Eigw. **kantonal**
Kantor *m.* (*lat.*) Leiter der Kirchenmusik; **Kantorat** *s.* Amt des Kantors; **Kantorei** *w.* Kirchenchor
Kanu *s.* (*karib.*) 1. Einbaum; 2. Sportboot mit Paddel; **Kanute** *m.* Kanufahrer
Kanüle *w.* (*frz.*) 1. in den Körper eingesetztes Röhrchen (zu Abflusszwecken); 2. Hohlnadel an einer Injektionsspritze
kanzerogen (*lat.-gr.*) Krebs erzeugend
Kanzone *w.* (*itl.*) 1. Gesangsstück; 2. italienische Gedichtform
Kaolin *s.* (*chin.*) Porzellanerde
Kap *s.* (*lat.-frz.*) Landzunge, vorspringender Teil einer Küste
kapabel (*lat.*) fähig
Kapaun *m.* (*lat.-frz.*) kastrierter Masthahn
Kapazität *w.* (*lat.*) 1. Fassungsvermögen, Speicherfähigkeit, Leistungsvermögen technischer Anlagen; 2. Fachmann, Fachgröße
Kapeador = Capeador
Kapelle *w.* (*lat.*) 1. kleiner Kirchen- oder Andachtsraum; 2. Musikergemeinschaft, kleines Orchester; **Kapellmeister** *m.* Leiter eines Orchesters
Kaper *w.* (*gr.-lat.*) marinierte Knospe des Kaperstrauches
Kaper *m.* (*niederl.*) Freibeuter-, Seeräuberschiff; **Kaperbrief** *m.* staatliche Vollmacht, Schiffe zu kapern; **Kaperei** *w.* Erbeuten eines Schiffs; **kapern** 1. ein Schiff erbeuten; 2. etwas oder die Zustimmung von jmdm. erbeuten (umg.)
kapieren (*lat.*) begreifen, verstehen
kapillar (*lat.*) haarfein; **Kapillare** *w.*, **Kapillargefäß** *s.* Haarröhrchen, Haargefäß, haarfeines Blutgefäß
Kapital-, kapital- (*lat.*) in Wortverbindungen: Haupt-, Spitzen-
kapital (*lat.*) groß, stark, entscheidend; **Kapital** *s.* 1. Vermögen in Geld; 2. der Warenproduktion dienende Geld- und Sachmittel aus überschüssigem Arbeitsertrag; 3. Gewinn, Nutzen; **Kapitale** *w.* Hauptstadt; **kapitalisieren** in eine Geldsumme umwandeln, Hptw. **Kapitalisierung, Kapitalisation** *w.*; **Kapitalismus** *m.* Wirtschaftsform, bei der die Produktion durch das Interesse am Gewinn bestimmt ist, Eigw. **kapitalistisch**; **Kapitalist** *m.* jmd., der Einkommen aus Kapital bezieht; **Kapitalmarkt** *m.* Geldmarkt für Kapitalanlagen und langfristige Kredite; **Kapitalverbrechen** *s.* schweres Verbrechen
Kapitälchen *s.* (*lat*) Großbuchstabe in der Schrifthöhe eines Kleinbuchstabens
Kapitän *m.* (*lat.-frz.*) 1. Führer eines Schiffs; 2. Führer einer Mannschaft im Sport; 3. Chefpilot
Kapitel *s.* (*lat.*) 1. Abschnitt eines Buchs; 2. Kollegium und Versammlung der Priester einer Dom- oder Stiftskirche; 3. Versammlung eines geistlichen Ordens; **kapitelfest** 1. beschlagen; 2. von guter Gesundheit
Kapitell *s.* (*lat.*) oberer Säulenkopf
Kapitol *s.* (*lat.*) 1. Stadtburg des antiken Rom; 2. Amtssitz des amerikan. Senats
Kapitulation *w.* (*lat.*) Übergabe, Waffenstreckung; **kapitulieren** sich für besiegt erklären, die Waffen strecken, aufgeben
Kaplan *m.* (*lat.*) kath. Hilfsgeistlicher
Kapodaster *m.* (*itl.*) Klammer zur Saitenverkürzung und Veränderung der Tonart (bei der Gitarre)
Kapok *m.* (*malai.*) Pflanzendaunen zum Polstern
kapores (*hebr.*) kaputt, hin
Kapotte *w.*, **Kapotthut** *m.* (*frz.*) früher üblicher kleiner Damenhut, der unter dem Kinn gebunden wurde
Kappes *m.* (*lat.*) dummes Zeug, unsinniges Geschwätz
Kaprice *w.* (kapriß, *frz.*) Laune, Grille
Kapriole *w.* (*itl.*) Luftsprung, tolles Stück
kaprizieren (sich) (*frz.*) sich auf etwas versteifen; **kapriziös** voller wunderlicher Einfälle, launisch
kaputt (*hebr.*) 1. zerbrochen, hin; 2. erschöpft, erschlagen
Kapuze *w.* (*itl.*) an Mantel oder Jacke angearbeitete Kopfbedeckung
Karabiner *m.* (*frz.*) Gewehr mit kurzem

Lauf; **Karabinerhaken** *m.* Haken mit Federverschluss; **Karabiniere** *m.* (-ni'e-, *itl.*) italienischer Polizist

Karacho *s.* (*span.*) Schwung, tollkühne Geschwindigkeit

Karaffe *w.* (*itl.*) geschliffene Glasflasche mit Glasstöpsel

Karakul *m.*(*türk.*) Fell der Karakullämmer, Persianer

Karambolage *w.* (karangbolasche, *frz.*) 1. Zusammenprall der Bälle beim Billard; 2. Zusammenstoß, Zusammenprall, Ztw. **karambolieren**

Karamell *m.* (*frz.*) gebräunter Zucker; **Karamelle** *w.* bonbonartige Süßigkeit aus Karamell

Karaoke *s.* (*jap.*) Veranstaltung, bei der Laien zur Instrumentalversion eines Hits (1) den Text mitsingen

Karat *s.* (*arab.*) 1. Gewichtseinheit für Juwelen; 2. Maß für den Goldgehalt einer Goldlegierung

Karate *s.* (*jap.*) dem Jiu-Jitsu verwandtes System der waffenlosen Selbstverteidigung

Karausche *w.* (*slaw.*) Bauernkarpfen

Karavelle *w.* (*port.*) Segelschiff des 15. und 16. Jhs.

Karawane *w.* (*pers.*) Kaufmanns- oder Reisezug in Afrika oder Asien; **Karawanserei** *w.* Herberge für Karawanen

Karbatsche *w.* (*russ.-türk.*) Riemenpeitsche; **karbatschen** peitschen

Karbid *s.* (*lat.*) Verbindung aus Kohlenstoff und Metall

Karbo- (*lat.*) als Vorsilbe: Kohle; **Karbol** *s.*, **Karbolsäure** *w.* keimtötendes Mittel; **Karbolineum** *s.* (-ne'u-) Steinkohlenöl zum Haltbarmachen von Holz; **Karbon** *s.* erdgeschichtliche Formation, Steinkohlenzeit

Karbonade *w.* = Kotelett

Karbonari *Mz.* italienischer politischer Geheimbund zu Beginn des 19. Jhs.; **Karbonaro** *m.* Mitglied des Bundes (wörtlich: Kohlenbrenner)

Karbunkel *m.* (*lat.*) Gruppe von Furunkeln

Karcharias *m.* (*gr.*) Haifisch

Kardamom *s.* (*gr.*) Samen der Ingwerpflanze

Kardangelenk *s.* (*itl.*) Gelenk zur Kraftübertragung von einer Welle auf die andere; **Kardanwelle** *w.* Welle mit Kardangelenken, Gelenkwelle

Kardätsche *w.* (*itl.*) harte Pferdebürste, Striegel

Kardiakum *s.* (*gr.*) herzstärkendes Mittel

kardial (*gr.*) das Herz betreffend; **Kardialgie** *w.* 1. Herzschmerz; 2. Magenkrampfschmerz

kardieren (*itl.*) aufrauen von Geweben

Kardinal- (*lat.*) als Vorsilbe: Haupt-; **Kardinal** *m.* höchster Würdenträger nach dem Papst; **Kardinalfehler** *m.* Hauptfehler; **Kardinalpunkt** *m.* Hauptpunkt; **Kardinaltugenden** *Mz.* Haupttugenden, in der griechischen Philosophie (Weisheit, Besonnenheit, Gerechtigkeit, Tapferkeit); **Kardinalzahl** *w.* Grundzahl, ganze Zahl

Kardiogramm *s.* (*gr.*) graphische Aufzeichnung von elektrisch übertragenen Herzbewegungen; **Kardiograph** *m.* Apparat zur Aufzeichnung der Herzbewegung; **Kardiologie** *w.* (*gr.*) Herzmedizin; **Kardiospasmus** *m.* (*gr.*) Magenkrampf; **Karditis** *w.* Herzentzündung

Karenz *w.* Enthaltsamkeit, Wartezeit

karessieren (*frz.*) liebkosen, schmeicheln

Karfiol *m.* (*itl.*) Blumenkohl (Österreich)

Karfunkel *m.* (*lat.*) Granat

Kargo *m.* (*span.*) Ladung, Fracht eines Schiffes; **Kargador** *m.*, **Kargadeur** (-dör) bevollmächtigter Begleiter einer Schiffsladung

Karies *w.* (-ri'es, *lat.*) Zahnfäule, Eigw. **kariös**

Karikatur *w.* (*itl.*) künstlerisches Zerrbild, Spottbild, Eigw. **karikaturistisch**; **karikieren** lächerlich darstellen, verzerren

Karitas *w.* (*lat.*) Nächstenliebe, Wohltätigkeit, Eigw. **karitativ**

Karkasse *w.* (*frz.*) 1. Gerippe des Geflügels, nachdem das Fleisch abgelöst wurde; 2. Laufschicht des Gummireifens

Karma *s.* (*altind.-sanskr.*) nach buddhistischem Glauben das Gesetz von der Wirkung der menschlichen Taten, die einen unabänderlichen Vergeltungsprozess und damit Wiedergeburten hervorrufen

Karmeliter *m.* und *Mz.*, Angehörige(r) des kath. Karmeliterordens (nach dem Berg Karmel in Palästina)

Karmen = Carmen

Karmesin, Karmin, karmoisin (-moasin, *arab.-frz.*) aus der Koschenillelaus gewonnenes Rot

Karneol *m.* (*lat.*) Schmuckstein, Abart des Chalzedon

Karneval *m.* (*itl.*) Fasching, Fastnacht

karnivor (*lat.*) Fleisch fressend; **Karnivoren** *Mz.* Fleisch fressende Tiere und Pflanzen

Karo *s.* (*lat.*) 1. Raute, Viereck; 2. Spielkarte

Karosse *w.* (*frz.*) Galakutsche, Prachtwagen; **Karosserie** *w.* Oberbau des Kraftwagens; **karossieren** mit Karosserie versehen

Karotin *s.* (*gr.*) Farbstoff der Karotte

Karotis *w.* (*gr.*) Halsschlagader

Karpenterbremse *w.* Eisenbahnbremse (nach J. F. Carpenter)

Karree *s.* (*lat.-frz.*) 1. Viereck; 2. gebratenes Rippenstück; 3. eine Form des Schliffs bei Diamanten

Karriere *w.* (-ri'e-, *frz.*) 1. schnellste Gangart des Pferdes; 2. erfolgreiche Laufbahn; **Karrierist** *m.* jmd., der für seine Karriere (fast) alles tut, Eigw. **karrieristisch**

Kartätsche *w.* (*itl.*) 1. mit Bleikugeln gefülltes Artilleriegeschoss; 2. Brett mit Handgriff zum Glätten des Verputzes

Kartaune *w.* (*lat.*) schweres Geschütz des 16. und 17. Jhs.

Kartause *w.* (*lat.*) Kartäuserkloster

Kartell *s.* (*frz.-itl.*) Wirtschaftsverband in einer Branche zur Beschränkung des Wettbewerbs; **kartellieren** Kartell bilden, Hptw. **Kartellierung**; *w.;* **Kartellträger** *m.* Überbringer einer Duellforderung

Kartesianismus *m.* philosophische Lehre des französischen Philosophen René Descartes, Eigw. **kartesianisch, kartesisch**

Kartograph *m.* (*gr.*) Kartenzeichner; **Kartographie** *w.* Wissenschaft und Technik der Herstellung von geographischen Karten, Eigw. **kartographisch**

Kartomantie *w.* (*gr.*) Kartenlegekunst

Karton *m.* (kartong, *frz.*) 1. dünne Pappe; 2. Entwurf zu einem Wandbild; 3. Pappschachtel; **Kartonagen** *Mz.* (-nahschen) Pappwaren; **kartonieren** in Pappe einbinden; **kartoniert** in Pappe gebunden (Abk. kart.)

Kartothek *w.* (*gr.*) Kartei, alphabetisch geordneter Zettelkasten

Kartusche *w.* (*frz.*) 1. gemalter Zierrahmen; 2. Hülse für Pulver

Karussell *s.* (*itl.-frz.*) Rundbahn auf Jahrmärkten

Karyatide *w.* (*gr.*) weibliche Figur als Gebälkträgerin eines Bauwerks

Karyologie *w.* (*gr.*) Wissenschaft vom Zellkern; **Karyon** *s.* Zellkern; **Karyotyp** *m.* Chromosomensatz einer Zelle

Karzer *m.* (*lat.*) früheres Arrestlokal in Schulen und Universitäten

karzinogen (*gr.*) Krebs erzeugend; **Karzinom** *s.* Krebsgeschwulst; **karzinomatös** krebsartig

Kasack *m.* (*frz.-türk.*) hüft- oder dreiviertellange Damenbluse

Kasba(h) *w.* (*arab.*) 1. Burg, Sultanschloss in Marokko; 2. arabisches Viertel in den Städten Nordafrikas

Kaschemme *w.* (*zigeunerisch*) anrüchiges Lokal

Kascheur *m.* (-schör, *frz.*) Hersteller der Holz-, Gips- usw. Teile einer Bühnendekoration; **kaschieren** (*frz.*) verbergen, verdecken

Kaschmir *m.* (*ind.-frz.*) feines Gewebe in Köperbindung aus der glänzenden Wolle der Kaschmirziege

Kasein *s.* (-e'i-, *lat.*) Eiweißstoff der Milch, Käsestoff

Kasel *w.* (*lat.*) Übergewand des kath. Priesters bei der Messe

Kasematte *w.* (*itl.*) Schutzraum in Befestigungswerken, gepanzerter Geschützraum auf Kriegsschiffen

Kasino *s.* (*itl.*) 1. Glücksspielbetriebsstätte; 2. Speise- und Klubhaus; 3. Kantine für gehobene Ansprüche

Kaskade *w.* (*itl.-frz.*) 1. künstlicher Wasserfall in Stufen; 2. kühner artistischer Sprung; **Kaskadengenerator** *m.* Gerät zur Erzeugung hoher Gleichschaltung aufgrund einer Reihenschaltung; **Kaskadeur** *m.* (-dör) Artist, der Kaskaden vollführt

Kasko *m.* (*span.*) Schiffsrumpf; Fahrzeug, im Unterschied zur Ladung; **Kaskoversicherung** *w.* (*span.*) Versicherung eines Fahrzeugs

Kassa *w.* (*itl.*) Kasse, Bargeld; **Kassageschäft** *s.* Börsengeschäft, bei dem Zahlung und Lieferung unmittelbar nach Abschluss erfolgen; **Kassakurs** *m.* Kurs der per cassa gehandelten Wertpapiere

Kassandra *w.* jmd., der vor einem Unheil warnt (nach der trojanischen Seherin in der griech. Sage)

Kassation *w.* (*lat.*) Aufhebung eines Gerichtsurteils; **Kassationshof** *m.* oberster Gerichtshof, Berufungsgericht in einigen Ländern

Kasserolle *w.* (*frz.*) flacher Brattopf oder Schmortiegel

Kassette *w.* (*frz.*) 1. verschließbares Kästchen für Geld oder Schmuck; 2. in Kunststoffgehäuse verschlossenes Magnetband als Bild- oder Tonträger, Tonband-, Videokassette; 3. Schuber um mehrere Bücher; **Kassettendeck** *s.* Kassettenrecorder ohne Lautsprecher und Verstärker; **Kassettendecke** *w.* in vertiefte Felder aufgeteilte Raumdecke; **Kassettenrecorder** *m.* (*frz.-engl.*) Aufnahme- und Wiedergabegerät für Tonbandkassetten; **kassettieren** täfeln

Kassiber *m.* (*hebr.*) heimliches Schreiben an Gefangene oder von Gefangenen

kassieren (*lat.*) 1. Geld (an der Kasse) einnehmen; 2. für ungültig erklären, aufheben, einziehen, Hptw. **Kassierung** *w.*; **Kassierer** *m.* Kassenführer

Kassis = Cassis

Kastagnette *w.* (kastanjette, *span.*) hölzerne Klapper zur Begleitung beim Tanz

Kastalische Quelle *w.* (*gr.*) Quelle am Parnass, dem Sitz der Musen, aus der die Dichter trinken

Kaste *w.* (*port.*) 1. Gesellschaftsstand in der hinduistischen sozialen Ordnung; 2. sich abschließende gehobene Gesellschaftsschicht; 3. Gruppe im Ameisen- oder Bienenstaat mit speziellen Aufgaben

kasteien (sich) (*lat.*) sich Entbehrungen auferlegen, Hptw. **Kasteiung** *w.*

Kastell *s.* (*lat.*) Befestigungsanlage, befestigtes Schloss; **Kastellan** *m.* Schlossverwalter, Hausmeister öffentl. Gebäude

Kastor und Pollux die unzertrennlichen Zwillingssöhne der Leda (in der griechischen Sage); ein Sternbild (Zwillinge); **Kastorhut** *m.* (*gr.*) Filzhut aus Biberhaaren; **Kastoröl** *s.* (*Wz.*, *engl.*) Rizinusöl

Kastrat *m.* (*lat.*) 1. kastrierter Mann; 2. Sänger des 17. u. 18. Jhs. mit Knabenstimme, der vor dem Stimmbruch kastriert wurde; **Kastration** *w.* Ausschaltung der Hoden oder der Eierstöcke; **kastrieren** unfruchtbar machen, entmannen, verschneiden

Kasualien *Mz.* (-li'en, *lat.*) 1. Zufälligkeiten; 2. kirchliche Amtshandlungen, die sich aus dem täglichen Leben ergeben (z. B. Taufe); **Kasualismus** *m.* Zufallslehre, altgriech. philos. Lehre, nach der die Welt vom Zufall regiert wird; **Kasualist** *m.* Vertreter des Kasualismus

Kasuar *m.* (*malai.*) großer Laufvogel

Kasuarine *w.* (*malai.*) schachtelhalmartiger australischer Baum

Kasuist *m.* (*lat.*) Vertreter der Kasuistik; **Kasuistik** *w.* 1. altgriech., kath. und juristische Lehre, die durch die Umsetzung sittlicher Gebote oder Rechtsnormen in möglichst viele Einzelregelungen alle denkbaren Einzelfälle zu erfassen sucht; 2. Spitzfindigkeit, Haarspalterei; 3. Beschreibung von Krankheitsfällen; **kasuistisch** die Kasuistik betreffend; spitzfindig, tiftelig, pedantisch

Kasus *m.* (*lat.*) Fall, Sprachlehre: Beugungsfall

Kat(a)-, kat(a)- (*gr.*) als Vorsilbe: herab, herunter

Katachrese *w.* (*gr.*) Vermischung von sprachlichen Bildern, Metaphernbruch (z. B. sie brachte ihn an den Rand des Bettelstabes); **katachrestisch** bildlich schief (und deshalb oft witzig)

Katafalk *m.* (*itl.*) schwarz verkleidetes Gerüst für feierliche Aufbahrung

Kataklysmus *m.* (*gr.*) katastrophales, erdgeschichtliches Ereignis; **Kataklysmentheorie** *w.* Katastrophentheorie

Katakombe *w.* (*gr.-lat.*) unterirdische Grabanlage

katalektisch (*gr.*) unvollständig, verkürzt (vom Vers)

Katalepsie *w.* (*gr.*) Starrkrampf der Muskeln; **kataleptisch** im Starrkrampf

Katalog *m.* (*gr.*) systematisch geordnetes

Verzeichnis von Büchern, Versandhausartikeln usw.

Katalysator *m.* (*gr.-lat.*) 1. Stoff, der einen chem. Vorgang hervorruft oder beschleunigt, ohne sich selbst zu verändern; 2. Vorrichtung zur Abgasreinigung an Kraftfahrzeugen; **Katalyse** *w.* (*gr.*) Hervorrufung oder Beschleunigung eines chemischen Vorgangs durch Anwesenheit eines Katalysators; **katalysieren** chem. Vorgang auslösen oder beschleunigen, Eigw. **katalytisch**

Katamaran *m.* oder *s.* (*engl.*) nach polynesischen Vorbildern konstruiertes offenes Sportsegelboot mit Doppelrumpf

Katamnese *w.* (*gr.*) kritischer Bericht über den Verlauf einer Krankheit, Arztbericht

Kataplasma *s.* (*gr.*) Breiumschlag

Kataplasie *w.* (*gr.*) Rückbildung, Rückentwicklung

Kataplexie *w.* (*gr.*) Schrecklähmung; **kataplektisch** starr vor Schreck

Katapult *m.* (*gr.-lat.*) 1. Wurfmaschine; 2. Startvorrichtung für Flugzeuge; **katapultieren** mit Katapult starten lassen, abschleudern

Katarakt *m.* (*gr.*) Stromschnelle, flacher Wasserfall; **Katarakt** *w.* grauer Star

Katarrh *m.* (*gr.*) Schleimhautentzündung, Eigw: **katarrhalisch**

Katastase *w.* (*gr.*) Entwicklung einer Handlung zum Höhepunkt, bes. im antiken Drama

Kataster *m.* (*lat.*) amtliches Grundbuch; **katastrieren** ins Grundbuch eintragen

katastrophal (*gr.*) verhängnisvoll; **Katastrophe** *w.* 1. ein in Ausmaß und Folgen furchtbares Unglück; 2. die entscheidende Wendung zum Schlimmen im (antiken) Drama

Katatonie *w.* (*gr.*) eine Ausprägung der Schizophrenie mit Krampfzuständen und Bewegungsstörungen

Katechese *w.* (*gr.*) religiöse Unterweisung, meist in Form von Frage und Antwort, Religionsunterricht; **Katechet** *m.* Religionslehrer; **Katechetik** *w.* Lehre von der christl. Unterweisung; **katechisieren** Religionsunterricht erteilen; **Katechismus** *m.* Lehrbuch, Leitfaden in Frage und Antwort für den christl. Glaubensunterricht

Kategorie *w.* (*gr.*) 1. Grundbegriffe, gedankliche Grundformen; 2. Begriffsklasse, Gruppe, Gattung, Eigw. **kategorial**; **kategorisch** unbedingt; **kategorischer Imperativ** *m.* absolute Forderung der Vernunft (I. Kant)

katexochen (kat'e-, *gr.*) schlechthin, im eigentl. Sinne

Katgut *s.* (kättgatt, *engl.*) chirurgisches Nähmaterial aus Schaf- oder Ziegendarm, das sich im Körper auflöst

Katharsis *w.* (*gr.*) 1. seelische Läuterung durch Erschütterung (als Wirkung der antiken Tragödie); 2. Befreiung von seelischen Konflikten durch Abreaktion

Katheder *s.* (*gr.*) Lehrpult, Lehrstuhl; **Kathedersozialismus** *m.* theoretische Richtung der deutschen akademischen Volkswirtschaftslehre im 19. Jh. mit sozialreformerischen, nicht sozialistischen Zielen

Kathedrale *w.* (*gr.*) Münster, Dom, Hauptkirche eines Bischofssitzes

Kathete *w.* (*gr.*) eine der Seiten, die im rechtwinkligen Dreieck den rechten Winkel bilden

Katheter *m.* (*gr.*) röhrenförmiges Instrument zur Einführung in Blase oder Ohr; **katheterisieren**, **kathetern** Katheter einführen

Kathode *w.* (*gr.*) negative Elektrode, Austrittstelle des elektr. Stoms; **Kathodenstrahlen** *Mz.* von der Kathode einer Entladungsröhre ausgehende Strahlen

Katholik *m.* (*gr.*) Angehöriger der röm.-kath. Kirche; **Katholikos** *m.* Oberhaupt der armenischen Kirche; **katholisch** 1. zur kath. Kirche gehörend; 2. die Erde umspannend (von der Kirche Christi); **katholisieren** katholisch machen; **Katholizismus** *m.* Lehre der katholischen Kirche; **Katholizität** *w.* Rechtgläubigkeit im Sinne der kath. Kirche

Kation *s.* (kattjohn, *gr.*) positiv geladenes Ion

katonisch (*lat.*) streng, unerbittlich (nach dem röm. Zensor Cato)

Kattun *m.* (*arab.-niederl.*) Baumwollgewebe in Leinenbindung

kaudinisches Joch schimpfliche Demütigung (nach einer demütigenden Behandlung des besiegten röm. Heers in der altital. Stadt Caudium)

kauliflor (*lat.*) am Pflanzenstamm ansetzend (von Blüten)

Kauri *m.* (*Hindi*) Schneckenart, Gehäuse (Schmuck und frühgeschichtliches Zahlungsmittel)

kausal (*lat.*) ursächlich, verursacht durch; **Kausalität** *w.* Ursächlichkeit, Abhängigkeit der Wirkung von der Ursache; **Kausalnexus** *m.* Zusammenhang von Ursache und Wirkung; **Kausalitätsprinzip** *s.* Grundsatz, nach dem jedes Geschehen notwendig eine Ursache voraussetzt; **Kausalsatz** *m.* Sprachlehre: Nebensatz, der den Inhalt des Hauptsatzes begründet

Kaustik *w.* (*gr.*) 1. Verschorfung von Wundflächen mit glühendem Platinstift; 2. optische Brennfläche (statt Brennpunkt); **kaustisch** 1. ätzend; 2. spöttisch, beißend

Kautel *w.* (*lat.*) Vorbehalt, Sicherheitsklausel (*Mz.* Kautelen)

Kauter *m.* (*gr.*) Brenner, Brenneisen; **Kauterisation** *w.* Gewebezerstörung durch Brennen oder Ätzen; **kauterisieren** ätzen, mit dem elektr. Glüheisen brennen; **Kauterium** *s.* Ätzmittel

Kaution *w.* (*lat.*) Sicherheitsleistung, Bürschaftsleistung, Hinterlegung

Kautschuk *m.* (*peruanisch*) Milchsaft tropischer Pflanzen, aus dem Gummi hergestellt wird

Kaval *m.* (*itl.*) Spielkarte im Tarock; **Kavalier** *m.* (kawalihr, *frz.*) 1. früher: Edelmann; 2. Damenheld; 3. Freund, Begleiter einer Frau (scherzh.); **Kavaliersdelikt** *s.* schwach regelwidriges Delikt

Kavalkade *w.* (*lat.*) Reiterzug

Kavallerie *w.* (*itl.*) 1. berittene Truppe; 2. vier Bilder derselben Farbe beim Tarock; **Kavallerist** *m.* Soldat einer berittenen Truppe

Kavatine *w.* (*itl.*) lyrisches Gesangs- oder Instrumentalstück

Kaveling *w.* (*niederl.*) Mindestmenge, die auf einer Auktion ersteigert werden muss

Kaverne *w.* (*lat.*) 1. künstlicher Hohlraum unter der Erde zur Lagerung von militärischer Ausrüstung, Müll u. a.; 2. krankhafter Hohlraum in der Lunge; **Kavernom** *s.* gutartige Blutgefäßgeschwulst, Eigw. **kavernös**

Kaviar *m.* (*türk.*) eingesalzener Rogen, besonders des russ. Störs

Kavität *w.* (*lat.*) Höhlung; **Kavitation** *w.* Hohlsog, Hohlraumbildung in Flüssigkeiten

Kazike *m.* (*indian.*) Häuptling bei den Indianern Süd- und Mittelamerikas

kBit = Kilobit

kByte = Kilobyte

kcal = Kilokalorie

Kebab *m.* (*türk.*) Fleisch-, bes. Hammelfleischstückchen, die am Spieß gebraten wurden

Keeper *m.* (kihper, *engl.*) Torwart beim Fußball

Keepsmiling *s.* (kihpsmeiling, *engl.*) optimistische Lebensauffassung in schwieriger Lage: immer nur lächeln

Kefir (*türk.*) Getränk aus vergorener Kuhmilch

Keks *m.* oder *s.* (*engl.*) trockenes Kleingebäck

Kelim *m.* (*pers.*) 1. gobelinartig und zweiseitig gewebter Teppich; 2. Flachstickerei auf Stramin in spitzen Winkeln

Kelvin *s.* Maßeinheit auf der Kelvinskala, die als Skalennullpunkt den absoluten Nullpunkt der Temperatur (–273,15 °C) hat (Abk. K)

Kemenate *w.* (*lat.*) heizbares Gemach auf der mittelalterlichen Burg (meist Frauengemach)

Kendo *s.* (*jap.*) japan. Selbstverteidigungskunst mit Bambusschlagstöcken

Kenning *w.* (*altnordisch*) Metapher in der altnord. Dichtung der Skalden (*Mz.* Kenninger)

Kenotaph *s.* (*gr.*) leeres Grab als Ehrengrabmal für einen in der Fremde Begrabenen

Kentaur = Zentaur

Kephalogramm = **Zephalogramm**

Kephalopode = **Zephalopode**

Keramik *w.* (*gr.*) Erzeugnisse aus gebranntem Ton, Eigw. **keramisch**; **Keramiker** *m.* Hersteller künstlerischer Tonwaren

Keratin *s.* (*gr.*) Hornstoff (der Haut, der Nägel usw.); **Keratitis** *w.* Hornhautentzündung des Auges; **Keratoskop** *s.* optisches Gerät zur Feststellung der Hornhautkrümmung

Kernenergie *w.* (*dt.-gr.*) Energie, die durch Atomkernumwandlung gewonnen wird; **Kernphysik** *w.* Zweig der Physik, der den Aufbau des Atomkerns und seine Eigenschaften untersucht; **Kernreaktion** *w.* Umwandlung von Atomkernen

Keroplastik = Zeroplastik

Kerosin *s.* (*gr.*) Treibstoff, bes. für Flugzeuge und Raketen

Kescher *m.* (*engl.*) Fangnetz mit Griff

Ketchup *s.* oder *m.* (-ap, *engl.*) stark gewürztes Tomatenmark als pikante Ergänzung zu Speisen

Ketschua *s.* (*span.*) eine südamerik. Indianersprache

Keyboard *s.* (kihbohrd, *engl.*) Klaviatur, Tastatur, Griffbrett (z. B. an Orgel und Computer); **Keyboards** *Mz.* 1. Tasteninstrumente im Jazz und in der modernen Unterhaltungsmusik; 2. (kleiner) Synthesizer

Keycode *m.* (-kohd, *engl.*) elektronische Sicherung durch Zahlenkombination

kg = Kilogramm

Khaki *m.* (*pers.-engl.*) erdfarbener, gelbbrauner Stoff (urspr. für Tropenuniformen)

Khan *m.* (*türk.-tatar.*) mittelasiatischer Herrschertitel

Khedive *m.* (*pers.*) bis 1914 Titel des Vizekönigs von Ägypten

kHz = Kilohertz

Kibbuz *m.* (*hebr.*) landwirtschaftliches Kollektiv und Siedlungsgemeinschaft in Israel (*Mz.* Kibbuzim); **Kibbuznik** *m.* (*hebr.- russ.*) Bewohner eines Kibbuz

Kibitka *w.* (*russ.*) 1. Nomadenzelt aus Filz; 2. russischer Wagen

Kick *m.* (*engl.*) 1. Stoß, Anstoß, Anregung; 2. Hochstimmung durch Drogenkonsum; **Kickboxen** *s.* (*engl.*) Kampfsportart, bei der die Gegner sowohl boxen als auch mit bloßen Füßen treten; **kicken** Fußball spielen; **Kicker** *m.* Fußballspieler; **Kickstarter** *m.* Fußanlasser beim Motorrad

Kid *s.* (*engl.*) 1. Fell junger Ziegen; 2. = Kids; **kidnappen** (kidnäppen) einen Menschen entführen, um Forderungen zu erpressen; **Kidnapper** *m.* (kidnäpper, *engl.*) jmd., der kidnappt; **Kidnapping** *s.* Menschenentführung; **Kids** *Mz.* die Gruppe der Zehn- bis Dreizehnjährigen

kiffen (*engl.*) Haschisch, Marihuana rauchen; **Kiffer** *m.* jmd., der kifft

killen (*engl.*) töten; **Killer** *m.* Mörder, Totschläger

kilo- (*gr.*) als Vorsilbe: tausend; **Kilo** *s.* Abk. für **Kilogramm** *s.* tausend Gramm (Abk. kg); **Kiloampere** *s.* (-angpähr, *gr.frz.*) tausend Ampere (Abk. kA) ; **Kilobit** *s.* 1024 Bit (Abk. KBit); **Kilobyte** *s.* (-beit) 1024 Byte (Abk. KByte), (EDV); **Kilohertz** *s.* tausend Hertz (Abk. kHz); **Kilojoule** *s.* (-dschuhl) tausend Joule (Abk. kJ); **Kilokalorie** *w.* tausend Kalorien (Abk. kcal); **Kilopond** *s.* tausend Pond (Abk. kp); **Kilowatt** *s.* tausend Watt (Abk. kW); **Kilowattstunde** *w.* Elektrizitätsmenge, die ein Tausendwattgerät in einer Stunde verbrennt (Abk. kWh)

Kilt *m.* (*engl.*) der knielange Rock der Schotten

Kimono, Kimono *m.* (*jap.*) japanisches Kleidungsstück für beide Geschlechter mit weiten, angeschnittenen Ärmeln, von einem Obi zusammengehalten

Kinästhesie *w.* (*gr.*) Bewegungsempfindung, Eigw. **kinästhetisch**

Kinemathek *w.* (*gr.*) Filmarchiv; **Kinematograph** *m.* erstes Filmaufnahme- und Filmvorführungsgerät; **Kinematographie** *w.* frühere Bezeichnung für Filmherstellung, Filmkunst, Filmindustrie

Kinematik *w.* (*gr.*) Lehre von der Bewegung und ihren Gesetzen; **kinematisch** mitgetrieben, zwangsläufig mitlaufend (bei Maschinen)

Kinetik *w.* (*gr.*) Lehre von der Bewegung durch Kräfte; **kinetische Energie** *w.* Bewegungsenergie; **kinetische Kunst** *w.* Richtung der modernen Kunst, die Bewegung, Licht(reflexe) und Geräusche an Installationen mit bewegten Objekten verbindet

Kinkerlitzchen *Mz.* (*frz.*) Nichtigkeiten, Albernheiten (Eindeutschung aus Quincaillerie *w.* = Haushaltswaren, Kurzwaren)

Kino *s.* (*gr.*) Filmtheater, Lichtspielhaus

Kiosk *m.* (*türk.-pers.*) 1. orientalisches offenes Gartenhäuschen; 2. Verkaufshäus-

chen für Getränke, Tabakwaren, Zeitungen usw.
Kips *s.* (*engl.*) getrocknete Tierhäute des Zebu (*Mz.* Kipse)
Kirke = Circe
Kismet *s.* (*arab.*) im Islam das dem Einzelnen von Allah zugeteilte Schicksal
Kithara *w.* (*gr.*) altgriechisches Saiteninstrument (*Mz.* Kitharen); **Kitharöde** *m.* Sänger zur Kithara
Kiwi *m.* (*maorisch*) Laufvogel Neuseelands; **Kiwi** *w.* (*engl.*) eigroße Frucht mit behaarter Schale und grünem Fruchtfleisch
Klamotte *w.* (Herkunft unsicher) 1. abgetragenes Kleidungsstück, (*Mz.*) Gerümpel; 2. Theaterstück aus der Mottenkiste, Schwank
kJ = Kilojoule
Klan = Clan
klandestin (*lat.*) heimlich
Klarett *m.* (*frz.*) hellroter Jungwein; gewürzter Rotwein
klarieren (*lat.*) Schiffsgüter verzollen; **Klarierer** *m.* Makler, der das Klarieren besorgt; **Klarierung** *w.* Verzollung
Klarinette *w.* (*itl.*) Holzblasinstrument; **Klarinettist** *m.* Klarinettenbläser
Klarisse, Klarissin *w.* Nonne des 1212 gegr. Klarissenordens (nach der Ordensgründerin, der hl. Klara von Assisi)
Klassifikation, Klassifizierung *w.* (*lat.*) Einordnung in Klassen, durch Gemeinsamkeiten verbundene Gruppen; **klassifizieren** einordnen, zuordnen
Klassik *w.* (*lat.*) 1. Kunst und Kultur der Griechen und Römer; 2. an der griech.-röm. Antike orientierte Epoche in der europ. Kultur; 3. Epoche eigenständiger maßstabsetzender kultureller Leistungen in der Geschichte eines Landes; **Klassiker** *m.* 1. Vertreter der Klassik; 2. maßstabsetzender, anerkannt bleibender Künstler oder Wissenschaftler; 3. ein ebensolches Werk; **klassisch** 1. ausgewogen, maßvoll; 2. maßstabsetzend, zeitlos; 3. zur Klassik gehörend
Klassizismus *m.* (*lat.*) am Leitbild der griech.-röm. Antike orientierter Kunststil in der europ. Literatur im 16. und 17. Jh., im Baustil zwischen 1770 und 1830, Eigw. **klassizistisch**
klastisches Gestein (*gr.*) Trümmergestein
Klause *w.* (*lat.*) 1. Zelle, Einsiedelei, Studierstübchen; 2. Engpass, Schlucht; 3. Frucht der Lippenblütler; **Klausner** *m.* Einsiedler
Klausel *w.* (*lat.*) Vorbehalt, Einschränkung, Nebenbestimmung
Klausner = Klause
Klaustrophilie *w.* (*gr.-lat.*) krankhafte Sucht, sich abzusondern; **Klaustrophobie** *w.* Panikgefühl in geschlossenen Räumen
Klausur *w.* (*lat.*) 1. Klosterräume, die kein Fremder betreten darf; 2. Zurückgezogenheit; **Klausurarbeit** *w.* Prüfungsarbeit unter Aufsicht
Klaviatur *w.* (*lat.*) die Gesamtheit der Tasten eines Instruments
Klavichord *s.* (-kord, *gr.-lat.*) alte Form des Klaviers; **Klavier** *s.* Tasteninstrument, dessen Seiten durch Hämmer angeschlagen werden
Klaxon *s.* (klakßong, *frz.*) Hupe
Kleptomane *m.* (*gr.*) an Kleptomanie Leidender; **Kleptomanie** *w.* krankhafter Drang zum Stehlen; **kleptomanisch** stehlsüchtig; **Kleptophobie** *w.* krankhafte Angst, bestohlen zu werden oder selbst zu stehlen
klerikal (*gr.*) 1. dem kath. Klerus angehörend; 2. kirchlich gesinnt; **Klerikalismus** *m.* Streben nach Einfluss der kath. Kirche auf Staat und Öffentlichkeit; **Kleriker** *m.* katholischer Geistlicher; **Klerus** *m.* die kath. Geistlichkeit
Klient *m.* (kli'ent, *lat.*) Auftraggeber, Kunde, Mandant; **Klientel** *w.* Gesamtheit der Klienten
Klima *s.* (*gr.*) 1. Gesamtheit der Witterungsverhältnisse in einem bestimmten Gebiet (*Mz.* Klimate); 2. Atmosphäre zwischen Menschen; **klimatisch** das Klima betreffend; **Klimaanlage** *w.* Anlage, die Temperatur und Luftfeuchtigkeit im Raum selbsttätig regelt; **Klimatologe** *m.* Klimakundiger; **Klimatologie** *w.* Klimakunde
Klimakterium *s.* (*gr.*) Wechseljahre, Eigw. **klimakterisch**
Klimatologie = Klima
Klimax *w.* (*gr.*) 1. rhetorische Frage, die Aussageinhalt oder Aussagekraft stufen-

weise steigert; 2. Höhepunkt; 3. Endzustand einer Vegetation in einem bestimmten Gebiet
Klinik *w.* (*gr.*) Krankenhaus, bes. die zu Hochschulen gehörigen Krankenanstalten, Eigw. **klinisch**; **Kliniker** *m.* 1. Lehrer an einer Klinik; 2. Medizinstudent nach der Vorprüfung; **Klinikum** *s.* (*gr.-lat.*) 1. praktische Ausbildung der Medizinstudenten im Krankenhaus; 2. Krankenhausanlage;
Klinomobil *s.* (*gr.-lat.*) Notfallwagen mit Operationsausrüstung
Klio *w.* (*gr.-lat.*) Muse der Geschichte
Klipp = Clip
Klipper *m.* (*engl.*) 1. schnelles Segelschiff; 2. amerik. großes Passagierflugzeug
Klischee *s.* (*frz.*) 1. Druckstock; 2. unreflektiert übernommene Vorstellung; 3. nichts sagender, abgegriffener sprachlicher Ausdruck; **klischieren** 1. herstellen; 2. klischeehaft darstellen
Klistier *s.* (*gr.*) Einlauf in den Mastdarm
Klitoris *w.* (*gr.*) Kitzler, weibliches Geschlechtsorgan
Kloake *w.* (*lat.*) 1. Abzugskanal für Abwässer; 2. gemeinsamer Ausführungsgang für Geschlechtsorgane, Darm und Harnblase bei einigen Tierarten (z. B. Vögeln)
Klon *m.* (*gr.*) genetisch identische Kopie einer Zelle oder eines Organismus; **klonen** Klon(e) erzeugen, Hptw. **Klonen** *s.*
Klonus *m.* (*gr.*) Schüttelkrampf; **klonisch** krampfhaft schüttelnd
Klosett *s.* (*engl.*) Abort mit Wasserspülung, WC
Klotho *w.* (*gr.*) eine der drei Parzen in der griech. Mythologie
Klub *m.* (*engl.*) 1. geschlossener Verein für politische, sportliche u. a. Ziele; 2. die Klubräume
Kluft *w.* (*hebr.*) Kleidung, Uniform
Klüver *m.* (*niederl.*) dreieckiges Vorsegel am Klüverbaum
Knesset *w.*, **Knesseth** *w.* (*hebr.*) Parlament in Israel
Knickerbocker *Mz.* (nick-, *engl.*) weite, halb lange Pumphose
knock-out (nockaut, *engl.*) erledigt, kampfunfähig (Abk. k.o.); **Knock-out** *m.* der entscheidende Schlag beim Boxen, der zur Kampfunfähigkeit des Gegners führt
Know-how *s.* (nohhau, *engl.*) das fachmännische Wissen davon, wie eine Aufgabe praktisch zu lösen ist, gewusst, wie
Ko-, ko-, Kon-, kon- (*lat.*) als Vorsilbe: zusammen, mit
Koadaption *w.* (*lat.*) Anpassung an veränderte Umweltbedingungen
Koagulat *s.* (*lat.*) Gerinnsel; **Koagulation** *w.* Gerinnung; **koagulieren** gerinnen
Koala *m.* (*engl.*) australischer Beutelbär
koalieren (*lat.*) ein Bündnis eingehen; **Koalition** *w.* Bündnis
Koan *s.* (*jap.*) Ausspruch des Meisters im japan. Zen-Buddhismus, der der Vernunft nicht zugänglich ist
Koautor *m.* (*lat.*) Mitverfasser
koaxial (*lat.*) mit gemeinsamer, gleicher Achse; **Koaxialkabel** *s.* hin- und rückleitendes Kabel, das aus einem runden inneren und einem hierzu konzentrischen äußeren Leiter besteht
Kobalt *s.* (*lat.-dt.*) chem. Element, ein Metall
Kobra *w.* (*lat.-port.*) Brillenschlange
Kockpit = Cockpit
Koda = Coda
Kode = Code
Kodein *s.* (-de'in, *gr.*) aus Opium gewonnener Stoff, der als hustenstillendes Mittel verwendet wird
Kodex *m.* (*lat.*), *Mz.* Kodizes 1. handgeschriebenes Buch im Mittelalter; 2. Gesetzessammlung, Gesetzbuch; 3. für eine Gruppe maßgebende, ungeschriebene Regeln; **Kodifikation** *w.* Sammlung und Ordnung von Gesetzen zu einem bestimmten Rechtsgebiet; **kodifizieren** systematisch erfassen, in ein Gesetzbuch einordnen, Hptw. **Kodifizierung** *w.*
Kodizill *s.* (*lat.*) Zusatz zum Testament
Koedukation *w.* (ko'e-, *lat.*) gemeinsame schulische Erziehung von Jungen und Mädchen
Koeffizient *m.* (ko'e-, *lat.*) 1. Zahl, mit der eine andere vervielfacht wird; 2. Bezeichnung für Stoff- oder Systemgröße (z. B. Kompressionskoeffizient)
Koexistenz *w.* (ko'e-, *lat.*) Nebeneinanderbestehen von unterschiedlichen gesellschaftlich-politischen Systemen
Koffein *s.* (-fe'i-, *arab.*) Wirkstoff in Kaffee und Tee

Kognak *m.* (konjack, *frz.*) französischer Weinbrand
Kognat *m.* (*lat.*) Verwandter der mütterlichen Linie
Kognition *w.* (*lat.*) Kenntnis, Erkenntnis; **kognitiv** erkenntnismäßig
Kognomen *s.* (*lat.*) Beiname (*Mz.* Kognomina)
Kohabitation *w.* (*lat.*) Beischlaf, Geschlechtsakt
kohärent (*lat.*) zusammenhängend; **Kohärenz** *w.* 1. Eigenschaft von Lichtbündeln mit gleicher Wellenlänge; 2. Zusammenhang; **kohärieren** zusammenhängen; **Kohäsion** *w.* Bindekraft, die die Moleküle zusammenhält; **kohäsiv** zusammenhaltend
Kohle(n)hydrate *Mz.* (*dt.-gr.-lat.*) organisch-chem. Verbindungen des Kohlenstoffes mit Wasserstoff und Sauerstoff (z. B. Zucker, Stärke)
Kohorte *w.* (*lat.*) 1. altrömische Heeresformation (600 Mann, zehnter Teil einer Legion); 2. nach bestimmten Kriterien ausgewählte Gruppe von Personen (für soziologische Untersuchungen)
Koine *w.* (*gr.*) sprachliche Vorstufe der neugriechischen Sprache
koinzident (ko'in-, *lat.*) zusammenfallend; **Koinzidenz** *w.* Zusammenfallen, Zusammentreffen von zwei Ereignissen, mehreren Signalen (EDV), von zwei Krankheiten u. Ä.
koitieren (ko'i-, *lat.*) Geschlechtsverkehr ausüben; **Koitus** *m.* Beischlaf, Geschlechtsverkehr
Koje *w.* (*lat.*) 1. Bettnische auf Schiffen; 2. Ausstellungsstand
Kojote *m.* (*mexik.*) Steppenwolf
Koka *w.* (*peruan.*) südamerikanischer Strauch; **Kokain** *s.* (-ka'in) Rauschgift aus den Blättern des Kokastrauchs
Kokarde *w.* (*frz.*) kleines Hoheitszeichen an Helm oder Mütze
koken (*engl.*) Koks erzeugen; **Kokerei** *w.* Betrieb zur Kokserzeugung
kokett (*frz.*) darauf aus, zu gefallen, schäkernd; **Kokette** *w.* kokette Frau; **Koketterie** *w.* kokettes Benehmen, Tun, als ob; **kokettieren** flirten, liebäugeln, tändeln mit Personen, aber auch mit Plänen, Wünschen, Entscheidungen
Kokke, Kokkus *m.* (*gr.*) Kugelbakterie (*Mz.* Kokken)
Kökkenmöddinger *Mz.* (*dän.*) Abfallhaufen der Steinzeitmenschen im nördlichen Europa
Kokon *m.* (kokong, *frz.*) Schutzgespinst um die Puppe von Insekten
Kokotte *w.* (*frz.*) 1. früher: Halbweltdame gehobenen Niveaus; 2. irdene Auflaufform
Koks *m.* (*engl.*) 1. Steinkohle nach Entzug des Gases; 2. Kokain (Jargon)
Kolanuss *w.* (*afrik.*) Nuss vom Kolabaum, die wie Koffein wirkt
Kolatsche *w.* (*tschech.*) mit Rosinen und Obst gefüllter kleiner Kuchen
Kolchose *w.* (*russ.*) landwirtschaftliche Produktionsgenossenschaft in der ehemal. Sowjetunion
Koleoptere *Mz.* (*gr.*) Käfer; **Koleoptorologie** *w.* Käferkunde
Kolibakterien *Mz.* (-ri'en, *gr.*) Darmbakterien
Kolibri *m.* (*karib.-span.*) winzig kleiner farbenprächtiger Schwirrvogel
Kolik *w.* (*gr.*) krampfartige Leibschmerzen; **Kolitis** *w.* Dickdarmentzündung
kollabieren (*lat.*) zusammenbrechen, in sich zusammenfallen
Kollaborateur *m.* (-tör), *frz.*) Angehöriger der Bevölkerung, der mit dem Feind zusammenarbeitet; **Kollaboration** *w.* Zusammenarbeit, bes. mit dem Feind; **kollaborieren** mit dem Feind, mit der Besatzungsmacht zusammenarbeiten
Kollaps *m.* (*lat.*) plötzlicher Schwächeanfall bei Kreislaufversagen, Zusammenbruch
kollateral (*lat.*) seitlich angeordnet, auf der gleichen Körperseite; **Kollateralschäden** *Mz.* Sachschäden oder Verluste an Menschen als unbeabsichtigte Folge von Kriegshandlungen
Kollation *w.* (*lat.*) 1. Vergleich einer Abschrift mit der Urschrift; 2. Zwischenmahlzeit, Imbiss, Erfrischung; 3. Übertragung, Verleih eines kirchl. Amtes; **kollationieren** Abschrift mit Original vergleichen
Kolleg *s.* (*lat.*) 1. Vorlesung an der Universität; 2. Fernunterricht (z. B. Funkkolleg); 3. kath. Studienanstalt mit Internat, Jesui-

tenkolleg; **Kollegiat** *m.* Schüler eines Kollegs; **Kollegstufe** *w.* moderner Schulversuch, in dem die Kurse der Oberstufe fakultativ sind

Kollege *m.* (*lat.*) Mitarbeiter im selben Betrieb, jmd., der den gleichen Beruf ausübt; **kollegial** hilfsbereit, wohlwollend, Hptw. **Kollegialität** *w.*; **Kollegialgericht** *s.* Gericht mit mehreren Richtern; **Kollegium** *s.* Gesamtheit von Personen mit gleichem Beruf oder Amt, Ausschuss

Kollekte *w.* Spendensammlung; **Kollektion** *w.* 1. Mustersammlung, Auswahlsammlung; 2. Mode-Modelle der jeweiligen Saison (z. B. Herbstkollektion)

kollektiv (*lat.*) 1. gemeinschaftlich; 2. alle Beteiligten umfassend; **Kollektiv** *s.* 1. sozialistische Arbeits- und Produktionsgemeinschaft; 2. statistische Menge von signifikanten Einheiten; 3. Arbeitsgemeinschaft, Team; **Kollektivierung** *w.* Überführung privater Produktionsmittel in Gemeineigentum, Ztw. **kollektivieren**; **Kollektivismus** *m.* Streben nach einer Gesellschaftsordnung, in der der Einzelne dem Kollektiv untergeordnet ist; **Kollektivum** *s.* Sammelbezeichnung (z. B. Obst, Familie)

Kolli *Mz.* (*itl.*) Frachtstücke (*Ez.* Kollo *s.*)

kollidieren (*lat.*) 1. zusammenstoßen, zusammenprallen; 2. sich überschneiden, z. B. von Interessen; **Kollision** *w.* Zusammenstoß, Widerstreit

Kollier *s.* (kolljeh, *frz.*) Halsband, Halskette mit Anhänger

Kollision = kollidieren

Kollo = Kolli

Kolloid *s.* (*gr.*) in einer Flüssigkeit feinst verteilter Stoff, Eigw. **kolloidal**

Kolloquium *s.* (*lat.*) (wissenschaftliches) Gespräch zwischen Fachleuten

kolludieren (*lat.*) in geheimem Einverständnis stehen; **Kollusion** *w.* geheime (auch rechtswidrige) Abmachung

Kolombine *w.* (*itl.*) weibliche Hauptfigur der Commedia dell'Arte, Geliebte des Arlechino

Kolon *s.* (*gr.*) 1. Doppelpunkt; 2. Dickdarmteil

Kolonat *s.* (*lat.*) Erbpachtgut im alten Rom; **Kolone** *m.* Erbpachtbauer

Kolonel *w.* (*frz.*) Schriftgrad von 7 Punkt

kolonial (*lat.*) 1. die Kolonien betreffend; 2. in Kolonien lebend; **kolonialisieren** jmdn., ein Gebiet in koloniale (1) Abhängigkeit bringen; **Kolonialismus** *m.* 1. Streben eines Staates nach Kolonien; 2. System der wirtschaftlichen Ausbeutung und politischen Unterdrückung in den kolonisierten Ländern; **Kolonie** *w.* 1. Vergesellschaftung von Einzelindividuen (z. B. Zellen, Pflanzen, Tiere); 2. ausländische, meist überseeische Besitzung eines Staates, die politisch und wirtschaftlich von ihm abhängig ist; **Kolonisation** *w.* Gründung und Ausbeutung von Kolonien (2)

Kolonnade *w.* (*frz.*) Säulengang

Kolonne *w.* (*frz.*) 1. geschlossene Marschgruppe, Fahrzeuggruppe; 2. Zahlensäule, Zahlenreihe

Kolophon *m.* (*gr.*) Angaben am Schluss alter Handschriften und früher Drucke über Verfasser, Schreiber, Drucker usw.

Kolophonium *s.* (*gr.-lat.*) Harzprodukt zum Bestreichen von Geigenbögen

Koloradokäfer *m.* Kartoffelkäfer, ursprüngl. im US-Bundesstaat Colorado beheimatet

Koloratur *w.* (*lat.*) reich figurierte Gesangsmelodie; **kolorieren** ausmalen, bunt tönen; **Kolorismus** *m.* Maltechnik, die das Hauptgewicht auf die Farbe (nicht auf graphische Elemente) legt, Eigw. **koloristisch**; **Kolorist** *m.* 1. Maler, der koloristisch malt; 2. Maler, der Stiche und Drucke bunt ausmalt; **Kolorit** *s.* 1. Färbung, Farbgebung, Farbwirkung; 2. Atmosphäre (z. B. einer Landschaft)

Kolorimeter *s.* (*lat.*) Messgerät für Farbtöne; **Kolorimetrie** *w.* Farbmessung (z. B. einer Lösung zur Bestimmung ihrer Konzentration)

Koloss *m.* (*gr.*) Riesenbildwerk, Riese, Eigw. **kolossal**

Kolostrum *s.* (*lat.*) Sekret, das kurz vor und nach dem Gebären von den weiblichen Brustdrüsen abgesondert wird

Kolpak = Kalpak

Kolportage *w.* (-tasche, *frz.*) 1. Hintertreppenliteratur; 2. Verbreitung von Gerüchten; **Kolporteur** *m.* (-tör) Gerüchtemacher; **kolportieren** Gerüchte verbreiten

Kolter *s.* (*lat.-frz.*) Pflugmesser

Kolumbarium *s.* (*lat.*) Urnengewölbe, Urnenhalle

Kolumne *w.* (*lat.*) 1. Druckspalte, Druckseite; 2. kurzer Meinungsartikel unter gleich bleibender Überschrift, oft vom gleichen Verfasser an gleicher Stelle in Zeitungen und Zeitschriften; **Kolumnentitel** *m.* Überschrift eines Buchkapitels, die über den Seiten des Kapitels weitergeführt wird; **Kolumnist** *m.* Verfasser einer Kolumne

Koma *s.* (*gr.*) tiefe, oft lang andauernde Bewusstlosigkeit, Eigw. **komatös**; **Koma** *w.* (*gr.*) leuchtende Gashülle um den Kometenkern

Kombattant *m.* (*frz.*) Soldat von (nach dem Völkerrecht legitimen) Kampftruppen

Kombi-, kombi- als Wortteil: vielseitig verwendbar

Kombi *m.* kombinierter Liefer- und Personenwagen

Kombinat *s.* (*lat.*) Zusammenfassung mehrerer Betriebe (im Rahmen der Planwirtschaft)

Kombination *w.* (*lat.*) 1. Verknüpfung von Gedankengängen; 2. Anzug aus Jackett und Hose in verschiedenen zusammenpassenden Stoffen; 3. planvolles Zusammenspiel im Sport; 4. Overall für Flieger oder Monteure; **Kombinationspräparate** *Mz.* Arzneimittel mit mehreren Wirkstoffen; **Kombinatorik** *w.* (die Lehre von den) Regeln zum Kombinieren; **kombinieren** 1. zusammenstellen, verknüpfen; 2. Schlüsse ziehen; **Kombizange** *w.* Zange, die Kneif-, Flach- und Rohrzange in eins ist

Komboloi *s.* (*gr.*) rosenkranzähnliche Kette aus Glasperlen, die bes. in Griechenland als Fingerspiel benutzt wird

Kombüse *w.* (*niederl.*) Schiffsküche

kombustibel (*lat.*) brennbar; **Kombustibilien** (-li'en) *Mz.* Brennstoffe

Komedo *m.* (*lat.*) Talganhäufung in der Haut, Mitesser

Komet *m.* (*gr.-lat.*) 1. Schweifstern, Haarstern; 2. kometenhaft aufgestiegener Star

Komfort *m.* (komfohr, *frz.*) Ausstattung z. B. einer Wohnung, an der nichts fehlt; **komfortabel** bequem, behaglich

Komik *w.* (*gr.*) alles, was – meistens durch Kontrastwirkungen – belustigend wirkt; **Komiker** *m.* 1. Spaßmacher, Mensch, der die belustigenden Seiten des Lebens herausstellt; 2. Darsteller komischer Rollen auf der Bühne; **komisch** 1. belustigend, erheiternd; 2. lächerlich; 3. merkwürdig

Komintern *w.* Kommunistische Internationale, Zusammenschluss aller nationalen kommunist. Parteien i. d. Zeit von 1919 bis 1943

Komitadschi *Mz.* (*türk.*) mazedonisch-bulgarische Freischärler gegen die Türkenherrschaft im 19. Jh.

Komitat *s.* (*lat.*) 1. ehemal. ungarischer Verwaltungsbezirk, Gespanschaft; 2. Ehrengeleit

Komitee *s.* (*lat.-frz.*) Ausschuss, Gruppe, die die Organisation einer Veranstaltung durchführt

Komitien *Mz.* (-zi'en, *lat.*) altrömische Bürgerversammlung

Komma *s.* (*gr.*) Beistrich (*Mz.* Kommata); **Kommabazillus** *m.* Erreger der Cholera

Kommandant *m.* (*lat.-frz.*) Befehlshaber einer militärischen Anlage oder eines Schiffes; **Kommandantur** *w.* Sitz der Dienststelle des Kommandanten; **Kommandeur** *m.* (-dör) Befehlshaber einer militärischen Einheit; **kommandieren** 1. die Befehlsgewalt innehaben; 2. Befehle geben; 3. Kommandoton anschlagen

Kommandite *w.* (*frz.*) Abzweigung vom Hauptgeschäft; **Kommanditgesellschaft** *w.* Handelsgesellschaft mit teils beschränkter, teils unbeschränkter Haftung (Abk. KG); **Kommanditisten** *Mz.* diejenigen Teilhaber an einer Kommanditgesellschaft, die nur mit ihrem Einsatz haften

Kommando *s.* (*itl.*) 1. Befehlsgewalt; 2. militärischer Befehl; 3. zu einem Sonderauftrag abgestellte militär. Mannschaft; **Kommandosprache** *w.* Sprache, in der Aufträge an den Computer gegeben werden (EDV)

Kommassation *w.* (*lat.*) Flurbereinigung, Zusammenlegung von Grundstücken, Ztw. **kommassieren**

Kommemoration *w.* (*lat.*) kirchliche Gedächtnisfeier

Kommende *w.* (*lat.*) 1. kirchliche Pfründe bis zur Säkularisation; 2. Komturei eines geistlichen Ritterordens

Kommensale *m.* (*lat.*) schmarotzender Organismus (Tier oder Pflanze), der seinem Wirt nicht schadet

kommensurabel (*lat.*) mit gleichem Maß messbar, vergleichbar, Hptw. **Kommensurabilität** *w.*

Komment *m.* (kommang, *frz.*) Brauch, Sitte, Regel in student. Verbindungen

Kommentar *m.* (*lat.*) Erläuterung, Anmerkung, Stellungnahme, Auslegung; **Kommentator** *m.* jmd., der Kommentare gibt; **kommentieren** erläutern, auslegen, anmerken, Stellung nehmen

Kommers *m.* (*lat.*) Kneiperei einer Studentenverbindung bei festlichen Anlässen

Kommerz *m.* (*lat.*) Handel, Wirtschaft; **kommerzialisieren** 1. öffentliche in privatwirtschaftliche Schulden überführen; 2. etwas (z. B. eine Idee) vermarkten; **kommerziell** (-zi'e-) 1. auf Wirtschaft und Handel beruhend; 2. dem Profitprinzip untergeordnet; **Kommerzienrat** *m.* (-zi'en-) früher an Industrielle und Kaufleute verliehener Titel

Kommilitone *m.* (*lat.*) Mitstudent

Kommiss *m.* (*lat.*) Militär, Militärdienst (umg.)

Kommissar *m.* (*lat.*) 1. vom Staat Beauftragter; 2. Polizeidienstgrad und sein Inhaber; **Kommissariat** *s.* Dienststelle eines Kommissars; **kommissarisch** stellvertretend, vorübergehend

Kommission *w.* (*lat.*) 1. Ausschuss; 2. Geschäftsauftrag (an einen Kommissionär); **Kommissionär** *m.* Zwischenhändler in eigenem Namen für fremde Rechnung; **Kommissionsbuchhandel** *m.* Zwischenbuchhandel; **Kommittent** *m.* Auftraggeber eines Kommissionärs; **kommittieren** beauftragen, bevollmächtigen; **Kommittiv** *s.* Vollmachtschreiben

kommod (*lat.*) angenehm, bequem; **Kommode** *w.* Truhe mit Schubladen; **Kommodität** *w.* Annehmlichkeit (früher: Abort)

Kommodore *m.* (*engl.-itl.*) 1. Titel für ältere Kapitäne in der Handelsmarine; 2. Geschwaderführer bei der Marine oder Luftwaffe; 3. Kapitän der Kriegsmarine in Admiralsstellung

kommun (*lat.*) gemeinschaftlich, gemein; **kommunal** gemeindlich, die Gemeinde betreffend; **kommunalisieren** Privatunternehmen zu Gemeindeeigentum machen; **Kommunalpolitik** *w.* Gemeindepolitik; **Kommune** *w.* 1. Gemeinde; 2. Herrschaft des Pariser Gemeinderats 1871; 3. Wohn-, Wirtschafts- und Lebensgemeinschaft junger Leute (während der Studentenbewegung); **Kommunarde** *m.* (*frz.*) Mitglied einer Kommune (2 und 3)

Kommunikation *w.* 1. Zusammenhang, Verbindung; 2. Verständigung, Austausch, Vermittlung von Wissen und Informationen durch Zeichen aller Art; **Kommunikationsdesign** *s.* (-disein, *lat.-engl.*) Gestaltung, Formgebung von Informationen, z. B. auf einer Website; **kommunikativ** 1. mitteilungsfähig, mitteilsam; 2. die Kommunikation betreffend; **Kommunion** *w.* Empfang des Altarsakraments; **kommunizieren** 1. sich verständigen; 2. in Verbindung stehen; 3. das Altarsakrament empfangen

Kommuniqué *s.* (kommünikeh, *frz.*) Denkschrift, amtliche Mitteilung

Kommunismus *m.* (*lat.*) 1. nach der Lehre von Karl Marx die von Klassengegensätzen freie Gesellschaftsform, die auf den Sozialismus folgt; 2. politische Bewegung, mit dem Ziel, eine sozialist. Revolution durchzuführen; **Kommunist** *m.* Anhänger des Kommunismus, Mitglied einer kommunist. Partei, Eigw. **kommunistisch**

kommunitär (*lat.*) gemeinschaftlich; **Kommunität** *w.* Gemeinschaft, Bruderschaft

kommunizieren = Kommunikation

kommutabel, kommutativ (*lat.*) veränderlich, vertauschbar; **Kommutation** *w.* 1. Vertauschbarkeit von Größen in der Mathematik; 2. der Winkel, den die Verbindungslinien zwischen Erde–Sonne und Sonne–Planet bilden; **Kommutator** *m.* Umschalter für elektr. Strom, Gleichrichter

Komödiant *m.* (*gr.*) Schauspieler, jmd., der etwas darstellt, was er nicht empfindet; **Komödie** *w.* (-di'e) 1. Lustspiel, heiteres Schauspiel; 2. Verstellung, Heuchelei

Kompagnon *m.* (kompanjong, *frz.*) Geschäftspartner, Gesellschafter, Teilhaber
kompakt (*lat.*) fest, dicht, massig; **Kompaktanlage** *w.* Stereoanlage, in der Verstärker, Tuner, Plattenspieler und Kassettendeck ein Bauteil bilden
Kompander *m.* (*engl.*) elektronische Schaltung zur Rauschunterdrückung
Kompanie *w.* (*frz.*) 1. alte Bez. für Handelsgesellschaft; 2. militärische Einheit (100–250 Mann)
komparabel (*lat.*) vergleichbar; **Komparabilität** *w.* Vergleichbarkeit; **Komparation** *w.* Steigerung, das Vergleichen; **Komparatist** *m.* vergleichender Literaturwissenschaftler; **Komparatistik, Komparativistik** *w.* vergleichende Literaturwissenschaft; **Komparativ** *m.* Sprachlehre: Steigerungsstufe
Komparse *m.* (*frz.*) Statist, stummer Darsteller auf der Bühne oder im Film; **Komparserie** *w.* Gesamtheit der Komparsen
Kompass *m.* (*itl.*) im Gehäuse drehbar angebrachte Magnetnadel zur Bestimmung der Himmelsrichtung
kompatibel (*lat.*) vereinbar, passend; **Kompatibilität** *w.* Vereinbarkeit 1. von Medikamenten; 2. von Ämtern; 3. von verschiedenen Systemen in der EDV
kompensabel (*lat.*) ausgleichbar; **Kompensation** *w.* 1. Aufrechnung, Schuldaufwiegung; 2. Aufhebung von Wirkungen verschiedener Ursachen; 3. Ausgleich mangelhaft arbeitender Organe durch den Organismus selbst oder durch Medikamente; 4. Ersatzbefriedigung; **Kompensator** *m.* Ausgleichsvorrichtung; **kompensieren** ausgleichen, wettmachen
kompetent (*lat.*) 1. sachverständig; 2. zuständig, maßgebend, befugt; **Kompetenz** *w.* Zuständigkeit, Befugnis, Sachverständnis
Kompilation *w.* (*lat.*) 1. Zusammenstellung; 2. Aneinanderreihung von Textstellen aus anderen Werken ohne eigene Idee; **kompilieren** 1. (nur) zusammenstellen, zusammentragen; 2. mit dem Compiler arbeiten (EDV)
Komplement *s.* (*lat.*) Ergänzung; **komplementär** ergänzend; **Komplementär** *m.* persönlich haftender Gesellschafter einer Kommanditgesellschaft; **Komplementärfarben** *Mz.* Ergänzungsfarben, Gegenfarben im Farbkreis, die zusammen weiß oder schwarz ergeben; **komplementieren** ergänzen; **Komplementarität** *w.* 1. gegenseitige gegensätzliche Ergänzung; 2. in der Quantenmechanik die Tatsache bezeichnend, dass Gebilde der Mikrophysik unter unterschiedlichen Beobachtungsbedingungen unterschiedlich erscheinen (z. B. ein Elektron einmal als Welle, ein andermal als Teilchen)
Komplet *s.* (kongpläh, *frz.*) Kleid mit Jacke oder Mantel, auch Rock mit Mantel
komplett (*lat.-frz.*) vollständig; **komplettieren** vervollständigen
Komplex *m.* (*lat.*) 1. Gesamtheit (von Gebäuden), Gesamtanlage, vielschichtiges Ganzes; 2. chem. Verbindung, die durch den Zusammenschluss von Molekülen bewirkt wird; 3. unbewusst gewordener Vorstellungskreis, der sich in Fehlleistungen, Neurosen und Zwangshandlungen manifestiert; **komplex** vielschichtig, vielfältig, aus vielen Elementen bestehend und zusammengehörig; **Komplexion** *w.* zusammenfassende Bez. für die Farbe von Augen, Haar und Haut; **Komplexität** *w.* vielschichtige Gesamtheit aller Merkmale
Komplikation *w.* (*lat.*) Verwicklung, Schwierigkeit, unvorhersehbare Erschwerung; **komplizieren** verwickeln, erschweren; **kompliziert** verwickelt, schwierig
Kompliment *s.* (*frz.*) liebenswürdige Redensart, Schmeichelei
Komplize *m.* (*lat.-frz.*) Helfershelfer, Mitschuldiger
Komplott *s.* (*frz.*) Verschwörung
Komponente *w.* (*lat.*) Bestandteil eines Ganzen, bestimmende Kraft innerhalb eines Ganzen
komponieren (*lat.*) 1. ein musikalisches Werk schaffen; 2. gegliedert, gestaltet zusammensetzen; **Komponist** *m.* Tondichter; **Komposition** *w.* 1. Musikstück, musikal. Werk; 2. Aufbau eines Kunstwerks, Romans usw.
Kompositum *s.* (*lat.*) Sprachlehre: zusammengesetztes Wort (z. B. Weinglas)
Kompost *m.* (*lat.*) Dünger aus natürlichen, zerfallenen Abfällen; **kompostieren** zu Kompost verarbeiten

Kompott *s.* (*frz.*) mit Zucker und Wasser gedünstete Früchte

Komprador *m.* (*port.*) einheimischer Repräsentant der Oberschicht, der mit der Kolonialmacht zusammenarbeitet, urspr. der chines. Vertrauensmann europäischer Handelshäuser in China

Komprehension *w.* (*lat.*) zusammenfassendes Begreifen von mannigfaltigen Erscheinungen zu einer Einheit

Kompresse *w.* (*lat.*) feuchter Umschlag; **kompressibel** verdichtbar, zusammendrückbar, Hptw. **Kompressibilität** *w.*; **Kompression** *w.* Zusammenpressung, Verdichtung; **Kompressor** *m.* 1. Verdichter von Dämpfen und Gasen; 2. Gerät zur Einstellung der Eingangssignale in Verstärkern, bei Tonaufnahmen; **Komprette** *w.* Tablette aus gepresster, pulverförmiger Arznei; **komprimieren** zusammenpressen, verdichten; **komprimiert** auf das Wesentliche beschränkt, verdichtet

Kompromiss *m.* oder *s.* (*lat.*) Übereinkunft auf der Basis von gegenseitigen Zugeständnissen

kompromittieren (*lat.*) sich oder andere bloßstellen

Komptabilität *w.* (*frz.*) Verantwortlichkeit, Rechenschaftspflicht

Komsomol (*russ.*) kommunist. Jugendorganisation in der ehemal. Sowjetunion; **Komsomolze** *m.* Mitglied des Komsomol

Komtess, Komtesse *w.* (*frz.*) Anrede für eine unverheiratete Grafentochter

Komtur *m.* (*lat.*) 1. Verwalter einer Komturei oder Kommende eines Ritterordens; 2. Inhaber der mittleren Klasse eines Verdienstordens; **Komturei** *w.* Verwaltungsbezirk eines geistlichen Ritterordens (auch: Kommende); **Komturkreuz** *s.* Ordensklasse nach dem Großkreuz

Kon-, kon- (*lat.*) als Vorsilbe: zusammen, mit

Koncha, Konche *w.* (*gr.*) 1. Muschelgewölbe, Nischengewölbe; 2. muschelförmiger Organteil; **konchiform** (*gr.-lat.*) muschelförmig

Kondensat *s.* (*lat.*) durch Kondensation entstandene Flüssigkeit, verflüssigter Dampf; **Kondensation** *w.* 1. Verdichtung von Dampf oder Gas zu Flüssigkeit; 2. Vereinigung zweier Moleküle zu einem neuen Molekül; **Kondensationspunkt** *m.* Taupunkt, Temperatur, bei der Dämpfe flüssig werden; **Kondensator** *m.* 1. Verflüssiger; 2. Vorrichtung zur Speicherung elektrischer Ladungen; **kondensieren** 1. (sich) verflüssigen; 2. eindicken

Kondition *w.* (*lat.*) 1. Bedingung, Geschäftsbedingung; 2. seelische und körperliche Verfassung; **konditional, konditionell** bedingungsweise, bedingt; **Konditional** *s.* Sprachlehre: Bedingungsform; **Konditionalsatz** *m.* Bedingungssatz

konditionieren (*lat.*) 1. Feuchtigkeitsgehalt ermitteln (z. B. bei Textilien); 2. Stoffe für die Weiterverteilung vorbehandeln; 3. bedingte Reflexe ausbilden, Hptw. **Konditionierung** *w.*

Konditor *m.* (*lat.*) Feinbäcker; **Konditorei** *w.* Feinbäckerei, der oft ein kleines Café angeschlossen ist

Kondolenz *w.* (*lat.*) Äußerung der Anteilnahme bei einem Todesfall, Ztw. **kondolieren**

Kondom *m.* (*engl.*) Verhütungsmittel, Präservativ

Kondominat, Kondominium *s.* (*lat.*) Hoheit mehrerer Staaten über dasselbe Gebiet

Kondor *m.* (*peruan.*) der größte südamerikanische Geier

Kondottiere *m.* (-ti'ere, *itl.*) Söldnerführer im Italien der Renaissance

Kondukt *m.* (*lat.*) feierlicher Leichenzug

Kondukteur *m.* (-tör, *frz.*) Schaffner (in der Schweiz noch gebräuchlich)

Konduktor *m.* (*lat.*) 1. Elektrizitätssammler, elektrischer Leiter (*Mz.* Konduktoren); 2. jmd., der eine Erbkrankheit überträgt, ohne selbst daran zu erkranken

Konfekt *s.* (*lat.*) Kleingebäck, Pralinen, Zuckerwaren

Konfektion *w.* (*lat.*) 1. Bekleidungsindustrie; 2. serienmäßige Herstellung von Kleidungsstücken; **Konfektionär** *m.* Hersteller von Fertigkleidung; **Konfektionsgeschäft** *s.* Geschäft für den Verkauf von Fertigkleidung

Konferenz *w.* (*lat.*) Besprechung, Sitzung, Tagung, beratende Versammlung; **konferieren** Konferenz abhalten, verhandeln; **Konferenzschaltung** *w.* Zusammenschaltung von Gesprächsleitungen für zwei oder mehr Teilnehmer

Konfession *w.* (*lat.*) Glaubensbekenntnis, Glaubensrichtung; **Konfessionalismus** *m.* Betonung des Unterschiedes der Konfessionen; **konfessionell** das Glaubensbekenntnis betreffend

Konfetti *Mz.* (*itl.*) bunte Papierblättchen oder Gipskügelchen

Konfident *m.* (*lat.-frz.*) Vertrauter, Freund

Konfiguration *w.* (*lat.*) 1. Zusammenstellung, Anordnung, geordnete Menge; 2. Verformung (z.B. des Schädels); 3. bestimmte Stellung der Planeten

Konfirmand *m.* (*lat.*) jmd., der konfirmiert wird; **Konfirmation** *w.* Einsegnung, Aufnahme in die evang. Gemeinde; **konfirmieren** einsegnen, als mündiges Mitglied in die evang. Kirche aufnehmen

Konfiserie *w.* (*frz.*) 1. Konditoreibetrieb; 2. feines Backwerk

Konfiskation *w.* (*lat.*) Beschlagnahme, Einziehung von Eigentum durch den Staat, Ztw. **konfiszieren**

Konfitüre *w.* (*frz.*) mit Zucker dick eingekochtes Obst, Marmelade

Konflikt *m.* (*lat.*) 1. Gegensatz, Streit; 2. innerer Widerstreit, Zwiespalt

Konfluenz *w.*, **Konflux** *m.* (*lat.*) Zusammenfluss; **konfluieren** zusammenfließen, zusammenströmen

Konföderation *w.* (*lat.*) Staatenbund; **konföderiert** verbündet; **Konföderierte Staaten** *Mz.* oder **Konföderation** *w.* die elf verbündeten Südstaaten Amerikas im Sezessionskrieg (1861–1865)

konfokal (*lat.*) mit gleichen Brennpunkten

konform (*lat.*) übereinstimmend; **konform gehen** übereinstimmen; **Konformismus** *m.* Angepasstheit an die herrschende Meinung; **Konformist** *m.* 1. Mitglied der anglikanischen Kirche; 2. jmd., der nicht von der herrschenden Meinung abweicht, **Konformität** *w.* 1. Übereinstimmung, Anpassung; 2. Maßstabstreue

Konfrater *m.* (*lat.*) geistlicher Amtsbruder in der kath. Kirche

Konfrontation *w.* (*lat.*) Auseinandersetzung, Gegenüberstellung, das Vor-Augen-Führen, Ztw. **konfrontieren**

konfus (*lat.*) verwirrt, verworren, geistig wirr; **Konfusion** *w.* Verwirrung, Durcheinander, Zerstreutheit

Konfuzianismus *m.* ethische, weltanschauliche Lehre des chinesischen Philosophen Konfuzius (551–478 v. Chr.), Eigw. **konfuzianisch**

kongenial (*lat.*) geistig ebenbürtig, geistesverwandt, Hptw. **Kongenialität** *w.*

kongenital (*lat.*) angeboren

Kongestion *w.* (*lat.*) Wallung, Blutandrang, Eigw. **kongestiv**

Konglomerat *s.* (*lat.*) 1. aus Geröll bestehende Gesteinsmasse; 2. Gemenge, Gemisch

Konglutination *w.* (*lat.*) Zusammenballung, Verklebung; **konglutinieren** zusammenballen, verkleben; **Konglutinin** *s.* Antikörper, der im Zusammenwirken mit einem Serumsanteil rote Blutkörperchen verklebt

Kongregation *w.* (*lat.*) 1. kath. Klostergemeinschaft mit einfachen Gelübden; 2. Verbindung von Klöstern derselben Regel

Kongress *m.* (*lat.*) 1. große Tagung; 2. gesetzgebende Versammlung in den USA (bestehend aus Senat und Repräsentantenhaus)

kongruent (-gru'e-, *lat.*) übereinstimmend, deckungsgleich; **Kongruenz** *w.* Übereinstimmung, Deckungsgleichheit, Ztw. **kongruieren**

Koniferen *Mz.* (*lat.*) Nadelhölzer

konisch (*gr.*) kegelförmig

Konjektaneen *Mz.* (-ne'en, *lat.*) Sammlung von Bemerkungen und Einfällen

Konjektur *w.* (*lat.*) vermutlich richtige Ergänzung einer Textlücke; **konjizieren** Konjekturen einfügen

Konjugation *w.* (*lat.*) Sprachlehre: Beugung des Zeitworts; **konjugieren** Zeitwort beugen

Konjunktion *w.* (*lat.*) 1. Sprachlehre: Bindewort; 2. Stand zweier Planeten auf demselben Längenkreis; 3. Verknüpfung von Aussagen, die nur dann wahr ist, wenn alle Aussagen wahr sind

Konjunktiv *m.* (*lat.*) Sprachlehre: Möglichkeitsform des Zeitworts; **konjunktivisch** der Möglichkeit nach

Konjunktivitis *w.* (*lat.*) Bindehautentzündung des Auges

Konjunktur *w.* (*lat.*) Wirtschaftslage, Wirtschaftsaufschwung; **konjunkturell** die Konjunktur betreffend

konkav (*lat.*) nach innen gewölbt (von Linsen)

Konklave *s.* (*lat.*) geheime und von der Außenwelt abgeschlossene Kardinalsversammlung zur Papstwahl

konkludent (*lat.*) schlüssig; **konkludieren** folgern, schließen; **Konklusion** *w.* Folgerung; **konklusiv** folgernd

konkomitant (*lat.*) belanglos, unerheblich

konkordant (*lat.*) übereinstimmend; **Konkordanz** *w.* 1. Übereinstimmung, übereinstimmendes Merkmal; 2. Verzeichnis aller in einem Schriftwerk oder bei einem Schriftsteller vorkommenden Wörter, Ausdrücke und Begriffe mit Belegstelle (z. B. Shakespeare-Konkordanz); 3. typographisches Maß; 4. gleichmäßige Lagerung von Gesteinsschichten

Konkordat *s.* (*lat.*) Vertrag zwischen dem Vatikan und einem Staat

Konkordienbuch *s.* (-di'en, *lat.*) Zusammenstellung der lutherischen Bekenntnisschriften

Konkrement *s.* (*lat.*) körnige, feste Gebilde in Hohlorganen (z. B. Gallensteine)

konkret (*lat.*) gegenständlich, sinnlich wahrnehmbar, anschaulich; **konkretisieren** veranschaulichen, im Einzelnen darlegen; **Konkretum** *s.* gegenständliches Hauptwort; **Konkretion** *w.* 1. Veranschaulichung, Vergegenständlichung; 2. Bildung von Konkrementen; 3. Knollen in Sedimentgesteinen

Konkubinat *s.* (*lat.*) in der röm. Kaiserzeit eine erlaubte, aber nicht legitimierte eheähnliche Verbindung

Konkurrent *m.* (*lat.*) Rivale, Gegner; **Konkurrenz** *w.* 1. Wettbewerb, Wettkampf; 2. Gesamtheit der wirtschaftlichen Gegner eines Unternehmens; **Konkurrenzklausel** *w.* Vertragsklausel, die den Wettbewerb zwischen Vertragspartnern verbietet; **konkurrieren** wetteifern, gegeneinander antreten

Konkurs *m.* (*lat.*) 1. geschäftl. Zusammenbruch, Zahlungsunfähigkeit; 2. Gerichtsverfahren zur Befriedigung der Gläubiger eines in Konkurs gegangenen Unternehmens

konnatal (*lat.*) angeboren

Konnetabel *m.* (*frz.*) Oberfeldherr der französischen Könige

Konnex *m.* (*lat.*) Verbindung, Zusammenhang, Kontakt; **Konnexionen** *Mz.* einflussreiche vorteilhafte Beziehungen

Konnivenz *w.* (*lat.*) wissentliche Duldung eines Amtsdelikts oder Anstiftung zu einem solchen durch einen Vorgesetzten

Konnossement *s.* (konnoßmang, *lat.-itl.*) Seefrachtbrief

Konnotation *w.* (*lat.*) die gefühlsmäßige Nebenbedeutung, die ein Wort oder ein sprachlicher Ausdruck hat (z. B. *Frühling* und «Erwachen des Lebens, Aufbruch, jung»); **konnotativ** den gefühlsmäßigen Beiklang betreffend; **konnotiert** Konnotation beinhaltend

Konnubium *s.* (*lat.*) alter Begriff für Ehe

Konoid *m.* (*gr.*) kegelähnlicher Körper

Konquistadoren *Mz.* (-kista-, *span.*) die spanischen Eroberer Südamerikas im 16. Jh.

Konrektor *m.* (*lat.*) stellvertretender Rektor

Konsekration *w.* (*lat.*) 1. Vergöttlichung der verstorbenen röm. Kaiser; 2. Weihe; 3. Wandlung in der kath. Messe

konsekutiv (*lat.*) sich ergebend, abgeleitet; **Konsekutivsatz** *m.* Folgesatz

Konsens *m.* (*lat.*) Zustimmung, Einwilligung, Übereinstimmung; **Konsensualkontrakt** *m.* Vertragsart, bei der die Partner ihren Willen festlegen, den Vertrag rechtswirksam werden zu lassen; **konsensuell** (-su'e-) gleichsinnig, im selben Sinne wirkend, übereinstimmend; **konsentieren** erlauben, zustimmen

konsequent (*lat.*) 1. folgerichtig; 2. beharrlich, fest, unbeirrbar; **Konsequenz** *w.* 1. Folge, Wirkung; 2. Folgerichtigkeit; 3. Festigkeit, Grundsatztreue

konservativ (*lat.*) 1. auf die Erhaltung des Hergebrachten bedacht, staatserhaltend; 2. politisch dem Konservativismus zugehörig; **Konservativer** *m.* Anhänger einer konservativen Partei; **Konservatismus, Konservativismus** *m.* beharrende Grundhaltung, politische Anschauung, die am Hergebrachten, an der bestehenden Ordnung festhält

Konservator *m.* (*lat.*) Fachmann für Pflege und Erhaltung von Kunstwerken

Konservatorium *s.* (*lat.*) Musikhochschule

Konserve *w.* (*lat.*) 1. haltbar gemachte Nahrungsmittel in Dosen; 2. gespeicherte Ton- oder Bildaufzeichnung; **konservieren** haltbar machen und aufbewahren; **Konservierung** *w.* 1. das Haltbarmachen; 2. Erhaltung eines Kunstwerks, Bauwerks o. Ä.

Konsideration *w.* (*lat.*) Erwägung, Betrachtung

konsignieren (*lat.*) 1. Waren zum Weiterverkauf übergeben (im Überseehandel); 2. mit besonderer Bestimmung absenden (von Schiffen); 3. beglaubigen, urkundlich niederlegen

Konsilium *s.* (*lat.*) Besprechung, Beratung mehrerer Ärzte über einen Krankheitsfall

konsistent (*lat.*) 1. dicht, fest, kräftig; 2. widerspruchsfrei; **Konsistenz** *w.* 1. Dichtigkeit, Festigkeit; 2. logischer Aufbau

Konsistorium *s.* (*lat.*) 1. Kardinalsversammlung unter Vorsitz des Papstes; 2. oberste Verwaltungsbehörde einer Kirchenprovinz der evang. Kirche

konskribieren (*lat.*) ausheben, zum Militär einziehen; **Konskription** *w.* ehemals Truppenaushebung, solange keine allg. Wehrpflicht bestand

Konsole *w.* (*frz.*) 1. Tragstein, Wandbrett für die Aufstellung von Figuren, Vasen u. Ä.; 2. Steuerpult am Computer (EDV)

Konsolidation, Konsolidierung *w.* (*lat.*) 1. Festigung eines labilen Zustands; 2. Zusammenlegung von verschiedenen Staatsanleihen zu einer einheitlichen Anleihe; 3. Abheilung einer Krankheit; **konsolidieren** auf eine feste Grundlage stellen

Konsommee *w.* (kongsommeh, *frz.*) Kraftbrühe

Konsonant *m.* (*lat.*) Mitlaut; **konsonant** 1. harmonisch zusammenliegend; 2. mitschwingend; **konsonantisch** die Mitlaute betreffend; **Konsonanz** *w.* 1. Häufung von Mitlauten; 2. harmonischer Zusammenklang

Konsortialgeschäft *s.* (*lat.*) ein von mehreren Firmen durchgeführtes Geschäft mit hohem Risiko und Kapitaleinsatz; **Konsorten** *Mz.* Geschäftspartner, Spießgesellen, Mittäter; **Konsortium** *s.* Zusammenschluss von Unternehmen für Konsortialgeschäfte

Konsoziation *w.* (*lat.*) feststehende Wortverbindung (z. B. Geld und Gut, Kopf und Kragen)

Konspekt *m.* (*lat.*) Überblick, Übersicht, Aufzeichnung, Verzeichnis

Konspiration *w.* (*lat.*) Verschwörung; **konspirativ** heimlich, verschwörerisch; **konspirieren** sich verschwören

Konstabler *m.* (*lat.*) Polizist (in England und Amerika)

konstant (*lat.*) beständig, unveränderlich; **Konstante** *w.* fester Wert, unveränderliche Größe; **Konstanz** *w.* Unveränderlichkeit, Stetigkeit, Beständigkeit

konstatieren (*frz.*) feststellen, Hptw. **Konstatierung** *w.*

Konstellation *w.* (*lat.*) 1. die Stellung der Himmelskörper zueinander; 2. Sachlage, Lage der Dinge, Zusammentreffen von Umständen

konsternieren (*lat.*) verblüffen, bestürzen; **konsterniert** verblüfft, bestürzt, fassungslos, Hptw. **Konsternation** *w.*

konstituieren (*lat.*) 1. gründen, einsetzen; 2. begründen, grundlegend sein für etwas; 3. (sich) bilden, organisieren; **konstituierende Versammlung** *w.* Gründungsversammlung, verfassunggebende Versammlung; **Konstitution** *w.* 1. Verfassung eines Staates; 2. körperliche und seelische Verfassung und Veranlagung eines Menschen; 3. Anordnung der Moleküle im Atomkern; **Konstitutionstyp** *m.* Grundform des menschlichen Körperbaus; **Konstitutionalismus** *m.* 1. Staatsform mit Verfassung; 2. politische Richtung, die diese Staatsform anstrebt; **konstitutionell** 1. verfassungsmäßig; 2. in der Veranlagung begründet; **konstitutiv** grundlegend, begründend, bestimmend, unerlässlich, wesentlich

Konstriktor *m.* (*lat.*) Schließmuskel; **konstringieren** zusammenziehen (von Schließmuskeln)

konstruieren (*lat.*) 1. nach gegebenen Größen zeichnen, entwerfen; 2. Sprachelemente nach Regeln zusammenfügen; 3. sich etwas zwar logisch, aber rein gedanklich zurechtlegen; **Konstrukt** *s.* Arbeitshypothese, Gedankengebäude; **Konstruktion** *w.* 1. Entwurf, Plan; 2. Zusammensetzung, Aufbau, Gefüge; 3. Bau eines Satzes nach grammat. Regeln; 4. wirklichkeitsfremdes Gedankengebäude; **konstruktiv** aufbauend, zur Problemlösung beitragend; **Konstruktivismus** *m.* Kunstrichtung, die ihre Formen an modernen Zweckkonstruktionen orientiert

Konsul *m.* (*lat.*) 1. Auslandsvertreter eines Staates zur Wahrung der wirtschaftlichen Interessen seiner Landsleute; 2. Titel der höchsten Beamten im alten Rom und in Frankreich 1799–1804; **Konsulat** *s.* Sitz und Amt des Konsuls; **konsularisch** durch den Konsul

Konsulent *m.* (*lat.*) fachmännischer Berater, Gutachter; **Konsultation** *w.* 1. Untersuchung und Beratung durch den Arzt; 2. Beratung durch einen Wissenschaftler, mit einem Vertragspartner; **konsultativ** beratend; **Konsultativpakt** *m.* Vertrag zwischen Staaten, vor politischen Entscheidungen oder Handlungen einander zu informieren und zu konsultieren; **konsultieren** Rat einholen, sich beraten lassen

Konsum *m.* (*lat.*) Verbrauch von Bedarfsgütern; 2. (Verkaufsstelle einer) Verbrauchergenossenschaft; **Konsument** *m.* 1. Verbraucher; 2. jeder Organismus, der sich von organischen Stoffen ernährt; **konsumieren** verbrauchen, verzehren; **konsumierend** 1. verbrauchend; 2. verzehrend, auszehrend (von Krankheiten); **Konsumtion** *w.* Verbrauch, Verzehr; **konsumtiv** für den Konsum bestimmt

kontagiös (*lat.*) ansteckend

Kontakt *m.* (*lat.*) 1. Fühlungnahme, Berührung, Verbindung; 2. Stromanschlussstelle; **kontakten** geschäftliche Kontakte anbahnen; **Kontakter** *m.* Angestellter, Werbefachmann, der für den Kontakt mit Auftraggebern und Öffentlichkeit zuständig ist; **kontaktieren** in Kontakt treten; **Kontaktmann** *m.* Verbindungsmann; **Kontaktinfektion** *w.* Ansteckung durch Berührung; **Kontaktinsektizid** *s.* Gift, das von Insekten durch Berührung aufgenommen wird; **Kontaktlinse** *w.* über der Pupille zu tragende dünne Linse zur Korrektur von Sehfehlern

Kontamination *w.* (*lat.*) 1. Verunreinigung, Verseuchung mit schädlichen, bes. radioaktiven Stoffen; 2. vermischende Neubildung von Wörtern (z. B. *Infotainment* aus *Info*rmation und Enter*tainment*); **kontaminieren** 1. verunreinigen, verseuchen; 2. verschmelzen

kontant (*itl.*) gegen Barzahlung; **Kontanten** *Mz.* 1. bares Geld; 2. ausländische Münzen (als Sammlerobjekte)

Kontemplation *w.* (*lat.*) Betrachtung, mythisch-religiöse Versenkung; **kontemplativ** 1. auf Kontemplation gerichtet; 2. beschaulich untätig

kontemporär (*lat.*) zeitgenössisch

Kontenance = Contenance

Konter-, konter- (*frz.*) als Wortteil: gegen, entgegen

Konter *m.* (*engl.*) Schlag aus einer Verteidigungsstellung beim Boxen; **kontern** schlagfertig abfangen, entgegnen, sich wehren

Konteradmiral *m.* (*frz.*) Offizier bei der Marine im Rang eines Generalmajors

Konterbande *w.* (*lat.-frz.*) 1. Schmuggelware; 2. Kriegsmaterial, das illegal auf neutralen Schiffen in das Krieg führende Land gebracht wird

Konterfei *s.* (*frz.*) Bildnis, Porträt; **konterfeien** abbilden, porträtieren

Kontergewicht *s.* (*lat.*) Gegengewicht

konterkarieren (*frz.*) jmdm. in die Quere kommen, eine Absicht, einen Plan durchkreuzen

konterminieren (*lat.*) auf fallende Börsenkurse spekulieren

kontern = Konter

Konterrevolution *w.* (*lat.*) Gegenrevolution, Eigw. **konterrevolutionär**

Kontestation *w.* (*lat.*) Anfechtung, Streit, Bezeugung; **kontestieren** bestreiten, anfechten, widerlegen

Kontext *m.* (*lat.*) umgebender Zusam-

menhang (z. B. einer Textstelle, einer Äußerung, eines Textes, einer Person)
kontieren (*itl.*) auf ein Konto verbuchen
Kontiguität *w.* (*lat.*) räumlich-zeitlicher Zusammenhang verschiedener Reize oder von Reiz und Reaktion
Kontinent *m.* (*lat.*) Erdteil, Festlandmasse; **kontinental** 1. festländisch, 2. auf einen Kontinent bezogen
Kontingent *s.* (*lat.*) begrenzte Menge, Anteil, vereinbarter Betrag; **kontingent** zufällig, wirklich, aber nicht notwendig; **Kontingenz** *w.* Zufälligkeit, das Möglichsein; **kontingentieren** einteilen, beschränkt zuteilen, Anteil bemessen, Hptw. **Kontingentierung** *w.*
kontinuierlich (*lat.*) stetig, fortlaufend, ununterbrochen; **Kontinuität** *w.* Stetigkeit, lückenloser Zusammenhang; **Kontinuum** *s.* (-nu'u-) etwas, was sich ohne Unterbrechung fortsetzt
Konto *s.* (*itl.*) laufende Gegenüberstellung von Gutschriften und Belastungen (*Mz.* Konti); **Kontokorrent** *s.* laufende Gegenüberstellung und zeitweilige Abrechnung der Gutschriften und Belastungen zweier Geschäftspartner
Kontor *s.* (*itl.*) Firmenniederlassung im Ausland; **Kontorist** *m.* im kaufmännischen Betrieb Beschäftigter
Kontorsion *w.* (*lat.*) Verdrehung, Verrenkung eines Glieds; **Kontorsionist** *m.* Schlangenmensch
kontra (*lat.*) gegen; **Kontra** *s.* im Kartenspiel die Gegenaussage; **Kontra geben** energisch widersprechen, Gegenposition vertreten
Kontrabass *m.* (*lat.*) Bassgeige, tiefstes und größtes Saiteninstrument
Kontradiktion *w.* (*lat.*) Widerspruch zwischen zwei Aussagen; **kontradiktorisch** sich widersprechend
Kontrafagott *s.* (*lat.*) tiefes Fagott
Kontrafaktur *w.* (*lat.*) Unterlegung eines geistlichen Textes unter die Melodie eines weltlichen Liedes und umgekehrt
Kontrahent *m.* (*frz.*) 1. Gegner in einer Auseinandersetzung, im Wettkampf; 2. Vertragspartner; **kontrahieren** zusammenziehen (von Muskeln), Vertrag schließen
Kontraindikation *w.* (-tra'in-, *lat.*) Gegenanzeige, die es verbietet, ein Medikament oder Heilverfahren anzuwenden oder fortzusetzen
Kontrakt *m.* (*lat.*) Vertrag, Vertragsurkunde; **kontraktil** fähig zum Zusammenziehen, Hptw. **Kontraktilität** *w.*; **Kontraktion** *w.* Zusammenziehung, Schrumpfung; **kontraktiv** auf Kontraktion beruhend; **Kontraktur** *w.* Verkürzung von Muskeln, Versteifung
Kontraposition *w.* (*lat.*) Entgegenstellung, Umkehrung (von Aussagen in der Logik)
Kontrapost *m.* (*itl.*) der künstlerische Ausgleich bei der Darstellung des stehenden menschlichen Körpers in der Bildhauerei
kontraproduktiv (*lat.*) dem Gelingen einer Sache zuwiderlaufend, sich negativ auswirkend
Kontrapunkt *m.* (*lat.*) 1. die Gegenstimme zu einer Melodie; 2. die Kompositionstechnik des Kontrapunkts; 3. Gegenpol
konträr (*frz.*) entgegengesetzt, gegenteilig, gegensätzlich
Kontrasignatur *w.* (*lat.*) Gegenzeichnung; **kontrasignieren** gegenzeichnen
Kontrast *m.* (*frz.*) Gegensatz, deutlicher Unterschied; **kontrastieren** sich scharf unterscheiden, Gegensatz bilden, voneinander abstechen; **Kontrastmittel** *s.* für Röntgenstrahlen undurchlässiger Stoff, der vor dem Röntgen in den Körper eingeführt wird
Kontrazeption *w.* (*lat.*) Empfängnisverhütung
Kontribution *w.* (*lat.*) Geldsumme, die ein besiegter Staat an den Sieger zu zahlen hat
Kontrolle *w.* (*frz.*) 1. Überprüfung, Überwachung; 2. Beherrschung, Gewalt über etwas; **Kontrolleur** *m.* (-lör) Aufsichtführender, Nachprüfer; **kontrollieren** 1. nachprüfen, beaufsichtigen, überwachen; 2. Gewalt, Kontolle über etwas haben
kontrovers (*lat.*) 1. strittig; 2. gegeneinander gerichtet; **Kontroverse** *w.* Meinungsverschiedenheit, Auseinandersetzung, Streitgespräch
Kontur *w.* (*frz.*) Umrisslinie; **konturieren** die äußeren Umrisse verdeutlichen

Kontusion *w.* (*lat.*) Quetschung

Konus *m.* (*gr.*) Kegel, Eigw. **konisch**

Konvaleszenz *w.* (*lat.*) 1. Genesung; 2. Gültigwerden von ungültigen Rechtsgeschäften (durch Wegfall des Hindernisses); **konvaleszieren** gesunden, genesen

Konvenienz *w.* (-ni'e-, *frz.*) das nach den herrschenden Regeln Schickliche; **konvenieren** zusagen, passen

Konvent (*lat.*) 1. Zusammenkunft, Versammlung; 2. kath. Kloster; 3. in der Französ. Revolution die Volksvertretung

Konvention *w.* (*lat.*) 1. Übereinkunft, Abkommen; 2. Verhaltensregel, die auf Gewohnheit und unausgesprochener Übereinkunft beruht; **Konventionalstrafe** *w.* Geldstrafe bei Vertragsbruch; **konventionell** 1. herkömmlich; 2. förmlich, den Gepflogenheiten entsprechend

konvergent (*lat.*) 1. zusammenlaufend, sich einander nähernd (z. B. von Linien); 2. übereinstimmend, vereinbar; **Konvergenz** *w.* 1. Annäherung, Hinneigung; 2. Ausbildung gleicher Merkmale bei nicht verwandten Lebensweisen, die im gleichen Lebensraum vorkommen; **konvergieren** 1. aufeinander zulaufen, sich annähern; 2. übereinstimmen, dasselbe Ziel haben

Konversation *w.* (*lat.*) Unterhaltung, Gespräch, Geplauder; **Konversationslexikon** *s.* alphabetisch geordnetes, allgemein verständliches Handbuch des Wissens

Konversion *w.* (*lat.*) 1. Übergang, Umwandlung, Veränderung; 2. Übertritt zu einem anderen Glauben; **konvertibel** frei austauschbar, umwechselbar, Hptw. **Konvertibilität, Konvertierbarkeit** *w.*; **konvertieren** 1. umtauschen, umwechseln (von Geld); 2. zu einem anderen Glauben übertreten; 3. gespeicherte Information auf einen anderen Datenträger übertragen (EDV); **Konverter** *m.* (-wör-, *engl.*) Bez. für technische Geräte oder Systeme, die umwandeln oder umformen (z. B. UHF-Signale in VHF-Signale); **Konvertit** *m.* jmd., der die Glaubensgemeinschaft wechselt

konvex (*lat.*) nach außen gekrümmt (von Linsen)

Konvikt *s.* (*lat.*) kath. Internat in Österreich

Konviktion *w.* (*lat.*) Überzeugung

Konvoi *m.* (*engl.*) Geleitzug von Fahrzeugen oder Schiffen unter bewaffnetem Schutz, Kolonne

Konvokation *w.* (*lat.*) Einberufung von Körperschaften

Konvolut *s.* (*lat.*) 1. Bündel von Schriftsachen, Akten; 2. Sammelband, Sammelmappe; **Konvolute** *w.* Schneckenverzierung an der ionischen Säule

Konvulsion *w.* (*lat.*) Schüttelkrampf, Zuckung; **konvulsivisch, konvulsiv** krampfhaft zuckend

konzedieren (*lat.*) einräumen, bewilligen, zubilligen

Konzentrat *s.* (*lat.*) 1. hochprozentige, gesättigte Lösung; 2. Zusammenfassung des Wesentlichen; **Konzentration** *w.* 1. geistige Sammlung, Anspannung der Aufmerksamkeit; 2. Zusammenziehung, Zusammenballung; 3. Sättigung einer Lösung; **Konzentrationslager** *s.* (*engl.-dt.*) Internierungslager, im «Dritten Reich» Zwangsarbeitslager und Vernichtungslager; **konzentrieren** 1. zusammenziehen; 2. sättigen, anreichern; **sich konzentrieren** sich sammeln, seine Aufmerksamkeit auf etwas ausrichten; **konzentriert** 1. gehaltreich, gesättigt; 2. gesammelt, aufmerksam; **konzentrisch** um einen gemeinsamen Mittelpunkt angeordnet, Hptw. **Konzentrizität** *w.*

Konzept *s.* (*lat.*) Entwurf, erste Fassung, Plan; **Konzeption** *w.* 1. Empfängnis; 2. gedanklicher Entwurf, Grundvorstellung

Konzern *m.* (*engl.*) Vereinigung mehrerer selbständiger Unternehmen unter einer Leitung; **konzernieren** (*lat.*) Konzern bilden

Konzert *s.* (*itl.*) 1. Musikaufführung; 2. Musikwerk für eine oder mehrere Solostimmen mit Orchesterbegleitung; 3. Zusammenwirken politischer Kräfte; **konzertant** in Konzertform; **konzertieren** Konzert geben; **konzertiert** aufeinander abgestimmt, gemeinsam ein Ziel ansteuernd (z. B. die konzertierte Aktion von Bund, Ländern und Tarifparteien); **Konzertmeister** *m.* der führende Orchestermusiker in der Streichergruppe (z. B. der erste Geiger)

Konzession *w.* (*lat.*) 1. Zugeständnis,

Entgegenkommen; 2. behördliche Genehmigung, Zulassung (z. B. eines genehmigungspflichtigen Gewerbes); **Konzessionär** *m.* Inhaber einer Konzession; **konzessionieren** zulassen, bewilligen; **konzessiv** einräumend; **Konzessivsatz** *m.* Sprachlehre: Nebensatz, der eine Einräumung enthält

Konzetti *Mz.* (*itl.*) witzige Aphorismen in der Renaissanceliteratur

Konzil *s.* (*lat.*) Bischofskonferenz der kath. Kirche

konziliant (*lat.*) umgänglich, entgegenkommend, vermittelnd, verbindlich; **Konzilianz** *w.* freundliche, verbindliche Haltung

konzinn (*lat.*) abgerundet (vom Stil)

Konzipient *m.* (*lat.*) Verfasser von Schriften

konzipieren (*lat.*) 1. entwerfen, ein Konzept, einen Plan machen; 2. empfangen, schwanger werden

konzis (*lat.*) gedrängt, bündig (vom Stil)

Kooperation *w.* (ko'o-, *lat.*) Zusammenarbeit, Mitwirkung; **kooperativ** zusammenarbeitend, gemeinsam, genossenschaftlich; **Kooperative** *w.* (ko'o-, *frz.*) Genossenschaft; **kooperieren** zusammenarbeiten

Kooptation *w.* (ko'o-, *lat.*) Ergänzungswahl zu einer Körperschaft durch die Mitglieder der Körperschaft; **kooptieren** hinzuwählen

Koordinate *w.* (ko'o-, *lat.*) Zahl, die die Lage eines Punkts im Raum oder in der Ebene angibt; **Koordination** *w.* 1. Zuordnung, das Abstimmen verschiedener Handlungen, Arbeiten u. Ä. aufeinander; 2. harmonisches Zusammenwirken aller bei einer Bewegung tätigen Muskeln; 3. Beiordnung von Satzteilen; **koordinieren** zuordnen, aufeinander abstimmen

Kopal *s.* oder *m.* (*mexik.*) hartes, bernsteinartiges Harz aus tropischen oder subtropischen Bäumen

Kopeke *w.* (*russ.*) kleine russische Münze

Köper *m.* (*niederl.*) Gewebe mit ausgeprägter Diagonal- oder Fischgratwirkung (z. B. Serge, Croisette, Twill)

Kophta *m.* geheimnisvoller ägyptischer Magier, Eigw. **kophtisch** (Herkunft unsicher)

Kopie *w.* (*lat.*) 1. Vervielfältigung, Abschrift, Fotokopie; 2. genaue Nachbildung eines Kunstwerks; 3. Nachahmung, Abklatsch; **kopieren** vervielfältigen, nachbilden, abschreiben; **Kopist** *m.* Abschreiber, Nachbildner

Kopilot *m.* zweiter Pilot im Flugzeug, zweiter Fahrer im Rennwagen

Kopra *w.* (*ind.*) getrocknetes Fleisch der Kokosnuss

Koproduktion *w.* (*engl.*) Gemeinschaftsproduktion bei Film und Fernsehen, Ztw: **koproduzieren**

Kopro-, kopro- (*gr.*) als Wortteil: Kot, Schmutz

Koprolalie *w.* (*gr.*) Neigung zur Fäkalsprache; **Koprolith** *m.* versteinerter Kot vorgeschichtlicher Tiere; **Koprophage** *m.* und *w.* Tier, das sich vom Kot anderer Tiere ernährt; **Koprophagie** *w.* krankhafte Neigung zum Kotessen; **Koprophilie** *w.* übermäßiges Interesse an Exkrementen; **Koprophobie** *w.* krankhafte Furcht vor der Berührung mit Exkrementen

Kopte *m.* (*arab.-gr.*) christlicher Nachkomme der alten Ägypter; **koptisch** die Kultur und Sprache der Kopten betreffend

Kopulation *w.* (*lat.*) 1. Begattung, Befruchtung; 2. Veredelung von Pflanzen durch Pfropfmethode; **kopulieren** 1. begatten, befruchten; 2. Gewächse veredeln

Koralle *w.* (*gr.*) Schmuckstein aus dem Kalkgerüst der Korallentiere tropischer Meere

Koran *m.* (*arab.*) das heilige Buch des Islam, die Offenbarung Mohammeds

Kord = Cord

kordial (*frz.*) herzlich

Kordon *m.* (kordong, *frz.*) 1. Absperrkette, Postenkette; 2. Ordensband

Kordonettseide *w.* (*frz.*) Schnurseide, Knopflochseide

Kore *w.* (*gr.*) 1. bekleidete Mädchenstatue in der archaischen griech. Kunst; 2. Karyatide, Gebälkträgerin

Koriander *m.* (*gr.*) Gewürzpflanze im Mittelmeerraum

Korinthe *w.* (*gr.*) dunkle, kleine, getrocknete Weinbeere aus Griechenland; **korinthisch** in korinthischem Stil

Kormoran *m.* (*frz.*) weltweit verbreiteter Schwimm- und Tauchvogel
Kormus *m.* (*gr.*) Pflanzenkörper, der sich in Wurzel, Stängel und Blättern gliedert
Kornak *m.* (*ind.*) Elefantenführer
Korner = Corner
Kornett *s.* (*itl.-frz.*) trompetenähnliches Blasinstrument mit Pumpventilen
Kornett *m.* (*span.*) frühere Bez. für Fähnrich der Reiterei
Korona *w.* (*lat.*) 1. Glimmentladung an Hochspannungsanlagen; 2. Heiligenschein an Figuren in der bildenden Kunst; 3. bei Sonnenfinsternis sichtbarer Strahlenkranz der Sonne; 4. Freundeskreis, lustige Runde; **Koronargefäße** *Mz.* Kranzgefäße des Herzens, die das Herz mit Arterienblut versorgen; **Koronarinsuffizienz** *w.* mangelnde Durchblutung des Herzmuskels
Koronis *w.* (*gr.-lat.*) Verzierung, Schlussstein
Koros *m.* (*gr.*) nackte griechische Jünglingsplastik (*Mz.* Koroi)
Korporal *m.* (*frz.*) Unteroffiziersgrad in der Schweizer Armee
Korporale *s.* (*lat.*) Tuch für Kelch und Hostie bei der Messe
Korporation *w.* (*lat*) 1. Körperschaft, rechtsfähige Vereinigung; 2. studentische Verbindung; **korporativ** körperschaftlich, geschlossen; **korporiert** einer Studentenkorporation angehörend
Korps *s.* (kohr, *frz.*) 1. größere militärische Einheit; 2. studentische Verbindung
korpulent (*lat.*) wohlbeleibt; **Korpulenz** *w.* Beleibtheit
Korpus *m.* (*lat.*) 1. der Leib Christi am Kreuz (in Malerei und Plastik); 2. der massive Teil von Möbeln; **Korpus** *s.* 1. Textkörper; 2. Klangkörper eines Instruments (*Mz.* Korpora); **Korpus** *w.* Schriftgrad von 10 Punkt; **Korpuskel** *s.* kleinstes Teilchen der Materie, Elementarteilchen
Korral *m.* (*span.*) Pferch, Gehege
Korrasion *w.* (*lat.*) Abschabung, Abscheuern des Untergrunds durch Wind u. a.
Korreferat *s.* (*lat.*) Bericht (oder Vortrag) nach dem Hauptbericht, Ergänzungsbericht; **Korreferent** *m.* Mitberichterstatter, zweiter Vortragender; **korreferieren** Ausführungen ergänzen
Korregidor = Corregidor
korrekt (*lat.*) richtig, fehlerfrei, einwandfrei; **Korrektion** *w.* Verbesserung, Ausgleich (z. B. eines Sehfehlers); **Korrektiv** *s.* etwas, was berichtigt, ausgleicht; **Korrektor** *m.* Prüfer des Schriftsatzes auf Druckfehler; **Korrektur** *w.* Verbesserung, Berichtigung, Druckberichtigung
Korrelat *s.* (*lat.*) Ergänzung, Gegenstück; **Korrelation** *w.* Aufeinanderbezogensein, Wechselbeziehung; **korrelativ** wechselseitig, aufeinander bezogen, sich bedingend
korrepetieren (*lat.*) Gesangspartie einstudieren; **Korrepetitor** *m.* Musiker am Theater, der mit den Sängern die Rollen am Klavier einstudiert
Korrespondent *m.* (*lat.*) 1. ständiger auswärtiger Berichterstatter (einer Zeitung); 2. Angestellter für den geschäftlichen Briefverkehr; 3. Teilnehmer an einem Briefwechsel; **Korrespondenz** *w.* Briefwechsel, Schriftwechsel; **Korrespondenzbüro** *s.* Pressebüro, das die Zeitungen mit Nachrichten, Bildern, Berichten versorgt, **korrespondieren** 1. Briefe wechseln; 2. entsprechen, passen
Korridor *m.* (*itl.*) 1. Hausgang, Flur innerhalb einer Wohnung; 2. schmaler Gebietsstreifen, der durch fremdes Staatsgebiet führt
Korrigenda *Mz.* (*lat.*) Druckfehler-, Fehlerverzeichnis; **korrigieren** berichtigen, verbessern
korrodieren (*lat.*) zernagen, zerfressen; **korrosiv** ätzend, zerstörend; **Korrosion** *w.* 1. Verwitterung von Gesteinen; 2. Anätzung von Oberflächen durch chem. Einflüsse
korrumpieren (*lat.*) bestechen, moralisch verderben; **korrumpiert, korrupt** bestechlich, käuflich, verdorben; **Korruption** *w.* Bestechlichkeit, Bestechung
Korsage *w.* (korsasche, *frz.*) versteiftes, die Figur betonendes Oberteil eines Kleides
Korsar *m.* (*itl.*) 1. Seeräuber, Freibeuter; 2. Seeräuberschiff; 3. Zweimannjolle
Korsett *s.* (*frz.*) Mieder; **Korselett** *s.* Mieder mit eingearbeitetem Büstenhalter
Korso *m.* (*itl.*) 1. breite, prächtige Straße;

2. Festzug geschmückter Wagen; 3. Pferderennen ohne Jockeys

Kortex *m.* (*lat.*) Hirnrinde; **kortikal** (*lat.*) von der Gehirnrinde ausgehend; **Kortin** *s.* Sammelbezeichnung für die Hormone der Nebennierenrinde; **Kortison** *s.* Kortin enthaltendes Pharmazeutikum

Korund *m.* (*ind.*) Mineral; Edelstein mit roter Färbung: Rubin, mit blauer Färbung: Saphir

Korvette *w.* (*frz.*) leichtes Kriegsschiff; **Korvettenkapitän** *m.* Offiziersrang in der Kriegsmarine

Korybant *m.* (*gr.*) Priester der Kybele; **korybantisch** wild begeistert, rasend, außer sich

Koryphäe *m.* (*gr.*) Chorführer im antiken Drama; **Koryphäe** *w.* jmd., der auf seinem Gebiet Aufsehen erregende Leistungen erbringt

Kosak *m.* (*russ.*) Angehöriger freier Reitverbände, die im zaristischen Russland zunächst im südlichen Grenzgebiet, später an allen Grenzen ansässig waren und Verbände für die leichte Kavallerie stellten

Koschenille *w.* (-nije, *span-frz.*) 1. roter Farbstoff; 2. Scharlachschildlaus

koscher (*hebr.*) 1. nach den jüdischen Speisegesetzen erlaubt; 2. unbedenklich, sauber (umg.)

Kosinus *m.* (*lat.*) das Verhältnis der Ankathete zur Hypotenuse im rechtwinkligen Dreieck

Kosmetik *w.* (*gr.*) 1. Verfahren zur Verschönerung des Äußeren, Schönheitspflege; 2. die oberflächliche Verbesserung, Behandlung einer Sache, die keine grundlegende Änderung bewirkt, Eigw. **kosmetisch; Kosmetika** *Mz.* Schönheitsmittel, Mittel zur Schönheitspflege; **Kosmetikerin** *w.* berufsmäßige Schönheitspflegerin; **kosmetische Chirurgie** *w.* die Schönheitsoperationen ausführende Chirurgie

Kosmo-, kosmo- (*gr.*) als Wortteil: Welt-, Weltall

kosmisch (*gr.*) 1. das Weltall betreffend; 2. weltumspannend; **kosmische Meteorologie** *w.* Lehre von den Einwirkungen der Himmelskörper auf das Wetter, **Kosmobiologie** *w.* 1. Wissenschaft von den kosmischen Einflüssen auf das Leben der Erde, 2. Wissenschaft von der Erforschung außerirdischen Lebens; **Kosmogonie** *w.* 1. mythisch-dichterische Auffassung(en) von der Entstehung der Welt; 2. wissenschaftliche Theorie(n) von der Entstehung der Welt; **Kosmographie** Beschreibung der Welt, bis ins 17. Jh. Geographie; **Kosmologie** *w.* Lehre vom Weltall als einem einheitlichen Ganzen, Eigw. **kosmologisch**; **Kosmonaut** *m.* Weltraumfahrer (vorwiegend nach russ. Sprachgebrauch); **Kosmopolit** *m.* 1. Weltbürger; 2. auf der ganzen Welt anzutreffende Pflanzen oder Tiere; **Kosmopolitismus** *m.* Auffassung, die den Menschen nicht als Staats-, sondern als Weltbürger sieht, Eigw. **kosmopolitisch**; **Kosmos** *m.* 1. Weltall; 2. die Welt als geordnetes Ganzes, Universum; **Kosmotron** *s.* Teilchenbeschleuniger, mit dem die Energie der Teilchen auf die Größenordnung kosmischer Strahlung gebracht wird

kostal (*lat.*) die Rippen betreffend

Kostüm *s.* (*frz.-itl.*) 1. aus Jacke und Rock bestehendes Damenkleidungsstück; 2. Faschingsverkleidung; 3. Bühnenkleidung; **kostümieren** (sich) 1. sich verkleiden; 2. sich sonderbar anziehen

Kotangens *m.* (*lat.*) das Verhältnis der Ankathete zur Gegenkathete im rechtwinkligen Dreieck

Kotau *m.* (*chin.*) 1. Kniefall und Berühren des Bodens mit der Stirn, Ehrenbezeugung im alten China; 2. unterwürfige Geste (umg.)

Kote *m.* (*lat.*) Höhe eines Geländepunkts über der Bezugsfläche

Kote *w.* (*finn.*) Lappenzelt

Kotelett *s.* (*frz.*) Scheibe vom Rippenstück

Koteletten *Mz.* schmale Bartstreifen vor beiden Ohren

Koterie *w.* (*frz.*) Klüngel, Seilschaft

Kothurn *m.* (*gr.*) 1. hochsohliger Schuh, der den antiken Schauspieler größer erscheinen lassen sollte; 2. pathetischer Stil

Kotierung *w.* (*frz.*) Zulassung eines Wertpapiers an der Börse, Ztw. **kotieren**

Kotillon *m.* (kotijong, *frz.*) 1. Tanz des 19. Jhs. mit Gesellschaftsspielen; 2. feste Leinenhose der Fischer; 3. kurzer Frauenunterrock in der ländlichen Tracht

Koto *s.* u. *w.* (*jap.*) japan. Saiteninstrument

Kotyledone *w.* (*gr.*) 1. pflanzliches Keimblatt; 2. Zotte der Tierplazenta

Koyote, Kojote *m.* (*indian.*) Steppenwolf

kp = Kilopond

kracken (kräcken, *engl.*) Schweröle in Benzine chemisch umwandeln

Kracker = Cracker

Krake *m.* (*norw.*) Riesentintenfisch

Krakeel *m.* (*niederl.*) Lärm, Streit; **krakeelen** laut streiten; **Krakeeler** *m.* Streitsucher

Krakelee = Craquelée

Krakowiak *m.* (*poln.*) polnischer Tanz

Kral *m.* (*niederl.-span.*) afrikanisches Runddorf, der Viehhof in seiner Mitte

Krampus *m.* (*dt.-lat.*) 1. Muskelkrampf; 2. der Nikolaus in Österreich

kranial (*gr.-lat.*) zum Schädel gehörig; **Kraniologie** *w.* Lehre vom Schädelbau; **Kraniometrie** *w.* Schädelmessung; **Kranioneuralgie** *w.* Neuralgie der Kopfhautnerven

krass (*lat.*) grell, extrem, drastisch

Krater *m.* (*gr.*) 1. altgriech. Krug zum Mischen von Wein und Wasser; 2. Vulkanöffnung; 3. durch Meteorite entstandene Vertiefungen (z. B. auf dem Mond)

Kraul *s.* (*engl.*) Schwimmstil mit Hand-über-Hand-Bewegung der Arme, Ztw. **kraulen**

Krawall *m.* (*frz.*) Lärm, Krach, Aufruhr

Krawatte *w.* (*frz.*) 1. Schlips, Selbstbinder; 2. unerlaubter Griff beim Ringkampf

Krayon = Crayon

Kreatin *s.* (*gr.*) in der Muskelfaser enthaltenes Eiweißprodukt

Kreation *w.* (*lat.*) Modeschöpfung, Modellkleid; **kreativ** schöpferisch; **Kreativität** *w.* geistige Schöpferkraft, Ideenreichtum

Kreatur *w.* (*lat.*) 1. Geschöpf, Lebewesen; 2. bedauernswerter Mensch; 3. Günstling, willenloses Werkzeug; **kreatürlich** typisch für ein Lebewesen

Kredenz *w.* (*itl.*) Anrichte; **kredenzen** anbieten, bes. Getränke

Kredit *m.* (*lat.*) 1. Überlassung einer Geldsumme gegen Verzinsung; 2. Ansehen einer Person oder eines Unternehmens in Bezug auf geschäftliche Verbindlichkeiten, Vertrauenswürdigkeit; **Kredit** *s.* Habenseite des Kontos, Guthaben; **kreditieren** 1. gutschreiben; 2. Kredit gewähren; **Kreditiv** *s.* Vollmacht; **Kreditor** *m.* Kreditgeber, Gläubiger (*Mz.* Kreditoren)

Kredo = Credo

kreieren (kre'ie-, *frz.*) schaffen, gestalten, einen neuen Stil (z. B. in der Mode) entwickeln

Kremation *w.* (*lat.*) Einäscherung, Verbrennung; **Krematorium** *s.* Feuerbestattungshalle

Kreml *m.* (*russ.*) 1. Stadtteil in russ. Städten; 2. Sitz der russ. Regierung in Moskau

Kren *m.* (*slaw.*) Meerrettich (Österreich)

Kreole *m.* (*span.*) in Südamerika geborener Nachkomme weißer romanischer Einwanderer oder schwarzer Sklaven

Kreosot *s.* (*gr.*) aus Buchenholzteer gewonnenes Öl, Desinfektionsmittel, Fäulnis verhindernd

krepieren (*lat.*) 1. verenden, sterben (umg.); 2. platzen, bersten (von Geschossen)

Krepis *w.* (*gr.*) Unterbau des antiken Tempels

Krepon *m.* (-pong, *frz.*) Borkenkrepp, Kreppgewebe; **Krepp** *m.* gekräuselter Stoff aus Wolle oder Seide; **kreppen** kräuseln (Stoffe, Papier); **Kreppsohlen** *Mz.* Sohlen aus körnigem, gerautem Kautschuk

Kreszenz *w.* (*lat.*) Wachstum, Herkunft, Gewächs (vom Wein)

kretazeisch (-ze'i-, *lat.*) aus der Kreidezeit

Krethi und Plethi *Mz.* (*hebr.*) jeder Dahergelaufene, jedermann (eigentlich Kreter und Philister in König Davids Leibwache)

Kretin *m.* (kretäng, *frz.*) Schwachsinniger; **Kretinismus** *m.* angeborene Idiotie

Kretonne = Cretonne

Krevette *w.* (*frz.*) Garnelenart

Kricket *s.* (*engl.*) englisches Schlagballspiel

Krill *m.* (*norw.*) Gesamtheit der Kleinlebewesen, bes. in Polarmeeren, tierisches Plankton

kriminal (*lat.*) strafrechtlich; **Krimi** *m.* Kurzform für Kriminalroman, Kriminalfilm, in denen ein Verbrechen und seine Aufklärung im Mittelpunkt stehen; **kriminalisieren** zum Verbrecher machen bzw. stempeln; **Kriminalist** *m.* 1. Strafrechtler; 2. Beamter der Kriminalpolizei; **Kriminalistik** *w.* Lehre von der Aufklärung (und Verhinderung) von Verbrechen; **kriminalistisch** die Mittel der Kriminalistik benutzend; **Kriminalität** *w.* Straffälligkeit, Gesamtheit der Straftaten in einem Gebiet in einem bestimmten Zeitraum; **Kriminalpsychologie** *w.* Erforschung der seelischen Ursachen des Verbrechens; **kriminell** 1. straffällig, verbrecherisch; 2. unzumutbar (umg.); **Kriminelle** *m.* und *w.* Verbrecher(in); **Kriminologie** *w.* Wissenschaft von Ursachen und Erscheinungsformen von Verbrechen und den Möglichkeiten, sie zu verhindern

Krimmer *m.* 1. Fell neugeborener Lämmer des Karakulschafs; 2. lockiger Plüsch als Imitation (nach der Halbinsel Krim, dem urspr. Züchtungsgebiet)

Krinoline *w.* (*frz.*) 1. Reifrock des 19. Jhs.; 2. Gewebe aus Baumwolle mit Rosshaar

Kris *m.* (*malai.*) gekrümmter malaiischer Dolch

Krise, Krisis *w.* (*gr.*) 1. Höhepunkt einer Krankheit, der die Wendung bringt; 2. angespannte Wirtschaftslage; 3. Entscheidungssituation, Wendepunkt; **kriseln** drohen, unsicher sein

Kristall *m.* (*gr.-lat.*) von einer Vielzahl ebener Flächen begrenzter Körper von meist durchsichtiger Beschaffenheit; **Kristall** *s.* schweres, geschliffenes Glas; **kristallen** klar wie Kristall; **kristallin, kristallinisch** aus Kristallen bestehend; **Kristallisation** *w.* Kristallbildung, Ztw. **kristallisieren; Kristallographie** *w.* Wissenschaft von den Kristallen; **Kristallomantie** *w.* Wahrsagen und Hellseherei mit Kristallen oder anderen glänzenden Gegenständen

Kriterium *s.* (*gr.-lat.*) Prüfstein, Maßstab, entscheidendes Merkmal

Kritik *w.* (*gr.*) 1. Beurteilung, Bewertung, Besprechung, Begutachtung; 2. Beanstandung, Tadel; **Kritikaster** *m.* Pedant, Nörgler; **Kritiker** *m.* 1. jmd., der beruflich Kritiken über Bücher, kulturelle Ereignisse u. Ä. schreibt; 2. jmd., der kritisiert; **kritisch** 1. prüfend, abwägend, beurteilend nach Maßstäben, die für den Gegenstand als allgemein gültig gelten; 2. krisenhaft, entscheidend, gefährlich; 3. wissenschaftlich erläuternd; **kritisieren** 1. als Kritiker beurteilen; 2. bemängeln, tadeln; **Kritizismus** *m.* 1. philosophisches Verfahren nach I. Kant, die Grenzen menschlicher Erkenntnis zu bestimmen; 2. Neigung zur Kritik

Krocket *s.* (*engl.*) englisches Rasenspiel

Kroepoek *m.* (kruhpuhk, *indon.*) Brot aus gemahlenen Garnelen und Tapioka, Beilage zu indones. Speisen

Krokant *m.* (*frz.*) Süßigkeit aus gebranntem Zucker und Mandeln oder Nüssen

Kroketten *Mz.* (*frz.*) in Fett gebackene Röllchen aus Fleisch- oder Kartoffelmasse

Kroki *s.* (*frz.*) einfache Geländeskizze, Ztw. **krokieren**

Kroko *s.* Kurzbezeichnung für Krokodilleder; **Krokodil** *s.* (*gr.*) im Süßwasser lebende Familie der Panzerechsen

Krokus *m.* (*gr.-lat.*) Liliengewächs, im Frühjahr blühend

Kromlech *m.* (*kelt.*) druidischer Steinkreis als Grab- oder Kultstätte

Kronide *m.* (*gr.*) Beiname von Zeus, Sohn des Kronos

Kronos *m.* (*gr.*) ein Titan, der seine Kinder verschlingt, Vater des Zeus, Gott der Zeit

Krösus *m.* sehr reicher Mann (nach dem letzten sagenhaft reichen König der Lydier)

krud (*lat.*) 1. grob, roh, ungehobelt; 2. schwer verdaulich; **Krudität** *w.* 1. rohes Verhalten, Grobheit; 2. roher Zustand, Unverdaulichkeit

Krupp *m.* (*engl.*) diphtherieartige Halsentzündung

Kruppade *w.* (*frz.*) Sprung, bei dem das Pferd die Beine dicht an den Körper zieht

Krustade *w.* (*frz.*) scharf gebackenes Pastetchen

Krustazeen *Mz.* (-ze'e-, *lat.*) Krebstiere

Kruzifere *w.* (*lat.*) Kreuzblütlergewächs

Kruzifix *s.* (*lat.*) plastische Darstellung Christi am Kreuz; **Kruzifixus** *m.* der gekreuzigte Christus

Kryo-, kryo- (*gr.*) als Vorsilbe: Kälte, Frost

Kryogenik *w.* (*gr.*) Physik der tiefen Temperaturen; **Kryolith** *m.* (*gr.*) Mineral, das bei der Email- und Milchglasherstellung verwendet wird; **Kryometer** *s.* Thermometer für tiefe Temperaturen

Krypt(o)-, krypt(o)- (*gr.*) als Vorsilbe: verborgen, geheim

Krypta *w.* Gruft unter dem Altarraum (*Mz.* Krypten); **kryptieren** verschlüsseln von elektronischen Daten; **kryptisch** dunkel, schwer zu deuten; **Kryptogamen** *Mz.* blütenlose Pflanzen (z. B. Farne und Moose); **kryptogen, kryptogenetisch** von unbekanntem Ursprung; **Kryptogramm** *s.* Text, aus dessen Wörtern einzelne Buchstaben zu einem neuen Text zusammengefunden werden müssen; **Kryptographie** *w.* 1. Kritzelei, die jmd. unbewusst ausführt; 2. Disziplin der Informatik, die sich mit Verfahren zum Schutz geheimer Daten beschäftigt; **kryptomer** mit bloßem Auge nicht erkennbar; **Krypton** *s.* chem. Element, ein Edelgas; **Kryptonym** *s.* Autorenname, der nur mit den Anfangsbuchstaben oder -silben angedeutet ist, oder ein im Text verborgener Autorenname

Kubatur *w.* (*lat.*) 1. Berechnung des Rauminhalts; 2. Erhebung in die dritte Potenz

Kubba *w.* (*arab.*) Kuppel, Grabbau mit Kuppel in der islam. Baukunst

kubieren (*lat.*) 1. den Rauminhalt eines Körpers berechnen; 2. in die dritte Potenz erheben; **Kubik-** als Vorsilbe: Raum-, dritte Potenz; **Kubikmeter** *s.* oder *m.* Abk. m^3, Raummeter, Würfel von je ein Meter Kantenlänge; **Kubikwurzel** *w.* dritte Wurzel aus einer Zahl; **Kubikzahl** *w.* dritte Potenz einer Zahl; **kubisch** würfelförmig; **Kubismus** *m.* Kunstrichtung, die das Darzustellende in geometrische Formen umsetzt; **Kubist** *m.* Vertreter des Kubismus, Eigw. **kubistisch**; **Kubus** *m.* 1. Würfel; 2. dritte Potenz

Kuguar *m.* (*indian.*) Puma

Kujawiak *m.* (*poln.*) polnischer Tanz

Kujon *m.* (*frz.*) Schuft, Quäler, Peiniger; **kujonieren** plagen, triezen, gemein behandeln, schikanieren

Ku-Klux-Klan *m.* (kju klax klän, *engl.*) 1865 in den Südstaaten von Nordamerika gegründeter terroristischer Geheimbund gegen Farbige und Minderheiten

Kukumer, Kukumber *w.* (*lat.*) Gurke

Kukuruz *m.* (*slaw.*) Mais

Kulak *m.* (*russ.*) Großbauer im zaristischen Russland

kulant (*frz.*) entgegenkommend, gefällig (im Geschäftsverkehr), Hptw. **Kulanz** *w.*

Kuli *m.* (*ind.*) 1. Tagelöhner in Ostasien; 2. jmd., der schlecht bezahlte, schwere Arbeit leistet

Kulierwaren (*frz.*) Webwaren mit waagerecht laufendem Faden

kulinarisch (*lat.*) feinschmeckerisch, auf die feine Kochkunst bezüglich

Kulisse *w.* (*frz.*) 1. Dekorationselement auf der Bühne; 2. Hintergrund; 3. Schein, etwas Vorgetäuschtes; 4. nichtamtlicher Börsenmarkt

Kulmination *w.* (*lat.*) 1. Durchgang eines Gestirns durch den Meridian; 2. Durchgang einer Entwicklung, einer Laufbahn durch den **Kulminationspunkt**, den höchsten Punkt einer Bahn, Höhepunkt, Scheitelpunkt; **kulminieren** seinen Höhepunkt erreichen

Kult, Kultus *m.* (*lat.*) 1. Religionsausübung einer Gemeinschaft in bestimmten Formen, zu bestimmten Zeiten, an bestimmten Orten; 2. abgöttische Verehrung einer Person, eines Gegenstands; **kultig** in Mode, im Trend; **kultisch** zum Kult gehörig, abgöttisch

Kultivator *m.* (*lat.*) Grubber, Gerät zur Bodenbearbeitung; **kultivieren** 1. urbar machen, 2. sorgsam pflegen, 3. veredeln, verfeinern; **kultiviert** gebildet, gepflegt, geschmackvoll, verfeinert

Kultur *w.* (*lat.*) 1. Gesamtheit der typischen Lebensformen größerer Gruppen; 2. Gesamtheit der geistigen und künstlerischen Lebensäußerungen; 3. Bebauung des Bodens, Anbau und Pflege von Nutzpflanzen; 4. Zucht von Bakterien u. a. auf Nährböden; 5. kultivierte Lebensart; **kulturell** auf die Kultur bezüglich; **Kulturbanause** *m.* Person ohne Kunstverständnis; **Kulturschock** *m.* (*lat.-engl.*) das schockartige Erleben der Fremdheit einer anderen Kultur

Kumiss, Kumyss *m.* (*russ.*) Getränk aus vergorener Stutenmilch (in Innerasien)

Kumpan *m.* (*lat.*) 1. Gefährte, Kamerad;

2. Spezi, Helfershelfer; **Kumpanei** *w.* Gemeinschaft(stat) von Kumpanen; **Kumpel** *m.* Bergmann, Kamerad

Kumquat *w.* (*chin.*) Zwergorange

Kumulation *w.* (*lat.*) Anhäufung, Sammlung, Speicherung; **kumulativ** anhäufend; **Kumulus** *m.* Haufenwolke; **kumulieren** anhäufen, steigern

Kumyss = Kumiss

kuneiform (-ne'i-, *lat.*) keilförmig

Kung-Fu *s.* (*chin.*) chines. Form der Selbstverteidigung

Kunkel *w.* (*lat.*) Spinnrocken; **Kunkellehen** *s.* in weibl. Linie vererbbares Lehen im Mittelalter

Küpe *w.* (*lat.*) 1. Färbebottich; 2. Lösung zum Färben; **Küpenfarbe** *w.* Farbstoff, der erst auf der Faser durch den Luftsauerstoff seine Farbe bekommt

Kupee = Coupé

Kupidität *w.* (*lat.*) Begierde, Lüsternheit

kupieren (*frz.*) 1. abschneiden, stutzen; 2. Krankheit unterbinden

Kupolofen *m.* (*frz.*) Schachtofen zum Schmelzen des Eisens

Kupon *m.* (kupong, *frz.*) 1. Abschnitt; 2. Zinsschein an Wertpapieren

Kur *w.* (*lat.*) Heilverfahren unter ärztlicher Aufsicht; **kurabel** heilbar

kurant (*frz.*) gängig, gültig (von Münzen)

Kurare *s.* (*indian.*) südamerikanisches Pfeilgift, Nervengift

Kürass *m.* (*frz.*) Panzer, Brustharnisch; **Kürassier** *m.* Angehöriger der schweren Reiterei

Kuratel *w.* (*lat.*) strenge Aufsicht, Kontrolle; **Kurator** *m.* 1. Verwalter einer Stiftung; 2. Treuhänder, Aufsichtsbeamter; **Kuratorium** *s.* Aufsichtsbehörde

kurativ (*lat.*) heilend, heilwirksam

Kurbette *w.* (*frz.*) Bogensprung des Pferdes, Ztw. **kurbettieren**

Kürettage *w.* (-tasch, *frz.*) Ausschabung, Ztw. **kürettieren**; **Kürette** *w.* Gerät zum Ausschaben der Gebärmutter

Kuriale *w.* (*lat.*) Schreibschrift der Kurie; **Kurialen** *Mz.* Beamte der päpstlichen Kurie; **Kurialien** *Mz.* (-li'en) die überlieferten verschnörkelten Formeln für Briefe und Urkunden im Kurialstil; **Kurialstil** *m.* Kanzleistil, Amtsstil; **Kurie** *w.* (-ri'e) 1. Gliederungsform der Bürgerschaft im antiken Rom; 2. der päpstliche Hof und die Gesamtheit der päpstlichen Behörden

Kurier *m.* (*frz.*) Eilbote, Bote, Überbringer

kurieren (*lat.*) heilen

kurios (*lat.*) merkwürdig, sonderbar, wunderlich; **Kuriosum** *s.*, **Kuriosität** *w.* 1. Merkwürdigkeit, Seltsamkeit; 2. sonderbare, wunderliche Sache

Kurrende *w.* (*lat.*) aus bedürftigen Schülern gebildeter Chor, der gegen Spenden geistliche Lieder singt; Knabenchor

Kurrentschrift *w.* (*lat.*) Schreibschrift

Kurrikulum = Curriculum

Kurs *m.* (*lat.*) 1. Lehrgang, Kursus; 2. Börsenpreis von Wertpapieren, Devisen u. a.; 3. Fahrtrichtung, Reiseroute; **kursieren** umlaufen, in Umlauf sein; **kursiv** schräg (von Druckschrift); **Kursive** *w.*, **Kursivschrift** *w.* schräg laufende Druckschrift

kursorisch (*lat.*) 1. fortlaufend, ununterbrochen; 2. flüchtig, obenhin

Kurtage = Courtage

Kurtisan *m.* (*itl.-frz.*) Höfling; **Kurtisane** *w.* vornehme, bezahlte Geliebte eines Hofadligen

kurulischer Stuhl *m.* (*lat.*) Amtssessel hoher Staatsbeamter im alten Rom

Kurve *w.* (*lat.*) krumme Linie, Krümmung, Biegung; **kurven** eine Kurve nehmen, in Kurven fahren

Kusin, Kusine = Cousin, Cousine

Kustode, Kustos *m.* (*lat.*) wissenschaftlicher Verwalter von Kunstsammlungen oder wissenschaftlichen Sammlungen (*Mz.* Kustoden)

kutan (*lat.*) die Haut betreffend

Kutter *m.* (*engl.*) 1. leichtes einmastiges Segelschiff; 2. Fischereifahrzeug

Kuvert *s.* (-währ, *frz.*) 1. Gedeck für eine Person; 2. Briefumschlag; **kuvertieren** in einen Briefumschlag stecken

Kuvertüre *w.* (*frz.*) Kakaomasse zum Überziehen von Pralinen und Gebäck

Küvette *w.* (küwett, *pz.*) 1. flaches Schälchen mit Abflussrinne für Laborarbeiten; 2. Schutzdeckel der Taschenuhren

kuvrieren (*frz.*) bedecken, verbergen

Kux *m.* (*slaw.*) an der Börse gehandelter Anteil an einem Bergwerk oder einer Ölbohrung (*Mz.* Kuxe)

kW = Kilowatt

kWh = Kilowattstunde

Kwas, Kwass *m.* (*russ.*) russisches Getränk aus gegorenem Brot, Malz und Mehl

Kybele *w.* (*lat.*) aus Kleinasien stammende Mutter- und Vegetationsgöttin, deren Kult in die griech.-röm. Antike übernommen wurde

Kybernetik *w.* (*gr.*) übergreifende Wissenschaftsdisziplin, die sich mit dem Vergleich von Steuerungs- und Regelungsvorgängen in Technik, Biologie und Soziologie beschäftigt

Kymogramm *s.* (*gr.*) Röntgenbild eines bewegten Organs

Kyniker *m.* (*gr.*) Angehöriger einer griech. Philosophenschule zur Zeit Platons, die das Ideal der Bedürfnislosigkeit in provozierender Weise lebte

Kynologe *m.* (*gr.*) Hundekenner, Hundezüchter; **Kynologie** *w.* Lehre von der Hundezucht und -dressur

Kyrie eleison (-ri'e-, *gr.*) Herr, erbarme dich unser, Bittruf in der Messe

kyrillische Schrift *w.* kirchenslawisches Alphabet, durch den Slawenapostel Kyrill im 9. Jh. normierte Schrift

L

l = Liter
L = large
Label *s.* (lehbel, *engl.*) 1. Etikett, Aufklebemarke; 2. Schallplattenfirma; 3. Markierung eines Programmbeginns (EDV)
Laberdan *m.* (*lat.*) gepökelter Dorsch
Labferment *s.* (*dtsch.-lat.*) Ferment des Kälbermagens, das die Milch zum Gerinnen bringt
labial (*lat.*) zu den Lippen gehörig; **Labial, Labialis** *m.* Lippenlaut (z. B. b, p); **Labiaten** *Mz.* Lippenblütler
labil (*lat.*) unsicher, schwankend; **Labilität** *w.* Unsicherheit, Beeinflussbarkeit
Labiodental *m.* (*lat.*) Lippenzahnlaut (z. B. f); **Labium** *s.* 1. Lippe, auch die der Labiaten; 2. Schamlippe; 3. schräger Teil am Luftaustrittschlitz der Blockflöte oder Orgelpfeife; 4. Oberlippe des Insektenmundes (*Mz.* Labia und Labien [-i'e-])
Labor, Laboratorium *s.* (*lat.*) Untersuchungsraum, Versuchsraum für chem., medizin. u. ä. Untersuchungen; **Laborant** *m.* Fachkraft für Laborarbeiten; **laborieren** 1. sich mit etwas abmühen; 2. eine Krankheit lange nicht überwinden
Labour Party *w.* (lehber partih, *engl.*) englische Arbeiterpartei
Labrador *m.* (*engl.*) dem Schlittenhund verwandte Hunderasse
Labradorit *m.* Abart des Feldspats
Labskaus *s.* (*engl.*) seemännisches Eintopfgericht
Labyrinth *s.* (*gr.*) 1. Irrgarten, Gewirr unübersichtlicher Gänge; 2. Durcheinander; **labyrinthisch** verschlungen, unübersichtlich
Lachesis *w.* (*gr.*) eine der drei Parzen
Lack *m.* (*arab.-itl.*) Harz- oder Kunstharzlösung zum Veredeln oder zum Schutz von Oberflächen; **lackieren** mit Lack überziehen
Lackmus *s.* (*niederl.*) aus Flechten gewonnener blauer Farbstoff, ein Katalysator
Lacrimae Christi *Mz.* (-mä-, *lat.*) ursprüngl. am Vesuv wachsender Wein
lacrimoso, lacrimando (*lat.*) Musik: traurig, klagend
lädieren (*lat.*) beschädigen, im Aussehen beeinträchtigen
Lady *w.* (lehdi, *engl.*) 1. Dame; 2. engl. Adelstitel; **Lady's Man** *m.* (– män) Frauenliebling; **ladylike** (-leik) damenhaft, vornehm
Lafette *w.* (*frz.*) Gestell für ein Geschütz
La-France-Rose *w.* (-frangß-, *frz.*) Edelrose
Lag *m.* (läck, *engl.*) Lücke; die Verzögerung, mit der sich bereits veränderte (wirtschaftliche) Größen auf nachhinkende (wirtschaftliche) Größen auswirken
Lagune *w.* (*itl.*) dem Haff entsprechender, durch Sandbank abgetrennter Meeresteil
Laie *m.* (*gr.-lat.*) 1. Nichtfachmann; 2. Nichtkleriker; **Laizismus** *m.* (la'i-) Bestreben nach strikter Trennung von Kirche und Staat; **laizistisch** 1. die Trennung von Kirche und Staat befürwortend; 2. das Laientum in der kath. Kirche betonend
Laisser-faire *s.* (lässeh fähr, *frz.*) Nichteinmischung (des Staats in die Wirtschaft), Gehenlassen, Laufenlassen
Lakai *m.* (*frz.*) 1. herrschaftlicher Diener; 2. serviler, unterwürfiger Mensch
lakonisch (*gr.*) wortkarg, kurz und bündig im Ausdruck
Lakritze *w.* (*gr.*) eingedickter Saft des Süßholzes
Laktalbumin *s.* (*lat.*) Milcheiweiß; **Laktation** *w.* Milchabsonderung der weiblichen Brustdrüsen; **laktieren** 1. Milch absondern; 2. stillen; **Laktose** *w.* Milchzucker; **Laktoskop** *s.* Apparat zur Prüfung der Milchqualität
Lakune *w.* (*lat.*) 1. Textlücke; 2. Hohlraum, Ausbuchtung im Körpergewebe, Muskel- oder Gefäßlücke
Lalopathie *w.* (*gr.*) Sprachstörung
Lama *m.* (*tibet.*) tibetanischer Priester;

Lamaismus *m.* (-ma'is-) tibetanische Form des Buddhismus
Lama *s.* (*peruan.*) 1. kleines Kamel ohne Höcker; 2. Stoff aus Wolle, oft mit Lamahaar
Lamäng (aus: la main, *frz.*) Hand; **aus der Lamäng** ohne Vorbereitung, ohne Umstände (umg.)
Lambada *m.* oder *w.* (*port.*) aus Brasilien stammender Modetanz
Lambethwalk *m.* (lämbeswok, *engl.*) englischer Gesellschaftstanz um 1940
Lambrequin *m.* (lambrekäng, *frz.*) 1. früher üblicher Behang über Türen und Fenstern; 2. aus Stuck, Holz oder Stein nachgebildeter Vorhang an Gebäudeteilen in der Barockzeit
Lambrie *w.*, **Lambris** *m.* oder *w.* (langbri, *frz.*) Fußteil der Wandbekleidung, Fußleiste
Lambrusco *m.* (*itl.*) moussierender, süßlicher Rotwein aus Italien
Lambskin *s.* (lämskin, *engl.*) Lammfellimitation aus Plüsch; **Lambswool** *w.* (-wuhl) Lammwolle, Strickware aus Lammwolle
Lamé *m.* (*frz.*) mit Metallfäden durchwirkter Stoff
lamellar (*lat.*) geblättert, lamellenartig; **Lamelle** *w.* 1. die Blättchen an der Unterseite des Pilzes; 2. feines Blättchen (z. B. aus Blech); **Lamellenkupplung** *w.* Kupplung, bei der an den Verbindungsstellen Scheiben ineinander greifen
lamentabel (*lat.*) beklagenswert; **Lamentation** *w.* 1. Klagelieder des Jeremias im Alten Testament; 2. Klagegesang im Gottesdienst der Karwoche; **lamentieren** jammern, beklagen; **Lamento** *s.* Klage, Wehklage; **lamentoso** (*itl.*) Musik: klagend, trauernd
Lametta *w.* (*itl.*) dünn ausgewalzte Metallstreifen, bes. als Christbaumschmuck; 2. Ordensschmuck (ironisch umg.); **laminieren** 1. (Spinn-)Material strecken; 2. mit Glanzfolie überziehen (z. B. einen Bucheinband); 3. Glas färben, indem verschiedenfarbiges Glas zusammengeschmolzen wird, Hptw. **Laminierung** *w.*
Lampassen *Mz.* (*frz.*) breite Längsstreifen an Uniformhosen
Lamperie *w.* = Lambris
Lampion *s.* oder *m.* (lampjong, *frz.*) bunte Papierlaterne
Lamprete *w.* (*itl.*) Neunauge, aalartiger, beliebter essbarer Fisch
Lançade *w.* (langßad, *frz.*) Sprung des Pferdes aus der Levade
lancieren (langßihren, *frz.*) 1. eine Information geschickt in die Öffentlichkeit bringen; 2. jmdn. geschickt auf einen Posten bringen
Land-Art *w.* (länd-, *engl.*) moderne Kunstrichtung, deren Vertreter eine Landschaft künstlerisch verfremden; **Landrover** *m.* (*Wz.*) geländegängiger Pkw
Language *w.* (langasch, *frz.*) das Sprachvermögen des Menschen (als sprachwissenschaftl. Begriff)
Langette *w.* (*frz.*) Abschlussbogen am Stoffrand, Randbefestigung mit einem Schlingstich; **langettieren** mit Langetten versehen
Langue *w.* (long, *frz.*) die Sprache als grammatisches und lexikalisches System (im Unterschied zur Parole)
languendo (-gu'en-, *itl.*) Musik: schmachtend
Languste *w.* (*frz.*) scherenloser Krebs
Lanital *s.* (*lat.*) wollartige Textilfaser aus Kasein
Lanolin *s.* (*lat.*) Wollfett, auch zu kosmetischen Zwecken verwendet
Lanzette *w.* (*frz.*) zweischneidiges, chirurgisches Messerchen; **Lanzettbogen** *m.* sehr schmale, spitze Bogen an gotischen Bauten
La Ola *w.* (*span.*) Begeisterungsbekundung des Publikums im Stadion, bei der sich Teile des Publikums nacheinander erheben und wieder setzen, sodass der Eindruck einer das Publikum durchlaufenden Welle entsteht
Laparoskop *s.* (*gr.*) Gerät zur Untersuchung der Bauchhöhle; **Laparoskopie** *w.* Untersuchung der Bauchhöhle; **Laparotomie** *w.* operative Öffnung der Bauchhöhle
lapidar (*lat.*) 1. wuchtig, markig; 2. kurz und bündig; **Lapidarium** *s.* Sammlung steinerner Denkmäler; **Lapidarschrift** *w.* lateinische Druckschrift in Großbuchstaben
Lapis *m.* (*lat.*) Stein, bes. Höllenstein;

Lapislazuli *m.* dunkelblauer Schmuckstein

Lappalie *w.* (-li'e, *dt.-lat.*) Kleinigkeit, Belanglosigkeit

Lapsus *m.* (*lat.*) Irrtum, Versehen, Schnitzer, Fehlleistung; **Lapsus Calami** *m.* Schreibfehler; **Lapsus Linguae** *m.* (-guä) Versprecher

Laptop *m.* (läp-, *engl.*) kleiner, transportabler Personalcomputer

Laren *Mz.* (*lat.*) altröm. Schutzgeister, Hausgottheiten

large (lahdsch, *engl.*) groß (von Kleidergrößen, Abk. L)

larghetto (*itl.*) Musik: mäßig langsam; **largo** langsam, breit

Larifari *s.* (*itl.*) unsinniges Geschwätz

larmoyant (larmoajang, eingedeutscht larmoajant, *frz.*) weinerlich, rührselig, Hptw. **Larmoyanz** *w.*

L'art pour l'art (lar pur lar, *frz.*) die Kunst um der Kunst willen, Kunst, die keinen (außerkünstlerischen) Zweck haben will

Larve *w.* (-fe, *lat.*) 1. Gesichtsmaske; 2. Durchgangsstadium mancher Tiere; **larviert** verkappt, verdeckt

Laryngal *m.* (gr.) ein im Kehlkopf gebildeter Laut; **laryngeal** den Kehlkopf betreffend; **Laryngitis** *w.* Kehlkopfentzündung; **Laryngologie** *w.* Wissenschaft von den Kehlkopfkrankheiten; **Laryngoskop** *s.* Kehlkopfspiegel; **Laryngotomie** *w.* Kehlkopfschnitt; **Larynx** *m.* Kehlkopf

lasciate ogni speranza (laschate onji –, *itl.*) lasst alle Hoffnung fahren (viel zitiertes Wort aus Dantes «Göttlicher Komödie»)

Laser *m.* (lehser, aus *engl.* *l*ight *a*mplification by *s*timulated *e*mission of *r*adiation) Apparat zur Erzeugung sehr intensiver, stark gerichteter und kohärenter Lichtstrahlen; **Laserdisc** *w.* Kompaktschallplatte, mit der auch Videoclips abgespielt werden können

lasieren (*lat.*) durchsichtige Farbe auftragen (sodass der Grund durchscheint)

Läsion *w.* (*lat.*) Verletzung

Lasso *m.* oder *s.* (*span.*) Wurfschlinge zum Einfangen von Tieren

Lastex (*lat.*) runder Gummifaden zum Einweben in Stoffe

Lasting *m.* (*engl.*) dichtes Wollsatingewebe

last minute (– minitt, *engl.*) 1. (kommerzielles) Angebot, das jmd. auf die letzte Minute wahrnehmen kann; 2. letzter Termin (z. B. für eine Anmeldung)

last, (but) not least (lahst (bat) not lihst, *engl.*) zum Schluss, aber deshalb nicht unwichtig

Lasur *w.* (*lat.*) Überzug mit durchscheinender Farbe; **Lasurstein, Lasurit** = Lapislazuli

lasziv (*lat.*) lüstern, zweideutig; **Laszivität** *w.* laszives Wesen, laszive Äußerung

Lätare *m.* (*lat.*) 3. Sonntag vor Ostern

Lateinamerika *s.* die Länder Mittel- und Südamerikas, in denen eine romanische Sprache gesprochen wird

La-Tène-Zeit *w.* (latähn-, *frz.*) vorgeschichtlicher Zeitraum, Teil der Eisenzeit

late night *w.* (leht neit, *engl.*) Fernsehsendung, die spätabends beginnt (z. B. Late-Night-Show, Late-Night-Special)

latent (*lat.*) vorhanden, aber nicht in Erscheinung tretend; **Latenz** *w.* Verborgenbleiben von etwas Vorhandenem, Ruhezustand; **Latenzperiode, Latenzphase** *w.* die Jahre vor der Pubertät; **Latenzzeit** = Inkubationszeit

lateral (*lat.*) seitlich, seitwärts

Lateran *m.* (*lat.*) römischer Palast, frühere Residenz des Papstes

Laterna magica *w.* (*lat.*) 1. frühester Projektionsapparat, Zauberlaterne; 2. ein nach dem Zweiten Weltkrieg in der Tschechoslowakei erfundenes Diaprojektionsverfahren, das bei Bühnendarbietungen zum Einsatz kommt

Latex *m.* (*lat.*) Milchsaft der Kautschukpflanzen

Latifundium *s.* (*lat.*) Großgrundbesitz (*Mz.* Latifundien)

latinisieren (*lat.*) in lateinische Sprachform bringen, Hptw: **Latinisierung** *w.*; **Latinismus** *m.* in eine andere Sprache übernommene Spracheigentümlichkeit des Lateinischen; **Latinität** *w.* 1. das klassische lateinische Schrifttum; 2. Beschaffenheit der lateinischen Sprache je nach Zeit und Qualität (goldene Latinität); **Latin Lover** *m.* (lätin lawwer, *engl.*) der Inbegriff des feurigen südländischen

Liebhabers mit starkem Hang zum Macho; **Latinum** *s.* Ergänzungsprüfung in der lateinischen Sprache

Latitüde *w.* (*lat.-frz.*) geographische Breite; **latitudinal** (*lat.*) auf den geographischen Breitengrad bezogen; **Latitudinarier** *m.* (-ri'er) Freidenker

Latrine *w.* (*lat.*) Abort; **Latrinenparole** *w.* Gerücht (umg., Soldatenjargon)

Latwerge *w.* (*lat.*) 1. Gemisch von Medikamenten mit Fruchtmus; 2. dick eingekochtes Obstmus

laudabel (*lat.*) löblich

Laudanum *s.* (*gr.*) Opiumtinktur

Laudatio *w.* (*lat.*) Lobrede, ehrende Ansprache

Launcher *m.* u. *s.* (lohntscher, *engl.*) Startvorrichtung, bes. für Raketen

laureatus (*lat.*) lorbeergekrönt; **Laurus** *m.* Lorbeerbaum

Lava *w.* (*itl.*) zähflüssige Gesteinsmasse bei Vulkanausbrüchen

Lavabel *m.* (*frz.*) rein- oder kunstseidenes waschbares Kreppgewebe

Lavabo *s.* (*lat.*) 1. priesterliche Handwaschung(skanne); 2. Waschbecken

Lavaldüse *w.* von dem schwedischen Ingenieur Laval erfundene Spezialdüse, die Druck am vollkommensten in Geschwindigkeit umsetzt (Lavalturbine)

Lavendel *m.* (*itl.*) violett blühende, stark duftende Heil- und Gewürzpflanze, die für Parfüms verwendet wird

lavieren (*niederl.*) 1. gegen den Wind kreuzen; 2. vorsichtig und umsichtig vorgehen, sich durchwinden; **lavieren** (*lat.*) in der Malerei mit verlaufenden Farben arbeiten

Lavoir *s.* (*lat.-frz.*) Waschbecken

Lawine *w.* (*ladinisch*) 1. stürzende Schnee- oder Gesteinsmassen; 2. große Menge von auf einmal eintreffenden Dingen (z. B. Briefe)

Lawntennis *s.* (lohntennis, *engl.*) Tennis auf Rasenplätzen

lax (*lat.*) nachlässig, nicht streng, Hptw. **Laxheit** *w.*

Laxans, Laxativ *s.* (*lat.*) Abführmittel; **laxieren** abführen

Lay-out *s.* (lehaut, *engl.*) Anordnungsskizze, weitgehend ausgeführter Entwurf für Text- und Bildgestaltung aller Art, Ztw. **layouten; Layouter** *m.* (*engl.*) Gestalter von Lay-outs

Lazarett *s.* (*itl.*) Militärkrankenhaus

Lazeration *w.* (*lat.*) Zerreißung (z. B. von Körpergeweben), Einriss; **lazerieren** einreißen

l. c. = loco citato

Lead *s.* (lihd, *engl.*) 1. in der Jazzmusik die führende Stimme; 2. das Vorauseilen einzelner wirtschaftlicher Faktoren im Konjunkturverlauf; **Leader** *m.* 1. Leitartikel; 2. führender Kopf, jmd., der anderen gegenüber einen Vorsprung hat, Führer

lean (lihn, *engl.*) vereinfacht, verschlankt, weniger schwerfällig (z. B. Lean Computing, Lean Production)

leasen (lihsen, *engl.*) im Leasingverfahren mieten; **Leasing** *s.* Vermietung von Investitionsgütern, Fahrzeugen u. a., wobei die Miete im Falle des Kaufs auf den Kaufpreis angerechnet wird

Lecithin = Lezithin

Leckage *w.* (-kasche, *dt.-frz.*) Gewichtsverlust durch Verdunsten oder Austräufeln

Leda *w.* (*gr.*) Geliebte des Zeus, Mutter der Dioskuren

Lee *w.* (*niederl.*) dem Winde abgekehrte Seite des Schiffes

legal (*lat.*) gesetzmäßig; **Legalität** *w.* Gesetzmäßigkeit; **legalisieren** rechtsgültig machen, gesetzlich anerkennen, Hptw. **Legalisierung, Legalisation** *w.*

Legasthenie *w.* (*gr.*) Lese- und Rechtschreibschwäche; **Legastheniker** *m.* an Legasthenie Leidender

Legat *m.* (*lat.*) 1. Statthalter in der röm. Kaiserzeit; 2. päpstlicher Gesandter

Legat *s.* (*lat.*) Vermächtnis, Sonderbestimmung innerhalb eines Testaments

legato (*itl.*) Musik: gebunden

legendär (*lat.*) legendenhaft, nicht verbürgt; **Legendar** *s.* Sammlung von Heiligenlegenden; **Legende** *w.* 1. Erzählung über ein Geschehen oder eine Person, die nicht auf Faktentreue, sondern auf Vorbildlichkeit und Vereinfachung gerichtet ist (z. B. Heiligenlegende); 2. Text auf Münzen und Spruchbändern; 3. Zeichenerklärung (z. B. zu Abbildungen)

leger (leschähr, *frz.*) 1. ungezwungen; 2. bequem

leggeramente (ledscheramente), **leggiero** (ledschehro, *itl.*) Musik: leicht
legieren (*lat.*) 1. Metalle zusammenschmelzen; 2. Suppen oder Soßen binden; **Legierung** *w.* Metall, das aus der Verschmelzung von Metallen entstand
Legion *w.* (*lat.*) 1. altrömische Heereseinheit; 2. Freiwilligenverbände in fremden Heeren; 3. Fremdenlegion; 4. große Menge von etwas; **Legionär** *m.* Soldat einer Legion
legislativ (*lat.*) gesetzgebend; **Legislative** *w.* gesetzgebende Gewalt eines Staates; **Legislatur** *w.* 1. Gesetzgebung; 2. gesetzgebende Versammlung; **Legislaturperiode** *w.* Amtsdauer eines Parlaments zwischen zwei Wahlen
legitim (*lat.*) 1. rechtmäßig; 2. ehelich (von Kindern); 3. berechtigt, vertretbar; **Legitimation** *w.* 1. Beglaubigung; 2. Ehelichkeitserklärung (für ein nichtehelich geborenes Kind); 3. Berechtigung; **legitimieren** 1. beglaubigen; 2. für ehelich erklären (von Kindern); 3. jmdn. berechtigen; **sich legitimieren** sich ausweisen; **Legitimismus** *m.* Lehre von der Unabsetzbarkeit eines (von Gottes Gnaden eingesetzten) Herrscherhauses; **Legitimist** *m.* 1. Anhänger des Legitimismus; 2. Anhänger eines abgesetzten Herrscherhauses, Eigw. **legitimistisch**; **Legitimität** *w.* Rechtmäßigkeit, Gesetzmäßigkeit
Leguan *m.* (*hait.-span.*) tropische Eidechsenart
Leguminosen *Mz.* (*lat.*) Hülsenfrüchtler
Leitfossilien *Mz.* (-li'en, *dt.-lat.*) versteinerte Tiere oder Pflanzen, deren Vorkommen die Altersbestimmung des Gesteins ermöglicht
Leitmotiv *s.* (*dt.-lat.*) beherrschendes oder immer wiederkehrendes Motiv in Musik und Dichtung; **leitmotivisch** nach Art eines Leitmotivs
Lektion *w.* (*lat.*) 1. Lern- und Übungseinheit in Lehrmaterialien; 2. strenge, einprägsame Belehrung
Lektor *m.* (*lat.*) 1. Lehrer für Fremdsprachen an Hochschulen; 2. Mitarbeiter eines Verlags, der Manuskripte prüft, Autoren betreut und verlagsinterne Projekte entwickelt; **Lektorat** *s.* 1. Lehrauftrag an einer Hochschule; 2. Verlagsabteilung der Lektoren; **Lektüre** *w.* (*frz.*) 1. Lesestoff; 2. das Lesen
Lemma *s.* (*gr.*) 1. Stichwort in einem Lexikon; 2. Hilfssatz für die Beweisführung in Mathematik und Logik
Lemming *m.* (*dän.*) in nördlichen Regionen beheimatete Wühlmaus
Lemur, Lemure *m.* (*lat.*) 1. Gespenst; 2. Maki, Halbaffe; **lemurenhaft** gespenstisch
Leninismus *m.* Weiterführung der marxistischen Lehre durch Lenin
lentando (*itl.*) Musik: nach und nach langsamer werdend; **lento, lentamente** langsam
lentikular (*lat.*) zur Augenlinse gehörig; linsenförmig
Leoniden *Mz.* (*gr.*) Sternschnuppenschwärme, die scheinbar aus dem Sternbild des Löwen kommen
leoninischer Vertrag *m.* Vertrag, bei dem der eine Partner den Löwenanteil erhält
Leopard *m.* (*gr.-lat.*) Panther
Lepidose *w.* (*gr.*) schuppiger Hautausschlag
Leporello *s.* (*itl.*) Verzeichnis, Bilderbuch in Harmonikafaltung; **Leporelloliste** *w.* durch den Diener Leporello in Mozarts «Don Giovanni» verfasste lange Liste der Liebschaften seines Herrn
Lepra *w.* (*gr.*) ansteckender, stark entstellender Aussatz; **lepros, leprös** aussätzig; **Leprom** *s.* Hautknoten bei Lepraerkrankungen; **Leprosorium** *s.* Krankenhaus oder Siedlung für Leprakranke
Lepton *s.* (*gr.*) Elementarteilchen mit geringerem Gewicht als ein Proton
leptosom (*gr.*) schlankwüchsig, zartknochig; **Leptosome** *m.* oder *w.* Mensch mit schmalem Körperbau
Lesbe, Lesbierin *w.* (-bi'e-) homosexuelle Frau, Eigw. **lesbisch**
letal (*lat.*) tödlich; **Letalität** *w.* Sterblichkeit, Prozentsatz der Sterbefälle im Verhältnis zur Zahl der Erkrankten
L'état c'est moi (leta ßä moa, *frz.*) der Staat bin ich, eine Ludwig XIV. von Frankreich zugesprochene Aussage, die den Anspruch des absolutistischen Herr-

schers auf unumschränkte Staatsgewalt ausdrückt

Lethargie *w.* (*gr.*) Teilnahmslosigkeit, Trägheit, Antriebslosigkeit, Eigw. **lethargisch**

Lethe *w.* (*gr.*) Fluss im Totenreich, aus dem die Toten Vergessen trinken

Letter *w.* (*lat.*) Druckbuchstabe

Lettner *m.* (*lat.*) halbhohe Wand zwischen Chor und Mittelschiff in (gotischen) Kirchen

Leukämie *w.* (*gr.*) krankhafte Vermehrung der weißen Blutkörperchen; **Leukomatose** *w.* Weißfleckigkeit der Haut

Leukoplast *s.* (*Wz.*) Heftpflaster

Leukotomie = Lobotomie

Leukorrhöe *w.* (*gr.*) weiße entzündliche Ausscheidung der Gebärmutter; **Leukozyt** *m.* weißes Blutkörperchen

Leutnant *m.* (*frz.*) Offizier der untersten Rangstufe

Levade *w.* (*frz.*) Aufrichten des Pferdes auf die Hinterhand in der Reitkunst

Levante *w.* (*itl.*) die östlichen Mittelmeerländer; **Levantiner** *m.* Bewohner der Levante, Eigw. **levantinisch**

Levée en masse *w.* (leweh ang maß, *frz.*) Aushebung der männl. Bevölkerung, zuerst 1793 in Frankreich

Lever *s.* (leweh, *frz.*) Empfang bei einem Fürsten des 17. und 18. Jhs. während der Morgentoilette

Leviathan *m.* (*hebr.*) alttestamentarisches Ungeheuer in Schlangengestalt

Leviratsehe *w.* (*lat.*) Schwagerehe, Sitte, dass der Bruder eines kinderlos verstorbenen Mannes die Witwe heiratet

Levit *m.* (*lat.*) Angehöriger eines jüdischen Priesterstammes, später des Tempelpersonals; **jmdm. die Leviten lesen** Vorhaltungen machen (nach dem 3. Buch Mose, dem Leviticus, das Gesetze für die Leviten enthielt)

Levitation *w.* (*lat.*) das freie Schweben eines Körpers im Raum (im Spiritismus)

Lex *w.* (*lat.*) Gesetz (*Mz.* Leges)

Lexem *s.* (*gr.*) sprachliche Bedeutungseinheit; **Lexik** *w.* Wortschatz einer Sprache; **lexikalisch** 1. nach Art eines Lexikons; 2. die Bedeutung eines Wortes betreffend, soweit sie vom Kontext unabhängig ist; **Lexikographie** *w.* Bereich der Sprachwissenschaft, der sich mit der Festlegung des Wortschatzes befasst (z. B. für Wörterbücher), Eigw. **lexikographisch**; **Lexikon** *s.* 1. alphabetisch geordnetes Nachschlagebuch, Wörterbuch (*Mz.* Lexika) 2. Gesamtheit der Lexeme einer Sprache; **Lexikonformat** *s.*, **Lexikonoktav** *s.* (Abk. Lex.- 8°), Buchformat

Lezithin, Lecithin *s.* (*gr.*) ein in allen tierischen Zellen enthaltenes Lipoid

L'hombre = Lomber

Liaison *w.* (liäsong, *frz.*) Liebesverhältnis

Libation *w.* (*lat.*) altröm. Trankopfer

Libell *s.* (*lat.*) kleine Schrift, meistens Schmähschrift; **Libellant** *m.* Verfasser einer Schmähschrift

Libelle *w.* (*lat.*) 1. Wasserjungfer, ein Raubinsekt; 2. Teil der Wasserwaage

liberal (*lat.*) freiheitlich, vorurteilslos; **Liberaler** *m.* Anhänger des politischen Liberalismus; **liberalisieren** freiheitlich gestalten, Einschränkungen beseitigen; **Liberalisierung** *w.* 1. Aufhebung von Einschränkungen im internationalen Handel; 2. Befreiung von die individuelle Handlungsfreiheit einschränkenden Bestimmungen; **Liberalismus** *m.* freiheitliche Gesinnung, Denkrichtung, die für ein hohes Maß an individueller Freiheit in allen Lebensbereichen eintritt; **Liberalist** *m.* Anhänger des Liberalismus, Eigw. **liberalistisch**; **Liberalität** *w.* Vorurteilslosigkeit, Großzügigkeit

Libero *m.* (*itl.*) Spieler, der beim Fußball sowohl im Angriff wie in der Verteidigung spielen kann

Libertas *w.* (*lat.*) römische Göttin der Freiheit; **Libertät** *w.* ständische Freiheit

Libertin *m.* (libertäng, *frz.*) 1. Freigeist; 2. ausschweifend lebender Mensch; **Libertinage** *w.* (-nasch) Ausschweifung, Zügellosigkeit

liberty, stile liberty (*itl.-engl.*) ital. Bezeichnung für Jugendstil

Libido *w.* (*lat.*) wollüstiges Verlangen, Liebesbegehren; **libidinös** die Libido betreffend

Libration *w.* (*lat.*) scheinbare Schwankung des Monds

Librettist *m.* (*itl.*) Verfasser eines Librettos; **Libretto** *s.* Text zu Oper oder Operette

licet (*lat.*) genehmigt, es ist gestattet

Lichen *m.* (*gr.*) 1. Flechte; 2. Knötchenflechte der Hand; **Lichenologie** *w.* Spezialgebiet der Botanik, Flechtenkunde; **Lichenologe** *m.* Botaniker, Flechtenkundler

Lido *m.* (*itl.*) Sandanschwemmung, Nehrung

Lifestyle *m.* (leifsteil, *engl.*) modeabhängiger und gruppenspezifischer Lebensstil

Lift *m.* (*engl.*) 1. Aufzug, Fahrstuhl; 2. kosmetisch-operativer Eingriff, um die (Gesichts-)Haut zu straffen; 3. Mitfahrgelegenheit; **Liftboy** *m.* Fahrstuhlführer; **liften** 1. in die Höhe heben; 2. Haut straffen

Liga *w.* (*lat.-span.*) 1. Bündnis; 2. Sport: Spitzenklasse der Mannschaften

Ligade *w.* (*frz.*) Beiseitedrücken der gegnerischen Klinge beim Fechten, Ztw. **ligieren**

Ligament *s.* (*lat.*) Band im Körper zur Verbindung des Knochensystems, bes. der Gelenke

Ligatur *w.* (*lat.*) 1. Bindung mehrerer Noten; 2. Abbinden von Gefäßen (bei Operationen); 3. Verbindung mehrerer Buchstaben zu einem Druckzeichen

light (leit, *engl.*) leicht, Bez. auf Nahrungs- und Genussmitteln, die angibt, dass z. B. weniger Fett, Zucker o. Ä. enthalten ist; **Light-show** (-schoh, *engl.*) das ein Popkonzert oder andere Großveranstaltungen begleitende Ensemble aus optischen, speziell aus Lichteffekten

ligieren = Ligade

liieren (sich) (li'ie-, *frz.*) 1. ein Liebesverhältnis eingehen; 2. eng mit jmdm. geschäftlich zu tun haben

Likör *m.* (*frz.*) süßer, sämiger Branntwein

Liktor *m.* (*lat.*) Begleiter des höchsten römischen Beamten mit Beil und Rutenbündel

lila (*arab.*) violett, fliederfarben

Liliazeen *Mz.* (-ze'e-, *lat.*) Liliengewächse

Liliput *s.* (*engl.*) Zwergenland (nach J. Swifts «Gullivers Reisen»); **Liliputaner** *Mz.* Zwergmenschen

Lilith *w.* (*hebr.*) nach dem Talmud die erste Frau Adams

lim. = limited

Limba *s.* (*afrik.*) afrikan. Nutzholz

Limbus *m.* (*lat.*) 1. nach der kath. Dogmatik die Vorhölle; 2. Teilkreis an Geräten zur Winkelmessung (z. B. Sextant); 3. Rand der Kelchblätter einer Blüte

Limerick *m.* (*engl.*) komisches Gedicht mit fünf Reimzeilen, deren letzte eine ironisch-groteske Wendung erhält

Limes *m.* (*lat.*) 1. römischer Grenzwall vom Rhein zur Donau; 2. mathematischer Grenzwert

Limit *s.* (*engl.*) vorgeschriebene Grenze (z. B. für Preise, Geschwindigkeit); **limited** (-tid) engl. Bezeichnung für beschränkte Haftung (Abk. lim. oder ltd.); **limitieren** begrenzen, beschränken, Hptw. **Limitation** *w.*; **Limitierung** *w.*

Limnologie *w.* (*gr.*) Seen- und Süßwasserkunde

Limonade *w.* (*frz.*) Getränk aus Fruchtsaft mit Wasser und Zucker; **Limone** *w.* (*itl.*) kleine Zitronenart

Limousine *w.* (limusihne, *frz.*) geschlossener Personenwagen

limpid (*lat.*) klar, durchsichtig, Hptw. **Limpidität** *w.*

Lineal *s.* (*lat.*) Werkzeug zum Ziehen gerader Linien; **Lineament** *s.* 1. Linien in der Hand oder im Gesicht; 2. Erdnaht, Tiefenbruch der Erde

linear (*lat.*) 1. geradlinig; 2. linienförmig; 3. für jeden Betroffenen gleichmäßig; **Linearbeschleuniger** *m.* techn. Anlage zur Beschleunigung atomarer Teilchen auf gerader Bahn; **Linearornament** *s.* Schmuckform aus Linien (z. B. auf Vasen)

Liner Notes *Mz.* (leiner nohts, *engl.*) Erklärungen zu Musik und Musikern auf Plattenhüllen

Lingam *m.* (*sanskr.*) männliches Glied als Symbol der Schöpfungs- und Zeugungskraft, Sinnbild des indischen Gottes Shiva; **Lingamkult** *m.* Phalluskult

Lingerie *w.* (längscherih, *frz.*) Wäschegeschäft, Wäschekammer, (Damen-)Wäsche

Lingua franca *w.* (*itl.*) 1. Verkehrssprache im Mittelmeerraum, aus romanischen, griechischen und arabischen Elementen zusammengesetzt; 2. jede Verkehrssprache in gemischtsprachigen Gebieten oder Zusammenhängen

lingual (*lat.*) die Zunge betreffend; **Lingual** *m.* Zungenlaut (z. B. r); **Linguist** *m.* Sprachwissenschaftler; **Linguistik** *w.* moderne Sprachwissenschaft mit dem Anspruch, Grundlagenwissenschaft für die Geisteswissenschaften zu sein; Eigw. **linguistisch**

Linie *w.* (-ni'e, *lat.*) 1. gerader oder gebogener Strich; 2. Markierungslinie (z. B. auf dem Spielfeld); 3. Strecke, auf der ein Verkehrsmittel regelmäßig fährt, und das Verkehrsmittel selbst; 4. aktive Truppe; 5. allgemeine Richtung, Kurs; 6. Verwandtschaftszweig; 7. Äquator; **linieren** Linien ziehen, Hptw. **Linierung** *w.*; **Linienrichter** *m.* (-ni'e-) Gehilfe des Schiedsrichters beim Sport; **Linienmaschine** *w.* Flugzeug, das regelmäßig auf einer Verkehrslinie fliegt

Liniment *s.* (*lat.*) flüssige Salbe zum Einreiben

Link, Hyperlink *s.* (heiper-, *engl.*) Verweis in einem Hypertext auf andere Dokumente, Texte oder Bilder, auf die der Benutzer per Mausklick wechseln kann

Linkrusta *w.* linoleumartige abwaschbare Papiertapete

Linoleum *s.* (-le'um, *lat.*) Fußbodenbelag aus festem Gewebe mit ölhaltiger Auflage; **Linolschnitt** *m.* graphisches Verfahren, bei dem die Darstellung holzschnittartig in Linoleum geschnitten wird

Linon *m.* (linong, *frz.*) feinfädiger Baumwollstoff, auch Halbleinen

Linotype *w.* (leinoteip, *engl.*) die erste Setzmaschine, die ganze Zeilen setzte und goss

Lipase *w.* (*gr.*) Fett spaltendes Enzym in Pankreas, Leber und Darmwand

Lipizzaner *Mz.* Vollblutpferde (ursprünglich im österreichischen Hofgestüt Lipizza bei Triest gezüchtet)

Lipoide *Mz.* (*gr.*) den Fetten verwandte lebenswichtige Stoffe in Tier- und Pflanzenzellen; **Lipolyse** *w.* Fettspaltung, Fettverdauung; **Lipom** *s.* Fettgeschwulst

Liquefaktion *w.* (*lat.*) Verflüssigung, Umwandlung fester in flüssige Stoffe

liquid (*lat.*) 1. flüssig; 2. zahlungsfähig; **Liquidität** *w.* Zahlungsfähigkeit

Liquida *w.* (*lat.*) Fließlaut

Liquidation *w.* (*lat.*) 1. Auflösung einer Firma, Geschäftsaufgabe; 2. Rechnung für in Anspruch genommene Dienste (z. B. eines Arztes); 3. Tötung, Ermordung; **liquidieren** 1. Firma aufgeben; 2. abrechnen; 3. jmdn. töten

Liquidität = liquid

Liquor *m.* (*lat.*) 1. Flüssigkeit; 2. Gehirn- und Rückenmarksflüssigkeit; 3. flüssiges Arzneimittel (*Mz.* Liquoren)

Lira *w.* (*itl.*) italienische Währungseinheit vor Einführung des Euro 2002 (*Mz.* Lire)

lirico (*itl.*) Musik: lyrisch

Lisene *w.* (*frz.*) flach vortretender Mauervorsprung, bes. an romanischen Bauwerken

Lisiere *w.* (-siär, *frz.*) Saum, Waldrand, Rain

l'istesso tempo (*itl.*) Musik: dasselbe Zeitmaß

Litanei *w.* (*gr.*) 1. Gebet in Wechselrede zwischen Vorbeter oder Geistlichem und Gemeinde; 2. endlose langweilende Aufzählung (umg.)

Liter *m.* und *s.* (*gr.*) Hohlmaß, Abk. l

Litera *w.* (*lat.*) Buchstabe; **literarisch** schriftstellerisch, schöngeistig; **Literat** *m.* Schriftsteller; **Literatur** *w.* 1. Gesamtheit des Schrifttums; 2. dichterisches Schrifttum; 3. Schrifttum zu einem Fachgebiet

Lith(o)-, lith(o)- (*gr.*) als Wortteil: Stein

Lithiasis *w.* (*gr.*) Steinbildung in inneren Organen; **lithogen** steinbildend; **Lithograph** *m.* 1. Fachmann für den Steindruck; 2. Steinzeichner; **Lithographie** *w.* 1. Steindruckverfahren; 2. Steinzeichnung; **lithographisch** im Steindruckverfahren hergestellt; **Lithologie** *w.* Gesteinskunde; **Lithosphäre** *w.* der Gesteinsmantel der Erdoberfläche

litoral (*lat.*) zur Küste gehörig; **Litorale** *s.* Uferzone, Küstenstrich

Litotes *w.* (*gr.*) ironisch-untertreibende Stilfigur, die mit dem Mittel der Verneinung des Gegenteils arbeitet (z. B. *nicht schlecht* für *[sehr] gut*)

Litschi *w.* (*chin.*) aus China stammende pflaumengroße Frucht mit spröder Schale und glasig-weißem Fleisch

Liturgie *w.* (*gr.*) kirchliche Ordnung des Gottesdienstes; **Liturgik** *w.* Lehre von der

Liturgie; **liturgisch** zur Liturgie gehörend, sie betreffend

live (leif, *engl.*) direkt, unmittelbar, original übertragen; **Liveaufnahme** *w.* direkt am Ort des Geschehens gemachte Aufnahme; **Livesendung** *w.* unmittelbare Übertragung durch Funk oder Fernsehen, Originalsendung, Direktausstrahlung

Livre *s.* (liwre, *frz.*) alte französische Münz- und Gewichtseinheit

Livree *w.* (liwreh, *frz.*) Dienerkleidung nach Art einer Uniform; **livriert** in Livree

Lizenz *w.* (*lat.*) Genehmigung, Befugnis; **lizenzieren** Lizenz erteilen

lizitieren (*lat.*) versteigern

lm = Lumen (2)

Loader *m.* (lohder, *engl.*) Startprogramm eines Computers (EDV)

Lob *m.* (lobb, *engl.*) Tennis: Rückschlag des Balls über den Gegner hinweg; Ztw. **lobben**

Lobby *w.* (*engl.*) 1. Wandelhalle im amerik. und brit. Parlamentsgebäude; 2. Interessenverband; 3. Hotelhalle; **Lobbyist** *m.* jmd., der Abgeordnete im Sinne seiner Gruppe zu beeinflussen sucht

Lobotomie, Leukotomie *w.* (*gr.*) operative Durchtrennung bestimmter Nervenbahnen im Gehirn

Loch = Lough

loco (*lat.*) am Ort; **loco citato** an der genannten Stelle (im Buch); **loco sigilli** an Stelle des Siegels (bei Urkundenabschriften)

locus communis *m.* (*lat.*) Gemeinplatz

Loft *m.* (*engl.*) Fabrikräume als Wohnung

Log *s.* (*engl.*) Messgerät für die Fahrgeschwindigkeit eines Schiffes; **Logbuch** *s.* Schiffstagebuch; **loggen** die Fahrgeschwindigkeit messen

Logarithmentafel *w.* (*gr.*) Zusammenstellung der Logarithmen zur Erleichterung des Rechnens; **logarithmieren** mit Logarithmen rechnen; **Logarithmus** *m.* Zahl, mit der man eine andere potenzieren muss, um eine vorgegebene Zahl zu erhalten (*Mz.* Logarithmen)

Loge *w.* (lohsche, *frz.*) 1. Zuschauerlaube im Theater; 2. Pförtnerraum; 3. Bund und Versammlungshaus der Freimaurer

Loggia *w.* (lodscha, *itl.*) 1. offene, von Säulen getragene Bogenhalle; 2. in die Mauerflucht einbezogener, vorn offener Balkon

logieren (loschihren, *frz.*) wohnen, vorübergehend wohnen; **Logis** *s.* (loschih) 1. Wohnung, Unterkunft; 2. Mannschaftsraum auf Schiffen

Logik *w.* (*gr.*) 1. die Fähigkeit, folgerichtig zu denken; 2. Lehre von den Gesetzen und Formen des (folgerichtigen) Denkens; **Logiker** *m.* 1. klarer Denker; 2. Wissenschaftler auf dem Gebiet der Logik; **logisch** 1. folgerichtig, denkrichtig; 2. sich selbstverständlich ergebend; **Logismus** *m.* 1. Vernunftschluss; 2. philosophische Lehre, nach der die Welt logisch aufgebaut und deshalb erkennbar ist; **Logistik** *w.* 1. mathematische Logik; 2. Organisation des Nachschubwesens beim Militär; 3. Gesamtheit aller notwendigen Mittel und Schritte zur Durchführung eines Projekts; **Logizismus** *m.*, **Logizität** *w.* logische Folgerichtigkeit, logischer Charakter eines Arguments oder Sachverhalts

Logo *m.* oder *s.* (*engl.*) werbegraphisch gestaltetes Markenzeichen, Firmenzeichen mit hohem Wiedererkennungswert

LOGO *s.* (*Kunstwort*) einfache Programmiersprache, um das Arbeiten mit einem Computer zu erlernen (EDV)

Logogramm *s.* (*gr.*) Wortzeichen einer Bildersprache

Logogriph *m.* (*gr.*) Worträtsel, Buchstabenrätsel

Logopäde *m.* (*gr.*) Therapeut bei Sprechstörungen; **Logopädie** *w.* Sprachheilkunde, Sprecherziehung bei Sprachstörungen;

Logorrhöe *w.* krankh. Geschwätzigkeit

Logos *m.* (*gr.*) 1. logisches Urteil, Begriff; 2. Vernunft, Sinn; 3. göttliche Vernunft

Loipe *w.* (leupe, *skand.*) Langlaufbahn (Schisport)

lokal (*lat.*) örtlich; **Lokal** *s.* 1. Geschäftsraum, Räumlichkeit; 2. Gasthaus; **Lokalanästhesie** *w.* örtliche Betäubung; **Lokales** *s.* Zeitungsnachrichten aus dem Ort; **lokalisieren** 1. auf einen Ort beschränken; 2. orten; Hptw. **Lokalisation, Lokalisierung** *w.*; **Lokalkolorit** *s.* die atmosphärische Färbung eines Ortes, einer Landschaft; **Lokalpatriotismus** *m.* übersteigerte Heimatliebe; **Lokaltermin** *m.* Gerichtstermin am Tatort

Loki *m.* Unhold, Todes- und Feuerdämon im altnordischem Mythos

Lokogeschäft *s.* (*lat.*) Sofortgeschäft, da sich die Waren am Ort befinden, Kassageschäft

Lokomotive *w.* (*engl.*) Zugmaschine für Eisenbahnwagen; **Lokomotion** *w.* (*lat.*) Fortbewegung von Organismen aus eigener Kraft, Eigw. **lokomotorisch; Lokution** *w.* (*lat.*) 1. Redeweise, Ausdrucksweise; 2. Redensart, Redewendung

Lokus *m.* (*lat.*) Toilette, Abort

Lombard *m.* oder *s.* (*itl.*) Darlehen, das durch Verpfändung leicht realisierbarer Waren oder Effekten gesichert ist; **lombardieren** Wertpapiere, Waren bankmäßig beleihen, Hptw. **Lombardierung** *w.*; **Lombardsatz** *m.* festgesetzter Zinssatz für Lombardgeschäfte

Lomber *s.* (*frz.*) Kartenspiel für drei Spieler

Longdrink *m.* (*engl.*) mit Soda oder Eiswasser verlängertes alkoholisches Getränk

Longe *w.* (longsch, *frz.*) Laufleine für Pferdedressur; **longieren** Pferd an der Laufleine gehen lassen

longitudinal (*lat.*) der Länge nach, längs gerichtet

Longseller *m.* (*engl.*) Buch, das sich über lange Zeit gut verkauft

Look *m.* (luck, *engl.*) (modisches) Aussehen, Äußeres

Looping *s.* (luhping, *engl.*) Flug in senkrechter Schleife, Figur im Kunstflug

Lord *m.* (*engl.*) 1. englischer Adelstitel; 2. Titel der Oberhausmitglieder und einzelner hoher Beamter; **Lord Chancellor** *m.* (– tschahnzeler) höchster staatlicher Beamter in England, Lordkanzler; **Lord Mayor** *m.* (– mehjer) Oberbürgermeister englischer Großstädte; **Lordship** *w.* (-schip) Lordschaft, Anrede für einen Lord

Lore *w.* (*engl.*) offener kippbarer Güterwagen

Lorgnette *w.* (lornjett, *frz.*) Stielbrille; **Lorgnon** *s.* (-jong) Einglas mit Stiel und Stielbrille

Lorokonto *s.* (*itl.*) Bankkonto, das eine Bank bei einer anderen Bank führt

Lost Generation *w.* (– dschennerehschen, *engl.*) nach Gertrude Stein die «verlorene Generation», die durch den Ersten Weltkrieg geprägte Gruppe desillusionierter, pessimistischer Schriftsteller (in den USA) der 1920er-Jahre

Lotion *w.* (lohschen, *engl.*) mildes Gesichts- oder Haarwasser

Lotos *m.* (*gr.*) Wasserrose

Lotse *m.* (*engl.*) berufsmäßiger Steuermann in schwierigen Gewässern; **lotsen** ein Schiff als Lotse leiten, sicher ans Ziel bringen

Lotterie *w.* (*frz.*) 1. Glücksspiel durch Auslosung von Gewinnen oder Geld; 2. eine Handlungsweise, die Risikos in Kauf nimmt

Lotto *s.* (*itl.*) Zahlenlotterie, Gesellschaftsspiel

Lough, Loch *s.* (loch, *irisch*) 1. See; 2. tief einschneidende Meeresbucht

Louisdor *m.* (luidor, *frz.*) alte franz. Goldmünze

Louis-quatorze *s.* (lui kattorß, *frz.*) franz. Barock, Stil zur Zeit Ludwigs XIV.; **Louis-quinze** *s.* (– kängß) franz. Rokoko, Stil zur Zeit Ludwigs XV.; **Louis-seize** (– ßäß) franz. Klassizismus, Stil zur Zeit Ludwigs XVI.

Lounge *w.* (lohnsch, *engl.*) Hotelhalle

Loup de Mer *m.* (luh de mär, *frz.*) Seewolf, ein Speisefisch

Louvre *m.* oder *s.* (luhvre, *frz.*) ehemaliges Schloss der franz. Könige in Paris, jetzt Kunstsammlung

Love (law, *engl.*) engl. Bez. für null beim Tennis; **Lover** *m.* Freund(in) und Liebhaber(in)

low budget (loh badschett, *engl.*) kurz für Low-Budget-Filmproduktion, eine Filmproduktion, die im Vergleich zu teuren kommerziellen (Studio-)Produktionen mit einem geringfügigen Budget hergestellt wurde

loxogonal (*gr.*) schiefwinklig

loyal (loajal, *frz.*) 1. gesetzestreu, regierungstreu, vertragstreu; 2. treu zu jmdm. oder etwas haltend; **Loyalität** *w.* loyales Verhalten

l. s. = loco sigilli

LSD *s.* (Abk. von: *L*yserg-*S*äure-*D*iäthylamid), aus dem Mutterkorn gewonnenes Rauschgift

ltd. = limited

Lues *w.* (-u'e-, *lat.*) Syphilis; **luetisch** syphilitisch
Luffa *w.* (*arab.*) getrocknetes Fasernetz eines tropischen Kürbisgewächses
lugubre (*itl.*) Musik: düster, traurig
Lukarne *w.* (*lat.*) Dacherker mit Verzierungen am Giebelfenster, bes. an spätgotischen Schlössern in Frankreich
lukrativ (*lat.*) Gewinn bringend, einträglich
lukullisch (*lat.*) üppig, schwelgerisch; **Lukullus, Lukull** *m.* Genießer, Schlemmer
Lullaby *s.* (lallebei, *engl.*) engl. Bez. für Schlaf- und Wiegenlied
Lumbago *w.* (*lat.*) 1. Muskelrheumatismus der Lendengegend, Hexenschuss; 2. lebensgefährliche Muskelerkrankung bei Pferden; **lumbal** die Lenden betreffend; **Lumbalanästhesie** *w.* Betäubung durch Einspritzung in das Rückenmark; **Lumbalpunktion** *w.* Entnahme von Rückenmarksflüssigkeit
Lumberjack *m.* (lamberdschäck, *engl.*) auf Bund gearbeitete Jacke aus Cord, Wolle, Leder o. Ä.
Lumen *s.* (*lat.*) 1. Hohlraum in Organen; 2. Einheit des Lichtstroms (Abk. lm); 3. innerer Durchmesser einer Röhre; 4. schlauer Mensch, Licht, Leuchte (der Wissenschaft) (umg.)
Lumineszenz *w.* (*lat.*) Leuchtfähigkeit eines Stoffes, kaltes Leuchten; **lumineszieren** kalt leuchten; **luminös** lichtvoll, glänzend
Luna *w.* (*lat.*) 1. römische Mondgöttin; 2. poetische Bez. für Mond; **lunar, lunarisch** den Mond betreffend; **Lunation** *w.* Umlaufzeit des Mondes; **lunatisch** mondsüchtig
Lunch *s.* (lantsch, *engl.*) leichte Mittagsmahlzeit (zwischen Breakfast und Dinner), Ztw. **lunchen**
Lünette *w.* (*frz.*) 1. halbkreisförmiges verziertes Feld über Fenstern, Türen u. a.; 2. Vorrichtung an Maschinen, um lange Werkstücke abzustützen
Lupanar *s.* (*lat.*) Bordell im alten Rom
Lupine *w.* (*lat.*) Wolfsbohne, ein Schmetterlingsblütler, Futterpflanze und Gartenblume
lupös (*lat.*) an Lupus leidend; **Lupus** *m.* Hauttuberkulose, Hautwolf; **Lupus in fabula** wie der Wolf in der Fabel, Redensart, wenn jemand kommt, den man gerade erwähnt hat
Lure *w.* (*altisl.*) bronzenes, bis zu 3 m langes Blasinstrument der german. Vorzeit
Lusitanien (-ni'e-, *lat.*) römische Provinz, etwa auf dem Gebiet des heutigen Portugal
lusingando (*itl.*) Musik: spielerisch, zärtlich
Lüster *m.* (*frz.*) 1. stark glänzender Stoff aus Baumwolle, Zellwolle oder Kunstseide (auch Alpaka oder Mohair); 2. Kronleuchter; 3. schillernde Glasur auf Töpferwaren und Glas; 4. der samtige, irisierende Glanz auf Perlen oder Perlmutt; 5. Spezialappretur für Leder oder Pelze
Lustration *w.* (*lat.*) kultische Reinigung (z. B. von Äckern in altröm. Zeit)
Lustrum *s.* (*lat.*) Zeitraum von fünf Jahren
Lutein *s.* (-te'i-, *lat.*) gelber Farbstoff in Butter, im Eidotter und in Pflanzenblättern
Luv *w.* (*niederl.*) die dem Wind zugewandte Seite des Schiffes
Lux *s.* (*lat.*) 1. Licht; 2. Einheit der Lichtstärke (Abk. lx)
Luxation *w.* (*gr.*) Verschiebung zweier durch Gelenk verbundener Knochenenden, Ausrenkung; **luxieren** ausrenken, verrenken
luxurieren (*lat.*) 1. üppig wuchern; 2. schwelgen; **luxuriös** verschwenderisch, üppig; **Luxus** *m.* den normalen Standard weit übersteigender Aufwand
luzid (*lat.*) 1. helldurchsichtig; 2. klar und verständlich, Hptw. **Luzidität** *w.*
Luzifer *m.* (*lat.*) 1. Name des Teufels; 2. Morgenstern; **luziferisch** teuflisch
lx = Lux
Lykorexie *w.* (*gr.*) krankhaft gesteigerter Hunger, Heißhunger
lymphatisch (*gr.*) die Lymphdrüsen betreffend; **Lymphe** *w.* 1. Körperflüssigkeit in einem eigenen Gefäßsystem; 2. Impfstoff gegen Pocken; **Lymphom** *s.* Lymphknotengeschwulst
lynchen (*engl.*) jmdn. ohne Gerichtsprozess töten, zu Tode prügeln; **Lynchjustiz**

w. Misshandlung oder Tötung eines Menschen durch eine aufgebrachte Volksmenge, Pogrom

Lyra *w.* (*gr.*) 1. altgriechisches Zupfinstrument; 2. altes Streichinstrument; 3. Glockenspiel in Militärkapellen; 4. das Sternbild Leier

Lyric *s.* (lirik, *engl.*) Liedtext, bes. in der Unterhaltungsmusik

Lyrik *w.* (*gr.*) neben Dramatik und Epik die dritte Hauptgattung der Poesie, die mit besonderen Stilmitteln wie Metrum, Reim, Vers, Bildlichkeit Gefühle, Eindrücke, Stimmungen und Reflexionen ausdrückt; **Lyriker** *m.* Dichter, Autor von Gedichten; **lyrisch** 1. zur Lyrik gehörend; 2. gefühlsbetont, stimmungsvoll; **lyrisieren** etwas lyrisch gestalten und darbieten

Lysin *s.* (*gr.*) Antikörper, der Krankheitserreger und körperfremde Zellen auflösen kann; **Lysis** *w.* 1. Auflösung von Krankheitserregern; 2. Fieberrückgang; **Lysoform, Lysol** *s.* (*Wz.*) flüssiges Desinfektionsmittel

Lyssa *w.* (*gr.*) Tollwut

Lyzeum *s.* (-ze'u-, *gr.*) frühere Bezeichnung für höhere Mädchenschule (*Mz.* Lyzeen)

M

m = Meter
m. = maskulin
M = Mille und medium
M. = Monsieur
mA = Milliampere
M. A. = Magister Artium
Mäander *m.* 1. in Windungen verlaufender Fluss; 2. in gewundenen Linien verlaufendes Ziermuster (nach dem gewundenen Lauf des Flusses Mäander); **mäandern, mäandrieren** in Form des Mäanders verlaufen, Eigw: **mäandrisch**
Maat *m.* (*niederländ.*) Unteroffizier bei der Marine, Schiffsmann; **Maatschapp** *w.* Maatschaft, 1. Handelsgesellschaft; 2. Schiffsmannschaft
Mac (mäk, *ir.*) vor irischen und schottischen Eigennamen: Sohn des...
Macchia *w.* (makja, *itl.*) unterholzartiger, immergrüner Buschwald der Mittelmeerregion
Machete *w.* (matschete, *span.*) langes Buschmesser
Machiavellismus *m.* (makjawell-) amoralische Machtpolitik, bei der allein der Erfolg entscheidet (nach N. Machiavelli, 1469–1527); **machiavellistisch** skrupellos
Machinationen *Mz.* (*lat.*) Ränke, Intrigen, Machenschaften; **machinieren** Ränke schmieden
Machismo *m.* (matschismo, *span.*) männl. Leitbild, das von Männlichkeitswahn geprägt ist; **Macho** *m.* Mann mit betont männl. Imponiergehabe
Macis *m.* (massi, *frz.*) Muskatblüte
Mackintosh *m.* (mäckintosch) wasserdichter Regenmantel aus gummiertem Baumwollstoff (nach dem schott. Chemiker Ch. Mackintosh)
Madam *w.* (mäddem, *engl.*) engl. Anrede an eine Frau (Abk. Mdm.); **Madame** (madam, *frz.*) französ. Anrede an eine Frau (Abk. Mme.), *Mz.* Mesdames (medahm), Abk. Mmes.
Madapolam *m.* oder *s.* (*ind.*) batistartiger Baumwollstoff
made in... (mehd –, *engl.*) Aufdruck auf Waren für die Herkunftsbezeichnung
Madeira *m.* (madehra) ein Süßwein; **Madeirastickerei** Lochstickerei (nach der Insel Madeira)
Mademoiselle *w.* (madmoasell, *frz.*) französ. Anrede für Fräulein (Abk. Mlle.)
Madjar *m.* (*ung.*) Madyar, Ungar
Madonna *w.* (*itl.*) 1. die Gottesmutter Maria; 2. Darstellung der Gottesmutter mit dem Kind in der bildenden Kunst
Madras (*ind.*) durchsichtiges Baumwollgewebe, Gardinenstoff
Madrassa, Medrese, Medresse *w.* (*arab.-türk.*) 1. geistiges Zentrum des Islam; Bet-, Lehr- und Wohnkomplex für Lehrer und Schüler, die im Koran und in islamischem Recht, Literatur und Sprache, Medizin und Mathematik unterwiesen werden; 2. der Moschee angegliederte Koranschule
Madrigal *s.* (*itl.*) 1. aus Italien stammende lyrische Versform; 2. mehrstimmig gesetzte Vertonung dichterischer Texte, meist ohne Begleitung von Instrumenten
maestoso (ma'e-, *itl.*) Musik: feierlich, majestätisch
Maestro *m.* (*itl.*) Meister, Anrede, bes. für berühmte Musiker (*Mz.* Maestri)
Mäeutik *w.* (*gr.*) die sokratische Kunst, durch geschicktes Fragen einem Schüler die in ihm schlummernden Einsichten bewusst zu machen, Eigw. **mäeutisch**
Maffia, Mafia *w.* (*itl.*) ehemaliger sizilianischer, heute internationaler terroristischer Geheimbund mit vielfältigen Einkommensquellen in Drogenhandel, Prostitution u. a.; **mafios** 1. die Mafia betreffend; 2. mit Methoden der Mafia; **Mafioso** *m.* Angehöriger der Mafia
Magazin *s.* (*frz.-arab.*) 1. Vorratshaus, Lager; 2. Unterhaltungszeitschrift; 3. Pa-

tronenkammer in Schusswaffen; **magazinieren** im Lager speichern, lagern
Magdalénien *s.* (-lehnjäng, *frz.*) Epoche der älteren Steinzeit
Magenta *s.* roter synthetischer Farbstoff (nach der itl. Stadt)
magic (mädschik, *engl.*) magisch
maggiore (madschore, *itl.*) itl. Bez. für Dur
Magie *w.* (*gr.*) 1. Zauberkunst, Geheimkunst; 2. Zauberei im Varieté; 3. magische Ausstrahlung; **Magier** *m.* (-gi'er) 1. Zauberer, Zauberkünstler; 2. Mensch, der andere in seinen Bann zieht; **magisch** geheimnisvoll, unergründlich, zaubrisch, bannend
Magister *m.* (*lat.*) Hochschulgrad an engl., dt. und amerik. Universitäten, Magister Artium (Abk. M. A.)
magistral (*lat.*) nach Vorschrift des Arztes hergestellt (von Arzneien); **Magistrale** *w.* 1. Hauptverkehrslinie; 2. Hauptstraße in einer Großstadt
Magistrat *m.* (*lat.*) Behörde, Stadtverwaltung
Magma *s.* (*gr.*) 1. die glutflüssige Gesteinsmasse des Erdinnern; 2. Teig, Brei (in der Medizin)
Magna Charta *w.* (– karta, *lat.*) englische Urkunde von 1215, in der der König dem Adel grundlegende Freiheitsrechte einräumte
magna cum laude (*lat.*) mit großem Lob, zweitbeste Zensur bei Doktorprüfungen
Magnat *m.* (*lat.*) 1. Angehöriger des früheren Hochadels in Polen und Ungarn; 2. Großgrundbesitzer; 3. branchenbeherrschender, mächtiger Großindustrieller
Magnesia *w.* (*gr.*) Magnesiumoxyd
Magnet *m.* (*gr.*) 1. Eisen, das Eisen anzieht; 2. Elektromagnet; 3. Anziehungspunkt, anziehender Mensch, anziehender Gegenstand; **Magnetband** *s.* Speichermedium der magnetischen Aufzeichnung; **magnetisch** 1. Eisen anziehend; 2. anziehend, unwiderstehlich; **magnetische Aufzeichnung** Verfahren zur Aufzeichnung von Schall, Bild und Daten durch die Magnetisierung eines entsprech. Trägers; **Magnetiseur** *m.* (-sör, *frz.*), **Magnetopath** *m.* (*gr.*) jmd., der durch Magnetismus zu heilen versucht; **magnetisieren** 1. magnetisch machen, Hptw. **Magnetisierung** *w.*; 2. mit Magnetismus behandeln; **Magnetismus** *m.* 1. die Kraft, Metalle anzuziehen; 2. die Heilkraft des Magnetismus; 3. vom Menschen ausströmende stark anziehende Kraft; **Magnetograph** *m.* Gerät zum Aufzeichnen erdmagnetischer Schwankungen; **Magneton** *s.* Maßeinheit für die magnetische Kraft von Elementarteilchen; **Magnetophon** *s.* magnetisches Gerät zum Aufzeichnen von Schallwellen, Aufnahmeapparat für Bandaufnahmen; **Magnetron** *s.* Gerät zur Erzeugung hochfrequenter Schwingungen
Magnettongerät *s.* Tonbandgerät
magnifik (manjifik, *frz.*) prächtig
Magnifikat *s.* (*lat.*) Lobgesang der Jungfrau Maria (aus dem Lukasevangelium), Teil der kath. Vesper
Magnifizenz *w.* (*lat.*) Titel und Anrede des Rektors einer Universität
Magnolie *w.* (-li'e, *frz.*) Zierbaum mit rosaweißen tulpenförmigen Blüten
Magnum *w.* (*lat.*) Wein- oder Champagnerflasche mit doppeltem Inhalt
Magnus *m.* (*lat.*) der Große (Zusatz zu Namen)
Magyar = Madjar
Mahagoni *s.* (*indian.*) Name verschiedener Edelhölzer
Maharadscha *m.* (*sanskr.*) indischer Fürstentitel; **Maharani** *w.* (*sanskr.*) ind. Fürstin, Frau des Maharadscha
Mahatma *m.* (*sanskr.*) indischer Ehrentitel für geistig hoch stehende Männer
Mahaut, Mahut *m.* (*sanskr.*) Elefantenführer, Elefantentreiber
Mahdi *m.* (machdi, *arab.*) der von den Sunniten erwartete Erlöser
Mah-Jongg *s.* (mah-dschong, *Wz.*) chinesisches Gesellschaftsspiel mit Spielsteinen
Maiden *s.* (mehden, *engl.*) junges, noch siegloses Rennpferd
Mailbox *w.* (mehlbox, *engl.*) elektronischer Briefkasten, Speicher im Datenendgerät, in dem Nachrichten hinterlegt werden können; **Mailen** *s.* (mehlen, *engl.*) das Verschicken einer E-Mail; **Mailing** *s.* Verschicken von Werbematerial per Post, Ztw. **mailen**; **Mailorder** *w.* (*engl.*) Versandhandel, Bestellung durch die Post

Mainliner *m.* (mehnleiner, *engl.*) intravenös spritzender Rauschgiftabhängiger; **Mainstream** *m.* (-strihm, *engl.*) 1. die gleich bleibenden, gängigen Tendenzen im Jazz zwischen 1940 und den 60er-Jahren; 2. eine nach kommerziellen Gesichtspunkten arbeitende konventionelle Ausrichtung (z. B. im Film)

Maire *m.* (mähr, *frz.*) Bürgermeister in Frankreich; **Mairie** *w.* Bürgermeisterei, Gemeindeamt in Frankreich

Maître de Plaisir *m.* (mähtre de pläsihr, *frz.*) jmd., der ein unterhaltendes Festprogramm arrangiert

Maitresse = Mätresse

Maiestas Domini *w.* (-je-, *lat.*) Darstellung des thronenden Christus in der bildenden Kunst

Majestät *w.* (*lat.*) 1. Anrede an Kaiser und Könige; 2. Erhabenheit, hohe Würde; **majestätisch** erhaben, hoheitsvoll

Majolika *w.* (*lat.*) bunt bemalte Töpferware, Fayence

Majonäse = Mayonnaise

Major *m.* (*lat.*) militärischer Rang zwischen Hauptmann und Oberstleutnant, Stabsoffizier; **Majorat** *s.* 1. Erbgut; 2. Ältestenrecht in der Erbfolge bei Grundbesitz; **Majordomus** *m.* Hausmeier, Hofbeamter der Merowinger

majorenn (*lat.*) volljährig, mündig, Hptw: **Majorennität** *w.*

majorisieren (*lat.*) durch Stimmenmehrheit zwingen, überstimmen; **Majorität** *w.* Mehrheit, Stimmenmehrheit

Majuskel *w.* (*lat.*) großer Buchstabe

makaber (*frz.*) 1. an den Tod erinnernd; 2. mit dem Grauen, mit dem Tod Scherz treibend

Makadam *m.* oder *s.* früherer Straßenbelag aus Schotter und Teer; **makadamisieren** mit Makadam bedecken (nach dem Erfinder MacAdam)

Makak *m.* (*afrik.*) Affe aus der Gattung der Meerkatzen

Make-up *s.* (mehkap, *engl.*) Aufmachung des Gesichts mit kosmetischen Mitteln, die kosmetischen Mittel selbst

Makimono *s.* (*jap.*) Rollwandbild im Querformat in der ostasiat. Kunst

Makkaroni *Mz.* (*itl.*) röhrenförmige Nudeln aus Hartweizengrieß

Mako *w.* ägyptische Baumwollsorte (nach Mako Bey, dem Förderer des Baumwollanbaus im Ägypten des 19. Jhs.)

Makramee *s.* (*arab.*) Knüpfarbeit aus festgedrehten Fäden

Makro-, makro- (*gr.*) als Vorsilbe: groß

Makrobiotik *w.* (*gr.*) 1. die Kunst, das Leben zu verlängern; 2. spezielle Ernährungsweise auf der Basis von Gemüse und Getreide

Makrokosmos *m.* (*gr.*) Weltall, Universum, Eigw. **makrokosmisch**

Makromelie *w.* (*gr.*) Riesenwuchs

Makromolekül *s.* (*gr.*) Molekül, das aus tausend und mehr Atomen aufgebaut ist

Makrone *w.* (*itl.*) Gebäck aus Mandeln, Nüssen od. Kokos, Eiweiß und Zucker

Makrophysik *w.* (*gr.*) die klassische Physik

makroskopisch (*gr.*) mit bloßem Auge sichtbar

Makrostruktur *w.* (*gr.*) die mit bloßem Auge sichtbare Struktur der Materie

Makulatur *w.* (*lat.*) 1. unbrauchbar gewordenes bedrucktes Papier, Altpapier; 2. Unsinn, Schein; **makulieren** altes Papier einstampfen

Malachit *m.* (*gr.*) grüner Schmuckstein

malad (*frz.*) kränkelnd, nicht wohl, lustlos, abgeschlafft

mala fide (*lat.*) wider besseres Wissen

Malaga *m.* (*span.*) spanischer Süßwein

Malaise *m.* (malähs, *frz.*) *w.* 1. Unbehagen, Unlust; 2. Ungemach, missliche Lage

Malakologie *w.* (*gr.*) Weichtierkunde

Malaria *w.* (*itl.*) Wechselfieber, Sumpffieber, dessen Erreger durch die Anophelesmücke übertragen werden

Malefikus *m.* (*lat.*) Unheilbringer (bes. von Sternen in der Astrologie); **Malefizkerl** *m.* Teufelskerl

Malepartus *m.* (*lat.*) Fuchshöhle in der Tierfabel

Malheur *s.* (malöhr, *frz.*) Unglück, Pech, peinliches Missgeschick

Malice *w.* (malihß, *frz.*) Bosheit, boshafte Anspielung; **maliziös** boshaft, hämisch

maligne (*lat.*) bösartig (von Krankheiten), Hptw. **Malignität** *w.*; **Malignom** *s.* bösartiger Tumor

Mall *w.* (mohl, *engl.*) amerikan. Einkaufszentrum

Malocchio *m.* (mallockio, *itl.*) böser Blick
Maloche *w.* (*hebr.*) schwere Arbeit, Ztw. **malochen**
Malthusianismus *m.* die bevölkerungspolitische Lehre des engl. Nationalökonomen Th. R. Malthus
Maltose *w.* (*lat.*) Malzzucker
malträtieren (*frz.*) misshandeln, quälen
Malum *s.* (*lat.*) Krankheit, Übel, das Böse
Malus *m.* (*lat.*) 1. Prämienaufschlag einer Versicherung bei gehäuften Schadensfällen; 2. Punktabzug
Malvasier *m.* (-si'e-, *frz.*) Süßwein aus den Mittelmeerländern
Mamba *w.* (*afr.*) afrikan. Giftschlange
Mambo *m.* (*kreol.*) Gesellschaftstanz westindischen Ursprungs
Mamelucken *Mz.* (*arab.*) 1. türkische Sklaven am pers. und ägypt. Hof; 2. ägyptische Truppen aus türkischen Sklaven, die vom 13. bis zum 16. Jh. zur Herrscherschicht wurden
Mamilla *w.* (*lat.*) Brustwarze; **Mamillaria** *w.* Warzenkaktus; **Mamma** *w.* weibliche Brust, Brustdrüse (*Mz.* Mammae [-mä]); **Mammalia, Mammalien** *Mz.* (-li'en) Säugetiere; **Mammographie** *w.* Röntgenuntersuchung der weibl. Brust
Mammon *m.* (*gr.-hebr.*) Geld, Geld als Götze
Mammut *s.* (*russ.*) ausgestorbener Rieseneleefant; **Mammut-** in Wortzusammensetzungen: Riesen-
Mamsell *w.* (*frz.*) Fräulein (heute noch scherzhaft)
Mänade *w.* (*gr.*) Rasende aus dem Gefolge des Dionysos
Management *s.* (mänedschment, *engl.*) Leitung, Betriebsführung eines Wirtschaftsunternehmens; **managen** (mänedschen) organisieren, durchführen, hinkriegen; **Manager** *m.* (mänedscher) 1. Führungskraft eines Wirtschaftsunternehmens; 2. Betreuer von Künstlern und Sportlern
mancando (*itl.*) Musik: schwindend
Manchester *m.* (mänschester) gerippter Samt; **Manchestertum** *s.* Richtung eines extremen wirtschaftspolitischen Liberalismus (nach der engl. Stadt)
Mandant *m.* (*lat.*) Auftraggeber; **Mandat** *s.* Vollmacht, Auftrag; **Mandatar** *m.* Beauftragter, Bevollmächtigter
Mandarin *m.* (*sanskr.*) europäische Bezeichnung für hohe chinesische Beamte; **Mandarine** *w.* Apfelsinenart
Mandat = Mandant
Mandoline *w.* (*itl.*) kleines, bauchiges Lauteninstrument
Mandorla *w.* (*itl.*) ovaler Heiligenschein um die ganze Gestalt in der bildenden Kunst
Mandrit *m.* (*gr.*) Mönch der Ostkirche
Mandragora *w.* (*gr.*) alraunartiges Gewächs
Mandrill *m.* (*afrik.*) Pavianart aus Westafrika
Manege *w.* (manäsche, *frz.*) Reitbahn, runde Fläche für Darbietungen im Zirkus
Manen *Mz.* (*lat.*) die Seelen der Vorfahren im altröm. Glauben
Mangan *s.* (*lat.*) chem. Element, ein Metall
Mango *w.* (*malai.*) Frucht des Mangobaums
Mangrove *w.* (*malai.-engl.*) tropischer Sumpfbaum mit Luftwurzeln
Maniac *m.* (mäniäk, *engl.*) Fanatiker, Besessener
Manichäer *Mz.* Anhänger des Manichäismus; **Manichäismus** *m.* Lehre des persischen Religionsstifters Mani, gnostische, radikal dualistische Weltreligion der Spätantike und des frühen Mittelalters
Manichino *m.* (manikino, *itl.*) Gliederpuppe aus Holz, die Bildhauern zu Bewegungsstudien dient
Manie *w.* (*gr.*) 1. Besessenheit, leidenschaftliche Liebhaberei, Sucht; 2. die manische Phase in der manisch-depressiven Erkrankung mit übersteigerter Hochstimmung, Betätigungsdrang und Selbstüberschätzung; **manisch** 1. zur Manie gehörend; 2. besessen, leidenschaftlich ein Ziel verfolgend, süchtig; **manisch-depressiv** abwechselnd übersteigert heiter und schwermütig
Manier *w.* (*frz.*) 1. Art und Weise; 2. künstlerische Art; 3. erstarrte Form; **Manieren** *Mz.* Benehmen entspr. den Regeln des gesellschaftl. Anstands
manieriert (*frz.*) gekünstelt, übersteigert, Hptw. **Manieriertheit** *w.*; **Manierismus**

m. (-ni'e-) 1. manieriertes Verhalten; 2. Stilrichtung in der Kunst zwischen Renaissance und Barock, Eigw. **manieristisch**

manifest (*lat.*) deutlich erkennbar, offenbar, handgreiflich; **Manifest** *s.* Grundsatzerklärung; **Manifestation** *w.* 1. Offenlegung, das Offenbarwerden; 2. Kundgebung; **manifestieren** kundgeben, offenbaren, sichtbar machen

Maniküre *w.* (*frz.*) 1. Hand- und Nagelpflege; 2. Handpflegerin; **maniküren** Hände und Nägel pflegen

Maniok *m.* (*indian.*) Wolfsmilchgewächs, dessen Wurzel die Tapioka liefert

Manipel *m.* (*lat.*) Teil einer römischen Legion; **Manipel** *w.* Band, das der katholische Priester bei der Messe über dem linken Unterarm trägt

Manipulation *w.* (*lat.*) 1. techn. Handhabung, Verfahren; 2. Kniff, Machenschaft; 3. bewusste Beeinflussung, deren sich die Betroffenen nicht bewusst werden; **manipulieren** 1. handhaben, mit etwas hantieren; 2. bewusst beeinflussen, täuschen

Manko *s.* (*lat.-itl.*) Mangel, Fehler, Fehlbetrag

Manna *s.* oder *w.* (*arab.-hebr.*) 1. von Gott den Juden während der Wüstenwanderung gespendete Nahrung nach dem Auszug aus Ägypten (Altes Testament); 2. getrockneter Saft der Manna-Esche; 3. Honigtau von Schildläusen

Mannequin *s.* (mannekäng, *niederl.-frz.*) 1. (lebensechte) Puppe für Dekorationen; 2. weibl. Modell für Damenbekleidung

Manometer *s.* (*gr.*) Druckmesser

ma non troppo oder **ma non tanto** (*itl.*) Musik: nicht zu sehr

Manöver *s.* (*frz.*) 1. Truppenübung; 2. Scheinbewegung von Truppen; 3. Kunstgriff, Verfahren, um abzulenken und zu täuschen; **manövrieren** 1. taktische Bewegungen ausführen; 2. geschickt verfahren

Manpower *w.* (mänpaur, *engl.*) Leistungs-, Arbeitskräftepotential (eines Unternehmens, einer Organisation u. Ä.)

manque (mangk, *frz.*) Roulette: Gewinnmöglichkeit bei den Zahlen 1 – 18

Mansarde *w.* (*frz.*) Dachgeschoss, Dachstube

Manschette *w.* (*frz.*) 1. Ärmelbündchen, Ärmelstulpe, besonders am Herrenhemd; 2. Papierhülle für Blumentöpfe usw.; 3. Dichtungsring; **Manschetten haben** Angst haben

Mantik *w.* (*gr.*) Wahrsagekunst

Mantille *w.* (mantilje, *span.*) 1. Kopf- und Schulterschleier der Frauenfesttracht in Spanien; 2. kurzer capeartiger Umhang über der Frauenkleidung im 19. Jh.

Mantisse *w.* (*lat.*) Dezimalstellen hinter dem Komma des Logarithmus

Mantra *s.* (*sanskr.*) Spruch, Ritualformel in der hinduistischen Tradition

Manual, Manuale *s.* (*lat.*) 1. Handklaviatur (im Ggs. zum Pedal); 2. frühere Bez. für Tagebuch; **manuell** mit der Hand; **Manufaktur** *w.* vorindustrieller Gewerbebetrieb, in dem Handarbeit vorherrscht; **Manufakturwaren** *Mz.* Meterwaren, Textilien, Web-, Wirkwaren

Manuldruck *m.* fotochemisches Vervielfältigungsverfahren für Drucke (nach dem umgeformten Namen seines Erfinders Ullmann)

manu propria (*lat.*) mit eigener Hand, eigenhändig

manus lavat manum (*lat.*) eine Hand wäscht die andere

Manuskript *s.* (*lat.*) handschriftlicher oder mit Maschine geschriebener Text eines noch ungedruckten Werks, Satzvorlage (Abk. Mskr. und Ms.)

Manzanilla *m.* (manzanilja, *span.*) spanischer Weißwein

Maquillage *w.* (makijasch, *frz.*) 1. Kennzeichnung der Spielkarten (beim Falschspielen); 2. französ. Ausdruck für das Schminken

Maquis *s.* (maki, *frz.*) französische Widerstandsbewegung im Zweiten Weltkrieg; **Maquisards** *Mz.* (makisar) Widerstandskämpfer

Marabu *m.* (*arab.*) in Afrika und Indien lebender Storchvogel mit Kropfsack

Marabut *m.* (*arab.-frz.*) islam. Einsiedler, Asket, Heiliger

Maracas *Mz.* (*span.*) Rasselinstrument, Rumbakugeln

Maracuja *w.* (*indian.-port.*) Frucht der Passionsblume

Maraschino *m.* (maraskino, *itl.*) Kirschlikör aus der dalmatinischen Maraskakirsche

Marasmus *m.* (*gr.*) körperlich-geistiger Kräfteschwund, Eigw. **marantisch, marastisch**

Marathon *m.* (*gr.*) etwas, was langes Durchhaltevermögen verlangt (z. B. Marathonsitzung); **Marathonlauf** *m.* Langstreckenlauf über 42,2 km, nach der Entfernung zwischen Marathon und Athen

Marc *m.* (mahr, *frz.*) franz. Grappa

marcato (*itl.*) Musik: betont, mit Nachdruck

Marchesa *w.* (markesa, *itl.*) Gattin eines Marchese; **Marchese** *m.* (markese) italienischer Adelstitel

Marcia *w.* (martscha, *itl.*) italien. Bez. für Marsch; **Marcia funebre** *w.* Trauermarsch

Mare *s.* (*lat.*) große Ebene auf Mond und Mars

Marengo *m.* melierter Kammgarnstoff

Marge *w.* (marsche, *frz.*) Preisspanne, Spielraum

marginal (*lat.*) 1. am Rande, randständig; 2. unwichtig, geringfügig; **Marginalien** *Mz.* (-li'e-) Randbemerkungen (*Ez.* Marginalie *w.*); **Marginalität** *w.* (*engl.*) Marginalexistenz, Existenz am Rande einer sozialen Gruppe

Mariage *w.* (mariahsch, *frz.*) 1. Kartenspiel; 2. beim Kartenspiel Dame und König gleicher Farbe in einer Hand

marianisch auf die Jungfrau Maria bezogen

Marihuana *s.* (*span.*) Rauschgift aus indischem Hanf, Cannabis, Haschisch

Marille *w.* (*itl.*) Aprikose

Marimba *w.* (*afrikan.-span.*) afrikanisches Xylophon, mittelamerikanisches Volksinstrument

marin (*lat.*) zum Meer gehörig; marineblau, dunkelblau; **Marine** *w.* Flotte, Kriegsflotte; **Marinismus** *m.* schwülstiger Stil in der Dichtung (nach Marini, 1569–1625)

Marinade *w.* (*frz.*) Beize, würzige Essigsoße zum Einlegen von Fisch, Fleisch usw.; **marinieren** in eine Marinade einlegen

Mariologie *w.* (*gr.*) Marienlehre der kath. Kirche

Marionette *w.* (*frz.*) 1. an Drähten bewegte Gliederpuppe; 2. willenloser Mensch

maritim (*lat.*) das Meer und die Seefahrt betreffend

markant (*frz.*) 1. einprägsam, ausgeprägt; 2. scharf geschnitten (vom Gesicht)

Marketender *m.*, **Marketenderin** *w.* (*itl.*) frühere Händler oder Händlerin bei der Feldtruppe

Marketerie *w.* (*frz.*) Einlegearbeit in Holz, Marmor u. a.

Marketing *s.* (*engl.*) die absatzfördernden Maßnahmen eines Unternehmens

markieren (*frz.*) 1. kennzeichnen; 2. vortäuschen, so tun, als ob; 3. eine Theaterrolle nur andeuten; **Markierung** *w.* Kennzeichnung; **Markör** *m.* 1. Punktezähler beim Billard; 2. Gerät zum Furchenziehen

Markise *w.* (*frz.*) aufrollbarer Sonnenschutz

Markör = markieren

Marmelade *w.* (*port.*) mit Zucker eingekochte Früchte als Brotaufstrich

Marmor *m.* (*lat.*) kristallinischer Kalkstein; **marmorieren** marmorartig bemalen oder bedrucken; **marmoriert** nach Art des Marmors geädert

Marmotte *w.* (*frz.*) Murmeltier

Marocain = Crêpe marocain

marode (*frz.*) müde, matt, erschöpft; **Marodeur** *m.* (-döhr) plündernder Soldat; **marodieren** plündern

Marone *w.* (*itl.*) 1. Frucht der Edelkastanie; 2. Speisepilz

Maronit *m.* (*arab.*) Mitglied einer im 5. Jh. gegründeten mit Rom unierten Kirche im Libanon

Maroquin *m.* (marockäng, *frz.*) nordafrikanisches Ziegenleder

Marotte *w.* (*frz.*) Schrulle, verschrobene Angewohnheit

Marquess *m.* (markwis, *engl.*) englischer Adelstitel zwischen Earl und Duke

Marquis *m.* (marki), **Marquise** *w.* (markis, *frz.*) französischer Adelstitel

Marquisette *w.* (markisett, *frz.*) zarter Gitterstoff, bes. für Gardinen

Marrane *m.* (*hebr.-span.*) span. Schimpfname für die spanischen Juden, die im 15. Jh. zur Taufe gezwungen wurden, ihrem alten Glauben jedoch oft heimlich treu blieben

Mars *m.* (*lat.*) 1. Kriegsgott der Römer; 2. erster Planet außerhalb der Erdbahn

Marsala *m.* (*itl.*) Süßwein aus Sizilien

Marseillaise *w.* (marßäjäs) französ. Nationalhymne, 1792 entstanden (nach der franz. Stadt)

Marshallplan *m.* (marschel-, *engl.*) der von dem amerikan. Außenminister G. C. Marshall entworfene Plan zum Wiederaufbau der im Zweiten Weltkrieg zerstörten europäischen Wirtschaft

martialisch (*lat.*) kriegerisch, bedrohlich, grimmig

Märtyrer *m.* (*gr.*) 1. jmd., der wegen seines Glaubens oder seiner Überzeugung Verfolgungen und Tod erduldet; 2. Blutzeuge nach der christl. Auffassung; **Martyrium** *s.* Opfertod um des Glaubens oder der Überzeugung willen; **Martyrolog, Martyrologium** *s.* Verzeichnis (und Lebensbeschreibung) der (kath.) Heiligen und Märtyrer sowie ihrer Feste

Marxismus *m.* die von Marx und Engels begründete, den Kapitalismus kritisierende Wirtschafts- und Gesellschaftstheorie, Eigw. **marxistisch**; **Marxist** *m.* Anhänger des Marxismus

Mary Jane *w.* (märri dschehn, *engl.*) Bez. für Marihuana

Marzipan *s.* (*itl.*) süße weiche Masse aus Mandeln und Zucker

Maschallah (*arab.*) was Gott will, bestätigende Aussage der Moslems

Maschine *w.* (*frz.*) mechanisches Gerät, das Arbeitsgänge ausführt oder Kraft überträgt; **maschinell** mit der Maschine; **Maschinensprache** *w.* Programmiersprache eines Computers (EDV); **Maschinerie** *w.* 1. Gesamtheit von zusammenarbeitenden Maschinen; 2. die technischen Hilfsmittel hinter der Bühne eines Theaters; 3. Vorgänge, in die man nicht eingreifen kann; **Maschinist** *m.* Facharbeiter, der Maschinen bedient und wartet

Maser *m.* (mehser, aus *engl. m*icrowave *a*mplification by *s*timulated *e*mission of *r*adiation) Gerät zur Erzeugung von Mikrowellen

Maskaron *m.* (maskarong, *frz.-itl.*) Gesicht oder Maske als Ornament an Bauten

Maske *w.* (*frz.-arab.*) 1. das Geschminktwerden bei Bühne und Film; 2. Larve, Verhüllung des Gesichts; 3. Schutzvorrichtung für das Gesicht (z. B. für den Torwart beim Eishockey); 4. Schablone zur Abdeckung bestimmter Teile während der fotografischen Belichtung; 5. Schablone, die auf dem Computerbildschirm erscheint, um Daten einzutragen; 6. Täuschung, Verstellung; **Maskerade** *w.* 1. Verkleidung; 2. Maskenfest, Mummenschanz; 3. Heuchelei; **maskieren** verdecken, verkleiden; **sich maskieren** sich unkenntlich machen

Maskotte *w.*, **Maskottchen** *s.* (*frz.*) Talisman, Glück bringender Gegenstand

maskulin (*lat.*) männlich; **Maskulinum** *s.* Sprachlehre: männliches Hauptwort (*Mz.* Maskulina)

Masochismus *m.* 1. süßes Leiden; 2. sexuelle Lust durch vom Partner zugefügte körperliche Schmerzen; **Masochist** *m.* jmd., der (sexuelle) Lust im Leiden findet, Eigw. **masochistisch** (nach dem österreich. Schriftsteller L. v. Sacher-Masoch, 1836–1895)

Massage *w.* (massasche, *frz.*) Heilbehandlung des Körpers oder einzelner Muskelpartien durch fachgerechtes Reiben, Kneten usw.; **Masseur** *m.* (-söhr) jmd., der berufsmäßig das Massieren ausübt

Massaker *s.* (*frz.*) Gemetzel, Blutbad; **massakrieren** niedermetzeln, ein Blutbad anrichten

Masse *w.* (*lat.*) 1. Vielzahl von Menschen; 2. Grundgröße der Mechanik

Massel *m.* (*hebr.*) Glück, Dusel

massieren (*frz.*) 1. mit Massagen behandeln; 2. anhäufen, zusammendrängen

massiv (*frz.*) 1. dicht, fest; 2. durch und durch aus einem Material (z. B. Holz, Gold); 3. bedrohlich, bedrängend; **Massiv** *s.* Gebirgsstock

Master *m.* (*engl.*) 1. akadem. Grad an engl. und amerikan. Hochschulen; 2. engl. Anrede für jungen Herrn; 3. Leiter einer Parforcejagd; 4. Leiter einer Unterhaltungssendung, Showmaster; **Masterslice-Technik** (-sleiß-) Herstellungstechnik für Mikrochips mit mehreren Schaltkreisen

Mastiff *m.* (*engl.*) englische Dogge

Mastik *m.* (*frz.*) Kittart; **Mastikator** *m.* Knetmaschine

Mastitis *w.* (*gr.*) Brustdrüsenentzündung

Mastix *m.* (*gr.*) Harz des Mastixbaums, das für Lacke, Pflaster u. a. verwendet wird

Mastodon *s.* (*gr.*) urzeitlicher Riesenelefant

Masturbation *w.* (*lat.*) Onanie, sexuelle Selbstbefriedigung, Ztw. **masturbieren**

Masurka = Mazurka

Matador *m.* (*span.*) 1. Stierkämpfer, der dem Stier den Todesstoß gibt; 2. höchster Trumpf im Kartenspiel; 3. Hauptperson, treibende Kraft

Match *s.* (mätsch, *engl.*) Wettspiel; **Matchball** *m.* Aufschlagball im Tennis, der das Spiel entscheidet

Mate *m.* (*indian.*) südamerikanischer Tee aus getrockneten Blättern des Matebaums

Matelassé *m.* (matlasseh, *frz.*) zweiseitiges reliefartiges Seidengewebe

Matelot *m.* (matlo, *frz.*) runder Hut mit aufgerollter Krempe; **Matelote** *w.* 1. Fischragout; 2. Matrosentanz

Mater *w.* (*lat.*) Matrize

Mater dolorosa *w.* (*lat.*) Schmerzensmutter, Pietà in der bildenden Kunst

Material *s.* (*lat.*) Stoff, Rohstoff, Hilfsmittel, Unterlagen, Belege

Materialisation *w.* (*lat.*) Verstofflichung, Verkörperung; **materialisieren** 1. verstofflichen; 2. in Materie umwandeln (von Strahlungsenergie); 3. zu einer körperlichen Erscheinung werden (in der Parapsychologie); **Materialismus** *m.* philosoph. Lehre, die die Gesamtheit des Wirklichen als Erscheinungsform oder Auswirkung der Materie versteht; **Materialist** *m.* 1. Anhänger des Materialismus; 2. jmd., der den Besitz materieller Güter über alles stellt, Eigw. **materialistisch**; **Materialität** *w.* Stofflichkeit

Materie *w.* (-ri'e, *lat.*) 1. Stoff, Substanz; 2. Gegenstand einer Abhandlung, Thema; 3. die vom menschlichen Bewusstsein unabhängig vorhandene Wirklichkeit; **materiell** 1. stofflich, körperlich; 2. auf Besitz bedacht; 3. finanziell, wirtschaftlich

matern (*lat.*) mütterlich; **Maternität** *w.* Mutterschaft

Mathematik *w.* (*gr.*) Wissenschaft von den Zahlen- und Raumgrößen, Eigw. **mathematisch**; **Mathematiker** *m.* Wissenschaftler auf dem Gebiet der Mathematik; **mathematisieren** etwas mathematisch formulieren

Matinee *w.* (*frz.*) künstlerische Veranstaltung am Vormittag

Matjeshering *m.* (*niederl.*) junger gesalzener Hering

Matratze *w.* (*arab.-itl.*) Bettpolster

Mätresse *w.* (*frz.*) Geliebte, deren Unterhalt der Liebhaber trägt

Matriarchat *s.* (*gr.-lat.*) mutterrechtlich organisierte Gesellschaftsform, Erbfolge durch die Mutter, Eigw. **matriarchalisch**

Matrikel *w.* (*lat.*) 1. Studentenverzeichnis an Hochschulen; 2. Personenstandsregister in Österreich

Matrix *w.* (*lat.*) 1. Keimschicht (z. B. Haarmatrix in der Haarzwiebel), Hülle der Chromosomen, Krallenbett der Wirbeltiere; 2. Zahlenschema in Rechteckform; 3. Grundmasse in Ergussgesteinen

Matrize *w.* (*frz.*) Grußform für Druckbuchstaben, Negativform, Hohlform

Matrone *w.* (*lat.*) ältere, gesetzte, füllige Frau von mütterlichem Aussehen

Matrose *m.* (*niederl.*) Mitglied einer Schiffsbesatzung

matsch (*itl.*) 1. mürbe, schlapp, besiegt; 2. ohne Stich (im Kartenspiel); **Matt** *s.* (*arab.*) Niederlage beim Schach, weil man den König nicht verteidigen kann

Matter of Fact *s.* (mätter of fäkt, *engl.*) selbstverständliche Tatsache

Matura *w.* (*lat.*) Reifeprüfung, Abitur

Matze *w.* (*hebr.*) das ungesäuerte Osterbrot der Juden

Maureske *w.* (*frz.-itl.*) arabisches Flächenornament in Form streng stilisierter Pflanzenformen

Mausoleum *s.* (-le'um, *gr.*) monumentaler Grabbau

mauve (mohw, *frz.*) malvenfarbig, grauviolett

maximal (*lat.*) höchst; **Maxime** *w.* (*lat.-frz.*) Prinzip, Grundsatz, Lebensregel; **Maximum** *s.* Höchstmaß, Höchstwert

Maya *w.* (*altind.-sanskr.*) in der indischen Philosophie die Erscheinungswelt als Trugbild, das die Wahrheit verbirgt; **Maya** *Mz.* indianisches Volk Mittelamerikas und dessen Sprache

Mayday (mehdeh, *engl.*) internationaler Notruf (vermutlich von m'aidez [mähdeh, *frz.*] = helft mir)

Mayonnaise *w.* (majonnäse, *frz.*) kalte gewürzte Soße aus Eigelb und Öl

Mayor *m.* (mehjer, *engl.*) englischer Bürgermeister

Mäzen *m.* (*lat.*) Kunstfreund, freigebiger Förderer der Künstler

Mazeration *w.* (*lat.*) Auslaugung durch Wasser von pflanzlichem, tierischem und menschlichem Gewebe, Ztw. **mazerieren**

Mazis = Macis

Mazurka, Masurka *w.* polnischer Tanz

mb = Millibar

Mdm. = Madam

mea culpa (*lat.*) durch meine Schuld

mea res agitur (*lat.*) es geht um meine Sache

Mechanik *w.* (*gr.*) 1. Wissenschaft vom Gleichgewicht und von der Bewegung der Körper unter dem Einfluss von Kräften; 2. Triebwerk, Getriebe; **Mechaniker** *m.* Facharbeiter für Maschinen, Feinschlosser; **mechanisch** 1. auf die Mechanik bezogen, den Gesetzmäßigkeiten der Mechanik entsprechend; 2. gewohnheitsmäßig, zwangsläufig, unbewusst; 3. durch äußere Kräfte bedingt; **mechanisieren** auf Maschinenarbeit umstellen, Hptw. **Mechanisierung** *w.*; **Mechanismus** *m.* 1. Triebwerk, Getriebe; 2. unwillkürlich verlaufende Reaktion, selbsttätiger Vorgang; **mechanistisch** alles Geschehen auf mechanische Abläufe zurückführend

Medaille *w.* (medalje, *frz.*) Gedenkmünze, Siegespreis in Form einer Geldmünze; **Medailleur** *m.* (-jör) Medaillendesigner und -hersteller; **Medaillon** *s.* (-jong) 1. Schmuckkapsel zum Umhängen; 2. rundes Bildnis; 3. Scheibe vom Filet

Media *Mz.* (*lat.*) stimmhafte Verschlusslaute (z. B. b, d, g)

medial (*lat.*) 1. nach der Körpermitte hin gelegen; 2. sich zum Medium eignend

Mediamann *m.* (*lat.-dt.*) Firmenangestellter, der für die Werbung der Firma in den Medien zuständig ist

median (*lat.*) in der Mitte liegend; **Medianebene** *w.* Ebene, die den menschlichen Körper in zwei gleiche Hälften teilt

Mediation *w.* (*lat.*) Vermittlung zwischen Staaten; **mediatisieren** 1. eine Herrschaft aus der Reichsunmittelbarkeit in Landeshoheit überführen (z. B. die früheren Reichsstädte); 2. durch den Einsatz von modernen Medien verändern (z. B. eine Sängerstimme)

mediäval (*lat.*) mittelalterlich; **Mediäval** *w.* Antiquaschriftart; **Mediävist** *m.* Kenner des Mittelalters; **Mediävistik** Wissenschaft vom europäischen Mittelalter

media in vita in morte sumus (*lat.*) mitten im Leben sind wir vom Tod umfangen

medial = Medium

medias in res (*lat.*) mitten hinein, ohne Umschweife zur Sache

Medien *Mz.* (-di'e-, *lat.*) 1. Mz. von Medium; 2. Massenkommunikationsmittel zur Verbreitung von Nachrichten, Meinung, Unterhaltung durch Zeichen und Bilder, in engerem Sinne: die Massenmedien Presse, Film, Funk, Fernsehen; **Medienverbund** = Multimedia

Medikament *s.* (*lat.*) Heilmittel, Arzneimittel; **medikamentös** mit Hilfe von Arzneimitteln; **Medikation** *w.* Arzneiverordnung; **Medikus** *m.* scherzhaft: Arzt

medio (*lat.*) in der Mitte; **Mediowechsel** *m.* in der Monatsmitte zahlbarer Wechsel

medioker (*lat.*) mittelmäßig; **Mediokrität** *w.* Mittelmäßigkeit

Medisance *w.* (medisangß, *frz.*) üble Nachrede, boshafter Klatsch

Meditation *w.* (*lat.*) 1. Betrachtung, innere Versenkung; 2. geistig-religiöse Übung im Buddhismus; **meditieren** 1. nachsinnen, sich versenken; 2. Meditation ausüben

mediterran (*lat.*) mittelmeerländisch

medium (mih-, *engl.*) 1. mittelgroß (von Kleidergrößen, Abk. M); 2. halb durchgebraten (von Fleisch)

Medium *s.* (*lat.*) 1. Stoff, in dem sich ein physikalischer oder chemischer Vorgang abspielt; 2. Person mit vermittelnden Kräften zum Übersinnlichen (Parapsychologie), Eigw. **medial**; 3. Unterrichtshilfsmittel

Medizin *w.* (*lat.*) 1. Wissenschaft von den Krankheiten, Heilkunde; 2. Heilmittel; **Mediziner** *m.* 1. Arzt; 2. Medizinstudent; **medizinisch** heilkundlich; **Medizinmann** *m.* Zauberer und Priester bei Naturvölkern, Schamane

Medley *s.* (meddli, *engl.*) Zusammenstellung, Potpourri, bes. von beliebten Titeln der Unterhaltungsmusik

Medoc *m.* (*frz.*) französischer Rotwein

Medrese, Medresse = Madrassa

Medusa *w.* (*gr.*) weibliches Ungeheuer der griech. Sage, dessen Blick in Stein verwandelt; **Medusen** *Mz.* Quallenart

meeten (mihten, *engl.*) einen Geschäftstermin wahrnehmen, sich treffen; **Meeting** *s.* Zusammenkunft, öffentliches geschäftliches oder sportliches Treffen

mefitisch (*lat.-itl.*) schweflig stinkend, verpestend

Mega(lo)-, mega(lo)- (*gr.*) als Wortteil: sehr groß; vor Maßeinheiten: das Millionenfache

Megabit *s.* (*gr.-engl.*) ca. eine Million Bit; **Megabyte** *s.* ca. eine Million Byte (EDV)

Megalith *m.* (*gr.*) vorgeschichtlicher Riesensteinblock; **Megalithgrab** *s.* Hünengrab; **megalithisch** aus der Jungsteinzeit stammend

Megalomanie *w.* (*gr.*) Größenwahn, Eigw: **megalomanisch**

Megaohm *s.* (*gr.-dt.*) eine Million Ohm

megaout (-aut, *gr.-engl.*) absolut unmodern (umg.)

Megaphon *s.* (*gr.*) mobiler Lautsprecher

Megäre *w.* (*gr.*) die Neidische der drei Erinnyen in der griech. Mythologie, rachsüchtige, unversöhnliche Frau

Megaron *s.* (*gr.*) altgriechisches Haus mit großem Raum und Vorhalle

Megastar *m.* (*gr.-engl.*) weltweit berühmter und gefeierter Star

megatherm (*gr.*) wärmebedürftig (von Pflanzen)

Megavolt *s.* (*gr.*) eine Million Volt; **Megawatt** *s.* eine Million Watt

Mekka *s.* (*arab.*) 1. heilige Stadt des Islam; 2. für eine bestimmte Leidenschaft oder Tätigkeit attraktiver Ort (z. B. ein Mekka der feinen Küche)

Melan-, melan- (*gr.*) als Wortteil: schwarz

Melancholie *w.* (*gr.*) Schwermut, Trübsinn; **Melancholiker** *m.* jmd., der zu Schwermut neigt; **melancholisch** schwermütig, traurig, trübsinnig

Melange *w.* (melangsch, *frz.*) 1. Mischung; 2. Milchkaffee in Österreich

Melanin *s.* (*gr.*) dunkler Farbstoff in Haut, Haaren, Federn, Schuppen

Melanom *s.* (*gr.*) bösartige dunkle Pigmentgeschwulst

Melasse *w.* (*span.-frz.*) Rückstand bei der Zuckergewinnung

melieren (*frz.*) sprenkeln, (aus verschiedenen Farben) mischen; **meliert** gesprenkelt, mischfarben, von Haaren: angegraut

Melioration *w.* (*lat.*) Verbesserung des Bodens, Ztw. **meliorieren**

Melisma *s.* (*gr.*) melodische Verzierung in der Musik, Koloratur (*Mz.* Melismen); **melismatisch** in verzierter Melodieführung; **Melismatik** *w.* verzierter Melodiestil

Melisse *w.* (*gr.*) Bienenkraut, Heilpflanze

Melloh *s.* (viell. *arab.*) Bez. für das jüdische Viertel in arabischen Städten

Melodie *w.* (*gr.*) liedhafte Tonfolge; **Melodik** *w.* 1. Wohlklang; 2. Lehre von Bildung und Bau einer Melodie; **melodisch, melodiös** sangbar, wohlklingend; **Melodrama** *s.* 1. Mischgattung aus Schauspiel und (untermalender) Musik, seit dem 18. Jh.; 2. Rührstück, Eigw. **melodramatisch**

Melograph *m.* (*gr.*) Notenschreibmaschine, Tonhöhenschreiber

Melone *w.* (*gr.-lat.*) 1. kürbisartige Frucht; 2. runder steifer Hut (Bowler)

Melos *s.* (*gr.*) 1. Melodie, Gesang, Lied; 2. Sprachmelodie

Melpomene *w.* (*gr.*) griech. Muse des Trauerspiels

Melton *s.* (melten) dunkler, tuchartiger Herrenanzugsstoff für Gesellschaftskleidung (nach der engl. Stadt Melton Mowbray)

Membran, Membrane *w.* (*lat.*) 1. dünnes Häutchen; 2. schwingungsfähiges Plättchen (z. B. im Lautsprecher)

Membrum *s.* (*lat.*) Körperglied

Memento *s.* (*lat.*) Erinnerung, Mahnung;

Memento mori gedenke des Todes, Gegenstand oder Ereignis, das an den Tod gemahnt

Memo = Memorandum

Memoiren *Mz.* (memoaren, *frz.*) Erinnerungen, Lebenserinnerungen; **Memorabilien** *Mz.* (-li'en) Denkwürdigkeiten, Erinnerungen; **Memorandum** *s.* 1. Merkzettel; 2. Denkschrift, Stellungnahme; **Memorial** *s.* (*engl.*) 1. Denkmal; 2. Veranstaltung zum Gedenken an einen Toten; **memorieren** (*lat.*) auswendig lernen, wiederholen

Memory *s.* (*engl.*) 1. Kinder- und Gesellschaftsspiel; 2. Speicher im Computer

Menage *w.* (menahsch, *frz.*) kleines Tischgestell für Essig, Öl, Pfeffer, Salz

Menagerie *w.* (menahscherih, *frz.*) Tierschau, Tiergehege

Menarche *w.* (*gr.*) erste Menstruation

Mendelismus *m.* die Vererbungsregeln Gregor Mendels

Mendikant *m.* (*lat.*) Bettelmönch

Menetekel *s.* (*aram.*) Warnzeichen, Ankündigung drohenden Unheils (nach der im Alten Testament erwähnten Geisterschrift für den babylonischen König Belsazar)

Menhir *m.* (*bretonisch*) aufrecht stehender, unbehauener langer Stein, Hünenstein

Meningitis *w.* (*gr.*) Gehirnhautentzündung

Meniskus *m.* (*gr.*) scheibenförmiger Zwischenknorpel im Kniegelenk

Mennig *m.*, **Mennige** *w.* (*lat.*) rotes Bleioxyd, Schutzfarbe gegen Rost

Mennonit *m.* Anhänger einer freikirchlichen evang. Glaubensgemeinschaft, bes. in den USA (nach Menno Simons, einem Führer der Wiedertäufer im 16. Jh.)

meno (*itl.*) Musik: weniger, nachlassend

Menopause *w.* (*gr.-lat.*) Ende der weiblichen Periode in den Wechseljahren; **Menorrhöe** *w.* Monatsblutung

Menora *w.* (*hebr.*) Leuchter des jüdischen Kults mit 7 oder 8 Armen

Mensa *w.* (*lat.*) 1. steinerne Platte des kath. Altars; 2. Hochschulkantine

Menschewik *m.* (*russ.*) Mitglied der russ. sozialdemokratischen Partei, Anhänger des Menschewismus; **Menschewismus** *m.* gemäßigte Richtung des russischen Sozialismus

Menses *Mz.* (*lat.*) Monatsblutung

mens sana in corpore sano (*lat.*) gesunder Geist im gesunden Körper (aus den Satiren des altröm. Dichters Juvenal)

Menstruation *w.* (*lat.*) Monatsblutung, Ztw. **menstruieren**

Mensur *w.* (*lat.*) 1. der Abstand, den die beiden Partner beim Fechten einhalten müssen; 2. verschiedene Maßverhältnisse an Musikinstrumenten; 3. studentischer Zweikampf mit scharfen Waffen; 4. Messglas, Messzylinder; **mensurabel** messbar, Hptw. **Mensurabilität** *w.*

mental (*lat.*) 1. geistig, im Geiste; 2. Verstand, Denkvermögen und Psyche betreffend; **Mentalität** *w.* geistige Einstellung; **Mentalsuggestion** *w.* Gedankenübertragung

Mentha *w.* (*lat.*) Minze; **Menthol** *s.* aromatischer Bestandteil des Pfefferminzöls

Mentor *m.* (*gr.*) 1. Ratgeber, Anreger, väterlicher Freund; 2. Pädagoge, der Studenten und Referendare im Schulpraktikum betreut

Menü *s.* (*frz.*) 1. Speisenfolge; 2. auf dem Bildschirm erscheinende Übersicht eines Computerprogramms

Menuett *s.* (-nu'e-, *frz.*) alter französischer Hoftanz

Mephisto, Mephistopheles *m.* der Teufel im Sinne des geistig überlegenen, zynischen Verführers; **mephistophelisch** teuflisch

Merchandising *s.* (mörtschendeising, *engl.*) Verkaufsförderung eines Produkts (z. B. durch Fanartikel zur Schallplatte)

merci (merßi, *frz.*) danke!

Meridian *m.* (*lat.*) Mittagskreis, Längenkreis (gedachter Kreis auf der Erdkugel und am Himmel, der durch beide Pole läuft); **meridianal** auf den Meridian bezüglich

Meringe *w.* (*frz.*) Gebäck aus Eischnee und Zucker, Schaumgebäck

Merino *m.* (*span.*) 1. Schaf mit feiner Wolle; 2. glänzender, geköperter Stoff aus Merinowolle

Meriten *Mz.* (*lat.*) Verdienste

merkantil (*lat.*) kaufmännisch, den Handel betreffend; **Merkantilismus** *m.*, **Merkantilsystem** *s.* Wirtschaftspolitik zur Zeit des Absolutismus mit dem Ziel, Industrie und Außenhandel zu fördern und dadurch die Macht des Staates zu stärken; **Merkantilist** *m.* Anhänger des Merkantilismus; **merkantilistisch** auf dem Merkantilismus beruhend

Merkur *m.* (*lat.*) 1. römischer Gott des Handels, Götterbote; 2. der kleinste und sonnennächste Planet; **Merkur** *s.* alchimistische Bezeichnung für Quecksilber; **Merkurialismus** *m.* Quecksilbervergiftung

Merlan *m.* (*frz.*) Schellfischart

Merveilleux *m.* (merwäijöh, *frz.*) atlasartige Futterseide

Merzerisation *w.* Verfahren, Baumwolle Seidenglanz zu geben, Ztw. **merzerisieren** (nach John Mercer)

Mesalliance *w.* (mäsaljangß, *frz.*) nicht standesgemäße Beziehung oder Heirat

meschant (*frz.*) böse, boshaft

meschugge (*hebr.*) verrückt, überspannt

Meskal *m.* (*mexik.*) aus Agavenblättern bereiteter Branntwein; **Meskalin** *s.* Gift eines mexikanischen Kaktus, Rauschmittel

Mesmerismus *m.* Lehre Franz Mesmers von der heilenden Wirkung des Magnetismus

Meso-, meso- (*gr.*) als Wortteil: mittlere, in der Mitte

Mesoblast, Mesoderm *s.* (*gr.*) mittleres Keimblatt des Embryos von Wirbeltieren und Menschen

Mesolithikum *s.* (*gr.*) die mittlere Steinzeit, Eigw. **mesolithisch**

Mesonen *Mz.* (*gr.*) instabile Elementarteilchen

Mesozoikum *s.* (-zo'i-, *gr.*) mittleres Erdzeitalter, Eigw. **mesozoisch**

Message *w.* (messidsch, *engl.*) Botschaft, Mitteilung, Meldung, Nachricht

Messe *w.* (*lat.*) 1. Liturgie der kath. Kirche, Gottesdienst mit Eucharistie; 2. Vertonung der liturgischen Teile der kath. Messe; 3. große Verkaufsausstellung von Waren; **Messe** *w.* (*engl.*) Aufenthalts- und Speiseraum von Schiffsbesatzungen

Messias *m.* (*hebr.*) 1. der im Alten Testament verheißene Erlöser; 2. im Neuen Testament Beiname für Jesus Christus; **messianisch** auf den/einen Messias bezogen; **Messianismus** *m.* Glaube an das Kommen eines Messias

Messidor *m.* (*frz.*) der zehnte Monat im Kalender der Französischen Revolution (19. Juni bis 18. Juli)

Mestize *m.* (*span.*) Nachkomme eines weißen und eines indianischen Elternteils

mesto (*itl.*) Musik: traurig, ernst

Meta-, meta- (*gr.*) als Wortteil: zwischen, jenseits, hinter, nach, ver-

metabolisch (*gr.*) veränderlich, zum Stoffwechsel gehörig; **Metabolismus** *m.* Stoffwechsel

Metagenese *w.* (*gr.*) Generationswechsel zwischen geschlechtlicher und ungeschlechtlicher Fortpflanzung

Metagnomie, Metagnostik *w.* (*gr.*) parapsychologisch begründetes Erkenntnisvermögen, das über die rational erklärbaren Formen des Erkennens hinausgeht (z. B. Gedankenlesen)

Metakritik *w.* (*gr.*) Gegenkritik, Kritik der Kritik

Metall *s.* (*gr.*) Bez. für chem. Elemente, die hinsichtlich ihrer Fähigkeit, Wärme und Elektrizität zu leiten, ihrer Legierbarkeit und Undurchsichtigkeit gleiche Eigenschaften aufweisen; **metallen** aus Metall bestehend; **metallic** (mitälik, *engl.*) metallisch (stumpf) glänzend; **metallisch** (*gr.*) 1. aus Metall bestehend; 2. metallartig aussehend; 3. hart, durchdringend klingend (von Musik); **Metallogie** *w.* Lehre vom Bau und den Eigenschaften der Metalle; **Metallographie** *w.* Lehre von den Untersuchungstechniken der Metallstruktur; **Metallurgie** *w.* Lehre von der Gewinnung der Metalle, Hüttenkunde

metamorph, metamorphisch (*gr.*) die Gestalt wandelnd, Ztw. **metamorphisieren**; **Metamorphose** *w.* Verwandlung, Umwandlung, Gestaltwandel

Metapher *w.* (*gr.*) Verbildlichung, Übertragung eines abstrakten Sachverhalts in einen bildhaften Ausdruck; **metaphorisch** bildlich, übertragen; **Metaphrase** *w.* Übertragung einer Versdichtung in Prosa; **metaphrastisch** 1. die Metaphrase betreffend; 2. mit Synonymen arbeitend

Metaphysik *w.* (*gr.*) philosophische Lehre von (den Gesetzmäßigkeiten) der Wirklichkeit hinter den erfahrbaren Dingen; **Metaphysiker** *m.* Philosoph, der sich mit dem Überempirischen beschäftigt; **metaphysisch** überempirisch; **Metapsychologie** *w.* 1. die Lehre vom Okkulten; 2. Parapsychologie

Metasprache *w.* (*gr.-dt.*) 1. Sprache, die die Beschreibung einer natürlichen Sprache ermöglicht; 2. übergeordnete Sprache zur Beschreibung von künstlichen Sprachen (z. B. Programmiersprachen)

Metastase *w.* (*gr.*) Tochtergeschwulst, Transport von Geschwulstkeimen an andere Körperstellen, Eigw. **metastatisch**

Metempsychose *w.* (*gr.*) Seelenwanderung

Meteor *s.* (*gr.*) kurzzeitige Lichterscheinung am Nachthimmel, die durch kosmische Partikel hervorgerufen wird, wenn sie beim Eintritt in die Erdatmosphäre verglühen; **Meteorit** *m.* kosmischer Festkörper, der entweder Meteore bildet oder als Restkörper auf die Erdoberfläche fällt; **Meteorologe** *m.* Wissenschaftler auf dem Gebiet der Meteorologie; **Meteorologie** *w.* Teilgebiet der Geophysik, das sich mit Klima und Wetter beschäftigt; **meteorologisch** wetterkundlich; **Meteoropathologie** *w.* Grenzfach zwischen Medizin und Meteorologie, das den Einfluss des Wetters auf den Menschen erforscht; **Meteorotropie** *w.* Wetterfühligkeit

Meter *m.* und *s.* (*gr.*) internationale Einheit der Länge (Abk. m)

Methan *s.* (*gr.*) Kohlenwasserstoff, farb- und geruchsloses, brennbares Gas

Methode *w.* (*gr.*) planmäßiges Verfahren zur Erlangung von Erkenntnissen oder zur Erreichung eines praktischen Ziels; **Methodik, Methodologie** *w.* Lehre von den Methoden, von den Verfahren (z. B. Unterrichtsverfahren); **Methodiker** *m.* jmd., der planmäßig nach einer Methode verfährt; **methodisch** planmäßig, mit Methode

Methodismus *m.* (*gr.*) aus der anglikan. Kirche entstandene Erweckungsbewegung, in den USA die zweitstärkste kirchlich verfasste Konfession; **Methodist** *m.* Anhänger des Methodismus

Methusalem *m.* (*hebr.*) im Alten Testament erwähnter Urvater, der 969 Jahre alt wurde

Methylalkohol *m.*, **Methanol** *s.* (*gr.*) sehr giftiger Alkohol, der bei der Herstellung von Formaldehyd Verwendung findet

Metier *s.* (metjeh, *frz.*) Handwerk, Beruf, etwas, was jmd. gut kann

Metöke *m.* (*gr.*) ortsansässiger Fremder ohne Bürgerrechte in den griech. Städten der Antike

Metonomasie *w.* (*gr.*) Namensveränderung, Übertragung des Eigennamens in eine fremde Sprache (z. B. *Weber* in *Textor*)

Metonymie *w.* (*gr.*) auf Ideenverbindung beruhender Wortaustausch (z. B. *im Goethe lesen* anstelle von *in Goethes Werken lesen*), Eigw. **metonymisch**

Metope *w.* (*gr.*) Schmuckfeld im Kranzgesims griechischer Tempel

Metrik *w.* (*gr.*) 1. Lehre von Versmaß und Versbau; 2. Lehre vom Takt in der Musik; **metrisch** 1. auf das Versmaß, den Takt bezogen; 2. in Versen; 3. auf den Meter bezogen; **Metrologie** *w.*, Lehre von den Maßsystemen

Metro *w.* (*frz.*) Untergrundbahn, u. a. in Paris und Moskau

Metronom *s.* (*gr.*) Taktmesser, mechanischer Taktschläger

Metropole *w.* (*gr.*) Hauptstadt, Weltstadt, Mittelpunkt; **Metropolit, Metropolitan** *m.* 1. röm.-kath. Erzbischof, 2. Oberhaupt der orthodoxen Kirche eines Landes

Metrum *s.* (*gr.*) Versmaß, Taktmaß

Mettage *w.* (mettasche, *frz.*) Umbruch, Anordnung des Drucksatzes zu Seiten; **Metteur** *m.* (-tör) Schriftsetzer, der den gesetzten Satz zu Seiten umbricht

Meublement *s.* (möblemang, *frz.*) Wohnungseinrichtung, Möbel

Mezzanin *s.* (*itl.*) Zwischengeschoss

mezza voce (-wohtsche, *itl.*) Musik: mit halber Stimme

mezzoforte (*itl.*) Musik: halblaut; **mezzopiano** halbleise; **Mezzosopran** *m.* Stimme zwischen Sopran und Alt

Mezzogiorno *m.* (-dschorno, *itl.*) der von Rom südlich gelegene Teil Italiens

Mezzotinto *s.* (*itl.*) Schabkunst, Technik des Kupferstichs (*Mz.* -tinti)

mg = Milligramm

Miasma *s.* (*gr.*) Bodenausdünstung, Gifthauch als Krankheitserreger (überholte medizinische Anschauung)

Mickey Mouse *w.* (micki maus, *engl.*) oder **Mickymaus** *w.* von Walt Disney geschaffene komisch-groteske Trickfilmgestalt

midi (*frz.*) halblang (von Kleidung)

Midinette *w.* (-nett, *frz.*) Pariser Putzmacherin im 19. Jh.

Midlands *Mz.* (midländs, *engl.*) Mittelengland

Midlife-Crisis *w.* (midleifkreißis, *engl.*) seelische Krise, Existenzkrise in der Lebensmitte (des Mannes), ein um 1970 entstandener Begriff

Midrasch *m.* (*hebr.*) Sammlung rabbinischer Literatur zur Auslegung der Bibel

Midshipman *m.* (midschippmähn, *engl.*) Seeoffiziersanwärter in den USA und England

Mignon (minjong, *frz.*) 1. nach Goethes Mädchengestalt Sinnbild der sehnsüchtig Liebenden; 2. Liebling; **Mignonne** *w.* (minjonn) Liebchen, Liebling

Migräne *w.* (*lat.-gr.*) (halbseitiger) Kopfschmerzanfall mit Sehstörungen, Schwindel und Übelkeit

Migration *w.* (*lat.*) Wanderungsbewegung von Tieren, Pflanzen, Menschen

Mijnheer (minehr, *niederl.*) niederl. Anrede für Herr

Mikado *m.* (*jap.*) 1. umschreibende Bez. für den japanischen Kaiser; 2. Geschicklichkeitsspiel mit Stäbchen

Mikro-, mikro- (*gr.*) als Wortteil: klein, gering, fein

Mikroben = Mikroorganismen

Mikrobiologie *w.* (*gr.*) Wissenschaft von den Mikroorganismen

Mikrodiskette *w.* Diskette mit einem Durchmesser von 3,5 Zoll (EDV)

Mikrofiche *m.* u. *s.* (*gr.-frz.*) Mikrofilm mit zeilenmäßig angeordneten Mikrokopien, die in einem speziellen Lesegerät gelesen werden; **Mikrofilm** *m.* Film zur wesentlich verkleinerten Speicherung von Schrift- und Bildmaterial, bes. für die Platz sparende Archivierung geeignet; **Mikrofotografie** *w.* das Fotografieren mit Hilfe eines Mikroskops; **Mikrokopie** *w.* (*gr.*) stark verkleinerte fotografische Reproduktion von Schrift- und Bildmaterial

Mikrokosmos *m.* (*gr.*) 1. die Welt der Kleinstlebewesen; 2. die im Vergleich zum Weltall kleine Welt des Menschen

Mikromanie *w.* (*gr.*) Kleinheitswahn, übertriebenes Minderwertigkeitsgefühl

Mikrometer *s.* (*gr.*) 1. Messinstrument für kleine Längen; 2. ein Millionstel Meter, frühere Bez.: Mikron

Mikroorganismen *Mz.* (*gr.*) kleinste, meist einzellige Lebewesen, darunter auch die Bakterien und Viren

Mikrophon/Mikrofon *s.* (*gr.*) Gerät zur Umwandlung von Schallwellen in elektrische Ströme

Mikrophysik *w.* (*gr.*) Physik der Atome und Moleküle

Mikroprozessor *m.* (*gr.-lat.*) hochintegrierter Speicherbaustein (Chip), der das vollständige Rechen- und Steuerwerk eines Computers umfasst (EDV)

Mikroskop *s.* (*gr.*) Instrument zum Sichtbarmachen kleinster Gegenstände; **Mikroskopie** *w.* Untersuchung am Mikroskop, Ztw. **mikroskopieren**; **mikroskopisch** 1. nur unter dem Mikroskop sichtbar; 2. winzig klein (umg.)

Mikrosomie *w.* (*gr.*) Zwergwuchs

Mikrotom *s.* (*gr.*) Schneidegerät zum Anfertigen dünnster Schnitte für mikroskopische Untersuchungen

Mikrowelle *w.* (*gr.-dt.*) 1. elektromagnetische Welle im Zentimeterbereich; 2. Kurzwort für **Mikrowellenherd**, *m.* ein Gerät, das Speisen mit Hilfe von Mikrowellen in kurzer Zeit erwärmt oder gart

Mikrozensus *m.* (*gr.-lat.*) Repräsentativerhebung (für bestimmte Daten) der Bevölkerung

Mikrozephalie *w.* (*gr.*) krankhafte Kleinheit des Schädels, Eigw. **mikrozephal**

Miktion *w.* (*lat.*) das Harnlassen

Milan *m.* (*frz.*) Greifvogelart mit gegabeltem Schwanz

miliar (*lat.*) hirsekorngroß; **Miliartuberkulose** *w.* Form der Tuberkulose mit hirsekorngroßen Tuberkeln

Milieu *s.* (miljöh, *frz.*) 1. Umfeld, Umgebung, Lebensraum; 2. Bezirk, in dem Prostituierte arbeiten, Rotlichtmilieu; **Milieu-**

theorie *w.* Lehre von der Bedeutung des sozialen Umfelds für die Entwicklung des Menschen

militant (*lat.*) kämpferisch, streitbar, Hptw. **Militanz** *w.*

Militär *s.* (*lat.-frz.*) Gesamtheit der Streitkräfte; **Militär** *m.* hoher Offizier; **Militärattaché** *m.* einer Botschaft zugeteilter Offizier; **Militärdiktatur** *w.* Diktatur, in der Militärs die Macht innehaben; **Militaria** *Mz.* militärische Gegenstände als Sammelobjekte; **militärisch** zum Militär gehörig, in der Art des Militärs; **militarisieren** 1. mit militärischen Mitteln ausstatten; 2. militärische Prinzipien und Organisationsformen auf andere gesellschaftliche Bereiche übertragen; **Militarismus** *m.* Vorherrschaft des Militärs und militärischer Prinzipien im Staat, Eigw. **militaristisch**

Military *s.* (militäri, *engl.*) Reitsport: Vielseitigkeitsprüfung in Geländeritt, Dressurreiten und Jagdspringen; **Military Police** *w.* (*engl.*) Militärpolizei in England und den USA (Abk. MP)

Milium *s.* (*lat.*) Hautgrieß

Miliz *w.* (*lat.*) Bürgerwehr, kurz ausgebildete Truppe, die im Kriegsfall einberufen wird

Mille *s.* (*lat.*) das Tausend (Abk. M)

Millefleurs *Mz.* (millflöhr, *frz.*) 1. Musterungsart mit kleinen Blümchen; 2. Duftwässer aus mehreren Blumendüften

Mille Miglia *w.* (-milja, *itl.*) 1000-Meilen-Rennen für Sportwagen in Italien (bis 1957)

Millennium *s.* (*lat.*) Jahrtausend, Zeitraum von tausend Jahren

Milli- (*lat.*) Vorsatz vor Maßeinheiten: der tausendste Teil

Milliampere *s.* (-angpähr, *lat.-frz.*) ein tausendstel Ampere, Maßeinheit kleiner Stromstärken

Milliardär *m.* (*lat.*) Besitzer von Milliarden; **Milliarde** *w.* tausend Millionen; **Millibar** *s.* ein tausendstel Bar, Einheit des Luftdrucks, (Abk. mb); **Milligramm** *s.* ein tausendstel Gramm (Abk. mg); **Millimikron** *s.* ein millionstel Millimeter

Million *w.* (*lat.*) tausend mal tausend; **Millionär** *m.* Besitzer von Millionen

Milreis *s.* (re'is) frühere Währungseinheit in Portugal und Brasilien

Mime *m.* (*gr.*) (berühmter großer) Schauspieler; **mimen** eine Rolle spielen, sich verstellen; **Mimik** *w.* 1. Ausdrucksbewegungen im menschlichen Gesicht, Mienenspiel; 2. Mienen- und Körpersprache auf der Bühne; **mimisch** zur Mimik gehörend, durch Gebärden ausgedrückt

Mimesis *w.* (*gr.*) 1. die kreative Wirklichkeitsverarbeitung mit ästhetischen Mitteln in den Künsten; 2. (spottende) Nachahmung; **mimetisch** nachahmend, nachäffend

Mimikry *w.* (*gr.*) Fähigkeit von Pflanzen und Tieren, die eigene Farbe der jeweiligen Umgebung anzupassen

Mimose *w.* (*gr.*) 1. Hülsenfrüchtler, zieht bei Berührung und Erschütterung Blätter und Blüten zusammen; 2. überempfindliche Person; **mimosenhaft** überempfindlich, zart besaitet

Mimus *m.* (*gr.*) 1. volkstümliche Form des antiken Lustspiels; 2. Schauspieler, der darin auftritt

Minarett *s.* (*arab.*) Turm der Moschee

Mine *w.* (*frz.*) 1. Sprengkörper, der durch Zündschnur oder Berührung gezündet wird; 2. Stollen, unterirdischer Gang, unterirdisches Metallvorkommen; 3. Einlage in Schreibgeräten

Mineralien *Mz.* (-li'en) chemisch und physikalisch einheitliche anorganische Bestandteile der Erdrinde, einschließlich des durch Zersetzung anorganisch Gewordenen (Kohle), *Ez.* Mineral; **Mineraloge** *m.* Fachmann für Mineralien; **Mineralogie** *w.* Wissenschaft von den Mineralien, Eigw. **mineralogisch**; **Mineralöl** *s.* aus Erdöl erzeugter Kohlenwasserstoff (z. B. Benzin, Heizöl); **Mineralwasser** *s.* Wasser mit Mineralsalz

Minerva *w.* (*lat.*) röm. Göttin der Weisheit und des Kunsthandwerks

Minestrone *w.* (*itl.*) italien. Gemüsesuppe

Mineur *m.* (-nör, *frz.*) 1. Spekulant, der an der Börse die Kurse hochtreibt; 2. Pionier, Fachmann für das Legen von Minen; 3. Arbeiter im Minenstollen

mini (aus *engl.* miniature) sehr kurz (von Kleidern, Röcken, Hosen in der Damenmode)

Miniatur *w.* (*lat.*) 1. Bild in Kleinformat;

2. kleine Bilder zur Illustrierung alter Handschriften; **miniaturisieren** verkleinern; **Miniaturisierung** *w.* 1. Verkleinerung; 2. extreme Verkleinerung der elektronischen Bauelemente und Unterbringung auf kleinstem Raum (Mikrominiaturisierung); **Miniaturist** *m.* jmd., der Miniaturen malt

minieren (*frz.*) unterhöhlen, unterirdische Gänge anlegen

Minigolf *m.* (*engl.*) Kleingolf auf Betonbahnen

minimal (*lat.*) geringfügig, sehr wenig, wenigst; **Minimal Art** *w.* (minimel, *engl.*) Richtung der modernen Kunst, die auf strikte Reduktion der formalen und farblichen Mittel abstellt; **minimalisieren** 1. sehr stark reduzieren, vereinfachen; 2. gering schätzen; **minimieren** auf den kleinsten Wert bringen; **Minimalmusic** *w.* (-mjusik, *engl.*) moderne Musik, die aus einfachen Klangfiguren, deren Wiederholung, allmählicher Verschiebung und Überlagerung besteht; **Minimum** *s.* (*lat.*) 1. kleinstes Maß, niedrigster Wert; 2. Kern eines Tiefdruckgebiets

Minister *m.* (*lat.*) Mitglied der Regierung; **Ministerialbeamter** *m.* Beamter in einem Ministerium; **Ministerialbürokratie** *w.* die Beamtenschaft eines Ministeriums; **ministeriell** (-ri'e-) von einem Ministerium ausgehend; **Ministerium** *s.* Amtsbereich eines Ministers, oberste Verwaltungsbehörde eines Staates; **Ministerpräsident** *m.* Chef des Kabinetts

Ministrant *m.* (*lat.*) kath. Messdiener

minoisch die Kultur Kretas (3000–1200 v. Chr.) betreffend (nach dem Sagenkönig Minos)

Minorat *s.* (*lat.*) Erbrecht des jüngsten Sohnes; **minore** (*itl.*) itl. Bez. für Moll; **Minorit** *m.* Franziskaner; **Minorität** *w.* Minderheit

Minotaurus *m.* (*gr.*) sagenhaftes kretisches Ungeheuer aus Stier und Mensch

minus (*lat.*) 1. weniger; 2. unter dem Gefrierpunkt; **Minus** *s.* 1. Fehlbetrag, Verlust; 2. Mangel, Nachteil

Minuskel *w.* (*lat.*) Kleinbuchstabe

Minute *w.* (*lat.*) 1. der sechzigste Teil einer Stunde; 2. der sechzigste Teil eines Winkelgrads

minutiös, minuziös sehr genau, in allen Einzelheiten

Miozän *s.* (*gr.*) Zeitalter der Erdgeschichte, älteres Tertiär

Mi-parti *s.* (*frz.*) geteilte Tracht, Männertracht im 14. und 15. Jh. von verschiedener Farbe und verschiedenem Schnitt für beide Körperhälften

Mir *m.* (*russ.*) russ. Form der dörflichen Landaufteilung im Zarismus; **Mir** *w.* «Frieden», erste und bisher einzige Raumstation im Weltall (geplante Außerbetriebnahme: Ende 1999)

Mirabelle *w.* (*frz.*) gelbe Pflaumenart

Mirage *w.* (-rahsch, *frz.*) Luftspiegelung

Mirakel *s.* (*lat.*) Wunder, Wundertat; **Mirakelspiel** mittelalterliches Legendendrama; **mirakulös** wundersam, absonderlich

Misandrie *w.* (*gr.*) Männerhass (von Frauen)

Misanthrop *m.* (*gr.*) Menschenfeind; **Misanthropie** *w.* Menschenhass, Eigw. **misanthropisch**

Mischna *w.* (*hebr.*) aus dem 2. Jh. stammende Aufzeichnung des jüd. Religionsgesetzes, Grundlage des Talmud

Mischpoche, Mischpoke *w.* (*hebr.*) Familie, Sippschaft, üble Leute (ironisch, abwertend)

Mise en Scène *s.* (mihs ang ßähn) Inszenierung, In-Szene-Setzen

miserabel (*lat.*) 1. nichtswürdig, erbärmlich; 2. in schlechter Verfassung; **Misere** *w.* (*frz.*) Not, Elend

Miserere *s.* (*lat.*) 1. Erbarme dich, Anfangsworte des 51. Psalms, Bußpsalm; 2. Koterbrechen bei Darmverschluss

Miserikordien *Mz.* (-di'en, *lat.*) Stützen im Chorgestühl

Misogam *m.* (*gr.*) Ehefeind; **Misogyn** *m.* Frauenfeind; **misogyn** frauenfeindlich; **Misologie** *w.* Hass gegen die Vernunft, Abneigung gegen rationale Auseinandersetzung

Miss *w.* (*engl.*) engl. Anrede für Fräulein (*Mz.* Misses [-sis])

Missale *s.* (*lat.*) Messbuch, das den Text der kath. Messe enthält; **Missa solemnis** *w.* feierliche Messe, Hochamt

Missing Link *s.* (*engl.*) Bez. für die fehlende Stufe zwischen Mensch und Menschenaffe

Mission *w.* (*lat.*) 1. Sendung, Auftrag; 2. Verbreitung des Christentums unter Andersgläubigen; 3. Staatsdelegation mit besonderem Auftrag im Ausland; **Missionar** *m.* Geistlicher in der Mission; **missionarisch** 1. die Mission betreffend; 2. impertinent, bekehrerisch; **missionieren** eine Glaubenslehre verbreiten

Missiv *s.* (*lat.*) verschließbare Mappe für Schriften

Mist *m.* (*engl.*) leichter Nebel (Seemannsspr.), Eigw. **mistig**

Mister *m.* (*engl.*) 1. engl. Anrede für Herr in Verbindung mit dem Namen (Abk. Mr.); 2. männl. Sieger im Schönheitswettbewerb

misterioso (*itl.*) Musik: geheimnisvoll

Mistral *m.* (*frz.*) kalter Nordwestwind in Südfrankreich

Mistress *w.* (mistriss, *engl.*) engl. Anrede für Frau in Verbindung mit dem Namen (Abk. Mrs.)

Miszellaneen *Mz.* (-ne'en), **Miszellen** *Mz.* (*lat.*) Vermischtes, kleine Beiträge verschiedenen Inhalts (Sparte in Zeitungen und Zeitschriften)

Mitra *w.* (*gr.*) 1. griechische Stirnbinde der Frauen; 2. kath. Bischofsmütze, Inful

Mitrailleuse *w.* (mitrajös, *frz.*) Schnellfeuerwaffe mit Gewehrkaliber

Mixed Drinks *Mz.* (mixd-, *engl.*) Cocktails, Mischgetränke; **Mixed Grill** *s.* Mischgericht aus gegrilltem Fleisch und Gemüsen; **Mixed Media** *Mz.* (– mihdia) künstlerisch gestaltete Kombination von Medien; **Mixed Pickles** *Mz.* (– pickls) in scharf gewürztem Essig eingelegte Gemüsesorten

mixen (*engl.*) 1. Getränke mischen; 2. Töne mischen (für Film, Rundfunk); **Mixer** *m.* 1. berufsmäßiger Getränkemischer in einer Bar, Barmixer; 2. Gerät zum Mischen bzw. Zerkleinern von Gemüse, Obst u. Ä.; 3. Tontechniker, der getrennt aufgenommenes akustisches Material auf eine Tonspule bringt

Mixtum compositum *s.* (*lat.*) Gemisch, Durcheinander

Mixtur *w.* (*lat.*) Mischung flüssiger Arzneien

Mlle. = Mademoiselle

mm Abk. für Millimeter

Mme. = Madame

Mmes. = Mesdames

Mneme *w.* (*gr.*) Gedächtnis, Fähigkeit lebender Materie, Eindrücke zu bewahren; **Mnemotechnik** *w.* Technik, sich etwas leichter einzuprägen (z. B. durch Merkverse)

Mob *m.* (*lat.*) Pöbel, Pack; **Mobbing** *s.* (*engl.*) Untergrabung der persönlichen Integrität am Arbeitsplatz, Ztw. **mobben**

mobil (*lat.*) 1. beweglich; 2. einsatzbereit; **mobile** (*itl.*) Musik: lebhaft; **Mobile** *s.* bewegliche Schwebeplastik mit leichten Teilen an Fäden und Drähten; **Mobile** *s.* (mobeil, *engl.*) engl.-amerik. Bez. für Handy

Mobiliar *s.* (*lat.*) Möbel, Wohnungseinrichtung; **Mobilien** *Mz.* (-li'en) beweglicher Besitz

mobilisieren (*lat.*) 1. Truppen mobil machen; 2. zum Handeln, in Bewegung bringen, Hptw. **Mobilisation, Mobilisierung** *w.*; **Mobilität** *w.* 1. Beweglichkeit; 2. statistische Häufigkeit des Wohnsitzwechsels

Mockturtlesuppe *w.* (-törtl-, *engl.*) falsche Schildkrötensuppe: Kalbskopfsuppe mit Rotwein

Mod *m.* (*engl.*) Jugendlicher, der sich in seinem Geschmack an der Mode der 1960er-Jahre orientiert

modal (*lat.*) die Art und Weise betreffend, durch die Umstände bedingt; **Modalität** *w.* Art und Weise (des Denkens, eines Umstands usw.)

Mode *w.* (*lat.*) Zeitgeschmack in Bezug auf Kleidung, Musik usw.; **Modedesigner** *m.* (-diseiner, *lat.-engl.*) ausgebildete Fachkraft auf dem Gebiet der Mode

Model *m.* (*lat.*) 1. Hohlform für Guss oder zum Ausformen weicher Massen (Ton oder Teig); 2. erhabene Druckform für Stoff- oder Tapetendruck

Model *s.* (*engl.*) Fotomodell, attraktive junge Person, die in der Mode- oder Kosmetikbranche als Werbefigur fungiert

Modell *s.* (*lat.*) 1. Vorbild, Muster; 2. Entwurf z. B. eines Gebäudes in verkleinertem Maßstab; 3. nur einmal angefertigtes Kleid(ungsstück); 4. Person, die als Vorbild für eine Plastik oder ein Gemälde dient; 5. Mannequin; 6. Gussform; 7. vereinfachte, schematische Ausführung eines schwierigen Zusammenhangs (z. B. Denkmodell); **modellieren** 1. Modell herstellen; 2. künstlerisch formen

Modem *m.* oder *s.* (*engl.*) Gerät zur Datenübertragung über Fernsprechleitung, das *Mo*dulator und *Dem*odulator enthält (EDV)

moderat (*lat.*) maßvoll, gemäßigt; **Moderation** *w.* (*lat.*) Redaktion und Leitung einer Sendung in Rundfunk und Fernsehen

moderato (*itl.*) Musik: mäßig schnell

Moderator *m.* (*lat.*) 1. Leiter einer Diskussionsrunde; 2. jmd., der durch Sendungen in Radio und Fernsehen führt (*Mz.* Moderatoren); 3. Bremssubstanz zur Verminderung der Neutronengeschwindigkeit im Kernreaktor; **moderieren** Sendungen leiten oder kommentieren

modern (*lat.*) zeitgemäß, im Zeitgeschmack, neuzeitlich, Hptw. **Modernität** *w.*; **Modern Dance** *m.* (moddern dänß, *engl.*) amerikan. Form des Ausdruckstanzes; **Moderne** *w.* (*lat.*)1. die jetzige Zeit; 2. moderne Richtung in der Kunst; **modernisieren** erneuern, umarbeiten, der Mode anpassen; **Modernismus** *m.* 1. theolog. Reformbewegung innerhalb der kath. Kirche, von Pius X. und seinen Nachfolgern verurteilt; 2. Vorliebe für das jeweils Moderne; 3. modernes Stilelement; **Modernist** *m.* Anhänger des Modernismus; **Modern Style** *m.* (moddern steil, *engl.*) engl. Bezeichnung für den Jugendstil; **modisch** nach der neuesten Mode

Modifikation, Modifizierung *w.* (*lat.*) 1. Abänderung, Abwandlung; etwas, das abgewandelt ist; 2. nichterbliche Veränderung durch äußere Einflüsse; 3. Zustandsform von Elementen, die in ihrer chem. Zusammensetzung gleich sind, physikalisch aber unterschiedliche Eigenschaften besitzen; **modifizierbar** abwandelbar; **modifizieren** einschränken, abwandeln, abändern

modisch = modern

Modistin *w.* (*lat.*) Putzmacherin

Modul *m.* (*lat.*) 1. Maßeinheit in der (antiken) Baukunst, mit deren Hilfe Dimensionen und Proportionen bestimmt wurden; 2. Verhältniszahl; 3. Materialkonstante; 4. Berechnungsgrundlage für die Zähnezahl eines Zahnrads

Modul *s.* (*engl.*) 1. elektronisches Bauteil, das geschlossene Funktionen übernimmt und als mechanische Einheit leicht austauschbar ist; 2. Teil der Software, der Programmabläufe bausteinartig unterteilt (EDV)

Modulation *w.* (*lat.*) 1. Übergang in eine andere Tonart; 2. Abwandlung, Veränderung von Schwingungen (durch gegenseitige Beeinflussung); 3. das Anpassen von Tonstärke und Klangfarbe aneinander; **Modulator** *m.* Gerät zur Abwandlung von Schwingungen; **modulieren** 1. abwandeln; 2. in eine andere Tonart übergehen

Modus *m.* (*lat.*) 1. Art und Weise; 2. Sprachlehre: Aussageweise des Zeitworts (*Mz.* Modi); **modus procedendi** *m.* (-ze) Verfahrensweise; **modus vivendi** *m.* Möglichkeit eines erträglichen Zusammenlebens

Mogul *m.* (*pers.*) Mitglied eines islam. Herrschergeschlechts mongolischer Abstammung in Indien vom 16. bis 19. Jh. (*Mz.* Moguln)

Mohair *m.* (-hähr, *arab.-engl.*) Wolle der Angoraziege und Gewebe daraus

Moira *w.* (*gr.*) das Schicksal, das nach griech. Glauben dem Menschen zugeteilt ist; **Moiren** *Mz.* die Schicksalsgöttinnen Klotho, Lachesis und Atropos

Moiré *s.* (moareh, *frz.*) 1. Gewebe, dessen Oberfläche durch Wässerung lebendig schillert; 2. fehlerhafte Musterung auf Reproduktionen, die durch zweimaliges Rastern entsteht; **moiriert** schillernd

Moisturizer *m.* (moistschereiser, *engl.*) feuchtigkeitsspendende kosmetische Flüssigkeit

mokant *m.*(*frz.*) spöttisch; **sich mokieren** sich lustig machen, spotten

Mokassins *Mz.* (*indian.*) weiche, absatzlose Wildlederschuhe mit buntem Vorderblatt

Mokka *m.* (*arab.*) 1. arabische Kaffeesorte; 2. doppeltstarker Kaffee

Mol *s.* Abk. für Grammmolekül: so viel Gramm eines Stoffes wie sein Molekulargewicht; **molar** auf ein Mol bezogen

Molar *m.* (*lat.*) Mahlzahn, hinterer Backenzahn (*Mz.* Molaren)

Molasse *w.* (*frz.*) tertiärzeitliche Ablagerungen aus Sandstein
Mole *w.* (*lat.*) Wellenbrecher, Damm
Molekül *s.* (*frz.*) kleinste, aus Atomen bestehende Einheit einer chem. Verbindung; Eigw. **molekular; Molekularbiologie** *w.* (*gr.-lat.-frz.*) Zweig der Biologie, der sich mit den chemischen und physikalischen Eigenschaften molekularer Verbindungen im Organismus befasst
Molesten *Mz.* (*lat.*) Beschwerlichkeiten, Ärgernisse; **molestieren** belästigen
Moll *s.* (*lat.*) Tonart mit kleiner Terz im Grundakkord
Molluske *w.* (*lat.*) Weichtier (z. B. Schnecke, Tintenfisch)
Moloch *m.* (*hebr.-gr.*) verschlingende Macht, z. B. Moloch Großstadt (nach einer semitischen Gottheit, der Menschen geopfert wurden)
molto (*itl.*) Musik: sehr
Molton *m.* (moltong, *frz.*) dicker, gerauter Baumwollstoff
Molybdän *s.* (*gr.*) chem. Element, ein Metall
Moment *m.* (*lat.*) 1. Augenblick; 2. Zeitpunkt; **Moment** *s.* 1. entscheidender Umstand; 2. Gesichtspunkt, Merkmal; 3. eine physikalische Menge, die mit einem Abstand multipliziert wird (z. B. Kraft × Hebelarm); **momentan** augenblicklich, vorübergehend
Monade *w.* (*gr.*) unteilbare Einheit, Element des Weltaufbaus, Begriff aus der **Monadologie** *w.*, der Monadenlehre von G. W. Leibniz
Monarch *m.* (*gr.*) Alleinherrscher (z. B. König, Fürst); **Monarchie** *w.* Staatsform mit einem Monarchen als Staatsoberhaupt, Eigw. **monarchisch**; **Monarchismus** *m.* Staatsgesinnung, die die Monarchie für die beste Staatsform hält; **Monarchist** *m.* Anhänger der Monarchie, Eigw. **monarchistisch**
Monasterium *s.* (*gr.-lat.*) Kloster; **monastisch** klösterlich, mönchisch
Monazit *m.* (*gr.*) ein Mineral
mondän (*frz.*) nach Art der großen Welt, von betont moderner Eleganz
mon Dieu! (mong diöh, *frz.*) mein Gott!
monetär (*lat.*) das Geld betreffend; **Moneten** *Mz.* Geld (umg.)
Moneymaker *m.* (mannimehker, *engl.*) jmd., der aus allem Geld herausschlägt, gerissener Geschäftsmann
Mongolismus = Down-Syndrom
monieren (*lat.*) beanstanden, bemängeln
Monismus *m.* (*gr.*) philosophische Systeme, die die Vielheit der Welt auf ein einziges Prinzip zurückführen; **Monist** *m.* Anhänger des Monismus, Eigw. **monistisch**
Moniteur *m.* (-tör, *frz.*) Anzeiger, Ratgeber, Name französischsprachiger Zeitungen
Monitor *m.* (*lat.*) 1. Kontrollbildschirm in einer Fernsehanstalt, Bildschirm; 2. histor. Panzerschiffstyp; 3. Fernsehgerät zur Kontrolle und Überwachung; 4. Gerät zur Feststellung radioaktiver Strahlung; **Monitorium** *s.* Mahnschreiben
Monitum *s.* (*lat.*) Rüge, Beanstandung, Mahnung
Mono-, mono- (*gr.*) als Wortteil: allein, einzig
Monochord *s.* (*gr.*) Instrument mit einer Saite zur Messung von Ton und Intervall
Monochrom *s.* (*gr.*) Gemälde in einer einzigen Farbe; **monochrom, monochromatisch** einfarbig; **Monochromasie** *w.* Einfarbigsehen, Farbenblindheit
Monodrama *s.* (*gr.*) Einpersonendrama
monogam (*gr.*) in Einehe lebend, zur Einehe neigend; **Monogamie** *w.* Ehe mit nur einem Partner
Monogenese *w.* (*gr.*) 1. ungeschlechtliche Fortpflanzung; 2. Theorie in der Biologie, dass sich jede Spezies aus einer einzigen Stammform entwickelte, Eigw. **monogenetisch**
Monogramm *s.* (*gr.*) Namenszeichen aus einem oder mehreren Anfangsbuchstaben des Namens
Monographie *s.* (*gr.*) wissenschaftliche Abhandlung über einen einzelnen Gegenstand, Einzeldarstellung
monokausal (*gr.-lat.*) auf nur eine Ursache zurückgehend, sich auf nur einen Faktor beziehend
Monokel *s.* (*gr.-frz.*) Einglas; **monokular** mit einem Auge, für ein Auge
Monokratie *w.* (*gr.*) Alleinherrschaft
Monokultur *w.* (*gr.-lat.*) Bodennutzung mit der immer gleichen Pflanzenart

Monolith *m.* (*gr.*) Denkmal aus einem einzigen Steinblock; **monolithisch** aus einem Stück, unzerlegbar, untrennbar
Monolog *m.* (*gr.*) Selbstgespräch; **monologisch** in der Form eines Monologs, nicht auf Kommunikation zielend
Monologue intérieur *m.* (monolog ängteriör, *frz.*) inneres Selbstgespräch als literarisches Mittel (im Roman)
Monomane *m.* (*gr.*) jmd., der an Monomanie leidet, Eigw. **monoman, monomanisch**; **Monomanie** *w.* krankhafte Besessenheit von einer einzigen Vorstellung, einer fixen Idee
monomer (*gr.*) aus einzelnen, getrennten Molekülen bestehend; **Monomere** *s.* Stoff aus monomeren Molekülen
Monophage *m.* (*gr.*) Tier- oder Pflanzenart, die auf eine einzige Nahrungssubstanz angewiesen ist
Monophobie *w.* (*gr.*) starke Furcht vor dem Alleinsein
Monophysiten *Mz.* (*gr.*) Anhänger der frühchristlichen (verbotenen) Lehre, die Christus nur eine einzige (neue) gottmenschliche Natur zusprach, Eigw. **monophysitisch**
Monopol *s.* (*gr.*) Vorrecht, alleiniger Anspruch (z. B. auf Herstellung oder Vertrieb einer Ware); **monopolisieren** ein Monopol aufbauen, etwas allein für sich in Anspruch nehmen; **Monopolist** *m.* Inhaber eines Monopols; **monopolistisch** ein Monopol innehabend oder anstrebend
Monopteros *m.* (*gr.*) von einer Säulenreihe getragener Rundtempel
Monosyllabum *s.* (*gr.*) einsilbiges Wort
Monotheismus *m.* (-te'is-, *gr.*) Glaube an einen einzigen Gott, Eigw. **monotheistisch; Monotheist** *m.* Anhänger des Monotheismus
monoton (*gr.*) eintönig, gleichförmig; **Monotonie** *w.* Eintönigkeit, Gleichförmigkeit
Monotype *w.* (-teip, *gr.-engl.*) Setzmaschine mit Einzelbuchstaben; **Monotypie** *w.* (*gr.*) grafisches Verfahren, mit dem nur ein Abdruck hergestellt wird
Monoxid *s.* (*gr.*) Sauerstoffverbindung, die nur ein Sauerstoffatom enthält (z. B. Kohlenmonoxid)
Monseigneur (mongßenjöhr, *frz.*) Anrede für weltliche und geistliche Würdenträger (Abk. Msgr.)
Monsieur (müssjöh, *frz.*) französ. Anrede für Herr (Abk. M.)
Monsignore (-sinjohre, *itl.*) Titel und Anrede kath. Prälaten (Abk. Msgr.)
Monstranz *w.* (*lat.*) Hostiengefäß der kath. Kirche
Monster = Monstrum
monströs (*lat.*) 1. ungeheuerlich; 2. missgestaltet; **Monstrosität** *w.* 1. Ungeheuerlichkeit; 2. Missbildung, Missgeburt;
Monstrum *s.*, **Monster** *s.* 1. Ungeheuer, Scheusal, Ungetüm; 2. Missbildung
Monsun *m.* (*arab.*) halbjährlich die Richtung wechselnder Wind (besonders im Indischen Ozean)
Mont *m.* (mong, *frz.*) Berg
Montage *w.* (montasche, *frz.*) 1. Zusammenbau von Maschinenteilen; 2. künstlerisches Schnitt- und Kompilationsverfahren beim Film; 3. Kunstwerk aus zusammengefügten Bild- und Materialteilen, Collage, Fotomontage
montan (*lat.*) zum Bergbau und Hüttenwesen gehörend
Monteur *m.* (mongtör, *frz.*) Facharbeiter für Maschinenmontage
Montgolfiere *w.* (mongolfjähr, *frz.*) Heißluftballon (nach den Brüdern Montgolfier)
montieren (*frz.*) zusammensetzen, zusammenbauen, installieren
Montur *w.* (*frz.*) 1. Kleidungsausrüstung für einen bestimmten Zweck; 2. Fassung für Edelsteine; 3. Unterbau für Perücken
Monument *s.* (*lat.*) großes Denkmal, Erinnerungsmal, Kulturdenkmal; **monumental** gewaltig, wuchtig, ins Übergroße gesteigert; **Monumentalität** *w.* Großartigkeit, Wuchtigkeit
Mop *m.* (*engl.*) Staubbesen (mit Baumwollfransen statt Borsten)
Moped *s.* (Kurzw. aus *Motorveloziped*) Kleinkraftrad
Moral *w.* (*lat.*) 1. traditions-, kultur- und religionsabhängiges System von Grundsätzen und Normen; 2. das daraus resultierende Verhalten des Einzelnen; 3. lehrreiche Nutzanwendung; 4. Kampfgeist, Stimmung; **Moralin** *s.* spießbürgerliches Mo-

ralisieren (nach F. W. Nietzsche); **moralisch** 1. der Moral entsprechend; 2. sittenstreng; **moralisieren** 1. moralische Betrachtungen anstellen; 2. Tugend predigen, Moral einklagen; **Moralismus** *m.* 1. Anerkennung der Moralgesetze; 2. Absolutsetzen der Moral als Maßstab aller Dinge; **Moralist** *m.* 1. Sittenprediger; 2. Betrachter und Kritiker der zeitgenössischen Moral, Moralphilosoph; **Moralität** *w.* moralische Haltung, moralisches Bewusstsein; **Moralitäten** *Mz.* erbauliche, mittelalterliche Bühnenspiele

Moräne *w.* (*frz.*) Gletscherschutt

Morast *m.* (*niederl.-frz.*) 1. Sumpfland; 2. aufgeweichter Boden, Eigw. **morastig**

Moratorium *s.* (*lat.*) Zahlungsaufschub

morbid (*lat.*) kränklich, morsch, angekränkelt; **Morbidität** *w.* Kränklichkeit, Morschheit

Mordent *m.* (*itl.*) Kurztriller, einmaliger Wechsel zwischen einem Ton und seiner unteren Sekunde

Morelle, Marelle *w.* (*frz.*) Sauerkirsche

morendo (*itl.*) Musik: hinsterbend, erlöschend

Mores *Mz.* (*lat.*) Anstand; **Mores lehren**, jmdn. entschieden zurechtweisen

morganatisch (*lat.*) frühere Bez. für eine nicht standesgemäße Ehe, Ehe zur linken Hand

Morgue *w.* (morg, *frz.*) Leichenschauhaus (in Paris)

moribund (*lat.*) sterbend, im Sterben liegend, todgeweiht

Morisca *w.* (*span.*) maurischer Tanz; **Moriske** *m.* (*span.*) christlich gewordener und in Spanien verbliebener Maure

Moritat *w.* (Herkunft ungeklärt) zur Drehorgel vorgetragenes Lied, in dem schaurige Ereignisse berichtet werden

Morituri te salutant (*lat.*) die Todgeweihten grüßen dich, Gladiatorengruß im antiken Rom

Mormone *m.* Angehöriger der 1830 gegründeten amerikanischen Sekte (nach dem Buch Mormon ihres Begründers J. Smith)

Morphem *s.* (*gr.*) kleinstes bedeutungtragendes Sprachelement

Morpheus *m.* (*gr.*) Gott des Schlafes, des Traumes bei Ovid

Morphin, Morphium *s.* (*gr.*) Betäubungsmittel, Rauschgift; **Morphinismus** *m.* Morphiumsucht; **Morphinist** *m.* Morphiumsüchtiger, Eigw. **morphinistisch**

Morphogenese *w.* (*gr.*) Gestaltbildung während der Entwicklung eines Lebewesens; **Morphologie** *w.* 1. Wissenschaft von den Gestalten und Formen; 2. Wissenschaft von der Gestalt und ihrer Entwicklung bei Lebewesen; 3. die Formenlehre als Teil der Sprachwissenschaft; **morphologisch** die Form betreffend

morsen mit Hilfe des Morsealphabets Nachrichten übermitteln (nach dem amerikan. Erfinder S. Morse)

Mortalität *w.* (*lat.*) Sterblichkeitsziffer

Mortifikation *w.* (*lat.*) Absterben von Organen und Geweben

Mosaik *s.* (-a'ik, *gr.-lat.*) aus zahlreichen bunten Steinchen zusammengesetztes Bild oder Muster, Eigw. **musivisch**

mosaisch (-a'i-, nach Moses, dem Begründer der Religion) jüdisch, israelitisch (vom Glauben)

Moschee *w.* (*arab.-frz.*) islamisches Gotteshaus

Moschus *m.* (*ind.-lat.*) Drüsenausscheidung des Moschustiers, Duftstoff

Moskito *m.* (*span.*) tropische Stechmücke

Moslem, Muslim *m.* (*arab.*) Anhänger des Islam; **moslemisch, muslimisch** die Moslems, ihren Glauben betreffend; **Moslime, Muslime** *w.* weiblicher Moslem

mosso (*itl.*) Musik: bewegt

Motel *s.* (*engl.*) Hotel mit Garagen für die Autos der Gäste

Motette *w.* (*lat.*) mehrstimmiges Gesangsstück ohne Begleitung, textmäßig auf einen Bibelvers aufbauend

Motilität *w.* (*lat.*) Gesamtheit der durch Reflexe ausgelösten Muskelbewegungen

Motion *w.* (*lat.*) Abwandlung der Eigenschaftswörter nach dem Geschlecht

Motiv *s.* (*lat.*) 1. Anlass, Beweggrund, Antrieb, Zweck; 2. Stoffelement, inhaltliche Einheit in Dichtung und bildender Kunst; 3. charakteristische Tonfolge in einem musikalischen Thema; **Motivation** *w.* (*lat.*) Summe der Beweggründe, die eine Entscheidung, eine Handlung begründen; **motivieren** 1. begründen; 2. jmdn. durch eine Begründung veranlassen, Hptw. **Motivierung** *w.*; **Motivik** *w.* Kunst der Behandlung musikalischer Motive

Motor *m.* (*lat.*) 1. Antrieb, treibende Kraft; 2. Antriebsmaschine; **Motorik** *w.* 1. Lehre von den Bewegungen des menschlichen Körpers; 2. Gesamtheit gleichmäßiger Bewegungsabläufe; 3. Gesamtheit der willkürlichen Körperbewegungen; 4. gleichmäßig-hämmernder Rhythmus in der Musik; **Motoriker** *m.* Mensch, der in Bewegungsvorstellungen denkt; **motorisch** 1. von einem Motor angetrieben; 2. treibend-rhythmisch (von Musik); 3. gleichförmig ablaufend; **motorisieren** mit einem Motor versehen, Hptw. **Motorisierung** *w.*

Motto *s.* (*lat.*) Wahlspruch, Leitspruch, Kennwort

Mouche *w.* (musch, *frz.*) 1. Schönheitspflästerchen; 2. Mittelpunkttreffer beim Schießen

mouillieren (mujihren, *frz.*) Erweichen meist von Konsonanten (z. B. n in Señor [Senjor])

Moulage *m.* u. *w.* (mulahsch, *frz.*) (anatomisches) Wachsmodell

Mount (maunt, *engl.*) engl. Bez. für Berg (Abk. Mt.); **Mountainbike** *s.* (-tenbeik, *engl.*) gebirgsgängiges Fahrrad

Mouse *w.* (maus, *engl.*) Maus, mit dem Computer verbundenes Gerät, das die schnelle Positionierung des Cursors erlaubt; **Mousepad** *s.* (-pät) relativ weiche Unterlage, auf der die Maus bewegt wird

Mousse *w.* (muß, *frz.*) gestockte Speise mit Sahne aus Wild, Fisch u. Ä. oder als Süßspeise (z. B. Mousse au Chocolat)

Mousseux *m.* (mussöh, *frz.*) Schaumwein; **moussieren** perlen, schäumen (von Wein oder Sekt)

Moustérien *s.* (musterjäng, *frz.*) Stufe der Altsteinzeit

Movens *s.* (*lat.*) Beweggrund, Antriebskraft

Movie *s.* (muhwi, *engl.*) amerikan. Bezeichnung für Kino, Unterhaltungsfilm

Mozaraber *Mz.* (*arab.-span.*) die im maurischen Herrschaftsgebiet Spaniens lebenden spanischen Christen zwischen dem 8. und 15. Jh., Eigw. **mozarabisch**

MP = Military Police

Mr. = Mister

Mrs. = Mistress

MS-DOS (aus *engl. M*icrosoft *d*isc *o*perating *s*ystem) eins der gebräuchlichsten Betriebssysteme für Personalcomputer (EDV)

Msgr. = Monseigneur, Monsignore

Muckraker *m.* (mackrehker, *engl.*) amerikan. Journalist (bes. zu Beginn des 20. Jhs.), der politische Missstände aufdeckte und reißerisch veröffentlichte; **Muckraking** *s.* Sensationsmache(rei)

Mucor *m.* (*lat.*) ein Schimmelpilz

Mudschahed *m.* (*arab.*) islamischer Freischärler

Muezzin *m.* (mu'e-, *arab.*) Gebetsrufer der Moslems

Muffins *Mz.* (maffins, *engl.*) heiße runde flache Kuchen aus Hefe- oder Backpulverteig

Mufti *m.* (*arab.*) islamischer Rechtsgelehrter, Gesetzesausleger

mukös (*lat.*) schleimig, schleimabsondernd; **Mukosa** *w.* Schleimhaut

Mulatte *m.* (*span.*) Nachkomme eines weißen und eines schwarzen Elternteils

Muli *s.* (*itl.*) Maultier, Kreuzung zwischen Pferd und Esel

mulier taceat in ecclesia (muli'er tazeat in eklesia, *lat.*) die Frau schweige in der Gemeinde, Stelle aus dem 1. Korintherbrief, die zur Begründung dient, Frauen von kirchlichen Ämtern der kath. Kirche auszuschließen

Mullah *m.* (*arab.*) schiitischer Geistlicher

multikulturell (*lat.*) viele Kulturen beinhaltend; **multikulturelle Gesellschaft** Gesellschaft, in der mehrere Kulturen und Lebensformen anerkannt nebeneinander bestehen

multilateral (*lat.*) mehrseitig, mehrere Seiten, Partner betreffend

Multimedia *Mz.* (*engl.*) Funktionsverbund verschiedener Medien oder Kommunikationsmittel (z. B. Fernsehen, Telefon, Computer)

multinational (*lat.*) 1. mehrere Nationen betreffend; 2. in mehreren Staaten vertreten (z. B. multinationales Unternehmen)

multipel (*lat.*) 1. vielfältig; 2. vielfach; **multiple Sklerose** *w.* schwere Erkrankung des Gehirns und des Rückenmarks; **Multiple** *s.* (maltipl, *engl.*) modernes, mehrfach hergestelltes Kunstobjekt, das als wiederholbares Original den gängigen Anspruch auf Einmaligkeit eines Kunstwerks durchkreuzt; **Multiple-Choice-Verfahren** (-tscheuß-, *engl.*) Prüfungs- oder Befragungsmethode, bei der der Befragte eine oder mehrere Antworten ankreuzen muss

multiplex (*lat.-engl.*) (mit mehreren Geräten) vernetzt (EDV)

Multiplikand *m.* (*lat.*) Zahl, die vervielfacht wird; **Multiplikation** *w.* Vervielfachung, Malnehmen; **Multiplikator** *m.* Zahl, die vervielfacht; **multiplizieren** vervielfachen, malnehmen

Multiprozessor *m.* (*engl.*) System von mehreren Computern, die im Verbund ein gemeinsames Programm bearbeiten (EDV)

Multis *Mz.* (*lat.*) Abk. für **multinationale Konzerne**, Wirtschaftsunternehmen, die sich durch Tochterfirmen in mehreren Ländern der nationalen Kontrolle entziehen

Multivalenz *w.* (*lat.*) Mehrwertigkeit, Vielwertigkeit von psychischen Eigenschaften, Tests, Schriftmerkmalen, Eigw. **multivalent**

multum, non multa (*lat.*) viel, nicht vieles (Qualität, nicht Quantität)

Mumie *w.* (-mi'e, *arab.*) einbalsamierter Leichnam; **mumifizieren** 1. einbalsamieren, 2. vertrocknen (von Geweben), Hptw. **Mumifizierung** *w.*

Mummy *m.* (mammi, *engl.*) Auftraggeber eines Ghostwriters

Mumps *m.* (*engl.*) Ziegenpeter

Mundus *m.* (*lat.*) Welt, Weltordnung, Weltall; **mundus vult decipi** (-dezipi) die Welt will betrogen werden (nach Sebastian Brant)

Mungo (*tamil.*) Katzenart in Afrika und Asien

Munition *w.* (*lat.*) Schießmaterial für Feuerwaffen

Munizipium *s.* (*lat.*) altröm. Landstadt

Muräne *w.* (*gr.-lat.*) aalartiger Fisch in tropischen Meeren

Muschik *m.* (*russ.*) Bauer im zaristischen Russland

Muse *w.* (*gr.*) 1. eine der neun griechischen Göttinnen der Künste und Wissenschaften; 2. Frau, die einen Künstler beflügelt und unterstützt; **museal** (*gr.-lat.*) 1. zum Museum gehörig, ins Museum gehörig; 2. überaltert, verstaubt; **Museum** *s.* (-se'um) Gebäude zum Ausstellen von Sammlungen aus Kunst, Wissenschaft, Geschichte, Technik

Musette *w.* (müsett, *frz.*) 1. französische Art des Dudelsack; 2. französischer Tanz, bei dem der Bass den Dudelsack nachahmt; 3. kleines Tanzorchester mit dominierendem Akkordeon

Museum = museal

Musical *s.* (mjusikel, *engl.*) in Amerika entstandene Mischform aus Schauspiel, Operette, Revue und Ballett, Musiktheater; **Musicbox** *w.* (*engl.*) Gerät, das nach Geldeinwurf Musiktitel spielt

Musik *w.* (*gr.*) 1. Tonkunst, Tonkunstwerk; 2. Gesamtheit der Tonkunstwerke, z. B. eines Stils, einer Epoche; **Musikalien** *Mz.* (-li'en) gedruckte Musikwerke; **musikalisch** 1. zur Musik gehörig; 2. für Musik begabt und interessiert, 3. klangschön, wie Musik, Hptw. **Musikalität** *w.*; **Musikant** *m.* Spielmann; **Musiker** *m.* ausübender Tonkünstler; **Musikologie** *m.* (*gr.*) Musikwissenschaft; **Musikus** *m.* scherzhaft für Musiker

Musique concrète *w.* (müsik kongkräht, *frz.*) elektronisch erzeugte Klangmontage, die Tonbandaufnahmen mit Alltagsgeräuschen verarbeitet

musisch (*gr.*) künstlerisch begabt, kunstliebend, empfänglich für alles Künstlerische

musivisch (*lat.*) nach Art eines Mosaiks zusammengefügt (von Glasstückchen, Steinen u. a.)

Muskat *m.* (*lat.*) Frucht des tropischen Muskatnussbaumes; **Muskateller** *m.* Wein aus Muskatellertrauben

Muskel *m.* (*lat.*) Bewegungsorgan bei Tieren und Menschen; **Muskelatrophie** *w.* (*lat.-gr.*) Muskelschwund; **muskulär** zum Muskel gehörig; **Muskulatur** *w.* Gesamtheit der Muskeln; **muskulös** mit starken Muskeln ausgestattet

Muskete *w.* (*frz.*) altes schweres Gewehr; **Musketier** *m.* früherer Fußsoldat mit Muskete

Muslim = Moslem
Musselin *m.* (*frz.*) feinfädiges Gewebe aus Wolle oder Baumwolle in Leinenbindung
Must *s.* (mast, *engl.*) ein Muss, etwas Unerlässliches
Mustang *m.* (*span.*) amerikan. Steppenpferd
mutabel (*lat.*) veränderlich; **Mutabilität** *w.* Veränderlichkeit; **mutagen** Mutation auslösend; **Mutant** *m.* durch Mutation in seiner Erbanlage verändertes Individuum; **Mutation** *w.* 1. Stimmbruch; 2. erzeugte oder spontan auftretende erbliche Veränderung; **mutatis mutandis** nach den nötigen Veränderungen; **mutieren** 1. sich im Stimmwechsel befinden; 2. sich spontan im genetischen Material ändern
Mutazismus = Mutismus
Mutilation *w.* (*lat.*) Verstümmelung
Muting *s.* (mjuting, *engl.*) Rauschsperre, bes. in der Hi-Fi-Technik
Mutismus *m.* (*lat.*) Stummheit ohne organische Ursache; **Mutität** *w.* Stummheit
mutual, mutuell (*lat.*) gegenseitig, wechselseitig; **Mutualismus** *w.* 1. Grundsatz der Gegenseitigkeit; 2. Lebensform bei Pflanzen oder Tieren, die sich gegenseitig nützen, partnerschaftliches Parasitentum
Myalgie *w.* (*gr.*) Muskelschmerz; **Myasthenie** *w.* krankhafte Muskelschwäche; **Myelitis** *w.* (*gr.*) Rückenmarkentzündung
Mykoine *Mz.* (*gr.*) aus Pilzen gewonnene Antibiotika (z. B. Penicillin); **Mykologie** *w.* 1. Pilzkunde; 2. Wissenschaft von den Mykosen; **Mykose** *w.* Pilzerkrankung
Mylady *w.* (milehdi, *engl.*) engl. Anrede für die Frau eines Lords
Mylord *m.* (milord, *engl.*) engl. Anrede für einen Lord, für einen Richter
Myodynie *w.* (*gr.*) Muskelschmerz; **myogen** vom Muskel ausgehend; **Myokard** *s.* Herzmuskulatur; **Myokarditis** *w.* Herzmuskelentzündung; **Myologie** *w.* Wissenschaft von den Muskeln; **Myom** *s.* gutartige Muskelfasergeschwulst; **myomorph** muskelfaserig
myop, myopisch (*gr.*) kurzsichtig; **Myopie** *w.* Kurzsichtigkeit
Myospasmus *m.* (*gr.*) Muskelkrampf
Myriade *w.* (*gr.*) 1. Einheit von zehntausend; 2. Unzahl, unzählbar große Menge
Myringitis *w.* (*gr.*) Trommelfellentzündung
Myrmekologie (*w.* (*gr.*) Ameisenkunde, Teilgebiet der Zoologie
Myrrhe *w.* (*arab.*) Räucherharz; **Myrrhentinktur** *w.* Myrrhenauszug zur Wundbehandlung im Mund
Myrte *w.* (*gr.*) mittelmeerischer Strauch, Immergrün mit weißen Blütchen
Mystagoge *m.* (*gr.*) antiker Priester, der in die Geheimkulte einführte; **Myste** *m.* Eingeweihter
Mysterien *Mz.* (-ri'en, *gr.*) 1. Geheimkulte der griech. und röm. Antike; 2. geistliche Spiele im Mittelalter; **mysteriös** geheimnisvoll, rätselhaft; **Mysterium** *s.* (göttliches) Geheimnis
Mystifikation *w.* (*gr.*) Täuschung, Irreführung; **mystifizieren** irreführen, vorspiegeln
Mystik *w.* (*gr.*) in allen Religionen auftretende Form der Religiosität, bei der der Gläubige durch bestimmte Praktiken die persönliche Vereinigung mit Gott sucht; **Mystiker** *m.* Vertreter der Mystik; **mystisch** 1. zur Mystik gehörend; 2. geheimnisvoll, dunkel; **Mystizismus** *m.* Wunderglaube, (Glaubens-)Schwärmerei
mythisch (*gr.*) dem Mythos angehörend, sagenhaft, erdichtet; **Mythologie** *w.* 1. Wissenschaft von den Mythen und Sagen; 2. die Mythenüberlieferung eines Volkes, Eigw. **mythologisch**
Mythisierung, Mythologisierung *w.* (*gr.*) Erhebung eines Begriffs (z. B. Volk, Vaterland) zu metaphysischer Bedeutung; **mythologisieren** Legenden bilden
Mythologie = mythisch
Mythos, Mythus *m.* (*gr.*) 1. überlieferte Sage, Dichtung o. Ä. aus der Vor- und Frühzeit eines Volkes, häufig über die Entstehung des Volkes; 2. Legendenbildung um eine Person, Sache, ein Ereignis
Myxödem *s.* (*gr.*) körperliche und geistige Erkrankung mit starkem Anschwellen des Körpergewebes, durch Unterfunktion der Schilddrüse bedingt
Myzel *s.* (*gr.*) Pilzgeflecht (*Mz.* Myzelien, -li'en)

N

n. = neutrum

Nabob *m.* (*ind.-arab.*) 1. indischer Gouverneur; 2. sehr reicher Mann

Nadir, Nadir *m.* (*arab.*) Gegenpol des Zenith

Nagaika *w.* (*russ.*) Lederpeitsche der Kosaken

naiv (*frz.*) 1. arglos, einfältig, unbedarft, kindlich; 2. natürlich, ursprünglich (z. B. von Malerei); **Naive** *w.* Darstellerin junger naiver Mädchen, Rollenfach beim Theater; **Naivität** *w.* Unbefangenheit, Arglosigkeit, Unbekümmertheit, Unbedarftheit

Najade *w.* (*gr.*) 1. Quellnymphe der griech. Sage; 2. Flussmuschel

Name-Dropping *s.* (nehm-, *engl.*) das gesprächsweise Fallenlassen bekannter Namen, sodass der Anschein entsteht, man kenne die berühmten Namensträger persönlich

Nan(o)-, nan(o)- (*gr.*) als Vorsilbe: 1. winzig, zwergenhaft; 2. ein Milliardstel

Nänie *w.* (-ni'e, *lat.*) altrömische Totenklage

Nanismus *m.*, **Nanosomie** *w.* (*gr.*) Zwergenwuchs

Nano *m.* (*gr.*) 1. Zwerg; 2. als Vorsilbe: winzig klein; **Nanometer** *m.* oder *s.* ein millionstel Zentimeter; **Nanowissenschaften** *Mz.* Forschungsfeld in Chemie, Physik und Biologie über Strukturen der Materie im Nanometerbereich sowie anwendungsbezogene Zukunftstechnologien (z. B. Nanoroboter)

Nansenpass *m.* Pass für Staatenlose oder Emigranten bis 1946 (nach F. Nansen)

Napalm *s.* (Kunstwort aus *Na*phten- und *Palm*itinsäure) Benzinbrandbombenfüllung, die beim Aufschlag selbsttätig zündet, mehr als 2000 °C entwickelt und nicht löschbar ist

Naphtha *s.* (*gr.*) frühere Bez. für Erdöl, Rohpetroleum; **Naphthalin** *s.* fester Kohlenwasserstoff aus Steinkohlenteer, Desinfektions- und Anti-Mottenmittel

Napoli (*itl.*) italien. Name von Neapel; **Napolitain** *s.* (-täng, *frz.*) kleines Schokoladentäfelchen

Nappaleder *s.* (*russ.*) tuchweiches, waschbares Leder aus Schaf-, Lamm- oder Ziegenfell

Narde (*sanskr.-gr.*) Sammelbez. für wohlriechende Pflanzen, z. B. Lavendel- und Baldrianarten, die seit dem Altertum für Salben, Öle und Arznei verwendet werden

Nargileh *s.* oder *w.* (*pers.-türk.*) orientalische Wasserpfeife

Narkoanalyse *w.* (*gr.*) nach seelischen Traumen angewandte Methode der Befragung in Halbnarkose; **Narkolepsie** *w.* krankhafter Zwang, kurzfristig einzuschlafen; **Narkomanie** *w.* Betäubungsmittelsucht

Narkose *w.* (*gr.*) künstl. herbeigeführte Betäubung; **Narkotikum** *s.* Betäubungsmittel, Rauschmittel; **narkotisch** betäubend, berauschend; **narkotisieren** betäuben, unter Narkose setzen

narrativ (*lat.*) erzählend, in erzählendem Stil

Narwal *m.* (*dän.*) Zahnwal

Narziss *m.* (*gr.*) in sich selbst verliebter Mensch (nach dem Jüngling der griech. Sage, der in sein Spiegelbild verliebt war); **Narzisse** *w.* in vielen Arten vorkommende Frühlingsblume; **Narzissmus** *m.* Selbstverliebtheit, Selbstbezogenheit, Selbstbewunderung

nasal (*lat.*) 1. zur Nase gehörig; 2. näselnd; **Nasal** *m.* Nasenlaut; **nasalieren** nasal aussprechen

Nasigoreng *s.* (*indones.*) Reisgericht

naszierend (*lat.*) im Entstehen, im Werden begriffen

Natalität *w.* (*lat.*) Geburtenhäufigkeit

Nation *w.* (*lat.*) Gemeinschaft von Menschen, deren Identitätsvorstellung darauf beruht, politisch und kulturell eine von anderen Nationen (staatlich) abgrenzbare

Einheit zu bilden; **national** 1. die Nation betreffend, charakteristisch für eine Nation; 2. auf die Interessen der Nation bedacht, vaterländisch; **nationalisieren** 1. zu Staatseigentum machen, verstaatlichen; 2. jmdm. die Staatszugehörigkeit verleihen, einbürgern; Hptw. **Nationalisierung** *w.*; **Nationalismus** *m.* Ideologie, die Bedeutung und Interessen der eigenen Nation zum höchsten Wert erklärt; **Nationalist** *m.* Verfechter des Nationalismus, Eigw. **nationalistisch; Nationalität** *w.* 1. Staatszugehörigkeit; 2. nationale Minderheit in einem Staat; **Nationalitätenstaat** *m.* Staat, in dem mehrere Nationalitäten nebeneinander leben, Vielvölkerstaat; **Nationalitätsprinzip** *s.* politische Forderung nach Eigenstaatlichkeit jeder Nation; **Nationalkirche** *w.* auf eine Nation begrenzte Kirche; **Nationalökonomie** *w.* Volkswirtschaftslehre; **Nationalsozialismus** *m.* die in Deutschland im Anschluss an den Ersten Weltkrieg entstandene extrem völkisch-nationalistische, antisemitisch-rassistische Bewegung und das auf ihr beruhende Herrschaftssystem zwischen 1933 und 1945; **Nationalstaat** *m.* Staat, in dem staatliches Territorium und Nation übereinstimmen

nativ (*lat.*) 1. angeboren; 2. natürlich, im natürlichen Zustand befindlich; **Natives** *Mz.* (nehtivs, *engl.*) Eingeborene einer britischen Kolonie; **Nativismus** *m.* (*lat.*) 1. psycholog. Theorie, nach der dem Menschen bestimmte Vorstellungen, z. B. Raum- und Zeitvorstellungen, angeboren seien; 2. Bez. für die kollektiven Einstellungen von Gruppen, die sich auf Werte berufen, die sie für angeboren und ursprünglich halten; **Nativität** *w.* 1. Geburt, Geburtsstunde; 2. Stand der Gestirne bei der Geburt (Astrologie)

NATO (aus *engl.* *N*orth *A*tlantic *T*reaty *O*rganization) Organisation des Nordatlantik-Vertrags mit derzeit 16 Mitgliedsstaaten, gegr. 1949, Sitz in Brüssel (Belgien)

Natrium *s.* (*arab.-ägypt.*) chem. Element, Alkalimetall (Abk. Na); **Natron** *s.* Natriumbikarbonat, doppeltkohlensaures Natron

Natté = Panama

Natur *w.* (*lat.*) 1. der Kosmos, alles, was nicht vom Menschen geschaffen oder verändert wurde; 2. Tier- und Pflanzenwelt, Landschaft in einem bestimmten Gebiet; 3. Veranlagung, Eigentümlichkeit eines Tiers oder Menschen; **natura non facit saltus** philos. Ansicht, nach der die Natur keine Sprünge macht, sondern sich stetig entwickelt

Naturalien *Mz.* (-li'en, *lat.*) Bodenerzeugnisse, Lebensmittel, Naturprodukte; **Naturallohn** *m.* Entlohnung in Naturalien; **Naturalwirtschaft** *w.* Wirtschaftsform, die auf Gütertausch beruht; **Naturalienkabinett** *s.* naturwissenschaftliche Sammlung

Naturalisation *w.* (*lat.*) 1. Einbürgerung; 2. Anpassung von Pflanzen und Tieren an eine fremde Umgebung; 3. das Ausstopfen, Präparieren von Tierbälgen, Ztw. **naturalisieren**

Naturalismus *m.* (*lat.*) 1. Wirklichkeitsnähe, Wirklichkeitstreue, bes. in der Kunst; 2. Kunstrichtung, bes. in der Literatur des ausgehenden 19. Jhs., die sich um möglichst illusionsfreie, unbeschönigte Wiedergabe der Wirklichkeit bemühte, **Naturalist** *m.* Vertreter des Naturalismus, Eigw. **naturalistisch**

Naturell *s.* (*lat.*) die Eigenart eines Menschen, sein Temperament; **naturell** naturrein, unverfälscht

Nature morte *w.* (natür-, *frz.*) Stillleben

Naturphilosophie *w.* (*gr.-lat.*) alle philosophischen Versuche seit der Antike, die Natur zu deuten; **Naturrecht** *s.* (*lat.*) Auffassung, dass das Recht in der vernunftbegabten Natur des Menschen begründet sei

Naumachie *w.* (*gr.*) Seeschlacht im antiken Griechenland

Nausea *w.* (*gr.*) Seekrankheit

Nautik *w.* (*gr.*) Schifffahrtskunde, Steuermannskunst, **Nautiker** *m.* Schifffahrtskundiger, Seemann; **nautisch** zur Seefahrt gehörend

Navel, Navelorange *w.* (*engl.*) kernlose Orangenart

Navicert *s.* (nehwissert, aus *engl.* *navi*gation *cert*ificate) Geleitschein für Handelsschiffe im Krieg

Navigation *w.* (*lat.*) die Einhaltung des Kurses bei Flugzeugen und Schiffen; **navi-**

gieren Schiff oder Flugzeug auf Kurs halten

Navy *w.* (nehwi, *engl.*) die englische Kriegsmarine

Nazarener *m.* 1. Beiname Jesu; 2. *Mz.* Bez. für die ersten Christen; 3. dt. Malergruppe im 19. Jahrhundert, die auf die religiöse Malerei des Mittelalters zurückgriff

Nazi *m.* Abk. und Schimpfname für Nationalsozialist; **Nazismus** *m.* Abk. für Nationalsozialismus; **nazistisch** 1. Abk. für nationalsozialistisch; 2. dem Nationalsozialismus entlehnt

NB = notabene

n. Chr. Abk. für: nach Christus

nebbich! (*jidd.*) was macht das schon! (umg.)

nebulos, nebulös (*lat.*) dunkel, geheimnisvoll, unklar

Necessaire, Nessessär *s.* (nessessähr, *frz.*) Behälter für Gebrauchsgegenstände im Alltag (z. B. für Nähzeug, für die Nagelpflege)

Necking *s.* (*engl.*) Zärtlichkeiten zwischen Jugendlichen

Negation *w.* (*lat.*) 1. Verneinung einer Aussage, Ablehnung; 2. Antithese; **negativ** 1. verneinend, ablehnend; 2. kleiner als null (von mathemat. Größen); 3. ohne Befund (von Krankheitserregern); **Negativ** *s.* fotografiertes Bild nach dem Entwickeln, auf dem die Helligkeitswerte umgekehrt und beim Farbfoto die Komplementärfarben erscheinen; **Negativismus** *m.* Verneinungssucht; **negieren** verneinen, ablehnen, Hptw. **Negierung, Negation** *w.*

Negligé *s.* (neglischeh, *frz.*) Morgenkleid, eleganter Morgenrock

negoziabel (*lat.*) handelsfähig; **Negoziant** *m.* (*frz.*) Geschäftsmann, Kaufmann; **negoziieren** Handel treiben, Wechsel ausgeben

Negride *m.* (*lat.*) rassenkundliche Bez.: Neger; **Négritude** *w.* (-tüd, *frz.*) Rückbezug auf afrikanische (Kultur-)Traditionen (nach A. Césaire); **Negrospirituals** *s.* (nihgrospiritjuels, *engl.*) der geistliche Gesang der Afroamerikaner in den USA

Negus *m.* (*abess.*) Titel äthiopischer Könige; **Negus Negesti** *m.* der Titel des äthiop. Kaisers

Nekro-, nekro- (*gr.*) als Wortteil: tot, Toten- **Nekrobiose** *w.* (*gr.*) Absterben von Zellen und Gewebe

Nekrolog *m.* (*gr.*) Nachruf auf einen Toten; **Nekrologie** *w.* Wissenschaft von den Sterblichkeitsursachen

Nekromant *m.* (*gr.*) Geisterbeschwörer; **Nekromantie** *w.* Geisterbeschwörung

Nekrophilie *w.* (*gr.*) sexuelles Verlangen, das sich auf Tote richtet

Nekropole *w.* (*gr.*) Gräberstadt, antike Begräbnisstätte

Nekropsie *w.* (*gr.*) Leichenschau zur Feststellung der Todesursache

Nekrose *w.* (*gr.*) Brand, Absterben des Gewebes; **nekrotisch** brandig

Nektar *m.* (*gr.*) 1. Getränk der Götter in der griechischen Sage; 2. Zuckersaft der Blüten; **Nektarien** *Mz.* (-ri'en) die Honigdrüsen der Pflanzen, die den Nektar absondern; **Nektarine** *w.* Pfirsichart

Nekton *s.* (*gr.*) im Gegensatz zum passiv treibenden Plankton die gesamte sich aktiv im Wasser bewegende Tierwelt

Nelson *m.* (nelsen, *engl.*) Nackengriff beim Ringkampf

Nemesis *w.* (*gr.*) griech. Göttin der Rache, der strafenden, vergeltenden Gerechtigkeit

Neo-, neo- (*gr.*) als Wortteil: Neu-

Neodym *s.* (*gr.*) chem. Element, Erdmetall

Neofaschismus *m.* Bewegungen und Gruppierungen nach dem Zweiten Weltkrieg, die ideologisch an den Nationalsozialismus anknüpfen

Neogen *s.* (*gr.*) Jungtertiär, Eigw. **neogen**

Neoimpressionismus = Pointillismus

Neolithikum *s.* (*gr.*) Jungsteinzeit, Eigw. **neolithisch**

Neologismus *m.* (*gr.*) Wortbildung, sprachliche Neubildung, die allgemein üblich geworden ist

Neomycin *s.* (*Wz.*) antibiot. Heilmittel

Neon *s.* (*gr.*) chem. Element, Edelgas; **Neonlicht** *s.* Licht einer **Neonröhre**, die mit einem Gemisch aus Neon und Helium gefüllt ist

Neophyt *m.* (*gr.*) 1. Neubekehrter, Neugetaufter; 2. Pflanze, die auf ein ihr ursprüngl. fremdes Gebiet wandert oder angesiedelt wird, Adventivpflanze

Neoplasma *s.* (*gr.*) Neubildung von Gewebe, oft bösartige Geschwulst
Neorealismus, Neoverismus *m.* (*itl.*) Stilrichtung in Literatur und Film Italiens nach dem Zweiten Weltkrieg, die die soziale Wirklichkeit ohne Verbrämungen sachlich darstellen wollte
Neozoikum, Känozoikum *s.* (*gr.*) jüngstes Erdzeitalter, Eigw. **neozoisch**
Nephometer *m.* (*gr.*) meteorolog. Gerät zur Messung der Dichte und Geschwindigkeit von Wolken
Nephralgie *w.* (*gr.*) Nierenschmerz
Nephrit *m.* (*gr.*) grüner Edelstein, im Handel als Jade bezeichnet; **Nephritis** *w.* Nierenentzündung; **Nephrose** *w.* Nierenschädigung
Nepote *m.* (*lat.*) Verwandter, Neffe; **Nepotismus** *m.* Vetternwirtschaft
Neptun *m.* (*lat.*) 1. römischer Gott des Meeres; 2. Planet des Sonnensystems; **Neptunium** *s.* (*lat.*) chem. Element aus der Gruppe der Transurane, ein Metall
Nereiden *Mz.* (-re'i-, *gr.*) 1. Töchter des griechischen Meergottes Nereus, 2. Borstenwürmer
Nerv *m.* (*lat.*) 1. Reizleitungsfaser zwischen Gehirn, Rückenmark und Körperteilen; 2. Kernpunkt einer Sache; **Nervatur** *w.* Äderung des Blattes; **nerven** jmdn. belästigen, jmdm. auf die Nerven gehen; **nervig** 1. sehnig; 2. störend, belästigend, anstrengend (umg.); **nervös** unruhig, fahrig, reizbar; **Nervosität** *w.* Reizbarkeit, nervöser Zustand
nervus rerum *m.* 1. Hauptsache, Triebfeder; 2. Umschreibung für Geld
Nerz *m.* (*russ.*) Marderart, Sumpfotter
Nessessär = Necessaire
Nessusgewand *s.* ein Geschenk, das dem Empfänger Unglück bringt (nach dem Hemd des Herakles, das mit dem Blut des Zentauren Nessus vergiftet war)
Nestor *m.* ältester und erfahrenster Vertreter auf einem Fachgebiet (nach Nestor, König von Pylos, dem Ratgeber der Griechen im Trojanischen Krieg)
netto (*itl.*) rein, nach allen Abzügen (Abk. nto.); **Nettogewicht** *s.* Gewicht der Ware ohne Verpackung; **Nettogewinn** *m.* Reingewinn; **Nettopreis** *m.* Preis, der keinen Abzug mehr zulässt; **Nettoregistertonne** *w.* Maß für den Nutzraum eines Schiffes (Abk. NRT)
Network *s.* (-wörk, *engl.*) 1. Medienverbundsystem; 2. Datenverbundsystem zum Austausch von Daten zwischen voneinander unabhängigen Geräten (EDV)
Neumen *Mz.* (*gr.-lat.*) Notenzeichen des frühen Mittelalters
Neur-, neur- (*gr.*) als Wortteil: die Nerven betreffend
neural (*gr.*) nervlich; **Neuralgie** *w.* Nervenschmerz; **neuralgisch** 1. auf Nervenschmerz beruhend; 2. heikel, kritisch; **Neurasthenie** *w.* Nervenschwäche, nervöse Erschöpfung; **Neurastheniker** *m.* jmd., der an Neurasthenie leidet oder zur Neurasthenie neigt, Eigw. **neurasthenisch**
Neuritis *w.* (*gr.*) Nervenentzündung
Neurochips *m.* (*gr.-engl.*) in der Entwicklung befindlicher Biochip, der wie eine Nervenzelle des menschlichen Gehirns arbeiten soll; **Neurochirurgie** *w.* (*gr.*) Chirurgie des Zentralnervensystems
Neurodermitis *w.* (*gr.*) psychisch, nervlich bedingte, entzündliche Hauterkrankung
neurogen (*gr.*) von den Nerven ausgehend
Neuroleptikum *s.* (*gr.-lat.*) ein die Symptome von Psychosen beeinflussendes Arzneimittel
Neurologe *m.* (*gr.*) Nervenarzt; **Neurologie** *w.* 1. Wissenschaft von Aufbau und Funktionsweise des Nervensystems; 2. Nervenheilkunde, Eigw. **neurologisch**
Neuropath *m.* (*gr.*) Nervenkranker; **Neuropathie** *w.* Nervenleiden; **Neuropathologie** *w.* Lehre von den Erkrankungen des Nervensystems und den Nervenkrankheiten
Neurose *w.* (*gr.*) auf unverarbeiteten Konflikten basierende seelische Störung mit meist körperlichen Symptomen; **Neurotiker** *m.* jmd., der an einer Neurose leidet, Eigw. **neurotisch**
neutral (*lat.*) 1. unparteiisch, nicht festgelegt, uninteressiert; 2. sächlichen Geschlechts (von Hauptwörtern) 3. weder sauer noch basisch (von Lösungen); 4. weder positiv noch negativ reagierend (von Elementarteilchen); 5. elektrisch ungela-

den; **neutralisieren** 1. unwirksam machen, Spannung aufheben; 2. (ein Gebiet) für neutral erklären, Hptw. **Neutralisierung, Neutralisation** *w.*; **Neutralität** *w.* Unbeteiligtsein, Nichteinmischung; **Neutralismus** *m.* politische Haltung, die im Konflikt zwischen Mächtegruppen Parteinahme vermeidet, Blockfreiheit

Neutrino *s.* (*itl.*) ungeladenes Elementarteilchen ohne Masse; **Neutron** *s.* (*lat.*) ungeladenes Elementarteilchen mit ähnlich großer Masse wie ein Proton; **Neutrum** *s.* (*lat.*) sächliches Hauptwort (*Mz.* Neutra)

new (nju, *engl.*) neu; **New Age** *s.* (– ehdsch) Begriff aus der esoterischen Literatur der 1970er-Jahre für ein neues, die Menschheitsprobleme lösendes Zeitalter; **Newcomer** *m.* (-kammer) von sich reden machender Neuling; **New Deal** *m.* (– dihl) Reformprogramm der 1930er-Jahre des amerikanischen Präsidenten F. D. Roosevelt zur Überwindung der Wirtschafts- und Staatskrise; **New Look** *m.* (– luck) neue Modelinie, neues Aussehen; **New-Orleans-Jazz** *m.* (– orlihns dschäs) ursprüngliche, improvisierende Form des schwarzen Jazz in New Orleans um die Jh.-Wende; **News** *Mz.* Neuigkeiten, Nachrichten; **Newsgroup** *w.* (gruhp) Diskussionsforum zu einem Thema im Internet, an dem sich jeder Webbenutzer beteiligen bzw. das er selbst einrichten kann; **Newsletter** *m.* im Internet veröffentlichtes jeweils aktualisiertes Rundschreiben von Firmen, Institutionen oder Personen, das der Webbenutzer abonnieren kann (EDV); **Newsmaker** *m.* (njuhsmehker) jmd., der od. etwas, was Schlagzeilen macht

Newton *s.* (njuten) Maßeinheit der Kraft (nach dem engl. Physiker und Mathematiker I. Newton)

Nexus *m.* (*lat.*) Zusammenhang, Verbindung

Nidation *w.* (*lat.*) Einnistung des befruchteten Eies in die Schleimhaut der Gebärmutter

Nigromant *m.* (*gr.*) Schwarzkünstler, Magier; **Nigromantie** *w.* schwarze Kunst, Zauberei, Magie

Nihilismus *m.* (*lat.*) philosophisches Denken, das von der Sinnlosigkeit alles Bestehenden ausgeht und eine radikale Verneinung von Normen und Werten beinhaltet; **Nihilist** *m.* Anhänger des Nihilismus; **nihilistisch** verneinend

Nike *w.* (*gr.*) griech. Siegesgöttin

Nikotin *s.* das Alkaloid des Tabaks (nach dem franz. Gelehrten J. Nicot)

Nimbostratus *m.* (*lat.*) dunkle Regenwolke

Nimbus *m.* (*lat.*) 1. Heiligenschein; 2. großes Ansehen

Nimrod *m.* (*hebr.*) leidenschaftlicher Jäger (nach der alttestam. Gestalt)

Niob *s.* (*gr.*) chem. Element, ein Metall

Nippes *Mz.* (*frz.*) Zierrat, oft kitschige kleine Gegenstände zur Wohnungsausschmückung

Nippon japanischer Name für Japan

Nirwana *s.* (*altind.-sanskr.*) nach buddhistischer Vorstellung der Ort, wo der Mensch nach Überwindung aller Leidenschaften dem Zugriff des Karmagesetzes entronnen ist: Erlöschen des Wahns, Reich der Unsterblichkeit, Zustand der Unerschaffenheit

Nissenhütte *w.* halbrunde Wellblechbaracke (nach dem britischen Offizier P. N. Nissen)

Nisus *m.* (*lat.*) Trieb; **Nisus sexualis** *m.* Geschlechtstrieb

Nitrate *Mz.* (*lat.*) Salze der Salpetersäure; **nitrieren** mit Salpetersäure behandeln; **Nitrit** *s.* Natriumnitrit, das Fleisch- und Wurstwaren eine rote Farbe gibt

Nitrogen *s.* (*gr.*) Stickstoff; **Nitroglyzerin** *s.* hochsensibler Sprengstoff, bei Angina pectoris zur Erweiterung der Herzkranzgefäße verwendet; **Nitrophosphat** *s.* Kunstdüngergemisch; **Nitrozellulose** *w.* Schießbaumwolle; **Nitrum** *s.* Salpeter

nitschewo (*russ.*) nichts, macht nichts! (umg.)

nival (*lat.*) den Schnee betreffend; **nivales Klima** *s.* Klima in Polargebieten

Niveau *s.* (niwoh, *frz.*) 1. waagerechte ebene Fläche; 2. Rang, Stufe, Höhe, Differenziertheit; 3. feine Wasserwaage; **nivellieren** einebnen, gleichmachen, Hptw. **Nivellierung** *w.*

Nivose *m.* (*frz.*) der vierte Monat des franz. Revolutionskalenders (21. Dezember bis 19. Januar)

njet (*russ.*) nein

N. N. (aus *lat.* *n*omen *n*escio oder *n*omen *n*ominandum) Abk., die einen noch unbekannten Namen ersetzt

No *s.* (*jap.*) eine aus dem 14. Jh. stammende Form des japan. Theaters

nobel (*lat.-frz.*) 1. vornehm; 2. großzügig, freigebig; **Nobelgarde** *w.* (*lat.*) Leibwache des Papstes aus italienischen Edelleuten bis 1969

Nobelpreis *m.* von dem schwedischen Chemiker A. Nobel gestifteter Preis für hervorragende Leistungen in Wissenschaft, Kunst und Friedensbestrebungen

Nobilität *w.* Amtsadel im antiken Rom; **Nobility** *w.* (*engl.*) der englische Hochadel; **nobilitieren** (*lat.*) adeln

Noblesse *w.* (nobleß, *frz.*) vornehme Gesinnung; **noblesse oblige** (– oblihsch) Adel verpflichtet

Nobody *m.* (noboddi, *engl.*) ein Niemand, unbeschriebenes Blatt

no budget (– badschet, *engl.*) kurz für No-Budget-Filmproduktion, Filmproduktion, die mit einem gegen null gehenden Etat hergestellt wurde

Nocturne *s.* (noktürn, *frz.*) einsätziges träumerisches Musikstück für Klavier, Nachtstück

Nodus *m.* (*lat.*) 1. Knoten (z. B. bei Gichterkrankung); 2. Ansatzstelle eines Blattes; 3. Knauf (z. B. an einem Trinkglas)

Noël *m.* (noel, *frz.*) Weihnachtslied, -spiel in Frankreich

Noesis *w.* (no'e-, *gr.*) Denken, Erkennen, geistiges Wahrnehmen; **Noetik** *w.* Erkenntnislehre, Eigw. **noetisch**

no future! (– fjutscher, *engl.*) Schlagwort der Jugendgeneration um 1980, die angesichts der wirtschaftlichen, sozialen und ökologischen Krisenerscheinungen der Industriegesellschaften pessimistisch eingestellt war

no iron (– eiren, *engl.*) bügelfrei

Noktambulismus = Somnambulismus

Nokturn *w.* Nachtgebet im kath. Brevier

nolens volens (*lat.*) ob man will oder nicht, wohl oder übel

noli me tangere (*lat.*) rühre mich nicht an; **Nolimetangere** *s.* 1. bildliche Darstellung des auferstandenen Christus; 2. Name für verschiedene Pflanzen (z. B. Mimose, Springkraut)

Nomade *m.* (*gr.*) 1. Angehöriger eines Hirtenvolks ohne festen Wohnsitz; 2. unstet lebender Mensch (scherzh.); **nomadisch** nicht sesshaft; **nomadisieren** umherziehen; **Nomadismus** *m.* das Nomadentum als Kulturstufe

Nom de Guerre *m.* (nong de gähr, *frz.*) franz. Bez. für Deckname, Pseudonym; **Nom de Plume** *m.* (– plüm) franz. Bez. für den Decknamen eines Schriftstellers

Nomen *s.* (*lat.*) 1. Name; 2. Sprachlehre: Nennwort (*Mz.* Nomina), bes. das Hauptwort; **nomen est omen** im Namen liegt Bedeutung (nach Plautus); **nomen proprium** *s.* Eigenname; **nomina sunt odiosa** Namen erregen Ärgernis, keine Namen nennen!

Nomenklatur *w.* (*lat.*) Gesamtheit der Fachausdrücke eines Gebiets

Nomenklatura *w.* (*russ.*) Führungsschicht der ehemal. Sowjetunion

nominal, nominell (*lat.*) 1. dem Namen nach; 2. mit einem Nomen gebildet; 3. zum Nennwert; **Nominalbetrag, Nominalwert** *m.* der auf Banknoten, Wertpapieren angegebene Wert, Nennwert

Nominalismus *m.* (*lat.*) im Gegensatz zum philosophischen Realismus die Lehre, nach der den allgemeinen Begriffen außerhalb des Denkens keine Wirklichkeit zukommt, sie also nur (Übereinkunft von) Namen sind; **Nominalist** *m.* Vertreter dieser Denkrichtung; **Nominalstil** *m.* Sprachstil, der Hauptwörter häuft

Nominativ *m.* (*lat.*) Sprachlehre: der 1. Fall, antwortet auf die Frage: wer oder was?

nominell = nominal

nominieren (*lat.*) jmdn. zur Wahl vorschlagen, ernennen; **Nominierung** *w.* Nennung, Ernennung

Nomogramm *s.* (*gr.*) Netztafel als Schaubild zum zeichnerischen Rechnen

Nomos *m.* (*gr.*) Gesetz, Rechtsordnung (*Mz.* Nomoi); **nomothetisch** wissenschaftl. Gesetze aufstellend, nach Gesetzmäßigkeiten forschend

Nonagon *s.* (*gr.-lat.*) Neuneck, Eigw. **nonagonal**

Non, None *w.* (*lat.*) 1. Gebetsstunde des kath. Breviers um drei Uhr nachmittags; 2. neunte Stufe der Tonleiter; **Nonett** *s.* (*itl.*)

Komposition für neun Instrumente oder Stimmen

No-Name-Produkt (-nehm, *engl.-lat.*) Ware ohne Herstellerangabe

Nonchalance *w.* (nongschalangß, *frz.*) Ungezwungenheit, Lässigkeit; **nonchalant** (-schalang) ungezwungen, lässig

Non-Cooperation *w.* (non-ko'operehschen, *engl.*) Boykott, gewaltloser Widerstand

Nonfiction *w.* (nonfikschen, *engl.*) Sachbuch, Sachliteratur

Nonkonformismus *m.* (*lat.*) geistige Unabhängigkeit, vom Mehrheitsdenken unabhängiges Handeln; **Nonkonformist** *m.* jmd., der sich nonkonformistisch verhält; **nonkonformistisch** geistig unabhängig, nicht an der herrschenden Meinung orientiert

non liquet (*lat.*) es ist nicht klar, nicht zu entscheiden (von juristischen Sachverhalten)

Nonne *w.* (*lat.*) 1. Ordensfrau; 2. Schmetterling, Baumschädling; 3. Dachziegel

non olet (*lat.*) es stinkt nicht (das Geld)

Nonpareille *w.* (nongpareij, *frz.*) Schriftgrad von 6 Punkt

non plus ultra (*lat.*) nicht zu überbieten

Nonproliferation *w.* (-rehschen, *engl.*) Nichtweiterverbreitung von Kernwaffen und atomarem Waffenmaterial

non scholae, sed vitae discimus (*lat.*) nicht für die Schule, sondern für das Leben lernen wir (nach dem röm. Schriftsteller Seneca)

Nonsens *m.* (*lat.-engl.*) Unsinn, dummes Zeug

Nonstopflug *m.* (*engl.*) Flug ohne Zwischenlandung

Nonvalenz *w.* (*lat.*) Zahlungsunfähigkeit; **Nonvaleur** *m.* (nongwalör, *frz.*) 1. entwertetes Wertpapier; 2. unrentable Investition; 3. unverkäufliche Ware

Noologie *w.* (no'o-, *gr.*) Lehre vom Eigenleben des Geistes; **noologisch** auf den Geist bezogen; **Noopsyche** *w.* Geistseele, die intellektuelle Seite des Seelenlebens

Norge norwegischer Name für Norwegen

norisch (*lat.*) ostalpin

Norm *w.* (*lat.*) 1. Maßstab, Regel, Richtschnur; 2. Vorschrift (z. B. für Qualität u. Ä.); 3. gekürzter Buchtitel am Fuß jeder ersten Bogenseite; **normal** der Norm entsprechend, üblich; **Normalien** *Mz.* (-li'en, *lat.*) Regeln, Vorschriften, Grundformen; **normalisieren** 1. normal machen; 2. sich normalisieren: wieder in Normalzustand finden, Hptw. **Normalisierung** *w.*; **Normalität** *w.* der Norm entsprechende, übliche Beschaffenheit

Normalnull *w.* (*lat.*) festgelegte Höhe, auf die sich alle Höhenmessungen beziehen

normativ (*lat.*) normsetzend, maßgebend

normen, normieren (*lat.*) nach einem Schema regeln, vereinheitlichen, Hptw. **Normierung, Normung** *w.*

Normenkontrolle *w.* (*lat.*) Überprüfung von Rechtsnormen im Hinblick auf ihre Allgemeingültigkeit oder auf Vereinbarkeit mit übergeordneten Rechtsnormen

Nornen *Mz.* (*isl.*) die drei nordischen Schicksalsgöttinnen

Nosographie *w.* (*gr.*) Krankheitsbeschreibung; **Nosologie** *w.* Systematik der Krankheiten aufgrund ihrer Beschreibungen; **Nosophobie** *w.* krankhafte Furcht vor Krankheiten

Nostalgie *w.* (*gr.*) Heimweh nach vergangenen Zeiten, Eigw. **nostalgisch**

Nostrifikation *w.* (*lat.*) 1. Aufnahme, Einbürgerung; 2. Anerkennung ausländischer Diplome; **nostrifizieren** einbürgern, anerkennen

Nostrokonto *s.* (*itl.*) Konto einer Bank bei einer anderen

Notabeln *Mz.* (*frz.*) Angehörige der Oberschicht einer Stadt

notabene (*lat.*) nicht zu vergessen, übrigens (Abk. NB)

Notabilität *w.* (*lat.*) angesehene Persönlichkeit

Notalgie *w.* (*gr.*) Rückenschmerz

Notar *m.* (*lat.*) Volljurist, der insbesondere Schriftstücke und Vereinbarungen beurkundet und beglaubigt; **Notariat** *s.* Büro eines Notars; **notariell** durch Notar

Notation *w.* (*lat.*) 1. Aufzeichnung in Zeichen (z. B. von Musik in Noten, von Lauten im phonetischen Alphabet); 2. Bestimmung der Abfolge von Rechenoperationen (EDV)

Note *w.* (*lat.*) 1. Papiergeld, Banknote; 2.

Zensur, Bewertung, Punktzahl; 3. förmliche diplomatische Mitteilung; 4. Zeichen für die Wiedergabe von musikalischen Tönen, Musiknote

Notebook *s.* (-buck, *engl.*) Personalcomputer in Buchgröße

notieren (*lat.*) 1. aufschreiben, aufzeichnen, vormerken; 2. Börsenkurs festsetzen; **Notierung** *w.* Kursfestsetzung an der Börse

notifizieren (*lat.*) offiziell übermitteln (z. B. eine diplomatische Note)

Notiz *w.* (*lat.*) Vermerk, Ztw. **notieren**

notorisch (*lat.*) offenkundig, bekanntermaßen, gewohnheitsmäßig

Notturno *s.* = Nocturne

Nougat *m.* (nugat, *frz.*) 1. französ. Süßigkeit aus zäher Zuckermasse mit kandierten Früchten, Nüssen, Mandeln; 2. weiche Schokoladenmasse mit fein gehackten Nüssen oder Mandeln

Nous, Nus *m.* (nuhs, *gr.*) 1. das Gedankliche, Geistige im Menschen; 2. denkende Seele, Weltseele in der griech. Philosophie

Nouveauté *w.* (nuwoteh, *frz.*) (modische) Neuheit, Neuigkeit

Nouvelle Vague *w.* (nuwäll wahg, *frz.*) Bez. für einen um 1960 entwickelten Filmstil französ. Regisseure (z. B. Godard, Truffaut, Chabrol)

Nova *w.* (*lat.*) neu auftauchender Stern; **Novation** *w.* Schuldumwandlung

Novecento *s.* (nowetschento, *itl.*) italien. Bez. für das 20. Jh.

Novelle *w.* (*itl.*) 1. Erzählung, die sich auf eine unerhörte Begebenheit konzentriert; 2. Abänderungs-, Nachtragsgesetz; **novellieren** Gesetz abändern; **Novellist** *m.* Novellenschreiber; **novellistisch** nach Art der Novelle

Novene *w.* (*lat.*) neuntägige kath. Andacht

Novität *w.* (*lat.*) Neuerscheinung, Neuheit bes. auf dem Büchermarkt

Novize *m.* oder *w.* (*lat.*) Mönch oder Nonne im Probejahr; **Noviziat** *s.* Probezeit im Kloster

Novokain *s.* (-ka'in, *Wz.*) Mittel für örtliche Betäubung

Novum *s.* (*lat.*) Neuheit, neuer Tatbestand, etwas Erstmaliges

Noxe *w.* (*lat.*) Schädlichkeit, krank machende Ursache

NRT = Nettoregistertonne

nto. = netto

Nuance *w.* (nüangß, *frz.*) 1. Schattierung, Abstufung, Abtönung; 2. Spur, Kleinigkeit; **nuancieren** (nüangßihren) abschattieren, feine Unterschiede machen; **nuanciert** fein abgetönt, differenziert

Nubuk *s.* (*engl.*) künstlich gerautes Leder

nudis verbis (*lat.*) in nackten, dürren Worten, unbeschönigt

Nudismus *m.* (*lat.*) Freikörperkultur; **Nudist** *m.* Anhänger des Nudismus; **Nudität** *w.* Nacktheit, Darstellung des nackten Körpers

Nugat = Nougat

nuklear (*lat.*) den Atomkern betreffend; **Nuklearmedizin** *w.* Gebiet der Medizin, das zur Diagnose und Heilung radioaktive Substanzen verwendet; **Nukleinsäure** *w.* (-kle'in-) molekulare Verbindung im Zellkern, Grundsubstanz der Vererbung; **Nukleonen** *Mz.* Bausteine des Atomkerns; **Nukleus** *m.* (-kle'us) Nervenkern, Zellkern (*Mz.* Nuklei); **Nukleine, Nukleoproteide** *Mz.* (-te'i-, *lat.-gr.*) Eiweißverbindungen im pflanzlichen und tierischen Zellkern

Null *w.* (*lat.*) 1. die Zahl 0; 2. Nullpunkt; 3. jmd., der nichts leistet, Versager (umg.)

nulla poena sine lege (-pöna-, *lat.*) ohne Gesetz keine Strafe, keine Strafe ohne rechtmäßiges Urteil

Nullifikation *w.* (*lat.*) Ungültigkeitserklärung, Nichtigkeitserklärung; **nullifizieren** für ungültig, für nichtig erklären; **Nullipara** *w.* medizin. Bez. für eine Frau, die noch nicht geboren hat; **Nullität** *w.* Nichtigkeit; **Null ouvert** (-uwähr, *frz.*) Spielweise beim Skat, bei der der Spieler seine Karten aufdecken muss; **Nulloperation** *w.* Computerbefehl, der keinen Rechenvorgang auslöst (EDV); **Nullserie** *w.* Probeserie eines technischen Erzeugnisses

Numen *s.* (*gr.*) Gottheit, göttliches Wesen; **numinos** göttlich; **Numinose** *s.* das Göttliche in seiner zugleich anziehenden und erschreckenden Wirkung

Numerale *s.* (*lat.*) Zahlwort (*Mz.* Numeralia, Numeralien [-li'en]); **Numeri** *Mz.* 1. Mehrzahl von Numerus; 2. Name des vierten Buches Mose; **numerisch** zahlenmäßig, in Ziffern dargestellt; **numerische Steuerung** Steuerung bes. von Werkzeugmaschinen, bei der die Steuerbefehle durch Zahlen ausgedrückt sind; **Numerus** *m.* Zahl, Ziffer (*Mz.* Numeri); **Numerus clausus** *m.* Zulassungsbeschränkung für bestimmte Fächer an der Universität

numinos, Numinose = Numen

Numismatik *w.* (*gr.*) Münzkunde; **Numismatiker** *m.* Münzforscher, Münzsammler; **numismatisch** die Münzkunde betreffend

Nummer *w.* (*lat.*) 1. kennzeichnende Zahl (z. B. Kennnummer); 2. Witzbold, ulkiger Mensch (umg.); 3. künstlerische Einzeldarbietung (z. B. im Varieté); 4. Geschlechtsakt (umg.); **nummerieren** beziffern; **Nummernkonto** *s.* Konto, das nicht auf den Namen des Inhabers geführt wird, sondern durch eine Zahl gekennzeichnet ist

Nunatak *m.* (*eskim.*) aus dem Inlandeis herausragender Felsen

Nuntius *m.* (*lat.*) päpstlicher Gesandter bei ausländischen Regierungen; **Nuntiatur** *w.* Amt und Sitz des Nuntius

nuptial (*lat.*) ehelich, hochzeitlich

Nuragen, Nuraghen *Mz.* (*itl.*) vorgeschichtliche Wohntürme, bes. auf Sardinien

Nurse *w.* (nöhrß, *engl.*) 1. Kinderfrau; 2. Krankenpflegerin

Nus = Nous

Nutation *w.* (*lat.*) 1. Schwankung der Erdachse; 2. Krümmungsbewegung im Wachstum (von Pflanzen)

Nutria *s.* (*span.*) südamerikan. Biberratte

Nutriment *s.* (*lat.*) Nahrungsmittel; **Nutrition** *w.* Ernährung; **nutritiv** nährend, nahrhaft

Nyktinastie *w.* (*gr.*) die Schlafbewegung der Pflanzen (z. B. das Zusammenfalten von Blättern)

Nylon *s.* (neilon, *engl.*) vollsynthetische Kunstfaser von hoher Elastizität

Nymphäa, Nymphäe *w.* (*gr.*) Seerose

Nymphe *w.* (*gr.*) 1. Naturgottheit der griechischen Sage; 2. Libellenlarve; **Nymphomanie** *w.* krankhaft gesteigerter Geschlechtstrieb bei Frauen, Mannstollheit, Eigw. **nymphoman, nymphomanisch**

O

O' Sohn von (vor irischen Namen)

Oase *w.* (*gr.*) 1. Wasserstelle und Ort fruchtbarer Vegetation in der Wüste; 2. Ort der Ruhe, der Erholung in unruhiger Umgebung

Obduktion *w.* (*lat.*) Leichenöffnung; Ztw. **obduzieren**

Obedienz *w.* (-di'e-, *lat.*) 1. kanonischer und klösterlicher Gehorsam im kath. Kirchenrecht; 2. Anhängerschaft eines Papstwahlkandidaten

Obelisk *m.* (*gr.*) vierkantiger sich verjüngender Steinpfeiler mit pyramidenförmiger Spitze, ursprüngl. in Ägypten vor Sonnentempeln

Obi *s.* (*jap.*) breiter Seidengürtel, der den japanischen Kimono zusammenhält

Object trouvé *s.* (obschä truveh, *frz.*) vom Künstler aus ihrem Alltagszusammenhang herausgelöste Gegenstände, die ohne weitere Bearbeitung ausgestellt werden (z. B. Fetzen von Plakatwänden)

Objekt *s.* (*lat.*) 1. Gegenstand, Sache, mit der etwas geschieht; 2. Gegenstand des Erkennens; 3. Ergänzung zum Zeitwort, Satzergänzung; 4. aus verschiedenen Gegenständen zusammengestelltes Werk der modernen Kunst; **objektiv** 1. sachlich, unvoreingenommen; 2. vom subjektiven Bewusstsein unabhängig existierend; **Objektiv** *s.* dem Objekt zugewandte Linse eines optischen Instruments; **Objektivation** *w.* Vergegenständlichung; **objektivieren** 1. zum Objekt machen, vergegenständlichen; 2. etwas sachlich, unvoreingenommen darstellen, Hptw. **Objektivierung** *w.*; **Objektivität** *w.* möglichst große Sachlichkeit, von subjektiven Einflüssen freie Darstellung; **Objektträger** *m.* dünnes Glasplättchen, das die mikroskopisch zu untersuchenden Objekte trägt

Oblate *w.* (*lat.*) hauchdünnes Gebäck aus ungesäuertem Mehl als Unterlage für Backwerk; **Oblaten** *Mz.* Laienbrüder, Laienschwestern in geistlichen Orden, durch Gelübde gebundene Angehörige einer religiösen Gemeinschaft; **Oblation** *w.* 1. Brot und Wein in der kath. Messe und ihre Darbringung; 2. Gabe, Geschenk, heute durch die Kollekte abgelöst

obligat (*lat.*) 1. unerlässlich, erforderlich; 2. allgemein üblich; 3. Musik: verbindlich (Stimme muss geführt werden); **Obligation** *w.* 1. Verbindlichkeit, Verpflichtung; 2. Schuldverschreibung, Wertpapier; **obligatorisch** vorgeschrieben, pflichtmäßig, verbindlich; **Obligo** *s.* (*itl.*) Verbindlichkeit, Haftung (besonders bei Wechseln); **ohne Obligo** ohne Gewähr (Abk. o. O.)

Obliteration *w.* (*lat.*) 1. Tilgung, Auslöschung; 2. Verstopfung von Körpergefäßen, Verödung, Verwachsung; **obliterieren** 1. tilgen; 2. verstopfen (von Körperhohlräumen)

Oboe *w.* (-bo'e, *frz.*) ein Holzblasinstrument; **Oboe d'amore** *w.* (*itl.*) tiefere Oboe; **Oboist** *m.* Oboebläser

Obolus *m.* (*gr.*) 1. kleine Spende, Scherflein; 2. kleine altgriechische Münze

oboval (*lat.*) verkehrt eiförmig

Obsequien *Mz.* = Exequien

Observant *m.*, **Oberservanten** *Mz.* (*lat.*) Befolger der strengeren Ordensregel, bes. bei den Franziskanern; **Observanz** *w.* 1. Befolgung der Ordensregel; 2. Gewohnheitsrecht; **Observation** *w.* wissenschaftliche Beobachtung; **Observator** *m.* wissenschaftlicher Beobachter; **Observatorium** *s.* Sternwarte, Wetterwarte; **observieren** 1. wissenschaftlich beobachten; 2. einen Verdächtigen überwachen

Obsession *w.* (*lat.*) Besessenheit, Zwangsvorstellung; **obsessiv** besessen, von einer Zwangsvorstellung beherrscht

Obsidian *m.* (*lat.*) glasiges Ergussgestein

Obsignation *w.* (*lat.*) Genehmigung, Bestätigung

obskur (*lat.*) dunkel, unklar, undurch-

schaubar und deshalb verdächtig, Hptw. **Obskurität** *w.*; **Obskurantismus** *m.* Feindschaft gegen die Aufklärung
obsolet (*lat.*) veraltet, außer Gebrauch, überholt
Obstetrik *w.* (*lat.*) Hebammenkunst, Entbindungskunst, Geburtshilfe
obstinat (*lat.*) widerspenstig, halsstarrig, unbelehrbar
Obstipation *w.* (*lat.*) Verstopfung, Darmträgheit
obstruieren (*lat.*) 1. entgegenarbeiten, Widerstand leisten; 2. verstopfen; **Obstruktion** *w.* 1. Widerstand, Verhinderung, Verschleppung; 2. Verstopfung (in der Medizin); **obstruktiv** 1. hemmend; 2. verstopfend
obszön (*lat.*) unanständig, anstößig, Hptw. **Obszönität** *w.*
Obturation *w.* (*lat.*) Schließung, Verstopfung (einer Öffnung)
Occhi *Mz.* = Okki
Ochlokratie *w.* (*gr.*) Pöbelherrschaft, Eigw. **ochlokratisch**; **Ochlophobie** *w.* krankhafte Furcht vor Menschenmengen
Ocker *m.* (*gr.*) gelbes Mineral, Farbstoff
Odaliske *w.* (*türk.*) europäische Sklavin in einem türkischen Harem
Odds *Mz.* (*engl.*) Wette mit vom Buchmacher festgelegten Einsätzen bei Pferderennen
Ode *w.* (*gr.-lat.*) feierlich-erhabene Dichtung in Strophenform
Ödem *s.* (*gr.*) Schwellung des Gewebes durch Ansammlung von Wasser oder seröser Flüssigkeit, Eigw. **ödematisch**
Odeon, Odeum *s.* (*gr.*) Name für größere Veranstaltungsgebäude (z. B. Konzertsäle, Filmsäle)
oderint dum metuant (*lat.*) sollen sie mich hassen, wenn sie mich nur fürchten (nach dem röm. Kaiser Caligula)
Odeur *s.* (odör, *frz.*) Duft, Wohlgeruch
odios, odiös (*frz.*) 1. unausstehlich, lästig; 2. gehässig
Odium *s.* (*lat.*) übler Beigeschmack, unangenehme Begleiterscheinung
Ödipuskomplex *m.* (*gr.*) psychoanalyt. Bez. für einen Komplex, der durch unbewusste libidinöse Gefühle des Kleinkinds gegenüber dem gegengeschlechtlichen Elternteil entsteht
Odontalgie *w.* (*gr.*) Zahnschmerz; **Odontitis** *w.* Zahn- oder Zahnfleischentzündung; **Odontologie** *w.* Zahnheilkunde
Odyssee *w.* (*gr.*) Irrfahrt, von unvorhersehbaren Ereignissen und Widrigkeiten begleitetes Unterfangen, nach Homers Epos
OECD (aus *engl.* *O*rganization for *E*conomic *C*ooperation and *D*evelopment) Organisation für wirtschaftliche Zusammenarbeit und Entwicklung, derzeit 29 Mitgliedsstaaten, gegr. 1961, Sitz in Paris (Frankreich)
Œuvre *s.* (öwre, *frz.*) Gesamtwerk eines Künstlers, Opus
off (*engl.*) 1. Anzeige für die Aus-Stellung an technischen Geräten; 2. hinter der Szene; **Off** *s.* Bereich außerhalb der Szene, aus der man z. B. eine Stimme hört; **Offbeat** *s.* (-biht) im Jazz das Einfügen der melodischen Akzente zwischen die metrischen; **Off Broadway** (-brohdweh) experimentelles Kunsttheater abseits des traditionellen und kommerziellen Theaterlebens, das in New York am Broadway stattfindet
offensiv (*lat.*) angreiferisch; **Offensive** *w.* 1. offensive Haltung; 2. Angriff, Vorstoß
offerieren (*lat.*) anbieten; **Offerte** *w.* Angebot, Preisangebot; **Offertorium** *s.* Vorbereitungsteil für die Eucharistie in der kath. Messe
Office *s.* (offiß, *engl.*) Amt, Büro
Officium *s.* = Offizium
Offizial *m.* (*lat.*) bischöflicher Beamter (Priester) als Vorsteher des Offizialats; **Offizialat** *s.* kirchl. Gerichtsbehörde; **Offizialverteidiger** *m.* vom Staat bestellter Pflichtverteidiger im Strafprozess
offiziell (-zi'e-, *lat.-frz.*) 1. amtlich, verbürgt; 2. feierlich, förmlich
Offizier *m.* (*lat.*) Soldat im Rang vom Leutnant bis zum General
offizinell (*lat.*) im Arzneibuch, dem amtlichen Arzneiverzeichnis, aufgeführt
offiziös (*lat.-frz.*) halbamtlich, nicht verbürgt
Offizium *s.* (*lat.*) 1. kath. Kirchenamt; 2. Stundengebet im kath. Gottesdienst
off limits! (*engl.*) Zutritt verboten!; **offline** (-lein) nur indirekt mit der zentralen Datenverarbeitungsanlage gekoppelt

(von speziellen Geräten in der EDV); **off season** (– ßihsen) außerhalb der (Theater-)Saison

Offsetdruck *m.* (*engl.*) Flachdruckverfahren, indirekter Druck: nicht von der Druckplatte, sondern über ein Gummituch auf das Papier

Offstimme *w.* (*engl.-dt.*) Stimme aus dem Off

Oger *m.* (*frz.*) Menschen fressender Dämon im Märchen

Ogi *s.* (*jap.*) japanischer Klappfächer

ogival (auch: oschiwal, *frz.*) spitzbogig; **Ogivalstil** *m.* Baustil der Gotik in Frankreich

Ohm *s.* 1. Maßeinheit des elektrischen Widerstands; 2. altes Flüssigkeitsmaß (je nach Gegend 135–160 l)

Oikos *m.* (*gr.*) Haus, Halle in der Antike

o.k. (okeh, *engl.*) okay, in Ordnung, gut, recht

Okapi *s.* (*afrikanisch*) zentralafrikanische Giraffenart

Okarina *w.* (*itl.*) kleines tönernes, wie ein Gänseei geformtes Blasinstrument

Okeanide *w.* (*gr.*) Nereide; **Okeanos** *m.* göttlicher Repräsentant des Weltstroms in der griechischen Sage

Okkasion *w.* (*lat.*) Gelegenheitskauf; **okkasionell** gelegentlich, zufällig

Okki, Occhi *Mz.* (*itl.*) Kurzform von **Okkispitze** *w.* Knüpfspitze, Schiffchenarbeit

okkludieren (*lat.*) verschließen; **Okklusion** *w.* 1. Verschluss, Sperre; 2. Zusammentreffen von Warm- und Kaltluftströmen; 3. Bissstellung der Zähne; **okklusiv** die Okklusion betreffend

okkult (*lat.*) verborgen, geheim; **Okkultismus** *m.* 1. Sammelbegriff für Geheimwissenschaften; 2. Glaube an verborgene übersinnliche Kräfte, mit denen der Mensch durch bestimmte Praktiken in Verbindung treten kann, Eigw. **okkultistisch**; **Okkultist** *m.* Anhänger des Okkultismus; **Okkultologe** *m.* Forscher auf dem Gebiet des Okkultismus

Okkupation *w.* (*lat.*) Besetzung, Besitzergreifung; **okkupieren** 1. einnehmen, besetzen, aneignen; 2. in Beschlag nehmen

Öko-, öko- als Vorsilbe: 1. Umwelt, Lebensraum; 2. Haushalt; 3. unbedenklich für Natur und Umwelt

Ökochonder *m.* (aus *gr.* *Öko*logie und Hypo*chonder*) abwertende Bez. für jmdn., der ökologisch unerprobte und bedenkliche Techniken und Versuche ablehnt

Ökologe *m.* (*gr.*) Wissenschaftler auf dem Gebiet der Ökologie; **Ökologie** *w.* Wissenschaft von den Wechselbeziehungen zwischen Lebewesen und ihrer Umwelt; **ökologisch** 1. die Ökologie betreffend; 2. für die Umwelt und ihren Schutz bedeutsam

Ökonom *m.* (*gr.*) Wirtschaftswissenschaftler; **Ökonomie** *w.* 1. Wirtschaftlichkeit; 2. Wirtschaftswissenschaft; **ökonomisch** wirtschaftlich, sparsam; wirtschaftswissenschaftlich

Ökosystem *s.* (*gr.*) natürliche Einheit von Lebewesen und ihrer Umgebung; **Ökotop** *s.* Ökosystem auf kleinstem Raum; **Ökotrophologie** *w.* Haushalts- und Ernährungswissenschaft; **Ökotypus** *m.* an das biologische Milieu eines bestimmten Standorts angepasste Kleingruppe von Pflanzen und Tieren

Oktaeder *s.* (-ta'e-, *gr.*) von acht gleichseitigen Dreiecken begrenzter Körper

Oktan *s.* (*lat.*) Kohlenwasserstoff (mit acht Kohlenstoffatomen) in Benzin und Erdöl; **Oktant** *m.* (*gr.*) Achtelkreis; **Oktanzahl** *w.* Maßzahl für das Verhalten der Kraftstoffe im Motor

Oktav *s.* (*lat.*) Buchformat; **Oktave** *w.* 1. achte Stufe der Tonleiter und Intervall zum Grundton; 2. achttägiges kath. Kirchenfest; **oktavieren** einen Ton in die Oktave überblasen (bei Blasinstrumenten)

Oktett *s.* (*lat.-itl.*) Musikstück für acht Instrumente und Gruppe von acht Musikern

Oktogon *s.* (*gr.*) Achteck; **oktogonal** achteckig; **Oktopode** *m.* Achtfüßler, Tintenfisch

oktroyieren (oktroajihren, *frz.*) aufnötigen, aufzwingen

Okular *s.* (*lat.*) die dem Auge zugekehrte Linse eines optischen Instruments; **okular** mit dem Auge, zum Auge gehörig; **Okulation, Okulierung** *w.* Einsetzen einer Knospe in das Gewächs, das veredelt werden soll, Ztw. **okulieren**

Ökumene *w.* (*gr.*) 1. die gesamte bewohnte Erde; 2. die ökumenische Bewegung; **ökumenisch** allgemein, die ganze Erde betreffend; **ökumenische Bewegung** *w.* im 19. Jh. einsetzende Bewegung zur Einigung der christlichen Kirchen

Okzident *m.* (*lat.*) Abendland; **okzidental** abendländisch

okzipital (*lat.*) zum Hinterkopf gehörig

Ola = La Ola

Oldie *s.* (*engl.*) 1. in seiner Beliebtheit unverwüstlicher Schlager oder Film; 2. liebevoll-spöttische Bez. für jmdn., der altmodisch ist

Oldtimer *m.* (ohldteimer, *engl.*) altes Automobilmodell mit Liebhaberwert

Oleander *m.* (*gr.*) mediterraner Zierstrauch

Olefin *s.* (*lat.*) ungesättigter Kohlenwasserstoff; **Olein** *s.* (-le'in) Hauptbestandteil der Öle; **Oleum** *s.* (-le'um) Öl

olfaktorisch (*lat.*) den Geruchssinn betreffend; **Olfaktorius** *m.* Riechnerv

Olifant *m.* Rolands Hifthorn (aus der Rolandsage), mittelalterliches Jagdhorn

Olig(o)-, olig(o)- (*gr.*) als Vorsilbe: wenig, gering

Oligämie *w.* (*gr.*) Blutarmut

Oligarchie *w.* (*gr.*) Herrschaft einer kleinen Gruppe, Eigw. **oligarchisch**

oligodynamisch (*gr.*) in kleinen Mengen wirksam

oligophag (*gr.*) sich nur von wenigen Tieren oder Pflanzen ernährend (von Tieren)

Oligophrenie *w.* (*gr.*) angeborener oder früh erworbener Schwachsinn

Oligopol *s.* (*gr.*) Beherrschung des Marktes durch einige wenige Anbieter

oligotroph (*gr.*) nährstoffarm

Oligozän *s.* (*gr.*) Schicht des Tertiärs, Abschnitt der Erdgeschichte

olim (*lat.*) einst, ehemals; **seit Olims Zeiten** seit Urzeiten, seit jeher

oliv (*lat.*) graugrün; **Olive** *w.* Frucht des Ölbaums; **Olivin** *s.* olivfarbenes Mineral

Olla podrida *w.* (oja-, *span.*) spanischer Eintopf mit Wurst und Gemüsen

Olymp *m.* (*gr.*) 1. Sitz der Götter in der griech. Mythologie; 2. oberster Rang im Theater (umg.); **Olympiade** *w.* 1. Olympische Spiele, die (wie die griechischen Spiele in Olympia) alle vier Jahre stattfinden; 2. griechische Bezeichnung für die vier Jahre zwischen zwei olympischen Festen; **Olympier** *m.* und *Mz.* (-pi'er) 1. Zeus, *Mz.* die Götter des Olymp; 2. Mann von göttergleicher Überlegenheit (auf seinem Gebiet); **Olympionike** *m.* Teilnehmer, Sieger bei den Olympischen Spielen; **olympisch** 1. auf Olympia bezüglich; 2. erhaben, göttergleich

Omagra *w.* (*gr.*) Schultergicht; **Omalgie** *w.* Schulterschmerz; **Omarthritis** *w.* Entzündung des Schultergelenks

Ombré *m.* (*frz.*) Gewebe mit abschattierten Farben; **ombriert** abschattiert, verschieden getönt

Ombrograph *m.* (*gr.*) Gerät, das die Niederschlagsmenge aufzeichnet; **Ombrometer** *s.* Regenmesser; **ombrophil** Regen liebend (von Tieren und Pflanzen); **ombrophob** Trockenheit bevorzugend (von Tieren und Pflanzen)

Ombudsman *m.* (*schwed.*) beauftragte Person, die die Rechte des Bürgers gegenüber staatlichen Behörden vertritt

Omega *s.* (*gr.*) 1. letzter Buchstabe des griechischen Alphabets, Ω, ω; 2. Zeichen für Ohm; **Omeganebel** *m.* omegaförmiger Nebel im Sternbild Schütze

Omelett *s.*; **Omelette** *w.* (*frz.*) in der Pfanne gebackener Eierkuchen ohne Mehl; **Omelette soufflée** (– suffleh) im Backofen aufgezogener Eierkuchen

Omen *s.* (*lat.*) Vorzeichen (*Mz.* Omina); **ominös** 1. von schlimmer Vorbedeutung; 2. bedenklich, verdächtig, zweifelhaft

Omissivdelikt *s.* (*lat.*) Unterlassungsdelikt

omnia vincit amor (*lat.*) die Liebe überwindet alles

Omnibus *m.* (*lat.*) großer Kraftwagen für viele Personen

omnipotent (*lat.*) allmächtig; **Omnipotenz** *w.* Allmacht; **omnipräsent** allgegenwärtig; **Omnipräsenz** *w.* Allgegenwart

Omnium *s.* (*lat.*) 1. Rennen, bei dem alle Pferde zugelassen sind; 2. Radrennen in beliebiger Form; **Omniumversicherung** *w.* Versicherung gegen alle Risiken mit einer Prämie

omnivor (*lat.*) alles fressend; **Omnivoren** *Mz.* Allesfresser (von Tieren)

Omphalitis *w.* (*gr.*) Nabelentzündung des Neugeborenen; **Omphaloskopie** *w.* Nabelschau

on (*engl.*) 1. Anzeige für das Eingeschaltetsein von technischen Geräten; 2. auf dem Bildschirm sichtbar

Onanie *w.* sexuelle Selbstbefriedigung, Masturbation; **onanieren** sich sexuell selbst befriedigen, masturbieren (nach der biblischen Gestalt Onan im 1. Buch Mose)

on call (on kohl, *engl.*) auf Abruf

Ondit (ongdih, *frz.*) Gerücht

Ondulation *w.* (*lat.-frz.*) Wellen der Haare mit dem Brenneisen; **ondulieren** Haare wellen

Oneirologie *w.* (*gr.*) psychoanalytisch geprägte Traumdeutung

Oneiromantie *w.* (*gr.*) Weissagung durch Traumdeutung

Onestep *m.* (wanstepp, *engl.*) schneller amerikan. Gesellschaftstanz

ongarese (*itl.*) Musik: in ungarischer Manier

Oniomanie *w.* (*gr.*) krankhafter Kauftrieb, Kaufzwang

onkogen (*gr.*) Krebs erzeugend; **Onkologie** *w.* Wissenschaft von den Geschwülsten

online (-lein, *engl.*) direkt mit der zentralen Datenverarbeitungsanlage verbunden (von Geräten in der EDV)

Önologe *m.* (*gr.*) Fachmann für Wein und Weinbau; **Önologie** *w.* Weinkunde, Weinbaukunde, Eigw. **önologisch**; **Önometer** *s.* Messgerät für den Alkoholgehalt des Weins

Onomastik, Onomatologie *w.* (*gr.*) 1. zwanghaftes Erinnern an bestimmte Wörter; 2. krankhafter Zwang zum Aussprechen bestimmter Wörter; **Onomatopoese** (-po'e-), **Onomatopöie** *w.* Lautmalerei; **onomatopoetisch** lautmalend

Önometer = Önologe

Önorm *w.* Österreichische Industrienorm, der DIN entsprechend

on parle français (ong parl frangßäh, *frz.*) hier wird Französisch gesprochen

on the road (– se rohd, *engl.*) unterwegs; **on the rocks** (*engl.*) mit Eiswürfeln serviert (von Getränken)

Ontogenese, Ontogenie *w.* (*gr.*) Entwicklung des Einzelwesens von der Zelle bis zur Geschlechtsreife, Eigw. **ontogenetisch**

Ontologie *w.* (*gr.*) Lehre vom Sein; Eigw. **ontologisch**

Onychomykose *w.* (*gr.*) Pilzbefall der Nägel; **Onychophagie** *w.* das Nägelkauen; **Onychose** *w.* Nagelkrankheit

Onyx *m.* (*gr.*) achatähnl. Schmuckstein

o. O. = ohne Obligo

Oogenese *w.* (o'o-, *gr.*) Bildung und Entwicklung der Eizelle; **Oologie** Lehre von den Vogeleiern, Gebiet der Vogelkunde

op. = Opus

opak (*lat.*) undurchsichtig, lichtundurchlässig, Hptw. **Opazität** *w.*

Opal *m.* (*gr.-lat.*) 1. milchiger, in verschiedenen Farben schillernder Schmuckstein, ein Mineral; 2. Baumwollgewebe, Glasbatist, Eigw. **opalen**; **Opaleszenz** *w.* buntes Schillern, Ztw. **opalisieren**; **Opalglas** *s.* milchiges, schimmerndes Glas

Opanken *Mz.* (*serb.*) sandalettenartiger, oft geflochtener und buntfarbiger Schuh

Op-Art *w.* (*engl.*) um 1950 entstandene, auf Mode- und Gebrauchsdesign ausstrahlende Kunstrichtung, die mit optischen Effekten, meist starkfarbigen geometrischen Abstraktionen arbeitet, die sich mit Änderung des Gesichtswinkels optisch verändern

OPEC (aus *engl. O*rganization of *P*etroleum *E*xporting *C*ountries) Organisation Erdöl exportierender Länder, derzeit 11 Mitgliedsstaaten, gegr. 1960, Sitz in Wien (Österreich)

open air (ohpen ähr, *engl.*) Wortbildungselement in der Bedeutung: im Freien stattfindend; **Open-Air-Konzert** *s.* Konzert, das unter freiem Himmel stattfindet

open end (*engl.*) ohne zeitliche Begrenzung stattfindend (z. B. Open-End-Talkshow)

Oper *w.* (*itl.*) 1. musikalisches Drama; 2. Opernhaus und Ensemble; **Opera buffa** *w.* komische Oper; **Opera seria** *w.* große, dramatische Oper; **Operette** *w.* heitere, singspielartige Oper

Opera *Mz.* (*lat.*) Mehrzahl von Opus

Operateur *m.* (-tör, *frz.*) 1. Chirurg, der eine Operation durchführt; 2. Toningenieur

Operating *s.* (operehting, *engl.*) das Bedienen von Maschinen u. Ä.
Operation *w.* (*lat.*) 1. chirurgischer Eingriff; 2. größeres militärisches Unternehmen; 3. mathematisches Lösungsverfahren; 4. Arbeitsvorgang, Prozedur nach festgelegtem Ablaufschema, auch von Computern; **operationalisieren** einen (Denk-)Vorgang in überprüfbare Einzelschritte zerlegen; **Operations-Research** *w.* (opperehschens rissörtsch, *engl.*) Unternehmensforschung, Methodensystem zur rationalen Lösung von unternehmerischen Entscheidungsproblemen auf mathematischer Grundlage; **operativ** 1. durch einen Eingriff; 2. strategisch; **Operator** *m.* (*engl.*) 1. Bedienungsfachkraft in der EDV; 2. Transformationsregel in der Mathematik; 3. Telefonvermittler in den USA; **operieren** 1. Eingriff vornehmen; 2. verfahren, vorgehen
Ophiolatrie *w.* (*gr.*) Schlangenverehrung, religiöser Schlangenkult; **Ophiten** *Mz.* Gnostiker des 2. Jh., Schlangenanbeter
Ophir (*hebr.*) das im Alten Testament erwähnte Land, aus dem Salomo seine Schätze holte
Ophthalmie *w.* (*gr.*) Augenentzündung; **Ophthalmologe** *m.* Augenarzt; **Ophthalmologie** *w.* Augenheilkunde; **Ophthalmoskop** *s.* Augenspiegel
Opiat *s.* (*gr.*) opiumhaltiges Heilmittel
Opinio *w.* (*lat.*) Meinung, Ansicht; **Opinio communis** *w.* die allgemeine Meinung; **Opinion-Leader** *m.* (opinjen lihder, *engl.*) jmd., der maßgebend die öffentliche Meinung beeinflusst, Meinungsführer
Opium *s.* (*gr.*) Betäubungsmittel und Rauschgift aus dem Saft des Mohns
Opodeldok *m.* oder *s.* von Paracelsus so benanntes Einreibemittel aus Kampfer, Seifenspiritus, Salmiakgeist u. a. gegen Rheumatismus
Opopanax, Opopanax *m.* (*gr.*) Gummiharz, Volksheilmittel
Opossum *s.* (*indian.*) amerikanische Beutelratte
Opponent *m.* (*lat.*) jmd. mit gegenteiliger Meinung (z. B. in einer Diskussion); **opponieren** widersprechen, sich widersetzen
opportun (*lat.*) günstig, momentan zweckmäßig, vorteilhaft, Hptw. **Opportunität** *w.*; **Opportunismus** *m.* Anpassung an das jeweils Vorteilhafte; **Opportunist** *m.* Konjunkturritter, Wetterfahne; **opportunistisch** wetterwendisch, je nach dem eigenen Vorteil handelnd
Opposition *w.* (*lat.*) 1. Widerstand, Widerspruch; 2. die nicht an der Regierung beteiligten parlamentarischen Fraktionen und die außerparlamentarischen Gruppen; 3. Gegenschein zwischen Sonne und Gestirn; 4. Stellung gegenüber; **oppositionell** gegnerisch, gegensätzlich
op. posth. = opus postumum
Oppression *w.* (*lat.*) 1. Unterdrückung; 2. Beklemmung
Optant *m.* (*lat.*) jmd., der eine Option hat
Optativ *m.* (*gr.*) Wunschform des griechischen Zeitworts
Optik *w.* (*gr.*) 1. Wissenschaft vom Licht; 2. Linsensystem; 3. optische Wirkung; 4. Standpunkt, Betrachtungsweise; **Optiker** *m.* Fachmann für Produktion und Verkauf optischer Geräte
optima fide (*lat.*) im besten Glauben; **optima forma** in bester Form
optimal (*lat.*) bestmöglich; **optimieren** optimal gestalten, das Bestmögliche herausholen
Optimismus *m.* (*lat.*) 1. lebenszuversichtliche Einstellung, Lebens- und Weltbejahung; 2. philosophische Lehre, die die Welt für die bestmögliche und für vernünftig geordnet hält; 3. Fortschrittsglaube; **Optimist** 1. Mensch von zuversichtlicher Grundstimmung, positiv denkender Mensch; 2. Anhänger des philosoph. Optimismus; Eigw. **optimistisch**
Optimum *s.* (*lat.*) Höchstmaß, Bestwert, der beste Fall
Option *w.* (*lat.*) 1. Wahlmöglichkeit zwischen Dingen; 2. Anwartschaft (z. B. auf den Kauf von Waren); **Optionsgeschäft** *s.* Börsentermingeschäft; **optieren** eine Option in Anspruch nehmen
Optional *s.* (optschenl, *engl.*) freies Ausgleichsrennen für die Pferde eines Jahrgangs
optisch (*gr.*) die Augen, das Sehen betreffend; **optische Täuschung** *w.* Wahrnehmungstäuschung; **Optometrie** *w.* Messung der Sehschärfe

opulent (*lat.*) üppig, reichlich, ausgiebig; **Opulenz** *w.* Fülle, Üppigkeit, Überfluss

Opus *s.* (*lat.*) Werk eines Künstlers, bes. eines Komponisten (Abk. op., *Mz.* Opera); **Opusculum** *s.*, **Opuskulum** *s.* kleines Werk (*Mz.* Opuscula, Opuskula); **Opus postumum** (auch: posthumum) *s.* nachgelassenes Werk (Abk. op. posth.)

ora et labora (*lat.*) bete und arbeite, Leitspruch des Benediktinerordens

Orakel *s.* (*lat.*) 1. Rätselwort, rätselhafter Spruch; 2. Weissagung in rätselhafter Form; 3. Ort der Weissagung im Altertum (z. B. Delphi); 4. Weissagender; **orakelhaft** dunkel, unverständlich; **orakeln** in Rätseln, Andeutungen sprechen, unbestimmte Prophezeiungen äußern

oral (*lat.*) 1. mündlich; 2. zu Mund und Mundgegend gehörig; 3. durch den Mund, mit dem Mund; **Oral History** *w.* (orel –, *engl.*) Zeitzeugenbefragung

Orange *w.* (orangsch, *frz.*) Apfelsine; **orange** apfelsinenfarbig; **Orangeade** (orangschad, *frz.*) Apfelsinensirup für Limonade; **Orangeat** *s.* (orangschat) kandierte Orangenschale; **Orange Pekoe** *m.* (orensch pikoh, *engl.*) feine indische Teesorte aus zarten Teeblättern; **Orangerie** *w.* (orangscherih, *frz.*) Gewächshaus in Parkanlagen

Orang-Utan *m.* (*malai.*) Menschenaffe

ora pro nobis! (*lat.*) bitte für uns! Anrufung der kath. Heiligen

Oratio obliqua *w.* (*lat.*) Sprachlehre: indirekte Rede; **Oratio recta** *w.* direkte Rede; **Oration** *w.* kurzes Gebet in der kath. Messe und im Brevier; **Orator** *m.* antiker Redner; **oratorisch** rednerisch, redegewaltig; **Oratorium** *s.* 1. Chorwerk mit Solostimmen und Instrumenten über episch-dramatische, meist geistliche Texte; 2. Hauskapelle

orbikular (*lat.*) kreisförmig

Orbis pictus *m.* (*lat.*) von Comenius erstelltes Lehrbilderbuch des 17. u. 18. Jhs.; **Orbis terrarum** *m.* Weltkreis, Erdkreis

Orbit *m.* (*lat.*) Umlaufbahn eines Satelliten um Erde und Mond, Eigw. **orbital**; **Orbital** *s.* Umlaufbahn eines Elektrons um den Atomkern; **Orbitalstation** Raumstation in einem Orbit

Orchester *s.* (orkester, *gr.*) 1. große Musikkapelle; 2. Raum für die Musiker zwischen Bühne und Zuschauerraum; **Orchestra** *w.* Platz für den Chor im antiken Theater; **orchestral** für Orchester, vieltönig; **orchestrieren** Komposition für Orchester einrichten, instrumentieren; **Orchestrion** *s.* Musikautomat, Drehorgel

Orchidee *w.* (*gr.*) in vielen Arten vorkommendes Knabenkrautgewächs; **Orche** *w.* die Orchideengattung; **Orchis** *m.* Hoden; **Orchitis** *w.* Hodenentzündung

Ordal *s.* (*lat.*) Gottesurteil im mittelalterlichen Recht

Order *w.* (*frz.*) Befehl, Auftrag; **Order parieren** einem Befehl gehorchen; **Orderklausel** *w.* Vermerk auf Wertpapieren, der den berechtigten Empfänger nennt; **Orderpapiere** *Mz.* Wertpapiere, die durch Indossament der berechtigten Person übertragen werden können; **ordern** Auftrag erteilen, bestellen

ordinär (*lat.*) gewöhnlich, unfein, vulgär; **Ordinärpreis** *m.* Ladenpreis

Ordinariat *s.* (*lat.*) 1. ordentlicher Lehrstuhl an einer Universität; 2. oberste Verwaltungsbehörde des kath. Bistums; **Ordinarius** *m.* 1. ordentlicher Professor; 2. kath. Bischof; **Ordinate** *w.* zweite Koordinate im Koordinatenkreuz; **Ordination** *w.* 1. kath. Priesterweihe; 2. Amtseinsetzung in ein evang. Pfarramt; 3. ärztliche Verordnung; 4. Sprechstunde des Arztes; **ordinieren** 1. in ein kirchliches Amt einsetzen; 2. ärztlich verordnen; 3. Sprechstunde halten

Ordonanz, **Ordonnanz** *w.* (*lat.*) Melder oder zu besonderen Diensten abkommandierter Soldat

Öre *s.* (*skand.*) Währungseinheit in Skandinavien

Oreade *w.* (*gr.*) Bergnymphe der griech. Sagenwelt

Oregano = Origano

Organ *s.* (*lat.*) 1. Teil des Körpers bei Pflanze, Tier und Mensch mit einer bestimmten Funktion; 2. Institution; 3. Stimme (umg.); 4. Sinn, Empfänglichkeit; 5. Zeitung, Zeitschrift als Sprachrohr einer Gruppenmeinung; **Organbank** *w.* Einrichtung, die Organe oder Organteile für Transplantationen

aufbewahrt; **ein Organ haben für** für etwas empfänglich sein; **organisch** 1. ein Organ, den Organismus betreffend; 2. der belebten Nahrung zugehörig; 3. sinnvoll, gewachsen
Organdy *m.* (*frz.*) gazeartiger, gesteifter Stoff
Organelle *w.* (*gr.*) organartiger Zellteil bei Einzellern
Organisation *w.* (*gr.*) 1. Gliederung, Aufbau, arbeitsteiliges Zusammenwirken; 2. zweckmäßige Anordnung eines (Arbeits-) Vorgangs; 3. Zusammenschluss, Vereinigung; **Organisator** *m.* jmd., der organisiert, der organisieren kann; **organisatorisch** die Organisation betreffend; **organisieren** 1. planmäßig, systematisch vorbereiten und durchführen; 2. etwas auf nicht ganz legale Weise beschaffen (umg.); **sich organisieren** 1. sich zu einem Zweck zusammenschließen; 2. in eine Organisation eintreten
organisch = Organ
Organismus *m.* (*gr.*) 1. Organsystem; 2. gegliedertes Ganzes, Eigw. **organismisch**
Organist *m.* (*gr.*) Orgelspieler
Organogene *Mz.* (*gr.*) die Elemente, die den menschlichen, tierischen und pflanzlichen Körper aufbauen; **Organographie** *w.* 1. Beschreibung der Organe und ihrer Entstehung; 2. Lehre vom Bau der Musikinstrumente; **Organologie** *w.* Lehre von den Organen und ihrer Entstehung
Organon *s.* 1. die logischen Schriften des Aristoteles; 2. das logische Instrumentarium der Wissenschaft (in der klassischen Philosophie)
Organotherapie *w.* ärztliche Behandlung mit aus Organen gewonnenen Mitteln (z. B. Hormonen)
Orgasmus *m.* (*gr.*) Höhepunkt der sexuellen Erregung, Eigw. **orgastisch**
Orgel *w.* (*lat.*) größtes Tasteninstrument mit Register, Manual, Pedal, Pfeifen- und Windwerk; **Orgelprospekt** *m.* Schauseite der Orgel; **Orgelpunkt** *m.* Basston auf der Orgel
Orgiasmus *m.* (*gr.*) ekstatisch-ausschweifende Feier in den antiken Mysterienkulten; **orgiastisch** zügellos, hemmungslos; **Orgie** *w.* (-gi'e) 1. ekstatische Feier; 2. wildes Gelage, Ausschweifung; 3. das Schwelgen in etwas
Orient *m.* (-ri'ent, *lat.*) Morgenland (Vorder- und Mittelasien); **Orientale** *m.* Bewohner des Orients; **orientalisch** morgenländisch; **Orientalistik** *w.* Wissenschaft von den orientalischen Sprachen und Kulturen, Eigw. **orientalistisch**
orientieren (sich) (*lat.*) 1. Standort, Lage feststellen, sich zurechtfinden; 2. ins Bild setzen, unterrichten, Kenntnis geben, Kenntnis nehmen, Hptw. **Orientierung** *w.*
Oriflamme *w.* (*lat.-frz.*) Kriegsfahne der alten französischen Könige
Origami *s.* (*jap.*) japan. Kunst des Papierfaltens
Origano, Oregano *m.* (*itl.*) Gewürzstreu des wilden Majorans
Original *s.* (*lat.*) 1. Urschrift, Urbild, Urfassung; 2. urwüchsiger, leicht schrulliger Mensch; **original** 1. echt, ursprünglich; 2. direkt (von Fernsehsendungen); 3. urwüchsig, originell; **Originalität** *w.* Ursprünglichkeit, Echtheit, schöpferische, persönliche Eigenart; **originär, originell** 1. eigenartig, ursprünglich, urwüchsig; 2. persönlich, schöpferisch
Orkan *m.* (*indian.*) Sturm der höchsten Windstärke
Orkus *m.* (*lat.*) Unterwelt, Totenreich in der röm. Mythologie
Orlog *m.* (*niederl.*) Krieg
Orlon *s.* vollsynthetische Faser
Orlowtraber *Mz.* Pferderasse (nach dem russ. Züchter Orlow)
Ornament *s.* (*lat.*) Verzierung, Schmuckform, Muster; **ornamental** schmückend, in der Art eines Ornaments; **ornamentieren** schmücken, mit Schmuckwerk versehen; **Ornamentik** *w.* 1. Gesamtheit und stilistische Einheit der Ornamente an einem Gebäude oder Kunstgegenstand; 2. die Kunst des Verzierens
Ornat *s.* (*lat.*) feierliche Amtstracht
Ornithologe *m.* (*gr.*) Spezialist für Vogelkunde, Eigw. **ornithologisch**; **Ornithologie** *w.* Vogelkunde
Orogenese *w.* (*gr.*) Entstehung von Gebirgen; **Orognosie** *w.* Gebirgsforschung und -beschreibung
Orpheus *m.* (*gr.*) zaubermächtiger Sänger

und Leierspieler der griechischen Mythologie; **Orphik** *w.* religiös-philos. Geheimlehre in der Antike; **Orphiker** *Mz.* Anhänger der Orphik; **orphisch** 1. zur Orphik gehörend; 2. geheimnisvoll, tief

Orplid *s.* Name des von E. Mörike und seinem Kreis erfundenen Traum- und Wunschlandes auf einer Insel

Ortho-, ortho- (*gr.*) als Vorsilbe: recht-, richtig

Orthochromasie *w.* (*gr.*) Farbtonrichtigkeit, Fähigkeit der fotografischen Platte, die Farben in richtigen Helligkeitsstufen wiederzugeben, Eigw. **orthochromatisch**

orthodox (*gr.*) 1. rechtgläubig, dogmengläubig; 2. starr, intransigent; **Orthodoxie** *w.* Rechtgläubigkeit, Übereinstimmung mit, (starres) Festhalten an den Dogmen; **orthodoxe Kirche** *w.* die seit 1054 von Rom getrennte Ostkirche mit griechisch- oder russisch-orthodoxem Ritus

Orthoepie *w.* (orto'epih, *gr.*) Lehre von der korrekten Aussprache der Wörter

Orthogon *s.* (*gr.*) Rechteck; **orthogonal** rechteckig, rechtwinklig

Orthographie *w.* (*gr.*) Rechtschreibung; **orthographisch** der Rechtschreibung entsprechend

Orthopäde *w.* (*gr.*) Facharzt für Orthopädie; **Orthopädie** *w.* Lehre und Therapie von Fehlern und Erkrankungen des Bewegungsapparats, Eigw. **orthopädisch**

Orthoskop *s.* (*gr.*) optisches Gerät zur Untersuchung von Kristallen

Ortolan *m.* (*itl.*) Gartenammer, ein Singvogel

Oscar *m.* (*engl.*) volkstümlicher Name für die goldene Statuette des Academy Award, des begehrtesten amerikanischen Filmpreises

Osiris *m.* altägyptischer Gott der Toten

Osmanen *Mz.* die Türken im früheren osmanischen Reich bis 1922

Osmologie = Osphresiologie

osmophor (*gr.*) Geruchseindrücke hervorrufend

Osmose *w.* (*gr.*) Austausch flüssiger Stoffe durch eine dünne Scheidewand (z. B. Zellwände des Körpers), Eigw. **osmotisch**; **osmotischer Druck** *m.* der bei der Osmose auf die Zellwände ausgeübte Druck

Ösophagus *m.* (*gr.*) Speiseröhre

Osphresiologie *w.* (*gr.*) Lehre vom Geruchssinn

Ossarium, Ossuarium *s.* (*lat.*) Beinhaus (auf Friedhöfen); **Ossifikation** *w.* Knochenbildung, Verknöcherung, Ztw. **ossifizieren**

Ostealgie *w.* (*gr.*) Knochenschmerz

Ostensorium *s.* (*lat.*) Monstranz; **ostentativ** 1. herausgestellt, betont; 2. herausfordernd, provozierend

osteogen (*gr.*) Knochen bildend; **Osteogenese** *w.* Knochenbildung; **osteoid** knochenähnlich; **Osteologie** *w.* Knochenkunde, Teil der Anatomie; **Osteopathie** *w.* Knochenleiden; **Osteoplastik** *w.* Knochenersatz; **Osteoporose** *w.* Schwund des Knochengewebes

Osteria *w.* (*itl.*) Wirtshaus, Gasthaus

ostinato (*itl.*) Musik: beharrlich, immer wiederkehrend

Ostitis *w.* (*gr.*) Knochenentzündung

Ostrakon *s.* (*gr.*) Tonscherbe, Schreibgerät in der Antike; **Ostrazismus** *m.* (*gr.*) Volksgericht im antiken Athen, bei dem der Name des Verurteilten in Einzelabstimmung auf ein Ostrakon geschrieben wurde

Östrogen *s.* (*gr.*) weibliches Geschlechtshormon

Oszillation *w.* (*lat.*) Schwankung, (rasche) Schwingung; **Oszillator** *m.* Gerät zur Erzeugung elektrischer Schwingungen; **oszillieren** schwingen, pendeln, schwanken; **Oszillograph** *m.* Gerät zur Aufzeichnung von Schwingungen

Otagra, Otalgie, Otodynie *w.* (*gr.*) Ohrenschmerz; **Otiater, Otologe** *m.* Ohrenarzt; **Otiatrie, Otologie** *w.* Ohrenheilkunde; **Otitis** *w.* Ohrenentzündung; **otogen** vom Ohr ausgehend; **Otosklerose** *w.* Verknöcherung des Mittelohrs mit Schwerhörigkeit im Gefolge; **Otoskop** *s.* Ohrenspiegel; **Otoskopie** *w.* Untersuchung mit dem Ohrenspiegel

o tempora, o mores was für Zeiten, was für Sitten (aus Ciceros Schriften)

Otium *s.* (*lat.*) Muße

Ottoman *m.* (*türk.-frz.*) quergeripptes Gewebe aus Wolle oder Seide; **Ottomane**

w. niederes Ruhebett; **Ottomane** *m.* Türke; **ottomanisch** türkisch
Oubliette *w.* (ubli'ette, *frz.*) Verlies für lebenslänglich und deshalb vergessene Eingekerkerte, meist *Mz.*: Oubliletten
Out (aut, *engl.*) Aus, außerhalb des Spielfelds; **out** nicht mehr gefragt, unmodern
Outcast *m.* (autkahst, *engl.*) 1. ein außerhalb der indischen Kasten Stehender, Paria; 2. ein sozial Ausgestoßener
outdoor (aut-, *engl.*) draußen, im Freien
outen (sich) 1. sich öffentlich (zu seiner Homosexualität) bekennen; 2. etwas bisher Verborgenes über jmdn. öffentlich machen, Hptw. **Outing** *s.*
Outfit *s.* (aut-, *engl.*) äußere Aufmachung, Styling
Outlaw *m.* (autloh, *engl.*) mit der Rechtsordnung auf Kriegsfuß stehender Außenseiter
Output *s.* (aut-, *engl.*) 1. Ausgangsleistung, Antennenleistung eines Senders; 2. Gesamtheit der erzeugten Güter eines Unternehmens, Ertragsleistung; 3. Datenausgabe (EDV)
outrieren (utrihren, *frz.*) übertreiben; **outriert** übertrieben, künstlich, gesucht
Outsider *m.* (autseider, *engl.*) Außenseiter
Outsourcing *s.* (autsorßing aus *engl. outside* und *resource*) Inanspruchnahme außerbetrieblicher Dienstleistungen durch ein Unternehmen, Ztw. **outsourcen**
Ouvertüre *w.* (uwer-, *frz.*) 1. Vorspiel einer Oper; 2. Einleitung, Auftakt
oval (*lat.*) eirund, länglich-rund; **Oval** *s.* Eirund, ovale Form; **Ovar, Ovarium** *s.* Eierstock (*Mz.* Ovarien [-ri'en]); **ovarial** zum Eierstock gehörig
Ovation *w.* (*lat.*) Huldigung, stürmischer Beifall
Overall *m.* (owerol, *engl.*) einteiliger, an einen Strampelanzug erinnernder Anzug, bes. in der Damenmode
overdressed (owerdreßd, *engl.*) für einen Anlass zu festlich gekleidet
Overdrive *m.* (owerdreif, *engl.*) Gang bei der Kraftübertragung, der bei herabgesetzter Umdrehungszahl des Motors gleich bleibende Leistung ermöglicht (Treibstoffersparnis)
Overflow *m.* (owerfloh, *engl.*) Überschreitung der Speicherkapazität eines Computers (EDV)
Overheadprojektor *m.* (owerhedd-, *engl.*) Projektionsapparat für Folien
Overkill *m.* (owerkill, *engl.*) die Fähigkeit von Nuklearstaaten, bei Anwendung ihres Atomwaffenpotentials sich gegenseitig mehrfach zu vernichten
Overprotection *w.* (owerprotekschen, *engl.*) übermäßige, seelisch schädigende Beschützung von Kindern durch eine Erziehungsperson
Overstatement *s.* (owerßtehtment, *engl.*) Übertreibung
overstyled (owersteilt, *engl.*) übermäßig, zu perfekt zurechtgemacht
ovipar (*lat.*) Eier legend; **ovoid** eiförmig; **Ovulation** *w.* (owu-) Eisprung, Ausstoßung eines reifen Eis aus dem Eierstock
Oxalsäure *w.* (*gr.*) Kleesäure, giftige organische Säure
Oxer *s.* (*engl.*) Hindernis zwischen Viehweiden, künstliches Hindernis auf Rennbahnen **Oxy-, oxy-** (*gr.*) als Vorsilbe: sauer, sauerstoffhaltig
Oxyd, Oxid *s.* (*gr.*) Verbindung eines chem. Elements mit Sauerstoff; **Oxydation** *w.* Vereinigung eines Stoffs mit Sauerstoff, Ztw. **oxydieren**; **Oxygen, Oxygenium** *s.* Sauerstoff, chem. Element (Zeichen: O)
Oxymoron *s.* (*gr.*) Widerspruch in sich selbst (z. B. alter Knabe)
Ozean *m.* (*gr.*) Weltmeer; **Ozeanide** = Okeanide; **ozeanisch** auf den Ozean bezüglich; **Ozeanographie** *w.* Meereskunde, Eigw. **ozeanographisch**
Ozellen *Mz.* (*lat.*) die Augen der Kerbtiere
Ozelot *m.* (*indian.*) 1. Pantherkatze; 2. Pelzwerk aus dem Fell des Ozelot
Ozokerit *s.* (*gr.*) natürliches mineralisches Wachs, Erdwachs
Ozon *s.* (*gr.*) dreiatomiges, besonders stark oxydierendes Sauerstoffmolekül; **ozonisieren** mit Ozon behandeln; **Ozonloch** *s.* Zerstörung der Ozonschicht; **Ozonschicht** *w.* Schicht der Erdatmosphäre mit starkem Ozongehalt

P

p. a. = pro anno
Paan *m.* (pa'an, *gr.*) altgriech. Preislied, Siegeslied
Pace *w.* (pehß, *engl.*) Geschwindigkeit, in der ein (Pferde-)Rennen verläuft; **Pacer** *m.* Passgänger (Pferd); **Pacemaker** *m.* (-meker) Schrittmacher (Sport)
Pachulke *m.* (*poln.*) grober Kerl
Pädagoge *m.* (*gr.-lat.*) 1. Erzieher, Lehrer; 2. Erziehungswissenschaftler; **Pädagogik** *w.* (*gr.*) Erziehungswissenschaft; **pädagogisch** erzieherisch, erziehungswissenschaftlich
Paddock *m.* (päd-, *engl.*) 1. holzgezäunte Pferdeweide; 2. vorn offener kleiner Stand auf dem Sattelplatz
Päderast *m.* (*gr.*) Mann mit homosexueller Vorliebe für Jungen; **Päderastie** *w.* homosexuelle Vorlieben und Beziehungen von Männern zu Jungen, Knabenliebe; **Pädophilie** *w.* sexuelle Neigung Erwachsener zu Kindern
Pädiater *m.* (*gr.*) Kinderarzt; **Pädiatrie** *w.* Kinderheilkunde
Padischah *m.* (*pers.*) islamischer Fürstentitel
Padre *m.* (*itl.*) Titel und Anrede für Ordenspriester in Italien
Padrone *m.* (*itl.*) 1. italien. Bez. für Herr, Besitzer; 2. Schutzheiliger; **Padrona** *w.* Hauswirtin, Gebieterin
Paella *w.* (paelja, *span.*) spanisches Pfannengericht mit Reis, Fleisch, Fisch u. a.
Pafesen *Mz.* (*itl.*) Semmelschnitten, Armer Ritter (Österreich)
pag. = Pagina
pagan (*lat.*) heidnisch; **Paganalien** *Mz.* (-li'en) ländliche Feste der Römer, bes. das Fest am Ende der Ernte; **Paganismus** *m.* 1. Heidentum; 2. heidnischer Anteil in christlichen Bräuchen
Pagat *m.* (*itl.*) Haupttrumpf im Tarock
Page *m.* (pasche, *frz.*) 1. junger Adliger als Diener bei Hofe; 2. junger Bote, Hoteldiener
Pagina *w.* (*lat.*) Buchseite; **paginieren** mit Seitenzahlen versehen
Pagode *w.* (*port.*) 1. ostasiatischer Tempelturm; 2. *m.* ostasiatisches Götterbild
Pagus *m.* (*lat.*) älteste ländliche Siedlungsform in Altitalien mit Zentralheiligtum
paille (paj, *frz.*) strohfarben; **Pailletten** *Mz.* (pajetten) glitzernde Flitterplättchen zum Aufnähen
Pair *m.* (pähr, *frz.*) Mitglied des hohen französischen Adels; **Pairie** *w.* Pairswürde
Pakotille *w.* (pakotij, *frz.*) frachtfreies Gepäck der Schiffsmannschaft
Pakt *m.* (*lat.*) Vertrag, Bündnis zwischen Staaten
Pal(ä)-, pal(ä)-, Paläo-, paläo- (*gr.*) als Vorsilbe: alt, ur-
Paläanthropologe *m.* (*gr.*) Wissenschaftler auf dem Gebiet der Paläanthropologie; **Paläanthropologie** *w.* Wissenschaft vom vorgeschichtlichen Menschen; Eigw. **paläanthropologisch**; **Paläobotanik** *w.* Wissenschaft von den fossilen Pflanzen; **Paläogeographie** *w.* Erforschung der Urzeitlandschaft; **Paläographie** *w.* Wissenschaft von der Schrift, ihren Formen und Mitteln im Altertum, Handschriftenkunde; **Paläolithen** *Mz.* Werkzeuge aus der Altsteinzeit; **Paläolithikum** *s.* Altsteinzeit; **paläolithisch** altsteinzeitlich; **Paläontologie** *w.* Wissenschaft von den Lebewesen vergangener Erdzeitalter, Eigw. **paläontologisch**; **Paläozän** *s.* älteste Phase der Erdneuzeit, Eigw. **paläozän**; **Paläozoikum** *s.* erdgeschichtliches Altertum, Eigw. **paläozoisch**
Paladin *m.* (*itl.-frz.*) 1. ritterlicher Gefolgsmann am Hofe Karls des Großen; 2. Getreuer, treuer Anhänger
Palais *s.* (paläh, *frz.*) Palast, Schloss
Palas *m.* (*lat.*) Wohnbau der mittelalterlichen Burg

Palästra *w.* (*gr.*) Ringerschule im alten Griechenland
Palatal *m.* (*lat.*) Gaumenlaut (z. B. g, k); **palatal** zum Gaumen gehörig, mit dem Gaumen
Palatin *m.* (*lat.*) 1. Pfalzgraf im Mittelalter; 2. Stellvertreter des ehemaligen Königs von Ungarn; 3. einer der sieben Berge Roms, Mons Palatinus; **Palatina** *w.* kurpfälzische Bibliothek in Heidelberg, 1623 in die Vatikanische Bibliothek in Rom überführt
Palatschinken *Mz.* (*ung.*) dünne gerollte Pfannkuchen mit Füllung
Palaver *s.* (*port.*) 1. Bez. der portug. Händler des 18. Jhs. für die Verhandlungen mit den einheimischen Afrikanern; 2. langes Hinundhergerede; **palavern** beraten, hin und her reden, ohne ein Ende zu finden
Palazzo *m.* (*itl.*) italien. Bez. für Palast (*Mz.* Palazzi)
Pale Ale *s.* (pehl ehl, *engl.*) helles Bier in England
Paleozän = Paläozän
Paletot *m.* (paletoh, *frz.*) 1. leicht taillierter, meist zweireihiger Herrenmantel mit Samtkragen; 2. gerade geschnittener dreiviertellanger Damen- oder Herrenmantel
Palette *w.* (*frz.*) 1. Scheibe zum Farbenmischen; 2. große Auswahl, Sortiment; 3. genormte Stapelplatte, die vom Gabelstapler transportiert wird
Pali *s.* (*sanskr.*) Sprache der heiligen Schriften des Buddhismus, bis ins 12. Jh.
Palim-, palim-, Palin-, palin- (*gr.*) als Vorsilbe: wieder, zurück
Palimnese *w.* (*gr.*) Wiedererinnerung; **Palimpsest** *s.* oder *m.* Handschrift auf Pergament, das vorher schon einmal beschrieben war
Palindrom *s.* (*gr.*) Wort, das auch rückwärts gelesen einen Sinn ergibt; **Palingenese** *w.* 1. Wiedergeburt durch Seelenwanderung (im Buddhismus); 2. Wiederholung der Stammesentwicklung in der embryonalen Entwicklung; 3. Gesteinsneubildung durch Aufschmelzung alten Gesteins
Palisade *w.* (*frz.*) Zaun (oder Hindernis) aus zugespitzten, in den Boden gerammten Pfählen
Palisander *s.* (*indian.*) südamerikanisches Edelholz; **palisandern** aus Palisanderholz
Palla *w.* (*lat.*) 1. Decke für den Messkelch; 2. altrömisches Frauengewand
Palladium *s.* (*gr.-lat.*) 1. Schutzbild der griech. Göttin Pallas Athene; 2. Schutzheiligtum; 3. chem. Element, ein Edelmetall
Pallas (*gr.*) 1. Beiname der Göttin Athene; 2. *m.* kleiner Planet
Pallasch *m.* (*ung.-türk.*) schwerer Reitersäbel
Pallawatsch *m.* (*itl.*) Durcheinander, Tohuwabohu (umg. in Österreich)
palliativ (*lat.*) lindernd, nicht heilend; **Palliativ** *s.* Linderungsmittel
Pallium *s.* (*lat.*) 1. weißer wollener Umhang der Römer; 2. mittelalterlicher Krönungsmantel; 3. weißer Schulterschmuck des Papstes und der kath. Erzbischöfe; 4. Großhirnrinde; **Palliengelder** *Mz.* (-li'en-) Abgabe der kath. Bischöfe an den Papst bei Übertragung des Erzbischofsamtes
palmar (*lat.*) die Handfläche betreffend
Palmarum (*lat.*) Palmsonntag, Sonntag vor Ostern
Palme *w.* (*lat.*) tropische Baumgattung
palmen (*lat.*) Tau über Hand einholen (Seemannssprache)
Palmette *w.* (*frz.*) 1. palmblattartiges Ziermotiv; 2. fächerförmig gezogener Obstbaum, Spalierbaum; **palmieren** etwas in der Zauberkunst hinter der Hand verschwinden lassen
palpabel (*lat.*) fühlbar, tastbar; **palpieren** betasten, abtasten, erfühlen; **Palpation** *w.* Untersuchung durch Abtasten; **Palpe** *w.* Taster, Fühler (bei Gliederfüßlern)
Palpitation *w.* (*lat.*) Herzklopfen, verstärkter Pulsschlag; **palpitieren** klopfen, pulsieren
PAL-System *s.* (aus *engl.* *P*hase *A*lternating *L*ine) System des Farbfernsehens, das störende Übertragungseinflüsse kompensiert
Pampa *w.* (*indian.*) Grassteppe Südamerikas (*Mz.* Pampas)
Pampelmuse *w.* (*tamil.-niederl.*) Grapefruit, apfelsinenartige Frucht mit bittersüßem Geschmack
Pamphlet *s.* (*engl.-frz.*) Streit- und

Schmähschrift, Eigw. **pamphletistisch**; **Pamphletist** *m.* Verfasser von Pamphleten

Pan *m.* (*gr.*) altgriechischer Hirtengott

Pan *m.* (*poln.*) 1. poln. Gutsbesitzer; 2. poln. Anrede für Herr

Pan-, pan- (*gr.*) als Vorsilbe: ganz, gesamt

Panaché, Panaschee *s.* (-scheh, *frz.*) 1. gemischtes Kompott; 2. Gefrorenes in bunten Streifen; 3. gemischtes Getränk, bes. Limonade und Bier

Panama *s.* Gewebe mit geflochten wirkender Struktur (Panama-Bindung)

Panaritium *s.* (*lat.-gr.*) eitrige Entzündung am Nagel, Umlauf

Panaschee = Panaché

panaschieren (*frz.*) Kandidaten von verschiedenen Wahllisten zusammenstellen;

Panaschierung *w.* 1. das Panaschieren; 2. weiße Musterung auf Pflanzenblättern durch Mangel an Blattgrün

Panax *m.* (*gr.*) Araliengewächs, dessen Wurzel als Ginseng bekannt ist

Panazee *w.* (-ze'e, *gr.*) Allheilmittel, Wundermittel

panchromatisch (*gr.*) lichtempfindlich für alle Farbtöne (von Filmmaterial)

Pandämonium *s.* (*gr.*) Reich und Gesamtheit der bösen Geister

Pandekten *Mz.* (*gr.*) Gesetzessammlung, Hauptteil des römischen Corpus iuris civilis

Pandemie *w.* (*gr.*) sich weit verbreitende Seuche; **pandemisch** weit verbreitet

Pandero *m.* (*span.*) baskischer Tamburin

Pandit *m.* (*sanskr.*) Titel brahmanischer Gelehrter

Pandora *w.* (*gr.*) verführerische Frau in der griech. Mythologie, die alles Unheil aus einem Gefäß in die Welt entließ; **Büchse der Pandora** Füllhorn des Unheils

Panduren *Mz.* (*ung.*) die aus Südungarn stammenden Truppen der alten österreichischen Armee

Paneel *s.* (panehl, *niederl.*) 1. Wandtäfelung; 2. vertieftes Feld einer Wandtäfelung; **paneeliert** getäfelt

Panegyrikus *m.* (*gr.*) Festrede, Lobgedicht, Lobeshymne in der Antike

Paneltechnik *w.* (pännel-, *engl.*) Methode in der Meinungsforschung, bei der dieselbe Gruppe in Zeitabständen wiederholt befragt wird

panem et circenses (*lat.*) Brot und Spiele, Forderung des röm. Volkes an den Kaiser (nach einem Zitat aus Juvenals Satiren)

Panettone *m.* (*itl.*) lockerer Hefekuchen mit kandierten Früchten, der in Italien insbes. in der Vorweihnachtszeit gegessen wird

Panflöte *w.* (*gr.*) antike Hirtenflöte aus mehreren aneinander gefügten Flöten verschiedener Länge

Panier *s.* (*frz.*) Feldzeichen, Banner

panieren (*frz.*) Fleisch, Fisch u. a. vor dem Braten in Mehl oder Semmelbröseln mit Eigelb wälzen

Panik *w.* (*gr.*) plötzliche, kopflose, angstvolle Erregung des Einzelnen oder von Menschenmassen, Eigw. **panisch**

Pankration *s.* (*gr.*) Verbindung von Faust- und Ringkampf im alten Griechenland

Pankreas *w.* (*gr.*) Bauchspeicheldrüse; **Pankreatitis** *w.* Entzündung der Bauchspeicheldrüse

Panlogismus *m.* (*gr.*) philosophische Lehre, nach der das All vernunftgemäß geordnet ist

Panne *m.* (pann, *frz.*) Seidensamt

Panne *w.* (*frz.*) 1. Unfall, Schaden, bes. bei Fahrzeugen; 2. Missgeschick

Panoptikum *s.* (*gr.*) 1. Wachsfigurenkabinett; 2. Kuriositätensammlung; **panoptisch** von allen Seiten einsehbar

Panorama *s.* (*gr.*) 1. Rundblick; 2. plastisches Rundgemälde

Panpsychismus *m.* (*gr.*) philosophische Lehre, nach der alle Dinge und die Welt als Ganzes beseelt sind

Pantalone *m.* (*itl.*) Figur des komischen Alten in der Commedia dell'Arte

panta rhei (– reh, *gr.*) alles fließt, alles ist in Bewegung (fälschlich Heraklit zugeschrieben)

Pantheismus *m.* (-te'i-, *gr.*) Lehre, dass Gott und Welt eins sind, Eigw. **pantheistisch**; **Pantheist** Vertreter des Pantheismus

Pantheon *s.* (*gr.*) 1. alle Götter einer Religion; 2. römisches, allen Göttern geweihtes Heiligtum; 3. Ehrentempel (bes. in Paris)

Pantine *w.* (*frz.*) Holzpantoffel

Pantokrator *m.* (*gr.*) 1. Ehrentitel für den höchsten Gott, auch für den auferstandenen Christus; 2. Darstellung des thronenden Christus, bes. in der Apsis byzantinischer Kirchen

Pantolette *w.* (Kunstwort aus *Panto*ffel und Sanda*lette*) leichter Sommerschuh ohne Fersenteil

Pantomime *w.* (*gr.*) 1. szenische Darstellung mit Gebärden, Tanz und anderen Ausdrucksmitteln außer Worten; 2. *m.* Darsteller einer Pantomime; **Pantomimik** *w.* 1. Kunst der Pantomime; 2. Gebärdenspiel, Körpersprache, Eigw. **pantomimisch**

Pantry *w.* (päntri, *engl.*) Vorrats- und Anrichteraum auf Schiffen

Pantschen-Lama = Taschi Lama

Päonie *w.* (-i'e, *gr.*) Pfingstrose

Papa *m.* (*gr.*) 1. kirchl. Titel des Papstes; 2. Titel höherer Geistlicher in der orthodox. Kirche; **papal** päpstlich; **Papabiles** *Mz.* Kardinäle, die Aussicht haben, Papst zu werden; **Papat** *s.* Papstwürde, Papsttum

Papagallo *m.* (*itl.*) auf Touristinnen spezialisierter Latin Lover (*Mz.* Papagalli)

Papaya *w.* (*karib.*) Baummelone

Paper *s.* (pehper, *engl.*) Schriftstück, Unterlage; **Paperback** *s.* oder *m.* (-bäck) klebegebundenes Buch mit leichter Kartondecke

Papier *s.* (*gr.*) 1. aus Fasern hergestelltes Material für vielfältige Zwecke; 2. Schriftstück, schriftliche Unterlage; 3. Wertpapier, Aktie; 4. *Mz.* Papiere: Ausweis

Papiermaché *s.* (-scheh, *gr.-frz.*) Papierbrei mit Zusätzen für die Herstellung von Spielzeug und anderen Gegenständen

Papilionazeen *Mz.* (-ze'en, *lat.*) Schmetterlingsblütler

papillar (*lat.*) warzenförmig; **Papille** *w.* 1. Sehnervenkopf; 2. Pflanzenhaar; 3. Wärzchen auf der Hautoberfläche

Papillon *m.* (papijong, *frz.*) 1. franz. Bez. für Schmetterling; 2. ripsähnliches Gewebe

Papillote *w.* (papijot, *frz.*) Lockenwickel

Papirossa *w.* (*russ.*) russ. Zigarette mit Hohlmundstück

Papismus *m.* (*lat.*) unbedingte Anhängerschaft an Papst und Papsttum; **Papist** *m.* Papstanhänger, Eigw. **papistisch**

Paprika *m.* (*serb.*) Gewürz- und Gemüsepflanze, ein Nachtschattengewächs

Papyrus *m.* (*gr.*) 1. Schreibmaterial der Antike aus dem Mark der Papyrusstaude; 2. Handschrift auf Papyrus (*Mz.* Papyri);

Papyrologie *w.* Papyruskunde

Para *m.* (*frz.*) Abk. von parachutiste (*Mz.* Paras), Fallschirmjäger

Para-, para- (*gr.*) als Vorsilbe: bei, neben, entgegen

Parabel *w.* (*gr.*) 1. lehrhaftes Gleichnis; 2. Kegelschnitt; **parabolisch** 1. wie eine Parabel; 2. gleichnishaft

Parachutist *m.* (paraschütist, *frz.*) franz. Bez. für Fallschirmjäger

Parade *w.* (*frz.*) 1. Truppenschau, Vorbeimarsch der Truppen; 2. Abwehren eines Angriffs beim Fechten, Boxen und Ringen; 3. Anhalten des Pferdes; **Paradebeispiel** *s.* schlagendes Beispiel; **paradieren** 1. vorbeimarschieren, übertragen: prunken; 2. Stoß oder Schlag abwehren; 3. Pferd anhalten

Paradeis(er) *m.* (*gr.*) Tomate (Österreich)

Paradies *s.* (*gr.*) 1. Garten Eden im Alten Testament; 2. Vorhalle romanischer Kirchen, Atrium; 3. Ort der Seligen, Himmel; 4. Himmel auf Erden; **paradiesisch** himmlisch, ohne jeglichen Mangel

Paradigma *s.* (*gr.*) Beispiel, Musterbeispiel, Denkmuster (*Mz.* Paradigmen, Paradigmata); **paradigmatisch** als Muster maßgebend, beispielhaft; **Paradigmenwechsel** *m.* Denkmusterwechsel, Wechsel eines bisher gültigen (wissenschaftl.) Weltbildes

paradox (*gr.*) widersinnig, einen unlösbaren Widerspruch enthaltend; **Paradox, Paradoxon** *s.* unlösbare Widersprüchlichkeit, Widersinnigkeit (*Mz.* Paradoxa);

Paradoxie *w.* Widerspruch in sich, Widersinnigkeit (*Mz.* Paradoxien)

Paraffin *s.* (*lat.*) Gemisch fester Kohlenwasserstoffe, wachsartige Masse; **paraffinieren** mit Paraffin behandeln

Paragramm *s.* (*gr.*) Auswechslung eines Buchstabens in einem Wort, sodass das Wort einen scherzhaften Sinn bekommt

Paragraph *m.* (*gr.*) 1. Abschnitt eines Buches; 2. Abschnitt im Gesetzbuch; 3. das Zeichen § für Paragraph; **paragraphieren** in Abschnitte einteilen

Paragummi *m.* wilder Kautschuk aus Pará in Brasilien

Paraklet *m.* (*gr.*) Tröster, Helfer, Fürsprecher

Paralipomena *Mz.* (*gr.*) Ergänzungen, Nachträge, Zusätze, Splitter, *Ez.* Paralipomenon

Parallaxe *w.* (*gr.*) 1. der Winkel zu einem Punkt, den die Sehstrahlen von zwei verschiedenen Punkten (auf einer Geraden) bilden; 2. die durch Winkelmessung bestimmte Entfernung eines Gestirns; 3. Abweichung zwischen Sucherausschnitt einer Kamera und aufgenommenem Bild, Eigw. **parallaktisch**

parallel (*gr.*) gleichlaufend, in gleich bleibendem Abstand nebeneinander laufend; **Parallele** *w.* 1. eine zu einer andern parallel laufende Linie; 2. Vergleich zweier ähnlicher Tatbestände; 3. ähnlicher Tatbestand, ähnlicher Fall; **Parallelität** *w.* 1. Gleichläufigkeit; 2. Vergleichbarkeit; Ähnlichkeit; **Parallelogramm** *s.* schiefwinkliges Viereck mit parallel laufenden Seitenpaaren

Paralogismus *m.* (*gr.*) Fehlschluss, Trugschluss (*Mz.* Paralogismen)

Paralyse *w.* (*gr.*) vollständige Bewegungslähmung; **paralysieren** 1. lähmen; 2. hemmen, lahm legen; **Paralytiker** *m.* 1. Gelähmter; 2. Kranker mit Gehirnerweichung; **paralytisch** gelähmt

Paramente *Mz.* (*lat.*) gottesdienstliche Gewänder, kirchliche Behänge, Fahnen; **Paramentik** *w.* Paramentenkunde, Paramentenanfertigung

Parameter *m.* (*gr.*) 1. konstante oder unbestimmte Hilfsgröße bei mathemat. Berechnungen; 2. charakteristische Zahlenwerte einer statistischen Verteilung (z. B. Mittelwerte); 3. wirtschaftsrelevante veränderliche Größen (z. B. Lohnkosten); **parametrisieren** mit einem Parameter versehen

paramilitärisch halbmilitärisch

Paranoia *w.* (*gr.*) Geistesgestörtheit, die sich in Wahnideen, z. B. Verfolgungswahn, Größenwahn, äußert, Eigw. **paranoisch**; **paranoid** der Paranoia ähnlich

Paraph, Paraphe *w.* (*gr.*) Namenszeichen, Namenszug, Stempel mit Namenszug

Paraphernalien *Mz.* (-li'en, *gr.*) Zubehör, das Drum und Dran

Paraphierung *w.* (*gr.*) Vorunterzeichnung eines Abkommens durch die Verhandlungsführer, Ztw. **paraphieren**

Paraphrase *w.* (*gr.*) 1. Umschreibung, Ausschmückung; 2. freie Übertragung in eine andere Sprache; 3. freie Phantasie über ein musikalisches Thema; **paraphrasieren** umschreiben, ausschmücken

Paraplegie *w.* (*gr.*) doppelseitige Lähmung

Parapluie *m.* (-plüh, *frz.*) Regenschirm (heute noch umg. scherzhaft)

Parapsychologie *w.* (*gr.*) Lehre von den übersinnlichen, naturwissenschaftlich nicht erklärbaren Kräften und Erscheinungen

Parasit *m.* (*gr.*) Lebewesen, das auf Kosten eines Wirts lebt und diesen dadurch schädigt, Schmarotzer; **parasitär**, **parasitisch** schmarotzerhaft; **Parasitismus** *m.* Schmarotzertum

Parasol *m.* (*itl.*) essbarer Blätterpilz

Parasympathikus *m.* (*gr.*) Teil des vegetativen Nervensystems, der dem Sympathikus entgegengesetzt wirkt

parat (*lat.*) bereit, zur Verfügung

parataktisch (*gr.*) Sprachlehre: nebenordnend; **Parataxe** *w.* Nebenordnung von Satzgliedern

Paratyphus *m.* (*gr.*) typhusähnliche, aber leichter verlaufende Infektionskrankheit

paratypisch (*gr.*) nichterblich

Paravent *m.* (parawang, *frz.*) Wandschirm, spanische Wand

par avion (– aviong, *frz.*) per Luftpost

parbleu! (parblö, *frz.*) bei Gott!

parboiled (-beuld, *engl.*) in der Weise vorbehandelt, dass die Vitamine erhalten bleiben (von Reis)

Parcours *m.* (-kuhr, *frz.*) Pferderennbahn für Hindernisrennen

par distance (– distangß, *frz.*) aus der Entfernung, mit Abstand

Pardon! (pardong, *frz.*) Verzeihung!

Pardun *s.*, **Pardune** *w.* (*niederl.*) Stahltau, das den Mast eines Schiffes hält

Parenchym *s.* (*gr.*) das für ein Organ

kennzeichnende Zellgewebe, Eigw. **parenchymatös**

Parentel *w.* (*lat.*) gesamte Nachkommenschaft eines Stammvaters

Parenthese *w.* (*gr.*) 1. Einschub in einen Satz; 2. Klammern, Gedankenstriche als Zeichen, die den Einschub kennzeichnen; **parenthetisch** 1. eingeklammert; 2. beiläufig

Parergon *s.* (*gr.*) 1. Nebensache, Nebenfigur; 2. kleine Schrift, Anhang (*Mz.* Parerga)

Parese *w.* (*gr.*) unvollständige Lähmung, Erschlaffung eines Muskels, Eigw. **paretisch**

par excellence (par ekßelangß, *frz.*) schlechthin, in typischer Weise

par exemple (par eksampl, *frz.*) zum Beispiel (Abk. p. e.)

Parforcejagd *w.* (parforß-, *frz.*) Hetzjagd; **Parforceritt** *m.* Gewaltritt

Parfüm, Parfum *s.* (parfõng, *frz.*) 1. Duft, Wohlgeruch; 2. Flüssigkeit mit intensivem Duft; **Parfümerie** *w.* 1. Betrieb, in dem Parfüms hergestellt werden; 2. Geschäft, das Parfüm und andere Kosmetika verkauft; **parfümieren** mit Duftstoff versetzen oder besprengen

pari (*itl.*) zum Nennwert; **Pari** *s.*, **Parikurs** *m.* Kurs zum Nennwert eines Wertpapiers

Paria *m.* (*ind.*) 1. Angehöriger der niedersten Kaste Indiens; 2. sozial Ausgestoßener, Outcast

parieren (*itl.*) 1. Hieb oder Stich abwehren beim Fechten; 2. Pferd zum Stehen bringen; 3. (*lat.*) ohne jeden Widerstand gehorchen

Parität *w.* (*lat.*) 1. Gleichstellung, Gleichberechtigung, Gleichwertigkeit; 2. feststehender Vergleichswert für den Austausch von Währungen; **paritätisch** gleichberechtigt, gleichgestellt, gleichwertig

Park-and-ride-System *s.* (-änd reid-, *engl.*) verkehrspolitische Entlastungsmaßnahme für die Innenstädte, bei der die Autofahrer ihre Autos am Stadtrand parken und verbilligt oder unentgeltlich mit öffentlichen Verkehrsmitteln in das Stadtzentrum fahren

Parkett *s.* (*frz.*) 1. getäfelter Fußboden; 2. Theatersitzreihen zu ebener Erde, besonders die vorderen Reihen; 3. Raum an der Börse für die Kursmakler; **parkettieren** mit Parkettfußboden belegen

Parkinsonismus *m.* Parkinsonkrankheit, Schüttellähmung (nach dem engl. Arzt J. Parkinson)

Parkometer *s.* oder *m.* Parkuhr

Parlament *s.* (*frz.*) Volksvertretung, gesetzgebende Körperschaft, Abgeordnetenhaus; **Parlamentär** *m.* Unterhändler zwischen feindlichen Heeren; **Parlamentarier** *m.* (-ri'er) Mitglied des Parlaments, Abgeordneter; **parlamentarisch** vom Parlament ausgehend, das Parlament betreffend; **Parlamentarismus** *m.* Regierungsform, in der die Regierung dem Parlament verantwortlich ist

parlando (*itl.*) Musik: dem Sprechen ähnlich (von Arien)

parlieren (*frz.*) plaudern, angeregte Konversation machen

Parmesan *m.* (*itl.*) halbfetter Hartkäse zum Reiben

Parnass *m.* (*gr.*) 1. Gebirge in Griechenland in der griech. Mythologie Sitz Apollos und der Musen; 2. Reich der Dichtkunst

Parochie *w.* (*gr.*) Pfarrbezirk, Eigw. **parochial**

Parodie *w.* (*gr.*) 1. komisch-satirische Darstellung oder Nachahmung eines Werks, eines Stils; 2. Unterlegung eines anderen Textes unter eine Melodie; 3. Vertauschung weltlicher und geistlicher Texte oder Tonwerke; 4. Einarbeitung eigener oder fremder Kompositionen in eine andere Komposition, Ztw. **parodieren**; **parodistisch** in der Art einer Parodie

Parole *w.* (paroll, *frz.*) die gesprochene Sprache im Ggs. zur Langue, dem grammat. System einer Sprache

Parole *w.* (*frz.*) 1. Losung, Kennwort; 2. Leitspruch, Wahlspruch einer Gruppe;

Parole d'Honneur *s.* (paroll donnöhr) Ehrenwort

Paroli (*itl.*) Verdoppelung des Einsatzes beim Pharaospiel; **Paroli bieten** Widerstand leisten, die Zähne zeigen

Parodontose *w.* (*lat.*) Erkrankung des Zahnfleischs; **Parodontitis** *w.* Entzündung des Zahnfleischrandes

Paronymie *w.* (*gr.*) Ableitung vom

Stammwort; **paronymisch** stammverwandt (von Wörtern)

par ordre (*frz.*) auf Befehl; **par ordre du moufti** (– dü mufti) notgedrungen

Parotis *w.* (*gr.*) Ohrspeicheldrüse; **Parotitis** *w.* Entzündung der Ohrspeicheldrüse, Ziegenpeter, Mumps

Paroxysmus *m.* (*gr.*) 1. Höhepunkt eines Erregungszustands oder einer Krankheit, Anfall; 2. gesteigerte vulkanische Tätigkeit

Parrizida *m.* (*lat.*) Vatermörder, Verwandtenmörder

Parsen *Mz.* Anhänger des Parsismus; **Parsismus** *m.* Lehre des persischen Religionsstifters Zarathustra

Pars pro Toto (*lat.*) Redefigur, die durch Nennung eines Teils das Ganze ausdrückt (z. B. *viele Hände* statt *viele Menschen*)

Part *m.* (*lat.*) 1. Anteil; 2. Stimme eines Instrumental- oder Gesangstücks; 3. Rolle in einem Bühnenstück; **Parte** *w.* (*itl.*) Todesanzeige, Partezettel (Österreich)

Parterre *s.* (partär, *frz.*) 1. Erdgeschoss; 2. die hinteren Reihen des Theaterparketts; **parterre** zu ebener Erde; **Parterreakrobatik** *w.* Bodenakrobatik

Parthenogenese, Parthenogenesis *w.* (*gr.*) Entstehung von Nachwuchs aus unbefruchteten Eiern, z. B. bei Blattläusen, Jungfernzeugung, Eigw. **parthenogenetisch**

partial, partiell (-zi'e-, *lat.*) teilweise; **Partialobligation** *w.* Teilschuldverschreibung; **Partie** *w.* 1. Posten von Waren; 2. Gesangsrolle, Part; 3. Ausflug, kleine Reise; 4. vorteilhafte Heirat; 5. einzelner Wettkampf, (z. B. Billardpartie); 6. Teil, Ausschnitt

Partikel *w.* (*lat.*) 1. Teilchen, Elementarteilchen; 2. Sprachlehre: unbeugbares Wort

partikular, partikulär (*lat.*) einzeln, einen Teil betreffend, besonders; **Partikularismus** *m.* Überbetonung einzelstaatlicher Interessen; **Partikularist** *m.* Anhänger des Partikularismus, Eigw. **partikularistisch**; **Partikulierschiffer** *m.* Schiffer, der auch Eigentümer seines Fahrzeugs ist; **Partikülier** *m.* (-tiküljeh, *frz.*) Rentner, Privatier

Partisan, Partisane *m.* (*itl.-frz.*) hinter der feindlichen Front kämpfender Widerstandskämpfer einer paramilitärischen Einheit; **Partisane** *w.* Spieß mit Doppelschneide und Zacken, hellebardenartige Stoßwaffe, bis zum 18. Jh.

Partita = Suite

partitiv (*lat.*) teilend; **Partitur** *w.* (*lat.-itl.*) in Stimmen, Takt für Takt aufgeteilte Niederschrift einer Komposition; **Partizip, Partizipium** *s.* (*lat.*) Sprachlehre: Mittelwort des Zeitworts; **Partizipation** *w.* Teilnahme, Beteiligung; **Partizipationsgeschäft** *s.* Handelsgeschäft, zu dem sich mehrere Kaufleute zusammentun; **partizipieren** teilhaben, sich beteiligen

Partner *m.* (*lat.-frz.-engl.*) 1. Teilhaber, jmd., der mit anderen etwas unternimmt; 2. Gefährte, Lebensgefährte; 3. Mitspieler, Gegenspieler im Sport, Theater; **Partnerlook** *m.* (-luk, *engl.*) gleiche Kleidung für Paare

partout (partu, *frz.*) durchaus, unter allen Umständen

Partus *m.* (*lat.*) Geburt, Entbindung

Party *w.* (*engl.*) geselliges, zwangloses Fest

Parusie *w.* (*gr.*) 1. Theologie: Wiederkehr Christi zum Jüngsten Gericht; 2. Philosophie: Anwesenheit der Ideen in den Dingen

Parvenu *m.* (parwenü, *frz.*) Emporkömmling, Neureicher

Parzelle *w.* (*frz.*) vermessener Teil eines Geländes; **parzellieren** in Parzellen aufteilen

Parzen *Mz.* (*lat.*) die drei römischen Schicksalsgöttinnen Nana, Decima, Morta

Pas *m.* (pa, *frz.*) Tanzschritt; **Pas de deux** (-dedö) Balletttanz für zwei Solotänzer

PASCAL *s.* (aus *engl.* *p*rimary *a*lgorithmic *s*cientific *c*ommercial *a*pplication *l*anguage) Programmiersprache, beeinflusst von ALGOL (EDV)

Pasch *m.* (*frz.*) Wurf mit derselben Punktzahl auf allen Würfeln

Pascha *m.* (*türk.*) 1. hoher Titel für frühere Beamte und Offiziere in der Türkei und Ägypten; 2. selbstherrlicher Mann, der sich von Frauen umwerben und bedienen lässt

paschen 1. (*frz.*) würfeln, Pasch würfeln;

2. (*hebr.*) schmuggeln; **Pascher** *m.* Schmuggler, Schleichhändler

pascholl! (*russ.*) vorwärts!

Paso doble *m.* (*span.*) moderner schneller Gesellschaftstanz

Paspel *w.* (*frz.*) Zierstreifen an Nähten von Kleidungsstücken

Pasquill *s.* (*itl.*) anonyme Schmähschrift

passabel (*frz.*) angängig, leidlich, annehmbar

Passacaglia *w.* (passakalja, *itl.*) langsames Instrumentalstück in der Art eines alten span. Tanzliedes

Passade *w.* (*frz.*) kurzer Galopp mit Pirouette, rascher Kreisschwung in der Reitkunst

Passage *w.* (passasch, *frz.*) 1. Durchgang, Durchfahrt; 2. Ladenstraße durch einen Häuserblock; 3. schnelle Tonfolge; 4. Reiten im spanischen Tritt; 5. Durchgang eines Gestirns durch den Meridian; 6. inhaltlich zusammenhängender Teil eines Textes, einer Rede; **Passagier** *m.* (-schihr) Reisender, Fahrgast

Passah *s.* (*hebr.*) jüdisches Fest zur Erinnerung an den Auszug aus Ägypten, am Tag des ersten Frühlingsvollmonds gefeiert

Passant *m.* (*frz.*) 1. Durchreisender; 2. Vorübergehender

Passat *m.* (*niederl.*) tropischer, in Äquatorrichtung wehender Ostwind

passé (*frz.*) vorbei, vorüber, veraltet

passen (*frz.*) 1. ein Spiel lang aussetzen; 2. nicht mithalten können, aufgeben

Passepartout *s.* (paßpartu, *frz.*) 1. Wechselrahmen aus Karton für Bilder; 2. Schlüssel, der überall passt, Hauptschlüssel

Passgänger *m.* (*frz.*) Tier, das jeweils die beiden Beine einer Seite gleichzeitig vorwärts setzt (Passgang)

passieren (*frz.*) 1. überschreiten, überqueren; 2. vorbeigehen, vorbeikommen; 3. geschehen, sich ereignen; 4. durchdrücken, durchsieben

passim (*lat.*) da und dort, allenthalben, Abk. pass. (von Belegstellen in Texten)

Passion *w.* (*lat.*) 1. Leidenschaft, Vorliebe, Liebhaberei; 2. der Leidensweg Christi, dessen Darstellung in Musik und bildender Kunst; **passionato** (*itl.*) Musik: leidenschaftlich; **passioniert** (*lat.*) leidenschaftlich; **Passionsspiel** *s.* volkstümliche Spiele der Leiden Christi

passiv (*lat.*) unbeteiligt, untätig, nicht aktiv; **Passiv**, **Passivum** *s.* Sprachlehre: Leideform des Zeitworts; **Passiva** *Mz.* Verbindlichkeiten, Schulden, Sollseite des Kontos; **passive Resistenz** *w.* gewaltloser Widerstand; **Passivität** *w.* Unbeteiligtsein, Teilnahmslosigkeit, Untätigkeit; **Passivsaldo** *m.* Abschluss mit Verlust

Passus *m.* (*lat.*) Stelle in einer Schrift, Absatz, Passage

Pasta *w.*, **Paste** *w.* (*lat.-itl.*) streich- und knetbare Masse; **Pastasciutta** *w.* (-schutta) italien. Gericht aus Nudeln und Hackfleisch mit Käse und Tomatensoße

Pastell *s.* (*itl.*) 1. Maltechnik des Pastells; 2. mit Pastellfarben gemaltes Bild oder Zeichnung; **Pastellfarbe** *w.* Mischung aus Kreide, Farbstoff, Ton und Bindemittel, meistens in Stiftform

Pastete *w.* (*lat.*) in feinem Teig gebackene oder schnittfähige Masse aus Fleisch, Fisch, Wild, Gemüse u. a.

pasteurisieren (pastö-) keimfrei und haltbar machen, Hptw. **Pasteurisation** *w.* (nach dem franz. Chemiker L. Pasteur)

Pasticcio *s.* (pastitscho, *itl.*), **Pastiche** *w.* (paßtihsch, *frz.*) 1. Zusammenfügung von im Stil nicht homogenen Elementen in der Malerei u. Plastik; 2. in der Manier eines Meisters gemaltes Gemälde; 3. aus anderen Opern oder Opernteilen zusammengesetzte Oper, Flickoper, bes. im 18. und 19. Jh.

Pastille *w.* (*lat.*) Arzneizubereitung in Plätzchenform

Pastinak *m.*, **Pastinake** *w.* (*lat.*) Doldenblütler, möhrenähnliches Gemüse; **Pastor** *m.* (*lat.*) Pfarrer, Geistlicher; **pastoral** 1. ländlich-idyllisch; 2. feierlich, würdig, salbungsvoll; **Pastorale** *w.* Hirtenidyll, Schäferstück in bildender Kunst und Musik; **Pastorat** *s.* Pfarramt und Pfarrhaus

pastos (*itl.*) dick aufgetragen (von Farbe); **pastös** aufgeschwemmt, gedunsen, teigig

Patchwork *s.* (pätschwörk, *engl.*) 1. Zusammensetzung von Stoffflicken, Lederstücken u. a. zu einem Wandbehang, Teppich oder einer Decke; 2. Stoffstück o. Ä., das in dieser Technik zusammengenäht wurde

Patene *w.* (*lat.*) Hostienteller

Patent *s.* (*lat.*) 1. Bescheinigung des staatlichen Urheber- oder Erfindungsschutzes; 2. Bestallungsurkunde für (Schiffs-)Offiziere; **patent** geschickt, findig, anpassungsfähig und gewandt; **patentieren** urheberrechtlich schützen; **Patentlösung** *w.* für alle und alles gültige (unmögliche) Lösung

Pater *m.* (*lat.*) Ordensgeistlicher (*Mz.* Patres); **Paterfamilias** *m.* Hausherr (scherzhaft); **Paternoster** *s.* 1. Vaterunser, Gebet der christlichen Konfessionen; 2. Aufzug am Endlosband; **pater patriae** *m.* (-ä) Vater des Vaterlandes, Ehrentitel röm. Kaiser; **paternalistisch** väterlich in bevormundender Weise

patetico (*itl.*), **pathetique** (-tik, *frz.*) Musik: ausdrucksvoll, feierlich, pathetisch

Pathetik *w.* (*gr.*) verlogenes Pathos; **pathetisch** 1. feierlich, gehoben; 2. salbungsvoll, verlogen feierlich

Patho-, patho- (*gr.*) als Vorsilbe: Krankheit, Leiden

pathogen (*gr.*) krankheitserregend; **Pathogenese** *w.* Krankheitsentstehung; **pathognomisch**, **pathognostisch** kennzeichnend für eine Krankheit, ein Krankheitsbild; **Pathologe** *m.* Spezialist für Pathologie; **Pathologie** *w.* 1. Wissenschaft von den Ursachen und den körperlichen Auswirkungen der Krankheiten; 2. Institut für Pathologie; **pathologisch** 1. krankhaft; 2. zur Pathologie gehörig; **Pathophobie** *w.* Krankheitsfurcht

Pathos *s.* (*gr.*) Ausdruck der Ergriffenheit, leidenschaftlich-bewegter Ausdruck, hoher Ton

Patience *w.* (paßjangß, *frz.*) Kartengeduldsspiel für eine oder zwei Personen

Patient *m.* (-zi'e-, *lat.*) von einem Arzt, einer medizin. Institution behandelter Kranker

Patina *w.* (*itl.*) 1. Edelrost, Edelgrünspan auf Kupfer; 2. der besondere Flair, den nicht mehr neue Gegenstände haben; **patinieren** mit Patina überziehen, künstlich alt erscheinen lassen

Patio *m.* (*span.*) Innenhof eines Wohnhauses in Spanien und Lateinamerika

Patisserie *w.* (*frz.*) 1. feines Gebäck; 2. Feinbäckerei, Konditorei

Patois *s.* (patoa, *frz.*) Dialekt, Mundart der franz. Landbevölkerung

Patriarch *m.* (*gr.*) 1. Stammvater, Erzvater; 2. Titel kath. und ostkirchl. Bischöfe; 3. würdiger Greis; **patriarchalisch** 1. altehrwürdig, altväterlich; 2. männlich-autoritär; 3. zum Patriarchat gehörig; **Patriarchat** *s.* 1. vaterrechtlich organisierte, die Dominanz des Mannes sichernde Gesellschaftsform; 2. Würde und Amtsbereich eines Patriarchen

Patrimonium *s.* (*lat.*) 1. Vatererbe im röm. Recht; 2. Patrimonium Petri: Besitztum der röm. Kirche in Italien, späterer Kirchenstaat

Patriot *m.* (*gr.*) jmd., der seinem Lande patriotisch verbunden ist; **patriotisch** *m.* Liebe zum Vaterland, gefühlsbetonte, verteidigungsbereite Bindung an das eigene Land

Patristik *w.* (*lat.*) Wissenschaft von Lehre und Schriften der Kirchenväter

Patrize *w.* (*lat.*) erhabene Gegendruckform zur Matrize

Patrizier *Mz.* (-zi'er, *lat.*) 1. die vornehmen Geschlechter im alten Rom; 2. wohlhabende, einflussreiche Bürger, bes. im Mittelalter; **Patriziat** *s.* Bürgeradel, Stadtadel, Eigw. **patrizisch**

Patrologie *w.* = Patristik

Patron *m.* (*lat.*) 1. Schutzherr im alten Rom; 2. Schutzheiliger; 3. Schiffs-, Handelsherr; 4. übler Bursche (umg.); **Patronage** *w.* (-nahsch, *frz.*) Bevorzugung, Günstlingswirtschaft; **Patronat** *s.* Schirmherrschaft

Patrone *w.* (*lat.*) 1. Munition der Handfeuerwaffen; 2. Schablone, Musterform; 3. kleiner Nachfüllbehälter (z. B. für einen Füller)

Patronymikon *s.* (*gr.*) nach dem Vaternamen gebildeter Name (z. B. Petersen)

Patrouille *w.* (patrulje, *frz.*) Spähtrupp, Streife; **patrouillieren** eine bestimmte Strecke zur Kontrolle abgehen

Patrozinium *s.* (*lat.*) 1. Gerichtsvertretung durch einen röm. Patron; 2. Schutz des mittelalterlichen Gutsherrn; 3. Fest des Schutzheiligen einer Kirche

Patt *s.* (*itl.*) Situation, in der keine Partei gewinnen kann (z. B. beim Schach)

Pattern *s.* (pättern, *engl.*) Denk-, Verhaltensmuster, Schema

pattieren (*frz.*) 1. mit Notenlinien versehen; 2. rastern

pauperieren (*lat.*) kümmerlich wachsen (von Pflanzenkreuzungen); **Pauperismus** *m.* Massenverarmung, Massenverelendung

pauschal (*dt.-lat.*) in Bausch und Bogen, insgesamt, undifferenziert; **Pauschale** *w.* Gesamtzahlung für mehrere Leistungen, Ztw. **pauschalieren**

Pavane *w.* (*span.*) würdevoll geschrittener Hoftanz im 16. Jh., eine Komposition in dieser Art

Pavian *m.* (*frz.-niederl.*) afrikanische Affengattung

Pavillon *m.* (-jong, *frz.*) 1. Gartenhäuschen; 2. Rundbau für Musikkapelle; 3. kleinerer Einzelbau bei Krankenhäusern; 4. Behelfsbau auf Ausstellungen

Pavor nocturnus *m.* (*lat.*) Nachtangst, nächtliches Aufschrecken (von Kindern)

Pax *w.* (*lat.*) Friede

Pay-back, Pay-out *s.* (peh bäck, – aut, *engl.*) Rückgewinnung von investiertem Kapital

Paysage *w.* (pehßahsch, *frz.*) stimmungsvolles Landschaftsbild (im Stil der franz. Landschaftsmalerei des 19. Jhs.)

Pazifismus *m.* (*lat.*) Friedensbewegung, die den Krieg grundsätzlich verneint; **Pazifist** *m.* Kriegsgegner, Anhänger des Pazifismus, Eigw. **pazifistisch**

PC Abk. für Personalcomputer

p. Chr., p. Chr. n. = post Christum, post Christum natum

p.e. = par exemple

Peanut *w.* (pihnat, *engl.*) Erdnuss; **Peanuts** *Mz.* Kleinigkeit, unbedeutende Sache (umg.)

Pectus *s.* (*lat.*) Brust, Brustkorb

Pedal *s.* (*lat.*) 1. Fußhebel; 2. Fußtastenhebel an der Orgel

Pedant *m.* (*itl.*) Kleinigkeitskrämer, Haarspalter, Krittler; **Pedanterie** *w.* übertriebene Genauigkeit; **pedantisch** übergenau, kleinlich, haarspalterisch, übertrieben ordentlich

Peddigrohr *s.* (*niederl.*) Mark der Rohrpalme

Pedell *m.* (*lat.*) Hausmeister einer Hochschule

Pedigree *s.* (pedigri, *engl.*) Stammbaum für Tiere, bes. für Hunde und Pferde

Pediküre *w.* (*frz.*) 1. Fußpflege; 2. Fußpflegerin, Ztw. **pediküren**

Pedologie *w.* (*lat.-gr.*) Bodenkunde

Pedometer *s.* (*lat.*) Schrittzähler

Peeling *s.* (pihling, *engl.*) kosmetische Hautschälung

Peepshow *w.* (pihpschoh, *engl.*) Kabinenstriptease

Peer *m.* (pihr, *engl.*) Angehöriger des englischen Adels vom Duke bis zum Baron, mit Recht auf Sitz im Oberhaus; **Peeress** *w.* (-riss, *engl.*) Adlige, die ihren Titel selbst trägt oder nach der Eheschließung mit einem Peer erhalten hat; **Peergroup** *w.* (-gruhp) die einen Heranwachsenden stark beeinflussende Gruppe der Gleichaltrigen (mit ähnlicher sozialer Herkunft)

Pegasus *m.* (*gr.*) 1. das geflügelte Pferd des Perseus in der griech. Sage, Sinnbild dichterischer Phantasie; 2. Sternbild

Peies *Mz.* (*hebr.*) Schläfenlocken orthodoxer Juden

Pejoration *w.* (*lat.*) Bedeutungswandel eines Wortes zum Schlechteren; **pejorativ** bedeutungsverschlechternd; **Pejorativum** *s.* in abwertendem Sinn verwendetes Wort; **Pejus** *s.* ungünstige ökologische Bedingungen für ein Lebewesen

Pekinese *m.* kleine chinesische Haushunderasse (nach der chin. Stadt Peking)

Pekoe *m.* (pikoh, *engl.*) hochwertige indische Teesorte

Pektin *s.* (*gr.*) in Früchten enthaltener Gallertstoff, der das Dickwerden der Säfte bewirkt (*Mz.* Pektine)

pektoral (*lat.*) die Brust betreffend; **Pektorale** *s.* 1. Brustkreuz hoher Geistlicher; 2. mittelalterlicher Brustschmuck

pekuniär (*lat.*) geldlich, finanziell, das Geld betreffend

pelagial, pelagisch (*gr.*) 1. im freien Meer lebend (von Tieren); 2. zum tieferen Meer gehörig; **Pelagial** *s.* Hochseetierwelt

Pêlemêle (pälmäl, *frz.*) 1. Durcheinander,

Mischmasch; 2. Süßspeise aus verschiedenen Cremes
Pelerine *w.* (*frz.*) Umhang
Pelikan *m.* (*gr.*) Schwimmvogel mit Kropfschnabel, Sinnbild aufopfernder Liebe
Pellagra (*gr.*) *s.* Vitaminmangelkrankheit
Peltast *m.* (*gr.*) Leichtbewaffneter in der altgriechischen Armee
Pemmikan *s.* (*indian.*) konserviertes Nahrungsmittel aus zerstoßenem Dörrfleisch
Penalty *m.* (pännlti, *engl.*) Strafstoß, bes. beim Eishockey
Penaten *Mz.* (*lat.*) altrömische Schutzgötter der Familie und des Hauses
PEN-Club *m.* (aus *engl.* *p*oets, *e*ssayists, *n*ovelists) internationale Schriftstellervereinigung seit 1921
Pendant *s.* (pangdang, *frz.*) Gegenstück, Entsprechung
Pendüle *w.* (pangdüle, *frz.*) Pendeluhr
Penelope (*gr.*) Frau des Odysseus, Sinnbild standhafter Frauentreue
penetrant (*lat.*) durchdringend, aufdringlich; **Penetranz** *w.* 1. Aufdringlichkeit; 2. die prozentuale Häufigkeit, mit der sich ein Erbfaktor bei genetisch gleichen Lebewesen vererben kann; **Penetration** *w.* 1. Eindringen in etwas, Durchdringung; 2. Durchbruch eines Geschwürs in benachbarte Gewebe; 3. Eindringtiefe eines Prüfkörpers bei der Werkstoffprüfung, Ztw. **penetrieren**
Pengö *m.* (*ung.*) ungarische Münzeinheit bis 1946
penibel (*frz.*) peinlich genau, heikel
Penicillin *s.* (*engl.*) aus einem Schimmelpilz gewonnenes, häufig verwendetes Antibiotikum
Penis *m.* (*lat.*) männliches Glied
Penizillin = Penicillin
Pennäler *m.* (*lat.*) Schüler einer höheren Lehranstalt (umg.); **Penne** *w.* Schule (umg.)
Penny *m.* (*engl.*) kleine englische Münze, *Mz.* Pennys (für einzelne Pennystücke), Pence (bei Wertangaben); **Pennyweight** *s.* (-iweht) engl. Feingewicht
Pensee *s.* (*lat.-frz.*) Stiefmütterchen
pensieroso (-si'e-, *itl.*) Musik: nachdenklich, tiefsinnig
Pension *w.* (pangsiohn, *frz.*) 1. Ruhegehalt; 2. Unterkunft und Verpflegung, kleines familiäres Hotel; **Pensionär** *m.* Beamter im Ruhestand, Ruhegehaltsempfänger; **pensionieren** in den Ruhestand versetzen
Pensum *s.* (*lat.*) Arbeitsmenge für eine bestimmte Zeit (*Mz.* Pensa)
Pent(a)-, pent(a)- (*gr.*) als Vorsilbe: fünf
Pentaeder *m.* (-ta'e-, *gr.*) von fünf Flächen begrenzter Körper, Fünfflächner; **Pentagon** *s.* 1. Fünfeck; 2. Bez. für das amerik. Verteidigungsministerium, dessen Grundriss fünfeckig ist; **Pentagramm** *s.* fünfzackiger Stern, Drudenfuß; **Pentameron** *s.* neapolitanische Märchensammlung, die an fünf Tagen erzählt wurde; **Pentameter** *m.* fünffüßiger, im Deutschen sechsfüßiger Vers; **Pentarchie** *w.* (*gr.*) Herrschaft der fünf europäischen Großmächte England, Frankreich, Österreich, Preußen und Russland (1815–1860); **Pentateuch** *m.* die fünf Bücher Mose im Alten Testament; **Pentatonik** *w.* (*gr.*) Fünftonmusik
Pentekoste *w.* (*gr.*) Pfingsten (am 50. Tag nach Ostern)
Penthesilea (*gr.*) Amazonenkönigin der griech. Mythologie
Penthouse *s.* (penthauß, *engl.*) Apartment auf dem flachen Dach eines (Hoch-)Hauses
Pentode *w.* (*gr.*) Fünfpolröhre, eine Elektronenröhre
Penunze *w.* (*poln.*) Geld (umg.)
Peon *m.* (*span.*) südamerikan. Tagelöhner; **Peonage** *w.* (-nasche, *frz.*) auf Vorschüssen und Sachleistungen beruhendes Lohnsystem, das zur Verschuldung führt
Pep *m.* (pepp, *engl.*) mitreißender Elan, Schwung, Unternehmungsgeist, Eigw. **peppig**
Peperoni *Mz.* (*itl.*) in Essig eingelegte Pfefferschoten
Pepita *s.* (*span.*) feiner Wollstoff mit Kleinkaromuster in zwei Farben
Peplon, Peplos *m.* (*gr.*) altgriechisches, ärmelloses Gewand für Frauen
Pepsin *s.* (*gr.*) wichtigstes Eiweiß spaltendes Enzym des Magens; **peptisch** die Verdauung fördernd
Per-, per- (*lat.*) als Vorsilbe; 1. mit, mittels, durch; 2. je, pro; 3. bis zum

per acclamationem (*lat.*) durch Zuruf; **per Adresse** wohnhaft bei; **per anum** durch den After; **per aspera ad astra** nach vielen Anstrengungen zum Erfolg, durch Nacht zum Licht, freie Übertragung eines Verses von Hesiod

per cassa (*itl.*) gegen Barzahlung; **per conto** auf Rechnung

Perche *w.* (persch, *frz.*) die elastische Stange, an der Akrobaten Balanceakte ausführen

Percussion *w.* (pörkaschen, *engl.*) die Gruppe der Rhythmusinstrumente in Musikgruppen; **Percussionist** *m.* Schlagzeuger

perdendo (*itl.*) Musik: immer leiser

perdu (perdü, *frz.*) verloren, dahin

peremptorisch (*lat.*) aufhebend

perennierend (*lat.*) überwinternd, mehrjährig (von Pflanzen); ausdauernd

Perestroika *w.* (*russ.*) Umbildung, Umgestaltung (ursprüngl. des erstarrten sowjetischen Systems in den 1980er-Jahren)

per exemplum (*lat.*) zum Beispiel

perfekt (*lat.*) 1. vollkommen, vollendet, fertig ausgebildet; 2. abgemacht, gültig; **Perfekt, Perfektum** *s.* Sprachlehre: vollendete Gegenwart; **perfektibel** entwicklungsfähig, vervollkommnungsfähig, Hptw. **Perfektibilität** *w.*; **Perfektion** *w.* Vollkommenheit, Vollendung; **perfektionieren** vervollkommnen, vollenden; **Perfektionismus** *m.* 1. philosoph. Auffassung, die in der Vervollkommnung des Menschen das Ziel der Geschichte sieht; 2. übertriebenes Vollkommenheitsstreben; **Perfektionist** *m.* jmd., dem nichts perfekt genug ist; **Perfektionisten** *Mz.* amerikan.-methodistische Sekte, die von der Wiedergeburt vollkommene Sündlosigkeit erhofft

perfid, perfide (*lat.*) hinterhältig, niederträchtig; **Perfidie, Perfidität** *w.* Heimtücke, Niedertracht

perforieren (*lat.*) durchlöchern, lochen; **Perforation** *w.* 1. Durchbohrung; 2. Durchbruch eines Geschwürs; 3. gelochte Reißlinie, Transportlinie am Filmmaterial

Performance *w.* (-menß, *engl.*) 1. happeningähnliche künstlerische Einzeldarstellung; 2. Leistung, Leistungsbild (einer Person, einer Währung, eines Computers)

Performanz *w.* (*lat.*) die situationsabhängige Sprachverwendung (im Ggs. zum Sprachvermögen) eines Individuums

Pergament *s.* 1. zubereitete Tierhaut als Schreibmaterial, für Bucheinbände, Trommeln; 2. alte Handschrift auf Pergament; **Pergamentpapier** Papier, das durch Chemikalien fettdicht, koch- und nassfest gemacht wurde (nach der Stadt Pergamon)

perge, perge (*lat.*) und so weiter (Abk. pp.)

Pergola *w.* (*itl.*) offener Laubengang mit Kletterbepflanzung

perhorreszieren (*lat.*) verabscheuen, zurückschrecken vor

Peri-, peri- (*gr.*) als Vorsilbe: um, herum

Perigäum *s.* (*gr.*) erdnächster Punkt, den ein Körper auf seiner Erdumlaufbahn durchmisst; **Perihel** *s.* sonnennächster Punkt einer Planetenbahn

Perigon *s.* (*lat.-gr.*) Blütenhülle (z. B. bei Tulpen)

Perigramm *s.* (*gr.*) graphische Darstellung statistischer Größenverhältnisse durch Kreise und Kreissegmente

Perikard *s.* (*gr.*) Herzbeutel; **Perikarditis** *w.* Herzbeutelentzündung

perikleisch (*gr.*) zum Zeitalter des Perikles gehörig

Perikopen *Mz.* (*gr.*) 1. die nach der Gottesdienstordnung vorgeschriebenen Bibelabschnitte; 2. Strophengruppe in der Metrik

perikulös (*lat.*) gefährlich

Perimeter *s.* (*gr.*) Gerät zur Bestimmung der Größe des Gesichtsfeldes

perinatal (*gr.-lat.*) um die Geburt herum

Periode *w.* (*gr.*) 1. Umlaufzeit eines Sterns; 2. Zeitabschnitt einer erdgeschichtlichen Formation; 3. ein durch ein charakteristisches Merkmal abgrenzbarer Zeitabschnitt; 4. Schwingungsdauer; 5. Regelblutung, Menstruation; 6. Satzgefüge, Satzgebilde 7. sich unendlich wiederholende Zahl hinter dem Komma eines Dezimalbruchs; **periodisch** regelmäßig wiederkehrend, Hptw. **Periodik, Periodizität** *w.*

Periöke *m.* (*gr.*) freier, aber politisch rechtloser Bewohner des antiken Sparta

Periost *s.* (*gr.*) Knochenhaut; **Periostitis** *w.* Knochenhautentzündung

Peripatetiker *m.* (*gr.*) Anhänger und Schüler des Aristoteles; **peripatetisch** umherwandelnd, auf und ab gehend

Peripetie *w.* (*gr.*) Umschwung, entscheidende Wende (z. B. im Drama)

peripher (*gr.*) 1. am Rande gelegen; 2. nebensächlich, unwichtig; **Peripherie** *w.* 1. Umfangslinie; 2. Randgebiet (z. B. einer Stadt)

Peripheriegerät *s.* ein über eine Schnittstelle mit einem Computer verbundenes Zusatzgerät (z. B. ein Drucker)

Periphrase *w.* (*gr.*) ausschmückende Umschreibung eines Begriffs, Gegenstands, Sachverhalts durch charakteristische Eigenschaften, Wirkungen u. a. (z. B. Auge des Gesetzes für die Justiz), Eigw. **periphrastisch**, Ztw. **periphrasieren**

Periskop *s.* (*gr.*) Fernrohr, Sehrohr in U-Booten

Peristaltik *w.* (*gr.*) die rhythmischen Zusammenziehungen von Hohlorganen (z. B. des Darms), Eigw. **peristaltisch**

Peristase *w.* (*gr.*) Gesamtheit der auf den Organismus einwirkenden Umweltbedingungen; **peristatisch** durch Umwelteinfluss bedingt

Peristyl *s.* (*gr.*) antike Säulenringhalle um Tempel oder offene Innenhöfe

Peritonitis *w.* (*gr.*) Bauchfellentzündung

Perkal *m.* (*pers.*) feinfädiger, meist bedruckter Baumwollstoff in Leinenbindung: **Perkalin** *s.* appretiertes Baumwollgewebe für Bucheinbände

Perkussion *w.* (*lat.*) Untersuchung durch Beklopfen der Körperoberfläche; Ztw. **perkutieren**; **perkutan** durch die Haut hindurch

Perlon *s.* (*Wz.*) Kunstfaser, Polyamidfaser

Perm *s.* jüngster Abschnitt des Paläozoikums, Eigw. **permisch** (nach dem früheren Gouvernement Perm)

permanent (*lat.*) ständig, ununterbrochen anhaltend; **Permanenz** *w.* Dauer, Fortdauer; **in Permanenz** ständig

permeabel (*lat.*) durchlässig; **Permeabilität** *w.* Durchlässigkeit

Permess = Permiss

per mille = pro mille

Permiss, Permess *m.*, **Permission** *w.* (*lat.*) Erlaubnis, Gewährung; **permissiv** nachsichtig, Freiheit lassend, nicht autoritär, Hptw. **Permissivität** *w.*

permutabel (*lat.*) vertauschbar; **Permutation** *w.* Umstellung der Reihenfolge, Vertauschung; **permutieren** austauschen, vertauschen

Pernambukholz *s.* Farbholz, Brasilienholz (nach Pernambuco in Brasilien)

perniziös (*lat.*) gefährlich, bösartig, unheilbar; **perniziöse Anämie** bösartige Form der Blutkrankheit

Pernod *m.* (-noh, *frz.*) Anislikör

peroral, per os (*lat.*) durch den Mund (einzunehmen); **Peroration** *w.* Schlussteil einer Rede

per pedes (*lat.*) zu Fuß (umg. scherzhaft)

Perpendikel *s.* oder *m.* (*lat.*) Uhrpendel; **perpendikular** senkrecht; **Perpendikularstil** *m.* englische Spätgotik, Tudorstil

perpetuieren (*lat.*) ständig fortfahren; **Perpetuum mobile** *s.* (-tu'u-) (physikalisch unmögliche) Maschine, die ohne Energiezufuhr dauernd Energie erzeugt

perplex (*lat.*) starr, bestürzt, verblüfft

per procura (*itl.*) bevollmächtigt, in Vollmacht (Abk. ppa.)

per rectum (*lat.*) durch den Darm (einzuführen)

Perron *m.* (perong, *frz.*) 1. Bahnsteig; 2. frühere Plattform auf einer Straßenbahn

per saldo (*itl.*) Bezeichnung für den Kontostand, wie der Saldo zeigt

per se (*lat.*) von selbst, an sich, aus sich heraus

Perseiden *Mz.* (-se'id-, *gr.*) Meteorstrom der ersten Augusthälfte, der aus der Richtung des Sternbilds Perseus kommt

Persenning *w.* (*frz.-niederl.*) wasserdichtes Gewebe für Zelte, Segel

Persephone (*gr.*) in der griech. Mythologie Zeus' und Demeters Tochter, die, von Pluton geraubt, fortan vier Monate des Jahres in der Unterwelt und acht Monate auf der Erde lebte

Perseus *m.* (*gr.*) Held der griech. Mythologie, der Medusa tötete

Perseveranz *w.* (*lat.*) Beharrlichkeit, Ausdauer; **Perseveration** *w.* Nachwirken und beharrliches Wiederkehren von Gedanken und Erlebnissen; **perseverieren** bei etwas beharren

Persianer *m.* Fell der Karakullämmer für die Pelzverarbeitung (nach Persien)

Persiflage *w.* (-flasch, *frz.*) geistreicher Spott, ironisierende Nachahmung; **persiflieren** geistvoll-spöttisch nachahmen

Persiko *m.* (*lat.*) Pfirsichlikör

Persimone *w.* (*indian.-frz.*) Dattelpflaume

persistent (*lat.*) anhaltend, beharrlich; **Persistenz** *w.* Beharrlichkeit, Bestehen eines Zustands über längere Zeit; **persistieren** andauern (von Krankheiten)

Person *w.* (*lat.*) 1. Mensch als Einzelwesen, Mensch in seiner Besonderheit; 2. Figur, Gestalt im Theatergeschehen; 3. Bez. für Frau in bestimmtem Kontext, z. B. dumme Person; 4. grammatische Person, *ich, du* usw.; **Persona grata** *w.* beliebte, akzeptierte Person; **Persona non grata** *w.* (im diplomatischen Verkehr) unerwünschte Person; **natürliche Person** *w.* Einzelmensch als juristische Person; **juristische Person** *w.* Kollektiv, das juristisch als Person gilt

Personal *s.* (*lat.*) Gesamtheiten der betrieblichen Angestellten, Belegschaft; **personal** als Einzelwesen; **Personalcomputer** *m.* (*engl.*) Einzelplatzcomputer (Abk. PC); **Personalien** *Mz.* (li'en) Angaben zur Person; **personalintensiv** (*lat.*) mit viel Personal arbeitend (von Betrieben); **personalisieren** auf die Person beziehen, an einer Person festmachen; **Personalität** *w.* Persönlichkeit; **personaliter** selbst, in eigener Person; **Personalkredit** *m.* auf Grund des persönlichen Ansehens, ohne Sicherheit gewährter Kredit; **Personalpronomen** *s.* Sprachlehre: persönliches Fürwort; **Personalunion** *w.* Vereinigung mehrerer Ämter in einer Hand; **personell** persönlich

Personifikation, Personifizierung *w.* (*lat.*) 1. Vermenschlichung von Göttern oder Dingen, indem ihnen menschliche Eigenschaften zugeschrieben werden; 2. Verkörperung, Inbegriff; **personifizieren** 1. vermenschlichen; 2. verkörpern; **personifiziert** leibhaftig, der Inbegriff von etwas

Perspektiv *s.* (*lat.*) kleines Fernrohr, Zugfernrohr; **Perspektive** *w.* 1. standortabhängige Betrachtungsweise, Blickwinkel; 2. Zukunftsaussicht, Zukunftserwartung; 3. Darstellung des Raumes auf der Fläche; 4. scheinbare Verkürzung und Annäherung paralleler Linien in der Raumtiefe, Eigw. **perspektivisch**

Perspiration *w.* (*lat.*) Hautatmung

persuasiv, persuasorisch (*lat.*) überredend, überzeugend

Perte *w.* (pert, *frz.*) geschäftliche Einbuße, geschäftlicher Verlust

Perturbation *w.* (*lat.*) Störung, Abweichung (von Himmelskörpern)

Pertussis *m.* (*lat.*) Keuchhusten

per ultimo (*lat.*) zum Monatsletzten

pervers (*lat.*) 1. lustvoll menschenentwürdigend; 2. sexuell normabweichend, Hptw. **Perversion** *w.*; **pervertieren** ins Abnorme kehren

perzeptibel (*lat.*) wahrnehmbar, fassbar, Hptw. **Perzeptibilität** *w.*; **Perzeption** *w.* sinnliche Wahrnehmung; **Perzeptionalismus** *m.* philosophische Lehre, nach der die sinnliche Wahrnehmung Grundlage des Denkens ist; **perzeptiv, perzeptorisch** die Wahrnehmung betreffend; **Perzipient** *m.* (-pi'e-) Empfänger; **perzipieren** sinnlich wahrnehmen, aufnehmen

Pesade *w.* (*frz.*) = Levade

pesante (*itl.*) Musik: wuchtig, gewichtig, schwerfällig

Peseta *w.* (*span.*) span. Währungseinheit vor Einführung des Euro (2002); **Peso** *m.* Währungseinheit in mehreren südamerikan. Ländern

Pessar *s.* (*lat.*) Stütz- und Schließring für die Gebärmutter

Pessimismus *m.* (*lat.*) 1. negative Lebensanschauung, die alles im ungünstigen Licht sieht, Schwarzseherei; 2. philosoph. Anschauung, nach der die Welt schlecht und ohne Sinn ist; **Pessimist** *m.* jmd., der an allem nur die Schattenseiten sieht; **pessimistisch** schwarzseherisch, lebensunfroh; **Pessimum** *s.* schlechteste Umweltbedingung für Tier und Pflanze

Pest *w.* (*lat.*) 1. infektiöse Seuche; 2. etwas ganz und gar Unerträgliches, Hassenswertes; **Pestilenz** *w.* Pest, Seuche (scherzhaft); **pestilenzialisch** pestartig stinkend; **Pestizid** s. hochgiftiges chem. Schädlingsbekämpfungsmittel

Petarde *w.* (*frz.*) 1. ehemaliger Sprengmörser; 2. knallender Feuerwerkskörper

Petent *m.* (*lat.*) Bittsteller

Petit *w.* (pti, *frz.*) Schriftgrad von 8 Punkt

Petitesse *w.* (*frz.*) Kleinigkeit, Bagatelle

Petition *w.* (*lat.*) Bittschrift, Gesuch; **petitionieren** Bittgesuch einreichen

Petit-Point *w.* (pti poäng, *frz.*) Nadelarbeit mit winzigem halbem Kreuzstich, **Petits Fours** *Mz.* (pti fuhr) Kleinsttörtchen mit Zuckerguss

Petrefakt *s.* (*gr.-lat.*) Versteinerung, Fossil; **petrifizieren** versteinern

Petro- petro- (*gr.*) als Vorsilbe: Gestein, Stein

Petrochemie *w.* (*gr.*) Wissenschaft von der chem. Zusammensetzung der Gesteine; **Petrogenese** *w.* Entstehungsgeschichte der Steine; **Petrographie, Petrologie** *w.* beschreibende Gesteinskunde; **Petroleum** *s.* (-le'um, *gr.-lat.*) Steinöl, destilliertes Erdöl

Petschaft *s.* (*tschech.*) Siegelstempel; **petschieren** mit Petschaft siegeln

Petticoat *m.* (-koht, *engl.*) versteifter Halbunterrock

Petting *s.* (*engl.*) sexueller Kontakt, bes. zwischen Jugendlichen, ohne Geschlechtsverkehr

petto = in petto

Petum *s.* (*indian.-port.*) alte europäische Bezeichnung für Tabak

peu à peu (pö a pö, *frz.*) nach und nach

pH Abk. für *lat. p*otentia *h*ydrogenii, **pH-Wert** Messwert für die Wasserstoffionenkonzentration, die den Säure- oder Laugengehalt von Lösungen bestimmt

Phagozyten *Mz.* (*gr.*) weiße Blutkörperchen, die Krankheitserreger unschädlich machen können, Fresszellen; **Phagozytose** *w.* Tätigkeit der Phagozyten

Phalanx *w.* (*gr.*) 1. geschlossene Schlachtordnung der Griechen; 2. geschlossene, einmütige Abwehr; 3. Fingerglied, Zehenglied

phallisch (*gr.*) 1. den Phallus betreffend; 2. in Form eines Phallus; **Phallus** *m.* das erigierte männliche Glied; **Phalluskult** *m.* in vielen Religionen praktizierte kultische Verehrung des Phallus als Symbol männlicher (Zeugungs-)Kraft

Phänologie *w.* (*gr.*) Lehre von den jahreszeitlich bedingten Erscheinungsformen im Pflanzen- und Tierreich; Eigw. **phänologisch**

Phänomen *s.* (*gr.*) 1. das sich den Sinnen, der empirischen Wahrnehmung Zeigende; 2. Bewusstseinsinhalt; 3. erstaunliche Erscheinung, außergewöhnlicher Vorgang; 4. Mensch mit verblüffenden Fähigkeiten; **phänomenal** 1. das Phänomen betreffend; 2. außerordentlich, verblüffend

Phänomenologie *w.* (*gr.*) Lehre von den Erscheinungen der Dinge, Eigw. **phänomenologisch**; **Phänotyp, Phänotypus** *m.* Erscheinungsbild eines Individuums, Eigw. **phänotypisch**

Phantasie *w.* (*gr.*) 1. Vorstellungskraft, Einbildungskraft, Erfindungsgabe, Einfallsreichtum; 2. Luftschloss, Wunschvorstellung, Traumbild; 3. Musikwerk in freier Form; **phantasieren** 1. träumen, sich ausmalen; 2. irrereden; 3. musikalisch improvisieren; **Phantasma** *s.* Trugbild; (*Mz.* Phantasmata); **Phantasmagorie** *w.* 1. Wahngebilde, Truggebilde; 2. Gespenstererscheinung auf der Bühne; **Phantast** *m.* Schwärmer, Träumer; **Phantasterei** *w.* Schwärmerei, wirklichkeitsfremdes Gedankenspiel; **Phantastik** *w.* Märchenhaftigkeit, Phantasterei; **phantastisch** 1. wirklichkeitsfern; 2. großartig, märchenhaft, unglaublich

Phantom *s.* (*gr.*) 1. Geistererscheinung; 2. künstlicher Körper oder Körperteile zu Lehrzwecken; **Phantombild** *s.* zu kriminalistischen Zwecken hergestelltes (Computer-)Bild eines Verdächtigen; **Phantomschmerz** *m.* Schmerz in einem amputierten Körperteil; **Phantosmie** *w.* Geruchshalluzination

Pharao *m.* (*ägypt.*) Titel der altägypt. Könige (*Mz.* -onen), Eigw. **pharaonisch**; **Pharao, Faro** *s.* Kartenglücksspiel

Pharisäer *m.* (*aram.*) 1. strenggläubige jüdische Partei mit politischen Zielen, im Neuen Testament als heuchlerisch bezeichnet; 2. selbstgerechter, heuchlerischer

Mensch; 3. Kaffee mit Rum und Schlagsahne; **pharisäisch** selbstgerecht, heuchlerisch, Hptw. **Pharisäismus** *m.*, **Pharisäertum** *s.*

Pharmakologe *m.* (*gr.*) Wissenschaftler auf dem Gebiet der Pharmakologie; **Pharmakologie** *w.* Wissenschaft von den Arzneimitteln, Eigw. **pharmakologisch; Pharmakon** *s.* Arzneimittel (*Mz.* Pharmaka); **Pharmakopöe** *w.* (-pö) amtliches Arzneibuch; **Pharmazeut** *m.* Fachmann auf dem Gebiet der Pharmazie, Apotheker, Arzneimittelhersteller; **Pharmazeutik, Pharmazie** *w.* Wissenschaft von der Zusammensetzung und Herstellung der Arzneimittel, Eigw. **pharmazeutisch**

Pharo = Pharao

Pharus *m.* (*gr.*) Leuchtturm (nach der gleichnamigen Insel bei Alexandria, auf der bis zum 14. Jh. ein zu den sieben Weltwundern zählender Leuchtturm stand)

Pharyngoskop *s.* (*gr.*) Rachenspiegel; **Pharyngoskopie** *w.* Untersuchung mit dem Pharyngoskop; **Pharynx** *w.* Rachen, Schlund

Phase *w.* (*gr.*) 1. Stufe, Entwicklungsabschnitt; 2. Erscheinungsform der nicht selbst leuchtenden Gestirne; 3. Schwingungszustand einer Welle; 4. Aggregatzustand eines Stoffes; **phasisch** in Phasen verlaufend, in Wellen wiederkehrend

Phenol *s.* (*gr.*) Karbolsäure, Desinfektionsmittel; **Phenyl** *s.*, **Phenylgruppe** *w.* vom Benzol abgeleitete Kohlenwasserstoffgruppe

Phiale *w.* (*gr.*) altgriech. flache Opferschale

Phil(o)-, phil(o)- (*gr.*) als Vorsilbe: Freund, freundlich

Philanthrop *m.* (*gr.*) Menschenfreund; **Philanthropie** *w.* Menschenliebe; **philanthropisch** menschenfreundlich, menschlich gesinnt; **Philanthropismus** *m.* Ende des 18. Jhs. einsetzende pädagogische Reformbewegung, die sich an den Idealen der Aufklärung orientierte

Philatelie *w.* (*gr.*) Briefmarkenkunde; **Philatelist** *m.* Briefmarkensammler

Philemon und Baucis (-bauzis, *gr.*) bejahrtes Ehepaar der griech. Sage, Sinnbild unzertrennlicher Liebe und Altersgüte

Philharmonie *w.* (*gr.*) 1. Gesellschaft zur Pflege der Musik; 2. Name von Orchestern, Musikvereinen und Konzertsälen; **Philharmoniker** *m.* Mitglied eines philharmonischen Orchesters; **philharmonisch** Musik liebend, Musik pflegend

Philhellenen *Mz.* (*gr.*) Griechenfreunde, Eigw. **philhellenisch**; **Philhellenismus** *m.* europäische Sympathiebewegung für den griech. Befreiungskampf gegen die Türkei im 19. Jh.

Philippika *w.* Strafrede, Anklagerede (nach den Streitreden des Demosthenes gegen König Philipp von Makedonien)

Philister *m.* (*hebr.*) 1. Nachbarvolk der Israeliten in Palästina um 1000 v. Chr.; 2. Spießer, Spießbürger; **philiströs** spießig, engstirnig

Philogyn *m.* (*gr.*) Frauenfreund; **philogyn** frauenfreundlich

Philologe *m.* (*gr.*) Sprach- und Literaturwissenschaftler; **Philologie** *w.* Sprach- und Literaturwissenschaft, Eigw. **philologisch**

Philomele *w.* (*gr.*) poetische Bez. für Nachtigall (nach der gleichnamigen Königstochter von Athen, die in der Sage in eine Nachtigall verwandelt wurde)

Philosemit *m.* (*gr.*) Freund der Juden, Gegner des Antisemitismus, Eigw. **philosemitisch**; **Philosemitismus** *m.* (*gr.*) Bewegung des 17. und 18. Jhs. für Toleranz gegenüber der jüdischen Bevölkerung

Philosoph *m.* (*gr.*) 1. Denker, jmd. der nach der Erkenntnis des Wesens und Zusammenhangs aller Dinge strebt; 2. Fachvertreter der philosophischen Disziplinen; **Philosophem** *s.* philosoph. Behauptung oder Lehrsatz; **Philosophie** *w.* 1. Denken, das auf die Ergründung der Zusammenhänge hinter den Erscheinungen gerichtet ist; 2. Gesamtheit der philosophischen Disziplinen und Schulen; **Philosophikum** *s.* (*gr.-lat.*) Teil der Staatsprüfung für Lehramtskandidaten; **philosophieren** Philosophie betreiben, nachdenken; **philosophisch** 1. denkerisch, die Philosophie betreffend; 2. nachdenklich, grüblerisch

Phimose *w.* (*gr.*) Vorhautverengung des Penis

Phiole *w.* (*gr.-lat.*) kugelige Flasche mit langem Hals

Phlebitis *w.* (*gr.*) Venenentzündung
Phlegma *s.* (*gr.*) Trägheit, Leidenschaftslosigkeit, Gleichgültigkeit; **Phlegmatiker** *m.* Mensch von geistig trägem, schwer erregbarem Temperament; **phlegmatisch** träge, schwerfällig, unerschütterlich
Phlegmone *w.* (*gr.*) Zellgewebsentzündung
Phlox *m.* (*gr.*) prächtig flammende Zierpflanze, Gattung der Sperrkrautgewächse
Phobie *w.* (*gr.*) zwanghafte Angst, krankhafte Befürchtung, Erwartungs- und Situationsangst
Phon, Fon *s.* (*gr.*) alte Maßeinheit für Lautstärke; **Phon-, phon-,** als Wortteil: Ton, Stimme; **Phonasthenie** *w.* Stimmschwäche, Stimmversagen
Phonem *s.* (*gr.*) die kleinste bedeutungsscheidende sprachliche Einheit
Phonetik *w.* (*gr.*) Teilgebiet der Sprachwissenschaft, das die Vorgänge in der mündlichen Kommunikation untersucht, im engeren Sinne: Lautlehre; **phonetisch** die Phonetik betreffend, lautmäßig
Phönix *m.* (*gr.*) 1. mytholog. Vogel, der sich selbst verbrennt und aus der Asche zu neuem Leben ersteht, von der frühchristlichen Theologie zum Sinnbild der Auferstehung Christi umgedeutet; 2. Sternbild des südlichen Himmels
Phonograph *m.* (*gr.*) historisches Tonaufnahmegerät, Vorläufer des Grammophons; **Phonola** *s.* mechanisches Klavier; **Phonologie** *w.* Wissenschaft von der Bedeutung der Laute für die Wörter; **Phonometer** *s.* Messapparat zur Prüfung der Lautstärke und des Hörvermögens
Phosgen *s.* (*gr.*) Giftgas aus Chlor und Kohlenoxyd, Grünkreuz
Phosphat *s.* (*gr.*) Salz der Phosphorsäure
Phosphor *m.* (*gr.*) chem. Element, ein Nichtmetall; **Phosphoreszenz** *w.* Nachleuchten (nach Belichtung), Eigw. **phosphoreszieren**
Phot *s.* (*gr.*) Maßeinheit für Lichtausstrahlung
Photo = Foto
Photo-, photo- (*gr.*) als Vorsilbe: Licht
Photochemie *w.* (*gr.*) Lehre von den chemischen Reaktionen des Lichtes, Eigw. **photochemisch; Photoelektrizität** *w.* durch Licht erzeugte Elektrizität
Photograph = Fotograf
Photogravüre = Heliogravüre
Photokinese *w.* (*gr.*) durch Licht hervorgerufene Bewegung (von Organismen)
Photomaton *s.* (*gr.*) selbsttätiger Lichtbildapparat, der entwickelte Bilder, vor allem Passbilder, liefert
Photometer *s.* (*gr.*) Gerät, das durch den Vergleich zweier Lichtquellen die Lichtstärke misst; **Photometrie** *w.* Lichtmessung, Lichtstärkemessung
Photon *s.* (*gr.*) Lichtteilchen, Lichtquant
photostabil (*gr.-lat.*) lichtbeständig, lichtecht
Photosynthese *w.* (*gr.*) Umwandlung der Luftkohlensäure in Stärke und Zucker durch das Blattgrün der Pflanze mit Hilfe des Lichtes
Phototherapie *w.* (*gr.*) Heilbehandlung mit Licht
Phototypie *w.* (*gr.*) Lichtbilddruck
Photozelle *w.* (*gr.*) Gerät zur Umwandlung von Licht in elektrische Energie
Phrase *w.* (*gr.*) 1. Redewendung, Syntagma; 2. bloße Redensart, abgegriffene, inhaltsleere sprachliche Wendung; 3. kleine musikalische Einheit, Tonfigur; **Phraseologie** *w.* 1. Sammlung der einer Sprache eigentümlichen Redewendungen; 2. die Redewendungen einer Fachsprache; **phraseologisch** spracheigentümlich; **Phraseur** *m.* (-sör) Phrasendrescher; **phrasieren** ein Tonstück durch Phrasierungszeichen gliedern
Phrenesie *w.* (*gr.-lat.*) Wahnsinn, Eigw. **phrenetisch**
phrygische Mütze Jakobinermütze, Freiheitssymbol der Französischen Revolution; **phrygische Tonart** eine mittelalterliche Kirchentonleiter (nach der kleinasiatischen Landschaft Phrygien)
Phthise, Phthisis *w.* (*gr.*) Lungentuberkulose; **phthisisch, phthitisch** schwindsüchtig
Phyllis *w.* (*gr.*) Schäferin der griechischen Sage
Phyllobiologie *w.* (*gr.*) Lehre von den Blättern; **Phyllokaktus** *m.* Blätterkaktus
Phylophagen *Mz.* (*gr.*) Pflanzenfresser

Phylogenese *w.* (*gr.*) Stammesentwicklung (einer Art), Eigw. **phylogenetisch**
Physik *w.* (*gr.*) Zweig der Naturwissenschaft, der sich mit den Vorgängen in der unbelebten Natur, der Strahlung und den Kraftfeldern befasst, Eigw. **physikalisch**; **Physiker** *m.* Wissenschaftler auf dem Gebiet der Physik; **Physikum** *s.* medizinische Vorprüfung; **Physikus** *m.* alte Bezeichnung für Kreisarzt
Physiognomie *w.* (*gr.*) Erscheinungsbild, speziell der Gesichtsausdruck bei Menschen und Tieren, Eigw. **physiognomisch**
Physiokraten *Mz.* (*gr.*) Anhänger der **Physiokratie** (*w.*), einer Volkswirtschaftslehre des 18. Jahrhunderts, die den Boden als einzige Quelle des nationalen Reichtums ansah, Eigw. **physiokratisch**
Physiologe *m.* (*gr.*) Wissenschaftler auf dem Gebiet der Physiologie; **Physiologie** *w.* Wissenschaft von den normalen Lebensvorgängen und Funktionen des menschlichen Körpers; **physiologisch** die Physiologie betreffend
Physis *w.* (*gr.*) 1. Körperlichkeit, körperliche Beschaffenheit eines Lebewesens; 2. Natur, das Erfahrbare (im Ggs. zum Unerfahrbaren der Metaphysik); **physisch** 1. körperlich; 2. in der Natur begründet
Phytopathologie *w.* (*gr.*) Wissenschaft von den Pflanzenkrankheiten
Pi (*gr.*) 1. sechzehnter Buchstabe des griechischen Alphabets, Π, π; 2. Zahl für das Verhältnis von Kreisumfang zu Kreisdurchmesser
piacevole (pjatschewole, *itl.*) Musik: lieblich, leicht
Piaffe *w.* (*frz.*) Trab auf der Stelle in der hohen Schule
piangendo (pjandschendo, *itl.*) Musik: klagend
Pianist *m.* (*itl.*) Klavierspieler; **pianissimo** Musik: sehr leise; **piano** leise; **Piano** *s.* Klavier; **Pianola** *s.* mechanisches Klavier
Piaster *m.* (*türk.*) Währungseinheit in Ägypten, Syrien, im Libanon und im Sudan
Piazza *w.* (*itl.*) Platz, Marktplatz; **Piazzetta** *w.* kleiner Platz
Picadores *Mz.* (*span.*) berittene Stierkämpfer mit Lanze
Picaro *m.* (*span.*) span. Bez. für Schelm; Held des Schelmenromans
Picciolini *Mz.* (pitscholini, *itl.*) eingemachte Oliven; **Piccolo** = Pikkolo
Pickles = Mixed Pickles
Picknick *s.* (*engl.-frz.*) Mahlzeit im Freien, Ztw. **picknicken**
picobello (*itl.*) piekfein, wie aus dem Ei gepellt, ohne Fehler
Picot *s.* (piko, *frz.*) Zäckchen zum Abschluss von Häkel- und anderen Spitzen
PID = Präimplantationsdiagnostik
Pidgin-Englisch (pidschin-, *engl.*) Mischsprache aus vereinfachtem Englisch und anderen, bes. ostasiatischen Sprachen
Pie *m.* (pei, *engl.*) Pastete
Piece *w.* (pjäß, *frz.*) Tonstück, Nummer
Piedestal *s.* (pi'e-, *frz.*) 1. Sockel für Statuen, Kunstgegenstände; 2. Gestell für Zirkusnummern mit Tieren
pieno (pjeno, *itl.*) Musik: stark, voll
Pier *m.* (*engl.*) Landungsstelle, Mole
Piercing *s.* (*engl.*) das Durchbohren od. Durchstechen von Lippen, Nase, Zunge o. Ä., um Schmuck zu befestigen
Pierrette *w.* (pjerett, *frz.*) weibliche Lustspielfigur in der französ. Komödie; **Pierrot** *m.* (pjero) komische Figur des französ. Theaters, Hanswurst
Pieta *w.* (pi'eta, *itl.*) bildliche Darstellung Marias mit dem toten Christus im Schoß; **Pietät** *w.* (pi'e-, *lat.*) Ehrfurcht vor den Toten, rücksichtsvolle Anteilnahme gegenüber Hinterbliebenen; **Pietismus** *m.* religiöse Bewegung im Protestantismus des 17. Jhs. zur Erneuerung von Frömmigkeit und Glauben, Eigw. **pietistisch**; **Pietist** *m.* Anhänger des Pietismus
pietoso (pjetoso, *itl.*), **con pietà** Musik: gefühlvoll
Piezoelektrizität (pi'ezo-, *gr.*) Elektrizitätserzeugung durch Druck bei manchen Kristallen; Messgerät für die Zusammendrückbarkeit von Flüssigkeiten
Pigeon-Englisch = Pidgin-Englisch
Pigment *s.* (*lat.*) 1. in den Zellen abgelagerter Farbstoff der Haut; 2. feinstverteilter Farbstoff in Bindemitteln; **Pigmentation, Pigmentierung** *w.* Bildung und

Einlagerung von Hautfarbstoff; 2. das Färben mit Pigmenten; **pigmentieren** mit Pigment färben

Pik *m.* (*frz.*) 1. Bergspitze; 2. Abneigung, Groll; **Pik** *s.* Schippe (Spielkarte); **Pikade** *w.* (*span.*) in das südamerik. Urwalddickicht gehauener Pfad; **pikant** 1. kräftig gewürzt; 2. anzüglich, zweideutig; **Pikanterie** *w.* Zweideutigkeit, pikante Bemerkung

Pikador = Picadores

pikaresk, pikarisch (*span.*) nach Art des Picaro, spitzbübisch

Pike *w.* (*frz.*) Stoßwaffe des Landknechts; **von der Pike auf** von Grund auf

Pikee *m.* (*frz.*) gerippter oder gepresst wirkender Baumwollstoff; **Pikett** *s.* 1. Kartenspiel für zwei Personen; 2. kleine Truppenabteilung, Feldwache

pikieren (*frz.*) 1. junge Samenpflanzen vertopfen, auspflanzen; 2. Stoffe zusammennähen, ohne dass der Stich zu sehen ist; **pikiert** gekränkt, verärgert, verschnupft

Pikkolo *m.* (*itl.*) 1. Kellnerlehrling; 2. (*Wz.*) kleine Sektflasche; **Pikkoloflöte** *w.* kleine, schrille Querflöte

Pikör *m.* (*frz.*) Vorreiter bei der Parforcejagd

Pikot = Picot

Piktogramm *s.* (*lat.-gr.*) international verständliches Bildsymbol (z. B. Totenkopf für Gift); **Piktographie** *w.* Bilderschrift

Pilaw *s.* (*türk.*) orientalisches Gericht aus Reis mit Hammel- oder Hühnerfleisch

Pilaster *m.* (*itl.*) Wandpfeiler

Pile *s.* (peil, *engl.*) Atombrenner, Reaktor

Pilot *m.* (*frz.*) 1. Flugzeugführer; 2. Lotsenfisch; **Pilotballon** *m.* unbemannter kleiner Versuchsballon; **Pilotfilm** *m.* einer Fernsehserie vorausgehender Film, der das Zuschauerinteresse testet; **Pilotprojekt** *s.* Versuchsobjekt als Test für ein geplantes Projekt; **Pilotstudie** *w.* vorbereitende, abklärende Untersuchung; **Pilotton** *m.* zusätzlicher Ton, der am Empfangsort die Decodierung der Gesamtheit der Signale bewirkt (Nachrichtentechnik)

Piment *s.* (*lat.*) Nelkenpfeffer (Gewürz)

Pimpernell = Bibernelle

Pin *m.* (*engl.*) 1. Stecknadel; 2. Stift, der ein elektronisches Bauelement mit der Leiterplatte verbindet

PIN (aus *engl. p*ersonal *i*dentification *n*umber) Geheimnummer des Benutzers bei Geldautomaten u. a.

Pinakothek *w.* (*gr.*) Gemäldesammlung; **Pinax** *m.* (*gr.*) Holz- oder Steintafel in der Antike

Pincenez *s.* (pängßneh, *frz.*) Sehhilfe als Klemmer, Kneifer

Pineapple (peinäppel, *engl.*) engl. Bez. für Ananas

Pingpong *s.* (*engl.*) Tischtennis

Pinguin *m.* (*walis.*) flugunfähiger Tauchvogel der südlichen Halbkugel

Pinie *w.* (-ni'e, *lat.*) Kiefer der Mittelmeerländer mit wohlschmeckendem Samen

pink (*engl.*) kräftig rosa

Pinnwand *w.* (*engl.-dt.*) Kork- oder Plastiktafel, auf der man Zettel u. a. befestigen kann

Pint *s.* (peint, *engl.*) engl. und amerikan. Flüssigkeitsmaß, etwa ein halber Liter

Pin-up-Girl *s.* (pinapgörl, *engl.*) 1. Foto einer attraktiven jungen Frau auf der Titelseite von Magazinen, das sich die amerikan. Soldaten im Zweiten Weltkrieg an ihre Spindwand hefteten; 2. Frauentypus, der diesen Bildern entspricht

pinx. Abk. von **pinxit** (*lat.*) auf Bildern neben dem Namen des Malers: hat gemalt

Pinzette *w.* (*frz.*) kleine Greifzange, Federzange

Piombi *Mz.* (pjombi, *itl.*) Bleikammern, die Kerker im Dogenpalast von Venedig

Pionen *Mz.* (*gr.*) Elementarteilchen, zu den Mesonen gehörig

Pionier *m.* (*frz.*) 1. Soldat der technischen Heeresgruppe; 2. Bahnbrecher, Wegbereiter, Vorkämpfer; 3. Mitglied der Kinderorganisation der Freien Deutschen Jugend in der ehemal. DDR

Pipeline *w.* (peiplein, *engl.*) Rohrleitung für Erdöl, Gas u. a.

Pipette *w.* (*frz.*) Ansaugröhrchen aus Glas

Pique = Pik

Piranha *m.* (piranja, *Tupí*) gefährlicher, in karibischen Flüssen lebender Fisch aus der Familie der Fleisch fressenden Sägesalmler

Pirat *m.* (*gr.-lat.*) Seeräuber, Freibeuter; **Piraterie** *w.* Seeräuberei
Pirogen, Piroggen *Mz.* (*russ.*) Pasteten mit Füllung von Kohl, Fleisch u. a.
Pirouette *w.* (piruette, *frz.*) rasche, wirbelnde Drehung um die eigene Körperachse, Ztw. **pirouettieren**
PISA *o. Art.* (aus *engl. P*rogram for *I*nternational *S*tudent *A*ssessment) i. J. 2000 erstmals durchgeführte internationale Schulleistungsstudie der OECD mit dem Schwerpunkt «Lesekompetenz»
Pisang *m.* (*malai.*) malai. Bez. für Banane; **Pisangfresser** *m.* tropischer, blau schimmernder Waldvogel, Bananenfresser
Pissoir *s.* (pissoah, *frz.*) Bedürfnisanstalt für Männer
Pistazie *w.* (-zi'e, *pers.-gr.*) mittelmeerländischer Strauch mit nussartigen Früchten
Piste *w.* (*frz.*) 1. erhöhter Rand der Manege im Zirkus; 2. Rennbahn, Rollbahn, Abfahrtsbahn; 3. Wüstenweg; 4. Vergnügungsmeile (umg.)
Pistill *s.* (*lat.*) 1. Mörserkeule; 2. Stempel der Blüte
Pistole *w.* (*frz.*) 1. kleine Handfeuerwaffe; 2. alte spanische Goldmünze
Piston *s.* (pistong, *frz.*) 1. Pumpenkolben; 2. Ventil an Blasinstrumenten
Pita *w.* (*span.*) Agavenfaser, Nutzfaser
Pita *w.* (*neugr.*) griechisches Fladenbrot
Pitaval *m.* Sammlung berühmter Rechtsfälle (nach der ersten Sammlung des französ. Rechtsgelehrten Pitaval im 18. Jh.)
Pitchpine *s.* (pitschpein, *engl.*) amerikanische Pechkiefer, Nutzholz
Pithekanthropus *m.* (*gr.*) Urmensch, Affenmensch (in China und auf Java gefunden); **pithekoid** affenähnlich
pitoyabel (pitoajabl, *frz.*) beklagenswert, erbärmlich
pittoresk (*itl.*) malerisch
Pittura metafisica *w.* (*itl.*) von de Chirico und Morandi um 1920 begründete Richtung der modernen italien. Malerei, die den Surrealismus beeinflusste
più (pju, *itl.*) Musik: mehr; **più forte** stärker
Pixel (aus *engl. pi*cture *el*ement) kleinstes Rasterelement bei der digitalen Bilddarstellung (EDV)
Pizza *w.* (*itl.*) meist runde Hefeteigscheibe, die mit Käse und beliebigen anderen Zutaten belegt und im Ofen gebacken wird; **Pizzeria** *w.* Gaststätte für italien. Speisen
pizzicato (*itl.*) mit den Fingern gezupft (Anweisung für Streichinstrumente)
Placebo *s.* (*lat.*) Scheinmedizin, die für vergleichende Testzwecke einer Gruppe von Testpersonen verabreicht wird
Placenta = Plazenta
Placet = Plazet
placieren = platzieren
plädieren (*frz.*) ein Plädoyer halten, für etwas oder jmdn. eintreten; **Plädoyer** *s.* (plädoajeh) 1. Anklage- bzw. Verteidigungsrede im Strafprozess; 2. engagiertes Eintreten für jmdn. oder etwas
Plafond *m.* (plafong, *frz.*) 1. Zimmerdecke; 2. oberste Kreditgrenze
Plagiat *s.* (*lat.-frz.*) unrechtmäßige Nachahmung, geistiger Diebstahl; **Plagiator** *m.* jmd., der plagiiert; **plagiieren** ein Plagiat herstellen
Plaid *s.* (plehd, *schott.*) karierte Wolldecke, Reisedecke
Plakat *s.* (*frz.*) Werbebild zum Anschlagen oder Aushängen; **plakatieren** öffentlich anschlagen, Hptw. **Plakatierung** *w.*; **plakativ** 1. in der Art eines Plakats, effektvoll, poppig; 2. vereinfachend
Plakette *w.* (*frz.*) 1. Gedenkmünze, Gedenkplatte; 2. Ansteckplättchen mit Bild oder Text
plan (*lat.*) eben, flach; **planieren** einebnen, glätten, Hptw. **Planierung** *w.*; **plankonkav** mit einer ebenen und einer hohlen Seite; **plankonvex** mit einer ebenen und einer gewölbten Seite (von Linsen)
Planet *m.* (*gr.*) Himmelskörper, der sich auf einer elliptischen Bahn um die ihn beleuchtende Sonne bewegt, Wandelstern, Eigw. **planetarisch**; **Planetarium** *s.* Gebäude und Konstruktionsvorrichtung für die Darstellung des Sternenhimmels; **Planetoid** *m.* kleiner Planet
Plani-, plani- (*lat.*) als Vorsilbe: eben, flach
planieren = plan
Planimeter *s.* (*lat.-gr.*) Gerät zum Messen des Flächeninhalts ebener Körper; **Planimetrie** *w.* Geometrie der Ebene; **Plani-**

sphäre *w.* Karte, die die gesamte Oberfläche der Erde darstellt
plankonkav, plankonvex = plan
Plankton *s.* (*gr.*) Gesamtheit der im Wasser treibenden Kleinlebewelt ohne Eigenbewegung
plano (*lat.*) glatt, ungefalzt
planparallel (*lat.-gr.*) in parallelen Ebenen angeordnet
Planquadrat *s.* (*lat.*) durch parallele Längs- und Querlinien gebildetes Quadrat (z. B. auf Landkarten)
Plantage *w.* (-tasche, *frz.*) große landwirtschaftliche Pflanzung, bes. in tropischen Gebieten
Plaque *w.* (plack, *frz.*) Zahnbelag
Pläsier *s.* (*frz.*) Vergnügen
Plasma *s.* (*gr.*) 1. Blutflüssigkeit ohne Blutkörperchen, Blutplasma; 2. Protoplasma; 3. Chalzedonart, grüner Schmuckstein; 4. ionisiertes heißes Gas (z. B. interstellares Gas); **Plasmaphysik** *w.* Teilgebiet der Physik, das sich mit Eigenschaften und Anwendungen ionisierter Gase beschäftigt
Plasmochin *s.* (*Wz.*) Malariapharmazeutikum; **Plasmodium** (*gr.-lat.*) 1. Protoplast; 2. einzelliger Blutschmarotzer, Malariaerreger
Plastics *Mz.* (pläßtiks, *engl.*) engl. Bez. für Kunststoffe; **Plastik** *s.* Kunststoff
Plastik *w.* (*gr.-lat.-frz.*) 1. Bildhauerkunst und einzelnes Kunstwerk; 2. operative Ersetzung von Gewebe oder Organen, plastische Chirurgie; **Plastiker** *m.* Bildhauer; **Plastilin** *s.* Knetmasse zum Modellieren; **plastisch** 1. die Bildhauerei betreffend; 2. körperhaft, räumlich hervortretend; 3. anschaulich; 4. knetbar, formbar; **Plastizität** *w.* Anschaulichkeit, Bildhaftigkeit, Körperhaftigkeit; 2. Formbarkeit (von Material)
Plastron *s.* (plastrong, *frz.*) 1. Schutzpolster des Fechters; 2. Stoßkissen zum Üben der Treffsicherheit; 3. Bauchpanzer der Schildkröte
Platane *w.* (*lat.*) Laubbaum mit geflecktem Stamm
Plateau *s.* (plato, *frz.*) Hochebene
Platin, Platin *s.* (*span.*) chem. Element, ein Edelmetall; **platinieren** mit Platin überziehen
Platine *w.* (*frz.*) 1. Hakengerät an Wirk- und Webmaschinen; 2. Walzerzeugnis, aus dem Bleche hergestellt werden; 3. Leiterplatte in der Elektronik
Platitude *w.* (-tüd, *frz.*) Plattheit, Binsenwahrheit
Platoniker *m.* (*gr.*) Vertreter der Lehre des griechischen Philosophen Plato; **platonisch** 1. zur Philosophie Platons gehörend; 2. rein geistig, nicht sinnlich
plattieren 1. unedles Metall mit edlem überziehen; 2. Fasern umspinnen (z. B. Baumwolle mit Seide), Hptw. **Plattierung**
Plattitüde = Platitude
platzieren (*lat.*) 1. an den rechten Platz anweisen; 2. einen Wurf oder Schlag gut gezielt anbringen; 3. Kapitalien unterbringen; **sich platzieren** einen guten Platz erringen; **platziert** 1. gut gezielt; 2. auf der Siegerliste; **Platzierung** *w.* 1. das Platzieren; 2. Platz in einer Rangfolge
plausibel (*lat.*) einleuchtend, klar, verständlich
Playback *s.* (plehbäck, *engl.*) 1. nachträgliche Abstimmung des Bildstreifens mit der Tonaufnahme bei Filmen und Fernsehen; 2. das Einspielen bereits vorher aufgenommener Musik- oder Sprechstücke
Playboy *m.* (plehbeu, *engl.*) ansehnlicher junger Mann, der reich genug ist, um sorgenfrei seinen Vergnügungen nachzugehen; **Playgirl** *s.* (-görl) das weibliche Pendant zum Playboy; **Playmate** *s.* (-meht) Vergnügungsgefährtin von Playboys
Plazenta *w.* (*lat.*) Mutterkuchen, Nachgeburt bei Menschen und Tieren
Plazet *s.* (*lat.*) Zustimmung, Erlaubnis
plazieren = platzieren
Plebejer *m.* (*lat.*) 1. Volksteil mit geringen Rechten im alten Rom; 2. ungehobelter Mensch, Eigw. **plebejisch**; **Plebiszit** *s.* Volksentscheid; **Plebs** *w.* Pöbel, Gesindel
Plegie *w.* (*gr.*) Lähmung (von Muskeln oder Körperteilen)
Pleinair *s.* (plänähr, *frz.*) Freiluftmalerei und -bildhauerei
Pleinpouvoir *s.* (plängpuvoar, *frz.*) unbeschränkte Vollmacht
Pleistozän *s.* (*gr.*) Diluvium, erdgeschichtliche Epoche vor der Jetztzeit

pleite (*hebr.*) zahlungsunfähig, bankrott; **Pleite** *w.* Bankrott
Plejaden *Mz.* Siebengestirn, ein Sternbild (nach den sieben Töchtern des Atlas und der Pleïone, die Zeus an den Himmel versetzte)
Plektron *s.*, **Plektrum** *s.* (*gr.*) Plättchen zum Schlagen von Zupfinstrumenten
Plenum *s.* (*lat.*) Vollversammlung eines Gremiums, bes. des Parlaments
Pleonasmus *m.* (*gr.*) redundante Doppelbezeichnung (z. B. alter Greis), Eigw. **pleonastisch**; **Pleonexie** *w.* Unersättlichkeit
Pleura *w.* (*gr.*) Rippenfell, Brustfell; **Pleuritis** *w.* Rippenfellentzündung; **Pleuropneumonie** *w.* Lungen- und Rippenfellentzündung
Pleureuse *w.* (plörös, *frz.*) 1. Straußenfedern als Hutschmuck; 2. Trauerbesatz, Trauerrand
Plexiglas *s.* (*Wz.*) splittersicheres Glas aus Kunstharz; **Plexus** *m.* (*lat.*) Nerven- und Gefäßsystem
Pli *m.* (*frz.*) Schliff, feines Benehmen, Gewandtheit
Plinse *w.* (*russ.*) Eierkuchen
Plinthe *w.* (*gr.*) 1. rechteckiger Sockel unter Säulen; 2. Säulenmauer
Pliozän *s.* (*gr.*) letzte Stufe des Tertiärs
Plissee *s.* (*frz.*) Pressfalten, Pressfaltengewebe; **plissieren** Plissee legen, fälteln
Plombe *w.* (*lat.*) 1. Zahnfüllung, Hohlraumfüllung; 2. Bleisiegel; **plombieren** 1. Zahn füllen; 2. mit Plombe versiegeln
Plot *m.* oder *s.* (*engl.*) Handlungsschema eines Romans, Films o. Ä.; **plotten** mit dem Plotter zeichnen; **Plotter** *m.* automatisches Zeichengerät, heute bes. als Zusatzgerät zu Computern
Plumbum *s.* (*lat.*) Blei, chem. Element, ein Schwermetall (Zeichen: Pb)
Plumeau *s.* (plümoh, *frz.*) Federbett
Plumpudding *m.* (plam-, *engl.*) englischer Weihnachtspudding
Plunger, Plunscher *m.* (plandscher, *engl.*) langer Kolbenkörper
Plural *m.* (*lat.*) Sprachlehre: Mehrzahl, Eigw. **pluralisch**; **Pluraletantum** *s.* nur als Mehrzahl existierendes Hauptwort (z. B. Leute); **Pluralis maiestatis** *m.* Sprechen von sich im Plural (z. B. bei Herrschern); **Pluralismus** *m.* 1. philos. Auffassung, nach der die Wirklichkeit aus einer Vielheit von Bereichen besteht, die sich nicht aufeinander zurückführen lassen; 2. das Nebeneinanderbestehen verschiedener gesellschaftlicher Gruppen mit unterschiedlichen Normen und (politischen) Anschauungen, Eigw. **pluralistisch**; **Pluralist** *m.* Vertreter des Pluralismus; **Pluralität** *w.* Vielheit
plus (*lat.*) 1. zuzüglich; 2. über dem Gefrierpunkt; **Plus** *s.* 1. Überschuss, Gewinn; 2. Vorzug, Vorteil
Plüsch *m.* (*frz.*) hochfloriger, samtähnlicher Stoff
Plusquamperfekt *s.* (*lat.*) Sprachlehre: vollendete Vergangenheit
Pluto, Pluton *m.* (*gr.*) 1. Gott des Reichtums, später der Unterwelt; 2. Tiefengestein (z. B. Granit); 3. der erd- und sonnenfernste Planet unseres Sonnensystems; **plutonisch** unterweltlich, aus dem Erdinnern
Plutokrat *m.* (*gr.*) jmd., der durch sein Vermögen politisch mächtig ist; **Plutokratie** *w.* Herrschaftsform, in der Besitz und Vermögen die politische Vormachtstellung begründen, Eigw. **plutokratisch**
Plutonium *s.* (*gr.-lat.*) chem. Element, ein Transuran
Pluviale *s.* (*lat.*) 1. Krönungsmantel von Königen oder Kaisern; 2. Teil des Priesterornats; **Pluvialzeit** *w.* der Eiszeit entsprechende Zeit in heute subtropischen Ländern; **Pluviograph** *m.* Niederschlagsregistriergerät; **Pluviometer** *s.* Niederschlagsmessgerät; **Pluviose** *m.* (plüwios, *frz.*) der fünfte Monat im Kalender der Französischen Revolution (20. Januar bis 18. Februar)
p. m. = 1. pro mille; 2. post meridiem; 3. pro memoria
Pneu *m.* 1. (pnöh, *frz.*) Luftreifen; 2. = Pneumothorax
Pneuma *s.* (*gr.*) 1. Hauch, Atem, Lebenskraft (in der stoischen Philosophie); 2. göttlicher Geist (in verschiedenen religionsphilosoph. Auslegungen); **Pneumatik** *w.* 1. philosophische Lehre vom Pneuma; 2. Teilgebiet der Mechanik, das sich mit den Wirkungsmöglichkeiten der Gase be-

fasst; **pneumatisch** 1. geistig, vom Geist Gottes durchdrungen; 2. mit Luft gefüllt; 3. die Luft, das Atmen betreffend; **Pneumatochord** *s.* Windharfe, Äolsharfe; **Pneumatologie** *w.* Geistlehre; 2. Lehre von den Dämonen und Engeln; **Pneumatometer** *s.* Messgerät für den Luftdruck bei der Atmung; **Pneumokokken** *Mz.* Erreger der Lungenentzündung; **Pneumonie** *w.* Lungenentzündung, Eigw. **pneumonisch**; **Pneumothorax** *m.* Luftansammlung im Brustfellraum

pochieren (posch-, *frz.*) Eier in siedendes Wasser aufschlagen

Pochoir *s.* (poschoar, *frz.*) meist kleines Graffito an Hauswänden, für das eine Schablone verwendet wurde

Pocketbook *s.* (pockitbuck, *engl.*) Taschenbuch

poco (*itl.*) Musik: wenig; **poco a poco** nach und nach, allmählich

Podagra *s.* (*gr.*) Fußgicht, Eigw. **podagrisch**

Podest *s.* (*lat.*) 1. Treppenansatz, Tritt; 2. niedriges Podium

Podex *m.* (*lat.*) Hintern, Gesäß (scherzhaft)

Podium *s.* (*gr.-lat.*) bühnenartige Erhöhung in Sälen, Rednertribüne

Poem *s.* (po'em, *gr.*) Gedicht; **Poesie** *w.* 1. Dichtkunst, Dichtung; 2. Stimmungszauber; **Poet** *m.* Dichter (scherzhaft, ironisch); **Poeta doctus** *m.* (– doktus) gelehrter Dichter, Dichtergelehrter; **Poeta laureatus** *m.* lorbeergekrönter Dichter; **Poetaster** *m.* Dichterling; **Poetik** *w.* 1. Theorie der Dichtung; 2. Lehrbuch für Dichtung; **poetisch** dichterisch, bilderreich, stimmungsvoll; **poetologisch** die Poetik betreffend

Pofel = Bafel

Pogrom *s.* (*russ.*) mit Gewalttaten verbundene, staatlicherseits gebilligte Ausschreitungen gegen Juden und andere Minderheiten

Point *m.* (poäng, *frz.*) 1. Stich im Kartenspiel; 2. Auge, Punkt auf dem Würfel; **Point d'Honneur** *m.* (– donnör) Ehrenstandpunkt; **Pointe** *w.* (poängte) die literarische Spitze, der Knalleffekt einer Erzählung oder Darstellung; **Pointer** *m.* (peunter, *engl.*) Vorstehhund, Hühnerhund; **pointieren** (poäng-) betonen, hervorheben; **pointiert** zugespitzt, herausgestellt, hervorgehoben

Pointillismus *m.* (*frz.*) aus dem Impressionismus entwickelte Maltechnik, bei der die Farbe rasterartig in Strichen und Punkten aufgetragen wird, Neoimpressionismus

Pokal *m.* (*itl.*) 1. prunkvoller Becher mit Fuß und Verzierungen; 2. Siegerpokal; 3. Wettbewerb um einen Pokal; **Pokalsystem** *s.* Wettkampfordnung im Sport: Ermittlung der Endsieger aus den Kämpfen der Rundensieger

Poker *s.* (*engl.*) amerik. Kartenglücksspiel; **Pokerface** (-fehß, *engl.*) undurchdringliche Miene; **pokern** 1. Poker spielen; 2. Risiken eingehen, bluffen

Pol *m.* (*lat.*) 1. Drehpunkt, Zielpunkt; 2. Endpunkt der Erdachse, Nord- und Südpol; 3. Anschlussstelle einer elektrischen Stromquelle; 4. Bezugspunkt; **polar** 1. auf die Erdpole bezogen; 2. entgegengesetzt, im Spannungsverhältnis zueinander; **Polarisation** *w.* (*gr.*) 1. Herausbildung von Gegensätzen; 2. gegensätzliches Verhalten (z. B. von chemischen Stoffen); 3. Herstellung von nur einer Schwingungsrichtung (vom Licht); **Polarisator** *m.* Gerät zur Erzeugung polarisierten Lichtes; **polarisieren** 1. sich polarisieren: Gegensätze, Pole herausbilden; 2. Licht in eine Schwingungsrichtung versetzen; **Polarität** *w.* 1. Vorhandensein zweier Pole; 2. Spannungsverhältnis zwischen zwei einander zugeordneten Gegensätzen

Polder *m.* (*niederl.*) Weideflächen hinter Deichen, Koog

Polemik *w.* (*gr.*) 1. literarischer oder wissenschaftlicher Meinungsstreit, Federkrieg; 2. Affront; **polemisch** 1. in der Art einer Polemik, kritisch, streitbar; 2. unsachlich; **polemisieren** 1. einen Meinungsstreit führen; 2. unsachlich werden; **Polemologie** *w.* Konfliktforschung

Polenta *w.* (*itl.*) italien. Gericht aus Maisgrieß

Polente *w.* (*jidd.*) Polizei (umg.)

Police *w.* (políße, *frz.*) Versicherungsurkunde

Polier *m.* (*frz.*) Vorarbeiter, Werkmeister

bei Maurern und Zimmerleuten; **polieren** reiben, glätten, blank machen

Poliklinik *w.* (*gr.*) ambulante Abteilung eines Krankenhauses

Poliomyelitis *w.* (*gr.*) Kinderlähmung

Polis *w.* (*gr.*) altgriechischer Stadtstaat

Politbüro *s.* (*russ.*) Zentralausschuss einer kommunistischen Partei

Politesse *w.* (-teß, *frz.*) Höflichkeit; **Politesse** *w.* (aus *Poli*zei und Hos*tess*) Hilfspolizistin, die den ruhenden Verkehr kontrolliert

Political Correctness *w.* (-kel-, *engl.*) politische Korrektheit, ein in den USA der 1980er-Jahre entstandener Begriff, der die von einer bestimmten gesellschaftlichen Gruppe für richtig gehaltene (politische) Gesinnung bezeichnet

Politik *w.* (*gr.-frz.*) 1. Handeln von Personen und Institutionen, das auf die Durchsetzung bestimmter Ziele in Staat und Gesellschaft gerichtet ist; 2. geschicktes, berechnendes Vorgehen; **Politiker** *m.* in der Politik Tätiger; **Politikum** *s.* Angelegenheit von öffentlichem Interesse; **politisch** 1. die Politik betreffend; 2. staatsmännisch; **politisieren** 1. über Politik sprechen, politische Angelegenheiten erörtern; 2. etwas unter politischen Vorzeichen betrachten; 3. jmdn. politisch bewusst machen; **Politologie** *w.* Politikwissenschaft

Politur *w.* (*lat.*) 1. Glätte, glänzende Oberfläche; 2. Poliermittel

Polizei *w.* (*gr.*) Polizeigewalt und Polizeibehörden; **Polizist** *m.* Angehöriger der Polizei

Polka *w.* (*tschech.*) lebhafter Gesellschaftstanz aus Böhmen

Pollen *m.* (*lat.*) Blütenstaub

Poller *m.* (*niederl.*) Holz- oder Metallpfosten zum Befestigen von Schiffstauen

Pollution *w.* (*lat.*) unwillkürlicher Samenerguss

Pollux *m.* (*gr.*) 1. Stern im Sternbild der Zwillinge; 2. einer der Dioskuren

Polo *s.* (*tibetanisch*) Treibballspiel mit hammerartigen Schlägern zu Pferd; **Polohemd** *s.* kurzärmeliges Trikothemd

Polonaise *w.* (polonäse, *frz.*) festlicher Schreittanz im Dreivierteltakt

Poly-, poly- (*gr.*) als Vorsilbe: viel, oft

Polyamid *s.* (*Wz.*) Kunststoff (z. B. Perlon, Nylon)

Polyandrie *w.* (*gr.*) Ehegemeinschaft einer Frau mit mehreren Männern, Eigw. **polyandrisch**

Polyantha *w.* (*gr.*) Gartenrose von buschigem Wuchs

polychrom (*gr.*) vielfarbig, Hptw. **Polychromie** *w.*

Polyeder *s.* (*gr.*) Vielflächner, durch mehrere Flächen begrenzter Körper; **polyedrisch** vielflächig

Polyester *m.* (*Kunstwort*) chem. Verbindung aus Säuren und Alkoholen, wichtiger Rohstoff für die Herstellung von Kunstfasern und -harzen

polygam (*gr.*) 1. zur Mehrehe veranlagt; 2. in Mehrehe lebend; **Polygamie** *w.* Vielehe, Mehrehe

polygen (*gr.*) durch mehrere Erbfaktoren hervorgerufen

polyglott (*gr.*) vielsprachig; **Polyglotte** *m.* oder *w.* jmd., der mehrere Sprachen spricht; **Polyglotte** *w.* Buch mit mehrsprachigem Text

Polygon *s.* (*gr.*) Vieleck; **polygonal** vieleckig

Polygynie *w.* (*gr.*) Ehegemeinschaft eines Mannes mit mehreren Frauen, Vielweiberei

polymer (*gr.*) vielteilig; **Polymere** *Mz.* Verbindungen aus Großmolekülen; **Polymerie** *w.* 1. Zusammenwirken mehrerer gleichartiger Erbfaktoren; 2. Verbindung aus Molekülketten; **Polymerisation** *w.* chem., auf der Verbindung von Molekülen beruhendes Verfahren zur Erzeugung von Kunststoffen, Ztw. **polymerisieren**

polymorph (*gr.*) vielgestaltig; **Polymorphie** (*w.*), **Polymorphismus** *m.* Vielgestaltigkeit, Verschiedengestaltigkeit

Polyp *m.* (*gr.*) 1. Tintenfisch, achtarmiger Kopffüßler; 2. gutartige kleine Wucherung auf Schleimhäuten; 3. Polizist (umg.)

Polyphage *m.* (*gr.*) Allesfresser (von Tieren)

Polyphonie *w.* (*gr.*) Vielstimmigkeit bei selbständiger Stimmführung; Eigw. **polyphon(isch)**

Polytechnikum *s.* (*gr.*) technische Hochschule

Polytheismus *m.* (-te'i-, *gr.*) Verehrung mehrerer Götter, Eigw. **polytheistisch**

Polytonalität *w.* (*gr.-lat.*) Vieltonart, das Durchführen mehrerer Stimmen in verschiedenen Tonarten

polyvalent (*gr.-lat.*) in mehrerlei Hinsicht wirksam

Polyvinylchlorid *s.* in großen Mengen hergestellter Kunststoff aus polymerisiertem Vinylchlorid (Abk. PVC)

Polyzentrismus *m.* (*gr.-lat.*) 1. Verteilung politischer Herrschaft auf mehrere Machtzentren; 2. Stadt mit mehreren Zentren

Pomade *w.* (*itl.-frz.*) parfümierte Creme zum Frisieren; **pomadisieren** mit Pomade behandeln; **pomadig** 1. langsam, schläfrig; 2. schleimig (vom menschlichen Verhalten)

Pomeranze *w.* (*itl.*) bittere apfelsinenartige Südfrucht, aus der z. B. Orangeat hergestellt wird

Pomme de Terre *w.* (pomm de tär, *frz.*) Kartoffel; **Pommes frites** *Mz.* (– frit) in schwimmendem Fett gebackene Kartoffelstifte

Pomologe *m.* (*lat.*) Fachmann für Obstanbau; **Pomologie** *w.* Obstbaukunde, Eigw. **pomologisch**; **Pomona** *w.* römische Göttin des Obstes

Pomp *m.* (*frz.*) Prunk, Prachtentfaltung; **pompös** prunkhaft, stattlich; **pomposo** (*itl.*) Musik: feierlich

Pompadour *m.* (pongpadur) beutelförmige Damenhandtasche (nach der Marquise de Pompadour, 1721–1764)

Pompon *m.* (pongpong, *frz.*) bauschige Quaste, Bommel

Ponceau (pongßo, *frz.*) scharlachrot

Poncho *m.* (pontscho, *span.*) 1. von den süd- und mittelamerikanischen Indianern als Umhang getragene Decke mit Kopfschlitz; 2. ärmelloser Umhang, bes. für Damen

Pond *s.* (*lat.*) ältere Maßeinheit für die Gewichtskraft (eines Gramms), Zeichen: p

Ponderabilien *Mz.* (-li'e-, *lat.*) kalkulierbare, wägbare, greifbare Dinge

Pongé *m.* (pongscheh, *frz.*) sehr dünnes, naturseidenes Gewebe

Pönitenz *w.* (*lat.*) kirchliche Buße

Ponte *w.* (*lat.*) an einem Drahtseil befestigte breite Fähre

Pontifex *m.* (*lat.*) altrömischer Oberpriester; **Pontifex maximus** 1. oberster Priester im alten Rom; 2. Titel der römischen Kaiser; 3. Titel des Papstes; **Pontifikalamt** *s.* vom Papst oder Bischof zelebrierte Messe; **Pontifikat** *s.* Amtszeit eines Papstes oder Bischofs

Ponton *m.* (pongtong, *frz.*) Brückenboot, Tragteil für Schiffsbrücke

Pony *s.* (*engl.*) kleine Pferderasse; **Pony** *m.* Stirnfransen

Pool *m.* (puhl, *engl.*) 1. Geschäftsgemeinschaft, Gewinnverteilungskartell, Ztw. **poolen**, 2. Swimmingpool; **Poolbillard** *s.* (-billjard) Billard, bei dem die Kugeln in sechs Löcher am Rand des Spieltisches gespielt werden müssen

Pop-, pop- Abk. von (*engl.*) popular (poppjuler), als Vorsilbe: populär, modisch

Popanz *m.* (*tschech.*) 1. Schreckgespenst, Vogelscheuche; 2. vom Willen anderer abhängiger Mensch

Pop Art *w.* (popp aht, *engl.*) Richtung in der modernen Kunst nach 1945, die die Banalität von Konsumgegenständen in plakativen, seriellen Formen zur Darstellung brachte

Popcorn *s.* (*engl.*) Puffmais

Pope *m.* (*russ.-gr.*) Priester der Ostkirche

Popeline *w.* (*frz.*) feiner, ripsartiger Stoff in Leinenbindung

Popmusik *w.* (*engl.*) von Beat und Rock beeinflusste Unterhaltungsmusik

Popper *m.* (*engl.*) gestylter Jugendlicher, der sich bewusst vom Punkstil absetzt; **Poppers** *s.* Rauschmittel, das seine Wirkung durch einzuatmende Dämpfe entfaltet

populär (*lat.*) gemeinverständlich, allgemein bekannt, beliebt; **popularisieren** populär machen, gemeinverständlich darstellen; **Popularität** *w.* Volkstümlichkeit, Beliebtheit; **Population** *w.* 1. Bevölkerung; 2. Artbestand an Tieren und Pflanzen in einem engeren Bereich; 3. Gruppe von Sternen mit gleichen Merkmalen; 4. statistische Untersuchungsklasse

Populismus *m.* (*lat.-frz.*) 1. literarische Bewegung in den 1920er-Jahren, bes. in

Frankreich, mit dem Ziel, das Leben des einfachen Volkes literarisch so darzustellen, dass die Werke im Volk gelesen werden; 2. demagogische, an Ressentiments anknüpfende und diese bewusst für die eigenen Zwecke einsetzende Form der Politik, Eigw. **populistisch**

Porno (*gr.*) Kurzbez. für Pornoheft, Pornofilm usw.; **Pornographie** *w.* (*gr.*) hüllenlose bildliche, literarische oder filmische Darstellung sexueller Vorgänge, Eigw. **pornographisch**

porös (*frz.*) schwammartig, durchlässig, Hptw. **Porosität** *w.*

Porphyr *m.* (*gr.*) vulkanisches Gestein

Porree *m.* (*lat.-frz.*) Lauch

Porridge *s.* (porridsch, *engl.*) dicker Hafergrützbrei

Port *m.* (*lat.*) 1. Hafen; 2. sicherer Ort, Zufluchtsstätte

Porta *w.* (*lat.*) Pforte, Tor; **Portal** *s.* 1. Haupteingang, breite Türöffnung, Prachttor; 2. Eingangsseite einer Website (EDV)

portabel (*lat.*) tragbar; **Portable** *s.* (portebl, *engl.*) tragbarer Fernsehapparat; **portamento** (*itl.*) Musik: gebunden; **portato** getragen, breit

Portefeuille *s.* (portföj, *frz.*) 1. Geschäftsbereich eines Ministers; 2. Wertpapierbestand einer Bank

Portemonnaie *s.* (portmonneh, *frz.*) Geldbörse

Portepée *s.* (*frz.*) Faustriemen mit Quaste an der Seitenwaffe; **am Portepée fassen** bei der Ehre packen

Porter *s.* (*engl.*) dunkles englisches Bier; **Portfolio** *s.* (*itl.*) 1. Bildband; 2. Mappe mit Fotografien oder Graphiken eines oder mehrerer Künstler

Portier *m.* (portjeh, *frz.*) Pförtner; **Portière** *w.* (portjäre) Türvorhang

Portikus *m.* (*lat.*) Säulenhalle

Portion *w.* (*lat.*) Anteil, zubemessene Menge

Porto *s.* (*itl.*) Postgebühr (*Mz.* Porti)

Portrait, Porträt *s.* (porträh, *frz.*) Bildnis; **porträtieren** das Bildnis eines Menschen malen; **Porträtist** *m.* Porträtmaler

Portwein *m.* (*port.*) portugiesischer Süßwein

Porzellan *s.* (*lat.-itl.*) 1. feinste Tonware; 2. Geschirr aus Porzellan; **Porzellanerde** *w.* Kaolin

Posamenten *Mz.* (*frz.*) Besatzartikel (Borten, Litzen, Schnüre usw.); **Posamentierer** *m.* Posamentenhersteller

poschieren = pochieren

Pose *w.* (*frz.*) (gekünstelte) Haltung; **Poseur** *m.* (-sör) Wichtigtuer, jmd., der auf Wirkung bedacht ist; **posieren** eine Pose einnehmen, sich auf Wirkung bedacht benehmen

Poseidon *m.* (*gr.*) Meeresgott der Griechen; **Posidonia** *w.* 1. Meeresgrundpflanze; 2. eine Muschelart

Position *w.* (*lat.*) 1. Stellung, Platz, Lage; 2. Grundstellung der Füße beim Ballett; 3. Stellung eines Gestirns; 4. Standort eines Flugzeugs,' eines Schiffs; 5. Einstellung, Standpunkt, Ausgangspunkt des Denkens, These; 6. Einzelposten in einer Aufstellung; **positionell** stellungsmäßig; **positionieren** in eine Position bringen, einordnen; **Positionslicht** *s.* grünrotweiße Nachtbeleuchtung der Schiffe und Flugzeuge, die die Fahrtrichtung und Lage eines Schiffs angibt

positiv (*lat.*) 1. bejahend, zustimmend, günstig, vorteilhaft; 2. wirklich vorhanden, beweisbar; 3. mehr Protonen als Elektronen aufweisend; 4. größer als null; 5. einen krankhaften Befund anzeigend (im Test); **Positiv** *s.* 1. der fotografische Abzug; 2. Sprachlehre: die Grundform des Eigenschaftsworts; **Positivismus** *m.* 1. philosophische Richtung, die nur beweisbare, erfahrbare Tatsachen als wirklich vorhanden gelten lässt; 2. Gesetzestreue; **Positivist** *m.* Anhänger des Positivismus; **positivistisch** 1. zum Positivismus gehörend; 2. wissenschaftlich flach; **Positron** *s.* (*lat.-gr.*) Elementarteilchen mit elektrisch positiver Ladung (*Mz.* Positronen); **Positur** *w.* auf eine bestimmte Situation und Wirkung abgestellte Stellung, Haltung

Possession *w.* (*lat.*) Besitz; **possessorisch** zum Besitz gehörig; **possessiv** 1. besitzanzeigend; 2. besitzergreifend; **Possessivpronomen** *s.* Sprachlehre: besitzanzeigendes Fürwort

possibel (*frz.*) möglich

Post-, post- (*lat.*) als Vorsilbe: nach, hinter

Postament *s.* (*lat.*) Sockel, Unterbau

post Christum (natum) (*lat.*) nach Christus, nach Christi Geburt (Abk. p. Chr., p. Chr. n.)

Poster *s.* (pohster, *engl.*) dekoratives, plakatartiges Bild

poste restante (post restangt, *frz.*) postlagernd

post factum (*lat.*) hinterher, danach; **post festum** hinterher, zu spät; **postglazial** nacheiszeitlich; **postgraduell** (-du'e-) nach Abschluss eines Studiums

posthum = postum

postieren (*frz.*) aufstellen, aufbauen; **sich postieren** sich zur Beobachtung aufstellen

Postille *w.* (*lat.*) Andachtsbuch, volkstümliche Predigtsammlung für den häuslichen Gebrauch

Postillion, Postillion *m.* (*frz.*) 1. Postkutscher; 2. Schmetterlingsart; **Postillon d'Amour** *m.* (postijong damur) Überbringer von Liebesbriefen (scherzhaft)

post meridiem (– di'em, *lat.*) nach Mittag, nach zwölf Uhr

Postmoderne 1. Architekturstil, der sich in Abkehrung vom Funktionalismus aller architektonischen Stilelemente zitathaft bedient; 2. der durch einen Paradigmenwechsel in Politik, Kultur, Kunst, Wissenschaft und Philosophie gekennzeichnete Zeitabschnitt nach der Moderne

postmortal, post mortem nach dem Tode; **postnatal** nach der Geburt; **postnumerando** hinterher, nach der Leistung (zahlbar)

postoperativ (*lat.*) nach der Operation

Postskript, Postskriptum *s.* (*lat.*) Nachschrift (Abk. PS)

Postulant *m.* (*lat.*) Bewerber (um Aufnahme ins Kloster); **Postulat** *s.* 1. sittliche Forderung; 2. Denkforderung, einsichtige, aber unbewiesene Annahme; 3. Probezeit im Kloster; **postulieren** 1. fordern; 2. als notwendig voraussetzen

postum nach jmds. Tod, nachgeboren, nachgelassen; **Postumus** *m.* Nachgeborener

post urbem conditam (*lat.*) nach Gründung der Stadt Rom (Abk. p. u. c.)

Pot *s.* (*engl.*) Haschisch, Marihuana (umg.); **Pot** *m.* (*engl.*) Summe aller Spieleinsätze, der Topf

Potator *m.* (*lat.*) starker Trinker

Pot au Feu *m.* (pott o fö, *frz.*) Rindfleischsuppe

potemkinsche Dörfer *Mz.* (patjom-, eingedeutscht potem-, *russ.*) Attrappen, Blendwerk, Vorspiegelung

potent (*lat.*) 1. fähig, leistungsfähig; 2. einflussreich, mächtig; 3. zahlungskräftig; 4. fähig zum Geschlechtsverkehr (von Männern); **Potentat** *m.* Machthaber, Herrscher; **potential** = potentiell; **Potential** *s.* 1. Leistungsvermögen; 2. Gesamtheit aller Mittel; **Potentialis** *m.* Sprachlehre: Möglichkeitsform des Zeitworts; **potentiell** (-ti'e-) der Möglichkeit nach vorhanden, denkbar; **Potenz** *w.* 1. Leistungsfähigkeit; 2. Fähigkeit zum Geschlechtsverkehr (von Männern); **potenzieren** 1. steigern, erhöhen, verstärken; 2. in die Potenz erheben (von Zahlen)

Potpourri *s.* (-purri, *frz.*) 1. Zusammenstellung verschiedener Melodien; 2. Allerlei, Gemisch, Vielerlei

Poularde *w.* (pularde, *frz.*) kastriertes, gemästetes Huhn

Poule *w.* (puhl, *frz.*) 1. Spieleinsatz; 2. Art des Billardspiels

Poulet *s.* (pulāh, *frz.*) Masthähnchen

Pound *s.* (paund, *engl.*) engl. Gewichtseinheit (rund 450 g)

Pour le Mérite *m.* (pur le mehrit, *frz.*) von Friedrich dem Großen gestifteter preußischer Kriegsorden, heute nur noch die Friedensklasse der Orden, für künstlerische und wissenschaftliche Leistungen verliehen

Poussage *w.* (pussasch, *frz.*) alte Bez. für Liebelei; **poussieren** anbändeln

Pouvoir *s.* (puwoar, *frz.*) Handlungs-, Verhandlungsvollmacht

power (*frz.*) ärmlich, mickrig

Power *w.* (pauer, *engl.*) Kraft, Durchsetzungsvermögen, Stärke; **powern** etwas engagiert, durchsetzungsfähig betreiben; **Powerplay** *s.* (-pleh) Sturm aller Feldspieler auf das Tor des Gegners im Eishockey; **Powerslide** *s.* (-ßlaid) Technik beim Autorennen, den Wagen mit hoher Geschwindigkeit durch die Kurve zu schwenken

Powidel *s.* (*tschech.*) Pflaumenmus (Österreich)
pp = pianissimo
pp. = perge, perge
ppa. = per procura
PR = Public Relations
Prä *s.* (*lat.*) Vorzug, Vorrang, Vorteil
Prä-, prä- (*lat.*) als Vorsilbe: vor, voraus
Präambel *w.* (*lat.*) 1. feierliche Einleitungsformel zu Gesetzen, Verträgen usw.; 2. Vorspiel in der alten Lauten- und Orgelmusik
Präbende *w.* (*lat.*) kirchl. Pfründe
Prädestination *w.* (*lat.*) 1. nach theologischer Auffassung, bes. des Calvinismus, die göttliche Vorherbestimmung; 2. Geeignetsein für etwas aufgrund bestimmter Fähigkeiten und Voraussetzungen; **prädestinieren** vorherbestimmen; **prädestiniert** ideal geeignet, wie geschaffen
Prädikat *s.* (*lat.*) 1. Sprachlehre: Satzaussage; 2. Beurteilung, Note; 3. Titel, Adelstitel; 4. der die Aussage enthaltende Teil eines logischen Urteils; **prädikativ** aussagend
prädisponieren (*lat.*) vorbereiten, im Voraus festlegen; **Prädisposition** *w.* Anlage, Empfänglichkeit (für Krankheiten)
prädominieren (*lat.*) vorherrschen, überwiegen, Hptw. **Prädomination** *w.*
Praeceptor Germaniae *m.* (prä-, -niä, *lat.*) Lehrmeister Deutschlands, Beiname Melanchthons
Präfekt *m.* (*lat.*) 1. hoher Beamter im antiken Rom; 2. oberster Verwaltungsbeamter eines frz. Departements; 3. kath. Geistlicher mit besonderen Aufgaben; **Präfektur** *w.* Amt, Amtssitz des Präfekten
Präferenz *w.* (*lat.*) Vorrang, Vorrecht, Vergünstigung
präfigieren (*lat.*) mit einer Vorsilbe versehen; **Präfix** *s.* Vorsilbe
Präfiguration *w.* (*lat.*) 1. Urbild; 2. die Zukunft andeutende Darstellung; **präfigurieren** vorausweisen
präformieren (*lat.*) vorbilden (im Keim), Hptw. **Präformation** *w.*
präglazial (*lat.*) voreiszeitlich; **Präglazial** *s.* Erdperiode vor der Eiszeit
Pragmatik *w.* (*gr.*) 1. Sinn für das Praktische, Orientierung auf das Nützliche; 2. Gebiet der Sprachwissenschaft, das sich mit dem Sprachverhalten der Menschen beschäftigt; **Pragmatiker** *m.* 1. Vertreter pragmatischer Auffassungen; 2. jmd., der sich am praktischen Nutzen orientiert; **pragmatisch** 1. sach-, praxis-, anwendungsbezogen, nüchtern-sachlich; 2. das Sprachverhalten betreffend; **pragmatische Erbfolge** *w.* weibliche Erbfolge (wenn kein Sohn da ist); **Pragmatismus** *m.* 1. pragmatische Denkweise; 2. philos. Richtung, die den Wert der Erkenntnis nach ihrer Anwendbarkeit auf das praktische Leben bemisst
Prägnanz *w.* (*lat.*) Schärfe, Knappheit, Genauigkeit des Ausdrucks, Eigw. **prägnant**
Prähistorie *w.* (-ri'e, *lat.*) Vorgeschichte; **prähistorisch** vorgeschichtlich
Prahm *m.* (*tschech.*) breiter Lastkahn mit Verdeck
Prähominiden *Mz.* (*lat.*) Vormenschenformen
Präimplantationsdiagnostik *w.* (*lat.-gr.*) genetisches Testprogramm am (durch künstliche Befruchtung entstandenen) menschlichen Keim, um bei Feststellung von Gendefekten von der Implantation des Embryos in die Gebärmutter abzusehen; in Deutschland (noch) verboten (Abk. PID)
Prairial *m.* (prä-, *frz.*) der neunte Monat im Kalender der Franz. Revolution (20. Mai bis 18. Juni)
Präjudiz *w.* (*lat.*) 1. gerichtliche Vorentscheidung; 2. Vorurteil, vorgefasste Meinung; **präjudizieren** der Entscheidung vorgreifen
Präklusivfrist *w.* (*lat.*) gerichtlich festgelegte Frist, nach deren Ablauf ein Recht nicht mehr geltend gemacht werden kann
Praktik *w.* (*gr.*) 1. Verfahren, Handhabung; 2. Kniff, Trick; **praktikabel** 1. anwendbar, ausführbar; 2. begehbar, benutzbar (von Bühnendekorationselementen), Hptw. **Praktikabilität** *w.*; **Praktikant** *m.* Teilnehmer an einem Praktikum; **Praktiker** *m.* Mann der praktischen Erfahrung; **Praktikum** *s.* praktischer Ausbildungsabschnitt im Studium; **Praktikus** *m.* jmd., der sich immer zu helfen weiß; **praktisch** 1. die Praxis, das Tun, Handeln betreffend;

2. erfahren, geschickt, pfiffig; 3. zweckmäßig, brauchbar; **praktizieren** 1. seinen Beruf aktiv ausüben; 2. Methoden, Techniken, Verfahrensweisen anwenden

Prälat *m.* (*lat.*) höherer Amtsträger der kath. und evang. Kirche

präliminar, präliminär (*lat.*) vorläufig, einleitend; **Präliminarien** (-ri'en) Vorverhandlungen, Einleitung, Vorspiel

Praline *w.* (*frz.*) Schokoladenkonfekt

prälogisch *w.* (*lat.*) vorlogisch, noch ohne Mitwirken des Verstandes

präludieren (*lat.*) Musik: einleitend oder frei gestaltend spielen; **Präludium** *s.* Vorspiel

prämatur (*lat.*) vorzeitig einsetzend (von der Geschlechtsreife); **Prämaturität** *w.* Frühreife

Prämie *w.* (-mi'e, *lat.*) 1. Preis, Belohnung; 2. Versicherungsbeitrag; **prämiieren** preiskrönen, belohnen

Prämisse *w.* (*lat.*) Voraussetzung, Vorausannahme

Prämolaren *Mz.* (*lat.*) die vorderen Backenzähne

prämortal (*lat.*) vor dem Tod

prämundan (*lat.*) vor Entstehung der Welt, vorweltlich

pränatal vorgeburtlich; der Geburt vorausgehend; **Pränataldiagnostik** *w.* (*lat.-gr.*) Testprogramm zur Früherkennung von genetischen Defekten und Entwicklungsstörungen beim Embryo (um ggf. die Schwangerschaft zu unterbrechen)

Pränomen *s.* (*lat.*) Vorname (*Mz.* Pränomina)

pränumerando (*lat.*) im Voraus zahlbar; **Pränumeration** *w.* Vorauszahlung; **pränumerieren** vorauszahlen

Präokkupation *w.* (*lat.*) 1. Vorwegnahme; 2. Voreingenommenheit, Befangenheit; **präokkupieren** befangen machen; **präokkupiert** voreingenommen, Hptw. **Präokkupiertkeit** *w.*

Präparat *s.* (*lat.*) 1. etwas kunstgerecht Zubereitetes oder Konserviertes (z. B. Arzneimittel, Tierkörper); 2. Gewebsschnitt für eine mikroskopische Untersuchung; **Präparation** *w.* Zubereitung, Herstellung von Präparaten; **Präparator** *m.* Hersteller von Präparaten, z. B. Tierbälgen; **präparieren** 1. vorbereiten (z. B. auf eine Prüfung); 2. Präparat anfertigen, konservieren

Präponderanz *w.* (*lat.*) Übergewicht, Vorherrschaft; **präponderieren** vorherrschen, überwiegen

Präposition *w.* (*lat.*) Sprachlehre: Verhältniswort, Eigw. **präpositional**

präpotent (*lat.*) aufdringlich, dreist, Hptw. **Präpotenz** *w.*

Präputium *s.* (*lat.*) Vorhaut des Penis

Präraffaeliten *Mz.* engl. Malergruppe im 19. Jh., die sich inhaltlich und stilistisch an den Vorläufern des Renaissancemalers Raffael orientierte

Prärie *w.* (*frz.*) Grassteppe in Nordamerika

Prärogativ, Prärogative *w.* (*lat.*) Vorrecht eines Herrschers

Präsens *s.* (*lat.*) Sprachlehre: Gegenwartsform des Zeitworts; **präsent** 1. anwesend; 2. verfügbar, gegenwärtig

Präsent *s.* (*frz.*) Geschenk; **präsentabel** ansehnlich, vorzeigbar; **Präsentant** *m.* Vorzeiger (z. B. eines fälligen Wechsels); **Präsentation** *w.* 1. Vorzeigung, Vorlegung; 2. Werbeveranstaltung für neue Produkte; **präsentieren** 1. vorweisen, vorzeigen, vorlegen; 2. sich präsentieren: sich zeigen, vorstellen; 3. mit dem Gewehr eine Ehrenbezeigung ausführen; **auf dem Präsentierteller** für jeden deutlich sichtbar

Präsenz *w.* (*frz.*) Anwesenheit, Gegenwärtigkeit; **Präsenzbibliothek** *w.* Bibliothek, aus der nicht entliehen werden kann

Präser *m.* saloppes Kurzw. für **Präservativ** *s.* (*lat.*) hauchdünner Gummi, der über den Penis gestreift wird, Verhütungsmittel, Kondom

Präses *m.* (*lat.*) Vorsitzender

Präsident *m.* (*lat.*) 1. Vorsitzender einer Körperschaft, Versammlungsleiter; 2. Staatsoberhaupt einer Republik, Eigw. **präsidial**; **präsidieren** den Vorsitz führen; **Präsidium** *s.* 1. Vorstand, Gesamtheit der Vorsitzenden; 2. Vorsitz, Leitung; 3. Amtsgebäude des Polizeipräsidenten

prästabilieren (*lat.*) vorher festsetzen; **prästabilierte Harmonie** *w.* nach Leibniz die höchst sinnreiche, in der Schöpfung festgelegte Harmonie zwischen Individualität und dem nach Naturgesetzen aufgebauten Weltganzen

Präsumtion, Präsumption *w.* (*lat.*) Annahme, Vermutung; **präsumtiv, präsumptiv** mutmaßlich

Prätendent *m.* (*lat.*) Anwärter, jmd., der Ansprüche, z. B. auf einen Thron, erhebt; **prätendieren** 1. beanspruchen; 2. vorgeben, behaupten; **Prätension, Prätention** *w.* 1. Anspruch 2. Anmaßung; **prätentiös** anspruchsvoll, anmaßend

Präteritum *s.* (*lat.*) Sprachlehre: Vergangenheitsform des Zeitworts, Imperfekt

präterpropter (*lat.*) so ungefähr, etwa

Prätor *m.* (*lat.*) hoher Beamter im alten Rom; **Prätorianer** *Mz.* Leibwache des römischen Kaisers; **Prätur** *w.* Amt des Prätors

Prau *w.* (*malai.*) langes Auslegerboot der Malaien

prävalent (*lat.*) überwiegend, vorherrschend; **Prävalenz** *w.* Übergewicht, Vorrang; **prävalieren** vorherrschen, überwiegen

prävenieren (*lat.*) zuvorkommen; **Prävention** *w.* Vorbeugung, Vorbeugemaßnahmen; **präventiv** vorbeugend

Praxis *w.* (*gr.*) 1. Anwendung von etwas in der Wirklichkeit, Ausübung; 2. praktische Erfahrung; 3. Tätigkeit und gewerbliche Räume für die Tätigkeit (z. B. eines Anwalts)

Präzedens *s.* (*lat.*) früheres Beispiel (*Mz.* Präzedenzien [-zi'en]); **Präzedenzfall** *m.* Musterbeispiel, Musterfall

Präzeptor *m.* (*lat.*) Lehrmeister

Präzession *w.* (*lat.*) Verlagerung der Rotationsachse der Erde

Präzipitation *w.* (*lat.*) Bildung eines chem. Niederschlags

präzis, präzise (*lat.*) genau, treffend, haarscharf; **präzisieren** genau ausdrücken; **Präzision** *w.* Genauigkeit

precipitando (pretschi-, *itl.*) Musik: schneller, stark beschleunigend

Predella *w.* (*itl.*) Sockel des Altaraufsatzes

prekär (*frz.*) misslich, heikel, schwierig

Premier, Premierminister *m.* (premjeh-, *frz.*) der erste Minister, Ministerpräsident; **Premiere** *w.* (premjähre) Erstaufführung

premium (*engl.*) von bester Qualität

Prenonym *s.* (*lat.-gr.*) Deckname aus Vornamen (z. B. Peter Alexander aus bürgerlich Peter Alexander Neumayer)

Presbyter *m.* (*gr.*) 1. Vorsteher der jüdischen und urchristlichen Gemeinden; 2. vom Gemeinderat der evang. Kirche gewählter Vertreter, Kirchenältester; 3. kath. Priester; **Presbyterianer** *m.* Angehöriger engl. und amerik. reformierter Kirchen; **Presbyterium** *s.* 1. Gemeindekirchenrat der evang. Kirche; 2. Gesamtheit der kath. Priester einer Diözese; 3. Kollegium der Presbyter; 4. der Hochaltarraum in der Apsis

pressant (*frz.*) eilig, dringlich; **pressieren** eilig sein, keine Zeit haben; **Pression** *w.* Druck, Zwang, Nötigung

Pressuregroup *w.* (preschergrup, *engl.*) Interessenverband, Lobby

Prestidigitateur *m.* (prestidischitatör, *frz.*) Taschenspieler, Zauberkünstler

Prestige *s.* (prestisch, *frz.*) öffentliche Geltung, Ansehen, Wertschätzung

prestissimo (*itl.*) Musik: sehr schnell; **presto** schnell

Prêt-à-porter *s.* (prätaporteh, *frz.*) von einem Modeschöpfer entworfene, dann für die Serienherstellung abgewandelte Kleidung

Pretest *m.* (prih-, *engl.*) Vortest (z. B. eines Fragebogens vor der eigentlichen Befragung)

Pretiosen, Preziosen *Mz.* (*lat.*) Kostbarkeiten, wertvoller Schmuck

Preview *s.* (prihwjuh, *engl.*) Vorpremiere, Vorbesichtigung, Vorschau

Preware *w.* (prihwär, *engl.*) Programme, die kostenlos im Internet angeboten werden

priapeisch (-pe'i-), **priapisch** (*lat.*) obszön (nach dem röm. Fruchtbarkeitsgott Priapus)

Prim, Prime *w.* (*lat.*) 1. vgl. Prime; 2. Morgengebet des Breviers; 3. Fechthieb

prima (*lat.*) erstklassig, sehr gut, ausgezeichnet; **Prima** *w.* die beiden obersten Klassen des Gymnasiums

Primaballerina *w.* (*itl.*) Solotänzerin eines Balletts; **Primadonna** *w.* 1. erste Sängerin einer Opernbühne; 2. anspruchsvoller, verwöhnter Mensch

Primanota *w.* (*itl.*) Grundbuch in der Bankbuchhaltung

primär (*lat.*) 1. anfänglich, ursprünglich; 2. an erster Stelle, grundlegend; **Primäraffekt, Primärinfekt** *m.* erstes Stadium einer Infektionskrankheit; **Primärenergie** *w.* Energie von unverarbeiteten Energieträgern; **Primärliteratur** *w.* (*lat.*) die Werke der Dichter, die Quellen selbst i. Ggs. zur Sekundärliteratur

Primary *w.* (preimeri, *engl.*) Vorwahl im Wahlsystem der USA

Primas *m.* (*lat.*) 1. der erste Bischof des Landes; 2. Vorgeiger einer Zigeunerkapelle

Primat *m.* oder *s.* (*lat.*) 1. Vorrecht, Vorrang 2. Vorrangstellung des Papstes in der kath. Kirche

Primaten *Mz.* (*lat.*) die Affen und Menschen umfassende Klasse der Säugetiere

prima vista (*itl.*) 1. Musik: vom Blatt (zu spielen oder zu singen); 2. bei Sicht (zu zahlen, z. B. von Wechseln)

Primawechsel *m.* (*lat.*) erste Ausfertigung eines Wechsels

Prime *w.* (*lat.*) 1. erste Stufe der diatonischen Tonleiter; 2. erste Seite eines Druckbogens

Primerate *w.* (preimreht, *engl.*) Diskontsatz mit Leitzinsfunktion (für Großbanken); **Primetime** *w.* (-teim) beste Sendezeit im Fernsehen

Primeur *m.* (primör, *frz.*) der erste abgefüllte franz. Rotwein des jeweiligen Jahres

Primgeiger *m.* (*lat.-dt.*) erster Geiger in Streichquartetten

primitiv (*lat.*) 1. urzuständlich, einfach, unentwickelt; 2. roh, unfein; 3. behelfsmäßig, Hptw. **Primitivität** *w.* (-wi-)

Primogenitur *w.* (*lat.*) Erbfolge des Erstgeborenen (in Fürstenhäusern)

primordial (*lat.*) ursprünglich, anfänglich

Primus *m.* (*lat.*) Klassenerster; **primus inter pares** der Erste unter Gleichgestellten

Primzahl *w.* (*lat.*) ganze Zahl, die nur durch die Zahl eins und sich selbst teilbar ist

Prince of Wales *m.* (prinz of wehls, *engl.*) Titel des englischen Thronfolgers

Printed in (-tit-, *engl.*) gedruckt in, Vermerk auf Druckerzeugnissen

Printmedien *Mz.* Gesamtheit der Medien, die Gedrucktes herausbringen

Prinzeps *m.* (*lat.*) Titel röm. Kaiser

Prinzip *s.* (*lat.*) 1. Gesetzmäßigkeit, Schema, nach dem etwas wirkt; 2. Grundsatz, feste Regel, Norm; **Prinzipal** *m.* Geschäftsinhaber; **prinzipaliter** hauptsächlich, grundsätzlich, in erster Linie; **prinzipiell** (-pi'e-) grundsätzlich, im Prinzip

Prior *m.* (*lat.*) Stellvertreter eines Abts; **Priorität** *w.* Vorrang, Vorrangigkeit, Vorrecht; **Prioritäten** *Mz.* Vorzugsaktien

Prise *w.* (*frz.*) 1. Beute im Seekrieg (Schiff, Ladung); 2. kleine Menge, die zwei oder drei Fingerspitzen fassen können

Prisma *s.* (*gr.*) 1. keilförmiger, durchsichtiger, lichtbrechender Körper; 2. Körper, der von zwei parallelen kongruenten Vielecken begrenzt ist; **prismatisch** nach Art eines Prismas

privat (*lat.*) persönlich, nicht öffentlich; **Privatdozent** *m.* nicht fest angestellter Hochschullehrer; **Privatier** *m.* (-tje, *frz.*) Rentner; **privatim** vertraulich, nicht amtlich; **privatisieren** 1. staatliches in privates Eigentum verwandeln; 2. als Rentner leben; 3. sich in die Privatsphäre zurückziehen; **privatissime** streng vertraulich, im engsten Kreise; **Privatissimum** *s.* Vorlesung vor kleinem Hörerkreis, Sondervorlesung; **privatistisch** nur (noch) am eigenen Privatleben interessiert

Privileg, Privilegium *s.* (*lat.*) Sonderrecht, Vorrecht; **privilegieren** mit Vorrechten versehen, bevorzugen; **privilegiert** mit Sonderrechten ausgestattet

Prix *m.* (prih, *frz.*) Preis

pro (*lat.*) für, je; **pro anno** jährlich; **Pro und Contra** *s.* Für und Wider

probabel (*lat.*) wahrscheinlich; **Probabilität** *w.* Wahrscheinlichkeit; **Proband** *m.* Versuchsperson, Testperson; **probat** erprobt, bewährt, tauglich; **Probation** *w.* Bewährung, Nachweis; **probieren** versuchen, ausprobieren, kosten

Problem *s.* (*gr.-frz.*) schwierige Fragestellung, Schwierigkeit, ungelöste Aufgabe; **Problematik** *w.* schwieriger Sachverhalt, Gesamtheit von Problemen; **problematisch** 1. voller Probleme; 2. fraglich, ungewiss; **problematisieren** ein Problem diskutieren

Procedere *s.* (*lat.*) Verfahrensweise
Prodekan *m.* (*gr.*) stellvertretender Dekan
pro die (-di'e, *lat.*) pro Tag, täglich
Prodigium *s.* (*lat.*) Wunderzeichen im altröm. Glauben
pro domo (*lat.*) für sich selbst, zum eigenen Nutzen
Prodrom *s.* (*gr.*) erstes Anzeichen einer Krankheit
Producer *m.* (prodjußer, *engl.*) Hersteller, Produzent in der Unterhaltungsindustrie (z. B. Filmproduzent, Musikproduzent)
Produkt *s.* (*lat.*) Erzeugnis, Ergebnis; **Produktenbörse** *w.* Warenbörse; **Produktion** *w.* 1. Herstellung von Waren und Gütern; 2. Herstellung eines Films, Musiktitels u. Ä.; **produktiv** ergiebig, leistungsstark, schöpferisch; **Produktivität** *w.* Ergiebigkeit, Leistungsfähigkeit, schöpferische Leistung; **Produktplatzierung** *w.* unauffällige, beiläufige Werbung für ein Erzeugnis; **Produzent** *m.* Hersteller, Erzeuger, Producer; **produzieren** herstellen, hervorbringen, anfertigen; **sich produzieren** die Aufmerksamkeit auf sich lenken, sich großtun
profan (*lat.*) 1. für weltliche Zwecke; 2. alltäglich, gewöhnlich; **Profanität** *w.* Weltlichkeit, Alltäglichkeit
Profess *w.* (*lat.*) Ablegung des Ordensgelübdes
Profession *w.* (*lat.*) Beruf, Gewerbe; Professional *m.* (profeschenel, *engl.*) Berufssportler; **professionalisieren** zum Beruf machen; **Professionalität** *w.* selbstverständliche Beherrschung einer Tätigkeit; **professionell** (*lat.*) berufsmäßig, von Berufs wegen, fachmännisch, souverän; **Professor** *m.* Hochschullehrer; **Professur** *w.* Lehrstuhl an der Hochschule; **Profi** *m.* Kurzwort für **Professional** *m.* (-fescheneI, *engl.*) jmd., der etwas selbstverständlich, souverän beherrscht
Profil *s.* (*frz.-ital.*) 1. Seitenansicht; 2. Längs- oder Querschnitt; 3. Riffelung bei Reifen oder Sohlen; 4. ausgeprägte persönliche Eigenart, für jmdn. oder etwas typische Eigenschaft; **profilieren** 1. im Profil, im Querschnitt darstellen; 2. herausarbeiten, betonen; **sich profilieren** seine Fähigkeiten zur Geltung bringen; **profiliert** klar umrissen; geriffelt; markant, charakteristisch; **Profilneurose** *w.* zwanghaftes Sichprofilieren
Profit *m.* (*frz.*) Nutzen, materieller Gewinn; **profitabel** Gewinn bringend, einträglich; **profitieren** Gewinn aus etwas ziehen; **profitorientiert** auf Profit aus
pro forma (*lat.*) nur der Form wegen, zum Schein
Profos, Profoss *m.* (*frz.-niederl.*) Gerichts- und Polizeimeister in den Heeren früherer Jahrhunderte
profund (*lat.*) 1. gründlich, tief schürfend; 2. tief liegend, in tieferen Körperregionen liegend; **profus** sehr stark, übermäßig
Progenitur *w.* (*gr.*) Nachkommenschaft
Progesteron *s.* (*gr.*) Gelbkörperhormon
Prognose *w.* (*gr.*) Voraussage, Vorhersage; **prognostizieren** vorhersagen, vorhererkennen
Programm *s.* (*gr.*) 1. Plan, Arbeitsplan; 2. Folge von Darbietungen, Veranstaltungen (z. B. im Fernsehen, Theater); 3. Programmheft; 4. Folge von Arbeitsgängen einer Maschine; 5. Arbeitsanweisung für einen Computer; **Programmatik** *w.* Ziel, Zielsetzung; **programmatisch** richtungweisend, zielsetzend, grundsätzlich, planmäßig; **programmieren** 1. ein Programm für einen Computer aufstellen; 2. jmdn. auf etwas festlegen; **Programmierer** jmd., der Computerprogramme entwickelt; **Programmiersprache** *w.* Maschinensprache; **Programmmusik** *w.* Kompositionen, die (Natur-)Stimmungen musikalisch illustrieren
progredient (-di'e-, *lat.*) fortschreitend; **Progress** *m.* Fortschritt; **Progression** *w.* Fortschreiten, Staffelung, Stufenfolge; **Progressist** *m.* Fortschrittler; **progressiv** 1. stufenweise fortschreitend; 2. fortschrittlich
Prohibition *w.* (*lat.*, prohibischen, *engl.*) Verbot, speziell Alkoholverbot; **prohibitiv** verhindernd, vorbeugend
Projekt *s.* (*lat.*) Plan, Vorhaben, Unternehmung; **projektieren** planen, entwerfen, vorhaben, Hptw. **Projektierung** *w.*; **Projektil** *s.* Geschoss; **Projektion** *w.* 1. Wiedergabe eines Bildes durch den Bildwerfer; 2. Abbildung der Erdoberfläche auf

einer Ebene; 3. Übertragung eines eigenen Gefühls auf andere, Unterstellung eigener Gefühle, Wünsche u. Ä. bei anderen; **Projektionsapparat, Projektor** *m.* Bildwerfer; **Projektionsfläche** *w.* Filmleinwand; **projizieren** abbilden, übertragen

Proklamation *w.* (*lat.*) Bekanntmachung, Aufruf; **proklamieren** bekannt machen, aufrufen, kundgeben

Prokrustesbett *w.* Schema, in das jmd. oder etwas hineingezwängt werden soll (nach dem Folterbett des sagenhaften griech. Räubers)

Proktologe *m.* (*gr.*) Facharzt der Proktologie; **Proktologie** *w.* Spezialgebiet der Medizin, das sich mit den Krankheiten des Mastdarms beschäftigt

Prokura *w.* (*lat.*) (rechtsverbindliche) Handlungsvollmacht; **Prokurator** *m.* 1. Verwalter; 2. Provinzstatthalter im alten Rom; **Prokurist** *m.* Geschäftsführer mit Vollmacht

Prolaps, Prolapsus *m.* (*lat.*) Vorfall (eines inneren Organs)

Prolegomenon *s.* (*gr.*) Vorbemerkung, Einleitung (*Mz.* Prolegomena)

Prolepse *w.* (*gr.*) Vorwegnahme (eines Satzteils) als Stil- und Redemittel; **proleptisch** vorgreifend

Prolet, Prolo *m.* (*lat.*) roher, ungehobelter Kerl; **Proletariat** *s.* seit Karl Marx die Arbeiterklasse, die keine Produktionsmittel besitzt; **Proletarier** *m.* (-ri'er) Mitglied des Proletariats; **proletarisch** dem Proletariat angehörig; **proletarisieren** zu Proletariern machen

Proliferation *w.* (*lat.*) 1. entzündliche Gewebswucherung; 2. Weitergabe (von Mitteln zur Herstellung) von Atomwaffen an Länder, die selbst keine besitzen

Prolog *m.* (*gr.*) 1. Vorspruch, Einleitung, bes. zum Drama; 2. Auftaktrennen eines Radrennens, das über mehrere Etappen geht

Prolongation *w.* (*lat.*) Fristverlängerung für einen Kredit; **prolongieren** Frist verlängern, Aufschub bewilligen, stunden

PROM (aus *engl. p*rogrammable *r*ead-*o*nly *m*emory) fest programmierter, nicht mehr veränderbarer Nur-Lese-Speicher in einem Computer

pro memoria (*lat.*) zur Erinnerung

Promenade *w.* (*frz.*) breiter Spazierweg; **promenieren** spazieren gehen

Promesse *w.* (*frz.*) Schuldschein, Urkunde, in der eine Leistung versprochen wird

prometheisch (-te'i-, *gr.*) himmelstürmend, trotzig (nach Prometheus, dem Helden der griechischen Sage, der den Göttern das Feuer entriss); **Promethium** *s.* chem. Element, ein Metall

Promi *m.* und *w.* Kurzform für Prominente(r) (*Mz.* Promis)

pro mille (*lat.*) je tausend; **Promille** *s.* 1. ein Tausendstel; 2. in Tausendstel gemessener Alkoholanteil im Blut

prominent (*lat.*) 1. maßgebend, tonangebend; 2. allseits bekannt, berühmt; **Prominente** *m.* und *w.* prominente Persönlichkeit; **Prominenz** *w.* 1. Gesamtheit der Prominenten; 2. das Prominentsein

Promiskuität *w.* (*lat.*) Geschlechtsverkehr mit häufig wechselnden Partnern, Eigw. **promiskuitiv**

Promission *w.* (*lat.*) Versprechen

Promoter *m.* (*engl.*) Manager, Organisator, Veranstalter (z. B. von Boxkämpfen);

Promotion *w.* (promohschen, *engl.*) Absatzförderung, Verkaufsförderung

Promotion *w.* (*lat.*) Verleihung der Doktorwürde; Doktorprüfung; **promovieren** den Doktorgrad erlangen oder verleihen

prompt (*lat.*) sofort, umgehend, wie erwartet

Promulgation *w.* (*lat.*) Bekanntgabe

Pronomen *s.* (*lat.*) Sprachlehre: Fürwort (*Mz.* Pronomina); **pronominal** als Fürwort; **prononciert** betont, hervorgehoben, deutlich

pronunciato (pronuntschato, *itl.*) Musik: betont, hervorgehoben

Pronuntius *m.* (*lat.*) Nuntius im Kardinalsrang

Proömium *s.* (*gr.*) Vorspiel, Vorrede

Propädeutik *w.* (*gr.*) Einführung in Grundkenntnisse und Methoden einer Wissenschaft, Eigw. **propädeutisch**

Propaganda *w.* (*lat.*) mit hohem publizistischem Aufwand betriebene, massive Werbung für politische Zwecke; **Propagandist** *m.* jmd., der Propaganda betreibt, Werbefachmann; **propagandistisch** in der Art von Propaganda werbend; **propagieren** für etwas Propaganda machen

Propan *s.* (*gr.*) aus Kohle gewonnenes Brenngas
Propeller *m.* (*lat.*) Antriebsschraube für Flugzeuge
proper (*frz.*) 1. sauber, adrett, nett; 2. sauber ausgeführt; **Propergeschäft** *s.* Geschäft auf eigenes Risiko, Eigengeschäft
Prophet *m.* (*gr.*) Künder, Seher, Mahner; **Prophetie** *w.* Weissagung; **prophetisch** seherisch, voraussagend; **prophezeien**, weissagen, voraussagen, Hptw. **Prophezeiung** *w.*
Prophylaktikum *s.* (*gr.*) vorbeugendes Mittel; **prophylaktisch** vorbeugend; **Prophylaxe** *w.* Verhütung von Krankheiten, Gesundheitsvorsorge
Proportion *w.* (*lat.*) 1. Größenverhältnis; 2. Verhältnisgleichung in der Mathematik; 3. ästhetisches Ebenmaß; **proportional** verhältnismäßig; **Proportionalität** *w.* Verhältnismäßigkeit; **Proportionalwahl** *w.* Verhältniswahl; **proportioniert** ebenmäßig, gut abgestimmt; **Proporz** *m.* Verteilung von Ämtern oder Sitzen nach der zahlenmäßigen Stärke derer, die darüber befinden
Propst *m.* (*lat.*) 1. Vorsteher eines Dom- oder Stiftkapitels; 2. Hauptpfarrer, Superintendent in der evang. Kirche
Propyläen *Mz.* (*gr.*) Säulenhalle vor griech. Tempeln
Propylen *s.* (*gr.*) gasförmiger, ungesättigter Kohlenwasserstoff, Ausgangsstoff für Benzin u. a.
pro rata (*lat.*) anteilmäßig
Prorektor *m.* (*lat.*) Stellvertreter eines Universitätsrektors
Prorogation *w.* (*lat.*) Aufschub, Vertagung; **prorogativ** aufschiebend, Ztw. **prorogieren**
Prosa *w.* (*lat.*) erzählende Dichtung, Rede und Schrift in ungebundener Form; **Prosaiker** *m.* (-sa'i-) 1. Prosaschriftsteller; 2. nüchterner Mensch; **prosaisch** 1. in ungebundener Form; 2. nüchtern, trocken; **Prosaist** *m.* Prosa schreibender Schriftsteller
Prosektor *m.* (*lat.*) Anatom, Leiter der Prosektur; **Prosektur** *w.* Krankenhausabteilung für Sektionen
Proselyt *m.* (*gr.*) Neubekehrter, jmd., der von einer Religion oder Partei zu einer anderen übertritt; **Proselytenmacherei** *w.* Bekehrung durch Propaganda, nicht durch Überzeugungsarbeit
Proseminar *s.* (*lat.*) einführendes Seminar für Studenten der ersten Semester
Proserpina = Persephone
prosit, prost! (*lat.*) zum Wohl! (wörtl. es möge nützen)
Prosodie, Prosodik *w.* (*gr.*) Lehre von Rhythmus und Metrik der Sprache und des Vortrags
Prospekt *m.* (*lat.*) 1. Werbebroschüre, meist mit Bildern; 2. malerische Wiedergabe einer Landschaft oder Stadt; 3. Bühnenhintergrund, Rundhorizont; 4. Schauseite der Orgel; **prospektiv** vorausschauend, voraussichtlich
prosperieren (*lat.*) gedeihen, sich gut entwickeln, vorankommen; **Prosperität** *w.* Gedeihen, gute Geschäftslage, Konjunktur
Prostata *w.* (*gr.*) Drüse am Anfang der Harnröhre, in der die Samenflüssigkeit gebildet wird, Vorsteherdrüse (beim Mann und männlichen Säugetier)
prostituieren (*lat.*) preisgeben, herabwürdigen; **sich prostituieren** 1. als Prostituierte(r) arbeiten; 2. sich bloßstellen (z. B. durch Bestechlichkeit); **Prostituierte** *m.* und *w.* Person, die sexuellen Wünschen gegen Bezahlung nachkommt; **Prostitution** *w.* 1. gewerbsmäßige Ausübung sexueller Handlungen; 2. Bloßstellung
Prostration *w.* (*lat.*) 1. das Sichniederwerfen bei der Erteilung kath. Weihen; 2. hochgradige Erschöpfung
Proszenium *s.* (*gr.*) Vorbühne, Raum zwischen Vorhang und Rampe
Protagonist *m.* (*gr.*) Hauptdarsteller, Wortführer, Vorkämpfer
Protegé *m.* (protehscheh, *frz.*) Günstling, Schützling; **protegieren** (-schihren) fördern, begünstigen
Proteide *Mz.* (-te'i-, *gr.*) mit einem Nichteiweißanteil zusammengesetzte Eiweißkörper; **Proteine** *Mz.* einfache, nur aus Aminosäure bestehende Eiweißkörper
proteisch = Proteus
Protektion *w.* (*lat.*) Förderung, Bevorzugung, Begünstigung; **Protektionismus**

m. staatliche Schutzzollpolitik, Eigw. **protektionistisch**; **Protektor** *m.* jmd., der jmdn. protegiert, Gönner; **Protektorat** *s.* 1. Schutzgebiet; 2. Schutzherrschaft

pro tempore (*lat.*) vorläufig, für jetzt

Proteom *s.* (*lat.*) Gesamtheit der Eiweiße eines Organismus; **Proteomik** *w.* (*gr.-lat.*) biomedizinische Forschungsrichtung, die die Funktionszusammenhänge eines Organismus analysiert und darauf zielt, alle biochemischen Lebensvorgänge simulierbar zu machen

Protest *m.* (*lat.*) 1. Missfallensbekundung, Einspruch; 2. öffentlicher Widerspruch gegen politische Maßnahmen, Protestaktion; 3. Beurkundung über die Zahlungsverweigerung bei Schecks oder Wechseln; **Protestant** *m.* 1. jmd., der protestiert; 2. Angehöriger der protestantischen Kirchen oder Gemeinschaften, Eigw. **protestantisch**; **Protestantismus** *m.* die aus der Reformation hervorgegangenen christlichen Gemeinschaften und Kirchen; **protestieren** 1. widersprechen, Protest laut werden lassen, Einspruch erheben; 2. einen Wechsel verweigern

Proteus *m.* (*gr.*) 1. vielgestaltiger, weissagender Meeresgreis der griech. Mythologie; 2. Mensch von schillerndem Charakter; 3. Gattung der Olme; **Proteusbakterien** *Mz.* (vielgestaltige) Fäulnisbakterien; **proteisch** (-te'isch) veränderlich, verwandlungsfähig

Prothese *w.* (*gr.*) künstlicher Ersatz für Glieder oder Zähne; **prothetisch** als Ersatz dienend

Protokoll *s.* (*gr.-lat.*) 1. Niederschrift einer Verhandlung, einer Aussage, eines wissenschaftlichen Versuchs; 2. Gesamtheit der international üblichen diplomatischen Formen; **Protokollant** *m.* Schriftführer; **protokollarisch** dem Protokoll entsprechend, durch Protokoll festgehalten; **protokollieren** schriftlich festhalten

Proton *s.* (*gr.*) positiv geladenes Elementarteilchen, das den Wasserstoff-Atomkern bildet und zusammen mit dem Neutron Baustein der Atomkerne ist

Protoplasma *s.* (*gr.*) lebende Substanz der menschlichen, tierischen und pflanzlichen Zellen; **Protoplast** *m.* Zellleib der Pflanzenzelle

Prototyp *m.* (*gr.*) 1. Urbild, Musterbild, Urtyp; 2. Probemodell (z. B. eines Flugzeugs, Autos); 3. Unikat eines Rennwagens

Protozoon *s.*, **Protozoe** *w.* (-zo'o-, *gr.*) einzelliges Lebewesen, Urtierchen (*Mz.* Protozoen)

Protreptik *w.* (*gr.*) Aufforderung zum philosophischen Denken (in den antiken didaktischen Schriften)

Protuberanz *w.* (*lat.*) 1. Vorsprung an Knochen und Organen; 2. Gasausbruch der Sonne, der bei Sonnenfinsternis sichtbar wird

Provenienz *w.* (-ni'e-, *lat.*) Herkunft

Proverb, Proverbium *s.* (*lat.*) Sprichwort; **proverbial**, **proverbiell** sprichwörtlich

Proviant *m.* (*itl.*) Mundvorrat, Ration, Lebensmittelvorrat

Providenz *w.* (*lat.*) Vorsehung; **providentiell** (-ti'e-) vorbestimmt

Provider *m.* (-wei-, *engl.*) Dienstleister, der die Verbindung zwischen PC und Internet herstellt

Provinz *w.* (*lat.*) 1. Landesteil, größerer Verwaltungsbezirk; 2. kulturell unattraktive, rückständige Gegend; **Provinzial** *m.* Vorsteher einer Ordensprovinz; **Provinzialismus** *m.* 1. landschaftlich oder mundartlich geprägte Spracheigentümlichkeit; 2. spießige, engstirnige Einstellung; **provinziell** (-zi'e-) 1. zur Provinz gehörend, typisch für die Provinz, engstirnig, hinterwäldlerisch; 2. mundartlich, landschaftlich

Provision *w.* (*lat.*) Vermittlungsgebühr, Gewinnanteil; **provisorisch** vorläufig, behelfsmäßig; **Provisorium** *s.* einstweilige Regelung, behelfsmäßiger Zustand

Provitamin *s.* (*gr.-lat.*) Vorstufe eines Vitamins

provokant (*frz.*) herausfordernd, provozierend; **Provokateur** *m.* (-tör, *frz.*) Herausforderer, Anstifter; **Provokation** *w.* 1. bewusste Herausforderung; 2. künstliche Erzeugung von Krankheitssymptomen; **provokatorisch, provokativ** eine Provokation bezweckend; **provozieren** 1. herausfordern, aufreizen, zur Reaktion zwingen; 2. Krankheiten künstlich hervorbringen

proximal (*lat.*) der Körpermitte am nächsten gelegen
Prozedere = Procedere
Prozedur *w.* (*lat.*) Vorgehensweise, langwieriges Verfahren, Behandlungsweise
Prozent *s.* (*lat.*) Hundertstel; **Prozente** *Mz.* Gewinnanteile, Ermäßigung, Preisnachlass; **prozentual** anteilig, anteilmäßig
Prozess *m.* (*lat.*) 1. Vorgang, Ablauf, Fortgang; 2. gerichtliches Verfahren, Rechtsstreit, Eigw. **prozessual**; **prozessieren** mit einem Streitfall vor Gericht gehen
Prozessor *m.* (*engl.*) aus Rechen- und Steuerwerk bestehende Funktionseinheit des Computers (EDV)
Prozession *w.* (*lat.*) kirchlicher Umzug, Bittgang
prüde (*frz.*) zimperlich, im Hinblick auf alles Sexuelle verklemmt, Hptw. **Prüderie** *w.*
Prünelle *w.* (*frz.*) Dörrpflaume ohne Schale und Kern
Pruritus *m.* (*lat.*) Juckreiz, Hautjucken
PS = Postskriptum
Psaligraphie *w.* (*gr.*) Kunst des Scherenschnitts
Psalmen *Mz.* (*gr.*) die im Psalter gesammelten Lob-, Bitt- oder Bußgesänge; **Psalmist** *m.* Psalmensänger; **Psalmodie** *w.* Psalmengesang; **psalmodieren** halb singend lesen; **Psalter** *m.* 1. Buch der Psalmen im Alten Testament; 2. Saiteninstrument; 3. Blättermagen des Wiederkäuers
Pseud(o)-, pseud(o)- (*gr.*) als Vorsilbe: falsch, an Stelle von
Pseudandronym *s.* (*gr.*) männlicher Deckname einer Frau; **Pseudogynym** *s.* weiblicher Deckname eines Mannes; **pseudonym** unter einem Decknamen; **Pseudonym** *s.* Künstlername, Deckname
Psi *s.* (*gr.*) 1. der 23. Buchstabe des griech. Alphabets, Ψ, ψ; 2. eine Erscheinung der außersinnlichen, parapsychologischen Wahrnehmung; 3. Elementarteilchen, schweres Meson
Psittakose *w.* (*gr.*) Papageienkrankheit, schwere Infektionskrankheit der Lunge
Psoriasis *w.* (*gr.*) Schuppenflechte
Psychagogik *w.* (*gr.*) Heilpädagogik
Psychalgie *w.* (*gr.*) psychisch bedingter Nervenschmerz
Psyche *w.* (*gr.*) Seele, Seelenleben; **psychisch** seelisch, das Seelenleben betreffend, auf ihm beruhend
psychedelisch (*gr.-engl.*) 1. gesteigert wahrnehmungs- und erlebnisfähig; 2. rauschhaft inspiriert, tranceartig (von Gemütszuständen, Musik, Kunst u. a.)
Psychiater *m.* (*gr.*) Facharzt für Psychiatrie; **Psychiatrie** *w.* Gebiet der Medizin, das sich mit (der Therapie von) Geisteskrankheiten und Gemütsleiden befasst, Eigw. **psychiatrisch**
Psycho-, psycho- (*gr.*) als Vorsilbe: Seele, seelisch
Psychoanalyse *w.* (*gr.*) von Sigmund Freud begründete Theorie zur Erklärung und Behandlung seelischer Störungen, bes. von Neurosen; **Psychoanalytiker** *m.* Arzt oder Psychologe, der die Psychoanalyse ausübt; **psychoanalytisch** auf Basis von, mit Hilfe der Psychoanalyse; **Psychodrama** *s.* auf Rollenspielen beruhendes Verfahren in der Gruppentherapie
psychogen (*gr.*) seelisch bedingt; **Psychogenese** *w.* 1. seelische Entwicklung; 2. seelische Bedingtheit einer Krankheit
Psychographie *w.* psychologische Beschreibung einer Person aufgrund ihrer Äußerungen sowie der Verhaltensbeobachtungen durch andere
Psychokinese *w.* physikalisch nicht erklärbare Einflüsse eines Menschen auf Gegenstände seiner Umgebung (z. B. das Bewegen von Gegenständen)
Psycholeptika *Mz.* (*gr.*) Arzneimittel, die das psychische Geschehen beeinflussen (*Ez.* Psycholeptikum *s.*)
Psychologe *m.* (*gr.*) 1. ausgebildeter Fachmann auf dem Gebiet der Psychologie; 2. Menschenkenner; **Psychologie** *w.* Wissenschaft, die sich mit dem Verhalten und seelisch gesteuerten Erleben des Menschen befasst; **psychologisch** 1. auf Psychologie beruhend; 2. einfühlend
Psychopath *m.* (*gr.*) psychopathischer Mensch; **Psychopathie** *w.* seelisch-charakterlich abnorme Persönlichkeit; **psychopathisch** abnorm in der Persönlichkeitsstruktur; **Psychopathologie** Lehre

von den krankhaften seelischen Zuständen

Psychopharmakon *s.* auf die Psyche einwirkendes Medikament (*Mz.* -pharmaka)

Psychose *w.* (*gr.*) eine Gemütskrankheit, Eigw. **psychotisch**

Psychosomatik *w.* (*gr.*) ganzheitliche, in der Behandlung die Beziehungen zwischen Körper und Seele berücksichtigende Betrachtungsweise, Eigw. **psychosomatisch**

Psychotherapeut *m.* (*gr.*) Facharzt für Psychotherapie; **Psychotherapie** *w.* Behandlung seelischer Störungen mit den Methoden der Tiefenpsychologie; Eigw. **psychotherapeutisch**

Psychrometer *s.* (*gr.*) Feuchtigkeitsmesser, Verdunstungsmesser

ptolemäisches System *s.* das nach Ptolemäus benannte Weltbild mit der Erde im Mittelpunkt

Ptomain *s.* (*gr.*) Leichengift

Pubertät *w.* (*lat.*) Zeit der Entwicklung der Geschlechtsreife beim Menschen

Publicity *w.* (pablißity, *engl.*) 1. Bekanntsein in der Öffentlichkeit; 2. Reklame, Werbung; **Public Relations** *Mz.* (pablik rilehschens, *engl.*) Öffentlichkeitsarbeit, Kontaktpflege eines Unternehmens, eines Politikers usw. zur Öffentlichkeit; **publik** (*lat.*) öffentlich, bekannt; **Publikation** *w.* Veröffentlichung, veröffentlichtes Werk; **Publikum** *s.* Gesamtheit der Zuhörer und Zuschauer einer Veranstaltung; **Publizist** *m.* 1. Tagesschriftsteller, Journalist; 2. Zeitungswissenschaftler; **Publizistik** *w.* Zeitungswissenschaft, Eigw. **publizistisch**; **publizieren** veröffentlichen; **Publizität** *w.* Bekanntheit in der Öffentlichkeit

Puck *m.* (*engl.*) 1. Kobold; 2. Spielscheibe beim Eishockey

Pud *s.* (*russ.*) altes russisches Gewicht von rund 16 kg

puddeln (*engl.*) aus Roheisen Schweißstahl gewinnen

Pueblo *m.* (pu'e-, *span.*) Siedlung der Puebloindianer, eines im Südwesten der USA lebenden Indianervolks

pueril (pu'e-, *lat.*) kindlich, kindisch; **Puerilität** *w.* Unreife, kindliches Verhalten

Puerperalfieber *s.* (*lat.*) Kindbettfieber

Pulcinell, Pulcinella *m.* (pultschinell-, *itl.*) komische Dienergestalt in der Commedia dell'Arte

Pulk *m.* (*russ.*) 1. Heeresabteilung; 2. Haufen, Ansammlung, Schar

pullen (*engl.*) rudern

Pullover *m.* (*engl.*) über den Kopf zu ziehendes gestricktes oder gewirktes taillenlanges Kleidungsstück; **Pullunder** *m.* ärmelloser Pullover, der wie eine Weste getragen wird

pulmonal (*lat.*) die Lunge betreffend; **Pulmonie** *w.* Lungenentzündung

Pulpa *w.* (*lat.*) Zahnmark, Nervenmasse im Zahn; **Pulpitis** *w.* Entzündung des Zahnmarks; **pulpös** weich, breiig

Pulque *m.* (-ke, *span.*) mexikanisches Getränk aus gegorenem Agavensaft

Puls *m.* (*lat.*) 1. fühlbarer Herzschlag; 2. Folge von Impulsen (in der Elektrotechnik); **Pulsar** *m.* Stern(rest), der Röntgenstrahlung abgibt

Puma *m.* (*peruan.*) Silberlöwe, amerik. Raubkatze

Pumps *Mz.* (pömps, *engl.*) Damenhalbschuhe mit Absätzen

Punchingball *m.* (pantschingbohl, *engl.*) 1. birnenförmiger Trainingsball im Boxsport; 2. Sündenbock, jmd., der für alles herhalten muss

Punk *m.* (pank, *engl.*) 1. subkulturelle Jugend- und Protestbewegung, deren Anhänger ihre antibürgerliche Einstellung durch grelle, oft provozierende Aufmachung zum Ausdruck bringen; 2. Anhänger der Bewegung; 3. (kurz für) Punkrock, Stilart der Rockmusik mit einfacher Harmonik, hartem Beat, in bewusst unkünstlerisch präsentierter Form

Punker = Punk 2.

Punkt *m.* (*lat.*) 1. geometrische Größe ohne Ausdehnung, Schnittstelle; 2. Satzzeichen; 3. Stelle, Ort; 4. Gegenstand einer Erörterung (z. B. Diskussionspunkt); 5. Bewertungsmaß im Sport; 6. Maßeinheit im Schriftsatz (z. B. eine Schrift von 10 Punkt); 7. genaue Zeitangabe

Punktation *w.* Vorvertrag, Gliederung und Vorbesprechung eines Vertrags; **punkten** nach Punkten bewerten; **punktieren** 1. tüpfeln; 2. wichtige Punkte vom

Modell auf einen Steinblock übertragen (Bildhauerei); 3. Flüssigkeiten aus Körperhöhlen entnehmen; **Punktion** *w.* Entnahme von Flüssigkeit aus Körperhöhlen; **punktuell** (nur) einen oder wenige Punkte betreffend; **Punktur** *w.* 1. Punktion; 2. Heilbehandlung mit in den Körper eingestochenen Spezialnadeln

Punsch *m.* (*sanskr.*) heißes oder kaltes alkoholisches Mischgetränk, Grogart

Punze *w.*, **Punzen** *m.* (*itl.*) 1. Stahlstift für Treibarbeiten in Metall und Leder; 2. Prüfungsstempel für Gold und Silber; **punzen, punzieren** 1. treiben, mit der Punze bearbeiten; 2. Gold- und Silbersachen mit Feingehaltsstempel versehen, Hptw. **Punzierung** *w.*

Pupille *w.* (*lat.*) Sehloch des Auges

pur (*lat.*) rein, ungemischt

Püree *s.* (*frz.*) Brei aus durchgedrückten Kartoffeln, Hülsenfrüchten u. a.

Purga *w.* (*russ.*) Schneesturm in Sibirien

purgativ (*lat.*) abführend; **Purgativ** *s.* Abführmittel; **Purgatorium** *s.* Fegefeuer; **purgieren** reinigen, abführen; **Purifikation** *w.* Reinigung, Läuterung; **Purifikatorium** *s.* Tuch zum Reinigen des Abendmahlkelchs

Purim, Purim *s.* (*hebr.*) jüdisches Freudenfest (zur Erinnerung an die im alttestamentarischen Buch Esther beschriebene Errettung der persischen Juden)

Purismus *m.* (*lat.*) 1. Kampf gegen Fremdwörter in der Sprache; 2. Kampf gegen sog. stilfremde Elemente in der Denkmalpflege; **Purist** *m.* Vertreter des Purismus, Eigw. **puristisch**

Puritaner *m.* (*lat.*) 1. Anhänger des Puritanismus; 2. sittenstrenger Mensch; **Puritanismus** *m.* 1. streng kalvinistische Bewegung im England des 16. und 17. Jhs.; 2. Sittenstrenge, Eigw. **puritanisch**

Purpur *m.* (*gr.-lat.*) 1. lilaroter Farbstoff; 2. purpurfarbenes Gewand, seit Alexander d. Gr. Sinnbild herrscherlicher Privilegien

purulent (*lat.*) eitrig; **Purulenz** *w.* Eiterung

puschen, pushen (*engl.*) 1. antreiben, vorantreiben; 2. mit Rauschgift handeln; **Pusher** *m.* (puscher) Händler mit harten Drogen

Pustel *w.* (*lat.*) Eiterbläschen

Puszta *w.* (*ungar.*) ungarische Grassteppe

Put *m.* (*engl.*) Verkaufsoption

putativ (*lat.*) vermeintlich, irrig

putreszieren (*lat.*) verwesen; **putrid** (*lat.*) faulig, stinkend; **Putrifikation, Putrefaktion** *w.* Fäulnis, Verwesung

Putt *m.* oder *s.* (*engl.*) Schlag mit dem Putter; **putten** einlochen beim Golf; **Putter** *m.* der Schläger zum Einlochen

Putte *w.* = Putto

Putto *m.* (*itl.*) Kindergestalt in der Kunst, meist nackt und oft geflügelt, Amorette (*Mz.* Putti)

Puzzle *s.* (pasl, *engl.*) aus vielen Einzelteilen bestehendes Zusammensetzspiel; **puzzeln** ein Puzzle, etwas (mühselig) zusammensetzen

PVC = Polyvinylchlorid

Pyelitis *w.* (*gr.*) Nierenbeckenentzündung

Pygmäen *Mz.* (*gr.*) zwergwüchsige Völker

Pygmalion *m.* Bildhauer der griech. Mythologie, der sich in die von ihm selbst geschaffene Statue verliebt

Pyjama *m.* (pidschama, *engl.*) Schlafanzug

Pykniker *m.* (*gr.*) Mensch von gedrungenem, stämmigem Körperbau; **pyknisch** untersetzt, gedrungen

Pylades *m.* (*gr.*) Freund des Orest, Sinnbild der Freundestreue

Pylon *m.*, **Pylone** *w.* (*gr.*) 1. Turmtor an ägyptischen Tempeln oder Palästen; 2. sich verjüngender, frei stehender, meist vierkantiger Pfeiler oder entsprechende Säule; 3. Pfeiler zur Absperrung von Straßen

pyramidal (*gr.*) 1. pyramidenförmig; 2. gewaltig, riesenhaft; **Pyramide** *w.* 1. spitz zulaufender Körper mit Vieleck als Grundfläche und Dreiecken als Seitenflächen; 2. Grabdenkmal ägypt. Pharaonen

Pyrit *m.* (*gr.*) Eisenkies, ein Mineral

Pyrolyse *w.* (*gr.*) Zersetzung von Stoffen durch Hitze

Pyromane *m.* (*gr.*) jmd., der an Pyromanie leidet; **Pyromanie** *w.* krankhafter Brandstiftungstrieb; **Pyrometer** *s.* Messinstrument für hohe Temperaturen; **pyrophor** sich an der Luft entzündend; **Pyro-**

phobie *w.* krankhafte Angst vor Feuer; **Pyrotechnik** *w.* Herstellung und Gebrauch von Feuerwerkskörpern und Sprengstoffen; **Pyrotechniker** *m.* Fachmann für Pyrotechnik (z. B. beim Film)

Pyrrhussieg *m.* Sieg unter großen Verlusten, Scheinsieg (nach König Pyrrhus)

Pythia *w.* weissagende Priesterin des Orakels von Delphi; **pythisch** orakelhaft, dunkel

Python *m.*, **Pythonschlange** *w.* (*gr.*) eierlegende Riesenschlange (nach der von Apollo erlegten Schlange in der griech. Mythologie)

Pyxis *w.* (*gr.*) Behälter zur Aufbewahrung von Hostien

Q

qua (*lat.*) mittels, durch, in der Eigenschaft als

Quadragesima *w.* (*lat.*) die vierzigtägige christl. Fastenzeit vor Ostern

Quadrant *m.* (*lat.*) 1. Viertelkreis; 2. älteres Gerät zum Winkelmessen; **Quadrantenelektrometer** *s.* Spannungsmesser

Quadrat *s.* (*lat.*) 1. gleichseitiges Viereck; 2. die zweite Potenz einer Zahl; **Quadratur** *w.* 1. Verwandlung einer Figur in ein Quadrat gleichen Flächeninhalts; 2. Inhaltsberechnung einer Fläche durch Integralrechnung; **Quadratur des Kreises** *w.* die unlösbare Aufgabe, mit Zirkel und Lineal einen gegebenen Kreis in ein flächengleiches Quadrat überzuführen; **quadrieren** eine Zahl mit sich selbst malnehmen, Hptw. **Quadrierung** *w.*; **Quadriga** *w.* (*lat.*) Viergespann, mit vier Pferden bespannter Streit-, Renn- oder Triumphwagen

Quadrille *w.* (kadrilje, *frz.*) Gesellschaftstanz des 18. Jhs. in Gruppen zu je vier Paaren

Quadrillion *w.* (*lat.*) eine Million Trillionen, 10^{24}

Quadrophonie *w.* (*lat.-gr.*) Vierkanalton; **Quadrosound** *m.* (-saund, *lat.-engl.*) durch Quadrophonie erzeugte Klangwirkung, bes. bei Filmvorführungen

Quadrivium *s.* (*lat.*) die vier höheren Wissenschaften Arithmetik, Geometrie, Astronomie und Musik im mittelalterlichen System der sieben freien Künste

quadrupel (*lat.*) vierfach; **Quadrupel** *s.* vier zusammengehörige mathem. Größen; **Quadrupelallianz** *w.* Vierbund, Bündnis zwischen vier Staaten

Quai *m.* (keh, *frz.*) Hafenanlage, Uferstraße; **Quai d'Orsay** *m.* (– dorßeh) Straße in Paris, Sitz des französischen Außenministeriums

Quäker *Mz.* (*engl.*) im 17. Jh. in England gegründete religiöse Gemeinschaft

Qualifikation *w.* (*lat.*) 1. Ausbildung, Befähigung, Eignung; 2. Befähigungsnachweis; **qualifizieren** 1. ausbilden, befähigen; 2. beurteilen, einstufen; **sich qualifizieren** sich ausbilden oder weiterbilden; **qualifiziert** 1. fähig, geeignet; 2. Kenntnisse erfordernd (z. B. eine qualifizierte Tätigkeit); **qualifizierte Mehrheit** vorgeschriebene, über der einfachen Mehrheit liegende Stimmenzahl, meist Zweidrittelmehrheit

Qualität *w.* (*lat.*) 1. Beschaffenheit; 2. Wert, Güte; **qualitativ** hinsichtlich der Qualität

quand même (kang mähm, *frz.*) trotzdem

Quant *s.* (*lat.*) kleinste unteilbare physikal. Größe, kleinste Energiemenge (*Mz.* Quanten); **quanteln** in Quanten darstellen; **Quantenmechanik** *w.* physikalische Theorie, die eine widerspruchsfreie Beschreibung von Vorgängen in der Mikrophysik ermöglicht; **Quantensprung** *m.* durch Absorption oder Emission eines Quants bewirkter, unstetiger Übergang eines mikrophysikalischen Systems von einem Energiezustand in einen anderen; **Quantentheorie** *w.* Theorie des (sprunghaften) mikrophysikalischen Geschehens; **quantifizieren** in Mengenbegriffen darstellen

Quantität *w.* (*lat.*) 1. Menge, Anzahl; 2. Sprachlehre: Länge oder Kürze eines Vokals; **quantitativ** mengenmäßig

Quantité négligeable *w.* (kangtiteh nehglischabl, *frz.*) Belanglosigkeit

Quantum *s.* (*lat.*) abgemessene Menge (*Mz.* Quanten)

Quarantäne *w.* (*frz.*) räumliche Absonderung von Infizierten oder infektionsverdächtigen Personen

Quarks *Mz.* zunächst als hypothetisch geltende Elementarteilchen, die Ende der 90er-Jahre bei Experimenten in Teilchenbeschleunigern nachgewiesen wurden (der

Name entstammt einem Roman von James Joyce)

Quart *w.* (*lat.*) 1. Fechthieb (Hochquart, Tiefquart), Handhaltung beim Florettfechten; 2. = Quarte; **Quart** *s.* (*lat.*) 1. Buchformat 2. engl. Hohlmaß (rd. 1,2 l), amerik. Hohlmaß (rd. 1 l), altes Flüssigkeitsmaß in Bayern und Preußen

Quarta *w.* (*lat.*) dritte Gymnasialklasse; **Quartaner** *m.* Schüler der Quarta

Quartal *s.* (*lat.*) Vierteljahr

Quartär *s.* (*lat.*) Neuzeit der Erdgeschichte, zu der auch die Gegenwart gehört, Eigw. **quartär**

Quarte, Quart *w.* (*lat.*) 1. vierter Ton einer diatonischen Tonleiter; 2. Intervall von vier Stufen

Quarter *m.* (kwoter, *engl.*) 1. engl. Gewicht (rd. 13 kg), engl. Hohlmaß (rd. 290 l); 2. Bez. für einen Vierteldollar (umg.)

Quarterback *m.* (-bäck, *engl.*) Spielmacher im amerik. Football; **Quarterdeck** *s.* Hinterdeck eines Schiffes

Quartett *s.* (*lat.*) 1. Musikstück für vier Stimmen oder vier Instrumente; 2. Gruppe von vier Personen, bes. von Musikern; 3. Kartenspiel mit Bilderkarten, von denen jeweils vier eine Gruppe bilden

Quartier *s.* (*lat.*) Unterkunft, Nachtlager; **Quartier latin** *s.* (kartjeh latäng, *frz.*) Universitätsviertel von Paris

Quasar *m.* (*lat.*) sternähnliches kosmisches Objekt mit extrem starker Radiofrequenzstrahlung

quasi (*lat.*) gleichsam, sozusagen, gewissermaßen

Quästur *w.* (*lat.*) Universitätskasse

Quatember *m.* (*lat.*) vierteljährlicher Fasttag der kath. Kirche

Quattrocento *s.* (-tschento, *itl.*) das 15. Jh. als italien. Stilepoche

Queen *w.* (kwihn, *engl.*) 1. Königin von England; 2. weibliche Person, die auf Partys u. Ä. beliebter Mittelpunkt ist; 3. femininer Homosexueller, der für maskuline Homosexuelle besonders anziehend ist

Querele *w.* (*lat.*) Klage, Streit, meist *Mz.* **Querelen**

Querulant *m.* (*lat.*) Nörgler, jmd., der sich grundsätzlich benachteiligt fühlt, Eigw. **querulatorisch**

Queue *s.* (köh, *frz.*) Billardstock; **Queue** *w.* lange Reihe, Schlange

Quibble *s.* (kwibbl, *engl.*) Wortspiel

Quiche *w.* (kisch, *frz.*) franz. Speckkuchen

Quickie *s.* (*engl.*) 1. schnelles Quizspiel; 2. Geschlechtsverkehr ohne Umschweife (Jargon); 3. etwas, was jmd. schnell und ohne Umstände tut

Quidproquo *s.* (*lat.*) Missverständnis, Verwechslung

Quietismus *m.* (qui'e-, *lat.*) Erstrebung des Seelenfriedens durch tatenlose Lebenshaltung, im relig. Quietismus durch Ergebung in Gottes Willen, **Quietist** *m.* Anhänger des Quietismus, Eigw. **quietistisch**; **quieto** (*itl.*) Musik: ruhig

Quilt *m.* (*engl.*) gesteppte Bettdecke mit Applikationen

Quint, Quinte *w.* (*lat.*) 1. der 5. Ton der diatonischen Tonleiter und Intervall zum Grundton; 2. Fechthieb; **Quinta** *w.* zweite Gynmasialklasse; **Quintaner** *m.* Schüler der Quinta

Quintessenz *w.* (*lat.*) 1. das Wesentliche, der Kern, die Summe, der Inbegriff; 2. im Alchimismus eine die vier Elemente ergänzende spirituelle, ätherartige Essenz

Quintett *s.* (*itl.*) 1. Musikstück für fünf Stimmen oder Instrumente; 2. Gruppe von fünf Personen, bes. von Musikern

Quiproquo *s.* (*lat.*) Verwechslung

Quirinal *m.* einer der sieben Hügel Roms mit dem ehemaligen Königspalast, heute Sitz des italien. Staatspräsidenten

Quirite *w.* (*lat.*) römischer Vollbürger in der Antike

Quisling *m.* Kollaborateur, Verräter (nach Vidkun Quisling, 1887–1945, der als Faschistenführer während der Okkupation Norwegens mit den Nazis zusammenarbeitete)

Quisquilien *Mz.* (-li'en, *lat.*) Kleinkram, Läppereien

quitt (*frz.*) ausgeglichen, wett; **quittieren** 1. Empfang bestätigen; 2. Dienst aufgeben; 3. etwas vergelten; **Quittung** *w.* 1. Empfangsbestätigung; 2. Vergeltung

Qui vive? (ki wiv, *frz.*) Wer lebt da?; **auf dem Quivive sein** auf der Hut sein, wachsam sein

Quiz *s.* (kwis, *engl.*) Frage- und Antwortspiel, Denksportaufgabe bes. in Fernsehsendungen; **Quizmaster** *m.* Spielleiter eines Quiz

quod erat demonstrandum (*lat.*) was zu beweisen war (Abk. q. e. d.)

Quodlibet *s.* (*lat.*) mehrstimmige gesellige Musizierform, bei der verschiedene Lieder gleichzeitig gesungen oder gespielt werden.

quod licet Jovi, non licet bovi (*lat.* was Jupiter erlaubt ist, steht dem Ochsen nicht zu) was der Höhergestellte darf, ist dem Niedrigerstehenden nicht erlaubt

Quorum *s.* (*lat.*) die beschlussfähige Anzahl von Mitgliedern eines Gremiums

Quotation *w.* (*lat.*) Kursnotierung an der Börse; **Quote** *w.* verhältnismäßiger Anteil, Teilbetrag; **Quotient** *w.* (-zi'e-) Ergebnis einer rechnerischen Teilung; **quotieren** den Preis, Kurs angeben; **quotisieren** anteilmäßig verteilen, Hptw. **Quotisierung** *w.*

quo vadis? (*lat.*) wohin gehst du? (Frage des Apostels Petrus an Jesus im Johannisevangelium)

R

R = Reaumur

Rabatt *m.* (*itl.*) Preisnachlass, Ztw. **rabattieren**; **Rabatte** *w.* (*frz.*) schmales Beet, Randbeet

Rabauke *m.* (*niederl.*) sich wüst aufführender Jugendlicher

Rabbi *m.* (*hebr.*) Ehrentitel für jüdische Schriftgelehrte zur Zeit Christi; **Rabbinat** *s.* Amt eines Rabbiners; **Rabbiner** *m.* von der jüdischen Gemeinde berufener Religionslehrer und Seelsorger

rabiat (*lat.*) 1. wütend; 2. rücksichtslos; **Rabies** *w.* (-bi'es) Tollwut

Rabulist *m.* (*lat.*) Wortverdreher, Haarspalter, Rechtsverdreher; **Rabulistik** *w.* Gerede, Argumentationsweise eines Rabulisten, Eigw. **rabulistisch**

Rachitis *w.* (*gr.*) Englische Krankheit, Vitamin-D-Mangel-Krankheit mit Knochenfehlentwicklung, Eigw. **rachitisch**

Rack *s.* (räck, *engl.*) 1. Gestell für Stereoanlagen; 2. Transportkiste für Profi-Musikinstrumente

Racket *s.* (räckit, *engl.*) Tennisschläger; **Racketeer** *m.* (-tihr) Gangster, Erpresser

Raclette *m.* (*frz.*) schweizerische Käsesorte; **Raclette** *s.* Käsefondue aus Raclettekäse

Radar *m.* oder *s.* (aus *engl.* *ra*dio *d*etecting *a*nd *r*anging) Funkverfahren zur Ortung, Dichtungs-, Entfernungs- und Geschwindigkeitsmessung von Objekten

radial, radiär (*lat.*) strahlenförmig; **Radiation** *w.* Strahlung; **Radiator** *m.* Wärmestrahler, Heizofen

Radicchio *m.* (-dikjo, *itl.*) Zichorienart, leicht bittere Salatsorte mit rotweißen Blättern

radieren (*lat.*) 1. eine Radierung herstellen; 2. etwas Geschriebenes mit dem Radiergummi entfernen; **Radierer** *m.* Künstler, der Radierungen macht; **Radierung** *w.* 1. in wachsüberzogene Kupferplatte eingeritzte Zeichnung; 2. Abzug von der Platte, graphisches Blatt

radikal (*lat.*) 1. unbedingt, kompromisslos, ohne Zugeständnisse; 2. restlos, ganz und gar, vollständig, Hptw. **Radikalität** *w.*; **Radikal** *s.* 1. kurzlebige Atomgruppe; 2. mathemat. Ausdruck, den man durch Wurzelziehen erhält; **radikalisieren** (sich) radikal machen, radikal werden; **Radikalismus** *m.* kompromissloser Einsatz für ein Ziel, kompromissloses Vorgehen; **Radikalkur** *w.* Rosskur; **Radikand** *m.* Zahl, aus der die Wurzel gezogen wird

Radio *s.* (*lat.*) 1. Rundfunk; 2. Rundfunkgerät; **Radioaktivität** *w.* Eigenschaft mancher Atomkerne, sich spontan in andere Atomkerne zu verwandeln, wobei Strahlungsenergie frei wird

Radiologie *w.* (*lat.*) Lehre von den radioaktiven und Röntgenstrahlen; **Radiometer** *s.* Strahlungsmessgerät; **Radioskopie** *w.* Durchleuchtung mit Röntgenstrahlen; **Radiosonde** *w.* mit Sender ausgerüstetes Gerät, das während eines Ballonflugs die Erdatmosphäre erforscht und die Ergebnisse zur Bodenstation sendet; **Radiotherapie** *w.* medizin. Behandlung mit Strahlen

Radius *m.* (*lat.*) 1. Halbmesser des Kreises und der Kugel; 2. Unterarmknochen, Speiche

radizieren (*lat.*) aus einer Zahl die Wurzel ziehen

Radon *s.* (*lat.*) radioaktives chem. Element, Edelgas

Radschah *m.* (*sanskr.*) indischer Fürstentitel

Raffinade *w.* (*frz.*) geläuterter Zucker; **Raffinage** *w.* (-nasch) Verfeinerung, Veredelung; **Raffinement** *s.* (-mang) ausgeklügelte, artistisch verfeinerte, dem Zweck einer Sache perfekt entsprechende Beschaffenheit oder Form; **Raffinerie** *w.* Veredelungsbetrieb; **Raffinesse** *w.* 1. Raffinement; 2. berechnendes, durchtriebenes und taktisch geschicktes Vorgehen;

raffinieren Zucker, Öl und andere Naturprodukte reinigen; **raffiniert** 1. geläutert, geklärt, gereinigt; 2. durchtrieben, gerissen, taktisch meisterhaft 3. mit Raffinement, Raffinesse (ins Werk gesetzt)
Raga *m.* (*sanskr.*) indisches Tonleitermodell, das aus vielen Tausend Melodieweisen besteht
Rage *w.* (rahsche, *frz.*) Übereifer, unbeherrschte Aufregung, leidenschaftlicher Zorn
Raglan *m.* (räglen, *engl.*) Mantel, dessen Ärmel angeschnittene Schulterteile haben
Ragout *s.* (raguh, *frz.*) klein geschnittenes Fleisch in pikanter Soße; **Ragout fin** *s.* (– fäng) Ragout aus hellem Fleisch, überbacken oder als Pastetenfüllung
Ragtime *m.* (rägteim, *engl.*) Klavierspielweise schwarzamerik. Musiker um 1900 mit stark synkopierter Melodiestimme und akzentuiertem Beat
Raison d'etre *w.* (rähsong dähtre, *frz.*) Daseinsberechtigung
rajolen = rigolen
Rakete *w.* (*itl.*) 1. Feuerwerkskörper; 2. militärischer oder ziviler Flugkörper mit Treibsatzantrieb
Raki *m.* (*arab.*) türkischer Anisschnaps
rallentando (*itl.*) Musik: langsamer, verlangsamend
Rallye *w.* (rälli, *frz., engl.*) Sternfahrt (besonders als Autorennen)
RAM *s.* (aus *engl. r*andom *a*ccess *m*emory) Lese- und Schreibspeicher im Computer (EDV)
Ramadan, Ramasan *m.* (*arab.*) islam. Fastenmonat (9. Monat des muslim. Mondjahres)
Rambo *s.* (rämbo, *engl.*) auf nichts und niemanden Rücksicht nehmender Kraftprotz
ramponieren (*frz.*) beschädigen; **ramponiert** beschädigt, mitgenommen
Ranch *w.* (räntsch, *engl.-span.*) nordamerikanische Viehfarm, **Rancher** *m.* Viehzüchter
Randale *w.* (Herkunft ungeklärt) das Randalieren; **randalieren** umherziehen, Leute belästigen und Dinge zerstören (umg.)
Ranger *m.* (rehndscher, *engl.*) Mitglied einer Spezialeinheit für Kommandoaufgaben, besonders ausgebildet für Sondereinsätze in feindlichem Gebiet
rangieren (rangschihren, *frz.*) 1. ordnen, einrichten; 2. Eisenbahnzüge umkoppeln; 3. einen Rangplatz (vor oder hinter jmdm.) einnehmen
Ranking *s.* (ränk-, *engl.*) (das Einordnen auf der) Rangtabelle, Rangordnung, Skala
Ranküne *w.* (*frz.*) Hinterlist, Machenschaft, Rachsucht, heimliche Feindschaft
Ranunkel *w.* (*lat.*) Gartenblume, ein Hahnenfußgewächs
Rap *m.* (räp, *engl.*) rhythmisch-schnelles Sprechen zu Musikhintergrund, entstanden in den schwarzen Ghettos der USA
rapid (*frz.*) schnell, reißend; **Rapidität** *w.* Heftigkeit, Ungestüm; **rapido, rapidamente** (*itl.*) Musik: schnell, flüchtig
Rapier *s.* (*frz.*) Fechtdegen (Übungswaffe mit stumpfer Klinge)
Rapport *m.* (*frz.*) 1. Bericht, Berichterstattung; 2. Wiederkehr des Musters auf Stoffen, Teppichen o. Ä., Ztw. **rapportieren; Rapporteur** *m.* (-tör) 1. Berichterstatter; 2. Winkelmesser
Rapprochement *s.* (-proschmang, *frz.*) Versöhnung, Wiederannäherung
Raptus *m.* (*lat.*) Zornanfall, verrückte Anwandlung, Koller
Rapunzel, Rapunze *w.* (*lat.*) Feldsalat, Ackersalat
rar (*lat.*) selten, aber gefragt; **Rarität** *w.* Seltenheit, Kostbarkeit
Ras *m.* (*arab.*) 1. abessinischer Fürstentitel, Statthalter; 2. arab. Bez. für Gipfel, Kap
rasant (*frz.*) 1. stürmisch, schwungvoll; 2. flach verlaufend (von der Flugbahn eines Geschosses), Hptw. **Rasanz** *w.*
Räson *w.* (räsong, *frz.*) Einsicht; **zur Räson bringen** jmdn. unsanft zur Einsicht bringen; **Räsoneur** *m.* (-nör) Nörgler; **räsonieren** 1. hin und her überlegen, erwägen; 2. nörgeln; **Räsonnement** *s.* (-mang) 1. unfruchtbares Erwägen; 2. Nörgelei
Raster *m.* (*lat.*) 1. Liniennetz mit quadratischen Feldern für Bauzeichnungen; 2. Folien mit Linien oder Punkten, mit denen sich die Tonwerte eines Fotos in druckfähige Elemente zerlegen lassen;
Rasterscan *m.* (-skän, *lat.-engl.*) zeilen-

weises Abtasten eines Bildes (auf dem Bildschirm) mit dem Elektronenstrahl
Rastral *s.* (*lat.*) Gerät mit fünf Zinken zum Ziehen von Notenlinien; **rastrieren** Notenlinien ziehen
Ratifikation *w.* (*lat.*) Bestätigung eines Vertrages; **ratifizieren** anerkennen, in Kraft setzen
Rating *s.* (rehting, *engl.*) 1. psychologisches Verfahren zur Beurteilung von Personen oder Situationen mit Hilfe einer Skala; 2. Verfahren, mit dem die Einschaltquote bei Fernsehsendungen ermittelt werden kann
Ratio *w.* (*lat.*) Vernunft, logischer Verstand; **rational** vernünftig, verstandesgemäß, verstandesmäßig erfassbar; **Rationalisierung** *w.* 1. zweckmäßige Vereinfachung (von Produktionsvorgängen); 2. nachträgliche, bewusste Begründung unbewusster Motive, Ztw. **rationalisieren**; **Rationalismus** *m.* 1. philosophische Überzeugung, dass die Welt vernünftig organisiert und verstandesmäßig erkennbar ist; 2. Verstandes-, Vernunftglaube; **Rationalist** *m.* Vertreter des Rationalismus, Verstandesmensch; **rationalistisch** verstandesbetont, vernunftbestimmt; **rationell** zweckmäßig, sparsam, durchdacht
Ration *w.* (*lat.*) zugeteiltes Maß, Portion, Bedarf für eine bestimmte Zeit; **rationieren** einteilen, planmäßig aufteilen
Ravioli *Mz.* (*itl.*) Nudeltäschchen mit feiner Fleisch- oder Käsefüllung
Rayon *m.* (rehjong, *frz.*) 1. Abteilung im Warenhaus; 2. Vorgelände einer Festung; 3. (rehjen, *engl.*) engl. Bez. für Viskosegarne; **Rayonchef** *m.* Abteilungsleiter
Razzia *w.* (*arab.-frz.*) überraschende Fahndungsaktion der Polizei
Re-, re- (*lat.*) als Vorsilbe: wieder, zurück
Readymades *Mz.* (räddimehds, *engl.*) zum Kunstwerk verfremdete Alltagsgegenstände
Reagenzien *Mz.* (-zi'e-, *lat.*) chem. Stoffe zum Nachweis von Substanzen; **reagieren** auf etwas ansprechen, sich verhalten, auf etwas eingehen
Reaktion *w.* 1. Rückwirkung, Gegenwirkung, Antwort; 2. chemische Wirkung; 3. Festhalten an überholten Einstellungen und Einrichtungen, Fortschrittsfeindlichkeit; 4. Gesamtheit aller reaktionären Kräfte; **Reaktionär** *m.* politischer Rückschrittler; **reaktionär** rückschrittlich
reaktiv (*lat.*) 1. als Reaktion auf einen Reiz oder ein Problem auftretend (von Krankheiten); 2. zurückwirkend, Hptw. **Reaktivität** *w.*; **reaktivieren** wieder einsetzen, wieder wirksam machen, Hptw. **Reaktivierung** *w.*
Reaktor *m.* (*lat.*) 1. Apparat, in dem chem. Reaktionen ablaufen; 2. Anlage zur kontrollierten Kernspaltung, Kernreaktor
real (*lat.*) 1. wirklich, tatsächlich; 2. dinglich, stofflich, sachlich; **Realgymnasium** *s.* Schultyp mit neueren Sprachen und Naturwissenschaften neben Latein; **Realien** *Mz.* (-li'en) 1. wirkliche Dinge, Tatsachen; 2. Sachkenntnisse; **realisieren** 1. verwirklichen, in die Tat umsetzen; 2. zu Geld machen; 3. eine Sache begreifen, indem man sie sich bewusst macht, Hptw. **Realisierung** *w.*; **Realismus** *m.* 1. realistische Einstellung, Wirklichkeitssinn; 2. wirklichkeitsnahe Darstellung in der Kunst; 3. philosophische Auffassung, dass die Dinge unabhängig vom menschlichen Bewusstsein existieren und durch Wahrnehmung und Denken erkannt werden können; **Realist** *m.* 1. Anhänger des Realismus; 2. Tatsachenmensch; **realistisch** wirklichkeitsnah, nüchtern, illusionsfrei; **Realität** *w.* Wirklichkeit, Tatsache, Gegebenheit; **realiter** tatsächlich, in Wirklichkeit; **Realityshow** *w.* (rijälitischoh, *engl.*) Fernsehsendung, in der z. B. ein Mordfall am Tatort nachgespielt wird; **Realkatalog** *m.* (*lat.-gr.*) Sachregister; **Realkonkurrenz** *w.* Zusammentreffen mehrerer strafbarer Handlungen; **Realkredit** *m.* Kredit gegen Sicherheiten in Form von Besitz; **Reallexikon** *s.* Sachlexikon; **Reallohn** *m.* der Lohn nach allen Abzügen; **Realobligation** *w.* Pfandbrief; **Realpolitik** *w.* Politik des Möglichen; **Realschule** *w.* Mittelschule; **Realtime** *w.* (rihlteim, *engl.*) die Zeit, die ein Computer für die Durchführung eines Befehls braucht, Echtzeit; **Realunion** *w.* Vereinigung von Staaten, die völkerrechtlich als Einheit auftreten
Reanimation *w.* (*lat.*) Wiederbelebung, Ztw. **reanimieren**

Reassekuranz *w.* (*lat.*) Rückversicherung
Reaumur (rehomür) Thermometerskala, die den Abstand zwischen Gefrier- und Siedepunkt in 80 Grad einteilt (nach dem franz. Physiker Réaumur, Abk. R)
Rebell *m.* (*lat.*) Empörer, Aufständischer; **rebellieren** sich empören, sich auflehnen; **Rebellion** *w.* Aufstand, Auflehnung; **rebellisch** 1. aufbegehrend, widersetzlich; 2. aufständisch
Rebus *m.* oder *s.* (*lat.*) Bilderrätsel; **rebus sic stantibus** bei dieser Sachlage, wenn die Dinge so liegen
Récamière *w.* (rehkamjähre, *frz.*) Liegebank mit zwei hohen geschwungenen Seitenlehnen (nach Madame Récamier, 1777–1849)
Receiver *m.* (rißihver, *engl.*) Kombination von Empfänger (Radio) und Verstärker
Rechaud *m.* (rescho, *frz.*) Wärmeplatte oder -ofen (für Speisen)
Recherche *w.* (rescherschl, *frz.*) Nachforschung, Untersuchung, Ermittlung (*Mz.* Recherchen); **recherchieren** nachforschen, erkunden, ermitteln, untersuchen
Recital *s.* (rihßeitl, *engl.*), **Récital** (reßital, *frz.*) Solistenkonzert
recitando (retschitando, *itl.*) Musik: erzählend, im Sprechgesang
recommandé (-mangde, *frz.*) intern. übliche Bez. für eingeschrieben (im Postwesen)
Reconquista *w.* (rekonkißta, *span.*) Kampf der christlichen Kräfte um die Zurückdrängung der arabischen Herrschaft auf der Iberischen Halbinsel (8.–15. Jh.)
Recorder *m.* Gerät zur magnetischen Aufzeichnung von Ton- und Bildmaterial (z. B. Videorecorder)
recte (*lat.*) richtig
Rector magnificus *m.* (*lat.*) Titel des Universitätsrektors; Anrede: **Magnifizenz**
Recycling *s.* (rißeikling, *engl.*) Wiederverwertung, Abfallnutzung, Rückgewinnung gebrauchter Materialien, Ztw. **recyceln**
Redakteur *m.* (-tör, *frz.*) Angestellter bei Verlagen, Rundfunk- oder Fernsehanstalten, der Beiträge auswählt und bearbeitet oder selbst erstellt; **Redaktion** *w.* 1. Gesamtheit der Redakteure; 2. Bearbeitung für die Veröffentlichung; **redaktionell** durch die Redaktion; **Redaktor** *m.* 1. Herausgeber wissenschaftlicher Werke; 2. schweizerisch: Redakteur; **redigieren** für die Veröffentlichung bearbeiten
Redhibition *w.* (*lat.*) Warenrückgabe gegen Kaufpreiserstattung bei nachträglicher Feststellung von Mängeln an der Ware
Redingote *m.* (redängot, *engl.-frz.*) stark taillierter Mantel mit Reverskragen
Rediskontierung *w.* (*itl.*) Annahme und Weitergabe schon diskontierter Wechsel, Ztw. **rediskontieren**
redivivus (*lat.*) wiedererstanden, erneuert
Redoute *w.* (redutt, *frz.*) 1. Befestigungswerk; 2. Maskenball (österr.); 3. alte Bezeichnung für Tanzsaal
redressieren (*frz.*) orthopädisch korrigieren, gerade richten (von Knochen)
Reduit *s.* oder *m.* (redüih, *frz.*) sicherer Rückzugsbunker in einer Festung
Reduktion *w.* (*lat.*) 1. Verringerung, Herabsetzung, Verminderung; 2. Entzug von Sauerstoff aus einer chem. Verbindung
redundant (*lat.*) überflüssig; **Redundanz** *w.* 1. Überladenheit einer Aussage mit überflüssigen Ausdrücken; 2. überflüssiger, wegzulassender Teil einer Nachricht, der keine Information enthält und bei der Nachrichtenübermittlung entbehrlich ist
Reduplikation *w.* (*lat.*) Verdoppelung (z. B. von Silben); **reduplizieren** verdoppeln
reduzibel (*lat.*) rückführbar; **reduzieren** 1. auf das Wesentliche, auf einen bestimmten Stand zurückführen, verringern, herabsetzen; 2. Sauerstoff entziehen
Reede *w.* (*niederl.*) Ankerplatz vor dem Hafen; **Reeder** *m.* Schiffseigentümer; **Reederei** *w.* Schifffahrtsunternehmen
Reeducation *w.* (ri'edjukehschn, *engl.*) Umerziehung
reell (re'ell, *lat.*) 1. begründet, zuverlässig, wirklich; 2. anständig, gediegen
Refaktie *w.* (-zi'e, *niederl.*) Preisabzug, Nachlass, Rückvergütung (wegen fehlerhafter Ware), Ztw. **refaktieren**

Refektorium *s.* (*lat.*) Speisesaal eines Klosters
Referat *s.* (*lat.*) 1. Fachabteilung, Sachgebiet; 2. Vortrag, Berichterstattung über ein (Sach-)Thema; **Referent** *m.* 1. jmd., der ein Referat hält; 2. Sachbearbeiter; **referieren** berichten, ein Referat halten
Referendar *m.* (*lat.*) in praktischer Berufsausbildung stehender Beamtenanwärter mit akademischem Abschluss
Referendum *s.* (*lat.*) Volksentscheid
Referenz *w.* (*lat.*) 1. Empfehlung; 2. Person, die positive Auskünfte über jmdn. gibt; 3. die Beziehung zwischen sprachlichen Zeichen und ihren Bezugsobjekten in der außersprachlichen Wirklichkeit (Sprachtheorie)
Refinanzierung *w.* (*lat.*) Kreditaufnahme, um Kredite geben zu können
Reflation *w.* (*engl.*) Erhöhung des Geldumlaufs, um einer Depression entgegenzuwirken
Reflektant *m.* (*lat.*) Bewerber, Interessent, Bieter; **reflektieren** 1. an etwas Interesse haben, etwas haben wollen; 2. Strahlen zurückwerfen, spiegeln; 3. nachdenken; **reflektiert** 1. durchdacht, gründlich erwogen; 2. intelligent, gründlich durchdenkend
Reflektor *m.* (*frz.-lat.*) 1. Rückstrahler; 2. Gerät zum Bündeln von Licht oder elektromagnetischen Wellen; **reflektorisch** reflexbedingt, unwillkürlich; **Reflex** *m.* (*frz.*) 1. Widerschein, Widerspiegelung; 2. unwillkürliche Reaktion auf einen Reiz; **Reflexion** *w.* 1. Zurückwerfen von Licht, elektromagnetischen oder anderen Wellen; 2. Nachdenken, prüfendes Denken, Betrachtung; **reflexiv** Sprachlehre: rückbezüglich (von einem Wort); **Reflexivpronomen** *s.* Sprachlehre: rückbezügliches Fürwort
Reform *w.* (*lat.*) Umgestaltung, Neugestaltung, Verbesserung; **Reformation** *w.* 1. Erneuerung, Umgestaltung; 2. Glaubensbewegung des 16. Jahrhunderts, die zur Entstehung des Protestantismus führte; **Reformator** *m.* 1. Erneuerer, Umgestalter; 2. einer der Begründer der historischen Reformation; **reformatorisch** umgestaltend, erneuernd; **reformieren** umgestalten, erneuern; **reformiert** evang.-reformiert; **reformierte Kirche** die von Calvin und Zwingli geschaffene Form des Protestantismus; **Reformismus** *m.* Bewegung zur Verbesserung gesellschaftlicher Verhältnisse durch Reformen, nicht durch Revolution
Refrain *m.* (refrä, *frz.*) Kehrreim
refraktär (*lat.*) medizinisch unempfänglich; **Refraktion** *w.* Lichtbrechung, Strahlenbrechung; **Refraktiometer** *s.* Apparat zur Berechnung der Lichtbrechung; **Refraktor** *m.* astronomisches Fernrohr; **Refrakturierung** *w.* erneute Brechung eines schlecht verheilten Knochenbruchs
Refugié *m.* (refüschjeh, *frz.*) Glaubensflüchtling, insbes. Protestant in Frankreich im 17. und 18. Jh.; **Refugium** *s.* (*lat.*) Zufluchtsort
Regal *s.* (*Herk. unsicher*) Gestell mit Fächern
Regal *s.* (*frz.*) kleine, tragbare Orgel
Regal *s.* (*lat.*) wirtschaftlich nutzbares, oft königliches Hoheitsrecht, bes. das Münzrecht (*Mz.* Regalien [-li'en])
regalieren (*lat.*) aufwarten, bewirten, freihalten
Regatta *w.* (*itl.*) Bootswettfahrt
Regeldetri *w.* (*lat.*) Dreisatzrechnung
Régence *s.* (reschangß, *frz.*) französischer Kunststil zur Zeit der Regentschaft Philipps von Orléans (1715–1723), Übergang zum Rokoko
Regeneration *w.* (*lat.*) 1. Neubildung (von Geweben, Zellen); 2. Rückgewinnung chem. Stoffe; 3. Wiederauffrischung, Erneuerung; **regenerieren** erneuern, auffrischen, wiedergewinnen
Regent *m.* (*lat.*) 1. Herrscher; 2. Regierungsstatthalter, Landesverweser; **Regentschaft** *w.* Regierungszeit eines Herrschers
Regesten *Mz.* (*lat.*) Sammlung von (mittelalterlichen) Urkunden in Auszügen oder Inhaltsangaben
Reggae *m.* (reggih, *engl.*) von der Volksmusik auf Jamaika beeinflusste Stilrichtung in der Popmusik
Regie *w.* (reschih, *frz.*) 1. künstlerische Leitung bei Theater oder Film; 2. (staatliche) Verwaltung eines Vorhabens
regieren (*lat.*) 1. herrschen, die Politik leiten; 2. Sprachlehre: einen bestimmten

Fall fordern; **Regierung** *w.* oberstes Organ, Gesamtheit der Personen, die regieren

Regime *s.* (reschihm, *frz.*) 1. Regierungsform, Herrschaftsform; 2. Diätvorschrift

Regiment *s.* (*lat.*) 1. Truppeneinheit; 2. Herrschaft, Leitung

Region *w.* (*lat.*) 1. Bereich, Bezirk, Gegend; 2. Körperbezirk, Organabschnitt; **regional** auf eine bestimmte Region beschränkt, gebietsmäßig, gebietsweise; **Regionalismus** *m.* 1. Besonderheit einer Landschaft; 2. landschaftsgebundenes Sonderinteresse; 3. Heimatkunst um 1900; **Regionalist** *m.* Vertreter des Regionalismus

Regisseur *m.* (-schissör, *frz.*) Spielleiter, jmd., der professionell Regie führt

Register *s.* (*lat.*) 1. alphabetisches Stichwortverzeichnis in Büchern; 2. amtliches Verzeichnis von Urkunden; 3. Einlage in Briefordner, in Geschäftsbücher, eingeschnittenes Alphabet; 4. Orgelpfeifengruppe aus einem Klangbereich; 5. spezieller Computerspeicher für vorübergehende Speicherung von Daten (EDV)

registered (redschisterd, *engl.*) eingetragen, patentiert, gesetzlich geschützt; eingeschrieben (von Postsendungen)

Registertonne *w.* (*lat.*) Maß für den Laderaum eines Schiffs

Registratur *w.* (*lat.*) 1. Briefablage; 2. die Registerzüge einer Orgel; **registrieren** 1. aufzeichnen, verzeichnen; 2. kommentarlos wahrnehmen; 3. Register an der Orgel ziehen, Hptw. **Registrierung** *w.*

Reglement *s.* (reglemang, *frz.*) Gesamtheit der Regeln für einen Bereich; **reglementieren** durch Vorschriften regeln, einschränken; **Reglementierung** *w.* 1. das Reglementieren; 2. Beaufsichtigung durch eine Behörde, Polizeiaufsicht

Regletten *Mz.* (*frz.*) Metallplättchen für den Zeilendurchschuss im Handdruckverfahren

regredieren 1. Regress in Anspruch nehmen; 2. in eine entwicklungsmäßig frühere Erlebnis- und Handlungsweise zurückfallen

Regress *m.* (*lat.*) Ersatzanspruch, Erstattungsanspruch; **Regression** *w.* 1. Zurückweichen des Meeres; 2. rückläufige Tendenz, bes. in der wirtschaftlichen Entwicklung; 3. das Zurückfallen in kindliche Handlungs- und Erlebnisweisen; **regressiv** 1. sich zurückbildend (von Krankheiten); 2. psychologisch zurückfallend; 3. einen Regress betreffend; **Regresspflicht** *w.* Ersatzpflicht

Regular *m.* (*lat.*) Ordensgeistlicher

regulär (*lat.*) vorschriftsmäßig, üblich; **Regularität** *w.* Regelmäßigkeit; **Regulation** *w.* Regelung, Ausgleich; **Regulativ** *s.* regelnde Bestimmung, regelndes Element; **regulativ** regulierend; **Regulator** *m.* 1. Regler, regulierende Kraft; 2. Uhr mit Ausgleichspendel; **regulatorisch** steuernd, regelnd; **regulieren** regeln, ordnen, in Ordnung bringen, einstellen, Hptw. **Regulierung** *w.*

Reha *w.* Kurzform von **Rehabilitation** *w.* (Wieder-)Eingliederung eines Patienten in sein altes oder neues berufliches und gesellschaftliches Umfeld; **rehabilitieren** 1. jmds. Ansehen wiederherstellen; 2. wiedereingliedern; **Rehabilitierung** *w.* Wiederherstellung des sozialen Ansehens

Reibach *m.* (*jidd.*) Gewinn, Vorteil

Reineclaude *w.* (rähneklohde, *frz.*) Pflaumenart mit grünen Früchten

Reinkarnation *w.* (re'in-, *lat.*) Wiederverkörperung, Übergang der Seele in einen anderen Körper (nach der buddhistischen Lehre von der Seelenwanderung); **reinkarnieren** sich wieder verkörpern

Reintegration *w.* (re'in-, *lat.*) Wiedereingliederung, Ztw. **reintegrieren**

reiteretur (re'i-, *lat.*) auf Rezepten: «es werde erneuert»

Rekapitulation *w.* (*lat.*) Wiederholung, Zusammenfassung, Ztw. **rekapitulieren**

Reklamation *w.* (*lat.*) Beanstandung

Reklame *w.* (*frz.*) Werbung; **reklamieren** (*lat.*) 1. Beschwerde führen, Einspruch erheben, beanstanden; 2. für sich beanspruchen, Anspruch erheben

Rekluse = Inkluse

rekognoszieren (*lat.*) wieder erkennen, Identität beglaubigen

Rekombination *w.* (*lat.*) Neuzusammensetzung (z. B. von Genen)

Rekompensation *w.* (*lat.*) Entschädigung; **rekompensieren** entschädigen

rekonstruieren (*lat.*) 1. den früheren Zustand wiederherstellen, nachbilden (z. B. von Gebäuden); 2. einen (Tat-)Hergang detailliert in Erinnerung rufen, Hptw. **Rekonstruktion** *w.*

Rekonvaleszent *m.* (*lat.*) Genesender; **rekonvaleszent** auf dem Wege zur Gesundung; **Rekonvaleszenz** *w.* Genesung

Rekonziliation *w.* (*lat.*) Wiederaufnahme in die kath. Kirche

Rekord *m.* (*engl.*) Höchstleistung, Höchstmaß

Rekreation *w.* (*lat.*) Erholung

Rekreditiv *s.* (*lat.*) offizielles Antwortschreiben auf die Abberufung eines Diplomaten

Rekrut *m.* (*frz.*) Soldat in der ersten Ausbildungszeit; **rekrutieren** Soldaten ausheben; **sich rekrutieren** sich zusammensetzen aus, sich ergänzen aus, Hptw. **Rekrutierung** *w.*

Rektaindossament *s.* (*lat.-itl.*) Wechsel mit **Rektaklausel** *w.*, die die Weitergabe des Wechsels untersagt; **Rektapapier** *s.* Wertpapier auf den Namen des Besitzers

rektal (*lat.*) durch den Mastdarm, den Mastdarm betreffend

Rektawechsel = Rektaindossament

Rektifikation *w.* (*lat.*) 1. Bestimmung der Länge einer mathematischen Kurve; 2. wiederholte Destillation von Flüssigkeiten, Ztw. **rektifizieren**

Rektion *w.* (*lat.*) Eigenschaft eines Wortes, den grammat. Fall eines abhängigen Wortes zu regieren (z. B. die Präposition *für* regiert immer den Akkusativ)

Rektor *m.* (*lat.*) Leiter einer Volks- oder Hochschule; **Rektorat** *s.* Amtsraum und Amt des Rektors

Rektoskop *s.* (*lat.*) Mastdarmspiegel; **Rektum** *s.* Mastdarm

rekurrieren (*lat.*) Bezug nehmen, zurückgreifen auf etwas; **Rekurs** *m.* Rückgriff, Bezugnahme; **rekursiv** bis auf bekannte mathemat. Werte, schrittweise zurückgehend

Relais *s.* (relāh, *frz.*) 1. früher Station zum Auswechseln der Pferde; 2. Schaltvorrichtung zum Ein- oder Ausschalten des Arbeitsstromkreises; **Relaisstation** *w.* Funkstation als Zwischenstation zur Weiterleitung von UKW- und Fernsehsendungen vom Sender zum Empfänger, Zwischensender

Relation *w.* (*lat.*) Beziehung, Verhältnis; **relativ** 1. vergleichsweise, verhältnismäßig, entsprechend; 2. bedingungs-, standpunktabhängig, bedingt; 3. bezüglich; **Relativismus** *m.* 1. erkenntnistheoretische Auffassung, nach der nur die Relation zwischen Dingen, nicht diese selbst erkennbar sind; 2. Ansicht, nach der Erkenntnisse und Werte nicht absolut, sondern nur in Abhängigkeit von bestimmten Bedingungen gültig sind, Eigw. **relativistisch**; **relativieren** eine Sache in ihrer Bedingtheit sehen, einschränken; **Relativität** *w.* Bedingtheit; **Relativitätstheorie** *w.* physikalische Theorie, nach der die physikalischen Größen Raum, Zeit und Masse als relativ angesehen werden müssen, weil sie vom Bewegungszustand des Beobachters abhängig sind; **Relativpronomen, Relativum** *s.* Sprachlehre: bezügliches Fürwort

Relaunch *s.* (relohnsch, *engl.*) Werbekampagne für ein Produkt, das Marktanteile zu verlieren droht

Relaxation *w.* (*lat.*) 1. Entspannung, Erschlaffung der Muskulatur; 2. Wiederherstellung eines chem. oder physikal. Gleichgewichts; **relaxed** (rihläkst, *engl.*) entspannt, gelöst; **relaxen** sich entspannen, sich erholen, Hptw. **Relaxing** *s.*

Releasezentrum *s.* (rilihs-, *engl.*) Einrichtung zur Heilung Rauschgiftsüchtiger

Relegation *w.* (*lat.*) Verweisung von Schule oder Hochschule, Ztw. **relegieren**

relevant (*frz.*) erheblich, wesentlich; **Relevanz** *w.* Gewichtigkeit, Bedeutung

Reliabilität *w.* (*engl.*) Zuverlässigkeit, Verlässlichkeit (von Tests)

Relief *s.* (reljeff, *frz.*) 1. aus der Fläche herausgearbeitete plastische Form; 2. Geländeoberfläche; 3. plastisch wirkende Landkarte

Religion *w.* (*lat.*) 1. Glaube an eine übersinnliche Instanz; 2. religiöses Bekenntnis; **religiös** fromm, gläubig; **Religiose** *m.* und *w.* Mitglied einer kath. religiösen Vereinigung; **Religiosität** *w.* religiöse Einstellung, Frömmigkeit, Gläubigkeit; **reli-**

gioso (relidschoso, *itl.*) Musik: andächtig
Relikt *s.* (*lat.*) Überbleibsel, Restbestand
Reling *w.* (*niederl.*) Schiffsgeländer, der das Oberdeck überragende Teil der Bordwand
Reliquiar *s.* (*lat.*) Reliquienbehälter; **Reliquie** *w.* (-qui'e) Rest, Überrest eines Heiligen oder der mit ihm zusammenhängenden Gegenstände
Reluktanz *w.* (*lat.*) magnetischer Widerstand
Remake *s.* (rihmehk, *engl.*) Neuverfilmung, Neufassung
remanent (*lat.*) zurückbleibend, verbleibend; **Remanenz** *w.* Restmagnetismus
Remarquedruck *m.* (remark-, *frz.*) Probedruck von Graphiken
Rembours *m.* (rangbur, *frz.*) Deckung von Auslagen (im Überseehandel)
Remedium *s.* Heilmittel; **Remedur** *w.* Abhilfe, Behebung eines Missstands
remilitarisieren (*lat.*) wieder bewaffnen; **Remilitarisierung** *w.* Wiederbewaffnung
Reminiszenz *w.* (*lat.*) Erinnerung, Anklang, Wiedererinnerung
remis (remi, *frz.*) unentschieden (im Schach); **Remis** *s.* unentschiedenes (Schach-)Spiel
Remise *w.* (*frz.*) 1. Wagenschuppen; 2. Schutzpflanzung für Wild
Remisier *m.* (remisjeh, *frz.*) Vertreter an der Börse
Remission *w.* (*lat.*) 1. Bez. für die Reflexion von Leuchtdichten; 2. vorübergehendes Nachlassen von Krankheitssymptomen; 3. Rücksendung; **Remittenden** *Mz.* unverkaufte Bücher oder Druckschriften, die an den Verlag zurückgehen; **Remittent** *m.* Wechselnehmer; **remittieren** 1. zurücksenden; 2. Zahlung zukommen lassen; 3. nachlassen (von Krankheitserscheinungen)
Remonetisierung *w.* (*lat.*) Wiedereinführung einer außer Kurs gesetzten Währung
Remonte *w.* (remongt, eingedeutscht remonte, *frz.*) junges Militärpferd; **remontieren** 1. früher: den militärischen Pferdebestand ergänzen; 2. nach der Hauptblüte noch einmal blühen, bes. bei bestimmten Rosenarten
Remoulade *w.* (remulade, *frz.*) Mayonnaise mit Kräutern
Ren *s.* (*skandin.*) Rentier (Hirschart); **Ren** *m.* (*lat.*) die Niere
ren. = renovavit
Renaissance *w.* (renässangß, *frz.*) 1. Epoche vom 14. bis 16. Jh. mit neuen, an der Antike orientierten Kunst- und Kulturformen; 2. Wiederaufleben, Wiederbelebung, neue Blüte
Rencontre = Renkontre
Rendezvous *s.* (rangdehwu, *frz.*) 1. Stelldichein, Verabredung; 2. Annäherung oder Koppelung von zwei Raumfahrzeugen im Weltraum
Rendite *w.* (*itl.*) Zinsertrag von angelegtem Kapital
Renegat *m.* (*lat.*) Abtrünniger, jmd., der seinen Glauben oder seine politische Überzeugung wechselt
Reneklode = Reineclaude
renitent (*lat.*) widersetzlich; **Renitenz** *w.* Widersetzlichkeit
Renkontre *s.* (rangkongtre, *frz.*) 1. Begegnung, Zusammentreffen; 2. Zusammenstoß, Reiberei
Renommee *s.* (*frz.*) guter Ruf eines Menschen; **renommieren** prahlen, angeben; **renommiert** angesehen, namhaft; **Renommist** *m.* Aufschneider, Prahler
Renovation, Renovierung *w.* (*lat.*) Erneuerung, Instandsetzung; **renovavit** hat instand gesetzt (neben dem Namen auf Bildern und Gebäuden); **renovieren** instand setzen, herrichten
rentabel (*lat.-frz.*) einträglich, Gewinn bringend; **Rentabilität** *w.* Verhältnis zwischen eingesetztem Kapital und Ertrag, Wirtschaftlichkeit; **Rentier** *m.* (rentjeh) Rentner; **rentieren** Gewinn einbringen, sich lohnen
Reorganisation *w.* (*lat.*) Neugestaltung, Umorganisation; **Reorganisator** *m.* Neugestalter; **reorganisieren** umorganisieren, neu gestalten, wiedereinrichten
rep. = 1. repartiert; 2. repetatur
Reparation *w.* (*lat.*) Kriegsentschädigung, Ersatzleistung; **Reparatur** *w.* Ausbesserung, Instandsetzung; **reparieren** ausbessern, wiederherstellen

repartieren (*frz.*) umlegen, anteilmäßig verteilen (von Wertpapieren); **repartiert** zugeteilt; **Repartition** *w.* anteilmäßige Zuteilung

repassieren (*frz.*) Laufmaschen aufnehmen

repatriieren (-tri'ie-, *lat.*) 1. wiedereinbürgern; 2. Kriegsgefangene in die Heimat entlassen, Hptw. **Repatriierung** *w.*

Repertoire *s.* (repertoar, *frz.*) Gesamtheit der von einem Theater gespielten Stücke, von einem reproduzierenden Künstler beherrschten Rollen, Nummern u. Ä.; **Repertoirestück** Theaterstück, das immer wieder gespielt wird

Repertorium *s.* (*lat.*) Nachschlagewerk

repetatur (*lat.*) auf Rezepten: soll wiederholt werden; **repetieren** wiederholen, einüben, Hptw. **Repetition** *w.*; **Repetitor** *m.* Einüber für eine Prüfung; **Repetitorium** *s.* Wiederholungskurs oder -buch

Replik *w.* (*frz.*) 1. Erwiderung, Gegenrede; 2. Kopie eines Werkes durch den Künstler selbst; 3. Wiederholung eines musikalischen Themas; **Replikat** *s.* originalgetreue Kopie eines Kunstwerks; **Replikation** *w.* Reproduktion, Vervielfältigung (von Genen); **replizieren** 1. erwidern, entgegnen; 2. eine Künstlerkopie herstellen

Réponse payée (repongß päjeh, *frz.*) auf Telegrammen: Antwort bezahlt (Abk. RP)

Report *m.* (*frz.*) 1. Untersuchungsbericht; 2. Aufschlag bei Prolongationsgeschäften

Reportage *w.* (reportasche, *frz.*) Bericht, Berichterstattung; **Reporter** *m.* Berichterstatter über Tagesereignisse für Zeitung, Funk, Fernsehen

Repoussoir *s.* (repussoar, *frz.*) Gegenstand oder Person im Vordergrund (eines Bildes), um die Tiefenwirkung zu steigern

repräsentabel (*lat.*) ansehnlich, wirkungsvoll; **Repräsentant** *m.* Vertreter, Abgeordneter; **Repräsentantenhaus** *s.* zweite Kammer, Volksvertretung; **Repräsentanz** *w.* 1. Vertretung eines Unternehmens, Geschäftsvertretung; 2. das Repräsentativsein; **Repräsentation** *w.* 1. Vertretung einer Gruppe oder Gesamtheit; 2. Aufwand, Auftreten, Zurschaustellung; 3. Vergegenwärtigung von etwas im Bewusstsein; **repräsentativ** 1. typisch, das Wesentliche ausdrückend; 2. durch das Prinzip der Vertretung gekennzeichnet (z. B. repräsentative Demokratie); 3. status- oder imagegerecht ausgestattet, repräsentabel; **repräsentieren** 1. eine Gruppe oder Gesamtheit vertreten; 2. typisch für etwas sein, ausmachen, darstellen; 3. repräsentabel vertreten

Repressalie *w.* (*Mz.*, -li'en, *lat.*) Druckmittel, Vergeltungsmaßnahme, bes. eines Staates; **Repression** *w.* 1. Unterdrückung von Triebregungen; 2. politische Unterdrückung; **repressiv** hemmend, unterdrückend

Reprint *m.* (riprint, *engl.*) (fotomechanischer) Neudruck eines vergriffenen Werkes

Reprise *w.* (*frz.*) 1. Wiederaufnahme eines Theaterstücks oder Films, Neuauflage einer Schallplatte; 2. Wiederholung eines Musikabschnitts, z. B. eines Sonatensatzes; 3. Erholung der Kurse an der Börse

Reprivatisierung *w.* (*lat.*) Zurückführung verstaatlichter Unternehmen in Privatbesitz, Ztw. **reprivatisieren**

Reprocessing *s.* (rihproße-, *engl.*) Wiederaufbereitung (von Kernbrennstoffen)

Reproduktion *w.* (*lat.*) 1. Vervielfältigung, druckmäßige Wiedergabe eines Bildes; 2. Fortpflanzung, Vermehrung; 3. Wiederhervorbringung von Bewusstseinsinhalten; 4. Wiederholung, Wiederherstellung der individuellen Arbeitskraft und des gesellschaftlichen Produktionsprozesses; **reproduktiv** nachschaffend; **reproduzieren** vervielfältigen, nachschaffen, wieder herstellen

Reptil *s.* (*lat.*) Kriechtier (*Mz.* Reptilien [-li'en])

Republik *w.* (*lat.*) Staat, der nicht von einem Fürsten, Monarchen o. a. regiert wird; **Republikaner** *m.* Anhänger der republikanischen Staatsform, Eigw. **republikanisch**

repulsiv (*lat.*) abweisend, abschlägig, Hptw. **Repulsion** *w.*

Repunze *w.* (*itl.*) Feingehaltsstempel auf Edelmetallwaren; **repunzieren** den Stempel aufdrücken

Reputation *w.* (*lat.*) Ansehen; **reputier-**

lich achtbar, ehrbar (heute eher scherzhaft)

Requête *w.* (rekäht, *frz.*) Bittschrift; **Requêtenmeister** *m.* Bittschriften-, Eingabenbesorger

Requiem *s.* (rehkwi'em, *lat.*) 1. kath. Seelenmesse; 2. Requiemkomposition(en)

requiescat in pace (-kwi'es-, *lat.*) er (sie) ruhe in Frieden, Schlussformel einer Totenmesse; Grabinschrift Abk. R. I. P.

requirieren (*lat.*) 1. beschlagnahmen; 2. nachforschen; **Requisit** *s.* 1. Ausstattungsstück im Theater oder Film; 2. Zubehörteil; **Requisite** *w.* Raum für Requisiten; **Requisiteur** *m.* (-tör) Verwalter der Bühnenausstattung; **Requisition** *w.* 1. Beschlagnahme; 2. Nachforschung; 3. Ersuchen einer Behörde um Rechtshilfe

Res cogitans *w.* (*lat.*) das denkende Wesen, Seele, Bewusstsein, Geist; **Res extensa** *w.* das räumlich Ausgedehnte, Materie, Leib (Grundbegriffe in der Philosophie von René Descartes [1596–1650])

Research *s.* oder *w.* (rihßörtsch, *engl.*) Forschung, Untersuchung, bes. Marktuntersuchung durch Meinungsforschung

Resektion *w.* (*lat.*) operative Entfernung eines Organteils, Ztw. **resezieren**

Reservat *s.* (*lat.*) 1. Sonderrecht; 2. Schutzgebiet für Tiere und Pflanzen; **Reservatio mentalis** *w.* unausgesprochener, innerer Vorbehalt; **Reservation** *w.* 1. den Indianern in Nordamerika zugewiesenes (Schutz-)Gebiet; 2. Vorbehalt

Reserve *w.* (*frz.*) 1. Vorrat, Rücklage; 2. Zurückhaltung; 3. Ersatzheer, Ersatztruppe, Gesamtheit der Ersatzspieler im Sport; **reservieren** aufbewahren, vorbehalten, zurücklegen; **reserviert** zurückhaltend, kühl; **Reservist** *m.* Soldat des Ersatzheers; **Reservoir** *s.* (-voar) Sammelbecken, Sammelbehälter

resezieren (*lat.*) operativ entfernen

resident (*engl.*) ständig im Computerspeicher vorhanden (EDV), **Residenz** *w.* (*lat.*) Sitz eines Staatsoberhaupts oder Bischofs; **residieren** seinen Wohnsitz haben, Hof halten; **residual** zurückbleibend; **Residuum** *s.* (-du'u-) Rückstand

Resignation *w.* (*lat.*) das Resignieren; **resignieren** sich abfinden, den Mut verlieren, sich in das Schicksal ergeben, Eigw. **resigniert, resignativ**

Resina *w.* (*gr.*) Harz; **resinieren** harzen

Résistance *w.* (rehsißtangß, *frz.*) die französische Widerstandsbewegung gegen die deutsche Besatzungsmacht im Zweiten Weltkrieg

resistent 1. widerstandsfähig gegen Krankheitserreger; 2. auf Antibiotika nicht mehr reagierend (von Krankheitserregern); 3. unempfänglich, unbeeinflussbar (umg.); **Resistenz** *w.* (*lat.*) 1. Gegenwehr, Widerstand; 2. Widerstandskraft gegen Krankheiten; 3. Tastwiderstand, wenn ein Organ verhärtet ist, Ztw. **resistieren**

resolut (*lat.*) entschlossen, forsch; **Resolution** *w.* Entschließung, schriftliche Erklärung von Forderungen

Resonanz *w.* (*lat.*) 1. Mitschwingen, Mittönen eines Körpers mit gleicher Frequenz; 2. Reaktion auf etwas, Widerhall

Resopal *s.* (*Wz.*) widerstandsfähiger Kunststoff

resorbieren (*lat.*) aufsaugen, einsaugen; **Resorption** *w.* Aufnahme von Stoffen in das Körperinnere

Resozialisierung *w.* (*lat.*) Wiedereingliederung von entlassenen Strafgefangenen in die Gesellschaft, Teil des Strafvollzugs

resp. = respektive

Respekt *m.* (*lat.*) 1. Achtung, Ehrerbietung; 2. Scheu; **respektabel** achtbar, angesehen, Achtung gebietend; **respektieren** 1. achten, anerkennen; 2. Wechsel anerkennen; **respektive** beziehungsweise

Respiration *w.* (*lat.*) Atmung; **respiratorisch** die Atmung betreffend; **respirieren** atmen

Responder *m.* (*engl.*) Patient, bei dem eine Substanz wirksam ist; **respondieren** (*lat.*) entsprechen; **Response** *w.* (rißponß, *engl.*) Antwort, Reaktion auf einen Reiz; **Responsorium** *s.* (*lat.*) kirchlicher Wechselgesang

Ressentiment *s.* (ressangtimang, *frz.*) 1. Nacherleben einer früheren Kränkung, 2. Neid gegen bevorzugt Erscheinende, aus Vorurteilen gespeiste Abneigung

Ressort *s.* (reßor, *frz.*) Amtsbereich, Arbeitsgebiet, Aufgabengebiet

Ressource *w.* (reßurß, *frz.*) 1. Hilfsquelle, Geldmittel, Reserve; 2. Gesamtheit der Produktionsfaktoren

Restant *m.* (*lat.*) 1. Rückstand; 2. Ladenhüter; 3. zahlungsrückständiger Schuldner

Restaurant *s.* (restorang, *frz.*) Gasthaus, Speisehaus

Restauration *w.* (*lat.*) 1. Wiederherstellung eines Kunstwerks; 2. Wiederherstellung der vorrevolutionären politischen Zustände; 3. politisch rückwärts gewandte Kräfte; **Restaurator** *m.* Fachmann für die Restauration von Kunstwerken; **restaurieren**, wiederherstellen, Hptw. **Restaurierung** *w.*

restieren (*frz.*) schulden, im Rückstand sein

restituieren (*lat.*) 1. ersetzen, zurückerstatten; 2. wiederherstellen; **Restitution** *w.* 1. Rückerstattung, Wiedergutmachung, Schadenersatzleistung; 2. Wiederherstellung

Restriktion *w.* (*lat.*) Einschränkung; **restriktiv** einschränkend; **restringieren** 1. einschränken; 2. zusammenziehen

Resultante, Resultierende *w.* (*lat.*) eine aus mehreren Kräften sich ergebende Gesamtkraft; **resultieren** 1. sich (aus etwas) ergeben, aus etwas folgen; 2. zur Folge haben; **Resultat** *s.* Ergebnis

Resümee *s.* (*frz.*) Übersicht, Zusammenfassung, Überblick; **resümieren** zusammenfassen, ein Resümee ziehen

Resurrektion *w.* (*lat.*) Auferstehung

Retabel *s.* (*lat.*) Altarwand, -aufsatz

Retake *s.* (rihtehk, *engl.*) Wiederholung einer nicht gelungenen Filmszene

Retardation *w.* (*lat.*) Verzögerung, Verlangsamung eines Vorgangs; **retardieren** verzögern, hemmen, verlangsamen; **retardierendes Moment** hemmender Umstand, bes. in der Handlungsentwicklung des Dramas; **retardiert** zurückgeblieben in der körperlichen oder geistigen Entwicklung

Retention *w.* (*lat.*) 1. Verhaltung, Stau von Körperflüssigkeiten (z. B. Harn); 2. Gedächtnisleistung hinsichtlich des Wiedererkennens und Lernens

retikulär (*lat.*) netzförmig; **Retina** *w.* Netzhaut des Auges; **Retinitis** *w.* Netzhautentzündung

Retorsion *w.* (*lat.*) Vergeltungsmaßregel eines Staates einem anderen Staat gegenüber; **Retorte** *w.* Kugelgefäß mit langem Hals für chem. Untersuchungen; **aus der Retorte** auf künstlichem Wege hergestellt; unorganisch erscheinend; **Retortenbaby** *s.* Kind, das durch künstliche, außerhalb des Mutterleibs stattfindende Befruchtung und Austragung im Mutterleib entstand

retour (retur, *frz.*) zurück; **retournieren** 1. zurückschicken; 2. den gegnerischen Tennisball zurückschlagen; **Retourkutsche** *w.* eine Revanche mit Worten, wenn sich die Gelegenheit dazu bietet

Retraite *w.* (reträt, *frz.*) Zapfenstreich der Kavallerie, Rückzug

Retraktion *w.* (*lat.*) Verkürzung, Schrumpfung von Gewebe, Organen; **Retraktor** *m.* Rückziehmuskel, durch den sich z. B. die Schnecke ins Gehäuse zurückzieht

Retribution *w.* (*lat.*) Wiedererstattung

Retriever *m.* (ritrihwer, *engl.*) Apportierhund

Retro-, retro- (*lat.*) als Vorsilbe: zurück, rückwärts, wieder

retrograd (*lat.*) rückwirkend, sich auf Zurückliegendes beziehend

Retrospektion *w.* (*lat.*) Rückschau; **retrospektiv** rückblickend, rückschauend; **Retrospektive** *w.* Ausstellung oder Filmreihe, die das Gesamtwerk eines Künstlers im Rückblick vorstellt

Retroviren *Mz.* (*lat.*) Viren aus der Gruppe der Ribonukleinsäure-Viren (z. B. Leukämie- und Aidsvirus)

Retrozession *w.* (*lat.*) Rückversicherung

Retsina *m.* (*gr.*) geharzter griech. Weißwein

Retusche *w.* (*frz.*) Überarbeitung, Korrektur von Fotos, Druckvorlagen, Filmen; **Retuscheur** *m.* (-schör) jmd., der berufsmäßig retuschiert; **retuschieren** 1. korrigieren, überarbeiten; 2. schönfärben, einen Sachverhalt beschönigen oder verklären

reüssieren (*frz.*) Erfolg haben, gelingen, glücken

Revalvation *w.* (*lat.*) Währungsaufwertung

Revanche *w.* (rewangsch, *frz.*) 1. Rache; 2. Gegenleistung; 3. Möglichkeit, eine sportliche Niederlage wettzumachen; **sich revanchieren** 1. vergelten, heimzahlen; 2. sich erkenntlich zeigen, wettmachen

Revanchismus *m.* (*frz.-russ.*) Vergeltungspolitik, Eigw. **revanchistisch**

Reveille *w.* (rewehj, *frz.*) Wecksignal, militärischer Weckruf

Revelation *w.* (*lat.*) Enthüllung, Offenbarung

Revenant *m.* (rewenang, *frz.*) Gespenst, Wiedergänger

Revenuen *Mz.* (-nühn, *frz.*) Einkünfte aus Vermögen

Reverend *m.* (*engl.-lat.*) Titel der Geistlichen in England und Amerika (Abk. Rev.); **Reverenz** *w.* Ehrenbezeigung, Verbeugung

Reverie *w.* (*frz.*) Träumerei, Titel romantischer Musikstücke

Revers *m.* (rewähr, *frz.*) Rückseite einer Münze; **Revers** *m.* (*lat.*) Erklärung, Verpflichtungsschein; **Revers** *s.* (rewähr, *frz.*) Jackenaufschlag; **Reversale** *s.* (*lat.*) Verpflichtungserklärung eines Staates, internationale Verträge einzuhalten und den Status quo nicht einseitig zu ändern; **reversibel** 1. umkehrbar; 2. heilbar; **Reversible** *m.* (-bel) zweiseitig verwendbarer Stoff; **reversieren** umsteuern, Gang umschalten (bei Maschinen); **Reversing** *s.* (riwörsing, *engl.*) das Zurückspulen eines Ton- oder Videobands; **Reversion** *w.* (*lat.*) Umkehrung, Umdrehung

revidieren (*lat.*) 1. nachprüfen, überprüfen, kontrollieren; 2. korrigieren, bes. von Meinungen, Urteilen, Standpunkten; **Revision** *w.* 1. Kontrolle, Nachprüfung; 2. Korrektur; **Revisionismus** *m.* 1. auf Abänderung bestehender völkerrechtlicher Zustände ausgehende Bestrebungen; 2. Richtung in der dt. Sozialdemokratie (bis 1914), die das revolutionäre Programm der Partei durch ein sozialreformerisches ersetzen wollte (was von ihren Gegnern als Revisionismus bezeichnet wurde), Eigw. **revisionistisch**; **Revisor** *m.* Rechnungsprüfer, Wirtschaftsprüfer

Revier *s.* (*frz.*) 1. Polizeidienststelle; 2. Jagdgebiet; 3. Abbaugebiet im Bergwerk; 4. Sanitätsbereich; 5. Tätigkeitsbereich, Gebiet, Bezirk; **revieren** nach Wildspuren suchen (vom Hund)

Review *w.* (riwju, *engl.*) Überblick, Rundschau, oftmals Titel von englischsprachigen Zeitschriften

Revirement *s.* (rewirmang, *frz.*) 1. Umschwung; 2. Umbesetzung im diplomatischen Dienst

Revision = revidieren

Revival *s.* (riwaiwel, *engl.*) Wiederbelebung, Wiederaufnahme; Wiederaufleben

Revokation *w.* (*lat.*) Widerruf

Revolte *w.* (*frz.*) Aufruhr, Aufstand kleiner Gruppen; **revoltieren** sich auflehnen, sich empören, eine Revolte veranstalten

Revolution *w.* (*lat.*) 1. Umwälzung, Umsturz der politisch-sozialen und kulturellen Ordnung; 2. eine die bisherigen Wissensbestände umwälzende Erkenntnis oder Erfindung; 3. Zeiten gesteigerter geologischer Tätigkeit; **revolutionär** umwälzend, umstürzlerisch; **Revolutionär** *m.* jmd., der das Bestehende revolutioniert; **revolutionieren** umwälzen, umstürzen, grundlegend verändern; **Revoluzzer** *m.* (*itl.*) Möchtegernrevolutionär

Revolver *m.* (*lat.*) 1. Drehpistole, Handfeuerwaffe mit Trommelmagazin; 2. Vorrichtung zum Einspannen von Werkzeugen an Werkzeugmaschinen; **Revolverpresse** *w.* Sensationspresse; **revolvieren** zurückdrehen

revozieren (*lat.*) widerrufen

Revue *w.* (rewü, *frz.*) 1. Rundschau, Überblick, oftmals Titel von Zeitschriften; 2. Bühnenstück mit großer Ausstattung in losen Szenen

Rewriter *m.* (rihreiter, *engl.*) jmd., der Nachrichten, Reden, Berichte u. a. für eine Publikation bearbeitet

Rex *m.* (*lat.*) Titel des römischen Königs

Reyon = deutsche Schreibung für Rayon (3)

Rezensent *m.* (*lat.*) jmd., der Rezensionen verfasst, Kritiker; **rezensieren** Bücher, kulturelle Ereignisse, Filme u. a. in der Presse besprechen; **Rezension** *w.* Kritik, Besprechung; **Rezensionsexemplar** *s.* vom Verlag für eine Rezension zur Verfügung gestelltes Buch

rezent (*lat.*) noch lebend vorhanden im Gegensatz zu ausgestorbenen und fossilen Arten (von Pflanzen und Tieren)

Rezept *s.* (*lat.*) 1. Arztanweisung für Apotheker; 2. Kochanleitung; **rezeptieren** verschreiben, verordnen; **Rezeption** *w.* 1. Übernahme, Aufnahme von Eindrücken; 2. Empfangstelle, Aufnahmeraum; **rezeptiv** (passiv) aufnehmend, empfänglich; **Rezeptivität** *w.* Aufnahmefähigkeit, Empfänglichkeit für Eindrücke; **Rezeptor** *m.* das reizempfindliche Ende von Nervenfasern; **Rezeptur** *w.* Anfertigung verordneter Arzneien in der Apotheke

Rezession *w.* (*lat.*) Konjunkturrückgang; **rezessiv** 1. zurückgehend, abnehmend (von Konjunktur); 2. zurücktretend, nicht dominant (von Erbmerkmalen)

rezidiv (*lat.*) rückfällig, wiederkehrend (von Krankheiten); **Rezidiv** *s.* Rückfall, Ztw. **rezidivieren**

Rezipient *m.* (pi'ent-, *lat.*) 1. jmd., der rezipiert, Hörer, Leser, Betrachter; 2. Vakuumbehälter; **rezipieren** aufnehmen, übernehmen, sich zu Eigen machen, gedanklich verarbeiten

reziprok (*lat.*) wechselbezüglich; **Reziprozität** *w.* Wechselbezüglichkeit, Wechselseitigkeit

Rezitation *w.* (*lat.*) künstlerischer Vortrag; **Rezitativ** *s.* solistischer Sprechgesang; **Rezitator** *m.* Sprechkünstler, Vortragskünstler; **rezitieren** künstlerisch vortragen

rf., rfz. = rinforzando

Rhabarber *m.* (*gr.-lat.*) Knöterichgewächs mit essbaren Stielen

Rhapsode *m.* (*gr.*) fahrender Sänger im antiken Griechenland; **Rhapsodie** *w.* 1. Dichtung in freien Rhythmen; 2. Musikstück, häufig über Volksweisen; **rhapsodisch** 1. nach Art einer Rhapsodie oder eines Rhapsoden; 2. bruchstückhaft

Rhea *w.* 1. Gattin des Kronos, Mutter des Zeus in der griech. Mythologie; 2. Mond des Saturns

Rhenium *s.* (*lat.*) chem. Element, ein Schwermetall; **Rheologie** *w.* Fließkunde, Physik der verformbaren Körper

Rhesusfaktor *m.* erbliches Blutkörperchenmerkmal, das zu Antikörperbildung bei Bluttransfusionen und Schwangerschaft führen kann (nach einem König in der griech. Mythologie benannt)

Rhetor *m.* (*gr.*) Beredsamkeitslehrer in der Antike; **Rhetorik** *w.* Technik des wirkungsvollen Redens, Redekunst; **Rhetoriker** *m.* wirkungsvoller Redner; **rhetorisch** 1. den Regeln der Rhetorik entsprechend; 2. die Rhetorik betreffend, rednerisch; 3. schönrednerisch, phrasenhaft; **rhetorische Frage** Scheinfrage, die keine Antwort erfordert

Rheuma *s.*, **Rheumatismus** *m.* (*gr.*) schmerzhafte Erkrankung der Gelenke, Nerven, Muskeln und Sehnen, Eigw. **rheumatisch**; **Rheumarthritis** *w.* Gelenkrheumatismus

Rhinologie *w.* (*gr.*) Nasenheilkunde; **Rhinoskop** *s.* Nasenspiegel; **Rhinozeros** *s.* Nashorn

Rhododendron *m.* (*gr.*) Alpenrose, Strauch oder Bäumchen der Heidekrautgewächse

rhombisch (*gr.*) rautenförmig; **Rhomboeder** *m.* (-bo'e-) von sechs Rhomben begrenzter Körper; **Rhombus** *m.* gleichseitiges, schiefwinkliges Viereck, Raute (*Mz.* Rhomben)

Rhythm and Blues *m.* (ritm änd bluhs, *engl.*) um 1930 entstandene Richtung in der afroamerikanischen Musik, die den Blues mit Beatrhythmen kombinierte

Rhythmik *w.* (*gr.*) 1. der rhythmische Charakter eines Tonstücks, Gedichts u. Ä.; 2. Lehre vom Rhythmus; 3. rhythmische Erziehung; **rhythmisieren** in einen bestimmten Rhythmus bringen; **Rhythmus** *m.* 1. periodischer Wechsel (z. B. Ebbe und Flut); 2. Gliederung in lange und kurze Tondauer sowie Bestimmung der Tonstärke (in der Musik); 3. Gliederung durch wiederkehrende Elemente (z. B. im Baustil), Eigw. **rhythmisch**; **Rhythmusgruppe** *w.* Gruppe der den Rhythmus betonenden Instrumente, Schlagzeugergruppe

Ribattuta *w.* (*itl.*) immer schneller werdender Triller

Ribisel *w.* oder *s.* (*lat.-arab.*) Johannisbeere (Österreich)

Ribonucleinsäure *w.* (-kle'in-, *Kunstwort*) chem. Verbindung in den Zellen jedes Lebewesens, die die Erbinformation

von Zellkern zu Zellplasma überträgt (Abk. RNS, *engl.* RNA)
Ricercar(e) *s.* (ritscherkar, *itl.*) fugenartiges Musikstück; **ricercare** Musik: frei spielen, phantasieren
rien ne va plus (rieng ne wa plüh, *frz.*) Ansage beim Roulettespiel, «nichts geht mehr», es dürfen keine Einsätze mehr gemacht werden
Ries *s.* (*lat.-arab.*) Zählmaß für Papier(bögen)
Riff *s.* (*engl.*) ständig wiederholte kurze melodische Phrase, bes. im Jazz
rigid, rigide (*lat.*) 1. starr, fest; 2. unnachgiebig, streng, Hptw. **Rigidität** *w.*
rigolen (*frz.*) den Boden tief umgraben
Rigorismus *m.* (*lat.*) starres Festhalten an (moralischen) Grundsätzen; **Rigorist** *m.* jmd., der starr an seinen Grundsätzen festhält, Eigw. **rigoristisch**; **rigoros** streng, rücksichtslos, unbeugsam; **Rigorosität** *w.* Strenge, Schärfe, Unerbittlichkeit; **Rigorosum** *s.* mündl. Doktorprüfung
Rigweda *m.* (*altind.*) ältester Teil des Weda, Götterhymnen, früheste Quelle indischer Religion
Rikscha *w.* (*jap.*) leichter zweirädriger Beförderungswagen, der von einem Menschen gezogen wird (in Südostasien)
Rimesse *w.* (*itl.*) 1. Bezahlung einer Forderung mit Wechsel; 2. Name des Wechsels
Rinascimento *s.* (rinaschimento, *itl.*) italien. Bez. für Renaissance
rinforzando (*itl.*) Musik: verstärkend (Abk. rf., rfz.)
rip. Abk. für **ripieno** (-pi'e-, *itl.*) Musik: der ganze Chor, das ganze Orchester
Riposte *w.* (*frz.*) sofortiges Nachstoßen (nach erfolgter Abwehr) beim Fechten
Rips *m.* (*engl.*) Sammelbez. für Gewebe mit Quer- und Längsrippen
Risalit *m.* (*itl.*) aus der Fluchtlinie vorspringender Gebäudeteil
Risiko *s.* (*itl.*) Wagnis, Verlustgefahr; **riskant** gefährlich, gewagt; **riskieren** wagen, aufs Spiel setzen
Risipisi, Risibisi *s.* (*itl.*) Gericht aus Reis und Erbsen
risoluto (*itl.*) Musik: energisch
Risorgimento *s.* (risordschimento, *itl.*) italien. Einigungsbewegung und Einigung im 19. Jahrhundert
Risotto *m.* (*itl.*) in Fett gedünsteter, meist mit Fleischbrühe und Käse bereiteter Reis
ristornieren (*itl.*) eine falsche Buchung rückgängig machen
rit. Abk. für **ritardando** (*itl.*) Musik: langsamer werdend
rite (*lat.*) 1. richtig, ordnungsgemäß; 2. genügend (von Zensuren)
Riten *Mz.* = Ritus
ritenuto (*itl.*) Musik: verhalten
ritornare al segno (-ßenjo, *itl.*) Musik: wiederholen vom Zeichen an; **ritornando al tempo** Musik: wieder im Hauptzeitmaß
Ritornell *s.* (*itl.*) 1. dreizeilige Strophe; 2. Kehrreim; 3. Vor-, Zwischen- und Nachspiel des Orchesters in der Arie
Ritratte = Rikambiowechsel
Ritual *s.* (*lat.*) 1. durch bestimmte Regeln festgelegte Form einer kultischen Feier; 2. schematische soziale Verhaltensweise bei bestimmten Anlässen (z. B. Begrüßungsritual); **ritualisieren** zum Ritual machen; **Ritualisierung** *w.* (*lat.*) Handlungsablauf, der sich zu einem feststehenden Ritual ausgebildet hat; **rituell** (-tu'e-) 1. nach religiösem Brauch; 2. zeremoniell; **Ritus** *m.* (*Mz.* Riten) Ritual, Zeremoniell
Rivale *m.* (*frz.*) Nebenbuhler, Mitbewerber, Konkurrent; **rivalisieren** um den Vorrang kämpfen; **Rivalität** *w.* Nebenbuhlerschaft, Gegnerschaft
Rizinus *s.* (*lat.*) Wolfsmilchgewächs, aus dessen Samen das Rizinusöl gewonnen wird
RNA, RNS = Ribonucleinsäure
Roadie *m.* (rohdie, *engl.*) Begleiter einer Rockgruppe, der für den technischen Ablauf einer Tournee zuständig ist
Roadster *m.* (rohdster, *engl.*) offener zweisitziger Sportwagen
Roastbeef *s.* (rohstbihf, *engl.*) Rostbraten auf engl. Art
Robe *w.* (*frz.*) 1. festliches langes Abendkleid; 2. Amtstracht der Richter und Anwälte
Robinsonade *w.* Abenteuer oder Erlebnis in der Art des Robinson, des Helden aus Daniel Defoes Roman «The life and stran-

ge adventures of Robinson Crusoe» (1719)

Roboter *m.* (*tschech.*) 1. Maschinenmensch (umg.); 2. programmgesteuerte Apparatur mit Sensoren und beweglichen Arbeitswerkzeugen, die komplexe (industrielle) Arbeitsgänge ausführt

robust (*lat.*) kräftig, stämmig, widerstandsfähig

Rocaille *w.* (rokaj, *frz.*) Muschelornament des Rokoko

Rochade *w.* (auch: roschad, *frz.-pers.*) Platzwechsel von König und Turm beim Schachspiel; **rochieren** 1. eine Rochade ausführen; 2. Platzwechsel der Mannschaften im Sport

Rocher de Bronze (roscheh de brongs, *frz.*) Mensch, den nichts umwirft

Rock = Rockmusik

Rock and Roll *m.* (*engl.*) amerik. Rockmusik der 1950er-Jahre

Rocker *m.* (*engl.*) Mitglied einer Gruppe oder Bande von Jugendlichen der 1960er-Jahre, deren Merkmal schwarze Lederkleidung und schwere Motorräder waren

Rockmusik *w.* (*engl.*) Sammelbegriff für die populäre Musik seit den 1950er-Jahren mit Gesang, Gitarre, Schlagzeug und elektroakust. Verstärkung, die Elemente des Blues, des amerik. Folksongs und der Western Music verband

Rodeo *m.* oder *s.* (*span.*) Show-Wettkämpfe urspr. amerikanischer Cowboys

Rokoko *s.* (*frz.*) europäischer Kunststil in der Mitte des 18. Jhs., der durch heiter verspielte, dekorative Elemente, vor allem in der Ausstattung von Innenräumen, gekennzeichnet ist

Rollerblades *Mz.* (-blehds, *engl.*) schnelle, leise einspurige Rollschuhe mit hintereinander gelagerten Rädern

ROM *s.* (aus *engl.* *r*ead-*o*nly *m*emory) Nur-Lese-Speicher im Computer (EDV)

Roma *Mz.* (*sanskr.*) Selbstbez. der ethnischen Minderheit indischer Herkunft, die umg. und abwertend als Zigeuner bezeichnet wurde

Romadour, Romadur *m.* (*frz.*) würziger Weichkäse

Roman *m.* (*frz.*) große Prosaerzählung, eine literarische Gattung; **Romane** *m.* Angehöriger eines Volkes mit romanischen Sprachen; **Romancier** *m.* (romangßjeh) Romanschriftsteller; **romanesk** 1. in der Art eines Romans; 2. fabulös; **Romanik** *w.* Kunststil des 11. bis 13. Jahrhunderts, Eigw. **romanisch**; **Romanistik** *w.* 1. Wissenschaft von den romanischen Sprachen und Literaturen; 2. Wissenschaft vom römischen Recht

Romantik *w.* (*lat.*) 1. phantasie- und gefühlsbetonte geistes- und stilgeschichtliche Epoche in Europa um 1800; 2. romantische Stimmung; **Romantiker** *m.* 1. Vertreter der Romantik; 2. Schwärmer; **romantisch** 1. der Romantik zugehörig oder ihr ähnelnd; 2. schwärmerisch, versponnen, weltfern; 3. phantastisch, märchenhaft, wunderbar; **romantisieren** 1. die Romantik nachempfinden, nachahmen; 2. verklären, schwärmerisch darstellen; **Romantizismus** *m.* 1. Romantik-Schwärmerei; 2. romantisches Stilelement

Romanze *w.* (*itl.*) Balladenart von leichtem, lyrischem Ton

Rommé *s.* (*frz.*) Kartenspiel

Rondeau = Rondo

Rondell *s.* (*frz.*) Rundbeet, Rundbau

Rondo *s.* (*itl.*) 1. Tanzlied mit Kehrreim; 2. musikalischer Satztypus, dessen Hauptthema nach Zwischenteilen stets wiederkehrt

röntgen mit Röntgenstrahlen durchleuchten; **Röntgenologe** *m.* Facharzt für Röntgenuntersuchungen; **Röntgenologie** Lehre von den Röntgenstrahlen (nach dem Physiker W. C. Röntgen)

Roquefort *m.* (rockfor, *frz.*) französ. Edelpilzkäse aus Schafsmilch

Rosarium *s.* (*lat.*) 1. Rosengarten; 2. kath. Rosenkranz

Rosazea *Mz.* Kupferfinnen, Rotfinnen, Hautkrankheit im Gesicht; **Rosazeen** *Mz.* (-ze'en) Rosengewächse; **Rosette** *w.* 1. rundes Ornament aus einem stilisierten Blütenkern; 2. Schleife mit zahlreichen Schlaufen; 3. rundes Kirchenfenster; 4. Edelsteinschliff

Rosé *m.* (*frz.*) hellrötlicher Wein

Rosmarin *m.* (*lat.*) immergrüner Strauch der Mittelmeerländer, Gewürz- und Heilpflanze

Rostra *Mz.* (*lat.*) römische Rednertribüne, die mit Schiffsschnäbeln verziert war

Rostral, rostrieren = Rastral

Rotang *m.* (*malai.*) Mark der Rohrpalme, Peddigrohr

Rotary Club *m.* (roteri klap, *engl.*) internationale Vereinigung von Wirtschaftlern, Politikern, Künstlern, Ärzten, Geschäftsleuten; **Rotarier** *m.* (-ri'er) Mitglied der Vereinigung

Rotation *w.* (*lat.*) Umdrehung um eine Mittelachse; **Rotationsmaschine** *w.* Schnellpresse mit Drehzylinder; **Rotationsdruck** auf Rotationsmaschine angefertigter Druck; **rotieren** sich um die eigene Achse drehen; **Rotor** *m.* 1. sich drehender Maschinenteil; 2. Hubschrauberpropeller

Rotunde *w.* (*lat.*) Rundbau, runder Kuppelbau

Roué *m.* (rueh, *frz.*) Lebemann

Rouge *s.* (ruhsch, *frz.*) 1. rote Schminke; 2. Rot als Farbe beim Roulette; **Rouge et Noir** (– eh noar) Rot und Schwarz, Glücksspiel

Roulade *w.* (rulade, *frz.*) gefüllte Fleischrolle; **Rouleau** *s.* (rulo) Rollvorhang aus Stoff oder aus Holzstäben; **Roulett, Roulette** *s.* Glücksspiel mit Kugel

Round-Table-Konferenz *w.* (raund tehbl-, *engl.*) Konferenz am runden Tisch als Symbol der Gleichberechtigung aller Teilnehmer

Route *w.* (rute, *frz.*) Reiseweg

Routine *w.* (rutine, *frz.*) Gewandtheit, perfektes Können; **Routinier** *m.* (-tinjeh) routinierte (Fach-)Kraft, Könner; **routiniert** 1. gewandt, erfahren, perfekt; 2. gewohnheitsmäßig

Rowdy *m.* (raudi, *engl.*) Lümmel, Raufbold

Royalismus *m.* (roaja-, *frz.*) Königstreue; **Royalist** *m.* Anhänger des Königtums, Eigw. **royalistisch**

RP = Réponse payée

RT = Registertonne

rubato (*itl.*) Musik: frei im Zeitmaß

Rubel *m.* (*russ.*) russische Währung

Rubin *m.* (*itl.-lat.*) Edelstein, roter Korund

Rubrik *w.* (*lat.*) 1. Kategorie, in die man jmdn. oder etwas einordnet; 2. Spalte, in die etwas eingetragen wird

rubrizieren einordnen; **Rubrum** *s.* kurze Inhaltsangabe

Rudiment *s.* (*lat.*) verkümmerter Rest; **rudimentär** 1. verkümmert, 2. nur in Ansätzen vorhanden

Rugby *s.* (ragbi) Ballkampfspiel mit ovalem Ball (nach der engl. Stadt Rugby, in der das Spiel 1823 entwickelt wurde)

Ruin *m.* (*lat.*) 1. Zerrüttung, Untergang, Verfall; 2. Bankrott; **Ruine** *w.* zerstörtes oder verfallenes Gebäude; **ruinieren** zerstören, zugrunde richten, bankrott richten; **ruinös** zerstörerisch

Rum *m.* (*malai.-engl.*) Branntwein aus Zuckerrohrsaft

Rumba *m.* und *w.* (*span.*) aus Kuba stammender Gesellschaftstanz

rumoren (*lat.*) poltern, rumpeln

Rumpsteak *s.* (rampstehk, *engl.*, einged. rump-) kurz gebratene Rindslendenscheibe

Run *m.* (ran, *engl.*) 1. Ansturm; 2. Programmlauf im Computer (EDV)

Rupie *w.* (-pi'e, *Hindi*) Währungseinheit u. a. in Indien

Ruptur *w.* (*lat.*) Zerreißung (von Gewebe)

rural (*lat.*) ländlich, bäuerlich

Rush *m.* (rasch, *engl.*) Ansturm, plötzliches Vorpreschen, Endspurt; **Rushhour** *w.* (-auer) Hauptverkehrszeit

Rustika *w.* (*lat.*) Mauerwerk aus roh behauenen Quadern; **rustikal** bäuerlich, derb; **Rustizität** *w.* Bäurischkeit, ungehobeltes Wesen

Ruthenium *s.* chem. Element, ein Edelmetall

S

S = small
S. = San, Santa, Santo, São
Sa = Summe
s. a. = sine anno
Sabbat *m.* (*hebr.*) der jüdische Ruhetag
Sabotage *w.* (-tasch, *frz.*) bewusste, politisch motivierte Beschädigung oder Zerstörung von (kriegs)wichtigem Material; **Saboteur** *m.* (-tör) jmd., der Sabotage betreibt; **sabotieren** 1. etwas durch Sabotageakte zerstören; 2. etwas offen oder heimlich hintertreiben
Sabres *Mz.* (*Iwrith*) Bezeichnung für in Israel geborene Kinder jüdischer Einwanderer
Saccharin, Sacharin *s.* (*gr.*) Süßstoff, Benzolsäuresulfamid
Sacco di Roma (*itl.*) Plünderung Roms durch die Truppen Karls V.
Sadhu *m.* (*altind.-sanskr.*) hinduistischer Heiliger; wandernder Asket
Sadismus *m.* (nach Marquis de Sade) 1. sexueller Lustgewinn durch grausame Behandlung des Partners; 2. Lust an Grausamkeiten; **Sadist** *m.* jmd., der Lust aus Grausamkeiten gewinnt, Eigw. **sadistisch; Sadomaso** *m.* Kurzform von **Sadomasochismus** *m.* sexueller Lustgewinn durch Grausamkeitstechniken, Eigw. **sadomasochistisch**
Safari *w.* (*Suaheli-arab.*) Gesellschaftsreise mit Trägern und landeskundiger Führung in Süd- und Ostafrika
Safe *m.* und *s.* (sehf, *engl.*) gesichertes Stahlfach für Wertsachen
Saffian *s.* (*russ.-pers.*) feines, oft farbiges Ziegen- oder Schafleder
Safran *m.* (*frz.-arab.*) 1. Krokuspflanze; 2. daraus gewonnener gelber Farbstoff
Saga *w.* (*altisländ.*) 1. altnordische Erzählung; 2. literarisch bearbeitete Familienchronik
sagittal (*lat.*) parallel zur Mittelachse (des Schädels)
Sago *m.* (*malai.*) gekörntes Stärkemehl aus dem Mark der indischen Sagopalme
Sahib *m.* (*arab.*) ind. oder pakistan. Bez. für Europäer, Herr
Saint (säng) Sankt; **Sainte** (sängt, *frz.*) weibliche Form von Saint
Saint-Simonismus *m.* (säng-, *frz.*) Frühform des theoretischen Sozialismus in Frankreich (nach C. H. de Saint-Simon, 1760–1825)
Saison *w.* (ßäsong, *frz.*) Zeit des Hochbetriebs in Tourismus, Mode, Kultur, Geschäftsleben; **saisonal** saisonbedingt
Sake *m.* (*jap.*) japanischer Reiswein
Sakko *m.* oder *s.* (*itl.*) Herrenjackett
sakral (*lat.*) 1. geweiht, dem Gottesdienst zugehörig; 2. der Kirche dienend (von Kunst); **Sakrament** *s.* Gnadenmittel der evang. und kath. Kirche; **Sakrifizium** *s.* (*lat.*) Opfer, kath. Messopfer; **Sakrileg** Vergehen gegen religiös verehrte Orte, Gegenstände oder Personen; **Sakristan** *m.* Mesner, Küster; **Sakristei** *w.* Nebenraum in der Kirche für den Priester und kirchliche Gegenstände; **sakrosankt** unantastbar; **Sakrum** *s.* Teil der Wirbelsäule, Kreuzbein
säkular (*lat.*) 1. alle hundert Jahre; 2. außergewöhnlich; 3. weltlich; **Säkularfeier** *w.* Jahrhundertfeier; **Säkularisation** *w.* Einziehung kirchlichen Besitzes durch den Staat; **Säkularisierung** *w.* Lösung des Denkens aus religiösen Zusammenhängen, Verweltlichung; Ztw. **säkularisieren**; **Säkulum** *s.* Jahrhundert, Zeitalter (*Mz.* Säkula)
Salam, Salem (*arab.*) Friede (arab. und muslim. Grußformel); **Salem alaikum** Friede sei mit euch
Salami *m.* (*itl.*) italienische Hartwurst; **Salamitaktik** *w.* Taktik, politische Zugeständnisse in kleinen Schritten, scheibchenweise zu erreichen
Salär *s.* (*frz.*) Gehalt, Lohn (Schweiz)
Salbader *m.* (Herkunft ungeklärt) sal-

bungsvoller Schwätzer; **salbadern** langatmig und salbungsvoll daherreden; Hptw. **Salbaderei** *w.*
saldieren (*itl.*) 1. den Saldo feststellen; 2. bezahlen; **Saldo** *m.* Unterschiedsbetrag zwischen Soll- und Habenseite eines Kontos
Salem = Salam
Salesmanager *m.* (ßehlsmänädscher, *engl.*) Verkaufsleiter; **Salesmanship** *s.* oder *w.* (-schipp) wissenschaftlich fundierte amerik. Methode des erfolgreichen Verkaufens; **Salespromoter** *m.* Berater und Ausbilder in der Verkaufsförderung; **Salespromotion** *w.* (-mohschen) Verkaufsförderung, Werbung
Salette *w.* (*itl.*) Gartenhaus
Saline *w.* (*lat.*) Salzwerk
Salmiak *m.* (*lat.*) Ammoniakverbindung; **Salmiakgeist** *m.* Ammoniaklösung, Mittel zum Fettlösen
Salmonellen *Mz.* gramnegative, auf Menschen und Affen spezialisierte Bakterien (nach dem amerik. Bakteriologen Salmon)
salomonisch weise (nach König Salomo)
Salon *m.* (salong, *frz.*) 1. Gesellschafts-, Empfangszimmer; 2. Treffpunkt literarisch-künstlerischer Kreise (19. Jh.); 3. elegant ausgestatteter Geschäftsraum; 4. Kunstausstellung; **Salonmusik** *w.* leichte Unterhaltungsmusik, Kaffeehausmusik
salopp (*frz.*) ungezwungen
Salpeter *m.* (*lat.*) Salze der Salpetersäure, Düngemittel
Salpingitis *w.* (*gr.*) Eileiterentzündung; **Salpinx** *w.* 1. altgriech. trompetenartiges Instrument; 2. Ohrtrompete; 3. Eileiter; **Salsa** *w.* (*span.*) lateinamerik. Tanz
Salse *w.* (*lat.*) Schlammsprudel in Erdölgebieten
Salta *s.* (*lat.-itl.*) Brettspiel für zwei Personen; **Saltarello** *m.* alter italienischer Springtanz; **saltato** Musik: mit springendem Bogen zu spielen; **Salto** *m.* Überschlag in der Luft; **Salto mortale** *m.* Salto mit mehrfachem Überschlag in großer Höhe
saluber (*lat.*) heilsam, gesund, Hptw. **Salubrität** *w.*
Salut *m.* (*frz.*) militärischer Ehrengruß; **salutieren** militärisch grüßen
Salvator *m.* (*lat.*) Erlöser, Retter
salve (*lat.*) sei gegrüßt!; **Salve** *w.* gleichzeitiges Abschießen mehrerer Gewehre oder Geschütze
salvo errore (*lat.*) Irrtum vorbehalten (Abk. s. e.)
Samariter *m.* (*lat.*) 1. freiwilliger Krankenpfleger; 2. barmherziger Helfer
Samba *m.* und *w.* (*afrik.-port.*) brasilianische Lied- und Tanzform, Gesellschaftstanz
Samisdat (*russ.*) im «Selbstverlag» publizierte Untergrundliteratur in der ehemal. Sowjetunion und in anderen osteuropäischen Ländern
Samisen *w.* (*jap.*) jap. Gitarre mit 3 Saiten aus Seide
Samos *m.* griech. Süßwein von der Insel Samos
Samowar *m.* (*russ.*) russische Teemaschine
Sampan *m.* (*chines.*) ostasiatisches Wohnboot
Sample *s.* (ßähmpel, *engl.*) 1. Warenprobe, Muster; 2. repräsentative Gruppe in der Meinungsforschung; **Sampler** *m.* 1. CD mit Hits der Unterhaltungsmusik; 2. elektronisch gespeicherte Schall- und Klangspektren
Samsara *m.* (*altind.-sanskr.*) die indische Lehre von der Seelenwanderung
Samum *m.* (*arab.*) heißer Wüstenwind in Nordafrika und Vorderasien
Samurai *m.* (*jap.*) Angehöriger einer altjapanischen Adelsklasse mit strengem Ehrenkodex
San (*itl., span.*) Sankt (Abk. S.)
Sanatorium *s.* (*lat.*) Heilstätte mit Heilanwendungen, Kurheim
Sancta Sedes *w.* (*lat.*) Heiliger Stuhl
sancta simplicitas! (*lat.*) heilige Einfalt!
Sanctus *s.* (*lat.*) Gebet der kath. Messe
Sandale *w.* (*gr.*) Riemenschuh; **Sandalette** *w.* (*gr.-frz.*) sandalenartiger Schuh
Sandwich *s.* (ßändwitsch, *engl.*) 1. belegtes Brot; 2. Belag des Tennisschlägers; 3. doppeltes Plakat für Brust und Rücken; **Sandwichman** *m.* (-män) jmd., der Werbeplakate auf Rücken und Brust trägt

Sangria *w.* (*span.*) kaltes Rotweingetränk mit Früchten

Sanguiniker *m.* (*lat.*) Mensch mit lebhaftem, heiterem Temperament; **sanguinisch** lebhaft, temperamentvoll, impulsiv

sanieren (*lat.*) wieder in einen intakten Zustand versetzen; Hptw. **Sanierung** *w.*

sanitär (*lat.*) der Gesundheit dienlich, hygienisch; **Sanitäter** *m.* Helfer in der Krankenpflege; **Sanitätswesen** *s.* Gesundheitsdienst bei den Streitkräften; **Sanka** *m.* Sanitätskraftwagen (Soldatensprache)

Sankt (*lat.*) heilig, vor Heiligennamen und Ortsnamen, die auf solche zurückgehen; **sanktifizieren** heilig sprechen (in der kath. Kirche)

Sanktion *w.* (*lat.*) 1. Zustimmung, Billigung, Anerkennung; 2. Zwangsmaßnahme (gegenüber einem Staat); **sanktionieren** 1. bestätigen, anerkennen, gutheißen; 2. Sanktionen (2) verhängen, Hptw. (auch) **Sanktionierung** *w.*

Sanktissimum *s.* (*lat.*) Allerheiligstes; **Sanktuarium** *s.* 1. Altarraum; 2. Reliquienbehälter

Sannyasin *m.* (*sanskr.*) 1. im Hinduismus ein Mensch, der der Welt entsagt hat; 2. Angehöriger einer Sekte, die sich auf hinduistische Lehren beruft

Sansculotte (sangskülott, *frz.*) urspr. Spottname für einen radikalen Republikaner in der Französischen Revolution, der im Gegensatz zum Adel keine Kniehosen (culottes) trug

Sanskrit *s.* (*altind.*) altindische Schriftsprache, heute Literatur- und Gelehrtensprache

Santa, Santo (*itl., span., port.*) **São** (*port.*) Sankt (Abk. S.)

Saphir *m.* (*gr.*) 1. Edelstein, blauer Korund; 2. Plattenspielernadel aus synthetischem Saphir

Saponine *Mz.* (*lat.*) seifenähnliche Stoffe in Pflanzen

Sappe *w.* (*frz.*) Laufgraben

sapphisch nach Art der altgriech. Dichterin Sappho, lesbisch; **Sapphismus** *m.* lesbische Liebe

Saprobie *w.* (-bi'e-), **Saprobiont** *m.* (*gr.*) Lebewesen, das sich von faulenden Stoffen ernährt; **saprogen** Fäulnis erregend; **Saprophyten** *Mz.* Moderpflanzen

Sarabande *w.* (*span.*) 1. altspanisches Tanzlied, später feierlicher französischer Hoftanz; 2. Suitensatz

Sarafan *m.* (*russ.-pers.*) ärmelloses Oberkleid der russ. Frauentracht (bis ins 19. Jh.)

Sarazene *m.* (*arab.*) mittelalterliche Bezeichnung für Araber

sardonisch (*gr.*) hämisch, höhnisch; bitter, krampfhaft

Sardonyx *m.* (*gr.*) Achat

Sari *m.* (*ind.*) indisches Frauengewand aus einem Stück, das kunstvoll geschlungen wird

Sarkasmus *m.* (*gr.*) beißender Spott; **sarkastisch** beißend, höhnisch

Sarkom *s.* (*gr.*) bösartige Bindegewebsgeschwulst

Sarkophag *m.* (*gr.*) Steinsarg mit Bildhauerarbeit

Sarong *m.* (*malai.*) um die Hüften geschlungener Rock der malaiischen Frauen

Sassafras *m.* (*frz.*) nordamerik. Lorbeergewächs, dessen Öl für Seifen und als Heilmittel verwendet wird

Sassaniden *Mz.* altpersische Königsdynastie

Satan *m.* (*hebr.*) 1. Teufel; 2. teuflischer Mensch, Eigw. **satanisch**

Satellit *m.* (*lat.*) 1. Himmelskörper, der einen Planeten umläuft; 2. Raumflugkörper, Erdsatellit; **Satellitenstaat** ein formal selbständiger, politisch von einer Großmacht abhängiger Staat

Satin *m.* (satäng, *frz.*) Sammelbez. für alle Gewebe in Atlasbindung mit glänzender Vorderseite; **Satinage** *w.* (satinasch) das Glätten von Papier, Ztw. **satinieren**

Satire *w.* (*lat.*) zeitkritische spöttisch-ironische Darstellung in Wort oder Bild; **Satiriker** *m.* Verfasser von Satiren; Mensch mit satirischer Veranlagung; **satirisch** ironisch, spöttisch, beißend in der Kritik

Satisfaktion *w.* (*lat.*) Genugtuung, Ehrenerklärung

Satrap *m.* (*gr.-pers.*) altpersischer Provinzstatthalter; **Satrapie** *w.* Provinz des Satrapen

saturieren (*lat.*) sättigen, zufrieden stellen; **saturiert** 1. zufrieden gestellt, wunschlos; 2. selbstzufrieden, satt, Hptw. **Saturiertheit** *w.*

Saturn *m.* 1. römischer Gott, dem griech. Kronos entsprechend; 2. zweitgrößter Planet des Sonnensystems; **Saturnalien** *Mz.* (-li'en) altrömisches Volksfest; **Saturnismus** *m.* Bleivergiftung

Satyr *m.* (*gr.*) Waldgeist in Bocksgestalt, Fruchtbarkeitsdämon in der griech. Mythologie; **Satyrspiel** *s.* als Nachspiel zur antiken Tragödie aufgeführte Burleske, die das Tragische parodierte

Sauce *w.* (soße, *frz.*) Soße; **Saucière** *w.* (soßjär) Soßenschüssel; **saucieren** (soßihren) Tabak beizen

Sauna *w.* (*finn.*) finnisches Schwitzbad

Saurier *m.* (-ri'er, *gr.*) ausgestorbenes Riesenreptil

sautieren (ßo-, *frz.*) kurz braten oder in heißem Fett schwenken

sauve qui peut! (sohw ki pöh, *frz.*) rette sich, wer kann!

Savanne *w.* (*span.*) Graslandschaft mit vereinzelten Bäumen und Gebüschen in subtropischen und tropischen Gebieten

Savoir-vivre *s.* (ßawoar wihvre, *frz.*) das Wissen, wie man (angenehm) lebt

Saxifraga *w.* (*lat.*) Steinbrech, Gebirgspflanze

Saxophon *s.* Blasinstrument mit Klarinettenschnabel (nach A. Sax)

sazerdotal (*lat.*) priesterlich

Scabies *w.* (-bi'es, *lat.*) Krätze (bei Menschen), Räude (bei Tieren)

Scaling *s.* (skehling, *engl.*) das Verkleinern oder Vergrößern von Bildvorlagen für Werbematerial

Scampi *Mz.* (ska-, *itl.*) italien. Bez. für Garnelen

scannen (skännen, *engl.*) mit dem Scanner abtasten, Hptw. **Scanning** *s.*; **Scanner** *m.* Gerät, das ein Objekt punkt- oder zeilenweise abtastet und die ermittelten Daten im Computer speichert

Scat *m.* (skät, *engl.*) Jazzgesang auf einzelne Silben ohne Wortsinn

Schabbes *m.* (*jidd.*) = Sabbat

Schablone *w.* (*frz.*) 1. ausgeschnittene Vorlage, Muster aus Pappe u. a. Materialien; 2. eingefahrenes Denk- und Handlungsmuster, Schema; **schablonisieren** 1. etwas mit Hilfe einer Schablone ausführen; 2. über einen Kamm scheren, undifferenziert verfahren

Schabracke *w.* (*türk.*) 1. Satteldecke; 2. überhängende Stoffe (z. B. an Sesseln)

schächten (*hebr.*) nach jüdischer rituellerVorschrift schlachten

Schadchen *m.* und *w.* (*hebr.*) jüdische(r) Heiratsvermittler(in)

Schafott *s.* (*frz.*) Gerüst für Hinrichtungen, Blutgerüst

Schah *m.* (*pers.*) persischer Herrschertitel

Schaitan *m.* (*arab.*) Teufel, Dämon

Schakal *m.* (*sanskr.*) afrikan.-asiatischer Wildhund

Schakti, Shakti *w.* (*sanskr.*) die weiblichen Verkörperungen hinduistischer Gottheiten

Schalmei *w.* (*gr.-frz.*) Sammelname für Rohrblattinstrumente

Schalotte *w.* (*frz.*) kleine Zwiebel

Schaluppe *w.* (*frz.*) größeres, einmastiges Boot zum Rudern und Segeln

Schamane *m.* (*tungus.*) Zauberpriester bei asiatischen und indonesischen Völkern

Schamotte *w.* (*ungeklärte Herkunft*) feuerfester Ton

Schampon, Schampun = Shampoon

schanghaien (*engl.*) Matrosen gewaltsam anheuern (Seemannssprache)

Schantungseide = Shantungseide

Scharade *w.* (*frz.*) Silbenrätsel, Worträtsel

Scharia, Scheria *w.* (*arab.*) das auf den Koran zurückgehende islam. Gesetz, das als religiöses und staatliches Recht alle Lebensbereiche regelt; **schariatisch** zur Scharia gehörig, im Sinne der Scharia

Scharlach *m.* (*pers.*) 1. roter Pflanzenstoff; 2. Himbeerrot, leuchtendes Rot; 3. von rotem Hautausschlag begleitete Infektionskrankheit

Scharlatan *m.* (*frz.-itl.*) Schwindler, Aufschneider, Kurpfuscher; **Scharlatanerie** *w.* Prahlerei, Kurpfuscherei

Scharmützel *s.* (*itl.*) Geplänkel, kleines Gefecht; **scharmutzieren** plänkeln, flirten

Scharnier *s.* (*lat.-frz.*) Drehgelenk

Scharpie *w.* (*frz.*) zu Fäden gezupfte Leinwand als Watteersatz

Scharteke *w.* (*frz.-itl.*) Schmöker, wertloses altes Buch

Schaschlik *m.* (*russ.*) am Spieß gebratene Fleisch-, Speck- und Zwiebelstücke

schassen (*frz.*) hinauswerfen, unsanft entlassen (umg.)
Schatulle *w.* (*lat.*) Kästchen für Geld und Schmuck
Scheherazade *w.* (*pers.*) Märchenerzählerin aus 1001 Nacht
Scheich *m.* (*arab.*) arabischer Ehrentitel für weltliche und geistliche Oberhäupter
Schekel *m.* (*hebr.*) israelische Währungseinheit
Schellack *m.* (*niederl.*) Gummilack, eine Mischung aus Baumharz und Ausscheidungen der Lacklaus
Schema *s.* (*gr.*) Grundform, Muster, Aufriss (*Mz.* Schemata); **schematisch** 1. mit Hilfe eines Schemas; 2. schablonenhaft, gleichförmig; **schematisieren** in ein Schema bringen, stark vereinfachen; **Schematismus** *m.* unterschiedslose Behandlung
Scheria = Scharia
Scherif *m.* (*arab.*) arabischer Titel für die Nachkommen Mohammeds
scherzando (skerzando, *itl.*) Musik: scherzhaft; **Scherzo** *s.* (skerzo) heiterer Tonsatz
Schi = Ski
Schia *w.* (*arab.*) eine Hauptrichtung innerhalb des Islam, Staatsreligion im Iran, Eigw. **schiitisch**
Schibboleth *s.* (*hebr.*) Erkennungszeichen, Losungswort
Schikane *w.* (*frz.*) 1. böswillig bereitete Schwierigkeit; 2. schwieriger Abschnitt auf einer Rennstrecke; **Schikaneur** *m.* (-nör) jmd., der schikaniert; **schikanieren** plagen, triezen; **schikanös** böswillig, kleinlich
Schikoree = Chicorée
Schimäre *w.* (*gr.*) Trugbild, Hirngespinst; **schimärisch** gespenstisch, trügerisch
Schimpanse *m.* (einheim. Name am Kongo) afrikanischer Menschenaffe
Schintoismus *m.* (*jap.*) frühere japan. Staatsreligion
Schirokko *m.* (*arab.-itl.*) schwülwarmer Mittelmeerwind
Schirting *m.* (*engl.*) Baumwollstoff
Schisma *s.* (*gr.*) Kirchenspaltung (*Mz.* Schismen); **Schismatiker** *m.* Verursacher einer Kirchenspaltung; Eigw. **schismatisch**
Schiwa *m.* (*sanskr.*) als Gott der Zerstörung und als Heilbringer verehrte Gottheit im Hinduismus
schizoid (*gr.*) seelisch zerrissen, leicht schizophren; **schizophren** 1. an Schizophrenie leidend; 2. widersprüchlich, verrückt; **Schizophrenie** *w.* Persönlichkeitsspaltung, Spaltungsirresein
Schlachta *w.* (*poln.*) der niedere polnische Adel
Schlamassel *m.* (*jidd.*) missliche, verfahrene Lage, Unglück
Schlawiner *m.* Tunichtgut (abgel. von «Slowene»)
Schlemihl *m.* (*hebr.*) 1. Pechvogel; 2. Schlitzohr
Schmonzes *m.* (*jidd.*) Geschwätz, Gefasel; **Schmonzette** *w.* rührseliges Machwerk
Schmu *m.* (*jidd.*) nicht ganz astreines Geschäft; **Schmus** *m.* Schönrednerei; **schmusen** 1. liebkosen, kosen; 2. schmeicheln
Schoah *w.* (*hebr.*) hebr. Bez. für die Vernichtung der Juden während des Nationalsozialismus
Schock *m.* (*frz.*) 1. akutes Kreislaufversagen; 2. schwere seelische Erschütterung; **schocken** entsetzen, einen Schock versetzen; **Schocker** *m.* Schauerroman, -film; **schockieren** Anstoß erregen, empören; **schockiert** moralisch entrüstet
Schocktherapie *w.* Behandlung mit elektrischen Schocks
schofel (*hebr.*) schäbig, knauserig
Schogun *m.* (*jap.*) Titel eines kaiserlichen Feldherrn in Japan
Schokolade *w.* (*mexik.*) 1. Kakaomasse; 2. Getränk aus Schokoladenmasse
Scholar, Scholast *m.* (*lat.*) fahrender Student im Mittelalter
Scholastik *w.* (*lat.*) die philosophierende Theologie des Mittelalters, die sich um eine Vereinbarung zwischen Theologie und antiker Philosophie bemühte; **Scholastiker** *m.* Vertreter der Scholastik; **scholastisch** 1. zur Scholastik gehörend, den Regeln der Scholastik entsprechend; 2. abgehoben, spitzfindig
Scholiast *m.* (*gr.*) Verfasser von Scholien; **Scholien** *Mz.* (-li'en) gelehrte Randbe-

merkungen auf griech. und röm. Handschriften
Schoner *m.* (*engl.*) Zweimastsegler
Schrapnell *s.* mit Kugeln gefülltes Artilleriegeschoss (nach dem britischen Erfinder H. Shrapnell)
schreddern = Shredder
Schrimps = Shrimps
Schubiack *m.* (*niederl.*) Lump
Schwadron *w.* (*itl.*) kleinste Truppeneinheit der Kavallerie; **Schwadronade** *w.* wortreiche, aufdringliche Prahlerei; **Schwadroneur** *m.* (-nör) Schwätzer, Angeber; **schwadronieren** prahlen, großmäulig reden
Science-Fiction *w.* (ßeienß fikschen, *engl.*) literarisch oder filmisch umgesetzte, auf wissenschaftlich-technischen Tendenzen basierende Zukunftsprojektion (Abk. Sci-Fi)
Scoop *m.* (skuhp, *engl.*) Sensationsmeldung, die ein Blatt als Exklusivmeldung präsentieren kann
Score *m.* (skohr, *engl.*) Spielstand, Punktergebnis
Scotch *m.* (skotsch, *engl.*) schottischer Whisky
Scotch Terrier *m.* (skotsch terri'er, *engl.*) schottischer Terrier
Scout *m.* (skaut, *engl.*) 1. Pfadfinder; 2. Talentsucher; 3. Vordenker, Wegbereiter
Scrabble *s.* (skräbbl, *engl.*) Spiel, bei dem man aus Buchstabenkärtchen Wörter legen muss, die auf waage- und senkrechten Feldern zusammenpassen
Scratching *s.* (skrätsching, *engl.*) das Hervorbringen rhythmisierender Effekte durch schnelles Hinundherdrehen einer laufenden Schallplatte
Screen *m.* (skrihn, *engl.*) Bildschirm; **Screening** *s.* 1. Vorführung, Sendung (eines Fernsehfilms); 2. systematische genetische Überprüfung des menschlichen Keims (außerhalb der Gebärmutter)
Screwballkomödie *w.* (skrubohl-, *engl.*) rasante Filmkomödie mit respektlosem Humor und exzentrischen Charakteren
Scrip *m.* (skr-, *engl.*) 1. Gutschein, Ersatzschein (für Wertpapiere); 2. Besatzungsgeld
Script *s.* (*engl.*) Manuskript; Drehbuch; **Scriptgirl** *s.* Mitglied des Produktionsteams, das die Aufzeichnungen über jedes Detail einer Filmeinstellung führt; **Scriptorium** *s.* (*lat.*) Schreibraum in Klöstern
sculpsit (sku-, *lat.*) auf Kupferstichen vor dem Namen des Stechers: hat gestochen
s. e. = salvo errore
Seal *m.* (ßihl, *engl.*) Fell der Pelzrobbe oder des Seebären; **Sealskin** *m.* oder *s.* 1. Seal; 2. Robbenpelzimitation; **Sealyham** *m.* (ßili'em, *engl.*) kurzbeiniger, zottiger Drahthaarterrier
Séance *w.* (ßeangß, *frz.*) spiritistische Sitzung
Season *w.* (ßihsen, *engl.*) engl. Bez. für Saison
Seborrhöe *w.* (*gr.*) gesteigerte Absonderung der Hauttalgdrüsen
sec (ßek, *frz.*) trocken (von Schaumwein)
Seccomalerei *w.* (sekko-, *itl.*) Malerei auf trockener Wandfläche
Secento *s.* (setschento, *itl.*) das 17. Jahrhundert als italienische Stilepoche; **Secentist** *m.* Künstler dieser Epoche
second hand (ßeckend hähnd, *engl.*) gebraucht, aus zweiter Hand
Secret Service *m.* (ßihkret sörviß, *engl.*) der britische Geheimdienst
sedativ (*lat.*) beruhigend; **Sedativ, Sedativum** *s.* Beruhigungsmittel; **sedieren** beruhigen, dämpfen
Sediment *s.* (*lat.*) Bodensatz, Ablagerung; **sedimentär** durch Ablagerung entstanden (von Gesteinen); **Sedimentation** *w.* Ablagerung, Ztw. **sedimentieren**; **Sedimentgestein** *s.* Ablagerungsgestein
Seersucker *m.* od. *s.* (sihrsackr, *engl.*) Baumwolle oder Baumwollmischgewebe mit Kreppeffekt
Segment *s.* (*lat.*) 1. Abschnitt, Teilstücke von einem Ganzen; 2. Kreis- oder Kugelabschnitt; 3. Abschnitt eines Organs; **segmental** segmentförmig; **segmentär** aus Segmenten gebildet; **Segmentation** *w.* Aufteilung in Segmente
Segregation *w.* (*lat.*) räumliche Absonderung von Minderheiten in einer Gesellschaft, bes. der schwarzen Bevölkerung in den amerikan. Südstaaten; **segregieren** absondern, aufspalten
Seguidilla *w.* (segidillja, *span.*) spanischer Tanz mit Kastagnetten

Seigneur *m.* (ßenjöhr, *frz.*) 1. Lehnsherr im mittelalterlichen Frankreich; 2. = Grandseigneur

Seismik, Seismologie *w.* (*gr.*) Erdbebenkunde; **seismisch** 1. zur Seismik gehörig; 2. durch ein Erdbeben veranlasst, Erdbeben betreffend; **Seismogramm** *s.* Aufzeichnung eines Erdbebenmessers; **Seismograph** *m.*, **Seismometer** *s.* Erdbebenmesser; **Seismologe** *m.* Erdbebenforscher

Sejm *m.* (*poln.*) polnisches Parlament

Sekans *m.* (*lat.*) Verhältnis der Hypotenuse zur Ankathete im rechtwinkligen Dreieck; **Sekante** *w.* Gerade, die eine Kurve schneidet

sekkant (*lat.*) lästig; **sekkieren** belästigen, schikanieren (Österreich)

Sekkomalerei = Seccomalerei

Sekret *s.* (*lat.*) Ausscheidung, Absonderung einer Drüse; **sekret** (*lat.*) geheim; **Sekretär** *m.* 1. Geschäftsführer, Schriftführer einer Behörde oder einer Organisation; 2. mit allen Angelegenheiten vertrauter privater Mitarbeiter einer Persönlichkeit; 3. afrikanischer hochbeiniger Vogel; 4. Schreibschrank; **Sekretariat** *s.* Dienststelle einer Organisation, Zimmer des Sekretärs oder der Sekretärin; **sekretieren** 1. ausscheiden, absondern; 2. geheim halten; **Sekretion** *w.* 1. die Tätigkeit der Drüsen; 2. Absonderung von Lösungen in Gesteinshohlräume

Sekt *m.* (*itl.-frz.*) Schaumwein

Sekte *w.* (*lat.*) religiöse, weltanschauliche oder politische verschworene Sondergemeinschaft; **Sektierer** *m.* Mitglied einer Sekte; **sektiererisch** 1. einer Sekte angehörend; 2. sich auserwählt fühlend, verschworen

Sektion *w.* (*lat.*) 1. Bereich, Unterabteilung, Gruppe; 2. Leichenöffnung; **Sektionschef** *m.* Abteilungsleiter; **Sektor** *m.* 1. Kreisausschnitt, Kugelausschnitt; 2. Teilgebiet, Gebietsteil

Sekunda *w.* (*lat.*) zehnte und elfte Klasse einer höheren Schule; **Sekundaner** *m.* Schüler der Sekunda; **Sekundant** *m.* 1. Kampfgehilfe, Betreuer bei Zweikämpfen (z. B. beim Boxen); 2. früher: Zeuge beim Duell; **sekundär** an zweiter Stelle, zweitrangig; **Sekundärinfektion** *w.* die nochmalige Infektion eines Krankheitsherdes; **Sekundärliteratur** *w.* (*lat.*) wissenschaftliche Literatur über Primärliteratur; **Sekundawechsel** *m.* zweite Ausfertigung eines Wechsels; **Sekunde** *s.* 1. der sechzigste Teil einer Minute; 2. zweite Stufe der diatonischen Tonleiter; **sekundieren** 1. beipflichten; 2. im Zweikampf beistehen

Sekundogenitur *w.* (*lat.*) Erbrecht des Zweitgeborenen in Fürstenhäusern

Sekurität *w.* (*lat.*) Sicherheit; **Sekuritglas** *s.* (*Wz.*) nicht splitterndes Glas

Sela (*hebr.*) 1. ein Musikzeichen in den Psalmen; 2. Schluss, Ende (umg.)

Seladon *m.* (-dong, *frz.*) schmachtender Liebhaber (nach der Schäfergestalt in einem französ. Roman des 17. Jhs.); **Seladon** *s.* chin. Porzellan in zarter blaugrüner Glasur, nach der Gewandfarbe der Romangestalt Seladon; **Seladonit** *m.* Grünerde, ein lichtechter Farbstoff für Aquarell- und Temperamalerei

Selam = Salam

Seldschuken *Mz.* (*arab.*) früheres türkisches Herrschergeschlecht in Kleinasien

Selektion *w.* (*lat.*) 1. Auswahl, Aussonderung; 2. natürliche Auslese bestimmter Arten von Lebewesen; **selektiv** 1. auf Auswahl beruhend, auswählend; 2. trennscharf (Nachrichtentechnik), Hptw. **Selektivität** *w.*

Selen *s.* (*gr.*) chem. Element, ein Halbmetall; **Selene** *w.* griechische Mondgöttin; **Selenographie** *w.* Physik des Mondes

Selfaktor *m.* (ßelf-, *engl.*) Spinnmaschine; **Selfgovernment** *s.* (-gavernment) Selbstverwaltung; **Selfmademan** *m.* (-mehdmän) jmd., der aus eigener Kraft zu Wohlstand und (beruflichem) Erfolg gekommen ist

Sell-out *s.* (-aut, *engl.*) panischer Ausverkauf von Wertpapieren an der Börse

Semantik *w.* (*gr.*) Lehre von der Bedeutung der sprachlichen Zeichen und Wörter; **semantisch** die Bedeutung eines Wortes betreffend; **Semaphor** *m.* Signalmast für optische Zeichen; **Semem** *s.* Bedeutungsmerkmal des sprachlichen Zeichens

Semester *s.* (*lat.*) Studienhalbjahr

Semi-, semi- (*lat.*) als Wortteil: halb
Semifinale *s.* (*lat.*) Vorschlussrunde bei Ausscheidungskämpfen, Halbfinale
Semikolon *s.* (*lat.*) Strichpunkt
Seminar *s.* (*lat.*) Bildungsstätte; Lehrveranstaltung, Arbeitsgemeinschaft an der Hochschule; **Seminarist** *m.* Seminarteilnehmer, Eigw. **seminaristisch**
Semiologie, Semiotik *w.* (*gr.*) 1. Zeichentheorie; 2. Symptomatologie
semipermeabel (*lat.*) halb durchlässig
Semitistik *w.* Wissenschaft von den semitischen Sprachen und Literaturen; **Semit** *m.* (nach Sem, dem ältesten Sohn Noahs im Alten Testament) Angehöriger einer Sprach- und Völkergruppe in Vorderasien und Nordafrika, Eigw. **semitisch**
semplice (ßemplitsche, *itl.*) Musik: schlicht
sempre (*itl.*) immer
sen. = senior
Senat *m.* (*lat.*) 1. höchste Regierungsbehörde im alten Rom; 2. Regierungsbehörde mancher Städte (z. B. Hansestädte); 3. Selbstverwaltungskörperschaft der Universitäten; 4. erste Kammer mancher Staaten (z. B. der USA); 5. Richterschaft eines höheren Gerichts; **Senator** *m.* Mitglied eines Senats
Seneszenz *w.* (*lat.*) das Altern, Altwerden
Senhor *m.* (ßenjor, *port.*) Herr; **Senhora** *w.* (ßenjora) Frau (als portugiesische Anreden)
senil (*lat.*) 1. greisenhaft, altersschwach; 2. vergreist, wunderlich; **Senilität** *w.* Greisenhaftigkeit, Verschrobenheit
Senior *m.*, **Senioren** *Mz.* (*lat.*) 1. der Ältere oder Älteste in einer Versammlung, Familie, Sportart; 2. nur *Mz.*: ältere, alte Menschen; **senior** zum Namen: der Ältere (Abk. sen.)
se non è vero, è ben trovato (*itl.*) wenn es nicht wahr ist, ist es doch gut erfunden
Señor *m.* (ßenjor, *span.*) Herr; **Señora** *w.* Frau; **Señorita** *w.* Fräulein (als spanische Anreden)
Sensal *m.* (*itl.*) Handelsmakler
Sensation *w.* (*lat.*) 1. Sinnesempfindung; 2. Aufsehen erregendes Ereignis; **sensationell** Aufsehen erregend, verblüffend, in aller Munde
sensibel (*lat.*) 1. empfindsam, empfindlich, feinfühlig; 2. reizempfindlich, Hptw. **Sensibilität** *w.*; **sensibilisieren** 1. empfindlich machen, die Wahrnehmungsfähigkeit verfeinern; 2. fotografische Schichten lichtempfindlich machen; 3. den Organismus gegen einen Stoff empfindlich machen, Hptw. **Sensibilisierung** *w.*; **Sensibelchen** *s.* ironische Bez. für einen überempfindlichen Menschen
sensitiv (*lat.-frz.*) feinnervig, überempfindlich, reizbar, Hptw. **Sensitivität** *w.*
Sensor *m.* (*lat.*) Messfühler
sensorisch die Sinnesorgane betreffend; **Sensorien** *Mz.* (-ri'en) Gebiete der Großhirnrinde für die Sinnesreizwahrnehmung;
Sensorium *s.* Gespür
Sensualismus *m.* (*lat.*) Lehre, die die Erkenntnis auf Sinneswahrnehmungen zurückführt; **Sensualist** *m.* Vertreter des Sensualismus; **Sensualität** *w.* Empfindungsvermögen der Sinnesorgane; **sensuell** (-su'e-) sinnlich wahrnehmbar
Sentenz *w.* (*lat.*) Denkspruch, Sinnspruch, Aphorismus; **sentenziös** als Sentenz gefasst
Sentiment *s.* (sangtimang, *frz.*) Gefühl, Empfindung; **sentimental** 1. gefühlsschwärmerisch; 2. rührselig, Hptw. **Sentimentalität** *w*; **Sentimentale** *w.* weibliches Rollenfach, Darstellerin junger, gefühlvoller Frauengestalten
senza (*itl.*) ohne
separat (*lat.*) gesondert, einzeln, für sich liegend; **Separates** *Mz.* (ßepperehts, *engl.*) Einzelteile (Röcke, Blusen, Jacken);
Separation *w.* (*lat.*) Abtrennung, Absonderung; **Separatismus** *m.* Loslösungsbestrebung aus einem (Staats-)Verband;
Separatist *m.* Anhänger des Separatismus, Eigw. **separatistisch**; **Separator** *m.* Zentrifuge, Trennschleuder; **Séparée** *s.* (*lat.-frz.*) Nebenzimmer, abgetrennter Raum; **separieren** trennen, loslösen, absondern
Sephardim *Mz.*, die westeuropäischen Juden im Unterschied zu den Aschkenasim
Sepia *w.* (*gr.*) 1. Tintenfisch, ein Kopffüßler, 2. schwarzbraune Farbe aus dem Tintenbeutel des Tintenfisches
Sepsis *w.* (*gr.*) Blutvergiftung
septentrional (*lat.*) nördlich

Septett *s.* (*itl.*) 1. Komposition für sieben Stimmen oder Instrumente; 2. Gruppe von sieben Musikern

Septime *w.* (*lat.*) siebter Ton der diatonischen Tonleiter und Intervall zwischen Grundton und siebtem Ton

septisch (*lat.*) 1. mit Sepsis verbunden; 2. nicht keimfrei

Septuaginta *w.* (*lat.*) die älteste griech. Übersetzung des Alten Testaments

sepulkral (*lat.*) die Bestattung, die Bestattungszeremonien betreffend

Sequel *s.* (ßihkwel, *engl.*) Fortsetzungsfilm, Nachfolgefilm zu einem Erfolgsfilm

Sequenz *w.* (*lat.*) 1. Reihe, Aufeinanderfolge, Folge; 2. Wiederholung eines musikalischen Motivs auf einer anderen Tonstufe; 3. Spielkartenfolge der gleichen Farbe; 4. Befehlsfolge (EDV); **Sequenzer** *m.* (ßi-, *engl.*) Teil des Synthesizers, der Tonfolgen speichert

Sequester *m.* (*lat.*) 1. abgestorbenes Knochenstück; 2. Zwangsverwalter; **Sequestration** *w.* Zwangsverwaltung, Ztw. **sequestrieren**

Sequoia, Sequoie *w.* (-kweu'e) Mammutbaum

Serail *s.* (seraj, *pers.-türk.*) Sultanspalast

Seraph *m.* (*hebr.*) Engel des Alten Testaments mit sechs Flügeln (*Mz.* Seraphim); **seraphisch** engelhaft

seren (*lat.*) heiter

Serenade *w.* (*itl.*) 1. Abendmusik; 2. mehrsätziges unterhaltendes Instrumentalstück

Serenissimus (*lat.*) Durchlauchtigster, scherzhafte Bez. für einen Kleinstaatenfürsten

sereno (*itl.*) Musik: heiter, klar

Serge *w.* (ßersch, *frz.*) Gewebe in Körperbindung, meist Futterstoff

Sergeant *m.* (ßerschant, *frz.*, ßahdschent, *engl.*) Unteroffizier

Serial (ßihrijel, *engl.*) Folge einer Fernsehserie

Serie *w.* (-ri'e, *lat.*) Reihe, Folge, Aufeinanderfolge; **seriell** (ri'ell) 1. in Serie gefertigt, veröffentlicht; 2. nacheinander abarbeitend (von Programmschritten in der EDV); **serielle Musik** *w.* eine Abart der nach dem Reihenprinzip verfahrenden Zwölftonmusik

Serigraphie *w.* (*gr.-lat.*) Siebdruckverfahren, Siebdruck

seriös (*frz.*) vertrauenswürdig, ernst zu nehmen, ernsthaft, Hptw. **Seriosität** *w.*

Sermon *m.* (*lat.*) langatmiges (ermahnendes) Gerede

Serologie *w.* (*gr.-lat.*) Lehre vom Blutserum; **serös** 1. aus Serum bestehend; 2. Serum absondernd

Serpentine *w.* (*lat.*) Schlangenlinie, Zickzackkurve

Serum *s.* (*lat.*) 1. der flüssige Teil des Blutes; 2. Blutserum, das Abwehrstoffe enthält (*Mz.* Sera, Seren)

Serval *m.* (*port.*) afrikanische Wildkatze mit hohen Beinen und großen Ohren

Servelatwurst = Zervelatwurst

Service *s.* (serwihs, *frz.*) ein Satz von zusammengehörigem Tafelgeschirr; **Service** *m.* (ßörwiss, *engl.*) 1. Kundendienst, Bedienung, Dienstleistung; 2. Aufschlag im Tennis; **servieren** (*frz.*) auftragen, bedienen; **Serviette** *w.* (-wi'e-) Mundtuch

servil (*lat.*) unterwürfig, kriecherisch; **Servilität** *w.* Unterwürfigkeit

Servus! (*lat.*) Ihr Diener, als bayr.-österr. Grußformel: hallo!, tschüs!

Sesam *m.* tropisches Gewächs mit essbaren Samen

sessil (*lat.*) festsitzend (von der Lebensweise vieler Wassertiere, z. B. Korallen)

Session *w.* (ßeschen, *engl.*) freies Zusammenspiel von Jazzmusikern

Sesterz *m.* (*lat.*) altrömische Münze

Set *s.* (ßet, *engl.*) 1. Satz zusammengehöriger Dinge; 2. Platzdeckchen; 3. Szenenaufbau bei Filmen

Settecento *s.* (-tschento, *itl.*) das 18. Jh. als italien. Stilepoche

Setter *m.* (*engl.*) langhaariger engl. Hühnerhund, Vorstehhund

Settlement *s.* (ßettlment, *engl.*) Niederlassung; **sich setteln** sich einrichten, niederlassen

Sèvres *s.* (ßävre, *frz.*) Porzellan aus der Manufaktur in Sèvres bei Paris

Sex *m.* (ßex, *engl.*) 1. Sexualität; 2. Geschlechtsverkehr; **Sexappeal** *m.* (-epihl) sexuelle Anziehungskraft einer Person; **Sexismus** *m.* Diskriminierung eines Menschen aufgrund seines Geschlechts (meist der Frau)

Sext, Sexte *w.* (*lat.*) der sechste Ton der diatonischen Tonleiter und Intervall zwischen Grundton und sechstem Ton
Sexta *w.* (*lat.*) erste Klasse einer höheren Schule; **Sextaner** *m.* Schüler der Sexta
Sextant *m.* (*lat.*) Winkelmessgerät zum Feststellen der Gestirnshöhe
Sextett *s.* (*itl.*) 1. Komposition für sechs Stimmen oder Instrumente; 2. Gruppe von sechs Musikern
Sexualhormon *s.* (*lat.*) Geschlechtshormon; **Sexualität** *w.* (*lat.*) Geschlechtlichkeit und daraus resultierende Verhaltensweisen bei Mensch und Tier; **Sexualorgan** *s.* Geschlechtsorgan; **sexuell** (-u'e-) geschlechtlich, auf das Geschlechtsleben bezogen; **Sexus** *m.* Geschlecht; **sexy** (ße-, *engl.*) sexuell anziehend
sezernieren (*lat.*) ein Sekret absondern; **Sezession** *w.* 1. Absonderung, Trennung, Loslösung; 2. Künstlergruppe, die sich aus einem Verband gelöst hat; 3. der österreichische Jugendstil; **Sezessionist** *m.* Angehöriger einer Sezession, Eigw. **sezessionistisch**
sezieren (*lat.*) Leiche öffnen und anatomisch zerlegen
SFOR (aus *engl.* *S*tabilization *For*ce) internationale, unter dem Oberbefehl der NATO stehende Friedenstruppe für Bosnien-Herzegowina
sforzato (*itl.*) Musik: stark betont
sfumato (*itl.*) duftig, mit verschwimmenden Umrissen gemalt
Sgrafitto *s.* (*itl.*) Wandmalerei, bei der das Bild oder Muster durch Wegkratzen einer Putzschicht entsteht, Kratzputz
sh. = Shilling
Shag *m.* (schäg, *engl.*) Pfeifentabak in Feinschnitt
Shake *m.* (schehk, *engl.*) 1. Mixgetränk; 2. Modetanz der 1960er-Jahre; **Shakehands** *s.* (-händs) das Händeschütteln; **Shaker** *m.* Schüttelbecher für Cocktails
Shakti = Schakti
Shampoon, Shampoo, Schampon, Schampun *s.* (schampuh[n], *engl.*) flüssiges Haarwaschmittel; **shampoonieren** Haare mit Shampoon waschen
Shamrock *s.* (schämrock, *engl.*) das Kleeblatt als irisches Nationalabzeichen
Shanties *Mz.* (schäntihs, *frz.-engl.*) Seemannslieder
Shantungseide *w.* chinesische Rohseide in Taftbindung (nach der chin. Provinz Shantung
Share *m.* (schär, *engl.*) Anteil, Aktie; **Shareholder** *m.* engl. Bez. für Aktionär; **Shareholdervalue** *m.* (-welju) Unternehmenspolitik, die in erster Linie eine Erhöhung der Rendite für die Anteilseigner anstrebt und den Wert der Aktie zur Leitlinie von Unternehmenspolitik macht; **Shareware** *w.* (-wär, *engl.*) Programme, die man eine Zeit lang kostenfrei testen darf (EDV)
Sheriff *m.* (sche-, *engl.*) höchster Gerichtsbeamter einer engl. Grafschaft; gewählter Vollzugsbeamter eines amerik. Verwaltungsbezirks
Sherpa *m.* (scher-, *tibet.*) 1. tibetanische Bergbevölkerung; 2. Träger und Bergführer in Tibet
Sherry *m.* (sche-, *engl.*) spanischer Süßwein
Shetland *m.* (schetländ, *engl.*) rauhaariger Wollstoff
Shilling *m.* (schi-, *engl.*) englische Münze (Abk. sh)
Shimmy *m.* (schi-, *engl.*) Gesellschaftstanz der 1920er-Jahre mit Schüttelbewegungen der Schultern
Shintoismus = Schintoismus
Shit *m.* (schitt, *engl.*) Haschisch (Jargon)
shocking (scho-, *engl.*) aufregend, schockierend
Shop *m.* (schopp, *engl.*) Geschäft, Laden; **Shopaholic** *m.* Kaufsüchtiger; **Shopping** *s.* das Einkaufen, das Kaufen; **Shopping-Center** *s.* (-ßen-) Einkaufszentrum
Shorts *Mz.* (schorts, *engl.*) kurze Hose; **Short Story** *w.* Kurzgeschichte
Show *w.* (schoh, *engl.*) Unterhaltungsschau; **Showbusiness** *s.* (-bisniß, *engl.*) Showgeschäft, Unterhaltungsbranche; **Showdown** *m.* (-daun) Entscheidungskampf, dramatischer Höhepunkt im Western; **Showman** *m.* (-män) Künstler in einer Show; geschickter Werbemann; **Showmaster** *m.* jmd., der durch eine Unterhaltungsshow führt
Shredder *m.* (schre-, *engl.*) Zerkleine-

rungsmaschine (z. B. für Autowracks), Ztw. **shreddern**
Shrimps, Schrimps *Mz.* (schr-, *engl.*) kleine Nordseegarnele
Shuttle *m.* (schattel, *engl.*) 1. Raumfähre, Spaceshuttle; 2. regelmäßiger Flugdienst zwischen zwei Orten, Flugfähre; 3. Vor- und Rücklaufknopf an Videorecordern
Shylock (scheilock, *engl.*) hartherziger Wucherer (nach einer Shakespearegestalt)
Sial *s.* Name der obersten Gesteinsschicht der Erde
Siam alter Name für Thailand; **siamesische Zwillinge** miteinander verwachsene Zwillinge; **Siamosen** *Mz.* gestreifte oder karierte Baumwollgewebe
Sibilant *m.* (*lat.*) Zischlaut
Sibylle *w.* (*gr.*) Seherin; **sibyllinisch** dunkel, rätselhaft
sic! (*lat.*) so! wirklich so! (d. h. falsch, weil es in einer Quelle falsch steht); **sic transit gloria mundi** so vergeht die Herrlichkeit der Welt (Zuruf an den neuen Papst beim Krönungsgang)
Sideboard *s.* (ßeidbohrd, *engl.*) Anrichtetisch, Büfett
sideral, siderisch (*lat.*) auf die Gestirne bezogen
Siderit *m.* Eisenspat; **Siderologie** *w.* (*gr.*) Wissenschaft vom Eisen und der Eisengewinnung; **Siderurgie** *w.* Technik der Eisen- und Stahlgewinnung, Eigw. **siderurgisch**
siena (ßi'e-, *itl.*) rotbraun; **Sienaerde** *w.* tonartige Erde zur Gewinnung der rotbraunen Malerfarbe
Sierra (ßi'e-, *span.*) Gebirgskette
Siesta *w.* (ßi'e, *span.*) Mittagsruhe
Sigel *s.* (*lat.*) Kürzel
Sightseeing *s.* (ßeitßih'ing, *engl.*) Besichtigung von Sehenswürdigkeiten
Sign-Design *s.* (ßein disein, *engl.*) Ersetzung von ganzen Wörtern durch Buchstaben, Ziffern oder Symbole (z. B. U2 = you too = du auch)
Signal *s.* (*lat.-frz.*) 1. Zeichen mit vereinbarter Bedeutung; 2. artspezifisches Merkmal oder Verhalten; **signalisieren** Zeichen geben; **Signatar** *m.* Unterzeichner; **Signatarmacht** *w.* vertragschließender Staat; **Signatur** *w.* 1. vereinbartes Ordnungszeichen (z. B. auf Buchrücken); 2. Unterschrift, Namenszeichen; **Signet** *s.* Marken-, Firmenzeichen; **signieren** unterzeichnen, abzeichnen, kennzeichnen; **signifikant** bezeichnend, bedeutsam, Hptw. **Signifikanz** *w.*
Signora *w.* (ßinjora, *itl.*) Frau; **Signore** *m.* Herr; **Signorina** *w.* Fräulein
Signum *s.* (*lat.*) Zeichen, Signatur
Sikh *m.* (*Hindi*) Angehöriger einer militärisch organisierten hinduistisch-islamischen Religionsgemeinschaft im Pandschab
Sikkativ *s.* (*lat.*) Trockenmittel für Farben
Sild *m.* (*dän.*) kleiner, eingelegter Hering
Silen *m.* (*gr.-lat.*) Mischwesen aus Pferd und Mensch, ein Satyr
Silentium! *s.* (*lat.*) Ruhe!
Silhouette *w.* (siluätte, *frz.*) Schattenriss
Silifikation *w.* (*lat.*) Verkieselung; **silifizieren** verkieseln; **Silikat** *s.* Salz der Kieselsäure; **Silikon** *s.* siliziumhaltiger Kunststoff; **Silikose** *w.* (*lat., gr.*) Staublunge; **Silizium** *s.* chem. Element, Nichtmetall, wichtigstes Material in der Halbleitertechnik und Mikroelektronik
Silo *m.* (*span.*) Schachtbehälter zum Speichern von Schüttgütern (Getreide, Kohle, Erze, Zement usw.)
Silur *s.* zweitälteste Schicht des Erdaltertums, Eigw. **silurisch** (nach dem kelt. Stamm der Silurer in Wales)
Silvester, Sylvester (*lat.*) letzter Tag des Jahres (31. Dezember) nach dem gregorianischen Kalender
s'il vous plait (ßil wu plä, *frz.*) wenn's beliebt, bitte
simile (*itl.*) Musik: ebenso weiter
similis (*lat.*) ähnlich; **Similistein** *m.* aus Bleiglas imitierter Edelstein
Simonie *w.* (*lat.*) Kauf und Verkauf geistlicher Ämter (nach Simon Magus)
simpel (*lat.*) 1. sehr einfach, unkompliziert; 2. einfältig, beschränkt, Hptw. **Simplizität** *w.*; **Simpel** *m.* Einfaltspinsel (umg.); **Simplex** *s.* unzusammengesetztes, einfaches Wort (*Mz.* Simplizia); **Simplifikation, Simplifizierung** *w.* Vereinfachung, vereinfachende Darstellung; **simplifizieren** unzulässig vereinfachen; **Simplizität** *w.* 1. Einfalt; 2. Einfachheit
Simplicissimus, Simplizissimus *m.*

(*lat.*) der Einfachste, Einfältigste, Titel und Titelheld des Romans von H. J. Chr. Grimmelshausen; Titel einer politisch-satirischen Wochenschrift

Simulant *m.* (*lat.*) jmd., der sich verstellt, der etwas vortäuscht, bes. Krankheiten; **Simulation** *w.* 1. Verstellung, Vortäuschung; 2. computererzeugte Nachbildung von Vorgängen oder Verhältnissen (z. B. in der Luft- und Raumfahrttechnik); **simulieren** 1. tun, als ob, vortäuschen; 2. realistisch nachbilden

simultan (*lat.*) gemeinsam, gleichzeitig; **Simultaneität** (-ne-'i), **Simultanität** *w.* Gleichzeitigkeit, Gemeinsamkeit; **Simultant** *m.* jmd., der gleichzeitig mehrere Funktionen und Aufgaben wahrnimmt (z. B. beim Autofahren eine Fremdsprache lernt)

sin. = sinus

sine (*lat.*) ohne; **sine anno** ohne Jahreszahl (bei Büchern); **sine loco** ohne Angabe des Druckortes; **sine ira et studio** ohne Zorn und Eifer, d. h. sachlich und objektiv

Sinekure *w.* (*lat.*) einträglicher Posten ohne viel Arbeit, Pfründe

Sinfonie = Symphonie; **sinfonisch** = symphonisch

Single *s.* (ßingel, *engl.*) Einzelspiel im Sport; **Single** *w.* Schallplatte, die auf jeder Seite nur einen Musiktitel enthält; **Single** *m.* (bewusst) Alleinlebende(r)

Singular *m.* (*lat.*) Sprachlehre: Einzahl; **singulär** 1. vereinzelt; 2. einzigartig, einmalig, Hptw. **Singularität** *w.*; **Singularetantum** *s.* Sprachlehre: Wort ohne Mehrzahl (z. B. Obst); **singularisch** Sprachlehre: in der Einzahl

sinister (*lat.*) unglücklich, unheilvoll, finster

Sinn Fein *w.* (schin fän, *gäl.*) irische Patriotenbewegung mit dem Ziel nationaler Unabhängigkeit und der Wiederbelebung der irischen Sprache

Sinologe *m.* (*gr.*) Wissenschaftler der Sinologie; **Sinologie** *w.* Wissenschaft von Kultur und Geschichte Chinas

Sinus *m.* (*lat.*) 1. Verhältnis der Gegenkathete zur Hypotenuse im rechtwinkligen Dreieck; 2. Ausbuchtung, Hohlraum (z. B. Kieferhöhle)

Siphon *m.* (sifong, *gr.-frz.*) 1. Behälter mit Druckverschluss für Sprudel; 2. Geruchsverschlüsse bei sanitären Anlagen; 3. Führung von Leitungen unter Straßen oder Wasserläufen; 4. Stelle, an der die Decke eines abschüssigen Höhleneingangs ins Wasser taucht, also durchtaucht werden muss

Sir (ßöhr, *engl.*) 1. englischer Adelstitel; 2. Anrede (ohne Namen) für Herr

Sire (ßihr, *frz.*) französische Anrede für Majestät

Sirene *w.* (*gr.*) 1. dämonische Verführerin (nach den Sirenen der griech. Mythologie, die Männer durch ihren Gesang anlockten und töteten); 2. Seekuh, ein Säugetier; 3. Alarmvorrichtung, die Heulsignale erzeugt

Sirius *m.* (*gr.-lat.*) Stern im Sternbild Großer Hund

Sirup *m.* (*arab.-lat.*) 1. dickflüssiger Zuckerrübensaft; 2. mit Zucker eingedickter Obstsaft

Sisal *m.* (*span.-indian.*) Agavenfaser

sistieren (*lat.*) 1. unterbrechen (von Rechtsverfahren); 2. festnehmen, Hptw. **Sistierung** *w.*

Sistrum *s.*, **Sisthre** *w.* (*gr.-lat.*) altägyptisches Rasselinstrument

Sisyphusarbeit *w.* (*gr.*) nutzlose Anstrengung (nach der Arbeit des Sisyphus in der griech. Mythologie)

Sitar *w.* (*pers.-Hindi*) Zupfinstrument im Iran und in Indien

Sitcom *w.* (ßit-, aus *engl. sit*uation *comedy*) Situationskomödie; komische Fernsehsendung bzw. -serie, wo die Witze/Gags aus der Situation entstehen; **Sit-in** *s.* Sitzstreik als Demonstrationstaktik; **Sit-up** *s.* (-ap) schnelles Sichaufsetzen aus der Rückenlage, sportl. Übung zur Trainierung der Bauchmuskulatur

Situation *w.* (*frz.-lat.*) Lage, Sachlage, Umstände; **situativ** durch die Situation bedingt; **situiert** 1. in einer bestimmten (Lebens-)Lage; 2. begütert; **Situs** *m.* Lage der Organe im Körper

sit venia verbo (*lat.*) wenn die Ausdrucksweise erlaubt ist

Skabies = Scabies

Skala *w.* (*itl.*) 1. Tonleiter; 2. Stufenleiter (z. B. Farbskala); 3. Maßeinteilung; **ska-**

lar durch Zahlenwert charakterisiert; **Skalar** *m.* 1. mathematische Größe, die allein durch einen Zahlenwert charakterisiert ist; 2. ein Süßwasserfisch, Segelflosser

Skalde *m.* (*altisl.*) altnordischer Dichter

Skalp *m.* (*engl.*) Kopfhautstück mit Haaren, Siegestrophäe der Indianer; **skalpieren** Skalp abziehen

Skalpell *s.* (*lat.*) kleines chirurgisches Messer

Skandal *m.* (*gr.*) Aufsehen erregendes Ärgernis; **Skandalon** *s.* (*gr.*) Stein des Anstoßes, Ärgernis; **skandalös** unerhört, anstößig

skandieren (*lat.*) 1. Verse im Rhythmus der Versfüße aufsagen; 2. abgehackt sprechen

Skapulier *s.* (*lat.*) gerader Überwurf bei kath. Mönchstrachten

Skarabäus *m.* (-bä'us, *gr.-lat.*) 1. Mistkäfer, Pillendreher; 2. käferähnlicher Stein oder versteinerter Skarabäus als Talisman

Skateboard *s.* (skehtbord, *engl.*) kurzes Rollbrett, auf dem man steht und fährt; **skaten** (skehten) auf dem Rollbrett laufen; **Skating-Rink** *m.* Rollschuhbahn, Eislaufbahn

Skatologie *w.* (*gr.*) 1. Untersuchung des Kots zu medizinischen Zwecken; 2. Fäkalsprache

Skeleton *m.* (skelitn, *engl.*) Rennschlitten

Skelett *s.* (*gr.*) 1. Knochengerüst, Gerippe; 2. Traggerüst für Bauten; **skelettieren** alle Weichteile entfernen, Knochengerüst freilegen

Skepsis *w.* (*gr.*) 1. Zweifel; 2. Zurückhaltung, Bedenken; **Skeptiker** *m.* jmd., der von Skepsis geprägt ist; **skeptisch** bedenklich, zur Skepsis neigend; **Skeptizismus** *m.* 1. skeptische Haltung; 2. philosophische Richtung, die die Skepsis zum Prinzip des Denkens erhebt

Sketch *m.* (sketsch, *engl.*) Kurzszene mit witzig-ironischen Pointen

Ski, Schi *m.* (schi, *norw.*) 1. Schneeschuh; 2. Skilaufen, Skisport

Skiff *s.* (*engl.*) schmales Ruderboot für einen Ruderer

Skiffle *m.* (*engl.*) jazzähnliche Musik mit Banjo, selbst gebauten Instrumenten und Waschbrett

Skin, Skinhead *m.* (-hedd, *engl.*) gewalttätiger Jugendlicher mit Kahlkopf

Skipetare *m.* (Vorfahr der) Albaner, Bergillyrer

Skipper *m.* (*niederl.-engl.*) Jachtkapitän

Skizze *w.* (*itl.*) Entwurf, kurze Schilderung oder rasch hingeworfene Zeichnung; **skizzieren** eine Skizze machen, anreißen

Sklave *m.* (*gr.-lat.*) 1. Leibeigener, Höriger; 2. jmd., der jmdm. oder einer Sache hörig ist; **Sklaverei** *w.* Hörigkeit; **sklavisch** unterwürfig, blind ergeben, willenlos

Sklera *w.* (*gr.*) die harte Haut des Auges; **Sklerophyllen** *Mz.* immergrüne Gehölze (z. B. Eukalyptus); **Sklerose** *w.* krankhafte Verhärtung von Gewebe oder Organen; **sklerotisch** verhärtet

Skolion *s.* (*gr.*) altgriech. Trinklied (*Mz.* Skolien [-li'en])

Skoliose *w.* (*gr.*) seitliche Rückgratverkrümmung

Skolopender *m.* (*gr.*) Tausendfüßer

Skonto *m.* oder *s.* (*itl.*) Preisnachlass bei Barzahlung oder Vorauszahlung (*Mz.* Skonti); **skontieren** Skonto gewähren

Skontration *w.* (*itl.*) Abrechnung, Bestandsermittlung, Ztw. **skontrieren**; **Skontro** *s.* Hilfsbuch in der Buchhaltung zur Bestandsermittlung von Warenbeständen

Skopolamin *s.* starkes, aus dem Tollkraut gewonnenes Betäubungsmittel (nach dem italien. Botaniker G. A. Scopoli, 1723–1788)

Skopophilie *w.* (*gr.*) Schaulust, Voyeurismus

Skorbut *m.* (*lat.*) Krankheit durch Mangel an Vitamin C

Skorpion *m.* (*gr.-lat.*) 1. Spinnentier mit Scheren und Giftstachel; 2. Sternbild, Tierkreiszeichen

Skotom *s.* (*gr.*) dunkler Fleck im Gesichtsfeld

Skribent, Skribifax *m.* (*lat.*) schlechter Schreiber, Schreiberling, Vielschreiber

Skript, Skriptum *s.* (*lat.*) Schriftstück, schriftliche Aufzeichnung oder Ausarbeitung

skrofulös (*lat.*) an Skrofulose leidend; **Skrofulose** *w.* Erkrankung der Haut- und Lymphknoten

Skrotum *s.* (*lat.*) Hodensack
Skrupel *Mz.* (*lat.*) 1. Bedenken, Gewissenszweifel, Gewissensbisse; 2. (*s.*) altes Apothekergewicht; **skrupulös** übergenau, selbstquälerisch
Skull *s.* (*engl.*) Ruder; **Skuller** Sportruderboot; **skullen** rudern
skulptieren (*lat.*) eine Skulptur anfertigen, meißeln; **Skulptur** *w.* 1. Bildhauerkunst; 2. Plastik, Werk der Bildhauerkunst
Skunk *m.* (*indian.*) amerikanisches Stinktier, eine Marderart; **Skunks** *Mz.* Pelz des Stinktiers
skurril (*lat.*) 1. schrullig, kauzig, verschroben; 2. befremdlich, grotesk, Hptw. **Skurrilität** *w.*
Skyeterrier *m.* (skaiterrjer, *engl.*) Abart des schottischen Terriers; **Skylab** *s.* (-läb) Weltraumlaboratorium; **Skyline** *w.* (-lein) sich gegen den Himmel abzeichnende Silhouette von Hochhäusern
Skylla = Szylla
s. l. = sine loco
Slalom *m.* (*norw.*) Skiabfahrtslauf um Hindernisse
Slang *m.* (släng, *engl.*) Umgangssprache, Jargon
Slapstick *m.* (släp-, *engl.*) raue, tollpatschige Komik im (Stumm-)Film
Slawistik *w.* Wissenschaft von den slawischen Sprachen und Kulturen
Slibowitz, Sliwowitz *m.* (*serb.*) Pflaumenschnaps
Slice *m.* (sleiß, *engl.*) Schlag mit (Rechts-) Drall im Golf, Tennis, Ztw. **slicen**
Slicks *Mz.* (*engl.*) 1. profillose Rennreifen; 2. Ölfilme auf der Meeresoberfläche
Sling *m.* (*engl.*) alkoholfreies Kaltgetränk
Slip *m.* (*engl.*) 1. knappe Damen- oder Herrenunterhose; 2. Seitenbewegung eines Flugzeugs (beim Landemanöver); 3. schiefe Ebene für den Stapellauf eines Schiffes; 4. Abrechnungs-, Belegzettel (für Bankaufträge); **Slipon** *m.* Hänger, loser Mantel; **Slipper** *m.* Schlüpfschuh
Slogan *m.* (ßlogen, *engl.*) Schlagwort, Werbeschlagwort, Parole
Slow (sloh, *engl.*) Tempobez. im Jazz: langsam; **Slowfox** *m.* langsamer Foxtrott; **Slowmotion** *w.* (-mohschen, *engl.*) Zeitlupe im Film
Slum *m.* (slam, *engl.*) Elendsviertel
Slump *m.* (slamp, *engl.*) Preis-, Kurssturz
Slurb *s.* (slörb, aus *engl. Sl*um und Sub*urb*) Begriff aus der US-amerik. Stadtsoziologie, dem zufolge durch schlechte Planung, mangelnde Infrastruktur u. a. das Absinken moderner Stadtrandgebiete zu Elendsvierteln vorprogrammiert ist
small (smohl, *engl.*) klein (von Kleidergrößen, Abk. S)
Smalltalk *s.* oder *m.* (smohltohk, *engl.*) unverbindliches Partygeplauder
Smaragd *m.* (*gr.*) grüner Edelstein, Abart des Beryll
smart (smaht, *engl.*) 1. auf Draht, schlau; 2. durchtrieben, gerissen; 3. schick, apart
Smash *m.* (smäsch, *engl.*) Schmetterball oder -schlag bei Rückschlagspielen
Smog *m.* (aus *engl. sm*oke und f*og*) Dunstglocke aus Abgasen über Großstädten
Smokarbeit (*engl.*) Zierarbeit, bei der Falten mit farbigem Garn gebündelt werden, Ztw. **smoken**
Smoking *m.* (*engl.*) dunkler Gesellschaftsanzug mit Seidenrevers
Smörebröd *s.* (*schwed.*) reich belegtes Brot
smorzando (*itl.*) Musik: allmählich schwächer werdend, erlöschend
SMS *w.* (aus *engl. S*hort *M*essage *S*ervice) (Übertragung von) kurze(n) Nachrichtentexte(n) durch Mobiltelefone; **smsen** SMS verschicken
Snack *m.* (snäck, *engl.*) Imbiss, Zwischenmahlzeit
Sniffing *s.* (*engl.*) das Sichberauschen an Klebstoffdämpfen
Snob *m.* (*engl.*) jmd., der derartig exklusive Ansprüche an den Lebensstil stellt, dass er nur noch mit Snobs verkehren kann; **Snobismus** *m.* Lebensstil eines Snobs, Eigw. **snobistisch**
Soap Opera *w.* (ßohp opera, *engl.*) früher amerikan. Rundfunk-, heute Fernsehserien mit trivialen Stoffen, Charakteren und Handlungen, Seifenoper
soave, soavemente, suave (*itl.*) Musik: sanft, zärtlich

Soccer *m.* (ßocker, *engl.*) amerikan. Bez. für europäischen Fußball

Societas Jesu (-zi'e-, *lat.*) der Jesuitenorden

Soda *w.* (*itl.*) 1. kohlensaures Natrium; 2. *s.* Sodawasser

Sodomie *w.* Geschlechtsverkehr mit Tieren; **Sodomit** *m.* jmd., der Sodomie treibt, Eigw. **sodomitisch** (nach der Stadt Sodom in der Bibel)

Soffite *w.* (*itl.*) 1. Abschluss des Bühnenbildes nach oben, Deckendekorationsstück; 2. Unteransicht eines Bogens, Laibung; 3. röhrenförmige Glühlampe, Soffitenlampe

soft (*engl.*) als Wortteil: weich; **soften** mit optischen Methoden Fotografie weich zeichnen; **Softener** *m.* Weichmacher (in der Textilverarbeitung); **Softie** *m.* Mann, der sich in seinem eigenen Verhalten am Bild der empfindsamen, gefühlvollen, zärtlichen Frau orientiert; **Softpornographie** *w.* (filmische) Darstellung sexueller Vorgänge, die alles, nur nicht den Geschlechtsakt selbst zeigt; **Soft Sculpture**, **Softart** Tendenz in der Gegenwartsplastik, statt der herkömmlichen harten Werkstoffe weiche Materialien wie Filz und Kunststoffe zu verwenden; **Software** *w.* (-wär) System- und Anwendungsprogramme eines Computers (EDV)

soigniert (ßoanjihrt, *frz.*) gepflegt

Soirée *w.* (ßoareh, *frz.*) Abendgesellschaft, Abendveranstaltung

Sojabohne *w.* (*jap.*) eiweißreiche, ölhaltige asiatische Hülsenfrucht

sokratische Methode = Mäeutik

Sol *m.* (*lat.*) 1. der römische Sonnengott; 2. Währungseinheit in Peru

Sol *s.* (*lat.*) kolloide Lösung

sola fide (*lat.*) allein durch den Glauben, Satz aus der Rechtfertigungslehre der Reformation; **sola gratia** allein durch die Gnade, Grundsatz der reformatorischen Heilslehre

Solanin *s.* (*lat.*) organisches Gift in einigen Nachtschattengewächsen; **Solanum** *s.* Gattung der Nachtschattengewächse (z. B. Tomate, Kartoffel)

solar (*lat.*) die Sonne betreffend; **Solarenergie** *w.* Sonnenenergie; **Solarium** *s.* Anlage zum Körperbräunen durch künstliche Lichtquellen, die der natürlichen Sonnenstrahlung entsprechen; **Solarkonstante** *w.* Messeinheit für die Sonnenbestrahlung der Erde; **Solaröl** *s.* Öl aus Braunkohle; **Solarplexus** *m.* Nervengeflecht in der Magengrube; **Solarzelle** *w.* Halbleiter, der Sonnen- in elektrische Energie umwandelt

Solawechsel *m.* (*itl.*) Eigenwechsel, in Wechselform gekleidetes Zahlungsversprechen

Soldateska *w.* (*itl.*) marodierender Soldatenhaufen

solenn (*lat.*) feierlich, festlich, Hptw. **Solennität** *w.*

Solfeggio *s.* (solfedscho, *itl.*) Gesangsübung auf Vokalen, Ztw. **solfeggieren**

solid, solide (*lat.*) 1. haltbar, gediegen; 2. maßvoll, zuverlässig, Hptw. **Solidität** *w.*; **solidarisch** 1. übereinstimmend, gleich gesinnt; 2. gemeinsam, füreinander einstehend; **sich solidarisieren** sich aktiv auf jmds. Seite stellen; **Solidarität** *w.* Zusammengehörigkeitsgefühl; das Eintreten füreinander; **Solidus** *m.* altrömische Goldmünze

Solipsismus *m.* (*lat.*) erkenntnistheoretischer Standpunkt, für den allein das Ich einen sicheren Ausgangspunkt des Denkens darstellt, Eigw. **solipsistisch**

Solist *m.* (*itl.*) Künstler, der etwas allein vorträgt

solitär (*frz.*) einzeln lebend (von Tieren); **Solitär** *m.* einzeln gefasster Edelstein, bes. ein Brillant

Solitude *w.* (-tüd, *frz.*) Einsamkeit, Name vieler Schlösser

Solmisation *w.* Silbenfolge, mit der die Töne der Tonleiter bezeichnet werden (do, re, mi, fa, sol, la, si)

solo (*itl.*) allein, unbegleitet; **Solo** *s.* 1. Darbietung eines Solisten; 2. Einzelspiel, Alleingang (z. B. im Fußball)

Solstitium *s.* (*lat.*) Sonnenwende (*Mz.* Solstitien [-zi'en])

solubel (*lat.*) löslich; **Solution** *w.* Lösung, Arzneilösung

Solvens *s.* (*lat.*) (schleim)lösendes Mittel (*Mz.* Solvenzien [-zi'en]); **solvent** zahlungskräftig; **Solvenz** *w.* Zahlungsfähigkeit; **solvieren** 1. lösen, auflösen; 2. abzahlen

Soma *s.* (*gr.*) der Körper (im Ggs. zum Geist); **somatisch** körperlich; **Somatologie** *w.* Wissenschaft vom menschlichen Körper

Sombrero *m.* (*span.*) breitkrempiger mexikanischer Hut

somnambul (*lat.*) schlafwandlerisch, mondsüchtig; **Somnambule** *m.* und *w.* Schlafwandler(in); **Somnambulismus** *m.* Schlafwandeln, Mondsüchtigkeit; **somnolent** schlaftrunken; schlafsüchtig; Hptw. **Somnolenz** *w.*

Sonant *m.* (*lat.*) Sprachlehre: Selbstlaut, Vokal

Sonate *w.* (*itl.*) mehrsätziges Instrumentalstück in fester Form; **Sonatine** *w.* kleine Sonate

Sonde *w.* (*frz.*) 1. röhren- oder stabförmiges Abtast-, Prüf- oder Untersuchungsgerät; 2. unbemanntes Raumfahrzeug zu Forschungszwecken, Raumsonde; **sondieren** 1. mit einer Sonde untersuchen; 2. vorfühlen, vorsichtig erkunden

Sonett *s.* (*itl.*) aus zwei Vier- und zwei Dreizeilern bestehende Gedichtform

Song *m.* (*engl.*) 1. Lied der Unterhaltungsmusik; 2. Lied sozialkritischen Inhalts (z. B. im Kabarett)

Sonnyboy *m.* (ßanniboi, *engl.*) junger Mann mit optimistischer Ausstrahlung, Strahlemann

Sonographie *w.* (*lat.-gr.*) Ultraschalluntersuchung

sonor (*lat.*) 1. klangvoll, volltönend; 2. Sprachlehre: stimmhaft

Soor *m.* (Herkunft unbekannt) durch einen Hefepilz hervorgerufene Pilzerkrankung beim Menschen

Sophia *w.* (*gr.*) die personifizierte Weisheit Gottes

Sophismus *m.* (*gr.*) Scheinbeweis, Trugschluss; **Sophist** *m.* 1. antiker Wanderlehrer, der die jungen Männer in Redekunst, Wissenschaft und Philosophie unterrichtete; 2. Wortverdreher; **sophisticated** (ßofistiketid, *engl.*) welt- und wortgewandt, anspruchsvoll-intellektuell; **Sophistik, Sophisterei** *w.* spitzfindige Beweisführung, betrügerische Wortverdreherei; **sophistisch** spitzfindig

Sopor *m.* (*lat.*) Benommenheit mit Bewusstseinstrübung, Eigw. **soporös**

Sopran *m.* (*itl.*) 1. höchste Stimmlage von Knaben und Frauen; 2. Sopransängerin, Sopranistin

Sopraporte *w.* (*itl.*) verzierte Fläche oberhalb einer Tür, bes. im Rokoko

Sorbet *m.* (-beh, *frz.-arab.*) Halbgefrorenes

Sorbonne *w.* (ßorbonn, *frz.*) die Pariser Universität

Sordine *w.* (*itl.*) Dämpfer für Musikinstrumente; **sordo** Musik: gedämpft; **con sordino** mit Dämpfer

Sorgho, Sorghum *m.* (*lat.*) tropische und subtropische Gräsergattung, darunter afrikanische und indische Getreidearten

sortieren (*itl.*) auslesen und zusammenstellen; **Sortiment** *s.* 1. Warenangebot, Warenauswahl in einem Geschäft; 2. Buchhandlung mit Lager; **Sortimenter** *m.* Buchhändler

SOS (aus *engl.* safe our ship [oder souls]) internationales Seenotzeichen

sospirando (*itl.*) Musik: seufzend

Soße *w.* (*frz.*) 1. Sauce; 2. Beize für Tabak; 3. schmutzige Brühe

sostenuto (*itl.*) Musik: gehalten, getragen

Soter *m.* (*gr.*) 1. Retter, Beiname griech. Götter und Herrscher; 2. Beiname Christi; **Soteriologie** *w.* theolog. Erlösungslehre

Sottise *w.* (*frz.*) freche Bemerkung, Stichelei

sotto voce (– wotsche, *itl.*) mit gedämpfter Stimme, halblaut

Sou *m.* (ßuh, *frz.*) 1. früheres Fünf-Centime-Stück; 2. Kleingeld

Soubrette *w.* (ßu-, *frz.*) weibliches Rollenfach in Oper und Operette: jugendlich-muntere Liebhaberin

Souchong *m.* (ßuschong, *chin.-frz.*) chinesische Teesorte

Soufflé *s.* (ßuffleh, *frz.*) auflaufartige, lockere Eierspeise; **Souffleur** *m.* (-flör) Einsager am Theater; **Souffleuse** *w.* (-flös) Einsagerin, Ztw. **soufflieren**

Souflaki *m.* (*gr.*) kleiner Fleischspieß, ein griech. Gericht

Soul *m.* (ßohl, *engl.*) rhythmisch vielgestaltige, vitale, meistens vokal vorgetragene Bluesmusik

Sound *m.* (ßaund, *engl.*) identifizierbarer typischer Klang eines Instruments, einer

Stimme oder einer Musikgruppe; **Soundlogo** *s.* rechtlich geschütztes akustisches Markenzeichen einer Firma, o. Ä., Hörmarke; **Soundtrack** *m.* (-träck) auf Platte veröffentlichte Originalmusik eines Films, einer Fernsehaufzeichnung oder einer Oper

Souper *s.* (ßupeh, *frz.*) festliches Abendessen; **soupieren** festlich zu Abend essen

Sour *m.* (saur, *engl.*) alkoholisches Mischgetränke mit Zitronen- oder Orangensaft

Sousaphon *s.* (suhsafohn) tiefes Blechblasinstrument im Jazz (nach dem amerik. Komponisten J. Ph. Sousa)

Soutache *w.* (ßutasch, *frz.*) Besatzstickerei, Besatzlitze; **soutachieren** mit Soutache verzieren

Soutane (ßu-, *lat.-frz.*), **Sutane** *w.* langes schwarzes Gewand des kath. Geistlichen; **Soutanelle** *w.* kurze Sutane

Souterrain *s.* (ßuterräng, *frz.*) Kellergeschoss

Souvenir *s.* (ßu-, *frz.*) Erinnerungsstück, Andenken

souverän (su-, *frz.*) 1. im Besitz der staatlichen Hoheitsrechte, unabhängig; 2. eine Sache überlegen beherrschend; **Souverän** *m.* Herrscher; **Souveränität** *w.* 1. Oberhoheit des Staates, höchste Staatsgewalt, (staatsrechtliche) Unabhängigkeit; 2. Überlegenheit, sichere Beherrschung

Sovereign *m.* (ßowrin, *engl.*) frühere englische Goldmünze im Wert von 1 Pfund

Sowjet *m.* (*russ.*) 1. Rat der Arbeiter, Bauern und Soldaten in den russ. Revolutionen 1905 und 1917; 2. Selbstverwaltungsorgan in der ehem. Sowjetunion, Eigw. **sowjetisch**

soziabel (*lat.*) umgänglich, gesellig, gemeinschaftsfähig, Hptw. **Soziabilität** *w.*; **sozial** 1. gesellschaftlich, die menschliche Gesellschaft betreffend; 2. gemeinnützig, hilfsbereit; 3. gesellig lebend (von Tieren); **Sozialdemokratie** *w.* 1. sozialreformerische Partei; 2. Gesamtheit der sozialdemokratischen Parteien; **Sozialisation** *w.* Prozess der Einordnung des Einzelnen in die Gesellschaft; **sozialisieren** 1. vergesellschaften, in Staatsbesitz überführen; 2. die Sozialisation durchlaufen, Hptw. **Sozialisierung** *w.*; **Sozialismus** *m.* politische Theorien und Bewegungen, die den Kapitalismus ablehnen und eine sozial gerechte Gesellschaftsordnung anstreben; **Sozialist** *m.* Anhänger des Sozialismus; Eigw. **sozialistisch**; **Sozialökologie** *w.* (*lat.-gr.*) Teilgebiet der Sozialwissenschaften, das sich mit der Wechselwirkung zwischen sozialen Gruppen und der von ihnen in Anspruch genommenen Umwelt beschäftigt

Sozialökonomie *w.* Volkswirtschaftslehre; **Sozialpolitik** *w.* staatliche Maßnahmen zur Verbesserung der sozialen Verhältnisse; **Sozialwaise** *w.* Kind, um das sich keine Blutsverwandten kümmern

Sozietät *w.* (-zi'e-, *lat.*) 1. Verband, Gesellschaft, Genossenschaft; 2. Vereinigung freiberuflich Tätiger zu wirtschaftlichen Zwecken; 3. Verband, Gemeinschaft bei Tieren; **Soziogramm** *s.* graphische Darstellung des Beziehungsgefüges einer Gruppe

Soziolekt *m.* (*lat.-gr.*) Gruppen- oder Fachjargon; **Soziologie** *w.* Wissenschaft von der Gesellschaft, Eigw. **soziologisch**

Soziotop *s.* u. *m.* (*lat.-gr.*) Charakter, Eigenart eines Standorts unter sozial(ökonomisch)en Gesichtspunkten

Sozius *m.* (*lat.*) 1. Mitgesellschafter, Geschäftsteilhaber; 2. Beifahrer auf dem Motorrad

Space *m.* (ßpehs, *engl.*) (Welt)raum; **Spacelab** *s.* (-läp, aus *engl. space lab*oratory) wieder verwendbares Weltraumlabor für wissenschaftl. Untersuchungen; **Spaceshuttle** *m.* (-schattel) bemannter Raumtransporter, der Lasten auf eine Umlaufbahn transportiert, zur Erde zurückkehrt und wieder verwendbar ist; **spacig** abgehoben, abgefahren

Spagat *m.* (*itl.*) 1. Bindfaden; 2. akrobatische Übung, bei der die Beine so weit gespreizt werden, dass das Gesäß den Boden berührt

Spalier *s.* (*itl.*) 1. Gitterwerk zum Hochziehen von Bäumen; 2. Ehrenformation an beiden Seiten einer Straße

Spaniel *m.* (-ni'el, *engl.*) kleiner, langhaariger Jagdhund

Spaniole *m.* (*span.*) Nachkommen der aus Spanien vertriebenen spanischen Juden

Sparring *m.* (ßpär-, *engl.*) 1. Boxtraining; 2. Übungsball beim Boxen

Spartakist *m.* Mitglied des Spartakusbundes, der kommunistischen Bewegung in Deutschland von 1918–1919

spartanisch einfach, anspruchslos, entsagungsvoll (nach dem altgriech. Stadtstaat Sparta)

Sparte *w.* (*itl.*) Fachgebiet, Abteilung

Sparterie *w.* (*frz.*) Flechtwerk (besonders aus Sparto, spanischem Ginster)

spasmatisch, spasmisch, spasmodisch, spastisch (*gr.*) krampfartig, durch Krampf bedingt; **Spasmus** *m.* Krampf (*Mz.* Spasmen)

spatiieren, spationieren (*lat.*) sperren, gesperrt drucken; **spatiös** weit, geräumig, licht (vom Druck); **Spatium** *s.* Abstand, Zwischenraum zwischen Druckzeilen

Speaker *m.* (spihker, *engl.*) Vorsitzender des Unterhauses in England, des Repräsentantenhauses in Amerika

Special *s.* (speschel, *engl.*) Sondersendung im Fernsehen, z. B. zu aktuellen Ereignissen, über einen Künstler, eine bekannte Persönlichkeit; **Special Effect** *m.* (-ifekt) vom Computer erzeugte Spezialeffekte, bes. in Science-Fiction-Filmen

spedieren (*itl.*) versenden, befördern; **Spediteur** *m.* (-tör) gewerbsmäßiger Beförderer von Gütern; **Spedition** *w.* Güterversandunternehmen, Versandabteilung in großen Firmen

Speech *m.* (spihtsch, *engl.*) Rede, Ansprache, Gespräch

Speed *m.* (spihd, *engl.*) 1. Spurt, Temposteigerung (eines Pferdes, eines Läufers); 2. Geschwindigkeit; **Speed** *s.* Aufputschmittel (Jargon); **Speedway** *m.* (-weh) 1. Rennstrecke für Autos, Motorräder; 2. Motorradrennen

Spektakel *m.* (*lat.*) Lärm, Gepolter; **Spektakel** *s.* Ereignis, das von sich reden macht, Schauspiel; **spektakeln** lärmen; **spektakulär** Aufsehen erregend

spektral (*lat.*) zum Spektrum gehörig, durch das Spektrum entstanden; **Spektralanalyse** *w.* chem. oder physikal. Untersuchung mit Hilfe des Spektrums; **Spektralfarben** *Mz.* = Spektrum (1); **Spektrographie** *w.* Aufnahme und Auswertung von Spektren; **Spektrometer**, **Spektroskop** *s.* Gerät zur spektralen Zerlegung von Strahlung und zum Messen von Spektren; **Spektroskopie** *w.* Lehre von der Erzeugung, Beobachtung und Auswertung von Spektren; **Spektrum** *s.* 1. die bei der Lichtbrechung entstehende Farbenfolge von Blauviolett bis Gelblichrot; 2. die Verteilung der Intensität einer elektromagnetischen Strahlung in Abhängigkeit von der Wellenlänge; 3. Buntheit, Vielfalt

Spekulant *m.* (*lat.*) jmd., der spekuliert, der Spekulationen anstellt; **Spekulation** *w.* 1. Geschäft mit Kursschwankungen; 2. Bemühung um Erkenntnis jenseits der Erfahrung; 3. Gedankengebäude, Grübelei; **spekulativ** 1. berechnend, riskant; 2. rein gedanklich; **spekulieren** 1. auf Kursschwankungen hin Geschäfte machen; 2. auf etwas rechnen, seinen Vorteil berechnen

Spekulatius *s.* (*niederl.*) Gewürzgebäck

Spekulum *s.* (*lat.*) medizin. Spiegelinstrument zur Untersuchung von Körperhohlräumen

Speläologie *w.* (*gr.*) Höhlenforschung

Spelunke *w.* (*lat.*) 1. verrufenes Wirtshaus; 2. verkommene Wohnung

spendabel (*lat.*) freigebig; **spendieren** jmdn. zu etwas einladen (umg.)

Spenzer *m.* (*engl.*) eng anliegendes Jäckchen, Trachtenjäckchen

Sperenzen, Sperenzien *Mz.* (-zi'en, *lat.*) Umschweife, Ausflüchte

Sperma *s.* (*gr.*) männliche Samenflüssigkeit; **Spermatogenese** Samenbildung in den Hoden; **Spermatozoon** *s.* (-zo'on), **Spermium** *s.* Samenfaden

Spesen *Mz.* (*itl.*) Geschäftsunkosten, Aufwand, Auslagen

Spezereien *Mz.* (*lat.*) alte Bez. für Gewürze, Kolonialwaren

Spezi *m.* (Abk. von Spezial, *lat.*) Busenfreund (umg.)

spezialisieren (*lat.*) sich auf ein besonderes Gebiet konzentrieren, für ein besonderes Fach ausbilden, Hptw. **Spezialisierung** *w.*; **Spezialist** *m.* Fachmann, Facharzt; **Spezialität** *w.* 1. Besonderheit; 2. besonderes (Interessen-)Gebiet; 3. landes-, ortsübliches (Feinschmecker-)Gericht; **speziell** (-zi'e-) eigens, besonders, eigentümlich, vor allem; **Spezies** *w.*

(-zi'es) 1. Gattung, Art bei Pflanze und Tier; 2. Grundrechenart (*Mz.* Spezies); **Spezifikation** *w.* Einteilung, Aufgliederung, Einzelaufzählung; **Spezifikum** *s.* 1. Besonderheit, Eigentümlichkeit; 2. gegen eine bestimmte Krankheit wirkendes Heilmittel; **spezifisch** arteigen, auf eine bestimmte Eigenschaft bezogen, kennzeichnend; **spezifisches Gewicht** Gewicht eines Stoffes im Verhältnis zum Volumen; **spezifizieren** einzeln aufführen, genauer bezeichnen

Sphäre *w.* (*gr.*) 1. in der antiken Vorstellung die Himmelskugel; 2. Wirkungskreis, Wirkungsbereich, Umfeld; **Sphärenharmonie** *w.*, **Sphärenmusik** *w.* (*gr.*) die unhörbaren Töne, die die Himmelskörper durch ihre Bewegungen hervorbringen (nach der Lehre des Pythagoras); **sphärisch** 1. die Himmelskugel betreffend; 2. auf die Kugel (als geometrischen Körper) bezogen; 3. aus dem Weltraum herrührend (von Klängen)

sphärische Trigonometrie *w.* Geometrie der Kugeldreiecke; **Sphäroid** *s.* abgeplattete Kugel (z. B. die Erdkugel)

sphenoid (*gr.*) keilförmig

Sphinx *w.* (*gr.*) Fabelwesen mit Menschenkopf und Löwenkörper, Sinnbild des Rätselhaften

Sphragistik *w.* (*gr.*) Siegelkunde

Spikes *Mz.* (ßpeiks, *engl.*) 1. Laufschuhe mit Metallstiften in der Sohle; 2. Reifen mit eingelassenen Spezialstiften, die die Rutschgefahr bei Glätte mindern

Spillage *w.* (spillasch, *frz.*) Warenverlust durch schlechte Verpackung

Spill-over-Effekt (*engl.*) Übersprungeffekt von z. B. einer wirtschaftspolitischen Maßnahme auf andere Bereiche

Spin *m.* (*engl.*) Eigendrehimpuls des Elektrons

spinal (*lat.*) zur Wirbelsäule, zum Rückenmark gehörend

Spinat *m.* (*pers.-arab.*) Blattgemüse, eine Gänsefußgewächsart

Spinell *m.* (*lat.*) Mineral, in der roten Abart ein Schmuckstein

Spinett *s.* (*itl.*) alte Klavierform mit Rabenfederkielen

Spinnaker *m.* (*engl.*) großes, dreieckiges Beisegel

Spinn-off *s.* (*engl.*) Übernahme, Übersprung von technischen Neuerungen aus einem in einen anderen Bereich

Spion *m.* (*frz.*) 1. jmd., der im Auftrag einer gegnerischen Staatsmacht Staatsgeheimnisse auskundschaftet, Agent; 2. Guckloch an Türen; 3. Spiegelgerät zum Beobachten der Straße; **Spionage** *w.* (-nasche) Tätigkeit eines Spions; **spionieren** Spionage treiben, auskundschaften, aushorchen

Spirale *w.* (*lat.*) 1. Schneckenwindung, Schraubenwindung; 2. Gegenstand mit Schnecken- oder Schraubenwindung; 3. Intrauterinpessar (umg.); **spiralig** in der Form einer Spirale; **Spiralnebel** *m.* spiralförmiges Sternsystem

Spirant *m.* (*lat.*) Sprachlehre: Reibelaut (z. B. f), *Mz.* Spiranten, Eigw. **spirantisch**

Spirillen *Mz.* (*lat.*) Schraubenbakterien; **Spirillose** *w.* eine durch Schraubenbakterien hervorgerufene Krankheit (z. B. Cholera)

Spiritismus *m.* (*lat.*) Geisterlehre, Glaube an die Möglichkeit, mit den Seelen der Verstorbenen Kontakt aufnehmen zu können; **Spiritist** *m.* Anhänger des Spiritismus, Eigw. **spiritistisch**; **spiritual** (*lat.*) 1. übersinnlich, geistig; 2. geistlich; **Spiritual** *m.* geistlicher Berater in Klöstern und Priesterseminaren; **Spiritual** (spiritjel, *engl.*) = Negrospiritual; **Spiritualien** *Mz.* (-i'en, *lat.*) geistliche Angelegenheiten der (kath.) Kirche; **spiritualisieren** vergeistigen; **Spiritualismus** *m.* 1. philosophische Anschauung, nach der die Wirklichkeit insgesamt auf ein geistiges Prinzip zurückzuführen sei; 2. Ergriffenheitsfrömmigkeit (z. B. der Pietisten); **Spiritualist** *m.* Anhänger des Spiritualismus, Eigw. **spiritualistisch**; **Spiritualität** *w.* geistiges Wesen, Geistigkeit; **spirituell** (-tu'e-, *lat.*) geistig; **spirituos, -ös** alkoholisch; **Spirituosen** *Mz.* alkoholhaltige Getränke

spirituoso, con spirito (*itl.*) Musik: geistvoll, feurig

Spiritus *m.* (*lat.*) 1. Luft, Atem, Lebenshauch; Geist, Seele; 2. Weingeist, ein Äthanol-Wasser-Gemisch; **Spiritus Rector** *m.* treibende Kraft, unternehmender

Geist, Seele eines Unternehmens; **Spiritus sanctus** *m.* der Heilige Geist

Spirochäten *Mz.* (*gr.*) schraubenzieherförmige Bakterien, Krankheitserreger; **Spirochätose** *w.* durch Spirochäten hervorgerufene Krankheit (z. B. Syphilis)

Spirometer *s.* (*gr.*) Atmungsmesser; **Spirometrie** *w.* Grundumsatzbestimmung der Atmung

Spital, Spittel *s.* (*lat.*) Krankenhaus; **spittelig** schmächtig, dünn, kränklich

Spleen *m.* (splihn, *engl.*) Tick, Schrulle, Marotte, Verschrobenheit, Eigw. **spleenig**

splendid (*lat.*) glanzvoll; **Splendid Isolation** *w.* (-eißolehschen, *engl.*) bewusste Bündnislosigkeit eines Staates (z. B. Englands im 19. Jh.)

Splitting *s.* (*engl.*) 1. steuerliche Veranlagung von Ehepaaren, bei der jeder das halbierte Gesamteinkommen versteuert; 2. Verteilung der Erst- und Zweitstimme auf verschiedene Parteien (bei Wahlen), Ztw. **splitten**

Spoiler *m.* (*engl.*) 1. Klappe an Flugzeugtragflächen; 2. Luftleitblech an Rennautos

Spolium *s.* (*lat.*) Beutestück (im antiken Rom); **Spolien** *Mz.* (-li'e) Bruchstücke antiker Bauten, die in einen Kirchenbau eingefügt wurden

Spondeus *m.* (-de'us, *gr.*) Versfuß aus zwei langen Silben, Eigw. **spondeisch**

Spongien *Mz.* (-gi'e-, *gr.*) Schwämme; **spongiös** schwammartig

Sponsor *m.* (*lat.-engl.*) Geldgeber, Förderer, Mitfinanzierer; **Sponsoring** *s.* finanzielle Förderung von Personen oder Projekten durch Unternehmen (mit Werbeeffekt für den Sponsor), Ztw. **sponsern**

spontan (*lat.*) aus eigenem Antrieb, von selbst, einer Eingebung folgend, Hptw. **Spontaneität** *w.* (-ne'i-), **Spontanität** *w.*

sporadisch (*gr.*) 1. vereinzelt, verstreut; 2. ab und zu, gelegentlich

sporco (*itl.*) mit Verpackung; **Sporko** *s.* Bruttogewicht, Rohgewicht

Spore *w.* (*gr.*) 1. ungeschlechtliche Fortpflanzungszelle; 2. resistente Dauerform bestimmter Bakterien; **Sporozoon** *s.* (-zo'on) Sporentierchen, Einzeller

spot (*engl.*) sofortige Lieferung (gegen Kasse); **Spot** *m.* kurzer Werbefilm, kurze Werbeansage in Film, Fernsehen, Rundfunk, Werbespot; **Spotlight** *s.* (-leit) gebündeltes Scheinwerferlicht, Punktlicht

Spray *m.* (spreh, *engl.*) 1. Flüssigkeit, die durch Druck zerstäubt wird; 2. Zerstäuber, Spraydose; **sprayen** mit Spray besprühen

Sprinkler *m.* (*engl.*) Berieselungsgerät, Berieselungsanlage, bes. als Feuerlöschanlage

Sprint *m.* (*engl.*) kurzer schneller Lauf; **sprinten** eine kurze Strecke schnellstmöglich laufen; **Sprinter** *m.* Kurzstreckenläufer

Sprit *m.* (*lat.*) 1. Spiritus, Brennspiritus, Weingeist; 2. Benzin (umg.)

Spumante *m.* (*itl.*) italienischer Schaumwein

Spurt *m.* (*engl.*) Beschleunigung des Tempos vor dem Ziel; **spurten** Tempo beschleunigen, anziehen

Sputum *s.* (*lat.*) Auswurf von Atemwegsekreten

Square *s.* (squär, *engl.*) engl. Bez. für Viereck, Quadrat; **Squaredance** *m.* (-dähnß) Kontertanz, bei dem die Paare in Form eines Quadrats angeordnet sind

Squash *s.* (squosch, *engl.*) dem Tennis ähnliches Spiel mit weichem Ball, der gegen eine hohe Wand geschlagen wird und beim Rückprall in ein bestimmtes Spielfeld treffen muss

Squatter *m.* (squotter, *engl.*) 1. amerikan. Siedler ohne Rechtstitel; 2. engl. Bez. für Besetzer leer stehender Häuser

Squaw *w.* (squoh, *indian.*) nordamerikanische Indianerfrau

Squire *m.* (squeir, *engl.*) 1. Gutsbesitzer, Landedelmann (England); 2. Friedensrichter in Amerika

St. = Saint, Sankt

Sta. = Santa

Stabat Mater *s.* (*lat.*) 1. Anfangsworte eines mittelalterlichen Mariengedichts; 2. Komposition zu diesem Gedicht

stabil (*lat.*) 1. beständig, dauerhaft, fest; 2. widerstandsfähig, robust; **Stabilisator** *m.* technisches Gerät oder chem. Stoff, der Stabilität verleiht; **stabilisieren** festigen, dauerhaft, standfest machen, Hptw. **Stabilisierung** *w.*; **Stabilität** *w.* das Stabilsein

stacc. Abk. für **staccato** (-k-, *itl.*) Musik: gestoßen, abgehackt
Stadion *s.* (*gr.*) ovales Sportfeld mit Zuschauerrängen, Kampfbahn
Stadium *s.* (*lat.*) Entwicklungsstufe, Entwicklungsphase
Stafette *w.* (*itl.*) 1. Staffellauf; 2. früher: Eilbote
Staffage *w.* (staffasche, *frz.*) 1. Menschen oder Tiere auf Gemälden zur Belebung eines Landschaftsbilds; 2. Zubehör, Beiwerk; trügerischer Schein
Stagnation *w.* (*lat.*) Stockung, Stillstand, Stauung, Ztw. **stagnieren**
Staket *s.* (*niederl.*) Lattenzaun
stakkato = staccato
Stalagmit *m.* (*gr.*) vom Boden zur Decke wachsender Tropfstein, Auftropfstein
Stalaktit *m.* (*gr.*) von der Decke zum Boden wachsender Tropfstein, Abtropfstein
Stampede *w.* (*span.-engl.*) durch Panik ausgelöste wilde Flucht einer (Rinder-) Herde
Stamokap *m.* (Abk. aus *Sta*ats*mo*nopolistischer *Kap*italismus) marxistisch-leninistischer Begriff, dem zufolge der Staat im Spätkapitalismus keinerlei Handlungsfreiheit ohne die Zustimmung wirtschaftlicher Monopole hat
Standard *m.* (*engl.*) vereinbartes Durchschnittsmaß, Richtschnur, Normalausführung; **Standardsprache** *w.* Schriftsprache, Hochsprache; **Standardwerk** *s.* maßgebliches Werk; **standardisieren** normen, vereinheitlichen, Hptw. **Standardisierung** *w.*
Standarte *w.* (*germ.-frz.*) 1. Feldzeichen, Flagge eines Staatsoberhaupts; 2. Einheit von SA und SS; 3. Fuchsschwanz (Jägersprache)
Stand-by *s.* (ständ bei, *engl.*) 1. Form der Flugreise ohne feste Platzbuchung, Flug auf Abruf; 2. Bereitschaftsschaltung an elektronischen Geräten
Standing *s.* (ßtänding, *engl.*) Stellung, Ansehen, Ruf (von Personen oder Unternehmen); **Standing Ovations** *Mz.* (– owehschens) Begeisterungsstürme im Stehen
Stanniol *s.* (*itl.*) dünne Zinnfolie, Silberpapier
stante pede (*lat.*) stehenden Fußes, sofort (umg.)
Stanze *w.* (*itl.*) achtzeilige Strophenform
Staphylokokken *Mz.* (*gr.*) traubenförmig zusammenliegende Bazillen, Eitererreger
Star *m.* (*engl.*) erfolgreiche, gefeierte Persönlichkeit, bes. in der Unterhaltungsbranche; **Starlet** *s.* ehrgeiziger weiblicher Nachwuchsfilmstar; **Stars and Stripes** (– änd streips) die Nationalflagge der USA, Sternenbanner
Starost *m.* (*poln.*) Gemeindevorstand, Landrat (in Polen bis 1939, im zaristischen Russland)
Start *m.* (*engl.*) Beginn, Ausgangspunkt; **starten** 1. beginnen, anfangen; 2. anlassen, in Bewegung setzen
State Department *s.* (steht dipartment, *engl.*) Außenministerium der USA
Statement *s.* (stehtment, *engl.*) 1. Aussage, Erklärung; 2. Computeranweisung, Befehl (EDV)
Statik *w.* (*gr.*) 1. statischer Zustand; 2. Lehre vom Gleichgewicht der Kräfte; 3. die Kräfteverhältnisse in Bauwerken; **Statiker** *m.* Fachmann auf dem Gebiet der (Bau-)Statik; **statisch** 1. ohne Entwicklung der Bewegung; 2. die Statik betreffend
Station *w.* (*lat.*) 1. Haltestelle, Aufenthalt, Bahnhof; 2. Abteilung im Krankenhaus; **stationär** 1. ortsfest, unverändert; 2. mit einem Krankenhausaufenthalt verbunden, nicht ambulant; **stationieren** einen Standort anweisen, Hptw. **Stationierung** *w.*
statisch = Statik
Statist *m.* (*lat.*) 1. Darsteller stummer Rollen; 2. Randfigur, nebensächliche Person; **Statisterie** *w.* Gesamtheit der Statisten
Statistik *w.* (*lat.*) zahlenmäßige Erfassung und Untersuchung von Massenerscheinungen und die darüber gemachten Aufzeichnungen; **Statistiker** *m.* jmd., der Statistiken aufstellt oder auswertet; **statistisch** auf Ergebnissen der Statistik basierend
Stativ *s.* (*lat.*) dreibeiniger Geräteständer (z. B. für Fotokameras)

Stator *m.* (*lat.*) feststehender Teil bei Maschinen

Statozyste *w.* (*gr.*) Gleichgewichtssinnesorgan bei vielen wirbellosen Tieren

statuarisch (*lat.*) standbildhaft; **Statue** *w.* (-tu'e) Standbild; **Statuette** *w.* kleines Standbild; **statuieren** festsetzen, bestimmen; **Exempel statuieren** eine abschreckende Bestrafung durchführen

Statur *w.* (*lat.*) Wuchs, Körperbau, körperliches Erscheinungsbild eines Menschen

Status *m.* (*lat.*) 1. Zustand, Lage; 2. Stellung, Rang; **Status quo** *m.* der gegenwärtige Zustand; **Status quo ante** *m.* der vorherige Zustand

Statut *s.* (*lat.*) Satzung (*Mz.* Statuten)

Steadycam *w.* (städdikäm, *engl.*) Kurzform von Steadycamera, eine frei bewegliche Filmkamera, die auf den Körper des Kameramanns geschnallt wird; **Steadyseller** *m.* Ware (bes. Buch), die sich beständig gut verkauft

Steak *s.* (stehk, *engl.*) kurz gebratene Lendenschnitte

Steamer *m.* (stihmer, *engl.*) Dampfer

Stearin *s.* (*gr.*) Hauptbestandteil von Kerzen

Steatit *m.* (*gr.*) Speckstein

Steatopygie *w.* (*gr.*) Fettsteiß

Steeplechase *s.* (stihpltschehs, *engl.*) Hindernisrennen; **Steepler** *m.* (stihpler) Rennpferd für Hindernisrennen

Stele *w.* (*gr.*) frei stehende Säule oder Platte, bes. als Grabdenkmal

Stellage *w.* (-lasche, *frz.*) Ablagegestell, Regal; **Stellagegeschäft** *s.* Börsentermingeschäft

stellar (*lat.*) die Fixsterne betreffend

Steno, Stenogramm *s.* (*gr.*) Niederschrift in Kurzschrift; **Stenograph** *m.* jmd., der Kurzschrift schreibt; **Stenographie** *w.* Kurzschrift; **stenographieren** Kurzschrift schreiben

Stenokardie *w.* (*gr.*) Herzangst, Angina pectoris

Stenose *w.* (*gr.*) Verengung eines Körperkanals

Stenotypistin *w.* (*gr.*) Büroangestellte, die Stenographie und Maschineschreiben beherrscht

stentando (*itl.*) Musik: zögernd, schleppend

Stepp *m.* (*engl.*) Showtanz mit eisenbeschlagenen Schuhen, charakterisiert durch den raschen Wechsel von Fersen- und Spitzenschlägen; **steppen** Stepp tanzen

Ster *m.* (*lat.-frz.*) altes Raummaß für Holz

Stereo-, stereo- (*gr.*) als Wortteil 1. fest, unbeweglich; 2. räumlich, körperlich; **Stereobild** *s.* Bild, das dem Betrachter dreidimensional erscheint; **Stereometrie** *w.* Geometrie der räumlichen Gebilde, Eigw. **stereometrisch**; **Stereophonie** *w.* Übertragung von Sprache oder Musik über mehr als einen Kanal, wodurch ein räumlicher Klangeffekt entsteht; **Stereoskop** *s.* optisches Gerät zum Betrachten von Stereobildern; **stereotyp** starr, formelhaft, feststehend, ständig wiederkehrend; **Stereotyp** *s.* Vorurteil, Klischee; **Stereotypie** *w.* 1. Ausgießen von Druckplatten; 2. krankhafte ständige Wiederholung von Bewegungen oder Wörtern

steril (*lat.*) 1. unfruchtbar; 2. keimfrei, aseptisch; 3. geistlos, ohne Ausstrahlung; **Sterilisation, Sterilisierung** *w.* das Sterilisieren; **Sterilisator** *m.* Apparat zum Entkeimen; **sterilisieren** 1. keimfrei und haltbar machen; 2. unfruchtbar machen; **Sterilität** *w.* Keimfreiheit, Unfruchtbarkeit

Sterin *s.* (*gr.*) Kohlenwasserstoffverbindung in jeder pflanzlichen oder tierischen Zelle

Sterlet *m.* (*russ.*) störartiger Fisch

Sterling *m.* (stör-, *engl.*) Währungseinheit in Großbritannien

Sternum *s.* (*gr.*) Brustbein

Steroide *Mz.* (*gr.*) organische, biologisch wichtige Verbindungen (z. B. Cholesterin, Vitamin D, Testosteron und Östron)

Stethoskop *s.* (*gr.*) ärztliches Hörrohr

Steward *m.* (stjuart); **Stewardess** *w.* (*engl.*) Betreuer, Betreuerin der Passagiere auf Schiffs- und Flugreisen

Sthenie *w.* (-ni'e, *gr.*) Körperkraft, Körperfülle, Eigw. **sthenisch**

Stichomantie *w.* (*gr.*) Wahrsagen aus einer zufällig aufgeschlagenen Buchstelle; **Stichomythie** *w.* Wechsel von Rede und Gegenrede mit jedem Vers im antiken Drama

Stigma *s.* (*gr.*) 1. Wundmal, Mal, Zeichen; 2. Narbe des Fruchtknotens; 3. Tracheenöffnung (*Mz.* Stigmata); **stigmatisieren** zeichnen, brandmarken, diskriminieren, Hptw. **Stigmatisierung** *w.*
Stil *m.* (*lat.*) 1. typische künstlerische Ausdrucksweise einer Person oder einer Epoche; 2. Eigenart einer Technik (z. B. Schwimmstil); 3. Lebensweise, Lebensstil; **stilisieren** auf die Grundformen vereinfachen, Hptw. **Stilisierung** *w.*; **Stilist** *m.* jmd., der den Stil beherrscht; **Stilistik** *w.* Stilkunde, Ausdruckskunde
Stilett *s.* (*itl.*) kurzer Dolch
stilisieren = Stil
Stilton *m.* (stilten, *engl.*) englischer Schimmelkäse
Stimulans *s.* (*lat.*) Reizmittel, Anregungsmittel (*Mz.* Stimulantia, Stimulanzien [-zi'e-]); **Stimulation** *w.* das Stimulieren; **stimulieren** anregen, anreizen; **Stimulus** *m.* Reiz, Antrieb (*Mz.* Stimuli)
Stipendiat *m.* (*lat.*) Inhaber eines Stipendiums; **Stipendium** *s.* Unterstützung, Beihilfe für angehende Wissenschaftler
stipulieren (*lat.*) vertraglich abmachen, festsetzen, verabreden, Hptw. **Stipulation** *w.*
Stoa *w.* (*gr.*) 1. altgriech. Säulenhalle; 2. altgriechische Philosophenschule (300 v. bis 300 n. Chr.)
Stock *m.* (*engl.*) 1. Warenlager; 2. Grundkapital; **Stockexchange** *w.* (-ixtschehnsch) Effektenbörse
Stoiker *m.* (*gr.*) 1. Angehöriger der Stoa, Vertreter des Stoizismus; 2. gleichmütiger, gelassener, unerschütterlicher Mensch; **stoisch** 1. die Stoa betreffend; 2. gelassen, gleichmütig, unerschütterlich; **Stoizismus** *m.* 1. Lehre der Stoa, nach der menschliche Freiheit in der Unabhängigkeit von äußeren Dingen besteht; 2. Lebensauffassung und -art eines Stoikers
Stola *w.* (*lat.*) 1. breiter Schal, der um die Schultern gelegt wird; 2. schmaler Umhang des kath. Priesters
Stoma *s.* (*gr.*) 1. natürliche oder künstliche Hohlorganöffnung; 2. Spaltöffnung bei Pflanzen
Stomp *m.* (*engl.*) Stilform des Jazz, gekennzeichnet durch selbständige, markante Bassführung
stoned (stohnd, *engl.*) durch Rauschgift berauscht (Jargon)
Stone-washed (-woscht, *engl.*) mit Steinen vorgewaschen, sodass sie eine Marmorierung bekommen (von Blue Jeans)
stopp! (*engl.*) halt!; **Stopp** *m.* Halt, Unterbrechung; **stoppen** 1. zum Stehen bringen, anhalten; 2. mit der Stoppuhr messen; **Stopping** *s.* Verabreichung von Trägheit erzeugenden, leistungsmindernden Mitteln bei Rennpferden
Store *m.* (stohr, *frz.*) über die ganze Fensterbreite glatt herunterhängende Gardine;
Store *m.* (stohr, *engl.*) Warenlager und -verkauf; **Storekeeper** *m.* (-kihper) Lagerverwalter (auf Schiffen)
stornieren (*itl.*) rückgängig machen, rückbuchen; **Storno** *s.* Rückbuchung
Storting *s.* (stur-, *norw.*) norwegisches Parlament
Story *w.* (ßtori, *engl.*) 1. ungewöhnliche, nicht ganz glaubhafte Geschichte, Histörchen; 2. Handlung eines Films; **Storyboard** *s.* (-bohrd) zeichnerisch dargestellter Szenenablauf
Stout *s.* (ßtaut, *engl.*) dunkles Starkbier
Strabismus *m.* (*gr.*) das Schielen
straight (streht, *engl.*) 1. aufrecht, geradlinig, zuverlässig; 2. notengetreu, ohne Variationen (im Jazz); 3. heterosexuell (Jargon); 4. unvermischt (von alkoholischen Getränken)
Stramin *m.* (*lat.*) gitterartiger, steifer Stoff als Stickgrund
strangulieren (*gr.-lat.*) erwürgen, erdrosseln, erhängen, Hptw. **Strangulierung** *w.*
Strapaze *w.* (*itl.*) Mühe, Anstrengung; **strapazieren** anstrengen, stark beanspruchen, abnutzen; **strapaziös** anstrengend, beschwerlich
Straps *m.* (*engl.*) Strumpfhalter und -gürtel in Dessousqualität
Stratege *m.* (*gr.*) jmd., der nach Strategien handelt; **Strategie** *w.* genau durchdachter Handlungsplan, der Risiken und Vorteile sowie die Strategie des Gegners einbezieht, Eigw. **strategisch**
Stratifikation *w.* (*lat.*) 1. Schichtung von Gesteinen; 2. Schichtung von Pflanzensamen in feuchtem Untergrund zur Vorkei-

mung, Ztw. **stratifizieren**; **Stratigraphie** *w.* (*lat.-gr.*) 1. Schichtenkunde (in Geologie und Anthropologie); 2. Röntgenschichtaufnahmen

Stratokumulus *m.* (*lat.*) Haufenschichtwolke; **Stratus** *m.* (gleichförmige Schichtwolke, Hochnebel

Stratosphäre *w.* (*gr.-lat.*) die Atmosphäre in einer Höhe von 12 bis 50 km

Strazze *w.* (*itl.*) buchhalterische Kladde

Streetball *m.* (strihtbohl, *engl.*) dem Basketball verwandtes (amerik.) Ballspiel; **Streetworker** *m.* (-wörker) Sozialarbeiter, der Obdachlose und Drogenabhängige in ihrem Milieu betreut

Streptokokken *Mz.* (*gr.*) Kettenbazillen, Erreger zahlreicher Krankheiten

Streptomyzin *s.* (*Wz.*) antibiotisches Heilmittel, besonders gegen Tuberkulose

Stress *m.* (*engl.*) starker seelischer Druck, starke Belastung; **stressen** Stress auslösen, Eigw. **stressig**

Stretch *m.* (ßtretsch, *engl.*) 1. stark dehnbares Gewebe aus synthetischem Kräuselgarn; 2. Kleidungsstücke aus oder mit Stretch

Stretta *w.* (*itl.*) Schlusssteigerung eines Musikstücks, bes. in der italienischen Arie; **stretto** Musik: drängend, beschleunigt

strikt (*lat.*) streng, genau; **Striktion** *w.* Zusammenziehung; **Striktur** *w.* Verengung eines Körperkanals

stringendo (strindschendo, *itl.*) Musik: schneller werdend

stringent (*lat.*) beweiskräftig, bündig, zwingend, Hptw. **Stringenz** *w.*

Strip *m.* (*engl.*) 1. Striptease; 2. Wundpflasterstreifen; **strippen** 1. Striptease vorführen; 2. Filmmaterial zusammenmontieren; **Stripper** *m.* Stripteasetänzer; **Stripperin** *w.* Stripteasetänzerin; **Striptease** *s.* (-tihs) von einem Stripper oder einer Stripperin vorgeführte Entkleidungsszene

strisciando (strischando, *itl.*) Musik: schleifend

Strizzi *m.* (*itl.*) Strolch, Zuhälter (umg.)

Stroboskop *s.* (*gr.-lat.*) Gerät zum Sichtbarmachen und Messen schnell ablaufender Bewegung mit Hilfe von Lichtimpulsen

Stromatik *w.* (*gr.*) Teppichwebkunst

Strontium *s.* (*engl.*) chem. Element, ein Metall

Strophantin *s.* (*gr.*) Herzmittel aus dem Samen des Strophantus, eines Hundsgiftgewächses

Strophe *w.* (*gr.*) Gruppe von Verszeilen, Abschnitt eines Gedichts oder Liedes

Struktur *w.* (*lat.*) Gefüge, Aufbau, Anordnung der Teile eines Ganzen; **Strukturalismus** *m.* wissenschaftliche Denkweise, die Tatbestände in erster Linie als Teil einer Struktur erforscht und erklärt; **strukturell** sich aus der Struktur ergebend, die Struktur betreffend; **strukturieren** eine Struktur geben

Struma *w.* (*lat.*) Kropf

Strychnin *s.* (*gr.*) hochgiftiges Alkaloid der Brechnuss

Stuck *m.* (*itl.*) Gipsmasse für Wand- und Deckenbewurf; **Stuckateur** *m.* (-tör) Stuckarbeiter; **Stuckator** *m.* Stuckkünstler; **Stuckatur** *w.* Stuckarbeit

stud. Abk. für studiosus (*lat.*): Student

Student *m.* (*lat.*) Hochschüler

Studie *w.* (-di'e, *lat.*) 1. Vorarbeit; 2. wissenschaftliche Untersuchung und Abhandlung (*Mz.* Studien); **studieren** 1. eine Hochschule besuchen, sich Kenntnisse an einer Hochschule erwerben; 2. genau beobachten, durchlesen, erforschen

Studio *s.* (*lat.*) 1. Künstlerwerkstatt; 2. Aufnahmeraum für Sendungen; 3. Versuchsbühne; **Studiosus** *m.* Student (scherzh.)

Studium *s.* (*lat.*) 1. Besuch der Hochschule; 2. wissenschaftliche Erforschung eines Gebietes; **Studium generale** *s.* Allgemeinstudium, Vorlesungen allgemein bildenden Charakters

Stuntman *m.* (ßtantmän, *engl.*) männliches Double, das in gefährlichen Filmszenen den Schauspieler vertritt (*Mz.* Stuntmen)

stupend (*lat.*) erstaunlich, verblüffend

stupid (*lat.*) blöde, stumpfsinnig, Hptw. **Stupidität** *w.*

Stupor *m.* (*lat.*) krankhafte körperliche und geistige Reglosigkeit, Eigw. **stuporös**

Stuprum *s.* (*lat.*) Vergewaltigung, Ztw. **stuprieren**

stygisch = Styx

Styling *s.* (ßteiling, *engl.*) äußere modische Formgebung, Aufmachung, Ztw. **stylen**; **Stylist** *m.* (Berufsbezeichnung für) Formgestalter

Stylit *m.* (*gr.*) Säulenheiliger

Styropor *m.* (*Wz.*) Kunststoff aus zusammengepressten Kügelchen, Verpackungs- und Wärmedämmungsmaterial

Styx *m.* (*gr.*) Fluss in der Unterwelt der griech. Mythologie; **stygisch** schauerlich, düster

Suada *w.* (*lat.*) 1. Überredungskunst, Redegabe; 2. Redefluss; **suasorisch** überredend

Suaheli *s.* (*arab.*) eine Bantusprache, die als Handels- und Amtssprache in Ostafrika weit verbreitet ist

Sub-, sub- (*lat.*) als Vorsilbe: unter

subaltern (*lat.*) untergeordnet, untertänig; **Subalternation** *w.* logische Unterordnung eines Begriffs unter einen anderen

subfebril (*lat.*) leicht erhöht, aber noch nicht fieberhaft (von Körpertemperatur)

subfossil (*lat.*) erst in historischer Zeit ausgestorben

subito (*itl.-lat.*) plötzlich, sofort

Subjekt *s.* (*lat.*) 1. Sprachlehre: Satzgegenstand; 2. das erkennende Ich; 3. gemeiner Kerl (umg.); 4. Thema der Fuge in der Musik; **subjektiv** 1. auf ein Subjekt bezogen, persönlich; 2. befangen, einseitig, unsachlich, Hptw. **Subjektivität** *w.*; **Subjektivismus** *m.* 1. Lehre, dass die Wirklichkeit eine Bewusstseinsschöpfung des erkennenden Ichs ist; 2. Ichbezogenheit; **Subjektivist** *m.* Anhänger des Subjektivismus, Eigw. **subjektivistisch**

Subkultur *w.* (*lat.*) Sonderkultur, Gegenkultur

subkutan (*lat.*) unter der Haut, unter die Haut

sublim (*lat.*) erhaben, verfeinert, feinsinnig, vergeistigt, Hptw. **Sublimität** *w.*; **Sublimat** *s.* festes Destillat; **Sublimation** *w.* Überführung eines Feststoffes in den gasförmigen Zustand; **sublimieren** 1. ins Erhabene, Sublime steigern, verfeinern; 2. unbewusste (sexuelle) Triebimpulse in geistige Tätigkeiten umsetzen, Hptw. **Sublimierung** *w.*; 3. vom festen in den gasförmigen, vom gasförmigen in den festen Zustand übergehen

sublunar(isch) (*lat.*) unter dem Mond, irdisch

submarin (*lat.*) unterseeisch

submers (*lat.*) unter dem Wasser lebend (von Pflanzen und Tieren)

submikroskopisch (*gr.-lat.*) im Mikroskop nicht mehr sichtbar

submiss (*lat.*) ergeben, unterwürfig; **Submission** *w.* Vergebung öffentlicher Arbeiten; **Submittent** *m.* Bewerber um einen Auftrag; **submittieren** sich um einen Auftrag bewerben

subnival (*lat.*) unter dem Schnee, unter der Schneegrenze liegend, durch Schnee entstanden

Subordination *w.* (*lat.*) 1. Unterordnung; 2. Sprachlehre: Unterordnung von Sätzen, Satzgliedern; **subordinieren** unterordnen

subsidiär, subsidiarisch (*lat.*) behelfsweise, unterstützend, aushilfsweise, ersatzweise; **Subsidiarismus** *m.*, **Subsidiarität** *w.* von der kath. Soziallehre geprägter Grundsatz, dem zufolge der Staat nur die Aufgaben kleinerer Gemeinschaften zu übernehmen habe, die von diesen nicht erfüllt werden können; **Subsidien** *Mz.* (-di'en) Hilfsgelder

sub sigillo (*lat.*) unter dem Siegel der Verschwiegenheit

Subsistenz *w.* (*lat.*) das Bestehen durch sich selbst; **subsistieren** für sich bestehen

Subskribent *m.* (*lat.*) jmd., der sich zur Abnahme eines noch nicht erschienenen Werkes verpflichtet; **subskribieren** vorausbestellen; **Subskription** *w.* Vorausbestellung

Subspezies *w.* (-zi'es, *lat.*) Unterart (in der Biologie), die nur geringfügig von der Ausgangsform abweicht (*Mz.* Subspezies)

substantiell (-ti'e-, *lat.*) 1. stofflich, materiell, dinghaft; 2. wichtig, wesentlich, Hptw. **Substantialität** *w.*

Substantiv, Substantivum *s.* (*lat.*) Sprachlehre: Hauptwort, Dingwort; **substantivieren** zum Substantiv machen; **substantivisch** wie ein Substantiv

Substanz *w.* (*lat.*) 1. Stoff, Materie; 2. das

Unveränderliche, Bestandhabende; 3. das Wesentliche, Wichtige einer Sache
substituieren (*lat.*) ersetzen, austauschen, Hptw. **Substituierung** *w.*; **Substitut** *m.* Vertreter des Verkaufsleiters; **Substitution** *w.* Ersetzung, Austausch; Ersetzbarkeit, Austauschbarkeit
Substrat *s.* (*lat.*) 1. Unterlage, Grundlage; 2. Nährboden; 3. Sprache einer Vorbevölkerung, die noch weiter wirkt (z.B. in Ortsnamen u. Ä.)
subsumieren (*lat.*) unter einem Begriff zusammenfassen, Hptw. **Subsumtion** *w.*; **subsumtiv** unterordnend
subtil (*lat.*) 1. fein strukturiert oder ausgeführt; 2. verwickelt, schwer zu durchschauen, unterschwellig; 3. scharfsinnig, spitzfindig, Hptw. **Subtilität** *w.*
Subtrahend *m.* (*lat.*) die Zahl, die von einer anderen abgezogen wird; **subtrahieren** abziehen; **Subtraktion** *w.* das Substrahieren
Subtropen *Mz.* (*gr.-lat.*) Gebiet zwischen Tropen und gemäßigter Zone; Eigw. **subtropisch**
Suburb *w.* (ßabbörb, *engl.*) Vorstadt, Trabantenstadt
Subvention *w.* (*lat.*) Unterstützung durch staatliche Gelder, Ztw. **subventionieren**
Subversion *w.* (*lat.*) subversive Tätigkeit; **subversiv** umstürzlerisch, zerstörerisch
sub voce (– tsche, *lat.*) unter dem Stichwort
Subway *w.* (sabweh, *engl.*) Untergrundbahn; Straßenunterführung
süffisant (*frz.*) spöttisch überheblich, seine Überlegenheit genüsslich demonstrierend, Hptw. **Süffisanz** *w.*
Suffix *s.* (*lat.*) Nachsilbe
suffizient (-zi'e-, *lat.*) genügend, ausreichend; **Suffizienz** *w.* ausreichendes Funktionsvermögen (von Organen)
Suffragan *m.* (*lat.*) einem Erzbischof unterstellter Bischof in der kath. Kirche
Suffragette *w.* (*engl.*) Kämpferin für das Frauenstimmrecht
Sufi *m.* (*arab.*) Vertreter des Sufismus (z. B. der Derwisch); **Sufismus** *m.* islamische Mystik
suggerieren (*lat.*) 1. jmdm. etwas einreden, beeinflussen; 2. einen bestimmten Eindruck erzeugen; **suggestibel** leicht beeinflussbar, Hptw. **Suggestibilität** *w.*; **Suggestion** *w.* suggestive Beeinflussung, Willensbeeinflussung; **suggestiv** bestimmte Gedanken, Empfindungen, Verhaltensweisen hervorrufend
sui generis (*lat.*) besonders, von eigener Art, einzig
Suitcase *s.* (sjutkehs, *engl.*) Handkoffer
Suite *w.* (swiht, *frz.*) 1. charakteristische Folge von Instrumentalstücken, meist Tänzen; 2. Zimmerflucht
Suizid *m.* (*lat.*) Selbstmord
Sujet *s.* (ßüschä, *frz.*) Thema, Gegenstand eines künstlerischen Werkes
Suk *m.* (*arab.*) Markt, Verkaufsstand
Sukkade *w.* (*frz.*) kandierte Schale von Zitrusfrüchten
Sukkubus *m.*, **Sukkuba** *w.* (*lat.*) 1. Alptraum; 2. der Teufel in Gestalt einer Frau, die beim Geschlechtsverkehr unten liegt (nach mittelalterlicher Vorstellung)
Sukkulenten *Mz.* (*lat.*) Pflanzen mit Wasser speichernden Blättern
Sukzession *w.* Nachfolge, Aufeinanderfolge; Rechtsnachfolge, Thronfolge; **sukzessiv** aufeinander folgend, nach und nach, allmählich eintretend
Sulfat *s.* (*lat.*) Salz der Schwefelsäure; **Sulfonamide** *Mz.* Gruppe chemotherapeutischer Heilmittel gegen Infektionskrankheiten; **Sulfur** *s.* Schwefel
Sulky *s.* (auch: ßalki, *engl.*) leichter, zweirädriger Wagen für Trabrennen
Sultan *m.* (*arab.*) islamischer Herrschertitel; **Sultanat** *s.* Herrschaft und Herrschaftsgebiet eines Sultans; **Sultanine** *w.* große Rosine ohne Kerne
summa cum laude (*lat.*) mit höchstem Lob (beste Examenszensur); **summa summarum** alles in allem; **summarisch** zusammengefasst; in Bausch und Bogen; **Summary** *s.* (ßammerih, *engl.*) kurze Zusammenfassung eines Buches, Artikels o. Ä.; **Summe** *w.* (*lat.*) 1. Endergebnis einer Zusammenzählung; 2. Gesamtbild, Gesamtheit, Gesamtbetrag; **summieren** zusammenzählen; **sich summieren** auflaufen, anwachsen, Hptw. **Summierung**, **Summation** *w.*

Sunna *w.* (*arab.*) im Hadith gesammelte Überlieferung über das Leben und Wirken sowie die Aussprüche Mohammeds; **Sunnit** *m.* Anhänger der orthodoxen Sunna (im Ggs. zu den Schiiten)

Suomi (*finn.*) finnischer Name für Finnland

Super *s.* kurz für Superbenzin (Oktanzahl über 96)

Super-, super- (*lat.*) als Wortteil: über, ober-, groß(artig)

Superacidität *w.* (*lat.*) Übersäuerung des Magens

süperb (*frz.*) köstlich, erlesen

superfiziell (-zi'e-, *lat.*) oberflächlich

Superintendent *m.* (*lat.*) einem Kirchenkreis vorstehender evangelischer Geistlicher (in Norddeutschland)

Superior *m.* (*lat.*) Ordens-, Klostervorsteher; **Superiorität** *w.* Überlegenheit, Übergewicht

Superkargo *m.* (*lat.-span.*) bevollmächtigter Begleiter einer Schiffsfracht

Superlativ *m.* (*lat.*) Sprachlehre: höchste Steigerungsform des Eigenschaftsworts; **superlativisch** übersteigert, übertrieben

Superlearning *s.* (-lörning, *engl.*) Methode, eine Fremdsprache begleitet durch Entspannungsübungen zu erlernen

Supermarkt *m.* (*engl.*) großes Geschäft mit Selbstbedienung

Supernova *w.* (*lat.*) neuer Stern mit sehr hellem Aufleuchten

Superporte = Sopraporte

Supervision *w.* (*engl.*) (Leistungs-)Kontrolle, Beobachtung

Supplement *s.* (*lat.*) Ergänzung, Nachtrag; **supplementär** ergänzend, nachträglich

Supply *m.* (ßeplai, *engl.*) Vorrat, Bestand, Warenbestand

supponieren (*lat.*) unterstellen, voraussetzen

Support *m.* (*lat.-frz.*) Werkzeugträger an Drehbänken

Supposition *w.* (*lat.*) Annahme, Voraussetzung; **Suppositorium** *s.* Arzneimittel enthaltendes Zäpfchen; **Suppositum** *s.* Annahme

Suppression *w.* (*lat.*) Unterdrückung, Hemmung (von Blutungen); **supprimieren** unterdrücken, zurückdrängen

Supra-, supra- (*lat.*) als Wortteil: oberhalb, über

supranational (*lat.*) übernational, überstaatlich

Supremat *m.* oder *s.*, **Suprematie** *w.* (*lat.*) Vorrang, Überordnung

Sure *w.* (*arab.*) Kapitel des Korans

Surfboard *s.* (sörfbohrd, *engl.*) Spezialbrett mit oder ohne Segel zum Surfen; **surfen** 1. mit dem Surfbrett segeln oder auf den Brandungswellen reiten; 2. sich als Benutzer ohne Einschränkungen nach den eigenen Bedürfnissen im Internet bewegen; **Surfer** *m.* jmd., der surft; **Surfing** *s.* das Surfen

Surplus *s.* (sürplü, *frz.*) Überschuss, Gewinn

Surrealismus *m.* (sür-, *frz.*) Richtung in der modernen Kunst und Literatur nach dem Ersten Weltkrieg, die das Unbewusste, Traum- und Rauschhafte in realistischer Darstellungsweise künstlerisch ausdrückte, Eigw. **surrealistisch**; **Surrealist** *m.* Vertreter des Surrealismus

Surrogat *s.* (*lat.*) Ersatzmittel, Behelf

Survey *m.* (ßörweh, *engl.*) Ermittlung, Erhebung, Meinungsbefragung; Expertengutachten

Survivals *Mz.* (ßörweiwels, *lat.-frz.-engl.*) Reste untergegangener kultureller Formen, die sich in gegenwärtigen Volksbräuchen und Glaubensvorstellungen fortsetzen; **Survivaltraining** *s.* (-trehning) Überlebenstraining

Sushi *s.* (-schi, *jap.*) (meist) aus rohem Fisch auf einer Unterlage aus Reis bestehendes Gericht

suspekt (*lat.*) verdächtig

suspendieren (*lat.*) 1. aufschieben, unentschieden lassen; 2. von einer Verpflichtung befreien; 3. hochlagern, schwebend aufhängen (von Gliedern); 4. unlösliche Teilchen in einer Flüssigkeit fein verteilen; Hptw. **Suspension, Suspendierung** *w.*; **suspensiv** aufhebend, aufschiebend

Suspensorium *s.* (*lat.*) Trageverband zum Schutz für Penis und Hoden oder die weibliche Brust, bes. im Sport

Sutache = Soutache

Sutane = Soutane

suum cuique (-ku-, *lat.*) jedem das Seine

s.v. = sub voce

svegliato (ßwelja-, *itl.*) Musik: frisch, kühn

Swapgeschäft *s.* (swop-, *engl.*) Devisenaustauschgeschäft

Swastika *w.* (*altind.-sanskr.*) altind. Bez. für Hakenkreuz, Sonnensymbol

Sweater *m.* (swätter, *engl.*) Pullover; **Sweatshirt** *s.* (-schört) weites T-Shirt mit langen Ärmeln

Sweet Jazz *m.* (ßwiht dschäs, *engl.*) gefälliger Unterhaltungsjazz

Swing *m.* (*engl.*) 1. locker schwingende, rhythmische Qualität des Jazz; 2. der Jazz der 1930er-Jahre, Big-Band-Jazz; 3. dem Foxtrott ähnelnder Tanz; 4. Kreditlinie bei Handelsverträgen; **swingen** 1. im Stil des Swing spielen oder tanzen; 2. häufiger den Sexualpartner wechseln; **Swinger** *m.* 1. nach unten ausgestellter, locker schwingender Kurzmantel; 2. jmd., der seinen Sexualpartner des Öfteren wechselt

switchen (*engl.*) 1. wechseln, umschalten; 2. ein Switchgeschäft abschließen; **Switchgeschäft** *s.* Außenhandelsgeschäft, das zwecks Ausnutzung von Kursdifferenzen über ein drittes Land getätigt wird

Sybarit *m.* (*gr.*) Schlemmer, Genüssling; **sybaritisch** schlemmerhaft, verweichlicht

Sykomore *w.* (*gr.*) Maulbeerfeige

Sykophant *m.* (*gr.*) Verleumder, Eigw. **sykophantisch**

Syllabus *m.* (*gr.-lat.*) päpstliches Verzeichnis der Irrlehren; **syllabisch** silbenweise; **Syllabarium** *s.* Buchstabierbuch, Abc-Buch

Syllogismus *m.* (*gr.*) Schluss vom Allgemeinen auf das Besondere; **Syllogistik** *w.* Lehre von den folgerichtigen Schlüssen, Eigw. **syllogistisch**

Sylphe *m.*, **Sylphide** *w.* (*gr.*) männlicher oder weiblicher Luftgeist

Sylvester = Silvester

Sym-, sym-, Syn-, syn- (*gr.*) als Vorsilbe: zusammen, mit, gleichartig

Symbiont *m.* (*gr.*) Organismus, der mit einem anderen in Symbiose lebt, Eigw. **symbiontisch**; **Symbiose** *w.* Zusammenleben zweier Organismen zu beiderseitigem Vorteil, Eigw. **symbiotisch**

Symbol *s.* (*gr.*) 1. etwas (Vorgang, Gegenstand, Handlung), das für einen vorgestellten, nicht sichtbaren Sachverhalt steht, Sinnbild; 2. Formelzeichen; **Symbolik** *w.* 1. Lehre von den Symbolen; 2. Sinnbildlichkeit, Zeichenhaftigkeit; **symbolisch** zeichenhaft, durch Symbole dargestellt, sinnbildlich; **symbolisieren** sinnbildlich darstellen, Hptw. **Symbolisierung** *w.*; **Symbolismus** *m.* Kunstrichtung am Ende des 19. Jhs., in der symbolische Darstellungsweisen überwogen; **Symbolist** *m.* Vertreter des Symbolismus, Eigw. **symbolistisch**; **Symbolsprache** *w.* aus Formelzeichen und Abkürzungen bestehende Sprache für die Programmierung (EDV)

Symmachie *w.* (*gr.*) Bundesgenossenschaft der antiken Stadtstaaten

Symmetrie *w.* (*gr.*) 1. Spiegelbildlichkeit; 2. Ebenmaß, harmonische Anordnung von Teilen zueinander, Eigw. **symmetrisch**

Sympathie *w.* (*gr.*) Verbundenheit, Zuneigung aufgrund innerer Verwandtschaft, Seelenverwandtheit; **Sympathikus** *m.* der Teil des vegetativen Nervensystems, der bes. die Eingeweide versorgt; **Sympathisant** *m.* jmd., der mit einer politischen Richtung oder Gruppe sympathisiert, ohne Mitglied zu sein; **sympathisch** 1. seelenverwandt, angenehm, zusagend; 2. zum vegetativen Nervensystem gehörend; **sympathisieren** übereinstimmen, innerlich billigen, sich innerlich verbunden fühlen

Symphonie *w.* (*gr.*) großes Orchesterwerk in mehreren Sätzen; **Symphoniker** *m.* 1. Komponist von Symphonien; 2. Mitglied eines Symphonieorchesters; **symphonisch** in der Art einer Symphonie

Symposion, Symposium *s.* (*gr.*) 1. Gastmahl im antiken Griechenland; 2. wissenschaftl. Tagung

Symptom *s.* (*gr.*) 1. Anzeichen, Merkmal, Vorbote, Kennzeichen; 2. Krankheitszeichen; **symptomatisch** 1. anzeigend, bezeichnend; 2. die Symptome, nicht die Krankheitsursachen behandelnd (von Arzneimitteln); **Symptomatologie** *w.* Lehre von den Krankheitszeichen

Synagoge *w.* (*gr.*) Gebetshaus der jüdischen Gemeinde

Synapse *w.* (*gr.*) Kontaktstelle für die Reizübertragung im Nervensystem

Synästhesie *w.* (*gr.*) Mitschwingen eines Sinnesorgans bei Reizung eines anderen (z. B. Farbempfindung bei Tönen), Eigw. **synästhetisch**

synchron (*gr.*) 1. gleichzeitig erfolgend; 2. gleichlaufend; **synchronisieren** 1. zwischen zwei Vorgängen oder Geräten Gleichlauf herstellen; 2. Bild und Ton eines Films zur zeitlichen Übereinstimmung bringen; 3. von der Sprache eines Tonfilms eine Fassung in anderer Sprache herstellen, Hptw. **Synchronisierung** *w.*, **Synchronisation** *w.*; **Synchronismus** *m.* 1. Gleichzeitigkeit verschiedener Ereignisse oder Vorgänge; 2. Gleichlauf des Elektronenstrahls der Bildröhre mit dem Elektronenstrahl der Aufnahmekamera (Fernsehen); 3. zeitliches Übereinstimmen von Bild, Sprache und Musik im Film; **Synchrotron** *s.* Gerät zum Beschleunigen von Elementarteilchen

Syndikalismus *m.* (*gr.*) revolutionäre Gewerkschaftsbewegungen in den romanischen Ländern vor dem Ersten Weltkrieg; **Syndikalist** *m.* Anhänger des Syndikalismus, Eigw. **syndikalistisch**; **Syndikat** *s.* 1. Absatzkartell von Unternehmen; 2. als Geschäftsunternehmen verbrämte Verbrecherorganisation; **Syndikus** *m.* Rechtsbeistand und Bevollmächtigter größerer Körperschaften; **syndiziert** in einem Syndikat zusammengeschlossen

Syndrom *s.* (*gr.*) Gruppe von Krankheitssymptomen, Symptomkomplex

Synergie *w.* (*gr.*) sich gegenseitig förderndes Zusammenwirken verschiedener Kräfte oder Substanzen (z. B. verschiedener Medikamente); **synergetisch** zusammenwirkend

Synesis *w.* (*gr.*) sinngemäß richtige Wortfügung, die von den grammatischen Regeln abweicht, z. B. eine *Menge* Menschen stand*en* vor der Tür

Synkope *w.* (*gr.*) 1. Betonung eines unbetonten Taktteils; 2. Weglassen eines Selbstlauts im Innern eines Wortes

Synkretismus *m.* (*gr.*) Vermischung unterschiedlicher Kulte, Religionen, philosophischer Lehren (z. B. in der Spätantike), Eigw. **synkretistisch**

Synod *m.* (*gr.*) oberste Kirchenbehörde im zaristischen Russland; **synodal** zur Synode gehörig; **Synodale** *m.* Mitglied einer Synode; **Synode** *w.* 1. evang. Kirchenversammlung; 2. Konzil

synonym, synonymisch (*gr.*) bedeutungsgleich, bedeutungsverwandt; **Synonym** *s.* bedeutungsgleiches Wort (z. B. *Tischler* und *Schreiner*), bedeutungsverwandtes Wort (z. B. *Angst* statt *Furcht*); **Synonymik** *w.* Lehre von der Synonymen

Synopse, Synopsis *w.* (*gr.*) 1. vergleichende Gegenüberstellung von Texten oder Textstellen; 2. knappe Übersicht; **Synoptik** *w.* Teilgebiet der Meteorologie, das sich mit den Wettererscheinungen und ihrer Entwicklung befasst; **Synoptiker** *Mz.* die Evangelisten Matthäus, Markus und Lukas; **synoptisch** übersichtlich zusammengestellt

Syntax *w.* (*gr.*) 1. Lehre vom Satzbau; 2. der Satzbau; 3. Gesamtheit der Regeln einer Programmiersprache (EDV), Eigw. **syntaktisch**

Synthese *w.* (*gr.*) 1. Verknüpfung einzelner Teile zu einer höheren Einheit; 2. Aufbau einer chem. Verbindung aus einfacheren Ausgangsstoffen oder Verbindungen; **Synthesizer** *m.* (-ßeiser, *engl.*) Apparatur zur Erzeugung von Tönen, Klängen, Geräuschen und speziellen Effekten auf elektronischem Wege; **Synthetics** *Mz.* (-tiks, *engl.*) Gewebe aus synthetischen Fasern; **synthetisch** 1. zusammengesetzt; 2. chemisch hergestellt, künstlich; **synthetisieren** aus einfacheren Stoffen chemisch herstellen

Syphilis *w.* (*lat.*) gefährliche Geschlechtskrankheit; **Syphilitiker** *m.* jmd., der an Syphilis erkrankt ist; **syphilitisch** die Syphilis betreffend

Syrinx *w.* (*gr.*) 1. Hirtenflöte, Panflöte; 2. das Stimmorgan der Vögel

systaltisch (*gr.*) zusammenziehend

System (*gr.*) 1. Ordnungsprinzip, nach dem etwas definiert, eingeordnet oder organisiert wird; 2. planvoll gegliedertes, einheitlich geordnetes Ganzes; 3. Lehrgebäude, philosophisches Gedankengebäude; 4. Herrschafts-, Regierungsform; **Systemanalyse** *w.* Untersuchung betrieblicher Abläufe im Hinblick auf Rationalisierungsmöglichkeiten; **Systematik** *w.* 1.

Gliederung eines Sachgebiets nach bestimmten Gesichtspunkten; 2. planmäßige Ordnung; **systematisch** 1. planmäßig; 2. als Teil eines Systems, durch ein System bedingt; **systematisieren** in ein System bringen

Systole *w.* (*gr.*) 1. rhythmische Zusammenziehung des Herzens; 2. Kürzung von Silben aus Verszwang

Szenario *s.* (*gr.-lat.*) 1. nach Szenenfolgen gegliederter Filmentwurf, Rohdrehbuch; 2. Planspiel für mögliche zukünftige Konstellationen (z. B. in einer Krisensituation); **Szenarium** *s.* 1. Übersicht (für Regie und Technik) über Spielverlauf und materielle Ausstattung einer Theateraufführung; 2. Schauplatz; **Szene** *w.* 1. Auftritt im Drama; kleinste Einheit im Film; 2. Bühne, Schauplatz des Auftritts; 3. charakteristisches Umfeld, Milieu (z. B. Musikszene, Drogenszene); 4. private Auseinandersetzung mit heftigen Vorwürfen; **Szenerie** *w.* 1. Bühnenbild; 2. Rahmen von etwas; **szenisch** als Szene; bühnenmäßig; **Szenotest** *m.* tiefenpsychologisches Testverfahren, bei dem die Versuchsperson mit kleinen Figuren eine Szene darstellt

szientifisch (szi'e-, *lat.*) wissenschaftlich; **Szientismus** *m.* 1. wissenschaftlich begründete Weltanschauung; 2. Lehre der Christian Science, nach der alle Übel durch Gebet überwunden werden können; **Szientist** *m.* Anhänger des Szientismus, Eigw. **szientistisch**

Szilla *w.* (*lat.*) blau blühende duftende Frühjahrsblume, ein Liliengewächs

Szintillation *w.* (*lat.*) 1. Funkeln der Sterne; 2. das Auftreten von Lichtblitzen, wenn radioaktive Strahlung auf fluoreszierende Stoffe trifft; **szintillieren** funkeln, flimmern

Szylla und Charybdis (*gr.*) Felsenriff und Meeresstrudel in der Straße von Messina, in der griech. Mythologie zwei Seeungeheuer, die vorbeifahrende Schiffe unweigerlich ins Verderben stürzten

T

Tab *m.* (täb, *engl.*) der vorspringende Teil einer Karteikarte

Tabatiere *w.* (tabatjär, *frz.*) Schnupftabakdose

tabellarisch (*lat.*) listenförmig; **tabellarisieren** in eine Tabelle einordnen, übersichtlich zusammenstellen; **Tabelle** *w.* 1. Übersicht, übersichtliche Zusammenstellung, Liste; 2. Rangtabelle

Tabernakel *s.* (*lat.*) 1. reich verziertes Schutzdach für Figuren, bes. in der Gotik; 2. Gehäuse für die geweihten Hostien kath. Kirchen

Tabes *w.* (*lat.*) Rückenmarkschwindsucht; **tabetisch, tabisch** an Tabes erkrankt

Tableau *s.* (tablo, *frz.*) 1. wirkungsvoll zusammengestelltes (Bühnen-)Bild; 2. Signaltafel, Befehlstafel zur Bedienung von Maschinen; **Tableaux vivants** *Mz.* (– wang) lebende Bilder, die Nachstellung bekannter Szenen, z. B. aus der biblischen Geschichte, durch lebende, aber stumm verharrende Personen

Table d'Hôte *w.* (tabl doht, *frz.*) Speisetafel in Gasthöfen

Tablett *s.* (*frz.*) Servierbrett; **Tablette** *w.* in meistens runde Täfelchen gepresstes Medikament

Taboriten *Mz.* radikale Hussiten (nach der tschech. Stadt Tabor)

Tabu *s.* (*polynes.*) 1. religiös begründetes Verbot oder Meidungsgebot; 2. etwas, worüber man nicht spricht; **tabu** einem Tabu unterliegend; **tabuieren, tabuisieren** etwas für tabu erklären; **Tabuwort** *s.* eine, einen tabuisierten Gegenstand oder Sachverhalt verhüllende Bezeichnung (z. B. *die Unaussprechlichen* für Damenunterhosen)

Tabula rasa (*lat.*) 1. antike Wachstafel, auf der die Schrift vollständig gelöscht werden konnte; 2. (die Vorstellung von der) Unbeschriebenheit der Seele bei der Geburt; 3. unbeschriebenes Blatt; **Tabula rasa machen** reinen Tisch machen, etwas aus der Welt schaffen

Tabulator *m.* (*lat.*) Vorrichtung an Büromaschinen zum Tabellenschreiben

Tabulatur *w.* (*lat.*) 1. alte Notenschrift für Instrumentalmusik in Ziffern und Buchstaben; 2. musikalische und poetische Regeln im Meistergesang

tacet (tazet, *lat.*) Musik: schweigt, Angabe, dass ein Instrument oder eine Stimme Pause macht

Tacheles reden (*jidd.*) Klartext reden

Tachismus *m.* (tasch-, *frz.*) nichtgeometrische abstrakte Malerei nach dem Zweiten Weltkrieg, die sich unter Ausschluss einer rationalen Kontrolle von Farbe und Material leiten ließ, Eigw. **tachistisch**

Tachometer *s.* oder *m.* (*gr.*) Geschwindigkeitsmesser

Tachykardie *w.* (*gr.*) starke Beschleunigung der Herzfrequenz, Herzjagen

Tacker *m.* (*engl.*) Heftgerät zum Befestigen von Metallklammern; **tackern** mittels Tacker befestigen

Tackling *s.* (täck-, *engl.*) heftige körperliche Attacke in Fußball oder Eishockey

Taekwondo *s.* (täk-, *korean.*) in Korea entwickeltes karateähnliches Selbstverteidigungssystem

Taft *m.* (*pers.-itl.*) leicht steifes Gewebe aus Seide oder Kunstseide, Eigw. **taften**

Tagetes *w.* (*lat.*) Studentenblume, ein Korbblütler

Tagliatelle *Mz.* (taljatelle, *itl.*) italien. Bandnudeln

Tai-chi *s.* (-tschi, *chin.*) chines. Schattenboxen

Taifun *m.* (*chin.*) Wirbelsturm

Taiga *w.* (*russ.*) nördliche Nadelwaldzone

Taille *w.* (talje, *frz.*) 1. Umfang in der Leibesmitte, Gürtelweite; 2. Aufdecken der Kartenblätter für Gewinn oder Verlust;

Tailleur *m.* (tajör) Bankhalter beim Kartenglückspiel; **taillieren** (tajihren) auf Taille arbeiten

Take *s.* (tehk, *engl.*) Teil einer Filmszene oder Musikeinspielung, der ohne Unterbrechung aufgenommen wird

Takelage *w.* (-lasche, *niederl.*) Takelung, Tauwerk des Schiffes

Take-off *m.* (tehk-, *engl.*) 1. Start, Abheben eines Flugkörpers; 2. Durchbruch

Takt *m.* (*lat.*) 1. regelmäßige, zählbare Gliederung einer Tonfolge; 2. Bewegungsabschnitt (z. B. Maschinentakt); 3. Feingefühl, Gefühl für das, was im Augenblick richtig ist; **Taktell** *s.* mechanischer Taktgeber (für Musiker); **taktieren** den musikalischen Takt angeben

Taktik *w.* (*gr.*) 1. Truppenführung im Gefecht; 2. planvolles Ausnützen der Gegebenheiten zur Erreichung eines bestimmten Zieles, Ztw. **taktieren**; **Taktiker** *m.* Beherrscher der Taktik; **taktisch** 1. die Taktik betreffend; 2. planvoll und geschickt

taktil (*lat.*) den Tastsinn betreffend; **Taktion** *w.* Berührung

Talar *m.* (*lat.*) langer, weiter Mantel, Amtstracht der Richter und Anwälte

Talent *s.* (*gr.-lat.*) 1. überdurchschnittliche Begabung auf einem bestimmten Gebiet; 2. alte griechische und römische Geldeinheit; **talentiert** begabt

Taliban *m.* und *Mz.* (*arab.*) 1. Koranschüler, Student des Korans; 2. paschtunische Muslime, die zwischen 1995 und 2001 eine fundamentalistische islamische Diktatur in Afghanistan errichteten

Talion *w.* (*lat.*) Vergeltung durch ein der Tat gleichartiges Übel (mittelalterlicher Strafrechtsgrundsatz)

Talisman *m.* (*gr.-arab.*) Glück bringender Gegenstand, den man bei sich trägt

Talje *w.* (*itl.-niederl.*) Flaschenzug; **taljen** hochwinden (Seemannssprache)

Talk, Talkum *s.* oder *m.* (*span.-arab.*) fetthaltiges Mineral, das einen gut haftenden Streupuder ergibt

Talkmaster *m.* (tohk-, *engl.*) Gesprächsleiter einer Talkshow; **Talkshow** *w.* (-schoh) lockeres, unterhaltsames Rundgespräch im Fernsehen

Tallyman *m.* (tällimän, *engl.*) Stückzahlkontrolleur beim Ein- und Ausladen von Schiffen

Talmi *s.* (*viell. frz.*) 1. goldfarbene Kupfer-Zink-Legierung für Schmucksachen; 2. etwas Wertloses, Unechtes

Talmud *m.* (*hebr.*) das nachbiblische, die Rechtssammlung und Kommentierung enthaltende Hauptwerk des Judentums; **talmudisch** den Talmud betreffend, in seinem Sinne; **Talmudist** *m.* Talmudkenner, Talmuderklärer

Talon *m.* (talong, *frz.*) 1. Erneuerungsschein an Wertpapieren; 2. Kartenrest, Kartenstock; 3. Griffende des Bogens der Streichinstrumente, Frosch

Tamarinde *w.* (*arab.-lat.*) tropischer Baum mit essbaren Früchten, ein Hülsenfruchter

Tambour *m.* (-bur, *arab.-frz.*) 1. Trommler; 2. Trommel an Krempeln in der Spinnerei; 3. Unterbau einer Kuppel; **Tambourmajor** *m.* Leiter eines Spielmannszugs; **Tamburin** *s.* 1. kleine Schellentrommel; 2. Stickrahmen

Tampon *m.* (*frz.*) 1. festgerollte Gaze oder Watte zum Aufnehmen von Blut; 2. Ballen zum Färben von Druckplatten; **Tamponade** *w.* Schließen einer Wunde mit Tampons, Ztw. **tamponieren**

Tamtam *s.* (*Hindi*) 1. asiatischer Gong; 2. marktschreierischer Lärm, Reklameschrei

Tanagrafiguren *Mz.* kleine, bei Ausgrabungen in der antiken Stadt Tanagra gefundene bemalte Mädchenfiguren

Tandem *s.* (*lat.-engl.*) 1. Fahrrad, auf dem zwei Fahrer hintereinander sitzen; 2. Wagen mit zwei hintereinander gespannten Pferden; 3. zwei hintereinander geschaltete Antriebe

Tanga *m.* (*Tupi*) sehr knapper Slip für Damen und Herren

Tangens *m.* (*lat.*) Verhältnis von Gegenkathete zur Ankathete im rechtwinkligen Dreieck; **Tangente** *w.* Gerade, die eine Kurve oder Fläche in einem Punkt berührt; **tangieren** berühren, angehen, betreffen

Tango *m.* (*span.*) langsamer Gesellschaftstanz aus Argentinien

Tank *m.* (*engl.*) 1. Flüssigkeitsbehälter; 2. Panzerkampfwagen; **tanken** 1. mit Benzin füllen; 2. sich betrinken (umg.); **Tanker** *m.* Tankschiff

Tannin *s.* (*frz.*) Gerbsäure

Tantalusqualen *Mz.* Qualen, die jmd. aussteht, wenn etwas heiß Begehrtes handgreiflich nahe, aber unerreichbar ist

Tantieme *w.* (-ti'e-, *frz.*) Gewinnanteil, Umsatzbeteiligung

tant mieux (tang mjö, *frz.*) umso besser

Tao *s.* (*chines.*) Urgrund des Daseins in der chines. Philosophie; **Taoismus** *m.* 1. philosophische Lehre; 2. alte Volksreligion in China, Eigw. **taoistisch**

Tape *w.* (tehp, *engl.*) Tonband, Magnetband; **Tapedeck** *s.* Kassettendeck

Tapet *s.* (*lat.*) Bespannung, Decke (auf dem Konferenztisch); **aufs Tapet bringen** zur Sprache bringen; **Tapete** *w.* Wandverkleidung; **tapezieren** (*lat.*) mit Tapete bekleben; **Tapezierer** *m.* Handwerker, der tapeziert

Tapioka *s.* (*indian.*) Sago aus der Maniokwurzel

Tapir *m.* (*Yupi*) tropisches Huftier mit kurzem Rüssel

Tapisserie *w.* (*frz.*) 1. gewirkter Wandteppich; 2. teppichartige Kreuzstichstickerei

Tara *w.* (*itl.-arab.*) Verpackungsgewicht

Tarantel *w.* (*itl.*) Wolfsspinne, in Südeuropa heimisches giftiges Insekt; **Tarantella** *w.* rascher süditalienischer Tanz; **Tarantismus** *m.* Tanzwut

tardando (*itl.*) Musik: zögernd

tarieren (*itl.*) 1. Gewicht der Tara bestimmen; 2. auswägen

Tarif *m.* (*arab.-frz.*) 1. festgelegte Preisordnung für Arbeits- und Verkehrsleistungen; 2. ausgehandelter Lohnsatz für Arbeiter und Angestellte

Tarlatan *m.* (*frz.*) stark appretierter, gazeartiger Baumwollstoff für Faschingskostüme

Tarock *s.* (*arab.-itl.*) Kartenspiel für drei Personen, Ztw. **tarocken**; **Tarot** *s.* (-roh) dem Tarock verwandtes Kartenspiel, das zum Wahrsagen verwendet wird

Tarragona *m.* spanischer Süßwein (nach der span. Stadt)

Tartan *m.* (tartn, *engl.*) 1. bunt karierter Wollstoff, Schottenstoff; 2. Überwurf der Bergschotten

Tartaros, Tartarus *m.* (*gr.*) Unterwelt

Tartüff *m.* (*frz.*) Heuchler (nach dem Lustspiel von Molière)

Taschi Lama *m.* mit dem Dalai Lama geistlicher Herrscher Tibets

Tastatur *w.* (*itl.*) Tastenwerk (z. B. am Klavier, Computer)

Tatar, Tatarbeefsteak *s.* (-bihfstehk, *engl.*) gehacktes, mit Gewürzen zubereitetes rohes Rindfleisch

tätowieren (*tahitisch*) farbige Muster in die Haut ritzen, Hptw. **Tätowierung** *w.*

Tattersall *m.* Reitbahn, Reithalle, gewerbliche Reitschule (nach dem englischen Begründer)

Tattoo *s.* (-tuh, *engl.*) Tätowierung, das Tätowieren

tauschieren (*arab.-itl.*) Verzieren von Metallgegenständen durch Einlegen von Gold- und Silberdraht, Hptw. **Tauschierung** *w.*

Tautologie *w.* (*gr.*) Bezeichnung einer Sache durch mehrere, dasselbe bedeutende Wörter, Eigw. **tautologisch**

Taverne *w.* (*itl.*) italien. Weinschenke

Taxameter *m.* (*gr.*) Fahrpreisanzeiger im Taxi; **Taxation, Taxierung** *w.* Schätzung eines Wertes, Wertermittlung; **Taxator** *m.* Wertsachverständiger; **Taxe** *w.* 1. Gebühr; 2. Taxi; **Taxi** *s.* Mietauto; **taxieren** schätzen

Taxis *w.* (*gr.*) durch äußeren Reiz bewirkte gerichtete Bewegung von Lebewesen (z. B. Algen)

Taxonomie *w.* (*gr.*) Einordnung von Phänomenen oder Begriffen in ein Ordnungsschema (z. B. in der Biologie, in der Linguistik)

Taxus *m.* (*lat.*) Eibe

Taylorismus *m.* (tehler-) wissenschaftliche Betriebsführung (nach dem amerik. Ingenieur F. W. Taylor)

Tb, Tbc, Tbk = Tuberkulose

Teach-in *s.* (tihtsch inn, *engl.*) studentische Diskussionsveranstaltung als Protestdemonstration

Teak *s.* (tihk, *Malai-engl.*) Holz des tropischen Teakbaums

Team *s.* (tihm, *engl.*) 1. Sportmannschaft; 2. Arbeitsgruppe; **Teamwork** *s.* (-wörk) Gemeinschaftsarbeit einer gut eingespielten Gruppe

Tearoom *m.* (tihruhm, *engl.*) Teestube

Technicolor *s.* (*Wz.*) Entwicklungsverfahren für Farbfilme

Technik *w.* (*gr.*) 1. die Anwendung von naturwissenschaftlichen Erkenntnissen und alle dazugehörigen Mittel und Methoden auf verschiedenen Gebieten (z. B. Rundfunktechnik); 2. die zur Ausübung einer Tätigkeit gehörenden (Kunst-)Fertigkeiten, die Anwendung der dabei üblichen Verfahren (z. B. die Technik des Komponierens); 3. technische Ausstattung (z. B. einer Fabrik), technische Beschaffenheit (z. B. eines Kühlschranks); **Techniker** *m.* Spezialist auf einem Gebiet der Technik; jmd., der eine Fertigkeit (und die dazugehörigen Methoden) beherrscht

technisch (*gr.*) zur Technik, zu einer speziellen Fertigkeit gehörend; **technisieren** auf technische Einrichtungen umstellen, Hptw. **Technisierung** *w.*; **Technizismus** *m.* technischer Fachausdruck; **Techno** (teckno, *engl.*) synthetisch erzeugte (Disko-)Musik mit einem Beat von 165 bpm aufwärts; **Technokrat** *m.* jmd., für den der technische Fortschritt höchsten Wert besitzt; **Technokratie** *w.* Organisation von Wirtschaft und Gesellschaft nach den Maßstäben eines Technokraten, Eigw. **technokratisch**; **Technologie** *w.* Wissenschaft und Forschung zur Entwicklung technischer Produkte und Verfahrensweisen

Techtelmechtel *s.* (*Herkunft ungeklärt*) Liebelei

Teddy *m.* (*engl.*) Stoffbär

Tedeum *s.* (-de'um, *lat.*) kath. Lobgesang

Tee *m.* (*chin.*) 1. ostasiatischer Teestrauch; 2. Getränke aus den Blättern des Teestrauchs; 3. Absud von getrockneten Heilpflanzen

Teen *m.* (tihn, *engl.*) Kurzform von Teenager; **Teenager** (-ehdscher), **Teenie** *m.* Jugendlicher zwischen dreizehn und neunzehn

Tein (te'i-) = Thein

Teint *m.* (täng, *frz.*) Farbe und Beschaffenheit der Gesichtshaut

Tektonik *w.* (*gr.*) 1. Wissenschaft von Aufbau und Schichtung der Erdkruste; 2. Konstruktionslehre; 3. geschlossener Aufbau eines Kunstwerks, Eigw. **tektonisch**

Tektur *w.* Aufklebezettel zur Korrektur einer fehlerhaften Textstelle

Tele-, tele- (*gr.*) als Vorsilbe: 1. fern, weit; 2. Ziel, Zweck; **Telebanking** *s.* Erledigung von Bankgeschäften mittels Telekommunikation; **Telefax** *s.* 1. Fernkopiergerät; 2. Fernkopie; **telefaxen** fernkopieren; **Telefon** *s.* Fernsprecher; **Telefonat** *s.* Anruf, Ferngespräch; **telefonieren** jmdn. anrufen; **telefonisch** fernmündlich, mit Hilfe des Telefons; **Telefonsex** *m.* sexuelle Stimulation mittels Telefonkontakt; **telegen** im Fernsehen gut zur Geltung kommend; **Telegraf** *m.* Fernschreiber, Apparat zur Nachrichtenübermittlung; **Telegrafie** *w.* elektrische Nachrichtenübermittlung; **telegrafieren** Nachrichten per Fernschreiber übermitteln; **telegrafisch** auf drahtlosem Wege; **Telegramm** telegrafisch übermittelte Nachricht

Telekinese *w.* (*gr.*) Bewegung eines Gegenstands ohne Berührung (in der Parapsychologie)

Telekommunikation *w.* (*gr.-lat.*) Sammelbegriff für alle Formen des Informationsaustauschs mit den Mitteln der traditionellen Nachrichtenübertragung, der elektronischen Medien und einer Kombination aus beiden

Telemeter *s.* (*gr.*) Entfernungsmesser

Teleobjektiv *s.* (*gr.*) fotografisches Objektiv für Fernaufnahmen

Teleologie *w.* (*gr.*) Lehre von der Zielgerichtetheit und Zielstrebigkeit des organischen Lebens und der Seele, Eigw. **teleologisch**

Telepathie *w.* (*gr.*) Gedankenübertragung, Fernfühlen, Gedankenlesen (in der Parapsychologie), Eigw. **telepathisch**

Telephon = Telefon

Teleshopping *s.* (*gr.-engl.*) Einkaufen mittels Bildschirm(information) und telefonischer Bestellung

Teleskop *s.* (*gr.*) Fernrohr; Radioteleskop; **teleskopisch** durch das Fernrohr sichtbar

Television *w.* (*gr.-lat.*) Fernsehen (Abk. TV)

Telex *s.* (aus *engl. tele*printer *ex*change) Fernschreibernetz; Fernschreiben

Tellur *s.* (*lat.*) chem. Element, ein Halbmetall; **tellurisch** die Erde betreffend, zur Erde gehörig

Telos *s.* (*gr.*) Ziel, Endzweck

Tempel *m.* (*lat.*) nichtchristliches religiöses Kulthaus

Temperamalerei *w.* (*itl.*) Malerei mit deckenden wasserlöslichen Farben

Temperament *s.* (*lat.*) 1. Gefühlsveranlagung des Menschen; 2. Schwung, Lebhaftigkeit

Temperatur *w.* (*lat.*) 1. Wärmegrad; 2. (erhöhte) Körperwärme; **temperieren** 1. leicht erwärmen; 2. mäßigen; **tempern** wärmebehandeln

tempestoso (*itl.*) Musik: stürmisch, ungestüm

Tempi passati *Mz.* (*itl.*) vergangene Zeiten

Tempo *s.* (*itl.*) 1. Geschwindigkeitsmaß in der Musik; 2. Geschwindigkeit, Schnelligkeit; **Tempolimit** *s.* Geschwindigkeitsbegrenzung; **temporal** (*lat.*) 1. zeitlich; 2. das Tempus betreffend; 3. die Schläfe betreffend; **Temporalien** (-li'en) *Mz.* Einkünfte und Rechte aus geistlichem Amt; **Temporalsatz** *m.* Umstandssatz der Zeit; **temporär** zeitweilig, vorübergehend

Tempus *s.* (*lat.*) 1. Sprachlehre: Zeitform des Zeitworts; 2. die Schläfe (*Mz.* Tempora)

Tenakel *s.* (*lat.*) Blatthalter am Setzkasten in der Druckerei

Tenazität *w.* (*lat.*) Zähigkeit, Reißfestigkeit

Tendenz *w.* (*lat.*) 1. Neigung, Hang; 2. Richtung, Zug der Zeit, Absicht; **tendenziell** (-zi'e-) der Tendenz nach; **tendenziös** weltanschaulich gefärbt

Tender *m.* (*engl.*) 1. Anhänger der Lokomotive für Kohle und Wasser; 2. Hilfsschiff

tendieren (*lat.*) eine Tendenz haben, zu etwas neigen

Tennis *s.* (*engl.*) Netzballspiel auf Sand- oder Rasenplatz

Tenno *m.* (*jap.*) Titel des japanischen Kaisers

Tenor *m.* (*lat.*) Sinn, Grundhaltung eines Textes oder einer Äußerung; **Tenor** *m.* (*itl.*) 1. hohe Männerstimmlage; 2. Sänger mit Tenorstimme, auch: **Tenorist** *m.*

Tension *w.* (*lat.*) Spannung, Druck von Gasen

Tentakeln *Mz.* (*lat.*) 1. Verdauungsdrüsen des Sonnentaus, einer Fleisch fressenden Pflanze; 2. Fangarme (z. B. bei Kopffüßern, Hohltieren); **Tentakuliten** *Mz.* ausgestorbene Kopffüßer

Tenuis *w.* (*lat.*) Sprachlehre: stimmloser Verschlusslaut (z. B. *k*)

tenuto (*itl.*) Musik: gehalten

Tenzone *w.* (*altprovenz.*) Streitgedicht der provenzalischen Troubadoure

Tequila *m.* (tekihla, *mexik.*) mexikan. Branntwein aus Pulque

teratogen (*gr.*) Missbildung verursachend (z. B. von Medikamenten); **Teratologie** *w.* Zweig der Medizin, der sich mit Missbildungen des Menschen befasst

Terebinthe *w.* (*gr.*) harzreiche Pistazie

Term *m.* (*frz.*) 1. Ausdruck, Zeichen in einer formalisierten Theorie; 2. Bez. für den Energieeigenwert eines Atoms

Termin *m.* (*lat.*) festgelegter Zeitpunkt; **Terminal** *m.* (törminel, *engl.*) 1. Abfertigungshalle auf Flughäfen; 2. Spezialbahnhof für den Containerverkehr; 3. Ein- und Ausgabegerät eines Computers (EDV); **terminal** das Ende betreffend; **Termination** *w.* Begrenzung, Beendigung; **Terminator** *m.* (*lat.*) 1. Grenzlinie zwischen dem beleuchteten und dem unbeleuchteten Teil eines Planeten; 2. (*engl.*) Science-Fiction-Figur, die aus der Zukunft in die Gegenwart eingreift; **Terminer** *m.* 1. Terminüberwacher in Unternehmen; 2. Terminbuch für den privaten Gebrauch; **Terminologie** *w.* die zu einem Gebiet gehörenden Fachausdrücke, Eigw. **terminologisch; Terminus** *m.* 1. Begriff; 2. Fachausdruck (*Mz.* Termini); **Terminus technicus** *m.* Fachwort

Termiten *Mz.* (*lat.*) Staaten bildende Insektenart der Tropen

Terms of Trade *Mz.* (törms of trehd, *engl.*) Position eines Landes im internationalen Handel (nach dem Verhältnis zwischen Ein- und Ausfuhrgütern)

Terpentin *s.* (*lat.*) Harz aus Nadelbäumen, aus dem durch Destillation das Terpentinöl gewonnen wird

Terpsichore *w.* (-ko-, *gr.*) Muse der Tanzkunst

Terra di Siena *w.* (-ßi'e-, *lat.*) rotbraune Farbe
Terrain *s.* (terräng, *frz.*) Gelände
Terra incognita *s.* (*lat.*) unerforschtes (Wissens-)Gebiet, Neuland
Terrakotta *w.* (*itl.*) künstlerische Gegenstände aus gebranntem, unglasiertem Ton
Terramycin *s.* (*Wz.*) (*gr.-lat.*) antibiotisches Heilmittel
Terrarium *s.* (*lat.*) Behälter oder Gebäude, in dem Kriechtiere ihren Lebensbedingungen entsprechend gehalten werden
Terrasse *w.* (*frz.*) 1. Geländestufe, Absatz im abfallenden Gelände; 2. gepflasterte Fläche an oder auf Gebäuden; **terrassieren** terrassenförmig anlegen
Terrazzo *m.* (*itl.*) Zementfußboden mit bunten (Marmor-)Steinchen
terrestrisch (*lat.*) 1. festländisch, auf dem Festland entstanden; 2. zur Erde gehörig, auf dem Erdboden lebend
terribel (*frz.*) schrecklich
Terrier *m.* (-ri'er, *engl.*) englische Jagdhundrasse
Terrine *w.* (*frz.*) Suppenschüssel mit Deckel
Territion *w.* (*lat.*) Androhen der Folter im mittelalterlichen Strafrecht
territorial (*lat.*) zu einem Gebiet gehörend, gebietsmäßig; **Territorialität** *w.* Zugehörigkeit zu einem Staatsgebiet; **Territorium** *s.* Gebiet, Staatsgebiet, Hoheitsgebiet
Terror *m.* (*lat.*) 1. Schreckensregiment; 2. Zwang, Angst einflößender Druck; 3. (lautstarke) unangemessene Reaktion auf ein Ärgernis; **terrorisieren** 1. Terror ausüben; 2. jmd. stark unter Druck setzen, Hptw. **Terrorisierung** *w.*; **Terrorismus** *m.* Herrschaft, Politik mit terroristischen Mitteln; **Terrorist** *m.* jmd., der sich in den Dienst des Terrorismus stellt; **terroristisch** durch Gewalt Angst und Schrecken verbreitend
Tertia *w.* (*lat.*) 1. vierte und fünfte Klasse des Gymnasiums; 2. Schriftgrad von 16 Punkt; **Tertiär** *s.* früheste Stufe der Erdneuzeit; **tertiär** 1. an dritter Stelle; 2. zum Tertiär gehörig
Tertium comparationis *s.* (*lat.*) übereinstimmender Aspekt an zwei verschiedenen Gegenständen, Vergleichspunkt
Terz *w.* (*lat.*) 1. der dritte Ton der diatonischen Tonleiter und Intervall zwischen Grundton und drittem Ton; 2. Fechthieb
Terzerol *s.* (*itl.*) kleine Taschenpistole
Terzett *s.* (*itl.*) 1. Komposition für drei Gesangsstimmen; 2. Gruppe von drei Personen, insbes. Musikern
Terzine *w.* (*itl.*) dreizeilige Strophe mit Reim der ersten und dritten Zeile
Test *m.* (*lat.-engl.*) Probe, Versuch, Prüfung aufgrund festgelegter Verfahrensvorschriften; **Testbild** *s.* Fernsehbild, an dem Helligkeit, Kontrast, Schärfe und Farbe kontrolliert werden
Testament *s.* (*lat.*) letztwillige Verfügung; **testamentarisch** letztwillig verfügt
Testat *s.* (*lat.*) Bescheinigung, Beglaubigung, Bestätigung; Erblasser; **testen** einem Test unterziehen; **testieren** 1. bescheinigen; 2. Testament machen
Testikel *Mz.* (*lat.*) Hoden; **Testikelhormon** *s.* männliches Sexualhormon
Tetanie *w.* (*gr.*) eine mit Muskelkrämpfen einhergehende Krankheit(engruppe); **Tetanus** *m.* Wundstarrkrampf
tête-à-tête (tätatät, *frz.*) vertraulich, unter vier Augen; **Tête-à-tête** *s.* Gespräch unter vier Augen; Schäferstündchen
Tetrachord *m.* (*gr.*) Gruppe aus vier Tönen; **Tetraeder** *m.* (-tra'e-) von vier gleichseitigen Dreiecken begrenzter Körper; **Tetragon** *s.* Viereck; **Tetralogie** *w.* Werk aus vier Einzelwerken; **Tetrameter** *m.* Versmaß aus vier Versfüßen; **Tetrode** *w.* Vierpolröhre
Text *m.* (*lat.*) 1. Wortlaut; 2. Folge von sich aufeinander beziehenden Aussagen; 3. die zu einem Bild oder Musikstück gehörenden Bilder; 4. Schriftgrad von 20 Punkt; **texten** (berufsmäßig) Texte verfassen; **Texter** *m.* Verfasser von (Werbe-)Texten; **textieren** mit Text versehen (z. B. Bilder)
textil (*lat.*) 1. zur Textilindustrie gehörig; 2. gewebt, gewirkt; **Textilien** *Mz.* (-li'en) textile Faserstoffe und die Erzeugnisse daraus; **Textilindustrie** *w.* die Faserstoffe verarbeitende Industrie
Textur *w.* (*lat.*) 1. Gefüge, Struktur; 2.

Zeichnung, Maserung; **Textura** *w.* eine Form der gotischen Schrift, Prunkschrift
Textverarbeitung *w.* computergestützte Erfassung, Verarbeitung, Speicherung und Ausgabe von Texten (EDV)
Thalamus *m.* (*gr.*) Teile des Stammhirns, Sehhügel
Thalia *w.* (*gr.*) Muse der Schauspielkunst
Thallium *s.* (*gr.*) chem. Element, ein bleiähnliches, weiches Metall
Thallophyten *Mz.* (*gr.*) Sporenpflanzen (z. B. Algen, Flechten), Lagerpflanzen
Thanatologie *w.* (*gr.*) Tod und Sterben als interdisziplinäres Forschungsthema; **Thanatos** *m.* 1. in der griech. Mythologie der Tod, dargestellt als schöner Jüngling mit Flügeln und gesenkter Fackel; 2. Todestrieb (Psychoanalyse); **Thanatose** *w.* Schreckstellung bei Insekten
Thanksgiving Day *m.* (ßänksgiwing deh, *engl.*) amerikan. Erntedanktag
Thaumaturg *m.* (*gr.*) Wundertäter, Beiname von griech. Heiligen
Theater *s.* (*gr.*) 1. Gesamtheit und Gesamtbetrieb der darstellenden Künste; 2. Vorstellung, Aufführung; 3. Getue; **Theatralik** *w.* Gespreiztheit, Schwülstigkeit; **theatralisch** 1. das Theater betreffend; 2. gespreizt; **Theatrum mundi** *s.* Welttheater
Thein *s.* (te'in, *chin.*) das im Tee enthaltene Koffein
Theismus *m.* (te'i-, *gr.*) Glaube an eine persönliche schöpferische, außerweltliche Gottheit; **Theist** *m.* Anhänger des Theismus, Eigw. **theistisch**
Theke *w.* (*gr.*) Ladentisch, Schanktisch
Thema *s.* (*gr.*) 1. Gegenstand einer Abhandlung, eines Gesprächs; 2. Grundgedanke, Leitgedanke eines künstlerischen Werks; **Thematik** *w.* 1. Themenstellung, Forschungsthema; 2. Kunst der Themenführung in der Kompositionstechnik; **thematisieren** zum Thema machen, diskutieren; **thematisch** das Thema betreffend
Theobromin *s.* (*gr.*) ein anregendes Alkaloid im Kakao
Theodizee *w.* (*gr.*) philosoph. Versuch, die Allmacht und Güte Gottes mit den Übeln der Welt in Einklang zu bringen
Theodolit *m.* (*gr.*) Gerät zur Winkelmessung in der Vermessungstechnik
Theogonie *w.* (*gr.*) Mythos vom Ursprung der Götter; **Theokrat** *m.* Anhänger der Theokratie, Eigw. **theokratisch; Theokratie** *w.* 1. Herrschaftsform, die sich göttlich legitimiert; 2. Priesterherrschaft
Theologe *m.* (*gr.*) Wissenschaftler in der Theologie; **Theologem** *s.* theologischer Lehrsatz; **Theologie** *w.* wissenschaftliche Lehre vom Glaubensgehalt einer Religion, bes. der christlichen, Eigw. **theologisch**; **theologisieren** theologische Studien treiben; **Theophanie** *w.* Gotteserscheinung
Theorbe *w.* (*itl.*) doppelchörige Basslaute
Theorem *s.* (*gr.*) Lehrsatz; **Theoretiker** *m.* 1. jmd., der sich theoretisch mit wissenschaftlichen Problemen auseinander setzt; 2. jmd., der sich nur gedanklich-abstrakt mit den Dingen beschäftigt; **theoretisch** 1. gedanklich, begrifflich; 2. (aus) einer Theorie folgend, in der Theorie; **theoretisieren** 1. theoretisch durchdenken, eine Theorie aufstellen; 2. wirklichkeitsfremd denken; **Theorie** *w.* (*gr.*) 1. System begründeter Aussagen zur Erklärung eines Phänomenbereichs; 2. wirklichkeitsfremde Vorstellung
Theosoph *m.* (*gr.*) Anhänger der Theosophie; **Theosophie** *w.* religiöse Anschauung, die die Welt und ihre Entwicklung als Entfaltung Gottes versteht, Eigw. **theosophisch**
Therapeut *m.* (*gr.*) jmd., der eine Therapie durchführt; **Therapeutik** *w.* Lehre von der Krankheitenbehandlung; **Therapeutikum** *s.* Heilmittel; **therapeutisch** 1. zur Therapie gehörend; 2. vom Therapeuten angewendet; **Therapie** *w.* Behandlung des Kranken und seiner Krankheit
Theriak *m.* (*gr.*) mittelalterliches Allheilmittel, Latwerge aus zahlreichen Drogen
Therm(o)-, therm(o)- (*gr.*) als Vorsilbe: warm, Wärme
Thermalquelle *w.* (*gr.*) natürliche warme Heilquelle; **Thermen** *w.* Badeanlage mit warmen Quellen, bes. im antiken Rom
Thermidor *m.* (*gr.*) Hitzemonat, der elfte Monat des französischen Revolutionskalenders (19. Juli bis 17. August)
Thermik *w.* (*gr.*) durch Erwärmung des Erdbodens hervorgerufene Aufwärtsbewegung der Luft; **thermisch** auf Wärme be-

züglich; **Thermit** *s.* (*Wz.*) Hitze erzeugendes Metallgemisch zum Schweißen

Thermochemie *w.* (*gr.*) Lehre von den Wärmeeffekten chem. Vorgänge; **Thermodynamik** *w.* Theorien vom Verhalten physikalischer Systeme bei Energieänderungen; **Thermoelektrizität** *w.* Entstehung von Strom durch Temperaturunterschiede in Leitersystemen; **Thermoelement** *s.* Leiterkreis, der bei unterschiedlicher Temperatur der Kontaktstellen Strom erzeugt, Thermozelle; **Thermokaustik** *w.* Verschorfen mit Brennstift, dem **Thermokauter** *m.*; **Thermometer** *s.* Wärmemesser; **thermonuklear** durch hohe Temperaturen ausgelöst (von Kernreaktionen); **thermophil** wärmeliebend (von Mikroorganismen); **Thermosäule** *w.* hintereinander geschaltete Thermoelemente; **Thermosflasche** *w.* (*Wz.*) Gefäß zum Warmhalten von Getränken; **Thermosphäre** *w.* oberste Schicht der Atmosphäre; **thermostabil** wärmebeständig; **Thermostat** *m.* Wärmeregler, Gerät zum Konstanthalten einer bestimmten Temperatur; **Thermotherapie** *w.* Heilbehandlung mit Wärme

thesaurieren (*gr.*) aufspeichern, horten, Hptw. **Thesaurierung** *w.*; **Thesaurus** *m.* 1. Titel wissenschaftlicher Sammelwerke, bes. von Wörterbüchern der lateinischen und altgriechischen Sprache; 2. Sammlung von Stichwörtern eines bestimmten Bereichs; 3. Wörterbuch der Synonyme im Textverarbeitungsprogramm Word (EDV)

These *w.* (*gr.*) aufgestellter Lehrsatz, Ausgangsbehauptung; **Thesis** *w.* 1. betonter Taktteil in der altgriechischen Verslehre; 2. unbetonter Taktteil in der modernen Verslehre; 3. Niederschlag des Taktstocks; **thetisch** behauptend, feststellend

Thespiskarren *m.* (*gr.*) scherzhaft für Wanderbühne (nach Thespis, dem sagenhaften ersten griechischen Schauspieler und Dichter)

Theurg *m.* (te'u-, *gr.*) Wundertäter; **Theurgie** *w.* magische Art der Götterbeschwörung, Zauberei

Think-Tank *m.* (ßink tänk, *engl.*) gewichtige Expertenrunde für gewichtige Probleme, Denk-Fabrik

Thomismus *m.* (*lat.*) Philosophie des Scholastikers Thomas von Aquin und seiner Anhänger, der **Thomisten** *Mz.*

Thora, auch **Thora** *w.* (*hebr.*) die fünf Bücher Mose, der Pentateuch

thorakal (*gr.*) den Brustkorb betreffend; **Thorax** *m.* 1. Brustkorb; 2. Bruststück bei Insekten

Thrill *m.* (ßrill, engl.) Erregung, Spannung; **Thriller** *m.* Schauer- und Kriminalroman, Horror- und Kriminalfilm

Thrombose *w.* (*gr.*) Blutpfropfenbildung innerhalb der Gefäße; **Thrombozyt** *m.* Blutplättchen; **Thrombus** *m.* Blutpfropf

Thuja *w.* (*gr.*) Lebensbaum, ein Zypressengewächs

Thymian *m.* (*gr.*) Quendel, ein Lippenblütler

Thymus *m.*; **Thymusdrüse** *w.* (*gr.*) innere Brustdrüse, die sich nach der Geschlechtsreife zurückbildet

thyreogen (*gr.*) durch die Schilddrüse veranlasst; **Thyreoidea** *w.* Schilddrüse; **Thyreotoxikose** *w.* krankhafte Überfunktion der Schilddrüse

Thyrsus *m.* (*gr.*) mit Efeu umkränzter und einem Pinienzapfen abschließender Stab des Bacchus und der Bacchantinnen

Tiara *w.* (*gr.-pers.*) 1. altorientalische Kopfbedeckung der Könige; 2. dreifache Papstkrone

Tick *m.* (*frz.*) 1. Grille, Absonderlichkeit, Schrulle; 2. Gesichtszucken

Ticker *m.* (*engl.*) 1. Fernschreiber (umg.); 2. elektronischer Kursanzeiger an der Börse

Ticket *s.* (*engl.*) Fahrkarte, Flugschein; Einlasskarte

Tie-Break *m.* (teibrehk, *engl.*) Spielzählweise für Satzverkürzung (und Satzgewinn) beim Tennis

Tilbury *m.* (tilberi, *engl.*) leichter zweirädriger Wagen mit Klappverdeck

Tilde *w.* (*span.*) 1. Schleife als Aussprachezeichen im Spanischen und Portugiesischen (z.B. sueño); 2. Wiederholungszeichen im Druck

Timbre *s.* (tängbr, *frz.*) Klangfarbe der Stimme

timen (tei-, *engl.*) 1. Vorgänge zeitlich aufeinander abstimmen; 2. mit der Stoppuhr messen; **Timing** *s.* 1. Wahl des günstigsten Zeitpunkts für den Beginn einer Handlung; 2. zeitliche Abstimmung verschiedener Handlungen; **Timelag** *m.* od. *s.* (-läck) 1. Unterschied in der (wirtschaftlichen, kulturellen, technischen) Entwicklung zwischen verschiedenen Gesellschaften; 2. zeitliche Differenz zwischen der Änderung einer volkswirtschaftlich relevanten Größe (z. B. Einführung des Euro) und deren Auswirkung auf andere (z. B. Aktienkurse, Kapitalanlage, Sparverhalten u. a.); 3. Zeitverschiebung, Zeitdifferenz zwischen verschiedenen Zeitzonen (was von vielen Flugreisenden als empfindliche Störung ihres Wohlbefindens erlebt wird); **Timesharing** *s.* (-schäring) Zeitzuteilung an mehrere Benutzer einer Großrechenanlage (EDV)

Timokratie *w.* (*gr.*) Staatsverfassung, in der die politischen Rechte der Bürger nach Vermögen gestaffelt sind (z. B. Dreiklassenwahlrecht in Preußen bis 1918)

tingieren (*lat.*) färben, eintauchen; **tingiert** dünn versilbert; **Tinktion** *w.* Färbung

Tinktur *w.* (*lat.*) Auszug aus pflanzlichen oder tierischen Stoffen als Medizin oder Schönheitsmittel

Tinnef *m.* (*jidd.*) 1. Schundware; 2. Unsinn

Tiorbe = Theorbe

Tipp *m.* (*engl.*) Wink, Hinweis (meist auf Gewinnaussichten); **tippen** 1. wetten; 2. Maschine schreiben; 3. vermuten; **Tipster** *m.* gewerbsmäßiger Tippgeber

Tirade *w.* (*frz.-itl.*) 1. Wortschwall; 2. schneller Lauf von Melodietönen

Tirailleur *m.* (tirajör, *frz.*) Scharfschütze

Tiramisu *s.* (*itl.*) itl. Süßspeise aus Biskuitteig, Mascarpone, Alkohol, Kaffee und einer Kakaoschicht

Titan *s.* (*gr.*) chem. Element, ein Hartmetall

Titanen *Mz.* (*gr.*) Riesen, gestürztes Geschlecht der griech. Götter; **titanisch** riesenhaft, gewaltig, übermenschlich

Titel *m.* (*lat.*) 1. Bezeichnung, Benennung, Überschrift, Name; 2. Amts- oder Ehrenbezeichnung; 3. vollstreckbares Gerichtsurteil, Rechtstitel; 4. Ausgaben für einen bestimmten Zweck im Haushaltsplan; **Titelei** *w.* die dem Textbeginn eines Buches voranstehenden Seiten

Titer, Titre *m.* (*frz.*) 1. Maß für die Feinheit von Kunstseiden- oder Seidenfäden; 2. Feingehalt der Münzen; 3. Gehalt einer Lösung an wirksamer Substanz; **titrieren** den Titer bestimmen

Titular *m.* (*lat.*) jmd., der ein Amt nur dem Titel nach ausübt; **Titulatur** *w.* Betitelung, Eigw. **titulieren**; **Titulus** *m.* Bildunterschrift unter mittelalterlichen Bildern

Tivoli *s.* (*itl.*) 1. italien. Kugelspiel; 2. Name von Vergnügungsplätzen, bes. des Vergnügungsparks in Kopenhagen

tizianblond rotblond, von Tizian häufig gemalte Haarfarbe

Tjalk *w.* (*niederl.*) einmastiges Küstenfahrzeug

Tjost *w.* (*altfrz.*) Turnierzweikampf der Ritterzeit

Toast *m.* (tohst, *engl.*) 1. geröstete Weißbrotschnitte; 2. Trinkspruch; **toasten** 1. Brot rösten; 2. Trinkspruch ausbringen; **Toaster** *m.* Gerät zum Rösten von Brotscheiben

Toboggan *m.* (*indian.-engl.*) Bretterschlitten kanadischer Indianer

Toccata *w.* (-ka-, *itl.*) Stück in freier Form für Orgel oder Klavier

Toddy *m.* (*engl.*) 1. Palmwein; 2. Punschart

Toffee *s.* (toffi, *engl.*) Sahnebonbon

Tofu *m.* (*jap.*) Sojabohnenquark

Toga *w.* (*lat.*) altrömisches Obergewand

Tohuwabohu *s.* (*hebr.*) 1. chaotischer Zustand der Welt vor der Schöpfung (im Alten Testament); 2. wüstes Durcheinander, Chaos

Toile de soie *w.* (toal de ßoa, *frz.*) feinfädige Wäscheseide

Toilette *w.* (toalette, *frz.*) 1. das Sichzurechtmachen; 2. Gesellschaftskleidung für Damen; 3. Spiegeltisch mit Zubehör, Toilettentisch; 4. Abort und Waschraum

Tokaier, Tokajer *m.* süßer ungar. Wein (nach der ungar. Stadt Tokaj)

Token *s.* (*engl.*) 1. Zeichenfolge; 2. Wertmarke

Tokkata = Toccata

tolerabel (*lat.*) erträglich; **tolerant** großzügig, weitherzig, duldsam; **Toleranz** *w.* 1. Duldung (z. B. andere Überzeugungen), Duldsamkeit; 2. zulässige Abweichung vom vorgeschriebenen Maß; 3. Empfind-

lichkeit eines Individuums gegenüber Arzneimitteln; **tolerieren** dulden, zulassen, akzeptieren
Tom. = Tomus
Tomate *w.* (*aztek.*) Gemüsepflanze und ihre Frucht, ein Nachtschattengewächs
Tomahawk *m.* (-hahk, *indian.*) Streitaxt der nordamerikan. Indianer
Tombak *m.* (*malai.-niederl.*) goldfarbene Kupfer-Zink-Legierung
Tombola *w.* (*itl.*) Verlosung
Tommy *m.* (*engl.*) Spitzname für den britischen Soldaten
Tomographie *w.* (*gr.*) Schichtaufnahmeverfahren in der Röntgentechnik
Tomtom *s.* (*Hindi*) ostasiatische Trommel
Tomus *m.* (*lat.*) Einzelband einer Buchreihe
tonal (*gr.*) tonartlich gebunden; **Tonalität** *w.*, Bezogenheit aller Töne eines musikalischen Geschehens auf einen Grundton
Tondo *s.* (*itl.*) Rundbild, Rundrelief
Tonic *s.* (-ik, *engl.*) 1. bittersüßer Sprudel; 2. Gesichtswasser
Tonika *w.* (*itl.*) Grundton der diatonischen Tonleiter und Dreiklang auf der ersten Stufe (*Mz.* Tonika)
Tonikum *s.* (*gr.*) stärkendes Mittel; **tonisch** kräftigend; **tonisieren** stärken, kräftigen
Tonkabaum *m.* (*indian.*) tropischer Schmetterlingsblütler; **Tonkabohne** *w.* Frucht des Tonkabaumes, Duftstoff für Tabak, Waldmeisterersatz
Tonnage *w.* (-nasche, *frz.*) Laderaum eines Schiffes
Tonsille *w.* (*lat.*) Gaumenmandel; **Tonsillektomie** *w.* Herausschneiden der Mandeln; **Tonsillitis** *w.* Mandelentzündung
Tonsur *w.* (*lat.*) kreisförmig geschorene Kopfstelle der kath. Geistlichen, Ztw. **tonsurieren**
Tonus *m.* (*gr.*) normaler Spannungszustand der Muskeln
Top *m.* (*engl.*) Oberteil mit Trägern, dem T-Shirt ähnlich
Topas *m.* (*gr.*) ein Mineral, Schmuckstein
topfit (*engl.*) auf der Höhe, in bester Verfassung
Topik *w.* (*gr.*) 1. Lehre von den Topoi (*vgl.* Topos); 2. Lehre von den Argumenten, die für eine Erörterung geeignet sind (Rhetorik); **topisch** 1. örtlich, äußerlich; 2. einen Topos behandelnd
Topinambur *w.* (*indian.*) essbare Knolle einer der Sonnenblume verwandten Korbblütlerart
topless (*engl.*) busenfrei; **Topmanagement** *s.* (-mennedschment) oberste Leitung eines Wirtschaftsunternehmens; **Topmanager** *m.* Spitzenmanager; **Topmodel** *s.* (-moddel) Model der Spitzenklasse
Topographie *w.* (*gr.*) 1. Beschreibung der geographischen Lage von Örtlichkeiten, Geländebeschreibung; 2. Beschreibung der anatomischen Lage von Organen; **topographisch** zur Topographie gehörend; **Topologie** *w.* (*gr.*) 1. Teilgebiet der Mathematik, das sich mit der räumlichen Lage und Anordnung geometrischer Gebilde beschäftigt; 2. Lehre von der Stellung der Wörter im Satz; 3. Vernetzung der Geräte in einem Datenverbund (EDV)
Toponomastik *w.* (*gr.*) Ortsnamenkunde; **Topophobie** *w.* unerklärliche Angst vor bestimmten Orten, Platzangst
Topos *m.* (*gr.*) 1. wiederkehrende Redewendung; 2. Denk- und Ausdrucksschema (*Mz.* Topoi)
topsecret (-ßihkrit, *engl.*) streng geheim; **Topstar** *m.* Star der Spitzenklasse; **Top Ten** *Mz.* die zehn Besten auf einer Rangliste (z. B. von Schlagern)
Toque *w.* (tok, *frz.*) kleiner, kappenartiger Damenhut
Toreador, Torero *m.* (*span.*) berufsmäßiger Stierkämpfer
Tories *Mz.* (torrihs, *engl.*) englische Konservative (*Ez.* Tory *m.*)
Torkel *m.* (*lat.*) alte Weinkelter, Obstpresse
Törn *m.* (*engl.*) Segelbootfahrt
Tornado *m.* (*span.*) Wirbelsturm
torpedieren (*lat.*) 1. mit Torpedo beschießen, durch Torpedo versenken; 2. durchkreuzen; **Torpedo** *s.* 1. Unterwassergeschoss; 2. Zitterrochen
Torsion *w.* (*lat.*) Drehung, Drillung
Torso *m.* (*itl.*) 1. Rumpfstück einer Statue; 2. unvollendetes Werk

Tort *m.* (*frz.*) Kränkung, Unrecht; **jmdm. einen Tort antun** jmdn. kränken
Tortellini *Mz.* (*itl.*) kleine gefüllte Teigringe
Tortilla *w.* (tortija, *span.*) 1. Omelett mit Füllung (in Spanien); 2. Maisfladenbrot (in Mittelamerika)
Tortur *w.* (*lat.*) Qual, Folter, Quälerei
Torus *m.* (*lat.*) 1. Wulst auf der Knochenoberfläche (z. B. Hinterhauptwulst bei Affen); 2. halbrundes Polster an Säulenbasen; 3. Ringfläche (Mathematik)
Tory = Tories
total, totaliter (*lat.*) gänzlich, völlig; **Totale** *w.* Gesamtaufnahme der Szene beim Film
Totalisator *m.* (*lat.*) 1. Wettannahmestelle; 2. Sammelgefäß für Niederschläge
totalitär (*lat.*) auf das Ganze ausgehend, das Ganze umfassend; **Totalitarismus** *m.* Staatsform mit Allmachtsanspruch des Staates; **Totalität** *w.* Ganzheit, Vollständigkeit
Totem *s.* (*Algonkin*) Wesen, Ding, Tier, zu dem sich eine Gruppe, ein Stamm in Beziehung sieht und das deshalb verehrt und tabuisiert wird; **Totemismus** *m.* Totemglaube und -verehrung, Eigw. **totemistisch**
Toto *m.* Abk. für Totalisator (1. und 2.)
Touch *m.* (tatsch, *engl.*) Anflug, Hauch, Beigeschmack, Note
touchieren (tuschihren, *frz.*) berühren
Touchscreen *s.* oder *m.* (tatschskrien, *engl.*) Bildschirm, der auf Berührung (mit den Fingerspitzen) reagiert und so die Benutzung eines Computers ohne Tastatur oder Maus ermöglicht (EDV)
tough (taff, *engl.*) hart, zäh, hartgesotten
Toupet *s.* (tupeh, *frz.*) Haarersatzteil; **toupieren** das Haar gegen den Strich kämmen und dadurch Fülle erzeugen
Tour *w.* (tuhr, *frz.*) 1. Ausflug, Fahrt, Wegstrecke; 2. Umdrehung eines rotierenden Körpers; 3. die alte Leier, in der jmd. sich verhält; **Tour de Force** *w.* (tuhr de forß) gewaltige Anstrengung; **Tour de France** *w.* (– frangß) französisches Straßenrennen; **Tour d'Horizon** *w.* (– dorrisong) Erarbeitung eines Gesamtüberblicks, Besprechung und Analyse der Gesamtsituation
Tourismus *m.* (*frz.*) Fremdenverkehr; **Tourist** *m.* Urlauber, Vergnügungsreisender; **Touristik** *w.* die Tourismusbranche
Tournedos *m.* (turnedo, *frz.-span.*) gebeizte und rasch gebratene Lendenschnitte
Tournee *w.* (turneh, *frz.*) Gastspielreise von Künstlern
Tournüre = Turnüre
tout le monde (tu le mong, *frz.*) jedermann, jeder
Towarischtsch *m.* (*russ.*) Genosse (als Anrede)
Tower *m.* (tauer, *engl.*) 1. frühere Königsburg von London, im 16. und 17. Jh. Staatsgefängnis; 2. Kontrollturm auf dem Flughafen; **Townhall** *w.* (-holl) Rathaus
Toxikologie *w.* (*gr.*) Lehre von den Giften und Vergiftungen; **Toxikose** *w.* Vergiftungskrankheit; **Toxikum** *s.* Gift; **Toxin** *s.* giftiges Stoffwechselprodukt der Bakterien; **toxisch** giftig; **Toxizität** *w.* Giftigkeit
Trabant *m.* (*tschech.*) 1. ständiger Begleiter einer Standesperson; 2. Satellit
Tracer *m.* (trehßer, *engl.*) radioaktiver Indikator, der biochemische Vorgänge, z. B. im Organismus, anzeigt
Trachea *w.* (*gr.*) Luftröhre; **tracheal** zur Luftröhre gehörig; **Trachee** *w.* 1. Atmungsorgan der Insekten; 2. Wasserleitungsbahnen bei Samenpflanzen; **Tracheotomie** *w.* Luftröhrenschnitt
Trachom *s.* (*gr.*) Augenkrankheit, schwere Virusinfektion
Track *m.* (träck, *engl.*) 1. Spur für die Speicherung von Informationen (z. B. Soundtrack); 2. Weg (z. B. der übliche Seeweg eines Schiffes)
Trademark *w.* (trehd-, *engl.*) engl. Bez. für Warenzeichen; **Trading** *s.* das Ausnutzen von Kursschwankungen durch schnellen Kauf und Verkauf von Wertpapieren
tradieren (*lat.*) überliefern, weitergeben; **Tradition** *w.* Überlieferung, Herkommen, Brauch; **Traditionalismus** *m.* 1. Festhalten am Überlieferten; 2. Überbewertung des Überlieferten; **traditionell** herkömmlich
Traduktionym *s.* (*lat.-gr.*) Deckname, der aus der Übersetzung eines Eigennamens in eine fremde Sprache besteht (z. B. Textor für Weber)

Trafik *m.* oder *w.* (*itl.*) Tabakladen (in Österreich); **Trafikant** *m.* Inhaber einer Trafik

Tragant *m.* (*lat.*) 1. Gattung der Schmetterlingsblütler; 2. Pflanzengummi, ein Bindemittel

Tragik *w.* (*gr.*) verhängnisvoller Zusammenhang von Umständen oder Ereignissen, der zu erschütterndem Leid oder Untergang führt; **tragisch** 1. zur Tragödie gehörig; 2. erschütternd, schicksalhaft; **Tragikomik** *w.* Komik mit tragischem Hinter- oder Untergrund; **Tragikomödie** *w.* Lustspiel mit tragischem Hinter- oder Untergrund, Eigw. **tragikomisch**; **Tragödie** *w.* (-di'e) 1. Trauerspiel; 2. schwerer Schicksalsschlag, tragisches Ereignis

Trailer *m.* (trehler, *engl.*) drei bis vier Minuten kurzer Film, der für einen erst anlaufenden Film wirbt, meist eine Montage aus Höhepunkten des Films

Trainee *m.* (trehni, *engl.*) (meist) Hochschulabsolvent, der von einem Unternehmen als Nachwuchskraft ausgebildet wird; **Trainer** *m.* jmd., der Sportler trainiert; **trainieren** 1. für besondere Leistungen schulen; 2. systematisch einüben, trimmen; **Training** *s.* Durchführung eines Schulungsprogramms zur Erhaltung oder Steigerung der Leistung

Traiteur *m.* (trätör, *frz.*) Leiter einer Großküche

Trajekt *s.* (*lat.*) Fährboot, besonders Eisenbahnfähre

Trakt *m.* (*lat.*) 1. Gebäudeteil, Flügel; 2. gesamte Länge (z. B. Verdauungstrakt); **Traktat** *s.* 1. Abhandlung; 2. (religiöse) Erbauungsschrift; **traktieren** jmdm. zusetzen, jmdn. misshandeln, quälen

Traktor *m.* (*lat.*) Zugmaschine, Ackerschlepper

Tralje *w.* (*lat.*) Geländerstab

Tram, Trambahn *w.* (*engl.*) Straßenbahn

Tramontana *w.* (*itl.*) Nordwind in Oberitalien

Tramp *m.* (trämp, *engl.*) 1. jmd., der umherzieht, Vagabund; 2. Schiff für Gelegenheitsfahrten; **trampen** per Anhalter reisen

Trampolin *s.* (*itl.*) in Artistik und Sport verwendetes Sprunggerät

Trance *w.* (trangß, *frz.*) Entrückungszustand, hypnotischer Zustand

Tranche *w.* (trangsch, *frz.*) 1. Schnitte, Scheibe; 2. Teil einer Wertpapieranleihe; **Trancheur** *m.* (-schör) Vorschneider; **tranchieren** (-schihren) aufschneiden, Fleisch zerlegen

Tranquilizer *m.* (tränkileiser, *engl.*) Dämpfungs-, Beruhigungsdroge

tranquillamente, tranquillo (-ki-, *itl.*) Musik: ruhig, gelassen; **Tranquillität** *w.* (-kwi-, *lat.*) Gelassenheit

Trans-, trans- (*lat.*) als Vorsilbe: jenseits, hinüber, hindurch

Transaktion *w.* (*lat.*) größere geschäftliche Unternehmung

transalpin (*lat.*) jenseits (= nördlich) der Alpen; **transatlantisch** jenseits des Ozeans, überseeisch

Transept *s.* (*lat.*) Querschiff einer Kirche

Transfer *m.* (*lat.-engl.*) 1. Auslandszahlung in fremden Währungen; 2. Überführung Reisender (z. B. vom Flughafen ins Hotel); 3. Wechsel eines Profisportlers zu einem anderen Verein gegen Bezahlung; 4. Übertragung erlernter Verhaltensweisen auf neue Situationen; **transferieren** einen Transfer vornehmen

Transfiguration *w.* (*lat.*) Verklärung Christi

Transformation *w.* (*lat.*) Übertragung, Umformung, Umwandlung, Umgestaltung; **Transformator** *m.* Stromumformer; **transformieren** umformen, umwandeln; **Transformismus** *m.* Abstammungslehre

transfundieren (*lat.*) eine Transfusion vornehmen; **Transfusion** *w.* 1. Blutübertragung; 2. Vermischung von Gasen

Transgression *w.* (*lat.*) das Vordringen des Meeres auf das Land (z. B. durch Ansteigen des Meeresspiegels)

Transistor *m.* (*lat.*) elektronisches Verstärkerelement aus Halbleitermaterial, (z. B. Silizium)

Transit *m.* (*lat.-itl.*) Durchreise, Durchfuhr; **Transithandel** *m.* Warenverkehr durch ein Drittland; **transitieren** durchgehen, durchfahren

transitiv (*lat.*) Sprachlehre: zielend (vom Zeitwort); **Transitiv** *s.* Zeitwort, das eine Ergänzung im vierten Fall fordert

transitorisch (*lat.*) vorübergehend, später wegfallend
transkribieren (*lat.*) umschreiben, umsetzen; **Transkription** *w.* 1. schriftliche Fixierung von Sprache durch phonetische Zeichen, Lautschrift; 2. Umsetzung von Worten einer fremden Schrift in lautlich entsprechende Zeichen einer anderen Sprache; 3. Bearbeitung eines Musikstücks für eine andere Besetzung; 4. Umschreibung einer genetischen Information von DNS in RNS
Translation *w.* (*lat.*) 1. Übersetzung in eine andere Sprache; 2. geradlinige Bewegung eines Körpers (in der Physik); 3. Übertragung von Heiligenreliquien an einen anderen Ort (im Mittelalter)
Transliteration *w.* (*lat.*) buchstabengetreue Umschrift eines Schriftsystems in ein anderes (z. B. Transliteration zwischen kyrillischen und lateinischen Schriftsystemen)
Translokation *w.* (*lat.*) Lageveränderung eines Chromosomenabschnitts, Ztw. **translozieren**
Transmission *w.* (*lat.*) 1. Anlage zur Kraftübertragung; 2. Durchgang von Strahlen ohne Änderung der Frequenz; **Transmitter** *m.* 1. Umformer; 2. Überträgersubstanz, Neurotransmitter
transmontan (*lat.*) jenseits der Berge
transparent (*lat.*) durchscheinend, durchsichtig; **Transparent** *s.* Leuchtbild; **Transparenz** *w.* Lichtdurchlässigkeit, Durchsichtigkeit, Durchschaubarkeit
Transpiration *w.* (*lat.*) Ausdünstung, Schweißabsonderung; **transpirieren** schwitzen, ausdünsten
Transplantat *s.* (*lat.*) Gewebe oder Organ, das transplantiert wird; **Transplantation** *w.* (*lat.*) 1. operative Einsetzung von lebendem Gewebe oder Organen; 2. Pfropfung, Okulation zur Veredelung (z. B. von Obst); **transplantieren** Gewebe oder Organe einsetzen, überpflanzen
transponieren (*lat.*) 1. in eine andere Tonart übertragen; 2. verschieben, in einen anderen Bereich übertragen
Transport *m.* (*lat.-frz.*) Beförderung, Versendung; **transportabel** beweglich, tragbar; **Transporter** *m.* Kleinlastwagen, Schiff oder Flugzeug für Lasten; **Transporteur** *m.* (-tör) 1. jmd., der etwas transportiert; 2. Zubringer an der Nähmaschine; **transportieren** versenden, befördern, weiterrücken
Transposition *w.* (*lat.*) 1. Umstellung; 2. Übertragung in eine andere Tonart
Transrapid *m.* (*Wz.*) Magnetschwebebahn (in der Erprobung)
Transsexualismus, Transsexualität *w.* (*lat.*) dominierendes Gefühl der Zugehörigkeit zum anderen Geschlecht mit dem Wunsch nach Geschlechtsumwandlung; **Transsexuelle** *m.* und *w.* Person, die sich dem anderen Geschlecht angehörig fühlt
Transsubstantiation *w.* (*lat.*) nach der kath. Glaubenslehre die Verwandlung von Brot und Wein in Leib und Blut Christi
Transurane *Mz.* (*lat.*) künstlich erzeugte chem. Elemente mit höherer Ordnungszahl als Uran
transversal (*lat.*) quer laufend; **Transversale** *w.* Gerade, die eine geometrische Figur schneidet
Transvestismus *m.* (*lat.*) Neigung, Kleidung und Verhalten des anderen Geschlechts anzunehmen; **Transvestit** *m.* jmd., der einen Hang zum Transvestismus hat
transzendent (*lat.*) 1. den Bereich der Erfahrung überschreitend, übersinnlich; 2. nicht algebraisch (von Zahlen und mathemat. Funktionen); **Transzendenz** *w.* 1. das jenseits der Erfahrung Liegende; 2. das Überschreiten der Erfahrungsgrenzen; **transzendental** 1. übersinnlich; 2. die Erkenntnisart betreffend, die von Erfahrung und Wahrnehmung unabhängig ist (in der Philosophie I. Kants); **transzendieren** 1. die Grenze zwischen zwei Bereichen überschreiten; 2. die Erkenntnisgrenzen des Menschen überschreiten
Trapez *s.* (*gr.*) 1. Viereck mit zwei parallelen, aber ungleich langen Seiten; 2. Schaukelreck an Seilen für Artisten
Trapper *m.* (*engl.*) nordamerikanischer Pelztierjäger
Trappist *m.* Angehöriger des Trappistenordens (nach der Abtei La Trappe)
Trashfilm *m.* (träsch-, *engl.*) Filmgenre, das durch die demonstrative Darstellung Ekel erregender Dinge den schlechten Geschmack kultiviert

Trass *m.* (*itl.*) vulkanischer Tuffstein, Bimstuff
Trassant *m.* (*itl.*) Aussteller eines Wechsels; **Trassat** *m.* der Bezogene eines Wechsels
Trasse *w.* (*frz.*) abgesteckte Wegspur bei Anlage einer Straße oder Eisenbahnlinie; **trassieren** 1. eine Trasse anlegen; 2. (*itl.*) einen Wechsel ziehen; **Tratte** *w.* gezogener Wechsel
Trattoria *w.* (*itl.*) einfaches Gasthaus
Trauma *s.* (*gr.*) 1. Verletzung durch äußere Einwirkung; 2. seelischer Schock, seelische Erschütterung (*Mz.* Traumata, Traumen); **traumatisch** 1. durch Trauma entstanden; 2. wie ein Trauma
Trautonium *s.* (*Wz.*) elektrisches Musikgerät (nach dem Erfinder Trautwein)
Travellerscheck *m.* (träweler-, *engl.*) Reisescheck
travers (*frz.-lat.*) quer gestreift; **Travers** *s.* (trawär) Seitgang des Pferdes; **Traverse** *w.* 1. Querdamm zur Flussregulierung; 2. Querträger, Querbalken, Querstück; **Traversflöte** *w.* (*lat.-frz.*) Querflöte; **traversieren** 1. in der Diagonale reiten (beim Dressurreiten); 2. seitwärts ausfallen (im Fechtsport)
Travertin *m.* (*itl.*) Kalktuff
Travestie *w.* (*lat.-itl.*) komische, den Inhalt beibehaltende Form einer ernsten Dichtung; **Travestieshow** *w.* Show, in der männliche Darsteller in weiblicher Kleidung Stars imitieren; **travestieren** 1. in der Form einer Travestie darbieten; 2. ins Lächerliche ziehen
Trawl *s.* (trol, *engl.*) Schleppnetz; **Trawler** *m.* Fischdampfer mit Schleppnetz
Treasury *s.* (träscheri, *engl.*) das britische Finanzministerium
Treatment *s.* (triht-, *engl.*) ausführliches Exposé über Handlungsverlauf, Schauplätze und Charaktere eines geplanten Films, Vorform des Drehbuchs
Trecento *s.* (-tschen-, *itl.*) das 14. Jh. als itl. Stilepoche
Treck *m.* (*niederl.*) Zug von (flüchtenden) Menschen (mit Fuhrwerken); **trecken** in Wagenkolonnen ziehen; **Trecker** *m.* Zugmaschine
trefe (*hebr.*) nach den jüdischen Speisegesetzen unrein und verboten
Trekking *s.* (*engl.*) längere Wanderung (oder Radtour), bes. im Gebirge
trem. = tremolo
Trema *s.* (*gr.*) 1. zwei Punkte über einem Selbstlaut als Zeichen, dass dieser von einem nebenstehenden Selbstlaut getrennt gesprochen wird (z. B. äi); 2. Lücke zwischen den vorderen Schneidezähnen
Tremolo *s.* (*itl.*) Beben des Tones in der Musik, Ztw. **tremolieren, tremulieren; Tremor** *m.* Muskelzittern
Trenchcoat *m.* (-nsch koht, *engl.*) Wettermantel aus wasserdichtem Stoff
Trend *m.* (*engl.*) Richtung, Tendenz, Entwicklungstendenz; **Trendsetter** *m.* jmd. oder etwas, das einen (Mode-)Trend auslöst; **trendy** im Trend (liegend)
Trense *w.* (*span.*) Pferdezaum
Trente-et-quarante *s.* (trangt eh karangt); **Trente-et-un** *s.* (trangt eh öng, *frz.*) Glücksspiele
Trepan *m.* (*gr.*) Schädelbohrer; **Trepanation** *w.* das Öffnen der Schädelkapsel, Ztw. **trepanieren**
Tresor *m.* (*frz.*) Geldschrank, Panzerschrank, Stahlkammer (in Banken)
tressieren (*frz.*) Haare mit Zwirn verknoten (für Perücken)
Tri-, tri- (*gr.-lat.*) als Vorsilbe: drei, dreiteilig
Triade *w.* (*gr.*) 1. Dreiheit; 2. von Chinesen im Ausland unterhaltene mafiose Geheimorganisation
Trial *s.* (treijel, *engl.*) Geschicklichkeitsübung im Gelände (im Motorradsport); **Trial-and-Error** (*o. Art.*) Lernen durch Irrtümer (die bei der Lösung von Problemen unvermeidlich sind)
Triangel *m.* (*lat.*) dreieckig gebogener Stahlstab mit Aufhängung, Musikinstrument; **triangulär** dreieckig; **Triangulation** *w.* 1. Verfahren der Erdvermessung durch Dreiecknetze; 2. ein spezielles Veredlungsverfahren bei Gehölzen; **Triangulum** *s.* Dreieck
Trias *w.* (*gr.*) 1. Dreizahl, Dreiheit; 2. ältester Teil des Mesozoikums; **triassisch** zur Trias gehörig
Triathlon *s.* (*gr.*) Mehrkampfsportart, bei der Schwimmen, Radfahren und Laufen bzw. Skilanglauf, Schießen und Riesensla-

lom an einem Tag absolviert werden müssen

Tribalismus *m.* (*lat.*) 1. stammesgebundene Politik in afrik. Staaten; 2. Tendenz einer Gesellschaft, in partikulare Gruppen zu zerfallen

Tribun *m.* (*lat.*) 1. altrömischer Beamter oder höherer Offizier; 2. altrömischer Volksführer; **Tribunal** *s.* 1. Gerichtshof; 2. politisches Forum, das Missstände, z. B. Menschenrechtsverletzungen, anklagt

Tribüne *w.* (*frz.*) 1. erhöhte Zuschauerbühne; Rednerbühne; 2. Zuhörerschaft auf der Tribüne

Tribus *w.* (*lat.*) 1. Untergruppe der Bürgerschaft im alten Rom; 2. zwischen Gattung und Familie stehende biologische Einheit

Tribut *m.* (*lat.*) 1. direkte Steuer im alten Rom; 2. Schuldigkeit

Trichine *w.* (*gr.*) Fadenwurm, ein Schmarotzer; **Trichinose** *w.* Trichinenkrankheit

Trick *m.* (*engl.*) Kniff, Kunstgriff; **Trickfilm** *m.* Film, der aus einer Serie von gezeichneten und einzeln aufgenommenen Phasenbildern besteht, wodurch Bewegung vorgetäuscht wird; **tricksen** Tricks anwenden, etwas hinbiegen; **Trickster** *m.* in afrik. Mythen eine listige Figur, die Gutes und Böses bringen kann; **tricky** trickreich

Trident *m.* (*lat.*) Dreizack

triennal (tri'e-, *lat.*) dreijährlich; **Triennale** *w.* Veranstaltung, die alle drei Jahre stattfindet; **Triennium** *s.* Zeitraum von drei Jahren

Triere *w.* (tri'e-, *gr.*) antikes Schiff mit drei Reihen von Ruderern

Trifolium *s.* (*lat.*) Klee, ein Schmetterlingsblütler

Triforium *s.* (*lat.*) schmaler Laufgang mit Bogen unter den Fenstern eines Kirchenchors

Triga *w.* (*lat.*) Dreigespann

Trigeminus *m.* (*lat.*) Hirnnerv mit drei Ästen, Drillingsnerv

Triglotte *w.* (*gr.*) Werk in drei Sprachen

Triglyph *m.*; **Triglyphe** *w.* (*gr.*) dreifach gekerbter Block im dorischen Tempelfries

Trigon *s.* (*gr.*) Dreieck; **trigonal** dreieckig; **Trigonometrie** *w.* Dreiecksberechnung; **Trigonometer** *m.* Ausführer von Triangulationen, Eigw. **trigonometrisch**

Triklinium *s.* (*lat.*) altröm. Esstisch mit drei Liegen (für je drei Personen)

Trikoline *w.* (*frz.*) feinfädige, baumwollene Hemdenpopeline

trikolor (*frz.*) dreifarbig; **Trikolore** *w.* dreifarbige Fahne, bes. die frz. Nationalfahne

Trikot *s.* (tricko, *frz.*) 1. maschinengewirktes Gewebe, Wirkware; 2. eng anliegender Anzug aus Wirkstoff; **Trikotage** *w.* (-tasch) Wirkware

Trilliarde *w.* (*frz.*) tausend Trillionen, 10^{21}

Trillion *w.* (*frz.*) eine Million Billionen, 10^{18}

Trilogie *w.* (*gr.*) aus drei selbständigen Teilen bestehendes Dicht- oder Musikwerk

trimer (*gr.*) dreiteilig; **Trimester** *s.* Zeitraum von drei Monaten

Trimm *m.* (*engl.*) Schwimmlage eines Schiffes; **trimmen** 1. jmdn. auf eine Leistung trainieren; 2. etwas in ein gewünschtes Aussehen bringen

trimorph (*gr.*) dreigestaltig; **Trimorphismus** *m.* Dreigestaltigkeit

Trinität *w.* (*lat.*) christl. Glaubenslehre von der Dreieinigkeit Gottes (Gottvater, Sohn und Heiliger Geist), Eigw. **trinitarisch**

Trio *s.* (*itl.*) 1. Musikstück für drei Instrumente; 2. Gruppe von drei Personen, insbes. Musiker

Triode *w.* (*gr.*) Dreipolröhre, Eingitterröhre

Triole *w.* (*itl.*) dreiteilige Untergliederung einer Note

Trip *m.* (*engl.*) 1. kurze (spontane) Reise; 2. Rauschzustand nach Drogengenuss; 3. die dafür notwenige Dosis Rauschgift

Tripelallianz *w.* (*frz.*) Dreibund; **Tripelkonzert** *s.* Konzert für drei Soloinstrumente und Orchester; **Triplizität** *w.* dreifaches Vorkommen, Zusammentreffen

Triptychon *s.* (*gr.*) dreiteiliges Bild

Triptyk *s.* (*frz.-gr.*) Grenzübertrittsschein für Fahrzeuge

Tripus *m.* (*gr.*) Dreifuß (*Mz.* Tripoden)

trist (*frz.-lat.*) 1. traurig, trübselig; 2. trostlos, öde; **Tristesse** *w.* (-teß) Traurigkeit, Schwermut, Melancholie

Tritium *s.* (*gr.*) radioaktives Wasserstoffisotop; **Trition** *s.* Atomkern des Tritiums
Triton *m.* (*gr.*) Meergottheit; **Tritonen** *Mz.* muschelblasende Begleiter der Nereiden in der gr. Mythologie
Tritonus *m.* (*lat.*) Intervall aus drei ganzen Tönen, übermäßige Quarte
Triumph *m.* (*lat.*) gefeierter Sieg; **triumphal** ruhmvoll, glänzend, großartig (infolge eines Sieges); **Triumphator** *m.* (feierlich einziehender) siegreicher Feldherr; **triumphieren** frohlocken, obsiegen
Triumvir *m.* (*lat.*) Mitglied eines Triumvirats; **Triumvirat** *s.* Herrschaft dreier Männer (im antiken Rom)
trivalent (*lat.*) dreiwertig
Trivia *Mz.* (-wia, *lat.*) Nippes, triviales Zeug; **trivial** alltäglich, abgedroschen, platt; **trivialisieren** etwas trivial machen; **Trivialität** *w.* Plattheit, Alltäglichkeit; **Trivialliteratur** *w.* einfache Unterhaltungsliteratur ohne künstlerischen Anspruch, in der Handlung und Menschenschilderung festen Klischees folgen
Trochäus *m.* (-ä'us, *gr.*) Versfuß: lang–kurz, Eigw. **trochäisch**
Troglodyt *m.* (*gr.*) Höhlenbewohner
Troika *w.* (*russ.*) 1. Dreigespann, bes. vor Pferdeschlitten; 2. Führungsgruppe aus drei Männern
Trolley *s.* (trolli, *engl.*) Kontaktrolle (an der Oberleitung); **Trolleybus** *m.* Oberleitungsbus
Trombe *w.* (*itl.*) Windhose, Wasserhose, Sandhose
Trompe l'Œil *s.* (tromp läu, *frz.*) illusionistische Malerei, bei der der Betrachter den gemalten Gegenstand nicht von einem echten unterscheiden kann
Trope *w.*; **Tropus** *m.* (*gr.*) bildlicher Ausdruck (*Mz.* Tropen); **Tropen** *Mz.* heiße Zone zwischen den Wendekreisen (rund 24° nördlicher und südlicher Breite); **tropisch** 1. bildlich; 2. zu den Tropen gehörig, für die Tropen charakteristisch
Trophäe *w.* (*gr.*) 1. Siegesbeute, Jagdbeute; 2. Preis für den Gewinner eines Wettbewerbs
trophisch (*gr.*) auf die Ernährung bezüglich; **Trophologie** *w.* Ernährungswissenschaft
Tropical *m.* (*engl.*) Tropenstoff, sehr dünner, feinfädiger Wollstoff
Tropismus *m.* (*gr.*) Bewegung der Pflanzen oder festsitzenden Tiere nach dem Licht oder anderen Reizen
Troposphäre *w.* (*gr.*) unterste Schicht der Atmosphäre, Wetterschicht
troppo (*itl.*) Musik: zu sehr; **non troppo** nicht zu sehr
Tropus *m.* (*gr.*) 1. Trope; 2. Kirchentonart
Trotteur *m.* (-tör, *frz.*) eleganter Damenschuh in bequemer Ausführung, Straßenschuh; **Trottoir** *s.* (-toar) Gehsteig
Troubadour *m.* (trubadur, *frz.*) provenzalischer Minnesänger des Mittelalters
Trouble *m.* (trabbel, *engl.*) Unannehmlichkeiten, Ärgernis, missliche Lage, Kummer; **Troubleshooter** *m.* (-schuter) Vermittler, jmd., der sich bemüht, Probleme aus der Welt zu schaffen
Trouvaille *w.* (truwaj, *frz.*) glücklicher Fund
Trouvère *m.* (truwähr, *frz.*) nordfranzösischer Minnesänger des Mittelalters
Troygewicht *s.* (treu-, *engl.*) britisches und amerikanisches Feingewicht für Edelmetalle und Edelsteine
Truck *m.* (track, *engl.*) schwerer Lastwagen; **Trucker** *m.* Fahrer eines Trucks; **Trucksystem** *s.* Bezahlung der Arbeiter mit Waren
Truismus *m.* (*engl.*) Binsenwahrheit, Gemeinplatz
Trumeau *m.* (trümoh, *frz.*) 1. hoher, schmaler Pfeiler zwischen Fenstern; 2. Wandspiegel an einem solchen Pfeiler
Trust *m.* (trast, *engl.*) Zusammenschluss von Unternehmen zum Zweck der Marktbeherrschung; **Trustee** *m.* (-tih, *engl.*) Treuhänder
Trypanosomen *Mz.* (*gr.*) Krankheitserreger (z. B. der Schlafkrankheit)
Tschako *m.* (*ungar.*) Kopfbedeckung aus schwarzlackiertem Leder, der in der frz. Armee, im preußischen Heer und nach 1918 noch von Polizeieinheiten getragen wurde
Tschapka *w.* (*poln.*) Ulanenhelm
Tscheka *w.* (*russ.*) russische Geheimpolizei bis 1922; **Tschekist** *m.* Mitglied der Tscheka
Tscherwonez *m.* (*russ.*) altruss. Zehnrubelstück (*Mz.* Tscherwonzen)

Tschibuk *m.* (*türk.*) lange türkische Tabakspfeife
Tschinelle *w.* (*itl.*) Becken, Schlaginstrument
Tsetsefliege *w.* (*Bantuwort*) afrik. Stechfliege, Überträgerin des Erregers der Schlafkrankheit
T-Shirt *s.* (tihschört, *engl.*) T-förmig geschnittenes kragenloses Trikothemd
tua res agitur (*lat.*) es geht um deine Sache
Tuba, Tube *w.* (*lat.*) 1. Blechblasinstrument, Bass der Bläser; 2. Ohrtrompete; 3. Eileiter; 4. röhrenförmiger Behälter für Salben
Tuberkel *m.* oder *w.* (*lat.*) Knötchen, Tumor der Tuberkelbakterie; **Tuberkelbazillus** *m.* Erreger der Tuberkulose, der Schwindsucht; **Tuberkulin** *s.* Gift des Tuberkelbazillus; **tuberkulös** schwindsüchtig; **Tuberkulose** *w.* durch Tuberkelbakterien hervorgerufene Infektionskrankheit (Abk. Tb, Tbc, Tbk)
Tubus *m.* (*lat.*) Röhre(nteil), z. B. an Fernrohren; **tubulär, tubulös** röhrenförmig
Tudorstil *m.* (tjuder-) Stil der engl. Spätgotik (nach dem engl. Königshaus der Tudors)
Tuff *m.* (*itl.-lat.*) 1. poröser Kalkstein; 2. fest gewordenes Auswurfgestein
Tuilerien *Mz.* (tüileri'en, *frz.*) ehemalige Residenz der französischen Könige in Paris
Tulipan *w.* (*türk.-itl.*) poetischer Name für Tulpe
Tumba *w.* (*lat.*) Steingrabmal
Tumba *w.* (*span.*) große südamerik. Trommel
Tumor *m.* (*lat.*) Geschwulst, Gewebswucherung
Tumult *m.* (*lat.*) Lärm, Aufruhr; **tumultuarisch** aufgeregt, lärmend, unruhig
tumultuoso (*itl.*) Musik: wild bewegt
Tundra *w.* (*russ.-finn.*) Steppe der Polarzone
tunen (tjunen, *engl.*) 1. abstimmen, einstellen; 2. einen Motor nachträglich auf höhere Leistung bringen; **Tuner** *m.* Vorrichtung in Funk- und Fernsehgeräten zum Einstellen der Wellenlängen
Tunika *w.* (*lat.*) altrömisches, gegürtetes Gewand
Tunnel *m.* (*frz.*) unterirdischer Gang
Tupi *s.* eine südamerik. Indianersprache
Turbine *w.* (*lat.*) Kraftmaschine zur Energieumwandlung
Turbo (*lat.*) kurz für Turbomotor, Auto mit Turbolader; **Turbolader** *m.* Vorrichtung zur Aufladung eines Verbrennungsmotors, bei dem Abgasturbine und Aufladegebläse auf einer Welle sitzen; **Turbomotor** *m.* Motor mit Turbolader
turbulent (*lat.*) stürmisch; **Turbulenz** *w.* 1. Wirbelbildung bei Luftströmungen; 2. stürmische Bewegung
turca = alla turca
Turf *m.* (törf, *engl.*) 1. Pferderennbahn; 2. Pferdesport
Turgeszenz *w.* (*lat.*) Schwellung, Blutfülle; **turgeszieren** anschwellen; **Turgor** *m.* Spannungszustand des Gewebes
Turkey *m.* (törkih, *engl.*) schwere Entzugserscheinungen bei Drogenentzug (Jargon)
Türkis *m.* (*itl.*) ein Mineral, blaugrüner Schmuckstein; **türkis** blaugrün
Turmalin *m.* (*frz.-singhal.*) ein Mineral, Edelstein in vielen Farben
Turn *m.* (törn, *engl.*) 1. Wendung beim Kunstflug; 2. Drogenrausch, bes. durch leichte Drogen
Turnier *s.* (*frz.*) 1. ritterliches Kampfspiel im Mittelalter; 2. sportlicher Wettkampf
Turnüre *w.* (*frz.*) Gesäßpolster in der Damenmode des 19. Jhs.
Turnus *m.* (*lat.*) feste Reihenfolge, regelmäßiger Wechsel
Tutor *m.* 1. Leiter einer seminarbegleitenden Arbeitsgruppe an der Hochschule; 2. Vormund, Erzieher
tutti (*itl.*) alle; Musik: das ganze Orchester, Chor und Solisten
Tuttifrutti *s.* (*itl.*) Dessert aus verschiedenen Früchten
tutti quanti (*itl.*) alle miteinander
Tutu *s.* (tütü, *frz.*) Ballettröckchen aus Tüll
TV = Television
Tweed *m.* (twihd, *engl.*) kräftiger Wollstoff
Twen *m.* (*engl.*) junger Mann in den Zwanzigern
Twill *m.* (*engl.*) geköpertes Seiden- oder Baumwollgewebe

Twinset *m.* (*engl.*) Kombination von Strickjacke und Pullover
Twist *m.* (*engl.*) 1. mehrfädiges Stopf- oder Stickgarn; 2. Modetanz zu Beginn der sechziger Jahre; 3. Drall eines geschlagenen Balles
Tyche *w.* (*gr.*) griech. Göttin des Zufalls; **Tychismus** *m.* Anschauung, dass der Zufall das Weltgeschehen beherrscht
Tycoon *m.* (teikuhn, *jap.-engl.*) Großkapitalist, Industriemagnat, Bonze
Tympanon, Tympanum *s.* (*gr.*) 1. Giebel feld des griechischen Tempels; 2. Bogenfeld über einem Kirchenportal; 3. antike Trommel; 4. Paukenhöhle im mittleren Ohr
Typ, Typus *m.* (*gr.-lat.*) 1. Musterform, Bauart; 2. Menschenschlag; 3. Grundform, Urbild
Type *w.* (*frz.*) 1. Druckbuchstabe, Letter; 2. sonderbarer Kauz; **typisch** unverkennbar, charakteristisch, kennzeichnend; **typisieren** nach Typen einteilen, zuordnen, Hptw. **Typisierung** *w.*; **Typograph** *m.* (*gr.*) 1. Buchdrucker; 2. Zeilensetzmaschine; **Typographie** *w.* 1. Buchdruckerkunst, Buchgestaltungskunst, Eigw. **typographisch**; **typographischer Punkt** Maßeinheit der Schriftgröße; **Typologie** *w.* 1. Typenlehre, 2. Typendarstellung, Eigw. **typologisch**
Typhus *m.* (*gr.*) schwere Infektionskrankheit des Magen-Darm-Kanals; **typhös** typhuskrank; typhusartig
Typus = Typ
Tyrann *m.* (*gr.*) 1. Gewaltherrscher; 2. herrschsüchtiger Mensch; Unterdrücker; **Tyrannei** *w.* Herrschaft eines Tyrannen; **tyrannisch** herrschsüchtig, gewaltsam, diktatorisch; **tyrannisieren** unterdrücken, knechten, seinen Willen aufzwingen

U

ubi bene, ibi patria (*lat.*) wo es mir gut geht, ist mein Vaterland (nach Cicero)
Ubiquist *m.* (*lat.*) Lebewesen, das an verschiedenen Standorten vorkommt (z. B. Algen); **ubiquitär** überall verbreitet, Hptw. **Ubiquität** *w.*
Uditore *m.* (*itl.*) Richter am päpstlichen Gerichtshof
Udometer *s.* (*lat.*) Regenmesser
Uffizien *Mz.* (zi'en, *itl.*) Gemäldesammlung im ehemaligen Regierungspalast in Florenz
Ufo, UFO *s.* (aus *engl. u*nidentified *f*lying *o*bject) unbekanntes Flugobjekt, meistens als außerirdisches Raumschiff gedeutet
Ukas *m.* (*russ.*) Zarenerlass; Verordnung, Erlass
Ukelei *m.* (*slaw.*) mitteleuropäischer kleiner Karpfenfisch, aus dessen Schuppen Perlmuttlack gewonnen wird
Ukulele *w.* (*hawai.*) vierseitige kleine Gitarre
Ulan *m.* (*poln.-türk.*) früher: Lanzenreiter; **Ulanka** *w.* Waffenrock der Ulanen
Ulema *Mz.* (*arab.*) islamische Rechts- und Religionsgelehrte, die Gesamtheit der Imame, Muftis und Kadis (*Ez.* Alim *m.*)
Ulkus *s.* (*lat.*) Geschwür (*Mz.* Ulzera)
Ulster *m.* 1. weiter zweireihiger Herrenwintermantel; 2. schwerer Stoff (nach der historischen Provinz Ulster)
Ultima *w.* (*lat.*) die letzte Silbe eines Wortes; **Ultima Ratio** *w.* das letzte, äußerste Mittel
ultimativ (*lat.*) 1. in Form eines Ultimatums; 2. nachdrücklich; **Ultimatum** *s.* befristete letzte Aufforderung, etwas zu regeln, ehe der Ernstfall eintritt; **ultimo** am letzten Tag des Monats; **Ultimo** *m.* letzter Geschäftstag, bes. bei Börsengeschäften
Ultra-, ultra- (*lat.*) als Wortteil: jenseits von, hinausgehend über, übertrieben
ultramarin (*lat.*) kornblumenblau
Ultramikroskop *s.* (*lat.*) Mikroskop zur Beobachtung von Teilchen, die kleiner als die Wellenlänge des Lichts sind
ultramontan (*lat.*) streng päpstlich gesinnt, streng katholisch; **Ultramontaner** *m.* strenger Katholik; **Ultramontanismus** *m.* streng päpstliche Gesinnung (bes. im Katholizismus des 19. Jhs.)
ultramundan (*lat.*) jenseits, über die Welt hinausgehend
ultrarot = infrarot
Ultraschall *m.* (*lat.*) Schallwellen mit Frequenzen oberhalb der menschlichen Hörgrenze (= 20 kHz)
Ultrastrahlung *w.* (*lat.*) kosmische Höhenstrahlung
ultraviolett (*lat.*) im Spektrum an Violett anschließend; **Ultraviolett** *s.* natürliche oder künstlich hergestellte unsichtbare Strahlung mit kurzer Wellenlänge
Ulzeration *w.* (*lat.*) Geschwürbildung; **ulzerogen** geschwürerzeugend; **ulzerös** geschwürig
Umbelliferen *Mz.* (*lat.*) Doldenblütler
Umbilicus *m.* (*lat.*) Nabel; **umbilikal** zum Nabel gehörig
Umbra *w.* (*lat.*) 1. dunkler Kern der Sonnenflecke; 2. natürlich vorkommendes Pigment, Erdbraun für Malerfarbe
Umma, **Ummah** *w.* (*arab.*) Gemeinschaft aller Muslime, die gesamte arabische Welt
Umpire *m.* (ampeir, *engl.*) Schiedsrichter, Unparteiischer bei Boxkämpfen
unanim (*lat.*) einmütig, einstimmig, Hptw. **Unanimität** *w.*
Una Sancta *w.* (*lat.*) die eine heilige katholische Kirche, Selbstbez. der röm.-kath. Kirche
Uncle Sam (ankl säm, *engl.*) volkstümliche Bez. für die USA und die amerikanische Regierung
UNCTAD (aus *engl. U*nited *N*ations *C*onference on *T*rade and *D*evelopment) die Welthandelskonferenz der Vereinten Nationen, gegr. 1964, Sitz in Genf (Schweiz)

Undercoveragent *m.* (anderkawerehdschent, *engl.*) verdeckter Ermittler
Underdog *m.* (anderdock, *engl.*) jmd., der unterlegen, auf der Verliererseite ist
Underground *m.* (andergraund, *engl.*) 1. Subkultur(en); 2. avantgardistische Künstlergruppen außerhalb des kommerziellen Kunstbetriebs
Understatement *s.* (anderßtehtment, *engl.*) bewusste Untertreibung, bewusstes Herunterspielen (der eigenen Vorzüge)
Underwriter *m.* (andereiter, *engl.*) 1. Versicherer (in Großbritannien); 2. Bank oder Makler, der von einer Anleihe einen Teil übernimmt
Undezime *w.* (*lat.*) Intervall aus Oktave und Quarte
Undine *w.* (*lat.*) weiblicher Wassergeist
Undograph *m.* (*lat.-gr.*) Gerät zum Aufzeichnen von Schallwellen; **Undulationstheorie** *w.* Erklärung des Lichts als Wellenbewegung; **undulatorisch** wellenförmig
UNESCO (aus *engl. U*nited *N*ations *E*ducational *S*cientific and *C*ultural *O*rganization) Sonderorganisation der Vereinten Nationen zur Förderung der Zusammenarbeit ihrer Mitglieder in Erziehung, Wissenschaft und Kultur, gegr. 1945, Sitz in Paris (Frankreich)
Unguentum *s.* (-gu'en-, *lat.*) Salbe
UNHCR (aus *engl. U*nited *N*ations *H*igh *C*ommissioner for *R*efugees) Hoher Flüchtlingskommissar der Vereinten Nationen, Unterorganisation der UNO zur Hilfe für politisch, religiös oder rassisch verfolgte Flüchtlinge und Vertriebene, gegr. 1950, Sitz in Genf (Schweiz)
uni (üni, *frz.*) einfarbig
Uni-, uni- (*lat.*) als Vorsilbe: einzig, nur einmal, einheitlich
UNICEF (aus *engl. U*nited *N*ations *I*nternational *C*hildren's *F*und) Internationales Kinderhilfswerk der Vereinten Nationen zur weltweiten Versorgung von Kindern (und Müttern) mit Medikamenten, Kleidung und Nahrungsmitteln, gegr. 1946, Sitz in New York (USA)
unieren (*lat.*) vereinigen (in Bezug auf Religionsgemeinschaften); **uniert** vereinigt (von Kirchen, z. B. die orientalische Kirche); **Unifikation, Unifizierung** *w.* Vereinigung, Vereinheitlichung; **unifizieren** vereinheitlichen
Uniform *w.* (*lat.*) einheitliche Dienstkleidung; **uniform** einförmig, eintönig, gleichförmig; **uniformieren** in Uniform stecken, gleich machen; **Uniformität** *w.* Gleichförmigkeit, Einförmigkeit
Unikat *s.* (*lat.*) 1. das einzige Exemplar eines Schriftstücks; 2. etwas, was in seiner Art einmalig ist, bes. ein Kunstwerk; **Unikum** *s.* 1. etwas, was es nur noch einmal gibt, bes. ein graphisches Werk; 2. Sonderling (*Mz.* Unika)
unilateral (*lat.*) einseitig, nur eine Seite betreffend
Unio mystica *w.* (*lat.*) Vereinigung der Seele mit Gott als Ziel mystischer Bestrebungen
Union *w.* (*lat.*) Vereinigung, Verbindung, Bündnis; **Unionist** *m.* Anhänger einer Union; **Union Jack** *m.* (juhnjen dschäck, *engl.*) die britische Flagge
Unisex *m.* (*engl.*) Einheitlichkeit, weitgehende Entsprechung, bes. im Äußeren beider Geschlechter, sodass die geschlechtlichen Unterschiede im Stil von Mann und Frau entfallen
unisono (*itl.*) 1. Musik: an dieser Stelle einstimmig (von erster und zweiter Stimme in einem Instrumentalstück); 2. einmütig, einstimmig
Unitarier *Mz.* (-ri'er, *lat.*) protestantische Richtung, die die Dreieinigkeit Gottes nicht anerkennt; **Unitarismus** *m.* 1. Streben nach Stärkung des Gesamtstaates zuungunsten der Gliedstaaten; 2. Lehre der Unitarier; **unitarisch** 1. um Einheit bemüht; 2. die Lehre der Unitarier betreffend; **Unität** *w.* Einheit, Einzigartigkeit
universal, universell (*lat.*) 1. allgemein, allgemein gültig; 2. (all)umfassend, allseitig, weltweit; **Universalerbe** *m.* Alleinerbe; **Universalien** *Mz.* (-li'en) 1. Gemeinsamkeiten in den Sprachen der Erde; 2. Gattungsbegriffe, Allgemeinbegriffe; **Universalgenie** *s.* 1. jmd., der auf vielen Gebieten geniale Leistungen hervorbringt; 2. Alleskönner; **Universalgeschichte** *w.* Weltgeschichte; **Universalismus** *m.* 1. Auffassung, die den Staat als organisches Ganzes versteht, das Vorrang gegenüber Individuen und Kollektiven besitzt (nach

O. Spann); 2. die Erklärung des Mannigfaltigen aus universalen Prinzipien; 3. theologische Auffassung, dass Gottes Heilswille sich auf die ganze Menschheit erstreckt, Eigw. **universalistisch**

Universalität *w.* 1. Allseitigkeit, Gesamtheit; 2. das Ideal einer umfassenden, allseitigen Bildung; **universitär** die Universität betreffend; **Universität** *w.* Hochschule; **Universum** *s.* Weltall

univok (*lat.*) eindeutig; **Univozität** *w.* Eindeutigkeit

UNO (aus *engl. U*nited *N*ations *O*rganization) (Organisation der) Vereinte(n) Nationen, gegr. 1945, Sitz in New York (USA), zurzeit 190 Mitgliedsstaaten

unplugged (anplagd, *engl.*) ohne elektronische Verstärkung (gespielt oder aufgenommen)

un poco (*itl.*) Musik: ein wenig

Unze *w.* (*lat.*) alte Gewichtseinheit (rd. 28 g)

Unziale *w.* (*lat.*) Großbuchstabe in der mittelalterlichen Buchschrift

Upanischaden *Mz.* (*sanskr.*) Sammlung altindischer Schriften theologischen und philosophischen Inhalts

Update *s.* (apdeht, *engl.*) aktualisierte Fassung eines Computerprogramms (EDV)

Upperclass *w.* (apperklahs, *engl.*) soziale Oberschicht; **Uppercut** *m.* (-kat) Aufwärtshaken, Kinnschlag beim Boxen; **Upper Ten** *Mz.* (-tenn) die oberen zehntausend, die Reichen; **up to date** (ap tu deht) auf der Höhe der Zeit, auf dem neuesten Stand

Urämie *w.* (*gr.-lat.*) Harnvergiftung

Uran *s.* (nach Uranus) in großen Mengen erzeugtes radioaktives chem. Element, ein Metall, wichtiger Kernbrennstoff; **Urania** *w.* (*gr.*) Muse der Sternkunde; **Uranoskopie** *w.* Himmelsbeschreibung; **Uranus** *m.* großer Planet der Sonne

urban (*lat.*) 1. städtisch, zur Stadt gehörig; 2. kultiviert, weltläufig; **Urbanist** *m.* Städteplaner; **urbanisieren** verstädtern, städtebaulich erschließen; **Urbanität** *w.* 1. urbanes Verhalten; 2. die Atmosphäre einer Stadt

urbi et orbi (*lat.*) «der Stadt (Rom) und dem Erdkreis», Formel des vom Papst an alle Katholiken erteilten Segens

Urdu *s.* (*hindi-türk.*) die Amtssprache in Pakistan

Ureter *m.* (*gr.*) Harnleiter; **Urethra** *w.* Harnröhre; **urethral** zur Harnröhre gehörig; **Urethritis** *w.* Harnröhrenentzündung; **Urethroskop** *s.* Vorrichtung zur Untersuchung der Harnröhre; **uretisch** harntreibend

urgent (*lat.*) dringend, eilig, Hptw. **Urgenz** *w.*; **urgieren** drängen, betreiben

Urin *m.* (*lat.*) Harn; **urinieren** harnen;

Urologe *m.* (*gr.*) Facharzt für Krankheiten der Harnorgane; **Urologie** *w.* Wissenschaft von den Erkrankungen der Harnorgane; **Uroskopie** *w.* Harnuntersuchung

USA (aus *engl. U*nited *S*tates of *A*merika) Vereinigte Staaten von Amerika (Abk. US, USA), Hauptstadt: Washington D.C.

Usance *w.* (üsangß, *frz.*) Brauch, Gepflogenheit, bes. im Geschäftsleben

User *m.* (juhser, *engl.*) 1. (Computer-)Benutzer; 2. Rauschgiftabhängiger (Jargon)

usuell (*lat.*) üblich, gebräuchlich

Usurpation *w.* (*lat.*) rechtswidrige Aneignung; **Usurpator** *m.* jmd., der sich unrechtmäßig die Macht (in einem Staate) aneignet; Thronräuber; **usurpieren** sich rechtswidrig aneignen, mit Gewalt an sich reißen

Usus *m.* (*lat.*) Brauch, Herkommen, Gewohnheit, Sitte; **Ususfruktus** *m.* Nießbrauch

Utensilien *Mz.* (-li'en, *lat.*) Gerätschaften, Zubehör

uterin (*lat.*) zur Gebärmutter gehörig; **Uterus** *m.* Gebärmutter

Utilitarismus *m.* (*lat.*) Nützlichkeitsstandpunkt, Nützlichkeitsdenken; 2. philosophische Anschauung, die die Nützlichkeit zum Prinzip des Lebens und der Lebensführung erhebt; **utilitaristisch** auf den Nutzen bedacht

Utopia *w.* (*gr.*) Traumland, Nirgendsland, Zukunftsstaat (nach dem gleichnamigen Roman v. Th. More im 16. Jh.); **Utopie** *w.* (*gr.*) 1. romanhafte Schilderung eines erdachten Zukunftszustands; 2. Zukunftsphilosophie auf der Basis gesellschaftlicher Kritik; **utopisch** 1. wie eine Utopie; 2. unausführbar, mit der Wirklichkeit nicht vereinbar, zukunftsträumerisch; **Utopismus**

m. Neigung zu Utopien; **Utopist** *m.* jmd., der utopische Vorstellungen hat

Utraquist *m.* (*lat.*) Anhänger einer hussitischen Glaubensgemeinschaft, die das Abendmahl in beiderlei Gestalt, also in Brot und Wein, auch für Laien forderten

Uviolglas *s.* (*Wz.*) Glas, das ultraviolette Strahlen durchlässt

UV = Ultraviolett

Uvula *w.* (*lat.*) Gaumenzäpfchen; **Uvular** *m.* Zäpfchenlaut; **uvular** mit dem Halszäpfchen gebildet (von Lauten)

V

V = Volt und Volumen (1)
va banque spielen (wa bangk –, *frz.*) alles auf eine Karte setzen; **Vabanquespiel** *s.* Spiel um den gesamten (Bank-)Einsatz, Unternehmung mit hohem Risiko
vacat (-kat, *lat.*) ist frei (eine Buchseite, d. h. nicht bedruckt, vgl. Vakat)
Vademekum *s.* (*lat.*) Leitfaden, kleiner Ratgeber in Buchform
vae victis (wä-, *lat.*) wehe den Besiegten! (angeblich der Ausspruch eines gallischen Heerführers nach seinem Sieg über die Römer 390 v. Chr.)
vag, vage (*lat.*) unbestimmt, unklar
Vagabund *m.* (*lat.*) jmd., der herumzieht, Herumtreiber; **vagabundieren** umherziehen, sich herumtreiben; **Vagant** *m.* fahrender Schüler im Mittelalter, Spielmann
Vagina *w.* (*lat.*) weibliche Scheide; **vaginal** die weibliche Scheide betreffend; **Vaginismus** *m.* Scheidenkrampf
Vagus *m.* (*lat.*) der zehnte Gehirnnerv, der das Atmungs- und Verdauungssystem beeinflusst
vakant (*lat.*) frei, unbesetzt; **Vakanz** *w.* unbesetzte, offene Stelle; **Vakat** *s.* leere Seite in einem Buch
Vakuum *s.* (-ku'um, *lat.*) 1. luftleerer Raum; 2. Leere
Vakzin *s.*; **Vakzine** *w.* (*lat.*) Impfstoff aus abgetöteten Krankheitserregern; **Vakzination** *w.* Schutzimpfung zur Bildung von Abwehrstoffen im Blut, Ztw. **vakzinieren**
vale! (*lat.*) lebe wohl! **Valet** *s.* Abschied, Lebewohl
Valenciennesspitze (walangßjenn-, *frz.*) besonders zarte Klöppelspitze (nach der franz. Stadt Valenciennes)
Valenz *w.* (*lat.*) Wertigkeit (von chem. Stoffen, Atomen; in der Sprachwissenschaft: von Zeitwörtern)
Valet *m.* (*frz.*) Bube im franz. Kartenspiel
Valeurs *Mz.* (-lör, *frz.*) Tonwerte der Farben in der Malerei
valid (*lat.*) rechtskräftig; **validieren** den Wert, die Aussagekraft von etwas bestimmen, Hptw. **Validierung** *w.*; **Validität** *w.* 1. Rechtsgültigkeit; 2. Gültigkeit, Aussagekraft eines Tests
Valoren *Mz.* (*lat.*) Wertpapiere, Wertsachen; **Valorisation** *w.*; **Valorisierung** wirtschaftspolitische Maßnahmen, um den Erzeugerpreis zu stützen, Ztw. **valorisieren**
Valuta *w.* (*itl.*) 1. ausländische Währung, ausländisches Zahlungsmittel; 2. Gegenwert; 3. Fälligkeitstag, Zahlungstermin; **Valutaklausel** *w.* Vereinbarung, dass der Preis einer Ware vom jeweiligen Stand der betreffenden Valuta abhängt; **Valuten** *Mz.* Effekten, die in ausländischer Währung ausgestellt, verzinst und getilgt werden; **valutieren** bewerten; **Valutakredit** *m.* Kredit in ausländischer Währung
Valvation *w.* (*lat.*) Schätzung eines Werts, bes. von Münzen
Vamp *m.* (wämp, *engl.*) Femme fatale des amerik. (Stumm-)Films
Vampir *m.* (*serb.*) 1. Blut saugende Fledermausart in den amerik. Tropen; 2. lebender Toter, der nachts sein Grab verlässt, um Lebenden das Blut auszusaugen; 3. jmd., der andere hemmungslos ausbeutet, Blutsauger; **vampirisch** blutsaugerisch
Van *m.* (wän, *engl.*) Auto für mehr als vier Personen, Caravan
Vandalismus = Wandalismus
Vanille *w.* (*span.*) tropische Gewürzpflanze; **Vanillin** *s.* synthetisch hergestellter Stoff mit Vanilleduft oder -geschmack
Vanitas *w.* (*lat.*) Vergänglichkeit, Nichtigkeit alles Irdischen (Thema der Kunst); **vanitas vanitatum** (*lat.*) alles ist eitel
Vapor *m.* (*lat.*) Dampf; **Vaporetto** *m.* itl. Dampfboot; **Vaporimeter** *s.* Gerät zur Messung des Alkoholgehalts; **vaporisieren** 1. verdampfen; 2. den Alkoholgehalt bestimmen, Hptw. **Vaporisierung** *w.*

Varia *Mz.* (*lat.*) Verschiedenes, Allerlei; **variabel** abwandelbar, veränderlich, Hptw. **Variabilität** *w.*; **Variable** *w.* veränderliche Größe; **Variante** *w.* Abart, Lesart, Spielart; **Variation** *w.* 1. Abänderung, Abwechslung; 2. sprachliche Variante; 3. Abwandlung des Themas in der Musik; **Varietät** *w.* (-ri'e-, *lat.*) abweichende Form (bei Tier und Pflanze); **variieren** verändern, abwechseln, abwandeln, abweichen

Varieté *s.* (-ri'e-, *frz.*) Theater mit artistischem Programm

Varikose *w.* (*lat.*) Krampfaderleiden; **varikös** krampfadrig; **Varikosität** *w.* Krampfaderbildung; **Varix**, **Varize** *w.* Krampfader

Variometer *s.* (*lat.*) 1. Messgerät für Schwankungen; 2. Instrument zur Bestimmung der Vertikalgeschwindigkeit eines Flugzeugs; 3. Spule mit veränderbarer Induktivität

Varityper *m.* (wäriteiper, *Wz.*) Setzmaschine mit zahlreichen Auswechselmöglichkeiten

Varize = Varikose

vasal (*lat.*) die Blutgefäße betreffend

Vasall *m.* (*lat.-kelt.*) 1. Lehnsmann im Mittelalter; 2. Gefolgsmann

Vasektomie *w.* (*lat.-gr.*) operative Entfernung eines Samenleiterstücks zur Sterilisation des Mannes

Vaselin *s.*; **Vaseline** *w.* (*gr.-dtsch.*) weiches Gemisch, Fett aus Erdölkohlenwasserstoff

vaskulös (*lat.*) gefäßreich

Vasomotoren *Mz.* (*lat.*) Gefäßnerven, die das Dehnen und Zusammenziehen der Gefäße regeln, Eigw. **vasomotorisch**

Vatikan *m.* (*lat.*) 1. Wohnsitz des Papstes (auf dem Monte Vaticano) in Rom; 2. päpstliche Regierung

Vaudeville *s.* (wodwill, *frz.*) 1. burleskes Singspiel; 2. franz. Gassenhauer, Spottlied; 3. unterhaltendes Musiktheater mit Tanz, Akrobatik u. Ä. (für die Music-Halls in den USA typisch)

Veda = Weda

Vedute *w.* (*itl.*) sachgetreue und perspektivisch genaue Wiedergabe einer Landschaft, bes. im 17. und 18. Jh.

Veganer (*lat.-engl.*) strenger Vegetarier, der auf Tierprodukte in jeder Form verzichtet; **Veganismus** *m.* auf alle Tierprodukte verzichtender Vegetarismus

Vegetabilien *Mz.* (-l'ien, *lat.*) pflanzliche Nahrungsmittel; **vegetabilisch** pflanzlich; **Vegetarier** *m.* (ri'er) jmd., der sich fleischlos ernährt; **vegetarisch** pflanzlich, fleischlos; **Vegetarismus** *m.* fleischlose Ernährung; **Vegetation** *w.* 1. Pflanzenwelt; 2. Pflanzenwachstum; **vegetativ** 1. ungeschlechtlich (von der Fortpflanzung); 2. nicht durch den Willen steuerbar; **vegetatives Nervensystem** *s.* die dem Einfluss des Willens entzogenen Nervengruppen; **vegetieren** kümmerlich das Leben fristen

vehement (*lat.*) heftig, stürmisch; **Vehemenz** *w.* Heftigkeit, Ungestüm, Elan

Vehikel *s.* (*lat.*) 1. Hilfsmittel; 2. klappriges Gefährt

Vektor *m.* (*lat.*) durch Pfeil dargestellte gerichtete physikal. oder mathem. Größe

Velin *s.* (weläng, eingedeutscht welin, *frz.*) feines, glattes Pergament

Velo *s.* (*lat.-frz.*) Fahrrad (Schweiz); **veloce** (-lotsche, *itl.*) Musik: schnell; **velocissimo** sehr schnell; **Velodrom** *s.* Radrennbahn

Velours *m.* (-lur, *frz.*) Samt, Plüsch; **Veloursleder** *s.* Leder von samtartigem Aussehen

Velum *s.* (*lat.*) 1. Gaumensegel, weicher Gaumen; 2. Randsaum der Quallen; 3. Hülle an jungen Blätterpilzen, die am Stiel erhalten bleibt; 4. Seidentuch in der christl. Liturgie (z. B. zum Verhüllen liturgischer Gefäße)

Velvet *m.* (*engl.*) Baumwollsamt

Vendemiaire *m.* (wangdemiär, *frz.*) der erste Monat im Kalender der Franz. Revolution (22. Sept. bis 21. Okt.)

Vendetta *w.* (*itl.*) italien. Bez. für Blutrache

Vene *w.* (*lat.*) Blutader, in der das Blut zum Herzen fließt

venerabel (*lat.*) ehrwürdig, verehrungswürdig

venerisch (*lat.*) geschlechtskrank; **venerische Krankheiten** *Mz.* Geschlechtskrankheiten

Venia Legendi *w.* (*lat.*) Lehrbefugnis an der Hochschule

veni, vidi, vici (-wiz-, *lat.*) ich kam, sah (*und*) siegte (Ausspruch Cäsars, mit dem er auf die Mühelosigkeit des Sieges bei Zela hinwies)
venös (*lat.*) zu den Venen gehörig, die Venen betreffend
Ventil *s.* (*lat.*) 1. Vorrichtung, mit der der Durchlass von Luft gesteuert werden kann; 2. Möglichkeit, sich abzureagieren; **Ventilation** *w.* 1. Lüftung; 2. Belüftung der Lungen; **Ventilator** *m.* Propellergerät zum Erneuern der Luft; **ventilieren** 1. lüften; 2. sorgfältig prüfen, erwägen, erörtern, Hptw. **Ventilierung** *w.*
Ventose *m.* (wangtos, *frz.*) der sechste Monat im Kalender der Franz. Revolution (19. Februar bis 20. März)
ventral (*lat.*) zum Bauch gehörig, bauchwärts gelegen; **Ventrikel** *s.* (wen-, *lat.*) Herzkammer, Hirnkammer; **ventrikulär** zu einem Ventrikel gehörig; **Ventriloquist** *m.* Bauchredner
Venus *w.* (*lat.*) 1. römische Göttin der sinnlichen Liebe und Schönheit; 2. zweiter Planet des Sonnensystems
Verb, Verbum *s.* (*lat.*) Sprachlehre: Zeitwort; **verbal** 1. als Zeitwort (gebraucht); 2. mit Worten, mündlich; **Verbale** *s.* von einem Verb abgeleitetes Wort; **Verbalinjurie** *w.* (-juri'e) beleidigende Äußerung, Beleidigung durch Worte; **verbalisieren** 1. etwas mit Worten ausdrücken; 2. aus einem anderen Wort ein Verb bilden (z. B. *tanzen* aus *Tanz*); **verbaliter** wörtlich; **Verbalkonkordanz** *w.* alphabetisches Verzeichnis gleicher Wörter oder Wortverbindungen eines literarischen Werkes; **Verbalnote** *w.* vertrauliche diplomatische Mitteilung auf mündlichem Wege
verballhornen verschlimmbessern, entstellen (auf den Namen des Buchdruckers Ballhorn zurückgehend)
Verbene *w.* (*lat.*) Eisenkraut
Verdikt *s.* (*lat.*) vernichtendes Urteil
Verifikation *w.* (*lat.*) Beglaubigung; **verifizieren** 1. beglaubigen; 2. die Richtigkeit beweisen, Hptw. **Verifizierung**; **verifizierbar** nachweisbar, prüfbar
Verismus *m.* (*lat.*) 1. betont realistische Darstellungsweise in der Kunst; 2. italienische Form des Naturalismus, nach 1850; **Verist** *m.* Vertreter des Verismus, Eigw. **veristisch**; **veritabel** wirklich, echt, ausgewachsen (umg.)
verklausulieren (*lat.*) 1. einen Vertrag mit Klauseln versehen; 2. etwas verunklaren
vermaledeien (*lat.*) verfluchen, verwünschen
Vermeil *s.* (wermej, *frz.*) feuervergoldetes Silber; **vermeil** hochrot
Vermicelli *Mz.* (-tschelli, *itl.*) Fadennudeln
Vernissage *w.* (-ßahsch, *frz.*) Eröffnung einer Kunstausstellung für geladene Gäste
Verruca *w.* (*lat.*) Warze; **verrukös** warzenförmig, warzig
Vers *m.* (fe-, *lat.*) metrisch gegliederte, rhythmisch geschlossene Einheit in einem Gedicht; Lied-, Gedichtstrophe
Ver sacrum *s.* (*lat.*) altitalisches Frühlingsopfer in Zeiten der Not, bei dem Mars und Jupiter das im Frühling geborene Vieh geopfert wurde
Versal *m.* (*lat.*) großer Anfangsbuchstabe
versatil (*lat.*) wendig, beweglich, Hptw. **Versatilität** *w.*
versiert (*lat.*) bewandert, geübt, erfahren
versifizieren (*lat.*) in Verse bringen, Hptw. **Versifikation** *w.*
Version *w.* (*lat.*) 1. andere Lesart, Variante; 2. andere sprachliche Formulierung eines Sachverhalts, andere Fassung eines Werkes; 3. andere Ausführung eines ursprünglichen Modells; **Verso** *s.* (*itl.*) Rückseite (eines Blattes); **verso** (folio) auf der Rückseite
versnobt (*engl.*) zum Snob geworden, snobistisch
vert. Abk. von **vertatur** man wende! (Korrekturanweisung bei auf dem Kopf stehenden Buchstaben); **verte!** Musik: umwenden! (das Notenblatt)
Vertebra *w.* (*lat.*) Wirbel; **vertebral** zu den Wirbeln gehörig; **Vertebraten** *Mz.* Wirbeltiere; **Vertex** *m.* Scheitel
vertiginös (*lat.*) schwindlig; **Vertigo** *m.* Schwindel
vertikal (*lat.*) senkrecht, lotrecht; **Vertikale** *w.* Senkrechte
Vertiko *s.* kleiner Schrank mit Aufsatz

(viell. nach dem Tischler Vertikow in Berlin)

Verve *w.* (wärw, *frz.*) Schwung, Begeisterung

Vesica *w.* (*lat.*) Blase; Harnblase

Vesper *w.* (*lat.*) 1. Zwischenmahlzeit (meist am späteren Nachmittag); 2. Abendandacht; **vespern** Zwischenmahlzeit halten

Vestalin *w.* (*lat.*) eine der sechs Priesterinnen der Vesta, der römischen Göttin des Herdfeuers

Vestibül *s.* (*lat.-frz.*) Eingangshalle

Vestitur *w.* = Investitur

Veteran *m.* (*lat.*) 1. Teilnehmer eines früheren Krieges; 2. Altgedienter, Ausgedienter

Veterinär *m.* (*lat.*) Tierarzt; **Veterinärmedizin** *w.* Tierheilkunde

Veto *s.* (*lat.*) rechtswirksamer Einspruch bei Abstimmungen

Vexierbild *s.* (*lat.*) Suchbild, das nach genauerem Betrachten ein anderes Bild offenbart; **vexieren** an der Nase herumführen, foppen

via (*lat.*) durch, über, mittels; **Viadukt** *s.* Überführung, Talbrücke; **Viatikum** *s.* Sterbesakrament der kath. Kirche

Viagra *o. Art.* (*Wz.*) auf dem (gesundheitlich nicht ungefährlichen) Wirkstoff Sildenafil basierende Potenzpille mit hoher Erfolgsquote bei (bes. psychisch bedingter) Impotenz

Vibraphon *s.* (*lat.*) Musikinstrument, Glockenspiel mit hammergeschlagenen Metallplatten, unter denen Schallbecher elektrisch geöffnet und geschlossen werden, wodurch ein Vibrato entsteht

Vibration *w.* (*lat.*) Schwingung; **Vibrato** *s.* (*itl.*) willkürlich erzeugtes Beben des Tones bei Gesang und Saiteninstrumenten; **Vibrator** *m.* 1. mechan. Schwingungserzeuger; 2. elektrisch betriebener Massagestab; **vibrieren** (*lat.*) beben, schwingen, zittern; **Vibrograph** *m.* (*lat.-gr.*) Schwingungsmesser in der Bautechnik

vice versa (-ze-, *lat.*) umgekehrt

Vichy *m.* (wischih) klein karierter Baumwollstoff (nach der frz. Stadt Vichy)

Vicomte *m.* (wikongt, *frz.*) französ. Adelstitel zwischen Baron und Graf; **Vicomtesse** *w.* (-teß) weibliche Form des Adelstitels

Video *s.* (*engl.*) Kurzform für Videoband, -clip, -film; **Videoband** *s.* Magnetband zum Aufnehmen eines Films o. Ä. und dessen Wiedergabe auf einem Bildschirm; **Videoclip** *m.* kurzer Film zu einem Hit aus der Musikbranche; **Videofilm** *m.* mit einer Videokamera aufgenommener Film; **Videokamera** *w.* Kamera zur Aufnahme von Filmen, die auf dem Fernsehbildschirm wiedergegeben werden; **Videokunst** *w.* Nutzbarmachung der Videotechnik für die moderne Kunst; **Videorecorder** *m.* Gerät zum Aufzeichnen von Fernsehsendungen und Videofilmen und zum Abspielen von Videokassetten; **Videotechnik** *w.* Gesamtheit der Anlagen und Vorgänge, Verfahrensweisen, mit denen Videofilme hergestellt und auf dem Bildschirm wiedergegeben werden

Vieux Saxe *s.* (wjö ßax, *frz.*) Altmeißner Porzellan

vif (wif, *frz.*) rege, gewitzt, aufgeweckt

vigilant (*lat.*) schlau, geweckt, findig; **Vigilanz** *w.* Wachheit, Bewusstseinshelle

Vignette *w.* (winjett, *frz.*) 1. Titelbildchen oder Randverzierung in Büchern; 2. Gebührenmarke

vigorosa (*itl.*) Musik: kraftvoll

Vikar *m.* (*lat.*) Hilfsgeistlicher, Pfarrstellenanwärter; **vikariieren** als Vikar tätig sein; stellvertreten; **vikariierend** stellvertretend; ausgleichend (von Organfunktionen)

Viktoria (*lat.*) Siegesgöttin, in der Darstellung einer geflügelten Frauengestalt; **viktorianisch** im Stil der Zeit der Königin Viktoria von England (1837–1901)

Viktualien *Mz.* (-li'en, *lat.*) frühere Bez. für Lebensmittel

Vikunja *s.* (*Ketschua*) wild lebendes Alpaka

Villa *w.* (*lat.*) Landhaus, parkumgebenes Wohnhaus

Vinaigrette *w.* (winägrett, *frz.*) Salatsoße aus Öl, Essig und Senf

vindizieren (*lat.*) fordern, beanspruchen, Hptw. **Vindikation** *w.*

Vingt-et-un *s.* (wängtehöng, *frz.*) Kartenglücksspiel

Vinkulation *w.* (*lat.*) Verpflichtung; **Vin-**

kulationsgeschäft *s.* Kreditgeschäft, bei dem auf dem Transport befindliche Ware die Sicherheit darstellt; **vinkulieren** verpflichten, festlegen; **Vinkulierung** *w.* Festlegung von Wertpapieren, sodass sie nur mit Zustimmung der ausgebenden Gesellschaft verkauft werden können

Vinothek *w.* (*lat.-gr.*) Weinausschank mit Weinverkauf

Vinyl *s.* (*lat.-gr.*) ungesättigte Kohlenwasserstoffgruppe

Viola *w.* (*itl.*) Bratsche; **Viola d'Amore** *w.* Saiteninstrument der Barockzeit; **Viola da Gamba** *w.* Kniegeige, Gambe

Viola *w.* (*lat.*) Veilchen; **Viola tricolor** *s.* Stiefmütterchen; **violett** veilchenfarbig

violento (*itl.*) Musik: heftig, gewaltsam

Violine *w.* (*itl.*) Geige; **Violoncello** *s.* (-tschello) Kniegeige, Cello

VIP *m.* (wip, aus *engl. v*ery *i*mportant *p*erson) jmd., der prominent ist

Viper *w.* (wi-, *lat.*) Otter, Giftschlange

Virement *s.* (wirmang, *frz.*) Übertragung bzw. Umschreibung eines Rechnungspostens (im Staatshaushalt)

Viren = Virus

Virgel *w.* (*lat.*) Schrägstrich zwischen zwei Wörtern (z. B. Frankfurt/Main)

Virginal *s.* (*lat.*) Spinettart

Virginia *w.* (wördschinja) Zigarren-, Zigarettensorte (nach dem amerik. Bundesstaat Virginia)

Virginität *w.* (*lat.*) Jungfräulichkeit

viribus unitis (*lat.*) mit vereinten Kräften

viril (*lat.*) männlich; **Virilität** *w.* Männlichkeit

Virologe *m.* (*lat.-gr.*) Virusforscher; **Virologie** *w.* Wissenschaft von den Viren; **virös** virusbedingt

virtual, virtuell (*lat.*) der Möglichkeit nach vorhanden; **Virtualität** *w.* innewohnende, der Möglichkeit nach vorhandene Kraft; **Virtuality** *w.* (wörtjuäliti, *engl.*) computererzeugte Bildschirmwirklichkeit

virtuos (*lat.*) technisch vollendet, meisterhaft, Hptw. **Virtuosität** *w.*; **Virtuose** *m.* Meister seines Fachs, bes. ein Musiker

virulent (*lat.*) 1. krankheitserregend, ansteckend; 2. drängend, umtreibend; **Virulenz** *w.* 1. Ansteckungsfähigkeit; 2. drängendes Wirksamsein; **Virus** *m.* auf lebende Wirtszellen angewiesener Krankheitserreger, Mikroorganismus (*Mz.* Viren)

Visage *w.* (wisasch, *frz.*) Gesicht (umg. abwertend); **Visagist** *m.* Fachmann für dekorative Kosmetik

vis-à-vis (wisawih, *frz.*) gegenüber; **Visavis** *s.* das Gegenüber

Viscount *m.* (waikaunt, *engl.*) englischer Adelstitel zwischen Earl und Baron

Visier *s.* (*frz.*) 1. Zielvorrichtung am Gewehr; 2. Gesichtsklappe am Helm; **visieren** 1. aufs Korn nehmen, ins Auge fassen; 2. eichen; 3. mit Visum versehen

Vision *w.* (*lat.*) 1. Erscheinung, inneres Gesicht, (künstlerisches) Wunschbild; 2. optische Halluzination; **Visionär** *m.* jmd., der Visionen hat; **visionär** seherisch; traumhaft, wie eine Vision

Visitation *w.* (*lat.*) Untersuchung, Kontrolle, Durchsuchung; **Visite** *w.* 1. täglicher Arztbesuch bei den Kranken einer Krankenhausstation; 2. Besuch (scherzhaft); **Visitenkarte** *w.* 1. Kärtchen mit Personenangaben; 2. etwas für den Charakter einer Person Typisches; **visitieren** durchsuchen, eine Visitation vornehmen

viskos (*lat.*) leimartig, zähflüssig, Hptw. **Viskosität** *w.*; **Viskose** *w.* Zellulosefaser

Vis major *w.* (*lat.*) höhere Gewalt

Vista *w.* (*itl.*) Vorzeigen eines Wechsels

visualisieren (*lat.*) optisch wirksam machen

Visualizer *m.* (wischu'eleiser, *engl.*) Fachmann, der Werbeideen optisch gestaltet

visuell (-su'e-, *frz.*) 1. das Sehen betreffend; 2. optisch wirksam; **visuelle Kommunikation** *w.* Informationsübermittlung durch bildhafte Darstellungen

Visum *s.* (*lat.*) im Pass vermerkte Ein- und Ausreiseberechtigung

Vita *w.* (*lat.*) Lebenslauf, Lebensbeschreibung; **vital** 1. lebenskräftig, lebensvoll; 2. lebenswichtig; **Vitalismus** *m.* Lehre, dass das organische Leben nicht allein auf chemische und physikalische Vorgänge, sondern auf ein Prinzip der Lebenskraft zurückzuführen ist; **Vitalist** *m.* Anhänger des Vitalismus, Eigw. **vitalistisch**; **Vitalität** *w.* Lebensfülle, Lebensschwung

Vitamin *s.* (*lat.*) lebensnotwendiger Wirkstoff; **Vitamin B** *s.* Beziehungen (scherzhaft umg.); **vitaminieren, vitaminisieren** mit Vitaminen anreichern; **Vitaminose** *w.* Sammelbez. für Krankheiten, die aus einer Störung des Vitaminhaushalts entstehen

Vitrine *w.* (*frz.*) Glasschrank, verglaster Schaukasten

Vitriol *s.* (*lat.*) Bez. für wasserlösliche Sulfate zweiwertiger Metalle (z. B. Kupfervitriol)

viv = vif

vivace (-tsche, *itl.*) Musik: lebhaft

Vivat *s.* (*lat.*) Hochruf

Vivarium *s.* (*lat.*) Kombination von Aquarium und Terrarium

vivipar (*lat.*) lebend gebärend, Hptw. **Viviparie** *w.*; **Vivisektion** *w.* operativer Eingriff am lebenden Tier zu wissenschaftlichen Zwecken

Vize *m.* (fi-, *lat.*) Stellvertreter, jmd. an zweiter Stelle

voilà (woala, *frz.*) na also, sieh da!

Voile *m.* (woal, *frz.*) Schleierstoff

Vokabel *w.* (*lat.*) 1. Wort, bes. fremdsprachl. Wort; 2. Bezeichnung, Begriff; **Vokabularium** *s.* 1. Wörterverzeichnis, Wörterbuch; 2. Wortschatz

Vokal *m.* (*lat.*) Sprachlehre: Selbstlaut (z.B. e); **vokal** stimmlich; **Vokalise** *w.* (*frz.*) auf Vokale gesungene Tonfolge; **vokalisieren** 1. als Vokal aussprechen; 2. vokallose Schriften mit Vokalzeichen versehen, Hptw. **Vokalisierung** *w.*; **Vokalist** *m.* Sänger (im Ggs. zum Instrumentalisten); **Vokalmusik** *w.* Gesangsmusik; **Vokation** *w.* Berufung in ein geistliches Amt; **Vokativ** *m.* Anredefall der (lateinischen) Sprache

vol. = Volumen (2)

Volant *m.* oder *s.* (wolang, *frz.*) 1. Besatzkrause; 2. Steuerrad des Kraftwagens

volatil (*lat.*) flüchtig, verdunstend

Voliere *w.* (woljär, *frz.*) Vogelhaus, großer Vogelkäfig

Volley (wolli, *engl.*) aus der Luft angenommen und weitergespielt (vom Ball, z.B. beim Tennis), Flugball; **Volleyball** *m.* und *s.* 1. Mannschaftsspiel; 2. der Ball für das Spiel

Volontär *m.* (*frz.*) jmd., der in einem kaufmännischen oder journalistischen Beruf eine praktische Einarbeitungszeit absolviert, Ztw. **volontieren**

Volt *s.* Maßeinheit der elektrischen Spannung (nach dem italien. Physiker A. Volta); **Voltameter** *s.* Stromstärkemesser; **Voltampere** *s.* Maßeinheit der elektrischen Leistung; **Voltmeter** *s.* Messgerät für die elektrische Spannung

Volte *w.* (*frz.*) 1. Kreisfigur beim Reiten; 2. Kreiswendung beim Fechten; 3. Kartenmischtrick, Ztw. **voltigieren, voltieren**; **Voltigeur** (-schör), **Voltigiere** *m.* (-schiär) Kunstreiter, Kunstspringer

Volumen *s.* (*lat.*) 1. Rauminhalt (Abk. V); 2. Band eines Werkes (Abk. vol.); 3. Umfang, Fülle (*Mz.* Volumina); **voluminös** umfänglich

Voluntarismus *m.* (*lat.*) philosophische Richtung, die den Willen für die tragende Kraft des Seelenlebens und allen Seins hält; **Voluntarist** *m.* Vertreter des Voluntarismus, Eigw. **voluntaristisch**; **voluntativ** fähig zu wollen, willensmäßig

voluptuös (*lat.*) wollüstig

Volute *w.* (*frz.*) spiralförmig eingerollte Verzierung an Kapitell oder Giebel

volvieren (*lat.*) 1. drehen, rollen, wälzen; 2. durchdenken

vomieren (*lat.*) sich übergeben; **Vomitiv** *s.* Brechmittel

Voodoo *m.* (wuhdu, *kreol.*) magisch-religiöser, mit kath. Einflüssen vermischter Geheimkult in Westafrika und auf Haiti

Vorazität *w.* (*lat.*) Gefräßigkeit; Heißhunger

votieren (*frz.*) abstimmen, für oder gegen etwas oder jmdn. stimmen; **Votum** *s.* Stimmabgabe, Meinungsäußerung

Votivgabe *w.* (*lat.*) von Gläubigen auf Grund eines Gelübdes gestiftetes Weihegeschenk

Voucher *s.* (wautscher, *engl.*) Gutschein, Belegschein für Leistungen, die im Voraus bezahlt wurden

Vox *w.* (*lat.*) Stimme; **Vox populi vox Dei** (-de'i) Volkes Stimme (ist) Gottes Stimme, ist eine Meinung, auf die man hören muss

Voyeur *m.* (woajör, *frz.*) jmd., der sexuelle Befriedigung bei der Beobachtung von sexuellen Handlungen anderer erfährt;

Voyeurismus *m.* Neigung und Verhaltensweise eines Voyeurs, Eigw. **voyeuristisch**

vozieren (*lat.*) 1. vorladen; 2. berufen (meist in ein geistliches Amt)

vulgär (*lat.*) 1. gewöhnlich, gemein, ordinär; 2. unwissenschaftlich, unzulässig vereinfachend, Hptw. **Vulgarität** *w.*; **Vulgärlatein** *s.* aus dem Latein entstandene Umgangssprache, die zur Grundlage der romanischen Sprachen wurde; **Vulgata** *w.* die von Hieronymus im 4. Jh. begonnene Bibelübersetzung ins Lateinische, die im 16. Jh. durch ein Konzil der kath. Kirche für authentisch erklärt wurde; **vulgo** gemeinhin, gewöhnlich

Vulkan *m.* (*lat.*) 1. jede Stelle der Erdoberfläche, an der Magma austritt; 2. Feuer speiender Berg, Eigw. **vulkanisch** (nach Vulcanus, dem röm. Gott des Feuers und der Schmiedekunst); **Vulkanfiber** *s.* Kunststoff; **vulkanisieren** Kautschuk in Gummi umwandeln; **Vulkanismus** *m.* Gesamtheit der vulkanischen Erscheinungen

Vulva *w.* (*lat.*) die äußeren weiblichen Geschlechtsorgane

W

W = Watt
Wadi *m.* (*arab.*) Talform der Wüsten, Trockental, das nur nach Regen Wasser führt
Wafer *m.* (wehfer, *engl.*) Siliziumscheibe mit integrierten Schaltungen, aus der Computerchips hergestellt werden (EDV)
Waggon, Wagon *m.* (-gong, *frz.*) Eisenbahnwagen, Güterwagen
Walkie-Talkie *s.* (wohki-tohki, *engl.*) tragbares Funksprechgerät; **Walkman** *m.* (*Wz.*) Kassettenrecorder mit Kopfhörern im Taschenformat
Walking *s.* (woh-, *engl.*) flottes Gehen, das stärker als Joggen die Gelenke schont, Trendsportart; Ztw. **walken**
Wallstreet *w.* (wohlstriht) Finanzzentrum der USA (nach der Straße in Manhattan, New York)
Wandale *m.* sinnlos zerstörender Mensch, Eigw. **wandalisch**; **Wandalismus** *m.* blinde Zerstörungswut
Wapiti *m.* (*indian.*) großer nordamerikanischer Hirsch
Waran *m.* (*arab.*) tropische räuberische Riesenechse
Warlord *m.* (wohr-, *engl.*) Kriegsherr, Kriegsabenteurer
Warrant *m.* (worrent, *engl.*) Lagerschein, übertragbares Wertpapier
Wat *m.* (*sanskr.*) buddhistische Klosteranlage
Waterloo *s.* Inbegriff für totale Niederlage (nach der Schlacht bei Waterloo i. J. 1815, in der Napoleons Armee aufgerieben wurde)
waterproof (woterpruhf, *engl.*) wasserdicht (von Textilien)
Watt *s.* Maßeinheit der Stromleistung (nach J. Watt)
Way of Life *m.* (weh off leif, *engl.*) Art zu leben, Lebenszuschnitt
weatherproof (wehterpruhf, *engl.*) wetterfest (von Textilien)
Website *w.* (-seit, *engl.*) virtueller Ort im Internet, wo sich eine Firma, Institution oder Person präsentiert (EDV)
Weda, Veda *m.* (*altind.-sanskr.*) große Sammlung von Texten der indischen Volksreligion; **Wedanta, Vedanta** *m.* auf den Upanischaden beruhende philosophische und religiöse Lehre Indiens
Weekend *s.* (wihkend, *engl.*) Wochenende
Wellness *w.* (*engl.*) körperliches Wohlbefinden, das durch leichtes körperliches Training erreicht werden soll
Welsh rabbits, Welsh rarebits *Mz.* (welsch räbbits, – rährebits, *engl.*) gebackene Käseschnitten
Weltbank = IBRD
Werst *w.* (*russ.*) altes russisches Längenmaß (ungefähr 1 km)
Wesir *m.* (*arab.*) erster Staatsminister in islamischen Staaten
Wesleyaner *m.* (-lih-) Methodist (nach dem engl. Geistlichen J. Wesley)
Western *m.* (*engl.*) Wildwestfilm; **Westerner** *m.* Westernheld
Whig *m.* (*engl.*) britischer Liberaler
Whipcord *m.* (*engl.*) fester Wollstoff mit schnurartiger Rippe
Whippet *m.* (wippit, *engl.*) englischer Rennhund
Whiskey, Whisky *m.* (*engl.*) Branntwein aus Getreide
Whist *s.* (*engl.*) Kartenspiel für vier Personen
White-Collar-Kriminalität *w.* (weit koller, *engl.*) Schreibtischverbrechen in Wirtschaft und Politik
WHO *w.* (aus *engl.* World Health Organization) Weltgesundheitsorganisation (der Vereinten Nationen), gegr. 1948, Sitz in Genf (Schweiz)
Who's who? (hus hu, *engl.*) Wer ist wer? Englisches Jahrbuch berühmter Persönlichkeiten
Wigwam *s.* (*Algonkin*) zeltartige Rundhütte der nordamerikanischen Indianer

Window *s.* (windoh, *engl.*) Rechteck auf dem Bildschirm des Computers für eine Programmübersicht (EDV); **Windows** o. A. (-dohs) meistbenutztes Betriebssystem eines PC (herg. von Microsoft – USA)
windsurfen (-sörf-, *engl.*) zu Lande segeln auf einem flachen Brett, das mit einem Segel ausgestattet ist; Hptw. **Windsurfing** *s.*
Wischnu *m.* neben Schiwa und Brahma höchster indischer Gott
wobbeln (*engl.*) Frequenz verändern; **Wobbler** *m.* Einrichtung zum Wobbeln
Wodka *m.* (*russ.*) russischer Branntwein aus Kartoffelsprit
Woilach *m.* (*russ.*) Pferdedecke
Woiwode *m.* (*poln.*) oberster Beamter einer polnischen Provinz
Wok *m.* (*chines.*) schüsselförmiges Kochgerät zum Garen von Speisen
Worcestersoße *w.* (wußter-) Gewürzsoße nach engl. Rezept (nach der engl. Stadt Worcester)
Word *s.* (wörd, *engl.*) meistbenutztes Textverarbeitungsprogramm (herg. von Microsoft – USA)
Workaholic *m.* (workäholick, *engl.*) Arbeitssüchtiger; **Workout** *s.* (-aut) kurze, intensive Gymnastik; **Workshop** *s.* (-schop) Kurs, Seminar mit Werkstattcharakter; **Workstation** *w.* (-stehschen) an einem Arbeitsplatz installierter, leistungsfähiger Personalcomputer, der an ein größeres (z. B. lokales) Netz angeschlossen ist (EDV)
World Wide Web *s.* (wörld weid-, *engl.*) weltweites Informationssystem im Internet, das dessen Benutzung durch eine grafische Bildschirmoberfläche vereinfacht hat = **WWW** = World Wide Web
Wrestling *s.* (rest-, *engl.*) in bes. Maße auf Show ausgerichtetes Catchen
WTO (aus *engl.* World Trade Organization) Welthandelsorganisation, Sonderorganisation der Vereinten Nationen zur Überwachung und Förderung des Welthandels, Nachfolgeorganisation von GATT, gegr. 1995, Sitz in Genf (Schweiz)
Wudu = Voodoo
Wyandottes *Mz.* (wei'endotts, *engl.*) amerik. Hühnerrasse

X

Xanthippe *w.* (*gr.*) Sinnbild der zanksüchtigen Ehefrau (nach Xanthippe, der Ehefrau des Sokrates, die unverbürgt als zänkisch gilt)
Xanthom *s.* (*gr.*) gelbe Geschwulst der Haut; **Xanthophyll** *s.* gelber Farbstoff der Pflanzenzellen
X-Chromosom *s.* (*gr.*) Chromosom der Samenzelle, das das Geschlecht des Embryos als weiblich bestimmt
Xenie *w.* (-ni'e); **Xenion** *s.* (*gr.*) Sinngedicht, Spottgedicht (*Mz.* Xenien)
Xenokratie *w.* (*gr.*) Fremdherrschaft; **xenophil** fremdenfreundlich, Hptw. **Xenophilie** *w.*; **xenophob** fremdenfeindlich, Hptw. **Xenophobie** *w.*
Xenotransplantation *w.* (*gr.-lat.*) Implantation von Tierorganen in den menschlichen Organismus
Xerokopie *w.* (*gr.-lat.*) im Trockendruckverfahren hergestellte Vervielfältigung
xerophil (*gr.*) die Trockenheit liebend (von Pflanzen), Hptw. **Xerophilie** *w.*; **Xerophyten** *Mz.* Pflanzen mit wasserspeichernden Blättern
Xetra (*Wz.*, aus *engl.* Exchange *e*lectronic *tra*ding) vollelektronisches Handelssystem für Aktien (1997 an der Deutschen Börse in Frankfurt / M. eingeführt)
XL Abk. von extra *l*arge (*engl.*) größer als large (von Kleidergrößen)
Xmas = Christmas
X-Strahlen = Röntgenstrahlen
XXL Abk. von extra extra *l*arge (*engl.*) übergroß (von Kleidergrößen)
Xylographie *w.* (*gr.*) Holzschneidekunst
Xylophage *m.* (*gr.*) Holzfresser (z. B. Termiten)
Xylophon *s.* (*gr.*) Schlaginstrument aus abgestimmten Holzplättchen

Y

Yacht = Jacht
Yak *m.* (*tibet.*) tibetanischer Grunzochse
Yakusa *w.* (*jap.*) mafiose Inlandsorganisation in Japan
Yang und Yin (*chin.*) das männliche und das weibliche Prinzip in der chinesischen Philosophie
Yankee *m.* (jänkih, *engl.*) scherzhafter Name für die Nordstaatenamerikaner; **Yankee Doodle** *m.* (-dudl) altes amerikanisches Nationallied
Yard *s.* (*engl.*) englisch-amerikanisches Längenmaß (rd. 92 cm)
Y-Chromosom *s.* Chromosom der Samenzelle, das das Geschlecht des Embryos als männlich bestimmt
Yen *m.* (*jap.*) japanische Währungseinheit
Yerba *w.* (*span.*) südamerikanische Stechpalme, eine der Matepflanzen
Yeti *m.* (*nepales.*) sagenumwobener Schneemensch, der in einsamen Gebieten des Hochhimalajas angeblich beobachtet wurde
Yin = Yang und Yin
YMCA (weiemßieh, aus *engl.* *Y*oung *M*en's *C*hristian *A*ssociation) Christlicher Verein Junger Männer (Abk. CVJM), überwiegend evang. weltweite Gemeinschaft, gegr. 1955, Sitz in Genf (Schweiz)
Yoga, Joga *s.* (*altind.-sanskr.*) indische Methode der Meditation, um die Seele vom Diesseitigen zu lösen; **Yogi, Jogi** *m.* indischer Asket, Anhänger des Yoga
Yoghurt = Joghurt
Yohimbin *s.* (*Bantu*) Extrakt der Rinde des afrikanischen Yohimbebaumes, ein Mittel gegen Durchblutungsstörungen und ein Aphrodisiakum
Ysop *m.* (*hebr.-gr.*) Lippenblütler, Heil- und Gewürzpflanze
Ytong *m.* (*Wz.*) ein Leichtbaubeton
Yucca *w.* (*span.*) Palmlilie
Yuppie *m.* (jappih, ju-, aus *engl.* *y*oung *u*rban *p*rofessional *p*eople) junger karrierebewusster großstädtischer Aufsteiger

Z

Zabaglione, Zabaione *w.* (sabajone, *itl.*) Weinschaumcreme

Zaddik *m.* (*hebr.*) chassidischer Lehrer und Wundertäter

zappen (dsäppen, *engl.*) hin und her schalten; **Zapper** jmd., der zappt; **Zapping** *s.* wahlloser Wechsel zwischen Fernsehprogrammen mittels Fernbedienung

Zar *m.* (*russ.-gr.*) Herrschertitel in Russland, Bulgarien und Serbien; **Zarewitsch** *m.* Sohn des Zaren; **Zarewna** *w.* Tochter des Zaren; **Zariza** *w.* Zarin

Zäsur *w.* (*itl.*) Einschnitt, Pause

Zaziki *m.* od. *s.* (*türk.*) Joghurtsoße mit klein geschnittener Salatgurke und Knoblauch

Zebaoth *Mz.* (*hebr.*) alttestament. Bez. Jahwes als Herr der himmlischen Heerscharen

Zebra *s.* (*lat.-port.*) schwarzweiß oder braunweiß quer gestreiftes afrikanisches Wildpferd

Zebu *m.* (*tibet.-frz.*) indisches und afrikanisches Buckelrind

Zechinen *Mz.* (*itl.*) 1. alte venezianische Goldmünzen; 2. Geld (umg.)

Zedent *m.* (*lat.*) jmd., der eine Forderung an einen Dritten abtritt, Ztw. **zedieren**

Zeder *w.* (*gr.-lat.*) Kieferngewächs

Zelebrant *m.* (*lat.*) die Messe lesender Priester; **Zelebration** *w.* feierlicher Vollzug (des Gottesdienstes); **zelebrieren** 1. etwas feierlich wie ein Ritual ausführen; 2. die Messe lesen; **Zelebrität** *w.* 1. berühmte Person; 2. Feierlichkeit

zellular, zellulär (*lat.*) aus Zellen gebildet, zur Zelle gehörig, zellenartig; **Zellulitis** *w.* 1. Entzündung des Zellgewebes der Unterhaut; 2. Vermehrung des Fettgewebes der Unterhaut, bes. an den Oberschenkeln bei Frauen, Orangenhaut; **Zelluloid** *s.* (*engl.*) Kunststoff aus Zellulosenitrat, Zellhorn; **Zellulose** *w.* (*lat.*) Hauptbestandteil der pflanzlichen Zellmembran

Zelot *m.* (*gr.*) Glaubenseiferer; **Zelotismus** *m.* Glaubensfanatismus; **zelotisch** fanatisch

Zen *s.* oder *m.* (*sanskr.-chin.-jap.*) die Kontemplation und Meditation betonende Ausformung des Buddhismus in Japan, die eine starke Wirkung auf das gesamte japan. Geistesleben ausübte

Zenit *m.* (*arab.-itl.*) 1. Scheitelpunkt, der senkrecht über dem Beobachter befindliche Himmelspunkt; 2. Höhepunkt einer Entwicklung, höchster Entfaltungspunkt (z. B. im Schaffen eines Künstlers)

Zenotaph = Kenotaph

zensieren (*lat.*) beurteilen, benoten; 2. überwachen, unterdrücken (von Veröffentlichungen); **Zensor** *m.* 1. altrömischer Beamter mit fiskalischen und sittenrichterlichen Funktionen; 2. jmd., der im behördlichen Auftrag Veröffentlichungen überwacht; **Zensur** *w.* 1. in Noten ausgedrückte Bewertung, Beurteilung einer Leistung; 2. staatliche Überwachung und Unterdrückung von Schriften, Filmen und Datenmaterial; **Zensus** *m.* 1. Volkszählung; 2. Vermögensschätzung durch die altröm. Zensoren

Zentaur, Kentaur *m.* (*gr.*) griech. Fabelwesen mit menschlichem Oberkörper und Pferdeleib

Zentenarium *s.*; **Zentenarfeier** *w.* (*lat.*) Hundertjahrfeier

zentesimal (*lat.*) hundertteilig

Zentifolie *w.* (-li'e, *lat.*) Rosenart mit ganz gefüllter Blüte

Zentigrad *m.* (*lat.*) ein hundertstel Grad; **Zentigramm** *s.* (*lat.-gr.*) ein hundertstel Gramm (Abk. cg); **Zentiliter** *m.* und *s.* (*lat.-frz.*) ein hundertstel Liter (Abk. cl); **Zentimeter** *m.* und *s.* (*lat.*) ein hundertstel Meter (Abk. cm)

zentral (*lat.*) 1. den Mittelpunkt bildend, in der Mitte (gelegen); 2. von einer Hauptstelle aus; 3. wesentlich, entscheidend; **Zentrale** *w.* Hauptstelle, Mittelpunkt; **Zentralisation, Zentralisierung** *w.* Zusammenfassung, Unterstellung unter eine Zentrale; **zentralisieren** an einem Punkt zusammenziehen, von der Zentrale aus leiten; **Zentralismus** *m.* Bestreben, die Staatsgewalt zentralistisch zu organisieren; **zentralistisch** von der Zentrale ausgehend, auf die Zentrale bezogen; **Zentralnervensystem** *s.* Gehirn und Rückenmark; **zentrieren** zum Mittelpunkt hin ausrichten, Hptw. **Zentrierung** *w.*

zentrifugal (*lat.*) vom Mittelpunkt wegstrebend; **Zentrifugalkraft** *w.* Fliehkraft; **Zentrifuge** *w.* Schleudergerät zum Trennen fester und flüssiger Bestandteile; **zentrifugieren** ausschleudern; **zentripetal** zum Mittelpunkt hinstrebend; **Zentripetalkraft** *w.* zum Mittelpunkt hin wirkende Kraft; **zentrisch** im Mittelpunkt befindlich; **Zentrum** *s.* 1. Mittelpunkt, Mitte; 2. zentraler Bezirk, Stadtmitte; 3. kath. Zentrumspartei (1870–1933)

Zenturie *w.* (-ri'e, *lat.*) Hundertschaft der römischen Legion; **Zenturio** *m.* Befehlshaber einer Zenturie

Zephir *m.* (*gr.*) 1. poetische Bez. für sanften Wind; 2. zartes, musselinartiges Baumwollgewebe; **zephirisch** linde, säuselnd; **Zephirwolle** *w.* aus weichem Kammgarn gedrehte Wolle

Zerberus *m.* (*gr.*) gestrenger Wächter (nach dem dreiköpfigen Wachhund der Unterwelt in der griech. Mythologie)

Zerealien *Mz.* (-li'en, *lat.*) Feldfrüchte, Getreide

zerebral (*lat.*) zum Großhirn gehörig; **zerebrospinal** (*lat.*) Gehirn und Rückenmark betreffend

Zeremoniale *s.* (*lat.*) Sammlung der Zeremonien der kath. Kirche; **Zeremonie** *w.* feierliche Handlung, feierlicher Brauch; **Zeremoniell** *s.* (-ni'e-) Gesamtheit der vorgeschriebenen Förmlichkeiten bei feierlichen Anlässen; **zeremoniell** 1. dem Zeremoniell entsprechend, feierlich-förmlich; 2. umständlich, steif; **zeremoniös** steif, gemessen

zernieren (*frz.-lat.*) umzingeln, einschließen, Hptw. **Zernierung** *w.*

Zero *s.* (sero, *arab.-frz.*) die Null im Roulette

Zeroplastik *w.* (*gr.-lat.*) Wachsbildnerei, Wachsbild

Zertifikat *s.* (*lat.*) Bescheinigung, Beglaubigung, Anteilsschein, Ztw. **zertifizieren**

Zervelatwurst *w.* (*itl.*) gut geräucherte Hartwurst

Zession *w.* (*lat.*) Abtreten einer Forderung an einen Dritten, Ztw. **zedieren**

Zeugma *s.* (*gr.*) Redefigur, in der sich (meistens) das Prädikat auf alle Satzglieder bezieht, aber nicht für alle passt (z. B. Er hob den Blick und ein Bein gen Himmel [Laurence Sterne])

Zeus *m.* (*gr.*) der höchste der griechischen Götter

Zibebe *w.* (*itl.-arab.*) große Rosine

Zibet *m.* (*arab.*) Analdrüsensekret der Zibetkatze, ein Grundstoff in der Parfümerie; **Zibetkatze** *w.* Gattung der asiatischen Schleichkatze

Ziborium = Ciborium

Zichorie *w.* (-ri'e, *gr.-lat.*) 1. Gattung der Korbblütler; 2. Wegwarte, aus deren gerösteten Wurzeln ein Kaffeezusatz hergestellt wird; 3. Stammform verschiedener Salatpflanzen (z. B. der Endivie)

Zider = Cidre

Zikade *w.* (*lat.*) grillenähnliches Insekt

Zikkurat *w.* (*semit.*) terrassenförmig angelegter monumentaler Tempelturm in Mesopotamien

Zilie *w.* (-li'e, *lat.*) 1. Wimper; 2. Flimmerhaar der Wimperntiere

Zimelie *w.* (-li'e), **Zimelium** *s.* (*gr.-lat.*) 1. kostbares Buch oder Handschrift im Besitz einer Bibliothek; 2. Kirchenschatz (*Mz.* Zimelien)

Zimier *w.* oder *s.* (*frz.*) Ritterhelmschmuck

Zinnie *w.* (-ni'e) Gartenzierpflanze mit leuchtenden Blütenköpfen, eine Korbblütlergattung (nach dem Botaniker J. G. Zinn)

Zinnober *m.* (*gr.-lat.*) 1. rotes Metall, ein Quecksilbererz; 2. Unsinn, dummes Zeug

Zionismus *m.* (*hebr.-lat.*) 1. im 19. Jh. entstandene Bewegung zur Gründung eines nationalen jüdischen Staates in Palästina; 2. nationalistische politische Strömung im heutigen Judentum, die die Interessen des Staates Israel offensiv vertritt; Eigw. **zionistisch**; **Zionist** *m.* Anhänger des Zionismus

zirka (*lat.*) etwa, ungefähr
Zirkel *m.* (*lat.*) 1. Zeichenhilfsmittel zum Kreiszeichnen; 2. Zeichen einer studentischen Verbindung; 3. Kreisfigur beim Dressurreiten; 4. eng verbundener geselliger Kreis; **Zirkelschluss** *m.* Trugschluss
Zirkon *m.* (*pers.*) (meist) braunes od. braunrotes Mineral, das beim Brennen Blautöne annimmt und dann als Edelstein verwendet wird
Zirkular *s.* (*lat.*) Rundschreiben; **zirkular, zirkulär** kreisförmig; **Zirkulation** *w.* 1. Umlauf; 2. Blutkreislauf; **zirkulieren** umlaufen, in Umlauf sein
Zirkumflex = Accent circonflexe
Zirkumzision *w.* (*lat.*) Beschneidung der Vorhaut des männlichen Glieds
Zirkus *m.* (*lat.*) 1. Kampfspielplatz im antiken Rom; 2. Schaustellerunternehmen, das in einem Rundzelt Tierdressuren, akrobatische Nummern u. a. zur Vorführung bringt; 3. Trubel, Wirbel
Zirrhose *w.* (*gr.*) entzündliche Bindegewebswucherung eines Organs mit Schrumpfung und Verhärtung
Zirrokumulus *m.* (*lat.*) flockenartige Eiswolke; Schäfchenwolke; **Zirrostratus** *m.* hohe Schleierwolke aus Eisfedern; **Zirrus** *m.* 1. isolierte Federwolke aus Eisteilchen; 2. Körperanhang bei Wassertieren
zirzensisch (*lat.*) zum Zirkus gehörig
Zis-, zis- (*lat.*) als Vorsilbe: diesseits; **zisalpin** diesseits der Alpen (von Rom aus)
Ziseleur *m.* (-lör, *frz.*) Metallstecher; **ziselieren** Metall verzieren
Zisterne *w.* (*lat.*) unterirdisches Auffangbecken für Regenwasser
Zitadelle *w.* (*itl.*) 1. Festung innerhalb einer Stadt; 2. letzter Widerstandskern einer Festung
Zitat *s.* (*lat.*) 1. wörtliche Wiedergabe einer mündlichen oder schriftlichen Äußerung; 2. geflügeltes Wort; **zitieren** 1. eine Belegstelle aufführen; 2. jmdn. zu sich bestellen, um ihn zur Rede zu stellen
Zitrat *s.* (*lat.*) Salz der Zitronensäure; **Zitronat** *s.* kandierte Zitronenschale; **Zitrone** *w.* Rautengewächs mit sauren gelben Früchten; **Zitrusfrucht** *w.* Frucht einer Zitruspflanze (z. B. Zitrone, Apfelsine)
zivil (*lat.*) 1. bürgerlich (im Ggs. zu militärisch); 2. annehmbar, angemessen (von Preisen); **Zivil** *s.* bürgerliche Kleidung; **Zivilcourage** *w.* (-kurasche) mutiges Verhalten einer einzelnen Person oder einer Personengruppe im öffentlichen Leben; **Zivilehe** *w.* Ehe, die auf dem Standesamt geschlossen wird; **Zivilisation** *w.* die durch Wissenschaft und Technik geschaffenen Lebensbedingungen und Lebensverfeinerungen; **zivilisatorisch** auf Zivilisation gerichtet, zur Zivilisation gehörend, Ztw. **zivilisieren; zivilisiert** verfeinert, kultiviert, gesittet; **Zivilist** *m.* Nichtsoldat
Zloty *m.* (sloti, *poln.*) polnische Währungseinheit
Zobel *m.* (*russ.*) sibirischer Marder
zocken (*hebr.-jidd.*) Glücksspiele spielen; **Zocker** *m.* Glücksspieler
zodiakal (*gr.*) den Tierkreis betreffend; **Zodiakallicht** *s.* Lichtschein in Richtung des Tierkreises; Tierkreislicht; **Zodiakus** *m.* zwölf Sternbilder, der Tierkreis
Zoff *m.* (*hebr.*) Streit, Zank, Ärger (umg.)
Zölibat *s.* oder *m.* (*lat.*) Ehelosigkeit der kath. Priester
Zombie *m.* (*engl.*) untoter Toter, willenloser Wiedergänger
Zönobium *s.* (*lat.*) 1. Klostergemeinschaft; 2. Lebensgemeinschaft einzelliger Lebewesen, Zellkolonie
Zoologe *m.* (zo'o-, *gr.*) Wissenschaftler auf dem Gebiet der Zoologie; **Zoologie** *w.* Wissenschaft von den Tieren, Tierkunde, Eigw. **zoologisch**
Zoom *m.* (suhm-, *engl.*) Objektiv zur und Vorgang der stufenlosen Brennweitenveränderung; **zoomen** mit dem Zoom arbeiten
zoophag (zo'o-, *gr.*) Fleisch fressend (von Pflanzen); **Zoophage** *m.* 1. Pflanze, die sich von Tieren ernährt; 2. Tier, das sich von anderen Tieren ernährt; **Zoosemantik** *w.* zoologisches Gebiet, das sich mit der Zeichensprache der Tiere beschäftigt; **Zootomie** *w.* Anatomie von Tieren
Zores *m.* (*hebr.*) Durcheinander, Ärger
Zucchino *m.* (-kihno, *itl.*) Kürbisart mit gurkenähnlichen Gemüsefrüchten (Mz. Zucchini)
Zyankali *s.* (*gr.-arab.*) Verbindung von

Zyan und Kalium, starkes Gift; **Zyanose** *w.* bläuliche Hautverfärbung aufgrund von Sauerstoffmangel im Blut; **Zyanotypie** *w.* Lichtpausverfahren für technische Zeichnungen

Zygote *w.* (*gr.*) Zellvereinigung von Keimzellen

Zyklamen *s.* (*gr.*) Alpenveilchen

zyklisch (*gr.*) 1. regelmäßig wiederkehrend; 2. ringförmig angeordnet (von Molekülen); **Zykloide** *w.* Radkurve, Rollkurve (in der Mathematik); **Zyklometrie** *w.* Maßbestimmung am Kreis

Zyklon *m.* (*gr.*) tropischer Wirbelsturm; **Zyklone** *w.* barometrisches Tiefdruckgebiet

Zyklop *m.* (*gr.*) einäugiger Riese der griechischen Sage; **zyklopisch** gewaltig, riesig, überlebensgroß

Zyklothyme *m.* und *w.* (*gr.*) Mensch mit starken Stimmungsschwankungen, Eigw. **zyklothym**

Zyklotron *s.* (*gr.*) Apparat zur Beschleunigung von Atomteilchen und zur Atomumwandlung

Zyklus *m.* (*gr.*) 1. periodisch wiederkehrendes Geschehen (z. B. die Menstruation); 2. Folge von thematisch oder stilistisch zusammengehörigen Kunstwerken; 3. Programmschleife (EDV)

Zylinder *m.* (*gr.*) 1. geometrische Figur; 2. walzenförmiger Hohlkörper, in dem sich ein Kolben bewegt; 3. Hut mit hohem, steifem Kopf; 4. Lampenglas (z. B. einer Petroleumlampe), Eigw. **zylindrisch**

Zyma *s.* (*gr.*) Hefe; **Zymase** *w.* Gärstoff der Hefe; **zymisch** auf Gärung beruhend; **Zymologie** *w.* Lehre von den Gärungsvorgängen; **zymotisch** Gärung erzeugend

Zynegetik *w.* (*gr.*) Verfahren der Hundeabrichtung für die Jagd, Eigw. **zynegetisch**

Zyniker *m.* (*gr.*) bissiger Spötter, Eigw. **zynisch**; **Zynismus** *m.* bissig-spöttische Haltung gegenüber den Gefühlen anderer

Zypresse *w.* (*gr.-lat.*) Nadelbaum der Mittelmeergebiete

Zyste *w.* (*gr.*) 1. kapselartiger, mit Flüssigkeit gefüllter Hohlraum, Geschwulst; 2. von einer Hülle umgebene Ruheform niederer Tiere und Pflanzen; **Zystitis** *w.* Blasenkatarrh

Zytoblast *m.* (*gr.*) Zellkern; **zytogen** Zellen bildend; **Zytologie** *w.* Wissenschaft von den Zellen; **Zytoplasma** *s.* Zellplasma; **Zytostatikum** *s.* (*gr.-lat.*) chem. Mittel, das das Zellwachstum hemmt (*Mz.* Zytostatika); **Zytotoxin** *s.* (*gr.*) Zellgift